© Torrione S

Le Routard

Bretagne Sud

Cofondateurs : Philippe GLOAGUEN et Michel DUVAL

Directeur de collection et auteur
Philippe GLOAGUEN

Rédacteurs en chef adjoints
Amanda KERAVEL
et Benoît LUCCHINI

Directrice de la coordination
Florence CHARMETANT

Directrice administrative
Bénédicte GLOAGUEN

Directeur du développement
Gavin's CLEMENTE-RUIZ

Direction éditoriale
Catherine JULHE

Rédaction
Isabelle AL SUBAIHI
Mathilde de BOISGROLLIER
Thierry BROUARD
Marie BURIN des ROZIERS
Véronique de CHARDON
Fiona DEBRABANDER
Anne-Caroline DUMAS
Géraldine LEMAUF-BEAUVOIS
Olivier PAGE
Alain PALLIER
Anne POINSOT
André PONCELET

Conseiller à la rédaction
Pierre JOSSE

Administration
Carole BORDES
Éléonore FRIESS

2017

hachette

TABLE DES MATIÈRES

Nous avons divisé cette région en plusieurs titres, la grande majorité d'entre vous ne parcourant pas toute la région au cours d'un même séjour. De même, l'étendue géographique de certaines régions et leur richesse culturelle nécessiteraient, si elles étaient rassemblées en un seul volume, pas moins de 1 000, voire 1 500 pages ! Ce guide serait alors intransportable, indigeste et coûterait... 3 fois plus cher. Notre volonté est de conserver un format pratique et un prix économique, tout en vous proposant le maximum d'informations. Ne reste plus qu'à vous souhaiter bonne route !Recommandation à ceux qui souhaitent profiter des réductions et avantages proposés dans le Routard par les hôteliers et les restaurateurs.

La rédaction

PRÉAMBULE

COMMENT Y ALLER ? 33

BON À SAVOIR AVANT LE DÉPART 38

LE FINISTÈRE SUD 53

Recommandation à ceux qui souhaitent profiter des réductions et avantages proposés dans le *Routard* par les hôteliers et les restaurateurs.

À l'hôtel, pensez à les demander au moment de la réservation ou, si vous n'avez pas réservé, **à l'arrivée.** Ils ne sont valables que pour les réservations en direct et ne sont pas cumulables avec d'autres offres promotionnelles (notamment sur Internet). Au restaurant, parlez-en **au moment** de la commande et surtout **avant** que l'addition soit établie. Poser votre *Routard* sur la table ne suffit pas : le personnel de salle n'est pas toujours au courant et une fois le ticket de caisse imprimé, il est souvent difficile de modifier le total. En cas de doute, montrez la notice relative à l'établissement dans le *Routard* de l'année et, bien sûr, ne manquez pas de nous faire part de toute difficulté rencontrée.

☎ **112 :** c'est le numéro d'urgence commun à la France et à tous les pays de l'UE, à composer en cas d'accident, agression ou détresse. Il permet de se faire localiser et aider en français, tout en améliorant les délais d'intervention des services de secours.

Galettes bretonnes, Quimper

Retour de pêche, Le Guilvinec

LA RÉDACTION DU ROUTARD

(sans oublier nos 50 enquêteurs, aussi sur le terrain)

Thierry, Anne-Caroline, Éléonore, Olivier, Pierre, Benoît, Alain, Fiona, Gavin's, André, Véronique, Bénédicte, Jean-Sébastien, Mathilde, Amanda, Isabelle, Géraldine, Marie, Carole, Philippe, Florence, Anne.

La saga du *Routard* : en 1971, deux étudiants, Philippe et Michel, avaient une furieuse envie de découvrir le monde. De retour du Népal germe l'idée d'un guide différent qui regrouperait tuyaux malins et itinéraires sympas, destiné aux jeunes fauchés en quête de liberté. 1973. Après 19 refus d'éditeurs et la faillite de leur première maison d'édition, l'aventure commence vraiment avec Hachette. Aujourd'hui, le *Routard*, c'est plus d'une cinquantaine d'enquêteurs impliqués et sincères. Ils parcourent le monde toute l'année dans l'anonymat et s'acharnent à restituer leurs coups de cœur avec passion.

Merci à tous les Routards qui partagent nos convictions : liberté et indépendance d'esprit ; découverte et partage ; sincérité, tolérance et respect des autres.

NOS SPÉCIALISTES BRETAGNE SUD

Amanda, Mathilde et Marie : quand l'une arpente les routes bretonnes en quête de la meilleure pâte à crêpes, l'autre explore le bocage normand à coups de gorgées de cidre, pendant que la troisième chausse ses skis pour dégoter le meilleur refuge alpin. La curiosité, l'enthousiasme et la gourmandise sont leur meilleur sonar, que complètent deux décennies d'expérience à user leurs semelles sur les routes de l'Hexagone. Un trio complice et indépendant qui essaie, entre deux voyages, de garder la ligne.

Thomas Rivallain : transbahuté dès l'enfance dans le combi familial, les sens affutés en tournée musicale ou louvoyant sur les itinéraires bis. Tout est prétexte aux carnets de route pour cet admirateur de fleuves. Souvent parti là où on ne l'attend pas, il travaille ses guides en Anjou, auprès de l'indomptable Loire. En bon apôtre du voyage, Thomas ne croit que ce qu'il voit.

Claude Hervé-Bazin : passionné d'îles perdues et de nature très sauvage, il décline le voyage et l'écrit depuis l'âge de 17 ans. Un métier ? Non, une pulsion qui pousse à additionner les heures de vol, les *road trips* et les formules de politesse (dans toutes les langues) pour vérifier si l'herbe est plus verte ailleurs, si les couettes sont plus douillettes et les hommes plus heureux.

UN GRAND MERCI À NOS AMI(E)S SUR PLACE

Pour cette nouvelle édition, nous remercions particulièrement :

- **Marie-Julie Gouniot, Christophe Leux et Agnès de L'Espinay,** du comité régional du tourisme ;
- **Jean-Luc Jourdain et Marion Coïc,** de l'Agence de développement touristique du Finistère et **Cécile Berthelot,** guide enthousiaste de l'office de tourisme de Quimperlé ;
- **Valérie Brient,** de l'office de tourisme de Pont-Aven ;
- **Estelle Guille** des Buttes-Fresneau du Musée de Pont-Aven ;
- **Patrick Lévy et Armelle Jouan,** du comité départemental du tourisme du Morbihan ;
- l'office de tourisme intercommunal de la presqu'île de Rhuys et tout particulièrement **Arnaud Burel ;**
- **Bruno Bodard,** de l'office de tourisme de Vannes ;
- **Manuel Houvenaeghel,** directeur de l'office de tourisme du pays de Lorient ;
- **Stéphanie Rialland,** de Loire-Atlantique Développement ;
- **Katya Forêt** et toute l'équipe de Voyage à Nantes ;
- Ainsi que tous les pays touristiques et offices de tourisme du Finistère, du Morbihan, de la Loire-Atlantique, qui, année après année, nous apportent leur aide précieuse.

Pictogrammes du Routard

Établissements

- Hôtel, auberge, chambre d'hôtes
- Camping
- Restaurant
- Boulangerie, sandwicherie
- Glacier
- Café, salon de thé
- Café, bar
- Bar musical
- Club, boîte de nuit
- Salle de spectacle
- Office de tourisme
- Poste
- Boutique, magasin, marché
- Accès Internet
- Hôpital, urgences

Sites

- Plage
- Site de plongée
- Piste cyclable, parcours à vélo

Transports

- Aéroport
- Gare ferroviaire
- Gare routière, arrêt de bus
- Station de métro
- Station de tramway
- Parking
- Taxi
- Taxi collectif
- Bateau
- Bateau fluvial

Attraits et équipements

- Présente un intérêt touristique
- Recommandé pour les enfants
- Adapté aux personnes handicapées
- Ordinateur à disposition
- Connexion wifi
- Inscrit au Patrimoine mondial de l'Unesco

Tout au long de ce guide, découvrez toutes les photos de la destination sur • *routard.com* • Attention au coût de connexion à l'étranger, assurez-vous d'être en wifi !

Le *Routard* est imprimé sur un papier issu de forêts gérées.

I.S.B.N. 978-2-01-279910-3

Site inscrit au Patrimoine mondial de l'Unesco
NORD
MANCHE
Île de Batz
Roscoff
Lannion
D 786
D 767
D 9
Guingamp
Île d'Ouessant
Île Molène
Lannilis
D 69
D 58
D 786
Morlaix
N 12
E 50
D 788
N 12
E 50
FINISTÈRE
NORD
(29)
Brest
Landerneau
Aulne
Pointe St-Mathieu
Daoulas
N 165
D 18
Huelgoat
D 787
Le Fret
Landévennec
Camaret
Crozon
Le Faou
E 60
D 764
Carhaix-Plouguer
Morgat
Argol
Menez-Hom
Pleyben
Cléden-P.
D 790
Cap de La Chèvre
Pentrez
Châteaulin
St-Hernin
Plomodiern
Châteauneuf-du-Faou
D 3
Cléden-Cap-Sizun
Douarnenez
Locronan
Spézet
Canal de Nantes à Brest
Pte de Brézellec
Pont-Croix
FINISTÈRE
Gourin
D 1
Pte du Van
Île de Sein
Confort-M.
SUD (29) p. 53
D 769
Plogoff
Landudec
Le Faouët
Guémené-sur-Scorff
Pte du Raz
Primelin
QUIMPER
Audierne
Plozévet
D 784
Scaër
Kernascléden
Pouldreuzic
Fouesnant
Berné
Plonéour-L.
Bénodet
La Forêt-F.
Inguiniel
Pont-l'Abbé
Pont-Aven
Bannalec
Plouay
Plomeur
Quimperlé
Quistinic
Pont-Augan
Pte de La Torche
Trégunc
Riec
Pont-Scorff
D 769
Concarneau
N 165
Baud
Penmarc'h
Ste-Marine
E 60
Hennebont
Moëlan
Lorient
Landévant
Le Guilvinec
Île-Tudy
Névez
Clohars-C.
Lesconil
Ploemeur
Ste-Anne-d'Auray
Loctudy
Port-Louis
Archipel des Glénan
Larmor-Plage
Gâvres
Ploëmel
Étel
Île de Groix
Crac'h
Erdeven
Plouharnel
Carnac
Presqu'île de Quiberon
La Trinité-sur-Mer
Locmariaquer
Île de Houat
Le Palais
Belle-Île
OCÉAN
ATLANTIQUE
Quimper Lieux traités
Loudéac Repères
0
20
40 km

LA BRETAGNE SUD

Balade sur la presqu'île de Crozon

« En Bretagne, la pluie ne mouille que les cons. »
Olivier de Kersauson

« La Bretagne est l'élément résistant de la France », pensait l'historien Jules Michelet. Il voyait juste : ici, la terre et les hommes affrontent depuis des siècles les assauts furieux de la nature et les vicissitudes de l'histoire.

Quel est donc ce curieux trident, découpé et hérissé comme aucune autre région connue, qui s'avance telle une gueule inquiétante au milieu de l'océan Atlantique ? C'est la Bretagne, le Vieux Pays, comme l'appelaient les anciens.

Regardez le Massif armoricain sur votre atlas, entouré de ses trois mers : Atlantique, Manche et... Atlantique et Manche mélangées (la mer d'Iroise) ! « Ici a commencé, il y a bien longtemps, un dialogue immense entre terre et vagues, où se sont façonnés les hommes », a écrit Michel Le Bris, écrivain passionné par cette Bretagne à la fois vécue et rêvée.

Partout, la terre et la mer se rencontrent d'étrange manière, s'unissant pour mieux dessiner le paysage. Ainsi les abers (ou rias), anciennes vallées fluviales, sont remontés deux fois par jour par les marées. Ainsi, le pays bigouden, le golfe du Morbihan et les insolites flèches sableuses de Mousterlin (Fouesnant), la presqu'île de Quiberon. Sans oublier les îles : Sein, Groix, Belle-Île..., autant d'univers à échelle humaine où le temps s'écoule au rythme des marées, tout simplement.

« La bonne façon de connaître notre pays, c'est de lui faire l'amour à vélo », disait Morvan Lebesque. Ami routard, rien ne va ici à-la-vitesse-du-cheval-vapeur-au-galop ! Alors, bride ton moteur, chausse tes Pataugas, et laisse-toi aller de colline en vallée, dans la grande métamorphose celtique des parfums de l'air, des landes et de la mer, qui fera naître sous tes pas ta propre épopée arthurienne...

Oiseau de passage, tu repartiras *Breton a galon* – « Breton de cœur ».

La pointe du Raz

NOS COUPS DE CŒUR

1 Arpenter les rues médiévales de Quimper, capitale de la Cornouaille. Autour de la cathédrale Saint-Corentin, l'une des plus anciennes cathédrales gothiques de Bretagne, adorables placettes et rues médiévales déploient un patrimoine architectural riche de maisons à colombages et à encorbellement. Puis enjamber l'Oder pour découvrir, dans le quartier de Locmaria, la faïencerie Henriot et l'école de broderie d'art de Quimper. *p. 56*

Bon à savoir : visites guidées organisées par l'office de tourisme • quimper-tourisme.com •

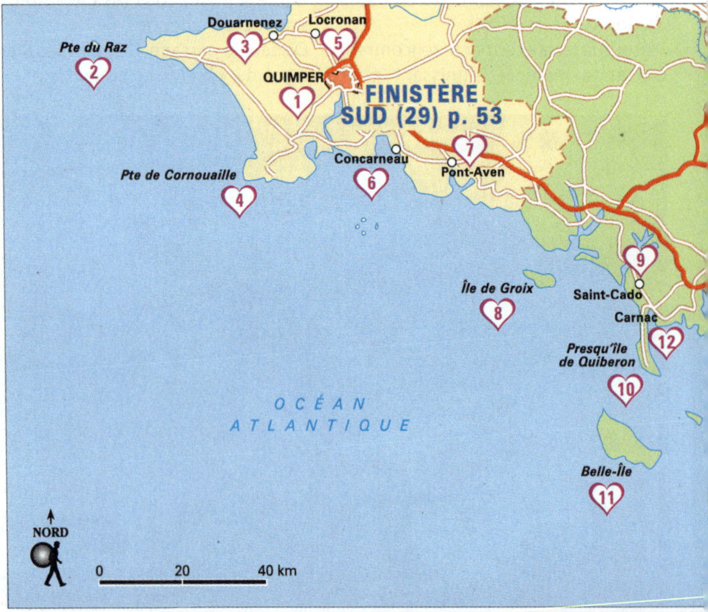

(2) **Respirer à pleins poumons l'air du large, perché sur la mythique pointe du Raz, ou en parcourant le cap de la Chèvre à la rencontre des landes jalonnées de hameaux, en observant les éléments déchaînés sur la pointe de la Torche, ou encore en allant rendre visite aux pingouins du Finistère au cap Sizun.**

Par beau temps ou gros vent, les sites sont magnifiques, les panoramas exceptionnels. *p. 85, 92, 96, 125*

Bon à savoir : *le matin, de bonne heure, c'est tout simplement magique.*

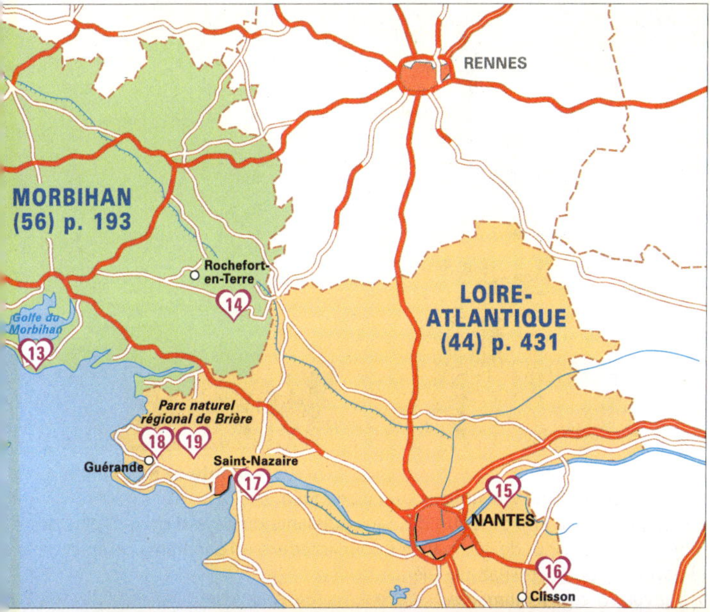

3 Goûter au véritable kouign-amann de Douarnenez, ce délicieux gâteau breton beurré et feuilleté à souhait, grande spécialité locale célèbre jusqu'au Japon.

À chacun sa recette : certains le préfèrent doré et craquant, d'autres fondant et peu caramélisé. À vous de goûter et de choisir ! *p. 104*

Bon à savoir : *demander la liste de l'association des artisans à l'office de tourisme.*

4 Grimper au sommet du phare d'Eckmühl sur la pointe de Penmarc'h et profiter d'une vue unique sur l'île de Sein.

D'une hauteur de 65 m, c'est l'un des plus puissants du pays. Il porte à plus de 70 km. Hardi petit ! Plus de 300 marches pour accéder à un panorama complet de la région, de la pointe du Raz aux Glénan. *p. 83*

Bon à savoir : *accueil remarquable.*

5 Découvrir Locronan, village magnifiquement resté dans son atmosphère moyenâgeuse.

« Petite cité de caractère », Locronan possède une totale unité architecturale, ce qui est rarissime. Superbes demeures et hôtels particuliers des XVIIe et XVIIIe s s'ordonnent harmonieusement autour de la place principale et de son vieux puits. Ses rues constituent un véritable décor de cinéma, souvent choisi pour le tournage de films. Polanski y a d'ailleurs réalisé *Tess* avec Nastassja Kinski. *p. 113*

***Bon à savoir :** le village est assez touristique, conséquence inévitable de son charme unique. Y aller tôt.*

© René Mattes

6 Flâner hors saison dans la ville close de Concarneau, l'une des splendides cités fortifiées du Finistère.

Concarneau, classée Ville d'art et d'histoire, est surtout connue pour sa célèbre ville close. Longue d'environ 350 m et large de 100 m, elle possède des remparts datant du XIVe s. *p. 156*

Bon à savoir : *la côte de Concarneau au Pouldu est l'une des plus belles portions du littoral breton pour musarder.*

© Javier Larrea/Age fotostock

7 Admirer les riches collections du Musée de Pont-Aven.

Comme Gauguin et tant d'autres artistes, laissez-vous séduire par la poésie des lieux : un relief encaissé, le lit de l'Aven tapissé de rochers, des moulins, un port à marée qui symbolise la rencontre entre la mer et la montagne, le bois d'Amour… N'oubliez pas avant de repartir que Pont-Aven a aussi été rendue célèbre par ses galettes ! *p. 175*

Bon à savoir : *à Pont-Aven, tout est ouvert le dimanche.*

© Sylvain Grandadam/Age fotostock

(8) Plonger dans les eaux turquoise de « Tahiti Beach » sur l'île de Groix !
De Port-Tudy à Locmaria par l'ouest, la côte se fait sauvage, la falaise plonge dans les flots azur et turquoise. Au-delà du petit hameau de *Quelhuit* s'ouvre la plage de « Tahiti Beach », à Poulziorec. Un paradis marin qui se mérite après une vertigineuse descente escarpée pour accéder à un petit lagon de bonheur et de calme… Notre coup de foudre sur l'île… *p. 220*

(9) Profiter du soleil couchant sur l'île de Saint-Cado, au milieu de la ria d'Étel.
Une vision de carte postale. Voici une perle rare qu'il faut absolument découvrir au soleil couchant… en amoureux. Située au milieu de la ria, l'île est reliée au continent par un pont de pierre qu'un certain saint Cado, un peu gourou sur les bords, aurait construit au VIe s pour que ses groupies viennent le voir sans s'enfoncer les pieds dans la vase. *p. 230*
Bon à savoir : *une ria (ou aber) est une avancée étroite de l'océan dans les terres, tout comme les fjords scandinaves.*

10 **Affronter les éléments déchaînés, sur la Côte Sauvage quiberonnaise, un jour de tempête.**

Par vent d'ouest consistant, le spectacle est superbe. Par forte tempête, c'est franchement dantesque. Les vagues furieuses viennent se fracasser contre cette côte déchirée, dans un vacarme assourdissant. *p. 256*

Bon à savoir : il est impossible pour les vrais gourmands de quitter Quiberon sans avoir goûté les fameux caramels au beurre salé de chez Henri Le Roux (18, rue de Port-Maria).

11 **Retrouver les panoramas sauvages, peints par Monet à Belle-Île-en-Mer.**

La plus grande des îles bretonnes, enchanteresse et contrastée, a toujours ravi les peintres par sa beauté, à en croire l'impression qu'elle fit à Monet (impressionniste… hi ! hi !), qui décrit un « pays superbe de sauvagerie avec son amoncellement de rochers terribles et sa mer invraisemblable de couleurs ». Ce n'est pas pour rien que Sarah Bernhardt s'installa à la pointe des Poulains. *p. 257*

Bon à savoir : c'est par le sentier côtier que l'on découvre les plages les plus pittoresques et insolites. Attention, si le sentier se révèle plutôt accessible à tous, pas mal de passages délicats sur le plan sécurité.

12 **Tenter de percer le secret des mégalithes de Carnac, les plus anciens éléments architecturaux au monde !**

Les alignements de Carnac constituent un ensemble vieux de 6 000 ans (période du néolithique). Par le nombre de menhirs, l'architecture originale qu'ils composent et le monde imaginaire qu'ils évoquent, ces alignements sont bien plus qu'une curiosité. Ils constituent un des plus grands mystères qui soient. *p. 287*

Bon à savoir : *• museedecarnac.com •*

13 **Caboter dans le golfe du Morbihan d'île en île.**

Incontestablement, l'une des plus belles visions de la Bretagne que cette « Mer petite » *(Mor bihan)* aux paysages changeant avec la marée, les saisons, le temps… enchevêtrement de bras de mer enlaçant des îles et parsemés de nombreux parcs à huîtres. Le golfe du Morbihan est certainement l'un des sites de France les plus enchanteurs pour naviguer, entre les îles, en dériveur, en planche à voile ou en kayak de mer. *p. 334*

Bon à savoir : *on peut dormir sur l'île aux Moines.*

14 **S'offrir un véritable voyage dans le temps à Rochefort-en-Terre, dans son magnifique écrin de vieilles pierres.**

À l'évidence, cette Petite Cité de caractère, l'une des plus pittoresques de la Bretagne intérieure, fait basculer quatre siècles en arrière, tant son unité architecturale a été jalousement préservée. Construit sur un étonnant éperon de schiste dominant la vallée du Gueuzon, Rochefort semble niché dans un paysage onirique quasi montagneux, noyé dans la verdure. *p. 392*

Bon à savoir : *pendant les fêtes de fin d'année, la cité est entièrement illuminée. Le soir venu, c'est totalement magique !*

15 S'émerveiller devant les délirantes *Machines de l'île* et le *Carrousel des Mondes Marins* à Nantes, à la croisée des univers de Jules Verne et de Léonard de Vinci.

Dans les hangars des anciens chantiers navals, place au rêve face aux drôles de bestioles imaginées par des artistes géniaux. Un projet unique, en évolution permanente. *Le Grand Éléphant* est aujourd'hui devenu un emblème de Nantes, avec sa trompe articulée qui arrose les spectateurs. Quant au *Carrousel des Mondes Marins*, démentiel manège-sculpture de près de 25 m de haut, il vous embarque sur une mer peuplée de créatures fantasmagoriques. La Galerie-laboratoire révèle l'élaboration de l'incroyable *Arbre aux hérons*. *p. 462*

***Bon à savoir :** • lesmachines-nantes.fr •*

16 Respirer comme un air de Toscane au hasard des petites rues de Clisson, à la frontière de la Bretagne.

On se sent presque plus en Italie dans cette ville du sud de Nantes, recréée sur mesure au XIXe s par Frédéric Lemot, sculpteur de Napoléon, tombé sous le charme des lieux. Il achète les ruines du château et aménage le parc de la Garenne en jardin romantique, tandis que les plantes méditerranéennes font leur apparition. La ville prend alors une allure de peinture et inspire les artistes du moment : Flaubert, Théophile Gautier ou encore Alexandre Dumas. *p. 474*

© Rieger Bertrand/hemis.fr

17 **Embarquer à bord d'Escal'Atlantic à Saint-Nazaire et revivre les grandes heures des paquebots transatlantiques.**

Un endroit unique, aménagé dans l'ancienne et colossale base sous-marine, sur plus de 3 500 m². Comme des millions de passagers transitant d'un continent à l'autre, on pénètre dans le hall d'un paquebot, puis on déambule des cabines à la salle des machines. On en prend plein les mirettes, qu'on soit petit ou grand, persuadé d'être sur un vrai navire et de s'offrir en quelques minutes une traversée transatlantique (iceberg et vaisseau fantôme compris !). Une visite à coupler avec celle du sous-marin *Espadon*. *p. 530*

Bon à savoir : *• saint-nazaire-tourisme.com •*

© Frances-Wysocki/hemis.fr

18 **Se faire conter la fabuleuse histoire du sel dans les marais salants de Guérande.**

Il faut s'y promener à vélo, de préférence tôt le matin ou en soirée, une fois que le soleil se couche. Les couleurs y sont exceptionnelles avec toutes les nuances de gris, d'argent, de bleu, de vert, de mauve des bruyères et de blanc du sel, bien évidemment… Et c'est l'occasion de rapporter gros sel, fleur de sel ou sel aromatisé – des paludiers vendent leur production le long des routes. *p. 556*

Bon à savoir : *n'oubliez pas que la ville fortifiée de Guérande est splendide.*

© Lénaïn Hervé/hemis.fr

19 **Embarquer sur un bateau à fond plat et explorer le parc naturel régional de Brière, paradis des ornithologues.**

Deuxième marais de France après la Camargue, la Grande Brière se présente comme une mosaïque de canaux, de plans d'eau, de roselières, de prairies inondables. Immense tourbière que les pluies d'automne transforment en une vaste étendue d'eau, la Brière accueille une faune et une flore spécifiques. En outre, près de 3 000 chaumières en matériau du cru sont référencées, créant une atmosphère et un environnement uniques en son genre. C'est au fil de l'eau que l'on apprécie le mieux cet écosystème. *p. 568*

Bon à savoir : *liste des guides auprès de la Maison du Parc à Kerhinet ou dans les offices de tourisme. • parc-naturel-briere.com •*

© Berthier Emmanuel/hemis.fr

20 **Parcourir la région à vélo, sillonnée par un impressionnant réseau de pistes cyclables interconnectées.**

Avec *La Loire à Vélo,* arpentez le Pays nantais, avec *La Vélodyssée* suivez le littoral atlantique de Roscoff à Hendaye, en passant par la Loire-Atlantique. Gros atouts : peu de relief, et, tout au long des itinéraires, des hébergements labélisés « Accueil vélo », des loueurs de vélos, des réparateurs, etc. vous aideront dans votre périple. Deux guides du *Routard* sont d'ailleurs spécifiquement consacrés à ces itinéraires. *p. 41, 471, 483*

Bon à savoir : *• loireavelo.fr • et • lavelodyssee.com •*

Lu sur routard.com

Belle-Île-en-Mer, escapade iodée
(tiré du carnet de voyage de Virginie de Rocquigny)

Embarquement à Quiberon. 45 minutes le nez au vent, le regard rivé sur le continent qui s'éloigne tout doucement. La sirène retentit, vous voilà Bellilois le temps d'une échappée. À vous la douceur de vivre insulaire !

Le premier pas sur une île, c'est toujours la promesse d'une aventure. À peine débarqué dans le port du Palais, prenez le temps de monter sur les hauteurs de la ville. Vous profiterez d'une vue superbe sur le continent et les deux voisines de Belle-Île : Houat et Hoëdic. Et c'est vrai que cette île porte bien son nom ! La légende la dit née de la couronne de fleurs de la reine des fées de Brocéliande. La plus grande des îles bretonnes (19 km de long sur 9 km de large) est le joyau du golfe du Morbihan, avec sa campagne vallonnée, ses landes, ses belles plages, sa Côte Sauvage, ses petits ports et ses adorables villages.

S'il vaut mieux éviter les heures de forte affluence, le petit port animé du Palais mérite une visite. Situé au fond d'une ancienne ria, le Palais est dominé par la citadelle Vauban, ancien fort royal. C'est ici que vivent la moitié des 5 200 habitants de l'île. Son musée, qui porte sur l'histoire de l'île et ses hôtes illustres, mérite le détour.

C'est au Palais qu'il vous faut choisir votre moyen de locomotion. Le sentier côtier ravira les amateurs de randonnée. Il fait le tour de l'île, soit 82 km au total (4 à 5 jours de marche pour les plus téméraires), un itinéraire superbe et extrêmement varié. Pour ceux qui préfèrent ne marcher que sur quelques tronçons, vous pouvez emprunter le réseau de bus pour rejoindre les principaux centres d'intérêt. Le vélo est le meilleur moyen de se balader sur l'île, qui est jalonnée de plusieurs itinéraires bien fléchés. Préparez-vous à muscler vos mollets : ça monte et ça descend ! Dernière option pour avoir un aperçu de l'ensemble de l'île, si vous restez peu de temps, louer une voiture. C'est mieux que de venir avec son propre véhicule (réservation longtemps à l'avance nécessaire et passage pas donné).

Belle-Île, 19 km de long, offre une impressionnante diversité de paysages. Pour une virée à la plage, vous n'aurez que l'embarras du choix : l'île en compte 58 !

Si la façade sud-est de l'île respire la tranquillité et la douceur de vivre, la côte sauvage, exposée à l'océan, est bien plus rude. Pour se mesurer à l'immensité de l'océan, direction la pointe des Poulains, à l'extrémité nord-ouest de l'île. Nuages d'écume bouillonnante, grondement des vagues qui se fracassent sur les rochers… Le panorama est majestueux. L'îlot des Poulains, sur lequel se situe le phare, est relié à l'île par un chemin de sable, le tombolo. Attention, à marée haute, ce passage est immergé. Ne vous laissez pas piéger !

ITINÉRAIRES CONSEILLÉS

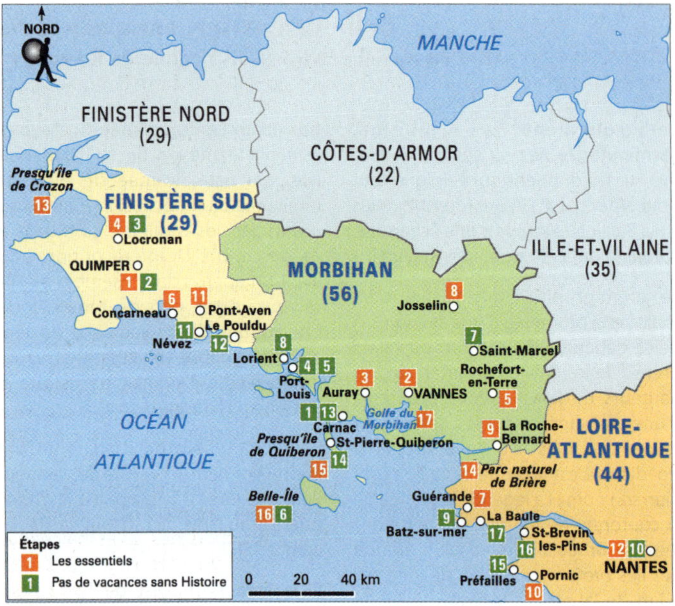

Les essentiels

Savez-vous que la Bretagne est la première région, après l'Île-de-France, pour la richesse de son patrimoine ? De Quimper à Nantes, le sud de la Bretagne est ponctué d'un fabuleux réseau de Villes d'art et d'histoire et de petites cités de caractère au patrimoine architectural exceptionnel. Parmi les plus notables, on ne peut manquer les maisons colorées à pans de bois de ***Quimper (1), Vannes (2), Auray*** et l'***adorable port de Saint-Goustan (3),*** l'authenticité des élégantes façades granitiques de ***Locronan (4), Rochefort-en-Terre (5),*** les belles ***Concarneau (6)*** et ***Guérande (7),*** enserrées dans leurs remparts, la médiévale ***Josselin (8),*** dont les vieilles demeures s'organisent autour du château, ou encore ***La Roche-Bernard (9)*** qui veille, perchée sur son éperon, sur la Vilaine, et, enfin, l'adorable petit port de pêche de ***Pornic (10).*** Plus bucolique et poétique, ***Pont-Aven (11)*** vous séduira autant que les peintres qui y ont fait école. Posez votre carrosse, car c'est encore à pied que ces villes se découvrent le mieux. Actuelle et dynamique, ***Nantes (12)*** séduit par ses quartiers aux styles marqués, témoins de sa riche histoire. Quant aux insatiables promeneurs, ils trouveront une nature intacte et majestueuse, faite de falaises escarpées, de landes désertes, de plages secrètes de la ***presqu'île de Crozon (13)*** au ***parc naturel de Brière (14),*** en passant par la ***Côte Sauvage de Quiberon (15), Belle-Île (16)*** la si bien nommée, et ***les îles du golfe du Morbihan (17)*** connues pour leur microclimat. Assaisonnez de sport, farniente, baignades et balades, et vous constaterez bien vite que « la Bretagne, ça vous gagne » !

Pas de vacances sans Histoire

Comme dans bien des régions, en Bretagne, les particularismes de l'histoire régionale se mêlent à la grande Histoire nationale. Pour reprendre le fil chronologique, tentez de résoudre, au cœur du golfe du Morbihan, donc à ***Carnac,*** à ***Locmariaquer*** ou à ***Gavrinis (1),*** le mystère des alignements mégalithiques. Choisie par les Romains, Quimper ne doit pas sa célébrité qu'aux faïences : l'élégante ***cathédrale Saint-Corentin (2)*** est l'une des plus anciennes cathédrales gothiques de Bretagne. Tel un décor de cinéma, ***Locronan (3)*** est d'une totale unité architecturale : ses superbes demeures et hôtels particuliers, harmonieusement ordonnés autour de la place principale, témoignent d'un temps où la ville produisait une toile utilisée par les flottes de toutes les puissances maritimes. Le ***musée de la Compagnie des Indes à Port-Louis (4)*** nous conte l'aventure de cette mythique compagnie. Les remarquables ***citadelles de Port-Louis (5)*** et ***de Belle-île (6),*** magnifiquement restaurées, ne sont pas l'œuvre de Vauban, même s'il a, par la suite, renforcé leurs défenses. Imprenable, celle de Belle-île fut l'un des derniers endroits libérés de France en mai 1945 ! Le petit village de Saint-Marcel, qui fut le théâtre de lourds combats, paya du reste un lourd tribu, ce qui est remarquablement expliqué au ***musée de la Résistance bretonne (7).*** Immanquables également, ***Lorient et son arsenal (8),*** comme le ***Grand Blockhaus de Batz-sur-Mer (9). Nantes (10),*** l'une des cinq villes Compagnon de la Libération, revendique une histoire riche (superbe ***musée du château des ducs de Bretagne*** où naquit la duchesse Anne) tout en s'inscrivant dans la modernité (fabuleux ***parcours Estuaire***), sans avoir peur d'un passé qu'elle regarde avec lucidité (émouvant ***Mémorial de l'abolition de l'esclavage***). Revivez, enfin, les grandes heures des premiers bains de mer et la construction des villas balnéaires en flanant du côté de ***Névez (11), Le Pouldu (12), Carnac-Plage (13), Saint-Pierre-Quiberon (14), Préfailles (15), Saint-Brevin-les-Pins (16)*** et ***la baie de La Baule (17).***

Saint-Goustan

© Jean-Marc Charles/Age fotostock

Avec les enfants

Non seulement les bambins sont peu sensibles aux caprices de la météo, mais la Bretagne leur réserve un tel panel d'activités qu'ils ne s'ennuieront jamais (vous non plus d'ailleurs !). Bien sûr, les apprentis mariniers sont particulièrement bien lottis : le ***Port-Musée de Douarnenez (1),*** la ***Cité de la Voile Éric-Tabarly à Lorient (2), Escal'Atlantic,*** le ***sous-marin Espadon*** et les ***chantiers navals à Saint-Nazaire (3)*** les passionneront à tout âge, tout comme l'***Océarium du Croisic (4).*** Pour tout savoir sur le monde de la pêche, direction la ***Cité de la pêche Haliotika au Guilvinec (5)*** et l'***Odyssum de Pont-Scorff (6).*** Les plus terriens s'amuseront surtout au ***parc de Branféré*** au ***Guerno (7),*** un émouvant parc animalier où Nicolas Hulot a implanté son école de sensibilisation à la biodiversité. La ***Maison de la chauve-souris*** à ***Kernascléden (8)*** est un lieu unique d'observation de ces animaux nocturnes. Étanchez leur soif de connaissance au ***musée de l'École rurale de Trégarvan (9),*** pour une approche émouvante de l'école en Bretagne. Belle découverte médiévale au ***château de Suscinio*** à ***Sarzeau (10),*** une merveilleuse résidence ducale qui n'a pas encore livré tous ses secrets ! Les ***constructions en pierres debout de Kerascouet*** et ***Kercanic (11)*** constituent une vraie curiosité en matière d'habitat traditionnel : on peut encore admirer ces petites chaumières de granit, coiffées de leurs toits de chaume. Comme au ***village de Poul-Fétan (12).*** Impossible, enfin, de faire l'impasse sur les marais salants et le métier de paludier à l'***Espace Sel et Nature-Terre de Sel*** de ***Pradel (13),*** près de Guérande. La ***Maison des jeux bretons*** de ***Saint-Jean-Trolimon (14)*** vous apprendra tout sur la galoche bigoudène et autres jeux traditionnels. À la croisée des mondes de Jules Verne et des automates de Léonard de Vinci, les

Machines de l'île à Nantes (15), peuplées de créatures fantasmagoriques, impressionnent les petits comme les parents. N'oubliez pas que le littoral breton aligne des kilomètres de ***plages*** pour s'adonner aux joies du ramassage de coquillages et bâtir des châteaux de sable. Enfin, comme le grand air creuse, on n'a rien trouvé de mieux pour 4-heures que de bons biscuits (pur beurre, siouplaît) ou une onctueuse crêpe beurre-sucre. Bonnes vacances, les loupiots !

En amoureux

Vous avez une envie d'escapade romantique avec votre moitié ? Cap sur la Bretagne, où les idées ne manquent pas pour conter fleurette. Musarder le long de la côte entre les petits ***ports du Belon et de Rosbras (1).*** Du sentier côtier, bordé de genêts, on jouit d'un superbe panorama sans entrave entre ciel, mer et rivière, et d'une incroyable palette de jeux de lumières. Les peintres de l'école de Pont-Aven l'avaient bien compris ! Un peu plus loin, le ***port Merrien (2),*** lové au fond d'une petite anse, est sans doute le plus secret. Décor plus théâtral mais tout aussi romantique à la ***pointe des Poulains (3),*** sur ***Belle-Île,*** où Sarah Bernhardt abrita ses amours. Juste à côté, le ***jardin Éden du Voyageur*** constitue, dans un désordre naturel, une ode à la rêverie. Le ***domaine de Trévarez (4),*** ouvert toute l'année, présente des variétés remarquables de fleurs aux amoureux… des plantes ! (Re)déclarez votre flamme sur l'***île de Saint-Cado (5),*** une perle reliée au continent par un romantique pont de pierre, devant le superbe ***enclos paroissial de Sainte-Marie-du-Menez-Hom*** près de ***Plomodiern,*** ou à la ***chapelle Sainte-Barbe,*** près du ***Faouët (6),*** qui apparaît tel un mirage lorsqu'on y arrive par le haut du ravin, via un escalier monumental. Le sentier en contrebas conduit à la fontaine Sainte-Barbe où les jeunes filles impatientes de trouver un époux viennent jeter des épingles ! Laissez les crapauds vous conter les amours de Merlin et Viviane en faisant le tour du lac du ***château de Comper,*** en ***forêt de Brocéliande (7).*** Assumez votre flamme (et votre flemme) en vous faisant chouchouter dans l'une des nombreuses ***thalasso*** bretonnes. Programme plus actif du côté de la ***presqu'île de Rhuys (8)*** que vous découvrirez à vélo avant d'assister au coucher de soleil du petit port du Logeo, à Sarzeau. Aux beaux jours, enfin, quoi de plus romantique que de poser sa serviette sur la ***plage (saint ?) Valentin sur la Côte d'Amour (9),*** à Batz-sur-Mer ?

Le domaine de Trévarez

© René Mattes/Mauritius Images/Age fotostock

La pointe des Poulains, Belle-Île-en-Mer

COMMENT Y ALLER ?

PAR LA ROUTE

➢ ***Le covoiturage :*** le principe est simple, économique, écologique. Il s'agit de mettre en relation un chauffeur et des passagers afin de partager le trajet et les frais, que ce soit de manière régulière ou de manière exceptionnelle (pour les vacances, par exemple). • *blablacar.fr* • (disponible sur le Web et sur mobile).

Tarifs autoroutiers

Pour préparer votre voyage (simulation d'itinéraires) et connaître le coût des principaux tronçons autoroutiers, consultez le site • *autoroutes.fr* •

Les petites routes tranquilles

➢ ***Pour Redon et le Pays gallo :*** l'idéal est de musarder en Anjou avant d'y arriver. Une départementale méconnue vous mènera à Redon par Guémené-Penfao (Loire-Atlantique), à ne pas confondre avec Guémené-sur-Scorff (Morbihan), patrie de l'andouille.

➢ ***Pour Vannes, Lorient, Quiberon, Carnac et toute la côte sud de la Bretagne, jusqu'à Quimper :*** principal accès par la voie express Nantes-Quimper-Brest qui dessert très bien le littoral et se ramifie en de nombreuses routes secondaires. Mais la circulation peut y être très dense les jours redoutés par Bison Futé. Venant de Paris ou de la Normandie, on préfère, à condition d'avoir le temps, la route du centre de la Bretagne, celle qui part de Rennes et passe par la forêt de Brocéliande (escale indispensable) et par Ploërmel.

➢ ***Pour Nantes et la Loire-Atlantique :*** l'accès le plus direct reste l'autoroute A 11, l'Océane. Au Mans, l'A 81 conduit à Laval. Nantes... tout le monde descend. Elle devient ensuite N 165 vers Saint-Nazaire et La Baule. Mais la plus belle manière de rejoindre la ville d'Anne de Bretagne, pour ceux qui ont le temps, reste sans conteste la route des rives de la Loire. Pour cela, sortez à Angers, passez la Corniche angevine, Chalonnes, Ingrandes (limite de l'Anjou et de la Bretagne), Saint-Florent-le-Vieil, Liré (patrie de Joachim Du Bellay), et prenez la D 751 par Champtoceaux.

EN BUS

Le réseau de bus longue distance s'étant intensifié ces dernières années, le plus pratique est de consulter le comparateur de billets d'autocars (• *comparabus.com* •) qui regroupe les compagnies présentes en France: *Ouibus, Eurolines/Isilines, Flixbus.* De nombreuses villes sont desservies sur tout l'Hexagone avec, régulièrement, de nouvelles dessertes. À vous de voir, en temps réel, les liaisons existantes. Un lien vers les compagnies permet d'acheter ses billets en direct.

EN TRAIN

Au départ de Paris

En juillet 2017 ouvrira la ligne à grande vitesse Bretagne – Pays de la Loire, qui fera gagner 40 à 50 mn pour toutes les gares de Bretagne sur le trajet depuis Paris. Et Rennes sera à 1h27 de Paris.

D'autres travaux de modernisation des voies sont actuellement en cours dans le but, là encore, de rapprocher la pointe de la Bretagne. Objectif visé : Brest à 3h de Paris !

➢ ***De Paris :*** les TGV pour la Bretagne Sud partent de la ***gare Montparnasse.*** Depuis la région parisienne, départ des gares Aéroport-Charles-de-Gaulle, Marne-la-Vallée – Chessy et Massy-TGV. Nombreuses fréquences ***Vannes, Lorient*** et ***Quimper.***

➢ ***TGV Atlantique direct pour Nantes, Saint-Nazaire, La Baule*** ou ***Le Croisic,*** via ***Le Mans*** et ***Angers.*** Départs ttes les 30 mn à 1h30.

Au départ de la province

➢ ***Lille :*** TGV (Atlantique) directs vers Nantes, Vannes et Lorient via Roissy-Charles-de-Gaulle ou correspondance par Paris.

➢ ***Lyon :*** TGV directs avec Nantes.

➢ ***Marseille :*** TGV direct via Aix-en-Provence (6h40 de trajet).

➢ ***Strasbourg :*** TGV directs avec Nantes.

➢ ***Bordeaux :*** trains interrégionaux directs avec Nantes.

Pour voyager au meilleur prix

La SNCF propose des tarifs adaptés à chacun de vos voyages.

➢ ***Prem's :*** des petits prix disponibles toute l'année. Billets non échangeables et non remboursables (offres soumises à conditions). Impossible de poser des options de réservation sur ces billets : il faut les payer immédiatement.

➢ ***Les IDTGV :*** des prix mini, à saisir sur Internet uniquement.

➢ ***Les tarifs Loisirs***

Billets échangeables et remboursables. Pour bénéficier des meilleures réductions, pensez à réserver vos billets à l'avance (les réservations sont ouvertes jusqu'à 90 jours avant le départ) ou à voyager en période de faible affluence.

➢ ***Les cartes de réduction***

Pour ceux qui voyagent régulièrement, profitez de réductions garanties tout le temps avec les cartes Enfant +, Jeune, Week-end ou Senior + (valables 1 an).

Renseignements et réservations

– ***Internet :*** • *voyages-sncf.com* •

– ***Téléphone :*** ☎ *36-35 (0,40 € TTC/mn).*

– Également dans les gares, les boutiques SNCF et les agences de voyages agréées.

Comment circuler en Bretagne Sud ?

Le TER

La Région Bretagne et SNCF proposent des tarifs régionaux accessibles à tous pour voyager en train ou en car TER Bretagne : l'abonnement Uzuël pour les voyageurs fréquents (75 % de réduc), les prix ronds pour les voyageurs occasionnels (de 5 à 28 € selon la distance parcourue, avec l'aller-retour au prix de l'aller tous les samedis) et la gratuité pour les moins de 12 ans accompagnés d'une personne payante, tout le temps (gratuit jusqu'à 4 enfants de moins de 12 ans par accompagnateur payant). Pour les jeunes, le tarif TER moins de 26 ans coûte 8 € pour un trajet de moins de 150 km et 15 € au-delà.

Pour découvrir la Bretagne Sud

Voyagez avec le train touristique *Tire-Bouchon* et rejoignez la presqu'île de Quiberon en toute sérénité. *Circule tlj en juil-août ainsi que les w-e de la 2de quinzaine de juin et de la 1re quinzaine de sept. Billet A/R : 6,20 €. Pass journée : 7,90 € (tarif 2016).*

Pour tout renseignement

– ***N° Vert :*** ☎ *0800-880-562 (appel gratuit depuis un poste fixe, lun-ven 6h15-20h et sam 10h-17h).*

– ***Internet :*** • *ter.sncf.com/bretagne* •

– ***Pour se déplacer facilement en Bretagne Nord :*** • *breizhgo.com* • Ce site permet de planifier vos déplacements en train, car, bus, métro, tramway...

▲ **TRAINLINE**

Une nouvelle façon simple et rapide d'acheter vos billets de train sur le web, mobile et tablette. Réservez vos billets pour voyager en France et dans plus

de 20 pays européens. Consultez les tarifs et les horaires dans une interface claire et sans publicités. Trainline compare les prix de plusieurs transporteurs européens pour vous garantir le meilleur tarif.

Réservations et paiements sur • trainline.fr • et sur mobiles avec l'application Trainline pour iPhone et Android. Et pour répondre à vos questions : • guichet@trainline.fr •

EN AVION

✈ ***Aéroport de Nantes-Atlantique :*** *à* ***Bouguenais.*** *☎ 0892-568-800 (0,40 €/mn). • nantes.aeroport.fr • À 12 km au sud-ouest du centre. Liaison par navette aéroport avec le centre-ville ttes les 20 mn lun-sam, 5h30-23h, ttes les 30 mn dim et j. fériés, 6h15-23h.* Nombreux vols à destination et en provenance de Paris, Marseille, Bordeaux, Strasbourg, Toulouse, Perpignan, Lyon, Ajaccio, Montpellier, Nice... avec *HOP !* et *Air France*. Desserte également de nombreuses villes européennes, notamment avec *Easyjet, Flybe, Ryanair, Vueling...*

✈ ***Aéroport de Lann-Bihoué-en-Plœmeur à Lorient :*** *☎ 02-97-87-21-50. • lorient.aeroport.fr •* Dessert Paris-Orly-Ouest avec *HOP !* (voir plus loin).

✈ ***Aéroport de Quimper-Cornouaille :*** ***Pluguffan.*** *☎ 02-98-94-30-30. • quimper.aeroport.fr •* Dessert Orly avec *HOP !* et, l'été seulement, Figari avec *HOP !* et Londres avec *Bristish Airways • britishairways.com •* Voir plus loin pour les vols avec *HOP !*

▲ **AIR FRANCE**

Rens et résas au ☎ 36-54 (0,35 €/mn – tlj 6h30-22h), sur • airfrance.fr •, dans les agences Air France et dans ttes les agences de voyages. Fermées dim.

➢ Au départ de Paris (Roissy-Charles-de-Gaulle et Orly), Air France dessert Nantes et Brest avec des vols directs quotidiens.

➢ Liaisons directes de Nantes vers Marseille et Nice. Sans compter les liaisons avec la compagnie *HOP !* (voir ci-après).

Air France propose des tarifs attractifs toute l'année. Pour consulter les meilleurs tarifs du moment, allez directement sur la page « Nos meilleurs tarifs » sur • airfrance.fr • *Flying Blue,* le programme de fidélité gratuit d'Air France, permet de gagner des *Miles* en voyageant sur les vols Air France, KLM, Hop et les compagnies membres de *Skyteam,* mais aussi auprès des nombreux partenaires non aériens *Flying Blue.* Les *Miles* peuvent ensuite être échangés contre des billets d'avion ou des services (surclassement, bagage supplémentaire, accès salon...) ainsi qu'auprès des partenaires. Pour en savoir plus, rendez-vous sur • flyingblue.com •

▲ **HOP !**

Rens et résas sur • hop.com • ou • airfrance.fr •, dans ttes les agences de voyages ainsi qu'aux centres d'appel : ☎ 36-54 (0,35 €/mn, tlj) ou ☎ 0892-70-22-22 (0,35 €/mn, tlj).

➢ ***Depuis Brest,*** vols directs vers Lyon, Marseille et Paris.

➢ ***Depuis Quimper,*** vols directs vers Paris-Orly. Vols saisonniers vers Figari.

➢ ***Depuis Nantes,*** vols directs vers Bordeaux, Lille, Lyon, Marseille, Montpellier, Nice, Paris, Strasbourg, Toulouse et Perpignan. Vols saisonniers vers Calvi et Figari. Également en Europe, vers Düsseldorf, Bruxelles et Milan. Vols saisonniers vers Calvi et Figari.

➢ ***Depuis Lorient,*** vols directs vers Paris-Orly.

BON À SAVOIR AVANT LE DÉPART

ABC de la Bretagne

- ***Superficie :*** 34 023 km² (5 % de la France métropolitaine, Loire-Atlantique incluse).
- ***Préfecture régionale :*** Rennes.
- ***Préfectures départementales :*** Rennes (Ille-et-Vilaine ; Bretagne Nord) ; Saint-Brieuc (Côtes-d'Armor ; Bretagne Nord) ; Quimper (Finistère) ; Vannes (Morbihan).
- ***Population :*** env 3 220 000 habitants.
- ***Densité :*** 120 hab./km².
- ***Principaux secteurs d'activité :*** agriculture et agroalimentaire, pêche, automobile, tourisme, construction navale. La Bretagne se situe à la 7e place du classement des économies régionales.
- ***Phares :*** plus d'un tiers des phares répertoriés en France sont situés en Bretagne.
- ***Le sentier des douaniers :*** long de 1 800 km, on peut le parcourir en... 80 jours (en moyenne).

INFOS PRATIQUES

Adresses et infos utiles

À Paris

■ ***Maison de la Bretagne :*** *8, rue de l'Arrivée, 75015. ☎ 01-53-63-11-50. • maisondelabretagne.com • Ⓜ Montparnasse-Bienvenüe. Lun-ven 9h30-18h.*

■ ***Gîtes de France :*** *40, av. de Flandre. ☎ 01-49-70-75-75. • gites-de-france.com • Ⓜ Stalingrad. Plus d'accueil public, commandes slt par tél ou Internet.* Les résas sont à faire auprès des relais départementaux des Gîtes de France (indiqués dans ce guide en introduction de chaque département).

■ ***Ti Ar Vretoned*** (autrefois appelée la *Mission bretonne*) *: 22, rue Delambre, 75014. ☎ 01-43-35-26-41. • contact@missionbretonne.org • missionbretonne.org • Ⓜ Montparnasse-Bienvenüe, Vavin ou Edgar-Quinet. Ouv lun, mar, mer et ven 18h-23h ; sam 10h30-13h30. Téléphoner avt pour que l'on vous ouvre.* L'association culturelle la plus active de Paris. Organise des conférences, des concerts et *festoù-deiz.*

■ ***Coop Breizh :*** *10, rue du Maine, 75014. ☎ 01-43-20-84-60. • coop-breizh.fr • Ⓜ Montparnasse-Bienvenüe, Edgar-Quinet ou Gaîté. Tlj sf dim, 10h-13h, 14h-19h.* La librairie bretonnante de la capitale. Fonds très riche : livres, disques, journaux et périodiques bretons. Souvenirs, jolies cartes postales, etc. Accueil hyper sympa, ça va de soi ! Également spécialiste de la culture celte.

En Bretagne

ℹ ***Comité régional du tourisme :*** *1, rue Raoul-Ponchon, 35069 Rennes Cedex. ☎ 02-99-28-44-30. • tourismebretagne.com •* Toute l'information touristique : hébergements, loisirs, destinations... et brochures téléchargeables.

Comités départementaux du tourisme : se reporter aux chapitres correspondants.

Institut culturel de Bretagne : *château de l'Hermine, 6, rue de la Porte-Poterne, 56000 Vannes. ☎ 06-31-32-32-04.* • *postel@skoluhelarvro.bzh* • *skoluhelarvro.bzh* • Multiples renseignements sur la culture bretonne.

Carte d'adhésion internationale aux auberges de jeunesse (carte FUAJ)

Cette carte vous ouvre les portes des 4 000 auberges de jeunesse du réseau *HI-Hostelling International* en France et dans le monde. Vous pouvez ainsi parcourir 90 pays à des prix avantageux et bénéficier de tarifs préférentiels avec les partenaires des Auberges de Jeunesse *HI*. Enfin, vous intégrez une communauté mondiale de voyageurs partageant les mêmes valeurs : plaisir de la rencontre, respect des différences et échange dans un esprit convivial. Il n'y a pas de limite d'âge pour séjourner en auberge de jeunesse. Il faut simplement être adhérent.

Renseignements et inscriptions

- ***En France :*** • *hifrance.org* •
- ***En Belgique :*** • *lesaubergesdejeunesse.be* •
- ***En Suisse :*** • *youthhostel.ch* •
- ***Au Canada :*** • *hihostels.ca* •

Si vous prévoyez un séjour itinérant, vous pouvez réserver plusieurs auberges en une seule fois en France et dans le monde : • *hihostels.com* •

Carte internationale d'étudiant (carte ISIC)

Elle prouve le statut d'étudiant dans le monde entier et permet de bénéficier de tous les avantages, services et réductions dans les domaines du transport, de l'hébergement, de la culture, des loisirs, du shopping...
La carte ISIC permet aussi d'accéder à des avantages exclusifs sur le voyage (billets d'avion spécial étudiants, hôtels et auberges de jeunesse, assurances, location de voitures...).

Renseignements et inscriptions

- ***En France :*** • *isic.fr* • *13 € pour 1 année scolaire*
- ***En Belgique :*** • *isic.be* •
- ***En Suisse :*** • *isic.ch* •
- ***Au Canada :*** • *isiccanada.com* •

BUDGET

Recommandation à ceux qui souhaitent profiter des réductions et avantages proposés dans le *Routard* par les hôteliers et les restaurateurs.

À l'hôtel, pensez à les demander **au moment** de la réservation ou, si vous n'avez pas réservé, **à l'arrivée.** Ils ne sont valables que pour les réservations en direct et ne sont pas cumulables avec d'autres offres promotionnelles (notamment sur Internet). Au restaurant, parlez-en **au moment** de la commande et surtout **avant** que l'addition ne soit établie. Poser votre *Routard* sur la table ne suffit pas : le personnel de salle n'est pas toujours au courant et une fois le ticket de caisse imprimé, il est difficile de modifier le total. En cas de doute, montrez la notice relative à l'établissement dans le *Routard* de l'année, bien sûr, et ne manquez pas de nous faire part de toute difficulté rencontrée.

Nous vous indiquons ci-dessous l'échelle des tarifs auxquels nous nous référons pour l'ensemble de nos guides France.

Hébergement

D'une manière générale, nous indiquons des fourchettes de prix allant de la chambre double la moins chère en basse saison à la plus chère en haute saison. Ce qui implique parfois d'importantes fourchettes de prix, pas toujours en adéquation avec la rubrique dans laquelle l'établissement est cité. Le classement retenu est donc celui du prix de la majorité des chambres et de leur rapport qualité-prix.
À noter que lorsque les lieux d'hébergement sont équipés d'un accès Internet et/ou wifi, nous le mentionnons sans autre précision. Si le coût en est élevé, on l'indique (cher).
– Les tarifs des ***campings*** sont calculés sur la base d'un emplacement pour deux avec tente et voiture en haute saison. Ils sont classés en tête de rubrique « Où dormir ? ».
– ***Les auberges de jeunesse*** et ***gîtes d'étape*** pratiquent en règle générale des tarifs « Bon marché » pour une nuitée en dortoir (avec ou sans les draps). Le tarif indiqué est celui du lit en dortoir et/ou parfois de la chambre double, quand il y en a.
– ***En chambres d'hôtes,*** les prix sont donnés sur la base d'une chambre double. Ils incluent le petit déjeuner. Les cartes de paiement sont rarement acceptées. Dans les cas contraires, nous indiquons « petit déj en sus » et « CB acceptées ».
– Concernant les ***hôtels,*** la base reste celle d'une nuit en chambre double (sans petit déjeuner).
– ***Bon marché :*** jusqu'à 50 €.
– ***Prix moyens :*** de 50 à 80 €.
– ***Chic :*** de 80 à 120 €.
– ***Plus chic :*** de 120 à 150 €.
– ***Beaucoup plus chic :*** au-delà de 150 €.

Restaurants

Notre critère de classement est le prix du premier menu servi le soir (hors boissons). Les notions de « Prix moyens » ou « Plus chic » n'engagent donc que les prix. Autrement dit, certains restos chic proposant parfois d'intéressantes formules, notamment au déjeuner, pourront malgré tout être classés dans la rubrique « Plus chic » en raison des tarifs pratiqués le soir.
– ***Très bon marché :*** moins de 15 €.
– ***Bon marché :*** de 15 à 25 €.
– ***Prix moyens :*** de 25 à 35 €.
– ***Chic :*** de 35 à 50 €.
– ***Plus chic :*** plus de 50 €.

VIVE LES MARIÉS !

En Bretagne, selon la tradition, chaque invité payait son repas. Cette règle démocratique permettait à tous, riche ou pauvre, d'inviter tout le village. Cette tradition existe encore dans certains endroits.

CLIMAT BRETON : ORAGES ET DES ESPOIRS !

Nulle part ailleurs, le ciel ne change aussi rapidement : gris et nuageux un jour, d'un bleu pur le lendemain. Brumeux à l'aube, clair à midi, parfait dans la soirée. Nulle part ailleurs, le ciel n'a d'aussi belles couleurs. Car ici, le temps

marche avec les marées et suit les cycles de la lune. « Il pleut toujours en Bretagne », dit-on. Comme s'il ne pleuvait pas ailleurs !
Erreurs, clichés et préjugés défavorables ont dessiné une Bretagne promontoire archi-humide de l'Europe occidentale. Il y pleut, bien sûr. Mais il y fait beau aussi. Très beau même, quand le vent l'a décidé.
Entourée par deux mers, la Manche et l'Atlantique, la péninsule armoricaine jouit d'un vrai climat océanique, doux et tonique. Il ne fait jamais très froid ni trop chaud. L'air du littoral est si riche en iode que le seul fait de le respirer est déjà une cure de bien-être. Allez-y en arrière-saison si vous le pouvez, vous aurez un temps souvent exceptionnel. C'est en hiver que la Bretagne subit ses plus fortes tempêtes.
– ***La côte sud :*** climat plus ensoleillé, plus chaud, plus sec que sur la côte nord. À Carnac (Morbihan), il y a seulement 128 jours de pluie en moyenne par an et 2 055 heures de soleil. Par comparaison, Biarritz compte 177 jours de pluie par an. La température moyenne dans le Morbihan est de 18 °C en été. La côte sud du Finistère jouit aussi de ces avantages avec des microclimats : Pays fouesnantais, Pays bigouden.
– ***Stations climatiques classées :*** Carnac, Quiberon.

LE JOUR LE PLUS LONG

Grâce à son positionnement géographique, la Bretagne connaît en été une durée du jour plus longue que partout ailleurs en France : plus on va vers l'ouest, plus les jours rallongent. Or, comme l'heure légale est fixée à Paris, la latitude ouest accorde presque une heure de lumière en plus par rapport à l'est du pays !

Répondeur météo

■ ***Météo France :*** *☎ 08-99-71-02 + numéro du département (2,99 €/mn). Pour la météo marine, composer le ☎ 08-99-71-08-08 (2,99 €/mn).* Bulletins pour les activités de bord de mer et la navigation : rivage, glisse, côte et large.

LIVRES DE ROUTE

En voyage, le livre audio, c'est malin. Écoutez un extrait de ***Fleur de tonnerre*** de Jean Teulé, lu par Jean-Christophe Lebert, et vous serez déjà en Bretagne. *Extrait offert par Audiolib.*
– ***Le Cheval d'orgueil,*** de Pierre Jakez Hélias (éd. Terre humaine/Plon, 2001 ; Pocket, 1999). Les mémoires d'un Breton du Pays bigouden. Un des incontournables de la littérature bretonne, vendu à plus de 2 millions d'exemplaires. En ravivant les coutumes et traditions, ce succès a redonné leur fierté aux Bretons.
– ***Composition française,*** Mona Ozouf (Folio, 2016). Cette ancienne directrice de recherche en histoire au CNRS, fille d'instituteurs bretons bretonnants, est née à Lannilis (Finistère nord). Dans sa *Composition française,* elle revient sur son enfance et sa famille, partagée entre l'attachement à la culture bretonne (son père était un autonomiste breton), l'école publique où lui sont transmises les valeurs de la république et son éducation religieuse. Enfin, elle comprend l'hostilité de l'église à l'égard de l'école laïque. Ces souvenirs donnent lieu à une galerie de portraits vivants, émouvants.
– ***L'Île des capitaines,*** de Jean Bulot (1988 ; éd. De Certaines, 2001). Chroniques maritimes et sociales d'une île du Ponant du XVIIe au XXe s. Jean Bulot, ancien commandant de l'*Abeille Flandre,* un des remorqueurs de haute mer les plus

puissants du monde, basé à Brest, fait ici référence à son île natale, l'île d'Arz, dans le golfe du Morbihan, qui a engendré nombre de carrières brillantes dans la marine.

- ***La Légende de la mort chez les Bretons armoricains,*** d'Anatole Le Braz (1902 ; éd. Nabu Press, 2014). Un des plus célèbres écrivains et collecteurs de légendes bretonnes nous décrit ici l'importance de la mort et de sa personnification, l'*Ankou,* dans l'imaginaire breton.
- ***Pêcheur d'Islande,*** de Pierre Loti (1886 ; éd. Gallimard, « Folio », 1988). Beaucoup de force romanesque, mais surtout une description fidèle de la rude vie des pêcheurs d'Islande fin XIXe-début XXe s. Le départ en campagne de pêche, l'attente de la femme amoureuse et inquiète, les naufrages, etc.
- ***La Route des zincs,*** de Pol Guyomarc'h et Jean-Claude Crosson (éd. Keltia Graphic et Coop Breizh, 2003). La Bretagne à travers ses troquets de charme, avec illustrations et textes. Un guide des comptoirs, ça change des conteurs.
- ***Ils sont fous ces Bretons,*** d'Erwan Vallerie et Nono (Coop Breizh, 2003). Pour ceux qui veulent s'installer en Bretagne ou pour les Bretons qui croient connaître leur région, ce bouquin plein d'humour passe en revue tous les clichés sur les descendants d'Astérix : ils seraient têtus, alcooliques et vivraient constamment sous la pluie. Même pas vrai, d'abord !
- ***La jambe gauche de Joe Strummer,*** de Caryl Férey (Folio policier, 2007). Avant de situer ses romans policiers dans des contrées aussi lointaines que l'Argentine ou la Nouvelle-Zélande, ce Breton a d'abord écrit sur sa région natale. Mc Cash, ancien flic, reçoit un jour une lettre lui annonçant qu'il est le père d'une petite fille, mêlée à une histoire étrange de meurtre. Mêlant humour noir et suspense haletant, ce roman est le parfait compagnon pour découvrir la Bretagne.
- ***Un été à Pont-Aven,*** de Jean-Luc Bannalec (trad. Amélie de Maupeou, Presses de la Cité, 2014). De son vrai nom Jörg Bong, cet Allemand passionné par la Bretagne a écrit une trilogie de romans policiers, dont le héros, le commissaire Dupin, a fait la renommée. Dans cet opus, ses enquêtes iodées nous plongent au cœur du Finistère. Véritable succès en Allemagne, il est même adapté en téléfilm.
- ***La collection des Astérix*** (textes de Goscinny, dessins d'Uderzo, éd. Dargaud). Évidemment, tout le monde connaît le village des Gaulois bretons ou Bretons gaulois. À noter qu'*Astérix chez les Bretons* se passe... en Grande-Bretagne (ils sont fous ces linguistes !).
- ***Deux vagabonds en Bretagne,*** de Pierre Josse et Bernard Pouchèle (éd. Terre de Brume, 2000). Une histoire d'amour avec la Bretagne en 200 photos noir et blanc, pleines de nostalgie, souvent insolites, illustrant des textes à l'humour décalé et bourrés de tendresse. Une Bretagne très fantasmée, mais si vraie, à découvrir et à déguster sans modération ! Hélas épuisé, mais on le trouve encore sur les sites (neuf ou d'occasion).
- ***Histoire de la faïence de Quimper,*** de Bernard Jules Verlingue (éd. Ouest-France, 2011). On découvre les 300 ans d'histoire de cette production locale qui a fait la renommée de Quimper dans le monde entier. Un ouvrage complet et hyper bien documenté.
- ***Guide de la pêche à pied en Bretagne,*** de Loïk Le Floch-Prigent (Coop Breizh, 2015). L'auteur livre ses conseils et astuces pour récolter coquillages et crustacés, mais aussi ses recettes pour les accommoder dans l'assiette.

MUSÉES ET MONUMENTS NATIONAUX

Les monuments et musées nationaux sont gratuits pour les enseignants et les jeunes européens de moins de 26 ans. • *monuments-nationaux.fr* • *rmn.fr* •
Pour la région Bretagne Sud sont concernés :
- les ***alignements de Carnac*** (56340) ;
- le site des ***mégalithes de Locmariaquer*** (56740).

PERSONNES HANDICAPÉES

Le label Tourisme et Handicap

Ce label national, créé par le secrétariat d'État à la Consommation et au Tourisme en partenariat avec les professionnels du tourisme et les associations représentant les personnes handicapées, permet d'identifier les lieux de vacances (hôtels, campings, sites naturels, etc.), de loisirs (parcs d'attractions, etc.) ou de culture (musées, monuments, etc.) accessibles aux personnes handicapées. Il apporte aux touristes en situation de handicap une information fiable sur l'accessibilité des lieux. Cette accessibilité, visualisée par un pictogramme correspondant aux quatre types de handicaps (moteur, visuel, auditif et mental), garantit un accueil et une utilisation des services proposés avec un maximum d'autonomie dans un environnement sécurisant.

Pour connaître la liste des sites labellisés : • *france.fr* • rubrique « Tourisme et Handicaps ».

TOURISME & HANDICAP

Par ailleurs, dans notre guide, nous indiquons par le logo ♿ les établissements qui possèdent un accès ou des chambres pouvant accueillir des personnes handicapées. Certaines adresses sont parfaitement équipées selon les critères les plus modernes. D'autres, plus simples, plus anciennes aussi, sans répondre aux normes les plus récentes, favorisent l'accueil des personnes handicapées en facilitant l'accès à leur établissement, tant sur le plan matériel que sur le plan humain. Évidemment, les handicaps étant très divers, des lieux accessibles à certaines personnes ne le seront pas pour d'autres. Appelez donc auparavant pour savoir si l'équipement de l'hôtel ou du resto est compatible avec votre niveau de mobilité.

SITES INTERNET

Vous trouverez de nombreux sites internet sur la région. Voici, à notre avis, les plus intéressants à explorer :

• ***routard.com*** • Le site de voyage n° 1 avec 750 000 membres et des millions d'internautes chaque mois. Partagez vos expériences avec la communauté de voyageurs : forums de discussions, avis, bons plans et photos. Pour s'inspirer et s'organiser, plus de 250 fiches pays actualisées avec les infos pratiques, les incontournables et les dernières actualités, ainsi que des reportages terrains et des carnets de voyage. Enfin, vous trouverez tout pour vos vols, hébergements, activités et voitures pour réserver votre voyage au meilleur prix. Routard.com, votre voyage de A à Z !

• ***bretagne.com*** • Tout type d'infos sur la Bretagne, sa culture (contes et légendes, patrimoine, gastronomie) et des infos pratiques (météo, agenda, etc.). La rubrique « Sorties en Bretagne » permet de télécharger des balades audio en MP3 !

• ***tourismebretagne.com*** • Portail touristique du conseil régional. Bien fait et très complet : patrimoine, gastronomie, randonnées, thalassothérapie, cartographie, vidéos, etc.

• ***ouest-france.fr*** • L'actualité régionale avec le quotidien le plus lu de France.

• ***letelegramme.com*** • En plus des habituelles pages locales, régionales, nationales et internationales, *Le Télégramme* fait la part belle à la culture bretonne.

• ***tebeotv.fr*** • Le site d'une chaîne de TV encore récente, diffusée seulement sur le Finistère.
• ***partitions.bzh*** • Chansons et partitions bretonnantes ou celtes (gratuites), extraits sonores plutôt amusants, bonne description des instruments, etc.
• ***bretagne-web.net*** • Le site des amoureux de la Bretagne, de très belles photos, des idées d'excursions, des infos pratiques et des webcams un peu partout en Bretagne pour voir les lieux en temps réel 24h/24.
• ***rando.abri.free.fr*** • Des itinéraires de promenades détaillés et visualisables sur une carte, aux quatre coins de la Bretagne. Réservation d'hébergements avec le réseau d'adresses labellisées « Rando Accueil ».
• ***recettes-bretonnes.fr*** • Du *kig ha farz* au *kouign amann,* en passant par le far breton et les crêpes flambées, tous les secrets des spécialités bretonnes salées et sucrées.
• ***breizhgo.com*** • Ce site vise à développer le transport collectif en Bretagne, enjeu crucial du développement durable, en proposant des alternatives à la route.
• ***culture.paysdelaloire.fr*** • Site de la région sur l'ensemble des activités culturelles. Carte interactive des festivals, l'été.
• ***revue303.com*** • Très belle revue consacrée aux Pays de la Loire ; on la trouve dans les musées, les librairies spécialisées ou dans les Maisons de la presse.
• ***regionfrance.com*** • Liste des villes et villages classés Plus beaux villages de France, et des Jardins remarquables.

SPORTS ET LOISIRS

Randonnées

La Bretagne dispose de 5 000 km de sentiers à parcourir à pied. Il faut distinguer différents types d'itinéraires : GR 34, sentier du littoral, côtier ou des douaniers (c'est le même) ; sentiers de grande randonnée ou GR ; sentiers de promenades et randonnées, ou PR, d'une journée. Certains de ces chemins en boucle longent les canaux en empruntant les anciens chemins de halage.
– ***Le sentier côtier, du littoral ou des douaniers*** *(GR 34)* fait l'objet d'une protection particulière de la part du Conservatoire du littoral sur certains secteurs. Il est soumis à des règlements de fréquentation lors des traversées de réserves ornithologiques. Il oblige les riverains du domaine public maritime à laisser un passage de 3 m entre la limite de leur propriété et celle des plus hautes eaux.
– ***Les sentiers de grande randonnée bretons*** *(GR 3, 34, 341, 342, 37, 38, 39)* sont balisés de blanc et de rouge. Ils vont d'un point à un autre, mais le retour sur le même sentier permet d'apprécier la différence de paysage, notamment sur le littoral.
– Les très nombreux ***sentiers de promenades et randonnées*** *(PR)* sont balisés de jaune ou parfois d'autres couleurs à thème. Ils proposent des circuits au départ des points touristiques ou des gîtes d'étape. Leur durée va de 1h environ à la journée au maximum. Ce sont les sentiers idéaux pour être suivis en famille ou par des petits marcheurs.
Pour tous ces sentiers, la durée de l'itinéraire est estimée selon une marche de 4 km à l'heure sans les arrêts. Et n'oubliez pas les haltes photos !

ℹ ***Comité régional du tourisme de Bretagne :*** *1, rue Raoul-Ponchon, 35069 Rennes Cedex.* ☎ *02-99-28-44-30.* • *rando.tourismebretagne.com* • Un site récent, très complet, dédié à la randonnée en Bretagne.

■ ***Fédération française de la randonnée pédestre (FFRP) :*** *centre d'information, 64, Dessous-des-Berges, 75013 Paris.* ☎ *01-44-89-93-93.* • *ffrandonnee.fr* • Ⓜ *Bibliothèque-François-Mitterrand.* Édite de nombreux topoguides.

■ Les associations locales s'occupant de randonnée se pressent sur les sentiers. Renseignez-vous auprès de la FFRP et des offices de tourisme, sans oublier les visites organisées par les ***parcs naturels régionaux d'Armorique, du golfe du Morbihan et de Brière :*** *● pnr-armorique.fr ● golfe-morbihan.fr ● parc-naturel-briere.com ●*

■ ***Rando Accueil Bretagne :*** *7c, rue Pierre-Texier, 35760 Montgermont. ☎ 02-99-26-13-50. ● info@rando-accueil.com ● rando-accueil.com ● Pas d'accueil public.* Renseigne sur les randonnées et le réseau d'adresses labellisées « Rando Accueil ».

L'équitation

Il n'est pas interdit – ni impossible en général – d'aller à cheval là où l'on passe à pied. L'itinéraire ***Équibreizh*** propose plus de 2 000 km de circuits balisés. À chaque étape, des hébergements adaptés sont proposés aux cavaliers et à leurs montures. Pour tout ce qui concerne le tourisme équestre et les sentiers de l'Équibreizh, contacter :

■ ***Comité régional de tourisme équestre :*** *5 bis, rue Waldeck-Rousseau, BP 307, 56103 Lorient Cedex. ☎ 02-97-84-44-00. ● equibreizh.com ●*

Le vélo

Un réseau de huit grands itinéraires sur près de 1 500 km de chemins de halage, d'anciennes voies ferrées aménagées ou de petites routes a été aménagé pour parcourir la région au grand air. Sur certains – comme la Voie 7 Roscoff-Concarneau dont le dernier tronçon vient d'être inauguré –, il est possible d'embarquer son vélo en car ou en TER pour écourter l'itinéraire ou tout simplement ne faire qu'un aller simple. Vive la Bretagne !

– Pour plus d'infos et carte des interactives des itinéraires : *● velo.tourismebretagne.com ●*

➢ ***La Vélodyssée :*** longeant la façade atlantique de Roscoff à Hendaye, c'est la plus longue véloroute de France. Elle déroule ses vastes perspectives et ses charmants méandres sur plus de 1 200 km, dont la majorité en voie verte. Cette longue piste cyclable prend racine dans les forêts de feuillus du Finistère, suit les agréables berges du canal de Brest à Nantes, puis se confond avec le littoral atlantique avant d'arriver au Pays basque. Une façon écologique de traverser la France du nord au sud, en itinérance douce ! Nous avons même édité un *Routard La Vélodyssée.*

Sur les canaux

La Bretagne, avec ses 600 km de canaux et rivières navigables, possède un réseau fluvial exceptionnel, qui sillonne la région d'est en ouest et du nord au sud.

Consulter le site *● canauxdebretagne.org ●* Très complet, avec cartes interactives. Sélection de loueurs de bateaux.

■ ***Le Boat :*** *rens et résas ☎ 04-57-65-15-34. ● info@leboat.fr ● leboat.fr ●* Loue des house-boats (sans permis) de 2 à 12 personnes et propose des croisières. On a testé, c'est super.

La pêche en rivière

En Bretagne Sud, plusieurs rivières font le bonheur des pêcheurs et des amateurs de truites, saumons, brochets. Dans le Morbihan, citons le Blavet, la rivière du Scorff et l'Ellé ; dans le Finistère Sud, la rivière de l'Odet, près de Quimper, ou encore le Goyen.

Randonnées et balades nautiques

Avec ses 2 700 km de côtes, la Bretagne est un véritable paradis du nautisme. Palmer dans la baie de Morlaix jusqu'au château du Taureau, aborder la cité corsaire de Saint-Malo en kayak, ou encore flirter avec les rochers roses de Ploumanac'h en stand up paddle – à chacun son style et son rythme pour découvrir autrement le littoral et pour profiter de points de vue inédits. • *famille.tourismebretagne.com* • *nautismebretagne.fr* • *tourismebretagne.com* •

Les sports de glisse

Le vent n'agite plus guère les ailes des moulins sur la côte bretonne (encore à Erdeven, à Ambon...). Mais il pousse désormais des quantités d'engins sur l'eau. La pointe de la Torche, dans la baie d'Audierne (Finistère Sud), est un spot incontournable pour les amateurs de glisse en tout genre : surf, windsurf, kitesurf, char à voile. Elle accueille régulièrement des compétitions nationales et internationales.
La grande plage de Kerhilio, sur la presqu'île de Quiberon (Morbihan), compte parmi les spots de kite les plus en vue en Bretagne. On y pratique kitesurf, surf, windsurf.
– Pour plus de renseignements : • *osez-tourismebretagne.com* • *nautismebretagne.fr* •

La plongée sous-marine

Jetez-vous à l'eau !

Pourquoi ne pas profiter de votre escapade dans cette région maritime pour vous initier à la plongée sous-marine ? Les fonds marins bretons sont riches en espèces (requins-baleines, phoques gris) et en découvertes : épaves – notamment de sous-marins allemands et du bateau qui servit à transporter la statue de la Liberté ! Pour faire vos premières bulles, pas besoin d'être sportif ni bon nageur. Il suffit d'avoir plus de 8 ans et d'être en bonne santé. En vacances, c'est le moment ou jamais de se jeter à l'eau ! Cela dit, il est indispensable de respecter certains usages et de prendre des précautions comme, notamment, respecter un intervalle de 12 à 24h avant de prendre l'avion, afin de ne pas modifier le déroulement de la désaturation.
L'océan Atlantique offre aux côtes bretonnes les fabuleuses richesses de sa vie sous-marine. En contrepartie, l'humilité est de rigueur pour aborder les innombrables spots de la région, car tempêtes, marées et courants ne pardonnent ni l'inconscience ni même la négligence. Plonger en Bretagne nécessite ainsi – même pour les hommes-grenouilles confirmés – un apprentissage technique très sérieux.
– ***La météo :*** le beau temps s'impose pour plonger. Période idéale : d'avril à octobre, avec une température de 17 °C environ en surface (au fond, l'eau est plus froide). On trouve généralement des spots abrités selon chaque régime météo. Attention à la forte houle d'ouest.
■ ***Répondeur Météo marine :*** ☎ *08-99-71-08-08 (2,99 €/mn).* Bulletins pour les activités de bord de mer et la navigation : rivage, glisse, côte et large.
– ***La profondeur :*** la moyenne est de 15 à 20 m. Les plongées dépassent rarement 30 m.
– ***La visibilité :*** en moyenne, de 5 à 6 m. Elle peut être réduite aux abords des côtes (brassage du sédiment) mais elle est comparable à la Méditerranée (20 m) quand on plonge sur des roches au grand large ou autour des îles (les Glénan, Groix, Belle-Île). Visibilité limitée sur les épaves.
– ***Les marées :*** facteur essentiel avec lequel il faut jongler. En général, on plonge à l'étale (court moment où la mer ne monte ni ne descend), pour éviter les violents courants de marées. À l'étale de haute mer, visibilité meilleure (eaux claires venues

du large) et poissons plus nombreux. L'étale de basse mer permet de gagner au moins 5 m de profondeur sur un spot (paliers de décompression réduits en conséquence).

- ***Les courants :*** violents dans la région et engendrés par les marées, ils sont amplifiés par la géographie du site (golfe du Morbihan).

- ***La vie sous-marine :*** riche et très variée. Votre moniteur vous familiarisera avec les beautés et pièges des fonds bretons, tout en dégotant les choses intéressantes à observer. Certaines espèces affichent une présence systématique sur les spots : laminaires, alcyons, anémones, éponges, tacauds, congres, bars, lieus, vieilles, tourteaux, galathées, oursins. ***Règle d'or :*** respectez cet environnement fragile. Ne prélevez rien, et attention où vous mettez vos palmes !

- ***Derniers conseils :*** en plongée, restez absolument en contact physique avec vos équipiers. Attention aux filets abandonnés sur les roches ou les épaves.

Les centres de plongée

En France, la majorité des clubs de plongée sont affiliés à la Fédération française d'études et de sports sous-marins (FFESSM). Les autres sont rattachés à l'Association nationale des moniteurs de plongée (ANMP) ou encore au Syndicat national des moniteurs de plongée (SNMP). L'encadrement – équivalent quelle que soit la structure – est assuré par des moniteurs, véritables professionnels de la mer, qui maîtrisent le cadre des plongées et connaissent les spots « sur le bout des palmes ». Un bon centre de plongée est celui qui respecte toutes les règles de sécurité, sans négliger le plaisir. Méfiez-vous d'un club qui vous embarque sans aucune question préalable sur votre niveau ; il n'est pas « sympa », il est dangereux. Vérifiez si le centre est bien entretenu (rouille, propreté, etc.), si le matériel de sécurité – obligatoire – (oxygène, trousse de secours, téléphone portable ou radio, etc.) est à bord. Les diplômes des moniteurs doivent être affichés.

La plaisance

Voici un site destiné aux amateurs et propriétaires de bateaux de plaisance : • *vogavecmoi.com* •

La thalassothérapie

Finies les thalassos curatives, elles sont aujourd'hui une réponse au stress ambiant et offrent, souvent dans des cadres modernisés, une bonne occasion de se ressourcer. Bonne nouvelle, la Bretagne, véritable berceau des soins en bord de mer, en compte une bonne dizaine dont les centres de Carnac, Quiberon, Douarnenez, Bénodet, Belle-Île, Miramar-Crouesty dans la presqu'île de Rhuys, La Baule et Pornichet.
• *thalasso-bretagne.fr* •

VISITES EN BRETAGNE SUD

Sites à consulter : • *vpah.culture.fr* • *tourismebretagne.com* • et le site des Villes d'art et d'histoire et des Villes historiques de Bretagne • *cites-art.com/* •

Les Villes d'art et d'histoire

- Quimper (Finistère) ;
- Concarneau (Finistère) ;
- Lorient (Morbihan) ;
- Vannes (Morbihan) ;
- Nantes (Loire-Atlantique) ;
- Guérande (Loire-Atlantique).

Les Petites Cités de caractère

- Locronan (Finistère) ;
- Pont-Croix (Finistère) ;
- Guémené-sur-Scorff (Morbihan) ;
- Josselin (Morbihan) ;
- Malestroit (Morbihan) ;
- Rochefort-en-Terre (Morbihan) ;
- La Roche-Bernard (Morbihan).

Les Villes historiques

- Quimperlé (Finistère) ;
- Pont-l'Abbé (Finistère) ;
- Hennebont (Morbihan) ;
- Port-Louis (Morbihan) ;
- Auray (Morbihan) ;
- Pontivy (Morbihan) ;
- Châteaubriant (Loire-Atlantique).

Les Communes du patrimoine rural

De petits villages bénéficient d'un label particulier attribué pour la qualité du site, des animations et pour l'habitat. Il s'agit de Concoret, Cruguel, Guéhenno, Le Guerno, Noyal-Muzillac, Peillac, Ploërdut, Séglien et Tréhorenteuc (Morbihan). Chaque village est doté de circuits d'interprétation et de découverte du patrimoine. Pour tout renseignement complémentaire, contacter ***Les Communes du patrimoine rural de Bretagne*** : *13, rue Jean-Jaurès, CS 36841, 35768 Montgermont.* ☎ *02-99-23-92-83.* ● *cprb-dev.org* ●

- Voir aussi plus haut le chapitre « Itinéraires conseillés ».

LE FINISTÈRE SUD

• Carte *p. 54-55*

ABC du Finistère

- ***Superficie :*** 6 733 km².
- ***Préfecture :*** Quimper (67 000 hab. ; traité dans ce guide).
- ***Sous-préfectures :*** Brest, Morlaix (traités dans le guide ***Bretagne Nord***) et Châteaulin (traité dans ce guide).
- ***Population :*** 900 000 habitants.
- ***Signes particuliers :*** 1er département maritime de France (près d'un quart du littoral français, avec ses 1 200 km de côte !) ; plus de 12 % des logements sont des résidences secondaires.

Le Finistère Sud correspond peu ou prou à la vieille région historique de la Cornouaille. Et c'est sûrement dans ce Sud que le Finistère porte le mieux son nom : avec la célèbre pointe du Raz, on touche bien là à la « fin des terres ».
Avec ses 800 km de côtes, le Finistère est le premier département maritime de France. Il offre à ses nombreux visiteurs une multitude de paysages aux aspects sauvages et doux.
La pointe du Raz a des voisines d'une beauté encore sauvage, le pays bigouden comme les Montagnes Noires restent de parfaits exemples d'une Bretagne à l'état brut, Douarnenez demeure une attachante ville populaire... Cette vieille terre de tourisme n'a pas fini de vous surprendre.

Adresses et info utiles

Finistère Tourisme – Nautisme en Finistère : ☎ *02-98-76-20-70.* • *www.finisteretourisme.com* • *www.nautisme-finistere.com* • *GRATUIT.* Un incontournable pour tout savoir sur les sites immanquables, les hébergements, les activités culturelles ou sportives, les loisirs, les bons plans et les événements à ne pas manquer. Finistère Tourisme édite également une collection de guides thématiques consacrés aux composantes majeures du département : les phares, les ports, les peintres et les enclos paroissiaux.

Relais départemental des gîtes de France : *48, rue Jacques-Anquetil, 29322* ***Quimper*** *Cedex.* ☎ *02-98-64-20-20.* • *reservation@gites-finistere.com* • *gites-finistere.com* •
– Le Conseil départemental propose, avec son ***passeport culturel,*** des entrées à tarifs réduits dans 32 musées et sites finistériens. • *www.passeport.culturel.finistere.fr* •

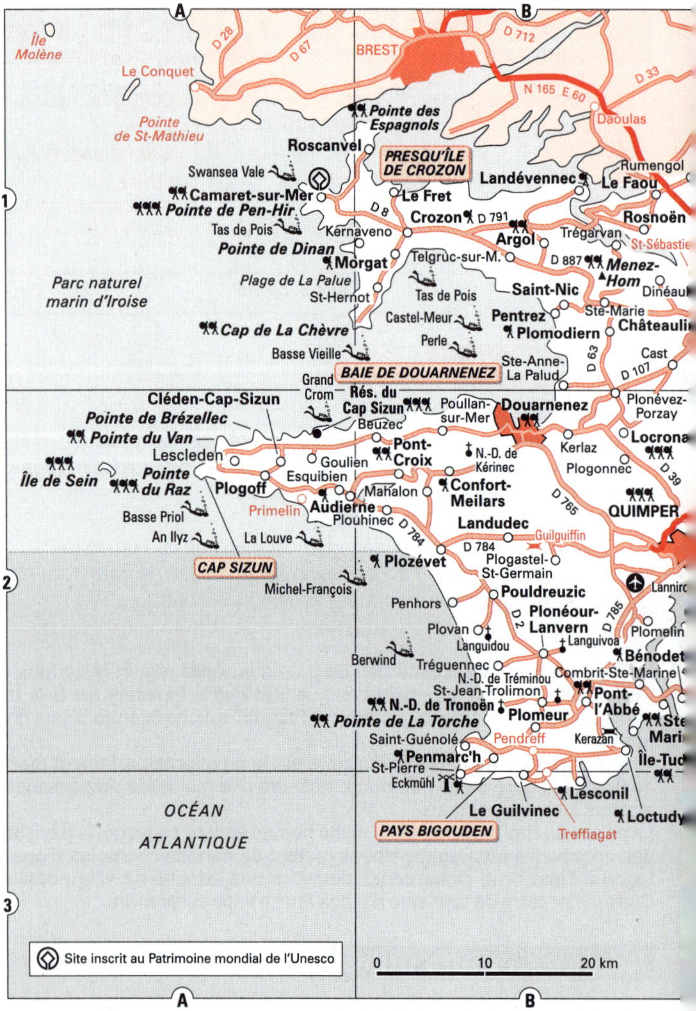
Île Molène
Le Conquet
Pointe de St-Mathieu
BREST
Pointe des Espagnols
Roscanvel
PRESQU'ÎLE DE CROZON
Landévennec
Le Faou
Rumengol
Daoulas
Swansea Vale
Camaret-sur-Mer
Pointe de Pen-Hir
Le Fret
Crozon
Argol
Rosnoën
Trégarvan
St-Sébastien
Tas de Pois
Kernaveno
Pointe de Dinan
Morgat
Telgruc-sur-M.
Menez-Hom
Dinéault
Parc naturel marin d'Iroise
Plage de La Palue
St-Hernot
Saint-Nic
Ste-Marie
Castel-Meur
Pentrez
Plomodiern
Châteaulin
Cap de La Chèvre
Perle
Basse Vieille
BAIE DE DOUARNENEZ
Ste-Anne-La Palud
Cast
Grand Crom
Rés. du Cap Sizun
Poullan-sur-Mer
Douarnenez
Plonévez-Porzay
Cléden-Cap-Sizun
Pointe de Brézellec
Beuzec
Pointe du Van
Pont-Croix
N.-D. de Kérinec
Kerlaz
Locronan
Lescleden
Goulien
Île de Sein
Pointe du Raz
Esquibien
Plogoff
Confort-Meilars
Plogonnec
Mahalon
Audierne
Primelin
Plouhinec
Landudec
QUIMPER
Basse Priol
Guilguiffin
An Ilyz
La Louve
Plogastel-St-Germain
CAP SIZUN
Plozévet
Michel-François
Pouldreuzic
Lannilis
Penhors
Plonéour-Lanvern
Plovan
Languidou
Languivoa
Plomelin
Berwind
Tréguennec
Bénodet
N.-D. de Tréminou
Combrit-Ste-Marine
St-Jean-Trolimon
Pont-l'Abbé
N.-D. de Tronoën
Plomeur
Pointe de La Torche
Ste-Marine
Saint-Guénolé
Pendreff
Kerazan
Penmarc'h
Île-Tudy
St-Pierre
Eckmühl
Lesconil
Le Guilvinec
Loctudy
PAYS BIGOUDEN
Treffiagat
OCÉAN ATLANTIQUE
Site inscrit au Patrimoine mondial de l'Unesco
0
10
20 km
D 28
D 67
D 712
D 33
N 165 E 60
D 8
D 791
D 887
D 63
D 107
D 39
D 765
D 784
D 2
D 785
A
B
1
2
3

LE FINISTÈRE SUD

LE PAYS DE QUIMPER

QUIMPER [kemper] (29000) 67 000 hab.

• Plan p. 58-59

Le site a été choisi par les Romains au confluent (d'où son nom *Kemper*) des rivières Steir et Odet. Depuis, la capitale historique de la Cornouaille s'étire noblement le long de l'Odet. Elle aligne toujours de charmantes ruelles médiévales et de paisibles placettes, et possède un vrai caractère. Ses anciens remparts encerclent encore une partie de la ville ancienne, et les nombreuses passerelles fleuries qui semblent jouer à saute-mouton sur l'Odet lui confèrent beaucoup de charme. Quimper vit naître ou séjourner d'illustres personnages : Fréron (polémiste, ennemi de Voltaire), René Madec (aventurier et ancien... nabab aux Indes), Laennec (inventeur de l'auscultation par stéthoscope), Max Jacob (peintre et grand poète).

UN VRAI NABAB

René Madec est né à Quimper en 1738. Marin, il s'engage au service du Grand Moghol qui règne sur les Indes. Bataillant contre les Britanniques, il crée sa propre armée privée et gagne une fortune colossale. Il sera nommé nabab, le 3e dans la hiérarchie impériale, puis anobli par Louis XVI. Irène Frain en fera un superbe livre, Le Nabab *(Le Livre de Poche).*

Adresses utiles

Office de tourisme (plan B2) : *pl. de la Résistance jusqu'au printemps puis 8, rue Élie-Fréron. ☎ 02-98-53-04-05. • quimper-tourisme.com • office.tourisme.quimper@wanadoo.fr • Juil-août : lun-sam 9h-19h, dim et j. fériés 10h-13h, 15h-18h ; le reste de l'année : lun-sam 9h30 (9h juin et sept)-12h30, 13h30-18h30 (18h oct-mars).* Bien documenté, l'office édite un magazine gratuit, un plan de la ville précis et pratique, un petit plan touristique avec des itinéraires et des conseils de balades. Visites guidées des vieux quartiers tous les jours en été sauf le dimanche, ainsi que des visites-spectacles nocturnes 2 fois par semaine en juillet-août, ou des visites thématiques le dimanche hors saison. Le *Pass'Quimper (12 € pour 1 ou 2 pers)* donne accès à 6 sites pour 4 visites découvertes (au choix) ainsi que des réductions chez quelques-uns des partenaires de l'office de tourisme, tels que les *Vedettes de l'Odet*. Également un mobisite très complet « Quimper.mobi » et une application iPhone gratuite « Les Mystères de Quimper », ainsi qu'un magazine interactif pour Ipad « Quimper capitale ». Billetterie pour des excursions en bateau : croisières sur l'Odet, les Glénan, Ouessant, etc.

✈ ***Aéroport de Quimper-Cornouaille*** *(hors plan par A3)* **:** *29700* ***Pluguffan.*** *☎ 02-98-94-30-30. • quimper.aeroport.fr •* À environ 6 km du centre.

Gare routière (plan D2) **:** *2, pl. Louis-Armand. ☎ 0810-810-029 et*

02-98-90-88-89. • contactgareroutière@orange.fr • Près de la gare SNCF. Lun-sam 6h50-19h15 ; dim 10h-13h, 13h45-19h15 (en hiver, 16h-19h45). Le réseau Penn-ar-Bed (« Finistère » ; ☎ 0810-810-029 ; • viaoo29.fr •) dessert de nombreuses villes du Finistère Sud.

■ **Taxis :** **Radio taxi quimpérois,** ☎ 02-98-90-21-21. Résa de taxi : ☎ 3985. Également le ☎ 0899-03-16-12.

■ **Location de voitures :** quartier de la gare ou à l'aéroport, notamment avec **Hertz,** 19, av. de la Gare, ☎ 02-98-53-12-34 (et à l'aéroport ☎ 02-98-94-09-65) ; **Europcar,** ☎ 02-98-90-00-68 ; **Avis,** ☎ 02-98-90-31-34 ; **Rent a Car,** ☎ 02-98-64-22-34.

■ **Keltia-Musique** (plan B1, **1**) : pl. au Beurre. ☎ 02-98-95-42-65. Tlj sf dim, 10h-19h. Tous les disques de musique bretonne, irlandaise, galloise, les enregistrements des *bagadoù,* des méthodes pour apprendre les airs sur différents instruments celtes : bombardes, *uillean pipes, tin whistles.*

– **Grand Marché :** mer et sam mat. Le long des quais du Steir (rue Astor, bd du Moulin-du-Duc et pl. Terre-au-Duc).

– **Marché bio :** à Kerfeunteun, ven à partir de 16h, sur le parking de la Maison pour tous.

FINISTÈRE SUD

Où dormir ?

Campings

⛺ ***Camping municipal du Bois du Séminaire*** (hors plan par A3) : av. des Oiseaux. ☎ 02-98-55-61-09 ou 02-98-98-89-89 (mairie). • camping-municipal@quimper.bzh • mairie-quimper.bzh • Dans le parc de l'ancien séminaire. Ouv tte l'année. Forfait tente en hte saison 11 €. CB refusées. 74 empl. Réservé, en hiver, aux caravanes et camping-cars. Assez simple.

⛺ ***Castel camping L'Orangerie de Lanniron :*** chemin de Lanniron. ☎ 02-98-90-62-02. • orangerie@lanniron.com • lanniron.com • ♿ Prendre la route de Bénodet ; sur le périphérique, sortir à Lanniron, puis suivre les indications. Ouv 15 mai-15 sept (tte l'année pour les loc). Forfait tente 16,10-34,50 € selon saison. 199 empl. Loc de tentes toilées, mobile homes, cottages, studios et maisons pour 2 à 11 pers (390-2 205 €/sem ; bornes wifi). Un camping tout confort. Possibilité de promenade bucolique sur les bords de l'Odet. Une foule d'activités pour petits et grands, ainsi que les équipements qui y sont liés (espace aquatique, golf 9 trous...). Location de vélos. Piscine superbe.

De chic à plus chic

🏠 ***Escale Océania*** (plan C2, **14**) : 6, rue Théodore-Le-Hars. ☎ 02-98-53-37-37. • escaleoceania.quimper@oceaniahotels.com • oceaniahotels.com • ♿ Doubles 75-105 € (moins cher le w-e). Parking public payant contigu. 💻 📶 Remise de 10 % sur la chambre sur présentation de ce guide. Hôtel central et fonctionnel, récemment refait à neuf. Plus d'une soixantaine de chambres assez spacieuses.

🏠 ***Hôtel Mercure*** (plan D2, **16**) : 21 bis, av. de la Gare. ☎ 02-98-90-31-71. • h1421@accor.com • mercure.com • ♿ Doubles 82-98 € selon saison ; petit déj 14 €. Parking payant. 💻 📶 (câble). Cet établissement propose une soixantaine de chambres confortables et climatisées ; l'ensemble a récemment été entièrement rénové. On y trouve tous les services que procurent les hôtels de cette chaîne. Coin bar agréable et excellent buffet au petit déj.

🏠 ***Hôtel Gradlon*** (plan C1, **12**) : 30, rue de Brest. ☎ 02-98-95-04-39. • contact@hotel-gradlon.com • hotel-gradlon.com • ♿ Bien situé, à deux encablures du centre-ville. Doubles 85-150 € selon confort et saison ; familiales 143-220 € ; petit déj 12 €. Garage payant. 💻 📶 Réduc de 10 % sur le prix de la chambre sur présentation de ce guide. Chambres joliment décorées, refaites pour beaucoup d'entre elles. La plupart donnent sur un charmant patio fleuri. Les moins chères, sur la rue, sont insonorisées. Calme garanti.

🏠 ***Océania Hôtel*** (hors plan par A3, **15**) : 17, rue de Poher. ☎ 02-98-90-46-26. • oceania.quimper@oceaniahotels.

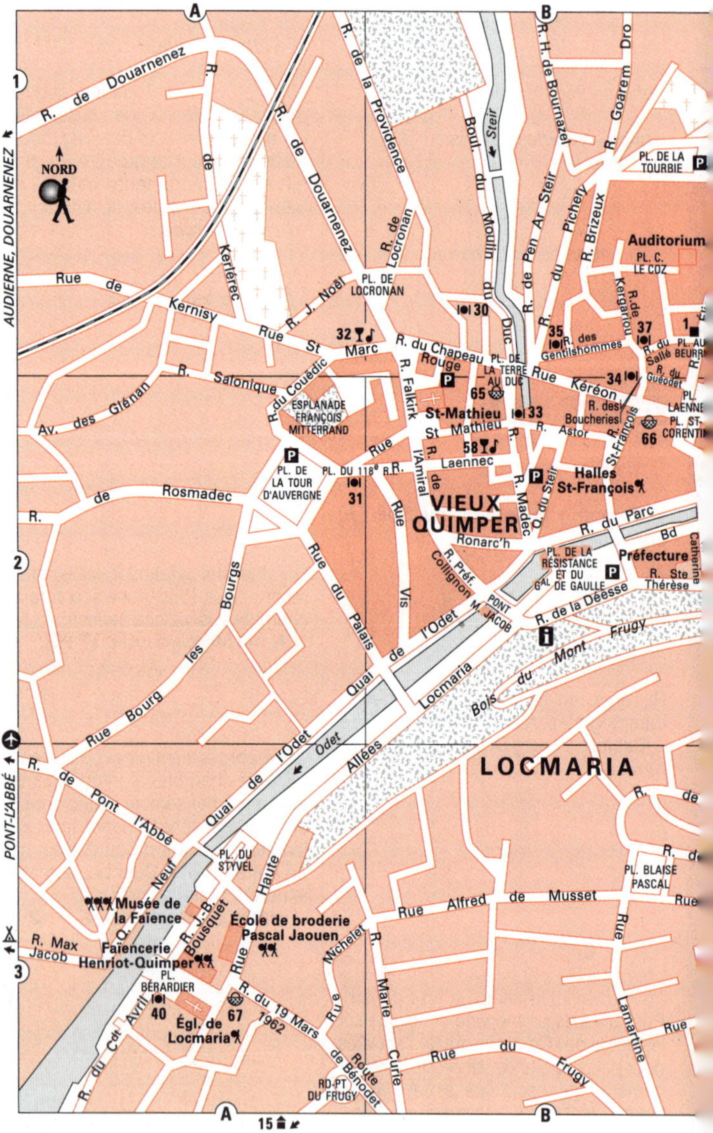

NORD
AUDIERNE, DOUARNENEZ
PONT-L'ABBÉ
R. de Douarnenez
R. de Kerfélec
Rue de Kernisy
R. de la Providence
R. de Locronan
Boul. du Moulin du Duc
Steir
R. H. de Bournazel
R. Goarem Dro
PL. DE LA TOURBIE
R. de Pen Ar Steir
R. du Pichery
R. Brizeux
Auditorium
PL. C. LE COZ
R. de Kergariou
PL. DE LOCRONAN
R. J. Noël
Rue St Marc
R. du Chapeau Rouge
PL. DE LA TERRE AU DUC
Rue Kéréon
R. des Gentilshommes
R. du Sallé
R. du Guéodet
PL. AU BEURRE
PL. LAENNEC
PL. ST-CORENTIN
R. Salonique
R. du Couëdic
ESPLANADE FRANÇOIS MITTERRAND
Av. des Glénan
R. Falkirk
St-Mathieu
St Mathieu
R. des Boucheries
R. Astor
R. St-François
Rue Laennec
R. de l'Amiral
R. Madec
Q. du Steir
Halles St-François
PL. DE LA TOUR D'AUVERGNE
PL. DU 118e R.R.
R. de Rosmadec
VIEUX QUIMPER
Rue Vis
R. Ronarc'h
R. du Parc
Bd Catherine
Préfecture
R. Ste Thérèse
PL. DE LA RÉSISTANCE ET DU GAL DE GAULLE
R. Préf. Collignon
Rue du Palais
Rue des Bourgs
Rue Bourg les
PONT M. JACOB
R. de la Déesse
Quai de l'Odet
Mont Frugy
Bois du
Allées Locmaria
Odet
LOCMARIA
R. de Pont l'Abbé
Q. Neuf
PL. DU STYVEL
Rue Haute
R. J.-B. Bousquet
Musée de la Faïence
Faïencerie Henriot-Quimper
École de broderie Pascal Jaouen
R. Max Jacob
PL. BÉRARDIER
R. du Cdt. Avril
Égl. de Locmaria
R. du 19 Mars 1962
Rue Michelet
R. Marie Curie
Rue Alfred de Musset
PL. BLAISE PASCAL
Rue Lamartine
Rue du Frugy
Route de Bénodet
RD-PT DU FRUGY
A
B
1
2
3
15
30
31
32
33
34
35
37
40
58
65
66
67

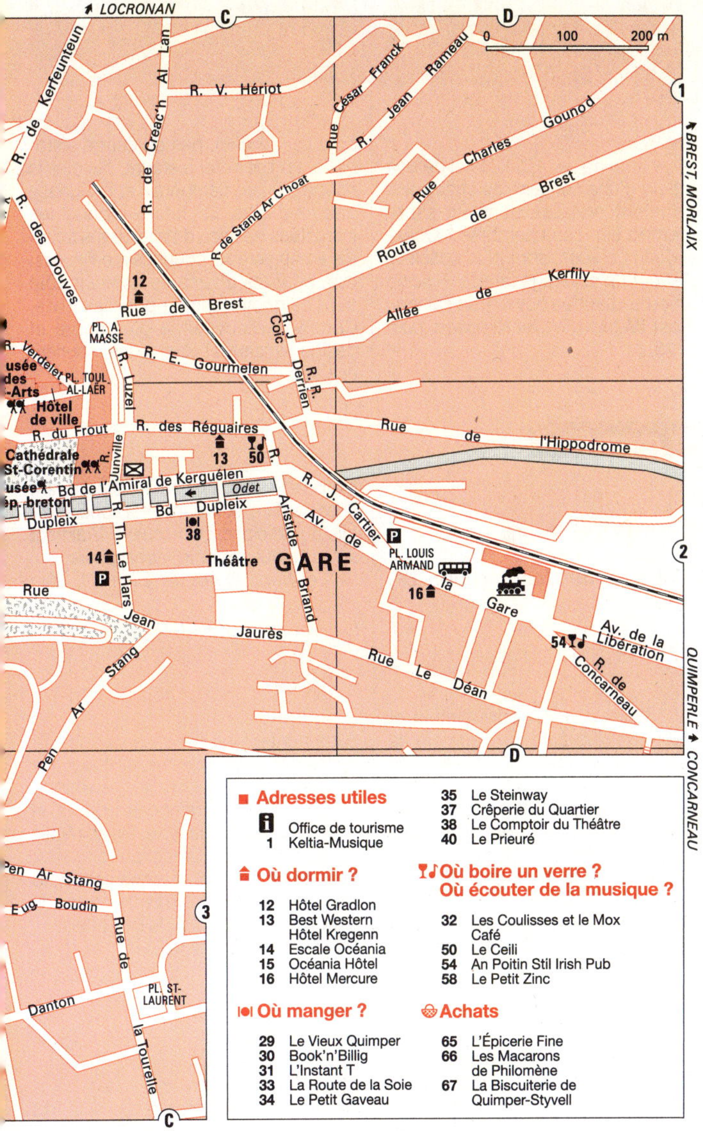

Adresses utiles

- Office de tourisme
- 1 Keltia-Musique

Où dormir ?

- 12 Hôtel Gradlon
- 13 Best Western Hôtel Kregenn
- 14 Escale Océania
- 15 Océania Hôtel
- 16 Hôtel Mercure

Où manger ?

- 29 Le Vieux Quimper
- 30 Book'n'Billig
- 31 L'Instant T
- 33 La Route de la Soie
- 34 Le Petit Gaveau
- 35 Le Steinway
- 37 Crêperie du Quartier
- 38 Le Comptoir du Théâtre
- 40 Le Prieuré

Où boire un verre ? Où écouter de la musique ?

- 32 Les Coulisses et le Mox Café
- 50 Le Ceili
- 54 An Poitin Stil Irish Pub
- 58 Le Petit Zinc

Achats

- 65 L'Épicerie Fine
- 66 Les Macarons de Philomène
- 67 La Biscuiterie de Quimper-Styvell

QUIMPER

com • oceaniahotels.com • ♿ Légèrement excentré : prendre la direction de Pont-l'Abbé, puis c'est fléché. Doubles 72-140 € selon saison ; familiales 102-160 € ; petit déj 15 €. Promos sur le site. Parking gratuit. 💻 📶 Réduc de 10 % sur le prix de la chambre sur présentation de ce guide. Hôtel de bon standing d'une centaine de chambres, récemment restauré dans un esprit contemporain. Les chambres « Océanes », plus chères, sont plus spacieuses et ont un éclairage tamisé. Piscine extérieure chauffée ouverte en saison.

🏠 ***Best Western Hôtel Kregenn*** *(plan C2,* ***13****) : 11-15, rue des Réguaires. ☎ 02-98-95-08-70. • information@kregenn.fr • hotel-kregenn.fr • ♿ Doubles 104-124 € (109-180 € juil-août) hors événements ; petit déj buffet 13 €. Parking payant. 💻 📶 Un petit déj/chambre et par séjour (hors résa en ligne) offert sur présentation de ce guide.* À deux pas du centre historique, un bel hôtel restauré, qui allie la sobriété du contemporain et l'élégance des meubles anciens. Tapisseries incrustées de mica d'Italie, tissus achetés en Angleterre, couettes moelleuses, clim pour les chambres donnant côté sud, baignoire balnéo pour les Luxe. Comptoir d'accueil le plus sobre et design jamais vu ! Staff jeune, souriant et alerte.

Où manger ?

De très bon marché à bon marché

🍴 ***Crêperie du Quartier*** *(plan B1,* ***37****) : 16, rue du Sallé. ☎ 02-98-64-29-30. Tlj sf mar soir, jeu soir et dim hors saison. Congés : début oct. Formule déj 10,90 € ; env 15-20 € à la carte. Le soir, apéritif maison offert sur présentation de ce guide.* Cadre simple et chaleureux, plébiscitée par nombre de nos lecteurs. Les crêpes sont préparées devant vous, et le patron passe ses dimanches à cultiver ses salades, récolter le miel de ses ruchers ou faire des confitures qui finiront tôt ou tard dans votre assiette. Goûter donc à la « *toul bout* » (œufs, lard, fromage et pommes de terre). Très bon accueil, sourire aussi large qu'une crêpe et agréable terrasse sur ruelle piétonne pavée.

🍴 ***Book'n'Billig*** *(plan B1,* ***30****) : 7, rue de la Providence. ☎ 09-81-71-99-36. Tlj sf dim et j. fériés (plus lun hors saison) 10h30-19h (22h ven). Crêpes 1,90-5,80 €. Cidre 7,50 €.* La première crêperie-bibliothèque-théâtre de Quimper. Deux petites salles intimes, avec le décor le plus chouette qui soit : des livres ! Et dans l'assiette, de bonnes crêpes. Nos préférées : la blé noir, compotée de poivron et de chorizo, et la lard fondue de poireaux. Et l'animation ? Théâtre ou jeux de société à partir de 20h certains vendredis, penser à réserver (dans la 1re salle si possible). C'est vivant et bon enfant, et le public est appelé parfois à participer. Et l'accueil ? Vraiment sympathique, comme l'atmosphère...

🍴 ***Le Vieux Quimper*** *(plan C1,* ***29****) : 20, rue Verdelet. ☎ 02-98-95-31-34. • luc.clabon908@orange.fr • Fermé dim, lun et midi des j. fériés (slt dim en saison). Congés : 2 sem en janv, 3 sem en nov. Env 12-15 € le repas. Apéritif offert sur présentation de ce guide.* Sans doute l'une des plus vieilles crêperies de Quimper. Petite salle rustique avec ses meubles bretons, vénérables bancs du XIXe s, faïences Henriot et murs en pierre apparente. On se régale ici de bonnes crêpes traditionnelles, fines et croustillantes, accompagnées de cidre ou de gros lait. Bonne crêpe du patron aux sardines de la Belle-Îloise.

🍴 ***L'Instant T*** *(plan A2,* ***31****) : 6, pl. du 118e-RI. ☎ 02-98-10-97-55. • fanny carrie@wanadoo.fr • Ouv en continu mar-sam (sf j. fériés) 9h-15h30 (ouv le soir slt pour les groupes de 10 pers min). Congés : 1 sem en fév, 3 sem en août. Formules 14-16 €. Café offert sur présentation de ce guide.* À la fois épicerie fine et salon de thé, ce petit resto aux couleurs acidulées fera surtout l'affaire au déjeuner. Savoureuse cuisine de marché (fruits et légumes du potager de Monsieur), qui change donc tous les jours. Salades, soupes, plats des familles, tartes. Quelques fauteuils confortables à l'étage pour jouer les prolongations jusqu'à l'instant... thé (pas moins de 13 variétés) ! En épicerie, de beaux produits : sels du monde entier, épices qui emmènent sur des terres lointaines, chocolats et nougats diaboliques... Accueil charmant.

I●I ***La Route de la Soie*** *(plan B2,* ***33****) : pl. du Marché, le long des quais du Steir (rue Astor, bd du Moulin-du-Duc et pl. Terre-au-Duc). 📱 06-77-06-06-56. Plat env 7 €.* Au grand marché du samedi, de 8h à 14h, ce rutilant *food truck* aux installations nickel délivre une originale et délicieuse cuisine d'Ouzbékistan. Goûter au *samsa* (feuilleté bœuf oignons et épices), au *tabaka* (demi-poulet mariné au four) et pour quatre, le *ploff*, le plat national (agneau, ail confit, riz et carottes). De vraies saveurs venues d'ailleurs... Pour nos lecteurs cornouaillais, organise également des repas sur commande.

Prix moyens

I●I ***Le Petit Gaveau*** *(plan B1-2,* ***34****) : 14, rue des Boucheries. ☎ 02-98-64-29-86. ♿ Tlj sf dim et lun soir, plus mar soir hors saison. Env 15-18 € à la carte.* Dans une ancienne cour du vieux Quimper transformée en brasserie branchée (les serveurs se la jouent quand même un peu !). Les instruments de musique sont accrochés au mur, sauf le piano, qui trône au milieu de la salle sous une verrière. On peut manger façon snack à midi une salade qu'on compose soi-même, ou le soir, au son du piano, quelques plats plus élaborés du style filet de bœuf ou « religieuse de burger » Musique le week-end.

I●I ***Le Steinway*** *(plan B1,* ***35****) : 20, rue des Gentilshommes. ☎ 02-98-95-53-70. Tlj midi et soir sf dim-lun. Résa conseillée le w-e. Plat du jour 11 € le midi en sem.* Un peu à l'écart des flux touristiques, un resto plébiscité par les locaux pour la qualité régulière de sa cuisine. Cadre contemporain sans caractère particulier, mais offrant calme et confort : boxes, banquettes de moleskine et terrasse protégée sous l'œil vigilant d'un espadon. Grand choix à la carte, subtil sens des sauces, poisson cuit juste ce qu'il faut.

De chic à plus chic

I●I ***Le Comptoir du Théâtre*** *(plan C2,* ***38****) : Pôle culturel Max Jacob, 4, bd Dupleix (à côté de l'ancien théâtre). ☎ 02-98-98-00-81. • restaurant@comptoir-du-théâtre.com • Tlj sf dim et lun soir 10h-14h et 18h-22h, plus le soir mar-mar hors saison. Formules déj 12-19 € ; menu 30 € ; le soir, carte env 35-40 €.* D'abord, c'est un lieu superbe, lumineux, avec une cuisine ouverte, un long comptoir et 2 belles terrasses. Ensuite, la liste est longue des fournisseurs, à qui Xavier Hamon rend hommage, livrant de superbes produits. Respect des saveurs, associations de parfums harmonieuses, télescopages osés mais réussis, recherche de légumes oubliés font naître des plats et tapas savoureux... Quant aux vins, naturels, biodynamiques, ils proviennent de petits propriétaires...

I●I ***Le Prieuré*** *(plan A3,* ***40****) : 1, rue Chanoine-Moreau. ☎ 02-98-75-05-55. • contact@le-prieure.fr • le-prieure.fr • Tlj. 12h-14h et 19h-21h30 (bar 10h-15h et 18h-minuit) Formules déj (sf dim et j. fériés) env 19,50-26,50 € (+ 9 € pour un accord mets et vins) ; menus 31-46 € et plus ! Carte 50-60 €.* 2 salles, l'une vaste – dont la baie vitrée lumineuse donne sur la grande cour intérieure – au style épuré, rehaussé de touches bretonnantes et de tableaux, se prête particulièrement aux déjeuners ; l'autre plus cosy, plus baroque, est agréable en soirée. La cuisine suit les saisons et la marée.

Où dormir ?
Où manger dans les proches environs ?

De prix moyens à chic

🏠 ***Logis du Stang, chambres d'hôtes :*** *allée de Stang-Youen, 29000 Quimper. ☎ 02-98-52-00-55. 📱 06-81-55-73-83. • contact@logis-du-stang.com • logis-du-stang.com • Sur la voie express, prendre la* *sortie « Quimper Sud », puis direction Ergué-Armel sur 3 km ; ensuite, suivre les panneaux. Congés : de mi-déc à mi-janv. Doubles 80-90 € selon saison. Apéritif offert et réduc de 10 % sur le prix de la chambre hors juil-août sur présentation de ce guide.* À 10 mn du centre-ville, en pleine campagne, dans un endroit de charme. 4 belles chambres indépendantes, meublées avec goût. Des personnalités différentes : 2 dans le logis principal (l'une arbore un vitrail), 2 dans de mignonnes dépendances en pierre sur jardin. Délicieux petit déj servi dans la maison de maître habitée par la famille. Superbe jardin, bel accueil. Une adresse exceptionnelle et raffinée.

Auberge Ty Coz : *4, Hent-Koz, ancienne route de Brest (D 770), lieu-dit Ty Sanquer, 29000 Quimper. ☎ 02-98-94-50-02. • restaurant-ty-coz@wanadoo.fr • À 7 km au nord de Quimper. Du centre-ville, prendre la rue de Kerfeunteun, l'av. de la France-Libre, puis la route de Loch jusqu'au rond-point de Becharles ; suivre ensuite la D 770. Tlj sf dim soir et lun, 12h-13h15, 19h30-21h (mar-mer slt sur résa). Menus 22 € déj en sem, puis 32-60 € ; compter 55 € à la carte. Café offert sur présentation de ce guide.* On y trouve des viandes (bœuf de l'Aubrac, agneau de pré-salé...) scrupuleusement sélectionnées par le chef, fils de boucher et formé dans de grandes maisons parisiennes. Saumon fumé maison. Les desserts se défendent bien. Idéal pour un repas romantique. Accueil aimable et service attentionné.

Plus chic

Manoir Hôtel des Indes : *1, allée de Prad-ar-C'hras, 29000 Quimper. ☎ 02-98-55-48-40. • info@manoir-hoteldesindes.com • manoir-hoteldesindes.com • À 5 km à l'ouest de Quimper, par la route de Douarnenez (D 765). Doubles 120-150 € ; familiales 220-250 € ; petit déj-buffet 14 €. Table d'hôtes 40 € (formule 18 €). Promos intéressantes sur leur site. Remise de 10 % sur la chambre, sur présentation de ce guide.* La déco orientalisante rend hommage à René Madec, aventurier quimpérois haut en couleur. À l'arrière de l'élégant manoir du XVIIIe s, 14 jolies chambres, pas toujours très grandes mais décorées avec soin, certaines avec terrasse privative, s'organisent autour du patio central. Excellent petit déj-buffet. Superbe piscine en sous-sol, avec salle de massage et appareil de fitness. Très agréable parc arboré de 2 ha...

Où boire un verre ? Où écouter de la musique ?

Le Ceili *(plan C2, **50**) : 4, rue Aristide-Briand. ☎ 02-98-95-17-61. Tlj 11h (17h dim)-1h.* Ambiance bretonne et celtique garantie (au fait, prononcer « kelli » !). Endroit idéal pour engager la conversation et fraterniser le temps d'une *Coreff* ou d'une *Tellen Du*. Une institution locale depuis plus de 20 ans. Concerts réguliers de musique traditionnelle et de chants de marins (quelques concerts de jazz en hiver) et *sessions* de temps à autre (le dimanche soir le plus souvent). Grande terrasse super animée aux beaux jours.

Le Petit Zinc *(plan B2, **58**) : 6, rue Laennec. ☎ 02-98-64-09-57. Mar-jeu 9h30-15h, 18h-1h ; ven-sam 10h-1h. Congés : 2de quinzaine de fév et 10 j. en août. Plat du jour 12 €. Vins à partir de 17 €.* Petit resto le midi, mais surtout bar à vins (une soixantaine de bons crus) et tapas le soir, avec son zinc et sa déco un rien baroque. Joyeuse ambiance à l'heure de l'apéro. En été, le jeudi à partir de 19h, si le temps le permet, concert jazz dans la rue.

An Poitin Stil Irish Pub *(plan D2, **54**) : 2, av. de la Libération. ☎ 02-98-90-02-77. En face de la gare. Tlj 17h-1h.* Le pub irlandais de Quimper, où sont données des *sessions* tous les vendredis. À propos, on traduit cette enseigne improbable : c'est le pub dit de « l'alambic clandestin pour fabriquer de l'alcool de pomme de terre». *An Poitin* (prononcer « poutchine »), c'est l'alcool clando en gaélique (tradition vivante en Irlande, car les Anglais interdirent longtemps aux Irlandais de fabriquer leur propre whiskey). Clientèle variable suivant les heures. Déco originale, cadre à la fois coloré, bien usé et patiné de vieux troquet de campagne, on boit sur de vieilles tables de machine à coudre. Bonne ambiance. Nos lecteurs pourront laisser leurs valises, sacs à dos... en consigne pour la journée. Un de nos lieux préférés.

Les Coulisses *(plan A-B1,* ***32****) : 4, rue Saint-Marc. ☎ 02-98-53-93-22. Mar-sam 17h-1h (happy hour 18h-20h). Congés : de mi-juil à mi-août.* Murs de pierre, cheminée, mezzanine colorée et comptoir moderne se marient bien. Bar célèbre pour ses retransmissions sportives sur écran géant (ici, on est fan du club de rugby de Toulouse), ses cocktails, son *milkshake* Kinder Bueno, ses concerts et soirées musicales, les apéros à thèmes... Délicieusement bruyant et atmosphère conviviale à souhait.

Mox Café *(plan A-B1,* ***32****) : 2, rue Saint-Marc. ☎ 02-56-10-54-69. Lun-sam 16h-1h.* 2 grandes salles en continu en murs de pierre sèche. Expos de peintures temporaires. Long comptoir. Fameux pour son ambiance également, ses cocktails, ses tartines. Musiques à fond, electro, funky, jazzy... Événements sportifs aussi. Quelques soirées DJ. Terrasse prise d'assaut.

FINISTÈRE SUD

Achats

L'Épicerie Fine *(plan B2,* ***65****) : 12, pl. Terre-au-Duc. ☎ 02-98-10-02-51. Mar-ven, 10h-13h et 14h-19h, sam 10h-19h ; juil-août, lun 14h-19h, mar-sam 10h-19h.* Alléchante boutique pleine de couleurs et de parfums exotiques... Normal, on y propose les superbes sélections d'épices d'Olivier Roellinger, ainsi que moult thés, chutneys, confitures, herbes, conserves de poisson, huiles, chocolats, vins de petits propriétaires, rhums et toutes ces sortes de choses...

Les Macarons de Philomène *(plan B2,* ***66****) : 13, rue Kéréon. ☎ 02-98-95-21-40. Tte l'année, tlj sf dim, 9h-19h15 (lun 10h-19h) ; juil-août, ouv dim.* Une halte gourmande à deux pas de la cathédrale. Réputée pour ses macarons et ses bonnes glaces artisanales.

La Biscuiterie de Quimper-Styvell *(plan A3,* ***67****) : 8, rue du Chanoine-Moreau. ☎ 02-98-65-12-37. • biscuiteriedequimper.com • Tlj 10h-19h, plus dim en juil-août).* La star ici, c'est la crêpe dentelle, pur produit quimpérois. Vendue nature ou enrobée de chocolat, elle est fabriquée artisanalement sur place (roulée au couteau, selon la méthode ancestrale), et avec un peu de chance, vous assisterez à ce « spectacle ». Délicatement feuilletée et croustillante, elle a longtemps fait le délice de l'Élysée ! De même, visite de la fabrication du célèbre kouign-amann. Délicieux sablés, madeleines, gâteau breton et tout un tas d'autres douceurs en vente sur place.

Magasin d'usine Armor Lux *(hors plan par B3) : 21-23, rue Louison-Bobet, zone industrielle de Kerdroniou-Ouest. ☎ 02-98-90-05-29. Lun-sam, plus dim juil-août. Visites guidées lun-ven sur rdv slt.* La bonneterie d'Armor, spécialisée dans les pulls marins, a été fondée à Quimper en 1938. Également cabans, marinières, duffle-coats, cirés, vareuses, polaires, T-shirts, pantalons et costumes... 2 collections annuelles.

À voir

Dans le vieux Quimper

La cathédrale Saint-Corentin *(plan C2) : pl. Saint-Corentin. Sept-juin, lun-sam 9h45-12h, 13h30-18h30 ; dim et j. fériés 14h-18h30. Juil-août, ouv en continu sf le dim mat.*

Commencée en 1239 et achevée... sous Napoléon III. Pour vous dire qu'elle a été fignolée ! L'une des trois plus anciennes cathédrales gothiques de Bretagne.

Façade à porche unique, tout en lignes élégantes, sobres et équilibrées. Tours carrées surmontées de deux magnifiques flèches culminant à 76 m. Elles furent construites en 1856 sur le modèle de celle de l'église de Pont-Croix. Entre les flèches, statue du roi Gradlon. Portail finement sculpté.
À l'intérieur, vous noterez que le chœur n'est pas dans le prolongement de la nef... Il y a un angle de 5° ! Sans doute pris pour intégrer dans le chœur la sépulture d'Alain Canhiard, le vainqueur des Normands en 913. Tandis que la nef, rebâtie en 1424, repose sur des fondations romanes du XIe s, le chœur a gardé son axe antérieur. En raison d'un défaut de conception inhérent à l'architecture gothique, on a dû consolider les voûtes du chœur. Cette restauration a surtout permis de restituer à l'ensemble sa polychromie ocre et rouge originelle. Remarquez, dans les fonts baptismaux, le magnifique vitrail de J.-J. Gruber (1980).

Le musée des Beaux-Arts *(plan C1-2) : 40, pl. Saint-Corentin. ☎ 02-98-95-45-20. • mbaq.fr • Face à la cathédrale. Juil-août, tlj 10h-18h ; sept-juin, tlj sf mar (et dim mat nov-mars), 9h30-12h, 14h-18h (17h30 nov-mars). Entrée : 5 € ; réduc ; gratuit dim ap-m nov-mars. Livret de jeux pour les enfants maîtrisant la lecture.*
Impossible d'énumérer toutes les richesses qu'il recèle. Voici les plus marquantes : belles œuvres de l'école française du XVIIIe s. Notamment les délicats portraits de Louis-Léopold Boilly. Superbes Boudin : *Nature morte aux fruits, La Côte de la Hève (Marine, rivage normand), Vue du port de Quimper. Pierrefonds* par Corot. Insolite peinture régionale bretonne décrivant en tableaux réalistes et historiques la vie quotidienne : *L'Oie* de Paul Gauguin, une acquisition qui se trouvait auparavant sur l'imposte de la porte de la salle à manger dans la maison Marie-Henry au Pouldu (voir ce chapitre), *Rue de Morlaix* et une boîte à dessin de Jules Noël, *Noce en Bretagne* de Leleux, *Retour du pardon de Saint-Anne-la-Palud* de Guillou. Voir tout particulièrement *Les Lavandières de la nuit* de Yan' Dargent. Tout l'esprit des légendes de Bretagne est condensé dans ce tableau. Ça donne vraiment des frissons, ce rapport à la mort, les arbres prenant la forme d'hommes torturés. Mention spéciale aux *Noces de Corentin Le Guerveur* de Roussin, tableau plein de vie, belle technique picturale, sens du détail. Avec les *Brûleurs de Goémon,* admirez le réalisme de Lucien Simon. De même, le sublime Paul Sérusier et ses *Pommes sur fond bleu*... Admirable salle à manger décorée par Jean-Julien Lemordant pour l'hôtel de l'Épée. C'est toute l'épopée du peuple bigouden exprimée ici avec une énergie fulgurante. Surtout, la scène des *Salines,* on adore la lumière, la force des gens luttant contre le vent...
Avant de partir, ne manquez surtout pas la ***salle Max-Jacob.*** Peu d'œuvres du poète né à Quimper, mais surtout une émouvante évocation de sa vie. Toutes les photos de son enfance, sa famille, études et diplômes... Portraits par ses amis peintres, dont Picasso, et le seul avec une étoile jaune par Jean Boullet. Une partie de la salle est consacrée à Jean Moulin, un de ses amis, qui fut sous-préfet à Châteaulin. Remarquables et bouleversantes eaux-fortes aux titres évocateurs. Admirer *Chômeurs, La Prisonnière* ou encore *Paysages mauvais,* pour ceux qui douteraient encore du don prémonitoire de certains artistes... À découvrir également les passionnantes illustrations du *Terrain Bouchaballe* par Max Jacob. À propos, c'est Picasso qui le poussa à la poésie, craignait-il une concurrence ? En tout cas, la peinture assura au poète des revenus réguliers.
Derrière la boutique, salle d'expositions temporaires.

Le Musée départemental breton *(plan C2) : 1, rue du Roi-Gradlon. ☎ 02-98-95-21-60. • museedepartementalbreton.fr • Adjacent à la cathédrale. Juil-18 sept, tlj 9h-18h ; sinon, tlj sf lun, dim mat et j. fériés, 9h-12h30, 13h30-17h (dim 14h-17h). Entrée : 5 € ; réduc ; gratuit le w-e oct-mai. Bibliothèque et centre de documentation : sur rdv. Effort important en faveur du public mal ou non-voyant (audioguides, dispositifs tactiles, panneaux en braille...).*
Ce musée est installé depuis 1911 dans l'ancien palais des Évêques de Cornouaille, dont la construction s'échelonna du XVIe au XVIIIe s. Remarquer le cloître

néogothique, ajouté au XIXe s par l'architecte des flèches de la cathédrale. Noter également le donjon style Renaissance (XVIe s), édifié pour l'évêque Claude de Rohan, autour duquel s'organise tout le bâtiment : il abrite un bel escalier en colimaçon qui dessert toutes les salles et se termine par des boiseries sculptées représentant, entre autres, les emblèmes de la famille. Le musée présente aujourd'hui 4 000 ans d'art régional breton, d'ethnographie et d'archéologie bretonnes.

Au rez-de-chaussée
Présentation de la préhistoire au travers de divers objets (2 colliers d'or remarquables) ; puis évocation de l'habitat et du mode de vie de la cité gallo-romaine des Osismes, avec, outre les parures, les produits de l'orfèvrerie, le trésor monétaire et les objets de la vie quotidienne, la « stèle aux Quatre-Dieux » (d'époque romaine), haute de 3 m et sculptée de plusieurs figures représentant des divinités romaines. Art médiéval et moderne : deux gisants de chevaliers, l'épée du seigneur de La Fontenelle (XVIe s), un extraordinaire trésor de pièces d'or des royaumes de France et d'Angleterre (XIVe s), une collection de statues religieuses en bois polychrome (du XIVe au XVIIIe s), vitraux, etc. ; à noter, dans la section orfèvrerie médiévale et classique, un livre reliquaire du XVe s, une coupe en argent et vermeil du XVIe s, et les coupes de mariage du XVIIIe s.

Aux 1er et 2e étages
Grande variété de costumes traditionnels ainsi que leurs représentations, exécutées par des peintres et sculpteurs de la région. Salle des fresques : on y découvre des sculptures de façades de maisons des XVe et XVIe s. Le parcours retrace ensuite l'évolution du mobilier depuis le XVIIe s jusqu'au renouveau du mobilier breton dans l'entre-deux-guerres.

LE LIT CLOS BRETON

La famille habitant souvent dans une seule pièce, ce meuble permettait un peu d'intimité et conservait la chaleur en hiver. On le fermait grâce à des panneaux coulissants joliment décorés de rosaces en roue de charrette. Autre utilité oubliée : le lit clos protégeait les bébés du danger des cochons affamés qui cohabitaient avec la famille.

Au 3e étage
Riche collection de grès et faïences de Quimper ; c'est la plus importante des collections publiques de ce genre, avec plus de 300 pièces, du XVIIe s à nos jours.
– Enfin, la visite s'achève sur l'espace des expositions temporaires.

La rue Kéréon *(plan B1-2)* **:** *c'est la rue débutant devant la cathédrale.* Autrefois rue des Cordonniers (*kéréon* en breton). Bordée de magnifiques demeures du XVIe s à encorbellement. Façades à colombages ou couvertes d'ardoises. À l'angle de la rue des Boucheries s'élève la plus belle d'entre elles. Avec la cathédrale s'inscrivant dans la perspective, c'est la photo du siècle. Rue du Guéodet, fascinante *maison des Cariatides.*

La rue Élie-Fréron et la place au Beurre *(plan B-C1)* **:** beaucoup de charme. Rue Fréron, *hôtel de Boisrouvray.* La place au Beurre connut les premières imprimeries et librairies quimpéroises. Continuez l'enchantement par la rue du Sallé, avec « trois étoiles » au n° 10. Rue du Lycée, *chapelle du collège des jésuites.*

La place Terre-au-Duc et la place Médard *(plan B1-2)* **:** nombreuses maisons à pignons et encorbellement, ainsi que le long de la petite rivière Steir (avec sa tour à échauguettes). Elles forment un séduisant décor. La ***rue Saint-Mathieu*** n'est pas en reste avec encore beaucoup de ruelles, passages et placettes tout autour, qui vous livreront leur lot de belles demeures. Renseignez-vous avant d'y aller en voiture.

Les halles et le marché Saint-François *(plan B2)* **:** dans le centre-ville, méritent une visite gourmande. Les halles sont en forme de coque de bateau renversée et pleines de jolis étals riches de délicieux produits. Après la visite, rendez-vous à l'un des stands de crêpes à emporter. Elles sont bonnes et fondantes, comme on les aime... Et si vous le pouvez, allez-y un samedi, jour où le marché s'étend à toutes les rues alentour.

Dans le quartier de Locmaria

C'est dans ce quartier que se situait l'ancien port de Quimper. Les marées montent jusqu'à la ville, ne l'oublions pas. On y extrayait l'argile qui a donné naissance à l'art de la faïence.

Le musée de la Faïence (plan A3) : *14, rue Jean-Baptiste-Bousquet. ☎ 02-98-90-12-72. • musee-faience-quimper.com • ♿ Derrière la faïencerie Henriot. Ouv slt de mi-avr à fin sept, tlj sf dim et j. fériés, 10h-18h. Entrée : 4,50 € ; réduc ; possibilité de billet jumelé avec la faïencerie Henriot.*
Installé dans une ancienne faïencerie, le long de l'Odet. Les 8 salles d'exposition retracent l'histoire de la faïence à Quimper depuis 1699. Son principal intérêt est d'avoir su intégrer et synthétiser les motifs, les couleurs et les techniques des villes concurrentes comme Rouen ou Nevers, et d'avoir finalement inventé un style propre.
Les premières salles sont consacrées à la technologie, avec des petites maquettes montrant les différentes étapes avant la cuisson et le décor. Puis les faïences du XVIIIe s, où l'on retrouve tous les héritages et où l'on devine déjà l'ébauche d'un style quimpérois. Aujourd'hui emblématique, le petit Breton n'apparaît qu'au XIXe s. Dès lors, le style Quimper s'impose définitivement. Grâce aux artistes, les motifs vont sans cesse s'enrichir et évoluer. Certains laisseront même une empreinte durable : François-Victor Bazin, René-Yves Creston (voir la mappemonde réalisée pour l'exposition coloniale internationale de 1931, dont la ceinture équatoriale porte la mention : « Partout où le soleil passe, le Breton passe »). Les œuvres de Mathurin Méheut, Micheau-Vernez, Nicot, Quilivic, Renaud, Odetta ou Berthe Savigny (connue pour ses bébés) et quelques autres grandes signatures sont particulièrement recherchées des collectionneurs, notamment pour les périodes Art nouveau et Art déco. Dans la dernière salle, expos temporaires saisonnières de grande qualité.

LE BOL-PRÉNOM

Il fut popularisé par les congés payés en 1936. Les premiers vacanciers voulaient rapporter un souvenir abordable et utile (ça change). Le prénom doit être peint à la main levée. Mais attention, les bols-prénoms que l'on trouve sur les marchés sont souvent fabriqués en Chine. Bientôt, elle exportera des crêpes en Bretagne !

La faïencerie Henriot-Quimper (plan A3) : *pl. Bérardier. ☎ 02-98-90-09-36. • contact@henriot-quimper.com • henriot-quimper.com • ♿ Au bout de l'allée de Locmaria, rive gauche de l'Odet. Ouv tte l'année, lun-ven. Visite guidée d'avr à sept. Entrée : 5 €; réduc ; possibilité de billet jumelé avec le musée de la Faïence.*
La faïencerie, créée en 1690, est l'une des plus anciennes manufactures françaises. C'est la seule faïencerie bretonne à fabriquer et à décorer entièrement à la main toutes ses faïences. Chaque pièce est exécutée selon la technique de la main levée et signée par l'artiste. Après la visite (45 mn), on vous mène tout droit au magasin... Également une galerie où sont exposées les pièces uniques en faïence d'artistes en résidence.

L'école de broderie d'art de Quimper (plan A3) : *16, rue Haute. ☎ 02-98-95-23-66. • pascaljaouen.com •* Fondée en 1995 par Pascal Jaouen, l'école de broderie s'est s'installée dans les locaux qui abritaient les faïenceries de Quimper. Brodeur professionnel et enfant du pays, il s'attache à moderniser la tradition en réinterprétant les motifs traditionnels des différentes communautés, comme le *glazig.* La broderie glazig, qui a donné son nom à la région de Quimper (« pays Glazik »), se reconnaît à ses motifs caractéristiques de fleur et de cœur, brodé sur deux épaisseurs (lin et drap de laine initialement bleu, d'où le nom) avec du fil de soie aux points de chaînette et de feston. L'espace comprend la boutique-mercerie (vaste choix de fils DMC), l'école, bien sûr, et une galerie où sont présentés les plus beaux ouvrages des élèves et quelques créations haute couture du maître. Du linge de table superbe, des robes d'une singulière modernité, qui rendent bel et bien hommage à la tradition ! Également, une salle d'expo temporaire *(en été slt)* dans le prieuré voisin.

LE PAYS GLAZIK

Il regroupe les communes autour de Quimper et signifie « petit bleu », ce qui rappelle la couleur des costumes masculins. Les soldats de Napoléon étaient habillés en bleu. En 1815, après la défaite de Waterloo, on ne savait pas comment utiliser les énormes stocks de tissus. Un marchand breton les racheta et les vendit sur les marchés près de Quimper. Le bleu est toujours utilisé pour le costume traditionnel et a donné son nom à la région.

L'église Notre-Dame de Locmaria *(plan A3)* **:** *ouv 9h30-17h.* La plus vieille église de Quimper (construite à partir du XIe s) offre un bel exemple d'architecture romane bretonne. Sobriété des lignes, belle charpente en bois, et un chemin de croix réalisé par Louis Noël en faïence de Quimper (vers 1860). À droite, le jardin dans lequel subsistent les vestiges de l'ancien cloître.

Le jardin du prieuré : *en face de l'église. Tlj 9h-18h (17h en hiver). GRATUIT.* Le long de l'Odet, un adorable jardin « remarquable », d'inspiration médiévale, composé de plantes aromatiques et médicinales.

Fêtes et manifestations

– ***Les jeudis de l'Évêché :*** *de mi-juin à mi-sept, à 21h, dans les jardins de l'Évêché (plan C2). Programme disponible à l'office de tourisme. Env 5 €.*
– ***Grand pardon de Ty Mamm Doué :*** *1er dim de juil.* Procession religieuse.
– ***Festival Cornouaille Quimper :*** *5 j. fin juil. Rens au ☎ 02-98-55-53-53. • festival-cornouaille.com •* Existe depuis 1923. Au total, 140 spectacles, concerts, expos, animations, des milliers de participants en costume, jeux bretons, *festoù-noz,* musique dans la rue, un riche programme ! Grand défilé le 4e dimanche matin (clôture) de tous les groupes folkloriques de Bretagne et d'autres pays celtiques. Superbe atmosphère.
– ***Semaines musicales de Quimper :*** *festival de musique classique se déroulant sur 3 sem en août. Rens à l'office de tourisme ou au ☎ 02-98-95-32-43. • semaines-musicales-quimper.org •*
– Et nombreux ***festivals*** tout au long de l'année : *rens à l'office de tourisme.*

DANS LES ENVIRONS DE QUIMPER

Le musée de l'Alambic (distillerie Du Plessis *; hors plan par D2)* **:** *77, chemin du Quinquis. ☎ 02-98-90-75-64. À 2,5 km du bourg d'Ergué-Armel, suivre le fléchage. Tlj sf dim et j. fériés, 9h-12h30, 14h-18h30. GRATUIT pour les particuliers.* Collection privée présentant différents modèles d'alambics en cuivre datant des années 1800 à 1850, quelques modèles ambulants, sortes d'ateliers publics, se déplaçant dans les campagnes, ainsi qu'un magnifique pressoir du XVIIe s.

La cidrerie Manoir du Kinkiz *(hors plan par D2)* **:** *75, chemin du Quinquis. ☎ 02-98-90-20-57. Pas loin du précédent. Visite tlj sf dim, 9h30-12h30,*

14h-18h30. GRATUIT pour les particuliers. Visite du matériel de ferme évoquant les vieilles techniques de production et leur évolution, le chai, les modes de fabrication du cidre, des eaux-de-vie et du pommeau, et la chaîne de mise en bouteilles (étiquetage, notamment). En fin de parcours, dégustation de différents produits dont le fameux cidre-de-cornouaille (AOC) que fabriquent les Seznec.

La distillerie des Menhirs : *7, Hent-Sant-Philibert, 29700* ***Plomelin.*** *☎ 02-98-94-23-68. • distillerie.fr • Ouv tte l'année. Visite guidée en juil-août : lun-jeu à 10h30, 15h et 16h30 ; ven à 10h30 et 15h. Boutique : 8h (10h sam)-12h, 13h30-17h30 (16h30 ven).* Spécialité Eddu : whisky de blé noir, cidre et pommeau.

La chapelle Notre-Dame-de-Kerdévot : *à env 8 km vers l'est en direction de Coray par la D 15.* Un ensemble chapelle-calvaire remarquable. Le calvaire a perdu les statues de son socle dans la tourmente de la Révolution, mais il reste tous les personnages des croix. Noter la dramatique position du mauvais larron, la souffrance du visage. Chapelle typique du beau style cornouaillais du XVe s, avec un clocher ajouré et une sacristie du XVIIe s. À l'intérieur, magnifique retable flamand, production des ateliers d'Anvers (début du XVIe s). Pardon le 1er week-end de septembre.

GAVROCHE

Alexandre Massé perdit ses parents très jeune. Orphelin, il dut partir travailler à Paris, dans une fabrique de boutons. Comme il était travailleur, on lui confia vite la direction de l'usine. En inventant le bouton à quatre trous, il révolutionna l'industrie de l'habillement. Son brevet fut acheté dans le monde entier. Fortune faite, il revint à Plomelin et légua tous ses biens aux orphelins.

LE PAYS BIGOUDEN

Le pays bigouden s'étend de Sainte-Marine, sur les rives de l'Odet, à Plozévet. Les contrastes géographiques sont importants : côte ouest dépouillée, peu peuplée, côte sud protégée et populeuse, marais contre bocage, etc.

Plus qu'ailleurs, nous vous invitons à vous perdre dans l'incroyable réseau de petites routes de campagne, livrant souvent d'adorables chapelles, émouvantes dans leur simplicité, des croix de chemin, de

LA TACHE MONGOLOÏDE

De nombreux petits bigoudens naissent avec une tache bleue en haut des fesses. Elle disparaît à l'adolescence. Cette empreinte génétique se retrouve chez bien des Asiatiques. Certaines femmes ont aussi les yeux légèrement bridés. On évoque une présence de Huns au IVe s... Personne ne sait. Ils ont aussi des chapeaux ronds, mais c'est autre chose.

vieilles fermes, à la longue décoiffées par le vent, lorsque arbres et bosquets ne les protègent plus assez... Pourtant, ici, nulle falaise escarpée, pas de paysage en miettes ou de côte déchiquetée. Beaucoup de plat pays, avec des passages extrêmement pauvres. Terres ingrates, quelques rochers pour baliser de belles plages désertes. Une Bretagne à l'état brut, sans maquillage ni concession, émouvante.

À notre avis, c'est l'une des régions les plus séduisantes de Bretagne. Elle servit de cadre à Pierre Jakez Hélias pour son livre *Le Cheval d'orgueil* (voir « Livres de route » dans « Bon à savoir avant le départ » en début de guide).

C'est dans le triangle Quimper-Plozévet-Penmarc'h que la fameuse révolte des Bonnets rouges contre les taxes de Louis XIV se révéla la plus dure, ainsi que la répression qui s'ensuivit. Les clochers des églises qui avaient sonné le tocsin de la révolte furent décapités. On dit d'ailleurs que la forme de la coiffe bigoudène en est une allusion !

Car c'est aussi l'une des régions où les habitants proclament le plus fièrement leur identité et leurs particularismes. À Pors-Poulhan, une statue de femme bigoudène l'affirme d'ailleurs sans détour : « Ici finit le pays bigouden. » Pour preuve, aussi, les traditionnelles coiffes, très différentes d'un village à l'autre. Si elles ont aujourd'hui pratiquement disparu, vous pourrez toutefois tenter votre chance à Plonéour-Lanvern un mardi en début d'après-midi, quand les bigoudènes se rendent à la réunion du 3e âge, ou à la messe de Pont-l'Abbé.

COMBRIT-SAINTE-MARINE [kombrid-sant-voran]

(29120) 3 620 hab. *Carte Finistère Sud, B2*

Face à Bénodet (voir plus loin dans « Le Pays fouesnantais »), sur l'estuaire de l'Odet, la commune de Combrit dévoile l'adorable petit port de Sainte-Marine abrité, coquet et pittoresque, très connu dans le milieu de la plaisance. Jolie plage de sable fin.

Adresses utiles

i ***Office de tourisme :*** *pl. de Grafenhausen. ☎ 02-98-56-48-41. • paysdepontlabbe-tourisme.com • En saison, lun-sam 9h30-12h30, 14h-19h ; hors saison, ouverture restreinte (mat lun-mer, vac scol lun-ven mat).*

■ ***Centre nautique :*** *☎ 02-98-56-48-64. • cnsm@wanadoo.fr •* Stages et balades nautiques.

Où dormir à Sainte-Marine et dans les environs ?

Où manger ? Où boire un verre ?

De bon marché à prix moyens

Les fermes de Betty, chez Betty Folcher : *Le Stang. ☎ 02-98-51-99-14. 06-74-38-97-57. • b-m.folcher@wanadoo.fr • lesfermesdebetty.com • Fermé déc-mars. Double 80 € ; familiales 120-165 €. Café offert sur présentation de ce guide.* Dans un environnement bucolique et serein, 4 belles chambres, dont une familiale formée de 2 parties séparées par les sanitaires, la « Club des Cinq », à l'étage. Les 3 autres, de plain-pied – « Cœur », « Mer », « Campagne » –, bénéficient d'une terrasse privative. Petit déj copieux servi dans la cuisine : belle déco alsacienne, qui rend hommage aux origines de notre hôtesse. Vaste jardin, avec chaises et table, bien au calme.

Crêperie de l'Abri : *15, quai Jacques-de-Thézac. ☎ 02-98-51-98-72. Tlj sf mar hors saison. Congés : 3 janv-3 fév. Env 15 € à la carte. Café offert sur présentation de ce guide.* En terrasse ou derrière les volets gris d'une maison rénovée datant du XVIIe s, nichée au coin du port, près de L'Abri (rose) du marin. Toutes sortes de crêpes à base de bons produits (spécialité de Saint-Jacques flambées au whisky).

Crêperie La Misaine : *4, quai Jacques-de-Thézac (avt l'église). ☎ 02-98-51-90-45. • karagueuzian.claude@wanadoo.fr • Tlj en hte saison et vac scol, sinon fermé lun-mer et le soir jeu-ven. Congés : janv et 1re quinzaine de déc. Compter env 15 € à la carte. Apéro breton offert sur présentation de ce guide.* Vue idyllique, service rapide et joyeux, et produits frais de qualité, généralement locaux. Belle terrasse et déco chaleureuse à l'intérieur, faite d'objets marins chinés par Brigitte, la souriante maîtresse des lieux. Côté galettes, la « Ventoux » est un délice (chèvre, poitrine fumée, crème fraîche, basilic et miel, hmm !). La « Mer du Nord » au saumon bio nous fait voyager plus exotique avec brio, ainsi que la « Tuk-Tuk », la « Delhi »... Et les classiques bretonnes ne déçoivent pas.

Café de la Cale : *3, quai Jacques-de-Thézac. ☎ 02-98-56-30-49. • pomat.m@orange.fr • Tlj 10h-1h mars-oct ; horaires restreints pdt les vac scol. Congés : de mi-nov à fin fév.* Pas de voitures dans le coin, tant mieux ! Pas mal de charme pour cette minuscule maison blanche aux volets bleu marine, abritant un zinc, 2 tables rondes et un juke-box. Petite restauration (burger, tapas, huîtres, sandwichs et gâteaux maison). Cidre à la pression. Sans doute la terrasse la plus sympa de Sainte-Marine pour boire un verre.

Café du Port : *2, quai Jacques-de-Thézac. ☎ 02-98-56-44-36. • accueil@lecafeduport.fr • Tlj sf lun (jusqu'au 15 juin) et mar (jusqu'au 15 avr). Congés : début janv-début fév et mi-nov-mi-déc. Menu déj 19,50 € en sem sf j. fériés ; autres menus 29,50-39,50 €.* Une grande terrasse bien ombragée, avec vue sur le port, sous son auvent, et une belle salle de restaurant aux boiseries marines.

De chic à beaucoup plus chic

Chambres d'hôtes La Ferme de Kerscuntec : *route de Kermor, 29120 Combrit. ☎ 02-98-51-90-90. 06-86-99-78-28. • contact@lafermedekerscuntec.fr • lafermedekerscuntec.fr • Entre Sainte-Marine et Combrit (2e route à gauche après le pont de Cornouaille en venant de Bénodet). Min 2 nuitées demandées. Doubles 85-150 € selon saison et confort. Apéro maison offert sur présentation du guide.* Dans un beau corps de ferme du XVIIe s, les 5 chambres lumineuses au décor épuré sont fabuleuses. Au petit déj, confitures maison confectionnées avec les fruits de la ferme. Accueil très chaleureux et pro. Magnifique jardin. Plage et chemins de randonnée à proximité. Environnement d'une sérénité totale. En bref, une adresse idéale pour un séjour au calme.

Hôtel-bistrot du Bac : *19, rue du Bac. ☎ 02-98-51-33-33. • contact@hoteldubac.fr • hoteldubac.fr • Tte l'année, tlj. Doubles 95-140 € selon saison. Ajouter 39 €/pers en ½ pens. Menu 29 € ; carte env 40 € (résa : ☎ 02-98-56-34-79). Un petit déj/pers et par nuit offert sur présentation de ce guide.* Tout est de blanc et de bleu : bleu marine au bistrot, où l'on sert une cuisine de la mer ; bleu clair dans les chambres spacieuses, pour se rapprocher du ciel. De la salle à manger, vue superbe sur l'Odet et le pont de Cornouaille. Terrasse très agréable aux beaux jours. Mêmes propriétaires qu'à la *Villa Tri Men* (voir ci-après).

Villa Tri Men : *16, rue du Phare. ☎ 02-98-51-94-94. • contact@trimen.fr • trimen.fr • Resto ouv slt le soir de mi-avr à oct, fermé dim. Doubles 129-215 € selon confort et saison ; petit déj 17 €. Menus 42-79 € ; env 60 € à la carte. (câble). Un petit déj/pers et par nuit offert sur présentation de ce guide.* Cette grande villa, construite en 1913 dans un site exceptionnel au milieu d'un jardin de 4 500 m² en bord de

FINISTÈRE SUD

mer, a été transformée en un hôtel résolument contemporain. Les 20 chambres (dont 3 suites), toutes différentes et très confortables, ont comme points communs une décoration sobre mais raffinée et une vue imprenable sur Bénodet et le petit port de Sainte-Marine. La belle demeure regorge de surprises picturales : Lionel Floch, Pierre de Belay et Lucien Simon... Dans le jardin, des cottages coquets ouvrent sur l'horizon. Au resto, dont les baies vitrées et la terrasse ouvrent sur l'Odet, carte courte pour une cuisine qui marie subtilement les tendances du marché, les saveurs de la mer et la créativité d'un chef talentueux. Excellent petit déj. Une adresse d'exception.

À voir. À faire

Ne pas manquer la visite de la ***chapelle de Sainte-Marine.*** D'architecture typique, en granit, du XVIe s et en forme de L, elle est dédiée aux pêcheurs avec ses magnifiques ex-voto (maquettes de navires suspendues). Étonnant plafond voûté en bois et vitraux modernes qui ne déparent pas l'ensemble.

L'Abri du marin : ☎ *02-98-51-94-40. De mi-juin à mi-sept, tlj sf lun et mar mat, 10h30-12h30, 14h-19h ; vac scol, mer-dim 14h-19h (jeu-dim en basse saison). Visite : 2 € ; 3 € pour une visite couplée avec le fort de la pointe de Combrit.* Cette charmante maisonnette aux murs roses, la « couleur du bonheur » selon Jacques de Thézac, est l'un des quinze *Abris du marin* qu'il créa de 1900 à 1952 pour loger et éduquer les gens de mer. Expos temporaires, et salle de lecture comme au bon vieux temps.

➢ ***Balade sur la pointe de Combrit :*** *départ du port. Durée : env 1h30 l'A/R.* Emprunter la route en direction de la pointe de Combrit (on est sur le GR 34). Marcher 10 mn et tourner à gauche par l'impasse de la Fontaine ou plus loin par la rue Ar-Pussou, pour rejoindre le centre nautique et le parc de Kérobistin. Longer l'Odet (jolie vue sur l'estuaire et Bénodet) jusqu'au phare, que l'on contourne. Traverser la route et faire une pause au *Fort* (1862), qui présente des expos temporaires en été. Reprendre un bout de route jusqu'à la maison des douaniers et poursuivre sur le sentier côtier jusqu'à la plage de sable fin de Kermor. Possibilité de retour à la case départ par la route ou de continuer jusqu'à Île-Tudy par le chemin en contrebas des dunes ou par l'intérieur du polder : prévoir alors 1h à 1h30 de plus pour l'aller.

DANS LES ENVIRONS DE SAINTE-MARINE

Le parc botanique de Cornouaille et le musée des Minéraux : *à* ***Combrit.*** ☎ *02-98-56-44-93. • parcbotanique.com • ♿ Accès fléché depuis la D 44. De mi-mars à mi-nov, tlj 10h-12h, 14h-19h (10h-19h juil-août). Entrée par le musée des Minéraux : 7,50 € ; réduc.* L'une des premières collections de Bretagne, sur 5 ha. Au total, 3 500 espèces de plantes, parmi lesquelles 530 variétés de camélias, 420 de rhododendrons, 230 de vivaces, quelque 2 000 pieds d'azalées, etc. Jardin aquatique.

ÎLE-TUDY [enez-tudi]

(29980) 630 hab. *Carte Finistère Sud, B2*

Petit bourg aux blanches maisons s'étirant sur une presqu'île à l'embouchure de la rivière de Pont-l'Abbé. Un de nos endroits préférés de la Bretagne Sud. Maisons et ruelles étroites rappellent assez l'île de Sein. On a vite fait le tour des lieux. Port piéton. Longue plage de près de 4 km vers la pointe de Combrit.

Adresse utile

Office de tourisme : *5, rue du Port. ☎ 02-98-98-47-12. • ot.iletudy@orange.fr • ile-tudy.fr • Juil-16 août, tlj 10h-12h30, 13h30-19h (15h-19h, 17-31 août) ; le reste de l'année, lun-mar et jeu-ven 10h-12h30.*

Où dormir ?

Hôtel Moderne : *9, pl. de la Cale. ☎ 02-98-51-90-70. • hotelmodern@wanadoo.fr • hotelmodern.com • Tlj. Congés : de mi-nov à mi-déc. Doubles 68-78 € selon saison. Remise de 10 % sur la chambre, sur présentation de ce guide.* Le seul hôtel sur le port, vous ne pourrez pas le manquer. Très bien tenu. Si certaines des 12 chambres bénéficient d'une double exposition (la n° 20, notamment), toutes cependant n'ont pas la vue sur la mer. Ambiance familiale et accueil affable.

Où manger ? Où boire un verre ?
Où s'approvisionner ?

L'Estran : *7, pl. de la Cale. ☎ 02-98-56-43-20. • contact@cafeduport-iletudy.com • Tlj de mi-avr à sept ; le reste du temps, fermé le soir lun-mar et mer tte la journée. Congés : 1re sem de fév et de mi-nov à mi-déc. Formules déj 15-19,50 € et 24,50 €. Menu 28 € le soir. Café offert sur présentation de ce guide.* Le chef Henri Pellen, « enfant de l'île », a commencé sa carrière dans les cuisines du *Taillevent,* avant de faire son service militaire à l'Élysée, puis de passer aux cuisines privées du président Mitterrand. Il aime cuisiner les coquillages, comme les palourdes, couteaux ou ormeaux, mais aussi les poissons et crustacés. Intérieur chaleureux, mais dîner en terrasse devant la mer et le coucher de soleil se révèle un grand moment. Derrière le restaurant se niche aussi une petite salle de projection digne de *Cinéma Paradiso.* Et il n'est pas rare qu'il y ait des concerts et autres dîners-spectacles dans les murs.

Le Winch : *2, pl. de la Cale. ☎ 02-98-56-36-12. Tlj jusqu'à tard avr-sept et vac scol ; ven-dim le reste de l'année.* Fred et Phil ont posé leurs valises sur la cale et proposent rhum arrangé, cocktails et autres breuvages, tartines et tapas, à l'intérieur les soirs de pluie, sinon en terrasse.

Les Petits Paniers d'Ysa (Kit A Bien Manger) : *3, rue de l'Église. 06-81-64-53-96. En été, tlj 7h45-13h, 16h-19h30.* Une épicerie gourmande qui sent bon le pain frais et les viennoiseries en dépôt, les gâteaux maison, les verrines de bons produits, et où on trouve les journaux. La grand-mère et l'arrière-grand-mère d'Ysa en tenaient déjà une au Guilvinec. En vrac aussi, le meilleur de la production locale, des légumes, quelques fruits, de la bonne charcuterie, des œufs de poule de plein air, des conserves de poisson, cidres et jus de pomme...

PONT-L'ABBÉ [pont-n'-abad]

(29120) 8 430 hab. *Carte Finistère Sud, B2*

• Plan *p. 73*

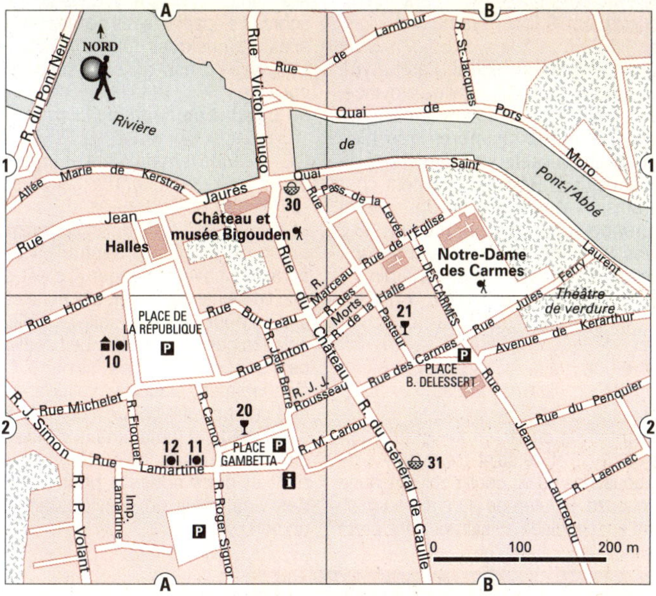

PONT-L'ABBÉ

Adresse utile	**Où boire un verre ?**
Office de tourisme	20 Bar de l'hôtel La Tour d'Auvergne
Où dormir ? Où manger ?	21 Pub La Mars
10 Hôtel de Bretagne	**Achats**
11 Le Cocagne	30 Le Minor
12 L'Esprit de Famille	31 Sophie C

C'est la capitale du pays bigouden. Ville bourgeoise, tranquille, sommeillant au bord de son étang et de son petit port de fond d'estuaire ! Ici, on essaie de perpétuer les traditions, notamment lors de la Fête des Brodeuses en juillet qui donne l'occasion d'admirer les bigoudènes et leurs fameuses coiffes.

Adresse et info utiles

Office de tourisme *(plan A2) : 11, pl. Gambetta.* ☎ *02-98-82-37-99.* • *paysdepontlabbe-tourisme.com* • *Tte l'année, lun-sam 9h30-12h30, 14h-19h (17h hors saison) ; juil-août, ouv aussi dim 10h-12h30.* Plan de ville et excellente doc.

– ***Marché :*** *jeu mat, pl. Gambetta et pl. de la République.* Toutes sortes de stands.

Où dormir ? Où manger ?

Hôtel de Bretagne *(plan A2,* ***10****) : 24, pl. de la République.* ☎ *02-98-87-17-22.* • *hoteldebretagne29@orange.fr* • *Doubles 58-72 €*

(tte l'année) ; duplex 4-5 pers 130 €. Plat du jour 9,30 € ; formule déj lun-ven 16,80 € (entrée + plat) ; menus 23-36,50 €. Très central, l'archétype du sympathique p'tit hôtel de province. Sans chichis, à caractère familial, de bon confort. 18 chambres très bien tenues et plaisante salle à manger de style rustique. Réputé également pour sa cuisine régionale bien troussée et à prix doux. Intéressant menu à 23 € (avec 9 huîtres ou foie gras maison). Terrasse l'été, avec vue sur le jardin.

Le Cocagne *(plan A2, **11**) : 23, rue Lamartine. ☎ 02-98-66-19-73. • lecocagne@orange.fr • Fermé dim soir et mer, plus mar soir hors saison. Congés : Toussaint-Pâques. Formules déj 14-17,50 € ; menus 26-34 € (soir et w-e). Café offert sur présentation de ce guide.* Filet de saint-pierre au jus de langoustines ou au coulis poivron jaune et chorizo, jarreton de porc rôti au miel, lotte en mouclade au safran... Une carte alléchante, à prix d'ami, dans un cadre sobre et élégant (pierres sèches rehaussées de quelques tableaux colorés). Bref, un petit resto qui a tout du pays de cocagne !

L'Esprit de Famille *(plan A2, **12**) : 15, rue Lamartine. ☎ 02-98-70-96-04. • espritdefamille29@orange.fr • ♿ Service mar-sam 12h-13h15 et le soir à partir de 19h jeu-sam. Formules 13,90-17,90 €. Café offert sur présentation de ce guide.* S'intitule « cave à vins et cave à manger », c'est pas mal vu ! Ainsi, on traverse la riche cave à vins pour la vaste salle du milieu, éclairée par une verrière. Les couleurs ne manquent pas dans l'assiette. Cuisine vraiment élaborée, voire inspirée et d'une belle fraîcheur, à base de très bons produits (notamment, délicieuse charcuterie espagnole). Service souriant et bons conseils pour le choix des vins, mais on s'en doutait bien un peu !

Où dormir dans les environs ?

Le Clos de Trévannec : *chemin de Trévannec, 29120 Pont-l'Abbé. ☎ 02-98-91-02-85. 📱 06-66-74-10-68. • closdetrevannec@orange.fr • closdetrevannec.com • ♿ À 2 km de Pont-l'Abbé, vers Loctudy. Résa indispensable le w-e avr-oct. Double 42 € ; petit déj 5 €. Réduc de 10 % sur le prix de la chambre nov-mars sur présentation de ce guide.* 4 gîtes de caractère dans 3 maisons anciennes réhabilitées par les propriétaires, dont l'une avec un immense toit d'ardoise et une tour carrée.

Où boire un verre ?

Bar de l'hôtel La Tour d'Auvergne *(plan A2, **20**) : 22, pl. Gambetta. ☎ 02-98-87-00-47. Ts les soirs sf dim.* Bar à vins au vaste choix. Décor et ambiance assez conviviaux.

Pub La Mars *(plan B2, **21**) : 25, rue Pasteur. ☎ 02-98-87-15-08. • pub.lamars@wanadoo.fr • Dans une petite rue entre l'église et la rue du Château, à côté du cinéma. Ts les soirs sf dim, jusque tard.* Pierres apparentes, vieux tonneaux, plancher et comptoir en bois. Un lieu chaleureux et sympa pour boire un pot.

Achats

Les créateurs bretons : 2 boutiques de cadeaux à ne pas manquer si vous voulez découvrir les nouvelles tendances à la mode de Bretagne.

– **Le Minor** *(plan A1, **30**) : 5, quai Saint-Laurent. ☎ 02-98-87-07-22. Juil-août, lun-sam 9h-13h, 14h-19h ; hors saison, tlj sf dim et lun mat, 9h-12h, 14h-19h.* Un classique. Tout pour la décoration intérieure : linge de table imprimé ou enduit, sets de table, nappes et plein d'idées de cadeaux. Boutique célèbre dans les années 1930 pour ses habillages de poupées au costume traditionnel. La grande Colette avait surnommé l'ancêtre du patron actuel « *Le grand couturier* *des poupées de terroir* »... Celui-ci a d'ailleurs repris aujourd'hui des motifs d'époque dans ses tissus imprimés.

- ***Sophie C** (plan B2,* ***31****)* **:** *21, rue du Général-de-Gaulle. ☎ 02-98-66-02-60. • sophie@sophie-c.fr • Ouv mar-sam (et lun juil-août) 9h30-12h30, 14h-19h.* *Sophie C* a eu la bonne idée d'imaginer Lisette, une bigoudène accrochée à son parapluie, qu'elle décline dans tous les tons et toutes les matières. Du bol à l'assiette ou sur le linge, Lisette vous accompagnera toute la journée et pendant de nombreuses années.

À voir. À faire

Le château et le Musée bigouden *(plan A1)* **:** *château des Barons du Pont, rue Jean-Jaurès. ☎ 02-98-66-09-03 (visite guidée hors saison : ☎ 02-98-66-00-40). • museebigouden.fr • Au bord de l'étang. Ouv de mi-avr à fin oct. Juil-août, tlj 10h-18h ; juin et sept, tlj sf lun et dim mat, 10h-12h30, 14h-18h ; avr-mai et vac de la Toussaint, mar-dim 14h-18h. Entrée : 3,50 € ; réduc. Expo permanente + expos temporaires 4,50 € ; réduc.* Dans le gros donjon, musée remarquable sur le folklore régional. Les collections proposent une plongée au cœur de l'identité bigoudène : mobilier sculpté, objets du quotidien, coiffes et costumes somptueusement brodés, images d'archives... Expositions temporaires dans les sous-sols.

L'église Notre-Dame-des-Carmes *(plan B1)* **:** ancienne chapelle d'un couvent des carmes. Édifiée au XIVe s, modifiée 300 ans plus tard. Propose deux belles rosaces, dont celle du maître-autel avec près de 7 m de diamètre. Un flamboiement de couleurs depuis des siècles, d'une fraîcheur fascinante.

Fêtes et manifestations

- ***Fête des Brodeuses :*** *4-5 j. courant juil.* Défilés de groupes folkloriques de toutes les régions, élection de la reine des brodeuses et l'occasion de croiser de vraies bigoudènes ! Énormément de monde. Défilés et *fest-noz* payants. *• fetedesbrodeuses.com •*
- ***Pardon des Carmes :*** *3e ou 4e dim de juil.*
- ***Fête de la Tréminou :*** *4e dim de sept.* Grand pardon qui célèbre Notre-Dame-de-Tréminou.

DANS LES ENVIRONS DE PONT-L'ABBÉ

La chapelle de Notre-Dame-de-Tréminou : *à 2 km à l'ouest (route de Saint-Jean-Trolimon).* Charmant édifice du XVe s, au clocher ajouré. À l'intérieur, très belles sablières sculptées. La chapelle fut l'un des hauts lieux de la révolte des Bonnets rouges. En effet, c'est du calvaire-chaire que fut mise la dernière main au *Code paysan,* élaboré par les 14 paroisses en rébellion. Véritable cahier de revendications populaires, il annonçait un siècle en avance les cahiers de doléances de 1789. Parmi les demandes, on trouvait notamment l'abolition de la corvée, l'autorisation des mariages entre nobles et roturiers, et l'annulation de la taxe du papier timbré.

LOCTUDY [loktudi]

(29750) 4 200 hab. *Finistère Sud, B2*

Port langoustinier qui se place au 17e rang des ports de pêche français. Station balnéaire et belle côte découpée, ce qui permet de choisir sa plage selon

la direction des vents ! Les randonneurs qui empruntent le GR 34 peuvent passer à Île-Tudy en bateau, pendant les vacances scolaires, pour poursuivre la balade.

Adresses utiles

Office de tourisme : *à côté de la mairie. ☎ 02-98-87-53-78. • loctudy.fr/tourisme • Juil-août, lun-sam 9h-12h, 14h-19h ; hors saison, slt le mat lun-ven.*

Cercle nautique : *plage de Langoz. ☎ 02-98-87-42-84. • cnloctudy.com •*

Où dormir ? Où manger ?

Camping

Camping de Kergall : *bd de la Mer, plage de Langoz. ☎ 02-98-87- 59-80. 06-98-25-78-33 • andre.herry@wanadoo.fr • À 50 m de la mer, tt près du centre nautique et à 800 m à l'est de la ville. Ouv mai-15 sept. Forfait tente 14,50 €. Loc de caravanes env 150-200 €/sem. CB refusées. 92 empl.* Assez bien ombragé. Simple et pas cher.

De prix moyens à chic

Hôtel La Porte des Glénan : *19, rue du Port. ☎ 02-98-87-40-21. • laportedesglenan@orange.fr • laportedesglenan.com • Congés : déc-janv. Doubles 49-64 € selon confort et saison. Apéritif maison offert sur présentation de ce guide.* Dans la rue qui mène au port de pêche, cette bonne vieille maison agréablement décorée dans un esprit marin est un hôtel familial d'une quinzaine de chambres à la tenue irréprochable. Accueil sympa comme tout, agréable séjour et terrasse fleurie pour le petit déj.

Manoir de Penavir : *rue du Commandant-Carfort. ☎ 02-98-87-44-38. • info@penavir.com • penavir.com • Congés : 1er nov-15 avr. Doubles 70-95 € ; suites (2 chambres) 80-95 € ; appartements 595-880 €/sem selon saison et exposition.* Un manoir entièrement restauré, dans un grand parc, en bordure de rivière, avec vue sur le port. 4 chambres d'hôtes aux douces tonalités (dont 2 avec jacuzzi) et 2 appartements (2 et 3 chambres) dans une atmosphère bretonnante pour rappeler les vacances d'autrefois avec le confort d'aujourd'hui. Jolie petite piscine extérieure chauffée.

La Mer à Boire : *rue Rémy-Le-Lay, port de plaisance. ☎ 02-98-87-99-65. • lameraboire@wanadoo.fr • À côté du bureau du port. Avr-sept tlj sf le midi sam-dim ; hors saison fermé dim-lun. Carte 25-30 €. Kir breton offert sur présentation de ce guide.* Sur le quai du port de plaisance, cachée derrière les entrepôts, une belle terrasse pour se restaurer de bonnes *kouigns* (crêpes bigoudènes), en admirant l'embouchure de la rivière à travers une forêt de mâts. Le soir, tapas et planches en plus en juil-août.

DANS LES ENVIRONS DE LOCTUDY

Le manoir de Kerazan : *route du Suler ; à 3,5 km de Loctudy par la D 2. ☎ 09-65-19-61-57 ou 06-04-44-35-12. • kerazan.fr • (en majeure partie). De fin avr à fin juin et 1re quinzaine de sept, mar-dim 14h-18h ; juil-août, tlj sf lun, 10h30-18h30 ; le reste de l'année, sur résa slt pour les groupes. Entrée : 7 € ; réduc ; intéressant forfait famille 19 € ; 5 € sur présentation de ce guide. Librairie-boutique à l'entrée. Crêperie (mêmes horaires). Table de pique-nique dans le parc.* Au sein d'un superbe parc de 5 ha aménagé à l'anglaise se niche une noble bâtisse, datant du XVIe s pour sa partie la plus ancienne. Le dernier propriétaire

de ce lieu prestigieux, M. Astor, a légué à l'Institut de France, en 1928, ce manoir entièrement meublé, riche de ses précieuses collections d'art. Resté inchangé depuis lors, le domaine de Kerazan représente l'authentique illustration d'un art de vivre de la fin du XIXe s en Pays bigouden. Impossible de tout décrire ; signalons de belles boiseries Louis XVI, des toiles de Maurice Denis (peintre de l'école de Pont-Aven), Charles Cottet et Auguste Goy (élève d'Ingres), une belle salle de billard, le fumoir, le salon de Madame Astor qui restitue le cadre de vie d'une femme distinguée du XIXe s, l'ancienne chapelle et sa collection exceptionnelle de faïences de Quimper.
➢ Promenade dans le superbe parc pour découvrir douves sèches, rocaille, lavoir, jardin potager façon médiévale avec ses herbes aromatiques.
– Une *exposition temporaire* est présentée chaque année sur des thèmes culturels et/où historiques régionaux.

À faire

Croisières : *avec les* ***Vedettes de l'Odet.*** *☎ 02-98-57-00-58. • contact@vedettes-odet.com • Croisière sur l'Odet : durée : env 2h30 A/R. Avr-fin sept, 3 départ/j. ; juil-août, 5 départ/j. Archipel des Glénan : avr-sept, 1 départ/j. sf lun et ven ; juil-août, 3 départs/j. Liaison Concarneau-Beg Meil, juil-août, 2 départs/j.*

LESCONIL [leskon]

(29740) 3 000 hab. *Finistère Sud, B3*

À 8 km au sud de Pont-l'Abbé, joli port de pêche artisanale, d'une blancheur quasi immaculée, et port de plaisance. Plages agréables et calmes.
– Pardon de Notre-Dame-de-la-Mer le 3e dimanche d'août.

Adresses utiles

Office de tourisme : *9, rue du Port. ☎ 02-98-87-86-99. • paysdepontlabbe-tourisme.com • En hte saison, tlj sf dim, 9h30-12h30, 14h-19h ; hors saison, ouv slt mar mat et ven mat.* Animations sur le port en été *(lun, mar 18h30 ou jeu 21h30).*

■ ***Centre nautique :*** *2, rue Victor-Hugo. ☎ 02-98-87-89-43. • centrenautiquelesconil.com •*

Où dormir ? Où manger ? Où boire un verre ?

Campings

Camping des Dunes : *67, rue Paul-Langevin. ☎ 02-98-87-81-78. 06-72-96-22-32 • campingdesdunes@gmail.com • camping-lesdunes-29.com • Ouv début avr-fin sept. Forfait tente en basse saison 18 € ; hte saison 21,50 €. Loc de mobile homes 350-720 €/sem. 140 empl.* Accès direct à la mer. Emplacements à l'abri du vent, derrière les dunes. Sanitaires modernes, une aire de jeux de 400 m² et un coin thalasso. Grand confort. Spa et sauna.

Camping de la Grande Plage : *71, rue Paul-Langevin. ☎ 02-98-87-88-27. • contact@campinggrandeplage.com • campinggrandeplage.com • Ouv de mi-avr à fin sept. Forfait tente 15-23 € selon saison. Loc de bungalows toile et mobile homes 215-1 085 €/sem selon saison et confort. 120 empl. Réduc de 5 % en* *basse saison.* Confortable, bien situé, à 250 m de la plage. Et tout le nécessaire pour un barbecue entre amis. Piscine et toboggans.

Camping Yelloh Village l'Océan Breton – Le Manoir de Kerlut : *route de Plobannalec. ☎ 02-98-82-23-89. • info@yellohvillage-loceanbreton.com • camping-bretagne-oceanbreton.fr • Près du stade. Ouv de mi-avr à mi-sept. Forfait tente (avec électricité) 18-48 € selon saison. Loc de yourtes, bungalows et cottages 245-1 673 €/sem. 240 empl.* Un camping très confortable, en bord de mer, avec une foule d'activités en sus. Les enfants (« les kerlutins ») adorent. Du canoë, des vélos, de l'accrobranche, une piscine couverte chauffée, une pataugeoire et la superbe aire de jeux aquatiques, toboggans déments et tout et tout. En plus, à proximité du *skatepark* et du centre équestre ! En même temps, pour le prix...

Prix moyens

Hôtel du Port : *4, rue du Port. ☎ 02-98-87-81-07. • contact@hotelduportlesconil.com • hotel-du-port.com • Selon saison et confort, doubles 60-145 €, familiales 130-205 € (suivre également les intéressantes promos sur Internet). Un petit déj/chambre offert sur présentation de ce guide.* Tout nouveau tout beau après une remarquable rénovation, un hôtel s'intégrant harmonieusement à son environnement tout en offrant des chambres au confort le plus moderne (salle de bains avec w-c séparés). À l'intérieur, chambres lumineuses au design épuré. Larges baies. La plupart avec vue privilégiée pour le retour des pêcheurs. Salon avec billard. Un beau coup de cœur pour cet hôtel nouvelle génération !

Bistrot du Port : *tout à côté de l'*Hôtel du Port *(même maison). ☎ 02-98-87-81-07. Juil-août, tlj sf mer midi ; basse saison, fermé dim soir, lun et mar soir. Formules (sf dim) 14,90 et 17,90 €. Menu bistrot 29,90 €. Également d'appétissantes formules moules de 10,90 à 19,90 € (et pour les 3 plus chères, un verre de vin et dessert inclus).* Cadre contemporain plaisant et confortable. Poissons et fruits de mer d'une belle fraîcheur à la carte, ça va de soi. Sur l'ardoise, les poissons du jour suivant arrivage. Terrasse face au port l'été.

Cantine de Mer – Tara : *le Port, quai Ouest. ☎ 02-98-82-27-43. • cantinedemer@orange.fr • 1er juil-21 sept, tlj sf jeu midi, 12h-14h et 19h-22h. Hors vac scol, tlj sf mar soir, mer soir et jeu. Vac Pâques et Toussaint, tlj sf mer soir et jeu. Congés : début nov-fin mars. Formules déj (sf dim) 13,90-18,20 € ; menus 23,50-28,50 €. Dégustation huîtres, langoustines, bigorneaux en saison 11h-12h, 18h-19h. Vente à emporter. Café offert sur présentation de ce guide.* Cantine colorée, ancien entrepôt mécanique, sur le port de pêche. Quelques tables à l'intérieur, avec vue dégagée sur la mer, et en terrasse. Amis viandards, passez votre chemin (même si la joue de porc y est fondante), ici la langoustine règne en maîtresse d'avril à mi-juillet, et le poisson toute l'année. À propos, goûter à l'étonnant poisson au « kombu » breton (algue brune, charnue et croquante tout à la fois !). Quelques spécialités : tartare de thon à la mangue et lotte au lard et au cidre.

Chic

Grand Hôtel des Dunes : *17, rue Laennec. ☎ 02-98-87-83-03. • info@grandhoteldesdunes.com • grandhoteldesdunes.com • (bar et resto). Ouv avr-oct. Resto ouv tlj sf lun midi. Doubles 54-88 € selon confort et saison. Formule déj en sem 11,50 €, menus 35-75 €. Digestif maison offert sur présentation de ce guide.* Ce grand établissement jouit d'une belle situation géographique : l'une des façades s'ouvre sur une immense dune qui va rencontrer la mer 300 m plus loin. Les chambres sont spacieuses, claires et confortables. Toutes avec TV écran plat, satellite, accès wifi, salle de bains avec w-c séparés. Préférer, bien sûr, celles côté mer. La nourriture est d'un bon rapport qualité-prix. Salle à manger panoramique.

Fêtes

- **Fête des Vieux Métiers :** *dernier w-e de juil, au manoir de Kerhoas.*
- **Fête de la Langoustine :** *1er ou 2e sam d'août, au port.*
- **Fête bretonne :** *mi-août, à l'église de Lesconil.*

LE GUILVINEC [AR GELVENEG]

(29730) 2 930 hab. *Finistère Sud, B3*

Quatrième en importance, et probablement le port de pêche actif le plus charmant de Bretagne. Avec *Léchiagat,* petite commune de l'autre côté de l'estuaire, Le Guilvinec forme un ensemble homogène assez vivant. Assistez, en semaine uniquement, à partir de 16h45, au retour des chalutiers, sous une nuée de goélands. Vous avez même droit à une visite guidée passionnante si vous prenez un billet couplé avec l'entrée du centre Haliotika (lire « À voir. À faire »). Un parcours symbolisé par des bronzes emblématiques de l'activité pêche guilviniste (langoustines et poissons) guidera même vos pas du parking de la Petite Sole à la Criée, réunissant pour de bon ville et port. Bref, Le Guilvinec, c'est plein de bonnes vibrations, on a vraiment aimé !

L'ABRI DU MARIN

Située au bout du parking du Guilvinec, la médiathèque accueillait autrefois l'Abri du marin, créé en 1900 par Jacques de Thézac. Ce fut l'un des premiers abris construits sur le littoral breton (13 au total). C'était des lieux où l'on ne servait que de la tisane d'eucalyptus, et où les femmes légères et les jeux d'argent étaient interdits. Cet aristocrate fou de mer voulut offrir aux marins désœuvrés pendant les longs mois d'hiver de quoi s'occuper : cours d'électricité, de navigation ou de TSF...

Adresses et info utiles

Office de tourisme : *pl. de la Petite-Sole. ☎ 02-98-58-29-29. • leguilvinec.com • En saison, lun-sam 9h30-19h, dim 10h-13h ; hors saison, lun-sam midi.*

Centre nautique de la Grève Blanche : *sur la plage du Guilvinec. 06-62-63-56-20 (en saison). • centrenautiqueduguilvinec@gmail.com • Loc de* paddle, *planches à voile, kayaks, dériveurs (*Diablotins et Optimist*), catamarans.* Cours particuliers à partir de 7 ans (moniteurs diplômés d'État) et stages. Rando kayak.

- **Marché :** *rue de la Marine. Mar et dim tte l'année.*

Où dormir ? Où manger ?

Yelloh Village La Plage : *241, Hent-Maner-ar-Ster, 29760* ***Penmarc'h.*** *☎ 02-98-58-61-90. • info@yellohvillage-la-plage.com • villagelaplage.com • Sur la route de Penmarc'h ; fléché. Ouv 11 avr-13 sept. Forfait tente 18-47 € selon saison. Loc 280-1 673 €/sem (le cottage 3 chambres et 2 sdb pour 6 pers) ; 2 cabanes suspendues 150 €/nuit. 410 empl.* Confortable, bien situé, à 250 m de la plage. Un paradis pour les enfants. Dépend de la chaîne *Yelloh Village.* Confort total. Piscine et pataugeoire. Super parc aquatique. Clubs enfants et ados.

Chambres d'hôtes La Dunette : *4, impasse du Ménez, Treffiagat. ☎ 02-98-92-74-31. 06-52-95-65-87. • sylvie@la-dunette.fr • la-dunette.fr • À Penmarc'h, après le rond-point, à la salle Caval, tourner à droite rue de Mejou-Braz ; un peu plus de 200 m, et vous y êtes. Tlj mars-oct. Doubles 70-80 € ; suites 120-140 € ; petit déj inclus. CB refusées.* Dans une belle maison de style local et très bien située, chambres fort plaisantes, avec entrée indépendante et terrasse privée. Salon aux vives couleurs, coin café avec frigo, chambre en mezzanine. Super petit déj (crêpes, far, caramel au beurre salé maison), servi généreusement, et remarquable table d'hôtes. En juillet-août, Sylvie, grande cuisinière, met bien sûr plus l'accent sur poisson et fruits de mer. Elle partagera d'ailleurs volontiers ses bonnes recettes avec vous (délicieuses verrines). 4 vélos à dispo.

Café-restaurant an Atoll : *4, pointe de Men-Meur. ☎ 02-98-58-18-73. • anatollcafes@orange.fr • Suivre le rivage sur 500 m du port vers la pointe de Men-Meur. Fermé dim soir, plus lun soir-mer hors saison. Compter env 25-35 € à la carte. Café offert sur présentation de ce guide.* Un poil en dehors des sentiers battus. Petite terrasse et large vue, agrémentée par le bruit des vagues et le chant de Maryline, le perroquet. Cuisine plutôt simple, parfois une petite touche exotique, cuisson respectant les saveurs. Petite carte, fraîcheur assurée. Allez vous balader sur la grève après le repas : elle servait au Moyen Âge de carrière pour les socles de croix ou les meules, d'où les flaques circulaires creusées dans certains rochers.

À voir. À faire

Haliotika – La Cité de la Pêche : *terrasse panoramique du port. ☎ 02-98-58-28-38. • haliotika.com • Juil-août et avr, lun-ven 9h30-19h, sam-dim 15h-18h30 ; début mai-fin juin et début sept, lun-ven 10h-12h30, 14h30-18h30, sam-dim 15h-18h30 ; fin sept-début oct lun-ven 15h-18h30 ; vac fév, Toussaint et Noël, lun-ven 15h-18h30. Entrée : 6-7 € ; réduc ; criée : plus 1 € (entrée couplée avec les expos). Audioguides pour adultes et pour enfants. Visites guidées payantes (5-7 €) des coulisses de la criée, dégustation de langoustine (3,90 €) sf lun ou lendemain de j. fériés, de la criée hauturière ou du tri du poisson sous criée. Possibilité de sorties en mer (env 55 €). Prendre une p'tite laine, il y fait frisquet ! Également des ateliers (« Atelier du goût », « Art des nœuds » et « Petits chefs » pour les enfants, « Cuisine des algues »...). Journée « Immersion » et « Savourez la pêche » (27-36 €).* Pour tout savoir sur le monde de la pêche et de la mer, ses métiers, ses techniques. Vitrine remarquable à plus d'un titre (ici, on ne veut pas entendre parler du mot « musée » !), permettant d'expliquer les bateaux, les hommes, les poissons, les zones de pêche, les filets : reconstitution d'un chalut, d'une passerelle de navigation, coupe d'un chalutier hauturier pour connaître la vie à bord. À ne pas manquer : l'arrivée des chalutiers côtiers à partir de 16h15 sur la terrasse.

PENMARC'H

(29760) 5 800 hab. *Carte Finistère Sud, B2*

À l'extrémité de la pointe de Penmarc'h, sentinelle du pays bigouden cernée par les récifs et souvent assiégée par l'océan. Deux petits ports et deux villages pour une même commune. Saint-Guénolé, d'une part, est un important port de pêche artisanale, spécialisé dans la sardine (premier port sardinier de France), la langoustine et le thon. Ce n'est pas un port d'opérette ! Il s'en dégage un peu l'atmosphère âpre des régions en butte à la crise

économique, en même temps qu'on y ressent une certaine chaleur et une humanité. *Kérity,* d'autre part, fut l'un des plus gros ports du pays bigouden ; il s'oriente davantage vers la plaisance.

Adresses et infos utiles

Office de tourisme : *pl. du Maréchal-Davout ; au pied du phare. ☎ 02-98-58-81-44. • penmarch.fr/tourisme • En saison, lun-sam 10h-12h30, 14h-19h et dim 11h-17h ; hors saison, ouv réduite.* Organise des initiations à la pêche à pied, à la galoche (jeu traditionnel breton) et aux danses bretonnes, ainsi que des visites guidées de la commune, des sorties géologiques sur les rochers de Saint-Guénolé et des visites guidées du port de Saint-Guénolé-Penmarc'h (lire la rubrique « À voir. À faire », plus loin). Demander le jeu de piste gratuit pour toute la famille. Inscription pour la visite du sémaphore de Penmarc'h *(mer mat en juil-août).*

■ ***Centre nautique :*** *pyramide du Steir. ☎ 02-98-58-64-87 (juin-août).*

– ***Marchés :*** au pied du phare d'Eckmühl *(lun soir en juil-août)* ; marché bigouden, produits du pays bigouden *(sur le port de Kérity, mer mat de mi-juin à mi-sept)* ; marché à Saint-Guénolé *(ven mat tte l'année).*

Où dormir ? Où manger dans le coin ?

Campings

Camping Le Domaine de la Joie : *à* ***Saint-Guénolé.*** *☎ 02-98-58-63-24. • contact@campingdomainedelajoie.com • campingdomainedelajoie.com • ♿ Sur la route du phare d'Eckmühl, un peu après la chapelle de la Joie, à l'entrée de Saint-Guénolé. Ouv d'avr à mi-sept. Forfait tente 14,30-22,50 € selon saison. Loc de mobile homes 217-742 €/sem, jusqu'à 6 pers. 230 empl.* Tout près de la plage, ce camping propose en juillet-août des animations pour les enfants et les adultes. Piscine, pataugeoire pour les mômes, aire de jeu. Bar et friterie.

Camping municipal : *à* ***Toul-ar-Ster.*** *☎ 02-98-58-86-88 ou 02-98-58-60-19 (mairie). • campingpenmarch@orange.fr • penmarch.fr • ♿ Sur l'immense plage du Ster, au sud de Penmarc'h. Ouv de mi-juin à mi-sept. Forfait tente en hte saison 10,75 €. Camping-car 85,60-113 €/sem. Env 180 empl.* Camping simple, pas cher et en bord de mer. Aire de jeu.

Camping Les Genêts : *20, rue Gouesnac'h-Névez. ☎ 02-98-58-66-93. 📱 06-83-15-85-92. • campinglesgenets29@orange.fr • camping-finistere-bretagne.fr • ♿ En bordure de la route Penmarc'h-Loctudy, par Plobannalec (D 53). Ouv avr-sept. Forfait tente 13,50-24 € selon saison. Loc mobile homes et caravanes 196-812 €/sem ; nuitée 45-113 € selon confort et saison. Douches gratuites. 176 empl.* Un beau 3-étoiles sur 4 ha d'espace herbu et arboré, à 1 500 m de la plage. Location de vélos. Bons sanitaires chauffés. Dépôt de pain. Piscine chauffée, pataugeoire et toboggans. Snack-resto et location de vélos.

Prix moyens

Hôtel Les Ondines : *90, rue Pasteur, à* ***Saint-Guénolé.*** *☎ 02-98-58-74-95. • hotel@lesondines.com • hotel-lesondines.net • ♿ Derrière la plage de la Joie. Congés : 6 nov-6 avr. Doubles 63-77 € selon saison. Pour famille, intéressant duplex 4-6 pers 120-145 € selon saison. Apéritif maison offert sur présentation de ce guide.* Hôtel devenu l'un des plus agréables du pays : un patio où sont servis les repas aux beaux jours, des chambres calmes entièrement rénovées au 1er étage, une cuisine qui a déjà ses adeptes et un accueil aussi spontané que chaleureux. Resto pour les clients de l'hôtel seulement.

Restaurant La Voilerie : *600, rue du Phare,* ***Saint-Pierre.*** *☎ 02-98-58-43-80. Sur la place, face au phare d'Eckmühl. Tlj en saison ; fermé lun, dim soir et mer soir hors saison. Congés : en principe de mi-nov à fin janv. Formules déj en sem 12-15 € ; carte env 29 €.* Une salle à la déco toute simple et une petite terrasse à deux pas du phare. Cuisine soignée, variant suivant le marché et l'arrivage, et poisson préparé de façon inventive (goûter au sauté de lotte !). Super rapport qualité-prix du menu du midi *(env 15 €) !*

La Maison des Rochers : *65, rue Roger-Quiniou, à* ***Saint-Guénolé.*** *☎ 02-98-58-71-26. • maison-des-rochers@orange.fr • maison-des-rochers.fr • Doubles 70-80 €. Apparts 420-500 €/sem. Tarif dégressif. Table d'hôtes 26-30 €, boissons incluses. Apéritif offert sur présentation de ce guide.* Au lieu-dit des rochers de Saint-Guénolé, à 100 m de la mer, 4 chambres d'hôtes spacieuses et bien aménagées dans une grande maison blanche disposant d'un jardin clos et d'une superbe terrasse. Table d'hôtes bio autour des produits de la mer.

De prix moyens à chic

Hôtel-restaurant Sterenn : *432, rue de la Joie, à* ***Saint-Guénolé.*** *☎ 02-98-58-60-36. • contact@hotel-sterenn.com • hotel-sterenn.com • À deux pas de la plage. Ouv tlj, mais resto fermé lun. Doubles 78-118 € selon saison et vue. Formules 20-28 € ; plateaux fruits de mer 40-65 € (avec homard) et menus gastro 39,50-69 €.* Petit hôtel à l'architecture contemporaine, mais au caractère familial. Accueil charmant. Chambres de fort bon confort et, surtout, très belle cuisine de la mer. Plats ultra-soignés et poisson cuit à la perfection. Quelques sous encore, prenez le beau menu gastro !

Achats

Conserverie artisanale de poissons Océane alimentaire : *au port de* ***Saint-Guénolé.*** *☎ 02-98-58-43-04. • contact@oceane-alimentaire.com • Juil-août, lun-ven 10h-13h, 14h-19h ; sam-dim et j. fériés 10h-12h30, 15h-19h. Pâques-fin juin et sept-Toussaint, 10h-12h15, 14h-18h30 (sam 15h). Le reste de l'année, lun-ven. Fermé en janv. Visite guidée gratuite sur résa de 1h en juil-août à 11h (venir 15 mn avt).* Une fabrique assez remarquable, avec de nombreux produits de très grande qualité : soupe, terrine de thon, rillettes de maquereau, « haricots de la mer », foies de lotte au wakamé, plats cuisinés, etc. Pas de soucis concernant l'origine et la fraîcheur : tout vient de Penmarc'h et des ports mitoyens, et a été pêché le matin même.

Compagnie bretonne du poisson : *108, rue des Conserveries. ☎ 02-98-58-52-62 ou 0811-111-840. • info@lacompagniebretonnedupoisson.fr • Hors saison, lun-ven 9h-12h30, 14h-18h30 ; juil-août, lun-ven 9h-13h, 14h-19h, sam et j. fériés 10h-12h30, 14h30-18h30. Visites guidées 11 juil-fin août, 10h, 11h, 15h et 16h (ven mat slt).* Beaucoup de produits là aussi : rillettes de thon à l'estragon, sardines à l'ancienne, soupes de la mer, raviolis de poisson au coulis de langoustines, salicornes en marinade...

À voir. À faire

À Penmarc'h

L'église Saint-Nonna : édifiée au XVIe s en gothique flamboyant et paraissant trop grande pour un si petit pays. Festival d'angles et de lignes de fuite. Large chevet plat et triangulaire. Grand toit à deux versants. Nombreux pignons, tourelles, clochetons, etc. Grosse tour-porche avec caravelles sculptées dans la pierre, signe que les armateurs financèrent la construction.

La chapelle de la Joie : *vers le phare d'Eckmühl.* Date du XVe s. Architecture assez simple, mais pardon important le 15 août. Entièrement restaurée ; les pierres ont été démontées et sculptées à nouveau pour certaines, puis remontées une par une.

À Saint-Pierre

Le phare d'Eckmühl : *rue du Phare (ah bon !). 06-07-21-37-34. Avr-oct et vac scol sf fév, tlj 10h30-18h30 (14h-17h30 pdt les vac scol de Noël). Visite de nuit mar en juil-août 21h30-23h. Entrée : 2,60 € (billet jumelé avec le Centre de découverte maritime : 5,10 €) ; réduc. Pas de visite les jours de grand vent ou de pluie.* D'une hauteur de 65 m, l'un des plus puissants du pays. Inauguré en 1897 en mémoire du prince d'Eckmühl, dont la fille a financé la construction. Il porte à plus de 50 km. 307 marches vous mènent à un panorama complet de la région, de la pointe du Raz aux Glénan. Ne pas tenter de battre le record de la course annuelle (moins de 47 s !). L'intérieur est en opaline et la rampe en bronze. À côté, le bateau de sauvetage *Papa Poydenot* : photos, médiathèques, objets d'époque. Jeune accueil remarquable.

Le centre de Découverte maritime, vieux phare : *derrière le phare d'Eckmühl. ☎ 02-98-58-72-87. • penmarch.fr • Ouv avr-sept : tlj sf mar 14h-18h avr-juin et sept ; tlj 10h30-18h30 en juil-août. Tarif : 3,10 € (billet jumelé avec le phare : 5,10 €) ; réduc. Forfait famille 7,30 € (jumelé avec Eckmühl 11 €).* Musée situé dans le premier phare de Penmarc'h et présentant des expositions liées au patrimoine maritime. Histoire des phares et balises. À l'étage, expos temporaires d'art moderne.

GARDIEN DE PHARE, UN MÉTIER DANTESQUE

Les phares sont classés par leurs gardiens en 3 catégories : paradis (si le phare est placé sur le continent), purgatoire (sur une île) et enfer (en pleine mer). L'enfer, ici, ce n'est pas « les autres », mais la solitude, qui pèse lorsqu'on est isolé par une tempête !

À Saint-Guénolé

L'office de tourisme de Penmarc'h (voir plus haut) organise des visites guidées du ***port de Saint-Guénolé-Penmarc'h*** *(♿ Résa obligatoire ; tarif : 5 €).* À l'arrivée des bateaux côtiers *(16h-17h15),* découverte du port, débarquement du poisson et criée. À l'arrivée des bateaux hauturiers *(19h30-20h15)* découverte de toute l'infrastructure portuaire, des espèces de poissons, des différents types de bateaux et de pêches, et projection d'un film sur la vie à bord d'un bateau de pêche. Sinon, débarquement des sardiniers à 7h.

Les rochers de Saint-Guénolé : *entre le port et la plage de Pors-Carn.* Découverte géologique organisée par l'office de tourisme *(ts les mar en juil-août, 5 €).*

Restaurant Les Rochers : *66, rue des Embruns, Penmarc'h, 29760 Saint-Guénolé. ☎ 02-98-58-75-30. • lesrochers@live.fr • Tlj sf mer en juil-août, plus le soir lun-jeu hors saison. Menus 27-47 €. Ascenseur.* Les rochers, ce sont ceux que l'on aperçoit, sculptés par le vent et les marées, depuis la salle du restaurant au 1er étage, derrière la longue baie vitrée. Autant dire

FINISTÈRE SUD

que le spectacle par tous les temps est absolument divin. Dans l'assiette, une savoureuse cuisine de la mer déclinée dans 2 menus.

Le musée finistérien de la Préhistoire : *657, rue du Musée-de-la-Préhistoire. ☎ 02-98-58-60-35. 06-83-54-63-39. • ccpbs.fr • Au nord du bourg, près de la plage de Pors-Carn. Juil-août, tlj 10h30-12h30, 14h-18h ; vac scol de Pâques et Toussaint, horaires variables (se renseigner auprès de l'office de tourisme de Penmarc'h, ☎ 02-98-58-81-44). Tarif : 3,50 €. Visites guidées en juil-août sur résa (le reste de l'année à partir de 6 pers) : 4,50 € ; réduc. Durée : 1h30.* À l'extérieur, stèles, dolmens et allée couverte. À l'intérieur, salles présentant des collections couvrant toutes les périodes de la préhistoire bretonne. En été, atelier de fonte du bronze pour jeunes et adultes.

La chapelle de la Madeleine : *à 1 km de Saint-Guénolé, en marge de la route de Plomeur.* Édifiée en 1410. Tout près, fontaine sacrée sculptée (Pustoc'h). Le site dans son ensemble vaut le coup d'œil avec ses jolies maisons de pierre aux volets bleus. Pardon le 3e dimanche de juillet.

PLOMEUR [ploeur], LA POINTE DE LA TORCHE ET NOTRE-DAME-DE-TRONOËN

(29120) *Carte Finistère Sud, B2*

De la pointe de la Torche à Notre-Dame-de-Tronoën, préparez-vous à éprouver quelques jolies sensations. Après la côte sauvage, magnifique, changement de paysage si vous vous enfoncez à l'intérieur des terres : au nord de Plomeur commence une région extrêmement plate et morcelée, ouverte à tous les vents de l'océan. Les fermes, très éparpillées, se réfugient derrière des rangées d'arbres depuis longtemps courbés comme des vieillards. De nombreuses petites routes ne mènent nulle part ou à des hameaux quasi désertés, à des groupes de fermes en ruine, à d'insolites chapelles isolées (notamment aux alentours de Saint-Vio et de Kerbascol). Par temps gris et bruineux, paysage très mélancolique.

Où dormir ? Où manger ?

Campings

Camping de la Torche : *à* ***Roz an Tremen,*** *pointe de la Torche. ☎ 02-98-58-62-82. 06-14-79-96-14. • info@campingdelatorche.fr • campingdelatorche.fr • À 1,8 km de la pointe de la Torche, bien indiqué en venant de Plomeur. Ouv 1er avr-30 sept (31 oct pour les loc). Forfait tente 17-23 € selon saison. Loc de mobile homes ou de chalets 250-690 €/sem. 155 empl. Réduc de 10 % en basse saison sur les loc et le forfait emplacement sur présentation de ce guide.* Dans un bel environnement. Emplacements bien délimités, bien ombragés. Gardien de nuit. Location de vélos. Accès direct à la plage. Écolabel européen. Piscine couverte chauffée (avec une ligne d'eau réservée aux nageurs).

Camping de Lanven : *lieu-dit* ***La Chapelle-de-Beuzec.*** *☎ 02-98-82-00-75. 06-61-86-45-16. • campinglanven@wanadoo.fr • campinglanven.com • Derrière la plage de la Torche, à 1 km de Notre-Dame-de-Tronoën. Ouv avr-sept pour les tentes (de fin mars à mi-nov pour les loc). Forfait tente 13-17 € selon saison. Loc de mobile homes 245-532 €/sem ; nuitée hors juil-août 29-59 € selon taille et saison. 159 empl. Réduc de 5 % sur ts les séjours sur présentation de* *ce guide.* Camping bien équipé, bien tenu, spacieux, ombragé, et personnel accueillant.

De bon marché à prix moyens

La Chaumière de Keraluic : *Keraluic, 29120 Plomeur. ☎ 02-98-82-10-22. • info@keraluic.fr • keraluic.fr • À la sortie de Plomeur en direction de Saint-Jean-Trolimon. Camping ouv 15 avr-15 oct. Selon saison, forfait tente 15,90-17,90 €, tente pyramide 395-450 €/sem. Double 60 € (tarif dégressif). Studios 2 pers 250-425 €/sem selon saison.* Dans un vieux corps de ferme et une vraie chaumière avec faîtière, 3 chambres avec beau décor de bois et tout le confort. Également 3 studios. Abondamment fleuri. Autour, une aire naturelle de camping (25 places) aménagée dans le vaste jardin. Sanitaires impeccables.

À voir

La pointe de la Torche : coin sauvage, magnifique. Sentier qui fait le tour de la petite presqu'île. Superbe point de vue sur les rochers de Saint-Guénolé et la plage de Pors-Carn. S'il est dangereux de se baigner, en revanche les fans de planche à voile ont colonisé le coin. C'est le top des spots sur la côte atlantique, parfois théâtre de la *Coupe de funboard.* En cas de mauvais temps et de mer en furie, le sol tremble quand les vagues s'écrasent et déferlent sur une plage longue de 30 km de Saint-Guénolé à Audierne.

Le calvaire de Notre-Dame-de-Tronoën : *ouv 20 mars-30 sept, tlj sf dim mat, 10h-12h, 14h-18h.* Probablement le plus ancien de Bretagne, et en tout cas, l'un des plus fascinants. On le date du milieu du XVe s. Complètement isolé sur une butte, dans un paysage très austère de dunes, de haies et de friches. Côté mer, les personnages du calvaire, rongés par les vents salins, n'offrent plus que des formes fantomatiques. Tous les détails ont été gommés. Sur les faces moins exposées, on reconnaît nettement certaines scènes. Côté chapelle, superbe *Nativité* à laquelle les lichens donnent un relief fantastique. Un des Rois mages est en costume médiéval. Côté route, on distingue bien (en bas à gauche) la scène du *Lavement de pieds.* Tendresse sublime de la *pietà.* La *chapelle,* côté calvaire, présente deux jolis porches encadrant le clocher, une grande fenêtre rayonnante et un retable intéressant.

La maison de la baie d'Audierne : *Saint-Vio, sur la commune de* ***Tréguennec,*** *à 4 km de Plonéour et à 150 m env de la chapelle Saint-Vio. ☎ 02-98-87-65-07. 06-69-94-01-48. En été, lun-ven 13h30-18h (mai-oct, mer 13h30-17h). Entrée libre. Balades nature accompagnées sur résa. Tarif : env 4 € ; réduc. Avec ânes bâtés, mai-oct. Payant et résa obligatoire.* Centre d'interprétation sur le patrimoine naturel et culturel de la baie.

À faire dans les environs

– ***La Maison des jeux bretons :*** *à* ***Saint-Jean-Trolimon.*** *☎ 02-98-82-13-45. • maisondesjeuxbretons.fr • Ouv 14h-18h, lun-sam en juil-août ; pdt les vac scol, mar-sam ; le reste de l'année, mer et sam (sinon, sur résa pour les groupes). Entrée : env 2 € ; enfants 6-14 ans 1 €.* Un endroit pour (re)découvrir et pratiquer une quinzaine de jeux traditionnels (jeux de boules, de quilles et de palets) pour petits et grands. Une personne est là pour vous expliquer les règles ! Concours annuel « Trophée de Saint-Jean » au mois de juin. À faire aussi bien en famille qu'entre copains ! Location de jeux.

PLONÉOUR-LANVERN [ploneour-lanwern]

(29720) 6 079 hab. *Carte Finistère Sud, B2*

Rien de particulier, si ce n'est la messe du dimanche où vous pourrez apercevoir encore, avec un peu de chance, deux ou trois bigoudènes et leur célèbre coiffe. Sur une colline dans les environs, menhir de 4 m de haut.

Adresse utile

ℹ ***Office de tourisme :*** *pl. du Général-de-Gaulle. ☎ 02-98-82-70-10 (hors saison ☎ 02-98-91-45-15). • othpb.com • 11 juil-20 août, lun-ven 9h30-12h30, 14h-18h, dim 9h30-12h30 ; avr-sept, lun-ven 9h30-12h ; hors saison, mar et jeu 9h30-12h30, 14h-18h.* Infos concernant tout le secteur du haut Pays bigouden.

Où dormir ? Où manger à Ploného et dans les environs ?

De bon marché à prix moyens

Hôtel des Voyageurs : *1, rue Jean-Jaurès, à Ploného. ☎ 02-98-87-61-35. 📱 06-74-59-62-60. • hotelvoyageurs@yahoo.fr • hotelrestaurant-lesvoyageurs.com • Ouv lun-ven midi nov-Pâques ; tlj sf sam midi le reste de l'année. Congés : 20 déc-19 janv. Doubles 50-75 €. ½ pens demandée en juil-août, 58-66 €/pers. Formule déj en sem 14,50 € ; menus 21-31 €. Café offert sur présentation de ce guide.* Classique hôtel de village et de passage. Certaines chambres sur rue peuvent être bruyantes. Bonne cuisine à prix modérés : soupe de poisson maison, terrine du chef au porto, etc.

Chambres d'hôtes à l'Auberge Bigoudène : *Corn Goarem, route de Penhors, à* ***Plovan.*** *📱 06-71-85-51-87. • auberge-bigoudene@orange.fr • auberge-bigoudene.fr • Double 49 €. De 3 à 5 pers 60-75 €. Table d'hôtes sur résa 18 €. Apéritif offert sur présentation de ce guide.* 3 chambres coquettes et désuètes dans une grande maison bretonne au milieu de nulle part, balayée par les vents et les éclats du phare. Mobilier traditionnel, lit clos, objets familiers, faïences et peintures donnent beaucoup de charme à l'ensemble. Bonne cuisine : le poulailler et la mer ne sont pas loin !

Beaucoup plus chic

Manoir de Kerhuel : *route de Quimper, 29720 Plonéour-Lanvern. ☎ 02-98-82-60-57. • contact@manoirdekerhuel.fr • Doubles 75-148 € ; familiales 100-198 €. Menus 27-60 €.* Dans un manoir authentique et bien cossu, au milieu d'un parc immense. Chambres au cadre contemporain d'une certaine sobriété et très confortables (douche à l'italienne, TV écran plat avec abondance de chaînes). Mais le must du lieu, c'est sa cuisine (resto ouvert aux non-résidents). D'un raffinement total, des associations de saveurs séduisantes, légumes de choix et plein de petites attentions durant le repas : mignardises, pain et beurre maison... Le 1er menu présente un rapport qualité-prix exceptionnel.

DANS LES ENVIRONS DE PLONÉOUR-LANVERN

La chapelle de Languivoa : *à 1,5 km au nord de Plonéour-Lanvern.* L'une des six chapelles mutilées en représailles par Louis XIV après la révolte des Bonnets rouges, aujourd'hui restaurée. Admirez les belles arcades et les chapiteaux à motifs végétaux. Quelques très vieilles demeures paysannes aux alentours.

Plovan : *à 7,5 km à l'ouest de Plonéour-Lanvern par la D 2.* Petite église tassée sur elle-même, comme pour ne laisser aucune prise au vent. Clocher ajouré à tour ronde. Joli *calvaire* « rond-point », avec une Vierge qui semble porter une coiffe bretonne.

Gîte Bleu Salé : *Ru Vein, 29720* ***Plovan.*** *☎ 02-98-87-63-41. 06-82-83-09-92. • durand-raphalen@wanadoo.fr • gites-charme-finistere.com • Tte l'année à la sem (650-1 295 € selon période ; 4 pers max) ou au w-e selon dispo, chauffage par aérothermie inclus. Linge de lit fourni (en option pour draps de bain), vélos à dispo.* Le plus cher mais sans doute le plus beau de la région. Dans un joli penti traditionnel du début du XIXe s, de plain-pied, avec toit de chaume, 2 chambres, tout le confort rêvé, et une pièce à vivre avec cuisine équipée et vaste baie vitrée face à l'océan. Cheminée pour feu de bois. Environnement extra (vaste jardin entretenu), vue inouïe, charme absolu et calme sidéral. Un must !

FINISTÈRE SUD

La chapelle de Languidou : *à 1 km de Plovan.* Pittoresques ruines d'une chapelle du XIIIe s, qu'on découvre, comme ça, en écartant la futaie au bord de la route. Fusion harmonieuse et très romantique avec la nature d'arcades romanes, colonnes cannelées, etc. Magnifique rosace flamboyante.

POULDREUZIC [pouldreuzig]

(29710) 2 132 hab. *Carte Finistère Sud, B2*

Bourg natal de Pierre Jakez Hélias. C'est aussi là que se fabrique le célèbre pâté inventé en 1907 par Jean Hénaff, créateur également du fameux slogan : « Seul un Breton s'entête à faire aussi bon ! »

Adresse utile

Office de tourisme : *pl Corentin-Hénaff, salle Pierre Jakez Hélias. ☎ 02-98-54-49-90. (hors saison, ☎ 02-98-91-45-15) • othpb.com • 11 juil-20 août, lun-ven 9h30-12h30, 14h-18h, sam 9h30-12h30 ; avr-sept, lun-ven 14h-17h ; fermé oct-mars.* Infos concernant tout le secteur du haut pays bigouden. Balades interactives : circuits téléchargeables *(sur smartphones).*

Où dormir ? Où manger ?

Campings

Camping Les Peupliers : *à Logan. ☎ 02-98-54-49-98. 06-81-42-32-27. • contact@camping-peupliers-pouldreuzic.com • camping-peupliers-pouldreuzic.com • Par la départementale D 2 depuis Pouldreuzic en direction de Plozévet. Ouv 1er avr-31 oct. Forfait tente 13 €. Loc de mobile homes et chalets 215-565 €/sem. Caravanes 155-270 € selon saison. W-e (sf juil-août) 55-80 €/nuit selon confort. 50 empl. Réduc de 10 % sur présentation de ce guide hors 15 juil-15 août.* Un camping calme, ombragé, avec de grands emplacements de 140 m². Nos préférés : ceux en bordure, avec ombre en journée et coucher de soleil en soirée. Sanitaires récents et impeccables.

Espace forme et sauna. Accueil très chaleureux.

Camping de Landrézec : *route de la Mer. ☎ 02-98-54-34-81. • camping-landrezec@wanadoo.fr • camping-landrezec.fr • Ouv 1er juin-30 sept. Forfait tente en hte saison 10,40 €. Loc de mobile homes 260-400 €/sem selon saison, et caravanes 200-240 €/sem. CB refusées. 30 empl. Une bouteille de jus de pomme bio offerte sur présentation de ce guide.* À 2,5 km d'une belle plage de sable fin et 800 m des commerces. Bien équipé et calme, il dispose de 2 terrains, l'un pour les tentes (au milieu des pommiers), l'autre pour les caravanes. Aire de jeu.

Camping du Manoir de Logan : *à 1 km du village, direction Plozévet (fléché sur la droite). ☎ 02-98-54-41-14. 06-50-84-16-10. • campinglogan@aol.com • location29.com/hébergements/logan/ • À 1 km de Pouldreuzic, en direction de Plozévet. Ouv avr-début oct. Forfait tente en hte saison 13,50 €. Loc 290-500 €/sem. 25 empl.* Un camping familial, au milieu des champs et au calme. Emplacements bien délimités par des arbres et des haies d'hortensias, de manière à ce qu'il n'y ait pas de vis-à-vis. Gîte à louer également (belle maison de pierre rénovée).

Bon marché

Crêperie Ty Chanig : *19, rue de Pont-l'Abbé. ☎ 02-98-54-37-22. 06-88-74-19-03. Fermé dim-lun en juil-août ; hors saison ouv slt le midi mar-sam. Repas autour de 12 €. Ty Chanig, c'est « Petite Jeanne ».* Accueil chaleureux à l'entrée, goût authentique dans l'assiette, salle plaisante. Spécialité de galettes bigoudènes (plus épaisses que d'habitude) et, en saison, aux fruits de mer au cidre.

Où dormir ? Où manger dans les environs ?

Hôtel-restaurant Breiz-Armor : *sur la plage de Penhors, Pouldreuzic. ☎ 02-98-51-52-53. • info@breiz-armor.com • breiz-armor.fr • Resto fermé lun (sf le soir en juil-août et de mi-oct à la 1re sem de nov). Congés : resto janv-mars et 17 oct-11 nov. Doubles 91,50-106 € selon saison. ½ pens 90-99,80 €/pers. Menu déj en sem 17,80 €, autres menus 25,90-65,20 €. Kir breton offert sur présentation de ce guide.* Hôtel très bien situé en bord de mer. Belles chambres modernes et lumineuses avec vue sur le grand large. Du béton, mais dans le style breton. On pardonne d'autant plus que l'atmosphère et les plats du chef sont là pour vous faire passer un bon moment (le chef s'appelle d'ailleurs Ségalen, une invitation au voyage... dans la gastronomie). Jacuzzi, sauna, billard, prêt de vélos, etc. Au resto, spécialités de poisson et de fruits de mer, tout droit sortis du vivier en eau de pleine mer. Salle panoramique.

À voir. À faire

La maison natale de Pierre Jakez Hélias : *20, rue de Quimper. ☎ 02-98-54-40-32 (mairie). • pouldreuzic.bzh • 6 juil-fin août, lun-sam 10h-12h. Entrée : 3 €. Rencontres littéraires ponctuelles (se renseigner).* Mobilier d'origine, interviews de Pierre Jakez Hélias, extraits de textes (originaux).

➢ Pour compléter la visite et découvrir le patrimoine de Pouldreuzic, circuit d'interprétation ***« Sur les pas de Pierre Jakez Hélias »***, de 8 km environ, qui débute devant la maison.

La Maison du pâté Hénaff : *à la sortie de Pouldreuzic, direction Plozévet (fléché sur la gauche). ☎ 02-98-51-53-76 (musée) et 02-98-54-36-59 (boutique). • henaff.fr • Visite libre ou guidée : 13 juin-27 août, lun-sam 11h-18h (visite* *guidée 11h30-17h) ; le reste de l'année, sur résa. Tarif : 3 € (guidée 4,50 €) ; réduc ; gratuit moins de 12 ans.* L'ancienne ferme de la famille Hénaff a été restaurée et accueille aujourd'hui un musée qui retrace toute l'épopée du célèbre pâté depuis 1907. Anciennes machines, photos, vidéos, etc.

C'EST BON, C'EST BRETON !

Jean Hénaff était agriculteur à Pouldreuzic. En 1902, les sardines quittent les côtes bretonnes pour aller vers les mers chaudes. Il eut alors l'idée de remplir les boîtes de conserve avec... des légumes. Puis du cochon. Les marins adoptèrent cette petite boîte bleue qui fait encore la réputation du pays bigouden. Aujourd'hui, Hénaff conçoit même des plats pour les... astronautes.

La cidrerie artisanale Kerné : *à Mesmeur, Pouldreuzic. ☎ 02-98-54-41-86. À la sortie de Pouldreuzic, direction Plozévet. Tte l'année, lun-sam 9h30-12h30, 14h-19h sf j. fériés, ouv le dim ap-m en août.* Affaire familiale depuis 1947. Pour les *cider addicts,* étape obligatoire sur la route du cidre. Un des plus présents dans les crêperies. Dégustation et vente sur place de produits régionaux. Pas de visite, malheureusement.

Le musée de l'Amiral : *sur la plage de Penhors, Pouldreuzic. ☎ 02-98-51-52-52. • museedelamiral.com • Juil-août, tlj 10h-19h30 ; le reste de l'année, mar-dim 10h-12h, 14h-18h (19h en juin et sept), sam-dim 14h-18h. Fermé janv-début fév sf vac de Noël. Entrée : 6 € ; réduc.* Après avoir parcouru le monde, Guy Ségalen a voulu faire partager ses trésors de voyage. C'est ainsi qu'est né le musée de l'Amiral, espace de découverte de la nature et musée inédit présentant plus de 12 000 coquillages et 200 oiseaux de mer, des fossiles, des minéraux... Intéressant circuit pédagogique avec bornes interactives. Objets étonnants comme ces os de baleine, ce homard centenaire et le célèbre *Tridacna gigas* (appelé aussi bénitier, qui peut peser plusieurs centaines de kilos).

La brasserie de Pouldreuzic : *à* ***Trégonguen.*** *☎ 02-98-54-37-71. • brasserie-penhors.com • À la sortie du village, sur la route de Penhors. Juil-août, visite mar et jeu à 18h (durée : env 30 mn), vente lun-ven (sf mer ap-m) ; mars-déc, vente slt ven 15h-19h et visite sur rdv.* Dans une vieille ferme, visite de la salle de brassage, des cuves de fermentation et de garde, avant de déguster la fameuse bière artisanale locale, la *Penhors,* dans ses différentes déclinaisons (ambrée, ambrée bio, blanche, blonde et stout).

DANS LES ENVIRONS DE POULDREUZIC

Penhors : *à 4,3 km de Pouldreuzic par la D 40.* Belle plage sauvage d'où l'on a un beau point de vue sur les pointes du Raz et de Penmarc'h *(école de char à voile et surf, plage surveillée l'été).* Voir la *chapelle Notre-Dame de Penhors* : clocher au milieu du bâtiment. Superbe retable de la Vierge. C'est ici que se déroule, le 1er dimanche de septembre, le pardon bigouden le plus important.

Plogastel-Saint-Germain : *à moins de 10 km au nord-est de Pouldreuzic.* Pour sa très secrète et quasi inconnue ***chapelle Saint-Germain,*** située à 2,5 km de Plogastel, sur la D 240 vers Pont-l'Abbé. Élevée en 1510. Porte triomphale gothique dans laquelle s'inscrit parfaitement le porche de l'église, en une harmonieuse répétition. Chapelle très élancée. Les grandes fleurs de lis aux fenestrages sont-elles le résultat du compromis que fut le mariage d'Anne de Bretagne avec le roi de France ? Curieux ! Petit calvaire en bord de route. Hameau charmant et paisible.

PLOZÉVET [plozeved]

(29590) 3 045 hab. *Carte Finistère Sud, B2*

Petite bourgade à la « frontière » du pays bigouden et du cap Sizun. Chaque année, le 3e dimanche d'août, se déroule le *Mondial Folk,* un rendez-vous international de folklore, comme son nom l'indique. Ici, la terre est pauvre. Pour s'en sortir, un seul moyen : l'éducation. Voilà pourquoi, pendant longtemps, ce petit village détenait le plus important nombre d'agrégés par habitant.

Adresse utile

Office de tourisme : *13, rue du Centre. ☎ 02-98-91-45-15. • infos@othpb.com • hautpaysbigouden.com • Juin-sept, lun-sam 9h30-12h30, 14h-18h, dim (juil-août) 9h30-12h30 ; le reste de l'année, lun-ven 9h30-12h, 14h-17h (plus sam en mai).* Infos concernant tout le secteur du haut pays bigouden.

Où dormir ? Où manger ?

Campings

Camping La Corniche : *chemin de la Corniche. ☎ 02-98-91-33-94. • campinglacorniche@flowercampings.com • campinglacorniche.com • Ouv début avr-début nov. Forfait tente 16-20,50 € selon saison. 1 nuit offerte en basse saison. Loc de chalets et mobile homes 196-735 €/sem selon capacité et saison. 120 empl. Pot d'accueil offert sur présentation de ce guide.* La plage est à 1,5 km, la piscine est chauffée, et il y a pas mal d'ombre.

Camping de la Source : *au lieu-dit Trohinel. ☎ 02-98-91-37-01. 06-17-13-79-23. Par la D 2, route de Pont-l'Abbé. Ouv 1er avr-30 sept. Forfait tente 8-11 € selon saison. Loc de caravanes et mobile homes 180-450 €/sem. CB refusées. 25 empl. Réduc de 10 % sur présentation de ce guide.* Terrain au calme, ombragé, avec de grands emplacements : à vous de choisir l'ombre ou le soleil, à moins que vous ne préfériez la proximité du ruisseau. Ambiance grande famille.

De bon marché à prix moyens

Crêperie Les Sonneurs : *8, rue de Quimper. ☎ 02-98-91-38-39. • creperie-les-sonneurs@hotmail.fr • Tlj sf lun midi et hors saison dim-lun sf vac scol. Formule 14 € ; à la carte, env 16 €. Café offert sur présentation de ce guide.* Mention spéciale pour la « bigoudène », une crêpe croustillante pomme, caramel et glace, dressée comme une coiffe.

Restaurant Le Menhir : *plage de Kerrest, à 2 km du bourg. ☎ 02-98-91-46-97. • caumeil.frederic@orange.fr • Tlj sf lun, plus le soir hors saison. Fermé en janv. Formule déj en sem 15 € ; menus 23-29 €. Kir breton offert à partir du menu à 23 €, sur présentation de ce guide.* Cuisine traditionnelle et vue panoramique. La grande maison blanche est isolée sur une butte au bord de la plage.

À voir

L'église Saint-Démet : bâtie sur une fontaine qui sort de part et d'autre du porche sud. Cette porte du XVe s, voûtée en ogive, est décorée de niches vides aux colonnettes en nid-d'abeilles. Côté Évangile, les piliers à faisceaux de colonnettes qui supportent un arc en plein cintre sont du style de l'école de Pont-Croix et datent du XIIIe s.

Simple et joli calvaire. À deux pas, doux et fier visage de Bigouden, dû au sculpteur Quillivic.

SAUVEZ LE SOLDAT RYAN !

Le monument aux morts de Plozévet est atypique et émouvant. Il représente un modeste paysan accolé à un menhir au milieu d'un amoncellement de rochers. Cet habitant de Plozévet perdit ses quatre fils à la guerre de 1914-1918. Il fut à l'origine de la loi dispensant un frère d'aller à la guerre si un autre y est déjà.

Le musée de Petits Meubles bretons : *impasse de la Poste. ☎ 02-98-91-42-04. 06-52-55-68-02. Sur rdv slt. Entrée : 3 € ; réduc.* La famille Douirin était autrefois spécialisée dans la fabrication du meuble breton miniature. Elle a rassemblé ici ses plus belles pièces en un intéressant petit musée (au menu également, les machines et des anecdotes).

DANS LES ENVIRONS DE PLOZÉVET

Le menhir des Droits de l'homme : *à 2 km au sud de Plozévet, sur la belle plage de Canté. Suivre la route de la Corniche puis prendre à gauche dans la rue du Menhir. Indiqué ensuite. Avt Keristenvet.* Menhir gravé d'une inscription en hommage aux centaines de victimes du naufrage du bateau *Les Droits de l'homme,* après un combat naval avec les Anglais. Il revenait de l'expédition commandée par Hoche, en soutien aux insurgés irlandais de 1796. L'un des survivants, un prisonnier britannique, revint 43 ans après pour élever ce monument.

Les moulins de Tréouzien : *Pors Poulhan ; à env 4 km à l'ouest de Plovézet par la D 784. ☎ 02-98-70-04-09. Tlj 10h-12h, 14h-18h.* À Plouhinec, dans la vallée de Tréouzien, on trouve deux moulins. Celui à eau, restauré, est ouvert au public depuis juin 2015. Accès par le parking de Pors Poulhan, puis suivre le sentier qui remonte la vallée. Vente de pain et brioches les samedi et dimanche.

LANDUDEC [Landudeg]

(29710) 1 170 hab. *Carte Finistère Sud, B2*

Sur la route de Plozévet à Quimper, un bourg qui vaut surtout pour sa petite église.

Où dormir ?

Camping

Domaine de Bel Air : *à Kéridreuff Ty Varlen, Landudec. ☎ 02-98-91-50-27. • contact@belaircamping.com • belaircamping.com • Par la voie express Nantes-Brest, sortie Quimper Nord direction Audierne ; à Landulec, direction Plozévet sur 1 500 m, tourner à gauche, puis suivre les indications. Ouv de mi-avr à fin sept. Forfait tente 18-35 € selon saison. Loc 210-1 130 €/sem. 197 empl. Promo couple 210 € pour 1 sem de loc en mobile home hors juil-août. Entrée au parc aquatique 8 €.* Un camping tout confort (au moins 100 m² par emplacement). Plein de jeux pour les enfants, et un grand complexe aquatique tout nouveau. Piscine.

Prix moyens

Domaine de Lesvaniel : *☎ 02-98-91-55-05. • domainedelesvaniel@yahoo.fr • domainedelesvaniel.com • Tourner à gauche sur la D 784,*

2 km après Landudec. Congés : 26 oct-1er mars. Doubles 68-77 € selon confort ; familiales et suites 89-101 € selon nombre d'occupants ; petit déj breton 9,50 €. Réduc de 10 % sur le prix de la chambre tte l'année sur présentation de ce guide. Un vaste espace de 30 ha de prés et de bois tout autour, bordés par la rivière Goyen. Une grande et belle maison au caractère typiquement breton. Elle offre une dizaine de chambres confortables, idéales pour un séjour au calme. Très agréable tant au niveau de l'accueil que des prestations. Propose des cours d'équitation.

FINISTÈRE SUD

Plus chic

Château du Guilguiffin, chez M. Philippe Davy : *☎ 02-98-91-52-11. • info@chateau-guilguiffin.com • chateau-guilguiffin.com • À 3 km de Landudec sur la route de Quimper, prendre la route à droite (fléchage). 4 chambres d'hôtes 135-160 € ; 2 suites 3-4 pers 190-250 € ; 3 gîtes 4-5 pers 500-700 € pour 5 j.* Un magnifique édifice du XVIIe s, restauré dans le style de l'époque, auquel l'architecte avait donné un genre orientalisant. Superbe parc planté de plusieurs milliers de jonquilles et d'hortensias commercialisés aux quatre coins du monde. Une merveille... qui vaut bien un petit sacrifice au niveau du prix, compte tenu du luxe et du confort des chambres. En effet, elles sont somptueusement décorées et meublées XVIIIe et XIXe s. Trois cottages de charme également. Vraiment un endroit où le mot « quiétude » prend tout son sens.

LE CAP SIZUN

• Carte *p. 93*

Ici, le Finistère porte bien son nom. Le cap Sizun, c'est bien « la fin des terres », le bout de la France, un bout du monde même. Une côte nord qui s'effiloche dans l'océan, offrant ses plus belles falaises aux seuls oiseaux de mer. Quelques baies sablonneuses côté sud pour adoucir le tableau. Et au bout, tout au bout, la pointe du Raz, paysage devenu mythe (ou l'inverse !). Puis, presque abandonnée à un océan, ici rarement aimable, Sein, l'île au ras des flots.

Adresse utile

La Maison du vent : *29770* **Goulien.** *☎ 02-98-70-04-09. Ouv 15 juin-15 sept et vac scol tlj sf lun, 14h-18h ; hors saison, sur résa. Entrée libre. Ateliers de fabrication de girouettes (7 €).* Implanté dans l'ancienne école du bourg, cet espace muséographique propose un parcours ludique et pédagogique sur le thème du vent et de l'énergie éolienne.

AUDIERNE [GWAIEN]

(29770) 2 520 hab. *Carte Finistère Sud, A-B2*

Port de pêche plutôt actif encore aujourd'hui : toute une flottille de bateaux multicolores égaie la ria du Goyen, bordée d'anciennes et cossues maisons

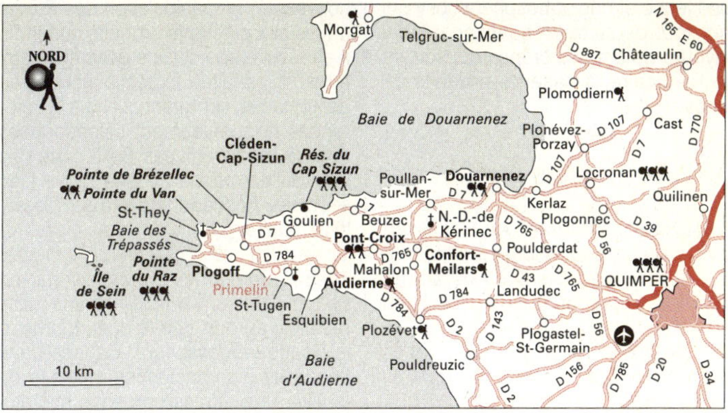

LE PAYS CAPISTE

d'armateurs à l'harmonieux ordonnancement. Dominant le port, la ville déroule, entre ses deux églises, un pittoresque écheveau de ruelles, de venelles et d'escaliers.

Adresse et info utiles

Office de tourisme : *8, rue Victor-Hugo. ☎ 02-98-70-12-20. • audierne-tourisme.com • 8 juil-27 août, lun-sam 9h-13h, 14h-19h, dim et j. fériés 10h-13h ; le reste de l'année, lun-sam (fermé sam ap-m oct-avr hors vac scol).*

– **Marchés :** *sam mat tte l'année sur la pl. de la Liberté. Mer juil-août, marché nocturne sur la place également.*

Où dormir ? Où manger ?

Camping-gîte

Pied à terre à Loquéran : *rue des Lavandières, 29780* ***Plouhinec.*** *☎ 02-98-74-95-06. • loqueran@free.fr • loqueran.com • Au-dessus du port d'Audierne. Du centre d'Audierne, franchir le pont en direction de Plouhinec et prendre immédiatement sur la gauche ; à partir de là, c'est fléché. Camping 11,50 €. Dortoir 13,75-15,50 €/pers selon saison. Selon saison et confort, doubles 45,80-57,80 €, 35,80-39,80 € (en gîte), chambres familiales 82,55-114,80 €.* Terrain au calme, ombragé, sur les terrasses aménagées du bois de Loquéran. Le gîte d'étape (dortoirs et chambres doubles) est bien agréable lui aussi, avec son accès direct au jardin. Cuisine bien équipée et salle à manger avec terrasse à disposition. Tout est parfaitement entretenu par un couple très sympathique. Vous trouverez à la réception tout ce qu'il faut pour découvrir la région : conseils, cartes, circuits et petites adresses.

Bon marché

Crêperie an Teuzar : *6, quai Camille-Pelletan. ☎ 02-98-70-00-46. Tlj sf dim midi. Résa conseillée le w-e. Carte env 12-15 €.* Un cadre bien léché et une atmosphère cosy qui met tout de suite en confiance. On y savoure de bonnes crêpes qui sortent de l'ordinaire, à base de produits du terroir.

De prix moyens à chic

Hôtel-restaurant Au Roi Gradlon : *1, bd Emmanuel-Brusq. ☎ 02-98-70-04-51. • accueil@auroigradlon.com • auroigradlon.com • Fermé en hiver. Doubles 59-104 € selon confort, terrasse ou non et saison, petit déj en sus. Formules déj en sem 13,50-15,50 € ; menus 26-38 €. Apéritif offert sur présentation de ce guide.* Hôtel moderne et rénové récemment, solidement posé au bord de la plage. Une vingtaine de chambres agréables, claires et contemporaines. Vue panoramique du resto, où les serveurs sont nombreux et attentifs.

Restaurant L'Iroise : *8, quai Camille-Pelletan. ☎ 02-98-70-15-80. • contact@restaurantliroise.com • Fermé dim soir et lun-mar ; de mi-juil à fin août, fermé slt sam midi et lun. Congés : 3 sem en janv et 1 sem après la Toussaint. Formule 17 € (avec un verre de vin et le café) ; menu déj mer-sam sf j. fériés 21 €, puis 31 € (avec, hélas, 4 plats à supplément de 8 €) ; menu dégustation sur résa.* Éric Lavallée est un talentueux chef d'origine champenoise. Ses expériences lui ont appris, outre la rigueur et le goût de la nouveauté, la manipulation des épices alliées aux différents produits du terroir. Il en résulte une cuisine généreuse aux cuissons parfaites. Exceptionnel plateau de fromages, comptant quelque 50 références rigoureusement sélectionnées avec le même affineur. Belle carte des vins. Salle à manger cossue, tables bien séparées. Accueil d'une rare gentillesse.

L'Auberge : *24, rue Guesno. ☎ 02-98-70-59-58. Ouv slt ven-sam 19h30-22h sur résa, plus mer-jeu en saison. Carte env 33 €.* Dans une ruelle parallèle au port (sur le quai, tourner à la boutique *Massango*). Cachée dans l'une des plus anciennes maisons de la ville, une adresse presque secrète, livrant une cuisine régionale raffinée. Cadre feutré et romantique dans lequel on se régale d'une épaule d'agneau fondante au fenouil et au miel, à moins que ce ne soit le jour de la lotte rôtie au vinaigre de sureau.

Hôtel-restaurant Le Goyen : *pl. Jean-Simon. ☎ 02-98-70-08-88. • hotel.le.goyen@wanadoo.fr • le-goyen.com • (resto slt) Congés : 3 janv-30 mars. Doubles 104-134 € selon confort et saison. Formules déj lun-sam 19-25 €, menus 35-87 € ; plateau fruits de mer env 46 €. Apéritif offert sur présentation de ce guide.* Une grande façade d'allure plus suisse que bretonne. Toutes les chambres, avec balcon, regardent la mer. Cuisine raffinée du chef et formule déj d'un bon rapport qualité-prix.

Où dormir dans les environs ?

Ferme de Kersivian : *Kersivian, 29770* ***Esquibien.*** *☎ 02-98-70-08-95. 06-35-90-61-26. • jeanpierre.coquet@wanadoo.fr • lesgitesdekersivian.free.fr • À 2 km du centre d'Audierne et à 2 km de l'embarcadère pour l'île de Sein. Prendre la route de la pointe du Raz, puis tourner à droite après le centre Leclerc. Congés : oct-fin mars. Chambre avec douche et w-c sur le palier 50 €. Gîtes ruraux 2-6 pers 239-329 €/sem selon saison.* Chambres d'hôtes toutes simples et sympas dans une grande maison paisible, ancien corps de ferme gentiment restauré. Et 2 gîtes indépendants, confortables, avec 3 chambres, jardin privé avec aire de jeu, cheminée, TV, lave-linge, lave-vaisselle, micro-ondes, BBQ, etc.

Chambres d'hôtes du manoir de Suguensou : *Suguensou, 29770* ***Esquibien.*** *☎ 02-98-70-07-23. • suguensou@gmail.com • manoirdesuguensou.com • À 2 km du centre d'Audierne, en direction de Douarnenez, sur le bras de mer du Goyen. Congés : 11 nov-5 janv. Doubles 60-75 € selon saison. Gîte 4 pers 420-550 €/sem. Réduc de 5 €/nuit tte l'année sur le prix de la chambre sur présentation de ce guide.* M. Sérieyx a réhabilité lui-même cette belle maison bourgeoise traditionnelle avec parquet et cheminées. Il met à la disposition de ses hôtes 4 chambres toutes différentes avec salle de bains et toilettes, un élégant et romantique salon, ainsi qu'un jardin de 8 000 m² un peu sauvage. Nous apprécions beaucoup la plus grande chambre, orientée plein sud, avec ses 3 fenêtres et qui, pour une famille, peut être couplée avec une autre chambre. Beau gîte de plus de 80 m².

À voir. À faire

➢ Pour découvrir ***la ville et le « vieil Audierne »,*** se procurer le circuit de visite disponible à l'office de tourisme.

Le cimetière de bateaux : *dans l'anse de Locquéran.* Les langoustiers traditionnels d'Audierne et du cap Sizun terminent ici leur carrière, se désagrégeant doucement dans l'eau. Émouvant.

Aquashow : *rue du Goyen. ☎ 02-98-70-03-03. • contact@aquarium.fr • aquarium.fr • Avr-sept, tlj 10h-19h ; oct-mars, vac scol ttes zones tlj 14h-18h. Entrée : 12 € à partir de 12 ans ; 8 € 4-11 ans ; abonnement 23 € (enfant 15 €) ; voir aussi les offres spéciales sur leur site internet.* Plus de 150 espèces de poissons, crustacés et requins. Toute la faune aquatique locale sur sept sites. Spectacles (en journée et en soirée) d'oiseaux et autres rapaces bretons également. Jeux de simulation de tempête, bassin tactile passionnant pour les enfants, découverte d'un galion et de ses hôtes (congres, homards, etc.). Spectacle de chasse sous-marine des cormorans (ils peuvent descendre jusqu'à 40 m de profondeur). Restauration sur place *(ouv en saison slt à partir de 10h),* terrasse panoramique.

La plage de Trescadec : *à 1,5 km vers l'ouest.* 1,5 km de sable fin ! Au-delà, on parvient à la cale de l'Évette, d'où l'on embarque pour l'île de Sein.

Fêtes et manifestations

– ***Festival Arts à la Pointe :*** *juil-août. • artsalapointe.com •* Manifestation culturelle qui associe le patrimoine religieux et la création contemporaine. Musique classique, contemporaine, baroque et/ou traditionnelle dans les églises et chapelles du cap Sizun.
– ***Fête du Goémon :*** *dernier dim de juil ou 1er dim d'août, à* ***Esquibien.*** Démonstration du ramassage à l'ancienne du goémon, du brûlage, de la fabrication des pains de soude.
– ***Route de l'amitié :*** *années impaires, dernier dim de juil ou 1er dim d'août. • routeamitie.fr •* Une semaine de navigation côtière et de festivités. D'Audierne au Bono, 180 vieux gréements, voiliers... naviguent ensemble. Animations et concerts gratuits.

DANS LES ENVIRONS D'AUDIERNE

La chapelle Saint-Tugen : *dans un hameau à côté de Primelin, 8 km avt Plogoff.* La plus belle chapelle du cap, construite en 1535 et agrandie au XVIIe s. Tour carrée massive de style gothique flamboyant. Séduisant enclos avec porte triomphale en ogive et calvaire avec belle *pietà.* Porche sud à tympan ajouré et orné des statues des apôtres. À l'intérieur, nef en forme de carène de navire renversée. Belles sablières sculptées. Arcades ogivales, d'autres romanes avec chapiteaux rudimentaires. Dans un coin, la pièce où l'on enfermait les enragés (saint Tugen avait la réputation de guérir la rage et... les maux de dents). Bateaux ex-voto. Gracieuses peintures du XVIIe s sur la paroi du baptistère.
– Le dimanche précédant le 24 juin, ne pas manquer le traditionnel ***pardon.*** Procession la veille au soir (le samedi) autour de la chapelle.

FINISTÈRE SUD

PLOGOFF [plougon] ET LA POINTE DU RAZ

(29770) 1 600 hab. *Carte Finistère Sud, A2*

Une immense majorité de Français n'auraient jamais entendu parler de Plogoff si, de 1976 à 1981, il ne s'était transformé en village retranché pour refuser la construction d'une centrale nucléaire à la pointe du Raz. Mitterrand avait promis d'annuler le projet s'il était élu : il a tenu parole.
Ne pas hésiter à descendre sur la côte et à voir, notamment, le petit port de *Bestré,* qui se trouve juste à droite en sortant du parking de la pointe du Raz. Ce petit port abrite de nombreux bateaux multicolores protégés de la mer par une digue naturelle : superbe !

LES INDIGNÉS DU NUCLÉAIRE

Les confrontations contre la centrale nucléaire de Plogoff, en 1980, furent très violentes des deux côtés. Traumatisée, EDF n'investira guère dans la région dans les 30 années suivantes. Résultat, la Bretagne ne produit que 8 % de son électricité. On en rigole en haut lieu, mais la région parisienne détient un résultat quasiment aussi mauvais. Aujourd'hui, on sait que Plogoff avait deux points communs avec Fukushima : la centrale devait être bâtie en bord de mer et près d'une faille sismique...

➢ ***Deux circuits de randonnée :*** un au départ de la pointe du Raz (durée : 3h20) et un au départ de l'église de Plogoff (durée : de 2h40 à 5h20).

➢ ***Rando découverte à la pointe du Raz :*** *• tourismebretagne.com/vivez-une-experience-bretonne/randonnez-avec-marie-jusqu-a-la-pointe-du-raz • 1 rando/mois avr-juin, 4 en juil et 3 en août, 1 en sept et oct. À partir de 4 pers. Prix : 59 €/pers, pique-nique et taxi pour la criée compris. ☎ 02-98-74-95-06.* Marie vous racontera tout sur la région : vie des marins, faune, flore, rencontre avec des pêcheurs... Sympathique pique-nique (uniquement de bons produits locaux) au cours du parcours de 9 km avant d'aller visiter la criée de Plouhinec... Balade passionnante.

RHAAH... LA POINTE !

🚶🚶🚶 Bout du monde mythique, dont les marins disaient : « Secourez-moi, Grand Dieu, à la pointe du Raz, mon vaisseau est si petit et la mer si grande ! » Michelet entendit là « ces sifflements qu'on croirait ceux de la tempête... les *crie-rien,* ombres des naufragés qui demandent la sépulture... » Le site a été totalement réaménagé par le Conservatoire du littoral. Cependant, le lieu reste hyper touristique avec parking géant, boutiques de souvenirs, restos en batterie pour accueillir (souvent très moyennement...) le visiteur, etc.

Infos (très) pratiques sur la pointe du Raz

– Parking payant (voiture 6,50 €, camping-car 15 €, moto 4 €) et obligatoire début avr-fin oct ; gratuit le reste de l'année. Certains vont crier à l'injustice, mais il faut savoir que devant l'affluence sur la pointe (plus de 3 millions de pieds par an), la végétation de surface avait quasiment disparu. Une opération de restauration de cette végétation (financée en partie par la taxe du parking) est en cours depuis quelques années. *Du parking, compter un bon km pour atteindre la statue de Notre-Dame-des-Naufragés. Navette à l'aller et/ou au retour réservée en priorité aux personnes à mobilité réduite. Visite guidée sur résa 4 €. Bonne balade à la recherche du trésor de*

Kourrik le Korrigan, carnet de découvertes en main.
– Depuis l'effondrement d'une partie de la falaise, il n'est plus possible d'aller en toute sécurité jusqu'au dernier rocher. Mais depuis le belvédère naturel, le spectacle est toujours au rendez-vous. Soyez toutefois très prudent et n'hésitez pas à faire appel à un guide. Possibilité pour les plus sportifs de rejoindre la pointe du Van en passant par la baie des Trépassés *(compter au moins 3h A/R).* Vous apprécierez alors la différence entre les 2 sites.

Adresse utile

Maison de la pointe du Raz : *à* ***Plogoff.*** *☎ 02-98-70-67-18 (lun-sam permanence 10h30-18h). • pointeduraz.com • Avr-oct, tlj 10h30-18h (19h juil-août ; 17h30 oct). Ttes les infos sur le site avec service de résa pour les balades avec guide (y compris pour les enfants). Auditorium gratuit.*

Où dormir ? Où manger ?

Bon marché

Chambres d'hôtes Ferme de Kerguidy Izella : *chez Annick et Jean-Noël Le Bars, Kerguidy,* ***Plogoff.*** *☎ 02-98-70-35-60. 06-31-78-09-02. • fermelebars@orange.fr • fermelebars.com • À 4 km de la pointe du Raz, direction Plogoff (accès fléché depuis la D 784). Fermé 15 nov-15 mars. Double 50 € ; familiale 63 €. Petit camping à la ferme également (25 empl.), avec sanitaires accessibles aux pers handicapées ; compter env 10-12,50 € pour 2.* Vous pourrez y déguster des produits du jardin. Dans une jolie ferme traditionnelle de 1832, à cour fermée, au creux d'une petite vallée. 2 chambres au rez-de-chaussée de cette maison de granit, 4 à l'étage. Simples mais mignonnes et de bon confort. Accueil sincère et chaleureux.

Chambres d'hôtes chez Marie-Rose et Jean-Paul Ganne : *à* ***Kerhuret.*** *☎ 02-98-70-34-85. • fumoir.29@wanadoo.fr • chambre-gite-lapointeduraz.fr • Passé le village, suivre la D 784 en direction de la pointe du Raz pdt 2,5 km et tourner sur la gauche. Double 48 € (avec crêpes et confitures maison). Gîte 400-540 € selon saison. Table d'hôtes, occasionnellement avec les produits du fumoir, 25 € (vin compris).* Les 5 chambres sont installées dans d'anciennes étables admirablement réhabilitées, avec tout le confort et des sanitaires privés. Les propriétaires vous feront visiter l'atelier de préparation de poissons fumés et vous conseilleront pour la visite de la région ; la pointe n'est qu'à 5 km.

Crêperie du Cap : *30, rue Pierre-Brossolette. ☎ 02-98-70-60-52. Dans le bourg. Tlj avr-nov ainsi que vac de la Toussaint. Formules 9,50-14 € et carte.* Dans une demeure traditionnelle. Décor simple et rustique pour cette crêperie réputée dans tout le cap, à juste titre, et tenue par la même famille depuis 3 générations. On y privilégie les produits locaux. Parmi les spécialités : la galette au saumon (du fumoir de Plogoff) et celle à la saucisse de pays. Petite terrasse. Feu dans la cheminée en hiver.

Chic

Hôtel-restaurant Kermoor : *18, plage du Loch, route de la Pointe-du-Raz. ☎ 02-98-70-62-06. • kermoor.h.rest@wanadoo.fr • kermoor-audierne.com • À 2 km au sud-est de Plogoff par la D 784. Resto fermé dim soir-mar midi. Doubles 75-130 € selon saison. Promos sur le site. Formules 19 € (en sem)-24 €, carte env 35-40 €. Parking. Réduc de 10 % sur le prix de la chambre (hors vac scol et j. fériés) sur présentation de ce guide.* Pas mal situé : bien en retrait de la route, avec vue sur la mer, et à quelques centaines de mètres de la plage. Certaines avec belle terrasse équipée. Piscine avec nage à contre-courant, jacuzzi, spa, hammam... Côté resto, le chef sait concocter de bons petits plats goûteux et copieux, avec une dominante poisson.

L'ÎLE DE SEIN [enez sun]

(29990) 250 hab. *Carte Finistère Sud, A2*

« Qui voit Sein voit sa fin... » Prolongement de la pointe du Raz (à environ 8 km), l'île apparaît comme une espèce de pince de crabe très mince, de 1,8 km de long sur 800 m de large (100 m dans les parties les plus étroites).

N'étaient les maisons de l'unique village, on la distinguerait à peine des flots : son point culminant s'élève à 6,50 m ! Pas d'arbres, presque pas de buissons ; on n'y cultive presque rien, à part, sur de rares parcelles protégées par des murets, quelques pommes de terre. Pourtant, l'île est habitée à l'année (1 328 habitants en 1938, un peu moins de 200 aujourd'hui...). Il y a même un collège pour une poignée d'élèves ! L'Administration a, de temps à autre, tenté de faire évacuer Sein, mais ses habitants s'y sont accrochés, contre vents et marées, c'est le cas de le dire !

Aujourd'hui protégée par des digues, l'île a été, par le passé, submergée plusieurs fois. En 1868, par exemple, quand femmes et enfants se réfugièrent sur les toits et dans le clocher de l'église. Le curé donna à tous l'absolution, puis la mer se retira. Une ténacité récompensée : depuis un décret de Colbert, les Sénans, eu égard à ces conditions climatiques extrêmes, ne paient pas d'impôts locaux ! L'île vit aujourd'hui un peu de la pêche et beaucoup du tourisme (surtout en août !).

GÉNÉRAL, LES VOILÀ !

L'île tout entière est Compagnon de la Libération. Après l'appel du 18-Juin du général de Gaulle, tous les hommes quittèrent Sein pour l'Angleterre. Ils ne laissèrent sur l'île que vieillards, femmes et 145 enfants. Il n'en est revenu que 114... En juillet 1940, le général passa en revue ses 600 premiers soldats. À chacun, il demanda son origine. Il entendit 150 fois : « De l'île de Sein. » Étonné, il s'exclama : « Sein est-il donc le quart de la France ? »

Comment y aller ?

En bateau ! Et la traversée (compter 1h) vaut déjà le coup. Belle balade qui longe le cap Sizun, souvent accompagnée par des dauphins qui jouent avec l'étrave des bateaux. Si vous avez des jumelles, c'est le moment de les sortir : minuscules ports de pêche presque accrochés aux falaises, randonneurs sur les sentiers de douaniers... La compagnie *Penn Ar Bed* assure la traversée. Possibilité d'acheter les billets à l'office de tourisme d'Audierne ou à l'embarquement, à la cale de Sainte-Évette (à 3 km au sud d'Audierne, sur la commune d'Esquibien). Résa plus que conseillée, y compris hors saison.

Compagnie maritime Penn-ar-Bed : *rens et résas, ☎ 02-98-80-80-80. • pennarbed.fr • Résa obligatoire. A/R : oct-juin, env 27,80 € ; juil-sept, tlj 34,80 € ; réduc.* Compagnie privée, dont les (gros) bateaux assurent de 1 (tte l'année) à 4 (en juil-août) liaisons/j. entre ***Audierne*** et l'île. Juin-sept, 1 A/R chaque dim depuis ***Brest*** et ***Camaret.***

Quelques infos (très) pratiques

Les voitures ne sont pas interdites sur l'île, mais rares sont ceux qui en ont. Sa taille ne justifie pas non plus d'y circuler à vélo : Sein se visite donc à pied. Pas de distributeur d'argent sur l'île. Seulement 2 épiceries pour les produits courants (réservation conseillée pour le pain). Enfin, l'eau est rare sur l'île, donc précieuse. Ne la gaspillez pas...

Où dormir ? Où manger ?

Prix moyens

Hôtel-restaurant d'Ar-Men : *route du Phare. ☎ 02-98-70-90-77. • hotel.armen@wanadoo.fr • hotel-armen.net • (resto). À l'écart du village, au bout de l'île. Congés : du 2 nov à mi-fév. Resto fermé mer et dim soir. Double 60 €. ½ pens 61 €/pers. Menu 25 € ; ragoût de homard sur commande 55 €.* « Le dernier hôtel avant l'Amérique », dit leur pub (et on ne peut que s'incliner devant le slogan...). Chambres mignonnettes, toutes avec douche et w-c (un luxe ici). Le chef a fait ses classes en Irlande. Le pain (dont un aux algues) est fait maison...

À voir

Le village : un port mignon comme tout, avec ses façades colorées. Et derrière les quais, des maisons pelotonnées les unes contre les autres pour lutter contre le vent, des ruelles juste assez larges pour permettre le passage des tonneaux d'eau douce.

L'église Saint-Guénolé : si saint Guénolé a, paraît-il, séjourné sur l'île au Ve s, Sein – dont les habitants célébraient moult cultes païens – n'a été évangélisée qu'au XVIIe s ! Ce qui explique que cette église un peu austère n'ait été construite qu'au XIXe s. Les pierres ont été transportées depuis le port, une à une, sur la tête des femmes. Une inscription latine le rappelle sur le portail. Juste devant, deux menhirs semblent engagés dans un débat hautement philosophique ; les Sénans les ont d'ailleurs surnommés les « Causeurs ».

Le musée de l'Île et le musée du Sauvetage en mer : *installés dans l'ancien Abri du marin (XIXe s). Musée de l'Île ouv mai-juin et sept, tlj 13h30-16h ou 17h (selon horaire de départ du dernier bateau) ; juil-août, 13h30-17h ou 18h (selon l'horaire de départ du dernier bateau). Musée du Sauvetage ouv slt 10h-12h. Entrée : env 2,50 € ; pass pour les musées et le phare 4 € ; réduc.* Au rez-de-chaussée, petit musée un peu amateur mais dont la visite permet de mieux cerner l'existence des Sénans au quotidien. Quelques pièces de costumes traditionnels, dont la fameuse coiffe noire des veuves, adoptée définitivement après la dernière épidémie de choléra (1886). Il y a peu, elle était encore portée par une Îlienne chaque dimanche à la messe. Également de vieux journaux et documents écrits, riches en anecdotes : le cadastre, trop compliqué à tenir, donc supprimé en 1858, les campagnes de pêche d'hier au large de l'Espagne et du Portugal, les colères hivernales de l'océan, quand seul l'hélicoptère peut ravitailler l'île (une fois par semaine)... À l'étage, petite expo sur les Forces navales françaises libres.

Le phare de l'île de Sein : *visite en juil-août 11h-16h. Entrée : 3 €.* C'est l'un des trois phares bretons encore habités par un gardien ; 240 marches jusqu'à la lanterne.

Le phare Ar Men : à voir... de loin, puisqu'il s'élève à 12 km de l'île. Sa construction, commencée en 1867, a duré 14 années, au prix de difficultés incroyables. La première année, la météo n'a permis que sept accostages et... 8h de travail ! Depuis le 10 avril 1990, il est automatisé et géré par le service des phares et balises de Brest.

FINISTÈRE SUD

LA POINTE DU VAN

Carte Finistère Sud, A2

Dix fois moins touristique que la pointe du Raz, elle n'attire pas les marchands de biniouseries et friandises en tout – mauvais – genre. Adorable *chapelle Saint-They,* au bord de la falaise, que le vent tente de déraciner. Il paraît que sa cloche sonne d'elle-même quand un bateau est en danger ! Un point de vue incroyable sur la pointe du Raz, que l'on voit s'étirer le plus loin possible en direction de l'Amérique, et sur la *baie des Trépassés.* Rassurez-vous, celle-ci n'a rien de lugubre. Protégée par les deux pointes, cette baie est, au contraire, vraiment à croquer. Cailloux de toutes sortes pour les amateurs de minéraux. Par temps clair, vue divine sur le phare de Tévennec.

CLÉDEN-CAP-SIZUN [kledenn-ar-c'hab] ET LA POINTE DE BRÉZELLEC

(29770) 1 040 hab. *Carte Finistère Sud, A2*

Petite commune qui a su garder son authenticité. Ses nombreuses pointes rocheuses (Van, Brézellec, Castel Meur et Penharn) en font sa célébrité. Plusieurs petites plages de sable fin et des ports viennent s'y nicher.

Où dormir ? Où manger dans le coin ?

Camping de la Baie : *à* ***Lescleden,*** *Cléden-Cap-Sizun. ☎ 02-98-70-64-28. • camping.de.la.baie@orange.fr • À 2 km à l'ouest de Cléden-Cap-Sizun, sur la route de la baie des Trépassés. Ouv tte l'année. Forfait tente 12,50 €. 27 empl.* Petit camping de campagne, tout simple. Emplacements au-dessus de la baie des Trépassés.

L'Étrave : *Kerbesquerrien, route de la Pointe-du-Van. ☎ 02-98-70-66-87. Avr-sept tlj sf mar-mer. Formules 18-24 € en sem ; menus 24-57 € (avec le homard bleu) ; carte env 35-40 €. Café offert sur présentation de ce guide.* Le bâtiment, moderne, est sans charme, mais la salle est assez impressionnante. Larges baies vitrées qui donnent sur l'océan. Cette table à la campagne possède une solide réputation grâce à son homard au chaudron, dont la recette traditionnelle, secrète, se transmet de génération en génération depuis 1947. La moitié de la salle est essentiellement là pour ça ! Pour le reste, la cuisine demeure tournée vers la mer.

À voir

L'église : *dans le bourg.* Du XVIe s, au style un peu disparate, mais intéressante. Beau clocher ajouré, avec tourelle sur le côté et escalier extérieur. Séduisant porche sud. Au-dessus de l'ogive, balustrade flamboyante et bateaux sculptés.

Curieux ***monument aux morts,*** dans le bourg également, en forme de calvaire, avec un soldat et un marin de part et d'autre. Effarant, impressionnant, pour un si petit village, il aligne plus de cent noms d'hommes morts lors de la guerre 1914-1918 ! C'est là qu'on mesure vraiment le lourd prix que la Bretagne a payé à l'époque...

Aux alentours, allez faire quelques pas à la ***pointe de Brézellec*** pour profiter du poignant combat des rocs et de la mer. Superbes falaises déchiquetées, désertées par les hordes de touristes. Après le parking, suivez le chemin de terre à droite sur 300 m. Promontoire avec un gros rocher rond. Spectaculaire échappée sur toute la côte.

LA BAIE DES TRÉPASSÉS

Pour les Bretons, les âmes du purgatoire sont errantes. Selon les croyances anciennes, les noyés s'y réunissent. C'est une mer terriblement dangereuse et les corps des naufragés se retrouvent régulièrement sur cette plage. En 2006, au cours d'une partie de pêche, Edouard Michelin y rencontra la mort.

LA RÉSERVE DU CAP SIZUN

Carte Finistère Sud, A2

À 3 km au nord de Goulien, autour de la pointe de Kastel-ar-Roc'h, s'étend l'une des réserves naturelles les plus célèbres d'Europe. Sur 40 ha, une vaste lande, une haute falaise et quelques îlots où observer goélands argentés bruns et marins, fulmars boréals, mouettes tridactyles (1 150 couples environ), cormorans huppés ou la dernière colonie de guillemots (famille des pingouins) du Finistère. Très rares craves à bec rouge, traquets motteux, faucons pèlerin, pipit farlouses et autres fauvettes pitchou. L'observation s'effectue à partir de chemins bien balisés. À vos longues-vues ou à vos jumelles !

Infos utiles

■ ***Maison de la Réserve :*** *☎ 02-98-70-13-53. • bretagne-vivante.org • et une application mobile* ***Ecobalade.*** *Sentier en accès libre tte l'année (chiens interdits).* Animations de groupes sur réservation.

Où camper ?

Camping municipal Kerros : *au lieu-dit Kerros (évidemment !), 29770* ***Goulien.*** *☎ 02-98-70-06-04. • goulien.mairie@orange.fr • À 4 km de la plage, à mi-parcours entre Poullan-sur-Mer et la pointe du Van, sur la D 7. Ouv fin juin-fin août. Forfait tente en hte saison env 10 €. CB refusées. 25 empl.* Tranquille et partiellement à l'ombre. Douches comprises !

PONT-CROIX [pontekroaz]

(29790) 1 710 hab. *Carte Finistère Sud, B2*

Petite cité construite au Moyen Âge, sur la rive droite du Goyen, face au premier gué qui permettait de passer du pays bigouden au cap Sizun. Quelques grandes familles, dont les Rosmadec, en avaient fait l'une des plus puissantes seigneuries de la région. Mais cette petite capitale du cap Sizun, avec son port animé et ses foires prospères, a décliné à partir du XIXe s. De ce riche passé, Pont-Croix a gardé un joli patrimoine qui lui a valu le label « Petite Cité de caractère ».

Adresse utile

Office de tourisme : *rue Laennec. ☎ 02-98-70-40-38. • tourisme@pont-croix.fr • pont-croix.fr • Juil-août, lun-sam et dim mat ; hors saison, lun-ven et sam mat.* Visites guidées de la collégiale et du quartier médiéval les mardi et jeudi en saison (réserver) ; balades découvertes de la nature, randonnées...

Où dormir ? Où manger ?

Chambres d'hôtes La Glycinière : *16, pl. de la République. ☎ 02-98-70-58-50. • laglyciniere@bbox.fr • la-glyciniere.com • Doubles 75-90 € ; familiales 90-140 €. Gîte 400-700 €/sem selon saison.* Les chambres, spacieuses, joliment meublées et baignées d'une lumière tamisée, présentent une décoration très personnalisée, pleine d'idées originales. Salle à manger au charmant cachet. Excellent petit déjeuner. Cour intérieure et piscine dans le jardin. Gîte hyper confortable.

Chez Lucie : *16, rue de Rosmadec. 06-50-47-59-08. • chezlucierestaurant@outlook.fr • Ouv slt jeu-sam 19h-21h sur résa. Fermé la dernière sem du mois. CB refusées.* Dans une ruelle du vieux Pont-Croix, une petite adresse atypique et intime. Lucie propose un joli menu à 25 € suivant strictement son inspiration du moment et à base de produits rigoureusement frais. Plats raffinés, avec toujours une touche bretonno-caraïbe ou exotique et changeant quasi chaque semaine. Encore une bonne surprise finistérienne !

À voir

La collégiale Notre-Dame-de-Roscudon : édifiée au XIIIe s. Son porche, ajouté au XIVe s, est un pur joyau. Festival de rosaces sculptées dans la pierre. La tour-clocher du XVe s a servi, quant à elle, de modèle pour les flèches de la cathédrale de Quimper. À l'intérieur, piliers à fines colonnettes cannelées et chapiteaux supportant des arcades romanes à délicates voussures (assez rares). Nef coupée au milieu par le transept (assez inhabituel également) et ses quatre énormes piliers. Intéressant mélange de vitraux modernes et anciens. Noter la baie flamboyante à droite du chœur. Vitrail du XVe s aux couleurs bien vives. L'ensemble dégage une extraordinaire impression de légèreté et d'élégance. Retable et chaire du XVIIe s.

Les rues anciennes, autour de l'église, sont pleines d'un charme discret. Empruntez les escaliers de la Grande-Rue-Chère, avec ses vieilles demeures, jusqu'à la rivière. Belle ***place de la République*** avec ses rangs de maisons d'une grande homogénéité architecturale. À la hauteur du nº 13 part une rue pavée avec, sur sa droite, une fort belle maison médiévale : *le Marquisat.*

Le musée du Marquisat : *rue de la Prison. ☎ 02-98-70-51-86 ou 02-98-70-40-38 (office de tourisme). (au rdc). Tte l'année mer-ven et sam ap-m 10h-12h, 14h-18h, dim 10h-12h, 15h30-18h30. Entrée : 2 € ; gratuit moins de 12 ans.* Maison noble qui existe depuis le XVe s (au moins !), propriété de la famille de Rosmadec et surnommée depuis toujours « le Marquisat » par les gens du coin. Superbe escalier à vis. On y entre par la reconstitution d'un bon vieux bistrot-épicerie, créé en 1904, où l'on venait aussi bien écluser un verre de rouge (ou de blanc) qu'acheter amidon pour les coiffes, confiture au poids ou beurre moulé (dans un moule en bois reproduisant souvent fleurs ou animaux). De l'écurie pavée de galets de mer posés sur chant au pigeonnier à la superbe charpente qui abrite aujourd'hui des souvenirs d'école, la visite guidée invite à la découverte du patrimoine du cap Sizun : costumes et coiffes traditionnels, coiffe *penn-sardin* (pour travailler dans les conserveries), meubles (belle armoire de mariage à 5 portes), outils agricoles et objets de la vie de tous les jours (« assiettes de chiffonnier », symboliques d'existences où un sou était un sou...).

Fête et manifestation

– ***Festival Mouezh Ar Gelted :*** *2 j. début août.* Foire à l'ancienne avec ses vieux outils et engins, ainsi que ses animations (battage, cortège en costumes sur chars à bancs, musique traditionnelle...).
– ***Fête des Bruyères :*** *1er ou 2e w-e d'août, sur le plateau de Kastel-Koz, à* ***Beuzec-Cap-Sizun.*** *Bagadoù,* cercles de danseurs et groupes folkloriques défilent en musique, avec une noce reconstituée qui trône sur un char à bancs. On passe ensuite à table. Le spectacle se poursuit tard dans la nuit. Colorée et très populaire, une des plus belles fêtes de la région !

CONFORT-MEILARS [meilar]

(29790) 760 hab. *Carte Finistère Sud, B2*

Deux villages (*Confort,* sur la D 765, et *Meilars,* à 1 km au sud-ouest) pour une même commune. Confort-Meilars étant le terroir d'origine de la famille Gloaguen, nous insistons pour lui donner en ces pages une mention honorable bien méritée.

Où dormir dans les environs ?

Chambres d'hôtes de Kerantum : *chez Laurence Le Du, Kerantum, 29790* ***Mahalon.*** *☎ 02-98-74-51-93. 06-62-52-74-06. • gitesetchambres.kerantum@wanadoo.fr • locations29.com/hebergements/kerantum • ♿ (1 gîte). À 3 km par la D 765 en direction de Douarnenez, sur la droite. Double avec douche et w-c 58 €, triple 68 €. Gîtes 200-1 100 €/sem. Remise de 10 % sur la chambre oct-mars hors vac scol sur présentation de ce guide.* À la ferme, en pleine nature, dans une grande demeure : propreté, confort, espace, douche à l'italienne, large utilisation du bois blanc, chambres légèrement mansardées, on aime bien. Cuisine et coin-salon à disposition des 3 chambres. Petit déj copieux (crêpes, far maison). Grand jardin. Accueil sincère et tout en gentillesse. Également 4 gîtes jusqu'à 6 personnes.

À voir

Dès l'arrêt à Confort, les amateurs d'architecture apprécieront un « rond-point » insolite, un beau ***calvaire,*** malheureusement un peu malmené autrefois par les révolutionnaires iconoclastes et, depuis, également par les embruns et les tempêtes... Les 12 apôtres manquants ont été remplacés en 1870.

À côté, une magnifique ***église*** gothique du XVIe s, avec une ravissante flèche ajourée à double balustrade et tourelle sur le côté. À l'intérieur, une « roue à carillon » de la même époque, accrochée sous la voûte, avait autrefois, paraît-il, le pouvoir de faire parler les enfants souffrant de difficultés d'élocution. Intéressantes sablières. Beaux vitraux du XVIe s contant des épisodes de la Bible. Ceux du chœur présentent encore de vives couleurs. Maîtresse-vitre figurant un arbre de Jessé.

La forge « Ti ar marichal » : *au bourg. ☎ 02-98-74-51-89. Tte l'année, sam 9h-12h30 ; juil-août, tlj, avec visite guidée et explications du métier de forgeron (parfois l'ap-m, téléphoner à la mairie). GRATUIT.* Atelier remarquablement rénové, avec tous ses outils et enclumes. Histoire d'une famille de forgerons. Pendant les fêtes, cerclage de roue, démonstration de ferrage de chevaux (notamment en septembre pour la fête du cheval et de la forge, avec marché de terroir). Autre intérêt, la présence d'une colonie de grands rhinolophes (chauve-souris) dans les combles (au moins 200 !). Ils sont observés par une caméra infrarouge, et leur vie, leur évolution sont retransmises au rez-de-chaussée sans les perturber. Petite expo. Voir aussi le vénérable puits de 18 m de profondeur découvert lors de travaux.

FINISTÈRE SUD

DANS LES ENVIRONS DE CONFORT-MEILARS

La chapelle Notre-Dame-de-Kérinec : *sur la D 7, après Confort, en direction de Poullan-sur-Mer.* Une jolie chapelle édifiée du XIIe au XVIIe s dans un environnement verdoyant en dehors des sentiers battus. Harmonieuse architecture. À l'extérieur, une rare chaire à prêcher avec calvaire.

LE PAYS DE DOUARNENEZ

DOUARNENEZ

(29100) 15 500 hab. *Carte Finistère Sud, B2*

• Plan *p. 106-107*

Ce port de pêche est l'une des capitales importantes de la mémoire bretonne. Ses héros ne sont pas des saints, des princes ou des gentes dames, mais des marins, des ouvriers... Un petit peuple, longtemps fédéré par la tradition de la pêche à la sardine, dont les habitants tirent leur surnom : les *penn sardin* (« têtes de sardines » en breton !).

Si la 5e ville du Finistère n'aligne pas un patrimoine architectural époustouflant, elle mérite au moins une visite pour son passionnant musée de bateaux à flot, unique en France. On peut également rejoindre à marée basse (avec un guide) l'île Tristan, située à quelques encablures : un site naturel protégé, fréquenté autrefois par le célèbre brigand La Fontenelle, par Tristan et Yseult, et par de nombreux artistes du début du XXe s.

À VOS PIOCHES !

Au XVIe s, La Fontenelle était un brigand qui écumait le Pays bigouden. Avec ses 700 soldats, il se réfugiait sur l'île Tristan. Il fut exécuté en place de Grève, à Paris, en 1602, et son butin considérable n'a jamais été retrouvé. Enfoui sur l'île, le trésor se composait notamment de deux barils d'or et d'une croix de diamants. On le cherche toujours.

UNE SODOME ET GOMORRHE DE LA BRETAGNE

C'est au large de Douarnenez qu'aurait été édifiée la ville mythique d'***Ys,*** capitale de la Cornouaille à l'époque du roi Gradlon et qui possédait une réputation de plaisir et de débauche. Dahut, la fille du roi Gradlon, amoureuse d'un beau jeune homme (qui était, en fait, le diable), accepta, pour ses beaux yeux, de voler les clés des écluses qui protégeaient la ville d'Ys. Les écluses ouvertes, la ville fut engloutie. Gradlon parvint à s'enfuir avec sa fille en croupe, mais, pour survivre, il dût l'abandonner aux flots. Ys disparue, le roi fonda sa nouvelle capitale à Quimper. Lorsque la mer est forte, on entend tinter les cloches englouties, paraît-il.

Adresses et info utiles

Office de tourisme du pays de Douarnenez *(plan C2)* **:** *1, rue du Docteur-Mével.* ☎ *02-98-92-13-35.* • *info@douarnenez-tourisme.com* • *douarnenez-tourisme.com* • *Juil-août, tlj 10h-18h30 ; le reste de l'année, lun-sam 10h-12h30, 14h-17h30 (18h avr-juin et sept-oct), plus dim mat avr-juin et début sept.* Pour 0,50 €, vous pouvez vous y procurer la brochure *Promenades à pied dans Douarnenez.* Visites guidées à thème, dont une balade contée familiale et une de l'île Tristan (accessible à marée basse).

■ **Compagnies de bus :** ***Voyage d'Ys,*** ☎ *02-98-92-05-42.* ***Réseau Penn-ar-Bed,*** ☎ *02-98-90-68-40.* • *viaoo29.fr* •

■ **Location de vélos :** ***Cycles Stéphan-Garage MBK,*** *87, rue Louis-Pasteur.* ☎ *02-98-92-72-97.* Bien sûr, entretien et réparations.

– **Marchés :** *le mat lun-sam aux halles de Douarnenez (plan D2) et sur la pl. de Tréboul. Marché forain mer et sam, pl. de Tréboul.*

Où dormir ?

Campings

Camping de Kerleyou : *15, chemin de Kerleyou.* ☎ *02-98-74-13-03.* • *campingdekerleyou@wanadoo.fr* • *camping-kerleyou.com* • *À 1 km de la plage des Sables-Blancs. Ouv d'avr à mi-sept. Forfait tente 15-20 € selon saison. Loc de chalets et mobile homes (1 à 4 chambres) 225-651 €/sem. 100 empl.* Bien ombragé, un camping convivial pour des vacances en famille. Très fleuri. Proche du GR 34. Piscine.

Camping Indigo *(hors plan par A1,* ***10****)* **:** *69, av. du Bois-d'Isis.* ☎ *02-98-74-05-67.* • *camping-indigo.com/douarnenez* • *De fin avr à fin sept. Forfait tente 13,20-23,20 € selon saison. Tente toile 45-91 €/j. selon taille et saison ; roulotte 4 pers 59-90 €. 2 nuits min demandées (3 nuits 11 juil-21 août).* Super cadre naturel de 3 ha, site vallonné et boisé surplombant la baie et à 400 m de la plage et 2,5 km du centre-ville. Bien ombragé. 87 emplacements en terrasse et bien espacés. Installations et sanitaires impeccables. Piscine chauffée et aire de jeux (en juillet-août, ateliers pour les enfants). Laverie, petite épicerie et borne internet. Animations le soir. Comme toujours chez *Indigo,* authentique esprit camping !

Prix moyens

Le Kériolet *(hors plan par D3,* ***17****)* **:** *29, rue Croas-Talud.* ☎ *02-98-92-16-89.* • *keriolet2@orange.fr* • *hotel-keriolet.com* • *Resto fermé lun midi. Congés : 10 j. début fév. Selon saison, doubles 55-68 €. Menus déj en sem 14 €, puis 20-40 €. Réduc de 10 % sur le prix de la chambre 1er nov-31 mars sur présentation de ce guide.* Un peu excentré mais proche du sentier des Plomarc'h. 8 chambres confortables, dont 4 (les plus chères) avec vue sur la baie. Au resto, agréable salle, tables bien espacées, goûteuse cuisine du terroir avec juste ce qu'il faut de créativité : langoustines flambées au pastis, effilochée de raie aux choux... Accueil chaleureux. Une de nos plus anciennes adresses et toujours fidèle en qualité.

Le Bretagne *(plan C3,* ***11****)* **:** *23, rue Duguay-Trouin.* ☎ *02-98-92-30-44.* • *contact@le-bretagne.fr* • *le-bretagne.fr* • *Doubles 49-78 €, 3-4 pers 68-89 € selon confort et saison, petit déj-buffet en sus.* Hôtel classique, dans un petit

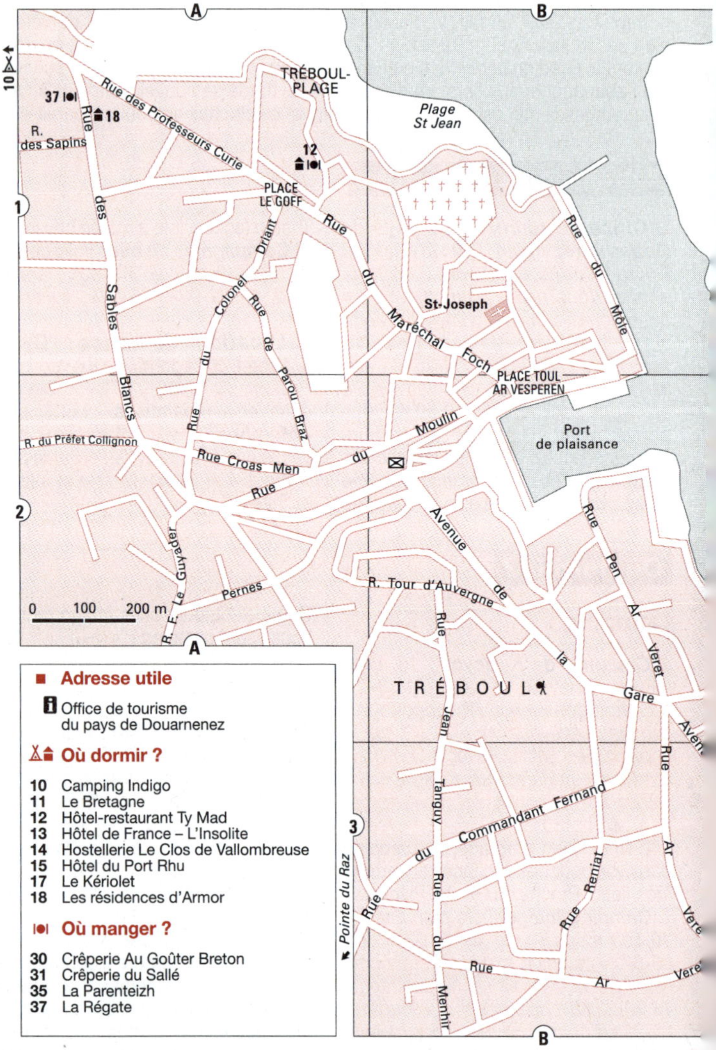

immeuble des années 1950. Les chambres, à la déco épurée, sont équipées de tout le confort d'aujourd'hui. Préférer celles donnant sur l'arrière. Également un espace détente avec spa, sauna (ouvert tous les jours, prix raisonnables)...

Hôtel de France – L'Insolite *(plan C2-3, **13**) : 4, rue Jean-Jaurès. ☎ 02-98-92-00-02. • hotel.de.france.dz@wanadoo.fr • lafrance-dz.com • Resto fermé dim soir et lun. Congés : en nov et à Noël. Selon confort et saison, doubles*

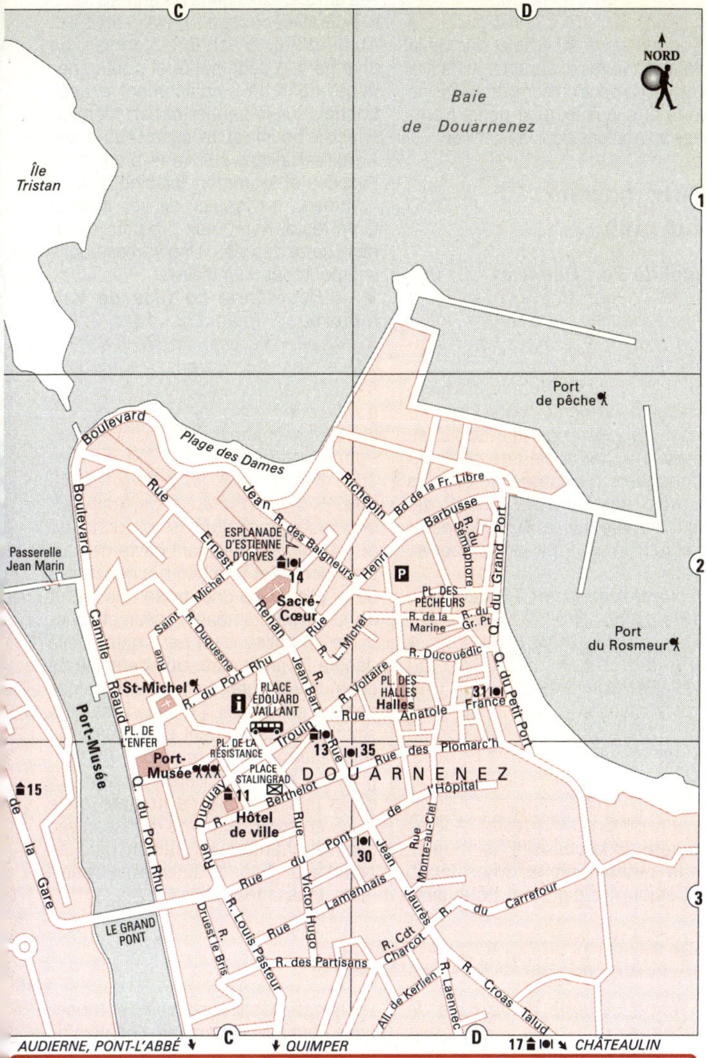

DOUARNENEZ

65-85 €, familiales 85-115 €. Menus déj en sem 15-19 €, puis 32-70 €. Cours de cuisine sam, suivi d'une dégustation le midi en saison hivernale. Café maison offert sur présentation de ce guide. Un hôtel agréablement restauré dans un esprit sobre et contemporain qui ose les couleurs et offre 23 chambres d'excellent confort. Au resto, cuisine de très belle tenue.

Les résidences d'Armor *(plan A1,* ***18****)* **:** *36, rue des Sables Blancs.*

☎ 02-98-74-00-35. • douarnenez-treboul-ternelia.com • Loc à partir de 299 €/sem (2 pers). À deux pas de la mer, des chambres et appartements à la location ou en pension complète. Piscine couverte et chauffée, ping-pong. Nombreuses animations pour les familles.

De prix moyens à plus chic

Hôtel du Port Rhu *(plan C3,* ***15****)* **:** *99, av. de la Gare. ☎ 02-98-74-00-20. • contact@hotel-du-port-rhu.fr • hotel-du-port-rhu.fr • Congés : janv. Doubles 54-85 € selon saison et confort. Réduc de 7 % sur le prix de la chambre sur présentation de ce guide (pour tte résa directe).* Hôtel certifié Écolabel. Déco sympa, harmonie des couleurs et atmosphère plaisante. Préférer les chambres donnant sur l'arrière, qui offrent une vue sur le Port-Musée et sont plus calmes. Petit jardin pour se prélasser.

Hôtel-restaurant Ty Mad *(plan A1,* ***12****)* **:** *plage Saint-Jean. ☎ 02-98-74-00-53. • info@hoteltymad.com • hoteltymad.com • À 3,5 km du centre-ville. Suivre la direction Tréboul puis « plages » ; fléché. Congés : 15 nov-8 mars, mais ouv fêtes de fin d'année. Doubles 89-220 € selon saison et confort ; petit déj 15 €. Formules déj 17-23 €, menus 39-45 € ; carte env 50 €. (câble).* Ancien presbytère de la chapelle Saint-Jean. Pour la petite histoire, Max Jacob aimait séjourner dans cet hôtel avec ses amis artistes dans les années 1930 (« *Ty Mad(e) cocagne* », plaisantait-il !). Aujourd'hui, c'est une adresse de charme à la déco sobre et contemporaine, dans un emplacement exceptionnel, sur le sentier côtier. Mention spéciale pour la suite logée sous le toit. Armelle Raillard cultive le bien vivre, l'accueil et le confort (piscine, sauna, hammam, massages) de ses clients. Côté resto, nombreux produits bio et belle carte des vins. Une adresse qui a vraiment tout pour plaire !

Hostellerie Le Clos de Vallombreuse *(plan C2,* ***14****)* **:** *7, rue d'Estienne-d'Orves. ☎ 02-98-92-63-64. • clos.vallombreuse@wanadoo.fr • closvallombreuse.com • Ouv tte l'année ; resto fermé dim soir, lun et mar midi nov-avr. Doubles 60-170 €. Petit déj 13 €. Formule déj en sem 16 €. Menus 26 € (le midi en sem), puis 34-70 €. Réduc de 10 % sur le prix de la chambre sur présentation de ce guide.* Un élégant havre de paix pour dormir et une des bonnes tables de la ville. Dans une maison du début du XXe s, surplombant l'océan et construite au milieu d'un petit parc. Belle décoration intérieure. Une trentaine de chambres de grand confort. Certaines ont vue sur la mer. 4 d'entre elles, très spacieuses, se situent dans une belle villa reliée au logis principal. Au programme du resto, délicieux produits de la mer, comme ce homard grillé glacé au corail. Superbe terrasse avec piscine chauffée en saison face au grand large. Espace détente avec hammam, massages, fitness...

Où dormir dans les environs ?

Yelloh ! Village de la Baie de Douarnenez : *30, rue Luc-Robet, 29100* ***Poullan-sur-Mer.*** *☎ 02-98-74-26-39. • info@camping-douarnenez.com • camping-douarnenez.com • À 30 km de la gare. Ouv de fin avr à mi-sept (loc début avr). Forfait tente (avec électricité) 18-39 € selon saison. Loc de chalets et mobile homes 2 à 8 pers (hte saison min 7 j.) 72-127 €/j. et 226-1 155 €/sem selon saison. 190 empl.* Dans un beau cadre de verdure. Confortable. Pataugeoire pour les minots, piscine couverte et toboggans pour les plus grands. Location de vélos. Piscine.

Chambres d'hôtes de Kerioret Izella : *à Kerioret-Izella, 29100* ***Kerlaz.*** *☎ 02-98-92-46-85. 06-61-85-75-80. • nuyaouet-jain@bbox.fr • perso.orange.fr/marielouise.jain • De Kerlaz, prendre direction Trezmalouen ; à env 2 km, au croisement à gauche, à 500 m en bas de la descente. Congés : 15 nov-1er fév. Doubles 56-58 € ; familiales 75-100 €. Un pot de caramel* *au beurre salé fait maison offert sur présentation de ce guide.* Dans un ancien corps de ferme, 3 chambres dont 1 familiale, toutes avec salle de bains. Déco sobre et de bon goût. Au loin, la mer en ligne de mire. Un bon rapport qualité-prix.

Chambres d'hôtes Au Manoir de Kerdanet : *29100* ***Poullan-sur-Mer.*** *☎ 02-98-74-59-03. • manoir.kerdanet@wanadoo.fr • manoirkerdanet.com • Ouv du 1er mai à mi-nov. Doubles 114-134 €. Gîte 2-4 pers 600-1 100 €.* Au cœur d'un parc de 4 ha, à 6 km de Douarnenez, ce manoir des XVe et XVIe s a été restauré à l'ancienne, le confort moderne en plus. Un vaste salon (où l'on sert le petit déjeuner), aux poutres polychromes et à la cheminée de pierre finement sculptée, s'ouvre sur un escalier à vis qui conduit aux chambres agrémentées chacune d'un lit à baldaquin et d'une cheminée d'époque. Également un gîte avec deux chambres, dans une petite maison rénovée avec goût. Pour qui recherche le calme et l'authenticité. Petit déj copieux.

FINISTÈRE SUD

Où manger ?

Bon marché

Crêperie du Sallé (plan D2, **31**) **:** *7, quai du Petit-Port. ☎ 02-98-92-22-13. • creperie-du-salle@orange.fr • Tlj sf lun-mar. Congés : janv. Compter 16 €. Café offert sur présentation de ce guide.* Adorable petite salle aux murs de pierre, décorée comme chez une vieille tante. Bonne qualité des produits : lait entier pour la confection de la pâte à crêpes, légumes bio et caramel au beurre salé maison. Carte classique pour une addition pas trop salée au final. Une petite institution qui ronronne bien !

La Parenteizh (plan C-D3, **35**) **:** *17 bis, rue Jean-Jaurès. ☎ 02-98-95-23-86. • beacerda@free.fr • Tlj sf dim soir-lun et sam midi. Formules en sem 9,50-13,50 € ; plats 15-17 €.* Bon, la devanture n'attire pas l'œil de suite, et la salle reste très classique. Cependant, on a rapidement ressenti la gentillesse de l'accueil et une réjouissante ambiance de bonne humeur communicative. En outre, service vraiment attentionné et super qualité des mets, surtout les viandes, bien tendres (remarquable tartare au couteau) et cuites à la demande. En prime, une vingtaine d'excellentes pizzas, poisson bien traité et fort bons desserts. Mon tout pour un prix fort honorable, avec, ce jour-là, une super musique de jazz en fond. Que demander de plus ?

Crêperie Au Goûter Breton *(plan D3,* ***30****) : 36, rue Jean-Jaurès. ☎ 02-98-92-02-74. 06-62-68-17-80. Fermé dim et le midi des j. fériés, plus sam soir hors saison. Congés : 15-30 juin. Carte env 12 €. Apéritif maison ou café offert sur présentation de ce guide.* Une façade orange, une enseigne enfantine, une carte annotée d'espiègleries, un décor breton pour un patron très rock. En fond sonore, la musique bretonne se marie donc au rock ou au jazz. Et on ne s'étonnera pas de dégoter dans la carte des « hamburgers armoricains » (steak et crêpe !). Bonne sélection de cidres bio. Cependant, attention aux suppléments et au p'tit côté trop commercial pour les produits peut-être !

Prix moyens

La Régate (plan A1, **37**) **:** *39, rue des Sables-Blancs, Le Tréboul. ☎ 02-98-74-00-87. • restaurantlaregate@orange.fr • Fermé sam midi, plus dim soir hors saison. Formule intéressante 11 € (entrée + plat), menu ouvrier 13 € lun-ven ; autres menus 22-28 €. Café offert sur présentation de ce guide.* C'est le resto de *l'Hôtel des Sables Blancs*. Le bouche-à-oreille nous a menés sur cette agréable terrasse à deux pas de la mer. Julien Le Minoux, un jeune chef plein de talent et d'idées, sait introduire un exotisme de bon ton dans ses plats pour renouveler les saveurs (ainsi le croustillant de suprême de volaille à la thaïe). Remarquable rapport qualité-prix du menu à 22 €. Service attentionné et souriant, au diapason de cette belle cuisine.

Où acheter de bons produits ?

Le véritable kouign-amann de Douarnenez : *demander la liste de l'association des artisans à l'office de tourisme.* Ce délicieux gâteau breton à base de pâte feuilletée est la grande spécialité locale. À chacun sa façon de faire : certains le préfèrent doré et craquant, d'autres fondant et peu caramélisé. Un tiers de farine, un tiers de beurre, un tiers de sucre pour l'un, moitié de farine et le reste à part égale entre beurre demi-sel et sucre pour l'autre. Chacun son *tour,* aussi, c'est le cas de le dire : après avoir superposé la couche de pâte, celle de beurre et celle de sucre, encore faut-il savoir plier (en trois ou en portefeuille), puis passer le rouleau à pâtisserie. Il y en a, comme pour la sieste, qui se contentent de faire reposer la pâte un quart d'heure ; d'autres exigent au moins trois quarts d'heure.

Penn Sardin : *7, rue Le-Breton. ☎ 02-98-92-70-83. Face aux halles. Ouv tte l'année.* Heureusement qu'il y a plein de couleurs partout, sinon ce serait un poil lugubre, tout cet amas de sardines. Mais c'est là que se trouvent les meilleurs produits, pour les amateurs du genre. Plus de 150 références.

À voir

Douarnenez et Tréboul étaient autrefois deux entités bien distinctes. Les habitants de Douarnenez surnommaient d'ailleurs ceux de Tréboul « les Marocains », histoire de bien leur faire sentir qu'ils habitaient presque au bout du monde (soit de l'autre côté de la ria...). Aujourd'hui sonne l'heure de la revanche pour Tréboul, devenue plus attrayante aux yeux de nombreux visiteurs, qui ne font pas l'effort de comprendre la vieille cité et préfèrent aller à la découverte des plages et des vieilles rues de ce village « resté dans son jus ». La fusion administrative, en 1945, entre Douarnenez, Tréboul et les villages voisins de Ploaré et Pouldavid fait que la ville possède aujourd'hui quatre ports : Tréboul (pour la plaisance), Port-Rhu (ancien port de cabotage transformé en musée à flot), le port moderne (pour chalutiers et langoustiers) et l'ancien port du Rosmeur (encore utilisé pour la petite pêche côtière).

UNE GRÈVE DE FEMMES

Les ouvrières des usines de sardines étaient les plus mal payées du pays. En 1924, tandis que les hommes étaient en mer, les femmes firent grève. Les gendarmes à cheval n'hésitèrent pas à charger ! Les ouvrières eurent gain de cause, après 42 jours de grève, grâce à un énorme élan de solidarité. Pas étonnant que Douarnenez eut le 1er maire communiste de France, bien que dans une région très catholique.

➢ ***Les vieux quartiers :*** cette balade (l'office de tourisme édite un dépliant *Promenades à pied dans Douarnenez,* 0,50 €) vous fera découvrir l'âme de Douarnenez et comprendre son histoire si intimement liée à l'épopée de la sardine. À ce propos, vous pouvez aussi suivre le *chemin de la sardine,* évoqué dans le guide des bonnes adresses de l'office de tourisme. Vous parcourrez les rues et venelles avec leur architecture du XIXe s et leurs anciennes conserveries dissimulées entre les maisons.

Le Port-Musée (plan C2-3) **:** *pl. de l'Enfer, quai du Port-Rhu. ☎ 02-98-92-65-20. • port-musee.org • ♿ (dans le musée, pas dans les bateaux). Juil-août, tlj 10h-19h (musée à quai et bateaux à flot) ; avr-juin et sept-oct, tlj sf lun hors vac scol, 10h-12h30, 14h-18h (musée à quai et bateaux à flot) ; fév-mars et vac scol de Noël (musée à quai seul), tlj sf lun hors vac scol, 10h-12h30, 14h-18h. Entrée : 5,50-7,50 € selon saison ; réduc ; tarif famille.*

Le Port-Musée est un musée de bateaux à flot unique en France, que l'on doit à une poignée d'hommes et de femmes motivés par leur amour de la mer et passionnés de navigation et d'histoire. En quelques années, ces bénévoles infatigables ont sillonné les côtes françaises et européennes pour collecter les derniers bateaux de travail traditionnels avant qu'ils ne disparaissent. C'est donc une collection inestimable de 250 bateaux différents qui constitue le fonds de ce musée. Les 40 embarcations les plus représentatives sont exposées dans les vastes espaces d'une ancienne conserverie, tandis que 7 grands bateaux sont montrés à flot le long des estacades de Port-Rhu. Quatre d'entre eux se visitent et bénéficient d'une muséographie qui allie le son et l'image pour nous dévoiler la vie quotidienne et le labeur des équipages : le travail du sable sur la gabare *Dieu protège,* l'épopée des grandes barges à voile de la Tamise sur le *Northdown,* la pulsation des sons dans les entrailles de cuivre du remorqueur à vapeur *Saint-Denys,* les parfums de la marine à voile sur l'exceptionnel caboteur norvégien *Anna Rosa,* datant du XIXe s. Quant au musée, il présente des engins primitifs mais ô combien ingénieux, comme les pirogues monoxyles ou les bateaux de peau des Inuits. Magnificence de toutes les voiles déployées dans la salle des gréements, douceur des formes de toutes ces embarcations à clins ou à franc-bord qui témoignent du génie des constructeurs de nos côtes. Sans oublier les expositions temporaires de longue durée, qui occupent la majeure partie du musée.

À deux pas du musée, la petite ***chapelle Saint-Michel*** *(plan C2),* du XVIIe s, a conservé son plafond en lambris peints.

Le port du Rosmeur *(plan D2)* **:** bonne petite animation, vieux cafés de marins et restos touristiques. Derrière les quais s'étend un vieux quartier de pêcheurs dont les venelles descendant vers la mer offrent un voyage à travers le temps. Même si les marins n'y déambulent plus par centaines, même si les nombreux magasins fermés témoignent de la crise de la pêche...

PROMENEZ LA LANGOUSTE !

Quand les bateaux revenaient de Mauritanie avec leur cargaison de langoustes, les prix étaient parfois trop bas. Alors, les capitaines voguaient avec leur chargement, dans la baie de Douarnenez, en attendant que les cours remontent. Exceptionnellement, les femmes avaient le droit de monter à bord. Beaucoup d'enfants ont été conçus quand « on promenait la langouste ».

Le port de pêche *(plan D1-2)* **:** *visite guidée 1 fois/sem par l'office de tourisme.* On y débarque un 5e de la production mondiale de thon. Douarnenez, où cette activité a longtemps été florissante, possède encore la plus grande conserverie de poisson de France. Déchargement du poisson de 23h à l'aube. Criée fermée au public.

L'église de Ploaré *(hors plan par D3)* **:** *rue Laennec (route de Quimper).* Magnifique exemple de la Renaissance bretonne. Édifiée au XVIe s. Remarquable surtout pour son clocher flamboyant, avec flèche élancée à lanternons, culminant à plus de 60 m. Beau porche qui a perdu ses statues. À l'intérieur, maître-autel du XVIIe s avec retable et tabernacle polychromes. À droite du chœur, groupe en bois de la Trinité, du XVIIe s.
- Dans le cimetière, à deux pas, la ***tombe de Laennec,*** inventeur du stéthoscope.

À faire

Les plages : celle ***des Sables-Blancs*** à ***Tréboul*** est la plus célèbre. À côté, la ***plage Saint-Jean*** (intéressants vitraux dans la chapelle voisine), n'est pas mal non plus. À deux pas du centre-ville, les pittoresques ***plages des Dames*** *(plan C2)* et de ***Pors-Cad*** face à l'île Tristan et aux installations du port de pêche. À l'est du port du Rosmeur, par le sentier des Plomarc'h (lire ci-après), on atteint l'immense ***plage du Ris.***

Le sentier des Plomarc'h : à flanc de falaise, il longe une partie de la baie de Douarnenez. Petite balade tranquille au départ du port du Rosmeur, à faire de préférence, si vous voulez en savoir plus, avec le dépliant *Promenades à pied dans*

Douarnenez édité par l'office de tourisme *(0,50 €).* En chemin, beau point de vue sur l'ensemble du port et halte obligatoire au vieux hameau des Plomarc'h, joliment rénové. On peut même y dormir dans une maison de pêcheur transformée en gîte d'étape. Cet ancien village sardinier recèle des trésors du passé tels ses lavoirs ou encore l'un des plus grands sites industriels gallo-romains du nord de l'Europe : 16 cuves où était fabriqué du garum, extrait de poisson cousin du nuoc-mâm vietnamien.

➢ Autre ***sentier côtier,*** celui ***des roches Blanches,*** au départ de ***Tréboul.*** Promenade dominicale préférée des gens du pays, vous ne serez pas vraiment seul. Mais pour qui cherche des rencontres ou des points de vue insolites, c'est pas mal du tout ! Les plus courageux le poursuivront jusqu'à la pointe du Raz (balisage rouge et blanc du GR 34). Compter alors 3 jours.

Fêtes et manifestations

– ***Carnaval des Gras :*** *le w-e précédant Mardi gras, dans le centre-ville de Douarnenez.* Particulièrement animé, avec mise à feu du Den Paolig le mercredi des Cendres.
– ***Festival Temps Fête – Grande fête des Bateaux :*** *les années paires, courant juil. Rens à l'office de tourisme ou à l'Association des fêtes maritimes : ☎ 02-98-92-29-29.* Plusieurs centaines de bateaux : voiliers, goélettes, sloops, thoniers, caboteurs, chaloupes de toutes sortes. Expos, musique, atmosphère unique. À ne pas rater : les Douarnenistes sont des gens qui savent aussi faire la fête !
– ***Festival La Vie en Reuz :*** *les années impaires, (prochaine édition 2-4 juin 2017).* Grande fête populaire estivale, unissant tous les quartiers, rassemblant jeunes et anciens, marins et terriens, musiciens d'ici et d'ailleurs.
– ***Festival de Cinéma de Douarnenez :*** *4e sem d'août. Rens : ☎ 02-98-92-09-21.* • *festival-douarnenez.com* • Au travers d'une vaste programmation cinématographique, de nombreux invités (réalisateurs, écrivains, artistes, représentants d'associations...) réunis autour d'un thème.

LE PORZAY ET LA PRESQU'ÎLE DE CROZON

• Carte *p. 114-115*

Entre l'Aulne et la baie de Douarnenez trône le *Menez-Hom* (voir plus loin le texte qui lui est consacré), dernier (ou premier !) soubresaut des Montagnes Noires. Il faut presque impérativement grimper jusqu'au sommet de cette ronde montagne. Les jours de grand beau temps, toute la région se découvre à son pied : au sud-est, le Porzay, vaste plaine agricole façonnée par la main de l'homme et piquetée de villages tranquilles ; à l'ouest, la longue presqu'île de Crozon, promontoire de granit en forme de croix (est-ce bien un hasard en Bretagne ?). Terre dure à cultiver, la presqu'île a connu, comme en maints endroits, une

hémorragie humaine impitoyable (près de 50 % des exploitations agricoles ont disparu en 20 ans). Du fait de son relatif isolement et de son intérêt stratégique à l'entrée de la rade de Brest, la presqu'île de Crozon a aussi longtemps échappé à la boulimie des promoteurs. Les amoureux de falaises escarpées, de landes désertes, de plages secrètes, ourlées d'une mer d'un bleu quasi permanent, y trouveront donc aujourd'hui leur compte. Un des vrais visages de la Bretagne.

Adresse utile

■ ***Maison du parc naturel régional d'Armorique :*** *15, pl. aux Foires, BP 27, 29590* ***Le Faou.*** *☎ 02-98-81-90-08. • pnr-armorique.fr • Lun-ven 8h30-12h30, 13h30-17h.* Créé en 1968, le parc naturel régional d'Armorique couvre une quarantaine de communes, essentiellement dans le centre du Finistère (monts d'Arrée, voir le *Routard Bretagne Nord*), soit environ 172 000 ha, 112 000 en zone terrestre, 60 000 en zone maritime, et regroupant 56 000 habitants. Au sud, la zone du parc englobe une petite portion des Montagnes Noires (Pleyben et le secteur de Châteaulin/Port-Launay) et l'ensemble de la presqu'île de Crozon.

LOCRONAN [lokoʀn]

(29180) 820 hab. *Carte Finistère Sud, B2*

« Petite Cité de caractère », Locronan possède (ce qui est rarissime) une totale unité architecturale. Superbes demeures et hôtels particuliers des XVIIe et XVIIIe s s'ordonnent harmonieusement autour de la place principale et de son vieux puits. Ses rues constituent un véritable décor de cinéma, souvent choisi pour le tournage de films. Polanski y a réalisé *Tess* avec Nastassja Kinski. Et grâce à lui, les derniers fils électriques ont disparu sous terre ! Philippe de Broca y a également tourné certaines scènes de *Chouans* (avec Philippe Noiret et Sophie Marceau).

AVERTISSEMENT

Attention : parking payant 15 juin-15 sept 9h30-18h. Forfait de 4 € valable pour tte cette période. Vous pouvez donc revenir autant de fois que vous le voulez, à condition de garder l'autocollant (le coller à l'intérieur du pare-brise). Sinon, parking gratuit au rond-point en arrivant par l'axe Quimper-Douarnenez. Chaque jeudi soir de mi-juillet à fin août, grosse affluence pour le marché aux étoiles.

UN PEU D'HISTOIRE

À l'origine de Locronan, on trouve un moine irlandais, saint Ronan, venu trouver dans le coin paix et recueillement pour méditer. Sa renommée s'est perpétuée jusqu'à aujourd'hui, et la ***Troménie,*** grande fête religieuse d'origine celtique, reproduit chaque année en procession la balade qu'il effectuait tous les matins autour de la montagne (voir plus loin « Manifestations »).

LE PAIN DES MORTS

Le Jour de l'an celtique se fête le 1er novembre. Durant la nuit, les morts communiquent avec les vivants. Voilà pourquoi on organisait un grand banquet durant lequel on invitait les morts. Ainsi à Locronan, le 1er novembre, on continue, depuis la nuit des temps, à distribuer le pain des morts, de porte à porte.

Locronan a connu, à partir du XIVe s, une grande prospérité grâce au tissage de toiles de lin et de chanvre. Les nombreuses demeures Renaissance en témoignent. La Compagnie des Indes avait même des bureaux sur la grande place. La toile de Locronan, utilisée par toutes les flottes des grandes puissances maritimes, était réputée jusque dans le Nouveau Monde. L'expédition se faisait depuis le port de Pouldavid, aujourd'hui le Port-Rhu. La fin des grands voiliers et la révolution industrielle ont signé au XIXe s l'arrêt de mort de la production

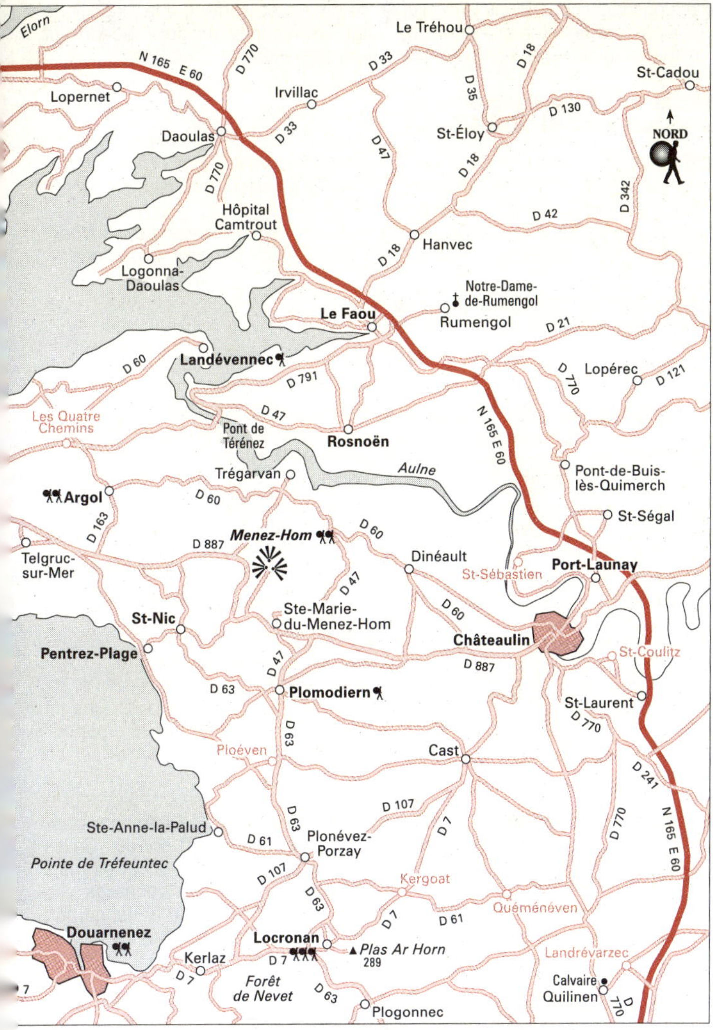

LA PRESQU'ÎLE DE CROZON

locale. Au XVIIe s, Locronan comptait plus de 300 tisserands ; il n'en restait que 77 en 1836, 23 en 1872 ; le dernier a fermé boutique en 1914...

Quand s'y rendre ?

Le village est hypertouristique, conséquence inévitable de son charme unique, et la malheureuse place principale arrive souvent à saturation.

Aussi, nous vous conseillons vivement de venir de très bonne heure le matin, surtout en été. Vous aurez le village pour vous et, surtout, une magnifique lumière rasante qui dore façades et vieilles pierres.

Adresse et infos utiles

Office de tourisme : *pl. de la Mairie. ☎ 02-98-91-70-14. • locronan-tourisme.com • Avr-juin et sept, lun-ven 10h-12h30, 13h30-18h, dim 14h-18h (17h j. fériés) ; juil-août, lun-sam 10h-18h, dim 11h-13h, 15h-18h (17h j. fériés) ; oct-mars, accueil par tél lun-sam (vac scol, se renseigner).*

– **Illuminations et marché de Noël :** *de début déc à début janv.* Féerique !

Où dormir ? Où manger ?

Camping

Camping de Locronan : *rue de la Troménie. ☎ 02-98-91-87-76. 06-28-80-44-74. • contact@camping-locronan.fr • camping-locronan.fr • À 400 m du bourg, sur la route de la chapelle ar Sonj, montagne de Locronan. Ouv avr-sept. Forfait tente 16-19 € selon saison. Loc de mobile homes 273-840 €/sem et bungalows toilés 470 €/sem. 103 empl.* Ombragé par les pins et disposé en terrasses avec vue panoramique sur la baie. Agréable et bien tenu. Piscine chauffée à 28 °C, pataugeoire et aire de jeux pour les enfants.

De prix moyens à chic

Latitude Ouest Hôtel : *route du Bois-du-Névet. ☎ 02-98-91-70-67. • contact@latitudeouest.fr • latitudeouest.fr • Tte l'année. Resto slt le soir. Doubles 72-123 € selon saison et confort ; duplex et mezzanines jusqu'à 6 pers 139-199 €. Menus 26-33 €. Apéritif maison offert et 10 % sur la chambre (sur demande à la résa slt et selon les disponibilités) sur présentation de ce guide.* Dans un parc arboré de 3 ha, à 800 m du village. Chambres thématiques : « Atlantique », « Orient » ou « Côté Sud », dans un cadre superbe. Bel espace bien-être. Enfants bienvenus. Bon resto.

Hôtel-restaurant du Prieuré : *11, rue du Prieuré. ☎ 02-98-91-70-89. • leprieure1@aol.com • hotel-le-prieure.com • (resto slt) À l'entrée du village. Resto fermé sam hors saison. Congés : fin janv-début fév et de mi-nov à mi-déc. Résa conseillée (la maison accueille parfois des groupes). Doubles 70-80 €, duplex 88-110 € selon saison. Formules 15-19 € (sf j. fériés), menus 27-48 € ; carte env 30 €. Parking.* Chambres classiques et d'un confort correct. Celles de l'annexe sont plus sympas mais réservées aux demi-pensionnaires (ben voyons !). Grande salle à manger, où l'on déguste des spécialités de poisson et fruits de mer.

Où dormir dans les environs ?

Camping

Camping La Plage de Tréguer : *plage de Sainte-Anne-la-Palud, Treguer Vihan, 29550* **Plonévez-Porzay.** *☎ 02-98-92-53-52. • camping-treguer-plage@wanadoo.fr • camping-treguer-plage.com • À 6 km de Locronan. Ouv début avr-fin sept. Forfait tente 15,90-24,70 € selon saison. Loc de mobile homes 4-5 pers 149-999 €/sem ; hors juil-août, possibilité de louer de 1 à 6 j. (sf j. fériés 3 j. min). Caravanes 97,30-150,50 €/sem. 272 empl. Réduc de 10 % sur le camping (tente, caravane, camping-car) sur présentation de ce guide.* Entre dunes et campagne, dans un environnement protégé, à côté du site naturel classé de la dune de Sainte-Anne-la-Palud. Ambiance conviviale et animations musicales en été.

Commerces. Accès direct à la plage. Piscine chauffée.

Prix moyens

Chambres d'hôtes Trézervan : *29180* **Plogonnec.** *☎ 02-98-64-48-98. 06-87-12-59-85. • tfontaine@wanadoo.fr • trezervan.com • À Plogonnec, prendre la direction de Saint-Albin, faire 2,5 km et tourner à droite au lieu-dit Lopéau, puis suivre le fléchage « Chambres d'hôtes » sur 2,5 km. Doubles 59-80 € ; familiales 109-150 €. Table d'hôtes 25 €.* 3 chambres de charme, dont 2 en duplex, avec entrée indépendante, dans un joli corps de ferme du XVIIIe s rénové. Vaste jardin, petit déj extra avec yaourts maison, et accueil chaleureux de Thierry et Valérie.

Relais de Tréfeuntec : *Tréfeuntec, 29550* **Plonévez-Porzay.** *☎ 02-98-92-50-03. • hotel29@relais-de-trefeuntec.com • relais-de-trefeuntec.com • À 8 km au nord-ouest de Locronan par la D 63 puis la D 61. Congés : sem de Noël. Doubles 50-73 € selon confort (douche avec ou sans w-c, ou sdb), familiales 81-99 €. Apéro maison offert sur présentation du guide.* Grosse maison en pierre dans un hameau cossu, à une tirée d'ailes de la plage de Sainte-Anne-la-Palud. Chambres toutes simples, assez spacieuses et au calme. Bar et petite restauration.

Chambres d'hôtes chez Josy et René Guégen-Gonidec : *Lanévry, 29100* **Kerlaz.** *☎ 02-98-92-14-87. 06-75-79-63-63. • info@lanevry.com • lanevry.com • Prendre la direction Douarnenez ; après Kerlaz, 1re route à droite, suivre les flèches « Gîtes-chambres d'hôtes ». Doubles avec douche et w-c 68-78 € selon saison. Gîtes 295-650 €/sem selon saison.* 5 chambres de charme et confortables dans une ancienne ferme superbement fleurie. Accueil enthousiaste de Josy. Espace détente avec sauna, hammam, jacuzzi, salon lecture et billard (participation demandée). Également 4 gîtes pour 4 personnes.

De chic à plus chic

Manoir de Moëllien : *à* **Plonévez-Porzay.** *☎ 02-98-92-50-40. • bienvenue@manoirmoellien.fr • manoirmoellien.fr • À 2 km de Locronan, bien fléché. Résa plus que conseillée. Doubles 85-145 €, triples 125-175 € selon saison et confort ; petit déj-buffet 12 €. ½ pens 47 €/pers. Menu unique le soir sf dim 35-50 € (non-résidents), carte env 60 €.* Séduisant manoir du XVIIe s au cœur d'une paisible campagne. Superbe façade de granit surmontée de lucarnes sculptées. L'intérieur dégage la même atmosphère authentique. Beaux meubles bretons dans la salle à manger également en pierre sèche. Une vingtaine de chambres de plain-pied dans d'anciennes dépendances, charmantes et tranquilles. Cuisine raffinée (à la carte, 4 entrées et 6 plats). Accueil de grande qualité.

Où déguster de bons gâteaux ?

Boulangerie-pâtisserie Le Guillou : *pl. de l'Église. ☎ 02-98-91-70-04. • kouignamann-locronan.fr • En face du vieux puits. Ouv 7h30-19h30. Fermé lun, sf de mi-juil à fin août.* Spécialités de gâteaux bretons et de kouign-amann, dont une variante aux pommes formidable. Et les caramels, les chocolats, les miels, les pâtisseries... On a encore craqué. Là, vraiment, sans remords.

À voir

L'église Saint-Ronan : *en saison, 9h30-19h ; hors saison, 10h-18h.* Édifiée entre 1420 et 1480 grâce aux donations des ducs de Bretagne. Chef-d'œuvre du gothique flamboyant, cette église n'a jamais subi ni adjonction ni

modification. Sinon que la grosse tour carrée, frappée trois fois par la foudre, a perdu définitivement sa flèche en 1808. Porche inspiré de l'un de ceux de la cathédrale de Quimper. Sur sa droite, la *chapelle du Penity,* édifiée à l'emplacement de l'église primitive et du tombeau de saint Ronan pour lui servir de reliquaire.
À l'intérieur, festival de merveilles. À droite de l'entrée, dans la chapelle, *gisant de saint Ronan,* en pierre de Kersanton (1430). Magnifique *Déposition de Croix* en pierre polychrome de la même époque. Au-dessous, deux petits bas-reliefs de Jésus ressuscité. Dans la nef aux proportions massives et harmonieuses tout à la fois, le pavage en pente accentue la perspective. Attardez-vous sur la *chaire,* fascinante bande dessinée déroulant, en dix médaillons, la *vie de saint Ronan* (sculptée en 1707). Somptueux *retable du Rosaire,* du XVIIe s. À côté de l'autel principal, *Saint Ronan* dans une niche, affublé d'un costume d'évêque. Le *vitrail* principal, de la fin du XVe s, prolonge notre béatitude en 18 panneaux racontant la Passion. Ne manquez pas ensuite d'aller au fond du cimetière pour une très belle vision du *chevet* (avec calvaire).

La chapelle Bonne-Nouvelle : *en bas de la rue Moal.* Date de l'époque de l'église, modifiée ultérieurement. Petit calvaire et fontaine ancienne. La rue Moal était la rue des tisserands, un temps la plus animée du bourg.

Le musée d'Art et d'Histoire : *à côté de l'office de tourisme. Mêmes horaires que l'office de tourisme (voir plus haut « Adresse utile »). Entrée : 3 € ; réduc ; gratuit moins de 12 ans.* Intéressant petit musée d'arts et de traditions populaires. Étape de la route des Toiles en Bretagne (lin et chanvre) : atelier de tissage et vidéo explicative, métier à tisser du XVIIIe s, costumes, mobilier, outils et objets domestiques. Étape de la route des Peintres en Cornouaille : peintures, gravures, faïences...

Rue Lann, ***maison familiale du peintre surréaliste Yves Tanguy.*** En vacances ici, il y a attiré les frères Prévert, Breton, Eluard... Privé, ne se visite donc malheureusement pas.

Manifestations

– ***La Petite Troménie :*** *2e dim de juil, ts les ans qui ne sont pas de Grande Troménie (celle-ci ayant lieu ts les 6 ans ; la prochaine en 2019).* Symbolise la promenade qu'effectuait, pieds nus et l'estomac vide, saint Ronan, tous les matins. Procession avec les reliques du saint, sur un parcours de 6 km environ. Pour la Grande Troménie, la procession suit un ancien sentier sacré de 12 km que l'on effectue pieds nus. Il est ponctué de 12 étapes, avec rites à observer. Le tout en costume traditionnel.
– ***Pardon de Sainte-Anne-la-Palud :*** *dernier dim d'août.* L'un des plus importants de Bretagne, consacré à l'une des saintes les plus populaires de... Bretagne : Anne, mère de la Vierge (donc patronne des mères de famille). Il réunit chaque année des milliers de pèlerins autour de la chapelle de Sainte-Anne-la-Palud (sur la commune de Plonévez-Porzay), où se trouve une statue de la sainte de 1548 en granit polychrome. Messe en plein air, processions de bannières.
– ***Pardon de Notre-Dame de Bonne-Nouvelle :*** *1er dim de sept.*

DANS LES ENVIRONS DE LOCRONAN

Plas Ar Horn : *suivre la rue du Four jusqu'au croisement de la route de Châteaulin et de celle du camping ; c'est ensuite à 2 km.* De Plas Ar Horn (289 m), la « montagne » de Locronan, spectaculaire panorama sur la baie de Douarnenez et le Menez Hom. Sur place, petite chapelle récente avec des vitraux de Bazaine, ouverte uniquement en période de Troménie. On est ici sur l'une des ***collines inspirées*** de Bretagne, chères à Barrès.

L'église Saint-Thurien : *à* ***Plogonnec*** *; à env 3 km au sud-est de Locronan.* Ce bourg discret sur la D 63, en direction de Quimper, cache cette remarquable église du XVIe s. Séduisant ensemble composé par la porte monumentale, la façade avec pignons en dents de scie et le très original clocher de type Beaumanoir. Ce dernier s'appuie sur de puissants contreforts et est encadré de deux tourelles octogonales surmontées de lanternons. À l'intérieur, beau mobilier. Chaire et confessionnaux du XVIIIe s. Près de la porte, panneau peint du XVIIe s, avec neuf scènes de la vie de saint Maudez. Superbes vitraux du XVIe s représentant le Jugement dernier, la Transfiguration et la Passion. Dans la nef de gauche, vitrail de la Résurrection et des saints. En bas, on reconnaît saint Éloi ferrant un sabot de cheval. Dans le chœur, à droite, vitrail du Jugement dernier avec de très beaux rouges. Résurrection des damnés avec leur cortège de démons cornus et velus (les élus avec les anges). Tout en haut, le Christ sur un arc-en-ciel et en manteau rouge.

L'église Saint-Germain : *à* ***Kerlaz*** *(29100), petit village aux portes de Douarnenez.* Église à l'élégant clocher ajouré, au cœur d'un pittoresque petit enclos paroissial aux proportions du village. Belle porte triomphale Renaissance. Ossuaire de la même époque. Croix de 1645. Remarquez les verrières du début du XXe s, dont trois traitent d'un thème rarement représenté : les persécutions du clergé par la Révolution. Ce fut terrible.

PLOMODIERN [ploudiern]

(29550) 2 140 hab. *Carte Finistère Sud, B1*

Gros bourg et petite « capitale » du Porzay. Centre-ville pas désagréable. Dans les environs, quelques belles plages dont celle de Pors-ar-Vag, fréquentée par les surfeurs.

Adresses utiles

Office de tourisme : *10, pl. de l'Église. ☎ 02-98-81-27-37. • aulne-porzay-tourisme.com • En saison, lun-sam 9h30-12h30, 14h30-18h30, plus dim mat ; le reste de l'année, lun-sam (voir le site).*

Club nautique de Plomodiern : *à la plage de Pors-ar-Vag. 06-50-92-16-64. Ouv tte l'année.* Stages et location de kayaks, stand up paddle.

Où dormir ? Où manger ?

Camping

Camping de l'Iroise : *au-dessus de la plage de Pors-ar-Vag. ☎ 02-98-81-52-72. • vacances@camping-iroise.fr • camping-iroise.fr • Du bourg de Plomodiern, rejoindre la plage de Pors-ar-Vag. Ouv Pâques-fin sept. Forfait tente 17,70-25,90 € selon saison. Loc de mobile homes et chalets 3-6 pers 262-860 €/sem selon saison et capacité ; à la nuitée 85 €. (payant). 132 empl.* Un peu d'ombre et beaucoup de haies sur ce terrain en pente douce vers la mer, avec une belle vue sur la baie de Douarnenez. Petite épicerie, pain frais et croissants. Bar et snack. Belle piscine couverte et chauffée avec toboggan, au cas où les algues vertes viendraient à envahir la plage. Piscine.

Coup de folie

Auberge des Glazicks : *7, rue de la Plage. ☎ 02-98-81-52-32. • aubergedesglazicks@orange.fr • Dans le centre de Plomodiern. Fermé lun-mar, plus dim soir hors vac scol. Congés : 2 sem mi-mars et 2 sem* *en nov. Résa indispensable. Doubles 160-305 € selon saison. Menus 55 € (le midi en sem sf j. fériés)-190 €.* Au début du XXe s, cet endroit abritait l'atelier d'un maréchal-ferrant. Devant l'affluence des clients, la grand-mère décida de leur offrir la soupe. La 2e génération continua dans cette lignée de resto populaire. Que croyez-vous que fit la 3e génération ? « Nourri » de cette culture culinaire, Olivier Bellin obtient le prix du Meilleur jeune cuisinier de Bretagne, fait son tour de France et retourne dans la maison familiale ! Amoureux de sa terre natale, ce chef passionné est doté d'une imagination débordante, alliant avec audace viande et produits de la mer, accommodés aux saveurs parfois exotiques. Sa carte suit, bien sûr, les saisons. Les desserts sont une véritable symphonie de goûts et de couleurs. Belle carte des vins. Pour prolonger le plaisir, une poignée de chambres contemporaines, superbes, toutes personnalisées.

FINISTÈRE SUD

Où manger dans les environs ?

|●| ***Crêperie Skeud an Amzer :*** *à* ***Sainte-Marie-du-Menez-Hom,*** *près de l'enclos paroissial. ☎ 02-98-81-51-51. • skeud-an-amzer@wanadoo.fr • Tlj juil-août ; sinon, fermé mar. Congés : 1re quinzaine de déc. Env 15 € à la carte.* Pierres de taille et bolées de cidre *Kerné* dans cette vénérable demeure traditionnelle. La patronne se prénomme Françoise ; on la dit lunatique, on l'a trouvée sympathique. Et elle fait sans doute les meilleures crêpes de la presqu'île.

Festival

– ***Festival du Menez-Hom :*** *pdt 1 sem autour du 15 août, dans le bourg. • festivalmenezhom.com •*

DANS LES ENVIRONS DE PLOMODIERN

★★★ ***L'enclos paroissial de Sainte-Marie-du-Menez-Hom :*** *à 4 km au nord de Plomodiern par la D 47. ♿ Chapelle ouv tlj avr-sept, 10h-18h. GRATUIT.* Enclos paroissial parmi les plus séduisants du Finistère Sud. Il faut venir au lever du soleil, un jour clément, pour vous imprégner seul de la douceur romantique de l'enclos. Au-dessus de la porte monumentale (XVIIIe s), la Vierge et saint Hervé dans des niches. Le calvaire, du XVIe s, est sublime. La chapelle offre un élégant clocher à dôme décoré de balustrades et une jolie façade Renaissance. À l'intérieur, de superbes retables aux colonnes torses ornées de vignes dorées abritent les statues de saints. Dans le bas-côté nord, belles sablières.

LE MENEZ-HOM

Carte Finistère Sud, B1

À 3 km de Sainte-Marie-du-Menez-Hom. Montagne de grès armoricain qui culmine à 330 m et livre un panorama époustouflant à 360°. Parking au sommet. Table d'orientation. Par temps clair, possibilité de voir la pointe du Van (près de la pointe du Raz), le cap de la Chèvre, la rade de Brest, les vallées de l'intérieur, etc. Ce paysage lessivé par les embruns de l'Atlantique ressemble au Connemara... Voilà un des coins les plus sauvages, les plus arides de Bretagne.

À voir dans les environs

Le musée de l'École rurale : *à **Trégarvan.** ☎ 02-98-26-04-72. • musee-ecole.fr • À 10 km au nord de Sainte-Marie-du-Menez-Hom par la D 47. Tlj juil-août 11h-19h. Févr-juin et sept-oct. Tlj sf sam de 14h à 18h. Entrée : 5 €. Réduc. Nouvelle muséographie.* L'ancienne école, construite en 1907 et fermée en 1974, abrite un musée remis récemment au goût du jour. Histoire de la scolarisation des campagnes, du volontarisme des premiers temps aux premières fermetures d'écoles. Sans passer sous silence la rivalité école publique et école catholique, ni la place de la langue bretonne. Reconstitution de salles de classe. On perçoit ainsi l'importance symbolique de l'école en 1910, la place qu'elle prenait dans la vie des gens, comparé aux dernières années de l'école de Trégarvan alors qu'il n'y avait plus que 5 élèves. Histoire de la formation des instituteurs. Parcours ludique et pédagogique pour les enfants. Beaucoup de documents, témoignages, souvenirs... Vraiment intéressant et émouvant !

ARGOL (29560) 820 hab. *Carte Finistère Sud, B1*

Petit village en dehors des sentiers battus, sur la D 60. Détour intéressant pour admirer l'arc de triomphe à l'entrée de l'enclos de l'église Sainte-Geneviève.

Adresse utile

Office de tourisme de Telgruc-sur-Mer : *6, rue du Menez-Hom (mairie), 29560 **Telgruc-sur-Mer.** ☎ 02-98-27-78-06. Juil-août, lun-sam 9h30-12h30, 14h-19h ; dim 9h30-12h30.* Documentation abondante.

Où camper ?

Où manger à Argol et dans les environs ?

Camping L'Armorique : *112, rue de la Plage, 29560 **Telgruc-sur-Mer.** ☎ 02-98-27-77-33. • contact@campingarmorique.com • campingarmorique.com • À 700 m de la plage de Trez-Bellec. Ouv avr-fin sept. Forfait tente 14-21,50 € selon saison. Loc de bungalows sans sanitaires, mobile homes tt confort 165-798 €/sem et chalets 220-760 €/sem. 98 empl. Apéritif maison offert en basse saison sur présentation de ce guide.* Posé sur une colline, dans un coin tranquille. Emplacements pour tentes, caravanes et camping-cars (bornes). Camping 4 étoiles familial avec piscine chauffée (27 °C), pataugeoires et toboggan. Piscine. Randonnées possibles au départ du camping avec un guide.

Crêperie du Roy d'Ys : *7, pl. de l'Église, à Argol. ☎ 02-98-27-77-69. Ouv Pâques-sept, tlj (fermé lun soir hors juil-août). En hte saison, service continu de 11h30 à 22h. Env 13-15 € le repas. Café offert sur présentation de ce guide.* Petite salle sans chichis en face de l'église. Bonnes crêpes maison aux produits locaux (ah, la chèvre et miel, et la Saint-Jacques fondue de poireaux !). Cidre gouleyant et accueil délicieux. Terrasse aux beaux jours.

À voir. À faire

L'enclos paroissial : on est surpris de découvrir une architecture aussi grandiloquente dans un bourg somme toute modeste. Dans les passages latéraux, on trouve les traditionnels échaliers (pierres qui empêchaient les bêtes de pénétrer). La porte principale du cimetière est d'une grande richesse baroque avec ses lanternons. Au milieu, l'une des deux seules représentations du roi Gradlon existant aujourd'hui, avec celle de la cathédrale de Quimper. Cheval petit et râblé, cavalier fier et élégant.

La Maison des vieux métiers vivants : *pl. des Anciens Combattants. ☎ 02-98-27-79-30. • vieuxmetiers@argol.fr • argol.fr • Dans le bourg. Début juil, lun-mar et jeu 14h-17h30 ; 15 juil-15 sept, tlj 14h-18h ; de mi-avr à fin juin, fin sept et vac de la Toussaint, mar, jeu et dim 14h-17h30. Entrée : env 5 € ; réduc ; remise de 1 € (4 € au lieu de 5), sur présentation de ce guide.* De vieux métiers mis en scène : reconstitution d'ateliers de sabotier, vannier, rémouleur, cordier, tourneur sur bois, tondeur de moutons, brodeuse, potier. Vivants aussi parce que, ici, des retraités (agriculteurs, patrons-pêcheurs) vous racontent ce qu'était leur travail, vous font partager leurs souvenirs. On retrouve les gestes d'autrefois, ainsi que nombre de jeux et objets insolites. Les activités varient au fil des jours. Hors saison, téléphonez par sécurité, les jours et les heures fluctuant selon les disponibilités des bénévoles.

DANS LES ENVIRONS D'ARGOL

Saint-Nic – Pentrez : *à env 6,5 km au sud par la D 63.* Un petit village encore rural (Saint-Nic), une station balnéaire de poche (Pentrez) et des kilomètres de plages où l'on peut se baigner (ce qui n'est pas le cas partout, vous avez dû le remarquer) et s'essayer au char à voile. À admirer, la *chapelle Saint-Côme* (ouverte en été seulement), dotée d'une étonnante charpente de bois aux poutres formidablement sculptées.

CROZON [CRAON]

(29160) 7 880 hab. *Carte Finistère Sud, B1*

Au confluent de plusieurs routes, cette bourgade du parc naturel régional d'Armorique a donné son nom à la presqu'île. Louis Jouvet y est né (mais il n'était pas breton) ! Son église Saint-Pierre, son marché quotidien et ses boutiques sont une invitation à flâner au cœur du bourg. Très prisé en été.

Adresse et info utiles

Office de tourisme de Crozon-Morgat : *bd de Pralognan-la-Vanoise. ☎ 02-98-27-07-92. • tourisme-presquiledecrozon.fr • Juil-août, lun-sam 9h30-13h, 14h-19h et dim 10h-13h ; hors saison, lun-sam 9h30-12h, 14h-18h.* Billetterie pour concerts, transports, balades en mer... Borne interactive accessible tous les jours 24h/24 pour trouver un hébergement, un site, une activité. Et guichet SNCF.

– **Marchés :** *le mat, tlj sf lun, sur la pl. de l'Église.* **Grand marché** *les 2e et 4e mer du mois, à Crozon, et à Morgat les 1er, 3e et 5e mer du mois en été.*

Où dormir ? Où manger ?

Camping de l'Aber : *à* **Tal-ar-Groas,** *50, route de l'Aber. ☎ 02-98-27-02-96. 📱 06-75-62-39-07. • contact@camping-aber.com • camping-aber.com • De Crozon, rejoindre Tal-ar-Groas (6 km), puis* *tourner à droite pour rejoindre la côte ; de Brest ou Châteaulin, au rond-point de Tal-ar-Groas, prendre la petite route qui descend vers la plage de l'Aber, le camping est à 1 km. Ouv début avr-début oct. Forfait tente 20,80 € en hte saison. Loc de mobile homes 330-695 €/sem pour 2-4 pers. 100 empl. Kir breton offert sur présentation de ce guide.* Accroché sur la colline et orienté plein sud. Dépôt de pain, bar et petite cuisine de base : crêpes, pizzas fraîches, steak haché frites. Certains mobile homes ont une terrasse incorporée. Piscine chauffée. GR 34 à côté, super balades alentour. Accueil pro et sympa.

Hôtel de la Presqu'île – Restaurant Le Mutin Gourmand : *pl. de l'Église. ☎ 02-98-27-29-29. • mutin.gourmand1@wanadoo.fr • mutingourmand.free.fr • ♿ (1 chambre). Congés : 2 sem en mars, et nov. Doubles 70-95 € ; petit déj-buffet 11 €. Un petit déj par chambre offert hors vac scol sur présentation de ce guide.* Une douzaine de chambres de bon confort dans un vrai hôtel de charme, qui reflète dans son style l'identité bretonne. 3 inspirations pour la déco : les costumes bretons, la faïencerie bretonne et la mer. Communique par la coursive avec le resto *Le Mutin Gourmand* (voir ci-après).

Le Mutin Gourmand restaurant et bistrot : *☎ 02-98-27-06-51. • contact@lemutingourmand.fr • ♿ Fermé dim soir, lun, mar midi hors saison ; slt lun midi et mar midi en saison. Congés : en principe, 3 sem en mars et 3 sem en nov. Au* Bistrot du Mutin, *ouv le midi mer-sam, formule env 16 € et menu 19 € ; au gastro, menus env 29-68 €.* Depuis longtemps, une affaire de famille. Il y a eu le grand-père François, cuisinier, marin et 7 tours du monde au compteur, puis Joël, né au-dessus de la pâtisserie... et Erwan, le fils, a désormais intégré l'équipe, avec plein d'idées nouvelles. Une belle histoire ! Plusieurs salles en enfilade, décorées dans le même style que l'hôtel. Cette ancienne poste est devenue, en quelques années, la référence gastronomique des habitants du coin. On vient surtout y déguster des produits de la mer (et ici, une seule devise : « Aucun poisson d'élevage n'est admis au *Mutin* »). Très beaux desserts. Qui plus est, tout est fait maison, du pain jusqu'au foie gras, un délice ! Pas mal de vins produits en biodynamie. Et pour les pressés ou les moins argentés, les formules du *Bistrot* permettent de goûter aux talents du chef sans se ruiner.

À voir. À faire

L'église : ne pas manquer le superbe retable à deux volets dans le chœur à droite. Compte 24 panneaux en bois sculpté et peint, du début du XVIIe s. Près de 400 personnages y figurent, évoquant de façon très naïve et décorative le martyre de 10 000 soldats convertis au christianisme et crucifiés sous le règne de l'empereur Hadrien. Superbe chaire en chêne sculpté du XVIIe s. Intéressants vitraux modernes.

Peninsula Le Labyrinthe : *à* **Menez-Kerbasguen,** *route de la pointe de Dinan (D 308). ☎ 02-98-26-25-34. 06-64-66-45-56. • info@peninsulabyrinthe.com • peninsulabyrinthe.com • ♿ Tlj 10h-19h en juil-août ; tlj 14h-18h de mi-avr à juin et début sept ; mer, sam, dim et j. fériés hors saison (14h-17h) ; attention, dernière admission 1h30 avt fermeture. Entrée : 7-8 € ; réduc ; tarif famille ; gratuit moins de 5 ans. CB refusées.* Un parc de loisirs et de culture à ciel ouvert, dédié au labyrinthe. Vous pénétrez dans un labyrinthe géant en palissades de bois à la recherche d'une légende locale. Exposition permanente sur l'histoire des labyrinthes dans le monde et jeux variés sur le même thème.

Festival

– **Festival du Bout du Monde :** *1er w-e d'août. Infos : • festivalduboutdumonde.com •* Un grand rendez-vous pour les fous de musique... du monde.

MORGAT (29160) 7 880 hab. *Carte Finistère Sud, B1*

Petite station balnéaire contiguë à Crozon, lovée au creux d'une baie splendide. Lancée au début du XXe s par Armand Peugeot, qui y fit construire des hôtels pour loger ses cadres en vacances. Quelques villas bourgeoises témoignent encore de cet âge d'or. Belle plage exposée plein sud. L'ancien port de pêche accueille désormais plusieurs centaines de bateaux de plaisance. Hors saison, c'est une destination très agréable et un bon camp de base pour rayonner dans la presqu'île. En saison, Morgat est le symbole d'un certain tourisme très institutionnalisé.

Adresse utile

Bureau d'infos touristiques : *pl. d'Ys. ☎ 02-98-27-29-49. Juil-août, lun-mer 9h30-12h30, 15h-19h, jeu-dim 14h30-19h30 ; sept-juin, lun 9h30-12h. En basse saison, aller à celui de Crozon.* Borne interactive accessible tous les jours 24h/24 pour trouver un hébergement, un site, une activité.

Où dormir ? Où manger ?

Bon marché

Gîte d'étape Ouest Découvertes : *2 bis, Garn-an-Aod. ☎ 02-98-26-22-11. • contacts@ouest-decouvertes.com • Tte l'année sf Noël et fév. Double 23 €/pers ; petit déj 6,50 €.* Caché dans le dédale du vieux quartier de pêcheurs, voici l'un de nos plus sympathiques gîtes d'étape. À moins de 100 m de la plage. Ancien petit hôtel, donc pas de dortoirs, que des chambres doubles et quelques triples, toutes avec salle de bains. Petite terrasse devant. Il n'y a que 11 chambres (dont 3 avec un grand lit), très conseillé de réserver. Un côté intime, chaleureux, bien inséré dans le tissu local, bien loin des flonflons touristiques. Cuisine équipée. Roland, le manager, d'une gentillesse et d'une affabilité réjouissantes, tient son affaire méticuleusement, connaît toutes les randos, donne des conseils, prête des cartes, assure le transport des bagages... Et lorsque l'on rentre fourbu et content, la piscine vous offre ses eaux chauffées à 27 °C...

De prix moyens à chic

Hôtel de la Baie : *46, bd de la Plage. ☎ 02-98-27-07-51. • hotel.delabaie@orange.fr • hoteldelabaie-crozon-morgat.com • Doubles 60-95 € selon confort ; appartements 90-150 € ; petit déj 9,50 €. Non-fumeurs.* Séparé de la plage par la route, face à la baie, un hôtel qui propose une gamme de chambres adaptée à différents budgets (même en haute saison). Confort très correct (double vitrage), comme les prix. Parking gratuit à proximité.

Hôtel Julia : *43, rue de Tréflez. ☎ 02-98-27-05-89. • contact@hoteljulia.fr • hoteljulia.fr • Congés : nov-mars. Doubles 58-97 €, familiales 131-162 € selon confort et saison ; petit déj 12 €. Carte env 25 €.* Grande maison blanche à l'écart du bourg, derrière son jardin dans un quartier tranquille. Chambres plaisantes, avec ou sans balcon : les plus anciennes sont du genre classique ; les autres, situées dans une partie récente, arborent un esprit plus contemporain. Agréable salle à manger à l'atmosphère british. Bonne cuisine traditionnelle.

Locations Kastell Dinn : *au hameau de Kerlouantec, à 2 km de Morgat. ☎ 02-98-27-26-40. 06-62-52-96-61. • menezpat@gmail.com • sejour-insolitebretagne.com • Dans un petit village de caractère, à la croisée des plus belles portions du GR 34. Doubles 57-90 € selon confort, sans petit déj. Cuisine à disposition.* Pierre Carn et Patricia Menesguen, les chaleureux propriétaires, adeptes du tourisme durable, proposent 4 « chambres d'hôtes insolites ». Vous aurez le choix entre l'adorable « Quille en l'air », construite sous une coque de bateau retournée, la pittoresque « Caloge », bateau recouvert d'un toit de chaume, une roulotte et l'« Ar vag » (« les pêcheurs »). Cette dernière, avec accès indépendant, est située dans l'ancienne longère de pêcheurs du XVIIIe s, rénovée avec des matériaux naturels. Une dépendance, « l'Abri du marin », dispose d'un coin cuisine pour les hôtes. En juillet-août, autres logements possibles sur place. Intéressant pour les familles : l'« an Aod », louée conjointement avec le « Grenier », belle chambre sous les combles et moins chère. Remarquable ensemble.

Résidence Odalys Horizon Morgat : *lieu-dit Penfrat. ☎ 02-98-26-27-12. • morgat@odalys-vacances.com • odalys-vacances.com • Compter 230-1 325 €/sem pour 4. Sur présentation de ce guide, 1 sauna pour 2 pers offert.* Piscine couverte et chauffée, sauna et salle de remise en forme. À 600 m de la plage et des commerces, des petites maisons en duplex disséminées dans un parc de 2 ha, où l'on aperçoit des chevreuils au petit matin. Aire de jeux et grands espaces sécurisés pour les enfants, salle de jeux, terrain multisports, boulodrome, salle de remise en forme... Vraiment une bonne adresse pour se ressourcer.

Saveurs et Marées : *52, bd de la Plage. ☎ 02-98-26-23-18. 06-67-71-74-79. • denis.nicole-lefebvre@orange.fr • Tlj avr-sept 12h-14h, 20h-22h ; fermé lun oct-mars. Congés : de mi-janv à mi-fév. Formule 16 € en sem ; menus 19,50 € (sf dim)-31 € ; carte. Kir offert sur présentation de ce guide.* Malgré l'emplacement très touristique, propose une cuisine sérieuse. Déco revisitée et grande véranda avec vue sur la mer. Les produits sont tous locaux (petits pêcheurs côtiers, agriculteurs locaux). Jetez d'abord un coup d'œil à l'ardoise. Poisson, assiettes et plateaux de fruits de mer à la fraîcheur assurée !

À faire

➢ ***Le sentier côtier du cap de la Chèvre :*** petit sentier escarpé et sauvage qui longe les falaises plongeant dans l'océan. Joyeux exercice pour les amateurs de sensations vertigineuses. Il démarre des falaises de la pointe de Morgat, à l'entrée du port. Compter 6 km jusqu'à l'île Vierge (superbe balade !), 12 km jusqu'au cap de la Chèvre en passant par la pointe de Saint-Hernot. Dolmen sur la gauche avant le carrefour de Kerroux. Les plus courageux pourront poursuivre jusqu'à la pointe de Dinan en dominant de belles plages.

Fête et manifestations

- ***Les Mardis de Morgat :*** *juil-août. GRATUIT.* Concerts sur le port. Navettes gratuites.
- ***Fête du Thon :*** *14 juil et 15 août.* Dégustation.

LE CAP DE LA CHÈVRE

Carte Finistère Sud, A-B1

Un paysage rude et sauvage. Allez à la rencontre de ces landes jalonnées de petits hameaux aux très jolies maisons traditionnelles, notamment à Ménesguen et Rostudel, le dernier hameau avant le sémaphore. Les falaises atteignent parfois 100 m de haut. Petit chemin sur la droite, 500 m avant le phare, menant au point de vue. Hors saison, ou si vous y êtes un beau matin de très bonne heure, c'est tout simplement magique...

Où dormir ? Où manger dans le coin ?

Gîte d'étape de Saint-Hernot : *29160* ***Saint-Hernot.*** *☎ 02-98-27-15-00. 06-81-83-54-26. • lhermine.saint-hernot29@orange.fr • Sur la route du cap de la Chèvre, face à la chapelle. Resto fermé mar-mer sept-Pâques. Congés : de 15 j. en oct, et début mars. Env 18 €/pers en gîte ; double 47 €. ½ pens 43 €/pers en gîte. Compter 20-25 € à la carte.* Environnement, bien sûr, génial. 2 dortoirs de 9 et 6 lits pour les randonneurs et 6 chambres d'hôtes, simples, avec douche commune. La terrasse donne sur la chapelle Saint-Hernot.

À voir. À faire

La maison des Minéraux : *29160* ***Saint-Hernot.*** *☎ 02-98-27-19-73. • contact@maison-des-mineraux.org • Sur la route du cap de la Chèvre, à 4 km de Morgat. Juil-août, tlj 10h-19h ; en hors saison, lun-ven 10h-12h, 14h-17h, plus dim et j. fériés 14h-17h. Fermé dim et j. fériés de déc à mi-fév. Ateliers pour les enfants. Entrée : env 4,80 € ; réduc ; tarif réduit accordé sur présentation de ce guide (3,50 €).* Superbe collection de pierres de Bretagne et du monde entier, dont une salle de minéraux fluorescents. Présentation des paysages du Finistère. Organise également, en été, de passionnantes randonnées-découvertes dans le coin, pour découvrir et comprendre les superbes paysages de la presqu'île de Crozon. Expos temporaires liées, bien entendu, à la géologie.

Les plages : la ***plage de la Palue*** (orientée plein ouest, 2 km de long) est une des plus belles du département. ***Interdite à la baignade,*** car très dangereuse (vagues et baïnes...), mais super spot pour le surf et le funboard. Dans son prolongement, on trouve la ***plage de Lostmarc'h*** où naturistes et « textiles » cohabitent (***baignade dangereuse, donc interdite*** là encore).

LA POINTE DE DINAN

Carte Finistère Sud, A1

Appelée aussi le *château de Dinan,* du fait de son aspect massif et ruiné. Le site n'a rien à envier à celui du cap de la Chèvre. Promontoire livrant de superbes échappées sur roches et falaises déchiquetées. Petite plage de galets dans une crique au pied de l'observatoire. Chaos rocheux dans la mer. Au fond, on aperçoit l'immense plage de sable de l'anse de Dinan et les *Tas de Pois* de la pointe de Pen-Hir.

Où camper dans le coin ?

Camping de la plage de Goulien : *à* ***Kernaveno.*** *☎ et fax : 02-98-26-23-16. 06-08-43-49-32. • camping.delaplage.degoulien@presquile-crozon.com • camping-crozon-laplagedegoulien.com • À 5,5 km à l'ouest de Crozon par la D 308 et à 100 m de la jolie plage de Goulien (of course !). Ouv 1er juin-15 sept (à partir des vac de Pâques pour les loc). Forfait tente en hte saison 20,80 €. Loc de mobile homes 330-695 €/sem. CB refusées. 126 empl.* Un camping sympa, avec toutes les commodités de la mer à proximité. Pas mal de choix, certains coins très ombragés et bucoliques. Petite épicerie, pain frais, glace, pizzas...

CAMARET-SUR-MER [kameled]

(29570) 2 660 hab. *Carte Finistère Sud, A1*

Cet ancien port langoustier s'est reconverti dans le tourisme et la plaisance. Avec raison, car c'est un port agréable dans une anse splendide où les derniers bateaux de pêche agonisent avec une pittoresque dignité. Beaucoup de monde en juillet et août.

UN ESSAI QUI TOMBE À L'EAU

C'est à Camaret que l'ingénieur américain Fulton expérimenta en 1801 son sous-marin de poche destiné à poser des bombes sur les flancs des navires anglais. Bonaparte n'y crut pas, et Fulton repartit aux États-Unis.

Adresse et infos utiles

Office de tourisme : *15, quai Kléber, BP 16. ☎ 02-98-27-93-60. • ot.camaret@wanadoo.fr • camaretsurmer-tourisme.fr • tourisme-presquiledecrozon.fr • ♿ Sur le port. Juil-août, lun-sam 9h15-12h30, 14h-19h, dim et j. fériés 10h-12h ; le reste de l'année, lun-sam jusqu'à 18h.*

– **Petit marché :** *pl. Charles-de-Gaulle. Tte l'année le 3e mar du mois. En juil-août, ts les mar 9h-12h30 pl. de la Mairie et pl. Saint-Thomas. Marché juil-août mar mat, pl de la Mairie.*

Bateau pour Ouessant et Molène : par vedettes rapides. *Rens : ☎ 0825-135-235 ou ☎ 02-98-80-80-80.*

Où dormir ? Où manger ?

Camping

Camping municipal du Lannic : *rue Grouannoc'h. ☎ 02-98-27-91-31. • camping.municipal.camaret@orange.fr • camaretsurmer.com • ♿ Sur les hauteurs de Camaret, à 800 m de la plage. Ouv tte l'année ; en continu juil-août 8h30-21h. Forfait tente 12,60 €. Loc de mobile homes 210-570 €/sem, dont 1 avec 3 chambres et 1 accessible aux personnes à mobilité réduite. Caravane 106,90 €/sem. Possibilité de 2-3 nuitées. 300 empl.* Confort minimum, terrain vaste mais très bien tenu et pas cher (site internet fort bien fait). TV dans tous les mobile homes, chauffage dans toutes les pièces, 2 lave-linge et 1 sèche-linge.

De bon marché à prix moyens

Auberge de jeunesse Léo Lagrange : *2, rue du Stade. ☎ 02-98-27-90-49. • info@club-leo-camaret.fr • club-leo-camaret.fr • Ouv de mi-mars à fin oct. Résa conseillée 15 juil-15 août. Nuitée 22,60 €/pers, draps et petit déj compris. ½ pens 34,60 €/pers.* Tout à la fois proche de la plage de Pen Hat et du centre. Atmosphère sportive et sympa. Chambres de 2 à 4 personnes avec salle de bains. Beaucoup d'activités nautiques : plongée tous niveaux (baptême et exploration), stages de voile, planche et surf... Bon accueil.

Hôtel Vauban : *4, quai du Styvel. ☎ 02-98-27-91-36. • contact@hotelvauban-camaret.fr • hotelvauban-camaret.fr • Congés : 19 déc-18 janv. Doubles 55-75 € selon confort et vue.* Un petit hôtel fort bien tenu, sur les quais. Certaines chambres offrent une jolie vue sur le port et la tour Vauban, et donnent à l'arrière sur un jardin.

Le Styvel : *2, quai du Styvel. ☎ 02-98-27-92-74. • hotelstyvel@wanadoo.fr • hotel-du-styvel.com • Face au port et à la chapelle de Rocamadour.*

Doubles avec douche 40-68 € selon confort et saison. Menus 15,50-22 €, puis 29-48 €. Parking gratuit. Dans la même famille depuis 3 générations. Les 13 chambres sont petites mais assez confortables. Préférez celles qui donnent sur le port. Le point fort, c'est évidemment le prix des chambres.

De prix moyens à chic

Hôtel de France : *19, quai Toudouze. ☎ 02-98-27-93-06. • hotel-france-camaret@wanadoo.fr • hotel-france-camaret.com • Sur le port. Hôtel tte l'année ; resto fermé 2 nov-8 avr. Doubles 68-140 € ; familiales 135-150 € selon confort et saison ; petit déj-buffet 11 €. Formules déj en sem 16-25 € ; menus 39-69 €. Apéritif offert sur présentation de ce guide.* Hôtel classique de 20 chambres de bon confort. Salle de resto design joliment éclairée, sur 2 étages (le 1er offre un beau panorama). La petite terrasse donne également sur le port. Bonne cuisine du terroir, fruits de mer.

Les Frères de la Côte : *11, quai Toudouze. ☎ 02-98-27-95-42. Ouv 16 fév-1er nov : tlj sf dim-lun midi en juil-août ; sinon, fermé lun-mar et dim soir. Congés : 5 j. en juin. Formule déj en sem env 15,90 € sf juil-août, menu 29 € ; plats 18-25 €.* Dans leur cuisine, ces frères savent associer la richesse des côtes bretonnes aux parfums des épices découvertes dans les Caraïbes. Spécialité de *ceviche* de thon et de risotto de poisson au parmesan. Un véritable voyage gastronomique dans cet établissement dédié au poisson et aux épices.

Où dormir ? Où manger dans les environs ?

Camping Le Grand Large : *à* **Lambezen.** *☎ 02-98-27-91-41. 06-63-30-96-74. • contact@campinglegrandlarge.com • campinglegrandlarge.com • À 3,5 km à l'est de Camaret, du côté de la pointe Sainte-Barbe. Ouv 1er avr-30 sept. Forfait tente 14,70-23,70 €. Loc de chalets et de résidences (ces dernières sont particulièrement confortables) 210-750 €/sem pour 2-6 pers. (payant). 131 empl.* *Le Grand Large,* c'est le grand luxe. Accès direct à la plage (à 450 m). Vue magnifique. Tous services, épicerie, bar, snack. Aire de jeux, tennis. Piscine avec toboggan et cours de natation en juillet-août.

Chambres d'hôtes Trouz Ar Mor : **Kerloc'h.** *☎ 02-98-27-83-57. • trouzarmor@yahoo.com • trouzarmor.com • À 3 km env de Camaret. Prendre la direction de Crozon (fléché sur la droite). Fermé mer. Doubles 78-84 € selon confort. Table d'hôtes 25 € le soir sur résa (végétarien sur demande). Remise de 20 % sur les soins corporels et cours de yoga, sur présentation de ce guide.* Dans sa maison neuve face à la mer (véranda panoramique), Frédéric propose 5 chambres et 4 salles de bains (2 chambres, les moins chères, se partagent la même, intéressant pour familles). Déco colorée tendance asiatique. Généreux petit déj (en partie bio). Très branché philosophies indienne et tibétaine, Frédéric a tout prévu pour vous rendre le séjour très agréable : massages thalassothérapeutiques, cours de yoga, sauna, réflexologie, gommage aux algues, etc. (moyennant supplément, bien entendu).

Ti Son : **Keranguyader,** *à 2 km sur la route de Crozon. ☎ 02-98-81-54-23. • resto.letison@gmail.com • Tlj sf sam et dim midi. Menu ouvrier 12,50 €. Carte 23-30 €.* Sympathique auberge de bord de route. L'aspect anonyme de la façade ne laisse pas deviner l'intérieur vivant et coloré, l'accueil chaleureux, et, surtout, l'incroyable menu de la maison ! Pour 12,50 €, buffet de près de 30 hors-d'œuvre, plat du jour, dessert, ¼ de rouge et café ! Cuisine familiale, produits frais, portions ultra-généreuses. Frites maison craquantes et moules en saison. Assez fréquenté le midi par les locaux, travailleurs itinérants et vous, tout étonné de cette fusion harmonieuse entre convivialité, qualité du repas, gentillesse de l'accueil... Terrasse protégée derrière sur jardin. Et en hiver, le feu crépite dans l'âtre...

Où boire un verre ?

Rhumerie La Goel : *36, quai Toudouze. ☎ 02-98-27-92-37. Tlj en saison, à partir de 17h.* Le bar plein de chaleur et de vie à Camaret pour s'enivrer, à l'heure de l'apéro ou en soirée, d'une atmosphère conviviale et bon enfant. Terrasse.

Où acheter de bons produits ?

La boulangerie Hervé Yhuel : *5, quai Toudouze. ☎ 02-98-27-93-34. Tte l'année tlj sf jeu 15 sept-15 juin, 6h30-20h30 (19h30 en basse saison). Un autre magasin à Crozon, rue de la Gare.* Excellent kouign-amann, à savourer sur place ou à emporter.

À voir

La tour Vauban : *à l'extrémité du sillon, digue naturelle qui ferme l'entrée de la rade de Camaret. ☎ 02-98-27-94-22.* ***La tour est en cours de restauration.*** Immanquable : elle est recouverte d'un crépi rouge pétant ! En 2008, le comité du Patrimoine mondial a inscrit les fortifications de Vauban sur la liste du Patrimoine mondial de l'Unesco. 12 sites sont reconnus ainsi, parmi lesquels la tour Dorée de Camaret-sur-Mer. Tour fortifiée construite par Vauban, à laquelle l'histoire attribue un rôle crucial dans la victoire des Bretons sur la flotte anglo-hollandaise en 1694.

La chapelle Notre-Dame-de-Rocamadour : *sur le sillon. Tlj 9h-19h.* Édifiée au XVIe s. Elle devrait son drôle de nom aux voyageurs venus de Scandinavie qui débarquaient à Camaret avant de prendre la route jusqu'au célèbre pèlerinage du Quercy. À l'intérieur, charpente de lambris peints à laquelle pendent des bateaux ex-voto.

La Maison du patrimoine maritime : *15, quai Kléber. ☎ 02-98-27-82-60. Jouxte l'office de tourisme. Visite sur résa slt. GRATUIT.* Située dans une ancienne conserverie, elle invite à revivre le quotidien des pêcheurs camarétois.

Fête et manifestation

- **Festival des Lundis musicaux :** *fin juin-fin août. Rens : ☎ 02-98-27-90-49, • lundis-musicaux.com • ou à l'office de tourisme.*
- **Bénédiction de la mer :** *1er dim de sept.*

LA POINTE DE PEN-HIR

Carte Finistère Sud, A1

La plus touristique des pointes de la presqu'île. Il faut reconnaître que le site est somptueux. Des falaises déchiquetées qui plongent dans des flots souvent tumultueux. Un panorama forcément sublime jusqu'aux îles d'Ouessant et de Molène par beau temps. Une gigantesque croix de Lorraine de béton, dédiée aux Bretons de la France libre. Et, battus par les flots, les fameux rochers des *Tas de Pois* qui, chacun, portent un petit nom : *Pen Glas* (la « Tête verte »), *Ar Forc'h* (la « Fourche »), *Bern Id* (le « Tas de céréales »). Évidemment, il vaut mieux choisir son jour et son heure pour y venir.

LA POINTE DES ESPAGNOLS ET ROSCANVEL

[Roskanvel] (29570) *Carte Finistère Sud, B1*

Sur la côte est de la presqu'île de Crozon. Plus sauvage et moins fréquentée que la côte ouest. Depuis longtemps fortifiée (par Vauban) du fait de sa position stratégique à l'entrée de la rade de Brest, cette côte abrite quelques zones militaires « sensibles » : centre d'entraînement des services secrets, base de sous-marins nucléaires à l'Île-Longue.

Où dormir ?

Maison d'hôtes Les Capucins : *hameau de* ***Keravrès,*** *à 2 km de Roscanvel (en marge de la D355). ☎ 02-98-26-26-09. 06-98-36-35-50. • gitedescapucins@yahoo.fr • gite-presquile-crozon.fr • Quitter la D 355 sur la droite peu après avoir dépassé l'îlot des Capucins. Doubles 55-75 € selon saison ; familiale 120-200 € ; petit déj inclus. Capacité de 14-19 pers. Remise de 5 % sur le prix de la chambre (hors petit déj et linge) sur présentation de ce guide.* Au cœur de cette péninsule qui offre de multiples possibilités de randonnée, un gîte récent de 5 chambres pour 2 à 6 personnes et une suite familiale, plutôt mignonnes, avec douche et w-c privés. Certaines sont joliment mansardées. Coin cuisine en gestion libre et salon avec cheminée. Possibilité aussi de louer le gîte en entier. Une adresse idéale pour les randonneurs.

À voir

La pointe des Espagnols : *accessible en voiture depuis Roscanvel (4 km) ou Camaret-sur-Mer (11 km). Superbe panorama (n'oubliez pas vos jumelles !) sur le port de Brest et le phare du Minou, situés sur la rive opposée. Parking gratuit.* Au nord de la presqu'île de Roscanvel, la pointe des Espagnols domine le goulet de Brest, ce chenal long de 3 km et large de 1,5 km qui ferme la rade de Brest. Elle a été fortifiée par Vauban au XVIIe s.

LE FRET

(29160) 7 880 hab. *Carte Finistère Sud, B1*

À 5 km au nord de Crozon, un ancien petit port de pêche spécialisé jadis dans la coquille Saint-Jacques et encore bien authentique.

Où dormir ? Où manger ?

Camping Gwel Kaër : *port du Fret. ☎ 02-98-27-61-06. • camping-gwel-kaer.com • Ouv avr-sept. Forfait tente 17,70 €, bungalows et mobile homes 295-595 € selon taille et saison.* Gwel Kaër veut dire « belle vue », et c'est vrai qu'on est gâté ! Camping longeant opportunément la plage et ombragé par de grands pins. Emplacements séparés par des haies et excellentes installations.

Hostellerie de la Mer : *11, quai du Fret. ☎ 02-98-27-61-90. • hostellerie.de.la.mer@wanadoo.fr •*

hostelleriedelamer.com • Sur le port. De mi-nov à mars, resto fermé lun, sam midi et dim soir. Congés : janv. Chambres 58-95 € selon confort et saison. Formules déj en sem 19-22 € ; menus 29-76 € ; à la carte, env 60 €. Café offert sur présentation de ce guide. Hôtellerie cossue et chambres à la déco assez conventionnelle ; certaines donnent sur la mer. Resto dans un décor traditionnel breton. Jusque-là, l'hôtellerie classique par excellence et bien tenue. Belle surprise, en revanche, côté restauration, avec un chef qui propose une cuisine raffinée et moderne, à base de produits du terroir et de la mer. Spécialité de blanquette de lotte et saucisse de Molène.

À faire

➢ ***Croisière commentée jusqu'à Brest :*** *avec la société maritime* ***Azenor*** *depuis Brest (résas au ☎ 07-78-37-03-23 ; horaires au ☎ 02-98-41-46-23 et sur • lebrestoa.com • ou • azenor.fr •). Départs à 8h45 (tlj juil-août) ; à 10h10 sf lun (tlj juil-août) ; à 16h30 mer et dim ; à 18h05 sf lun (tlj juil-août). Compter env 16 € l'A/R ; réduc. Pour Océanopolis, 33 € l'AR ; réduc. Durée : 30-40 mn.*

LANDÉVENNEC [Landevenneg]

(29560) 380 hab. *Carte Finistère Sud, B1*

Adorable petit village, posé sur un éperon rocheux face à l'embouchure de l'Aulne, tout au bout de la rade de Brest. Une seule et unique rue, qui s'allonge entre l'ancienne abbaye et l'église du XVIIe s avec son romantique cimetière marin. Et pour parfaire l'aspect « petit paradis » du coin, une végétation quasi méditerranéenne : palmiers et figuiers, mimosas et camélias poussent ici grâce à un microclimat exceptionnel. Atmosphère paisible, propice à la méditation. Pas vraiment un hasard, donc, si le site a séduit les bénédictins.

Où dormir ? Où manger ?

De bon marché à prix moyens

■ ***Gîte d'étape :*** *☎ 02-98-27-72-65 (mairie). • mairie.landevennec@wanadoo.fr • Tte l'année. Compter 15 €/pers (draps à prévoir).* Dans une maison de bois et d'ardoise derrière la mairie, dans un environnement verdoyant. En bord de mer. Environ 17 couchages. 5 chambres. Cuisine équipée et réfectoire. La mairie gère aussi un petit camping municipal au bord de l'Aulne, pas franchement ombragé. Et même, à mi-chemin entre gîte et camping, un terrain de tennis *(payant)*.

■ ***Chambres d'hôtes Saint-Patrick :*** *16, rue Saint-Guénolé. ☎ 02-98-27-70-83. • lesaint.patrick@wanadoo.fr • le-saint-patrick.fr • Juste avt l'église. Ouv début avr-fin sept. Resto ouv slt en juil-août, sur résa le soir. Chambres avec lavabo 56-58 € (douche et w-c communs), triple 68 €. Repas à la carte 12-18 €. Apéritif offert sur présentation de ce guide.* Un vieux bistrot, intact, avec ses chaises en bois qui raclent le carrelage et son comptoir de poche derrière lequel se serre un cortège de vieux whiskies irlandais, et on peut y goûter sans attendre la Saint-Patrick ! Les chambres sont celles d'une maison de famille : mignonnes comme tout avec leur cheminée en marbre et leurs bibelots posés ici ou là. Les fenêtres de certaines s'ouvrent sur la rade de Brest.

IOI ***Crêperie Goustadig :*** *11, rue de l'Abbaye. 06-15-71-10-20. • danielle.quere@wanadoo.fr • Tlj sf mar soir et sam midi (hors saison, ts les soirs), 10h30-21h30. Congés : de la fin des vac de la Toussaint à mi-fév. À la carte, env 15 €.* Près de l'ancienne abbaye. Bonnes crêpes, à base de produits du jardin et du potager ! Sorbets de saison également. Côté déco, quelques tables dépareillées en bois, guirlandes de coquillages aux fenêtres. Une adresse très sympa pour une petite pause en douceur.

À voir

Le musée de l'Ancienne-Abbaye : *☎ 02-98-27-35-90. • www.musee-abbaye-landevennec.fr • (musée). Juin-sept, tlj 10h30-19h ; avr, tlj sf sam ; mai, tlj sf 1er mai, 10h30-18h ; mars et oct, tlj sf sam, 14h-17h. Fermé 2 nov-fév. Entrée : 6 € ; réduc.* Ce musée moderne présente l'histoire de l'abbaye, ainsi que les objets découverts au cours des fouilles d'un site extrêmement riche : sarcophage en chêne du IXe s, dallage du Xe s réutilisant des éléments gallo-romains, poteries. Jardin de simples et potager.

L'ancienne abbaye bénédictine : *fait partie du musée.* Il en reste de hauts murs qui, dominant les bords de l'Aulne, offrent l'un des plus beaux panoramas de la région. De l'église subsistent les bases des piliers et l'abside, voisine des vestiges du monastère : cloître carolingien, salle du chapitre et réfectoire. Fondé au Ve s par saint Guénolé *(Gwennolé)*, c'est le plus ancien et le plus célèbre des sanctuaires bretons. Cette abbaye, qui se réclamait de la tradition celtique, a joué un rôle considérable à l'époque dans la propagation du christianisme. En 818, elle adopte la règle de saint Benoît, puis elle est entièrement reconstruite. Son scriptorium connaît une activité intense, interrompue en 913 par l'arrivée des Vikings. Après bien des vicissitudes (attaques des Anglais, des Ligueurs...), la Révolution française a précipité la chute définitive de Landévennec. Derniers moines dispersés, bâtiments vendus aux enchères et servant ensuite de carrière de pierre. Un noble fortuné a racheté le site à la fin du XIXe s et a consacré sa fortune à relever les ruines.

La nouvelle abbaye : *à proximité du musée de l'Ancienne-Abbaye. ☎ 02-98-27-73-34.* Inaugurée en 1958, la nouvelle abbaye abrite une communauté d'une vingtaine de moines bénédictins. L'église abbatiale se visite. Vente de produits monastiques (dont les pâtes de fruits fabriquées par les moines) et bretons. Librairie.

Le cimetière de bateaux : à pied, un petit chemin oblique sur la droite à l'entrée du domaine de la nouvelle abbaye y descend à travers bois. En voiture, poursuivre au-delà de la nouvelle abbaye. La route, bordée par la forêt communale de Landévennec, longe l'estuaire de l'Aulne. À quelques kilomètres, un belvédère offre un panorama remarquable sur l'île de Térénez, les boucles de l'Aulne et ce cimetière de bateaux. Des vétérans, réformés, de la Royale, dont les coques de métal rouillent doucement dans l'eau de la rivière.

ROSNOËN ET LE FAOU [AR FAOU]

(29580) 1 650 hab. *Carte Finistère Sud, B1*

Si l'on vient de Landévennec, après avoir passé le pont suspendu de Térénez (premier pont courbe à haubans en France), on s'offre une magnifique arrivée dans le fjord de l'Aulne. Belle route en corniche. Tout au fond, voilà Le Faou (prononcer « Le Fou »), ancienne ville portuaire et « Petite Cité de caractère », dont rue et place principales présentent un alignement de maisons

médiévales classées, mais la perspective est gâchée par les nouvelles constructions en béton. Presque trop tranquille hors saison, Le Faou, ville charnière entre le nord et le sud du Finistère et porte d'entrée de la presqu'île de Crozon, devient plus touristique en été.

Adresses utiles

Office de tourisme de l'Aulne maritime : *39, rue du Général-de-Gaulle,* **Le Faou.** *☎ 02-98-81-06-85. • tourisme@cc-aulne-maritime.fr • Vac de Pâques, lun-sam mat 10h-13h, 14h-17h ; de mi-juin à mi-sept, lun-ven 10h-19h, sam-dim 10h-14h. Horaires restreints hors saison.*

Maison du parc naturel régional d'Armorique : *15, pl. aux Foires, BP 27, 29590* **Le Faou.** *☎ 02-98-81-90-08. • pnr-armorique.fr •* Voir plus haut « Adresse utile » au début du chapitre « Le Porzay et la presqu'île de Crozon ».

Où dormir ? Où manger ?

Bon marché

Gîte de groupe Ty Bihan et Reskibilou : *Kervezennec,* **Rosnoën.** *☎ 02-98-23-06-35. 06-14-04-93-07. • martineleguirriecmorvan@orange.fr • gite-rando-bretagne.fr • Accès fléché depuis la D 791. Sem 900-1 300 €. CB refusées. (câble).* Jolie petite maison du XVIIe s dans un hameau pas loin de la route, et un autre gîte, le *Reskibilou,* en écohabitat. La déco est sympathique. Trois gîtes indépendants (18 places). Coin cuisine, salle à manger et salon. On peut acheter à la famille Le Guirriec volailles, légumes, œufs, lait, cidre, etc.

Crêperie La Frégate : *50, rue du Général-de-Gaulle,* **Le Faou.** *☎ 02-98-81-09-09. • lafregate3@wanadoo.fr • Fermé lun-mer hors saison, slt mer en juil-août. À la carte, 12-15 €.* Dans une belle bâtisse médiévale à double encorbellement classée, mariant la pierre et l'ardoise et donnant sur le centre du village. Ravissant cadre intérieur. Ici officie Christophe Beuriot, qui accumule les reconnaissances officielles (2 fois le titre de meilleur crêpier du Finistère). Ses crêpes ont été distinguées tant pour leur originalité (et jolie présentation) que pour la qualité des produits utilisés, en grande majorité locaux ou bio. Goûter absolument la crêpe Saint-Jacques et son tartare d'algues.

Ferme apicole de Térénez : *☎ 02-98-81-06-90. • stephane.brindeau@nordnet.fr • ferme-apicole-de-terenez.com • Sur la D 791 entre Le Faou et le pont de Térénez (bien indiqué). Doubles env 42-50 €, familiales 3-4 pers 55-60 €, petit déj inclus.* 6 chambres confortables et agréables, qui peuvent accueillir 2 à 4 personnes. Cadre superbe, vue sur le cimetière de bateaux de Landévennec, et bon accueil. Stéphane Brindeau est apiculteur et transforme avec bonheur ses produits : pain d'épice, palets et thé au miel, bonbons, nougat, bougies, cire pour meubles, jusqu'au dentifrice ! Passionné, il a même ouvert un écomusée de l'Abeille *(tlj 9h-20h).* Les visites sont gratuites et très intéressantes.

Prix moyens

Ferme-auberge du Seillou : *route de Térénez,* **Rosnoën.** *☎ 02-98-81-92-21. • fermeaubergeduseillou@wanadoo.fr • fermeaubergeduseillou.com • Sur la D 791, à 4 km du Faou. Resto fermé lun hors saison ; résa recommandée. Congés : oct. Double avec douche ou sdb 52 €.* Kig ha farz *17 €, menus 17-21 €.* Dans une belle ferme en pierre au milieu d'une vaste prairie, 5 chambres d'hôtes claires et pimpantes. Grande salle à manger. À table, viandes de la ferme (bœuf, poulet, porc), et *kig ha farz* certains soirs (en principe, les mardi, jeudi et samedi). Vente directe de porc, veau et bœuf (mais par 10 kg !) et de poulet (pesant jusqu'à 3 kg !). Plusieurs circuits pédestres tout à côté.

Viviers de Térénez : *à 6 km du Faou, sur la D 791. ☎ 02-98-81-90-68.*

• pascal.brisset.0328@orange.fr • ♿ Resto ouv en saison slt, tlj 10h-21h juil-août (19h en basse saison). Résa conseillée. Env 30 € à la carte. Café offert sur présentation de ce guide. Vente de crustacés au détail ou dégustation en terrasse au bord de la grève, avec vue sur l'abbaye de Landévennec. C'est bon, c'est frais... avec une superbe vue sur la rade de Brest.

À voir

L'église Saint-Sauveur : du XVIe s. Près de la rivière, elle compose, avec la petite ville du Faou, un charmant tableau. Petite, mais son clocher à dôme et lanternon est remarquable. Tout comme son porche gothique et ses fonts baptismaux.

L'église Notre-Dame-de-Tout-Remède de Rumengol *(ou la Vieille renommée)* **:** *à* ***Rumengol.*** *À 3 km au nord-est du Faou par la D 42.* Remarquable édifice du XVIe s. Tour de 1536 (plaque fondatrice en gothique fleurdelisé à la base). Sous la voûte, Annonciation polychrome et douze apôtres sous baldaquin. À l'intérieur, le must, ce sont les deux retables monumentaux occupant tout le transept. Festival de pampres et grappes dorées, anges et chérubins. À gauche du chœur, Vierge du XVe s, cible du pèlerinage local. À droite, curieux groupe de la Trinité avec un Christ malingre et l'Esprit-Saint perché sur la couronne. Tribune d'orgue du XVIIe s sur colonne de bois sculpté. C'est vraiment la débauche d'or !

– **Deux Grands pardons diocésains :** *fin mai-début juin pour la fête de la Sainte-Trinité et le 15 août pour l'Assomption.*

CHÂTEAULIN [kastellin] ET PORT-LAUNAY [meilh-ar-wern]

(29150) 5 800 et 510 hab. *Carte Finistère Sud, B-C1*

Ville-carrefour assise dans une boucle de l'Aulne, le long de laquelle est disputée, chaque année (fin mai-début juin), une célèbre course cycliste internationale. Ancien port, *Châteaulin* en conserve la physionomie avec ses deux grands quais bordés d'arbres.
Posé à 2 km au nord-est, dans un autre méandre de l'Aulne, *Port-Launay* compose, quant à lui, l'un des plus jolis paysages du coin. Maisons basses épousant la courbe du cours d'eau, sur fond de douce colline verdoyante. Ici accostaient autrefois de lourds bateaux, aujourd'hui remplacés par quelques plaisanciers britanniques.

Adresses utiles

Office de tourisme : *quai Amiral-Cosmao, à* ***Châteaulin.*** *☎ 02-98-86-02-11. • info@tourisme-porzay.com • Juil-août, lun-sam 10h-12h30, 14h-18h30, et dim 10h-12h30 ; de mi-avr à fin juin et sept, mar-sam.*

Où camper dans le coin ?

Camping Ty Provost : *29150* ***Dinéault.*** *☎ 02-98-86-29-23. • contact@typrovost.com • typrovost.com • ♿ À 3 km de la gare de Châteaulin, sur la route de Dinéault. Ouv 1er juin-15 sept (loc tte l'année). Forfait tente en hte saison 18,80 €. Chalets et mobile homes 1 à 5 pers*

297-498 €/sem. 44 empl. Réduc de 10 % sur les emplacements (hors juil-août) et de 5 % sur le locatif sur présentation de ce guide. Plébiscité par nos lecteurs pour la vue imprenable sur la vallée de l'Aulne et l'accueil très chaleureux. Une adresse sympathique. Salle de jeux et bar dans l'ancien corps de ferme. Arrêt du bus des plages tous les jours.

Camping Rodaven : *rocade de Parc-Bihan. ☎ 02-98-86-32-93. 06-83-01-52-67. • contact@campingderodaven.fr • campingderodaven.fr • Centre-ville, direction piscine municipale. Ouv début mai-fin oct. Forfait tente en hte saison 14,30 €. Loc de caravanes (30 €/nuit), roulottes et mobile homes 4-6 pers 150-590 €/sem selon saison, cabanons 2 pers 28 €/nuit. 94 empl. Café offert sur présentation de ce guide.* Très confortable. Beaux sanitaires. Label « Saint-Pierre » (accueil de pêcheurs).

Camping La Pointe : *route de Saint-Coulitz, à* **Châteaulin.** *☎ 02-98-86-51-53. 07-80-01-51-48. • lapointecamping@gmail.com • lapointesuperbecamping.com • À l'entrée de Châteaulin. Ouv de mi-mars à mi-oct. Forfait tente 13,50-18,50 €, tentes toile et bois 2-4 pers avec cuisine, frigo, électricité 250-500 €/sem selon saison. 60 empl. Réduc de 10 % sur le prix en basse saison et de 5 % en hte saison sur présentation de ce guide.* Un beau camping avec des emplacements dans les bois et tous les services sur place. Julie et Marcus étant anglais, beaucoup de compatriotes se retrouvent ici. Excellent accueil. Une bonne occasion aussi de perfectionner vos connaissances de la langue de Shakespeare !

Où boire un verre ? Où écouter de la musique ?

Café-cabaret Run Ar Puns : *à 2 km, à la sortie de Châteaulin vers Pleyben. ☎ 02-98-86-27-95. • jakez@runarpuns.com • runarpuns.com • Indiqué par un panneau sur la droite de la route. Tlj sf dim-lun, à partir de 17h (16h mer). Congés : 3 sem début janv, 10 j. en août. Pas de concerts en été. Pour le programme, téléphoner ou visiter leur site. Le mer 16h-19h, marché bio (soupe offerte après le marché (de mi-sept à mi-juin).* Bar à concerts installé dans une ancienne ferme à deux pas de la ville mais déjà en pleine campagne. Long bâtiment de pierres sèches un tout petit peu difficile à trouver (il suffit de ne pas rater le panneau à droite de la route...), mais où l'on peut entrer se désaltérer ou se réchauffer tant qu'il y a de la lumière. Intérieur coloré et chaleureux. Bon choix de bières, où figurent en bonne place *Coreff* et *Tellen Du* ! Avec l'aide d'une association, le patron organise une trentaine de concerts entre septembre et juin, perpétuant la tradition bretonne qui veut que deux activités soient combinées en un seul lieu. Cet endroit a reçu le label du ministère de la Culture « Scène et musiques actuelles ». Attention, pas de concert en été, mais une belle terrasse. Coup de cœur !

À voir. À faire

L'église Notre-Dame : *sur les hauteurs de la ville de Châteaulin, rive gauche.* On découvre soudain, au détour d'un virage en épingle à cheveux, un adorable ensemble enfoui dans la verdure : de vieilles maisons qui escaladent doucement la pente, et cette ancienne chapelle (XVe et XVIe s) du château de Châteaulin. Porte gothique, clocher Renaissance à dôme et balustrade. Et un enclos miniature avec ossuaire et calvaire orné d'une représentation du Jugement dernier plutôt parlante.

➢ **Le chemin de halage :** le long du canal de Nantes à Brest. Idéal pour une balade à pied ou à vélo. Dans les maisons éclusières ont été installées des mini-expos permanentes et gratuites.

DANS LES ENVIRONS DE CHÂTEAULIN

Le groupe sculpté de Cast : *à env 7,5 km au sud de Châteaulin par la D 107, vers Plonévez-Porzay.* Si l'église, avec son vieux porche et son calvaire, est intéressante, c'est avant tout le superbe groupe sculpté devant, dit *Chasse de saint Hubert,* qui retient l'attention. Quasiment unique en Bretagne. Extrême finesse d'exécution. Vêtements d'époque (vers 1525). Saint Hubert est à genoux, entouré de ses bassets, devant un cerf portant, comme le veut la tradition, un christ en croix dans ses cors.

Le calvaire de Quilinen : *à 17 km au sud de Châteaulin par la D 770.* Pour les accros de beaux calvaires bretons, une étape indispensable sur la route de Quimper. L'un des rares à posséder un socle triangulaire. Édifié au XVIe s, le calvaire, avec ses personnages s'étageant harmonieusement, semble se projeter vers le ciel et nous y entraîner. Certains apôtres sont reconnaissables à leurs attributs (saint Pierre et sa grosse clé, par exemple). Le mauvais larron est littéralement cassé en deux sur la croix.

DES MONTAGNES NOIRES AUX PORTES DE LA CORNOUAILLE

• Carte *p. 137*

On suppose que le nom de « Montagnes Noires » vient des denses forêts qui les recouvraient autrefois. Pour ceux qui découvrent les monts d'Arrée (voir le *Routard Bretagne Nord*), c'en est un peu le prolongement naturel. Ces voisines moins hautes, d'aspect plus doux, traversées par la vallée de l'Aulne, témoignent tout autant d'une Bretagne profonde pleine de mystères, quasi intacte, peu touristique et où ne manquent pas non plus les « bonnes vibrations ». Ce fut aussi une terre de grande émigration. À la fin du XIXe s, plus de 5 000 Bretons (surtout des environs de Gourin) s'exilèrent en Amérique. Et la région, faute de réels débouchés économiques, peine à garder sa population.

Adresse utile

Pays touristique du Centre-Finistère : *13, rue de l'Église, 29190 Pleyben.* ☎ *02-98-26-60-25.* • *tourisme-centrefinistere.com* • *Tte l'année, lun-ven.* Édite un guide touristique, un dépliant VTT de randonnées, un calendrier des fêtes, des circuits « Patrimoine et Légendes », etc.

PLEYBEN [pleiben] (29190) 3 820 hab. *Carte Finistère Sud, C1*

Gros bourg qui aurait pu longtemps se contenter de gérer benoîtement son train-train quotidien, s'il ne possédait pas l'un des sept calvaires monumentaux de Bretagne, un pur chef-d'œuvre.

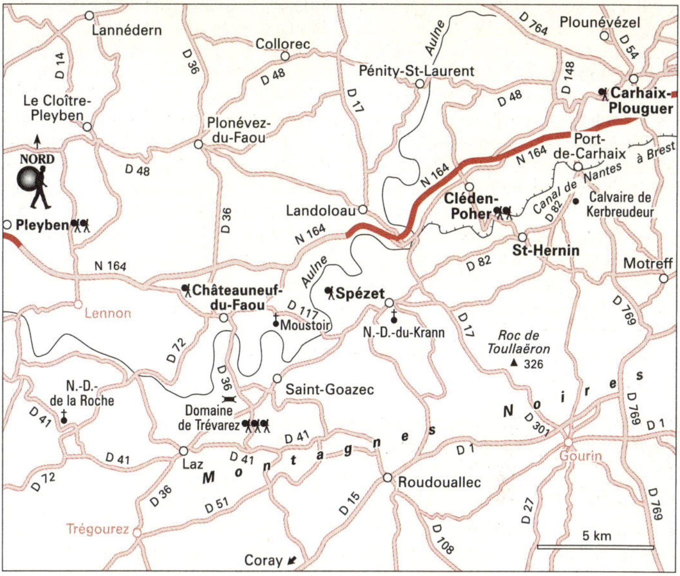

LES MONTAGNES NOIRES

Adresse utile

Office de tourisme : *pl. Charles-de-Gaulle ; sur le côté gauche de la mairie. ☎ 02-98-26-71-05. • tourismepleyben.fr • Avr-fin sept, tlj sf sam ap-m et dim, 9h15-12h30, 14h30-18h15.*

Où dormir ? Où manger dans le coin ?

Aire naturelle de camping : *à* **Pont-Coblant.** *☎ 02-98-26-68-11. • commune-de-pleyben@wanadoo.fr • Près du canal. Ouv de mi-juin à mi-sept. GRATUIT.* Site paisible et bucolique, près du canal. Bien ombragé et abondamment herbu. Sympathique étape pour une nuit, mais pas de douche, ni électricité. Seulement lavabo, eau froide et toilettes.

Auberge du Poisson Blanc : *rue des Ardoisiers, à* **Pont-Coblant.** *☎ 02-98-73-34-76. • auberge.poissonblanc@gmail.com • À 4,5 km de Pleyben, sur l'ancienne route de Quimper en direction de Briec. Resto ouv ts les midis, plus le soir ven-sam. Auberge fermée dim soir et lun soir en saison. Congés : vac d'avr et de nov. Double 56 €, triple 65 €, petit déj-buffet en sus. Formules déj en sem 12,50-15,90 €. Menu 26 € ; compter 25-30 € à la carte.* Au bord du canal de Nantes à Brest, cette auberge offre 5 chambres de confort correct et abrite également une bonne table. Plusieurs salles, dont une au bord de l'eau, pour déguster une cuisine copieuse et fine, avec des plats du terroir traditionnels et poissons évidemment ! Accueil pro et affable. Bar où l'on rencontre les locaux.

La Blanche Hermine : *1, pl. Charles-de-Gaulle. ☎ 02-98-26-61-29. • florence@la-blanche-hermine.com • Fermé lun en juil-août, mer hors saison. Congés : de mi-déc à fin fév. Plats env*

12-22 € ; compter 28 € à la carte. Chopinette de chouchen offerte à la fin du repas sur présentation de ce guide. Face au superbe calvaire, une taverne on ne peut plus bretonne, qui propose une sélection de spécialités du pays. Nombreuses distinctions culinaires. Salles agréables, tables bien séparées. Plats cuisinés au cidre (la fameuse choucroute bretonne), la *pothouarn Menez Du* (potée des Montagnes noires) et excellents desserts préparés par la patronne (dont la succulente poêlée de pommes sucrées au miel, flambée au lambig et sa glace vanille). Bon accueil et service efficace. Fait aussi bar *(ouv 9h-minuit),* proposant une quarantaine de bières bretonnes.

Crêperie de l'Enclos : *51, pl. Charles-de-Gaulle. ☎ 02-98-26-38-68. En saison, tlj 12h-14h et 19h-21h. En basse saison, le soir ven, sam et dim. Compter 15 €.* Réputé pour ses crêpes n'utilisant que de beaux produits et des fruits frais. Grand choix de fines saveurs, jolie présentation, la plupart d'entre elles offrant des associations originales comme la « sarrasin aux œufs battus truffés » et sa glace au foie gras. – Dans un autre registre, la ***pizzeria de l'Enclos*** à côté (mais rien à voir avec la crêperie), est plébiscitée pour ses croustillantes pizzas *(fermé lun soir, mar soir et mer ; formule déj 13,10 €).*

Où acheter de bons produits ?

Chocolaterie Chatillon : *46, pl. Charles-de-Gaulle. ☎ 02-98-26-63-77. • chatillon-chocolat.com • Visite gratuite de l'atelier lun-ven (juin-sept, 9h-12h, 14h-15h ; de mi-mars à avr, 9h30-11h30, 14h-15h).* Fabrication artisanale de chocolats fins, florentins, biscuits, etc.

À voir

L'enclos paroissial de Pleyben : *visites guidées du site par des bénévoles (juil-août, lun-ven 10h30-12h30, 14h30-18h30). Gratuit, mais contribution bienvenue.* On peut s'étonner que ***l'église Saint-Germain*** soit si imposante pour un village de proportions somme toute modestes. Le magnifique clocher Renaissance à lanternons est l'un des quatre plus beaux de Bretagne et a servi maintes fois de modèle. Façade peu ordinaire de style Cornouaille, à laquelle on a adjoint une flèche sur le côté, reliée par une galerie. Au chevet, curieuse et élégante abside à dômes superposés. À l'intérieur, un enchantement : maître-autel de 1667, retable du Rosaire de 1698, orgie de clefs pendantes, poutres décorées, superbes sablières sculptées polychromes (1571). Elles représentent, avec une inspiration et une imagination sans limite, des scènes de la vie quotidienne et paysanne, ésotérisme, figures grotesques, dans un joyeux mélange de sacré et de profane, avec l'*Ankou,* la mort, omniprésente. Plafond en forme de carène de navire renversée. Magnifique *vitrail de la Passion* (XVIe s), dont les couleurs ont conservé toute leur fraîcheur, et monumental buffet d'orgue de Thomas Dallam (1688-1692).

L'ossuaire : édifié en 1550. L'un des plus anciens de Bretagne. Sa façade présente une belle ornementation. Le croiriez-vous, l'ossuaire a servi de chapelle, mais aussi d'école et, au XIXe s, de... bureau de poste. Petit musée breton (visite libre).

Le calvaire : il daterait de 1555. Gênant la construction du clocher, il a été déplacé près d'un siècle plus tard et a reçu de nouvelles sculptures. Ce qui rend ce calvaire unique, c'est bien sûr son aspect arc de triomphe massif et majestueux. Bien entendu, que les sculptures soient perchées là-haut rend la lecture des différentes scènes de la vie de Jésus plus malaisée, mais rien n'arrête nos lecteurs avides de détails insolites et saisissants. Attardez-vous sur les costumes de nombreux personnages, véritable catalogue de la mode de l'époque, sur les expressions des visages (visez un peu le larron qui se contorsionne sur sa croix pour échapper à l'Enfer à ses pieds). Dans la *Cène,* réalisée en 1650, le style se révèle moins lyrique, moins tourmenté mais plus maîtrisé, plus sec aussi, que dans les scènes précédentes, etc. Bon, à vous maintenant !

CHÂTEAUNEUF-DU-FAOU (KASTELL-NEVEZ-AR-FAOU)

(29520) 3 730 hab. *Carte Finistère Sud, C1*

Gros bourg posé sur une verdoyante colline dominant un méandre de l'Aulne. Ne pas manquer son église au surprenant plafond bleu vif, la gracieuse chapelle Notre-Dame-des-Portes et l'insolite fontaine souterraine Saint-Jean-Baptiste (devant la boucherie *Colin*). Les berges de la rivière sont appréciées des pêcheurs. Démarche originale, un artiste local, L. Bianchi, a peint une quarantaine de fresques sur les murs de la ville.

FRIPES DIVINES

À Leuhan, lors du pardon, le curé vendait aux enchères les vêtements des défunts. Ayant atteint le royaume des cieux, les disparus favorisaient la guérison des malades. Cette tradition a disparu dans les années 1960.

FINISTÈRE SUD

Adresse utile

i ***Office de tourisme :*** *pl. Ar-Segal. ☎ 02-98-81-83-90. • chateauneuf-du-faou.com • Juil-août, lun-sam 10h-12h30, 14h-18h30, dim et j. fériés 10h30-12h30 ; avr-juin et sept, mar-sam ; oct-mars, horaires restreints.* Bonne petite doc sur le pays.

Où dormir ? Où manger ?

Le Relais de Cornouaille : *9, rue Paul-Sérusier. ☎ 02-98-81-75-36. • relaisdecornouaille@wanadoo.fr • Dans la rue principale. Resto fermé sam et dim soir. Congés : oct. Doubles 59-62 € selon confort ; familiales 72-82 €. ½ pens 55 €/pers (min 3 j.). Formule et menu 12-34 € en sem ; autres menus 24-41 € ; carte.* Bonne cuisine de tradition, qui ravit les VRP comme les cars du 3e âge.

DANS LES ENVIRONS DE CHÂTEAUNEUF-DU-FAOU

La chapelle du Moustoir : *à 3 km de la ville. Bien indiqué. On peut aussi s'y rendre à pied en suivant le chemin de halage, le long de l'Aulne.*
Bucolique petite balade. Édifiée au XVIe s et dédiée à saint Ruellin, évêque de Tréguier au VIe s. Venez donc admirer cette petite merveille : charpente de bois en berceau d'origine en grande partie. Remarquable statuaire : groupe de la Sainte Famille, saint Pierre et Saint-Louis en pierre polychrome du XVIe s, et cinq statues en bois du XVIIe s (dont une Vierge foulant Ève-serpent). Fonts baptismaux à dais. À l'extérieur, beau calvaire du XVe s. Sculpté d'un seul tenant du fût à l'extrémité supérieure (noter le diable sous la console du mauvais larron). Enclos abondamment fleuri : un vrai festival de couleurs et de senteurs ! Au début du XXe s, on y célébrait encore le pardon des chevaux.

Saint-Goazec : *à 6 km au sud-est de Châteauneuf par la D 36, puis la D 117.* C'est ici que l'Odet, l'un des principaux fleuves de Bretagne, prend sa source. Ne manquez pas de goûter l'eau de la source *Isabelle.* Croix dignes d'intérêt ; l'une dans le village, avec une Vierge à l'Enfant ; l'autre en direction de Laz. Elle offre une *pietà* aux traits rudimentaires mais ô combien émouvante ! Le corps du Christ semble étrangement tenir tout seul en l'air.

Le domaine de Trévarez : *sur la route de Laz, à* ***Saint-Goazec.*** *☎ 02-98-26-82-79. • domaine.trevarez@cdp29.fr • cdp29.fr • À 5,5 km au sud de Châteauneuf-du-Faou. 15 mars-juin et sept-5 nov, tlj 13h30-18h30 ; juil-août, tlj 10h-18h30 ; 24 nov-8 janv, tlj 14h-19h. Fermé janv-fév et 6-23 nov. Entrée (parc, château et expos) : 7 € ; réduc ; gratuit moins de 7 ans.*

Sur une superficie de 85 ha, le Domaine départemental de Trévarez propose aux amoureux des fleurs et des plantes un spectacle exceptionnel. Au fil des saisons, le parc labellisé « Jardin remarquable » offre une succession de scènes changeantes, à découvrir au gré des promenades. L'ordonnancement du jardin régulier occupant l'esplanade du château contraste avec l'aménagement à l'anglaise du reste du parc. Le jardin à l'italienne récemment reconstitué, les jardins contemporains créés il y a quelques années, l'environnement de la chapelle et de l'étang, les fontaines disséminées ici et là : Trévarez abonde d'endroits pittoresques pour flâner. En ces lieux, les fleurs apportent leur vie et leurs couleurs. À ce titre, la richesse du parc tient à la remarquable variété de ses collections de plantes de terre de bruyère. Les camélias en fleur de novembre à mars, les rhododendrons et les azalées (Collection nationale spécialisée) en avril et mai, les hortensias et les fuchsias de juillet à octobre se comptent par milliers à Trévarez.
Dans cet écrin de verdure, le château et ses anciennes écuries sont deux curiosités architecturales, nées de la volonté de James de Kerjégu. C'est entre 1893 et 1907 qu'il fait construire ce château de style néogothique, surnommé « le château rose ». Réquisitionné par la Kriegsmarine lors de la dernière guerre, l'édifice est bombardé par la Royal Air Force en 1944. Si la toiture a depuis été refaite, il n'est que partiellement ouvert au public. Les écuries sont, quant à elles, restaurées et réaménagées. Elles se distinguent par un vaste manège surmonté d'une belle verrière.
Tout au long de l'année, Trévarez propose diverses manifestations florales et expositions. Boutiques, « goûter breton », aire de jeux pour enfants agrémentent la visite de ce site labellisé « Patrimoine du XXe s ».

CLÉDEN-POHER [kledenn-poc'her]

(29270) 1 080 hab. *Carte Finistère Sud, C-D1*

Là encore, un modeste bourg rural qui offre un *enclos paroissial* parmi les plus harmonieux qui soient. Détour obligatoire si vous vous trouvez dans le coin. Environnement paisible et verdoyant. Charmante *église* avec un élégant clocher. Au chevet, la traditionnelle sacristie en forme de carène de navire renversée, qui a été rajoutée, comme tant d'autres, au XVIIIe s. L'*ossuaire* possède une fort belle porte gothico-Renaissance et, à l'angle du toit, un terrifiant *Ankou.* À l'intérieur, charpente d'origine avec figures grotesques sculptées sur les poutres. Pour finir, remarquable *calvaire.* Bien sûr, moins spectaculaire que ceux de Pleyben ou de Guimiliau, mais c'est le plus beau des petits calvaires, chef-d'œuvre d'équilibre et de symétrie. *Pietà* très sobre.

Manifestation

– ***Grand pardon de Notre-Dame de Cléden :*** *le 15 août.* La grand-messe et les vêpres se déroulent en plein air, près du calvaire. À la procession de l'après-midi, des centaines de personnes venant de toute la région suivent en chantant la statue de Notre-Dame de Cléden. Assez impressionnant.

CARHAIX-PLOUGUER [KARAEZ-PLOUGER]

(29270) 8 020 hab. *Carte Finistère Sud, D1*

Ville-carrefour depuis l'Antiquité (sept voies romaines s'y rejoignaient). La région fut également l'épicentre de la révolte dite « des Bonnets rouges ». Près de 30 000 paysans y formèrent une véritable armée pour s'insurger contre la fiscalité écrasante de Louis XIV. Pour clore le chapitre historique, Carhaix est également la patrie de La Tour d'Auvergne, spécialiste de la langue et de la grammaire bretonnes, mais surtout connu pour avoir été nommé Premier Grenadier de France par Bonaparte pour son courage et sa générosité. Il est fêté chaque année, le dernier samedi de juin.
Petit centre commerçant et animé, Carhaix fait aussi partie des cités bretonnes qui affirment le plus leur identité celtique. Et la région est désormais devenue un carrefour des Voies vertes en Bretagne (c'est à Carhaix que l'itinéraire européen *Vélodyssée* rejoint le canal de Nantes à Brest). Enfin, Carhaix s'est surtout fait un nom grâce à son festival de musique *Les Vieilles Charrues,* qui draine chaque année des têtes d'affiche et est aujourd'hui le plus fréquenté (tous genres confondus) de France. Carrément dément pour une petite ville de 8 000 habitants !

Adresse utile

ℹ ***Office de tourisme :*** *rue Brizeux. ☎ 02-98-93-04-42. • huelgat-carhaix.tourisme.com • Juin et sept, lun-sam 9h-12h, 14h-18h ; juil-août, lun-sam 9h-12h30, 14h-18h30, dim et j. fériés 10h-13h ; le reste de l'année, mar-sam.* Installé dans l'ancienne maison du Sénéchal, datant du XVIe s. Accueillant et dynamique. À l'image de la ville, donc.

Où dormir ? Où manger ?

Camping

⛺ ***Camping municipal La Vallée de l'Hyères :*** *route Kerniguez, dans la vallée de l'Hyères. ☎ 02-98-99-10-58 ou 02-98-99-33-33 (mairie en hors saison). • camping.municipal@ville-carhaix.fr • ville-carhaix.com • ♿ Dans la vallée de l'Hyères ; par le centre-ville ou le canal (voies vertes). Ouv de mai à mi-sept. Forfait tente en hte saison 9 €. Mobile homes 4 et 6 pers 262-397 €/sem ; 1 roulotte 54-64 €/nuit. Caravane 84 €/sem. CB refusées. 62 empl.* Spacieux et agréable, au bord de l'Hyères, un confluent du canal de Nantes à Brest. À deux pas, base de loisirs de la vallée de l'Hyères : parcours sportif, plans d'eau...

De bon marché à chic

🏠 ***Hôtel Noz Vad :*** *12, bd de la République. ☎ 02-98-99-12-12. • aemcs@nozvad.bzh • nozvad.bzh • ♿ Pas loin de l'église. Fermé dim ap-m. Congés : fin déc-début janv. Doubles 51-102 € selon confort.* 💻 📶 Ce bel établissement à la déco contemporaine constitue un bon point de chute pour la découverte du patrimoine régional. Environ 44 chambres. Bar calme et convivial au rez-de-chaussée. Accueil pro.

Le Carrick : *18, rue Brizeux. ☎ 02-98-99-45-69. • le.carrick@wanadoo.fr • Fermé lun, mar soir et dim soir. Congés : 1 sem en janv, 2 sem en juil et 2 sem en oct. Formule déj en sem 12 € et menus 18,50-43 €.* 2 salles aux murs lambrissés et aux tables joliment dressées. La déco et le service sont soignés. Une cuisine régionale qui ose quelques échappées comme les gambas à la marseillaise.

Où dormir ? Où manger dans les environs ?

Chambre d'hôtes Les Ânes sont dans le Pré : *au lieu-dit Le Pellem, à 3 km du centre. ☎ 02-98-99-44-21. • info@lasdlp.com • lasdlp.com • Double 45 € (lit suppl. 11 €). Table d'hôtes sur résa 13 €.* Au bord du canal, une chambre avec salle de bains privative et à l'entrée indépendante dans une maison attenante à l'asinerie. Location d'ânes de bât sur résa pour randonner.

Auberge du Poher : *à Port-de-Carhaix, 29270* **Motreff.** *☎ 02-98-99-51-18. • aubergedupoher@orange.fr • Sur la D 769. Formule déj en sem 13,90-15,90 €. Menus 17,50, 25,50 et 33 €. Café offert sur présentation de ce guide.* Une auberge de campagne un brin cossue, qui propose une cuisine régionale traditionnelle : ris de veau, langoustines grillées, etc.

À voir. À faire

Carhaix possède quelques splendides ***maisons*** Renaissance à encorbellement, comme celle qui abrite l'office de tourisme.

L'église Saint-Trémeur : reconstruite au XIXe s, elle a conservé son imposant clocher du XVIe s (copié sur celui de Saint-Herbot). Remarquable portail ogival avec la statue de saint Trémeur qui tient sa tête dans la main. Il ne faisait pas bon se promener aux alentours le jour de la terrible tempête du 15 octobre 1987 : des blocs de 60 kg sont tombés du clocher – toujours en place, n'ayez crainte !

À 500 m, le hameau de ***Petit-Carhaix,*** avec des maisons d'artisans des XVIIe et XVIIIe s. Noter la petite taille des portes : nos ancêtres étaient moins grands que nous ! Jusqu'à la fin du XVIIIe s, il fallait payer un droit de passage pour pouvoir emprunter le pont.

Brasserie Coreff : *2, pl. de la Gare. ☎ 02-98-93-00-70. • brasserie-coreff.com • Possibilité de visite (se renseigner sur les horaires et périodes), expo permanente* Coreff Ambasad *: histoire de la brasserie, visite de l'unité de brassage et dégustation.*
En 1985 eut lieu un événement extraordinaire pour les vrais buveurs de bière (en tout cas en Bretagne), à Morlaix précisément : la naissance d'une bière bretonne, la *Coreff.*
Contrairement à la quasi-totalité des bières françaises et allemandes, la *Coreff* est une bière à haute fermentation (comme la *Guinness,* les bières britanniques et celles des trappistes belges). On ne lui adjoint pas de gaz carbonique pour la refroidir ni la filtrer ; ça se fait naturellement. De même, pas besoin d'en rajouter pour la tirer à la pression. Composants choisis rigoureusement : il faut de l'orge malté de Valenciennes, du houblon de Bourgogne et de Bavière, des levures anglaises de haute fermentation. La *Coreff* est une *bitter* ni filtrée ni pasteurisée. Il y a l'ambrée « historique », la brune, la blanche, la rousse et la blonde.

Festival

– ***Festival Les Vieilles Charrues*** *(Gouel an Erer Kozh)* **:** *3e w-e de juil, aux dépendances de Persivien, Kerampuilh. ☎ 02-98-99-25-45 ; ou infos festivaliers : ☎ 0820-890-066 (prix d'un appel local). • vieillescharrues.asso.fr •*
Voilà, au cœur d'une région un peu loin de tout et à la vie culturelle réduite à la portion congrue, un festival musical qui, en quelques années, est devenu l'un des plus fréquentés de France. Une performance à applaudir ! D'autant que l'organisation des Vieilles Charrues repose essentiellement sur le bénévolat !
En 1992, quelques jeunes du coin, impressionnés par la foule réunie à Brest lors d'un rassemblement de bateaux anciens, décident de monter, en plein air, un festival musical. Clin d'œil aux vieux gréements brestois, ils l'intitulent « Les Vieilles Charrues ». Rigolo ! Un peu trop même pour beaucoup de professionnels du spectacle, qui ont longtemps cru à une fête des vieux métiers, à une kermesse agricole. Son 25e anniversaire, en 2016, a rassemblé près de 280 000 spectateurs en 4 jours ! Des raisons à ce succès un peu inespéré ? On peut en proposer quelques-unes : des prix d'entrée bon marché ; une programmation populaire et éclectique (rock, world music, variété, musique classique), qui accorde toujours une large place au riche vivier de la musique bretonne. Et peut-être aussi et surtout, ce sens de la fête qu'ont les Bretons, ce plaisir à être ensemble.

SAINT-HERNIN [sent-hern]

(29270) 770 hab. *Carte Finistère Sud, D1*

Sur la route de Spézet, un tout petit village possédant cependant un *enclos paroissial* intéressant. Église de style typiquement cornouaillais, large toit très bas et clocher à balustrade. Niche avec deux belles statues. Ossuaire et calvaire. Notez l'extraordinaire supplice des larrons : ils sont littéralement brisés en deux sur leur croix (le mauvais, en outre, exprime plus de souffrance que le bon).

À voir dans les environs

Le calvaire de Kerbreudeur **:** *à 1 km de Saint-Hernin sur la D 82, insolite apparition, sur le bord de la route, du plus ancien des calvaires de Bretagne.* Il serait antérieur de quelques années à celui de Tronoën. Certaines parties, d'ailleurs, semblent sortir du même atelier. D'apparence très archaïque, il émeut assez par sa solitude dans le paysage remembré. Les scènes sculptées de la base, usées jusqu'à la moelle, ont perdu la plupart de leurs détails. Cependant, on reconnaît aisément le chemin de croix (les deux larrons tirés par une grosse corde) et *Saint Jean soutenant la Vierge.* À l'un des coins, la Flagellation apparaît moins évidente. Dans la scène des Rois mages, ceux-ci portent l'habit à la Charles VII. À l'intérieur, *Baptême du Christ...*

SPÉZET [speied]

(29540) 1 930 hab. *Carte Finistère Sud, C1*

Mignon village aux maisons peintes de couleurs éclatantes, au cœur des Montagnes Noires, célèbre outre-Atlantique pour avoir longtemps fourni à la restauration, aux États-Unis, de solides garçons et filles ne rechignant pas

au travail. Pour nous, Spézet symbolise la vraie Bretagne, celle qui présente maints signes et particularismes encore bien vivants. Et quand on se retrouve dans la nature, on ressent quelque chose d'indéfinissable dans l'atmosphère. Le mieux, pour le vérifier, est encore de parcourir les nombreux sentiers qui livrent une quantité de petites surprises : ponts gaulois, menhirs, allée couverte, croix de chemin, fontaines, chapelles, éperons rocheux, ruisseaux, bois, landes et tourbières. Le syndicat d'initiative a édité une petite brochure avec tous les itinéraires possibles. Bien balisés.

Adresse utile

Syndicat d'initiative : *pôle culturel et touristique de la* ***Maison Bleue,*** *1, rue du Général-de-Gaulle. ☎ 02-98-93-94-70. En saison, lun-sam 10h-12h, 14h-17h ; le reste de l'année, ouverture restreinte.* Demandez-leur conseil pour les itinéraires de randonnées *(brochure : gratuite ou, plus détaillée, payante).*

Où boire un verre ?

Bar Ti Coz : *route de Châteauneuf. ☎ 02-90-41-62-80. Fermé lun, plus mar hors saison.* Bistrot sympa. Salle obscure, aux murs et aux poutres noircis par le temps. Collection de sous-verre de toutes les marques de bière existantes. Celles à boire sont excellentes ! La clientèle est essentiellement locale, mais la réputation du lieu a dépassé les limites de la grand-rue de Spézet !

À voir

L'église : *(fermée pour restauration)* du XVIIIe s, avec baptistère à dais et trois retables de la même époque. Ossuaire Renaissance.

La chapelle Notre-Dame-du-Krann : *à moins de 1 km du bourg. Visite mai-sept, tlj 14h-17h30.* Enfoui dans les arbres, un édifice qui peut paraître d'abord sévère, mais qui révèle vite d'intéressants détails architecturaux. Élégant clocher Renaissance avec un escalier de pierre le long du toit. À l'intérieur, un ensemble exceptionnel de vitraux du XVIe s. Maîtresse-vitre représentant la Passion, avec une grande richesse de costumes. Retables de Notre-Dame de la Trinité avec personnages sculptés polychromes.

LE PARDON DU BEURRE

Le dimanche de la Trinité, une énorme motte de beurre sculpté est exposée à la chapelle de Krann. Elle est offerte à la Vierge. Le beurre est un symbole de fécondité selon les anciennes croyances druidiques.

Fête et manifestation

– ***Pardon de Notre-Dame-du-Krann :*** *dim suivant la Pentecôte.* Une tradition pittoresque dans la région. Des femmes, représentant chaque quartier du village (le bourg, l'eau, la montagne), collectent de l'argent pour acheter une énorme motte de beurre qui sera sculptée de motifs religieux. Jadis, du temps où l'on battait son propre beurre, on le récoltait directement dans les familles pour confectionner une motte par quartier (qui pesait 80 kg).
– ***Fête de Kerlaviou :*** *dernier dim d'août, à* ***Kerlaviou,*** *quelques km à l'est de Spézet.* Jeux traditionnels bretons.

SCAËR [skaɛʀ] (29390) 5 360 hab. *Carte Finistère Sud, C2*

Au cœur d'une campagne profonde qui assure la transition entre les Montagnes Noires et l'une des plus belles portions du littoral breton de Concarneau à Quimperlé. Vous voilà arrivé aux portes de la Cornouaille. Apparemment un petit bourg mais, avec 1 200 ha, Scaër est la commune la plus étendue du département.

Adresse utile

Bureau d'accueil de l'office de tourisme Quimperlé Terre océane : *pl. de la Libération. ☎ 02-98-59-49-37. • quimperle-terreoceane.com • Juil-août, lun-sam 9h30-12h30, 14h-17h30 ; le reste de l'année, fermé dim-lun, mer mat et sam ap-m, horaires restreints.* 2 salles d'exposition accueillent en permanence des œuvres d'artistes locaux.

Où dormir ?

Où manger à Scaër et dans les environs ?

Camping

Camping municipal Kerisole : *1, rue Louis-Pasteur. ☎ 02-98-57-60-91 ou 02-98-59-42-10 (mairie). 06-46-71-76-40. • mairie@ville-scaer.fr • ville-scaer.fr • Ouv fin mars-fin oct. Forfait tente en hte saison 8,75 €. Loc de mobile homes 344-459 €/sem. CB refusées. 80 empl.* Dans un parc de 15 ha, en bordure de rivière.

De bon marché à prix moyens

Chambres d'hôtes chez Lily et Martial Le Gall : *le Toul ar c'hoat, à l'entrée de la forêt de Coatloc'h. ☎ 02-98-59-00-77. • contact@etape-bretagne.com • Lit en dortoirs (4-15 pers) 30 €, petit déj inclus. Double avec douche et w-c 68 € ; réduc à partir de la 2e nuit. Table d'hôtes sur résa 26 €, boissons comprises. Apéritif offert sur présentation de ce guide.* Calme, verdure et confort garantis. 5 chambres et 2 suites familiales. Le ***Bar Étape,*** en dessous, est ouvert de 17h à 20h pour rassasier les voyageurs sans déranger leur repos. Pliez-vous aux rites de la maison, du punch au muscadet de Lily (elle est nantaise) aux véritables crêpes bretonnes fournies à la commande, une fois par semaine, par Martial.

Gîtes et Chambres d'hôtes Famille Penn : ***Kerloaï.*** *☎ 02-98-57-63-07. • gabrielle.penn@orange.fr • À 4 km au nord-ouest de Scaër par la D 50 vers Coray et Quimper. Double avec douche et w-c 55 € ; tarif dégressif. Gîtes également.* 2 chambres confortables et 2 gîtes pour 3 personnes dans une belle maison à la campagne. Gabrielle s'occupe des gîtes, et à 200 m, ses parents, Thérèse et Louis, s'occupent des chambres.

À la Crêpe d'Autrefois : *1, rue Le Hamp. ☎ 02-98-57-65-85. • alacrepedautrefois@wanadoo.fr • Fermé dim, plus lun hors saison. Congés : 3 sem début oct. Repas env 15 €. Apéro maison offert sur présentation de ce guide.* Cette « Crêperie gourmande » propose de bonnes galettes à base de farine bio et produits locaux, dans un cadre style galerie en raison des tableaux exposés. Spécialité de noix de Saint-Jacques aux petits légumes et fondue de poireaux.

Manifestations

– ***Bourse aux minéraux :*** *chaque année, pdt 3 j. le w-e de Pâques. Rens à l'office de tourisme.* Exposition-vente.
– ***La Cavalcade de Scaër :*** *le w-e de Pentecôte les années impaires.* Une des plus grandes manifestations du genre en France, depuis plus de 60 ans : 1 500 participants, des costumes somptueux, des chars, des fanfares, des bals... et de l'humour !
– ***Fête des Sabotiers :*** *le 14 juil.* Ateliers, démonstrations, expos, etc.

BANNALEC [Banaleg]

(29380) 4 940 hab. *Carte Finistère Sud, C2*

Gros bourg de campagne plutôt animé. Carrefour entre Gourin et Pont-Aven, Rosporden et Quimperlé. Arrêtez-vous pour faire le plein d'infos sur le pays touristique des Portes de la Cornouaille avant de repartir vers la côte.

Adresse utile

ℹ ***Bureau d'accueil de l'office de tourisme Quimperlé Terre océane :*** *1, pl. de la Libération. ☎ 02-98-39-43-34. • quimperle-terreoceane.com • Vac scol de Pâques et juil-août, lun-sam 9h30-12h30, 14h-17h30.* Bonne documentation régionale et accueil sympa.

Où dormir ? Où manger dans les environs ?

Chambres d'hôtes chez Jean-René et Nicole Christien : Sainte-Anne. *☎ 02-98-39-53-44. 06-85-20-56-25. • jr.christien@wanadoo.fr • location-gites-christien-bannalec.fr • Dans le bourg, prenez direction Quimperlé, puis la rue de Kerlagadic à gauche de la mairie ; continuez sur 1,5 km ; à la patte d'oie de Sainte-Anne, descendez sur la gauche : entrée à droite dans la cour de la ferme ; arrêtez la voiture, vous êtes arrivé devant la longère mitoyenne à l'habitation. Double 55 €. Gîte 8 pers. Réduc de 10 % sur le prix de la chambre à partir de 3 nuits consécutives sur présentation de ce guide.* Ce couple d'agriculteurs propose 3 chambres confortables et bien équipées, labellisées « Tourisme et Handicaps ». Jardin clos et balades sur les sentiers de la campagne environnante pour la mise au vert.

Chambres d'hôtes L'Escapade : à Stang-Gac, *en pleine campagne. 06-09-94-23-16. • escapade29@free.fr • escapade-sud-finistere.fr • De Bannalec, prendre la direction Quimperlé par la route de Kerlagadic ; c'est à 6 km sur la gauche. Tte l'année. Doubles 49-57 € (tarif dégressif à partir de 3 nuits). Table d'hôtes 22 €, boisson incluse. Une bouteille de cidre offerte sur présentation de ce guide.* Françoise Monnier vous reçoit dans sa belle chaumière construite en 1877 au milieu d'un parc. Les 2 chambres doubles ont une entrée indépendante, et un séjour-salon est à disposition des hôtes. Bon confort et beaucoup de charme. On se sent ici comme chez soi.

À voir

L'église paroissiale : *ouverture variable, voir à l'office de tourisme.* Du XVIe s. Clocher à double balustrade, surmonté d'une flèche en granit. À l'intérieur, retable en tuffeau du XVIIe s et vestige d'une Vierge ouvrante assez rare (il n'en reste que trois en Bretagne). Pardon annuel : 2e dimanche de septembre.

LE PAYS FOUESNANTAIS

On quitte l'arrière-pays pour revenir petit à petit côté plages. Séparée du pays bigouden par l'Odet, cette région au sud de Quimper est, avec sa façade océanique jalonnée d'anses et de baies, une des zones les plus « classiquement » touristiques du Finistère Sud.
Frontière entre le pays bigouden et le Pays fouesnantais, l'Odet prend sa source dans les Montagnes Noires. C'est de ses rives qu'on a longtemps extrait l'argile pour fabriquer la faïence de Quimper. Des croisières avec les *Vedettes de l'Odet* offrent la possibilité d'en descendre ou d'en remonter le cours, sur 16 km, entre des rives verdoyantes balisées de magnifiques châteaux. Les paysages changent sans cesse. L'Odet se fait tantôt lac, tantôt ria. Au lieu-dit *Les Vire-Court,* l'Odet zigzague entre de belles falaises avant de déboucher dans l'anse de Penfoul, entre Sainte-Marine et Bénodet.

BÉNODET [Benoded]

(29950) 3 200 hab. *Carte Finistère Sud, B2*

Station balnéaire avec trois plages de sable fin, le souvenir d'illustres estivants (Proust, Apollinaire en permission en 1917, Zola ou un peintre du nom de... Winston Churchill), un casino et un centre de thalasso. Très prisée en juillet et août.

Adresses et info utiles

Office de tourisme : *29, av. de la Mer, BP 10. ☎ 02-98-57-00-14. • benodet.fr • Ouv tte l'année : mars-juin, sept-oct et petites vac scol, lun-sam 9h30-12h, 13h30-18h ; juil-août, lun-sam 9h-19h, dim et j. fériés 10h-18h ; nov-fév, lun-sam 9h30-12h, 14h-17h.*

Location de vélos : ***Cycletty,*** *5, av. de la Mer, ☎ 02-98-57-12-49 ; et au* ***Letty,*** *☎ 02-98-57-18-32. • cycletty.loc@libertysurf.fr • Également* ***Globe Aventure,*** *2, av. de Fouesnant (rond-point de Penfoul). ☎ 09-83-07-10-44.*

– **Le P'tit Bac :** *entre Bénodet et Sainte-Marine, cale Saint-Thomas. ☎ 02-98-57-00-58. Tlj en saison estivale 9h30-19h, passage ttes les 30 mn.*

Où dormir à Bénodet et dans les environs ?

Camping

Camping du Port de Plaisance : *7, route de Bénodet, Prad-Poullou,* ***Clohars-Fouesnant.*** *☎ 02-98-57-02-38. • info@campingbenodet.fr • campingbenodet.fr • À 600 m au nord-ouest du centre par la D 44 ; à deux pas (bien sûr) du port de plaisance. Ouv d'avr à mi-sept. Loc de mobile homes 273-1 575 €/sem. Hors saison, jolis cottages 4-6 pers à partir de 39 €/j. 353 empl.* Attention : pas de tente. Très confortable. Le camping complet avec tennis, resto, boîte de nuit, animations, etc. Location de vélos. Fait partie de la chaîne *Yelloh Village.* Piscine couverte de 1 000 m², espace aquatique, spa, sauna et toutes ces sortes de choses.

Prix moyens

Le Cornouaille Hôtel : *62, av. de la Plage. ☎ 02-98-57-03-78. • info@le-cornouaille-hotel.com • le-cornouaille-hotel.com • Fermé fêtes de Noël. Selon saison, doubles 72-99 €. Forfaits thalasso.* Un sympathique hôtel d'une quinzaine de chambres avec parquet flottant, mobilier aux lignes épurées, tissus colorés, ainsi que 2 studios et 3 appartements. Ascenseurs. Piscine intérieure, espace bien-être. Situé à 5 mn à pied de l'estuaire, un endroit idéal pour les balades tranquilles et digestives en fin de soirée. Accueil pro.

Hôtel Les Bains de Mer : *11, rue de Kerguélen. ☎ 02-98-57-03-41. • accueilbainsdemer@lesbainsdemer.com • lesbainsdemer.com • Dans une rue perpendiculaire à la rue Haute-Fontaine et à la corniche. Resto fermé mer midi, ven, sam midi hors saison. Congés : 15 déc-15 janv. Doubles 57-80 € selon saison ; familiale ou duplex 4 pers 75-120 €. Formule et menu déj en sem 11,50-18 € ; autres menus 23-29 €. Parking payant. Apéro maison sur présentation de ce guide.* Hôtel tout confort, à l'ambiance familiale. Environ 32 chambres. Si le temps se couvre, on peut aller faire un plongeon dans la piscine. Chambres plaisantes et bonne cuisine traditionnelle.

Résidence Odalys Les Greens de Bénodet : *route de Guénodou, Golf de l'Odet, 29950* ***Clohars-Fouesnant.*** *☎ 02-98-54-60-85. • benodet@odalys-vacances.com • Fermé en janv. À partir de 65 € la nuit le 2-pièces 4 pers (linge de lit et de toilette fournis, lits faits à l'arrivée et ménage quotidien) ; du studio 3 pers au 3-pièces 6 pers 685-895 €/sem selon saison.* Située sur le site *Golf de l'Odet,* à 5 km du centre de Bénodet, de la plage et des commerces, la résidence est composée de maisonnettes et d'appartements de plain-pied ou en étage, spacieux et lumineux. Privilégiez les cottages et les appartements avec vue sur le parcours. Piscine extérieure chauffée et golf 18 trous. Espace remise en forme, sauna (payant), tennis et boulodrome. Réduction de 20 % sur les green-fees et tarifs préférentiels sur les stages, réservés aux vacanciers de la résidence.

De chic à beaucoup plus chic

Hôtel-restaurant Kastel : *corniche de la Plage. ☎ 02-98-57-05-01. • hotel-kastel@wanadoo.fr • hotel-kastel.com • Face à la mer, à côté du centre de thalasso. Tlj. Doubles 99-199 € selon saison ; petit déj 17 €. Formules déj 18-20 € ; menus 25-32 € ; carte env 45 €. Parking privé gratuit.* 25 chambres, très confortables, claires et spacieuses. Elles bénéficient toutes d'une vue sur la mer, avec balcon. Copieux petit déj-buffet. Très agréable salle à manger lumineuse pour déguster dans un cadre contemporain une bonne cuisine du terroir. Un établissement moderne fort bien situé, avec piscine d'eau de mer chauffée à 32 °C.

Où manger ? Où boire un verre ?

De bon marché à prix moyens

Le Transat : *quai L'Herminier. ☎ 02-98-66-29-29. • info@letransat.com • Sur le Vieux-Port. Congés : de janv à mi-fév, et 15 j. en nov. Formules déj lun-ven 16-18 € ; menus 29 €-39 €.* La salle s'organise autour d'un grand comptoir en U. Cadre contemporain au design coloré. Vaste terrasse en gradins donnant sur le port et larges fauteuils pour déguster l'apéro. Service attentionné et bonne cuisine. Plats du jour à l'humeur marine.

Le Sans-Souci : *1, av. de la Plage. ☎ 02-98-57-01-01. Tlj mai-sept ; sinon fermé lun soir-mar. Plat du jour 13 €. Formule déj à partir de 15,90 €, menu 30 €. Poissons 16-22 €.* Certes, c'est un resto-pizzeria de plage, mais, paradoxalement, cuisine très correcte et de qualité régulière. Salle agréable et colorée, grand choix de plats. Terrasse et excellentes glaces artisanales, bien sûr.

Où manger dans les environs ?

IOI ***Crêperie Chez Mimi :*** *au lieu-dit Le Moulin-du-Pont, commune de* ***Pleuven*** *(29170). ☎ 02-98-54-62-02. • creperiechezmimi@yahoo.fr • ♿ Sur la D 34 entre Bénodet et Quimper. Ouv 11h30-14h, 18h-22h (22h30 juil-août). Fermé dim et j. fériés hors saison, le midi dim et j. fériés en été. Résa indispensable ! Env 12-15 € pour un repas. Kir breton offert sur présentation de ce guide.* Un choix incroyable, des prix très raisonnables, un accueil et un service irréprochables. Terrasse couverte.

IOI ***La Forge d'Antan :*** *31, route de Nors-Vraz, Pen-Ar-Valannec, commune de* ***Clohars-Fouesnant*** *(29950). ☎ 02-98-54-84-00. • laforgedantan2@orange.fr • À 5 km à l'ouest de Fouesnant ; fléché depuis la D 34. Tlj sf dim soir-mar midi (plus mar soir hors saison). Formule 28 € déj en sem et menus 37-51 € ; env 60 € à la carte.* Une adresse un peu perdue dans la campagne, à la clientèle et à l'ambiance classe. Mais l'accueil reste sincère, les 3 salles plaisantes, la déco joliment rustique, et la cuisine fait la part belle aux produits de la mer.

Où manger une bonne glace ?

Bankiz : *corniche de la Plage. ☎ 02-98-57-01-62. Ouv mai-oct, tlj 14h-22h.* Le glacier de la station où l'on fait la queue jusque tard le soir pour repartir avec un cornet ou une gaufre.

Où acheter de bonnes confitures et de bons condiments ?

L'Atelier des Saveurs : *5, route du Letty. ☎ 02-98-57-01-27. • contact@atelierdessaveurs.com • atelierdessaveurs.com • Mar-sam 15h-19h en juil-août, sinon 14h30-18h30.* Ici, on a une vraie passion : les confits et les chutneys. Un travail essentiellement basé sur la qualité du produit a permis de remporter le prix du Meilleur confiturier de France 2011. Selon les saisons, on appréciera la délicieuse mirabelle de Lorraine, la fraise-céleri ou encore les pâtes à tartiner (fameuse confiture de lait au sarrasin). Également un choix pointu d'épices, riz, légumes secs et de « mélanges maison ».

À voir. À faire

Le musée du Bord de mer : *29, av. de la Mer. ☎ 02-98-57-00-14. • benodet.fr • ♿ Tte l'année tlj 10h-13h, 14h-18h. GRATUIT.* Une évocation nostalgique des vacances balnéaires au travers d'objets, de photos et de films. Tout sur la magie de l'estuaire et de l'Odet, ainsi que sur la navigation de plaisance et les premières régates organisées ici dès 1907. Expos d'artistes locaux.

– ***Croisières sur l'Odet ou aux îles Glénan :*** *avec les* ***Vedettes de l'Odet.*** *☎ 02-98-57-00-58. • vedettes-odet.com • Sur résa. Compter 18-52 € selon durée. 4-8 départs/j. juin-sept selon période (se renseigner) et pdt les vac scol. Également croisière-déjeuner mai-sept tlj à 12h.* C'est d'ici que partent les vedettes pour l'archipel des Glénan en été. Plusieurs formules, avec guide nature, catamaran à vision sous-marine. De l'île Saint-Nicolas, possibilité de louer un kayak.

FOUESNANT [foën]

(29170) 10 170 hab. *Carte Finistère Sud, C2*

Petite ville sans réel charme, mais qui abrite sur sa commune stations balnéaires, plages de sable blanc sur 17 km et sites naturels époustouflants, dont l'archipel des Glénan ! Fouesnant est aussi connu pour son cidre (le meilleur de France, dit-on).

Adresse utile

Office de tourisme : *4, espace Kernévéleck, BP 14. ☎ 02-98-51-18-88. • tourisme-fouesnant.fr • Lun-sam 9h-12h, 14h-18h ; juil-août, lun-sam 9h-19h ; dim et j. fériés 10h-13h.* Accueil très sympa et excellente documentation sur Fouesnant et l'archipel des Glénan. Organise des sorties nature pendant les vacances scolaires. Une partie de la station est accessible aux 4 familles de handicap, notamment le sentier de Penfoulic.

Où dormir ? Où manger ?

Nous avons recensé plus de 20 campings sur la commune et une dizaine sur La Forêt-Fouesnant. L'office de tourisme pourra vous conseiller en fonction de votre budget et de vos centres d'intérêt.

Hôtel l'Orée du Bois : *4, rue de Kergoadig. ☎ 02-98-56-00-06. • contact@hotel-oreedubois.com • hotel-oreedubois.com • Doubles 43-78 € selon confort et saison. Remise de 10 % sur la chambre (sur le prix public) sur présentation de ce guide.* Gentil petit hôtel en pierre. La patronne propose des chambres plutôt coquettes à prix raisonnables, dont certaines offrent même une belle vue. Les moins chères ont seulement un lavabo (douche et w-c sur le palier) mais restent très correctes. À deux pas démarrent les sentiers pédestres.

La Plume Bleue : *22, rue de Cornouaille. ☎ 02-98-56-03-01. • arnaudnadege.fred@free.fr • Fermé lun, plus dim hors saison. Formule 14 €, menu 19 €. Nombreuses suggestions sur l'ardoise. Plats 13-21 €. Menu 19 €. À la carte env 35 €. Café offert sur présentation de ce guide.* Cadre plaisant, couleurs et pierre sèche. Cuisine soignée du terroir et de poisson, qui ravit les locaux et les estivants. Petite terrasse sur rue et une autre plus fleurie derrière la maison.

Où dormir ? Où manger dans les environs ?

À Cap-Coz (29170)

À 3 km du bourg de Fouesnant (même commune).

Hôtel-restaurant Belle Vue : *☎ 02-98-56-00-33. • contact@hotel-belle-vue.com • hotel-belle-vue.com • Resto fermé lun-mar midi (sf pensionnaires), résa conseillée en saison. Congés : 1er nov-1er mars. Doubles 83-107 € selon situation, saison et confort, petit déj 12 €. ½ pens 77-90 €/pers. Formule déj en sem 19 € ; menus 29-48 €.* Face à l'océan, dans un coin tranquille à deux pas de la plage de Cap-Coz. Dans la même famille depuis de nombreuses années. Chambres très confortables, à la déco contemporaine, donnant soit sur mer, soit sur jardin. Excellente cuisine servie dans une élégante salle donnant sur la mer.

Hôtel de la Pointe : *153, av. de la Pointe-du-Cap-Coz.*

☎ 02-98-56-01-63. • bienvenue@hotel-capcoz.com • hotel-capcoz.com • ♿ Resto fermé dim soir, lun et mar midi hors saison ; lun midi, mar midi et mer en juil-août. Congés : janv, début fév et 1 sem début déc. Au resto, résa conseillée. Doubles 84-118 € selon confort, vue et saison, petit déj-buffet en sus. Menus 32-71 € ; carte env 80 €. 💻 📶 (câble). Situation superbe et dans la même famille depuis 3 générations. La grande majorité des chambres ont été joliment restaurées dans un esprit sobre et coloré tout à la fois. Les plus chères regardent la mer, de l'autre côté de la rue. L'établissement comporte 2 salles de restaurant dont l'une, réservée aux hôtes de passage, donne sur l'anse de Port-la-Forêt. La table est, à juste titre, réputée dans toute la région.

À la pointe de Mousterlin (29170)

Hôtel de la Pointe de Mousterlin : *108, route de la Pointe. ☎ 02-98-56-04-12. • hoteldelapointe@wanadoo.fr • hoteldelapointefouesnant.com • ♿ De mi-avr à mi-oct, ouv tlj midi et soir ; sinon, hôtel et resto fermé dim soir-mar midi. Congés : 3 sem en fév-mars et 1 sem sur nov-déc. Doubles 90-139 € selon confort et saison ; familiales 116-151 € selon période. Promos en début d'été. Menus 23 € (midi)-65 €. 💻 📶 Café offert sur présentation de ce guide.* Avec leur esprit contemporain et leur déco réussie, les chambres restaurées dégagent une atmosphère très zen. Les plus anciennes sont, en revanche, très classiques. Certaines disposent d'un balcon côté mer ou côté jardin. Et puis Gwenola et Jason Bayes-Morvan ont pensé à tout : piscine chauffée à 28 °C (d'avril à octobre), sauna, jacuzzi, salle de musculation, tennis, bibliothèque, programmes quotidiens d'activités et de découverte de la région. L'accueil est irréprochable. Au resto ***L'Intemporel,*** excellente cuisine de la mer servie dans un décor cossu et confortable (tables bien séparées). Au bas de l'hôtel, l'océan, ses plages et ses dunes offrent une nature sauvage encore préservée.

À Beg-Meil (29170)

Bistrot chez Hubert : *16, rue des Glénan. ☎ 02-98-94-98-04. • hubertjan@wanadoo.fr • ♿ Tte l'année. Fermé lun-mar, (slt mar en juil). Congés : 2de quinzaine de juin, nov. Formule déj en sem 17 € ; carte 35-40 €. 📶 Café offert sur présentation de ce guide.* L'hôtel n'existe plus, mais le resto régale depuis 4 générations (1903). Grande terrasse en plein bourg et belles salles en enfilade où les assiettes bretonnes voisinent avec les verres à pied. Ardoise qui évolue suivant saison et marché. Quelques pointures ont apprécié : Fabrice Lucchini, Charles Berling, Brice Lalonde et Jacques Séguéla. Ce dernier, conquis, n'a pas consulté une seule fois sa Rolex... Une bien bonne cuisine.

À voir. À faire

L'église Saint-Pierre : construite à la fin du XIe s, chef-d'œuvre de l'art roman, à ne pas rater, donc ! Toit à double pente. À l'intérieur, hautes arcades en plein cintre et fenêtres à meurtrières. Notez les beaux chapiteaux de la croisée de transept, décorés de feuilles d'acanthe, volutes, étoiles et personnages. Émouvant monument aux morts : une femme fouesnantaise, en costume traditionnel, pleurant ses enfants.

DOUCEMENT LES JET-SETTEURS

Les Pompidou aimaient passer leurs vacances à Saint-Tropez, entourés de vedettes et de milliardaires. Mais cet étalage people était insupportable pour de Gaulle, qui prônait le calme familial et la discrétion. Voilà pourquoi le Premier ministre changea de décor et loua par la suite, pendant 8 ans, le manoir de Kernaeret (« la maison des Vipères », en breton) à Fouesnant.

FINISTÈRE SUD

Fête

– **Fête des Pommiers :** *en général, le 3e dim de juil (rens à l'office de tourisme).* Un concours régional de cidre est organisé.

DANS LES ENVIRONS DE FOUESNANT

Nombreuses **chapelles** autour de Fouesnant parmi lesquelles celle de ***Sainte-Anne*** (joli enclos), à 2 km au nord de Fouesnant, et celle du ***Perguet*** (beau porche du XVe s et élégant clocher), à 3,5 km par la route de Bénodet.

La pointe de Mousterlin *(29170)* **:** le coin le plus nature du Pays fouesnantais. Et un site qui n'a pas d'équivalent en Bretagne. Paysages surprenants de part et d'autre de cette langue rocheuse qui pointe dans l'océan. À l'ouest, vers Bénodet, s'étire la ***mer Blanche,*** séparée de l'océan par une interminable dune que les eaux franchissent deux fois par jour. Rivage d'un aspect presque désolé, donc plages encore sauvages (naturisme toléré sur celle de Kerler). À l'est, vers Beg-Meil, s'étend un polder qui n'est plus exploité aujourd'hui. Là encore, au pied de la dune, succession de belles plages.

LA FORÊT-FOUESNANT

(29940) 3 200 hab. *Carte Finistère Sud, C2*

À 3,5 km de Fouesnant, direction Concarneau, un charmant village et son petit port de pêche au fond d'une anse. Le moderne et très fréquenté port de plaisance s'est développé un peu à l'écart : 4e port de plaisance de Bretagne (1 010 places sur ponton), *Port-la-Forêt* est, entre autres, le port d'attache de Michel Desjoyeaux et Roland Jourdain. Important centre d'entraînement de course au large, qui a déjà formé de nombreux champions. Ponton multi-coques où vous pourrez admirer de près ces « géants » des mers.
À voir, au village toujours joliment fleuri, l'*église Notre-Dame-d'Izel Vor,* bijou du XVIe s dont le porche est orné de statues, et le *calvaire* dans l'enclos paroissial. Belle plage familiale de sable fin à Kerleven, à 2 km. Départs d'excursions pour l'archipel des Glénan (1 à 3 par jour en été).
➢ ♿ Signalons que la Municipalité a mis en place un sentier de promenade accessible aux personnes à mobilité réduite, qui s'étire sur 3 km le long des rivages boisés de l'anse du bourg.

Adresse et info utiles

Office de tourisme : *2, rue du Vieux-Port. ☎ 02-98-51-42-07. • foret-fouesnant-tourisme.com • Juil-août, lun-sam 9h30-12h30 et 14h-18h30, dim 10h-13h30. Avr, mai, juin et sept, tlj sf dim 9h30-12h30 et 14h-18h (nov-mars 17h).* Très bon accueil et compétent.

– ***Marché nocturne :*** *juil-août, mar soir à partir de 19h à Port-la-Forêt.*

Où dormir ?

Camping

Camping du manoir de Penn Ar Ster : *2, chemin de Pen-ar-Ster. ☎ 02-98-56-97-75. 06-69-07-01-58. • info@camping-pennarster.com • camping-pennarster.com • ♿ À 200 m du bourg. Ouv de mars à mi-nov. Forfait tente 17-25 € selon saison. Loc de mobile homes et chalets (dont 2 chalets avec* *accès pour les pers à mobilité réduite) 250-690 €/sem. 97 empl. Une bouteille de cidre offerte pour un séjour de 6 nuits hors saison sur présentation de ce guide.* Ce camping, installé sur 3 ha de verdure, bénéficie d'un environnement exceptionnel. Il a d'ailleurs obtenu le prix national des campings fleuris. À peu de distance des commerces et de la plage. Location de vélos. Très bon accueil.

Prix moyens

Chambre d'hôtes de Suzette : *chez Marie-José et Jean-Michel Guillo, à* **Lanjulien-Huella.** *☎ 02-98-56-95-01. 06-62-26-95-01. • marie-jose.guillo@foret-fouesnant.org • gites-chambre-bretagne.com • À 1,5 km du centre du bourg, sur la route de l'Hôtel des Cerisiers et à 3 km de la mer. Double 65 €. Gîtes 2-4 pers, à partir de 130 € les 2 nuits, 205-600 €/sem selon période. Hors saison, possibilité de séjours plus courts.* En pleine campagne, calme garanti. Dans une belle longère en pierre, joliment retapée, chambre confortable, fraîche et agréable (douche à l'italienne, frigo). Grand jardin avec balançoire et jeux pour enfants. Accueil sympa et très attentionné. Location de 5 gîtes également. Leurs résidents pourront bénéficier des plantes aromatiques cultivées sur la propriété.

Hôtel-restaurant du Port : *4, corniche de la Cale. ☎ 02-98-56-97-33. • hotelduport29@wanadoo.fr • hotelduport.fr • Établissement calme sur le vieux port, situé à proximité de Port-la-Forêt (5 mn à pied par la passerelle) et de la plage de Kerleven. Ouv fin fév-fin nov. Resto ouv le soir lun-sam. Doubles 62-80 € selon confort et saison. ½ pens 132-144 € pour 2. Soirée étape 72 €. Formules 21-30 €.* Chambres au cadre contemporain, douces tonalités, bon confort. Petit salon agréable et une salle de resto qui donne sur un jardin fleuri. La qualité de la table fidélise les habitués de cette bonne adresse familiale.

FINISTÈRE SUD

Où manger ?

Bon marché

Kinawa : *Port-la-Forêt, 29940 La Forêt-Fouesnant. ☎ 09-81-92-40-92. • kinawa29@gmail.com • Au port de plaisance. Tlj sf dim ; hors saison, le midi lun-ven et le soir ven-sam, 12h-14h et 19h-22h30. Fermé de mi-oct à fin avr. Résa indispensable. Plats à l'ardoise. Compter 23 € pour un repas. Apéritif offert sur présentation de ce guide.* Produits frais et de saison dans une carte courte mais qui concentre le meilleur de la région ! Les poissons sont livrés quotidiennement, l'andouille vient de Baye et le foie gras est confectionné à Pleven. Petite carte de vins, tous servis au verre. En terrasse, ambiance joyeuse de retour de régate !

Crêperie Quartier d'Été : *42, rue du Vieux-Port. ☎ 02-98-56-82-40. Tlj sf lun, 11h30-14h, 18h30-21h ; service continu le dim 11h30-21h de mi-juil à mi-août. Congés : 1er oct-1er avr. Autour de 15-20 €. Digestif offert sur présentation de ce guide.* Agréablement situé dans un environnement bucolique. L'hiver, le couple parcourt le monde à bicyclette ! Un esprit d'ouverture et de curiosité que l'on retrouve dans la philosophie de la maison. Galettes onctueuses réalisées à partir de blé noir (100 % français) qui, on le rappelle, ne contient pas de gluten. Garnitures fraîches, accompagnements maison exclusivement (*lemon curd, Nutella* maison fait de chocolat noir et de praslin, coulis, confitures, beurre salé). Bon point aussi, la galette de blé noir servie tout simplement au beurre ou en version sucrée. Une maison authentique et chaleureuse où l'on a vite fait de revenir...

De prix moyens à chic

Café du Port : *32, corniche de la Cale. ☎ 02-98-56-96-67. • noel.lediore@orange.fr • Face au vieux port. Tlj sf mer. Congés : oct-mars. Résa conseillée. Formule déj en sem 15,50 € ; menu 26 € ; carte env 30 €.* Petit resto spécialisé dans les poissons et fruits de mer. Grosse maison de pierre. Intérieur agréable, genre rustique breton avec des tables et bancs en bois. Quelques tables à l'extérieur.

Dommage que les légumes soient en supplément. Pas trop grand, conseillé de réserver en haute saison.

Auberge du Saint-Laurent : *6, route de Beg-Menez. ☎ 02-98-56-98-07. • aubergesaintlaurent@orange.fr • Sur la route touristique de La Forêt-Fouesnant à Concarneau. Tlj sf lun 12h-13h30, 19h30-21h, résa conseillée. Fermé lun-mar hors saison. Formule déj en sem 14 €, menus 26,50-44 €.* Véronique et Philippe vous accueillent dans le cadre rustique et raffiné de cette belle auberge. Côté cuisine, Philippe prépare aussi bien des recettes traditionnelles qu'une cuisine imaginative, en fonction de la saison. Intéressant menu découverte, avec sa tartine de maquereau mariné purée de jeunes pousses d'artichauts, et son cabillaud mousseline de carottes au cumin.

Restaurant La Grange : *4, route de Port-la-Forêt. ☎ 02-98-56-81-09. • cyrille-lecoz@live.fr • À l'entrée du camping de Kerleven. Ouv tlj midi et soir en saison ; sinon, fermé lun. Congés : oct-mars. Formule déj en sem 12 € ; menus 21-31 €. Plats à emporter sur commande.* Cyrille Le Coz, jeune chef fier de son titre de Maître restaurateur et originaire du cru, réalise une cuisine créative en puisant toujours dans son terroir. L'ardoise décline des plats simples qui sustenteront les appétits pressés et carnassiers. Les menus s'avèrent, eux, plus créatifs et ciblés « mer ». Assiettes copieuses, présentations soignées.

Où boire un verre ?

Les Boucaniers : *13, rue de la Mer. ☎ 02-98-56-81-71. • contact@lesboucaniers.eu • ♿ Sur la longue plage de Kerleven. Ouv avr-sept. Tlj sf sam midi, dim soir et lun hors saison.* Une cuisine simple, préparée avec soin ; mais on vient surtout pour boire un verre sur l'une des 2 terrasses face à la mer, les pieds dans le sable. Clientèle jeune et accueil très sympa.

Fêtes

– **Fête des Cerisiers :** *3e ou 4e dim de juin.* Grande fête traditionnelle animée par des danses, de la musique et des jeux bretons.
– **Les Nuits celtiques de Peniti :** *mer soir à 21h fin juin-début sept. GRATUIT.* Spectacles, musiques et danses traditionnelles bretonnes au théâtre *Peniti.*

L'ARCHIPEL DES GLÉNAN

Carte Finistère Sud, C3

À environ 18 km de la côte, un groupe d'une dizaine d'îles plus polynésiennes que bretonnes ! Fonds de sable blanc, eau d'une transparence émeraude... Nécropole à l'âge du bronze, propriété des moines de l'abbaye de Saint-Gildas-de-Rhuys au Moyen Âge, repaire de pirates jusqu'au XVIIe s, disputé sous la Révolution par les Français et les Anglais, ce collier d'îles et d'îlots est aujourd'hui surtout connu pour sa mythique école de voile et fait partie de la commune de Fouesnant.

– Ne pas manquer le *pardon* des Glénan, le 1er week-end de septembre *(infos sur le site • paroissefouesnant.cef.fr •)*, et emporter *L'Archipel aux sortilèges* d'Anne Bolloré, un roman qui s'inspire de la légende de la fée des Glénan...

Comment y aller ?

Avec les **Vedettes de l'Odet** *(☎ 02-98-57-00-58 ; • vedettes-odet.com • ; A/R env 35-44 € ; réduc).*

➢ **De Bénodet :** début avr-fin sept, 1 à 3 départs/j. selon période.

➢ **De Concarneau :** de mi-juil à fin août,

2 départs/j. Départ au port de plaisance.
➢ ***De Loctudy :*** 1 départ/j. de mi-juin à mi-sept ; 2 départs/j. de mi-juil à fin août.
➢ ***De Port-la-Forêt*** *(La Forêt-Fouesnant)* ***:*** de mi-juil à fin août, 1 à 2 départs/j.
➢ ***De Beg-Meil*** *(La Cale)* ***:*** avr, 1 départ jeu ; juil-août, 2 départs/j.

Où dormir ? Où manger du homard ?

Attention, le camping est interdit sur l'archipel. Seule solution pour y passer la nuit, le ***gîte de mer Sextant,*** sur l'île Saint-Nicolas. Les conditions de vie y sont spartiates, hébergement en dortoir... Pas de ravitaillement possible sur l'île, ni eau potable, on doit tout emporter avec soi. Mais l'ambiance y est unique. Réservez longtemps à l'avance...

■ ***Association Sextant Hent coz Kernanguel :*** *☎ 02-98-50-68-88 ou 07-85-39-86-19. • sextant-glenan.org • Gîte ouv à ts.* |●| Manger un homard au ***vivier Castric*** dans l'île Saint-Nicolas. *Résa indispensable au ☎ 02-98-50-68-90.*

À voir. À faire

LA RÉPUBLIQUE DES GLÉNAN

Las des contraintes imposées par les autorités de la ville, les peintres qui fréquentaient Concarneau décidèrent, en 1926, de créer une « république » sur l'archipel des Glénan, dotée de son propre gouvernement et de son propre drapeau (une sardine bleue sur fond blanc). Là, ils purent vivre et créer en totale liberté.

👁👁 ***L'île Saint-Nicolas :*** la seule que le visiteur aura le droit d'aborder. À la fin du XIXe s, l'île comptait encore 85 habitants permanents. Il n'y en a plus aujourd'hui en hiver. Sur 22 ha, deux bars-restaurants *(**Les Viviers des Glénan,** ☎ 02-98-50-68-90, de mai à mi-sept, tlj sur résa ; et **La Boucane,** ☎ 02-98-50-69-00, avr-sept),* le Centre international de plongée des Glénan (voir plus loin) et trois maisons privées. Sans oublier, bien sûr, l'une des plus petites réserves naturelles du monde où, parmi les fameux narcisses des Glénan (uniques au monde, floraison en avril), on voit maintenant proliférer le lézard des murailles.

👁👁 ***L'île de Penfret :*** 39 ha ; porte le sémaphore de la Marine et un phare. Le ***Centre nautique des Glénan*** *(rens : ☎ 02-98-97-14-84),* la plus célèbre des écoles de voile françaises, y est installé depuis 1947. L'archipel offre, outre la « Chambre » – espace abrité entre les îles Saint-Nicolas, Cigogne et Drennec –, une multitude d'alignements propres à faire progresser rapidement et efficacement les jeunes loups de mer qui s'inscrivent aux stages de voile. L'accueil se fait ici, mais le centre dispose d'autres bâtiments sur les îles Bananec et Cigogne, caillou de 1 ha où les stagiaires logent dans un fort du XVIIIe s ! Si les conditions de vie paraissent spartiates, l'air est pur et la vue sur mer imprenable...

– Parmi les autres îles de l'archipel : l'***île du Loc'h,*** la plus grande avec 58 ha, propriété privée où pointe une cheminée de brique rouge, vestige d'une ancienne usine à iode, ***Brunnec*** (privée elle aussi), ***Quignenec,*** presque entièrement recouverte à marée haute...

Plongée sous-marine

Cet archipel est apprécié pour son sable clair baigné d'eaux turquoise. Autour, les nombreux îlots, rochers et hauts-fonds sont autant de prétextes à de séduisantes explorations sous-marines. Un site exceptionnel dès 5 m de fond et pour tous niveaux.

Club de plongée

■ ***Centre international de plongée (CIP) des Glénan :*** *sur l'île Saint-Nicolas.* ☎ *02-98-50-57-02.* 📱 *06-84-46-84-82.* ● *cip-glenan.fr* ● *Ouv avr-nov. Résa conseillée. Baptême env 38 € ; plongée env 33-37 € ; tarifs dégressifs 4-10 plongées.* Établi sur l'île Saint-Nicolas depuis 1959, le centre *(FFESSM)* propose des équipements complets à ses plongeurs, ainsi que des formations allant du baptême au monitorat, et des stages sur les épaves, initiation à la biologie marine et apnée. Pour les confirmés, également des plongées *Nitrox* (air enrichi en oxygène) et *Trinix* (mélange air-hélium). Formules au week-end ou à la semaine obligatoires (hébergement en dortoirs rustiques). L'été uniquement, pour des plongées hors internat et stages, les responsables du club – Franck Samson et Laurent Cayatte – disposent aussi d'un bateau sur le continent, au départ de Concarneau.

LA CÔTE, DE CONCARNEAU AU POULDU

Une des plus belles portions du littoral breton. Adorable région traversée par – au moins ! – trois rivières (l'Aven, le Bélon et la Laïta) qui s'épanouissent dans des estuaires où se lovent de petits ports de pêche. Au programme de la balade aussi, de jolis villages à l'architecture intacte, des bouts de côte romantiques où seuls, pour le moment, quelques privilégiés ont la chance de résider, des plages de sable fin. Enfin, une luminosité hors pair qui a attiré nombre de peintres, et pas des moindres !

CONCARNEAU [konk-kerne]

(29900) 20 000 hab. *Carte Finistère Sud, C2*

• Plan *p. 158-159*

Port de pêche actif (le 3e de France pour la pêche au chalut, le premier en Europe pour la pêche au thon), Concarneau, classée « Ville d'art et d'histoire », est surtout connue pour sa célèbre ville close, son musée de la Pêche et son festival des Filets bleus, un dimanche de la seconde quinzaine d'août. Concarneau est aussi une station balnéaire réputée. Son port

de plaisance est situé en plein centre-ville, à l'abri des remparts. Comme partout, il est difficile de trouver des places de parking, surtout en été.
– Laissez votre voiture sur le parking gratuit de l'ancienne gare.

Adresse et info utiles

Office de tourisme *(plan C2)* **:** *quai d'Aiguillon, BP 529. ☎ 02-98-97-01-44. ● tourismeconcarneau.fr ● D'avr à mi-sept, lun-sam 9h-18h30, dim et j. fériés 10h-13h (juil-août, tlj 9h-19h) ; le reste de l'année, lun-sam 9h-12h30, 14h-18h.* Infos sur les visites guidées de la ville et du port de pêche, les balades commentées en vedette en baie de Concarneau, les sorties à bord d'un vieux gréement... L'office a réponse à tout (et avec sourire et enthousiasme) !
– **Marchés :** *tte l'année, lun mat et ven mat, sur les places face à l'entrée de la ville close.* **Marché bio** *mer soir sur le parvis des halles.*

Où dormir ?

Camping

Camping Les Sables Blancs *(plan A1,* **12***)* **:** *av. du Dorlett ; plage des Sables-Blancs. ☎ et fax : 02-98-97-16-44. ● contact@camping-lessablesblancs.com ● camping-lessablesblancs.com ● ♿ En arrivant à Concarneau, suivre la direction « La côte ». Ouv 1er avr-31 oct. Forfait tente 14,50-27 € selon saison. Loc de cottages 240-805 €/sem. 149 empl. Menu 19,90 €. Réduc de 5 % sur présentation de ce guide.* Beau camping, bien situé, à 300 m de la mer. Chemin piéton du camping pour gagner le centre de Concarneau. Spa couvert et nouveaux sanitaires. Bon resto (pizzas croustillantes), salle panoramique et plaisante terrasse. Piscine. Accueil pro et sympa.

Auberge de jeunesse

Auberge de jeunesse Ethic Étapes *(plan C3,* **10***)* **:** *quai de la Croix, BP 116. ☎ 02-98-97-03-47. ● concarneau@aj-finistere.org ● ajconcarneau.org ● Pour ceux qui arrivent par le train : correspondance à Rosporden par bus pour le centre-ville ; l'AJ est à 800 m ensuite (bien fléché). Ouv tte l'année. Compter 17,80 €/pers avec le petit déj et les draps. ½ pens 28,90 €. Repas 11 €.* Grande et belle maison installée dans l'ancien *Abri du marin,* le nez sur les rochers, face à l'océan. Propose une soixantaine de places en chambres de 4, 5 et 6 lits, presque toutes avec vue sur la mer. En particulier, 4 chambres de 5 personnes avec salle de bains privée ont été joliment rénovées (douche à l'italienne). Également 2 doubles avec salle de bains au même prix que les dortoirs (intérêt à les réserver !). Salle à manger avec superbe vue panoramique et agréable courette arborée. Accueil vraiment convivial du responsable. Une de nos AJ préférées, c'est dit !

De prix moyens à chic

Hôtel de France et d'Europe *(plan C2,* **15***)* **:** *9, av. de la Gare. ☎ 02-98-97-00-64. ● contact@hotel-france-europe.com ● hotel-france-europe.com ● Congés : 19 déc-19 janv. Doubles 87-100 € selon confort et saison. Ascenseur. Parking privé payant, mais offert 1er sept-15 juil sur présentation de ce guide.* Une vingtaine de chambres fonctionnelles, de style contemporain et climatisées. Également une salle fitness. Beau petit déj-buffet. Et pour boire un verre, bar-salon et adorable terrasse-patio presque exotique et isolée du brouhaha de la ville. Accueil particulièrement pro et chaleureux. Notre meilleure adresse dans le coin.

Hôtel des Halles *(plan C3,* **11***)* **:** *rue Charles-Limement, pl. de*

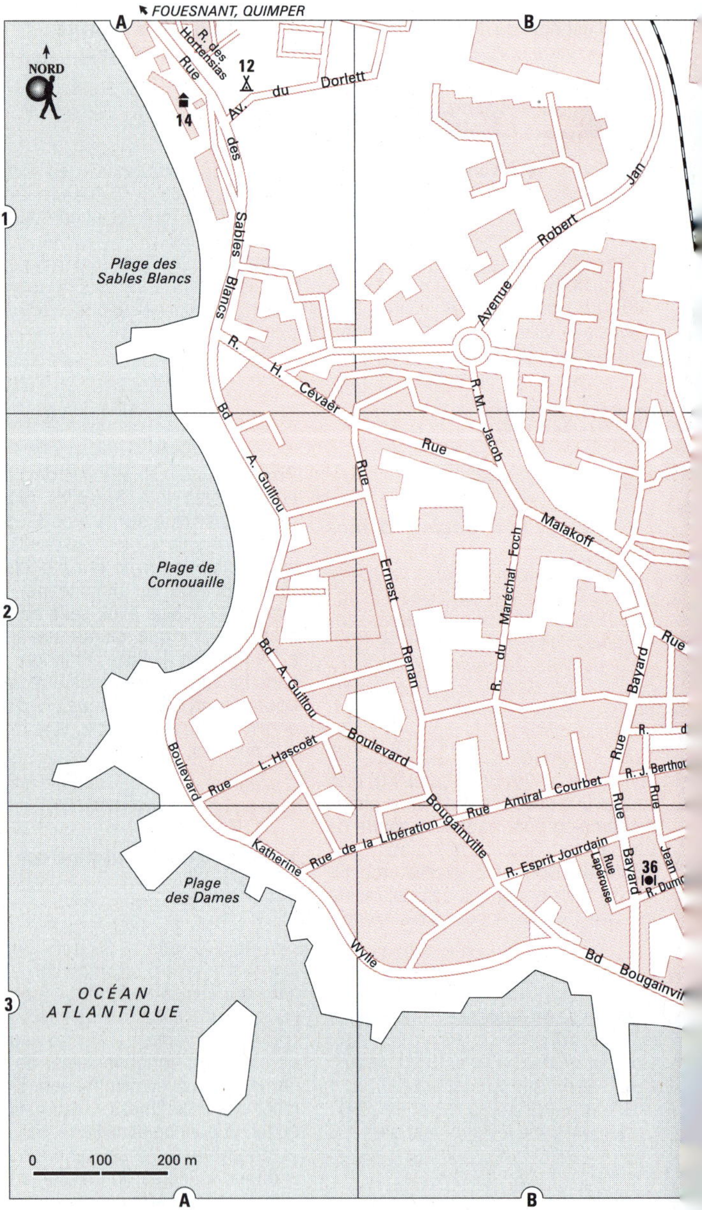
FOUESNANT, QUIMPER
A
B
NORD
R. des Hortensias
Rue
12
14
Av. du Dorlett
des Sables Blancs
1
Plage des Sables Blancs
Avenue Robert Jan
R. H. Cévaër
Bd A. Guillou
R. M. Jacob
Rue
Rue Malakoff
Rue Ernest Renan
R. du Maréchal Foch
Plage de Cornouaille
2
Bd A. Guillou
Boulevard
Rue Bayard
Rue
R. d
Boulevard
Rue L. Hascoët
Boulevard Bougainville
R. J. Berthou
Rue Amiral Courbet
Rue Jean
Rue de la Libération
Katherine
Wylie
R. Esprit Jourdain
Rue Lapérouse
Rue Bayard
36
R. Dumo
Plage des Dames
Bd Bougainvil
3
OCÉAN ATLANTIQUE
0
100
200 m

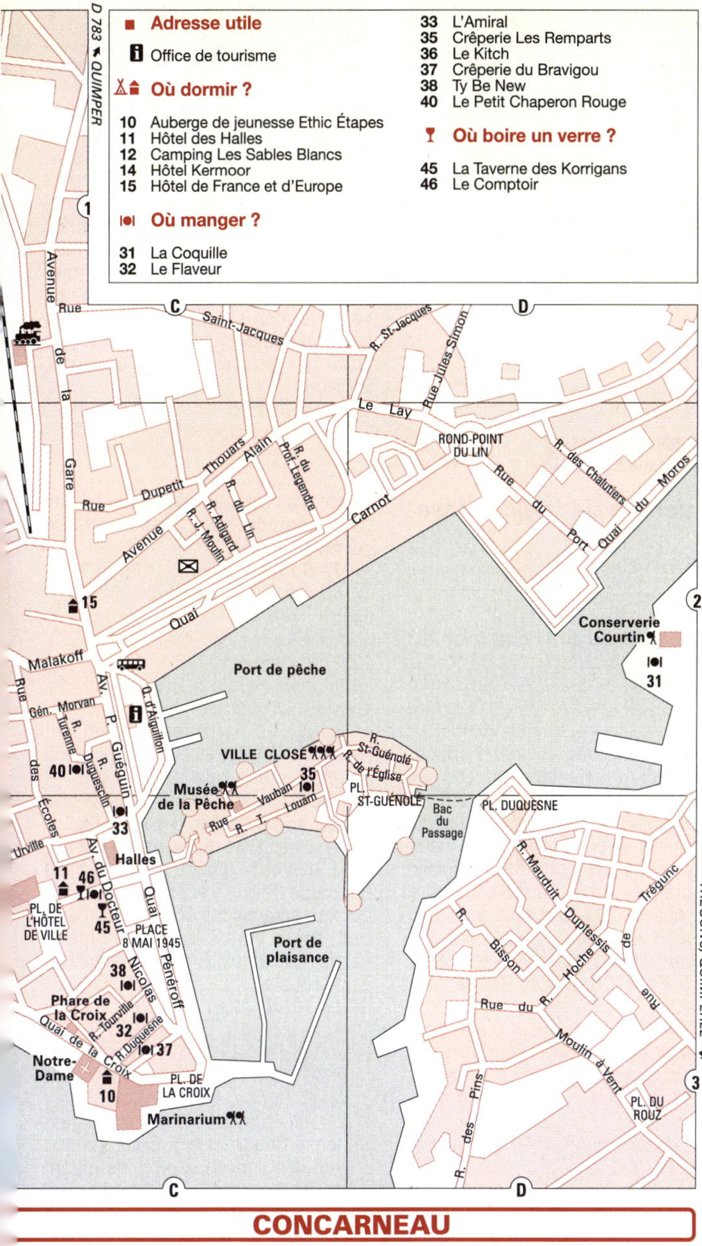

Adresse utile
Office de tourisme
Où dormir ?
10 Auberge de jeunesse Ethic Étapes
11 Hôtel des Halles
12 Camping Les Sables Blancs
14 Hôtel Kermoor
15 Hôtel de France et d'Europe
Où manger ?
31 La Coquille
32 Le Flaveur
33 L'Amiral
35 Crêperie Les Remparts
36 Le Kitch
37 Crêperie du Bravigou
38 Ty Be New
40 Le Petit Chaperon Rouge
Où boire un verre ?
45 La Taverne des Korrigans
46 Le Comptoir
D 783 QUIMPER
Avenue de la Gare
Rue Saint-Jacques
R. St-Jacques
Rue Jules Simon
Le Lay
ROND-POINT DU LIN
Rue Dupetit Thouars
Avenue Alain
R. du Prof. Legendre
R. du Lin
R. Adigard
R. J. Moulin
Quai Carnot
R. des Chalutiers
Rue du Port
Quai du Moros
Conserverie Courtin
Port de pêche
Malakoff
Rue Gén. Morvan
Av. P. Guéguin
Q. d'Aiguillon
R. Turenne
R. Duguesclin
Rue des Écoles
VILLE CLOSE
R. St-Guénolé
R. de l'Église
Musée de la Pêche
Rue Vauban
R. T. Louarn
PL. ST-GUÉNOLÉ
Bac du Passage
PL. DUQUESNE
Urville
Halles
Av. du Docteur Nicolas
Quai Pénéroff
PL. DE L'HÔTEL DE VILLE
PLACE 8 MAI 1945
Port de plaisance
Phare de la Croix
R. Tourville
R. Duquesne
Quai de la Croix
Notre-Dame
PL. DE LA CROIX
Marinarium
R. Mauduit Duplessis
R. Bisson
R. Hoche
Rue de Trégunc
Rue du Moulin à Vent
R. des Pins
PL. DU ROUZ
TREGUNC, QUIMPERLE

CONCARNEAU

l'Hôtel-de-Ville. ☎ 02-98-97-11-41. • contact@hoteldeshalles.com • hoteldeshalles.com • ♿ À deux pas de la ville close. Doubles 63-69 € ; familiales 105-110 € selon confort et saison. Parking payant. 💻 📶 (câble). Un petit déj par nuit/pers offert sur présentation de ce guide. Dans un coin tranquille. Petit hôtel moderne à la déco soignée, proposant 25 chambres agréables aux couleurs joyeuses, avec pas mal de boiseries. Ascenseur, TV écran plat. Chambres toutes différentes.

Plus chic

🏠 ***Hôtel Kermoor*** *(plan A1,* ***14****) : plage des Sables-Blancs. ☎ 02-98-97-02-96. • contact@hotel-kermor.com • hotel-kermor.com • Tte l'année. Doubles env 114-163 € ; petit déj-buffet 12 €.* 📶 Pittoresque villa balnéaire du début du XIXe s, posée sur la plage des Sables-Blancs. L'intérieur évoque irrésistiblement celui d'un bateau. Les chambres sont sagement tarifées, vu la situation et le charme des lieux. Lambrissées, claires et fraîches, elles ouvrent toutes sur l'océan. Certaines, pour parfaire l'impression de dormir dans une cabine, ont pour fenêtres des hublots. Les plus chères disposent de grandes baies vitrées qui donnent sur de sympathiques terrasses en bois dominant la plage.

Où manger ?

En dehors de la ville close

De bon marché à prix moyens

🍽 ***Crêperie du Bravigou*** *(plan C3,* ***37****) : 5, rue Duquesne. ☎ 02-98-50-80-53. 📱 06-82-08-27-19. Tlj sf dim-lun hors saison, 12h-14h, 19h-21h (21h30 l'été). Formules déj en sem 10,50-13 €.* Installée dans une ancienne conserverie. Cadre vraiment plaisant et coloré pour de fines et originales crêpes. Produits frais, et tout est fait maison. Spécialités de confit de noix de Saint-Jacques (recette de l'île de Groix), nombreuses déclinaisons saumon et thon, également lard et saucisses. Délicieuses « lichouses », crêpes chocolat et caramel. Glaces.

🍽 ***Le Petit Chaperon Rouge*** *(plan C2,* ***40****) : 7, pl. Duguesclin. ☎ 02-98-60-53-32. • monique.bozec@wanadoo.fr • Au bout de la petite rue qui part juste en face de l'office de tourisme. Tlj sf dim soir-lun. Congés : 12 j. en mars et en juin, 1 sem début oct. Compter env 13 €. Apéritif maison offert sur présentation de ce guide.* Décor plutôt champêtre, accueil particulièrement aimable et pâte à crêpes de qualité. Réalisée avec de la farine spécialement commandée au minotier, elle contient des grains de sarrasin qui donnent aux crêpes une texture et une saveur particulières... Petite terrasse sur rue tranquille.

🍽 ***Ty Be New*** *(plan C3,* ***38****) : 13 bis, av. du Docteur-Nicolas. ☎ 02-98-87-64-53. • tybenew.creperie@gmail.com • En face de la ville close. Ouv 12h-14h, 19h-21h30 (22h en été) ; dim en continu. Fermé mer (plus jeu hors saison). Kir offert sur présentation de ce guide.* La dernière-née des crêperies de la ville, et elle a su séduire d'emblée par la qualité de sa pâte et ses belles associations de saveurs. Goûter en particulier la kouign bigouden, plus épaisse que la pâte traditionnelle, genre de grosse galette à base de crêpe levée (recommandées, la pomme caramel, ainsi que la camembert, figues et miel !). Cadre contemporain chaleureux. Excellent accueil du jeune couple.

🍽 ***Le Kitch*** *(plan B3,* ***36****) : 20, rue Dumont-d'Urville. ☎ 02-98-65-20-20. Tlj sf lun. Le midi, plat du jour 9,80 €, formule 13 € (entrée + plat), menu complet 16,50 € (avec une boisson) ; le soir, à l'ardoise.* Décidément, la gastronomie bouge bien à Concarneau ; encore des nouveaux proprios offrant également une belle cuisine de marché et une certaine recherche dans les produits et les saveurs. Cuisson exacte des viandes. Accueil au diapason de la qualité des mets et agréable terrasse sur jardin derrière. *L'Ancre* ou *Le Kitch* ? Un lundi, pas d'état d'âme, mais un mardi ? Bien cornélien tout ça !

L'Amiral *(plan C3,* ***33****) : 1, av. Pierre-Guéguin. ☎ 02-98-60-55-23. • contact@restaurant-lamiral.com • ♿ Tlj sf lun soir. Fermé dim soir-lun hors saison. Congés : 2 sem en fév et 3 sem en nov. Formule du jour 18 €, menus 21 € (en sem)-45 €. Intéressants « menu Simenon » 30-34 €, menu homard 38 €.* Brasserie très prisée pour sa formule du jour d'un bon rapport qualité-prix, et à l'arrière, un restaurant traditionnel, à vocation gastronomique. Belle carte de poissons et fruits de mer.

De prix moyens à chic

Le Flaveur *(plan C3,* ***32****) : 4, rue Duquesne. ☎ 02-98-60-43-47. Fermé lun et sam midi, plus dim soir hors saison. Formule déj 16 € mar-ven ; menus 26-50 €.* Dans une jolie maison de ville typée Art déco. Cédric Rivière réalise une cuisine gastronomique fine et inventive avec des matières premières tracées – viandes et volailles issues exclusivement de l'agriculture française, poissons de la pêche du jour... – qui suit, de fait, les tendances du marché. Le menu complet du midi est déjà une aubaine. Que dire de plus sinon que le soir, c'est la fête ! Un poil plus copieux, ce serait le nirvana !

La Coquille *(plan D2,* ***31****) : quai du Moros. ☎ 02-98-97-08-52. • restaurant-la-coquille@orange.fr • ♿ Du centre, direction Trégunc-Quimperlé ; après le pont, 1re à droite, puis fléché. Fermé dim soir et lun. Au bar en sem, intéressante formule déj (bistrot et brasserie) 20 € ; au resto, menus 30-46,50 €.* Vient de connaître une complète rénovation. Formé chez Robuchon avant d'être le chef de *La Tour d'Argent,* Jean-François Sicallac retrouve une deuxième jeunesse au contact de sa Bretagne natale. Des retrouvailles heureuses qui font souffler un vent de liberté sur sa cuisine teintée d'accents marins bien troussés, respirant la bonne humeur. Sérénité et sobriété caractérisent son travail qui, sous une apparente simplicité, cache la patte d'un grand chef. À l'entrée, le bar propose une formule bistrot à petits prix.

Dans la ville close

Cette partie historique étant très fréquentée, la qualité de la cuisine et l'accueil ne sont pas toujours les préoccupations premières des restaurateurs, assurés de faire le plein avec le flux touristique.

Crêperie Les Remparts *(plan C2,* ***35****) : 31, rue Théophile-Louarn. ☎ 02-98-50-65-66. Tlj sf lun hors saison, midi et soir en juillet-août, midi le reste de l'année. Repas env 15-20 €.* Maisonnette nichée derrière les remparts de la ville close. Armoire bretonne au rez-de-chaussée et une mezzanine pour les retardataires. Crêpes tout à fait honorables.

FINISTÈRE SUD

Où boire un verre ?

La Taverne des Korrigans *(plan C3,* ***45****) : 2, av. du Docteur-Nicolas. ☎ 02-98-97-02-37. Jeu-dim 18h30-5h. Tarif jour jusqu'à minuit.* Dans une vénérable maison à pignon en granit. On s'y posera pour le décor : grande pièce baignant dans une semi-pénombre, fresques murales représentant des danses de korrigans sur la lande, têtes grimaçantes en bois sculpté qui jaillissent des murs... Concerts régulièrement.

Le Comptoir *(plan C3,* ***46****) : 1, av. du Docteur-Nicolas. ☎ 02-98-97-40-79. • reinald.lecomptoir@orange.fr • Tlj jusqu'à 1h.* Avec son décor moderno-kitsch, sa statue de Bouddha marcheur, le bar lumineux et les tabourets en « peau de dalmatien », sa fresque destroy et les bons cocktails, c'est le rendez-vous naturel des jeunes (et opportunément des familles aussi, avec l'espace jeu enfants)... Brasserie *(12h-14h15, 19h-22h15),* pizzas, concerts et soirées à thèmes le week-end, grande terrasse devant la ville close, que demander de plus ?

À voir. À faire

BAGARRE À CONCARNEAU

Printemps 1894. Gauguin marchait sur les quais de Concarneau, accompagné de quelques amis peintres et de sa nouvelle maîtresse, une jeune Malaise âgée de 13 ans, surnommée « Annah la Javanaise ». Cette dernière attira la curiosité d'un groupe de gamins qui commencèrent à lui jeter des pierres. Les gifles fusèrent, et les pêcheurs du coin s'en mêlèrent pour défendre leurs petits. C'est ainsi que Gauguin se retrouva avec une jambe brisée, et les agresseurs avec une amende dérisoire. Alors, Gauguin décida de partir à Tahiti.

La ville close *(plan C-D2-3)* **:** avec le beffroi au coin, l'une des cartes postales les plus achetées du Finistère Sud. Longue d'environ 350 m et large de 100 m. Autant dire qu'une balade en ville close ne vous épuisera pas trop. En revanche, en été, l'une des plus fortes concentrations de touristes au mètre carré. Remparts élevés au XIVe s. Après avoir franchi le porche de la maison du Gouverneur, on enfile la rue Vauban, bien repavée à l'ancienne, bordée de superbes maisons aux enseignes dans le ton des lieux. Mais aussi, malheureusement, on pénètre dans un véritable marché du temple, où boutiques et restaurants se succèdent. Quelques échappées pittoresques sur le port de pêche par des portes percées dans la muraille. Ancienne chapelle de l'hôpital de la Trinité (du XVe s) avec saint Guénolé tout serein dans sa niche. Belle fontaine place Saint-Guénolé, le cœur de la ville close. Un passeur vous transborde en 3 mn sur la rive de Lanriec par le bac du Passage *(1 €/pers)* situé derrière la façade de l'ancien hôpital.

Le musée de la Pêche *(plan C2-3)* **:** *3, rue Vauban. ☎ 02-98-97-10-20. • museepeche@cca.bzh • musee-peche.fr • ♿ Dans la ville close. Juil-août, tlj 10h-19h ; avr-juin, sept-oct, 10h-18h, fermé lun ; fév-mars et nov-déc, 14h-17h30 sf lun. Entrée : env 5 € ; réduc ; gratuit moins de 18 ans. Compter une bonne heure de visite.* Au cœur du centre historique de Concarneau, le musée présente l'histoire des pêches depuis la préhistoire jusqu'à aujourd'hui. Bateaux, objets maritimes, maquettes, films et dioramas éclairent l'activité halieutique. Intéressant document : le « Neptune françois », très ancien relevé de cartes marines. Présentation de bateaux, dont un chalutier à flot, l'*Hémérica,* amarré au quai du musée. Expos temporaires diverses.

Le Marinarium *(plan C3)* **:** *pl. de la Croix. ☎ 02-98-50-81-64. • marina@mnhn.fr • mnhn.fr • Juil-août, tlj 10h-19h ; avr-juin et sept, 10h-12h, 14h-18h ; fév-mars et oct-déc, 14h-18h. Fermé en janv. Entrée : 5 € ; réduc, notamment sur présentation de ce guide.* Intéressant écomusée sur la faune et la flore. Cet ancien laboratoire de biologie marine française, créé en 1859, est toujours aujourd'hui un centre de recherche et abrite dans ses 10 aquariums une bonne partie de la faune locale. Montages audiovisuels et microscopes permettent de bien se documenter. Animations autour du plancton en salle de laboratoire pendant les vacances scolaires (tout public). Sorties avec les chercheurs pour découvrir flore et faune in situ (sur demande). Pour apprendre, par exemple, que la « coquette » est un poisson qui naît femelle, puis change de sexe au cours de sa vie.

➢ **La corniche :** jolie promenade à faire à pied, du Marinarium jusqu'à la plage des Sables-Blancs. Baignade recommandée en attendant le coucher de soleil (la plage faisant face à l'ouest !).

➢ **Balade commentée dans la baie :** *rens au 06-63-05-83-47. • croisieres bleues.fr • Avr-oct, tlj 11h-17h (18h sur résa). Durée : 50-60 mn en mer ; env 9 € ; réduc.*

➢ ***Traversée Concarneau / Beg-Meil :*** *en juil-août. Durée : 35 mn. Résa conseillée.*

– ***Excursions en bateau :*** les îles Glénan. Voir le chapitre « L'archipel des Glénan » plus haut.

– ***Pêche en mer :*** *à bord du* Santa Maria. *Contacter M. Bodé à* ***Kerlean,*** *06-62-88-00-87.* • *santamariapeche.com* • *Juil-août, lun-ven, sur résa ; hors saison, groupes prioritaires. Tarif : 37 €/pers ; réduc. Durée : ½ journée.* Sur un vrai bateau de pêche, avec équipage. Histoire de se prendre pour un marin pêcheur le temps d'une matinée ou d'un après-midi. *Pêche au gros également sam en juil-août 8h-18h. Compter cette fois env 100 €/pers (repas non fourni).*

Le château de Keriolet : *à 5 mn de la ville close, à l'entrée de Concarneau et à proximité de la N 165 ; bien indiqué.* ☎ *02-98-97-36-50.* • *contact@chateaudekeriolet.com* • *chateaudekeriolet.com* • *Visite guidée 2e sem de juin-Journées du patrimoine, tlj sf sam, 10h-13h, 14h-18h ; le reste de l'année, se renseigner pour les horaires. Entrée : 6,50 € ; réduc ; forfait famille 16,50 €.* Ce curieux manoir a été remanié dans le style néogothique à la fin du XIXe s pour le compte d'une princesse russe, la tante du tsar Nicolas II. Il passa ensuite dans les mains de son arrière-petit-fils, le prince Youssoupov, l'assassin de Raspoutine. Puis il fut laissé à l'abandon. Depuis plusieurs années, son propriétaire actuel a entrepris une magnifique et courageuse réhabilitation. En visitant ce joyau de l'architecture du XIXe s, vous contribuerez aussi à la sauvegarde d'un patrimoine exceptionnel.

La conserverie Courtin *(plan D2)* ***:*** *3, quai du Moros.* ☎ *02-98-97-01-80.* • *conserverie-courtin.com* • *Boutique ouv lun-sam 9h (10h sam)-13h, 14h-19h ; visite le mat lun-ven Pâques-sept à 10h et 11h (à 10h30 hors saison, confirmer horaires par tél). Visite et dégustation gratuites.* L'une des deux conserveries encore en activité (fondée en 1893) sur les 120 que comptait le port de Concarneau au début du XXe s. Vente au détail de velouté de poisson, de boîtes de sardines et de son fameux confit de noix de Saint-Jacques, etc.

Fêtes et manifestations

– ***Festival Livre et Mer :*** *courant avr.* ☎ *02-98-97-52-72.* • *livremer.org* • Depuis 1984, ce salon célèbre la mer au travers de livres, photos, films.
– ***Festival du Polar :*** *quelques j. mi-juil.* • *lechienjaune.fr* • Les auteurs en profitent pour dédicacer leurs bouquins. Concerts gratuits en soirée (plutôt jazz).
– ***Festival des Filets bleus :*** *3-4 j. vers le 15-20 août, quai Carnot. Rens au* ☎ *02-98-97-09-09.* • *festivaldesfiletsbleus.fr* • Le festival trouve son origine dans une première manifestation de solidarité avec les familles de pêcheurs, ruinées au début du XXe s suite à la disparition des bancs de sardines. Cette fête traditionnelle est considérée comme la plus ancienne de Bretagne. Concerts de musique bretonne et débauche de beaux costumes régionaux.

TRÉGUNC [tregon]

(29910) 6 800 hab. *Carte Finistère Sud, C2*

Trégunc partage avec sa voisine Névez quelques-unes de ces curieuses *maisons en pierres debout.* Comme chez sa voisine encore, plages, criques et petits ports de pêche, tels que *Pors-Breign* (le « Port-Pourri » !), ponctuent 23 km d'une côte encore sauvage.

Adresse et info utiles

Office de tourisme : Kérambourg. ☎ 02-98-50-22-05. • tregunctourisme.com • *Avr-juin et sept, lun-sam 9h30-12h, 14h-18h ; juil-août, lun-sam 9h30-12h30, 14h-19h, dim et j. fériés 10h-12h30 ; oct-mars, horaires restreints. Visite guidée sur le thème du granit jeu mat en saison 5 €.*

– **Marchés : traditionnel** *mer mat,* **bio** *mar ap-m 16-19h sur la place de l'Eglise ; également à la pointe de Trévignon dim mat en saison.*

Où dormir ? Où manger dans le coin ?

Campings

Camping Le Loc'h-Ven : *8, route du Camping,* **Pendruc.** ☎ *et fax : 02-98-50-26-20.* • *contact@lochven.com* • *lochven.com* • ♿ *Par la N 165, à 5 km du village ; prendre la direction de Lambell, puis fléché. Ouv de fin avr à mi-sept (début avr-fin sept pour les loc). Forfait tente 13,50-19,90 € selon saison. Loc de mobile homes 196-777 €/sem ; forfait 2 nuits 120 €, 3 nuits 160 €. 199 empl. Réduc de 5 % sur le camping et de 10 €/sem sur la loc en pleine saison sur présentation de ce guide.* Environnement bucolique. Ambiance *Camping* ! L'été, les habitués se retrouvent pour prendre l'apéro. La mer en ligne de mire : le camping est à 100 m de la plage de Pendruc !

Camping de la Pommeraie de l'Océan : *3, Stang Sant Laorans, à* **Saint-Philibert.** ☎ *02-98-50-02-73.* • *contact@camping-bretagne-lapommeraiedelocean.com* • *camping-bretagne-lapommeraiedelocean.com* • ♿ *Par la voie express, sortie Kerampaou. Ouv du 5 avr à mi-sept. Forfait tente 25-45 € (avec électricité) selon saison. Loc de mobile homes 2 à 8 pers 245-1 440 €/sem. 232 empl.* Un magnifique camping, paysager, avec tous les services possibles et imaginables (y compris club enfants et location de vélos). Piscine couverte chauffée, toboggans aquatiques. Espace de loisirs avec animations. Rivière, *aquabike,* etc.

De bon marché à prix moyens

Crêperie La Marinière : *1690, route de la Pointe.* ☎ *02-98-50-03-62. À la plage de Trévignon, à 7 km au sud de Trégunc. Avr-sept, tlj (juil-août, en continu 12h-21h30). Env 15 € à la carte.* Maisonnette avec terrasse au bord de l'eau, environnement tranquille. Profitez des jumelles mises à votre disposition pour admirer le panorama qui s'étend de Penmarc'h aux Glénan. N'en oubliez pas vos crêpes, fines et croustillantes. Spécialité : au chèvre frais ! Salle petite : le week-end, conseillé de réserver.

Restaurant Le Menhir : *17, rue de Concarneau.* ☎ *02-98-97-62-35.* 📱 *06-81-25-74-96.* • *menhir3@wanadoo.fr* • ♿ *Dans la rue principale, à 200 m de l'église. Ouv ts les midis, plus sam soir. Congés : 3 périodes de 2 sem (mai, sept, déc). Formule déj en sem 11,80 € (avec boisson et café), menus 21, 29 et 40 €. Apéritif offert sur présentation de ce guide.* D'abord, il y a l'accueil, souriant et sincère ; puis on découvre la cuisine, à la fois goûteuse, parfumée, traditionnelle et imaginative. Parmi les spécialités, la fricassée de béatilles de canard aux légumes oubliés et, surtout, les déclinaisons d'agneau (épaule confite, filet au romarin, ris aux morilles).

À voir. À faire

La chapelle Notre-Dame-de-Kerven : *à la sortie de Trégunc vers Névez. Ouv pour le pardon du 1er w-e de juil.* Chapelle du XVIe s. À l'intérieur, belle statuaire (dont une Vierge du XVIIIe) et retable baroque.

Brasserie de Bretagne : *à **Kerouel,** à 1 km de Trégunc sur la route de Concarneau. ☎ 02-98-50-25-97 et 29-29. • boutik@britt.fr • brasseriedebretagne.com • Ouv juil-août, lun-sam 10h30-12h30, 14h-20h.* Une brasserie qui a fait, en peu de temps, un sacré bonhomme de chemin ! Avec une production de 2 500 000 litres par an, elle fait partie des sept plus importantes brasseries françaises. Elle s'honore aujourd'hui d'être la brasserie la plus titrée de l'Hexagone ! Elle a d'ailleurs reçu le prix d'Excellence 2007 au Concours agricole de Paris. Bières de haute ou de basse fermentation, mais pas de pasteurisation, ni d'adjonction de conservateur. Sa gamme est très étendue : blonde (dont une fameuse triple fermentation), blanche, dorée, rousse ou ambrée (goûter à la bière blanche à la fraise). Concerts réguliers à la boutique.

Magasin d'usine Guy-Cotten : *zone de **Kerouel,** à 1 km de Trégunc sur la route de Concarneau (derrière la brasserie Britt). ☎ 02-98-97-66-79. Juil-août, lun-sam 10h30-12h30, 13h30-18h30 ; le reste de l'année, lun 13h30-17h30, mar-ven 10h30-12h30, 13h30-18h30, sam 10h30-12h30.* Fins de séries : vêtements de pluie et combinaisons de plongée à moindres prix (- 30 % à - 50 %).

FINISTÈRE SUD

DANS LES ENVIRONS DE TRÉGUNC

La pointe de Trévignon : *à 8 km au sud par la D 1.* Couronnée d'une drôle de villa début du XXe s, qui fait penser au château des méchants qu'affronte Tintin dans *L'Île Noire.* Petit port de pêche toujours actif (le retour des bateaux, vers 11h et vers 15h, reste un grand moment). Tout à côté, les dunes et étangs de Trévignon, petite portion de nature sauvage, miraculeusement épargnée. Construite sur les ruines d'une ancienne usine d'iode, la *Maison du littoral (☎ 02-98-50-00-33 ou 19-70)* propose des expos sur la faune et la flore, ainsi que des balades-découvertes.

Les plages : plusieurs kilomètres de sable blanc entre les pointes de Trévignon et de la Jument. Les naturistes se retrouvent sur la plage de Kerannouat.

NÉVEZ [nevez] (29920) 2 718 hab. *Carte Finistère Sud, C2-3*

Petite « capitale » d'un vaste territoire d'une trentaine de petits hameaux, dont beaucoup ont conservé toute leur authenticité. Des petits ports, comme *Port-Manec'h,* station balnéaire très en vogue au début du XXe s, quelques villages de chaumières, mais surtout, un original habitat *en pierres debout* que l'on ne trouve qu'ici et à Trégunc. Grâce au granit abondant, 150 tailleurs de pierre travaillaient encore à Névez au début du XXe s. La production était exportée par les petits ports des environs.
Aujourd'hui, il subsiste les demeures et clôtures en *mein zao,* « pierres debout » en breton. Ce sont des blocs de granit de 2 m de haut, posés verticalement, et qui composaient rapidement les façades des chaumières ou permettaient de construire des clôtures (très solides !). Vous les découvrirez surtout autour des villages de Kerascoët et de Kercanic (voir « Dans les environs de Névez »). À propos, vous pourrez même rapporter des *mein zao* à la maison. Non, point besoin de camion, c'est une délicieuse spécialité locale au chocolat... en vente exclusivement à l'office de tourisme !

Adresse utile

Office de tourisme : *18, pl. de l'Église. ☎ 02-98-06-87-90. • tourisme@nevez.com • nevez.com • Juil-août, lun-sam 9h30-12h45, 14h30-18h45, plus dim mat et j. fériés ; sept-juin, lun-sam 9h30-12h, 14h-18h. (payant).* Documentation complète sur la région. Demander leurs circuits découverte, organisés l'été : « Au fil de l'eau » et « L'histoire des pierres debout : de la carrière à la chaumière». Balades découvertes, sorties nature, programme de randonnées, animations pour les enfants à la découverte du bord de mer et du milieu naturel, etc. Accueil spécifique pour les motards : un *roadbook* pour visiter la Cornouaille a été concocté par l'office.

Où dormir ?

Chambres d'hôtes Le Chêne : *15, Kérado. ☎ 02-98-06-85-89. 06-10-69-73-00. • keradohote@yahoo.fr • lechene-nevez.com • À 500 m de Névez sur la route de Raguénez, au lieu-dit Kerado. Doubles 62-72 €. Remise de 5 % sur la chambre oct-mai sur présentation de ce guide.* Les chênes sont un peu plus loin, c'est bien un châtaignier qui orne le grand jardin de M. et Mme Blot, agrémenté d'une piscine au bord de laquelle on prend le petit déj. Les 4 chambres, avec ou sans balcon, sont joliment aménagées.

Où manger ?

De bon marché à prix moyens

Crêperie Le Triskell : *18, rue de Port-Manec'h. ☎ 02-98-06-68-10. Dans le village, près de l'école. Tlj avr-sept, midi et soir jusqu'à 21h sf mer midi et dim midi ; ouv slt sam-dim hors saison sf vac scol. Grand max 15 € le repas.* Un cadre chaleureux, un franc sourire, des ingrédients de premier choix et des préparations fraîches font du *Triskell* une crêperie qui en vaut la peine. Belles spécialités salées au blé noir, et côté froment, ne pas manquer la rafraîchissante « rhuba-frais » qui porte bien son nom. Bonnes glaces également.

Maison Le Guern : *17, pl. de l'Église. ☎ 02-98-06-68-19. • maisonleguern@orange.fr • Tlj sf lun et dim soir 9h-20h ; en saison, salon de thé après 14h. Formules 17,90-19,90 € (déj en sem), 27,50 et 37,90 €.* Au cœur du village, un bistrot-épicerie fine fréquenté par bon nombre d'habitués... parisiens, et on y cultive la qualité. Le propriétaire n'est autre que celui de l'excellent *Ar Men Du* (voir plus loin). Sur l'ardoise, des plats bistrotiers bien tournés, en fonction du marché, servis sur l'agréable terrasse aux beaux jours, ou à l'étage dans une jolie salle parquetée et aux murs de pierre.

Où dormir ? Où manger dans les environs ?

À Raguénez

Campings

Camping de l'Océan : *15, impasse des Mouettes, Keroren-Raguénez. ☎ 02-98-06-87-13. • campingocean@orange.fr • camping-ocean.fr • À 300 m de la plage de Raguénez. Ouv de mai à mi-sept. Forfait tente 20,50-24,50 € selon saison. Loc de mobile homes 330-610 €/sem ; hors juillet, loc 2-4 j. 150-250 €. CB refusées. 136 empl.* Ombragé, au calme, un camping d'une tenue impeccable. Piscine.

Camping du Vieux Verger : *20, Keroren, Raguénez. ☎ 02-98-06-86-08. 06-88-67-99-93. • contact@campingduvieuxverger.com •*

campingduvieuxverger.com • ♿ Par la voie express, sortie Kerampaou, puis direction Névez. À 600 m des plages. Ouv de mi-avr à fin sept. Tente 11-18,50 € selon saison. Loc de mobile homes 4-6 pers 195-675 €/sem ; 2 nuits hors juil-août 85-120 €. Caravane 84-126 €/sem. 100 empl. Réduc de 5 % sur présentation de ce guide. Ambiance familiale. Emplacements délimités par des haies. Nombreuses activités à proximité et bon accueil. Piscine avec toboggan. Aire de jeu pour les enfants.

Camping Les Deux Fontaines : *Feunteun-Vihan, **Raguénez.** ☎ 02-98-06-81-91. • 2fontaines@sandaya.fr • les2fontaines.fr • ou • sandaya.fr • ♿ Ouv fin avr-début sept. Forfait tente 21-41 € selon période. Loc de mobile homes et de chalets 3-6 pers 343-1 260 €/sem en saison (parfois promos en juil). 270 empl.* Un camping tout confort à 900 m de la plage. 3 soirées animées par semaine en juillet-août. Espace aquatique couvert, tir à l'arc, baptême de plongée, espace fitness pour les parents, île aux animaux et club enfants en haute saison. Piscine.

Plus chic

Hôtel-restaurant Ar Men Du : *47, rue des Îles, **Raguénez-Plage.** ☎ 02-98-06-84-22. • contact@men-du.com • men-du.com • ♿ À 3 km au sud de Névez. Ouv début mars-fin oct et 11 déc-3 janv. Resto fermé mar midi et mer midi. Doubles 105-209 € selon confort et saison ; suites avec vue panoramique sur mer ; petit déj 14 €. Menus 49-89 € ; à la carte, env 65 €. Kir offert sur présentation de ce guide.* Que ce soit dans le corps du bâtiment principal ou dans la nouvelle annexe (une petite maison bretonne rénovée), les chambres bénéficient toutes d'une vue imprenable sur la lande sauvage, le chemin des douaniers ou la mer. Déco revue et corrigée avec une teinte marine pour les plus anciennes, nettement plus contemporaine pour celles de l'annexe, avec larges baies vitrées et terrasse privative, nos préférées. Suffisamment rare pour le souligner, le petit déj est servi sur la véranda, face à la mer, jusqu'à midi tous les jours. Bien copieux, il fait office de brunch ! Côté table, Patrick Le Guen, chef aguerri, travaille avec son fils, destiné à reprendre les rênes du resto. On savoure une cuisine fine et inspirée, principalement tournée vers la mer, avec des arrivages minutieusement sélectionnés. Une maison de qualité, comme on dit !

À Port-Manec'h

Campings

Camping Le Saint-Nicolas : *8, Kergouliou. ☎ 02-98-06-89-75. • info@campinglesaintnicolas.com • campinglesaintnicolas.com • ♿ Par la N 165. Ouv du 1er mai à mi-sept (loc avr-sept). Forfait tente 18-28,50 €. Loc de mobile homes 4-6 pers 220-838 €/sem. Caravane 126-198,80 €/sem. 192 empl.* Un camping sympathique, aux emplacements bien délimités et herbeux (nombreuses essences de végétaux). Ombragé à souhait. Piscines intérieure chauffée (28 °C) et extérieure avec toboggans.

Camping de Keraeren : *Port-Manech, 29920 Nevez. ☎ 02-98-06-80-38. • camping-keraeren.fr • Ouv de mi-juin à mi-sept. Forfait tente 9,40 € (douche 0,90 €). Quelques mobile homes 150-350 €/sem selon confort et saison. Caravanes 100-200 €/sem. Env 126 empl.* À 500 m de la plage, en pleine campagne, un petit camping, simple, pas cher et bien tenu. Assez arboré, et de grosses haies délimitent les parcelles. Calme et atmosphère familiale assurés. Aire de jeu. Laverie.

Prix moyens

Hôtel du Port et de l'Aven : *30, rue de l'Aven. ☎ 02-98-06-82-17. • hotel.du.port@wanadoo.fr • hotelduport.com • Ouv avr-sept. Doubles 51-80 € selon confort et saison ; petit déj 10 €. Menu 25 € ; carte env 38 €.* Dans la même famille depuis 1935. En surplomb au-dessus du port, la dizaine de chambres de l'hôtel offrent une jolie vue (certaines

FINISTÈRE SUD

disposent d'une terrasse) et sont réservées aux clients en pension. Certaines pas trop grandes, mais l'ensemble est bien tenu. À l'annexe, l'*Hôtel de l'Aven,* un peu plus haut dans le village, la moitié des 20 chambres bénéficient également d'une belle vue. Préférez celles donnant sur le jardin et la mer. Fait aussi resto.

Très chic

Manoir Dalmore : *7, corniche de Pouldon, plage de Port-Manec'h. ☎ 02-98-06-82-43. • contact@manoirdalmore.com • manoirdalmore.com • Congés : 3 sem en janv. Doubles 100-230 € selon saison. Menu 35 € ; carte env 40 €, slt le soir et sur résa la veille. (câble). Remise de 10 % sur la chambre hors juin-sept et j. fériés sur présentation de ce guide.* Depuis 1926, cette imposante bâtisse surplombe l'adorable plage de Port-Manec'h. Structure et architecture intérieure d'origine préservées (étonnantes cheminées de briques, superbes boiseries), dans lesquelles les propriétaires ont su tirer parti de l'architecture initiale en y intégrant tout le confort moderne : lavabos sous la baie vitrée face à la mer dans l'une, salle de bains intégrée dans un escalier pour une autre... 10 chambres seulement, toutes personnalisées, avec vue imprenable sur mer pour la plupart. Sauna. Terrasse face au littoral et accès direct à la plage.

Au port de Kerdruc

À 4,5 km au sud-est de Névez.

De prix moyens à chic

Établissement ostréicole L. Publier : *Kerdruc, 29920 Névez. ☎ 02-98-06-62-60. 06-82-90-99-09. • laurent.publier@gmail.com • Prendre la direction du port et tourner sur un chemin à droite 150 m avt d'y arriver. Dégustation de fruits de mer tlj sf lun en juil-août ; ouv slt ven soir-dim midi avr-juin. Mieux vaut téléphoner s'il pleut, car terrasse à ciel ouvert. Compter 25-35 €. Café offert sur présentation de ce guide.* Dans l'assiette : des huîtres de tous calibres et d'origines diverses, mais aussi d'autres fruits de mer, et même quelques desserts maison. Petite carte de vins blancs. On profite de tout ça attablé sur une terrasse chauffée qui offre une superbe vue sur l'Aven.

Bistrot de l'Écailler : *port de Kerdruc. ☎ 02-98-06-78-60. Ouv de mi-avr à fin sept 12h-14h30 et 19h30-23h. Fermé mar midi et mer midi en juil-août, mar et mer hors saison. Menu homard env 45 € ; à la carte, env 35-55 €.* Cadre élégant, décor marin très réussi et agréable terrasse pour déguster des fruits de mer d'une grande fraîcheur. Au tableau noir, ceux du jour. Terrasse chauffée avec vue sur l'aven et Rosbras.

Où acheter de bons coquillages ?

La Cabane aux Coquillages : *11, impasse des Cormorans, Kerdruc, 29920 Névez. ☎ 02-98-06-81-49. • cabane-aux-coquillages.com • À 4,5 km de Névez. Ouv tte l'année lun-sam 9h-12h30, 14h-18h ; dim 9h-12h30 vac scol (sf fév).* Professionnels et particuliers viennent se fournir dans cette petite cabane qui surplombe les rives de l'Aven, non loin de l'adorable port de Kerdruc (vue idyllique), en coquillages de toutes sortes : bigorneaux, palourdes grises, praires, moules... Les huîtres sont affinées sur place (plates de Cancale ou creuses de Penerf, entre autres). Vente également de crustacés (tourteaux, homards). Et une fraîcheur garantie à toute épreuve !

DANS LES ENVIRONS DE NÉVEZ

Avant tout, se perdre dans le treillis des petites routes reliant les hameaux.

➢ Magnifique ***promenade de Kerdruc*** (à l'est de Névez) ***à Raguénez,*** par la côte. Environ 11 km et 2h30 de trajet. Balisé en jaune *(carte de rando à l'office* *de tourisme). Kerdruc* est un adorable petit port, dont Xavier Grall appréciait « les soirs bleus sur les ardoises ». Au passage, le charmant lieu de villégiature de ***Port-Manec'h,*** avec ses cabines de bain très Belle Époque, et le hameau de *Kerascoët,* aux belles chaumières restaurées (voir ci-après).

Les constructions en pierres debout : *à* ***Kerascoët*** *et à* ***Kercanic,*** *à env 4 km de Névez. L'office de tourisme organise (le mer en été) d'intéressantes visites guidées à la découverte de cet habitat traditionnel. Résa obligatoire, le nombre de pers par visite étant limité à 20. Vaste parking pour accueillir les nombreux visiteurs.* On découvre une carrière, un ancien four à pain et une chaumière en pierres debout (visite de l'extérieur uniquement).

Les pierres debout – *mein zao* en breton – sont une curiosité de la région de Névez, qui fut durant des siècles un centre important d'extraction et de taille du granit. Au début du XXe s, 150 tailleurs de pierre travaillaient encore dans les carrières de Kérochet, à mi-chemin de Névez et de Kerdruc. Quand on souhaitait construire une maison, on découpait des dalles larges de 30 à 50 cm mais peu épaisses. Plantées dans une tranchée, elles formaient un mur de pierres debout, dont on comblait les interstices avec des petites pierres et du mortier à base de terre. L'âtre constituait le point central des maisons, que des cloisons de bois pouvaient morceler en deux ou trois pièces.

Il subsiste encore une quinzaine de chaumières dans les villages de *Kerascoët* et de *Kercanic.* Deux ou trois d'entre elles ont conservé leurs appentis de pierres debout destinés aux outils ou aux animaux (certains servaient de soue aux cochons). Toutes ces maisons de poupée, coquettes et soigneusement restaurées, sont coiffées d'un épais toit de chaume. La traditionnelle paille de seigle a tendance à être remplacée par du roseau de Camargue, plus résistant. Il ne reste d'ailleurs que quelques chaumiers dans le département.

On verra un peu partout dans la région des clôtures de pierres debout et quelques monuments mégalithiques de plus de 6 000 ans d'âge. Si, à Kerascoët, les chaumières regroupées forment un véritable village, celles de Kercanic, à 3 km environ, sont dispersées et d'un accès plus difficile.

T'AS DE BEAUX YEUX, TU SAIS !

Après le tournage de Quai des Brumes *en 1938, Michelle Morgan et Jean Gabin vécurent une passion amoureuse. Ils cachèrent leur liaison à Port-Manec'h, à l'*Hôtel Julia, *aujourd'hui disparu.*

Le vieux ***moulin à marée du Hénan*** *(à 4 km de Névez, sur l'Aven),* datant du XVe s (ancienne dépendance du château), ainsi que l'***arboretum.*** Pas loin, la jolie ***chapelle Sainte-Marguerite,*** du XVIe s.

PONT-AVEN

(29930) 2 900 hab. *Carte Finistère Sud, C2*

• Plan *p. 171*

Extraordinaire destinée que ce petit village breton, indissociable du nom de Paul Gauguin. Une incroyable colonie artistique y voit le jour dès les années 1860, séduite par la beauté des paysages. Des chapelles isolées et ruines de château, un relief encaissé, le lit de l'Aven tapissé de rochers et ponctué de moulins (un seul est encore en activité), un port à marée qui symbolise la rencontre entre la mer et la campagne, le bois

d'Amour... doublés d'un climat doux et d'une luminosité exceptionnelle.
Trouvez votre inspiration en flânant dans les rues du village, le long de l'Aven ou encore sur la place du marché au tracé triangulaire caractéristique, remplissez votre panier dans les boutiques de produits fins (hum, les galettes !), découvrez les créations d'artistes locaux et ne boudez pas votre plaisir, Pont-Aven compte quelques bonnes tables. Certains jours en haute saison, on y joue du coude pour avancer dans les ruelles, alors profitez du petit matin ou des week-ends hors saison pour découvrir cette charmante petite ville. Ici, tous les commerces sont ouverts à l'année le dimanche.
– La municipalité a mis en place une dizaine de parkings gratuits ou en zone bleue (il faut alors se munir d'un disque, en vente à l'office de tourisme), qui s'avèrent toutefois insuffisants. Laissez votre voiture à l'extérieur.

LE DÉBARQUEMENT AMÉRICAIN

Pont-Aven ne fut pas découvert par Gauguin, comme on le croit souvent, mais, dès 1864, par un certain Bacon, peintre américain. Il y emmena d'autres compatriotes qui aimaient les villageois, les paysages et... les bistrots ouverts jusqu'à 22h ! Gauguin n'arrivera que 22 ans plus tard, en 1886.

L'ÉCOLE DE PONT-AVEN

Comme Saint-Tropez et Barbizon, Pont-Aven a possédé son bataillon d'artistes. De 1886 à 1896, une vingtaine de peintres y ont travaillé ensemble, confrontant leur travail, élaborant un style, discutant les formes. Avec, à leur tête, Gauguin. Fuyant la grande ville, celui-ci se cherchait une voie nouvelle, au contact de la nature, dans des conditions matérielles moins difficiles.
Autour et à la suite de Gauguin, Émile Bernard, Paul Sérusier, Maxime Maufra, Henri Moret, Maurice Denis, puis des artistes européens tels que l'Irlandais Roderic O'Connor, les Hollandais Meyer de Haan et Verkade, le Polonais Wladyslaw Slewinski... échangent, se côtoient et s'influencent à Pont-Aven.
Gauguin ne s'y rend que cinq fois mais y laisse une empreinte forte. Il commence à travailler à grands coups d'aplats de couleurs pures avec un cerne épais, simplifie les formes et creuse ses perspectives sous forme de plans successifs. Il exprime sa subjectivité. Le symbolisme, le fauvisme, l'abstraction... naîtront de cette simplification voulue, de la liquidation de tout ce qui n'est pas absolument utile à l'expression de l'œuvre. D'où l'importance de l'école de Pont-Aven.
En septembre 1888, au bois d'Amour, Gauguin fait peindre à Paul Sérusier, sur le couvercle d'une boîte de cigares, *Le Talisman* : « Comment voyez-vous cet arbre, il est bien vert ? Mettez donc du vert, le plus beau vert de votre palette ; et cette ombre, plutôt bleue ? Ne craignez pas de la peindre aussi bleue que possible... »
Maurice Denis, proche de Sérusier, sera le véritable théoricien de l'école de Pont-Aven, formalisant un courant qui paradoxalement n'avait pas de style propre, puisqu'il se voulait par définition subjectif.

Adresses et infos utiles

ℹ ***Office de tourisme** (plan B2) : 5, pl. de l'Hôtel-de-Ville. ☎ 02-98-06-04-70. • pontaven.com • Sept-juin, lun-sam 10h-12h30, 14h-18h ; juil-août, lun-sam 9h30-19h15, dim et j. fériés 10h-13h, 15h-18h15. (code à l'accueil).* Excellent accueil. Plan gratuit, liste des chambres d'hôtes,

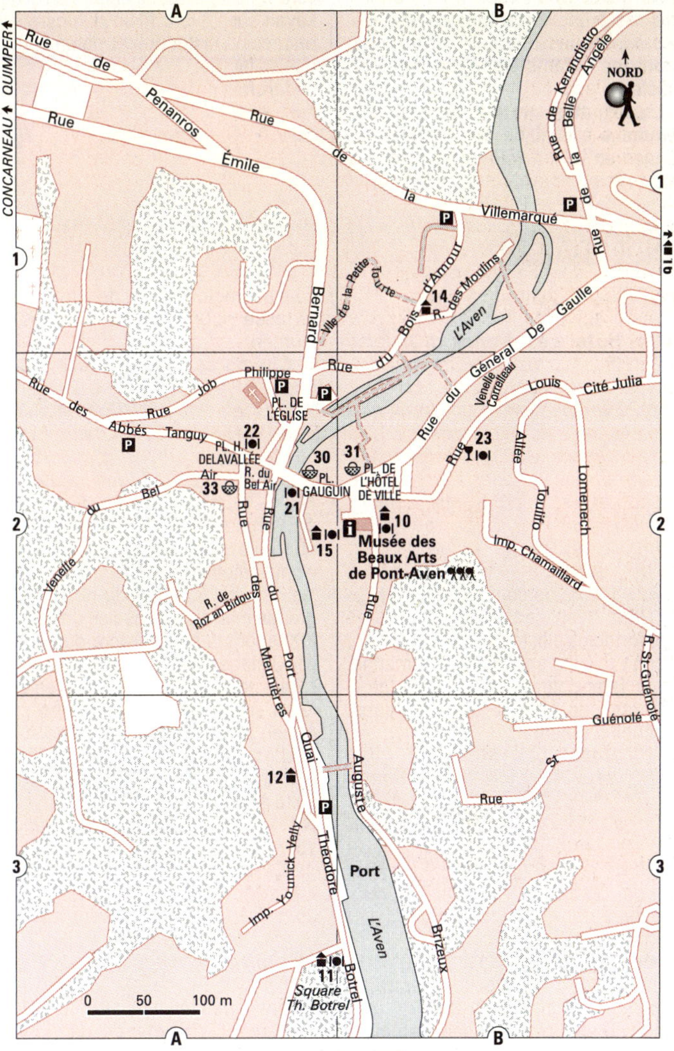

PONT-AVEN

Adresse utile

- Office du tourisme

Où dormir ?

- **10** Hôtel Les Ajoncs d'Or
- **11** Hôtel Les Mimosas
- **14** Chambres d'hôtes Castel Braz
- **15** Moulin de Rosmadec
- **16** La Carri'Air

Où manger ? Où boire un verre ?

- **21** Sur le Pont
- **22** Les 3 Buis
- **23** L'Art de l'Oisiveté

Où acheter les fameuses galettes et autres douceurs locales ?

- **30** Traou Mad
- **31** Galettes Penven
- **33** La Chocolaterie de Pont-Aven

bon guide touristique pour connaître les trésors cachés de la ville, « J'écoute les pierres », et un livret pour les enfants (avec un cadeau à la clé !).
– **L'application gratuite *Baludik*** vous emmène en balade sur 4 itinéraires : à pied en ville, à vélo ou en auto-tour vers les chapelles, ou encore en canoë kayak sur l'Aven. Plein d'infos sur le patrimoine historique et naturel. Ludique en famille.
– ***Marchés :*** *mar mat et sam mat. Au port, en été, le mar mat ; pl. de l'Hôtel-de-Ville le reste du temps.*

Où dormir ?

De prix moyens à chic

Hôtel Les Ajoncs d'Or *(plan B2,* ***10****) : 1, pl. de l'Hôtel-de-Ville.* ☎ *02-98-06-02-06. • lesajoncsdor29@orange.fr • ajoncsdor-pontaven.com • Resto fermé dim soir, plus lun hors saison. Congés : 2 sem en fév, 1 sem en nov. Doubles avec douche ou sdb et w-c 70-75 € selon confort, familiales 88-98 €, petit déj 9,50 €. Formule déj (entrée + plat) 20 € en sem ; menus 32-49 €.* Gauguin y séjourna lors de son dernier passage à Pont-Aven, en 1894. Chambres confortables aux tons pastel. Au resto, bonne cuisine sous influence marine, avec farandole de coquillages farcis et gratin de noix de Saint-Jacques. Accueil chaleureux.

Hôtel Les Mimosas *(plan A-B3,* ***11****) : 22, sq. Théodore-Botrel.* ☎ *02-98-06-00-30. • contact@lesmimosas-pontaven.com • lesmimosas-pontaven.com • Tt au bout du quai, sur le port. Resto fermé lun hors saison. Congés : de mi-nov à mi-déc. Doubles non-fumeurs 69-90 € selon confort. Au resto, menus 17-25 € ; plateaux de fruits de mer 22-35 €.* À l'écart de l'agitation du centre, le long de l'Aven, l'hôtel rénové dans un style shabby-chic mêle astucieusement éléments de décor anciens (sympathique salle à manger, tentures fleuries sur les murs des chambres...) et confort moderne. Les chambres sont des petites bonbonnières confortables, à la literie parfaite, lumineuses et agréables, toutes avec vue sur le port dont deux, très prisées pour leur large terrasse. Un style intemporel reposant, ce d'autant que les lieux sont très calmes. Au resto, honnête cuisine régionale et des tables en terrasse pour savourer un verre en journée.

Chambres d'hôtes Castel Braz *(plan B1,* ***14****) : 12, rue du Bois-d'Amour.* ☎ *02-98-06-07-81. 06-85-56-12-51 • castelbraz@castelbraz.com • castelbraz.com • Double 70 € ; familiales 100-120 €.* Le nom de la rue (fort calme, on s'en doute) est déjà une invitation, et on n'est pas déçu en entrant dans ce nid aménagé avec l'amour des belles choses. Au cœur du bourg, cette grande maison bourgeoise de la fin du XIXe s lorgne sur la rivière du haut de ses 3 étages. De chambre en chambre (chacune avec sa cheminée), les couleurs se fondent de mauve en marron en passant par le vert. Les suites (2 chambres séparées par la salle de bains) donnent sur l'Aven (adorable suite Afrique).

Moulin de Rosmadec *(plan A2,* ***15****) : venelle de Rosmadec.* ☎ *02-98-06-00-22. • moulinderosmadec@wanadoo.fr • moulinderosmadec.com • Au cœur de la cité mais au calme, dans une ruelle noyée dans la verdure. Fermé dim soir-lun, plus mar midi hors saison. Congés : de mi-nov à mi-déc. Doubles 89-105 € ; petit déj 15 €. Formule déj 35 € et menus 48 € (sf sam soir, dim midi et j. fériés), 69 et 81 € ; à la carte, env 80 €.* Joliment installé dans un moulin du XVe s au bord de l'Aven. L'adresse de charme, avec 4 chambres au style épuré et confortables dans un bâtiment annexe. Également un appartement. Le restaurant est une institution locale dont l'excellente réputation n'est plus à faire. Cuisine de tradition revue et corrigée, servie dans une salle à manger élégante, décorée de peintures anciennes et de mobilier breton. Turbot aux épices douces d'anthologie. Terrasse et véranda au bord de l'eau. Épicerie sur place.

Plus chic

La Carri'Air *(hors plan par B1,* **_16_***) : 19, rue de Sainte-Marguerite. 06-48-72-95-99. • lacarriair@gmail.com • lacarriair.com • Venant du centre de Pont-Aven, tourner à gauche un poil avant la Crêperie Talisman. Dans l'autre sens, à droite au niveau du gros bâtiment jaune, puis longer la falaise à droite. Congés : janv. Compter 119-149 € la nuit selon saison, petit déj compris ; tarifs dégressifs. Paniers repas env 22-35 €, apéritif 36 €.* Dans une ancienne carrière de pierres, Jean-Marie et Maëva, un jeune couple dynamique, ont conçu des *lodges* atypiques au design savamment pensé et suspendus à flanc de falaise. 3 *lodges* : la « Cachot'air », cachée dans la végétation, colorée et destinée aux familles, avec sa petite mezzanine ; la « Vision'air », dont la terrasse surplombe la carrière avec vue panoramique sur Pont-Aven, idéale pour roucouler en amoureux ; et la toute nouvelle « Lumin'air », enfin, dont les baies vitrées s'ouvrent sur la végétation, pouvant accueillir jusqu'à 5 personnes. Le petit déj est déposé le matin dans un panier rempli de produits frais. Également des paniers-repas pour ceux qui veulent jouer les Robinson. Cuisine d'été, prêt de vélos, jacuzzi... Les adorables propriétaires animent aussi, en été, un labyrinthe dans un champ de maïs, avec jeux et animations nocturnes.

FINISTÈRE SUD

Où manger ? Où boire un verre ?

De bon marché à prix moyens

Sur le Pont *(plan A2,* **_21_***) : 11, pl. Paul-Gauguin. ☎ 02-98-06-16-16. Tlj sf mer, plus mar hors saison. Congés : 1er-19 janv et 2 sem en oct. Résa conseillée, surtout en soirée. Formule 25 € déj en sem, menu 32 € ; à la carte, env 40 €.* Les chaises Starck et les Andy Warhol aux murs contrastent avec la façade blanche, toute simple. En cuisine, le chef, Franck Sébilleau, joue sur une carte courte. La précision des cuissons et la justesse des goûts offrent un bel équilibre.

Les 3 Buis *(plan A2,* **_22_***) : 6, rue des Abbés Tanguy. ☎ 02-98-09-43-17. Ouv tlj sf lun en saison ; hors saison, fermé dim et mar soirs, plus mer. Menus 19-23 €. Carte env 40-45 €.* Dans une authentique maison de ville du XVIIe s, les 3 Buis (du nom des 3 sœurs associées) proposent une cuisine de saison fraîche et inventive, qui privilégie le terroir dans l'origine des produits, mais donne aussi bien dans le terrien (jarret de porc à la plancha) que dans le maritime (Saint-Jacques, merlu...). Cadre vintage, épuré mais chaleureux, aux tables suffisamment espacées pour préserver l'intimité des conversations ; belle salle baignée de lumière grâce aux baies vitrées. Aux beaux jours, tables en terrasse.

L'Art de l'Oisiveté *(plan B2,* **_23_***) : 7, rue Louis-Lomenech. ☎ 02-98-06-44-41. 06-30-81-10-43. • artdeloisivete@yahoo.fr • Tlj sf lun, 16h-minuit. Congés : 15-30 juin, 15 j. fin sept. Un café offert pour tapas ou gâteau acheté, sur présentation de ce guide.* Déjà, l'enseigne nous a bien plu, et puis cette précision : « *English spoken with or without french accent !* »... Et puis encore qu'on y fait de la musique le week-end (superbes concerts, *Avel Trez, Peter Rooney, Tim Eriksen, Altman & The Cosmic Pepper Band*...) et, l'hiver, des séances apéro-tricot, des projections... Humour et dérision, ces laudateurs de Paul Lafargue nous ont semblé nécessairement intéressants. En outre, cadre cosy de bois et de pierre, atmosphère conviviale pour déguster de bonnes tapas et descendre d'excellentes bières locales. Qu'espérer de plus ? Refuges pour guérir nos spleens et états d'âme... Les cafés ont encore un bel avenir !

Où manger dans les environs ?

Auberge Ty an Heol : *1, pl. de l'Église,* ***Nizon.*** *☎ 09-86-24-50-60. • tyanheol.com • À 2,5 km à l'ouest de Pont-Aven par la D 24. Tlj sf mer-jeu, 12h-14h, 19h-21h. Menus 20-28 €. À la carte, compter 35 €. Apéritif offert sur présentation de ce guide.* Sur la place principale de ce charmant village, une gentille auberge (pierre sèche, poutres apparentes, cheminée) désireuse d'offrir une authentique cuisine personnalisée à partir de produits choisis avec rigueur. Patron et jeune chef se réclament d'ailleurs de la philosophie de Xavier Hamon (du *Comptoir du Théâtre* à Quimper), ce qui est une garantie incontestable. Cuisine intéressante donc, naviguant autant dans de bonnes vieilles recettes bretonnes que dans les parfums et les contributions des terres lointaines (sans oublier les tapas). Avec, bien sûr, des élans de créativité, de recherche subtile d'associations de saveurs... Cuissons précises, sauces maison... Potée aux choux ou colombo suivant saison, marché et inspiration ; à chaque fois, un joli voyage culinaire (en terrasse aux beaux jours).

Où acheter les fameuses galettes et autres douceurs locales ?

Traou Mad *(« Bonnes Choses » en breton ; plan A2,* ***30****) : 10, pl. Gauguin et 28, rue du Port. ☎ 02-98-06-18-18. Tlj 8h45-19h30. Congés : 2de quinzaine de nov. Visite guidée de la biscuiterie (ZA de Kerzaguel) vac scol et juil-août, mar-jeu 10h et 14h. Rens ☎ 02-98-06-01-03.* Voilà le sablé breton le plus célèbre, créé en 1920 par un boulanger de Pont-Aven. Composé de lait et de beurre produits localement, la farine provenant même du seul moulin encore en activité à Pont-Aven. Les gourmands seront ravis d'apprendre que, outre la célèbre galette, *Traou Mad* propose aussi une déclinaison de crêpes dentelle, sucrées et salées.

Galettes Penven *(plan B2,* ***31****) : 20, pl. de l'Hôtel-de-Ville. ☎ 02-98-06-02-75. De mi-juil à fin août, tlj 9h-19h30 (dim 10h) ; hors saison, mar-sam 9h30-12h30, 14h-18h30. Visite guidée de la biscuiterie (ZA de Kerzaguel) juil-août, mar et jeu 11h ; tte l'année pour les groupes, sur résa (☎ 02-98-06-05-87). Visite gratuite.* Moins connues, bien sûr, que les fameuses galettes *Traou Mad,* les « Délices de Pont-Aven » vendues dans cette boutique ont la particularité d'être fabriquées artisanalement depuis 1890. On y trouve les galettes traditionnelles mais aussi celles, fines, au thé vert, à la cannelle, les épaisses aux éclats de noisette et aux pépites de chocolat, ainsi que des galettes bio à l'épeautre ou au sarrasin.

La chocolaterie de Pont-Aven *(plan A2,* ***33****) : 1, pl. Henri-Delavallé. ☎ 02-98-09-10-47. Tlj sf lun et mer hors saison, 10h-19h. Congés : 1 sem à la Toussaint.* Éric Jubin est un maître chocolatier hors pair. C'est un peu le Picasso du chocolat, comme on nous a dit ici. Bon choix de thés et cafés, jus et nectars artisanaux. Et ses pâtisseries ne sont pas en reste ! Fait aussi salon de thé et glacier, et du salé à déjeuner (club sandwichs, salades) ; jardin intérieur.

À voir. À faire

La pension de Marie-Jeanne Gloanec *(plan A2) : pl. Paul-Gauguin.* Cette brave Bretonne hébergeait les peintres. Malheureusement, la pension a disparu.

C'est aujourd'hui une *Maison de la presse* (plaque commémorative sur la façade, au-dessus de la porte) ; l'étage est réservé aux livres d'art et accueille de nombreuses dédicaces.

***Le Musée des Beaux Arts de Pont-Aven** (plan B2) : 5, pl. de l'Hôtel-de-Ville. Ouv tlj sf lun. Fermé janv. Entrée : 7 € (réduc 5 €) ; 5 € (réduc 3 €) hors expo temporaire. Audioguide gratuit, visites guidées et nombreux ateliers pour enfants réservables en ligne. Compter 1h de visite pour les collections permanentes. Expositions temporaires en 2017 : « Regards d'artistes en Bretagne – Influences esthétiques » (fév-mi-juin), puis « Le renouveau de l'Art breton » (juil-déc).*

GAUGUIN, PEINTRE GÉNIAL, HOMME SORDIDE

D'abord agent de change, il décida de se consacrer entièrement à la peinture. Il partit à Copenhague avec sa femme danoise et leurs cinq enfants. La misère venant, il abandonna sa famille pour s'installer avec ses copains, à Pont-Aven puis à Arles. Enfin, départ pour la Martinique et escale finale aux Marquises. Là, il « offrait » la syphilis à toutes les très jeunes filles de rencontre.

Sur la place principale, le nouveau musée de Pont-Aven, rénové par les architectes ayant travaillé sur la rénovation des musées d'Orsay et Rodin à Paris, a fière allure, mélangeant judicieusement le verre, le métal et le bois. Il se compose de 3 bâtiments en U entourant le jardin Charles Filiger : la partie ancienne, qui abrite désormais les réserves ; l'ancien Hôtel Julia, qui, dominé par les hautes baies vitrées des anciens ateliers d'artistes, compose la façade ; et la nouvelle aile contemporaine.

Le mobilier et les supports multimédia en bois hautement qualitatif, ainsi que les murs peints de couleurs franches qui délimitent les thématiques, mettent indéniablement en valeur une collection d'une belle richesse. Celle-ci s'étend des premiers artistes américains en résidence à Pont-Aven jusqu'aux Nabis.

La salle Julia (1er étage)

La salle Julia restitue l'âme de l'Hôtel Julia, en hommage à Julia Guillou, une serveuse visionnaire, qui a fondé l'établissement fin XIXe s. Maison très réputée, elle y accueillait, dit-on, jusqu'à 200 personnes, dont le docteur Barnes de Philadelphie, ce fameux collectionneur de peintures qui séjournait régulièrement à Pont-Aven. Imposante cheminée en granit, parquet, boiseries sculptées sur les piliers, stucs... Les lustres et tapis sont l'œuvre de Matali Crasset, artiste contemporaine. Ses tapis reprennent les cercles chromatiques des peintres Robert Denis, Émile Bernard et Paul Sérusier.

AMBASSADRICE VISIONNAIRE

Simple serveuse dans l'établissement voisin, Julia Guillou fait construire au décès de sa patronne ce qui deviendra le fameux Hôtel Julia. Pour favoriser la venue et le confort des artistes, elle met en place un service de diligences depuis la gare, des navettes vers la plage de Port-Manech' pour palier l'absence de plage à Pont-Aven, ainsi qu'une annexe en bord de mer. Elle fait du mécénat en exposant les œuvres d'artistes dans sa salle de restaurant. La réputation touristique de Pont-Aven est née !

La collection (3e étage)

Les couleurs des peintures murales du parcours reprennent celles du tableau *Le Talisman* de Sérusier (exposé au musée d'Orsay, dommage !). Ce tableau petit format peint durant l'été 1888, au bois d'Amour, sous la dictée de Gauguin, est fondateur de l'école de Pont-Aven : des plages de couleurs sombres ou éclatantes, parfois dissonantes, aux contours nets, incarnent le ressenti

et l'émotion de l'artiste, en rupture totale avec la peinture académique traditionnelle figurative. Finie la mythologie. Les peintres se passionnent pour les scènes de la vie quotidienne, les traditions, les paysages.
Au fil des salles, on découvre quelques paysages peints par des peintres américains et d'Europe du Nord dont certains autrefois exposés dans la pension Gloanec et l'ancien Hôtel Julia.
Une grande ***frise chronologique*** mène, par un corridor, vers la ***salle Gauguin.*** Admirer le pastel *Les Deux Têtes de bretonnes*, peint à Pont-Aven, mêlant les portraits d'une bretonne et d'une jeune femme aux traits polynésiens. Parmi les dernières acquisitions du musée, une gravure venant compléter la suite Volpini, éditée par Gauguin à l'occasion de l'Expo universelle de 1889. L'Expo s'avère un échec cuisant qui précipitera le départ du peintre en Polynésie. Des 11 illustrations originales, 6 se trouvent ici au musée.
Un peu plus loin, *L'Hommage à Gauguin,* de Girieud (1906), fut présenté au salon des Fauves à Paris 3 ans après la mort de Gauguin. Sur le tableau, on peut notamment reconnaître Sérusier avec sa barbe rousse et Maurice Denis, le théoricien de l'école de Pont-Aven.
Les murs jaunes rassemblent des œuvres des ***fondateurs de l'école de Pont-Aven*** (Paul Sérusier, Émile Bernard et Maurice Denis) et précèdent, à mi-parcours, un film de 12 mn qui fait la synthèse des fondements de l'école de Pont-Aven. Il renvoie vers les sites proches qui ont inspiré les peintres (calvaire à Nizon, chapelle de Trémalo).
Les murs bleus sont consacrés au groupe de Pont-Aven et à son ***extension européenne.*** Quelques œuvres du polonais Slewinski. Influencé et soutenu par Gauguin à la fin du XIXe s, il reconstitue un village d'artistes similaire à l'esprit de Pont-Aven, dans l'est de l'Europe. Ne pas manquer *Le Paysage rocheux, Le Pouldu* de Charles Filiger, dont les sinuosités ont directement inspiré le tracé du jardin du musée.
La ***section sur le japonisme*** fait écho à l'admiration générale des peintres de l'école de Pont-Aven pour cet art : tous étaient collectionneurs d'estampes japonaises, découvertes grâce aux expositions universelles. Étonnante toile d'André Joly qui synthétise cette influence : perspective traitée par plans successifs, vagues décorées qui rappellent celles d'Hokusai.
L'avant-dernière salle est consacrée aux ***Nabis,*** dont le style émane directement de l'école de Pont-Aven. La représentation n'est plus seulement sur toile, mais sur des illustrations de programmes de théâtre, des affiches, dont on observe ici quelques belles pièces. L'Art nouveau n'est pas loin !
La fin du parcours est déjà une ouverture à ***l'abstraction,*** portée en germe par l'école de Pont-Aven. Beaux tableaux de Deyrolle dont on perçoit l'évolution artistique. Lui-même auteur de cette phrase « Je suis devenu abstrait grâce à Sérusier ».

Le jardin Filiger

Conçues telle une œuvre à contempler (dans des transats aux beaux jours), ses terrasses, plantées d'essences locales, se superposent, tels les aplats propres à l'école de Pont-Aven, et reproduisent la palette de couleurs du paysage rocheux *Le Pouldu* de Charles Filiger, l'une des pièces maîtresses du musée, dont le jardin est inspiré. Il est le point de départ (ou final) de la visite.
Pour finir, belle librairie-boutique spécialisée dans les ouvrages sur l'école de Pont-Aven.

➢ ***Balades en ville et dans le bois d'Amour :*** procurez-vous à l'office de tourisme le dépliant fort bien fait proposant plusieurs itinéraires. Un circuit d'une demi-heure relie les différents points d'intérêt dans le centre de Pont-Aven. En particulier, la ***promenade Xavier-Grall,*** ensemble de petites passerelles qui enjambent l'Aven, secteur réservé aux piétons. Le grand poète (1930-1981) s'était fixé à côté de Pont-Aven à la fin de sa vie.

Vedettes Aven Bélon : *rens au ☎ 02-98-71-14-59 ou billetterie à l'office de tourisme. • vedettes-aven-belon.com • Avr-oct, départ du port de Pont-Aven et slt en juil-août du port de Bélon (résa conseillée) pour des excursions commentées. Compter env 13,50-16,50 € ; réduc enfants. Durée : 1h-1h45 selon circuit.* La balade permet d'admirer le mélange de mer et de terre, d'eaux et de forêts caractéristique de ces deux rias.

Fêtes et manifestations

- **Pardon de Trémalo :** *le dim qui précède ou suit la Sainte-Anne (26 juil).*
- **Fête des Fleurs d'ajoncs :** *1er dim d'août.* Grand événement annuel, créé en 1905 par le barde et chansonnier Théodore Botrel (à qui l'on doit l'image folklorique et un peu trop traditionnelle de la Bretagne, voir *La Paimpolaise*). Le matin, les cercles celtiques et bagadou défilent en centre-ville *(accès payant sur le parcours pour assister au défilé : 5 €/pers ou 3 € en prévente à l'OT).* L'après-midi les groupes se produisent sur 3 scènes montées en centre-ville (gratuit). Messe bretonne, marché d'artisans, fest-noz : tous les ingrédients de la fête bretonne !
- **Fête de la belle Angèle :** *fin août (à la dernière grande marée).* Rassemblement de vieux gréements sur le port, visite possible des bateaux, concerts, chants de marins, fest-noz, feu d'artifice...
- **Pont-Aven en lumière :** *mi-nov à fin déc.* Un parcours lumineux qui met en valeur le patrimoine local.

FINISTÈRE SUD

DANS LES ENVIRONS DE PONT-AVEN

La chapelle de Trémalo : *à 1,2 km sur les hauteurs de Pont-Aven, accessible à pied depuis le centre-ville par le bois d'Amour.* À noter, l'un des pans du toit touche presque le sol. À l'intérieur, belles sablières sculptées et Christ en bois du XVIIe s, qui servit de modèle au célèbre *Christ jaune* de Gauguin.

L'église de Nizon : *à 2,5 km au nord de Pont-Aven par la D 24.* Un chef-d'œuvre de l'art religieux breton. Superbes statues naïves, vitraux modernes. Sur la place, calvaire avec *pietà* qui servit de modèle à Gauguin pour peindre son *Christ vert,* en 1889.

RIEC-SUR-BÉLON [RIEG]

(29340) 4 100 hab. *Carte Finistère Sud, C2*

Porte d'entrée d'un séduisant labyrinthe de routes de campagne. Elles vont vous mener aux plus belles chaumières et aux ports les plus lilliputiens. Riec doit son nom à saint Rioch, moine breton du IVe s qui vécut pendant 40 ans comme un ermite, avant d'être recueilli à l'abbaye de Landévennec. Mais le village est surtout connu pour être la capitale d'une fameuse variété d'huître très plate, qui est même passée dans le langage : la « Bélon » ou la « Belon ». C'est, en fait, plutôt l'ultime lieu de séjour pour les huîtres : naissance (le « naissain ») et adolescence se passent sous d'autres cieux bretons ; à 3 ans, elles viennent à Bélon acquérir ce célèbre et incomparable goût de noisette que leur donne le mélange assez original d'eau douce et d'eau salée de la rivière.

Adresse utile

Office de tourisme Quimperlé Terre Océane : *pl. Yves-Loudoux. ☎ 02-98-39-67-28. • quimperle-terreoceane.com • Ouv lun-ven 9h30-12h30, 13h30-17h30 et sam mat ; en saison, lun-sam jusqu'à 18h30, plus dim 10h30-12h30.* Cartes et infos sur le territoire.

– **Marchés :** *mer et sam.*

Où dormir ? Où manger ?

Prix moyens

Chambres d'hôtes La Garance, chez Mme Girard : *3, rue de Moëlan-sur-Mer. ☎ 02-98-06-50-88. • anne.girard5@free.fr • la.garance.free.fr • À deux pas de la place centrale. Compter 55 € pour 2.* L'hôtesse, qui collectionne les œuvres de ses amis peintres, loue 2 chambres (dont l'une mansardée) situées à l'étage de sa grosse maison de 1930 dans une rue au calme. Elles sont aménagées avec goût et offrent un bon rapport qualité-prix. Bon accueil, service attentionné. Agréable petit jardin. Expo de peintures.

Gîtes et chambres d'hôtes chez Martine et Rémy Guillou : ***Le Rest.*** *☎ 02-98-06-92-98. • guillou.remy0005@orange.fr • Au sud de la N 165. De Riec, prendre la direction Quimperlé ; au château d'eau, tourner à gauche direction Le Trévoux sur 2 km, puis à droite direction Saint-Gilles. Ouv mai-15 sept. Double 52 €. Également 2 gîtes 2 ou 4 pers env 240-470 €/sem.* Belle ferme en pierres sèches dans un environnement serein. Les chambres sont confortables et le petit déj est copieux. Coin cuisine à disposition. Dans les gîtes, excellent confort : chauffage, frigo, congélateur, micro-ondes, lave-vaisselle, lave-linge/sèche-linge, terrasse....

Chambres d'hôtes chez Mme Shaw : ***Kervégant.*** *☎ 02-98-06-53-70. 📱 06-08-67-61-22. • nina.jas@orange.fr • À 4 km de Riec. Direction Moëlan, puis, à 1,5 km de Riec, tourner à gauche vers Kerdudal. Ouv tte l'année. Compter 48 € pour 2 et 60 € pour 3. Possibilité de table d'hôtes sur résa 18-20 €.* Grande et belle demeure avec une immense pelouse devant. Janine Shaw aime aussi les antiquités, comme en témoignent l'horloge anglaise du vestibule et les belles têtes de lit. 3 chambres avec vue sur le grand parc arboré. Rustique et confortable à la fois. Accueil sympathique. GR 34 à 1 km.

Où acheter du bon cidre ?

Au Pressoir du Belon, Cidrerie Goalabré : *La Villeneuve, 29340 Riec-sur-Bélon. ☎ 02-98-06-53-45. • cidre-belon-bretagne.fr • Tlj sf dim, 10h-12h, 14h-19h (18h sam).* Cette cidrerie est la dernière de la route du cidre (avant l'entrée dans le département voisin du Morbihan), qui regroupe 8 producteurs du Sud Finistère travaillant en AOP (appellation d'origine protégée) cidre-de-cornouaille. Les cidres sont élaborés exclusivement avec les pommes du verger (parfois jusqu'à 50 variétés, ce qui donne une vraie personnalité au produit). Après une petite présentation par le maître des lieux, avec le support de panneaux explicatifs, place à la dégustation de cidres fermiers, doux ou bruts, et du fameux cidre-de-cornouaille, plus charpenté et tannique, à la robe orangée et caractérisé par « sa prise de mousse » et par son goût doux-amer.

À faire

Vedettes Aven Bélon : *☎ 02-98-71-14-59. • vedettes.aven.belon@free.fr • vedettes-aven-belon.com • En juil-août, départ du port du Bélon (côté*

Moëlan, voire côté Riec sur résa) pour des excursions commentées dans les estuaires du Bélon et de l'Aven. Durée : 1h-2h selon circuit. Tarif : env 13,50-16,50 € ; réduc enfants. Circuits vert et rouge slt sur résa. Le capitaine du *Paul-Gauguin* peut aussi vous faire passer d'une rive à l'autre : joli raccourci pour les randonneurs.

DANS LES ENVIRONS DE RIEC-SUR-BÉLON

Le port du Bélon : *à 4 km au sud.* L'un de nos petits ports préférés en Finistère. Pêche et plaisance tout à la fois. Lumière très belle. Route adorable pour y parvenir. Les plus courageux emprunteront les deux sentiers, splendides : pour une fois, la vue sur la mer est rarement obstruée par les arbres, et on peut jouir, sans entraves, d'un superbe panorama. Le premier sentier, côté Riec, conduit à la pointe de Penquernéo. Le retour se fait par l'intérieur. Le second, côté Moëlan, longe l'autre rive de l'estuaire, direction Kerfany.

Le port de Rosbras : *à env 5 km au sud-ouest.* Celui-là, on l'aime beaucoup. Le fléchage commence à l'église de Riec. Petit port de plaisance qui a su garder son caractère typiquement breton. D'ailleurs, quand on est à Kerdruc, en face, au coucher de soleil, on a vraiment envie de s'y poser. Totalement à l'ouest, la lumière s'y révèle d'une belle luminosité qu'on goûte sur la terrasse de l'auberge du port. Très agréable balade ensuite jusqu'à la *pointe de Penquernéo,* juste en face de Port-Manec'h. Au passage, l'*anse de Goulet-Riec,* merveilleusement préservée. Sentier bordé de genêts, entre terre, ciel et rivière, menant si l'on veut jusqu'à Bélon... 5 km de plénitude !

Le Bistrot de Rosbras : *42, rue des Voiliers (au port). ☎ 02-98-06-92-00. • bistro.rosbras@orange.fr • Tlj sf lun-mar midi hors 1re quinzaine d'août. Résa très conseillée. Menu 23 €. À la carte, compter 30-35 €.* D'abord, c'est une terrasse idyllique (voir plus haut) ; ensuite, vous découvrirez une très belle cuisine pleine d'inspiration, des associations de saveurs qui enchantent sans cesse les papilles (ah, les rillettes de lapin !). Au piano, une chef qui travaille les produits avec passion en respectant leur goût. Fruits de mer d'une fraîcheur absolue, joliment déclinés dans des plats savoureux comme les ravioles de langoustines ou le risotto de moules, crevettes et chorizo... Beaucoup d'habitués réjouis, comme Patrick et Christelle, des amis à nous qui habitent le coin et dont c'est la cantine. Service délié et souriant ; ici, les enfants se sentent bien. Rapport qualité-prix remarquable, une de nos plus belles découvertes !

MOËLAN-SUR-MER [molan]

(29350) 6 780 hab. *Carte Finistère Sud, D3*

Gros bourg commerçant au cœur du pays dit « des Avens », support aux anciennes petites vallées glaciaires envahies par la mer. Dans les environs, de mignons petits ports de pêche, d'anciens moulins à eau (dont le moulin de l'Abbé dans le fond de l'anse de Merrien) et de nombreux vestiges mégalithiques. Ne manquez pas, à Moëlan, la chapelle Saint-Philibert-et-Saint-Roch.

Adresses et info utiles

ℹ ***Bureau de l'office de tourisme Quimperlé Terre Océane :*** *20, pl. de l'Église. ☎ 02-98-39-67-28. • quimperle-terreoceane.com • Sept-juin, lun-sam 9h30-12h30, 14h-17h30 ; juil-août, lun-sam 9h30-12h30, 13h30-18h30, dim 10h30-12h30.* Cartes et infos sur le territoire.

■ ***Transport - Réseau TBK :*** *☎ 02-98-96-76-00. • t-b-k.fr •* Dessert les 16 communes de la communauté de communes du pays de Quimperlé.

■ ***Location de VTT :*** ***M. Gouyec,*** *12, rue du Guilly. ☎ 02-98-39-69-09. Tlj sf dim, 9h-12h, 14h-19h.* Excellent matériel, vélos électriques, réparation, accessoires, etc.

– ***Marchés :*** *au bourg, mar mat ; à Kergroës, sam mat.*

Où dormir ? Où manger ?

Prix moyens

🏠 🍽 ***Hôtel Le Kerfany :*** *15, route du Bélon, à* ***Blorimond-en-Moëlan.*** *☎ 02-98-71-00-46. • le.kerfany@wanadoo.fr • hotel-le-kerfany.com • ♿ Sur la gauche juste avt d'arriver au port du Bélon. Tlj sf dim soir hors saison. Congés : de mi-nov à mi-fév. Doubles 56-60 € selon confort et saison. Formule (sf j. fériés) 20 € ; menus 33-47 €.* 📶 Dans un coin tranquille, juste au-dessus du port. Pas un charme fou, mais environ 45 chambres confortables. Cuisine marine avec un authentique plateau de fruits de mer. Parc arboré et tennis. Pour les randonneurs, à 300 m du GR 34.

Beaucoup plus chic

🏠 ***Manoir de Kertalg :*** ***Le Guilly,*** *route de Riec. ☎ 02-98-39-77-77. • contact@manoirdekertalg.com • manoirdekertalg.com • De Moëlan, D 24 direction Riec ; à 2 km, prendre à droite la petite route qui, après quelques centaines de mètres, conduit au manoir. Ouv Pâques-Toussaint. Doubles avec sdb 130-270 € selon confort ; suite familiale 340 € ; petit déj continental 17 €.* 💻 📶 Un élégant manoir bordé par le Bélon, entouré d'un vaste parc de plus de 80 ha et d'une forêt offrant de belles balades. Dans les anciennes écuries ont été aménagées de belles chambres spacieuses, à la décoration raffinée. Agréable terrasse avec vue sublime sur la rivière pour prendre son petit déj. Expos temporaires.

À voir

La chapelle Saint-Philibert-et-Saint-Roch : *♿ De mi-juin à mi-sept, tlj 10h-12h, 15h30-19h. GRATUIT. Concerts organisés en juil-août.* Chapelle du XVIe s, pleine de charme. Sous le porche, les lépreux possédaient leur abri. Dans l'enclos, calvaire et jolie fontaine entourée de bancs où il fait bon rêver.

Fêtes et manifestation

– ***Les Mardis festifs :*** *en juil-août.* Fanfares sur la place de l'église.
– ***Kerfany en fête :*** *mi-août.* Repas, musique et feu d'artifice.
– ***Pardon de Lanriot :*** *1er dim de sept.* Procession de 7 km de l'église paroissiale jusqu'à la chapelle de Lanriot. Célébration mariale et bénédiction de la mer au port du Bélon.

DANS LES ENVIRONS DE MOËLAN-SUR-MER

Brigneau : *à 4,8 km au sud-ouest de Moëlan-sur-Mer par la D 116.* Gentil petit port, avec ses hameaux tout autour, blottis le long d'un treillis dense de routes étroites et sinueuses. Paysage apprécié des artistes et écrivains. La plupart des maisons ont été superbement restaurées. Certaines ont conservé leur toit de chaume.

➢ Là aussi, en partant du minuscule port de Brigneau, possibilité de rejoindre deux intéressants ***chemins côtiers.*** Le premier, le sentier côtier de la digue de Malachappe, longe la rive droite de l'estuaire et va par Beg Moc'h jusqu'à Kerglouanou. Le second suit la rive gauche de l'estuaire et s'achève à Port-Merrien (départ à la sortie de Brigneau, direction Moëlan). Au passage, à *Kerouant,* on croise *La Houard* ou Maison des douaniers. C'est un ancien poste d'observation du XVIIe s, bien restauré et reconnaissable à son toit de granit en forme d'escalier. Cela permettait aux gardes qui surveillaient de recevoir et de transmettre les messages du haut du toit.

Le port de Merrien : *à 5 km de Moëlan-sur-Mer, sur la route de Moëlan au Pouldu ; à 1 km de Moëlan, tourner sur la droite.* Peut-être le plus petit des ports de la côte. En tout cas, le plus secret et le plus charmant. Lové au fond d'une petite échancrure. Plus de 60 ha de bois et de landes sur les rives du Merrien sont désormais protégés. Songez que dans les années 1950, les ports de Merrien, Bélon, Doëlan et Brigneau assuraient encore l'activité à 600 pêcheurs. Suivez la pancarte « Kersécol – Port-Baly » pour admirer un bout de côte peu urbanisé.

Nombreux *vestiges mégalithiques*. À l'ouest de Moëlan, l'***allée couverte de Kermeur-Bihan.*** Une autre à 3 km, sur la route de Brigneau, et celle de Kergaurance à la sortie de Moëlan en direction de Riec-sur-Bélon.

Kerfany : *à 7 km à l'ouest de Moëlan-sur-Mer, à l'entrée de l'estuaire.* Charmante station balnéaire. Les villas ont, hélas, perdu beaucoup de leurs célèbres pins parasols dans la tourmente de 1987. Allez quand même jusqu'à la *pointe de Minbriz,* pour le panorama sur l'estuaire, la pointe de Penquernéo, Port-Manec'h. Jolie plage abritée et surveillée.

➢ ***Le sentier de Kerfany :*** sentier de douaniers qui longe criques et parcs à huîtres, jusqu'à Porsguen, puis Kerdoualen et Blorimond, en passant par la plage de Kerfany. Réalisable en 3h. Balisé en jaune. Ne pas manquer d'admirer la *chapelle* et la *fontaine de Lanriot.*

QUIMPERLÉ [kemperle]

(29300) 12 000 hab. *Carte Finistère Sud, D2*

• Plan *p. 182-183*

Agréable petite ville au confluent des rivières Isole et Ellé, qui forment ensuite la Laïta. De pittoresques ruelles médiévales pavées livrent leur pesant de vieilles demeures et débouchent sur de merveilleuses églises. Le réaménagement des quais de l'Isole donne définitivement un nouveau visage au centre-ville. « Le fil Bleu », une mise en lumière... bleue, imaginée par Yann Kersalé, offre un lieu de promenade fleuri et bucolique au cœur de la ville, qui mènera, par la suite, jusqu'au pont de l'Ellé. Ajoutez une belle sélection pour dormir et se restaurer qui encourage à y rester plus longtemps.

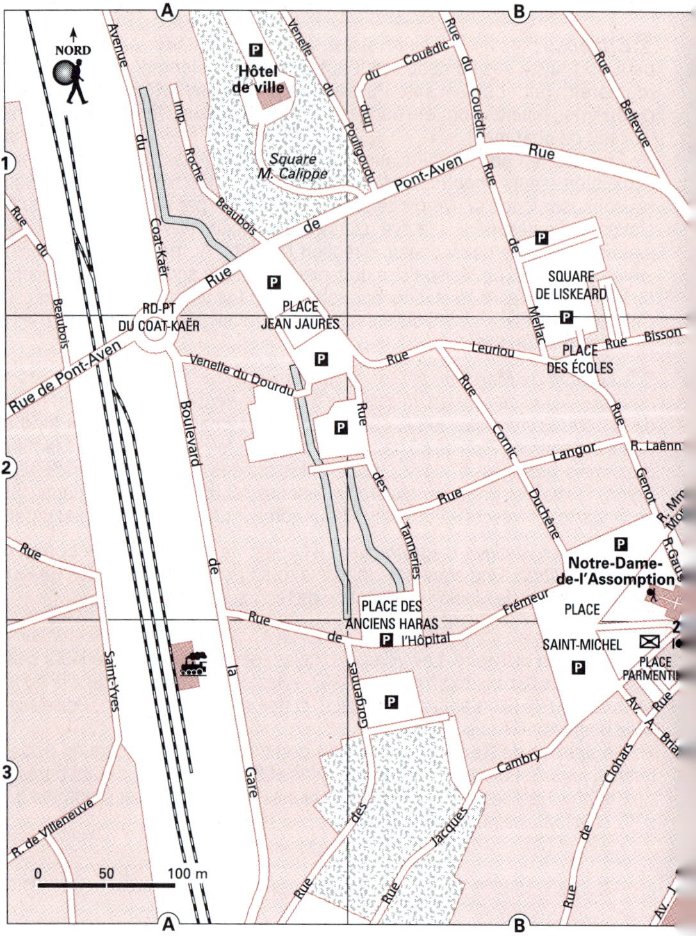

■ **Adresse utile**	Monique Moello
🛈 Office du tourisme Quimperlé – Terre océane	12 Villa Ker Milin
	13 Hôtel Le Brizeux
Où dormir ?	14 Le Vintage Hôtel
10 Chambres d'hôtes, chez	15 Chambres d'hôtes, chez Anne-Marie Goënvic

Adresse utile

🛈 ***Office de tourisme Quimperlé Terre Océane*** *(plan C2)* ***:*** *3, pl. Charles-de-Gaulle. ☎ 02-98-39-67-28. • contact@quimperle-terreoceane.*

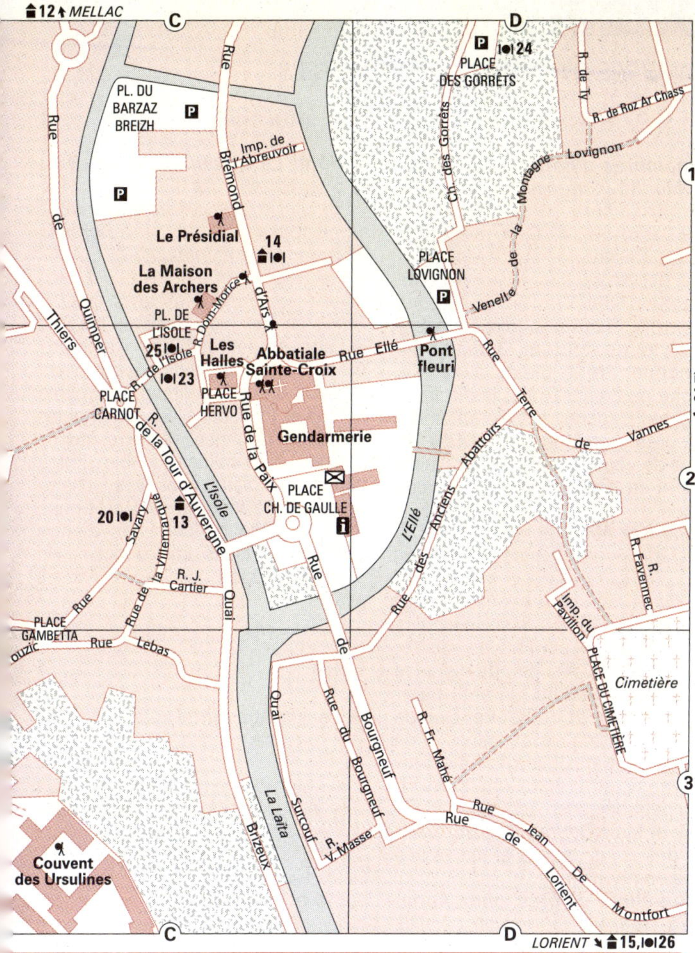

QUIMPERLÉ

Où manger ?

- **14** Faim 2 Loup
- **20** Chez Chouchou
- **21** Crêperie Ty Billig
- **23** La Coulée Douce
- **24** La Tête de Lard
- **25** L'Assiette de l'Isole
- **26** La Cigale Égarée

com • quimperle-terreoceane.com • Dans la basse ville, proche de l'abbatiale. Juil-août, lun-sam 9h30-18h30, dim 10h30-12h30 ; sept-juin, lun-sam 9h30-12h30, 14h-18h. Plein d'infos et cartes sur le territoire et des visites guidées vivantes pour découvrir le patrimoine. Excellent accueil.

Où dormir ?

CHAMBRES D'HÔTES

Prix moyens

Chambres d'hôtes, chez Monique Moello (*hors plan par D2,* **10**) **:** *Le Petit-Lichern.* ☎ *02-98-96-06-40.* *06-70-59-14-22.* • *moello29@live.fr* • *Derrière le stade de Kerstrado, à 1 km du centre, par la route d'Arzano (D 22). Tte l'année. Double 60 €.* Dans une jolie demeure de style néobreton. 3 chambres mignonnes tout plein, avec TV, douche ou bains. Grand jardin fleuri et calme. L'accueil est extrêmement chaleureux, et Monique se fera un plaisir de vous renseigner sur Quimperlé et sa région. Petit déj copieux et varié.

Villa Ker Milin (*hors plan par C1,* **12**) **:** *126, rue de Quimper.* ☎ *02-98-06-57-80.* *06-61-92-57-09.* • *villakermilin@gmail.com* • *villakermilin.fr* • *Congés : 15 déc-8 janv. Doubles 75-100 € selon confort et saison, petit déj inclus.* À si peu de distance du centre en voiture, un petit paradis de charme et de nature. Grande demeure de maître au milieu d'un magnifique parc. Elle offre 4 chambres cosy et d'excellent confort. Beau petit déjeuner. Accueil adorable de M. et Mme Duprat. Le parc révèle bien des coins secrets et même une petite bambouseraie.

Chambres d'hôtes, chez Anne-Marie Goënvic (*hors plan par D3,* **15**) **:** *2, chemin de La Villeneuve-Braouic.* ☎ *02-98-96-09-21.* *06-75-51-53-35. Double avec sdb commune 55 € (tarif dégressif).* À la ferme, 3 chambres toutes simples dans une grande maison moderne de style breton. Tout autour, un grand jardin.

HÔTELS

Bon marché

Hôtel Le Brizeux (*plan C2,* **13**) **:** *7, quai Brizeux.* ☎ *02-98-96-19-25.* *06-47-87-77-98.* • *hotel.brizeux@gmail.com* • *Tte l'année. Doubles 39 € (sanitaires communs)-75 € ; studio (pouvant accueillir jusqu'à 4 pers) 90-130 €, tarifs dégressifs dès la 2ᵉ nuit.* Très bien placé, au bord de la Laïta, ce petit hôtel familial, repris par la fille de l'ancien propriétaire, vient de subir un sérieux lifting. Chambres petites et fonctionnelles, confortables (douches italiennes, séchoirs, literies neuves), bien calmes (double-vitrage côté rue) et bien tenues. Les 9 chambres ont été modernisées et, bonne idée, la déco de certaines d'entre elles confiée à des artistes locaux. Un excellent rapport qualité-prix. Accueil affable.

Chic

Le Vintage Hôtel (*plan C1,* **14**) **:** *20, rue Brémond-d'Ars.* ☎ *02-98-35-09-10.* • *hotelvintage@orange.fr* • *hotelvintage.fr* • *Dans la basse ville. Accès par la pl. des Halles, face à l'église Sainte-Croix. Congés : 1ʳᵉ sem de janv. Doubles 95-128 € ; petit déj 13 €. Remise de 10 % sur la chambre (nov-avr) sur présentation de ce guide.* Dans une ancienne *Caisse d'épargne* à l'opulente façade, un hôtel pour le moins original qui respire l'amour du style Art déco, et c'est plus que réussi. 10 chambres de style contemporain, avec pour chacune un décor particulier, dont les fresques murales qui vous laisseront rêveur... Fait aussi resto.

Où manger ?

Bon marché

Chez Chouchou (*plan C2,* **20**) **:** *10, rue Savary.* ☎ *02-98-06-87-63. Tlj sf dim ; resto slt 12h-14h (et ts les soirs en juil-août), bar 10h (17h sam)-1h. Congés : 10 j. en mars, 10 j. en oct. Plats 10-15 €.* Cadre particulièrement éclectique, coloré et chaleureux (box confortables, lustres de cristal, objets vintage et de nombreux clins d'œil !). Bonne cuisine classique servie avec une générosité incroyable (tartare, saucisse de Toulouse, steak de thon, etc.), beaux desserts s'il vous reste de la place (*panacotta* aux fruits rouges). Service détendu, atmosphère gentiment bruyante et conviviale. Toujours plein, il doit bien y avoir une raison !

|●| *Crêperie Ty Billig* *(plan B3,* ***21****) : 2, pl. Saint-Michel. ☎ 02-98-96-40-91. • contac@ty-billig.com • Fermé dim-lun hors saison. Résa conseillée. Formule env 12 €.* La devanture jaune soleil, la déco esprit brocante et l'ambiance font de *Ty Billig* une sympathique adresse. Olivier prépare devant vous des spécialités de crêpes cuisinées à partir de produits du terroir, notamment le blé noir issu d'un petit producteur bio local. Quant aux garnitures, elles sont au choix, classiques ou plus singulières. Vente de produits locaux au coin épicerie et nombreuses animations culturelles tout au long de l'année (beaux concerts). Jeux pour les enfants.

|●| *Faim 2 Loup* *(plan C1,* ***14****) : 18 bis, rue Brémond-d'Ars. ☎ 02-98-35-19-39. Tlj sf mer, 11h30-13h30, 19h-22h. Menus 6,50 et 8,90 € (avec une boisson).* On adore ce petit snack-resto pour sa volonté de réhabiliter le hamburger et, surtout, de se fournir chez les meilleurs producteurs et artisans locaux. Burgers originaux, goûteux à l'extrême (ah, le BBQ's, sa sauce et confit d'oignons maison)... Mon tout à emporter ou à consommer dans la plaisante salle illuminée par une fresque rigolote inspirée de Tex Avery. Cerise sur le panini (sucré !), le café à volonté ! On lui a proposé de franchiser le concept à Paris, refus ferme du jeune patron qui ne cherche ni gloire, ni pouvoir (et ne voyage qu'avec le *Routard*)...

De prix moyens à chic

|●| *La Coulée Douce* *(plan C2,* ***23****) : 2, rue de La Tour-d'Auvergne. ☎ 02-98-35-11-27. Tlj sf dim soir, lun (plus jeu soir hors saison). Congés : 22 août-5 sept. Plat du jour 10,50 €, formule 14 €, menus 22-33 €.* Cadre agréable, mais aux beaux jours, ne pas manquer de réserver sur la passerelle protégée (le clapotis de l'eau couvre presque le bruit des voitures). Cuisine traditionnelle bien troussée, à partir de produits locaux. Belle et fraîche assiette de fruits de mer, spécialité d'agneau en croûte d'ail et fines herbes. Bon accueil et service souriant.

|●| *La Tête de Lard* *(plan D1,* ***24****) : ruelle des Gorrêts. ☎ 02-98-35-13-81. Tlj sf lun-mar, plus jeu hors été. Congés : mars, juil-oct. Menus 19 € (midi)-23 €, 29 € le dim.* Au bout d'une impasse, une grande demeure seulette, dans un chouette environnement bucolique. Ici, spécialité de viandes et grillades (brasérade, fondue, jarret de porc, souris d'agneau braisée) qu'on déguste au calme derrière, sur la terrasse arborée.

|●| *L'Assiette de l'Isole* *(plan C2,* ***25****) : 2, rue Isole. ☎ 02-98-96-10-70. • jbnadia@wanadoo.fr • ♿ Fermé mar-mer hors saison. Congés : 2 sem fin juin. Menus 25-32 € ; carte 40 €.* 📶 Cuisine évolutive basée sur des produits frais du terroir et de la mer. Une mention spéciale pour le rapport qualité-prix du menu à 25 € et le millefeuille de crêpes aux fruits rouges.

|●| *La Cigale Égarée* *(hors plan par D3,* ***26****) : rue d'Athenry, à Villeneuve-Braouic. ☎ 02-98-39-15-53. • lacigale29@yahoo.fr • Dans la zone d'activités, derrière le concessionnaire automobile. Tlj sf dim-lun. Congés : 1 sem fév, 2 sem en oct, 1 sem à Noël. Plat du jour 18 € ; formules déj 24-28 € (sf j. fériés) ; menus « audace » 45 €, « délit de fine gueule » 65 € et « quinte et sens » 102 €.* Contrairement aux apparences, *La Cigale* n'a pas cessé de chanter en s'installant dans cette grande maison rose entourée d'arbres fruitiers. Son interprétation de la cuisine nous emmène sur des chemins de traverse, où règne un parfum d'aventure entre terre de Bretagne et parfums de Provence. Une vraie symphonie culinaire.

Où dormir ? Où manger dans les environs ?

Campings

Village-loisirs de Ty-Nadan : *route d'Arzano 29310* ***Locunolé.*** *☎ 02-98-71-75-47. • info@tynadan-vacances.fr • tynadan-vacances.fr • À env 11 km à l'est de Quimperlé, direction Arzano puis Locunolé. Ouv avr-début sept. Forfait tente 20,80-47,50 € selon saison et confort. Loc de tentes, de chalets et de mobile homes 384-952 €/sem. 325 empl.* Sur 40 ha, le camping 5 étoiles de la Bretagne Sud ! On y trouve une aire de camping avec location de caravanes, une crêperie, une pizzeria, 2 piscines chauffées et des toboggans aquatiques, 2 courts de tennis, 3 terrains de boules, du tir à l'arc (un championnat de France a eu lieu ici) et de nombreuses autres activités de pleine nature. Ouf !

À l'Abri de l'Océan : *591, route de la Madeleine, Locquillec, 29300* ***Baye.*** *☎ 02-98-96-80-35. • alabridelocean@orange.fr • alabridelocean.com • Au nord-ouest de Quimperlé ; sortir à la zone industrielle de Kervidanou, qu'on traverse avt de passer le pont de la voie express ; ensuite, c'est à droite (si l'on vient du sud, panneau à gauche) ; on passe quelques bâtiments et on retrouve la route, puis tt droit pdt quelques km. Ouv tte l'année. Forfait tente 16,30 €. Loc de chalets et mobile homes 335-520 €/sem. À la nuitée, selon dispo, confort et saison, 30-84 €. Double 51 €/nuit, familiale 71 €. 95 empl. Réduc de 10 % sur les emplacements sur présentation de ce guide.* Petit ensemble hôtel-camping à prix fort intéressants. Camping assez confortable, aux sanitaires corrects. Emplacements séparés par de petites haies et assez arborés. Très bon accueil. Et puis canoë-kayak, plongée, voile, pêche, golf, tir à l'arc, VTT à proximité... Piscine et pataugeoire chauffées.

Chic

La Chambres d'hôtes de Nivinen : *Nivinen, 29300* ***Arzano.*** *☎ 02-98-71-77-09. 📱 06-08-88-14-55. • contact@nivinen.com • nivinen.com • À 8 km au nord de Quimperlé en suivant la direction Plouay-Arzano ; sur la gauche à l'entrée du village. Double 80 € ; familiale 100 €.* Découvrez 5 séduisantes chambres d'hôtes. Derrière les épais murs en granit, elles sont spacieuses et pleines de couleurs qui tranchent avec l'austérité de la pierre. Mariage esthétique et harmonieux réussi entre design et tradition. Orientées face au jardin et à la piscine chauffée, les chambres possèdent leur entrée privative. Notre préférée : celle avec la cheminée. Une véritable adresse de charme à la limite du Morbihan et du Finistère Sud.

À voir

➢ **Visite guidée de la ville :** *rdv à l'office de tourisme, en juil-août, le jeu (4 €, env 2h).*

L'abbatiale Sainte-Croix *(plan C2)* **:** édifiée au XIe s, elle a été en partie reconstruite après l'effondrement du clocher en 1862. C'est la seule église romane bretonne de plan circulaire, imité de l'église du Saint-Sépulcre à Jérusalem. Rotonde centrale de 18 m de haut, sur laquelle s'ouvre la plus belle abside romane de toute la région. Énormes piliers canelés. Superbe *retable* Renaissance, véritable dentelle de pierre, au dos de la porte d'accès. La crypte impose le recueillement. Vestige absolument intact de l'église primitive. Chapiteaux présentant de jolis dessins stylisés sculptés. Deux *tombeaux* du XVe s, dont celui de saint Gurloës, réputé autrefois pour guérir les migraines. Un trou permettait de mettre la tête dans le tombeau. Surtout, admirer la magnifique *Mise au Tombeau*. Trésor présentant quelques objets cultuels remarquables : custode, ciboire, reliquaire, ostensoir du XVIIe au XIXe s.

La rue de Brémond-d'Ars *(plan C1-2)* **:** l'ancienne rue résidentielle où notables et officiers de marine se firent construire de belles demeures. Aux n°s 8 et 12, maisons à colombages. Au n° 15, ne pas rater le double escalier à balustre du *présidial,* qui sert désormais de salle d'exposition municipale *(ouv tte l'année tlj sf mar, 10h-12h30, 14h30-19h).* Au n° 16, vestiges de l'*église Saint-Colomban* : porche roman du IXe s, surmonté d'une fenêtre gothique du XIIIe s (seul vestige de la ville primitive, entièrement détruite en 878 par les Vikings).

La rue Dom-Morice *(plan C1-2)* **:** rue pavée, piétonne ; un morceau du XVIe s au début du XXIe s. De très belles maisons en encorbellement et à colombages.
– *Au n° 5, la* **maison des Archers** *: ☎ 02-98-39-06-63. Ouv de mi-juin à fin sept août, tlj sf mar, 10h-12h, 14h30-19h, ainsi qu'au moment des spectacles.* Superbe maison en encorbellement du XVIe s, aujourd'hui lieu d'expositions et de spectacles. Programme des expositions à l'office de tourisme.

L'église Saint-Michel (Notre-Dame-de-l'Assomption ; *plan B2)* **:** *nous vous conseillons d'y accéder par la rue Savary, petite rue escarpée, piétonne et commerçante.* Commencée au XIIIe s, remaniée aux XVe, XVIIe et XVIIIe s. Repérable de loin avec sa tour carrée. Admirable *portail* nord à la foisonnante décoration Renaissance bretonne. Entrée barrée d'un linteau ouvragé et divisée en deux portes en arcade superbement sculptées. À l'intérieur, observez la décoration des sablières, remises en valeur par la dernière restauration : diables, animaux sauvages, têtes grotesques, fous, etc. Datées de 1430, elles seraient les plus anciennes décorées de Bretagne. Belle statuaire en bois, notamment une *pietà* tragique et une *Vierge à l'Enfant.*

Le couvent des Ursulines *(plan C3)* **:** actuel collège Jules-Ferry. Beau jardin et chapelle de style jésuite du XVIIe s baroque. Plafond décoré à la feuille d'or. Aujourd'hui, cette chapelle est un lieu d'exposition d'art contemporain *(☎ 02-98-39-28-44 ; juil-août, tlj sf mar, 10h-12h30, 14h30-19h ; le reste de l'année, ouv selon expos ; 4,50 €).*

Manifestations

– **Le Cinéma dans la prairie :** *jeu juil-août, séances de cinéma en plein air dans la prairie de Saint-Nicolas. GRATUIT.*
– **Les Mercredis musicaux :** *de mi-juil à mi-août, parking Isole Sainte-Croix. GRATUIT.*

DANS LES ENVIRONS DE QUIMPERLÉ

Le manoir de Kernault : *☎ 02-98-71-90-60. • manoir.kernault@cdp29.fr • En quittant Quimperlé, prendre la direction de Bannalec (D 765) ; à 4 km, suivre le fléchage. Ouv avr-nov : juil-août, tlj 11h-18h30 ; hors saison, mer-dim 14h-18h ; vac scol, tlj 14h-18h. Entrée : 5 € ; réduc ; gratuit moins de 7 ans. Visite accompagnée 6 juil-31 août jeu à 15h ; tarif : 1 € en plus du billet. Balade dans le parc, accès libre. Café du Manoir ouv juil-août 14h-18h.* Kernault est un domaine de 30 ha, composé d'un parc en accès libre et d'un patrimoine bâti dont la construction s'échelonne du XVe au XXe s. Chaque année, un parcours-expo temporaire et un ensemble d'événements et d'animations mettent en valeur la parole sous toutes ses formes ; l'occasion de se laisser bercer par la couleur d'une Bretagne inattendue et pleine de poésie... Visite familiale pour découvrir le manoir et le parc au cours d'une balade ludique et pleine de surprises. Festival des mots, des mômes, fête d'automne ou veillées. Programme d'animations sur demande et sur le site • *cdp29.fr* •

➢ ***Les roches du Diable :*** *à 12 km au nord-est de Quimperlé, à* ***Locunolé*** *(29310).* Une superbe balade au bord de l'Ellé. Le cours d'eau se faufile sous un chaos de roches au milieu des bois. Voilà, pour finir votre périple dans le Finistère Sud, un site diablement romantique et inquiétant, très apprécié par les canoéistes. Réputé pour ses compétitions, c'est l'un des plus difficiles de France.

CLOHARS-CARNOËT [kloaR-kaRnoed], DOËLAN ET LE POULDU

(29360) 3 960 hab. *Carte Finistère Sud, D3*

Cité natale du peintre Tal Coat (1905-1985), pseudonyme qui signifie en breton « front de bois », Clohars-Carnoët offre peu d'intérêt, mais les plages et petits ports tout autour donnent envie de s'y arrêter : *Doëlan,* l'un des ports de pêche les plus mignons de cette portion de côte ; *Le Pouldu,* gentil port de plaisance à l'embouchure de la Laïta, avec une station balnéaire créée dans les années 1930. Fort belles plages (Bellangenet, Le Kérou et Les Grands Sables), mais ça « lotisse » à tout-va ! Des verrues résidentielles s'accrochent en bord de mer.

CLOHARS-CARNOËT

Adresse utile

🅘 ***Office de tourisme :*** *pl. de l'Océan.* ☎ *02-98-39-67-28.* • *contact@quimperle-terreoceane.com* • *quimperle-terreoceane.com* • *Juin-sept, lun-sam 9h30-12h30, 14h-17h30 (juil-août, jusqu'à 18h30, plus dim 10h30-12h30) ; oct-avr, mar-sam mat 10h-12h30, 14h-17h30.*

Où manger ?

|●| ***Crêperie 13 à la Douzaine :*** *22, rue de Lannevain.* ☎ *02-98-71-61-25.* • *patricialematelot@hotmail.fr* • *Et dans le centre, face au supermarché, nov-mars. Juil-août, tlj sf dim midi et lun, 12h-13h30, 19h-20h30 ; 15 avr-30 juin et sept, tlj sf dim-lun ; 1er oct-14 avr, mêmes horaires, mais n'ouvre le soir que le w-e. Congés : 5 janv-15 fév et 2 sem avt la Toussaint. Compter 16 € pour un repas.* Salle au cadre rustique (murs en pierres sèches, lambris, poutres et cheminée) ou petite terrasse sous pergola. Large choix de crêpes à la carte ; le chef est aussi charcutier. Pour prolonger la soirée, pub sous la même enseigne.

DOËLAN

Port de pêche et de plaisance logé dans une ria étroite et profonde, il est gardé par deux phares, un vert et un rouge. Sur chaque rive, de coquettes maisons bretonnes colorées. Le sentier GR 34 offre de jolis points de vue sur le port. Sur la rive droite, vente de poissons et crustacés.

En haute saison, départs pour l'***île de Groix*** (lire plus loin « À voir. À faire à Clohars-Carnoët, au Pouldu et à Doëlan »).

LE POULDU

Cette station balnéaire, qui possède trois belles plages de sable fin, bénéficie d'un microclimat exceptionnel. Ses environs sont une véritable aubaine pour les promeneurs, avec des sentiers côtiers, des randonnées pédestres (GR 34) et des circuits VTT balisés. Sur le plan culturel, Le Pouldu est mondialement connu grâce à Paul Gauguin, à Jacob Meyer de Haan, à Paul Sérusier et à leurs amis de l'école des peintres de Pont-Aven.

Adresse et info utiles

Office de tourisme : *pl. de l'Océan. ☎ 02-98-39-67-28. • quimperle-terreoceane.com • Au bord de la plage des Grands-Sables. Juin-sept, lun-sam 9h30-12h30, 14h-17h30 (juil-août, jusqu'à 18h30, plus dim 10h30-12h30) ; oct-avr, mar-sam mat 10h-12h30, 14h-17h30.* Accueil excellent.

– ***Traversée Le Pouldu-Guidel :*** *juil-août, ttes les 30 mn, 10h-12h, 14h-19h. Les w-e de mai, juin et sept, 10h30-12h, 14h-18h. Traversée : 1 €/pers, 3 €/vélo.*

Où dormir ? Où manger ?

Campings

Camping des Grands-Sables : *22, rue du Philosophe-Alain. ☎ 02-98-39-94-43. • campinglesgrandssables@orange.fr • camping-lesgrandssables.com • Par la N 165 sortie Quimperlé centre/Clohars-Carnoët. Ouv d'avr à mi-sept. Forfait tente 9,70-17,50 € selon saison. Loc de mobile homes 190-620 €/sem. CB refusées. 133 empl.* L'un des plus vastes campings de la région, dans un cadre verdoyant et à 150 m de la mer. Assez bien ombragé. Jeux pour enfants. Concours de pétanque.

Camping Croas an Ter : *Quelvez. ☎ 02-98-39-94-19. 06-24-88-68-20. • campingcroasanter@orange.fr • campingcroasanter.com • En venant de Clohars, Quimperlé et Guidel, au rond-point de Lann-Justis, suivre la direction du Pouldu, puis prendre la 2e à gauche après la vallée. Ouv 1er mai-15 sept. Forfait tente 13,60 €. Loc de caravanes, mobile homes 230-440 € ; tentes avec plancher en bois (et espace cuisine équipée) 260-360 €/sem selon saison ; à la nuitée 35 €. CB refusées. 90 empl. Réduc de 10 % sur le séjour, sf locatif, sur présentation de ce guide.* À 1,5 km de la plage, adorable camping avec, en fond sonore, les oiseaux qui gazouillent dans les beaux arbres vénérables.

Camping Les Embruns : *2, rue du Philosophe-Alain. ☎ 02-98-39-91-07. 06-67-45-18-35. • contact@camping-les-embruns.com • camping-les-embruns.com • À 150 m de la plage. Ouv avr-fin sept. Forfait tente en basse saison 12 €, en hte saison 20 €. Loc de chalets et de mobile homes avec terrasse 295-1 480 €/sem. 180 empl.* Un magnifique 4-étoiles avec 180 emplacements paysagers, dont 120 « grand confort ». Et même des cottages avec tout le nécessaire pour faciliter l'accueil des bébés ! Quelques belles plages à proximité et quelques criques pour les solitaires. Piscine chauffée couverte et espace bien-être.

Camping de Kéranquernat : *au Pouldu. ☎ 02-98-39-92-32. • cam* *ping.keranquernat@wanadoo.fr • camping-keranquernat.com • ♿ Par la N 163, à l'intersection de la route du port et de la plage, à 700 m de cette dernière. Ouv du 1er mai à mi-sept. Forfait tente 10,50-16,50 €. Loc de mobile homes 200-490 €/sem pour 2-6 pers. CB refusées. 100 empl.* Camping fleuri (plusieurs prix). Espaces bien délimités. Piscine.

De bon marché à prix moyens

🏠 🍴 ***Hôtel du Pouldu :*** *75, rue du Port. ☎ 02-98-39-90-66. • hoteldupouldu29@orange.fr • Sur le port du Pouldu. Tlj sf lun-mar en mi-saison. Fermé début oct-début avr. Doubles avec douche 50-58 €. Appartements sur la plage 230-860 € selon taille et confort. ½ pens 58 €/pers. Formule 17 € en sem (midi et soir) et menu 33 €.* Une affaire familiale depuis plusieurs générations dans une bonne vieille maison. Un bar animé, fréquenté par les gens du coin. Des chambres simples mais bien entretenues. Demandez celles avec vue sur la mer, plus claires et plus agréables, ou celles de l'annexe, assez spacieuses. Dans la grande salle au charme désuet du resto, poissons et crustacés : bar grillé, turbot au beurre blanc, plateau de fruits de mer, etc. Authentique et sympathique.

🍴 ***Crêperie Ti Annick :*** *8, rue du Philosophe-Alain. ☎ 02-98-39-93-04. Tt à côté du camping* Les Embruns. *Tlj sf mar de mi-avr à mi-sept. Repas env 12 €.* Un petit resto qui ne paie pas de mine mais qui propose de bonnes crêpes à prix corrects. Pas prête de couler, la *Ti Annick* ! Cadre rustique et ambiance familiale. Il n'y a qu'une petite dizaine de tables à l'intérieur, et une grande terrasse donne sur le jardin.

De prix moyens à chic

🏠 ***Chambres d'hôtes Les jardins de Timel :*** ***Kerloas,*** *à 3 km du Pouldu. 📱 06-64-17-62-12. • jardins@timel.fr • timel.fr • Du port du Pouldu, prendre la route de Quimperlé et tourner à gauche au moulin de Quinquis. Doubles 80-90 €.* 📶 Dans une longère indépendante, perdue dans les jardins, 4 chambres d'un charme fou : romantique anglais, baroque, à baldaquin ou Earl Grey. Celles à l'étage, aux poutres apparentes, sont nos préférées. Très belles salles de bains. Accueil sympathique de Sylviane, dont les filles – Tiphaine et Mélanie – ont donné leur nom aux *Jardins de Timel.* Copieux petit déjeuner. Très agréable salon-bibliothèque avec cheminée. Piscine. Une très belle adresse.

À voir. À faire à Clohars-Carnoët, au Pouldu et à Doëlan

🚶 ***L'église Notre-Dame-de-Trogwall :*** *dans le bourg de Clohars-Carnoët. Horaires restreints : 10h-11h30.* Elle date du XIXe s. À l'intérieur, châsse du XVIIe s contenant des reliques de saint Maurice.

🚶 ***La chapelle Notre-Dame-de-la-Paix :*** *ouv en hte saison.* Au milieu d'un pré, petite, paisible et émouvante, cette chapelle du XVe s fut transplantée depuis Nizon, en 1956, puis remontée ici pierre par pierre. À l'intérieur, beaux et lumineux vitraux contemporains de Le Moal et Alfred Manessier (dans le chœur).

🚶🚶 ***La Maison-Musée du Pouldu :*** *10, rue des Grands-Sables, Le Pouldu. ☎ 02-98-39-98-51. • maisonmuseedupouldu.blogspot.com • Ouv 2 avr-2 nov, sam et dim 14h-18h ; de mi-juin à mi-sept, tlj sf lun, 11h-19h ; vac scol, tlj sf lun, 14h-18h ; j. fériés et ponts, 14h-18h. Fermé nov-mars. Entrée : 4,10 € ; réduc ; gratuit moins de 12 ans. Tarif pouvant être couplé avec l'abbatiale de Saint-Maurice (2e site ½ tarif). Visite de la maison, exposition et film (20 mn).*

De 1889 à 1893, de nombreux peintres ont fréquenté la *Buvette de la Plage,* tenue par la charmante hôtesse Marie Henry. Paul Gauguin y avait pris pension, comme Jacob Meijer de Haan ; ils avaient peint murs, portes, plafonds, fenêtres de la salle à manger. D'autres artistes, dont Sérusier, Filiger, Maufra, Seguin, avaient aussi laissé quelques jolis souvenirs de leur passage... Hélas, Marie Henry partagea sa collection entre ses deux filles en 1925. Puis, en 1959, la totalité fut dispersée à l'Hôtel Drouot de Paris. La plupart des œuvres se trouvent désormais dans les plus grands musées du monde et dans quelques collections privées. Et l'actuel *Café de la Plage* n'est plus qu'un bar comme les autres...
Mais juste à côté, la commune a eu l'idée de reconstituer la *Buvette*. Des reproductions des œuvres (dont l'*Ange à la guirlande,* de Charles Filiger) ont retrouvé leur place d'origine. Et le mobilier d'époque, divers documents et objets montrent le cadre de vie des peintres. L'aménagement et le décor des pièces contribuent à recréer l'atmosphère qui régnait dans ce lieu, enrichie de créations sonores, jeux de lumière, maquette et autres technologies modernes, ainsi que d'un parcours dans un jardin rénové.
La maison accueille, en outre, chaque année, une exposition temporaire. L'été, différentes animations sont proposées aux enfants.

FINISTÈRE SUD

L'île de Groix : *au départ du très pittoresque port de* ***Doëlan.*** *Résas : ☎ 0825-13-41-00 (0,15 €/mn) ou via le site • compagniedesiles.com • De mi-juil au 24 août. A/R dans la journée : env 30 € ; réduc. Aller simple 19 € ; réduc.* On peut rallier l'île de Groix à bord d'une vedette à passagers de *Compagnie des Îles* (le *Kistinig*). Départ du quai Sancéo à 10h30 (billetterie sur le quai). Retour à 18h15. La traversée est commentée et très agréable pour les touristes. Parfois, des dauphins accompagnent le bateau. Réservation conseillée. Sinon, traversée simple à 18h45, arrivée à Groix à 19h30. Retour le lendemain à 9h25. Arrivée à Doëlan à 10h20. Très pratique pour les personnes qui viennent du Finistère, du nord et de l'ouest du Morbihan. Parking gratuit à proximité.

DANS LES ENVIRONS DE CLOHARS-CARNOËT

➢ ***Le chemin des Peintres :*** *rens à l'office de tourisme du Pouldu.* Un itinéraire à suivre sur les traces de Gauguin et de ses amis au départ du musée du Pouldu. Une idée originale et didactique pour parcourir le chemin des Peintres.

Le site abbatial de Saint-Maurice : *à 5 km à l'est de Clohars-Carnoët par la D 224 ; juste avt de franchir la Laïta, prendre une petite route à gauche. Rens : ☎ 02-98-71-65-51. • abbayesaintmauriceblogspot.fr • 15 juin-15 sept, tlj 11h-19h (derniers billets 1h avt fermeture) ; vac scol de Pâques et de la Toussaint, tlj sf sam, 14h-18h ; avr-14 juin et de fin sept à mi-oct, dim, ponts et j. fériés 14h-18h. Tarif : 5 € (audioguide inclus) ; réduc (notamment sur présentation de ce guide) ; gratuit moins de 12 ans. Soirées « chauve-souris » et balade nature 4,10 € ; réduc. Tarif couplé avec le musée du Pouldu (2e site ½ tarif). Possibilité de pique-niquer sur les bords de la rivière.*
Situé en lisière de la superbe forêt domaniale de Carnoët, un des sites les plus méconnus de la région, à l'ambiance incomparable. À cet endroit, la Laïta s'évase, se prenant un temps pour un lac ou imitant un fjord marin. Des centaines d'oiseaux trouvent le coin à leur goût. Venez le matin, quand le soleil s'amuse avec les reflets de l'eau.
Le site de 120 ha a fait l'objet de nombreux travaux de rénovation et de mise en valeur, engagés par la commune. De l'abbaye cistercienne édifiée au XIIe s, il ne reste que la *salle capitulaire,* l'*orangerie* et le *logis de l'abbé,* récemment rénové.

Une exposition permanente y traite de l'épopée cistercienne et des aménagements monastiques. Les ruines s'effacent complètement, tant est puissante la poésie des lieux.
Le site propose une activité insolite : on peut observer les ***chauves-souris*** dans le grenier grâce à une caméra infrarouge. Les images, retransmises en direct d'avril à septembre, permettent de mieux connaître la vie du grand rhinolophe et les mesures de protection de cette espèce. Visite libre avec un livret illustré confié au visiteur. En été, balades nocturnes contées et nuits de la chauve-souris ; se renseigner.

I●I En bas du sentier menant à l'abbaye, sur la droite, possibilité de restauration à ***La Crêperie de Saint-Maurice*** *(☎ 02-98-71-50-67 ; 12h-14h, 19h-21h (service continu dim) ; fermé mar).* Grand choix de crêpes salées et sucrées. Accueil très aimable, chouette environnement et terrasse couverte sur la Laïta. Goûter à l'iséroise (confiture de myrtilles flambée au génépi) ; quelques galettes à base d'algues.

LE MORBIHAN

• Carte *p. 194-195*

ABC du Morbihan

- ❑ ***Superficie :*** 6 823 km².
- ❑ ***Préfecture :*** Vannes (53 000 hab.).
- ❑ ***Sous-préfectures :*** Lorient et Pontivy.
- ❑ ***Population :*** 738 000 habitants.
- ❑ ***Signes particuliers :*** 8 communes situées sur des îles, 1/8e des voiliers immatriculés en France, le plus grand menhir du monde (à Locmariaquer, mais brisé en 4 morceaux !).

Le Morbihan, seul département à porter un nom breton (signifiant « mer petite »), doit sa notoriété touristique aux ressources du littoral. Il est vrai qu'avec ses côtes découpées et variées à souhait, ses îles aguicheuses, ses baies taillées sur mesure pour les sports nautiques, son climat réputé plus ensoleillé qu'ailleurs en Bretagne et sa lumière inimitable, la côte morbihanaise n'est pas à court d'arguments. À l'intérieur, ce pays des bois ne manque pas de richesses archéologiques, de densité historique ou d'équipements de loisirs. On peut y faire des découvertes surprenantes et y passer des vacances sportives ou paisibles, dans une campagne séduisante et vraie, comme dans le reste de la Bretagne centrale !

Adresses et infos utiles

i ***Morbihan Tourisme :*** *PIBS Kerino, allée Nicolas-Leblanc, CS 82408, 56010* ***Vannes*** *Cedex.* ☎ *02-97-54-06-56.* • *morbihan.com* • ■ ***Relais départemental des Gîtes de France :*** *42, av. Wilson, BP 30318, 56403* ***Auray*** *Cedex.* ☎ *02-97-56-48-12.* • *gites-de-france-morbihan.com* • *cridelormeau.com* • ■ ***Sites d'info sur les transports en commun :*** • *breizhgo.com* • *morbihan.fr* • Très pratiques pour préparer son itinéraire (infos actualisées sur les bus, bateaux...).

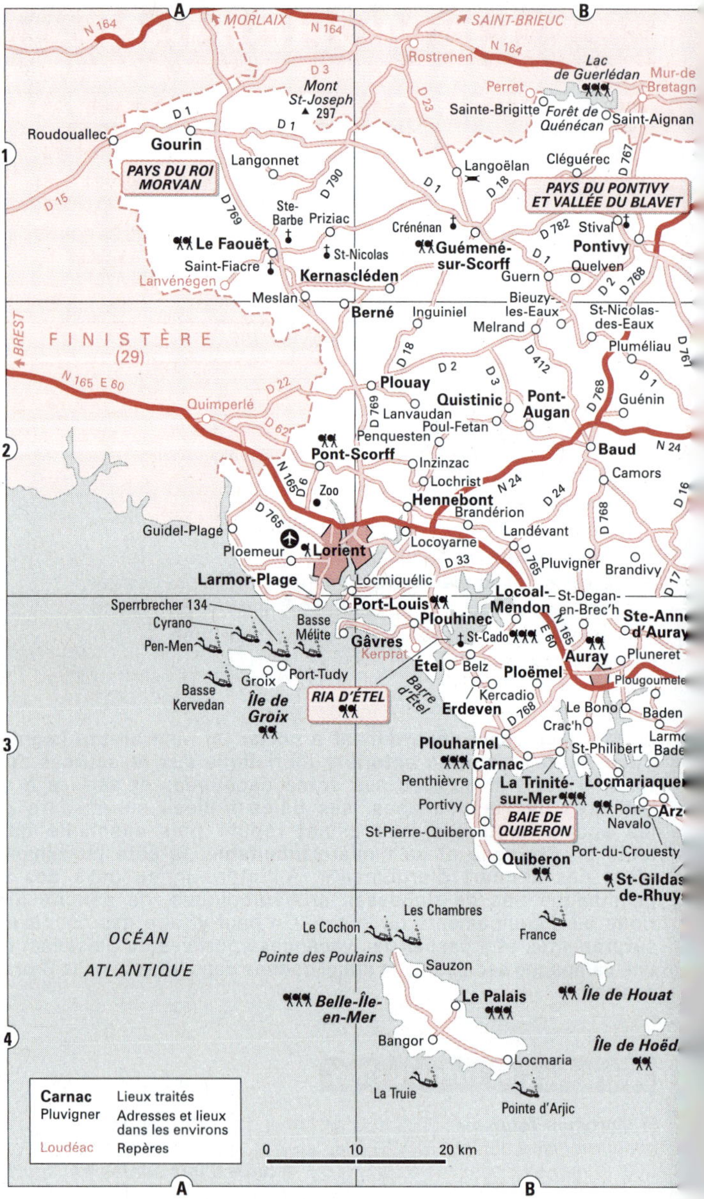

A
B
MORLAIX
SAINT-BRIEUC
N 164
Rostrenen
Lac de Guerlédan
Mur-de-Bretagne
Perret
D 3
Mont St-Joseph
297
D 23
Sainte-Brigitte
Forêt de Quénécan
Saint-Aignan
D 1
Roudouallec
Gourin
Langonnet
Langoëlan
Cléguérec
D 767
PAYS DU ROI MORVAN
D 790
D 18
PAYS DU PONTIVY ET VALLÉE DU BLAVET
D 15
D 769
Ste-Barbe
Priziac
Crénénan
D 782
Stival
Le Faouët
St-Nicolas
Guémené-sur-Scorff
Pontivy
Saint-Fiacre
Quelven
Lanvénégen
Kernascléden
Guern
D 2
D 768
Meslan
Berné
Inguiniel
Bieuzy-les-Eaux
St-Nicolas-des-Eaux
BREST
FINISTÈRE (29)
Melrand
Pluméliau
D 761
D 18
D 412
N 165 E 60
D 22
Plouay
D 3
D 1
Quimperlé
Quistinic
Pont-Augan
Guénin
D 769
Lanvaudan
D 62
Poul-Fetan
Penquesten
Baud
N 24
Pont-Scorff
Inzinzac
Camors
Lochrist
N 165
D 6
Zoo
N 24
D 24
D 16
Hennebont
Brandérion
D 765
D 768
Guidel-Plage
Landévant
Lorient
Locoyarne
Ploemeur
D 33
Pluvigner
Brandivy
Larmor-Plage
Locmiquélic
D 17
Locoal-Mendon
St-Degan-en-Brec'h
Sperrbrecher 134
Port-Louis
Cyrano
Basse Mélite
Plouhinec
Ste-Anne-d'Auray
Pen-Men
St-Cado
E 60
Gâvres
Kerprat
Auray
Pluneret
Port-Tudy
Étel
Belz
Ploëmel
Groix
Plougoumelen
Basse Kervedan
Île de Groix
RIA D'ÉTEL
Barre d'Étel
Kercadio
Erdeven
D 768
Le Bono
Baden
Crac'h
Plouharnel
St-Philibert
Carnac
Penthièvre
La Trinité-sur-Mer
Locmariaquer
Portivy
Port-Navalo
BAIE DE QUIBERON
St-Pierre-Quiberon
Quiberon
Port-du-Crouesty
St-Gildas-de-Rhuys
Les Chambres
OCÉAN ATLANTIQUE
Le Cochon
France
Pointe des Poulains
Sauzon
Le Palais
Île de Houat
Belle-Île-en-Mer
Bangor
Île de Hoëdic
Locmaria
La Truie
Pointe d'Arjic
Carnac Lieux traités
Pluvigner Adresses et lieux dans les environs
Loudéac Repères
0
10
20 km
1
2
3
4

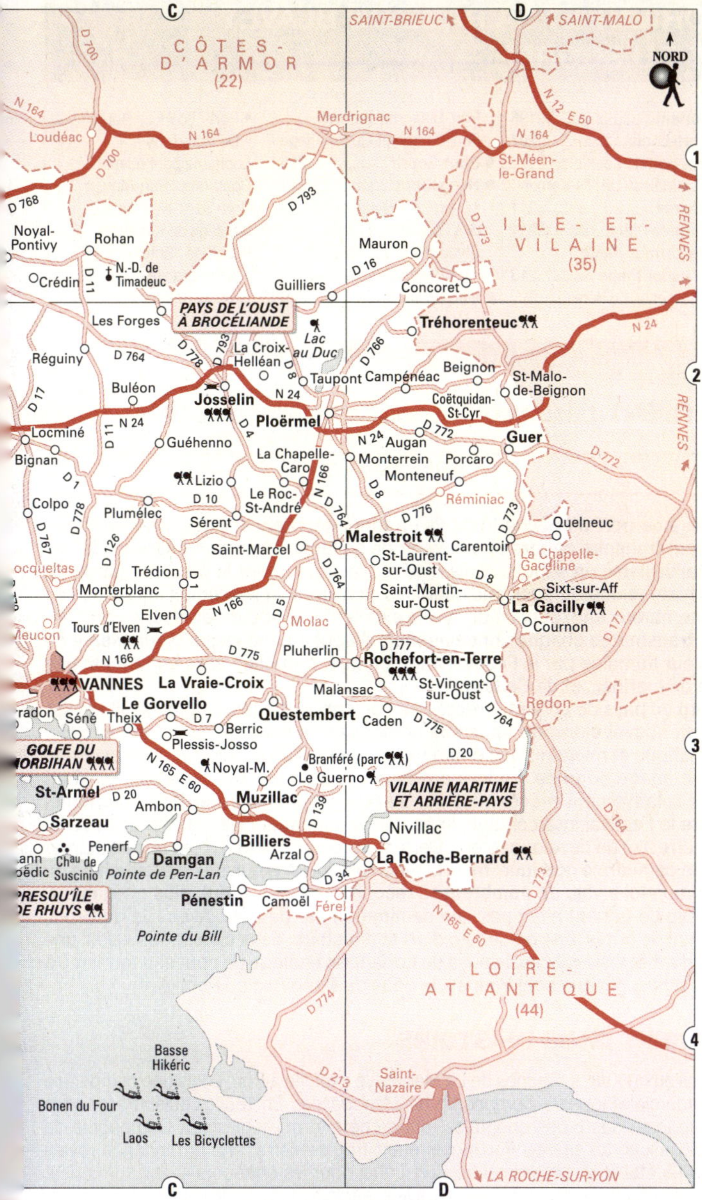

C
D
NORD
SAINT-BRIEUC
SAINT-MALO
CÔTES-D'ARMOR (22)
ILLE-ET-VILAINE (35)
LOIRE-ATLANTIQUE (44)
RENNES
RENNES
LA ROCHE-SUR-YON
1
2
3
4
N 164
N 12 E 50
N 24
N 166
N 165 E 60
D 700
D 768
D 793
D 773
D 16
D 11
D 764
D 778
D 8
D 766
D 17
D 4
D 1
D 10
D 126
D 767
D 772
D 776
D 5
D 775
D 777
D 7
D 20
D 139
D 34
D 177
D 164
D 774
D 213
Loudéac
Merdrignac
St-Méen-le-Grand
Noyal-Pontivy
Rohan
N.-D. de Timadeuc
Crédin
Mauron
Guilliers
Concoret
PAYS DE L'OUST À BROCÉLIANDE
Les Forges
Lac au Duc
Tréhorenteuc
Réguiny
La Croix-Helléan
Taupont
Campénéac
Beignon
St-Malo-de-Beignon
Buléon
Josselin
Ploërmel
Coëtquidan-St-Cyr
Locminé
Guéhenno
Augan
Guer
Bignan
La Chapelle-Caro
Monterrein
Porcaro
Lizio
Monteneuf
Réminiac
Colpo
Plumélec
Le Roc-St-André
Sérent
Quelneuc
Malestroit
Carentoir
Saint-Marcel
St-Laurent-sur-Oust
La Chapelle-Gaceline
Locqueltas
Trédion
Saint-Martin-sur-Oust
Sixt-sur-Aff
Monterblanc
La Gacilly
Elven
Cournon
Molac
Tours d'Elven
Meucon
Pluherlin
Rochefort-en-Terre
VANNES
La Vraie-Croix
Malansac
St-Vincent-sur-Oust
Le Gorvello
Redon
Arradon
Séné
Theix
Questembert
Caden
Berric
Plessis-Josso
GOLFE DU MORBIHAN
Noyal-M.
Branféré (parc)
Le Guerno
St-Armel
VILAINE MARITIME ET ARRIÈRE-PAYS
Muzillac
Ambon
Sarzeau
Nivillac
Penerf
Billiers
Arzal
Damgan
La Roche-Bernard
Chau de Suscinio
Pointe de Pen-Lan
PRESQU'ÎLE DE RHUYS
Pénestin
Camoël
Férel
Pointe du Bill
Basse Hikéric
Bonen du Four
Laos
Les Bicyclettes
Saint-Nazaire

LE MORBIHAN

LORIENT ET LA RADE DU BLAVET ET DU SCORFF

MORBIHAN

LORIENT [an oriant] (56100) 57 700 hab. *Carte Morbihan, A-B2*

• Plan *p. 198-199*

Deuxième port de pêche français en tonnage, premier pour la langoustine, Lorient transpire encore du souvenir de sa longue tradition ouvrière, de ses métallurgistes en sabots. Mais n'ayez crainte, Lorient la bleue ne garde de son histoire douloureuse que quelques cicatrices, et l'essentiel est préservé : les nombreux bars et pubs de la ville exhalent une odeur de franche convivialité, transmutée chaque année au mois d'août en une vague bienfaisante de chaleur humaine par le Festival interceltique. N'oubliez pas : Lorient est une ville de marins... et de Celtes !
Quant au pays de Lorient, il représente un concentré touristique de 30 km sur 30, un nouvel eldorado dans ses composantes économique, commerciale, touristique et militaire. Une entité touristique qui se valorise et n'a plus honte d'une image écornée. Lorient a pris conscience de son potentiel, existant mais relativement méconnu. Pour se réapproprier son territoire maritime. Outre le Festival interceltique, le nautisme constitue, avec la Cité de la Voile, un autre axe de développement. Certes, Keroman 1, 2 et 3 n'ont pas le charme d'une cathédrale gothique, mais la reconversion exemplaire de ce site hors du commun lui a valu de nombreuses reconnaissances. Alors, plus que jamais, le pays de Lorient n'est pas une destination par défaut... Avec l'île de Groix, 100 km de côtes, un pôle urbain d'art et d'histoire, deux cités médiévales, une cité d'art et trois vallées, le pays de Lorient revendique un nouveau tourisme à côté des spots que sont Vannes, le golfe du Morbihan ou Pont-Aven.

LORIENT DANS L'HISTOIRE

Au milieu du XVIIe s, Charles de La Meilleraye exploite à Port-Louis une compagnie commerciale appelée *Compagnie de Madagascar.* En 1664, Louis XIV fonde la Compagnie des Indes orientales, qui rachète le privilège de la Compagnie de Madagascar. Le site de Port-Louis étant trop resserré, une ordonnance royale de 1666 établit un partage entre Port-Louis pour les entrepôts et le futur Lorient pour les chantiers de construction navale, sur la rive droite de l'estuaire du Scorff. Dès lors, les ouvriers s'activent et sont heureux d'annoncer la naissance, 4 ans plus tard, du vaisseau *Le Soleil d'Orient. L'Orient* tout court, pour les intimes. La nouvelle cité de L'Orient connaît vite la prospérité grâce à toutes les marchandises précieuses débarquées ici : étoffes, porcelaines, tapis et épices. Les guerres de la Révolution et de l'Empire porteront un coup fatal à ce commerce international artificiellement implanté à la faveur du monopole d'État... La pêche sera certes encouragée suite à l'invention des conserves à l'huile, en 1804 ; mais c'est la marine qui assure, au XIXe s, la persistance d'une importante industrie.

L'arsenal connaît son apogée sous le Second Empire, grâce à Dupuy de Lôme, inventeur des cuirassés. Un port de pêche industrielle (à Keroman) est inauguré en 1927.

L'occupation allemande et les bombardements alliés provoquent la destruction de toute la vieille ville et d'une partie des faubourgs récents. Il ne reste plus que 5 000 maisons d'avant-guerre, dont 250 sont de beaux spécimens du style Art déco. La ville est d'ailleurs labellisée « Ville d'art et d'histoire ».

LA BRETAGNE QUI GAGNE... PUIS PERD

Joseph Yves Limantour naquit en 1812 près de Lorient. Commerçant avisé, il fit fortune en Californie. Il se faisait payer en terrains, à tel point qu'il posséda pratiquement tout San Francisco (plus de 250 km²). Mais la ruée de l'or attira des voyous qui, peu à peu, le dépossédèrent de ses biens. Une plage existe toujours à son nom à Point Reyes.

MORBIHAN

Arriver – Quitter

En train

➢ Liaisons en TGV avec ***Paris, Lyon, Bordeaux, Lille*** et ***Bruxelles.*** *Rens SNCF : ☎ 36-35 (0,40 €/mn).*

En avion

✈ ***Aéroport de Lorient Bretagne Sud*** *(hors plan d'ensemble par A2) : 56270* ***Ploemeur.*** *☎ 02-97-87-21-50. • lorient.aeroport.fr •*

➢ ***Pour Paris et Lyon*** notamment.

En bateau pour Groix

➢ Liaisons régulières assurées par la ***Compagnie Océane*** *(☎ 0820-056-156 ; • compagnie-oceane.fr •) au départ de la gare maritime (vaste parking à proximité ; env 5-8 départs/j. selon période ; tarif : 30-35 € A/R ; réduc ; gratuit moins de 4 ans ; prévoir 45-50 mn de traversée).* Traversée à bord de gros bateaux qui peuvent embarquer des véhicules, mais c'est cher, il faut réserver longtemps à l'avance, et la location de vélos sur place est bien mieux : une bonne partie des plus beaux chemins ne sont praticables qu'à vélo ou à pied. Cela dit, les tenants du tout-moteur pourront toujours louer un scooter ou un petit 4x4 s'ils le souhaitent.

➢ *Avr-sept, il est également possible de traverser, de Lorient et de Port-Louis, avec la compagnie* ***Escal'Ouest.*** *☎ 02-97-65-52-52. • escalouest.com • 28 € l'A/R ; réduc. Hors saison, slt pour les groupes. Également des visites de la rade de Lorient (1h30 ; 17 €/pers, réduc), ainsi que des croisières sur le Blavet avec escale au marché d'Hennebont (slt l'été). À noter que le bateau fait à chaque fois une halte à Port-Louis.*

➢ *Autre port de départ mai-sept : Lomener, avec* ***Laïta Croisières.*** *📱 06-50-75-39-90. • laita.croisieres.free.fr • 27 € l'A/R dans la journée. Traversée de 30 mn sur un bateau de 48 places, sur résa slt.*

Liaisons batobus

➢ *Infos au ☎ 02-97-21-28-29. • ctrl.fr •* Le moyen le plus rapide et le plus sympa de traverser la rade, plutôt que d'en faire le tour en voiture. Nombreuses liaisons tlj pour Locmiquélic ou Port-Louis (arrêts au port de Sainte-Catherine et à Pen Mané), également pour Gâvres et Lorient. Des correspondances en bus continuent sur Gâvres et Riantec, à partir de Port-Louis. *Les bateaux partent ttes les 30 mn du port de pêche de Kéroman ou du quai des Indes, en*

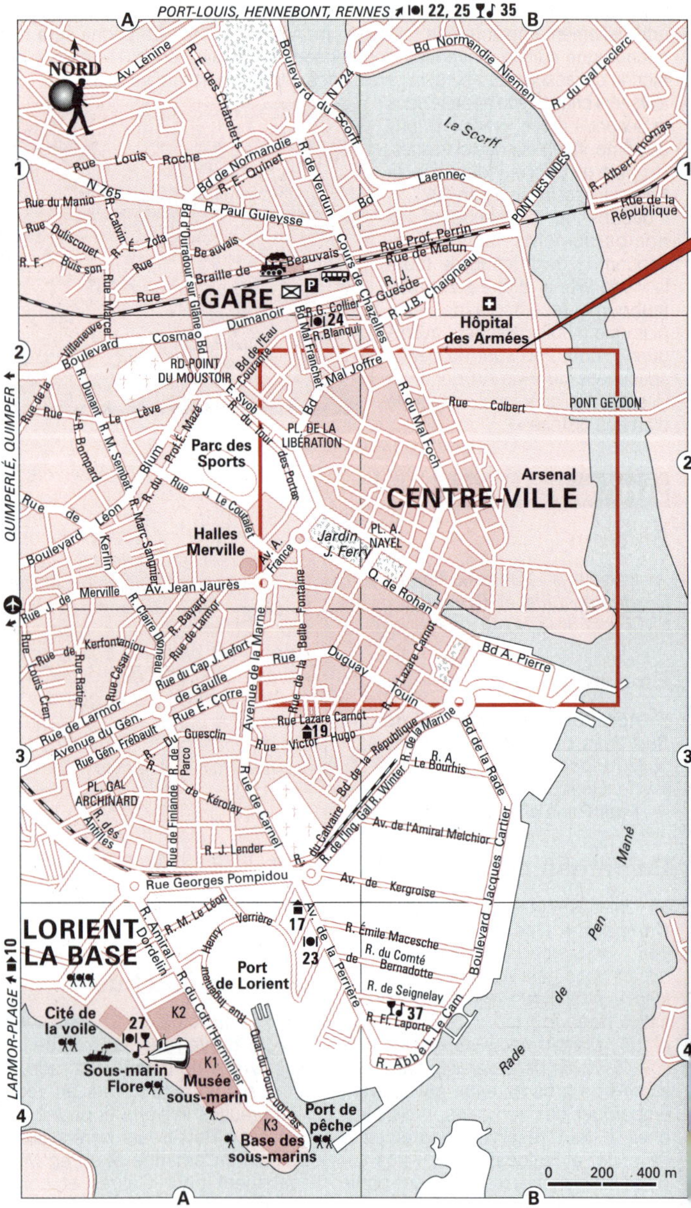
PORT-LOUIS, HENNEBONT, RENNES
22, 25
35
NORD
QUIMPERLÉ, QUIMPER
LARMOR-PLAGE
10
GARE
CENTRE-VILLE
LORIENT LA BASE
Hôpital des Armées
Arsenal
Parc des Sports
Halles Merville
Jardin J. Ferry
PL. A. NAYEL
PL. DE LA LIBÉRATION
RD-POINT DU MOUSTOIR
PL. GAL ARCHINARD
PONT DES INDES
PONT GEYDON
La Scorff
Rade de Pen Mané
Port de Lorient
Port de pêche
Cité de la voile
Sous-marin Flore
Musée sous-marin
Base des sous-marins
K1
K2
K3
17
19
23
24
27
37
Av. Lénine
R. É. des Châtelets
Boulevard du Scorff
N 724
Bd Normandie Niemen
R. du Gal Leclerc
R. Albert Thomas
Rue de la République
Rue Louis Roche
Bd de Normandie
R. E. Quinet
R. de Verdun
N 765
Rue du Manio
R. Calvin
R. É. Zola
Rue Duliscouet
R. F. Buisson
R. Paul Guieysse
Bd d'Ouradour sur Glâne
Beauvais
Braille
Rue Marcel
Cours de Chazelles
Laennec
Rue Prof. Perrin
Rue de Melun
R. J. Guesde
R. J.B. Chaigneau
Dumanoir
R. G. Collier
Bd Mal Franchet
R. Blanqui
Cosmao
Boulevard
Villeneuve
Bd de l'Eau Courante
E. Svob
R. du Tour des Portes
Bd Mal Joffre
R. du Mal Foch
Rue Colbert
R. Dunant
Le Lève
Rue de la
R. Bompard
R. M. Sembat
Prof. É. Mazé
Blum
R. du
Rue J. Le Coutaller
Rue de Kerlin
Boulevard Léon
R. Marc Sangnier
Av. A. France
Av. Jean Jaurès
Rue J. de Merville
R. Claire Droneau
R. Bayard
Rue de Larmor
Rue de Kerfontaniou
Rue Louis Crenn
Rue Ratier
Rue César
Rue du Cap J. Lefort
de Gaulle
Avenue de la Marne
Belle Fontaine
Rue de la
Rue Duguay
Q. de Rohan
Bd A. Pierre
R. Lazare Carnot
Touin
Rue É. Corre
Rue Lazare Carnot
Rue Victor Hugo
Avenue du Gén.
Rue Gén. Frébault
Du Guesclin
R. de Parco
R. de Kérolay
Bd de la République
R. de la Marine
R. A. Le Bourhis
Bd de la Rade
R. des Antilles
Rue de Finlande
R. J. Lender
Rue de Carnel
Bd du Calvaire
R. de l'Ing. Gal R. Winter
Av. de l'Amiral Melchior
Boulevard Jacques Cartier
Rue Georges Pompidou
Av. de Kergroise
R. Amiral Dordelin
R. M. Le Léon
Verrière
Henry
Av. de la Perrière
R. Émile Macesche
R. du Comté de Bernadotte
R. de Seignelay
R. Fl. Laporte
R. Abbé L. Le Cam
Rue Ingénieur
R. du Cdt l'Herminier
Quai du Pourquoi Pas
0
200
400 m
A
B
1
2
3
4

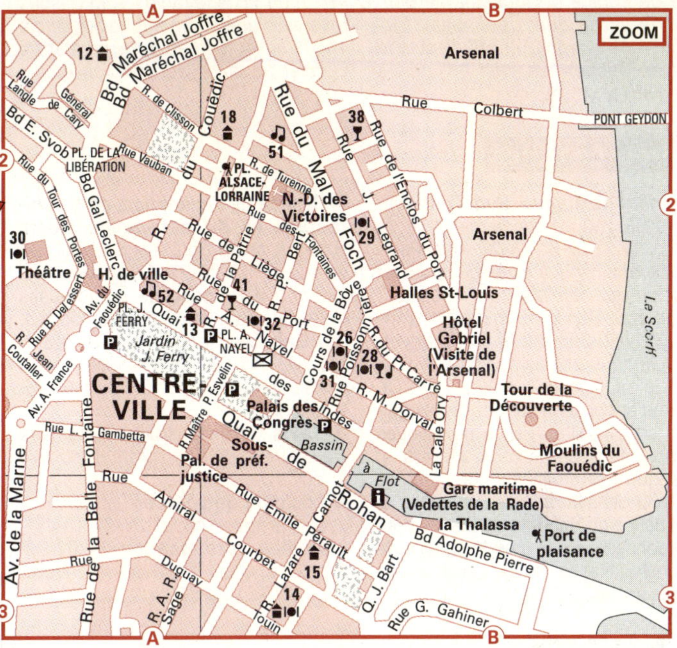

■ Adresse utile

Lorient Bretagne Sud Tourisme *(zoom)*

Où dormir ?

- **10** Auberge de jeunesse du Ter *(plan d'ensemble)*
- **12** Hôtel Cléria *(zoom)*
- **13** Central Hôtel *(zoom)*
- **14** Hôtel Victor-Hugo *(zoom)*
- **15** Hôtel Les Pêcheurs *(zoom)*
- **17** Hôtel Les Océanes *(plan d'ensemble)*
- **18** Hôtel Astoria *(zoom)*
- **19** Hôtel d'Arvor *(plan d'ensemble)*

Où manger ?

- **14** Restaurant Le Victor-Hugo *(zoom)*
- **22** Le Jardin Gourmand *(plan d'ensemble)*
- **23** Le Poulpe *(plan d'ensemble)*
- **24** Le Pic *(plan d'ensemble)*
- **25** L'Amphitryon *(plan d'ensemble)*
- **26** Le Yachtman *(zoom)*
- **27** Bar-resto La Base *(plan d'ensemble)*
- **28** Tavarn ar Roue Morvan *(zoom)*
- **29** Le Tire-Bouchon *(zoom)*
- **30** L'Alto – Restaurant du Grand Théâtre *(zoom)*
- **31** L'Alsace à Quai *(zoom)*
- **32** La Crêperie Saint-Georges *(zoom)*

Où boire un verre ? Où écouter de la musique ?

- **27** Bar-resto La Base *(plan d'ensemble)*
- **28** Tavarn ar Roue Morvan *(zoom)*
- **35** Pub Galway Inn *(plan d'ensemble)*
- **37** Le Galion *(plan d'ensemble)*
- **38** Le Hop Hop Hop *(zoom)*
- **41** La Truie et sa Portée *(zoom)*

Où danser ?

- **51** Le Passport *(zoom)*
- **52** Le Pacific *(zoom)*

LORIENT

face de l'office de tourisme (le dim, départs slt du quai des Indes). Circulent lun-sam 6h45 (5h45 depuis le port de pêche)-20h, dim et j. fériés 10h-19h15 slt du quai des Indes. Prix d'un ticket simple : 1,45 € (sous réserve d'une augmentation), valable 1h ; le ticket journée à 4 € permet de circuler tte la journée sur l'ensemble du réseau CTRL.

Adresses utiles

Lorient Bretagne Sud Tourisme (zoom B3) **:** *Maison de la mer, quai de Rohan. ☎ 02-97-84-78-00. • lorientbretagnesudtourisme.fr • Avr-début juil et sept, lun-sam 10h-12h, 14h-18h ; début juil-fin août, lun-sam 9h30-13h, 14h-19h (tlj 9h30-20h pdt le Festival interceltique), dim et j. fériés 9h30-13h30 ; le reste de l'année, 10h-12h, 14h-17h.* Informe et conseille sur des visites guidées (sites insolites, visites thématiques du port de pêche, expos, ateliers...), ainsi que des croisières commentées de 1h30 dans la rade de Lorient sur la confluence du Scorff et du Blavet, pour tout connaître sur la grande épopée de la construction navale à Lanester, et des sorties à la voile. Billetterie.

■ ***Service de l'animation, de l'architecture et du patrimoine*** (zoom B2) **:** *enclos du Port, à l'Hôtel Gabriel. ☎ 02-97-02-23-29. • patrimoine.lorient.fr •* Propose de nombreuses visites thématiques et des expositions.

Gare d'échanges (plan d'ensemble A1) **:** *☎ 02-97-21-28-29 (transports urbains).* ***TIM,*** *☎ 0800-01-01-56. • ctrl.fr •*

■ ***Taxis :*** ***Radio taxis lorientais*** *(☎ 02-97-21-29-29) et liste disponible à l'office de tourisme.*

■ ***Location de voitures :*** *notamment avec* ***Europcar*** *(☎ 02-97-21-13-45) ;* ***Morbihan auto location*** *(☎ 02-97-84-12-12. 06-79-90-48-37) ;* ***Hertz*** *(☎ 02-97-21-20-31).*

Où dormir ?

Votre attention, braves festoyeurs : pendant le Festival interceltique, tout est complet des mois à l'avance. À prévoir. Ne vous étonnez pas si le prix des chambres est majoré !

Auberge de jeunesse

Auberge de jeunesse du Ter (hors plan d'ensemble par A4, **10**) **:** *41, rue Victor-Schœlcher. ☎ 02-97-37-11-65. • lorient@hifrance.org • hifrance.org • Sur les belles rives de l'étang du Ter. Depuis le centre-ville : bus nº 21 (ou nºs 40 et 52 dim et j. fériés), arrêt « Auberge-de-Jeunesse ». En voiture, prendre la direction Larmor-Plage et suivre le fléchage. Congés : 25 nov-10 janv. Nuitée 17,40-21 €, draps inclus. Repas sur résa à partir de 12,80 €. Kir breton offert sur présentation de ce guide.* Dans un grand bâtiment fonctionnel, situé sur les rives boisées du Ter, des dortoirs de 5 lits, avec lavabo. Établissement relativement récent et de bon confort (cuisine, petit bar, salon TV, baby-foot, ping-pong, billard, etc.). Assez loin du centre, mais cadre superbe.

De bon marché à prix moyens

Hôtel d'Arvor (plan d'ensemble A3, **19**) **:** *104, rue Lazare-Carnot. ☎ 02-97-21-07-55. • contact@hoteldarvor.fr • hotel-darvor-lorient.com • Fermé dim hors saison, sf résa. Congés : 26 déc-25 janv. Doubles 45-50 € selon confort. Kir offert sur présentation de ce guide.* Dans un quartier proche du port de plaisance, à 10 mn à pied du centre, un petit hôtel dans la même famille depuis 1936. Ici ou là, quelques meubles anciens donnent un peu de cachet à cet établissement convivial de 13 grandes chambres (plus petites sur les côtés), simples mais claires, propres, toutes avec douche et lavabo (les moins chères ont les w-c sur le palier). Une aubaine dans son genre, d'autant que l'accueil est très chaleureux.

MORBIHAN

Hôtel Les Pêcheurs (zoom B3, **15**) : *7, rue Jean-Lagarde. ☎ 02-97-21-19-24. • contact@hotel-lespecheurs.com • hotel-lespecheurs.com • Hôtel ouv tlj ; bar-brasserie fermé ap-m sam, dim et j. fériés. Doubles 35-43 € (w-c sur le palier), puis 50-53 € ; majoration pdt le Festival interceltique. Garage vélos-motos gratuit.* Excellent rapport qualité-prix pour ces chambres bien tenues, rénovées dans un style contemporain sobre et agréable, et situées presque dans le centre-ville. Pratique, notamment pour le départ matinal vers les îles. Les chambres les moins chères ont les sanitaires sur le palier. Petite restauration au bar-brasserie à toute heure *(sf w-e et j. fériés).*

Hôtel Les Océanes (plan d'ensemble A4, **17**) : *17, av de la Perrière. ☎ 02-97-37-14-66. • oceanes.hotel@wanadoo.fr • hotel-lesoceanes.com • Doubles 62-95 € ; familiales 74-120 €.* Situé à proximité du port de pêche et de Lorient La Base, dans une avenue qui renaît peu à peu grâce à l'implantation de l'école des beaux-arts, cet hôtel ne manque pas d'atouts : chambres de bon confort et impeccables, rénovées dans un style moderne coloré, parties communes sympas (coin salon agréable et salle de petit déj prolongée par un jardinet), prix raisonnables et bon accueil.

Hôtel Cléria (zoom A2, **12**) : *27, bd Franchet-d'Esperey. ☎ 02-97-21-04-59. • info@hotel-cleria.com • hotel-cleria.com • Doubles 59-79 € ; familiales 79-129 €. Garage payant.* À voir les parties communes douillettes, les propriétaires aiment la déco et le confort ! Les chambres sont cosy, à la déco contemporaine gaie et avenante. Un hôtel très bien tenu et un accueil prévenant. Bon rapport qualité-prix.

Central Hôtel (zoom A2, **13**) : *1, rue Cambry. ☎ 02-97-21-16-52. • centralhotel.lorient@orange.fr • centralhotellorient.com • Idéalement placé, en plein centre-ville. Congés : fêtes de fin d'année. Doubles 60-75 € selon confort, période de la sem et saison ; familiales 75-98 €.* Un hôtel pimpant en plein centre-ville, qui propose des chambres bien agréables, fraîches, colorées et très confortables. Parking facile. Accueil très serviable.

Hôtel Victor-Hugo (zoom B3, **14**) : *36, rue Lazare-Carnot. ☎ 02-97-21-16-24. • contact@hotelvictorhugo-lorient.com • hotelvictorhugo-lorient.com • Congés : fêtes de fin d'année. Doubles 55-67 € selon confort. Garage privé payant. Un petit déj pour 1 pers offert sur présentation de ce guide.* Chambres classiques, parfois très petites mais propres et dotées de tout le confort. Celles côté rue sont heureusement insonorisées. Un établissement fonctionnel et bien situé, près du point d'embarquement pour l'île de Groix et pas loin du centre.

Hôtel Astoria (zoom B2, **18**) : *3, rue Olivier-de-Clisson. ☎ 02-97-21-10-23. • hotelastoria.lorient@wanadoo.fr • hotelastoria-lorient.com • Congés : fêtes de fin d'année. Doubles 72-130 € selon période. Parking. Remise de 10 % sur la chambre (hors congrès et événements) sur présentation de ce guide.* Bien situé, décoré dans un style contemporain agréable, doté de tout le confort et tenu par une équipe charmante : c'est à coup sûr un point de chute impeccable ! D'autant que les chambres modernes sont irréprochables.

MORBIHAN

Où manger ?

La ville compte nombre de restos de très bonne qualité. Au menu : cuisine du marché, légère ou consistante, chemins gastronomiques tortueux et passionnants, produits locaux triés sur le gouvernail.
Recherchez plutôt le grand plateau de fruits de mer ou la belle recette de poisson. Attention, c'est souvent cher car de première qualité, et l'approvisionnement reste soumis aux aléas de la mer. Tous les restaurants inscrivent une spécialité qui change selon la saison : langoustines, crevettes, crabes, sardines, thon en été ; lieu noir, raie, sole, cabillaud, coquilles Saint-Jacques en hiver.
Faites-vous servir des plats parfumés au *kari gosse*. Il ne faut pas confondre

ce condiment avec le curry, bien que ce soit aussi un mélange de plantes exotiques. Sa saveur, où la cannelle domine, est tout à fait originale ; il est employé surtout dans les sauces accompagnant le poisson ; on en trouve chez tous les pharmaciens.

De bon marché à prix moyens

Tavarn ar Roue Morvan (zoom B2, **28**) : *pl. Polig-Monjarret. ☎ 02-97-21-61-57. • tavarn-morvan@wanadoo.fr • ♿ Tlj sf dim, 11h-1h (fin de service 22h). Résa conseillée. Plats env 10,50-13,60 € ; carte 20-25 €.* Vous vouliez du celtique ? En voilà ! C'est la taverne bretonne par excellence, décorée dans les règles et qui sert 2 plats du jour marqués d'un triskèle (viande ou poisson) : *kig moc'h* au chouchen, andouille de Guémené chaude, kig ha farz... avec une bonne sélection de *gwinou* (chopines) rouges, blancs ou rosés, ou encore un pétulant cidre artisanal. Ajoutons la musique qui va avec, une ambiance jeune et beaucoup d'animations (concerts certains soirs). Ne changez rien !

Le Poulpe (plan d'ensemble A4, **23**) : *29, av. de la Perrière. ☎ 02-97-50-08-24. • lepoulpe.lo56@gmail.com • Ouv le midi lun-ven plus le ven soir. Congés : 3 sem en août et 1 sem à Noël. Menu 13,80 € ; menu homard 39,50 € ven soir.* Changement de cap réussi pour Alexandre Nagy qui, après avoir côtoyé les plus grands, a ouvert ce rade populaire à quelques encablures du port de pêche. Un joyeux bazar règne dans ce bistrot où l'on se bouscule à l'heure du déjeuner. Le chef assure toujours autant et mitonne de bons petits plats à base de produits de saison, tout en soignant la présentation. Rapport qualité-prix imbattable et service dynamique, une adresse comme on les aime. Et le vendredi soir, c'est menu homard !

L'Alsace à Quai (zoom B2, **31**) : *19, cours de la Bôve. ☎ 02-97-21-47-81. • lalsaceaquai@gmail.com • ♿ Fermé dim-lun. Congés : fin août-début sept. Menu déj 19-28 € ; carte 25-30 €.* Une adresse conviviale, née de la rencontre d'une Alsacienne et d'un Breton. Côté déco, c'est l'Alsace qui l'emporte et arbore ses couleurs dans une salle agréable et cosy. Côté carte, un mariage fructueux entre ces deux régions qui satisfera petits et grands : *flammekuechen,* moules-frites, *fish & chips,* choucroute terre ou mer, poissons ou viandes cuisinées, le tout à base de produits frais... un régal ! Accueil prévenant.

La Crêperie Saint-Georges (zoom B2, **32**) : *14, rue Paul-Bert. ☎ 02-97-64-28-11. Ouv midi et soir, tte l'année (non-stop pdt le festival). Compter 15 € le repas.* Dans la salle, avec sa grande cheminée, ou en terrasse donnant sur la place, un grand choix de galettes et de crêpes bien tournées et à petits prix.

Bar-resto La Base (plan d'ensemble A4, **27**) : *Lorient La Base. ☎ 02-97-88-01-93. • labase.lorient@gmail.com • ♿ Tlj 9h30 (10h dim)-1h. Formules brochettes env 13-25 €.* Hyper-branchée, une adresse stylée pour voir et être vu, mais aussi une base solide pour un verre ou un plat sur la terrasse colorée ouverte sur le bassin de plaisance. Sinon, grande salle contemporaine tout en baies vitrées, pour grignoter des tapas, une salade, une brochette viande ou poisson. Service jeune et sympa. Soirées très animées... et concerts certains soirs.

De prix moyens à chic

Restaurant Le Victor-Hugo (zoom B3, **14**) : *36, rue Lazare-Carnot. ☎ 02-97-64-26-54. • contact@restaurantlevictorhugo.com • Ouv mar soir-dim midi ; tlj pdt le Festival interceltique. Formule déj en sem 15 €, menus 19 € (sf j. fériés), puis 30,50-38 €.* Pour goûter une cuisine de terroir soignée et joliment présentée, élaborée avec des produits locaux de qualité. Cadre néo-classique, avec banquettes et petites tables sous la lumineuse verrière. Expos d'art mensuelles. Accueil souriant.

L'Alto – Restaurant du Grand Théâtre (zoom A2, **30**) : *pl. de l'Hôtel-de-Ville. ☎ 02-97-84-07-57. • alto2@wanadoo.fr • Fermé dim et lun soir. Formule déj autour de 15 €, carte env 35 €.* Un resto lounge, qui a du peps et suggère une délicieuse cuisine de marché. Le choix des produits et leur préparation ne laissent aucune place à l'amateurisme, ni au hasard : les poissons comme les viandes sont finement cuisinés, avec quelques belles surprises. Il faut dire qu'ici, au piano comme en salle, ce sont les fils de M. Abadie, la star doublement étoilée de *L'Amphitryon,* qui font partager leur enthousiasme.

|●| ***Le Tire-Bouchon*** *(zoom B2,* ***29****) : 45, rue Jules-Legrand. ☎ 02-97-84-71-92. Fermé sam midi, mar soir et mer. Congés : janv, fin juin et à Noël. Formules déj en sem 14,50-17,50 € ; menus 29-41 € et menu homard 58 €.* Dans un cadre soigné, des petits plats raffinés, élégants, voire innovants pour une cuisine de vérité à base de produits frais. Et la version enfants est à l'avenant ! Accueil attentionné.

|●| ***Le Pic*** *(plan d'ensemble A1-2,* ***24****) : 2, bd du Maréchal-Franchet-d'Esperey. ☎ 02-97-21-18-29. • restaurant.lepic@orange.fr • ♿ Fermé mer soir, sam midi et dim non fériés. Formules lun-ven 14,50-24 € ; menus 18,90-39,50 €.* Avec son décor rétro de bistrot parisien chic et sa petite terrasse aux beaux jours, l'endroit plaît à juste raison. Une cuisine de marché traditionnelle mais raffinée, concoctée par Marc Saulou, accompagnée par de bons vins.

|●| ***Le Yachtman*** *(zoom B2,* ***26****) : 14, rue Poissonnière. ☎ 02-97-21-31-91. • info@leyachtmanlorient.fr • ♿ Fermé dim. Résa conseillée le soir. Formules 17-21 € en sem, puis 32-45 €.* Décor contemporain, élégant et épuré, avec quelques éclats des vitraux colorés dédiés à Lorient. Très beau menu du jour et cuisine traditionnelle terre-mer respectueuse des produits. Belle carte des vins d'un passionné qui possède sa propre cave (la boutique est attenante au restaurant), sélectionne ses producteurs avec soin et propose de vieux millésimes. On aime beaucoup l'ensemble !

De chic à plus chic

|●| ***Le Jardin Gourmand*** *(hors plan d'ensemble par B1,* ***22****) : 46, rue Jules-Simon. ☎ 02-97-64-17-24. • jardingourmandlorient@tropmad.com • ♿ Ouv mer-dim midi et j. fériés l'été, à la Toussaint et à Noël ; slt ven-dim midi et j. fériés hors saison. Congés : vac de fév et 1 sem fin août-début sept. Résa très recommandée. Formules déj en sem 25-32 €, menus 44-58 €, carte env 44 €. Une recette de Nathalie offerte sur présentation de ce guide.* Sous la pergola ou en salle, dans un cadre aéré et élégant, on déguste chaque jour de nouvelles recettes savoureuses à base de produits locaux et de saison, retravaillés par les doigts de fée de Nathalie Beauvais. Ses spécialités ont même fait l'objet d'un recueil... élu meilleur livre de cuisine régionale du monde ! La classe ! D'ailleurs, parallèlement, elle a créé une société d'édition de livres de recettes, de formation et de consulting. C'est dans tous les cas notre table préférée à Lorient, comme celle de nombreux Lorientais.

|●| ***L'Amphitryon*** *(hors plan d'ensemble par B1,* ***25****) : 127, rue du Colonel-Muller. ☎ 02-97-83-34-04. • amphi-abadie@orange.fr • ♿ À la sortie de la ville vers Quimperlé. Fermé dim-lun. Congés : 1 sem début janv, 2 sem en mai et 1re quinzaine de sept. Résa obligatoire. Menu 50 € mar-ven sf veilles de j. fériés ; autres menus 88-150 €.* Aventuriers et aventurières du goût, vous tenez là la meilleure (et la plus chère) adresse de la ville, dirigée par un chef aussi surprenant que brillant, Jean-Paul Abadie. Un cadre contemporain, lui aussi, aux couleurs de notre temps, et de bien belles tables, chacune dressée avec une porcelaine de Limoges différente. Exceptionnelle carte des vins de l'Hexagone.

MORBIHAN

Où boire un verre ? Où écouter de la musique ?

🍷 ♪ ***Tavarn ar Roue Morvan*** *(zoom B2,* ***28****) : pl. Polig-Monjarret. Pub ouv jusqu'à 1h. Voir « Où manger ? De bon marché à prix moyens ».*

🍷 ♪ ***Bar-resto La Base*** *(plan d'ensemble A4,* ***27****) : Lorient La Base. Voir « Où manger ? De bon marché à prix moyens ».*

Pub Galway Inn *(hors plan d'ensemble par B1, **35**) : 18, rue de Belgique. ☎ 02-97-64-50-77. • thegalwayinn.com • À la sortie de Lorient, vers l'ouest. Tlj 17h-2h.* Pub irlando-celtique très sympa. Atmosphère chaleureuse pour une *Guinness* bien crémeuse, surtout à l'occasion des sessions traditionnelles du mercredi et des petits concerts le week-end fleurant bon l'Écosse, l'Irlande, façon rock, blues ou folk, qu'importe. Terrasse charmante dans le jardin.

Le Galion *(plan d'ensemble B4, **37**) : 2, rue Florian-Laporte. ☎ 02-97-37-41-23. Tlj sf dim, 7h30-1h (2h les soirs de concert).* Au cœur du quartier de la Perrière, jouxtant le port de pêche, ce drôle de vieux troquet en a vu passer du monde. Dockers, pêcheurs, routiers, touristes et rockeurs s'y croisent ou s'y succèdent selon l'heure du jour ou de la nuit. Le patron, passionné de musique, y organise régulièrement des concerts (tendance rock-punk-garage !). Une adresse résolument en marge, sinon marginale, mais authentique et atypique comme on les aime.

La Truie et sa Portée *(zoom B2, **41**) : 10, rue de la Patrie. ☎ 02-97-64-19-16. • la-truie-et-sa-portee.fr • Fermé dim et j. fériés. CB refusées.* À l'extérieur, la façade est habillée d'une végétation verdoyante. À l'intérieur, la décoration toute de bois a des allures de décor de théâtre pour lutins et fées. On se croirait presque dans une maison de troll ! En ce qui concerne le nom du bar, si vous trouvez la solution... Quant à la devise, c'est « une groin-groin, sinon rien » !

Le Hop Hop Hop *(zoom B2, **38**) : 10, rue Saint-Pierre. ☎ 09-73-69-20-58. Ouv ts les soirs sauf mer, 18h-1h.* Un bar alternatif haut en couleur, à l'image de son patron au caractère bien trempé. Les Lorientais aiment s'y retrouver pour un verre décontracté, une expo, une partie de billard ou de ping-pong, dans la salle ou le jardinet attenant selon la météo. Soirées à thème.

Où danser ?

À Lorient, les 2 boîtes classiques qui rassemblent le plus de clubbers et font partie du circuit nocturne sont **Le Passport** *(zoom B2, **51** ; 8, rue de Turenne)* et **Le Pacific** *(zoom A2, **52** ; 4, pl. Jules-Ferry).* Jeune et festif.

À voir. À faire

Le port de pêche *(plan d'ensemble A4) :* important pour la valeur et la diversité du poisson débarqué. C'est le 2e port de pêche de France pour le tonnage et la variété des espèces. Presque 2 km de quais, une criée couverte de 2 ha, à voir et à sentir tôt le matin... ou au cours des visites guidées organisées pendant les vacances scolaires *(résa auprès de l'office de tourisme).* Cela dit, il existe aussi une visite guidée pour les puristes, avec découverte de la criée à 6h du mat ! Plusieurs milliers de personnes vivent par et pour la pêche. Le chalutier est le bateau le plus utilisé, mais les autres techniques de pêche ne sont pas en reste, comme la palangre, le filet maillant ou le casier. Quelque 60 espèces sont offertes sur le marché sous les **halles de Merville** *(zoom A2)* tous les matins, près de l'hôtel de ville. Également vente aux particuliers aux *établissements Moulin (au port, magasin 78, lun-sam 8h-12h).* Pas cher et on ne peut plus frais, ma bonne dame !

L'enclos du port *(zoom B2) : dans le cœur historique de Lorient, l'ancien enclos de la Compagnie des Indes. Rens auprès du Service de l'animation, de l'architecture et du patrimoine (voir « Adresses utiles ») pour les horaires. Visite guidée : 5,10 €. Durée : 1h30.* Le départ se fait de la grille de l'enclos, au bout du quai des Indes (avant-port de plaisance). Monuments préservés du XVIIIe s : la tour de la

Découverte (225 marches), les moulins de l'Amirauté, l'hôtel des ventes de la Compagnie... De l'arsenal, vous ne pourrez pénétrer que dans le péristyle, car il ne se visite plus.

Le port de plaisance *(zoom B3)* **:** une belle escale que ce bassin à flot en plein centre-ville. La nouvelle capitainerie est située dans l'ancien musée de la Thalassa.

L'Abri de défense passive *(zoom B2)* **:** *pl. Alsace-Lorraine. Visites assurées par le Service de l'animation, de l'architecture et du patrimoine (voir « Adresses utiles »). Tarif : 5 € ; réduc ; gratuit moins de 12 ans. Durée : 1h15.* Bâti en 1941 par les occupants, cet abri reconstitue le contexte des alertes durant la Seconde Guerre mondiale. Diaporama, témoignages sonores et maquettes.

En suivant le quai des Indes *(zoom B2-3),* gagner le quartier piéton, toujours très animé, autour de la pl. Aristide-Briand *(zoom B2).* Sur la pl. Alsace-Lorraine, l'***église Notre-Dame-des-Victoires*** *(zoom B2),* de plan carré, est construite en béton armé et granit, et recouverte par un dôme aplati. À l'intérieur, vitraux jaune et blanc, et fresque d'Untersteller *(Le Jugement dernier).*

D'une manière générale, l'architecture locale n'a rien de particulièrement excitant, à part les deux notables exceptions que sont le ***quartier de Merville*** *(plan d'ensemble A1-2)* avec ses quelques maisons Art nouveau et villas Art déco, ainsi que l'étonnant ***quartier de Kerentrech*** *(hors plan d'ensemble par A1),* au nord de la gare SNCF, épargné par les bombardements, dont les maisons du début du XXe s affichent une surprenante diversité de formes et de couleurs. Jeter un coup d'œil aux maisons de la rue Madame-de-Sévigné et de la rue Carnot. Quelques belles façades classiques au bout du quai des Indes ; voir, au passage, la charpente des archives de la marine sous la tour de la Découverte. À découvrir aussi, les gargouilles « osées » de l'église Notre-Dame-de-Bonne-Nouvelle ; la chapelle qui domine le pont Saint-Christophe, ancienne maison du passeur du Scorff ; le parc à bois sur la rive de Lanester et le cimetière de bateaux à l'embouchure du Blavet, en amont de Lorient, sur la commune de Lanester.

LE CIMETIÈRE DE BATEAUX DE KERHERVY

Quand on franchit la rivière du Blavet, entre Kervignac et Lanester, on aperçoit des carcasses de thoniers. Pendant la dernière guerre, de nombreux capitaines cachèrent ici leurs bateaux pour qu'ils ne soient pas réquisitionnés par les Allemands. Malheureusement, certains marins ne revinrent pas, et les navires sont aujourd'hui des épaves échouées dans la vase.

Lorient La Base *(plan d'ensemble A4)* **:** cette base, composée de 3 titanesques blocs de béton surnommés *K1, K2* et *K3* (*K* pour *Keroman*), a été construite en un temps record par les Allemands et plus de 15 000 hommes entre 1941 et 1943. Elle abritait 40 sous-marins *U-boote* et 1 000 hommes. À cause d'elle, Lorient fut détruite. Grâce à elle, en 1945, Lorient redevint le pôle économique de la Bretagne Sud. La Marine nationale, après l'avoir utilisée pendant 52 ans, l'a quittée en 1997. Ce gigantesque ensemble (12 ha, 1,8 million de mètres cubes bâtis), témoin du XXe s, a été réhabilité avec la manière et abrite désormais différents sites d'envergure. Avec un musée, des visites guidées, un sous-marin à découvrir, la *Cité de la Voile Éric-Tabarly,* et son nouvel espace d'expos temporaires *L'Annexe,* ainsi que l'infrastructure *course au large* qui accueille des navigateurs d'exception, leurs bateaux et leurs équipes, c'est même le principal pôle touristique de la ville. Vous n'aurez pas trop d'une journée pour tout voir !

La Cité de la Voile Éric-Tabarly *(plan d'ensemble A4)* **:** ☎ 02-97-65-56-56. ● citevoile-tabarly.com ● *Juil-août, tlj 10h-19h ; le reste de l'année, vac scol tlj 10h-18h ; hors vac scol, mieux vaut se reporter au site internet ; fermeture de la billetterie 1h30 avt. Entrée : 12 € ; réduc ; tarif famille 36 €.*

Nul besoin d'être un vieux loup de mer pour prendre plaisir à s'initier aux forces de la nature qui s'exercent sur un voilier. Dès l'entrée, on embarque à bord du trimaran d'Alain Gauthier pour une virée entre Groix et Lorient projetée sur trois écrans géants. Vidéos, écrans interactifs, maquettes, matériaux nous font découvrir toutes les innovations en matière de quille, coque, mat et voile pour aller toujours plus vite sur les océans, sans autre carburant que le vent. Dans ce domaine, Éric Tabarly était un pionnier (inventeur ingénieux autant que grand sportif), et c'est à juste titre qu'un espace entier est dédié au navigateur français, victime de sa passion, et à ses différents *Pen Duick*. Réaménagé en 2015, l'espace intérieur permet encore d'entendre les témoignages des plus grands navigateurs grâce à des douches sonores, de piloter des petits voiliers radio-commandés sur un bassin équipé d'une soufflerie, ou encore de partir pour un tour du monde en solitaire grâce à un simulateur 3D on ne peut plus réaliste.

LA MARÉE N'ATTEND PAS !

En 1967, suite à ses nombreuses victoires, le général de Gaulle invite Éric Tabarly à l'Élysée. Scandale : le navigateur refuse, car il a prévu ce jour-là de mettre à l'eau son Pen Duick II à Lorient. Quatre mois plus tard, il reçoit une nouvelle invitation, avec ce mot du président : « J'espère que cette fois la marée vous permettra d'être avec nous ».

Et si l'envie vous prend de naviguer pour de bon, seul ou accompagné, toutes les possibilités sont offertes le long du quai à l'extérieur, où vous aurez sans doute la chance de voir, de très près, des bateaux prestigieux se préparant pour une prochaine course au large. Car c'est ici que nombre d'entre eux sont construits et peaufinés.

Le sous-marin Flore-S645 et son musée *(plan d'ensemble A4)* **:** *bloc K2 ☎ 02-97-65-52-87. • la-flore.fr • Juil-août, tlj 10h-19h (20h certains jours) ; le reste de l'année, mar-dim 10h-12h30, 14h-18h (tlj 10h-18h pdt les vac scol) ; dernier départ de visite 1h30 avt fermeture. Congés : janv.* ***Résa indispensable l'été*** *en raison du nombre limité de visiteurs pour raisons de sécurité (sur place ou via Internet). Entrée : 9 € ; réduc ; gratuit moins de 7 ans.* Départ toutes les 40 mn pour découvrir les secrets de l'un des anciens fleurons de la Marine nationale, opérationnel entre 1964 et 1989. Mais avant d'embarquer, une présentation s'impose. Aménagée dans un bloc et réalisée à l'aide d'une muséographie moderne et efficace, celle-ci reprend l'historique de la base, avant d'évoquer en détail toutes les subtilités techniques inhérentes à ce type d'appareil (les systèmes de propulsion, les appareils de navigation...), et la complexité de la vie à bord (pour rationner l'eau, en 45 jours, on ne se lavait... qu'une fois !). Vient ensuite le moment tant attendu, et c'est l'audioguide vissé sur la tête qu'on pénètre dans l'univers exigu de La Flore, de la chambre des torpilles au poste de commandement, en passant par la cuisine et les toilettes.

Le Musée sous-marin *(plan d'ensemble A4)* **:** *tour Davis-K1. 📱 06-07-10-69-41. • msmpl@orange.fr • tour-davis.com • Visite guidée ou audioguidée juil-août tlj 13h30-18h30 ; mai-juin et sept, mar-dim 14h-18h ; oct-avr, dim. Entrée : 5 € ; réduc ; gratuit moins de 7 ans.* Immersion... mais pas dans un sous-marin ! Le clou de la visite, c'est la présentation de l'un des plus vieux simulateurs pour entraîner les sous-mariniers, créé en 1942 et en service jusqu'en 1995. Rassurez-vous, on ne l'essaie pas, mais on découvre les étonnantes techniques de survie des équipages en grande profondeur. Projection de films d'archives et de courtes expos (photos, récits, monde des épaves)... pour vous plonger dans un voyage sous la mer et dans le passé.

La base des sous-marins & Bloc K3 *(plan d'ensemble A4)* **:** *horaires de visite disponibles au Service de l'animation, de l'architecture et du patrimoine (voir* *plus haut « Adresses utiles »), ou à la Cité de la voile. Entrée : 6,20 €, comprenant la visite du toit ; réduc ; gratuit moins de 7 ans. Durée : 1h30.* Pour pénétrer dans les entrailles de la bête ! Cette visite guidée érudite permet de découvrir l'un des 3 blocs de la base (le plus grand), et d'en apprendre un peu plus sur la construction et le contexte de la Seconde Guerre mondiale.

La compagnie *Escal'Ouest (plan d'ensemble A4)* organise des sorties de ***pêche en mer,*** des ***traversées vers l'île de Groix,*** des ***croisières commentées de la rade de Lorient...*** ☎ *02-97-65-52-52. Voir aussi la rubrique « Arriver - Quitter ».*

Manifestations

- ***Festival Deiziou :*** *fin janv-début mars.* Festival breton au cœur de l'hiver.
- ***Festival du Pont du Bonhomme :*** *1 sem fin juil.* • *compagniedelembarcadere.com* • Dans le décor naturel et grandiose du cimetière à bateaux de Kerhervy à Lanester, un festival de théâtre en plein air. Un must ! Fin juin s'y déroule également un festival de théâtre amateur. • *kerhervy.com* •
- ***Festival interceltique :*** *début août, espace Nayel.* ☎ *02-97-21-24-29.* • *festival-interceltique.bzh* • Il réunit les peuples d'Irlande, d'Écosse, de Cornouailles, du pays de Galles, de Bretagne, de Galice, des Asturies et de l'île de Man. Plus de 4 500 artistes animent les rues de la ville. Musique, danse, spectacles folklo, *fest-noz* chaque soir dans un gymnase près de l'office de tourisme. Crêpes, cidre et cotriade à gogo au port de pêche et autour du bassin à flot. Cornemuses, binious et autres bombardes s'en donnent à cœur joie, et on découvre chaque année des nouveautés : la musique celtique est bien vivante, qu'on se le dise ! Un haut lieu de la fête, un must de la celtitude et le point culminant de la vie lorientaise. Les rues, les bars et les salles de spectacle sont envahis par une foule de plus de 500 000 personnes chaque année, la plus grosse affluence pour un festival en France. À recommander.
- ***Festival Les IndisciplinéEs :*** *début nov.* Festival pop, rock, folk. • *mapl.biz* •
- Plein d'infos sur les ***sorties et événements*** sur le site • *lorientbretagnesudtourisme.fr* • *(rubrique Agenda).*

MORBIHAN

PORT-LOUIS [porzh-loeiz]

(56290) | 2 890 hab. | *Carte Morbihan, A3*

Un charme discret et tout en nuances se dégage de Port-Louis. Ce doux mélange de traces de fastes (les neuf premiers directeurs de la Compagnie des Indes y avaient leur résidence) et de ville de pêcheurs (activité principale de Port-Louis à partir du XIXe s) lui donne une atmosphère toute particulière. Autrefois nommée « Le Havre du Blavet », cette ancienne place forte commande l'entrée de la rade de Lorient, en arrière de la presqu'île de Gâvres. Toujours protégée par ses remparts, la ville garde quelques beaux souvenirs de sa splendeur au temps de la Compagnie des Indes, dont elle abrite maintenant le musée.

UN PEU D'HISTOIRE

Ce port bénéficie d'une situation exceptionnelle et connut, dès le Moyen Âge, une grande activité. À l'époque de la Ligue, les Espagnols vinrent soutenir le duc de Mercœur, gouverneur de Bretagne, qui avait chassé les protestants retranchés à

Port-Louis. Les soldats de don Juan del Aguila construisirent alors la citadelle, où ils restèrent jusqu'en 1598. En 1618, Louis XIII, qui avait terminé les travaux de fortification de la ville, lui donna le nom de Port-Louis. Sous Louis XIV, elle devint un important port de commerce, mais face à la concurrence de Lorient, Port-Louis périclita rapidement.

Adresses et infos utiles

Lorient Bretagne Sud Tourisme – Agence de Port-Louis : *1, av. Marcel-Charrier. ☎ 02-97-84-78-00. • lorientbretagnesudtourisme.fr • Juil-août, lun-dim mat 9h30-13h, 14h-18h30 ; avr-juin et sept, mar-sam 10h-12h, 14h-18h ; le reste de l'année, ouv restreinte.* Concerne les communes de Port-Louis, Gâvres, Riantec et Locmiquélic. Organise des visites guidées de la ville *(juil-août).* Billetterie pour toutes croisières sur Morbihan et Finistère et pour les visites guidées, activités nautiques, spectacles, festivals...

■ **Centre nautique : Sellor nautisme,** *☎ 02-97-82-18-60. Stage de voile et loc. Club de voile :* **Proh Loeiz skiff voile,** *06-31-81-17-21.*

■ ***Informations pour les liaisons batobus :*** *☎ 02-97-21-28-29.* *Voir « Lorient ; Arriver – Quitter ; Liaisons batobus », plus haut.* Un réseau de bus en correspondance avec le bateau permet de relier Lanester, Lorient, Port-Louis, Gâvres et Riantec.

Liaison pour l'île de Groix avec *Escal'Ouest* depuis le quai de la Pointe à Port-Louis (voir plus haut « Lorient ; Arriver – Quitter ; En bateau pour Groix »). Croisière à bord d'un vieux gréement *Le Bro Warok (avr-oct ; 06-09-96-26-84).*

– **Marché nocturne :** *en juil-août, mar 18h-minuit.*

Où dormir ?
Où manger à Port-Louis et dans les environs ?

Camping

Camping municipal des Remparts : *rue des Récollets. ☎ 02-97-82-47-16 ou 02-97-82-59-59 (hors saison). • mairie.ville-portlouis@wanadoo.fr • ville-portlouis.fr • Par la promenade Henri-François-Buffet. Ouv de mi-juin à fin août. Forfait tente 14,30 €. Pas de résas. CB refusées. 41 empl.* À l'abri des remparts mais pas des regards, puisque le site est au cœur de la cité et simplement entouré par un muret bas. Pas très grand mais mignon et correct ; superbe cadre historique (sur un côté) que cette ceinture de murailles à 200 m de la plage, tout près de la citadelle.

De prix moyens à chic

Le Cargo : *34, rue du Port, 56570* ***Locmiquélic.*** *☎ 02-97-84-51-51. • contact@lecargo-bistro-resto.fr • Tlj sf lun, 10h-1h (19h dim). Formule déj en sem 16 €. Menus 20-30 €.* La déco à elle seule vaut le détour : un peu délirante, colorée, pleine de souvenirs de voyages, de toiles contemporaines, et meublée de bric et de broc. Ensuite, la terrasse : sur le port, quasiment le nez dans les haubans. Alors, certes, l'ambiance est un tantinet branchée et l'accueil parfois influencé par la forte fréquentation, mais quel endroit ! Concerts réguliers et honnête cuisine de brasserie.

Hôtel de la Citadelle : *pl. des Victoires (du marché). ☎ 02-97-82-46-05. • hoteldelacitadelle@orange.fr • hotel-citadelle.fr • Doubles 45-120 € selon période et confort.* Une adresse au cœur de la cité mais au calme. Presque entièrement rénové, avec un salon cosy, une spacieuse et claire salle de petit déj, l'hôtel propose de coquettes chambres tout confort avec ou sans (petite) vue sur mer (celles du 3e étage disposent d'un aménagement plus soigné et de salles de bains impeccables). Accueil souriant en prime.

De chic à plus chic

Avel-Vor : *25, rue de Locmalo. ☎ 02-97-82-47-59. • contact@restaurant-avel-vor.com • Tlj sf dim soir et lun, plus mar hors saison. Fermé 15 j. en janv, 1 sem fin juin-début juil et 2 sem en oct. Menus env 29,50 € en sem, puis 57-95 €.* Cuisine alléchante et étoilée de Patrice Gahinet. Un chef pris en flagrant délit d'invention gustative, tendance poisson et fruits de mer, selon l'arrivage des bateaux côtiers. S'il se laisse donc facilement inspirer par le vent de la mer *(Avel Vor)*, ce chef réalise quelques incursions terrestres, en terroir breton toujours. La salle confortable, au design contemporain tout en lumière et en contrastes colorés, s'ouvre sur le petit port de Locmalo. Ambiance classe mais détendue.

Où boire un thé ?

La Dame Blanche : *45, Grande-Rue. ☎ 02-97-82-45-11. • contact@la-dameblanche.fr • Fermé lun. Congés : fin sept et janv. Café offert sur présentation de ce guide.* Dans une bâtisse du XVIIe s construite par un marchand de la Compagnie des Indes, une librairie-café bien agréable pour boire un thé (bonne sélection), une bière bretonne, le tout accompagné d'une tartine, d'une pâtisserie. Agréable jardin et cheminée l'hiver.

MORBIHAN

À voir

S'il reste de nombreux témoignages de la splendeur passée de Port-Louis, la ville a cependant beaucoup souffert des bombardements de la Seconde Guerre mondiale.

La citadelle : *rens au ☎ 02-97-82-56-72. Abrite 2 musées distincts mais qui se partagent, outre les murs, le même billet d'entrée et les mêmes horaires : fév-avr et sept-24 déc, tlj sf mar, 13h30-18h (en sept, musée de la Marine 10h-18h) ; mai-août, tlj 10h-18h30 ; dernier billet 45 mn avt fermeture. Entrée : 8 € ; réduc ; gratuit moins de 26 ans. Audioguide inclus.* Commencée par les Espagnols en 1590, à l'époque de la guerre de la Ligue, achevée en 1620 sous Louis XIII, elle occupe la pointe de la presqu'île qui ferme au sud-est la rade de Lorient. Le grand pavillon de la porte Royale et ses deux bastions latéraux sont l'œuvre de Cristóbal de Rojas ; les autres tours ont été édifiées par l'architecte du maréchal de Brissac, Jacques Corbineau. De nombreux prisonniers y ont été détenus : prêtres réfractaires pendant la Révolution, conscrits réfractaires sous l'Empire, Louis-Napoléon Bonaparte en 1836, communards et résistants...

ELLES SONT PLUS BELLES, MES CITADELLES !

Lorsque Vauban, le célèbre commissaire général des fortifications de Louis XIV, visita en 1683 la citadelle de Port-Louis, qui n'était pas une de ses œuvres, il lui trouva de nombreux défauts : matériaux de mauvaise qualité, rempart inachevé, bastions trop aigus ou inutiles... Jalousie ? Mais il lui reconnut sa position exceptionnelle à l'entrée de la rade de Lorient, qui pouvait faire oublier ses défauts. On imagine qu'il aurait bien aimé en être l'auteur, mais il n'était pas né à l'époque !

Le musée de la Compagnie des Indes de la Ville de Lorient : *☎ 02-97-82-19-13.* Un musée incontournable, sis dans les murs de la citadelle et qui retrace l'aventure mythique de la Compagnie, créée en 1664 par Colbert. La superbe scénographie s'articule autour de trois axes : naissance des grandes compagnies des Indes européennes, construction des navires et voyages au long cours, et teneur des échanges commerciaux. Beaucoup à lire, à apprendre : on peut étudier dans les moindres détails de vieilles cartes d'Asie et d'Afrique, partir sur les routes orientales grâce à de merveilleux objets d'art qui témoignent des contacts (pas forcément heureux, rappelons-le) entre l'Est et l'Ouest. Les richesses des Indes éblouissent, entre porcelaines délicates et étoffes : de belles indiennes – des toiles de coton tissées et imprimées en Inde, un savoir-faire que ne détenaient alors pas les artisans français – dont une brassière et deux béguins. Ne manquez pas non plus les exceptionnels palempores, ces couvre-lits (ou tentures murales) en coton imprimé comme l'Europe en importait des Indes aux XVIIe et XVIIIe s. Le motif représentait souvent un grand arbre de vie avec de nombreux animaux, mais celui dit « aux Chinois » présente une élaboration plus sophistiquée. Sensationnels objets d'art africain également. Quant aux maquettes de bateaux et du chantier naval où s'activent les ouvriers, elles permettent de se rendre compte de notre actuel niveau de technique. Des instruments de médecine : matez l'engageante scie à amputation ou le poétique coffret de trépanation... hum ! Visite à faire sans tarder : vous étancherez votre soif de connaissance tout en réveillant vos rêves d'aventure.

Le musée national de la Marine : le premier espace (le seul du genre en France, d'ailleurs) retrace, autour d'un canot de 1897, l'histoire du sauvetage en mer à travers les âges. Plusieurs films permettent d'apprécier à sa juste valeur le courage de ces marins qui se portent au secours de leurs pairs. Dans l'espace « Trésors d'océans », on admire les très belles collections de porcelaines du XIe au XVe s trouvées par l'archéologue sous-marin français Franck Goddio dans des jonques au large des Philippines ; ou encore les canons du *Mauritius* (un des premiers vaisseaux de la célèbre Compagnie des Indes hollandaise), coulé au large du Gabon en 1609.

De l'esplanade des Pâtis, une porte dans les remparts donne accès à la ***plage des Grands-Sables,*** qui regarde la pleine mer barrée au loin par le profil de Groix. Les remparts forment une superbe digue de pierre. Très belle vue sur la rade.

➢ De la ***promenade du Lohic*** (remparts), superbe vue sur l'adorable village de Gâvres et sa cale. Petits bateaux de pêche échoués à marée basse. Jolies plages entrecoupées de bancs rocheux, le courant s'engouffrant dans la « petite mer » de Gâvres, le tout avec les éclairages ad hoc et les odeurs qui vont avec.

➢ Allez surtout flâner dans la ***vieille ville,*** où des trésors tranquilles vous attendent, comme ces maisons anciennes, tantôt élégantes et quasi hautaines, tantôt serrées les unes contre les autres et conviviales. Jetez un coup d'œil, par exemple, aux n°s 13 et 26 de la *rue des Dames* et au n° 36 de la *rue de la Pointe.* La *Grande-Rue,* à l'évidence, mérite elle aussi un détour.

Face à la « petite mer » de Gâvres, le ***port de Locmalo*** mérite le coup d'œil. Simple et modeste. Jolie petite chapelle qui veille humblement sur les pêcheurs.

DANS LES ENVIRONS DE PORT-LOUIS

La Maison de l'île Kerner : *sur... l'île Kerner !* ☎ *02-97-84-51-49.* • *maison-kerner.fr* • *À env 5 km à l'est de Port-Louis. Ouv des vac scol de Pâques à celles de la Toussaint. Tlj 10h-19h en juil-août ; jours et horaires restreints hors saison. Entrée : env 5 € ; réduc ; gratuit moins de 7 ans ; sortie nature 12 €.* Explications sur l'écosystème de la « petite mer » de Gâvres, avec un jardin botanique et un ancien bassin à huîtres, des commentaires sur les techniques de pêche à pied et d'ostréiculture, sur les oiseaux, et des témoignages d'habitants. Prêt de jumelles pour observer les environs.

GÂVRES [GAVR]

(56680) 900 hab. *Carte Morbihan, A3*

La pointe de Gâvres laisse l'impression d'un lieu naturel, préservé et comme coupé du monde à l'extrémité d'une langue de sable de 3 km orientée est-ouest (un no man's land, en grande partie terrain militaire). On accède au bourg via Plouhinec ou en traversant en bateau la « petite mer » de Gâvres en 5 mn à partir de Port-Louis, grâce à l'un des derniers passeurs de la région. Gâvres plaira au routard curieux, qui pourra vivre auprès des marins pêcheurs – des vrais, ceux-là – au bord de la mer. La très belle plage de Gâvres est l'un des spots de kitesurf les plus prisés de la région.

Où camper ?

⛺ ***Camping municipal La Lande :*** *lieu-dit La Lande. ☎ 02-97-82-48-61 ou 02-97-82-46-55 (mairie). • contact@campinggavres.com • campinggavres.com • Tout à la pointe de la presqu'île. Ouv de mi-juin à fin août. Forfait tente 9,20-20 € selon empl. et saison. 200 empl.* Terrain cerné par les flots et parsemé de blockhaus (non, ils ne sont pas à louer !). Situation formidable et des emplacements « étudiants » à tout petit prix. Enfoncez bien vos sardines, ça souffle fort...

LARMOR-PLAGE [AN ARVOR]

(56260) 8 000 hab. *Carte Morbihan, A3*

Cet ancien village de pêcheurs n'a gardé de son passé que d'infimes traces, notamment trois villas au port de Kernevel. Pour le reste, Larmor remplit le cahier des charges d'une station balnéaire de format classique. Pourtant, admettons que l'endroit peut mériter le détour. Pour les voileux, tout d'abord. Si Jean-Luc Van Den Heede, Alain Gautier (héros des tours du monde à la voile en solitaire et sans escale), ainsi que bon nombre des superstars de la planche à voile ont fait leurs premières armes dans le coin, ce n'est pas un hasard : les plages sont idéalement disposées pour la pratique des sports nautiques. La superbe base nautique de Kerguelen, l'une des plus dynamiques de France, est d'ailleurs capable de satisfaire le débutant tout en régalant le régatier confirmé. Cette base est aussi un centre de plongée top niveau, et les fonds alentour sont farcis d'épaves, grottes et autres friandises pour plongeurs...

Adresses utiles

ℹ ***Lorient Bretagne Sud Tourisme – Agence de Larmor-Plage :*** *24, av. du Général-de-Gaulle. ☎ 02-97-84-78-00. • lorientbretagnesudtourisme.fr • Près de la plage de Port-Maria. Juil-août, tlj 10h-13h, 14h-18h30 (dim 15h-18h) ; sinon, lun-sam 10h-12h, 14h-18h (oct-mars fermeture à 17h).* Billetterie pour toutes croisières sur Morbihan et Finistère et pour les visites guidées, activités nautiques, spectacles, festivals...

■ ***Port de plaisance de Kernevel :*** *capitainerie. ☎ 02-97-65-48-25.* Point de départ des navettes vers Lorient, Port-Louis, Cité de la Voile et base des sous-marins *(ts les ap-m en juil-août ; 1,40 €). Rens* ***CTRL*** *: ☎ 02-97-21-28-29.*

Où dormir ? Où manger dans le coin ?

Camping

Camping de la Fontaine : *rue de Quéhello, Kerderff. ☎ 02-97-33-71-28. • contact@sellor.com • camping delafontaine.fr • Près de Kerderff. Ouv tte l'année sf de mi-déc à mi-janv. Résa impérative en août. Forfaits tente 14,70-18,20 € selon emplacement et saison. Loc de mobile homes 240-625 €/sem. 143 empl.* Camping 3 étoiles à l'ambiance familiale, proposant des emplacements agréables, séparés par des haies bien taillées. C'est calme, les sanitaires sont suffisants et l'accueil est débonnaire. Animations en journée et en soirée en haute saison.

De bon marché à prix moyens

Chambres d'hôtes Les Camélias : *9, rue des Roseaux. ☎ 02-97-65-50-67. • paulette.allano@orange.fr • Sur la route qui mène à Kerguelen. Fermé fin sept-début oct. Compter 58-65 € pour 2 selon confort et saison.* Grande maison cossue, pas avare de dorures. 4 chambres à l'ancienne, meublées de style et très confortables (2 au rez-de-chaussée, dont une ouvrant sur la terrasse), toutes différentes, donnant sur un jardin arboré agréable. Tenue par une dame gentille comme tout.

Crêperie Boo : *2, rue de la Marine, Kernevel. ☎ 02-97-65-54-75. Dans une petite rue qui débouche sur le port de Kernevel. Tlj sf dim-lun hors saison. Carte env 15 €.* Si vieilles pierres et poutres sont bien là, la déco baroco-design (*lounge,* comme on dit !) n'est pas de celles qu'on rencontre habituellement dans une crêperie. Les crêpes et galettes sortent également, ici ou là, de l'ordinaire avec d'originales garnitures. Accueil sympa et petite terrasse dans cette rue tranquille.

De chic à plus chic

Les Mouettes : *anse de Kerguelen, Larmor-Plage. ☎ 02-97-65-50-30. • info@lesmouettes.com • lesmouet tes.com • Juste à côté de la réserve naturelle, dans les dunes ; accès fléché depuis le centre de Larmor-Plage. Doubles 123-130 €. Formules 20-37 € (hors j. fériés) et carte 28-37 € ; menu homard 75 €.* Une adresse ouverte depuis les années 1930 dans un paysage encore sauvage, face à l'île de Groix. Le resto a une salle qui s'envole vers la mer (meilleures tables dans la rotonde) et une terrasse pied dans l'eau. Belle cuisine de marché, qui transcende son terroir et régale le palais d'originales saveurs. Plateaux de fruits de mer. Une vingtaine de chambres fonctionnelles et modernes (mais sans – ou presque – vue sur mer, puisqu'elles ne sont pas de face mais de côté). Service attentif, dynamique et souriant.

Chambres d'hôtes Villa Ker Mat : *16, av. de la Plage. 02-97-33-77-96. • gepinguet@gmail.com • sites-perso.com/pinguet/ • Compter 90-120 € pour 2 selon chambre et période.* Beaucoup de cachet pour cette villa 1910 et un évident charme balnéaire (monumentale cheminée Art nouveau !). La plupart des chambres, tout comme la salle de petit déjeuner, font face à la mer et surplombent la plage, située à moins de 30 m ! Cette maison de famille, meublée sans façons, est restée dans son jus, et c'est ce qui fait aussi son charme. Grande suite familiale au dernier étage.

Où boire un verre dans le coin ?

Villa Margareth : *port de plaisance de* ***Kernevel.*** *☎ 02-97-33-67-19. En été, tlj 9h-21h ; hors saison, mar-dim 10h-21h. Congés : janv. Apéritif maison* *offert sur présentation de ce guide.* Dans une belle demeure bourgeoise du début du XXe s, stratégiquement située face à la mer. Bar sympathique, rendez-vous des voileux et quartier général de la Société des régates. Atmosphère chaleureuse. Sous les arbres, belle terrasse calme avec vue plongeante sur le port.

À voir

L'église Notre-Dame-de-la-Clarté : *tlj 9h-18h30.* Sans doute du XIVe s. Surprenante par les proportions de son clocher massif, elle possède un porche flamboyant exceptionnellement ouvert au nord (vents dominants obligent).
À l'intérieur, dans le bas-côté gauche, retable de la Crucifixion, avec ses petits personnages très expressifs. Magnifique exemple de gothique breton, cette église est lourde de sens pour les marins de la Royale. Une coutume toujours vivante veut que les navires de guerre doublant la passe d'entrée du port de Lorient donnent des coups de canon, attendant la réponse des cloches de Notre-Dame pendant que les couleurs nationales sont hissées sur le clocher. La devise de Larmor est d'ailleurs « Bon vent à qui me salue ». Elle prit tout son sens lorsqu'un capitaine de frégate appareillant pour la Crimée refusa de saluer le sanctuaire parce qu'il était huguenot. Hasard ou punition divine ? Quelques semaines plus tard, le 15 février 1855, *La Sémillante* fit naufrage au large de la Corse avec ses quelque 700 hommes d'équipage...

DE LARMOR-PLAGE À GUIDEL-PLAGE

Tout au long de ce bout de côte, quelques « ports » minuscules, simples mouillages secoués par la houle d'ouest, de vieux forts, quelques superbes plages et un bel ensemble de dunes.

Où dormir ? Où manger dans le coin ?

Camping

Les Jardins de Kergal : *route des Plages, 56520* ***Guidel.*** *☎ 02-97-05-98-18. 06-83-46-53-08 • jardins.kergal@wanadoo.fr • camping-lorient.com • À 1,5 km du bourg, sur la route de la plage. Ouv d'avr à mi-nov. Forfait tente 19-31 € selon saison. Mobile homes et chalets 270-1 200 €/sem. 200 empl.* Agréable camping, fleuri et arboré à souhait, dans un coin de campagne paisible, à deux pas de la ville et des plages. Sanitaires nickel. Location de vélos. Nombreux jeux pour les enfants. Pour tout le monde, animations et soirées à thème. Piscine chauffée.

De bon marché à prix moyens

Crêperie Le Grazu : *3, rue du Grazu, 56270* ***Ploemeur.*** *☎ 02-97-82-83-47. • veronique.delbecque@wanadoo.fr • Sur le port de Lomener. Tlj sf mar, plus lun hors saison. Congés : oct. Formule 14,50 € et menu 17,50 € le midi sem ; à la carte, env 18 €. Kir breton ou café offert sur présentation de ce guide.* Les patrons s'approvisionnent chez des petits producteurs du pays. Blé noir, froment et garnitures sont d'excellente qualité. Également des salades géantes. Et comme l'accueil est sympathique... rien que de bonnes raisons de s'y arrêter ! Dîner en musique certains soirs en saison (concerts folk). Brunch le week-end.

Résidence Odalys Fleur de Sel : *RD 152 La Falaise, 56520* ***Guidel-Plage.*** *☎ 02-97-24-41-74. • guidel@odalys-vacances.com • À partir de 50 € le 2-pièces pour 4 pers (linge de lit et de toilette fournis, lits faits à l'arrivée et ménage quotidien).* Envie d'une résidence face à l'océan pour un séjour remise en forme ? Ne cherchez plus, vous avez frappé à la bonne porte !

MORBIHAN

Situés à proximité de la plage (vous avez juste une route à traverser), les appartements sont répartis dans des bâtiments aux lignes épurées entourant une belle piscine chauffée. Pour ceux souhaitant se faire cocooner, direction le centre de balnéothérapie et son espace forme pour une séance massage. Pour les autres : piscine, sauna, hammam et salle de cardio-musculation. Accueil convivial. Une adresse à découvrir.

La Table d'Eux : *RD 152, La Falaise, 56520* ***Guidel-Plage.*** *☎ 02-97-32-42-07. • laurentleberrigaud.com • Tlj sf mer, plus mar hors saison. Formule déj en sem 19,90 €. Menus 26,90-38,90 €.* Est-ce parce que le chef a pas mal voyagé ou parce que l'agréable terrasse regarde vers la mer (au-delà de la route...) ? Toujours est-il que cette belle cuisine n'hésite pas à s'ouvrir à d'autres horizons (même si elle reste bien ancrée dans son terroir). Des produits d'une renversante fraîcheur (ici, on cultive ses légumes), du métier et des idées : vous pouvez y aller (comme vous y invite le 1er menu) les yeux fermés ! Même si ce serait dommage pour la déco, d'une épure toute japonisante. Accueil comme chez des amis et prix très gentils.

De chic à plus chic

Breizh Yourte : *à Coatroual, 56520* ***Guidel.*** *☎ 02-97-02-99-00. 06-07-36-24-48. • info@breizhyourte.fr • breizh-yourte.fr • À 5 mn de Guidel par la rue de Kerbastic. Congés : 2 sem début juin. Yourtes 80-96 € pour 2, avec petit déj ; 110-136 € pour 4. CB refusées. Apéritif offert sur présentation de ce guide.* Nicolas a eu le déclic après une transhumance en Mongolie : faire venir 3 yourtes et tout le mobilier ad hoc pour reproduire un authentique campement dans un champ où se baladent quelques animaux. Très dépaysant ! Toilettes sèches sur le site, et douche dans le bâtiment principal, où l'on trouve également un petit salon commun, la salle de petit déj et une cuisine à disposition.

Le Vivier : *9, rue de Beg-er-Vin, à* ***Lomener.*** *☎ 02-97-82-99-60. • info@levivier-lomener.com • levivier-lomener.com • À 5 mn de la plage. Resto tlj sf dim soir hors saison. Congés : vac scol de Noël. Résa conseillée. Doubles 117-142 € selon confort. Menus 32 € en sem, puis 40-59 € ; carte env 50 €.* Littéralement pied dans l'eau, toutes les chambres de cet hôtel cosy rénové dans un style contemporain élégant ont une baie vitrée, avec vue sur Groix assurée. C'est aussi l'une des très bonnes tables de la région, qui plonge sur les flots depuis la salle de resto moderne et claire. La cuisine est gourmande, sans trop de sophistication pour respecter les produits, principalement des fruits de mer (vivier de homards) et des poissons. Plateau réputé et bon rapport qualité-prix. On a aussi apprécié l'accueil souriant et le service attentionné sans être pesant ni coincé.

Beaucoup plus chic

Domaine de Kerbastic : *Kerbastic, 56520* ***Guidel.*** *☎ 02-97-65-98-01. • info@domaine-de-kerbastic.com • domaine-de-kerbastic.com • À 2 km du centre de Guidel. Resto fermé dim soir-lun oct-avr. Congés : 2 janv-11 fév. Doubles et suites 105-379 € selon saison et confort ; petit déj 18,50 €. Formule déj en sem 29 € ; menus 42-69 €.* L'adresse de charme par excellence et l'un des plus beaux hôtels de la côte ! Cette magnifique propriété, sise au cœur d'un parc immense, n'est autre que l'ancienne demeure de Marie-Blanche de Polignac, fille de Jeanne Lanvin et amie de Cocteau, Poulenc, Stravinski, Chanel... qui y défilaient et s'y retrouvaient en joyeuse villégiature. C'est dire si le bon goût et le raffinement règnent ici, avec une petite touche cosy et désuète tout à fait délicieuse. Les chambres, de taille et de confort variables (les moins chères plus sobres et plus petites), sont réellement splendides, décorées comme des chambres d'amis. Coup de cœur pour la « Jean-Cocteau ». Salles de bains somptueuses, château oblige ! Au resto, menus un peu chers mais très raffinés ; fruits et légumes proviennent en saison du potager cultivé en biodynamie (comme le miel du petit déjeuner). Une belle adresse pour un coup de folie, un week-end romantique...

À voir. À faire

➢ De Larmor-Plage, prenez la route côtière en direction de Quimperlé. Premier arrêt suggéré : le joli petit port de ***Lomener.*** Continuons la balade. ***Le Pérello*** et ses viviers, avant d'arriver à un autre port microscopique, ***Port-Blanc-en-Kerroch*** et ses caseyeurs. En arrivant à la pointe de Courégant, toutes ces constructions en disharmonie commenceront sans doute à vous mettre le système pileux en état d'alerte, mais en poursuivant le long de cette côte découpée à souhait, vous ne manquerez pas de vous ébahir, au choix, sur le charme incontestable du golf de Ploemeur (catégorie golfs iodés) ou les charmes (plus contestables) de la plage naturiste des Kaolins. Poussez un soupçon plus loin, et c'est le fameux ***Fort-Bloqué,*** ancien fort militaire de Kéragan, construit en 1745 sur un îlot rocheux, qui marque le début d'une somptueuse plage orientée plein ouest, pour le plus grand bonheur des surfeurs et planchistes confirmés. Plage bordée par les jolies dunes de ***Guidel-Plage,*** avant la séduisante et paisible embouchure de la Laïta, qui délimite la « frontière » avec le Finistère.

Manifestations

- ***Marché nocturne :*** *en juil-août, jeu soir à **Ploemeur.***
- ***Les Botaniques de Ploemeur :*** *au château du Ter (fléché), le 3e w-e de sept (se renseigner pour la date : ☎ 02-97-86-40-40 ; • ploemeur.com •).* Deux journées consacrées aux plantes rares et aux végétaux de collection : conférences, expos, visites guidées, etc.

PONT-SCORFF (pont-skorff)

(56620) | 3 300 hab. | *Carte Morbihan, A2*

Même si son centre occupe la partie haute du site, le bourg « dégringole » joliment jusqu'aux rives du Scorff, qui louvoie dans une petite vallée verdoyante. À l'écart de la côte et des grands axes récents, Pont-Scorff se réveille depuis quelques années (rassurez-vous, le Scorff, lui, n'est pas sorti de son lit). Grâce à la mise en valeur du patrimoine architectural et naturel autour de la rivière, le village a séduit de nombreux artistes et autres artisans d'art.

UN PEU D'HISTOIRE

Pont-Scorff était autrefois un centre important du seul fait de la présence d'un pont qui permettait d'enjamber la rivière (d'où son nom, vous l'aurez compris). Dès le XIIIe s, le village était le siège de la juridiction de la seigneurie de La Roche-Moisan, rattachée au duché de Bretagne. Fin XIVe s, de sombres histoires de succession pour le duché attribuent la seigneurie à la famille Rohan-Guémené, cousine des princes de Rohan. La maison des Princes (XVIe s), qui abrite aujourd'hui la mairie, témoigne aujourd'hui encore de la puissance des Rohan-Guémené.

Adresses utiles

i ***Lorient Bretagne Sud Tourisme – Agence de Pont-Scorff :*** *rue de Lorient. ☎ 02-97-84-78-00. • lorient-tourisme.fr • lorientbretagnesudtourisme.fr • pont-scorff.com • Juil-août, mar-sam 10h-12h, 14h-18h ;*

le reste de l'année, ouv plus restreinte. Billetterie pour toutes croisières sur Morbihan et Finistère et pour les visites guidées, activités nautiques, spectacles, festivals...

■ ***Syndicat du Scorff :*** • *syndicat-scorff.fr* • Des sources du Scorff à la rade de Lorient, 300 km de sentiers balisés.

■ ***Base nautique :*** *à **Bas-Pont-Scorff.** ☎ 07-81-84-47-92.* Canoë, kayak, etc.

Où manger ?

Crêperie Charles Le Merdy : *4, rue Terrien. ☎ 02-97-32-55-39. ♿ En contrebas de l'église. Tlj sf mar et midi dim. Env 12 €.* Simple et sympathique : toiles cirées, tables en bois bien robustes, et dans l'assiette, des crêpes de blé noir (elles sont un peu grasses mais délicieuses ; surtout en dessert, avec confitures maison).

L'Art Gourmand : *14, pl. de la Maison-des-Princes. ☎ 02-97-32-65-08. • lartgourmand@live.fr • ♿ Près de l'église. Tlj sf mar soir et mer. Congés : 2 sem vac scol d'hiver, 1 sem en juin et vac de la Toussaint. Formules et menus 14,50-17 € le midi en sem ; puis menus 22-30 € ; carte env 40 €.* Gentilles formules à midi, mais il serait dommage de ne pas goûter les beaux menus de cette enseigne proche de l'église. À la table de Marc Le Ouedec, la Bretagne dans ses composantes terre-mer est mise en évidence par une cuisine de saison sans esbroufe, savoureuse et joliment présentée. Cadre très agréable, petite salle presque intimiste, claire et épurée. Accueil et service attentionnés d'Agnès.

Ti -Henri : *3, rue Prince-Henri-de-Polignac. ☎ 02-97-32-58-33. • restauranttihenri@orange.fr • Près de la pl. de la Mairie, face à LA COUR des Métiers d'art. Tlj sf lun-mar midi, plus mar soir-mer hors saison. Congés : 2 sem en fév, 1 sem début juil. Résa conseillée. Formule déj en sem 19 € ; menu 27 € ; carte env 30 €.* Le rendez-vous des amateurs de grillades. Bonnes viandes du pays, mais aussi d'autres régions, que le jeune chef cuit sous vos yeux au feu de la cheminée. Un repaire très convivial, au cadre chaleureux. En revanche, ce n'est pas très grand : réservez !

À voir. À faire

La maison des Princes : très beau bâtiment datant du XVIe s, témoin du pouvoir des Rohan-Guéméné, alors puissants seigneurs locaux. Classée Monument historique en 1932, elle abrite aujourd'hui la mairie derrière son imposante façade en granit biseauté. Les combles accueillent des expos temporaires.

LA COUR des Métiers d'art : *8, rue Prince-de-Polignac. ☎ 02-97-32-55-74. • lacourdesmetiersdart.com • À 50 m de la pl. de la Mairie. Juil-août, lun-mar 14h-19h, mer-sam 10h-12h, 14h-19h, dim et j. fériés 14h30-18h30 GRATUIT.* Installée dans un îlot d'immeubles des XVIe, XVIIIe et XIXe s, LA COUR des Métiers d'art abrite 8 salles et 3 niveaux d'exposition, pour plus de 80 créateurs nationaux présentés.
Rencontre d'artistes, ateliers et événements temporaires pour promouvoir les métiers d'art sous toutes leurs formes.

L'Espace Pierre-de-Grauw : *4, pl de la Maison des Princes. ☎ 02-97-56-87-03. • espace.degrauw@pontscorff.bzh • Mar-ven et dim 14h30-18h30 ; en juil-août et vac scol, mar-dim 10h30-12h30, 14h30-18h30. GRATUIT.* Expo des œuvres de l'artiste néerlandais, accompagnées de textes à dimension philosophique. Les œuvres sont commentées à la demande.

L'atelier d'Estienne : *en contrebas de l'église, au bord de la route. ☎ 02-97-32-42-13. En période d'expo, mar-dim 14h30-18h30. GRATUIT.* Un espace d'art contemporain proposant toute l'année des expositions (qui débordent largement dans le village) ponctuées de rencontres.

MORBIHAN

L'Odyssaum, découverte de la rivière et du saumon sauvage : *moulin des Princes, au bord du Scorff. ☎ 02-97-32-42-00. • odyssaum.fr • Ouv avr-fin sept, plus vac scol de la Toussaint : juil-août, tlj 10h-19h ; avr-début juil, sept et vac de Toussaint, 14h-18h. Visite : 6,30 € ; réduc ; gratuit moins de 7 ans ; forfait famille 19,30 €.* L'Odyssaum invite le spectateur à suivre en images et sons l'odyssée du saumon sauvage, de sa naissance à son retour à la source. Les bestioles commencent à remonter au printemps, puis massivement entre juin et août. L'INRA et la Fédération de pêche du Morbihan gèrent une station de comptage où, en 10 mn, le saumon est chopé, mesuré, pesé, emballé, pardon... relâché, parfois avec un émetteur et après visite médicale. Si vous voulez en voir, mieux vaut arriver tôt, vers 10h. La visite semi-guidée répondra à toutes les questions que l'on peut se poser sur ces grands routards, qui parcourent jusqu'à 14 000 km pour aller au Groenland et revenir dans le Scorff de leur naissance : comment reconnaissent-ils leur rivière ? Pourquoi leur chair est-elle rose ? Comment font-ils sans EPO ? Tout cela sous forme interactive, c'est la force de l'Odyssaum : plein de petits jeux, de choses à toucher et à sentir. L'exposition se prolonge au bord de l'eau (parcours naturel extérieur), les pieds dans l'eau du Scorff. Autres animations durant l'année.

MORBIHAN

Le zoo de Pont-Scorff : *Kerruisseau, entre Pont-Scorff et Quéven. ☎ 02-97-32-60-86. • zoo-pont-scorff.com • Juin-août, tlj 10h-19h ; avr-mai et de sept à mi-nov, 10h-18h (17h vac scol de fév et oct-Toussaint) ; les caisses ferment 1h30 avt. Entrée : 19,50 € ; 4-11 ans 12,50 €. Nocturnes fin juil.* Plus de 600 animaux sauvages dans un décor exotique étendu sur plus de 12 ha. Ce zoo est un important centre de reproduction, entre autres pour les lions blancs ou aras de Buffon. Présentation ludique et pédagogique des otaries et oiseaux marins... Spectacles quotidiens en saison (oiseaux de mer, rapaces et otaries font leurs numéros). Compter 5h pour une visite complète des 5 continents, spectacles inclus.

➢ Trois parcours de ***randonnées pédestres,*** de 9, 11 et 13 km, notamment sur les bords du Scorff.

➢ ***La Voie verte (vélos)*** quitte le centre de Pont-Scorff vers Quéven (6 km) et se prolonge jusqu'à Ploemeur.

Fête et manifestations

– ***Festival Saumon :*** *3 j. avt le 14 juil. • festivalsaumon.fr •* Musique, concerts, spectacles, feu d'artifice, animations scientifiques, pêche, etc. Événement festif, instructif pour petits et grands. Tout est gratuit sauf le manger et le boire !
– ***Fête des Battages :*** *3e w-e de juil.*
– ***Marché des Potiers :*** *3e w-e d'août.*

HENNEBONT [henbont]

(56700) 15 550 hab. *Carte Morbihan, B2*

Hennebont est une petite ville attachante, nichée sur la pente de la rive gauche du Blavet. De tout temps ou presque, à un emplacement stratégique de par sa vocation à la fois maritime et fluviale, la petite ville a subi au cours du Moyen Âge des sièges mémorables, dont celui de 1342 qui fit la gloire de Jehanne la Flamme, ainsi surnommée car elle grilla les assiégeants. Plus près de nous, au cours de la Seconde Guerre mondiale, les Allemands, retranchés dans la poche de Lorient,

ont lancé sur Hennebont nombre d'obus incendiaires. Profondément meurtrie par ces bombardements, la cité a heureusement préservé sa basilique, superbe élan de pierre, quelques belles maisons anciennes sur la place de l'Église et dans la ville close, dont les remparts dominent encore avec superbe le Blavet.

Adresse et info utiles

ℹ ***Lorient Bretagne Sud Tourisme – Agence d'Hennebont :*** *9, pl. du Maréchal-Foch. ☎ 02-97-84-78-00. • lorientbretagnesudtourisme.fr • En face de la basilique. Ouv en juil-août : lun-sam 10h-13h, 14h-18h30 ; dim 9h30-13h30 ; avr-juin et sept : mar-sam 10h-12h, 14h-18h.* Certains dimanches en été, propose des excursions commentées en bateau au départ d'Hennebont jusqu'à l'île de Groix. (Blavet, rade de Lorient et tour de l'île avec escale de 5h environ, avec *Escal'Ouest.*) Billetterie.

– Très beau ***marché*** le jeudi. Un des plus importants de Bretagne, avec énormément de produits régionaux.

Où manger ?

I●I *Le Jardin des Sens :* *pl. du Calvaire. ☎ 02-97-36-21-44. • contact@aujardindessens.fr • ♿ En saison, tlj sf dim soir-lun (mais ouv les j. fériés) ; fermé dim-lun hors saison. Résa conseillée. Formule déj en sem 16,50 €, menus 29,90-51,90 € ; compter jusqu'à 54 € à la carte. ♿ Café offert sur présentation de ce guide.* Une belle adresse gourmande un peu sur les hauteurs d'Hennebont. Le cadre est agréable, mais la terrasse au jardin l'est encore plus. La carte fait la part belle aux produits locaux et de saison, cuisinés avec une certaine créativité. Accueil et service souriants.

Où dormir dans les environs ?

🏠 ***Chambres d'hôtes Ty-Mat :*** *Ty-Mat, 56650* ***Inzinzac-Lochrist.*** *☎ 02-97-36-89-26. • ty-mat@wanadoo.fr • ty-mat.fr • À 6 km au nord d'Hennebont. Dans Lochrist, tourner à droite au 2e pont ; la maison est à 4 km au bout d'une petite route (fléché) sur la gauche. Doubles 79-90 € selon saison.* 📶 4 chambres, toutes avec bains, dans une grande demeure bourgeoise du XVIIIe s, bordée par un joli parc de 3 ha. Accueil charmant et chambres décorées avec goût. Préférez la chambre bleue avec son immense salle de bains, ou la chambre cachemire pour son côté intime.

🏠 ***Chambres d'hôtes d'Édyth-Charlotte Hillion :*** ***Le Bas-Locoyarne.*** *☎ 02-97-36-21-66. 📱 06-45-15-53-19. • edyth.hillion@wanadoo.fr • gite-hennebont.com • À 2 km d'Hennebont. Prendre la direction de Port-Louis ; après le dernier rond-point, Le Bas-Locoyarne est le 1er village à droite. Fermé Toussaint-Pâques. Compter 46,50 € pour 2. Gîtes 3-4 pers 200-330 €/sem selon saison.* Au pays de la vallée du Blavet, jolie ferme fleurie d'hortensias et de géraniums, dont les origines remontent au XVIIe s. Elle abrite des chambres rustiques pleines de cachet et de bon confort. Copieux petit déj : jus d'orange, viennoiseries et confitures maison. Il est servi dans une vaste et belle pièce commune, agrémentée d'une grande cheminée en granit et de mobilier régional. Pas de table d'hôtes, mais un micro-ondes, un frigo, et même un barbecue à disposition dans le jardin. Très bon rapport qualité-prix-convivialité.

À voir. À faire

La basilique Notre-Dame-de-Paradis : *pl. Foch.* Ce splendide édifice de style gothique flamboyant (XVIe s) a été épargné pendant la guerre, à l'exception de sa flèche, haute de 72 m, maintenant restaurée (mais l'intérieur reste en travaux, la basilique peut donc ne pas être accessible...). Sous l'énorme tour carrée de façade s'ouvre un porche orné d'arcatures flamboyantes. Voir les vitraux de Max Ingrand, posés en trois fois, de 1955 à 1965, en remplacement des verrières détruites pendant la guerre de 1939-1945. Sur la place, quelques belles façades du XVIIe s.

La porte Broërec'h : du XIIIe s, elle donne accès à la ville close et servait autrefois de prison. *Marion du Faouët,* une sacrée nana (dont nous vous recommandons de lire la biographie...), y fut détenue en 1746. Après avoir franchi la porte, prenez à gauche l'escalier qui monte au chemin de ronde des remparts, d'où l'on a une vue plongeante sur les jardins à la française et le Blavet. Les tours abritent le ***musée des Tours Broërec'h*** qui évoque l'histoire et le patrimoine d'Hennebont *(juin-sept, tlj 10h30-12h30, 13h30-18h30 ; entrée : 5 €, réduc).*

Le Haras national d'Hennebont : *rue Victor-Hugo. ☎ 02-97-89-40-30. • haras-hennebont.fr • Ouv avr-nov ; pour les horaires consulter le site. Entrée spectacle + visite + expo : 12 € ; enfants 7-17 ans 9 € ; 3-6 ans 3 € ; forfait famille 36 €. Tour à poney (4-10 ans) : 5 €. Visite seule sur certaines périodes 6,10 €. Sur présentation de ce guide, tarif préférentiel (sf spectacle nocturne en été et à Noël).* Créé en 1806 à Langonnet par Napoléon Ier, le haras est transféré 50 ans plus tard à Hennebont, sur le parc de 24 ha de l'ancien monastère de cisterciennes de la Joie-Notre-Dame. On visite les écuries, la sellerie et la forge du maréchal-ferrant. Le haras est reconnu comme l'un des berceaux des imposants chevaux de trait bretons et entretient une belle collection de voitures hippomobiles. Des artistes sont programmés chaque saison et proposent des spectacles équestres originaux, en intérieur, sous chapiteau, et en extérieur. Expositions temporaires, balades à poney et animations toute l'année.

MORBIHAN

Manifestations

- ***Fêtes médiévales :*** *dernier w-e de juil, les années paires slt. GRATUIT.* L'événement majeur d'Hennebont. Marché médiéval, joutes et tournois, troubadours, jongleurs...
- ***Pardon de Notre-Dame-du-Vœu :*** *dernier dim de sept.* Ce pardon trouve son origine en 1699, alors que la peste ravageait Hennebont et ses alentours. Les habitants s'en remirent à la Vierge Marie et, évidemment, la peste recula !

DANS LES ENVIRONS D'HENNEBONT

L'écomusée industriel des Forges : *à* ***Lochrist.*** *☎ 02-97-36-98-21. • inzinzac.lochrist.fr • À 6 km au nord d'Hennebont par la D 145. Ouv avr-oct : juin et sept, lun-ven 10h-12h, 14h-18h, dim 14h-18h ; juil-août, lun-ven 10h-18h30, sam-dim 14h-18h30 ; avr-mai et oct, lun-ven 10h-12h, 14h-18h (plus certains dim). Visite guidée tlj à 15h. Entrée : 4,60 € ; réduc.* Créées en 1860, ces forges ont été fermées un siècle plus tard. Elles abritent aujourd'hui l'écomusée industriel des Forges. Dans un paysage démantelé, on retrouve les souvenirs de ce qui a été l'une des entreprises les plus importantes de Bretagne (elle employa jusqu'à 3 000 personnes). À travers 18 salles, le musée des métallurgistes présente un point de vue unique sur un siècle d'histoire technologique, sociale et syndicale du centre sidérurgique.
- ***Le parc d'eau vive :*** *à* ***Lochrist.*** *☎ 02-97-36-09-27.* Kayak sur le Blavet : locations sur la rivière, stages encadrés, randonnées en autonomie sur le Blavet d'un ou plusieurs jours...

La Tisserie : *rue Vincent-Renaud, à* ***Brandérion.*** *☎ 02-97-32-90-27. • la-tisserie.fr • À env 7 km en direction d'Auray. Vac scol de Pâques, lun-ven et dim*

14h-18h ; juil-août, lun-ven 10h-18h et dim 14h-18h ; mai-juin et sept, slt dim 14h-18h. Entrée : 5 € ; réduc. Un musée « culturel et coloré » de petite taille, consacré aux savoir-faire textiles du monde.

L'ÎLE DE GROIX [ENEZ GROE]

(56590) 2 360 hab. *Carte Morbihan, A3*

• Carte *p. 221*

« Groix la dense, l'essentielle, la douce et la coriace... Île vivant dans son épaisseur d'île, solidité du roc et du parentage, de l'amitié, de la coutume, de l'amour... » Sous la plume magique d'Henri Queffélec nous apparaît l'île de Groix dans ce qu'elle a de plus profondément singulier. À l'évidence, ce n'est pas ici que vous trouverez la petite île tirée à quatre épingles pour dépliants touristiques. Plus d'un siècle de combat des thoniers à voile face aux terribles colères du golfe de Gascogne ont irrémédiablement façonné l'esprit groisillon (l'ouragan de 1930, et ses nombreuses victimes parmi les pêcheurs de l'île, avait plongé Groix dans un long deuil).
Inutile de vous dire que Groix la rude n'a que faire de la coquetterie tape-à-l'œil de sa cousine Belle-Île. Labellisée zone « Natura 2000 », la beauté de l'île vous sera livrée comme ça, sans emballage ni mode d'emploi. Vous allez prendre un vélo ou lacer vos chaussures, et vous vous perdrez dans les petits chemins tortueux, et c'est tant mieux. C'est ainsi que vous découvrirez la gentillesse d'un Groisillon, la chaleur d'un bistrot inattendu ou la légende du trou de l'Enfer...
Puisqu'il faut quand même vous en dire un peu plus, l'île fait 8 km de long pour 4 km de large et offre 40 km de chemins à parcourir à pied ou à vélo.

UN PEU D'HISTOIRE

Premières traces de présence humaine sur l'île, de nombreux monuments mégalithiques sont encore visibles : dolmen de Port-Mélite, grand menhir de Clavezic, dolmen et allée couverte de Port-Saint-Nicolas, ainsi que les vestiges d'un camp gaulois à Kervedan.
Lors de la christianisation de la Bretagne, au Ve s, l'île servit de refuge aux Grands-Bretons fuyant les Anglo-Saxons. Les Vikings, eux, débarquèrent au Xe s. On a retrouvé à Locmaria, fait unique en France, une sépulture viking à barque incinérée sous un tumulus et datée. Groix était sur la route des conquérants scandinaves.
Au XIVe s, l'île est passée sous la coupe des Rohan. Le prince de Rohan afferma les terres et perçut des redevances seigneuriales.
Curieusement, ce n'est qu'à la fin du XIXe s que l'île eut un port : Port-Tudy. De 1870 à 1934, Groix fut le premier port français d'armement au thon. Avec la disparition de la pêche à la voile, la concurrence du port de Lorient et des usines espagnoles, portugaises puis marocaines, Groix se vit contrainte de se reconvertir dans le tourisme, pour le meilleur et pour le pire...

FEMMES-ARMATEURS

Les hommes étant en mer, les cordons de la bourse étaient tenus (bien serrés) par les épouses. Elles travaillaient dur et dépensaient peu. Dès 1880, les femmes investirent dans les bateaux. Grâce à elles, l'île de Groix devint le 1er port français de thoniers.

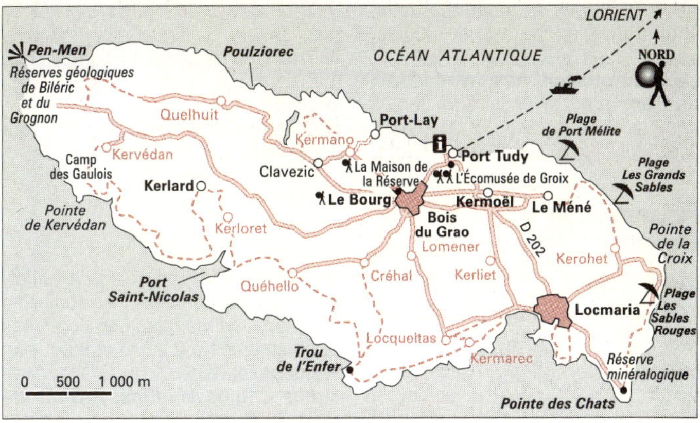

L'ÎLE DE GROIX

MORBIHAN

Comment y aller ?

Se reporter à la rubrique « Arriver – Quitter. En bateau pour Groix » au début du chapitre « Lorient » ; et à « Clohars-Carnoët, Doëlan et Le Pouldu. À voir. À faire... », dans la partie « Le Finistère », pour les départs depuis Doëlan.

Adresses utiles

Office de tourisme : ☎ *02-97-84-78-00 (central d'appel de Lorient).* • *lorientbretagnesudtourisme.fr* • *Avr-août, lun-sam 10h-12h, 14h-18h (10h-13h, 14h-18h30 en juil-août), dim 9h30-13h30 ; le reste de l'année, se renseigner.* Renseignements pour la location de maisons, les voiliers, vieux gréements ou sorties en mer (pêche, croisières), les randonnées. Fournit une carte signalant où passer pour tout voir sans se perdre ! Accueil sympa.

@ **Accès Internet :** *à la médiathèque ; wifi en borne sur le port et dans beaucoup de bars.*

■ **Distributeurs de billets :** *au* Crédit agricole *sur la pl. du Leurhé, en haut du Bourg, après l'église, à* La Banque postale *et à l'*Intermarché.

■ **Location de vélos :** *au port,* **Coconut's** *(☎ 02-97-86-81-57 ; • coconuts locationgroix.com •),* **Au Vel'o vert** *(📱 06-77-32-85-57 ; • locationvelogroix.fr •),* **Groix Location** *(📱 06-43-82-53-01 ; • groixloc.fr •),* **Bikini Bike** *(☎ 02-97-86-85-12 ; • bikini-bike.com •) et* **À bicyclette** *(☎ 02-97-86-50-14 ; • abicyclettegroix.com •). Au Bourg,* **Enez Groe** *(☎ 02-97-56-58-09 ; • location-velo-groix.fr •). Env 11 €/j. ; vélo électrique env 25 €/j.* Vérifiez bien les vélos. L'idéal pour découvrir l'île, moyennant quelques efforts physiques. Les loueurs fournissent un antivol, des sièges bébé, des paniers, des remorques-enfants... et portent parfois les bagages jusqu'à la location.

■ **Location de scooters et/ou voitures : Coconut's, Bikini Bike** *et* **Groix Location** *(coordonnées ci-dessus). Loc de scooters et de voitures à réserver avt l'arrivée sur l'île.* **Intermarché** *(voitures de tourisme et utilitaires) ☎ 02-97-86-88-19.*

■ **Capitainerie de Port-Tudy :** *☎ 02-97-86-54-62. • groix.fr •*

■ **Centre nautique :** *plage de Port-Mélite, sur la plage des Grands-Sables à l'est de l'île. ☎ 02-97-33-77-78. 📱 06-84-79-61-80 (juil-août). Ouv* *juil-août.* Stages et location : voile, catamaran, planche à voile, kayak, etc.

■ ***Excursions en bus avec Groix Panoramique :*** *tlj en saison (moins fréquent hors saison), 1 circuit pour découvrir l'île à partir de 12 pers. 06-33-84-75-38. Tarif : env 13 € ; réduc.*

■ ***Transports en bus :*** *3 lignes sillonnent l'île. Ticket : env 1,45 €. ☎ 02-97-21-28-29.*

■ ***Douches et w-c :*** *sur le port.* Coût compris dans la place de plaisance.

Où dormir ?

CAMPINGS

Camping municipal : *fort du Méné, à côté de l'AJ. ☎ 02-97-86-81-13 ou 02-97-86-80-15 (hors saison). Ouv de mi-avr à sept. Forfait tente en hte saison 16,40 €. CB refusées. 80 empl.* On ne peut plus sauvage ! Pas d'électricité, et un terrain très nature dans un environnement paisible. Sanitaires impeccables. Accueil très gentil.

Camping des Sables Rouges : *port Coustic,* ***Locmaria.*** *☎ 02-97-86-81-32 ; hors saison, 06-16-09-25-50. • campinggroix@orange.fr • campingdessablesrouges.com • Ouv avr-sept. Forfait tente env 16,70-19 €. Bungalows toilés, lodges et mobile homes 4-5 pers 200-720 €/sem selon saison (possibilité loc au w-e hors saison).* En terrasses, avec vue mer et accès direct à la plage ! Un site d'exception pour ce camping en partie ombragé, très bien aménagé, proche de la pointe des Chats et des commerces de Locmaria (2 km). Calme aussi : pas d'animations le soir.

LOCATIONS

Chez M. et Mme Verdié : ***Les Grands-Sables.*** *☎ 02-97-86-82-64. • pverdie@les-grands-sables.com • les-grands-sables.com • Congés : 15 nov-8 avr. Compter 580-690 €/sem pour 2 et 700-940 € pour 4-6 pers selon saison ; en basse saison, loc à la nuitée 110 € pour 2 et 180 € pour 4-6 pers ; tarifs dégressifs. Remise de 20 % (hors périodes scolaires) sur présentation de ce guide.* 2 studios mansardés avec terrasse, et 3 appartements en rez-de-chaussée avec terrasse face à la mer, impeccables et bien équipés (cuisine, lave-linge et lave-vaisselle). Les propriétaires vivent juste à côté et prêtent une voiture (hors juillet-août) pour les courses et les sorties au resto. Très calme, plage en contrebas et commerces à 2 km ; idéal pour un séjour prolongé.

Les Cabines Marines – Gîtes de Port-Tudy : *à* ***Port-Tudy.*** *Résas : 06-30-54-57-13. • pascalepoizat@yahoo.fr • cabinesmarines.com • Tout à gauche du débarcadère. Tte l'année. Studios 1-4 pers (2 nuits min) 96-164 € selon saison ; gîte 5 pers env 158-202 € le w-e ; petite sem et sem possibles.* Une petite structure chaleureuse et bien arrangée, comprenant 4 studios et 1 gîte qui surplombent la mer et le port, avec terrasse très agréable. Les logements sont judicieusement conçus, un peu comme des cabines de bateau. Cet ensemble est modulable à volonté, en solo, duo, trio, à cinq, en famille ou en bande d'amis (une quinzaine), tout en gardant son intimité.

AUBERGE DE JEUNESSE

Auberge de jeunesse du fort du Méné : *☎ 02-97-86-81-38. • iledegroix@hifrance.org • hifrance.org • Prendre le sentier côtier qui mène à la pointe de la Croix. Par la route, prendre la direction de Port-Mélite et suivre le fléchage au sol. À 1,5 km du port et du Bourg. Ouv avr-sept. Tarifs par pers : env 14,10 € « en dur », draps inclus, 12 € sous tente aménagée et 9 € en camping. Carte d'adhérent obligatoire (7-11 €).* Insolite ! Une partie des dortoirs de 6 à 10 lits (et 1 de 3 lits) se terre dans une batterie de blockhaus couverts de fresques peintes par un prof d'université allemand. C'est plus que rudimentaire, mais quelle bonne idée de réutiliser tout ce béton malintentionné pour bricoler une AJ au bord de l'océan ! En effet, la plage est juste au bas de la falaise. Autres options : dans des bâtiments annexes, 1 chambre de 4 lits et 2 dortoirs de 19-20 lits, des nuitées sous des tentes pour 4-6 personnes, et la possibilité de planter sa propre canadienne sous les arbres. Plusieurs cuisines à disposition, salle à manger couverte et sanitaires propres (avec douches solaires).

HÔTELS ET CHAMBRES D'HÔTES

De prix moyens à chic

Nid'Île Parcabout : Bois-du-Grao. *☎ 02-97-86-57-61 • contact@parcabout.fr • parcabout.fr • Avr-oct. Double 96 € petit déj inclus.* Qu'est-ce qu'un nid'île ? Un nid dans une île pardi ! Bienvenue dans de drôles de cocons en toile, suspendus jusqu'à 10 m dans les arbres, et accessibles par un réseau de filets sécurisés. À l'intérieur, un lit tout rond, une lampe, et la garantie de se réveiller avec le chant des oiseaux ! Quant aux commodités, elles sont dans un bloc à côté de la réception. Insolite et sympa comme tout.

Hôtel de la Jetée : *à* **Port-Tudy.** *☎ 02-97-86-80-82. • hotel.delajetee@orange.fr • hoteldelajetee.fr • Sur le port, dernière maison à droite en arrivant par la mer. Congés : janv. Doubles env 50-94 € selon confort et saison.* Du charme à revendre : 8 petites chambres mignonnes et une vue géniale sur un bout de côte totalement dépeuplé. Une vraie carte postale : sur l'avant, la jetée du port, le phare et les bateaux au mouillage ; et sur l'arrière, la mer qui vient presque lécher les murs de l'hôtel par un petit passage dans la falaise. Un hôtel de bonne qualité, tenu par des gens très gentils. Belle terrasse pour vivre le ballet des bateaux, du port... et prendre le p'tit déj.

Hôtel Ty-Mad : *à* **Port-Tudy.** *☎ 02-97-86-80-19. • contact@tymad.com • tymad.com • À gauche du port en allant vers Le Bourg. Congés : janv. Doubles 62-145 € selon confort et saison.* Dans une ancienne demeure bourgeoise, une vingtaine de chambres très bien tenues. Elles sont toutes différentes, plus ou moins grandes, à la déco chaleureuse où le contemporain domine, donnant sur la cour, le jardin ou le port. Mais chacun pourra profiter de la piscine en saison, se reposer dans le joli jardin et apprécier le petit déjeuner en regardant le va-et-vient des bateaux. Le *Ty-Mad* est assurément une bonne maison !

Hôtel de l'Escale : *à* **Port-Tudy.** *☎ 02-97-86-56-09. • lescale.gx@gmail.com • hoteldelescale.fr • Face au débarcadère. Double 60 €. Remise de 10 % sur la chambre sur présentation de ce guide.* Un petit hôtel qui propose des chambres toutes simples et fonctionnelles, bénéficiant d'une vue imprenable sur la mer et le port. Petit déj servi au bar du rez-de-chaussée, en salle ou en terrasse. Accueil très sympathique et arrangeant.

Hôtel La Marine : *7, rue du Général-de-Gaulle,* **Le Bourg.** *☎ 02-97-86-80-05. • hoteldelamarinegroix@gmail.com • hoteldelamarine.com • Resto fermé dim soir et lun hors vac scol. Congés : nov-mars. Doubles 60-100 € selon saison et confort. Formule déj en sem 18 €, menus 31-33 €. Apéritif offert sur présentation de ce guide.* Le charme d'une maison ancienne, des petites chambres classiques, une cuisine inspirée par la mer et des notes exotiques. Une adresse centrale, pour partager la vie de l'île en prenant l'apéro au bar, en terrasse ou dans le joli jardin.

Beaucoup plus chic

Le Sémaphore de la Croix : *le sémaphore. 06-21-55-16-41. • mf.berthomier@gmail.com • semaphoredelacroix.fr • Proche de la pointe des Chats. Ouv avr-oct. Doubles en chambres d'hôtes 165-205 € selon période de la sem ; en juil-août,* Le Sémaphore *est loué à la sem slt, 4 000-4 500 €.* Vivre au temps du sémaphore dans un authentique cadre

MORBIHAN

marin ! Cette belle bâtisse isolée dispose de chambres spacieuses (certaines avec accès indépendant), tout confort et décorées de façon élégante et moderne. Notre coup de cœur pour la chambre de l'officier (2e étage) avec sa grande fenêtre. Grand jardin, terrasse et jacuzzi face à la mer... Un lieu de grand charme.

Où manger ?

L'Auberge du Pêcheur : *58, rue du Général-de-Gaulle,* ***Le Bourg.*** *☎ 02-97-86-56-92. • aubergedupecheur@aol.com • À deux pas du port en montant vers Le Bourg. Tlj, tte l'année. Menu 22 €, carte env 35 €. Apéritif maison offert sur présentation de ce guide.* La carte fait la part belle aux produits de la mer bien travaillés, mais on y sert aussi de belles grillades. Service en salle au cadre rustique ou dans le beau jardin verdoyant, au calme à l'arrière de la maison. Bon rapport qualité-prix. Fait également hôtel *(doubles 40-65 €)* et bar.

Restaurant Les Alizés : *8, rue du Général-de-Gaulle,* ***Le Bourg.*** *☎ 02-97-86-89-64. • lesalizesgroix@gmail.com • Tlj sf dim soir, plus lun et mer soir hors saison. Congés : 1 sem fin juin, 1 sem en oct et 3 sem en déc. Formule 17 € ; menu 23 €.* Tout petit resto tenu par des jeunes très souriants qui s'efforcent de bien faire. Au final, c'est simple, agréable et d'un bon rapport qualité-prix. Principalement du poisson. Propose également 3 chambres d'hôtes.

Le Cinquante restaurant-cave : *22, pl. de l'Église,* ***Le Bourg.*** *☎ 02-97-86-51-10. • lecinquante.iledegroix@orange.fr • Juil-août ts les soirs (menu homard le ven), avr-juin et sept fermé mer et dim, ouv aux vac de Noël. Congés : oct-mars. Env 45 € à l'ardoise. 1 verre de vin naturel offert sur présentation de ce guide.* Resto-caviste derrière l'église, le *« 50 »* affiche dès le matin sur une ardoise les préparations du jour, élaborées en fonction du marché et de l'inspiration. Fraîcheur garantie donc ! Poissons, fruits de mer, légumes, fruits, herbes, etc., viennent essentiellement de l'île et sont majoritairement bio pour une belle cuisine de saison travaillée maison. Le tout accompagné de vins naturels. Résa conseillée pour partager une table dans la petite salle à la note rétro ! Chiens refusés.

Où boire un verre ?

Pop's Tavern : *rue de Pokado,* ***Locmaria.*** *☎ 02-97-86-83-95. • dbgroix@wanadoo.fr • À l'entrée de Locmaria en arrivant du Bourg et de Port-Tudy. Ouv tlj. Café offert sur présentation de ce guide.* Bar-tabac, lieu de rencontre et de vie îlienne, la *Pop's Tavern* est conviviale ! Pour partager un verre, jouer une partie de boules bretonnes (renversant et surprenant !) ou casser la croûte en toute simplicité (croque-monsieur, tartines, salades... et dégustations d'huîtres) à prix gentils. Accueil charmant et attentionné en prime. Concerts certains soirs en saison.

Où acheter de bons produits ?

Groix et nature : atelier de fabrication *Mez Ker-Port-Lay.* L'unique conserverie de l'île propose une large gamme de produits de la mer, fumés ou en conserve, fabriqués sur place. Rillettes de poisson, plats cuisinés, soupes... Vente à l'atelier de fabrication et à la boutique ***Le comptoir Groix et Nature*** : *à* ***Port-Tudy.*** *☎ 02-97-86-52-44. • groix-et-nature.com • Ouv avr-sept plus vac scol Toussaint et Noël, lun-mar 9h-12h30,*

14h30-19h, mer-dim 10h-12h30, 14h30-19h ; dégustation jeu-ven à 17h.
– Les 2 boulangeries de l'île proposent des *gwastels,* une spécialité groisillonne.

À voir

PORT-TUDY

Cet ancien grand port thonier abritait jadis les fameux *dundees,* magnifiques voiliers de pêche gréés en cotre à tapecul... « Les bateaux s'entassaient là-dedans à touche-touche tels des bestiaux dans la bétaillère... ah ! l'imbroglio des amarres qui se chevauchent, qui s'insinuent les unes dans les autres... confusion que nous aimons parce qu'elle est notre force... » (Queffélec).
Port-Tudy est désormais le carrefour des échanges avec le continent et abrite dans une relative exiguïté bateaux de plaisance, pinasses de pêche côtière, chalutiers et bateaux de liaison. Si Groix est une escale réputée pour les marins, c'est bien plus pour l'ambiance de ses bars que pour le charme ou le confort de son port (réaménagé).

MORBIHAN

L'écomusée de Groix : *☎ 02-97-86-84-60. • ecomusee.groix.free.fr • ♿ Mai-sept, tlj 9h45-12h30, 14h-18h ; avr et oct-nov, mar-dim 9h45-12h, 14h-17h ; déc-mars, se renseigner. Entrée : 5 € ; réduc.* Visite indispensable pour qui veut comprendre cette île. L'écomusée, très riche, est installé dans une ancienne conserverie de thon de 600 m². Milieu naturel, archéologie, histoire, habitat (reconstitution d'un intérieur traditionnel, meubles et objets du quotidien), mais aussi les activités traditionnelles (agriculture, travail des femmes ; les différentes pêches, dont la pêche au thon), les grandes étapes de la vie de la naissance à la mort (jouets d'enfants en bois, belles coiffes de mariage, etc.), les lieux de sociabilité, bref, tous les aspects de la vie groisillonne y sont traités. Beaucoup de belles pièces illustrent le propos, comme différents bateaux et un canot de sauvetage. Mais l'écomusée dépasse vite les quatre murs de la conserverie et incite à découvrir par soi-même les richesses de l'île : des sentiers balisés ont été aménagés, qui conduisent aux mégalithes, au camp gaulois de Kervedan, aux chapelles, fontaines et lavoirs... Nombre d'activités sont proposées pendant les vacances scolaires (visites guidées du musée et du port, goûter du patrimoine, initiation au matelotage, etc.).

LE BOURG

Curiosité locale, sur la place centrale, au sommet du clocher de l'église Saint-Tudy, trône un superbe ***thon*** faisant office de coq ! Ainsi placé au clocher de l'église à la place du coq gaulois, ce poisson servait à remercier le Ciel pour la générosité et la prospérité de la mer. Autour de l'église, quelques jolies maisons basses aux toits d'ardoise. Dans le cimetière, situé au bord de la route des plages, a été élevé un émouvant monument aux marins ayant péri en mer à la suite de la grande tempête de 1930. Des ex-voto témoignent de cet événement dans les chapelles de l'île.

La Maison de la réserve : *derrière la salle des fêtes. ☎ 02-97-86-55-97. Ouv lun-sam 9h15-12h15 en juil-août ; mar et jeu 10h-12h en juin ; mar-mer 10h-12h en sept. Entrée libre. Animations : 6 € ; réduc.* Gérée par l'association Bretagne vivante (Société d'étude et de protection de la nature en Bretagne), vous y trouverez plein d'informations sur la faune, la flore et la géologie de l'île (petites expositions permanentes ou temporaires). L'association propose plusieurs animations in situ pour découvrir toutes ces richesses, notamment à la pointe de Pen-Men et à la pointe des Chats.

DE PORT-TUDY À LOCMARIA PAR L'OUEST

Poulziorec

La côte se fait sauvage, la falaise plonge vers des flots azur et turquoise. Au-delà du petit hameau de *Quelhuit* s'ouvre le paradis à Poulziorec. Un paradis marin qui se mérite après une vertigineuse (et dangereuse) descente escarpée. La petite plage est à vos pieds, un petit lagon de bonheur et de calme... Soyez discret, c'est notre coup de foudre sur l'île...

Pen-Men

La pointe nord-ouest de l'île est une réserve naturelle très bien gérée par l'association Bretagne vivante, et *La Maison de la réserve* propose des visites guidées (voir plus haut, au Bourg). Un paysage très sauvage, qu'elle essaie de protéger en aménageant des sentiers et en informant le public. On y voit toutes sortes d'oiseaux de mer et des plantes rares, d'origine méridionale. Un minéral très particulier, la glaucophane bleue, fait la célébrité internationale du site.

Port-Saint-Nicolas

Très jolie crique au milieu des falaises, où gisent quelques barques de pêcheurs.

Le village de Kerlard

En revenant de Port-Saint-Nicolas, ne manquez pas les maisons du village de Kerlard, très représentatives de l'habitat de l'ouest de l'île ; l'une d'entre elles a été remise dans son état de 1930, afin de restituer le cadre de vie et l'activité des femmes de Groix. Intérieur typique d'une maison de pêcheur, avec des murs de chaux et un sol de terre battue, auquel s'ajoutent les commentaires des guides sur le quotidien de l'époque *(**Maison de Kerlard,** ☎ 02-97-86-84-60 ; ouv mar et ven en juil-août ; visite guidée slt, sur résa).*

Le trou de l'Enfer

Impressionnant ! Au beau milieu de la falaise de la côte sud de l'île, un gigantesque trou, une percée dantesque. Comme si une puissance titanesque, dans un instant de colère, avait donné un violent coup de hache au beau milieu de cette côte déjà hostile. Cette épouvantable fente a donné lieu à diverses légendes et à d'étonnants rites, comme ces danses aux abords du trou, destinées à chasser les mauvais esprits.

LOCMARIA

Le petit port de Locmaria, qui fut longtemps le port principal et le village le plus peuplé de l'île, est un peu à l'image de l'île tout entière : face au port, l'hostilité de l'océan ; Locmaria fait front, très peu protégé. Au fond du port, la plage de sable gris. Belle, austère, simple. Aux antipodes des évidences touristiques de la Bretagne prête à consommer. Village coquet mais sobre, aux maisons serrées les unes contre les autres, solidaires. Face à la plage, un bar et un pub.
De là, pousser une pointe jusqu'à celle des Chats (réserve naturelle), à la beauté austère, sauvage et minérale.

La plage des Grands-Sables

> **L'ÎLE AUX TRÉSORS**
>
> *Parmi les atours cachés de Groix, ses richesses géologiques : une soixantaine de minéraux différents, formés il y a 400 millions d'années, certains rares (comme le glaucophane bleu, couleur bleu nuit), certains très beaux. Quant à la couleur rouge de certaines plages, elle vient du grenat. Il n'en fallait pas moins pour qu'une réserve géologique soit créée en 1982.*

Objectivement sublime, cette plage est, paraît-il, la seule plage convexe d'Europe. Hors saison, c'est le rêve absolu : hors de notre vue les charters pour les Seychelles, le paradis plagesque, c'est là et nulle part ailleurs. Le sable combine toutes les nuances du grenat au blanc, et il est d'une finesse... Ah ! au fait, la plage est dans l'est de l'île, même si elle se déplace régulièrement au gré des tempêtes et des courants. Elle a même glissé de 50 m en 1998 ! Convexe et voyageuse, voilà une plage bien curieuse. En longeant la côte vers le sud, avant la pointe des Chats, vous tombez sur l'exquise ***plage des Sables-Rouges.*** Les grenats ont encore frappé. Une merveille. Au passage : tout ce secteur est recommandé pour la plongée. Dernière chose : dans un endroit pareil, on se serait volontiers passé de la construction du *VVF* sur la falaise.

LE MÉNÉ

Ce village est remarquable pour ses maisons traditionnelles de pêcheurs agriculteurs, maisons basses en schiste enduit, avec corniche de bois, serrées autour de la chapelle Notre-Dame-du-Calme.

À faire

➢ Une balade le long du ***sentier côtier :*** *3 circuits sont proposés, le tour de Pen-Men (10 km), le tour du trou de l'Enfer (14 km), le tour de la pointe des Chats (11 km).* Pour chacune des boucles, deux variantes permettent de découvrir l'intérieur de l'île. Parallèlement, le tour de l'île de Groix (27 km) est une extension du GR 34, le sentier des douaniers. Un balisage rouge et blanc marque l'itinéraire. Attention, le sentier côtier est interdit aux vélos et aux VTT.

– ***Parc d'aventures Parcabout :*** **Bois-du-Grao.** *☎ 02-97-86-57-61. • parcabout.fr • Tlj pdt les vac scol ; sinon, slt mer, w-e et j. fériés. Tarif : 12 €/j. ; réduc.* Rien à voir avec un accrobranche. Ici, on se balade de toiles en filets, sur un large réseau suspendu à bonne hauteur dans les arbres. L'avantage, c'est que les harnais ne sont pas nécessaires !

– ***Minigolf :*** *route de Port-Mélite, à* **Kermoël.** *☎ 02-97-64-12-11. • minigolf-groix.fr • Juil-août, tlj 12h-20h ; avr-juin, mar-dim 14h-19h ; sept-oct, mer et sam-dim 14h-18h. Tarif : 6 € ; réduc.* Pour passer un agréablement moment en famille en « puttant » au milieu des phares rouges et blancs.

– ***Visites des entreprises :*** escargoterie, ferme des ormeaux, apiculteurs, maraîchers bio, conserverie Groix-Nature... *Infos à l'office de tourisme.*

Grands-Sables, Port-Mélite et Locmaria : *surveillées l'ap-m juil-août.*

Festival

– ***Festival international du Film insulaire :*** *5 j. pdt la 2de quinzaine d'août. • filminsulaire.com •* Mis sur pied par une association locale dont les membres s'investissent à fond pour faire tourner les bobines à Groix. Compétition de documentaires et de fictions venus des îles du monde entier : Irlande, Madagascar, Polynésie... Images d'archives sur le mode de vie des insulaires. Les projections se déroulent dans les salles du festival (à Port-Lay) ou au *Cinéma des familles,* le seul de Groix, datant de 1937.

Plongée sous-marine

Un site paradisiaque qui conduira vers l'extase les amateurs de vie sous-marine luxuriante. De nombreuses roches à faible profondeur et quelques belles épaves jalonnent les abords de l'île, dont le sous-marin allemand *U171* coulé – corps et biens – en 1942 par 38 m de fond. Peu poissonneuse, l'épave révèle des formes très caractéristiques (visez un peu le périscope !), ainsi qu'une ambiance particulièrement mystique. Émotion garantie autour de ce véritable sanctuaire. Paix aux marins ! À quelques encablures, au printemps, passages réguliers de requins-pèlerins (plus de 4 m de long !) débonnaires, venus dévorer... le plancton en abondance. À découvrir absolument.

Club de plongée

■ ***Subagrec :*** *à* ***Port-Lay.*** *☎ 02-97-86-59-79. 📱 06-75-50-19-27. • groixplongee.subagrec@orange.fr • subagrec.fr • ♿ (accès partiel). Tlj 15 mars-vac scol de la Toussaint. Résa conseillée. Adhésion club impérative (20 €). Baptême 35-50€ (plage ou bateau) ; plongée 30-34 € selon équipement ;* snorkelling *22 € ; forfaits dégressifs à partir de 10 plongées. Réduc sur les plongées pour les moins de 18 ans.* Ce club *(FFESSM)* dispose de deux bateaux rapides pour acheminer ses plongeurs – en petits comités – sur les différents spots à explorer. Baptêmes (sur le joli site appelé Poulziorec, notamment), formations jusqu'au niveau III, *snorkelling* encadré et initiation à la biologie marine (ils font même des découvertes, comme une espèce rare d'éponge carnivore !). Équipements complets fournis.

AUTOUR DE LA RIA D'ÉTEL

Un *aber* (mot celtique indiquant une avancée étroite de l'océan dans les terres, tout comme les fjords scandinaves) qu'on appelle ici, depuis une bonne dizaine d'années, *ria* (comme en Galice), qui étale ses charmes entre ciel et terre, et rivalise de beauté, de paix et de lumière avec ses orgueilleux voisins. C'est un bel exemple de ce qu'on appelle « une ria en bouteille » : étroite à l'embouchure, où se forme une méchante barre, et évasée en amont, avec de multiples bras de mer où logent les chantiers ostréicoles. Sur la D 781, le pont Lorois franchit majestueusement la ria, en son milieu. La ria d'Étel présente une multitude de sites, dont on vous signale ici les plus remarquables.

ÉTEL [an intel] (56410) 2 410 hab. *Carte Morbihan, B3*

À quelques encablures de l'embouchure de la ria qui porte son nom, une petite bourgade sans histoire mais dont les environs méritent franchement le détour (comme on dit !).

Adresses et info utiles

🛈 ***Syndicat d'initiative :*** *pl. des Thoniers. ☎ 02-97-55-23-80. • etel-tourisme.com • Juil-août, lun-sam 9h30-18h30, dim 10h-14h ; le reste de l'année, 9h30-12h, 14h-17h30 (fermé lun et mer avr-juin et sept, dim-lun oct-mars).*

■ ***Cercle nautique :*** *rue de la Barre. ☎ 02-97-55-21-26. • cercle-nautique-etel.fr • Tlj sf w-e. Loc de matériel pdt les vac scol.* Tous niveaux. Stage d'initiation sur le plan d'eau et de perfectionnement sur la ria.

– ***Marchés :*** *mar mat tte l'année et ven en nocturne (18h-22h) juil-août.*

Où dormir ? Où manger dans le coin ?

Campings

⛺ ***Camping du Moulin des Oies :*** *21, rue de la Côte, 56550* ***Belz.*** *☎ 02-97-55-53-26. 📱 06-81-88-17-76. • moulindesoies@wanadoo.fr • lemoulindesoies.com • ♿ Par la N 165 ou la D 22, en bordure de la ria d'Étel, pas loin de Saint-Cado. Ouv avr-sept. Forfait tente 15,20-17,20 € selon saison. Mobile homes et caravanes 214-653 €/sem. 90 empl. Réduc de 5 % sur présentation de ce guide.* Un joli petit camping familial aux emplacements bien verts et agréables. Idéal pour les amateurs de calme et de pêche. Bassin d'eau de mer aménagé pour la baignade et le bain de soleil, avec sa miniplage et ses transats. Salle de billard, TV et lecture. Ambiance détendue. Piscine.

⛺ ***Camping de Saint-Cado :*** *3, rue du Pen-Perleieu, 56550* ***Belz.*** *☎ 02-97-55-31-98. 📱 06-17-20-27-71. • info@camping-saintcado.com • camping-saintcado.com • Ouv avr-sept. Forfait tente 9,50-15,50 € selon saison. Loc de caravanes et mobile homes 225-605 €/sem pour 4-6 pers selon confort et saison. 117 empl.* Joli camping peinard et pas cher, face à l'île pour profiter pleinement du site. Accès direct à la ria d'Étel.

⛺ ***Camping municipal d'Étel :*** *rue de la Barre. ☎ 02-97-55-33-79. • etel.camping@orange.fr • mairie-etel.fr • ♿ Au bord du « goulot » de la ria, près de la gendarmerie. Ouv de mi-avr à sept. Forfait tente 14-18 € selon emplacement. Mobile homes 219-525 €/sem selon période. 📶 (payant).* Site presque enchanteur, sur une hauteur pelée exposée au vent pour ne pas oublier où l'on est. Pour le reste, confort rudimentaire, peu d'ombre et encore moins d'intimité.

De bon marché à prix moyens

🏠 ***Chambres d'hôtes L'Escale de la Ria :*** *9, rue Amiral-Schwerer. ☎ 02-97-29-06-31. • escaledelariva@gmail.com • etel-escaledelaria.com • Compter 65-69 € pour 2 selon confort.* 📶 Embarquez pour l'une des 5 îles du golfe qui donnent leur nom aux agréables chambres (« Hoëdic » est un peu plus petite) de cette grande maison néobretonne au fond de son jardin. Une adresse confortable, idéalement située dans une rue calme à deux pas du centre. Accueil charmant.

🍽 ***Le Chat qui Pêche :*** *2, cours des Quais. ☎ 02-97-55-24-70. ♿ Tlj tte l'année, sf lun. Formule 15,50 € et menu 18,50 ou 19,50 € (suivant l'arrivage du poisson). Carte env 20-25 €. CB refusées.* C'est le café des copains d'Étel, à la fois bar, bistrot et caf'conc', où l'on commente l'actualité en détaillant l'expo du moment, avant de passer à table dans la salle bistrotière ou sur la terrasse (couverte). Poisson du jour grillé, pièce de viande, grosses salades ou tartines, glaces artisanales et desserts maison : c'est tout simple mais plutôt bon, généreusement servi. Ambiance décontractée, un rien bohème, et nettement plus festive les soirs de concert *(ven tte l'année).*

🍽 ***Le Bistrot à Thon :*** *6, ruelle des Quais. ☎ 02-97-55-32-50. • lebistrotathon@hotmail.fr • Dans une ruelle qui monte à partir de la pl. des Thoniers. Tlj sf lun, plus mar hors saison. Congés : 10 j. en juin et 4 sem en* *hiver. Carte env 25 €.* Une atmosphère de bon « thon » règne dans cette salle sans chichis. Le tour du monde en 80 recettes de thon différentes, dont une grosse douzaine disponible chaque jour. Sympa et original. C'est d'ailleurs l'une des adresses préférées des locaux dans le secteur.

De prix moyens à chic

Le Trianon : *14, rue du Général-Leclerc. ☎ 02-97-55-32-41. • hotel.letrianon@wanadoo.fr • letrianon56.com • Dans la rue principale. Resto tlj sf lun midi. Fermé en janv. Doubles 68-120 € selon saison et confort. Menus 25-38 €. Parking clos.* Derrière la façade rose ou dans la maison au fond du jardin, des chambres à l'ancienne, à la déco façon bonbonnière (salle de bains pour certaines, un peu datées toutefois). Bien tenu, pas dépourvu de charme au final et au calme. Resto traditionnel sur place (ne pas venir trop tard).

À voir. À faire

Le musée des Thoniers : *3, impasse Jean-Bart. ☎ 02-97-55-26-67. Ouv vac scol de fév, Pâques-sept et fêtes de fin d'année mar-ven 10h-12h, 14h-18h, sam-dim 14h-18h (téléphoner avt). Entrée : 5 € ; réduc.* La mémoire d'un port et de sa ria, dont la pêche au thon fit la richesse, est conservée ici : outils de navigation, maquettes (dont une réalisée avec pierre et mortier !), projection de films, reconstitution d'une cabine de chalutier-thonier, etc. Tous les ans à Noël, exposition de crèches maritimes (concours national).

➢ ***Le sentier Le Bignac*** part en bas du pont Lorois (sur la commune de Belz) et longe la côte jusqu'à Étel en passant par Port-Niscop, le pont du Sach... 3,5 km aller (facile). Fortement conseillé aux amateurs d'oiseaux marins et admirateurs de la nature. Étel est aussi le point de départ de plusieurs chemins pédestres et d'un chemin cycliste (autour du plan d'eau).

Fête

- ***Fête du Thon :*** *dernier w-e de juil.* Thon grillé à gogo, défilé de « chars », feu d'artifice, orchestre... Ambiance conviviale.
- ***Les mardis et jeudis d'Etel :*** *en été.* Fest-noz ou concerts sur le port.

DANS LES ENVIRONS D'ÉTEL

L'île de Saint-Cado : *à env 5 km au nord d'Étel (fléché).* Une perle rare qu'il faut absolument aller voir au soleil couchant... en amoureux romantiques. Située au milieu de la ria, l'île est reliée au continent par un pont de pierre qu'un certain saint Cado, un peu gourou sur les bords, aurait construit au VIe s pour que ses groupies viennent le voir sans s'enfoncer les pieds dans la vase. Les bases d'une *chapelle* furent jetées au XIe s, puis complétées tardivement, aux XVIe et XIXe s. L'intérieur n'a rien de spécialement remarquable, mais il faut avouer qu'on imaginerait mal Saint-Cado sans sa chapelle : c'est elle qui donne le ton, qui semble présider à la destinée de la petite île. Laquelle est aussi ravissante à marée basse, quand les parcs à huîtres se découvrent, qu'à marée haute, lorsqu'elle se retrouve cernée par les eaux de la ria. Saint-Cado abritait au XVIIe s le port des « pressiers de sardines », qui resta le plus grand port sardinier de la ria jusqu'à ce que l'ostréiculture prenne le dessus, vite rejointe et dépassée par le tourisme. La balade s'impose (d'autant que la petite maison solitairement posée sur l'îlot voisin de Nichtarguér vaut aussi son pesant de pittoresque), mais ne vous attendez pas à faire la visite tout seul...

NAUFRAGÉ POLITIQUE

Le Dr Bombard a tenu pendant 113 jours seul en mer, sans eau ni nourriture. Il voulait démontrer qu'en suivant certaines règles, on pouvait survivre... En revanche, son expérience politique fut plus houleuse. En effet, il résista à peine 30 jours au gouvernement en tant que ministre de l'Environnement, en 1981.

La barre d'Étel : de part et d'autre, la plage est franchement très belle, et le spectacle des vagues soulevées par la barre est, selon la marée, très étonnant. Cette barre a ceci de particulier qu'elle bouge sans cesse : un jour ici, le lendemain là, suivant la position d'un banc de sable toujours en mouvement. Sachez que le danger est réel pour les marins qui, pour la franchir, doivent souvent faire appel à Josiane Pené – seule sémaphoriste civile en Europe, fidèle au poste depuis des lunes. Salut à toi, Josiane !

MORBIHAN

ERDEVEN [an ardeven]

(56410) 2 610 hab. *Carte Morbihan, B3*

Station balnéaire assez classique et sympathique, ni trop abîmée ni trop snob. De très jolies plages avec de belles vagues, juste comme on les aime. *An Ardeven* (« sur la dune », en breton, et il y en a quelques-unes dans le coin !) garde, pour cause de servitude militaire, les plus vastes espaces libres en bord de mer de Bretagne Sud. Exposées sud-ouest, face à la houle de l'océan, ses plages présentent l'avantage d'être un bon spot de funboard et même de surf quand la météo est au rendez-vous. Elles sont labellisées « Pavillon bleu d'Europe » depuis 1997...

Adresse et info utiles

Office de tourisme : *7 bis, rue Abbé-le-Barh. ☎ 02-97-55-64-60. • ot-erdeven.fr • Juil-août, tlj 9h30-19h ; le reste de l'année, lun-sam 9h30-12h30, 14h-17h.* Cartes de randos et topoguide sur la région, documentation sur toute la ria. Organise toutes sortes de visites guidées et d'animations en saison (concerts, danse...).

– ***Marchés :*** *en saison slt, lun en nocturne 18h-22h30 et jeu mat.*

Où dormir ? Où manger ?

Campings

De nombreux campings, près de la plage ou dans la campagne. Attention, celui de la plage est bruyant.

De bon marché à chic

La Voile Bleue : *2, route de la Plage. ☎ 02-97-55-67-55. • voilebleue@orange.fr • hotel-lavoilebleue.com • À 500 m du centre du bourg, par la D 781 direction Plouharnel, puis fléché sur la droite. Resto tlj juil-août slt (possibilité de ½ pens hors saison sur résa). Doubles 49-72 € selon confort et saison. Carte env 15-20 €. Café offert et remise de 5 % sur la chambre, sur présentation de ce guide.* Sur la route de la plage (à 5 mn en voiture), un petit hôtel qui tient beaucoup de la maison d'hôtes. Pour l'accueil franchement amical de la propriétaire et l'ambiance doucement familiale. Chambres toutes simples mais bien tenues, agréables pour celles en rez-de-jardin. Courte carte au tableau noir : salades et petits plats maison.

🏠 |●| ***Hôtel-restaurant des Voyageurs :*** *14, rue de l'Océan.* ☎ *02-97-55-64-47.* • *hotel-voyageurs-56@wanadoo.fr* • *hotel-voyageurs-56.com* • *Au centre du bourg. Fermé oct-mars. Doubles 58-65,50 €. Formule déj en sem 16 €. Menus 26-35 €.* 📶 *Apéritif offert sur présentation de ce guide et 10 % sur le prix de la chambre en mars, avr et juin.* La classique petite affaire familiale de centre-bourg. Cuisine régionale traditionnelle sans prétention mais d'un bon rapport qualité-prix. Même constat pour les chambres. Atmosphère calme, simple et sympathique. Accueil agréable.

🏠 ***Résidence prestige Odalys Le Château de Kéravéon : Kéravéon.*** ☎ *02-97-56-77-23.* • *chateau.keraveon@odalys-vacances.com* • *À env 2 km du centre par la D 105 puis fléchage. Congés : en janv. À partir de 65 € la nuit pour un 2-pièces 4 pers (linge fourni, lits faits à l'arrivée et ménage quotidien inclus).* 📶 Au cœur d'un parc de 70 ha abritant un superbe château du XVIIIe et un donjon du XVIIe s qui servait autrefois d'amer. 28 appartements de grand confort et 6 appartements aménagés dans l'Orangerie. Piscine chauffée *(juin-sept).* Une adresse coup de cœur et pleine de charme, pour jouer au châtelain dans un cadre enchanteur mais sans chichis !

|●| ***Crêperie du Manoir de Kercadio : Kercadio.*** ☎ *02-97-55-64-67. À 1,5 km du centre, sur la D 105, direction Ploëmel. Tlj en juil-août ; Pâques-juin et sept, slt w-e et j. fériés. Formules 9,50-13 € ; carte env 14 €. Apéritif offert sur présentation de ce guide.* Dans un superbe manoir du XVIIe s. Le cadre est exceptionnel avec sa salle aux murs tapissés de boiseries et sa cheminée d'époque. À moins que vous ne préfériez vous restaurer près de l'âtre et de l'ancien four à pain. Aux beaux jours, des tables sont dressées dans le jardin clos, à l'ombre du grand magnolia.

|●| ***Crousty Crab' :*** *plage de Kerhillio.* 📱 *06-19-13-54-38. À 5 km du centre, par la D 781 puis une petite route, fléché sur la droite ; à gauche juste avant la plage. Tlj sf lun hors saison. Fermé oct-avr. Carte env 15 €.* « Snack-bar », annonce sans ambages l'enseigne de cette petite cabane de bric et de broc avec sa terrasse les pieds dans le sable (pelle et seaux à disposition, au cas où !). Mais si la carte aligne burgers et autres kebabs (voire *fish and chips*), les produits sont frais et ces petits plats à manger avec les doigts sont remarquablement bien faits. Reggae et hip-hop en fond sonore et ambiance à la cool.

Où dormir ? Où manger dans les environs ?

🏠 ***Dihan – cabanes dans les arbres, yourtes mongoles et chambres d'hôtes :*** *à Kerganiet, 56400* ***Ploëmel.*** ☎ *02-97-56-88-27.* • *contact@dihan-evasion.org* • *dihan-evasion.org* • *À 6,5 km à l'est par la D 781 puis la D 105 (fléché). Réception 16h30-19h30. Congés : déc-fév. Selon période et type d'hébergement, compter 70-160 € pour 2, petit déj compris. Panier-repas (soir slt) 30 €/pers et panier apéritif.* 📶 *Sur présentation de ce guide, café ou thé offert et 10 % de réduc à partir de la 2e nuit consécutive.* Superbe cadre en bordure de forêt où faire une pause (*dihan* en breton). Dans l'une des cabanes perchées, de 5 à 10 m (montée avec baudrier), dans l'une des tentes suspendues (bulles transparentes, façon belle étoile !), dans deux confortables et spacieuses yourtes colorées, ou bien encore dans les chambres d'hôtes de la longère, le chalet scandinave ou la roulotte pour jouer jusqu'au bout la vie de bohème ! Confort un peu rustique (mais c'est le but du jeu !). Spa nature avec sauna, stages artistiques, initiation au kite, au paddle dans la ria d'Étel pour ce retour à une vie simple au grand air. Accueil sympa d'un couple dynamique.

Chambres d'hôtes Les chaumières de Kerimel : *au hameau de* **Kerimel.** *06-83-40-68-56. • chaumieres.kerimel@wanadoo.fr • chambres-kerimel.com • À 5,5 km à l'est par la D 105. Compter 90-100 € pour 2 selon saison. Table d'hôtes 25 €. Réduc de 10 % sur la chambre, sur présentation de ce guide.* En pleine campagne, dans une belle ferme bretonne du XVIIIe s restaurée avec goût, on est accueilli par un jeune propriétaire tout sourire et dynamique, qui s'efforce de recevoir au mieux ses hôtes. Il organise, par exemple, des soirées crêpes à volonté. Très convivial ! Quant à l'hébergement, il comprend des parties communes pleines de caractère et des chambres au charme rustique indéniable, de très bon confort, avec accès indépendant. Petit déj bio. Beau jardin. Une bonne adresse.

À voir. À faire

Nombreux ***monuments mégalithiques,*** dont les importants ***alignements de Kerzerho,*** à l'entrée du bourg en venant de Plouharnel.

8 km de ***plages.*** Celle de ***Kerhillio,*** qui s'étire sur 6 km, et celle de ***Kerouriec*** sont surveillées en juillet-août. Plage naturiste de ***Kerminihy*** à l'entrée de la ria d'Étel.
– Outre le ***funboard*** et le ***surf,*** possibilité de pratiquer ***char à voile, kitesurf, voile, équitation, golf, etc.*** *Rens à l'office de tourisme.*
– Pour découvrir le ***kayak de mer,*** contacter le ***Cercle nautique de la Ria d'Étel*** : *02-97-55-21-26.*

➢ ***Randonnées à vélo et à pied*** autour de la commune. On compte près de 85 km de sentiers de randonnées cyclo-pédestres. L'office de tourisme vend une brochure très bien faite sur ces sentiers.

LOCOAL-MENDON [lokoal-mendon]

(56550) 2 220 hab. *Carte Morbihan, B3*

Ce village possède – qui l'eût cru ? – 40 km de littoral sur la ria d'Étel. Là niche une faune variée de canards, hérons et cormorans.

Où dormir ? Où manger à Locoal-Mendon et dans les environs ?

Gîte d'étape au Manoir de Kerambourg : *à* **Landaul** *(56690). 02-97-24-62-29 ou 01-39-56-47-02. Fermé 1er-20 août et sept-mars. Nuitée 10 €/pers.* Belle surprise que ce gîte d'étape dans un si beau manoir niché dans la verdure. Ancienne seigneurie du XIVe s ayant appartenu aux Malestroit, le château fut rasé par les ligueurs au XVIe s et remplacé par le manoir actuel, construit sur les anciens communs. Mais si l'adresse fleure bon l'histoire, le confort aussi ! Il faut se contenter d'un grand dortoir de 19 lits sous les combles, du genre très rudimentaire, et de 2 w-c, 2 lavabos et 2 douches (un peu juste quand même). Possibilité de faire sa cuisine. Accueil aussi sympathique qu'érudit.

Gîte de séjour La Petite Presqu'île : *16, rue du Coedo, 56550 Locoal-Mendon. 02-97-81-20-98. 06-84-59-45-97. • info@la-petite-presquile.com • la-petite-presquile.com • Dans le village de Locoal, juste après l'église. Doubles 60-69 € ;*

quadruples 82-86 € ; petit déj 6 €. Ce couple adorable a réalisé un rêve : créer un lieu en harmonie avec la nature, propice au repos, à l'inspiration et à la création. Le bâtiment déjà : bioclimatique, il a été réalisé avec des produits naturels et fonctionne avec des panneaux solaires et une chaudière à granulés de bois. C'est esthétiquement réussi, et les chambres modernes se révèlent lumineuses et très confortables. La maison n'a pas non plus oublié les 4 handicaps. Quant à la détente, elle est garantie par une vaste terrasse panoramique, et un beau jardin qui dégringole jusqu'à la ria où l'on peut embarquer sur un canoë. À moins de préférer louer un vélo. Côté création, si on le souhaite, on a le choix entre différents séjours à thèmes originaux.

MORBIHAN

Chambres d'hôtes Talvern : *Talvern, 56690* ***Landévant.*** *☎ 02-97-56-99-80. • talvern5@gmail.com • chambre-morbihan.com • De Landévant, prendre la D 24 vers Baud puis très vite à droite (panneau). Compter 71-86 € pour 2 selon saison ; familiales 123-130 €. Table d'hôtes 27 € tt compris. Remise de 10 % sur la chambre pour 3 nuits consécutives (sf 1er juil-15 sept) sur présentation de ce guide.* Cette belle adresse de l'intérieur des terres ne manque pas de bons arguments : d'abord, la séduisante longère renferme des chambres joliment aménagées et de bon confort (les familiales comprennent 2 chambres et une salle de bains impeccable) ; ensuite, le maître des lieux est un ancien chef qui soigne sa table d'hôtes. Autant dire qu'on se sent bien. Et puis la côte n'est pas si loin finalement !

Chambres d'hôtes L'Arbre Voyageur : *Ty Er Chir, 56550 Locoal-Mendon. ☎ 02-97-55-32-71. • contact@larbrevoyageur.com • larbrevoyageur.com • Compter 90-125 € selon saison. Table d'hôtes 35 € (sur résa, tt compris).* Dans un coin de campagne verdoyant et boisé, 5 très belles chambres d'hôtes contemporaines, fonctionnelles et tout confort (salles de bains soignées et certaines avec accès indépendant). Notre préférence pour « Bois de santal » avec sa terrasse face à la piscine (couverte). Copieux petit déj et table d'hôtes de qualité à partager avec Thierry et David, hôtes attentionnés.

Crêperie La Locoaline : *à Locoal. ☎ 02-97-24-60-60. • hysalis@hotmail.fr • À l'entrée du hameau, sur la droite. Tlj en juil-août, w-e slt hors saison. Congés : janv. Menu 11 €. Carte env 15 €. Café offert sur présentation de ce guide.* Joyeuse déco (et qui change au gré des saisons !) bricolée maison. Les crêpes et autres galettes sont tout aussi maison, à base de bons produits, l'accueil est souriant, il y a un espace jeux et bouquins rien que pour les enfants. Bref, tout ce qu'on est en droit d'attendre d'une (bonne) crêperie !

Moulin de Cochelin : *Cochelin, 56550 Locoal-Mendon. ☎ 02-97-86-20-42. • gilles.pineau4@wanadoo.fr • Bien fléché depuis la D 119 qui mène à Locoal-Mendon. Tlj sf lun, plus dim soir et mar hors saison. Formule 24 € et menu 29 €.* Un peu perdu au milieu de nulle part, cet ancien moulin, mais ça fait partie de son charme : le terme « bucolique » pourrait avoir été inventé ici ! On entre par la cuisine, on salue le chef au travail, avant de s'installer dans une salle sobrement contemporaine largement ouverte sur la nature environnante. Bonne cuisine de marché, au plus près de jolis produits, avec juste ce qu'il faut d'imagination. Accueil et service d'une vraie gentillesse. Tranquille terrasse si le temps le permet.

Où acheter des produits de qualité ?

Le Jardin de Kerblaye : *chez Daniel et Guermia Roedelof, au lieu-dit* ***Kerblaye,*** *sur la route du Verdon. ☎ 02-97-24-61-83. Ouv slt le ven ap-m (ou mar sur résa).* On a tout testé (ou presque !) : fruits, légumes et fleurs (bleuet, fleurette de jardin et la rose Pierre-de-Ronsard). Ici, on cultive son jardin avec le sourire. Accueil amical garanti.

DANS LES ENVIRONS DE LOCOAL-MENDON

La chapelle de Locmaria : *à* ***Landévant.*** *À 9 km au nord de Locoal-Mendon par la D 16.* Son chevet est éclairé par une splendide fenêtre rayonnante. On remarquera aussi une petite colonne à chapiteau dorique et tailloir sculpté de masques du XVe s ; des statues anciennes ornent une galerie.

Vers Landévant, au lieu-dit la Demi-Ville, sur le ruisseau du même nom (un des nombreux affluents de la ria d'Étel) subsiste un ***moulin à marée*** de 1540 dont on voit encore l'énorme roue de 6 m de diamètre plonger ses palettes dans le « coursier ».

PLOUHINEC [pleheneg] (56680) 4 200 hab. *Carte Morbihan, B3*

Village tranquille, « La Petite Plaine » est une terre riche où l'on cultive des primeurs. La Côte Sauvage dispose d'immenses plages vierges. Ne manquez pas de descendre vers le *port du Vieux Passage,* royalement paisible.

VOUS PRENDREZ BIEN DU JEGADO ?

L'une des plus grandes sérial killeuses de l'histoire est née à Plouhinec en 1803. Excellente cuisinière, employée comme domestique, Hélène Jegado empoisonnait ses victimes en glissant de l'arsenic dans un délicieux gâteau qui porte aujourd'hui son nom. Condamnée à mort pour 5 victimes officielles, on lui en prête en réalité plus de 60 dans le Morbihan et à Rennes, où elle fut guillotinée en 1852 !

Où dormir ?

Chambres d'hôtes Back to Breizh : *19, rue du Général-de-Gaulle. ☎ 02-97-82-49-56. • brigitte.ean@wanadoo.fr • backtobreizh.com • À la sortie du village direction Audierne, sur la gauche. Compter 58-63 € pour 2 selon saison. Parking.* Petite maison ancienne, en bord de route (mais les véhicules à moteur ne s'y bousculent pas la nuit). Déco très personnelle, au goût d'aujourd'hui mais un peu nostalgique, de la salle de petit déj (excellent, le petit déj !), aux faux airs d'épicerie-bistrot d'antan, aux 4 chambres, de bonne taille. Superbe accueil, pas avare de bons conseils pour la découverte de la région.

Chambres d'hôtes chez Léa Le Baron : *1, impasse de Kercam. ☎ 02-97-36-76-60. En face du cimetière. Compter 40-55 € pour 2 selon confort et saison. Gîte 4 pers env 250-350 €/sem. Far breton et cidre offerts pour un séjour sur présentation de ce guide.* Un quartier calme, à proximité du bourg et à 2 km des plages. Chambres simples, apaisantes, avec sanitaires en commun. Dans une grosse villa coquette, cernée de fleurs et de plantes aromatiques, avec un jardin de passionnée à l'arrière. Hôtesse d'une grande amabilité.

Où boire un verre ? Où écouter de la musique ?

Le C'T'AC' : *46, rue du Pont-Lorois. ☎ 02-97-85-70-58. Sur la D 16 en venant de Plouhinec. Tlj sf lun, 17h-1h ou 2h.* Une baleine et un phare artistiquement peints en façade, une porte avec hublot que l'on pousse pour se retrouver dans une chaude ambiance. Terrasse côté route et côté jardin. Pendant les concerts, clients de tous âges et patrons assurent une ambiance étonnante. Sourire offert !

LE PAYS DU ROI MORVAN

MORBIHAN

Avant la création des départements en 1790, les trois cantons de Guémené-sur-Scorff, Le Faouët et Gourin appartenaient à deux territoires différents, séparés par le fleuve Ellé. Le Pays pourlet, à l'est, était rattaché au diocèse de Vannes, tandis que la partie ouest dépendait du diocèse de Quimper. Depuis, ce pays a été renommé Pays du roi Morvan.
Cette région, traversée par la route Roscoff-Lorient, présente un paysage boisé, très vallonné, parcouru par des rivières et semé d'étangs. Quand on se souvient que la basse Bretagne a été une région riche aux XVIe et XVIIe s, on ne sera pas surpris de découvrir ici autant de beaux monuments : chapelles et autres manoirs. C'est aussi la partie de Bretagne, particulièrement autour de Gourin, depuis laquelle le plus grand nombre de Bretons sont partis émigrer, essentiellement vers l'Amérique du Nord.

➢ Procurez-vous dans l'un des offices de tourisme du secteur la brochure *(gratuite)* ou le livret *(payant)* recensant les plus belles ***sablières*** du secteur. Il s'agit de pièces de charpente richement sculptées entre le XVe et le XVIIe s. Ces poutres ornées, polychromes et aux motifs naïfs et complexes, sont splendides. On en retrouve dans toutes les églises et chapelles du Pays du roi Morvan. Une « route » a été mise en place, on vous encourage à la suivre... *Visites guidées en été.*

LE FAOUËT [ar faoued]

(56320) | 2 900 hab. | *Carte Morbihan, A1*

Autour de magnifiques halles, du XVIe s, ce bourg a été le théâtre des exploits de « la Marion », un chef de brigands morbihannais des années 1750. Autant vous dire qu'il est chargé d'histoire et aussi fort riche en monuments. Plusieurs églises et chapelles parmi les plus belles de Bretagne dans la campagne alentour. Rien d'étonnant, dès lors, que les peintres y aient convergé en nombre.

LA BOURSE OU LA VIE !

Marie-Louise Tromel, native du Faouët, est restée dans la légende comme chef de brigands. Mendiante et vagabonde, elle devient chef de bande à l'âge de 18 ans, promettant de ne jamais faire couler le sang. Au plus fort de la famine, cette Robin des Bois bretonne ira même jusqu'à partager son butin avec les plus démunis, forgeant ainsi sa réputation de brigand au cœur d'or. Maintes fois arrêtée, maintes fois relâchée (ou évadée), elle sera finalement pendue à Quimper... Elle avait 38 ans.

Adresse utile

Office de tourisme du Pays du roi Morvan : *3, rue des Cendres. ☎ 02-97-23-23-23. • tourisme paysroimorvan.com • Près des halles. Juil-août, lun-sam 9h30-13h, 14h-18h et 10h-13h dim et j. fériés ; le reste de l'année, mar-sam 10h-12h30, 14h-17h30 (sf lun et jeu nov-mars).*

Où dormir ? Où manger ?

Camping

Camping municipal de Beg-er-Roch : *au bord de l'Ellé, route de Lorient. ☎ 02-97-23-15-11. • camping@lefaouet.fr • ou • camping.lefaouet@wanadoo.fr • campingbegerroch.jimdo.com • Ouv mars-fin sept. Forfait tente 9,60-14 € selon saison. Loc de mobile homes 4-6 pers 216-485 €/sem. 65 empl.* Des emplacements joliment situés, au bord d'une rivière. Jeux pour enfants, minigolf, pataugeoire, billard et *half court.*

De bon marché à prix moyens

La Croix d'Or : *9, pl. Bellanger. ☎ 02-97-23-07-33. • lacroixdor56@orange.fr • Devant les halles. Resto tlj sf dim soir, lun et jeu soir (sf pour les pensionnaires). Double 55 € ; familiales 69-90 €. Menus 17 € (midi en sem)-23 €. Apéritif offert sur présentation de ce guide.* Derrière la façade de cette maison bourgeoise de 1877 se cache un petit hôtel entièrement rénové. Chambres au style contemporain épuré – que les moelleuses couettes rendent accueillantes –, vraiment spacieuses pour certaines. Ambiance très familiale. Resto juste si vous n'aviez plus envie de bouger...

Crêperie La Sarrasine : *1, rue du Château. ☎ 02-97-23-06-05. • creperie.la.sarrasine@wanadoo.fr • Près des halles. Tlj sf lun et mar soir. Congés : 1 sem en mars, 2 sem en juin. Env 12-18 €. Kig ha farz jeu midi oct-mars.* Joli cadre rustique, avec salle à l'étage. Accueil poli. Un bon choix de crêpes à des prix raisonnables.

MORBIHAN

Où dormir ? Où manger dans les environs ?

Gîte de Barregant : *à* **Barregant.** *☎ 02-97-23-24-18. • noellechristien@hotmail.fr • Du Faouët, direction Plouray ; à 2 km, Barregant est indiqué sur la droite ; c'est tt au bout ; entrée sur la droite entre la grosse maison blanche et la grange. Tte l'année sur résa. 22 lits répartis en 2 dortoirs 13 €/pers. ½ pens 33 €/pers. Table d'hôtes 14 €. Panier-repas sur demande env 9 €.* Ce gîte a le mérite de se trouver le long de sentiers. Lits superposés un peu serrés. Sanitaires bien tenus (2 douches et 4 lavabos). Grande salle commune sympa. Lave-linge et lave-vaisselle à disposition. Accueil très gentil. Prés pour les chevaux si besoin.

Chambres d'hôtes Le Jardin d'Érables : *Marta, 56240* **Berné.** *☎ 02-97-34-28-58. • hellomarta@orange.fr • lejardinderables.com • À 13 km au sud-est du Faouët. Compter 56 € pour 2 ; tarif réduit à partir de 2 nuits. Repas sur résa 20 €.* Une vaste ferme dont l'un des bâtiments est réservé aux chambres d'hôtes. Bon confort général, jusqu'à la piscine dans le grand jardin. Isabelle est charmante et toujours disponible. Chambres différentes, sans luxe mais agréables. Repas composés avec les produits du jardin et de la basse-cour. Soirée crêpes également.

À voir

Les halles : elles datent du XVIe s. Ce sont pour beaucoup les plus belles halles de Bretagne avec celles de Questembert. Leur surface au sol avoisine les 1 000 m^2 ! Des piliers en bois reposant sur des socles en granit soutiennent une charpente digne de quelques grands architectes contemporains. Elles accueillent le marché les 1er et 3e mercredis du mois... et les festoù-noz !

Le musée du Faouët : *1, rue de Quimper. ☎ 02-97-23-15-27. • museedufaouet.fr • Dans le centre. Avr-juin et sept-oct, tlj (j. fériés compris) sf dim mat et lun, 10h-12h, 14h-18h ; juil-août, tlj. Entrée : 4,50 € ; réduc ; gratuit moins de 13 ans.* Installé dans un ancien couvent d'ursulines du XVIIe s (voir la salle avec les superbes vitraux), ce musée présente une exposition temporaire annuelle sur des thèmes variés et de grande qualité, consacrée à une thématique le plus souvent régionale et à des artistes ayant exercé leur talent dans cette petite cité chère aux peintres, trop longtemps restée dans l'ombre de Pont-Aven. Le fonds permanent, riche de plus de 400 œuvres, est quant à lui présenté par roulement. Il regroupe des toiles de peintres ayant, entre le XIXe et le début du XXe s, fréquenté Le Faouët ou vécu dans la région (Mathurin Méheut, Émile Compard, Lucien Victor Delpy...) et qui ont aimé peindre les nuances paysagères ou bien les scènes typiques de la vie rurale.

DANS LES ENVIRONS DU FAOUËT

Le musée de l'Abeille vivante et la cité des Fourmis : *Kercadoret, 56320 Le Faouët. ☎ 02-97-23-08-05. • abeilles-et-fourmis.com • À 1,5 km du centre, très bien fléché. Juil-août, tlj 11h-19h ; avr-juin et sept-11 nov, tlj sf lun, 14h-18h. Entrée : 8,65 € ; réduc ; gratuit moins de 4 ans.* Dans cette grande longère de pierre en pleine nature (avec espace pique-nique), on apprend beaucoup sur le monde des abeilles (et le métier d'apiculteur) au travers, notamment, de ruches vitrées. Même principe pour les fourmis, dont on découvrira ici l'infatigable ardeur au travail ! On peut même pénétrer carrément à l'intérieur de fourmilières (il faudra quand même ramper un peu !). Quelques phasmes pour les amateurs d'insectes bizarres. Boutique où l'on trouvera notamment le miel produit sur place.

La chapelle Sainte-Barbe : *à 2,5 km au nord-est du Faouët. Avr-oct, tlj sf mer ; nov-mars, slt sam-lun ap-m.* Son emplacement surprend de prime abord : construite entre 1489 et 1512 sur le flanc d'un ravin, cette chapelle s'élève parmi un fouillis de châtaigniers. On y accède par le haut via un double escalier monumental du XVIIIe s. Cette chapelle est de style flamboyant du XVe s : quatre vitraux Renaissance, une tribune en bois sculpté qui met en scène des anges malicieux parmi des motifs floraux, quelques ex-voto bizarres qui agrémentent la nef tout en largeur, avec un maître-autel au centre.
➢ Un très joli sentier en contrebas de la chapelle conduit en un bon quart d'heure à la fontaine Sainte-Barbe, où les jeunes filles impatientes de trouver un époux viennent jeter des épingles.
– Pardon de Sainte-Barbe : le dernier dimanche de juin.

La chapelle Saint-Fiacre : *à 2,9 km au sud du Faouët, route de Quimperlé. Tlj avr-oct ; sam-lun le reste de l'année.* Elle possède un clocher à balcon et tourelle s'élevant sur une façade richement ouvragée qui fait penser à l'église Notre-Dame de Kernascléden. Ce n'est pas étonnant, puisque ce sont des anges qui l'ont construite en utilisant les outils et les matériaux des ouvriers de Kernascléden pendant leur repos... dit la légende ! D'une élégance toute discrète, son intérêt

essentiel réside dans le splendide jubé sculpté par Olivier de Loergan, entre 1480 et 1492. Il présente des scènes sacrées et profanes qu'il faut prendre le temps de déchiffrer.
– Pardon de Saint-Fiacre : le 3e dim d'août.

Le parc Aquanature Le Stérou : *Le Stérou, 56320* ***Priziac.*** *☎ 02-97-34-63-84. • parcaquanature.com • À 6,3 km à l'est de Faouët par la D 132. Indiqué à droite sur la route de Priziac. Avr-début nov et vac scol, tlj 10h-19h ; le reste de l'année, sur résa. Entrée : 9-16 € ; réduc.* Au total, 80 ha de parc, répartis sur six vallées. Au cœur d'une belle nature, les circuits pédestres permettent d'approcher daims, cerfs, biches, faons et chevreuils évoluant en liberté, et de découvrir de beaux sites comme le trou du Biniou, la vallée des Sources ou le clos des Roches. On peut faire un minisafari en voiturette 4 places, des randonnées équestres (en juillet-août) ou assister au brame du cerf (en octobre).
Enfin, on peut même y manger et y dormir en bungalows toilés en plein cœur de la nature.

La base de loisirs du Bel Air : *56320* ***Priziac.*** *À env 7 km à l'est du Faouët ; indiqué dans le bourg. GRATUIT.* Une grande base de loisirs au bord d'un petit lac avec camping, plage aménagée, aires de jeux, terrains de volley et de boules, espace pique-nique... perdue en pleine Bretagne. Bien agréable quand il fait chaud. Quelques activités nautiques payantes en sus : cours de catamaran, planche à voile, canoë, embarcations à pédales, *paddles*... Cours sur résa à l'école de voile : *☎ 02-97-34-65-86 ou 06-83-54-46-34.*

Le parc animalier Chez Dame Nature : *à Pencleux, 56320* ***Meslan.*** *☎ 02-97-34-26-72. • chezdamenature.com • À 8,6 km au sud de Faouët par la D 769. Accessible à partir de la route de Lorient. Début avr-sept, tlj 11h-19h ; oct, dim 14h-18h ; vac scol de la Toussaint, tlj 14h-18h. Tarif : 9,90 € ; réduc ; gratuit moins de 4 ans.* Ferme-conservatoire peuplée d'animaux miniatures, mais aussi de taille normale, y'a pas de raison... En tout cas, le truc est radical pour faire plaisir aux petits. Également un labyrinthe végétal, un sentier de balade et un bâtiment d'expo écologique.

L'église Saint-Pierre-et-Saint-Paul : *56630* ***Langonnet.*** *À 10 km au nord du Faouët.* Elle fait partie, peut-on dire, de la « série romane » de Priziac, Ploërdut, Calan. Elle possède encore des piliers et des chapiteaux du XIIe s. L'architecture extérieure est gothique.

L'abbaye cistercienne de Langonnet : *56630* ***Langonnet.*** *À 6 km du bourg. Mai-sept, tlj sf mar mat 14h-18h. Oct-avr, tlj sf dim 14h-18h. GRATUIT (mais dons bienvenus !).* Elle a été fondée en 1136 sur les rives de l'Ellé, à côté de l'ancienne voie romaine Vorgium-Blabia. De ce monastère, il ne reste que la salle capitulaire, de style gothique (1250). Les bâtiments actuels ont été édifiés de 1688 à 1736, et ils abritent aujourd'hui une maison de retraite pour les missionnaires spiritains. À découvrir aussi, l'intéressant musée d'arts africains, avec d'étonnantes pièces rapportées par les missionnaires.

GOURIN (56110) 4 100 hab. *Carte Morbihan, A1*

Capitale des Montagnes Noires, Gourin était la plus vaste paroisse de la Cornouaille jusqu'à la Révolution. Centre ardoisier important dès le XIXe s, lorsqu'on commença à remplacer le chaume des toits par de l'ardoise, Gourin

est aussi, depuis cette époque, détentrice de l'orthodoxie véritable en matière de fabrication des vraies crêpes bretonnes. Ville longtemps à l'image de cette région secrète et fière, Gourin est désormais le lieu des retrouvailles annuelles de la grande fête de la Crêpe en juillet.
Une statue de la Liberté (modèle réduit, bien sûr...) se dresse sur la place centrale de la ville. Normal pour la « capitale de l'émigration bretonne » aux États-Unis !

COUSINS AMÉRICAINS

*C'est un certain Nicolas Le Grand qui s'est installé aux États-Unis le premier, en 1881. L'émigration au début du XX*e *s fut si importante qu'Air France ouvrit un bureau permanent ! Aujourd'hui, plus de 6 000 enfants du pays sont plus proches de l'Hudson River que de l'Aulne, et toutes les familles ont des parents, frères ou cousins de l'autre côté de l'Atlantique. On trouve d'ailleurs deux villes au nom de Gourin au Canada ! Qui l'eût cru ?*

Adresse utile

ℹ ***Office de tourisme du Pays du roi Morvan :*** *24, rue de la Libération.* ☎ *02-97-23-66-33. • tourismepaysroimorvan.com • Sur la route de Pontivy. À l'entrée de Gourin en venant du Faouët. Juil-août, lun-sam 9h-13h, 14h-18h et le mat des j. fériés ; horaires restreints le reste de l'année.* Information, conseil et topoguide de randonnée sur le secteur.

Où manger à Gourin et dans les environs ?

|●| ***La Table de Morvan :*** *41, rue Jacques-Rodallec.* ☎ *02-97-23-41-27. • philippe.perrot0398@orange.fr • Tlj sf dim, le midi lun-sam, plus le soir ven-sam. Formule 13,90 € le midi en sem, menu 23 €, carte env 29 €.* Cette belle demeure historique est une table réputée pour sa gourmande cuisine bistronomique de terroir. Avec ses murs de granit et ses sombres boiseries, le cadre est superbe, très chaleureux, surtout quand crépite le feu de cheminée.

|●| ***Le Bienvenue :*** *84, rue Nicolas-le-Grand, 56110* ***Roudouallec.*** ☎ *02-97-34-50-01. • le.bienvenue@wanadoo.fr • ♿ À 9 km à l'ouest de Gourin par la D 1. Tlj sf lun et mer soir. Résa recommandée. Le midi en sem, formule 15,80 € et menu 19,80 € ; autres menus 28,80-58 €.* Un « Restaurant du Terroir » qui mérite assurément le détour ! On évitera de se focaliser sur la déco (assez terrible dans le registre « faux chic » !) pour se concentrer sur les belles spécialités de ce chef « locavore », passionné par « sa » Bretagne et tous les beaux produits qu'elle peut offrir. La liste des fournisseurs met déjà en appétit, et la cuisine tient toutes ses promesses dès la formule et le menu à petits prix du déjeuner. Accueil chaleureux et service dans la grande tradition.

À voir

L'église : du XVIe s. De style gothique flamboyant, elle est couronnée par un beau clocher à balustres et clochetons. À l'intérieur, *pietà* et chaire du XVIIe s.

Le château de Tronjoly : *route de Quimper. Seuls les jardins et le parc se visitent (accès libre).* Gros logis en partie reconstruit en 1898, qui présente un joli toit à la Mansart. C'est un lieu chargé d'histoire révolutionnaire. Agréable promenade autour du parc.
– Expos temporaires et manifestations en été dans le château et le parc.

Six gîtes ruraux et un gîte d'étape sont aménagés au cœur du domaine de Tronjoly, dans une ancienne ferme rénovée.

DANS LES ENVIRONS

***Roudouallec** (56110) : à 9 km de Gourin.* Ce petit village, occupé depuis le Néolithique, comme en témoigne le menhir de Guernangoué, partage avec Gourin le phénomène des « cousins américains ». La rue Nicolas-Le-Grand rend hommage à un enfant du pays parti tenter sa chance outre-Atlantique et qui revint des années plus tard, après avoir réalisé son rêve américain... quand tous le croyaient mort, dévoré par un ours ou scalpé par un Indien !

Fête et manifestations à Gourin et dans les environs

- ***Fête de la Crêpe :** dernier w-e de juil.*
- ***Festy-Gay :** 1er w-e d'août.*
- ***Championnat de Bretagne de musiques traditionnelles :** 1er w-e de sept. Rens : ☎ 02-97-23-55-81.* Festoù-noz à gogo !

GUÉMENÉ-SUR-SCORFF [AR GEMENE]

(56160) 1 230 hab. *Carte Morbihan, B1*

Le nom de la commune tire son origine de Kémenet Guégant, un seigneur du XIe s dont le fief revint à la famille des Rohan-Guémené. Louis II de Rohan, duc de Montbazon, construisit vers 1480 un château féodal dont il ne reste plus que quelques rares vestiges. Le bourg, classé « Petite Cité de caractère », est joli, avec ses nombreuses maisons de pierre, ses placettes pavées, son atmosphère paisible. Idéal pour une petite promenade... avant la pause andouille !
Parce que de Guémené, on connaît surtout la fameuse andouille. Ici, les boyaux de porc (les chaudins), salés et dégraissés, sont embauchés (enfilés) les uns dans les autres en cercles concentriques avant d'être recouverts d'une baudruche en boyau de bœuf. Ce boudin sera fumé au bois de hêtre pendant 3 semaines, puis cuit à l'eau parfumée au foin. Il faut trois cochons pour fabriquer une andouille de 700 g !

Adresse utile

***Office de tourisme :** 5, pl. du Château. ☎ 02-97-28-01-20. • tourismepaysroimorvan.com • À l'entrée des Bains de la reine (lire « À voir »). Juil-août, tlj 9h30-13h, 14h-18h30 ; le reste de l'année, mar-dim 10h-12h30, 14h-18h (17h30 et fermé dim-lun oct-mars).* Très belle petite plaquette sur le patrimoine architectural de la ville à découvrir « pas à pas ».

Où acheter une bonne andouille de Guémené ?

***La Maison de l'andouille, chez Rivalan-Quidu :** 5, rue de Bellevue. ☎ 02-97-51-21-10. • andouille-guemene.com • Lun-sam 9h-12h30,*

14h15-19h. Une institution où l'on fait l'andouille de père en fils (ou gendre) depuis 1931 ! Compter autour de 40 € le kilo, ma bonne dame ! Au plafond, près de 6 000 cochons suspendus...

À voir

Les Bains de la reine : *5, pl. du Château. Mêmes horaires que l'office de tourisme. GRATUIT. Visite guidée : 3-4 €.* Il s'agit des anciennes étuves du château, l'ancêtre du hammam, en somme. Elles datent de 1380 environ (la preuve que l'on se lavait au Moyen Âge !). Vendues à un antiquaire en 1929, elles ont depuis 2008 retrouvé leur emplacement d'origine. Plutôt étonnant.

La vieille ville : un circuit disponible à l'office de tourisme vous mènera à travers rues et ruelles à la découverte des remparts, des vestiges de l'ancien château, l'église, la maladrerie, etc.

Fête

– Ne pas manquer ***l'Andouille en fête,*** *le 2e dim après le 15 août. Rens auprès de l'office de tourisme.* Repas à base de la spécialité locale déclinée sous plusieurs recettes et aussi musique, marché du terroir, concours de boules, fest-noz, etc. Tout est gratuit (sauf les repas !).

DANS LES ENVIRONS DE GUÉMENÉ-SUR-SCORFF

La chapelle de Crénénan : *à env 3 km au nord-ouest de Guémené-sur-Scorff, en direction de Ploërdut.* Ensemble architectural du XVIe s composé d'un manoir, de trois maisons de style, d'anciennes caves à boissons aux airs de four à pain (toutes les ruses étaient bonnes pour s'envoyer un p'tit canon !) et d'une fontaine.

Le château de Langoëlan : *7, rue de Kerentré, à Langoëlan ; à 7,6 km au nord de Guémené-sur-Scorff. Ne se visite pas, mais on l'aperçoit de la route.* Étonnante bâtisse au minaret incongru, flanqué de fenêtres byzantines, à la sortie du bourg direction Rostrenen. Cette maison inattendue (appelée aussi le « palais de l'émir » par ici) fut construite en 1920 par Albert Haïk, originaire de Tunisie et dont le frère, Jacques, avait fait fortune dans le pétrole. Sa femme, Marie-Louise, était née à Langoëlan. Cette histoire, fortement romancée, inspira une comédie musicale : *L'Émir de Langoëlan.* L'intérêt de cette balade réside dans le fait que la route de Guémené à Langoëlan est superbe.

KERNASCLÉDEN [karnassenn]

(56540) 360 hab. *Carte Morbihan, B1*

Avec sa superbe église, sa petite place fleurie et son insolite Maison de la chauve-souris, ce village vaut bien une halte. En été, n'attendez pas le prétexte d'un jour pluvieux sur la côte pour visiter la Bretagne intérieure, qui mérite aussi d'être vue sous le soleil. La preuve !

Où manger ? Où boire un verre dans le coin ?

🍴 🍷 ***Auberge de Pont Calleck :*** *Le Grayo, vallée du Scorff, 56240* ***Inguiniel.*** *☎ 02-97-32-08-75. • info@auberge-pont-calleck.fr • À env 5 km par la D 110 qui se glisse dans la superbe vallée du Scorff. Tlj en été ; fermé lun-mar et le soir mer-jeu et dim le reste de l'année. Formule déj en sem 17,50 €, menus 29-60 €.* Une merveilleuse adresse perdue dans la forêt, au cœur de la vallée du Scorff. Une vraie carte postale : une terrasse surplombant la rivière, un potager, un moulin à eau (avec sa roue), une cascade impressionnante (qui coule quasiment dans la salle à manger !). Cuisine assurée par un « maître restaurateur » ayant adhéré à l'association « Restaurants du Terroir », c'est dire si la cuisine est maison et la maison sérieuse ! En dehors des heures de repas, on pourra se contenter d'y boire un verre.

MORBIHAN

À voir à Kernascléden et dans les environs

L'église Notre-Dame : construite sur un ancien lieu de culte païen (on a retrouvé sur ce site une table druidique). La « reine des chapelles » de style gothique flamboyant en Bretagne. Consacrée à Notre-Dame, elle a fière allure, tant la pierre est festonnée, témoin d'une grande richesse.
À l'intérieur, la fresque de la ***Danse macabre*** fait la célébrité du lieu. Bien que délabrée (rongée par les dernières tentatives de sauvegarde, un comble !), cette composition reste un chef-d'œuvre de l'art breton du XVe s. Les monstres sont peints avec un réalisme effrayant. Pour les amateurs, on trouve cinq autres *Danses macabres* en France (et huit en Europe), notamment à Kermaria-an-Iskuit, commune de Plouha (Côtes-d'Armor). Une association *Danses macabres d'Europe* a même vu le jour. Dans le transept gauche – attention aux marches –, une pierre abandonnée semble avoir été taillée pour recevoir le sang du sacrifice d'animaux. Tout cela fait froid dans le dos !
Dans un registre plus allègre, la voûte, également peinte au XVe s, mérite elle aussi un coup d'œil, entre autres pour ses jolis anges musiciens.

La Maison de la chauve-souris : *1, pl. de l'Église. ☎ 02-97-28-26-31. • maisondelachauve-souris.com • Juil-août, tlj 10h-18h30 (visite guidée à 15h et 17h) ; vac scol (fév, avr et Toussaint) tlj 14h-17h30 ; avr-juin et sept-oct, mer-dim 14h-17h30. En juil-août,* Nuits de la chauve-souris *mar et ven à 20h30 sur résa (2h30 env ; 7 €). Tarifs : 5 €, visite guidée 6 € ; réduc ; gratuit jusqu'à 4 ans. Sur présentation de ce guide, réduc de 1 €/pers.* Un lieu unique en France, entièrement consacré aux demoiselles de la nuit... Ni chauves, ni souris, les chiroptères (de *kheir,* « main », et *pteron,* « ailée ») sont des animaux en tous points fascinants. Cet espace ludique et scénographié offre une approche scientifique, culturelle et quasiment exhaustive. Rien de gore, qu'on se rassure ! Des animations et des visites guidées (jusqu'à l'étang du village), menées par des chiroptérologues chevronnés, complètent parfaitement la visite. Des caméras infrarouges permettent d'observer en direct la colonie installée dans les combles de l'église.

La chapelle de Lochrist : *à* ***Inguiniel.*** *À 5,5 km au sud-ouest.* Plutôt massive et, à priori, du Moyen Âge, elle se dresse dans ce qui est maintenant le dernier enclos paroissial du Morbihan. L'ossuaire attenant à la sacristie est le seul témoin du cimetière qui l'entourait jusqu'en 1947. Dans l'enclos, calvaire classique de 1813 : Jésus seul en croix, encadré des larrons ; à leurs pieds, des pleureuses.

Fête

– ***Pardon du 15 août :*** procession des habitants du village en costume.

LA BAIE DE QUIBERON ET AURAY

LA PRESQU'ÎLE DE QUIBERON

5 200 hab. *Carte Morbihan, B3*

• Plan I *p. 247* • Plan II *p. 248-249*

Presqu'île multifacette, Quiberon est l'un des plus beaux fleurons du tourisme morbihannais. Péninsule reliée au continent par une étroite langue de sable, elle offre à la fois la quasi-brutalité iodée de la bien nommée Côte Sauvage à l'ouest, la douceur tranquille d'une jolie station balnéaire familiale (avec Saint-Pierre) dans sa partie est, et, en été, l'hystérie collective et grouillante d'une Côte d'Azur bretonne dans sa partie sud autour de la « ville », Quiberon. Quoi qu'il en soit, réjouissez-vous, surfeurs, campeurs, pêcheurs, randonneurs, rêveurs, dragueurs, flambeurs..., cette presqu'île vous en réserve de belles. Et prévoyez la crème solaire : la presqu'île serait aussi ensoleillée que Cannes ! Plus de 2 000 heures de soleil par an. Cela dit, nous, on préfère hors saison, c'est clair...

UN PEU D'HISTOIRE

Près de 5 000 ans avant notre ère, l'homme était déjà présent sur la presqu'île. Des foyers, sépultures et autres lames de silex ont en effet été découverts sur l'îlot Téviec, face au fort Penthièvre. Les mégalithes sur la presqu'île nous indiquent que 2 500 ans av. J.-C., l'homme était toujours là... et 2 000 ans plus tard, les Vénètes établissent plusieurs villages sur la péninsule, avant d'être balayés par l'invasion romaine. Au Ve s, ce sont enfin les Bretons qui arrivent d'Angleterre.
Au Moyen Âge, la presqu'île est l'une des grandes terres de chasse des ducs de Bretagne, avec sa vaste forêt, largement défrichée à partir du XIIIe s. En 1795, l'escadre anglaise qui débarque avec une armée de plusieurs milliers d'émigrés est écrasée par le général Hoche : 1 500 morts et 3 000 prisonniers. Les royalistes, qui ont plusieurs fois dynamité sa statue à Port-Maria (voyez sa redingote et son sabre pliés), ne lui ont pas pardonné.

En 1882, la ligne de chemin de fer parvient à Quiberon, facilitant le transport des sardines et invitant surtout les touristes à découvrir l'endroit. Dès le début du XXe s, Quiberon devient une station balnéaire, décrochant le label de « Station climatique » en 1924.

LE STATIONNEMENT À QUIBERON

LE point noir ! Pour un automobiliste, Quiberon en haute saison, c'est du stress en boîte. Ça circule beaucoup et on s'arrache les places. En plus, la maréchaussée veille sur les parcmètres (4h au maximum et des tarifs pas donnés), donc pas de blague !
Le ***parking du Sémaphore*** *(payant),* d'une capacité de 1 150 places surveillées, a été créé à l'entrée de Quiberon, avec un service gratuit de navettes pour la gare maritime. Passage toutes les 10-20 mn en été. Très pratique et bon rapport tranquillité-prix. On peut laisser le bijou plusieurs jours sans problème : intéressant quand on s'embarque pour les îles. Dans ce cas, il existe aussi des parkings privés et gardés, certains dans des hôtels, proches de l'embarcadère.
Un autre bon plan : le ***parking privé Kerné,*** situé à 2 km du centre de Quiberon, dans le hameau de Kerné. Navette gratuite pour le port aussi bien pour l'aller que pour le retour en appelant un peu en avance : *06-86-62-69-18. • parkingdekerne.com •*
Demandez à l'office de tourisme le guide *Quiberon la presqu'île,* qui donne en pages intérieures la liste des parkings. Voici encore la meilleure parade aux enquiquinements : venez avec le TER (le *Tire-Bouchon*) et louez un vélo !

MORBIHAN

Adresses et infos utiles

Office de tourisme *(plan II, B2)* **:** *14, rue de Verdun, à* ***Quiberon.*** *☎ 02-97-50-07-84. • quiberon.com • Juil-août, lun-sam 9h-19h, dim et j. fériés 10h-13h, 14h-17h ; avr-juin, sept et vac scol de la Toussaint, lun-sam 9h-12h30, 14h-18h, plus dim et j. fériés 9h30-12h30 mai-juin et vac de la Toussaint ; oct-mars, lun-sam 10h-12h30, 14h-17h30 (fermé sam ap-m hors vac scol).* Petite brochure avec 4 circuits de randonnées pédestres, allant de 6,5 à 15 km, qui permettent de profiter des paysages côtiers et de l'intérieur des terres.

Office de tourisme *(plan I)* **:** *3, rue Curie, à* ***Saint-Pierre-Quiberon.*** *☎ 02-97-30-88-86. • saintpierrequiberon-tourisme.fr • Juil-sept, lun-sam 9h30-13h, 15h-19h (18h sam) et dim 10h-12h30 ; le reste de l'année, lun et mer-ven, plus sam mat.* Pratique, car à l'entrée de la presqu'île.

– ***Marché :*** *le sam tte l'année, à* ***Quiberon*** *(esplanade Hoche).* Évidemment plus grand en été, avec plus de 200 stands.

Transports

Le Tire-Bouchon *(plan II, B2)* **:** *à la gare SNCF de* ***Quiberon.*** *☎ 36-35 (0,40 €/mn). En été, billetterie ouv en fonction des horaires du train.* TER qui fait la liaison Auray-Quiberon en juil-août, env 10 fois/j. ; 2de quinzaine de juin et 1re de sept, slt w-e. Durée du trajet : env 1h. Arrêts à Ploëmel, Plouharnel, Les Sables-Blancs, Penthièvre, Isthme, Kerhostin et Saint-Pierre-Quiberon avant d'atteindre Quiberon centre. Une véritable aubaine pour qui veut passer une journée à Quiberon. On évite les horribles bouchons (d'où son nom) et le casse-tête du parking.

Pour la traversée de la presqu'île : ***Bus Timo*** *(☎ 0810-10-10-56).* Liaisons Vannes-Quiberon régulières (en passant par Auray) sf en juil-août (il s'arrête à Plouharnel et c'est alors le TER *Tire-Bouchon* qui prend le relais).

Liaisons régulières avec Belle-Île, Houat et Hoëdic : *avec la* ***Compagnie Océane*** *(☎ 0820-056-156 ; • compagnie-oceane.fr •).* Départs fréquents pour Belle-Île, jusqu'à 10-12/j. en saison, 8h-21h (parfois 22h en août). Pour Houat et Hoëdic, env 2-5 départs/j. selon période.

– Il est nécessaire de laisser sa ***voiture*** dans un parking *(payant),* privé ou non. Liste des parkings en rubrique « Pratique » du site de l'office de tourisme :

• *quiberon.com* • Noter que le passage des véhicules est possible avec la *Compagnie Océane,* mais c'est tout à fait inutile et très cher. Nous recommandons vivement à nos lecteurs d'éviter d'aller à Belle-Île avec leur voiture. On peut louer tous les véhicules sur l'île à un prix qui ne dépasse pas le coût du passage de la voiture. Enfin, l'île est tellement plus belle à vélo !

Location de vélos

■ ***Cycle Loisirs :*** *rue Victor-Golvan, à **Quiberon.** ☎ 02-97-50-31-73.* Loue notamment des vélos pour enfants.

■ ***Cycl'omar*** *(plan II, B3)* **:** *47, pl. Hoche, à **Quiberon.** ☎ 02-97-50-26-00.* • *cyclomar56@orange.fr* • Location de vélos de route, de VTT, de 125 cm³... Tarifs dégressifs. Pensez à prendre votre chéquier pour la caution.

■ ***Vélocéan :*** *9, impasse des Violettes. 📱 06-08-01-74-17. Derrière l'église.* Spécialisé dans les vélos (VTT et route), Beach Cruiser et les vélos de triathlon.

MORBIHAN

Où dormir dans la presqu'île ?

CAMPINGS

Très nombreux campings à peu près partout. D'un côté, les quelques campings municipaux, pas chers et simples ; de l'autre, les 3 ou 4-étoiles, grand luxe, chers et dotés d'un niveau de confort et de services élevés.

⛺ ***Camping Relais de l'Océan*** *(plan I, **11**)* **:** *16, av. de Groix, BP 18, **Kerhostin.** ☎ 02-97-30-91-29.* • *info@relaisdelocean.com* • *relaisdelocean.com* • ♿ *En face de la plage de l'Océan. Ouv avr-début oct. Forfait tente 12,80-22,80 €. Loc de mobile homes et bungalows en toile 195-826 €/sem. 270 empl. Promos en basse saison.* Classique, bien arboré, au calme et plutôt bien équipé. Location de vélos. Restaurant et animations en juillet-août. Piscine.

⛺ ***Camping municipal de Kerhostin*** *(plan I, **10**)* **:** ***Kerhostin.*** *☎ 02-97-30-95-25 ou 02-97-30-88-86 (office de tourisme).* • *campingkerhostin@saintpierrequiberon.net* • *otsaintpierrequiberon.fr* • ♿ *Juste avt le rétrécissement de l'isthme, sur la droite en allant vers Quiberon. Ouv mai-début sept. Forfait tente 15,10-19,90 € selon saison. 97 empl.* Wi-Fi Surplombant la baie, un espace assez vaste mais peu ombragé, sauf du côté de la route (pas mal de passage en journée). En revanche, les emplacements au bord de la petite falaise profitent d'une très belle vue. Bonne tenue générale. Simple.

⛺ ***Camping municipal de Penthièvre*** *(plan I, **12**)* **:** *av. Duquesne-Penthièvre. ☎ 02-97-52-33-86.* • *campingpenthievre@saintpierrequiberon.net* • *saintpierrequiberon.fr* • ♿ *À l'isthme, sur la plage côté baie de Quiberon ; depuis Rennes par la N 24-N 166, sortie Quiberon ; depuis Nantes par la N 165, sortie Quiberon. Ouv de mi-avr à sept. Forfait tente 12,60-15,90 € selon emplacement et saison. 761 empl.* Très grand camping au bord de la plage des Sables-Blancs. Plutôt sec dans son genre mais si bien situé ! Quelques petites zones ombragées.

■ **Adresse utile**

- Office de tourisme

⛺ **Où dormir ?**

- **10** Camping municipal de Kerhostin
- **11** Camping Relais de l'Océan
- **12** Camping municipal de Penthièvre
- **16** Village vacances Relais Saint-Joseph de l'Océan
- **19** Gîtes chez M. et Mme Le Blaye
- **20** Auberge des Dunes
- **21** Le Petit Hôtel du Grand Large
- **22** Chambres d'hôtes La Chaloupe
- **23** Hôtel des Deux Mers
- **29** Hôtel de la Plage

Où manger ?

- **21** Le Petit Hôtel du Grand Large
- **40** Le Bateau Ivre
- **47** Le Vivier
- **49** Crêperie Avel Mor

Où boire un verre ?

- **47** Le Vivier

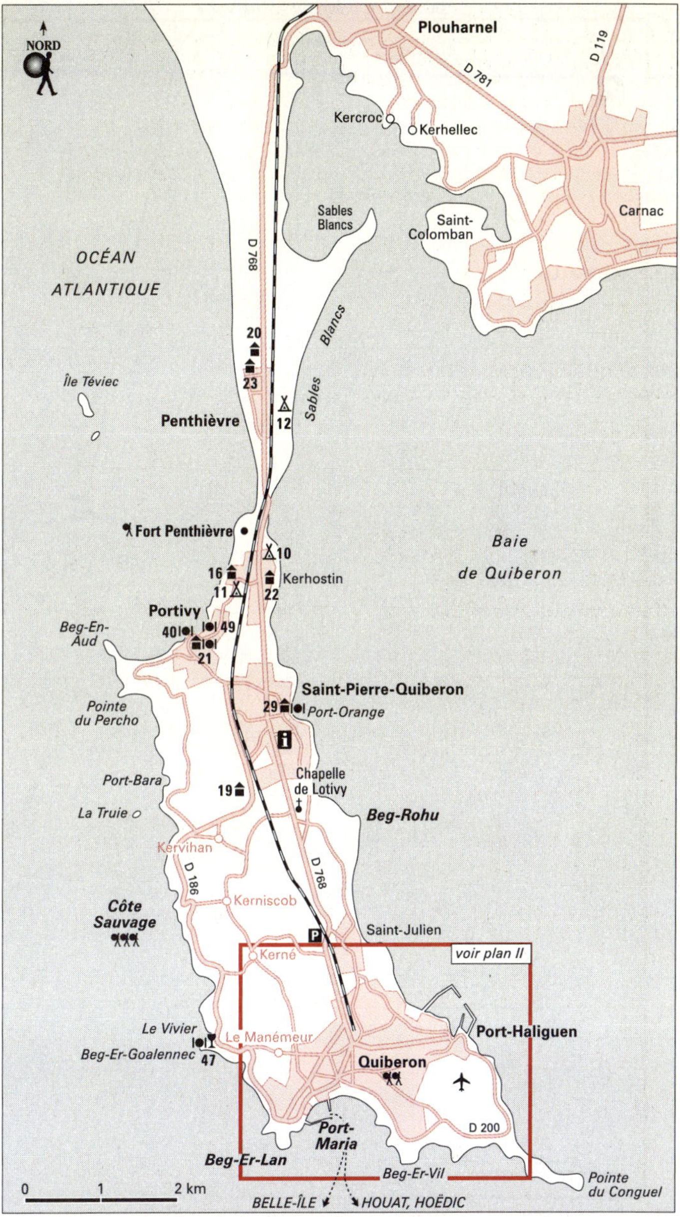

LA PRESQU'ÎLE DE QUIBERON – Plan I

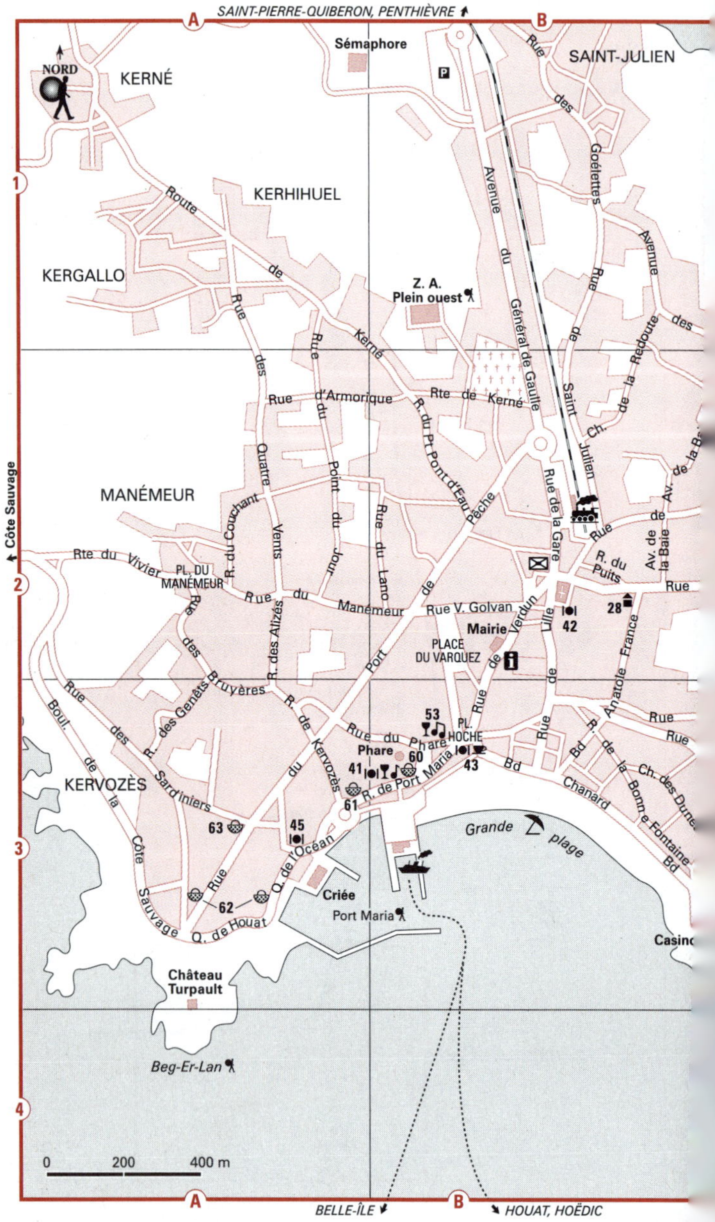
SAINT-PIERRE-QUIBERON, PENTHIÈVRE
A
B
NORD
Sémaphore
KERNÉ
SAINT-JULIEN
Rue des Goélettes
KERHIHUEL
Route de Kerné
Avenue du Général de Gaulle
KERGALLO
Z. A.
Plein ouest
Avenue de la Redoute
Rue de Saint Julien
Ch. de la Redoute
Avenue des
Rue des Quatre Vents
Rue du Point du Jour
Rue d'Armorique
Rte de Kerné
R. du Pt Pont d'Eau
MANÉMEUR
R. du Couchant
Rue du Lano
Rue de la Gare
Côte Sauvage
Rte du Vivier
PL. DU MANÉMEUR
Rue du Manémeur
Rue V. Golvan
Rue de Port Pêche
Av. de la Baie
Av. de la B
Rue de
R. du Puits
Rue
28
42
Mairie
PLACE DU VARQUEZ
Verdun
Rue de Lille
Rue des Bruyères
R. des Alizés
Rue Anatole France
Rue des Sardiniers
R. des Genêts
Boul. de la Côte Sauvage
R. de Kervozès
Rue du Phare
53
PL. HOCHE
Phare
60
41
43
Bd Chanard
R. de la Bonne Fontaine
Ch. des Dunes
Bd
R. de Port Maria
61
KERVOZÈS
63
45
Q. de l'Océan
Grande plage
Rue du Port
62
Criée
Port Maria
Q. de Houat
Casino
Château Turpault
Beg-Er-Lan
1
2
3
4
0
200
400 m
BELLE-ÎLE
HOUAT, HOËDIC

■ Adresses utiles

- Office de tourisme
- Gare maritime

Où dormir ?

14 Camping Le Conguel
17 Hôtel du Relais
26 Hôtel Bellevue
27 Hôtel Port-Haliguen
28 Hôtel Men Er Vro

Où manger ?

41 La Crep' et Un Petit goût de...
42 Crêperie Ty Rétro
43 Villa Margot
45 La Criée
46 La Chaumine
48 Crêperie La Closerie Saint-Clément

Où boire un verre ? Où prendre un thé ? Où sortir ?

41 Un Petit goût de...
43 Villa Margot
50 Café du Midi
53 Hacienda Café

Où acheter de bons produits ?

60 Henri Le Roux
61 Riguidel
62 Conserverie La Quiberonnaise
63 Les Jeannettes

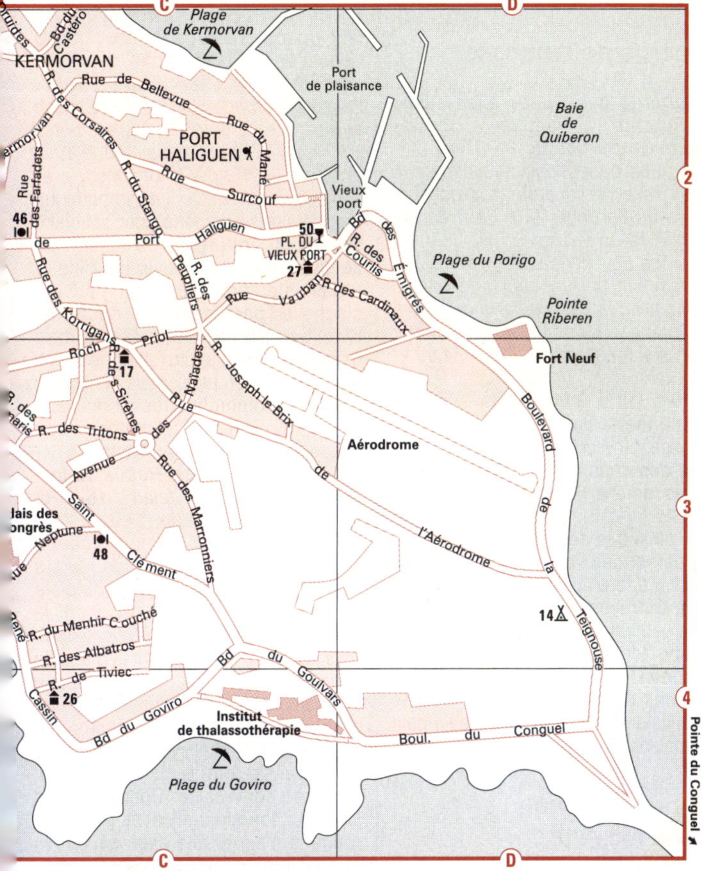

QUIBERON – Plan II

⛺ ***Camping Le Conguel*** *(plan II, D3,* ***14****)* **:** *pointe du Conguel ; bd de la Teignouse. ☎ 02-97-50-19-11. • info@campingduconguel.com • campingduconguel.com • Ouv avr-sept. Forfait tente 24-54 € selon saison. Loc de mobile homes 295-1 180 €/sem. 250 empl.* Situation incomparable, environnement agréable, bien ombragé sous les pins. Mais cette énorme structure grouille de monde. Il faut dire que les activités ne manquent pas : vaste piscine à toboggans, resto et tout ce qu'on peut imaginer. Location de vélos.

Auberge de jeunesse

Auberge des Dunes *(plan I,* ***20****)* **:** *av. Surcouf, à Penthièvre,* ***Saint-Pierre-Quiberon.*** *☎ 02-97-52-34-00. • aubergedesdunes@revesdemer.com • revesdemer.com/auberge-des-dunes-quiberon • ♿ À l'entrée de Penthièvre en venant de Plouharnel. Bus ligne n° 1 depuis la gare d'Auray ou train « le tire-bouchon » (env 4 €). Réduc avec la carte des AJ (en vente sur place). Doubles env 45-50 € selon saison. Dortoirs 21,40-24,90 €/pers, avec petit déj et draps. Repas 12,40 €.* 3 bâtiments simples, fonctionnels, isolés au bout d'une impasse. Une centaine de lits répartis dans des chambres et dortoirs classiques de 2 à 6 lits, avec lavabo et douche (w-c en commun, en revanche), ainsi que des gîtes équipés pour 2-5 personnes. Le tout avec accès direct à une plage qui décoiffe ! Activités sportives (possibilité de forfait hébergement-activité). Laverie, cuisine à dispo, location de vélos. Et Écolabel européen : l'herbe est tondue par des moutons d'Ouessant, et pas mal de produits servis à table sont bio (le pain est maison) !

De bon marché à prix moyens

Gîtes chez M. et Mme Le Blaye *(plan I,* ***19****)* **:** *21, rue de l'Éolienne, lieu-dit Kéridenvel, à* ***Saint-Pierre-Quiberon.*** *☎ 02-97-30-84-20. À Saint-Pierre, prendre à droite au 2e feu, parcourir 1 km, traverser la voie ferrée, puis dans le lotissement en face, à gauche. Gîtes ruraux 2-3 pers 230-430 €/sem selon taille et saison. Café offert sur présentation de ce guide.* Propriété récente à l'atmosphère sympa, qui propose des gîtes dans des maisons séparées. Le tout dans un jardin fleuri avec quelques poules, lapins et moutons, ainsi qu'un impressionnant potager bio.

Chambres d'hôtes La Chaloupe *(plan I,* ***22****)* **:** *10, rue Hoche, à* ***Kerhostin.*** *☎ 02-97-30-91-54. 📱 06-32-36-25-70 • fabrice.sy@wanadoo.fr • lachaloupe-quiberon.com • Fléché depuis la D 768 au centre du village de Kerhostin (au feu). Fermé 15 nov-25 mars. Compter 55-70 € pour 2 selon saison ; familiale 100 €. Table d'hôtes sur résa 17 € (22,50 € plateau de fruits de mer). Apéritif offert sur présentation de ce guide.* Le sympathique propriétaire se démène pour satisfaire ses hôtes, entre petit déjeuner, sortie en bateau pour relever les filets et repas interminables... qui peuvent s'achever par une sortie nocturne. Chambres à la déco toute simple, mais mignonnes. Petit jardin (et terrasse pas bien grande non plus), mais de grands espaces communs très conviviaux (salon, salle à manger, et même un barbecue à dispo). Super ambiance.

Village vacances Relais Saint-Joseph de l'Océan *(plan I,* ***16****)* **:** *16, av. de Groix,* ***Kerhostin.*** *☎ 02-97-30-91-29. • info@relaisdelocean.com • relaisdelocean.com • Ouv de mars à mi-nov. Juil-août, slt en pens complète et ½ pens, à la sem (se renseigner) ; le reste de l'année, loc à la nuit env 33 €/pers, avec petit déj.* Devant la plage de Saint-Joseph de l'Océan, une longue et ancienne maison familiale qu'une association chrétienne a transformée en une sorte d'hôtel sympa et pas cher qui accueille tout le monde dans un esprit de convivialité. Chambres très simples, fonctionnelles et pas bien grandes mais toutes avec sanitaires et absolument impeccables. Préférez de loin celles qui donnent sur l'océan (la moitié), c'est tout de même plus agréable. Salon commun avec bibliothèque à dispo.

Hôtel du Relais *(plan II, C3,* ***17****) : 64, rue du Roch-Priol, à* ***Quiberon.*** *☎ 02-97-50-10-56. • lerelais.quiberon@wanadoo.fr • hotel-quiberon.fr • ♿ Congés : 1 sem à la Toussaint, 2 sem à Noël. Doubles 59-90 € selon confort et saison ; familiales 79-155 €.* Situé entre Port-Haliguen et Port-Maria, dans un quartier calme et résidentiel, un hôtel entièrement rénové. Une vingtaine de chambres tout confort (dont 5 de plain-pied avec terrasse privative), aménagées dans un style sobre, douillet et contemporain. Location de vélos ; le moyen idéal pour rejoindre la plage en quelques coups de pédales ! Resto sur place.

De prix moyens à chic

Hôtel Port-Haliguen *(plan II, C2,* ***27****) : 10, pl. de Port-Haliguen, à* ***Quiberon.*** *☎ 02-97-50-16-52. • contact@hotel-port-haliguen.com • hotel-port-haliguen.com • Sur le vieux port, à 100 m de la plage et des activités nautiques. Fermé nov-mars. Doubles 69-98 € selon confort, vue et saison ; familiales 101-111 €. Parking. Un petit déj/chambre et par séjour offert sur présentation de ce guide.* Ce charmant hôtel cumule les avantages : pas trop grand, donc convivial, tenu par des jeunes souriants et dynamiques, très bien situé sur le port et, surtout, rénové dans un style contemporain sobre, pimpant et très actuel. Bon confort général, et même des balcons côté mer pour humer l'air du large ! Une de nos adresses préférées.

Hôtel Men Er Vro *(plan II, B2,* ***28****) : 22, rue de Port-Haliguen, à* ***Quiberon.*** *☎ 02-97-50-16-08. • menervro56@orange.fr • hotel-menervro.com • ♿ À 2 mn du centre-ville à pied. Congés : de mi-nov à fin mars. Doubles 72-82 € selon confort et saison. Parking. Remise de 5 % sur la chambre (hors saison, sf w-e et j. fériés) sur présentation de ce guide.* Un petit 2-étoiles convivial d'une douzaine de chambres, sans prétention mais bien agréable avec sa petite véranda et son salon pour bouquiner. Chambres colorées et sans chichis mais de bon confort. Accueil sympathique.

De chic à plus chic

Hôtel des Deux Mers *(plan I,* ***23****) : 8, av. Surcouf, à Penthièvre-Plage,* ***Saint-Pierre-Quiberon.*** *☎ 02-97-52-33-75. • infos@hotel-des-deux-mers.com • hotel-des-deux-mers.com • Sur la droite de la route quand on entre dans la presqu'île. Parking. Congés : de mi-nov à mi-mars (sf fêtes de fin d'année). Doubles 84-140 € selon saison et vue ; familiales 100-200 €. Parking.* À l'écart de l'axe principal et à deux enjambées de la plage, une ancienne villa balnéaire, cossue, à la façade travaillée. On devine tout le chic d'un siècle passé, et sa rénovation est particulièrement réussie, au goût du jour mais dans le respect des lieux, sans surcharge. L'hôtel, intimiste, ne propose qu'une quinzaine de chambres, toutes aussi charmantes les unes que les autres. Salon séduisant, ou belle véranda à l'arrière pour bouquiner. Une adresse élégante, à l'atmosphère conviviale et décontractée.

Hôtel de la Plage *(plan I,* ***29****) : 25, quai d'Orange, à* ***Saint-Pierre-Quiberon.*** *☎ 02-97-30-92-10. • contact@hotel-plage-quiberon.com • hotel-plage-quiberon.com • ♿ Congés : fin sept-début avr. Selon confort, saison et vue, doubles 66-139 €. Formule 26 € et menu 36 €. Parking. Kir breton offert sur présentation de ce guide.* Confortable hôtel moderne de bord de plage, idéalement situé, avec chambres et appartements. Ceux avec vue sont plus chers mais évidemment plus agréables car dotés de balcons ou de loggias. Chambres classiques spacieuses et lumineuses, tout confort. Jolie vue depuis le restaurant sur la plage, si calme le soir quand le flot des touristes est passé. Accueil professionnel. Et pour la trempette au petit matin, on plongerait presque du balcon...

Hôtel Bellevue *(plan II, C4,* ***26****) : rue de Tiviec, BP 30341,* ***Quiberon*** *Cedex. ☎ 02-97-50-16-28. • admin@hotel-bellevuequiberon.com • hotel-bellevuequiberon.com • Un peu en retrait de la plage, à la hauteur du casino. Congés : nov-mars. Doubles 59-144 € selon saison et confort. ½ pens juin-sept. Parking.* Construction classique des années 1970, sans grand charme extérieur mais dont l'intérieur se révèle très confortable, paisible et lumineux, agréablement décoré au goût d'aujourd'hui. On peut préférer les chambres de l'étage pour la belle vue dégagée (certaines disposent même de 2 loggias avec transats). Très jolie piscine chauffée. Une adresse d'un bon rapport qualité-prix. Accueil très chaleureux.

Le Petit Hôtel du Grand Large *(plan I, **21**) : 11, quai Saint-Ivy, Portivy, à **Saint-Pierre-Quiberon.** ☎ 02-97-30-91-61. • contact@lepetithoteldugrandlarge.fr • lepetithoteldugrandlarge.fr • Tlj sf mar-mer et dim soir hors saison, mar et midi mer en saison. Fermeture variable en hiver ; penser à appeler avt de déc à mars. Doubles 95-135 € selon saison et taille.* Faire escale à Portivy, dans ce petit port adorable, ouvert sur la Côte Sauvage et l'île de Groix. Jeter l'ancre (l'emblème de ce petit hôtel) pour s'endormir face à la mer dans l'une des 6 chambres mignonnes à craquer, à la déco soignée, mêlant objets chinés et aménagements dans l'air du temps ! Surtout, ne pas manquer d'y prendre le repas (voir « Où manger ? »).

Où manger ?

De bon marché à prix moyens

Crêperie Avel Mor *(plan I, **49**) : 8, promenade de Téviec (port), Portivy, à **Saint-Pierre-Quiberon.** ☎ 02-97-30-74-11. • contact@creperie-avel-mor.fr • Tlj sf le midi lun et jeu, plus mer hors saison. Congés : nov-fin mars. Env 13-15 €.* Et une crêperie, une ! Mais sympa, franchement, tout comme l'accueil et le service. Vue magnifique sur le petit port de Portivy, depuis la salle ou la terrasse abritée du vent, face à la mer. Dans l'assiette, de délicieuses galettes et des crêpes traditionnelles qui peuvent satisfaire tous les goûts.

Crêperie La Closerie Saint-Clément *(plan II, C3, **48**) : 36, rue Saint-Clément, à **Quiberon.** ☎ 02-97-50-40-00. Tlj. Congés : janv-15 fév. Menu 11,50 € ; env 15 € à la carte. Apéritif maison offert sur présentation de ce guide.* Galettes de blé noir bio, à composer soi-même et à choisir dans une carte pas classique. Copieuses salades-repas en saison. Dans une belle maison bretonne, décor agréable avec des tables en terrasse pour les beaux jours et une cheminée conviviale pour ceux de crachin. Et pour les enfants, une petite aire de jeux à l'extérieur.

Crêperie Ty Rétro *(plan II, B2, **42**) : 12, pl. du Repos, à **Quiberon.** ☎ 02-97-59-25-43. Juste derrière l'église. Tlj sf mer, plus dim soir hors saison. Congés : de mi-nov à mi-déc. Env 12-15 €.* Une crêperie plutôt récente dans le paysage quiberonnais mais qui a su s'imposer et fidéliser sa clientèle (à tel point que c'est souvent complet et qu'il faut réserver). Les crêpes et les galettes sont bonnes (et *kraz* à souhait), la déco agréable, le service souriant et les prix tout doux. Ceci explique sans doute cela !

La Crep' *(plan II, A-B3, **41**) : 24, rue de Port-Maria, à **Quiberon.** ☎ 02-97-50-44-28. • lafleurdesiles0585@orange.fr • Tlj. Congés : nov-janv. Carte env 10-15 €.* Une étape bien agréable : la déco branchée voyage est gaie et colorée, l'accueil vraiment sympa et décontracté, et les galettes bien réalisées. Et s'il fait beau, on profitera sans hésiter de la petite terrasse bien tranquille cachée à l'arrière.

Le Bateau Ivre *(plan I, **40**) : 9, pl. Saint-Ivy, Portivy, à **Saint-Pierre-Quiberon.** ☎ 02-97-30-99-19. Fermé mar hors saison. Résa conseillée. Carte 20-25 €.* Ivre ? De joie, ça, c'est sûr ! Car ce bateau a le vent en poupe : grosse ambiance lorsque locaux et touristes investissent en force la terrasse face à la mer, ou la salle tout en baies vitrées à la déco marine façon cargo. L'équipe est dynamique, mais il faudra sans doute patienter avant de goûter aux moules-frites servies au format XL, aux salades ou à une pièce de viande. Simple, consistant et bon. Une brasserie tonique et festive (et qui ne manque pas d'humour : demandez juste le code d'accès au wifi !).

De chic à plus chic

Le Petit Hôtel du Grand Large *(plan I,* ***21****) : 11, quai Saint-Ivy, Portivy, à* ***Saint-Pierre-Quiberon.*** *Voir aussi « Où dormir ? ». Fermé mar-mer midi aux vac scol ; le reste de l'année, fermé mar-mer, plus dim soir. Résa conseillée. Menus 35 € (déj lun-sam), puis 58-110 €.* Quand la mer s'embrase au couchant, la salle à manger avec ses baies vitrées donnant sur le port brille plus encore d'un service charmant et chaleureux, emmené par Catherine, la jeune patronne œnophile. Autodidacte et parfois peu conventionnel, Hervé cuisine la mer, les poissons méconnus et snobés avec bonheur, et propose des cuissons parfaites. Carte des vins montée avec soin. Au final, ambiance de bistrot conviviale, petite carte mais grande fraîcheur, petits plats et grande cuisine... C'est notre coup de cœur sur la presqu'île !

Un Petit goût de... *(plan II, B3,* ***41****) : 22, rue de Port-Maria, à* ***Quiberon.*** *☎ 09-66-95-50-37. 06-85-19-82-04. • melimelosas@gmail.com • Tlj à la belle saison (service slt en terrasse, plus ou moins couverte !), jusqu'à 1h ; fermé le midi lun-jeu hors saison. Congés : nov-mars. Menu 22 € ; carte env 30 €.* Une invitation au voyage, l'assurance d'une soirée on ne peut plus dépaysante, à naviguer quelque part entre Cuba, Tokyo et La Jamaïque (à Quiberon, quoi !). On peut aussi bien venir siroter un *mojito* à l'ombre des bambous que déguster une cuisine fusion fraîche et réussie. Le tout fait maison ! Une adresse gentiment branchouille mais sérieuse et accueillante.

Villa Margot *(plan II, B3,* ***43****) : 7, rue de Port-Maria, à* ***Quiberon.*** *☎ 02-97-50-33-89. • reservation@villamargot.fr • Tlj sf mer, plus mar hors vac scol. Horaires restreints : ouv 12h15-13h30, 19h15-21h30. Congés : de mi-nov à mars. Formule déj en sem 18,50 € ; menus 34-45 € ; carte env 60 €.* Une ancienne demeure cossue de front de mer, remarquable par son fortin et sa forme cubique. Terrasse avec vue imprenable au-dessus de la Grande plage, ou intérieur moderne et zen. Cuisine de la mer originale et sans surcharge. Les produits sont servis presque bruts mais mis en scène avec talent. Service discret et agréable. On peut aussi se contenter d'y prendre un thé et une gourmandise l'après-midi.

La Criée *(plan II, A3,* ***45****) : 11, quai de l'Océan, à* ***Port-Maria.*** *☎ 02-97-30-53-09. Tlj sf dim soir-lun. Congés : janv et 15 j. début déc. Résa indispensable. Formule déj en sem 21 € ; menus 29-45 € ; carte env 30-35 €.* C'est le resto de la poissonnerie-fumerie *Lucas.* Décor maritime rafraîchissant et qualité des produits, impeccables et bien travaillés : le rapport qualité-prix est évident.

La Chaumine *(plan II, C2,* ***46****) : 79, rue de Port-Haliguen, à* ***Quiberon.*** *☎ 02-97-50-17-67. Tlj sf lun et mar midi, plus dim soir hors été. Congés : de mi-nov à mi-mars. Résa conseillée. Menus 29,50-42 € ; carte env 33 €.* C'est l'une des tables de référence du coin. Pour son cadre coquet, d'humeur marine, mais surtout pour ses jolis menus proposant de bons produits de la mer : moules, langoustines, poisson ou, plus raffinées, ces huîtres gratinées aux salicornes et aux noisettes. Beau plateau de fruits de mer.

Le Vivier *(plan I,* ***47****) : 12, route du Vivier. ☎ 02-97-50-12-60. Dans la partie sud de la Côte Sauvage, juste à l'ouest de Manémeur. Fermé dim soir-lun et le soir mar-jeu hors saison. Congés : déc-janv. Env 20-25 € selon les plats, provenant tous de la mer.* Un café-restaurant posé sur la mer, loin de toute habitation. Entre les moules goûteuses, la soupe de poisson qui réchauffe comme il faut et l'assiette de fruits de mer qui chante et enchante, on se régale ici devant le meilleur de la Côte Sauvage, avec Belle-Île à l'horizon. On paie quand même un peu le cadre, et l'endroit perd de son charme lors de la ruée touristique.

Où boire un verre ? Où prendre un thé ? Où sortir ?

Café du Midi *(plan II, C2, **50**) : à **Port-Haliguen.** ☎ 02-97-50-07-47. • cafe-du-midi@wanadoo.fr • Juste devant le port. Tlj sf mer, plus mar hors saison. Fermé 3 sem en janv.* Un petit troquet des familles (au sens propre, puisqu'il est dans la même depuis plusieurs générations), qui fait judicieusement le lien entre le bistrot convivial d'autrefois et le petit rendez-vous moderne d'aujourd'hui. 2 beaux comptoirs de bois, des photos du vieux Port-Haliguen, une cheminée, une terrasse face au quai, et une ambiance du tonnerre. Concerts une fois par mois, le samedi, et service de restauration en saison *(carte env 12 €).*

Villa Margot *(plan II, B3, **43**) : 7, rue de Port-Maria, à **Quiberon.** ☎ 02-97-50-33-89. Voir « Où manger ? » Salon de thé 15h30-18h.* Très joli cadre et ambiance zen, pour un thé et une gourmandise.

Un Petit goût de... *(plan II, B3, **41**) : 22, rue de Port-Maria, à **Quiberon.** 06-85-19-82-04. Voir « Où manger ? »* Ambiance exotique propice à la dégustation de *mojitos* et autres cocktails. DJs de temps à autre pour faire un peu la fête.

Le Vivier *(plan I, **47**) : 12, route du Vivier, sur la Côte Sauvage. Voir « Où manger ? »* Si *Le Vivier* est avant tout un resto, c'est aussi, lors de votre balade à vélo ou à pied le long de cette côte admirable, une halte bien méritée pour s'abreuver en observant le duel sans merci entre les falaises et la mer.

Hacienda Café *(plan II, B3, **53**) : 4, rue du Phare, à **Quiberon.** ☎ 02-97-30-51-76. À 50 m de la pl. Hoche. Ouv l'été minuit-6h.* Night-club, entre bar pour surfeurs noctambules et café latino. Bières, punch maison, rhum flambé et tout et tout...

Où acheter de bons produits ?

Pour les vrais gourmands, il est impossible de quitter Quiberon sans avoir au moins goûté les fameux caramels au beurre salé de chez ***Henri Le Roux*** *(plan II, B3, **60** ; 18, rue de Port-Maria ; ☎ 02-97-50-06-83 ; visites de l'atelier possibles sur résa ; 2 €),* et les kouign-amann, un peu chers tout de même, de chez ***Riguidel*** *(plan II, A3, **61** ; 38, rue de Port-Maria ; ☎ 02-97-50-07-41).*

Conserverie La Quiberonnaise *(plan II, A3, **62**) : 30, rue du Port-de-Pêche (tte l'année) ou 5, quai de Houat (l'été slt), à **Quiberon.** ☎ 02-97-50-12-54. • laquiberonnaise.fr •* Une institution : on y met la sardine en boîte (à la main !) depuis 1921, c'est-à-dire depuis 3 générations. Du simple, du bon, du traditionnel... même si certaines séries de boîtes sont signées de grands noms de la B.D. comme Franck Margerin. Vente directe d'usine.

Les Jeannettes *(plan II, A3, **63**) : 38, rue du Port-de-Pêche, à **Quiberon.** ☎ 02-97-50-07-13. • conserveslesjeannettes.com • Lun-ven 10h-12h, 15h-18h.* Une autre conserverie traditionnelle (sardines, thon, anchois...), ouverte depuis 1925. Ici, les boîtes sont d'une vraie sobriété : le plus important est, bien sûr, ce qu'il y a à l'intérieur !

Zone d'activités « Plein Ouest » *(plan II, B1) : à l'entrée de Quiberon. Tourner à droite après le cimetière en venant du nord, direction Kerné ; puis 1re à droite.* Appelée aussi le **Quai des Saveurs,** car on y trouve plusieurs entreprises de « douceurs » gastronomiques, qui se visitent gratuitement. Évidemment, vous n'en ressortirez sans doute pas le ventre et les mains vides.

– ***Conserverie La Belle Îloise :*** *☎ 02-97-50-08-77. • labelleiloise.com • Visite en saison lun-ven, ttes les heures 10h30-17h (avec pause 11h-30-14h30). 2 visites/j. hors saison. Compter 45 mn.* Si *La Belle Îloise* (dans la même famille depuis sa création en 1932 !) a démarré modestement, comme en témoigne ici la reconstitution du premier atelier, l'entreprise est aujourd'hui installée dans un espace très moderne. Mais les sardines sont toujours, comme le veut la tradition, mises en boîte à la main.

– ***Atelier de fumaison – Maison Michel Lucas :*** ☎ *02-97-50-59-50. Visite en saison lun-ven (téléphoner pour avoir les horaires de visites, qui sont assez changeants).* On peut voir les différents postes à travers les vitres du hall (filetage, salage, fumage et tranchage). On fume ici une trentaine d'espèces, aussi bien locales (lieu, haddock, maquereau, sardine, thon...) qu'exotiques (marlin, espadon, flétan...).

– ***La Maison d'Armorine :*** ☎ *02-97-50-24-25.* ♿ *Visite lun-ven à 10h, 11h, 14h30 et 15h30 en juil-août. Durée : env 30 mn.* Là encore, une affaire familiale datant de l'après-guerre, où l'on produit les célèbres « niniches », des sucettes artisanales déclinées en 49 parfums, sans colorants ni conservateurs. On goûtera également le *Salidou,* caramel mou au beurre salé.

– ***La Cour d'Orgères :*** ☎ *02-97-29-55-62. • confiture.net • En juil-août, visites lun-ven à 10h30, 14h et 16h (sinon mer 14h).* Une autre affaire familiale de pâtisserie (inimitable financier aux amandes, gâteau breton) et de confitures, aux saveurs parfois osées : sucré-salé, épices, légumes...

À voir

PENTHIÈVRE

C'est « l'entrée » de la presqu'île : un espace étroit entre la plage protégée des Sables-Blancs (à l'est) et celle de Penthièvre (à l'ouest). Pas le secteur le plus beau, mais quelques adresses intéressantes pour séjourner (voir plus haut « Où dormir dans la presqu'île ? »).
Côté ouest, face à la bonne grosse houle de l'Atlantique, la plage de Penthièvre est l'un des plus beaux spots de funboard et de kitesurf de Bretagne. Les jours de grand vent, le spectacle est magique quand les vagues s'en donnent à cœur joie. À marée basse, cette énorme plage de sable est également l'une des plus belles bases de char à voile de la région.

Le fort Penthièvre : *ne se visite pas, mais on peut accéder aux souterrains et aux jardins tlj 9h-18h.* Il a été reconstruit au milieu du XIXe s sur les fondations d'une redoute en bois édifiée au XVIIIe s par le duc de Penthièvre, grand amiral de Louis XV. Ce sont maintenant les marsouins du 3e RIMA qui ont pris la place de la garnison de l'armée allemande, retranchée là jusqu'au 10 mai 1945. Voir l'émouvant hommage aux résistants bretons massacrés par l'occupant dans ce fort.

PORTIVY

Le joli petit **port** mérite vraiment une halte, surtout au coucher du soleil. Un peu à l'écart des principaux flux de touristes de la presqu'île, avec ses caboteurs échoués à marée basse et ses sympathiques terrasses de front de mer. Au sud, au début de la Côte Sauvage, les petites anses de Port-Blanc et Port-Bara font de jolis spots pour les surfeurs aguerris quand la météo est dans le bon sens. Baignade toutefois interdite.

SAINT-PIERRE-QUIBERON *(56510)*

Charmante station balnéaire familiale, Saint-Pierre-Quiberon possède de jolies plages, alternant sable fin et rochers couverts de goémon. Bambins en Optimist et débutants en planche à voile peuvent ici naviguer en toute sécurité, bien abrités qu'ils sont par la configuration de la presqu'île.

Allez donc jeter un coup d'œil à la très jolie ***chapelle de Lotivy,*** sur la D 768, juste au sud de Saint-Pierre-Quiberon. Voûte étoilée en coque de bateau renversée et jolis vitraux.

Beg-Rohu : c'est sur cette pointe que s'est installée dès 1966 l'École nationale de voile (ENV pour les intimes), centre d'entraînement de haut niveau pour régatiers tricolores. C'est dans ce superbe camp retranché de l'équipe de France de voile, véritable laboratoire jalousé par nos adversaires étrangers, que sont formés bon nombre de médaillés français aux Jeux olympiques.

À Port-Orange, le petit port de Saint-Pierre, on a retrouvé des céramiques vénètes, des bronzes gaulois et des sesterces datant de l'Empire romain. Mais c'est surtout une belle petite baie abritée, avec une vue somptueuse sur la côte et une jolie plage en croissant.

LA CÔTE SAUVAGE

Côté ouest, au sud de Portivy, en allant vers la pointe de Quiberon. Par vent d'ouest consistant, le spectacle est superbe. Par forte tempête, c'est franchement dantesque. Les vagues furieuses viennent se fracasser contre cette côte déchirée dans un vacarme assourdissant. Cette côte se compose essentiellement de petites falaises déchiquetées, et les plages sont rares. *Nombreux parkings gratuits à disposition.*
Les consignes de sécurité concernant les baignades sur la Côte Sauvage sont à prendre au sérieux. On signale que la ***baignade*** est tout simplement ***interdite*** du fort de Penthièvre (au nord) jusqu'au château Turpault (au sud). Lames de fond, courants et ressacs meurtriers sont fréquents.
De nombreux endroits méritent la balade sur le sentier balisé par le Conservatoire du littoral (ne pas s'en écarter, question sécurité et protection de la faune et de la flore). Entre autres friandises, on vous propose les petites ***anses de Port-Pigeon, Port-Guibell, Port-Kerné et Port-Bara,*** les ***grottes et arches de Port-Bara, Port-Blanc et Kerniscob...*** Ces dernières forment une avancée de 500 m à l'intérieur des terres – si bien que certaines maisons, construites au-dessus, voient leur plancher trembler les jours de tempête !

QUIBERON *(Kiberen ; 56170 ; plan II)*

La station balnéaire et climatique fut en partie lancée, au début du XXe s, par les soyeux lyonnais. Du reste, aujourd'hui encore, les Lyonnais viennent en nombre à Quiberon. Peu d'immeubles, mais de jolies maisons familiales qui font face à la plage, située entre la place Hoche et les rochers de Beg-Er-Vil. Sur ces derniers, on peut voir, selon la légende, les traces du char de l'Ankou, personnification bretonne de la mort.

➢ Plus loin, une route côtière conduit à l'institut de thalassothérapie, puis un ***chemin côtier*** mène à la pointe du Conguel (très belle végétation, compter 1h pour en faire le tour à pied) : vue splendide sur Belle-Île, Houat et Hoëdic. Ce chemin est idéal pour les amateurs de footings matinaux.

Beg-Er-Lan *(plan II, A4)* **:** *pointe marquant le début de la Côte Sauvage côté Port-Maria.* Jetez un œil au *château Turpault (privé et non visitable),* étrange édifice construit en 1904 dans un esprit romantico – Belle Époque pour Georges Turpault, un riche filateur. Devant les récifs, une bouée beuglante a bien évidemment été baptisée « la vache à Turpault » par les gens du coin.

Port-Maria *(plan II, A-B3),* autrefois haut lieu de la pêche à la sardine, est toujours assez vivant du fait de son activité de pêche côtière ; mais ce sont les navettes pour Belle-Île, Houat et Hoëdic qui sont source principale de remue-ménage.

Le long de la **Grande plage** *(plan II, B3),* la promenade sur le *boulevard Chanard* est un rituel qui s'impose (sauf pour les amateurs de quiétude et de paix intérieure !). La plage elle-même est un curieux mélange de club Albatros, de drague adolescente et de familles pépères. Toujours bondée, en tout cas. D'une manière générale, Quiberon offre une assez grande variété de plages, chacune ayant son type de sable, d'orientation, de degré d'intimité et de population... Près de la Grande plage, la *plage du Goviro (plan II, C4)* est le rendez-vous des jeunes. Près de la *pointe du Conguel (hors plan II, par D4),* quelques rendez-vous de nudistes (la vraie plage naturiste étant la plage de Kerminihi à Erdeven). La *plage de Castero (plan II, C1),* en remontant au-delà de Port-Haliguen, serait la plus chaude (au niveau de la température de l'eau !). Pour les petits rusés, *Saint-Julien (plan I),* encore plus au nord, offre des plages très agréables et moins bondées.

MORBIHAN

Port-Haliguen *(plan II, C-D2)* **:** à deux pas de Quiberon, le vieux port était autrefois un abri très apprécié des navires vénètes puis romains. En 1795, les royalistes y capitulèrent devant Hoche. Les choses ont quelque peu changé depuis : au joli petit port de pêche est venu se coller de part et d'autre un bon gros port de plaisance, l'un des plus fréquentés de la côte bretonne. Les ruelles, notamment sur la butte derrière le port, méritent pourtant que l'on s'y attarde un peu. Le cercle nautique de Port-Haliguen est plus que recommandable.

– **Thalasso** *(plan II, C4)* **:** ☎ *02-97-50-48-88.* • *thalassa.com* • *Nombreux forfaits.* L'un des centres emblématiques en France, dont le premier directeur ne fut autre que Louison Bobet. C'est toujours un must, le temps d'un séjour ou d'un simple soin.

BELLE-ÎLE-EN-MER [Guedel]

(56360) 5 200 hab. *Carte Morbihan, B4*

• Carte *p. 260-261* • Plan Le Palais *p. 263*

La légende invoque les fées de la forêt de Brocéliande qui, chassées de leur domaine, jetèrent leurs couronnes de fleurs dans le golfe du Morbihan. Emportées par le courant, trois d'entre elles s'en échappèrent pour aller former, au large, Belle-Île, la plus grande des îles bretonnes (90 km²), et les deux palmipèdes déplumés de son escorte, Houat (le « canard »), 2,9 km², et Hoëdic (le « caneton »), 2,1 km².
Son nom ne date pas d'hier : les navigateurs grecs la baptisèrent *Kalonessos,* « la belle île » ! Déjà ! Il va falloir vous y faire : Belle-Île est extrêmement belle, diablement somptueuse, irrémédiablement enchanteresse. C'en est presque exaspérant que tout soit aussi beau.
Le miracle de Belle-Île, c'est cette immense écharpe de champs et de pâturages, ce vert omniprésent que broutent chevaux, vaches et moutons, ces landes que survolent en rasant les goélands. Beaucoup de nature pour peu d'habitants et le sentiment exalté des grands espaces. C'est, au nord, face au continent (la côte *en dedans*), que prospèrent les jardins et s'étalent de vastes baies ourlées de grandes plages propices à la baignade. C'est là, naturellement, que se sont développées les principales localités, là que l'on débarque : dans le charmant port de pêche de Sauzon, ou au Palais,

puissamment fortifié par Vauban, qui reste dominé par sa citadelle à trois niveaux de remparts. Les maisons aux murs rose pastel, voire violine ou aubergine, y font écho à l'ardeur des lilas, géraniums et autres glycines.
Si les architectes du roi se consacrèrent longuement à renforcer ce versant du littoral, ils n'eurent guère d'efforts à fournir pour la côte *en dehors*, soulignée d'une ceinture de falaises constamment assaillie par le ressac. Là se multiplient caps décharnés, gouffres, arches marines et grottes. Sous leurs murailles, des flots contradictoires s'affrontent, explosent en giclées brutales, comme à la pointe des Poulains et, plus encore, à Port-Coton. Une fois les vacanciers disparus, les Îliens vont y dénicher les délicieux pouces-pieds, partout ailleurs disparus. L'été, pourtant, la mer s'abandonne parfois à l'indolence du soleil et à la magie des fonds turquoise léchant des anses profondes aux sublimes instants de sable blanc. De petits ports naturels se faufilent dans le roc... Superbe.

UN PEU D'HISTOIRE

Depuis l'Antiquité, ce relais entre les îles Britanniques et la péninsule Ibérique semble avoir eu une importance stratégique telle qu'elle fut convoitée, envahie par toutes les puissances guerrières et maritimes d'Europe occidentale. Pillée par les pirates saxons en 280, envahie par les Normands en 910, l'île est considérée comme l'une des plus belles pièces du patrimoine des comtes de Cornouaille, lorsque le duc de Bretagne Geoffroy Ier s'en empare et en fait donation aux moines de l'abbaye de Redon en l'an 1006.
Pendant 5 siècles, l'île reste le domaine des moines et est sans cesse attaquée, pillée, dévastée. Charles IX, jugeant nécessaire de confier l'île à qui saurait la défendre, la donne à Albert de Gondi, favori de Catherine de Médicis. Cependant, criblés de dettes, les Gondi vendent l'île à Nicolas Fouquet, le fameux surintendant de Louis XIV. Son arrestation par d'Artagnan en 1661 fait de Belle-Île une propriété de la Couronne, qui chargera Vauban de la fortifier, suite à une sanglante descente des Hollandais. En 1720, Louis XV loue Belle-Île à la Compagnie des Indes, avant de la céder aux fermiers généraux... Bref, en 1761, les Anglais s'en emparent, puis la rendent en 1763 en échange de Minorque. 1765 : 78 familles d'Acadiens, chassées du Canada français, s'y installent et y font souche (voir ci-après).
Au XIXe s, la citadelle sert de bagne pour prisonniers militaires puis politiques, avant de devenir à la fin des années 1930 un centre d'hébergement des réfugiés de la guerre d'Espagne. Dès juillet 1940, l'île est occupée par les Allemands ; elle sera l'un des derniers points libérés de France, étant comprise dans la fameuse « poche de Lorient ».

LE BAGNE DES ENFANTS

En 1902, le ministère de la Justice ouvrit un centre de détention pour les mineurs à partir de 13 ans. On y apprenait les métiers de la mer, mais sans jamais sortir sur l'eau. En 1934, une révolte des enfants révéla à la France leurs terribles conditions de vie. Le centre ferma en... 1977.

LES ACADIENS DE BELLE-ÎLE

Partis des provinces de l'Ouest de la France dès le début du XVIe s pour peupler les terres de l'Est du Canada actuel, baptisées Acadie, les colons français, les Acadiens, en furent chassés lorsque ces territoires passèrent sous contrôle anglais après des années de guerres et plusieurs traités. Refusant l'autorité de la Couronne britannique, leur expulsion fut ordonnée en 1755. C'est le début du « Grand Dérangement ». Une partie de ces Acadiens fut déportée vers les colonies anglaises d'Amérique, une autre vers l'Angleterre ; beaucoup gagnèrent les bayous de Louisiane (alors espagnole). Après plusieurs années d'errance, certains

furent autorisés à trouver asile en France : 78 familles arrivèrent ainsi à Belle-Île à partir de septembre 1765. Des terres leur furent attribuées, et elles ne tardèrent pas à faire souche.
Aujourd'hui, nombre de Bellilois se souviennent de leurs racines et entretiennent ce passé avec fierté. Ne vous étonnez donc pas de débarquer quai de l'Acadie, au Palais, et de voir parfois flotter le drapeau acadien (bleu, blanc, rouge avec une étoile jaune). L'association Belle-Île-Acadie multiplie les contacts et les rencontres avec les autres représentants de la nation acadienne et participe tous les 5 ans au grand Congrès mondial des Acadiens.
■ ***Association Belle-Île-Acadie :*** ☎ *02-97-31-86-15.*

Comment y aller ?

En bateau

Gare maritime *(plan B2)* **:** *quai Bonnelle,* ***Le Palais.***

Depuis Quiberon

Compagnie Océane : liaison toute l'année *(☎ 0820-056-156 – 0,12 €/mn ; • compagnie-oceane.fr •).* C'est la seule compagnie qui dessert l'île toute l'année, depuis ***Quiberon,*** avec le *Vindilis* et le *Bangor.* Tous ces ferries assurent le passage des véhicules mais, à moins de rester plusieurs jours à Belle-Île, il est plus simple (et pas plus cher) d'en louer un sur place. Pour passer sa voiture en été ou lors des grands week-ends, il faut réserver des semaines, voire des mois à l'avance ! Le tarif passager coûte un peu plus cher en fin de semaine et les j. fériés : 14-17,25 € ; réduc. Vélo : 7,50 € (intéressant dès 2 j. donc).
➢ ***Liaison Quiberon-Le Palais :*** 5 à 13 traversées/j., à bord des 2 ferries (trajet en 45 mn) ou, en juillet-août, de la vedette *Kerdonis* (trajet en 30 mn), qui ne prend que des passagers.
➢ ***Liaison Quiberon-Sauzon :*** 10 juil-fin août slt, départ à 20h20, tlj sf sam. Retour en général à 8h40.

Depuis Vannes et Port-Navalo

Navix : ☎ *02-97-46-60-00.* • *navix.fr* • Avr-sept, tlj de Vannes à 8h30 et de Port-Navalo à 9h45 ; arrivée à 10h50. Retour vers 17h50-18h, soit 7h sur place. *A/R adulte : 29-34,50 € ; aller simple env 24 € ; réduc ; gratuit moins de 4 ans.*
Compagnie du Golfe : ☎ *02-97-67-10-00.* • *compagnie-du-golfe.fr* • Avr-sept, départ de Vannes à 8h20 et de Port-Navalo à 9h30, ven-lun en avr-juin et sept, tlj en juil-août (sf quelques dates) ; retour à 17h30. *Compter 30-32 € A/R ; aller simple env 21-22,50 € ; réduc ; gratuit moins de 4 ans.*
Les vedettes du Golfe : ☎ *02-97-44-44-40.* • *vedettes-du-golfe.fr* • Fin juin-fin oct, depuis Vannes et Port-Navalo (ou Locmariaquer en correspondance), selon un calendrier assez irrégulier (tlj sf dim en août). Attention, pour Vannes, changement à Port-Navalo lun-ven en août. *A/R adulte : env 29-34 € ; aller simple 22 € ; réduc ; gratuit moins de 4 ans.*

Autres ports de départ

➢ Depuis ***La Turballe*** et ***Le Croisic*** avec *Navix : juil-août slt, env 42 € A/R (voir plus loin dans la partie « La Loire-Atlantique » les chapitres « La Turballe » et « Le Croisic »).*

Se déplacer sur l'île

Belle-Île Bus : *espace Charles-de-Gaulle,* ***Le Palais.*** *Départ depuis le parking au-dessus du bassin à flot, en retrait de la citadelle.* ☎ *02-97-31-81-88.* • *cars-verts.fr* • *Fonctionne début avr-fin sept. Tarif : 2,50 € ; billet à la journée : 8 € (11 € pour 2 j.) ; réduc.* Dessert les 4 communes, les principaux sites et plages à raison de 3-7 liaisons/j. selon la ligne et la période. ***Faire signe au chauffeur.*** Attention, les bus ne prennent pas les vélos !

➢ ***Le Palais – Sauzon – Bangor :*** 6-7 fois/j. À partir de 9h30 (par la pointe des Poulains), avec la navette n° 1.

➢ ***Le Palais – Bangor – Sauzon :*** 4-7 fois/j. à partir de 9h15 (par la pointe des Poulains), avec la navette n° 2.

➢ ***Le Palais – Donnant village –***

BELLE-ÎLE-EN-MER

Port-Coton – Locmaria – les Grands Sables : 5-6 fois/j. à partir de 9h15 par la route centrale, retour par la route côtière, avec la navette n° 3.

➢ ***Le Palais – Locmaria – Port-Coton – Donnant :*** navette n° 4, itinéraire identique dans le sens inverse à partir de 9h30, 3-5 fois/j.

➢ ***Bus du soir :*** quitte Le Palais à 19h30 pour Sauzon (19h40), Bangor (20h), Locmaria (20h15). Retour au Palais à 20h30.

La ***visite de l'île en car*** est proposée par 2 compagnies d'avril à septembre : les *Cars Verts Bellilois* (☎ 02-97-31-81-88) et les *Cars Bleus* (☎ 02-97-31-56-65). Chacun propose un grand tour à la journée, avec départ à 10h45 du débarcadère et retour à 16h30, et une version light (12h-16h30) ; compter 18 € et 15-16 € respectivement. Pour l'arrêt du midi, les *Cars Verts* s'arrêtent au centre de Sauzon, ce qui permet de choisir plus librement son resto qu'avec les *Cars Bleus* – qui font halte en périphérie près d'un resto qui appartient à la même compagnie !

Adresses utiles

■ ***Office de tourisme*** *(plan B2) : quai Bonnelle, 56360* ***Le Palais.*** *☎ 02-97-31-81-93. • belle-ile.com • À côté de la gare maritime. Oct-mars, lun-sam 9h (10h jeu)-12h30, 14h-18h (14h30-18h30 avr-juin et sept). En juil-août, lun-sam 9h-13h, 14h-19h ; dim 9h-13h. Ouv aussi certains dim des ponts fériés.* Remarquable brochure *Séjour et Découverte*.

■ ***Bibags :*** *06-23-39-91-68. • bibags.fr •* Assure à ceux qui arrivent sans voiture l'acheminement des bagages vers le lieu de résidence dans l'île, ainsi que leur suivi d'un point à un autre pour les randonneurs (sur réservation uniquement).

■ ***Maison de la nature*** *(CPIE ; plan A1,* ***5****) : Les Glacis,* ***Le Palais.*** *☎ 02-97-31-40-15. • belle-ile-nature.org •* Propose des sorties Nature et découverte toute l'année *(6 € ; réduc)*. Lire plus loin « À voir. Le Palais ».

Transports sur l'île

■ ***Location de voitures :*** *chez* ***Locatourisle*** *(plan B2,* ***1****), quai Bonnelle,* ***Le Palais*** *(face au débarcadère). ☎ 02-97-31-83-56. • locatourisle.com • Avr-sept, tlj 8h30-18h45 ; reste de l'année 8h30-12h15, 13h45-18h.* Flotte de Méhari, 2CV, Zoé électriques... *(46-99 €/j. selon modèle et saison).* Attention, l'essence se paie à la fin en fonction de la consommation. *Également chez* ***Belle-Île Autos,*** *avec une agence labellisée* Avis *face au quai d'Acadie, plus chère (49-120 €/j.) et une autre (plan A-2,* ***7****) 7, rue de la Citadelle (40-100 €/j.). ☎ 02-97-31-30-93. • belle-ile-auto.fr •* Dispose également de voitures anciennes (2CV, Dianes, DS...).

■ ***Location de campers : Domois,*** *à* ***Bangor.*** *☎ 02-97-31-01-31. 06-86-84-40-19. • contact@belleilecampervans.com • belleilecampervans.com • 3-6 j. (7e j. gratuit), 300-770 € selon saison et catégorie.* Location de combis vintage pour dormir au-dessus des plus belles plages de l'île, des bivouacs de rêve au gré des marées et des sites coups de cœur !...

■ ***Location de vélos et scooters :*** là, vous n'aurez que l'embarras du choix. Les loueurs s'alignent pour la plupart face au débarcadère de Palais ou à proximité et appliquent des tarifs similaires : 10-12 €/j. pour un vélo, 23 €/j. s'il est électrique – une option intéressante vu les longues distances. Tous sont ouverts en continu en juil-août (8h45/9h-18h/19h), marquent une pause déjeuner en demi-saison et ne marchent que sur résa (ou pas du tout) nov-mars. Citons ***Reversade*** *(plan B2,* ***2*** *; 14, rue de l'Église ; ☎ 02-97-31-84-19. • location-reversade.com •)*, au matos de qualité (sans cesse renouvelé) mais très à cheval sur son usage ; ***Roue libre*** *(plan A1,* ***3*** *; rue du Pont-Orgo et quai Jacques-Leblanc ; ☎ 02-97-31-49-81. • belle-ile.com •)*, qui livre gratuitement sur les lieux de séjour ; l'accueillant ***A Loca Scoot & Vélo*** *(plan B2,* ***4*** *; 4, quai Bonnelle ; ☎ 02-97-31-49-94. • velo-scooter-belle-ile.fr •)*, qui fait de même et dispose aussi de scooters et motos (permis 125 nécessaire) ;

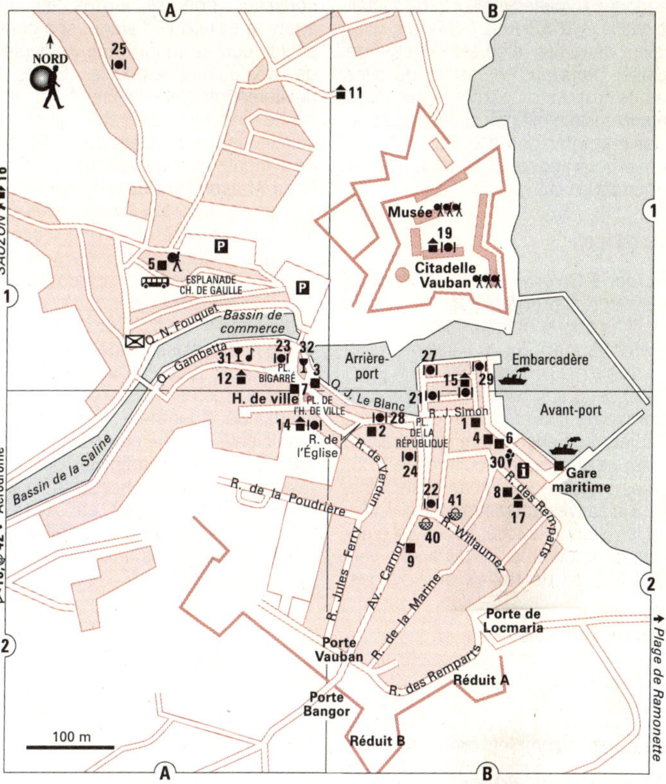

LE PALAIS

■ Adresses utiles

- 🅸 Office de tourisme
- **1** Locatourisle
- **2** Reversade
- **3** Roue libre
- **4** A Loca Scoot & Vélo
- **5** Maison de la nature
- **6** Cyclélec
- **7** Belle-Île Autos
- **8** Liber & Co
- **9** La Maison de Photo

Où dormir ?

- **10** Camping de l'Océan
- **11** Auberge de jeunesse
- **12** L'Acadien
- **14** Hôtel du Commerce
- **15** Hôtel Atlantique
- **16** Hôtel Le Clos fleuri
- **17** Loft d'hôtes Liber and Co et Hôtel Vauban
- **19** Hôtel de la Citadelle Vauban

Où manger ?

- **14** Le Vivier du Commerce
- **15** Restaurant de l'Hôtel Atlantique
- **19** La Table du Gouverneur
- **21** L'Odyssée
- **22** Crêperie La Chaloupe
- **23** La Parenthèse
- **24** Le Verre à Pied
- **25** Crêperie La Paloma
- **27** Le Goëland
- **28** La Main à la Pat'
- **29** Crêperie La Touline et Crêperie L'Annexe

Où déguster une glace ? Où boire un verre ? Où écouter de la musique ?

- **30** Glacier du port
- **31** Bodjet
- **32** Le Pouce-pied

Où trouver de bons produits ?

- **40** Kaerilis – Bell'Isle Single Malt Whisky
- **41** La Palantine
- **42** Espace Découverte La Bien Nommée

À voir

- **5** Maison de la nature

et encore **Cyclélec** *(plan B2, **6** ; 3, quai Bonnelle ; ☎ 02-97-31-87-10)*, *spécialisé dans les vélos électriques* (de qualité). Dans tous les cas, ne prévoyez pas de trop longs parcours avec des enfants : l'île n'est pas si plate (surtout pour remonter des plages !), elle est souvent venteuse, et le trafic routier important en été.

Culture

■ ***Liber & Co*** (plan B2, **8**) **:** *2, rue des Remparts,* ***Le Palais.*** *☎ 02-97-31-82-41. • liberandco.com • À côté de l'Hôtel Vauban. En hte saison, tlj sf lun 10h30 (11h dim)-13h, 17h-20h ; en basse saison, slt ven-dim.* Ce café littéraire de charme, plein de livres et d'objets anciens et familiers, baigne dans une atmosphère culturelle envoûtante. En juillet-août, chaque semaine, 2 à 3 initiatives littéraires ou musicales (ou les deux à la fois), riches en émotions et rencontres. Le dimanche vers 17h, lecture de textes de voyages, nouvelles, poèmes, lettres, etc. On adore la salle du 1er étage, son cadre chaleureux et confortable, tout plein de livres d'art et de poésie... Expos de peintures, photos également. Possibilité de dîner (sur réservation) après les soirées littéraires. L'occasion de faire de sympathiques rencontres.

■ ***La Maison de Photo*** (plan B2, **9**) **:** *18, av. Carnot,* ***Le Palais.*** *06-77-92-75-40. • lamaisondephoto.com • 1re rue à gauche venant du quai des ferries. Tlj en saison et vac scol 10h30-13h, 16h30-19h. Fermé de la fin de la Toussaint à Pâques.* Cette galerie de photo noir et blanc, dirigée par Nicolas Boudreaux, présente ses œuvres et celles d'artistes invités, comme Jean Dieuzaide (fondateur de la galerie municipale du Château-d'Eau à Toulouse), Michel Bourdin (un des plus talentueux photographes de la voile et de la mer), Pierre Janet, etc. Avis aux amoureux du noir et blanc, de l'argentique et des tirages aux pigments de charbon (sur de beaux papiers)...

Où dormir ?

Campings

Paradoxalement, les campings ne sont pas toujours complets en saison.

Camping de l'Océan (hors plan par A2, **10**) **:** *à Roboscère,* ***Le Palais.*** *☎ 02-97-31-83-86. 06-11-91-01-48. • info@camping-ocean-belle-ile.com • camping-ocean-belle-ile.com • ♿ À la sortie du Palais, route de l'aérodrome, sur la gauche ; bien indiqué. Ouv 1er mai-30 sept (locatifs 1er mars-15 nov). Forfait tente 13,40-19,80 € selon saison. Loc de chalets et bungalows toilés 319-750 €/sem. 108 empl. Apéritif maison offert sur présentation de ce guide.* Installé sous les grands pins (meilleurs emplacements : A07, A08 et A14, semi-ombragés et face aux champs). Sanitaires impeccables. Piscine.

Camping Trion Guen : *lieu-dit Trion Guen. ☎ 02-97-31-85-76. • contact@campingtrionguen-belleile.com • campingtrionguen-belleile.com • À 3 km du Palais, route de l'aérodrome. Ouv d'avr à mi-oct. Forfait tente 9,80 €. Mobile homes.* Éloigné de la route, un camping familial, simple, tranquille et bien arboré. Aire de jeux pour les enfants, équipements corrects.

Camping de Bordeneo : *à 500 m de la plage et 1,2 km du* ***Palais.*** *☎ 02-97-31-88-96. • camping.bordeneo@wanadoo.fr • bordeneo.com • Ouv de mi-avr à fin sept. Forfait tente 18,10-28,75 € selon saison. 200 empl.* Dans un environnement boisé, le 4-étoiles de l'île : excellent confort et parc aquatique chauffé du 8 mai au 15 sept. Épicerie, dépôt de pain, bar, etc. Animations en soirée en juillet-août.

Camping municipal de Bangor : *18, rue Pierre-Cadre, à* ***Bangor.*** *☎ et fax : 02-97-31-89-75. • camping.bangor@orange.fr • bangor.fr • Ouv avr-sept. Résa conseillée. Tente 10,30 €. Loc de mobile homes 295-595 €/sem. 70 empl.* Très calme, pas très grand et espace verdoyant. Douches.

Camping Kernest : *Kernest,* ***Bangor.*** *☎ 02-97-31-56-26. • camping.lekernest@amisep.asso.fr • camping-kernest.com • ♿ Bien fléché depuis le carrefour de l'aérodrome ; à 6 km du* *port du Palais. Ouv 1er avr-début oct. Forfait tente 13,50-21 € selon saison. Loc de chalets, mobile homes et bungalows toilés 217-952 €/sem. Promos sur leur site. 80 empl.* Fort bien situé au milieu des pins, confortable et à 800 m de la plage. Soirées à thème et aire de jeux pour les enfants. Piscine.

Camping municipal de Lannivrec : *à* **Lannivrec.** *☎ 02-97-31-73-75 et 02-97-31-70-92 (mairie). • camping.lannivrec@wanadoo.fr • locmaria-belle-ile.com • À 400 m de Locmaria, pas loin des plages. Ouv de fin mars à mi-nov. Forfait tente en hte saison 12,50 €. Loc de mobile homes 265-525 €/sem. 89 empl.* Pour le camping, réservation payante pour tout séjour supérieur à 1 semaine. Dispose aussi de dortoirs de 10 et 17 lits *(9,50 €/nuit)* et de chambres de 3 lits *(27-28,50 €/nuit).* Douches.

Camping municipal de Port-Andro : *à* **Locmaria.** *☎ 02-97-31-73-25 ou 02-97-31-73-75 (hors saison). • camping.portandro@wanadoo.fr • locmaria-belle-ile.com • À env 3 km au nord-est du bourg de Locmaria. Ouv de fin mai à mi-sept. Forfait tente en hte saison 12,50 €. 120 empl.* Dans un site superbe. Très tranquille. Douches.

Camping municipal de Pen Prad : *vallon du Port-aux-Plages,* **Sauzon.** *☎ 02-97-31-64-82 et 02-97-31-62-79 (mairie). • camping-sauzon@wanadoo.fr • sauzon.fr • À l'entrée de Sauzon. Ouv d'avr à mi-oct. Forfait tente en hte saison 11,80 €. Loc de chalets et mobile homes 300-560 €/sem. 94 empl.* Pour le camping, réservation payante pour tout séjour supérieur à 1 semaine. Bien tenu.

Camping La Source : *vallon du Port-aux-Plages,* **Sauzon.** *☎ 02-97-31-60-95. 06-78-47-32-23. • camping@belleile-lasource.com • belleile-lasource.com • À l'entrée de Sauzon. Ouv de av-sept. Forfait tente 9,30-14,30 € selon saison. Loc de chalets 287-610 €/sem. 75 empl.* Environnement verdoyant. Excellent confort. Agréables chalets en bois.

Camping Les Grands-Sables : *au* **Bas-Laurent.** *☎ 02-97-31-84-46. • camping.grandsables@neuf.fr • belle-ile.com • En direction de Locmaria par la route côtière, à 300 m de la plus grande plage de l'île. Ouv mai-sept. Forfait tente 9,60-12,80 € selon saison. Loc de bungalows et caravanes 170-390 €/sem. 30 empl.* Face à la mer, une trentaine d'emplacements. À 300 m de l'école de voile. Petit, tranquille et intime.

Au Palais

Bon marché

Auberge de jeunesse *(plan B1,* ***11****) : à* **Haute-Boulogne.** *☎ 02-97-31-81-33. • belle-ile@hifrance.org • hifrance.org • Derrière la citadelle du Palais, à 15 mn du débarcadère. Fermé oct-mars. Accueil 8h30-10h, 18h-20h. Attention, l'AJ est une telle aubaine à Belle-Île qu'il est préférable de réserver (adhésion obligatoire). Compter 16,90 €/pers, petit déj 4,80 €. ½ pens 34,10 €/pers. Repas le soir env 12,60 €.* Une centaine de lits en chambre de 2 personnes (lits superposés). Salon de lecture et salon TV, cafétéria, bar, table commune ou cuisine libre.

Gîte d'étape de Port-Guen : *☎ 02-97-57-07-16. • gitedetapedeport-guen@orange.fr • gites-port-guen.fr • Vers Les Grands-Sables. Dans un beau vallon, en pleine verdure et tt près de la mer. Sur résa. Nuitée env 17 €/pers ; doubles 34-42 € selon confort ; petit déj 6 €. ½ pens 34 €/pers.* Installé dans une ancienne conserverie, loin de la route. Jardin sympa aux multiples essences, avec des tables en bois. Logement en chambres de 2 à 6 lits. Un grand gîte et un petit, fort populaire, pour les bandes ou groupes de 8 à 10 personnes (avec leurs propres sanitaires). Également 3 gîtes ruraux de 3 et 4 chambres avec leur propre jardin devant. Grande salle à manger et cuisine bien équipée.

De bon marché à prix moyens

L'Acadien *(plan A1,* ***12****) : 36, rue Joseph-Le-Brix. ☎ 02-97-31-84-86. • hotelacadien@orange.fr • hotel-acadien.com • Doubles 45-68 € selon saison. Possibilité de ½ pens.* Petit

MORBIHAN

hôtel agréable en plein centre-ville, qui propose 13 chambres totalement rénovées. Large utilisation du bois et bonnes idées de déco rendent le cadre chaleureux. Jolies salles de bains. Bar au rez-de-chaussée (mais entrée indépendante).

Hôtel Atlantique *(plan B1-2, **15**) : quai de l'Acadie. ☎ 02-97-31-80-11. • contact@hotel-atlantique.com • hotel-atlantique.com • Doubles 55-95 € selon saison ; 1 familiale également. Possibilité de ½ pens.* Une trentaine de belles chambres, dont certaines avec vue sur le port. Confortable. Ascenseur, TV satellite, insonorisation, etc. Fait également resto (voir plus loin « Où manger ? »).

De prix moyens à plus chic

Loft d'hôtes Liber and Co *(plan B2, **17**) : rue des Remparts (dans le haut du Palais). ☎ 02-97-31-82-41. 06-82-43-87-15. • liberandco@gmail.com • liberandco.com • Tte l'année. Compter 110-150 € selon saison et nombre de pers (de 2 à 4).* Pour nos lecteurs littéraires (et les autres aussi), une magnifique chambre d'hôtes attenante à l'un des plus sympathiques lieux culturels-librairies qu'on connaisse ! Spacieux, lumineux, avec mezzanine et tout le confort rêvé : cuisine équipée, sanitaires séparés de la salle de bains, lave-linge/sèche-linge, belle cheminée avec feu qui crépite. Mon tout d'un charme énorme, des livres partout (normal, vous direz !)... et l'accueil proustien et suave de Bénédicte. Réserver, bien entendu !

Hôtel du Commerce *(ex-Le Galion ; plan A2, **14**) : 4, pl. de l'Hôtel-de-Ville. ☎ 02-97-31-37-37. • contact@hotel-restaurant-belleile.fr • hotel-restaurant-belle-ile.fr • Congés : 30 nov-14 fév. Doubles 70-145 € selon saison.* Le plus vieil hôtel de Belle-Île (ouvert depuis 1850 quand même !) vient d'être rénové de fond en comble. 11 chambres plaisantes, d'un vrai confort. Intéressant : 3 familiales et 1 duplex avec 2 chambres (et chacune leur salle de bains). Bon resto, *Le Vivier du Commerce*, avec terrasse, spécialisé dans les fruits de mer et crustacés (voir « Où manger ? »).

Hôtel Le Clos fleuri *(hors plan par A1, **16**) : Bellevue, route de Sauzon. ☎ 02-97-31-45-45. • leclosfleuri-belleile@orange.fr • hotel-leclosfleuri.com • À 1,2 km du débarcadère. Doubles 55-127 € selon saison. Kir breton offert sur présentation de ce guide.* Une vingtaine de chambres spacieuses et confortables à souhait. Agréablement meublé à l'anglaise. Petites terrasses individuelles. Certaines chambres avec mezzanine. Agréable jardin. Petit déj-buffet bellilois copieux, avec plein de délicieuses spécialités (far, crêpes, etc.).

Hôtel Vauban *(plan B2, **17**) : 1, rue des Remparts. ☎ 02-97-31-45-42. • hotelvauban@wanadoo.fr • hotel-vauban-belleile.com • Réception jusqu'à 16h. Doubles 45-98 € selon saison, vue et confort.* Sur les hauteurs du port, avec, bien sûr, une superbe vue pour la plupart des chambres. Fonctionnel, au calme, avec des chambres chaleureuses et bien tenues. Petit déj-buffet bio. Bon accueil randonneurs et cyclistes (« packs randonnée pédestre »).

Beaucoup plus chic

Hôtel de la Citadelle Vauban *(plan B1, **19**) : ☎ 02-97-31-84-17. • reception.vauban@leshotelsparticuliers.com • citadellevauban.com • Ouv de mi-avr à fin sept. Doubles 122-370 € selon saison et confort ; petit déj 19 €.* Une cinquantaine de chambres dans l'ancienne caserne luxueusement transformée. Quelques suites de grand charme. Un hôtel-musée, en quelque sorte. Également un resto, *La Table du Gouverneur* (voir « Où manger ? »).

À Sauzon

Bon marché

Centre d'accueil de Sauzon : *Escale à Belle-Île, rue Willaumez / route de l'Apothicairerie. 06-95-01-70-75. • escale-a-belle-ile@wanadoo.fr • belleile.org • Dans le haut du bourg ; bien situé, donc, et à deux pas* *du sentier côtier. Nuitée 16,40 € en lits superposés, petit déj 5 €. Studio 4 pers 55 €. Repas bio 16 €. Panier-repas 11 €.* D'une capacité de 46 personnes réparties dans 2 bâtiments, comprenant 16 chambres de 2 lits superposés, dont une avec douche et w-c, et 2 chambres de 5 lits. Cuisine à disposition. Activités yoga et land art, location de minibus 9 places. En prime, un accueil sympathique et une atmosphère familiale garantie.

Gîte d'étape Le Relais côtier : *chemin de Port-Puce. ☎ 02-97-31-01-93. • le-relais-cotier.fr • ♿ Ouv de mi-mars à mi-nov. Compter env 48 € pour 2 ; petit déj et draps en sus ; 91 € pour 2 en ½ pens.* Petite structure au calme et bien tenue. Commerces, plage et sentier côtier à courte distance.

De bon marché à prix moyens

Hôtel Aux Tamaris : *11, allée des Peupliers. ☎ 02-97-31-65-09. • auxtamaris@orange.fr • hotel-belleile-auxtamaris.fr • ♿ Doubles 48-70 € selon confort et saison (les 3 chambres les moins chères ont les w-c en commun). Intéressant pour les familles, 2 nouveaux mobile homes indépendants sur jardin. Parking. Guide des randonnées pédestres offert sur présentation de ce guide !* En haut du bourg et en pleine campagne, 2 maisons dans le style bellilois, comptant 15 chambres dotées du confort moderne. Certaines légèrement mansardées pour les romantiques, avec vue sur la campagne. Grand jardin arboré et étang. Patrons attentionnés. Soirées crêpes en saison. Un de nos meilleurs rapports qualité-prix sur l'île.

Hôtel du Phare : *quai Guerveur. ☎ 02-97-31-60-36. • hotelduphare56@orange.fr • hotelduphare-belleile.com • Fermé nov-mars sf vac scol de Noël. Double 65 €. ½ pens 64 €/pers. Menu env 22 €.* Au pied de l'hôtel, le phare d'entrée tribord du port de Sauzon. Chambres simples, papier peint qui se défraîchit et se décolle quelque peu... Certes, propreté acceptable, mais certaines cabines de douche sont vraiment exiguës. Pas cher pour l'emplacement mais mériterait vraiment une petite rénovation. Resto avec la terrasse la plus célèbre de Belle-Île (voir « Où manger ? »).

Plus chic

Villa Pen Prad : *rue du Chemin-Neuf. 📱 06-49-41-71-43. • contact@villapenprad.com • villapenprad.com • À droite en entrant au port. Doubles 160-180 €, suites 190-220 € selon saison, petit déj inclus.* Cette belle grosse bâtisse surplombe littéralement le port, et toutes ses chambres bénéficient d'une vue privilégiée. Superbement restaurée avec tout le confort, tout en conservant des éléments de charme du passé : le vénérable escalier, les lambris de bois à l'ancienne, chambres séduisantes... Tout autour, un merveilleux jardin en espalier sur la baie (accès direct), avec une végétation méditerranéenne et des palmiers (si, si !), ménageant des coins et recoins pour jouir béatement des sublimes crépuscules sur la baie et le port. Généreux petit déjeuner et, en prime, l'accueil chaleureux de Perrine et Nicolas, jeune couple fort sympathique. L'adresse idéale pour nos lecteurs (-trices) en voyage d'amoureux.

À Bangor et à Locmaria

De bon marché à prix moyens

Centre d'accueil de Bangor : *près de la mairie. ☎ 02-97-31-89-75. • camping.bangor@orange.fr • bangor.fr • Nuitée env 31 € pour 2 (loc de draps 6,50 €).* Après une récente et belle rénovation, cette grande demeure belliloise offre 11 doubles à lits superposés et 5 avec grand lit. Sanitaires communs. Cuisine équipée, salle à manger, jardin. Commerces à proximité et jolie plage à 2 km.

Gîte communal de Lannivrec : *☎ 02-97-31-73-75. • camping.lannivrec@wanadoo.fr • locmaria-belle-ile.com • ♿ Ouv de fin mars à mi-nov. Nuitée en dortoir 10,50 € (loc de draps*

MORBIHAN

possible, 10 € la paire) ; chambre avec 3 lits 30,50-32,50 €. Dans une demeure basse traditionnelle. Sanitaires et cuisine communs. Agréable et bien tenu.

Le Bon Accueil : *plage de Donnant. ☎ 02-97-31-80-83. • demiagreg@hotmail.com • le-bon-accueil.webnode.fr • C'est la maison blanche au fond du vallon de Donnant. Congés : nov-fév (sf vac scol). 2 appartements avec coin cuisine 60-100 €/j. selon taille, saison et nombre de pers.* Grand jardin et départ du sentier côtier tout à côté. Situation exceptionnelle, en face de la plage la plus pittoresque de l'île. 2 appartements, dont un plus petit. Idéal pour les randonneurs.

De chic à très chic

Hôtel Le Grand Large : *Goulphar,* ***Bangor.*** *☎ 02-97-31-80-92. • contact@hotelgrandlarge.com • hotelgrandlarge.com • Congés : nov-janv. Doubles 78-399 € selon confort et saison.* Une des plus belles situations rêvées. Bien en marge de la route, tout seul face à l'océan, à deux pas des célèbres aiguilles de Port-Coton, avec 20 chambres sur 35 face à la mer... Bon confort et fort belle cuisine (*Le Marie-Galante ;* voir « Où manger ?»). Piscine.

Hôtel-Village La Désirade : Le Petit-Cosquet. *☎ 02-97-31-70-70. • hotel-la-desirade@wanadoo.fr • hotel-la-desirade.com • Après Bangor, sur la route de Port-Coton. Congés : nov-mars. Résa conseillée. Doubles avec sdb 115-234 € selon saison. ½ pens 49 €/pers. Apéritif offert sur présentation de ce guide.* Un bel établissement, à l'architecture typiquement belliloise : maisons basses, murs et volets peints, dans lesquelles se trouvent 28 chambres spacieuses et décorées avec soin. Certaines, destinées aux familles, ressemblent même à de petits appartements. L'hôtel s'est agrandi d'un espace fitness avec sauna, hammam, jacuzzi, salles de massage et de musculation. Piscine chauffée ouverte jusque tard en saison, suivant la météo. Enfin, comment ne pas évoquer le petit déj/brunch servi tous les jours jusqu'à 11h dans une salle où il fait bon jouer les prolongations : crêpes, far, yaourts maison... ? De quoi faire le plein d'énergie avant de partir à vélo (en location sur place) ! Bon resto (voir « Où manger ? »). Le menu de la demi-pension change tous les jours et donne un bon aperçu de la créativité du chef.

Où manger ?

Au Palais

De bon marché à prix moyens

L'Odyssée (plan B1-2, **21**) **:** *quai Vauban. ☎ 02-97-29-13-08. • lodyssee.dessalles@gmail.com • Congés : 15 nov-15 fév. Formule déj en sem env 16 € lun-ven ; menus 25-30 €. Kir breton offert sur présentation de ce guide.* Cadre agréable (2 petites salles décalées et terrasse plaisante sur le port et à l'étage, avec vue sur mer) pour une cuisine de qualité régulière. Viandes tendres à souhait, agneau de l'île, tajine de poisson et choucroute de la mer aux choux verts frais.

Crêperie La Chaloupe (plan B2, **22**) **:** *10, av. Carnot. ☎ 02-97-31-88-27. • sauvagebernard@wanadoo.fr • Près de la pl. du Marché. Service tlj en continu 11h-minuit, bon à savoir ! Congés : janv et de mi-nov à mi-déc. Menu 11,40-14,80 €, carte 13-16 €. Apéritif maison offert sur présentation de ce guide.* Pas mal de choix : une centaine de galettes et crêpes, faites à la commande, dont certaines originales en suggestion. Les ingrédients y fusionnent bien. Soupe de poisson, salades et bonnes glaces également. Terrasse sur l'animation de la rue.

Le Verre à Pied (plan B2, **24**) **:** *3, pl. de la République. ☎ 02-97-31-29-65. • mariebelleile@yahoo.fr • Juste en face du marché. Tlj, sf mer sept-juin. Congés : déc-janv. Formule déj 16 €, grosses tartines 8-12,50 €, plats 13-29 €.* Cuisine traditionnelle, simple, servie dans une courette agréable et ombragée, à des prix abordables. Dans la salle, on est un peu serrés comme des sardines.

|●| ***Crêperie La Paloma*** *(plan A1, **25**) : à **Roserière.** ☎ 02-97-31-50-56. ♿ À 800 m du port. Prendre la direction de Sauzon, puis de Taillefer (c'est indiqué). Tlj en saison ; slt ven-dim et sur résa hors saison. Résa très conseillée. Repas env 10-15 €.* Pâte de galettes légère et craquante à souhait, crêpes faites à la demande, excellents produits... Beaucoup de choix : saint-jacques, fondue de carottes, sardines au basilic, thon ou saumon fumé, etc. Quant aux crêpes sucrées, goûtez à celles au chocolat noir ou au caramel au beurre salé... Bon cidre fermier. Aire de jeux pour enfants.

|●| ***La Main à la Pat'*** *(plan B2, **28**) : 1, rue de l'Église. ☎ 02-97-31-57-70. • lamainalapat@hotmail.fr • Tlj sf lun-mar hors saison. Congés : fév, 1 sem fin nov. Compter 15-20 €.* Une petite crêperie proposant une carte certes très classique, mais honnêtes « complètes » de blé noir à des prix sensiblement moins chers que les autres crêperies. Quelques tables avec vue directe sur le port. Bon accueil et service efficace. Salle assez petite, sage de réserver.

|●| ***La Parenthèse*** *(plan A1, **23**) : pl. du Général-Bigarré. ☎ 02-97-29-30-24. • resto.laparenthese@orange.fr • Tlj sf dim, plus lun hors saison. Congés : de mi-nov à mi-déc. Plat et formule du jour 12-17 € ; plats 12-18 €.* Tenu par un jeune couple vigilant sur la qualité des produits (locaux), ce restaurant de poche affiche ses trouvailles du jour à l'ardoise. Elles reflètent bien l'évolution des saisons, à des prix plutôt modérés pour Belle-Île. L'accueil est sympa et la belle terrasse devant n'est pas en reste (avec des musiciens les mercredis d'été).

|●| ***Crêperie La Touline*** *(plan B1, **29**) : quai de l'Acadie. ☎ 02-97-31-44-71. • latouline56@orange.fr • Tlj en continu en saison ; fermé dim soir et jeu hors saison. Congés : de mi-nov à janv, sf vac de Noël. Formule déj 13 €. Galettes 2,60-11,40 € ; planchas 10,50-15 €.* Dans une vénérable demeure du port joliment rénovée, cette crêperie avance une belle et grande terrasse, témoin privilégié de la vie du port, complétée par une salle lumineuse à demi tournée vers la citadelle. Les crêpes fines et croustillantes, sont réalisées avec de bons produits locaux soigneusement sélectionnés : spécialités de galettes saucisses, brouillades sur galettes et copieuses « complètes » aux associations originales. La maison propose aussi des planchas à accompagner d'un verre de vin et des glaces artisanales de qualité (de chez *Chartier*, à Vannes).

|●| ***Crêperie L'Annexe*** *(plan B1, **29**) : 3, quai de l'Yser. ☎ 02-97-31-81-53. Tlj sf mer. Congés : janv-mars. Attention, 2 services, à 19h30 et 21h, conseillé de réserver ! Carte env 18 €. Café offert sur présentation de ce guide.* Tournée vers la citadelle dans un chaleureux décor marin, *L'Annexe* assure sur le terrain des crêpes sophistiquées. Fines et craquantes, les galettes de blé noir sont préparées à base de légumes bio cultivés sur place et de produits régionaux, comme celles à la saucisse de Molène aux algues, aux Saint-Jacques rôties et coulis de persil, ou encore à l'araignée et aux pleurotes. Salades également.

De prix moyens à chic

|●| ***Le Vivier du Commerce*** *(plan A2, **14**) : 4, pl. de l'Hôtel-de-Ville. ☎ 02-97-31-37-37. ♿ Midi et soir jusqu'à 22h30 ; service continu pour huîtres et pâtisseries. Congés : 30 nov-15 fév. Formules déj en sem 14-18 €. Menus env 24,50-46,50 €.* 📶 Dans l'*Hôtel du Commerce*. Spécialisé dans les fruits de mer et crustacés. Très agréables terrasses intérieures, celle du rez-de-chaussée présentant l'originalité d'avoir un plancher en verre au-dessus du vivier. Par dizaines, homards et tourteaux s'ébattent sous vos pieds. Honorable assiette « Océane » et poisson d'une belle fraîcheur. Légumes frais, frites maison. Pour les carnivores, viandes correctes.

|●| ***Le Goéland*** *(plan B1, **27**) : 3, quai Vauban. ☎ 02-97-31-81-26. ♿ Ouv tlj 12h-14h30, 19h30-21h30 (service continu juil-août 12h-22h). Congés : 3 janv-3 mars et 15 nov-25 déc. Menu*

MORBIHAN

déj 27 € ; carte env 35 €. Apéritif ou café offert sur présentation de ce guide. Chaleureux cadre et comptoir en bois. Cuisine de bonne réputation, utilisant des produits frais locaux de qualité. Parmi les spécialités : bar ou turbot en croûte de sel de Guérande, tartare de saumon... Sauces et frites maison. Ambiance bonne franquette (parfois, on mange sur de toutes petites tables).

Restaurant de l'Hôtel Atlantique *(plan B1-2,* ***15****) : ☎ 02-97-31-81-27. Voir « Où dormir ? » Formules déj 16-19 €, menus 25-39 €.* Resto avec terrasse et véranda. Quelques spécialités comme le cassoulet ou l'île flottante au salidou. Plats de poisson assez chers. Spécialité de rôti de lotte beurre de crustacés.

Plus chic

La Table du Gouverneur *(plan B1,* ***19****) : dans la citadelle. Voir aussi « Où dormir ? » ☎ 02-97-31-82-57. • reception.vauban@leshotelsparticuliers.com • citadellevauban.com • Ouv mai-fin sept (voire mi-oct), tlj 12h-13h30, 19h30-21h30. Résa hautement recommandée. Formules déj 19-25 € lun-ven ; menus 35-70 € ; plats 16-22 €.* Installée dans le superbe logis du gouverneur (1780), au sein même de la citadelle, voici la table chic du Palais. Cadre spacieux et aéré, décor d'une sobre élégance, vaste cheminée, draperies de soie et tableaux façon XVIIe s dessinent le cadre d'un repas mettant en exergue une belle cuisine traditionnelle et un service impeccable. Le fameux agneau de Belle-Île est à l'honneur, et l'ambiance pas trop guindée. Aux beaux jours, on adore la terrasse nichée entre les murs, au pied d'un énorme olivier, à côté de la fontaine qui glougloute...

À Sauzon

Bon marché

Crêperie Les Embruns : *quai Joseph-Naudin. ☎ 02-97-31-64-78. • creperielesembruns@gmail.com • Jolie petite maison rose sur le port de Sauzon. Ouv Pâques-Toussaint, tlj 12h-22h (23h été), en service continu. Galettes 2,20-10,10 €.* L'endroit est réputé pour la qualité de ses produits biologiques (pour la plupart), en particulier ses délicieuses galettes de blé noir, confectionnées avec de la farine bio moulue au *moulin de la Fatigue* de Vitré avec une vraie meule en pierre. Goûter à la crêpe orange-chocolat glace vanille flambée Grand Marnier... Garnitures généreuses.

Le Tilleul : *pl. de l'Église. ☎ 02-97-31-63-79. Tlj sf mer. Fermé nov-avr (mais ouv w-e fériés). Carte env 12-15 €.* Petite cuisine, snacks, tartes salées, salades, omelettes et moules-frites. Accueil sympa. Frais et sans histoire. Idéal avec sa terrasse pour le petit déj ou l'apéro.

De prix moyens à chic

Hôtel du Phare : *sur le port de Sauzon. ☎ 02-97-31-60-36. Tlj avr-sept. Résa ultra-conseillée. Menu 22 € ; plateau de fruits de mer 35 €.* Surplombant l'entrée du port, la plus belle terrasse qui soit. Réputé pour la fraîcheur de ses produits. Menu « normal » d'un rapport qualité-prix correct et plateau de fruits de mer bien servi. Quant à sa terrasse sur le quai, à l'ombre du phare, elle est un rendez-vous mythique pour les couchers de soleil et l'apéro.

Le Roz-Avel : *rue du Lieutenant-Riou. ☎ 02-97-31-61-48. Tlj sf mer. Congés : de janv à mi-mars et de mi-nov à mi-déc. Formule déj 25 € sf dim ; menus 33-58 €.* Ici, on privilégie les produits locaux et du terroir, dans une valse sans cesse rejouée des saisons et des arrivages. Le 1er menu présente un remarquable rapport qualité-prix. Attendez-vous à déguster huîtres, porc, agneau de l'île rôti ou confit, fromage de chèvre frais Pilou – et tout plein de surprises, comme cette tasse de (glace) café dans sa coque au chocolat avec mousse de chicorée et écume de lait au dessert ! Sacrée maîtrise. Cadre (terrasse) et service à la hauteur de cette adresse élégante, d'un excellent rapport qualité-prix.

Le Petit Baigneur : *rampe des Glycines. ☎ 02-97-31-67-74. Tlj sf lun et* *j. fériés hors saison. Congés : oct-mars, sf vac de la Toussaint. Plats 15-26 €. Kir offert sur présentation de ce guide.* Les origines sardes de l'accueillante proprio transparaissent dans ses quelques recettes de pâtes mais, pour le reste, la carte s'ouvre plutôt aux classiques poisson du jour, brandade de haddock et autres moules accompagnées de pommes de terre grenaille (ça change des frites !)... Gardez une petite place pour les desserts maison. C'est bon, quoiqu'un peu cher, comme (trop) souvent sur l'île. Côté cadre : une salle un peu serrée mais plaisante, et une terrasse.

Café de la Cale : *quai Guerveur.* ☎ *02-97-31-65-74. Un peu avt le phare. Ouv avr-oct et vac scol. Menu 22 € déj en sem (29 € le soir hors juil-août) ; plats 18-29 €.* Coquillages et crustacés, dit la chanson... Ajoutez-y les poissons, et le tour d'horizon est pour ainsi fait – même s'il ne faut pas oublier le carré d'agneau de l'île, assez réussi. La belle terrasse face au port, envahie aux beaux jours par la *gentry* en villégiature a indéniablement son charme, et le service y est efficace ; l'intérieur est coloré et chaleureux.

Resto de l'Hôtel Cardinal : *pointe du Cardinal, à deux pas de Sauzon.* ☎ *02-97-31-61-60. Buffet de fruits de mer 32 € (29 € pour les clients de l'hôtel).* Cet hôtel de luxe, joliment rénové, propose un buffet de fruits de mer tous les soirs à un prix très attractif. Autant dire que la réservation est quasiment obligatoire !

À Bangor et alentour

De bon marché à prix moyens

Crêperie Chez Renée : *21, rue Sarah-Bernhardt,* **Bangor.** ☎ *02-97-31-52-87. Ouv avr-oct et vac scol, tlj sf lun-mar en oct ; ouv aussi le w-e en basse saison. Résa très conseillée. Menu déj en sem 16 €. Galettes 4-13 €. Apéritif offert sur présentation de ce guide.* Comment ne pas tomber sous le charme de cette fantastique terrasse mangée par les fleurs et la verdure ? Pour les jours pluvieux, il y a la salle dans la maison, à l'atmosphère coquette, avec son piano à disposition des musiciens. Les galettes et les crêpes sont bonnes et croustillantes, le service rapide – voire parfois un peu expédié en plein été ! Table de ping-pong.

Le Marie-Galante : *Hôtel Le Grand Large, Goulphar,* **Bangor.** ☎ *02-97-31-80-92.* ♿ *Juste avt les aiguilles de Port-Coton. Tlj sf midi lun-mar hors saison. Congés : de mi-nov à mi-fév. Le midi, formules 21,50-27 € ; menus 35-55 € ; plats 18-26 €.* Le *Marie-Galante,* c'est le restaurant-brasserie du bien nommé *Hôtel Le Grand Large*, aux grandes baies vitrées et à l'immense terrasse génialement tournées face à la côte sauvage. La plus belle vue de l'île, sans doute ! Le chef, Franck Moisan, met un point d'honneur à privilégier les circuits courts : légumes bio, fromages, viande et poisson provenant de producteurs bellilois ou du proche continent. Sa cuisine est un régal, du début à la fin, même si elle peut laisser parfois un peu sur sa faim ! Service jeune, alerte et souriant. Bar élégant pour boire un verre.

Chic

Café Clara : **Port-Goulphar,** *dans l'hôtel* Castel Clara. ☎ *02-97-31-84-21.* • *contact@castel-clara.com* • ♿ *La brasserie de l'hôtel-thalasso* Castel Clara. *Ouv ts les midis, plus le soir en saison. Congés : de mi-nov à mi-déc. Résa recommandée. Buffet fruits de mer et délices de l'île 39 € (supplément homard 17 €) ; menus 29-39 € (dont* teppanyaki*). Café offert sur présentation de ce guide.* Osez donc franchir le seuil du très chic hôtel-thalasso *Castel Clara.* Le service est pro sans être ampoulé, et la salle avec ses baies vitrées – tout comme la vaste terrasse – livre(nt) un panorama à couper le souffle sur l'échancrure de Port-Goulphar. Quant au buffet, parlons-en : il est pléthorique de l'entrée au dessert, avec un superbe choix de fruits de mer, crudités bio, verrines et poissons fumés maison. Desserts simples mais délicieux. Seul regret : n'avoir pas eu assez faim cette fois-là pour se resservir! Autre option :

les produits de saison saisis à la japonaise. Un rapport qualité-quantité-prix indiscutable.

La Désirade : *voir plus haut « Où dormir ? ». Ouv avr-oct. Resto fermé le midi en sem sf vac scol et j. fériés. Résa conseillée. Menus 34 € le midi en sem, puis 40-80 €. Apéritif offert sur présentation de ce guide.* Dans une belle longère, juste en face de l'hôtel du même nom (mêmes propriétaires). Cuisine gastronomique de la mer, et carte qui évolue au gré de la pêche ou du marché. Les produits sont essentiellement locaux, et la carte se veut créative. Belle carte des vins. Service attentionné.

À Locmaria

Chez Colette et Didier : *rue des Acadiens. ☎ 02-97-31-72-90. • location-locmaria.com • Tte l'année sf quelques jours, parfois, au creux de l'hiver.* Dans le village, gentil caboulot assurant bar, petite restauration, chambres d'hôtes et location de vélos. Accueil adorable de Colette qui propose une cuisine simple, bien tournée et généreusement servie. Menu à 16 € extra, avec fromage et dessert (boisson en sus). En continu, frites, sandwiches et glaces. Une vraie adresse routarde, plébiscitée par les randonneurs et cyclistes.

Crêperie L'Équipage : *la fontaine du Bois, chemin de Port-Maria. ☎ 02-97-31-77-96. Tlj avr-sept. À la carte, env 18 €. Café offert sur présentation de ce guide.* Grande terrasse avec vue sur la mer pour de bonnes crêpes et galettes. Goûter à la « Délice de la mer » et à la « Perlière ». Fruits de mer également.

Où déguster une glace ?

Glacier du port *(plan B2, **30**) : quai Bonnelle, **Le Palais,** à côté de l'office de tourisme. Juil-août, tlj 10h-1h env ; sinon 13h-18h30.* Jusqu'à 80 parfums au cœur de l'été... cerise marbrée, fraise des bois, mangue, etc.

Où boire un verre ? Où écouter de la musique ?

Le Pouce-pied *(plan A1, **32**) : 13, quai Jacques-Leblanc, **Le Palais.** ☎ 02-97-57-56-45. • mariebelleile@yahoo.fr • Sur le port. Ouv 7h30-14h, 17h-1h. Congés : 15 déc-15 janv.* Rendez-vous des marins, locaux et retraités (qui apprécient le rosé du patron). Petite terrasse au soleil le matin, prise d'assaut.

Bodjet *(plan A1, **31**) : 18, quai Gambetta, **Le Palais.** 06-58-63-38-36. En saison 19h-2h.* Cadre agréable. Un des lieux jeunes de la ville. Bon choix de bières. Concerts en été (en général le week-end et lors des Mercredis du port).

Le Kervi : *à la sortie de **Kervilahouen,** en direction de Goulphar. ☎ 02-97-31-82-04. Tte l'année : 8h-21h en saison ; 8h-13h30, 15h30-20h hors saison. Fermé lun soir hors saison. Formules 11,90-22 € ; compter 17 € à la carte. Café offert sur présentation de ce guide.* Le rade de voisinage. Petite restauration très correcte, sandwichs, far maison. Boutique d'alimentation. Terrasse. Jeux pour les enfants.

Où trouver de bons produits ?

Kaerilis – Bell'Isle Single Malt Whisky *(plan B2, **40**) : 4, rue Willaumez, **Le Palais.** ☎ 02-97-31-28-20. 06-19-97-86-98. • kaeriliswhisky.com • Mars-déc, tlj sf mer 10h15-12h30, 16h15-19h30. Hors saison et vac scol, se renseigner.* Distillé de façon artisanale et élevé en partie dans les Highlands d'Écosse, le whisky *Kaerilis* termine sa maturation en fût de chêne à Belle-Île. Un goût iodé, marin, caractérise les 2 cuvées actuelles à la belle robe jaune paille clair. Belle souplesse et bel équilibre (meilleur que le vôtre si vous en abusez) ! Accueil sympa.

La Palantine *(plan B2, **41**) : 16, rue de l'Église, **Le Palais.** ☎ 02-97-31-82-47. Tlj en saison.* Un artisan-chocolatier qui régale tous les visiteurs (70 à 82 % de cacao). Bon choix et prix raisonnables. Pâtes à tartiner, caramels au beurre salé, bonbons au chocolat, etc.

Brasserie La Morgat : ***Port-Salio.*** ☎ *02-97-31-56-88.* • *brasserielamorgat@orange.fr* • *Sur la route de la plage de Bordardoué. Ouv avr-sept, lun-ven 16h-19h, plus sam en juil-août. Visite gratuite de la brasserie à 18h avec dégustation.* Si l'on ne visite pas, on peut au moins y acheter 2 bières maison et sa « fleur de morgat », ainsi que d'autres productions de l'île. Bar et terrasse face à la mer.

Espace Découverte La Bien Nommée *(hors plan par A2,* ***42****)* ***:*** *Z.A. de Bordilla,* ***Le Palais.*** ☎ *02-97-31-34-99.* • *labiennommee.com* • *Tte l'année, lun-ven 10h-12h, 14h-17h, sf vac de Noël. GRATUIT.* Découvrez la fabrication des galettes fines et palets de la biscuiterie *La Bien Nommée*. Dégustation et vente directe. Une autre enseigne place de la République *(avr-nov, tlj 9h30-19h15)* et plusieurs encore dans la région.

Le Rucher de l'Abeille noire : *Borgrouager,* ***Le Palais.*** ☎ *02-97-31-48-86.* 📱 *06-25-46-21-63.* • *lerucherdelabeillenoire.com* • *Avr-oct, tlj 18h-19h30 ; nov-mars, 17h-18h30 sf dim.* Miel, gelée royale et autres gâteries produites par les abeilles noires de Belle-Île (une sous-espèce endémique). Visite pédagogique sur réservation *(10 €, env 1h30).*

Pilou : *Z.A. de Mérézelle, route de Bangor (venant du Palais).* 📱 *06-63-02-54-14.* Maud, qui vient du Nord, près de Maroilles (une référence), confectionne de délicieux fromages blancs, faisselles, yaourts, fromages frais et à pâte molle à base de lait de vache... On la trouve aussi sur le marché du Palais.

Au Coin des Producteurs : *Z.A. de Mérézelle, route de Bangor (venant du Palais).* ☎ *02-97-31-64-32. À gauche juste avt d'arriver au grand carrefour. Tte l'année ven 9h30-12h30, 17h-19h et sam 9h30-12h30 ; Pâques et juil-août, jeu mat en plus.* Une quinzaine de petits producteurs proposent leurs bons produits frais : poulets, agneau, charcuterie maison (délicieuses rillettes d'agneau), œufs, lait, beurre, fromages de chèvre, légumes et confitures...

MORBIHAN

À voir

LE PALAIS [porzh-laé]

Au mitan de la côte « en dedans », face au continent, Le Palais déborde de charme avec son port croquignolet accueillant la ronde des ferries, son bassin à flot pénétrant dans une profonde ria dominée par la puissante citadelle, ses remparts enchâssés de portes et bastions, ses rues et ruelles bordées de maisons colorées et ses échappées belles sur la grande bleue. L'été, des ***visites guidées*** sont organisées par la ***Société Historique*** *(☎ 02-97-31-77-62.* • *belle-ile-histoire.org* • *; juil-début sept, presque tlj ; compter 3 €/pers)* ; emportez une torche pour la visite des fortifications. Renseignez-vous aussi sur les visites audioguidées auprès de l'office de tourisme.

La citadelle Vauban *(plan B1)* ***:*** ☎ *02-97-31-85-54.* • *citadellevauban.com* • *Accès libre à l'hôtel et au restaurant. Musée fermé de mi-nov à mi-déc et de début janv aux vac de fév. Juil-août, tlj 9h-19h ; le reste de l'année, tlj 9h30-18h (17h nov-mars). Tarif : 8,75 € ; réduc. L'achat du billet donne droit à une réduc de 2 € au* Grand Phare *et au* musée de la pointe des Poulains.

Trônant puissamment au-dessus du port, avec ses hautes murailles et ses fossés démesurés, la citadelle a été construite à partir de 1549. Vauban la renforça en 1683, ce qui n'empêcha pas les Anglais de s'en emparer en 1761. Devenue au fil du temps caserne, puis prison (notamment pour les communards), et même centre d'éducation pour mineurs délinquants, elle est l'un des derniers endroits libérés de France lors de la Seconde Guerre mondiale (le 10 mai 1945 !). Propriété privée depuis 1960, elle fait l'objet d'une restauration superbe et fidèle, notamment pour les canons qui furent

fondus à l'identique à Quimperlé. En plus de sa vocation culturelle, le logis du gouverneur abrite désormais un resto, et un hôtel occupe le bâtiment du Grand Quartier.
– On pénètre dans l'enceinte par un pont enjambant le fossé et par la ***porte du Donjon.*** « Par la beauté de ses portes, l'ennemi juge la bonté d'une citadelle » disait Vauban...
– Le ***musée d'Art et d'Histoire,*** par lequel commence la visite, passe en revue le passé de l'île depuis les origines, en faisant particulièrement ressortir le caractère stratégique des lieux. Documents anciens, maquettes de navires, boulets de canon illustrent abondamment le propos. D'autres épisodes marquants sont abordés, comme la prise de Belle-Île par les Anglais – échangée contre Minorque (!) – et l'installation des Acadiens sur l'île en 1765. Mobilier et objets rendent compte de la vie quotidienne des années 1900, qui virent l'île accueillir ses premiers villégiaturistes, Sarah Bernhardt en tête, représentée en colère sur un carton à chapeau par son ami, le peintre Georges Clairin !
– Dans un second temps, on aborde la ***visite de la citadelle*** proprement dite, au gré d'un parcours fléché. Courtines, parapets, poudrière en forme de ruche (superbe !), bastions, cavaliers, échauguettes et autres cachots n'auront bientôt plus de secrets pour vous. La vue sur le port en contrebas, vers lequel les canons pointent, est carrément spectaculaire.
– Le parcours est interrompu par un second espace muséal, occupant l'étage de l'ancien ***Arsenal*** (1780), à la superbe charpente d'origine. La *salle de la marine* y expose un fort bel ensemble de cartes marines et, surtout, de modèles réduits de navires, sans oublier quelques instruments de navigation.
– En toute fin de visite, on rejoint les vestiges du château des Gondi, nous ramenant aux origines de la citadelle (XVIe s). De sa casemate, l'horizon est invariablement bleu...

Juste en contrebas du parking de la forteresse, débute le ***sentier côtier.*** Dix mètres après une maison en ruines, un raidillon (un peu dangereux) dévale jusqu'à une incroyable criquette de sable aux eaux turquoise. Un vrai bonheur, réservé aux initiés !

L'enceinte : dès l'époque de Vauban, Belle-Île est dotée d'un ensemble de fortifications côtières destinées à repousser l'ennemi. Une enceinte protégeant intégralement Le Palais est prévue, mais les crédits manquent... L'invasion anglaise de 1761 montre sa nécessité, et c'est ainsi qu'en 1803 Bonaparte lance le chantier. Interrompu par la chute de l'Empire, il ne sera achevé que dans les années 1860, sous Napoléon III, à une époque où les constructions se révèlent déjà obsolètes... Reste, 150 ans plus tard, un double rempart enserrant un fossé central, le tout en partie reconquis par la végétation. On s'y promène avec délectation, à condition de surveiller les enfants (pas de barrières de protection). Le côté interne de l'enceinte est dénommé *escarpe,* le côté extérieur *contrescarpe.*
➢ On vous conseille de commencer la balade en remontant, depuis la place du Marché, l'avenue Carnot jusqu'à la monumentale ***porte Vauban,*** plutôt décorative avec ses escaliers courant de part et d'autre. Côté droit, une poterne (marquée « 1862 ») et son tunnel permettent de franchir l'obstacle à pied ou à vélo et de déboucher dans le fossé central, puis d'en ressortir par une rampe en Y (qui aidait à monter les canons) sur le haut de la ***porte de Bangor.*** Seule ouverture de l'enceinte vers la campagne, celle-ci est prolongée par un tunnel en courbe et contre-courbe permettant d'éviter les tirs directs de l'ennemi (on ne le voit qu'en voiture). De là, on longe la contrescarpe vers le réduit B, au niveau duquel on peut redescendre dans le fossé. Outre le magnifique site de pique-nique (avec tables) que l'on y trouve, on peut y explorer une partie de l'enfilade de 120 casemates donnant sur le fossé. Tout au bout, on débouche au niveau du réduit A et de la très étroite ***porte de Locmaria,*** l'une des entrées « secrètes » du Palais (interdite aux voitures de location !).

La Maison de la nature (CPIE** ; plan A1, **5) : *Les Glacis.* ☎ *02-97-31-40-15.* • *belle-ile-nature.org* • *À l'entrée du parking* Les Glacis, *au-dessus de la poste, sur la droite. Lun-ven 10h-12h30, 15h30-17h30, sf mer 10h-12h slt.* Au 1er étage, on trouvait le logement des condamnés au boulet... Aujourd'hui, c'est une exposition permanente « Habiter la Terre, habiter une île ». Organise des sorties nature et découverte.

SAUZON [saozon]

Les maisons alignées le long du port, aux jolies teintes pastel, regardent l'autre rive d'une ria longue de 2,2 km, aux coteaux vierges de construction, couverts de genêts et de bruyère. L'image de l'*Hôtel du Phare,* avec son sémaphore et ses bateaux, est la plus célèbre de l'île. À ses pieds, les fameux casiers à homards bleus (parfois rafistolés) et les filets s'égrènent encore un peu le long du quai... Une vraie carte postale, à distiller depuis les terrasses des cafés.

Le jardin Eden du Voyageur : *Bordery,* ***Sauzon.*** *☎ 02-97-31-63-37. • edenduvoyageur.sitew.fr • À 1 km de Sauzon, à Bordery, en direction de Deuborh et de la plage (bien indiqué). Ouv mai-nov, visite guidée sur résa ; en juil-août, mer et sam à 14h30. Entrée : 10 € ; gratuit pour les enfants.* Paysagiste, une partie de l'année au Niger et au Mali pour l'implantation de potagers, Michel Damblant a réalisé son rêve : sur 3 000 m², un jardin tropical à mille lieues des élégants mais ennuyeux jardins à la française. Dans un désordre naturel et poétique, des centaines de fleurs, arbres, plantes aromatiques et médicinales qui poussent en liberté, mêlent leurs formes, leurs couleurs, leurs parfums, et créent une incroyable oasis de fraîcheur. Chaque plante, chaque fleur possède une riche histoire et son lot d'anecdotes. On ne voit pas le temps passer. Vite, amenez-y vos enfants, c'est une visite d'une qualité rare. Et pour prolonger la magie du voyage, de beaux livres de Michel, vendus au profit des jardins pédagogiques d'Afrique.

LA POINTE DES POULAINS

À son extrémité nord-est, Belle-Île secoue son beau manteau vert pour se draper de granit. Les coups de boutoir de l'océan ont émietté la roche en écueils, dessinant un cadre austère où la grande Sarah Bernhardt aimait à se retirer, avec vue sur le phare douché par les embruns. C'est son ami et amant, le peintre Georges Clairin, qui l'attira en ce lieu. Elle y vint avec assiduité pendant 30 ans, contre vents et marées.

La pointe des Poulains : *☎ 02-97-31-61-29. Avr-sept, tlj sf lun, 10h30-17h30 (18h juil-août) ; oct, jeu-sam 10h-13h ; dernière entrée 1h avt. Fermé nov-mars. Visites guidées en juil-août, lun à 10h30 (durée : 1h) et jeu à 10h (45 mn). Entrée : 4 € ; réduc ; gratuit moins de 7 ans.* Le domaine patiemment modelé par Sarah Bernhardt dans sa chère pointe

SARAH BERNHARDT, LA PREMIÈRE STAR

Née d'une mère courtisane, placée en nourrice près de Quimperlé, la jeune Henriette-Marie-Sarah Bernardt (sans « h ») grandit en Bretagne avant de monter sur les planches. « Mademoiselle Révolte », comme on la surnomme, parle ainsi breton, commande son cercueil à l'âge de 19 ans, le trimbale partout, et construit très tôt sa légende. Elle passe par l'Amérique « pour faire un mythe », dit-elle, et les quatre autres continents, se produisant elle-même. À 50 ans, elle débarque à Belle-Île et tombe sous le charme d'un vieux fort abandonné. Elle le remodèle entièrement et, l'été venu, y héberge une foule d'amis, de chiens, des chevaux, des singes (vite revendus), un crocodile et un boa (vite abattus), un puma et un grand-duc... En 1913, prévoyant une mort forcément remarquable, elle achète le rocher de Basse-Miot, qui flotte au large de son fort pour y mettre sa sépulture. Flamboyante, toujours !

des Poulains se redécouvre aujourd'hui en quatre actes, sous la houlette du Conservatoire du littoral, actuel propriétaire des lieux. Première étape : l'***Espace Nature*** *(fermé 12h30-14h30)* consacre ses expos temporaires au monde naturel de Belle-Île. On rejoint ensuite la ***villa des Cinq parties du monde,*** ex-maison d'amis devenue musée, où la voix de Fanny Ardant déclame la vie aventureuse de Sarah Bernhardt au gré d'une mise en scène enlevée, relevée d'archives cinématographiques. On descend ensuite jusqu'à son ***fortin*** chéri, largement restauré après les destructions de la Seconde Guerre mondiale. L'âme de la grande tragédienne flotte, avec les oiseaux et le vent, dans ce havre de paix découvert en 1894 et devenu refuge : « Un fort spécialement inaccessible, inhabitable, inconfortable et qui par conséquent m'enchanta. » Le lieu, rendu à la vie, semble avoir été quitté hier, avec ses tenues, son miroir, ses bibelots, sa boîte à chapeaux, le grand salon bercé par le piano, son panier de pique-nique et son champagne au frais... Reste, encore, à pousser jusqu'au *phare,* accessible à marée basse seulement, planté le nez au vent du large, avec pour seul horizon cette Amérique qui vit jouer Sarah.

BANGOR

Amarré dans les terres, Bangor est un village sans histoire, qui domine à la Côte Sauvage et les plages du sud de l'île. Les festoù-noz y sont fort populaires.

Le jardin La Boulaye : Le Grand-Cosquet *(entre Bangor et Locmaria).* ☎ *02-97-31-76-09. Slt sur rdv ; téléphoner pour connaître les horaires. Tarif : 8 € ; gratuit moins de 21 ans.* Un typique et pittoresque vallon bellilois joliment remis en valeur : chemins retrouvés, étang aménagé, ruisseaux qui glougloutent à nouveau, murets traditionnels relevés. Le tout fleuri et ponctué de riches essences d'arbres et de sculptures, s'intégrant bien au paysage.

DONNANT

D'où qu'on l'aborde, la ***plage de Donnant*** se révèle somptueuse. À marée basse, voici une large enclave de sable roux-doré pailleté de blanc et de noir, qu'enrobe une couronne de dunes et de rochers. Sur ses flancs avancés, des bassins naturels forment alors des baignoires secrètes dans l'odeur omniprésente de l'iode et des algues. À marée haute, surfeurs et *body-boarders* débarquent, défiant les dangereux courants. Le jusant coupe alors la plage en deux parts inégales et la baignade *(surveillée en juil-août, 13h-19h)* se résume à un corridor délimité par deux drapeaux bleus (courants traîtres vers les rochers de part et d'autre).

LE PARADIS D'ARLETTY

La plage de Donnant était l'endroit préféré d'Arletty. Des locaux se souviennent encore de cette femme élégante tout de blanc vêtue, qui rejoignait les lieux au volant d'une 2 CV blanche, tout aussi immaculée, qu'elle conduisait le nez collé au pare-brise. Arletty, alors, était déjà presque aveugle !

LE GRAND PHARE

Visite tlj sf ven mat 10h30-13h, 14h-18h en juil-août ; avr-juin et sept, mer-dim mêmes horaires ; oct, mer et ven-sam 13h-17h ; vac scol de la Toussaint (mar-dim) et 26-31 déc, 13h-17h. Dernière entrée 20 mn avt fermeture.

Visites commentées nocturnes et pour « l'ouverture » matinale du phare (sur résa). Tarif : 2,50 € ; réduc ; gratuit moins de 7 ans. Inauguré en 1835, le dernier phare habité de l'île porte à 26 milles (48 km), ce qui en fait l'un des plus puissants d'Europe. Solidement amarré à une base ronde, il culmine à 92 m au-dessus de la mer, présentant une belle façade en granit sertie de cinq lucarnes blanches. Ceux qui graviront ses 247 marches auront, du sommet, une vue allant de Lorient jusqu'au Croisic. Une fort belle expo permanente au rez-de-chaussée évoque l'histoire des phares, le métier de gardien, le balisage et les espaces naturels de l'île.

L'ANSE DE GOULPHAR

Passé l'embranchement du Grand Phare, la route atteint le très chic hôtel-thalasso *Castel Clara (Relais & Châteaux)*. À ses pieds, discret, se niche ce superbe petit port naturel, comme enfoncé dans le littoral rocheux où marinent quelques plates et voiliers sur fond de landes couvertes au printemps des éclats d'or des genêts. Magnifiiiiiiiique !

– ***Thalassothérapie :*** *au* ***Castel Clara.*** *☎ 02-97-31-84-21. • castel-clara.com • « Escapade thalasso » (2 soins) dès 79 € ; sinon compter par exemple 770 € la cure remise en forme de 6 j.* Envie de vous faire dorloter ? Les programmes de remise en forme, alternant soins d'hydrothérapie, modelage et enveloppement d'algues, démarrent à partir de 2 jours. Il y en a pour tous les goûts, tous les âges et tous les cas de figure : minceur, sevrage tabagique, stress et sommeil, etc.

PORT-COTON

Au bout de la route, les aiguilles de Port-Coton, taraudées par le ressac et cernées de falaises plissées, se dressent au milieu de la fureur des flots... L'endroit tire son nom de l'écume si abondante qui s'y forme au paroxysme des tempêtes et s'élève avec le vent comme des touffes d'ouate ! Monet, qui séjourna à Kervilahouen, à deux pas de là, en 1886, décrit un « pays superbe de sauvagerie avec son amoncellement de rochers terribles et sa mer invraisemblable de couleurs ». En deux mois, il ne réalisa pas moins de 39 toiles : des paysages surtout, à l'exception du portrait de Poly, son homme à tout faire, chargé de maintenir le chevalet au sol lorsque exultaient les bourrasques... Pour mieux encore profiter du paysage, le bien nommé *Hôtel du Grand Large,* dressé dans sa superbe, tend son immense terrasse aux velléités d'admiration.

LES AUTRES PLAGES

Isolées au long de la côte sud, entre la pointe du Grand-Village et la pointe Saint-Marc, plusieurs plages superbes et pas trop envahies se réservent aux habitués et aux courageux. Celle de ***Kerel,*** à l'ouest de Grand-Village, se niche au fond d'une anse profonde, découvrant à marée basse un large estran un peu vaseux ; à marée haute, les enfants s'y baignent sans danger, dans une eau un poil plus chaude qu'ailleurs. Celle d'***Herlin*** (surveillée) est familiale et sympa aussi. Mais c'est la très sauvage ***Baluden,*** un peu plus à l'est, qui a notre préférence. Accessible depuis le village d'Herlin par une piste correcte (sur 800 m), elle s'étale au pied d'un long toboggan d'herbe rase que prolonge superbement le tapis de sable... ***Attention,*** cependant, ***aux courants :*** Baluden n'est pas surveillée !

LOCMARIA [lokmaRia]

À l'extrémité sud-est de l'île, ce village, dont la paroisse fut fondée en 1070, se serre autour de l'***église Notre-Dame-de-l'Assomption,*** la plus ancienne de l'île, surnommée Notre-Dame-du-Bois-Tord. On raconte qu'en 1674, les Hollandais abattirent le bel orme qui se dressait devant, afin d'en faire un mât. N'appréciant pas l'initiative, la Vierge le fit se tordre en tombant, ce qui le rendit inutilisable. À l'intérieur, vous verrez deux beaux ex-voto de bateaux, dont le plus grand, datant de 1862, mesure 2,80 m de long. Sur le vitrail à droite du chœur, bateaux, champs, chevaux, églises et villages évoquent la Belle-Île éternelle... Descendez ensuite (à pied) jusqu'à la plage de poupée du joli ***Port-Maria,*** noyé dans la verdure.

LA CÔTE « EN DEDANS »

Mieux protégée des éléments, la côte nord de Belle-Île révèle de longues plages drossées contre un arrière-pays vallonné de champs et de bois de pins. À la hauteur du très mignon village de ***Samzun*** (comment un si joli hameau a-t-il pu s'appeler le « village des pendus » ?), un peu oublié dans son recoin, la route côtière rejoint ainsi la superbe ***plage des Grands-Sables*** au doux tapis de sable d'une grande finesse, étiré tout en longueur *(école de voile avr-sept).* Au-delà se découvrent encore, par des chemins de traverse, les jolies plages de ***Port-Yorc'h*** et de ***Bordardoué.*** Près de cette dernière, ***La Belle Fontaine,*** également appelée « Aiguade de Vauban », a été construite sous son autorité en 1703. Ce réservoir (classé), contenant 850 000 litres, servait autrefois au ravitaillement des navires en eau douce.

À faire

■ ***Golf de Belle-Isle-en-Mer :*** *à la pointe des Poulains. ☎ 02-97-31-64-65. • golf-belleile.com • Ouv 20 mars-11 nov.* Ce 14-trous, digne des plus beaux golfs irlandais, vous en bouchera un coin avec son parcours si tonique le long de la Côte Sauvage. Mention spéciale pour le trou n° 2, unique en Europe avec son green situé au bout d'une presqu'île cernée par la mer !

■ ***Surf à Donnant :*** ***Ty School,*** *06-63-86-75-47.* ***Belle Île Surf Club,*** *06-77-12-37-80.*

■ ***Tennis du Gouerc'h :*** *au* ***Palais.*** *☎ 02-97-31-83-87.* Plusieurs formules sur les 3 courts couverts et 5 courts en plein air.

■ ***Sports nautiques :*** le meilleur endroit est aux ***Grands-Sables*** *(direction Locmaria par la côte).* On y trouve l'école de voile ***Horizon*** *(☎ 02-97-31-54-71 ; • horizon@oceanet.fr • belleile-voile.fr • ; ouv avr-sept).* Stages de voile pour tous, à partir de 7 ans et location de bateaux à voile ou à moteur. ***Stand up paddle : Ty School*** *(06-63-86-75-47).*

Le sentier côtier

Belle-Île possède l'un des sentiers côtiers les plus pittoresques de Bretagne. D'une sauvagerie poignante sur l'immense majorité du parcours. Il ne cesse de plonger dans les vallons, de remonter, de contourner et de livrer de surprenants points de vue. C'est réellement par le sentier côtier que vous découvrirez la plage la plus pittoresque et insolite, celle qui correspondra à votre fantasme du jour. Attention, si le sentier se révèle plutôt accessible à tous question pénibilité, voici cependant quelques conseils : pas mal de passages délicats sur le plan sécurité. On y côtoie parfois d'abruptes falaises, et certaines pentes peuvent rester très glissantes après la pluie. Bonnes chaussures de marche, pas de tongs ! Ne vous approchez jamais du bord de la

falaise car il est friable. Laissez vivre les fleurs sauvages : à peine cueillies, elles ne durent guère longtemps. Bicyclettes et vélomoteurs sont interdits sur le sentier, on le comprend bien.
Des topoguides vous permettront un somptueux tour de l'île : 82 km en 6 jours, logement en gîte d'étape, gîte communal ou centre d'accueil. Capacité de ce type d'hébergement cependant globalement insuffisante pour Belle-Île. Dommage, car pour les marcheurs, cette île est un paradis. Cependant, certains centres d'hébergement, comme l'auberge de jeunesse, viennent chercher les randonneurs le soir et les conduisent le matin.

➢ Possibilité de fractionner, bien sûr, et d'effectuer les plus belles portions. Voici quelques coups de cœur : du Palais à la plage de Bordardoué, par la pointe de Ramonette. Vous longerez un moment la *Belle Fontaine,* grand réservoir d'eau construit par Vauban pour approvisionner les navires en eau potable. On peut s'arrêter à la *pointe de Gros-Rocher,* l'un des grands spots pour la pêche à pied (moules, berniques, huîtres sauvages, crevettes, parfois quelques étrilles et oursins, etc.). De Samzun, le sentier domine de petites falaises. À certains moments, quand la mer est haute et que les plages suivantes ne sont pas accessibles par les Grands-Sables, elles permettent l'accès à de jolies criques peu fréquentées (cependant, descente pas très facile pour les enfants). *Fort de la Biche* dominant la plage du même nom. Pour la *plage de Port-Huelen,* descente un peu rude aussi. Cette plage et celles qui suivent jusqu'à la pointe de Kerdonis sont souvent recouvertes par la mer à marée haute. Arrivée du sentier côtier à la *plage de Port-Andro.*

LE POUCE-PIED, UN CRUSTACÉ BIZARRE

En forme de doigt, on le récolte surtout à Belle-Île et en Galice. Assez rare. Faut dire que le bestiau est difficile à dénicher, accroché au pied de falaises abruptes et dangereuses.

MORBIHAN

Plongée sous-marine

D'île en île, voici encore un haut lieu de la plongée bretonne. La visibilité excellente (15 m environ) permet de jouir pleinement de la richesse des sites rocheux (somptueuses corynactis dès 2 m de fond !). Car les épaves dignes de ce nom – la *France* ou le *Ponto-Poros* – sont plutôt accessibles de Quiberon. Attention : houle et courants souvent violents.

Club de plongée

■ ***Angélus Plongée :*** *présent sur le marché au Palais ts les mat 9h30-12h30 en saison.* *06-85-13-83-76. • info@angelus-plongee.com •*

Nos meilleurs spots

Le Cochon : *pour plongeurs de niveau I confirmés.* Blocs de rochers et failles sur ce sec à la pointe nord-ouest de l'île. Entre 2 et 20 m de fond, vous palmez délicatement vers le bonheur intégral : parois et surplombs ont revêtu leurs parements d'anémones-perles aux teintes si délicates ; d'alcyons rouges déployant leurs polypes en quête de nourriture ; de corynactis aux mille couleurs flamboyantes... Soudain, un congre love sa queue en tire-bouchon ; étonnant, non ? Poissons et crustacés magnifiques.

Les Chambres : *pour plongeurs de niveau II confirmés slt.* Un tombant grandiose (jusqu'à 30 m de fond) couvert d'algues puis d'invertébrés, et dont les failles béantes recèlent d'énormes araignées de mer, des crevettes farouches, pas mal de tacauds et mulets au ventre d'argent, et encore bien d'autres découvertes captivantes (mettez donc des piles neuves dans votre lampe torche !). Spot exposé, avec souvent de forts courants.

La Truie : *pour plongeurs expérimentés (niveau III min).* Au sud de l'île, ce « caillou » (35 m) est le repaire des bars, daurades et lieus, qui évoluent avec toute l'énergie du prédateur entre les gros blocs rocheux couverts de gorgones. Curiosités dans les trous. Beaucoup de courant.

Fêtes et manifestations

– **Festival de musique de chambre :** *2de quinzaine de juil. 06-71-61-28-28. • belleilemusique.com •* Du baroque au contemporain, dans les plus beaux sites extérieurs de l'île (citadelle, Grand Phare, pointe des Poulains...).
– **Festival lyrique international de Belle-Île :** *de fin juil à mi-août. • festival-belle-ile.com •* Opéra, musique sacrée et jazz à la salle Arletty, la citadelle et dans les églises de l'île.
– **Belle-Île on Air :** *2 j. autour de mi-août. • belleileonair.org •* Musiques actuelles, tendance électro.
– **Festival de Bangor :** *autour du 15 août. Infos : 06-85-02-97-06. Résas à l'office de tourisme (☎ 02-97-31-81-93). Tarif : 16 € ; réduc ; gratuit moins de 12 ans. Pass festival (4 concerts) : 48 €.*

L'ÎLE DE HOUAT (enez houad)

(56170) 260 hab. *Carte Morbihan, B4*

À Houat (2,9 km²), le « Canard » en breton, règne une paix royale, tout juste dérangée en saison par l'arrivée des bateaux chargés de visiteurs d'un jour. Passé la montée au bourg, guère charmante, se découvre le noyau villageois des origines, aux maisons de pierre émouvantes de timidité, qui semblent rougir quand on les admire ; cet attendrissant clocher nain, tout de modestie ; ces magnifiques plages de sable qu'il faut savoir mériter, où le ressac roule inlassablement de bien jolis galets ; et cette lande sauvage et odorante, couvrant près des quatre cinquièmes de la surface d'une île qui ne fait que 5 km de long.
Une chose est sûre : si vous êtes en mal de paix, de solitude et de recueillement, vous trouverez ici votre bonheur.

Comment y aller ?

Compagnie Océane. *☎ 0820-056-156 (0,12 €/mn). • compagnie-oceane.fr •* Traversées tte l'année au départ de **Quiberon.** Tablez sur un minimum de 2 liaisons/j. (mat et ap-m), avec des pointes à 4-5/j. au plus fort de l'été.
Navix : *☎ 02-97-46-60-00. • navix.fr •* De mi-juil à fin août, 1-2 bateaux/j. pour Houat (1 seul pour Hoëdic), tlj ou presque, au départ de **Vannes, Port-Navalo** et **Locmariaquer.** Autres rotations depuis La Trinité, **Le Croisic** et **La Turballe** (se reporter à ces villes plus loin dans la partie « La Loire-Atlantique »).

Compagnie du Golfe : *☎ 02-97-67-10-00. • compagnie-du-golfe.fr •* Liaison **Port-Navalo – Belle-Île – Houat,** assez irrégulière mais intéressante pour ceux qui voudraient voir au moins 2 îles, ou rallier Houat depuis Le Palais. Hoëdic est desservie selon le même principe, mais slt quelques j. dans la saison.

Également depuis **Vannes** et **Port-Navalo** avec **Vedettes du Golfe** *(☎ 02-97-44-44-40. • vedettes-du-golfe.fr •),* de mi-mai à mi-sept, 1-5 traversées/sem ; avec **Vedettes Angélus** *(☎ 02-97-49-42-53 à Port-Navalo ; ☎ 02-97-57-30-29 à Locmariaquer. • vedettes-angelus.com •) les mar et jeu début juil-fin août,* depuis Locmariaquer et Port-Navalo vers Houat seulement ; et encore avec **Izenah Croisières** *(☎ 02-97-57-23-24 ; • izenah-croisieres.com •)* le jeu, de mi-juil à fin août, au départ de **Port-Blanc (Baden)** vers Houat et Hoëdic.

Adresses et infos utiles

Point Info : *au port. Ouv juil-août. Sinon, s'adresser à la mairie, pl. de l'Église (lun-ven 10h-12h, 15h-17h). ☎ 02-97-30-68-04.* Intéressant *Guide de l'île de Houat (2 €).*

Consigne : il n'y en a pas à proprement parler, mais on peut demander à laisser son sac à la capitainerie.

Location de vélos : ***Houat Vélos,*** *à 100 m sur la droite en montant du port. ☎ 02-97-30-66-64. Ouv avr-sept (w-e slt en moyenne saison, ou par tél), 9h30-13h, 14h-19h. Compter 9-12 €/j.* Cela dit, le vélo n'est utile qu'au village et pour rejoindre la pointe ouest ; partout ailleurs, on s'enfonce dans le sable...

Bus de l'île : *au débarcadère. Compter 2,20 € (1 €/sac) pour n'importe quelle destination sur l'île.*

Attention, l'île ne dispose d'aucun distributeur, venez donc avec de l'argent liquide.

Supérette : ***Houat Marché,*** *en montant au bourg. Lun-sam 10h-12h30, 16h30-19h, dim mat.*

Où dormir ? Où manger ? Où boire un verre ?

Camping

Officiellement, il n'y a pas de camping sur l'île. Pourtant, une très agréable aire naturelle d'accueil gazonnée a été aménagée derrière le fort central, pas très loin de l'éclosarium. Toilettes à disposition. Douches au bloc sanitaire du port *(tlj 9h-19h)* ou à la salle de sport *(jeu-sam 10h-19h),* avec achat des jetons à la mairie. *Ouv mai-sept (pas de résa) ; compter 4-15 €/tente (2-8 pers).*

Bon marché

Chez Loulou : *☎ 02-97-30-67-88. • loulouleberre@orange.fr • ♿ Sur la gauche en montant au bourg (ou chemin direct, à gauche, depuis le port). Ouv Pâques-fin sept, tlj sf dim (voire lun et mar selon affluence et météo). Galettes 3,20-10,80 €, poissons env 17-23,50 €.* Adossé à un pavillon, le resto se prolonge d'une agréable véranda lumineuse et d'une terrasse, dominant toutes deux la mer. Les galettes sont à la hauteur de la situation, et le poisson très bon... quand il y en a (parfois, il n'y a rien). Une garantie de fraîcheur ! En plus, l'accueil est sympathique et souriant.

Bar-brasserie Le Siata : *au fond d'une petite place à côté de la boulangerie. ☎ 02-97-30-66-13. Ouv en fonction des bateaux l'hiver (nov-avr, réserver la veille), sinon tlj sf dim soir. Congés : vac scol de fév zone A. Plats 9,50-17 €.* La déco marine est chaleureuse, l'accueil sympa au milieu des habitués et la cuisine plus que correcte, façon moules au curry, pizzas ou croque-monsieur. Tiennent aussi la boulangerie attenante.

Prix moyens

Le site internet de la mairie (*• mairiedehouat.fr •*) dispose d'une liste des ***chambres d'hôtes*** (il y en a 4) et ***locations*** (apparts pour 2 à 8 personnes), que l'on peut aussi obtenir sur place ou par courrier, en échange d'une enveloppe timbrée.

■ ***Hôtel-bar L'Ezenn :*** *route du Vieux-Port, en allant à la plage de Treac'h Er Gouret. ☎ 02-97-30-69-73. • contact@hotelezenn.fr • hotelezenn.fr • Double 70 € ; familiale 90 € ; petit déj 9 €.* 6 chambres au confort standard (douche et w-c), dont certaines ont l'avantage d'avoir une vue sur la mer. Sous le toit, 2 familiales peuvent loger jusqu'à 4 personnes. L'ensemble est d'une grande propreté et le jardin en balcon, avec ses 2 grosses tables en bois, ses fleurs et ses pommiers, est charmant. En plus, le lieu est tenu par des gens accueillants.

■ ***La Boîte à Poissons :*** *route du Vieux-Port. ☎ 09-67-12-76-80. 06-65-45-60-89. • elen@laboiteapoissons.fr • laboiteapoissons.fr • Au-dessus de la plage du Salus. Ouv mai-sept. Compter 59 € pour 2 ; 96 € pour 4 ; petit déj 8,50 €.* Voilà 5... tentes Inuit (avec futon), là où on ne s'attendrait pas à les trouver ! Draps et duvets sont compris, et un dôme sert de « salle commune », avec table en bois, mais il est impossible de cuisiner (réchauds interdits). Rigolo, mais les tarifs sont bien élevés...

À voir

Le bourg : la devise de Houat, *Ag er mor e viuamb* (« De la mer nous vivons ») dit bien à quel point la pêche fut ici essentielle. Si la flotte s'est peu à peu réduite à 6 bateaux pour 11 pêcheurs, l'arrivée au ***port*** a conservé son charme. Passé la montée entre les pavillons (moches) vers le cœur du bourg, on découvre un noyau attachant de petites maisons de granit serrées autour de l'***église Saint-Gildas*** (1766-1840). Une très ancienne statue du saint, sans doute espagnole, y trône à côté d'une chaire, d'une tribune et d'un confessionnal en bois sculpté, réalisés par les charpentiers de marine. À deux pas, sur la placette de la mairie, un fusiller marin de 1914-18 veille, lui, sur le vieux monument aux morts.

Le fort de Houat : *ne se visite pas.* Construit en 1693 par Vauban, doté d'une garnison de seulement 15 hommes, il repoussa 3 ans plus tard les 500 soldats de l'amiral Berkeley. Plus tard, il devint un symbole de la lutte de l'île aux côtés des royalistes. Toujours là, il a été largement reconquis par la végétation. On le voit en se rendant à l'Eclosarium (voir ci-après).

L'Eclosarium : *à 1 km du bourg ; bien indiqué. ☎ 02-97-52-38-38. Ouv 28 mai-30 sept : en juil-août, tlj sf lun 10h-12h30, 14h-17h30 ; le reste du temps, 10h-12h, 14h-16h. Entrée : 4 € ; réduc ; gratuit moins de 7 ans.* C'est avant tout un centre dédié aux biotechnologies marines, qui met en lumière l'importance du phytoplancton (qui produit 80 % de l'oxygène terrestre) et la beauté des fonds marins à travers une expo de photos. On commence néanmoins par une section consacrée à l'histoire de Houat et on termine par une boutique de produits cosmétiques *Daniel-Jouvance* (à l'origine de ce centre).

On trouve à Houat de magnifiques ***plages.*** La plus belle de toutes, *Treac'h ar Gouret* (alias Grande Plage), s'étire des abords du village jusqu'à la pointe orientale (En Tal), qu'elle enrobe intégralement d'un rare tapis de sable convexe, où les chasseurs de coquillages et de galets seront aux anges. Côté sud du bourg, *Treac'h ar Salus* ne manque pas de charme. Mais on lui préfère *Treac'h ar Beniguet*, tout à l'ouest de l'île, que l'on atteint après 45 mn de marche (un peu morne) dans la lande. À quelques encablures s'amarre un vieux fort veillant sur une portion de côte enlevée aux falaises sculptées par l'érosion.

L'ÎLE DE HOËDIC [ENEZ EDIG]

(56170) 120 hab. *Carte Morbihan, B4*

Houat vous semble trop fréquentée ? Reste Hoëdic, 20 bonnes minutes au-delà, deux fois plus petite, deux fois moins peuplée encore, qui barbotte dans les flots tel un « petit canard » – son nom breton. Cette île de 2,5 km de long sur 1 km de large n'a longtemps vécu que de la mer. Mais si une poignée de pêcheurs perpétue la tradition, l'île (qui passe à environ 3 000 habitants chaque été) vit aujourd'hui surtout du tourisme. Plate et peu boisée, la côte offre une alternance de criques, de plages de sable baignées par des eaux turquoise (plus courtes qu'à Houat) et de caps rocheux. Pas de voiture ici : on se promène cheveux au vent par les sentiers, en prenant son temps, en quête des quelques mégalithes et du fort Vauban, avant de revenir immanquablement au noyau central du bourg, dont les petites maisons s'alignent pour la plupart côte à côte, comme pour mieux affronter les tempêtes. Voyage réservé aux esthètes !

CURÉ À TOUT FAIRE

Au XIXe s, les chartes de Houat et Hoëdic font du recteur (curé) l'homme tout-puissant des îles. Assisté d'un conseil des anciens, il est à la fois maire, syndic des gens de mer, agent des douanes, notaire, juge et percepteur. Il surveille les cours de l'école et contrôle la vente du vin, dont les bénéfices reviennent à l'église... Sous son œil vigilant, les jeunes femmes sont interdites de quitter l'île sans sa permission jusqu'à leurs 30 ans, au risque « d'être bientôt gâtées », et les garçons de pêcher avant d'avoir fait leur 3e communion ! Houat et Hoëdic sont de vraies théocraties. Malgré l'arrivée d'un agent de l'État en 1880, le curé demeura secrétaire de mairie jusqu'en... 1991 !

Comment y aller ?

Pour y accéder, voir le chapitre : « L'île de Houat ».

Adresse et info utiles

■ ***Mairie :*** *☎ 02-97-52-48-88. • hoedic.net • Lun-ven 10h-11h30, 15h-17h.*

■ ***Magasin d'alimentation :*** *juil-août, tlj 10h-12h30, 17h30-19h30, sinon fermé lun plus dim ap-m.* Idéal pour le pique-nique... d'autant qu'en face se trouve la boulangerie-tabac.

Où dormir ? Où manger ? Où boire un verre ?

Camping

⛺ ***Camping municipal :*** *☎ 02-97-29-75-65. • campinghoedic@orange.fr • Ouv mai-sept. Forfait tente 7,50 €.* En fait, il s'agit d'un périmètre qui s'étend de part et d'autre du Petit Bois, à l'est du village. On y trouve un bloc sanitaire tout neuf.

De bon marché à prix moyens

🏠 Au milieu de l'île, le ***fort Vauban*** (lire aussi « À voir ») a été transformé en ***gîte d'étape*** et écomusée. *☎ 02-97-52-48-82. • fort.hoedic@gmail.com • fort-hoedic.fr • Ouv avr-oct. Nuitée 13-15 €/pers selon saison ; draps et* *petit déj non fournis. Cuisine en gestion libre.* Si le lieu en lui-même ne manque pas de prestance, les 2 dortoirs (30 lits), certes bien propres, sont on ne peut plus simples et ne sont pas chauffés. Apportez votre sac de couchage. Grande cuisine, sanitaires communs récents et vaste salon (avec quelques jeux pour enfants).

On compte 17 ***gîtes communaux*** disséminés dans le village, dont la moitié occupent des maisons individuelles. *S'adresser à la mairie : ☎ 02-97-52-48-88. La plupart sont prévus pour 2-6 pers ; compter env 45-140 € selon saison et capacité.*

Crêperie du Vieux Port : *☎ 02-97-57-42-51. Tlj. Ouv début avr-fin sept. Tlj en juil-août, sinon fermé jeu-ven. Env 15 € le repas. Café offert sur présentation de ce guide.* Dans une maison moderne, toute blanche. Des crêpes, des galettes, mais aussi des paninis, des sandwichs...

Café du Repos : *☎ 02-97-57-41-80. • armago@orange.fr • Avr-oct, tlj en juil-août, sinon jeu-dim slt, 9h-minuit. Carte 20-25 €.* On y grignote pour pas trop cher tartines, « tapas » et autres barquettes de frites dans une ambiance de troquet de village. Aux beaux jours, on profite du soleil sur la grande terrasse, et les enfants de la balançoire accrochée au grand conifère courbé par le vent, juste devant.

Café du Nord : *☎ 02-97-57-47-90. Ouv avr-sept, tlj 9h-22h en été.* Une grande terrasse les pieds dans l'herbe côté port, une autre plus petite côté village et, au centre, une lourde salle en pierre pour les jours de coup de tabac, où trône une pendule marquant 11h à toute heure (l'heure de l'apéro, *of course*). Les patrons, qui sont de grands voyageurs, invitent régulièrement des musiciens en saison pour un bœuf.

De prix moyens à chic

Les Cardinaux : *☎ 02-97-52-37-27. 06-75-10-81-59. • hoteldescardinaux@gmail.com • hoedic-hotel.com • Ouv avr-oct. Doubles env 75-95 €.* C'est le seul hôtel de l'île ! Un peu cher, forcément, il offre un confort correct, même si les chambres sont souvent un peu petites, et certaines salles de bains carrément riquiqui. L'ensemble est propre, l'accueil tantôt sympathique, tantôt taciturne. Le resto tire plutôt bien son épingle du jeu si l'on s'en tient aux produits de la mer.

Chez Jean-Paul : *☎ 02-97-57-42-26. D'avr à mi-nov, w-e slt en demi-saison, sinon tlj sf dim soir-lun. Formule déj 19 € ; carte env 30 €.* Est-ce un resto ou une librairie ? Les deux, mon commandant. Seul « vrai » restaurant de l'île, la maison cuisine fort bien le poisson (selon arrivage), même si le choix est forcément restreint. Petits bémols : les prix sont élevés et l'accueil... variable.

À voir

L'église Notre-Dame-la-Blanche : *si elle est fermée, demandez les clefs à Jeanne, à* La Trinquette. Elle a été bâtie en 1853, après que l'église précédente fut rasée pour laisser place à une fortification... finalement jamais réalisée ! Elle abrite un riche mobilier en bois réalisé par l'atelier des sculpteurs de marine de Lorient, ainsi qu'un grand triptyque de la *Passion* façon El Greco, réalisé pour le film *L'Incorrigible* de Philippe de Broca, offert à l'île après le tournage ! Remarquez aussi le plafond bleu en coque de bateau renversé, peint d'hermines et de fleurs de lys, et les deux vitraux montrant saint Goustan en train de bénir les premiers colons et de chasser le démon de l'île.

Le fort Vauban : *traversez le « Parc des Princes » (le terrain de foot) en allant vers l'est...* Bâti en 1846-1856 sur les plans dudit Monsieur, bien longtemps après sa mort, à une époque où il était déjà totalement obsolète, il devint entrepôt de goémon dès 1893 ! Il appartient aujourd'hui à l'indispensable

Conservatoire du littoral, qui y a aménagé un gîte d'étape et un petit **écomusée** *(juin-sept, tlj sf certains dim, 10h30-12h30, 15h30-18h30 ; GRATUIT).* Ses deux salles se penchent sur le patrimoine local : fortifications et sites mégalithiques principalement. Une touchante collection de photos sépia illustre la vie du village au temps jadis.

PLOUHARNEL

(56340) 1 825 hab. *Carte Morbihan, B3*

À la racine de la presqu'île de Quiberon et sur la ligne du *Tire-Bouchon* (le TER qui relie Auray à Quiberon). Commune charnière très étendue, passage obligé que vous veniez de Carnac, d'Étel ou de Quiberon. Belles plages sauvages. Les surfeurs se retrouvent à la Grande-Plage, à Sainte-Barbe ou aux Crevettes.

Adresses utiles

Office de tourisme : *rond-point de l'Océan, BP 2. ☎ 02-97-52-32-93. • ot@plouharnel.fr • plouharnel.fr • Avr-sept, lun-sam 9h-12h30, 14h-17h30 (18h30 de mi-juil à mi-août), plus dim mat en juil-août ; hors saison, ouv restreinte. Loc de vélos. Un autre* ***Point information*** *en gare ferroviaire ouv en juil-août (tlj 9h-13h, 13h45-16h45).*

Où dormir ?

Où manger à Plouharnel et dans le coin ?

Campings

Camping de la Lande : *à Kerzivienne. ☎ 02-97-52-31-48. • contact@campingdelalande.com • campingdelalande.com • À la sortie de Plouharnel en direction de Quiberon, à 600 m du village. Ouv juin-fin sept. Forfait tente en hte saison 16 €. Loc de mobile homes et de caravanes 290-520 €/sem en saison. CB refusées. 88 empl.* Plaisant, planté de quelques pins avec des emplacements bien délimités par des haies. Pour les balades, il y a le chemin côtier de la baie de Plouharnel et les pistes cyclables Étel-Quiberon.

Camping municipal Les Sables Blancs : *route de Quiberon. ☎ 02-97-52-37-15. • lessablesblancs0351@orange.fr • À 3 km de Plouharnel en entrant dans la presqu'île de Quiberon. Ouv avr-sept. Forfait tente 15,50-18,35 € selon emplacement et saison. 600 empl.* Immense et pas vraiment intime mais directement en bord de plage (anse du Pô). Agréable pour la pêche à pied ou la planche à voile, mais pour l'ombre, on repassera.

Bon marché

Chambres d'hôtes Ty Kerhellec : *à* ***Kerhellec.*** *06-20-89-29-37. • lblaurence@wanadoo.fr • À 1,2 km de Plouharnel. Avt d'arriver au rond-point principal quand on vient de Carnac, prendre à gauche, puis la 1re à gauche ; c'est à env 1 km. Compter 49-54 € pour 2 selon confort. Gîtes 4 pers 450-720 € suivant la saison.* En pleine campagne, dans une maison isolée au bout d'une route paisible, 4 chambres simples mais confortables. Au 2e étage, belle vue sur le fond de la baie de Quiberon. Également, à l'entrée de la vaste cour, 2 gîtes spacieux et fonctionnels, avec terrasse et barbecue. Accueil attentionné et dynamique.

Chambres d'hôtes Maison de la Baie : *27, rue de la Baie, à* ***Kercroc.*** *06-72-11-73-04. • rousseau.odile56@wanadoo.fr • mongite.free.fr • À 800 m de Plouharnel. Venant de Carnac, prendre à gauche juste avt le rond-point principal, puis suivre « Kercroc » ; c'est indiqué. Résa conseillée. Compter 51 € pour 2.* Petite adresse sans prétention, à l'ambiance conviviale et familiale. La maison, cachée dans un jardinet bien fleuri, renferme des chambres confortables avec sanitaires, et un salon commun pour les hôtes (avec TV). Au calme puisque sur une route qui se termine en cul-de-sac sur un domaine ostréicole. Accueil gentil.

Crêperie La Rose Trémière : *3, rue Sainte-Anne, à Plouharnel. ☎ 02-97-52-49-68. • larosetremiere@wanadoo.fr • Venant de Carnac, prendre à gauche juste avt le rond-point principal, la crêperie est à l'intersection au « T ». Tlj sf soir lun-mar, plus dim hors saison. Formule déj en sem 11 € ; carte env 15 €. Apéritif maison offert sur présentation de ce guide.* Beau choix de galettes et de crêpes, avec quelques originalités comme celle à base de confiture de pétales de roses. Belle terrasse sur l'avant et jardin clos, idéal pour les enfants. Également des pizzas sur place ou à emporter (seulement le soir).

De chic à plus chic

Chambres d'hôtes Villa Mané Lann : *chemin de Mané Lann, à Plouharnel. ☎ 02-97-58-31-99. 06-27-88-93-70. • contact@villamanelann.com • villamanelann.com • À 2 km de Plouharnel, sur la route de Carnac (petit chemin fléché à gauche quand on vient de Carnac) ; tt au bout d'un quartier résidentiel. Compter 95-125 € pour 2 selon saison. Gîtes duplex 135-165 €/nuit (2 nuits min), 1 190 €/sem en hte saison. Plateau de fruits de mer sur résa 27 €. Apéritif offert sur présentation de ce guide.* Katia a installé ce merveilleux ensemble de petits bâtiments contemporains sur les hauteurs d'un parc (5 000 m²) arboré de pins maritimes qui descend vers l'anse du Pô. Joli point de vue depuis les chambres modernes, confortables et d'une esthétique superbe, qui s'ouvrent sur la piscine chauffée (et le jacuzzi). Accueil charmant pour ce coup de cœur qui bénéficie d'une situation idéale... pour le repos et les balades.

Carnac Lodge Hôtel : *Kerhuéno, à Plouharnel. ☎ 02-97-58-30-30. • contact@carnaclodge.com • carnaclodge.com • À 1,5 km de Plouharnel, direction Carnac ; prendre à droite à la pancarte « Stop andouille » (on ne blague pas !). Doubles 89-139 € selon saison (voir aussi offres sur le site). Remise de 5 % pour une résa directe (hors offres spéciales), sur présentation de ce guide.* Le sympathique propriétaire aime la déco. En fonction de son inspiration, il modifie sans cesse l'aménagement de son établissement très convivial et coloré : des toiles contemporaines ici, un lounge en terrasse là, et quelques objets ethniques rapportés de voyage autour du bar. Quant aux chambres, elles sont dans le même esprit, toutes différentes et chaleureuses ! Piscine extérieure, sauna, massage... l'ambiance est résolument à la détente.

À voir

Le musée de la Chouannerie, de la Vendée et des Guerres de l'Ouest : *allée du Bego ; direction Quiberon. ☎ 02-97-52-31-31. • musee-vendee-chouannerie.com • À droite avt d'entrer dans la presqu'île. Avr-sept slt, tlj sf dim mat : d'avr à mi-juin, 14h-18h ; de mi-juin à fin sept, 10h-12h30, 14h-18h. Entrée : 7 € ; réduc ; gratuit moins de 12 ans.* Un petit musée dans un blockhaus situé sur une ligne stratégique : tant pour Hoche que pour les Allemands un peu plus tard, ce fut la ligne de front. La raison d'être de cette expo : le devoir de mémoire des Bretons envers leur histoire. On trouve ici quelques armes de chouans (en fait, des outils de paysans, car ils n'avaient que leur faux et leur courage pour se battre), une vidéo et des textes pour réviser l'histoire de France, des maquettes, et même un vrai squelette !

La chapelle Notre-Dame-des-Fleurs : *en marge du bourg, en allant vers Kercroc. Prendre à gauche avt le rond-point principal en venant de Carnac.* Elle date des XVIe-XVIIe s et est dédiée aux « fleurs à fruits », fleurs de pommier, de cerisier, etc. De forme rectangulaire, elle est consolidée par des contreforts à pinacles. Bas-relief d'albâtre représentant l'arbre de Jessé. Profitez-en pour flâner dans les ruelles du vieux bourg.

DANS LES ENVIRONS DE PLOUHARNEL

La chapelle Sainte-Barbe : *à env 3 km ; en direction d'Erdeven, tourner à gauche.* Parmi quelques menhirs, proches des dunes. Des fenêtres à meneaux éclairent, à l'intérieur, des vitraux évoquant les naufrages. La présence de saint Jean-Baptiste fait penser à une origine templière ou, pour le moins, à une influence des chevaliers de Malte. Du haut d'une petite tour carrée en saillie sur la façade, Hoche observa, en 1795, la défaite des émigrés. À l'origine, la chapelle avait les pieds dans l'eau, et un moulin fonctionnait avec les marées. C'est dire si l'océan a reculé.

Les abbayes de Sainte-Anne et de Saint-Michel-de-Kergonan : *à moins de 1 km du rond-point principal.* L'abbaye de Sainte-Anne se trouve route d'Auray et accueille des bénédictins. Boutique de livres, céramiques et objets en étain. De là, on peut rejoindre l'abbaye de Saint-Michel-de-Kergonan à pied (en voiture, prendre la route de Carnac). Elle accueille des bénédictines. Bâtiment de taille impressionnante. On peut jeter un œil à la nef de l'église. À la boutique, des produits de jardinage ou à base d'algues, ainsi que du bio alimentaire.

Le dolmen de Crucuno : *à 6 km, sur la route d'Erdeven-Lorient, dans le village du même nom.* Posé sur neuf piliers, au beau milieu des habitations. À 300 m de là, le quadrilatère mégalithique de Crucuno (deux triangles répondant au théorème de Pythagore, pour les plus érudits) est orienté au lever du soleil pour les solstices d'été. Rassemblement au jour J, comme à Stonehenge !

CARNAC [karnag]

(56340) 4 500 hab. *Carte Morbihan, B3*

S'il y a une ville côtière, en Bretagne, à laquelle on puisse accoler le terme de « station balnéaire », avec tout ce qu'il contient de séduisant et d'agaçant à la fois, c'est bien Carnac. Mais l'étonnant ici, c'est la cohabitation entre cet univers un peu clinquant et la vieille tradition de station balnéaire familiale et bourgeoise.
Pour « la Reine des plages » du Morbihan, l'accoutrement des acteurs qui y habitent à longueur d'année ou qui y séjournent un moment pendant les beaux jours varie entre le chapeau haut de forme visible lors des mariages dans l'église Saint-Cornély – saint patron des bêtes à cornes – et la casquette du pêcheur breton de souche. La palette est large. Le tableau pictural estival se remarque également sur le très couru marché Saint-Fiacre des mercredi et dimanche, quand les locaux côtoient la gent trotte-menu parisienne propriétaire des résidences secondaires. La ville des 4 500 Carnacois voit sa population se multiplier par 10 l'été. Résultat : attention aux bouchons en début et en fin de journée aux abords de la ville !

La dualité se retrouve dans la nette nuance existant entre *Carnac-Plage,* ses villas cossues alignées le long d'avenues rectilignes et bordées de pins, ses plages bondées et ses dragueurs en décapotable, et *Carnac-Bourg,* plus calme, plus discret, plus pittoresque, mais qui jamais ne se départit de son « chic ».
En tout état de cause, Carnac est une station balnéaire attrayante en toute saison, avec ses cinq plages de sable fin orientées au sud et balisées de pittoresques cabines de toile, son centre de thalassothérapie et ses trois célébrissimes champs de mégalithes de l'ère néolithique.

UN MÉGA-ENSEMBLE DE MÉGALITHES !

Carnac, faut-il le rappeler, est aussi et avant tout l'une des plus extraordinaires concentrations de mégalithes au monde, dont la renommée n'est plus à faire, avec trois grands sites (et un plus petit) comptant environ 3 000 menhirs. Les longues pierres levées (*menhirs* en breton, de *men* – « pierre » – et *hir* – « longue ») et les tables de pierres *(dolmens)* parsemant le territoire de Carnac interpellent immanquablement le visiteur ému. Tout comme l'archéologue James Miln, débarqué d'Édimbourg dans les années 1860 et qui fut le premier à vraiment déterrer les blocs de pierre, on est saisi par leurs formes et leurs dispositions aux heures du lever et du coucher du soleil.

RIXE DE CONFUSION

En faisant Obélix livreur de menhirs, Goscinny et Uderzo nous ont bien fait rigoler, mais ils ont créé une belle confusion dans nos esprits naïfs. Retour sur ce débat d'historiens : Carnac date du IVe millénaire avant notre ère, donc bien avant l'arrivée des Gaulois ou des Celtes. L'erreur remonte, en fait, au XIXe s. Avant cette époque, les historiens ne connaissaient pas l'existence de peuples antérieurs aux Gaulois en France. Ils n'avaient alors qu'une idée fixe : ce qui était très ancien était obligatoirement... gaulois.

Les alignements de Carnac constituent un ensemble vieux de 6 000 ans (période du Néolithique). Par le nombre de menhirs, l'architecture nouvelle qu'ils composent et le monde imaginaire qu'ils évoquent, ces alignements sont bien plus qu'une curiosité. Ils constituent l'un des plus grands mystères qui soient, et qui reste à percer.

Adresses et infos utiles

i *Office de tourisme :* *74, av. des Druides, à* ***Carnac-Plage.*** *☎ 02-97-52-13-52. • ot-carnac.fr • Tlj en juil-août ; fermé dim hors saison. Bureau-annexe à* ***Carnac-Bourg,*** *pl. de l'Église (sous la petite halle), ouv tte l'année.* Propose des balades à thème autour de Carnac (nature, ostréicoles, théâtrales, pédestres, contées ou en yole).

■ ***Centre de thalassothérapie (Carnac Thalasso) et Spa Resort Hotel :*** *av. de l'Atlantique. ☎ 02-97-52-53-54. • thalasso-carnac.com •*

– ***Transports dans les environs :*** de la gare d'Auray, bus fréquents pour Carnac-Plage et Carnac-Bourg. Le TER *Tire-Bouchon,* qui relie l'été Auray à Quiberon, s'arrête à Plouharnel. Navette payante à l'arrivée du train pour Carnac-Bourg et Carnac-Plage.

– ***Circuler en ville :*** *infos à l'office de tourisme. En juil-août, navette entre la plage et le bourg* (Carnavette). *GRATUIT.*

– ***Balades en Segway :*** *avec* ***Mobilboard Carnac,*** *allée du Parc. ☎ 02-90-61-12-71. 📱 06-34-29-19-45.* Pour découvrir Carnac et ses plages ou ailleurs, perché sur ces curieux engins à 2 roues très mobiles.

– ***Marché nocturne :*** *jeu 18h-23h en période estivale.*

Où dormir ?

Campings

⛺ ***Camping Le Men-Du :*** *22 bis, chemin de Beaumer, à* ***Carnac-Plage.*** *☎ et fax : 02-97-52-04-23. 📱 06-32-70-09-79. • mendu@wanadoo.fr • camping-mendu.com • ♿ À deux pas de la plage du Men-Du. Ouv avr-sept. Forfait tente 16-25 € selon saison. Mobile homes 250-660 €/sem. CB refusées. 100 empl.* Un verdoyant camping à taille humaine, agréable et proche de la plage. De belles et hautes haies de conifères taillées au cordeau séparent les emplacements. Pas mal de mobile homes, mais ambiance familiale. Blocs sanitaires bien tenus.

⛺ ***Camping de Kerabus :*** *13, allée des Alouettes. ☎ 02-97-52-24-90. 📱 06-73-41-32-59. • contact@camping-kerabus.com • camping-kerabus.com • À l'écart des plages mais planté en lisière des alignements. Ouv de mi-avr à fin sept. Forfait tente 16,20-20,50 € selon saison. Quelques mobile homes et bungalows toilés 269-649 €/sem. 75 empl. 📶 (payant). Wifi gratuit sur présentation de ce guide.* Un camping au calme et évidemment bien moins cher que les autres, du fait de son relatif éloignement du centre animé de Carnac-Plage. Simple, sans resto, mais agréable et familial. Sanitaires propres. Piscine.

À Carnac-Bourg

De prix moyens à plus chic

🏠 🍴 ***Auberge Le Râtelier :*** *4, chemin du Douët. ☎ 02-97-52-05-04. • contact@le-ratelier.com • le-ratelier.com • Niché dans une ruelle du centre-ville, à 200 m de l'église. Resto tlj sf mar-mer (mar midi slt en saison). Congés : janv et de mi-nov à mi-déc. Doubles 53-72 € selon confort et saison ; 1 familiale 4 pers 83-102 € selon saison. Formules déj en sem 18,50-19,50 € ; menus 23,50 € en sem, puis 33-52 €.* 📶 Charmant hôtel-restaurant dans une belle et imposante maison de caractère mangée par le lierre, très au calme car retranchée dans une grande cour. Une atmosphère champêtre et simple se dégage de ce lieu convivial, où l'on est accueilli avec le sourire. Belle salle de resto rustique (cuisine traditionnelle) et chambres à l'ancienne bien tenues. Un rapport qualité-prix avantageux.

🏠 🍴 ***Hôtel Lann Roz :*** *36, av. de la Poste. ☎ 02-97-52-68-00. • contact@lannroz.fr • lannroz.fr • ♿ Entre le centre-bourg et la thalasso. Congés : de mi-janv à mi-fév. Doubles standard 99-155 € selon confort et saison. Resto* ***Côté Cuisine,*** *indépendant de l'hôtel (lire « Où manger ? »). Parking privé gratuit.* 📶 15 chambres de charme, d'un excellent confort (literies haut de gamme, insonorisation optimale, écrans plats HD, plateau d'accueil, beaux effets de lumière) et toutes dans le même esprit. Salles de bains (certaines avec douche et baignoire) carrelées de pierre de lave, ouvertes sur la chambre. La majorité d'entre elles bénéficient d'une vue plein sud sur les anciennes salines et d'un balcon. Excellent petit déj à base de produits locaux (pain fameux de la boulangerie voisine). Accueil charmant. Une belle adresse d'un remarquable rapport qualité-prix.

🏠 🍴 ***Hôtel Tumulus :*** *chemin du Tumulus. ☎ 02-97-52-08-21. • info@hotel-tumulus.com • hotel-tumulus.com • ♿ À l'écart du bourg, au pied du tumulus Saint-Michel. Resto tlj sf le midi en fév-mars et oct, lun midi et mar midi avr-sept. Fermé nov-début fév. Doubles 99-220 € selon saison et confort ; familiales 185-300 €. Menus 25 € déj en sem, puis 45 € (en sem)-85 €. 📶 Un petit déj par pers/nuit offert sur présentation de ce guide.* Hôtel *(Relais du Silence)* construit à partir de 1900 par la famille de Zacharie Le Rouzic, l'archéologue local à qui l'on doit la renaissance des alignements de Carnac. Ses descendants gèrent toujours cette demeure de charme un peu en dehors du temps, où il flotte une atmosphère à la Agatha Christie et où se mêlent bois exotiques et granit, dans des tons bleu-gris. Tout le confort évidemment, avec

MORBIHAN

des chambres coquettes donnant sur le Tumulus ou sur le golfe, au loin, à moins d'opter pour celles qui occupent une annexe en rez-de-jardin et bénéficient par conséquent de terrasses privées. Spa, jacuzzi et piscine extérieure chauffée, restaurant profitant d'une vue magnifique sur la baie de Quiberon. Sans oublier un accueil impeccable.

Chambres d'hôtes Rivages : *23, rue de Courdiec. 06-60-65-86-12. • info@rivages-carnac.com • rivages-carnac.com • Tte l'année tlj sf 24-25 déc. Compter 85-110 € pour 2 selon saison.* Tendance design dans cette très belle maison contemporaine, à deux pas du centre mais dans une rue calme. 3 chambres, 3 ambiances : Orient, Afrique et Marine. Espace, soin du détail et de la déco, choix des matériaux, salle de bains extra-chic... On est un peu hors du temps et déjà plus en Bretagne. Accueil décontracté et souriant.

À Carnac-Plage

De prix moyens à plus chic

Chambres d'hôtes L'Alcyone : *2, impasse de Beaumer. 02-97-52-78-11. 06-74-24-33-53. • lalcyone.blogspot.com • Prendre la direction du Men-Du ; tourner à gauche comme pour aller aux campings Le Men-Du et Les Druides ; c'est 300 m plus loin, sur la gauche. Compter 70-72 € pour 2 selon saison.* Dans une ancienne ferme joliment restaurée, couverte de lierre et donnant sur un jardin plaisant. Les quelques chambres à l'étage sont agréables, avec salle de bains, décorées dans un style classique à l'ancienne. Au petit déj, confitures et pâtisseries maison. Une adresse qui sort du lot par son calme et le paysage champêtre qu'elle offre. À 500 m d'une des plus belles plages de la baie.

Best Western Plus Celtique Hôtel : *82, av. des Druides. 02-97-52-14-15. • reservation@hotelceltique.com • hotel-celtique.com • En plein centre, à côté de l'office de tourisme. Resto le soir slt. Doubles 90-240 € selon confort et saison. Menus 36-42 €. Parking.* Un 3-étoiles tout confort et tout proche des plages, rénové dans un style contemporain de bon aloi, aussi bien dans les parties communes que dans les chambres. Salle de jeux, agréable salon, piscine couverte (chauffée toute l'année, avec buses de massage), hammam et jacuzzi (payants), chaînes satellite... et une qualité de service irréprochable pour les familles. Restaurant sur place. Accueil professionnel.

Hôtel Le Churchill : *70, bd de la Plage. 02-97-52-50-20. • contact@lechurchill.com • lechurchill.com • Congés : de mi-nov à début fév. Doubles 75-195 €.* Un hôtel contemporain plutôt luxueux mais dans une version conviviale, car pas trop grand et situé dans un secteur paisible. Tout est fait pour le bien-être des hôtes : belle piscine, spa, et un accueil aux petits oignons. Quant aux jolies chambres, au design très réussi, elles sont orientées face à la mer... mais on ne la voit que du 4e étage en raison de la présence d'un bosquet d'arbres qui bouche la vue. Mieux vaut le savoir.

Où dormir dans les environs ?

Camping

Flower Le Lac : *lieu-dit Le Lac, 56340 Carnac. 02-97-55-78-78. • info@lelac-carnac.com • lelac-carnac.com • À 6,5 km du centre-bourg, en direction des alignements puis par la D 196 ; suivre « Le lac ». Ouv avr-fin sept. Forfait tente 13-30 € selon emplacement et saison. Plusieurs types de loc 196-725 €/sem. 130 empl.* Enfin un camping 3 étoiles qui concilie charme, confort, modernité et authenticité. Dans un site splendide (la ria de Crac'h), il propose toutes sortes de locations (tentes équipées, tipis et roulottes en plus des classiques chalets et mobile homes, dont des *coco* *sweet* plutôt design), mais réserve une belle place aux campeurs traditionnels, qui seront à l'aise et à l'ombre. Excellentes prestations : épicerie, piscine, barbecue, etc. Ambiance familiale. Piscine.

De prix moyens à chic

Chambres d'hôtes Ty Er Velin : *lieu-dit Le Lac, 56340 Carnac. ☎ 02-97-59-53-30. • cadoret.cecile@orange.fr • ty-er-velin.fr • À 6,5 km du centre-bourg, en direction des alignements puis par la D 196 ; suivre « Le lac ». Compter 85-130 € pour 2 selon chambre et saison.* Difficile de ne pas craquer pour cette maison néobretonne remarquablement aménagée et décorée. Il faut dire qu'elle jouit d'une situation idyllique, au bord de la ria de Crac'h. De la terrasse, du séjour ou des chambres, la vue est aussi sublime que reposante. Un lac qui se joue des marées, un site ostréicole, un vieux moulin... la carte postale est parfaite ! 3 chambres contemporaines et tout confort.

Chambres d'hôtes Ty Me Mamm : *à* **Quelvezin,** *56340 Carnac. ☎ 02-97-52-45-87. 📱 06-48-39-43-26 • tymemam@wanadoo.fr • tymemam.com • À 7 km au nord de Carnac. Le long de la D 768 qui relie Plouharnel à Auray, prendre à gauche en venant de Plouharnel, en direction de Quelvezin ; ensuite, c'est indiqué. Compter 75-80 € pour 2 selon saison.* Jolie maison de pierre dans un hameau tranquille, avec une pelouse soignée à l'arrière où les enfants peuvent profiter de différents jeux (portique...) tandis que les parents investissent les chaises longues. Les vacances, quoi ! Quelques chambres, sobres, fonctionnelles et dotées de belles salles de bains, qui portent des noms de plages de Carnac. Entrée indépendante. Réfrigérateur et four micro-ondes à disposition. Grande salle commune avec cheminée. Également un gîte. Accueil adorable et attentionné.

Où manger ?

À Carnac-Bourg

De bon marché à prix moyens

Crêperie Chez Marie : *3, pl. de l'Église. ☎ 02-97-52-07-93. • gaelle-guillevic@sfr.fr • Face à l'église. Tlj sf lun Pâques-Toussaint et vac scol ; sinon, fermé lun-mar. Congés : 2 sem en janv, 3 sem en nov. Résa impossible. Formules déj en sem 11-16 € (20 € le dim) ; env 15 € à la carte.* Depuis 1959, la même famille maintient la tradition de la bonne crêpe à Carnac. Petite salle typique et chaleureuse, aux murs de pierre couverts de vieilles cartes postales. Grand choix de desserts. Quelques tables dans une agréable courette. Un seul regret, le service, parfois longuet et plutôt réservé.

La Brigantine : *3, rue Colary. ☎ 02-97-52-17-72. • daniel.seveno@labrigantine.net • Dans une rue en contrebas de la pl. de l'Église. Tlj sf dim midi, plus dim soir et lun hors saison. Congés : 1 sem début oct et 30 déc-11 fév. Formule déj en sem 21 € ; menus 35-45 €, puis 68 € pour le menu homard.* Une carte et une déco résolument marines et quelques savoureuses spécialités concoctées par un chef autodidacte aussi doué que passionné : ravioles de langoustines, pot-au-feu de la mer et une remarquable (et luxueuse) cotriade délicatement safranée et à base de poissons nobles. Accueil chaleureux. Une excellente adresse et une valeur sûre.

Côté Cuisine : *36, av. de la Poste. ☎ 02-97-57-50-35. • cotecuisine-carnac@hotmail.fr • Dans l'*Hôtel Lann Roz. *Fermé lun, plus mar de mi-sept à mi-juin. Résa préférable, surtout le soir. Formules déj env 18,50-25,50 €, menus 22-31 € (le midi en sem) et 34-40 €.* Réalisée à 4 mains par un couple, cette cuisine enlevée et inventive, composée de produits du marché et de la marée, respire la bonne humeur ! Le service se fait parfois attendre, mais tout est frais, et les Bretons se sont donné le mot : la grande salle au décor contemporain (stylé mais un peu froid à notre goût) est souvent pleine.

À Carnac-Plage, dans les alignements et autour

Bon marché

Césarine : *22, av. Miln. ☎ 02-97-52-22-76. ♿ À l'angle de l'allée du Parc. Tlj sf lun hors saison. Congés : janv. Formules 13,90-14,90 € ; à la carte, env 18-20 € le repas.* Tous les jours, un plat du jour ou une tarte salée différente, accompagnée de salade et d'un dessert maison. Frais, simple et bon : impeccable pour une pause en terrasse ou dans une petite salle agréable.

Crêperie au Pressoir : *Le Ménec. ☎ 02-97-52-01-86. Dans le hameau, au bout des alignements du Ménec. Juil-août, tlj en principe, sinon fermé dim soir-mar. Congés : nov-avr (selon vac scol). Env 12-15 €.* Dans une belle ferme, une série de petites salles au plafond bas et aux épais murs de pierre, avec des tables recouvertes de toile cirée. On s'attend presque à voir entrer quelque lutin sorti de derrière les menhirs voisins, posés là comme par magie... On se rassure avec une dose de cidre et de bonnes galettes classiques. Atmosphère sympathique, sans chichis.

Crêperie La Chaumière des Salines : *chemin des Quarante-Pieds, Le Bréno. ☎ 02-97-52-17-20. ♿ Direction Saint-Colomban ; indiqué sur la gauche. Ouv de début avr à mi-sept, tlj. Env 10-15 €.* Une adorable chaumière dans les salines, bien cachée au fond d'une impasse, avec quelques tables dans un jardin fleuri d'hortensias à la bonne saison, un accueil chaleureux, des crêpes bien garnies. Toutes les conditions sont réunies !

De prix moyens à plus chic

La Côte : *impasse Parc-er-Forn, lieu-dit Kermario. ☎ 02-97-52-02-80. • restaurant.lacote@orange.fr • ♿ Soyons clairs, le resto ne se trouve pas sur la côte, mais bien à l'intérieur des terres, juste au nord de Carnac-Bourg, sur la D 196, près des menhirs de Kermario. Tlj sf dim soir-lun midi en saison, sinon lun midi et mar midi. Menus 26 € midi en sem, puis 37-58 € (83 € pour le menu homard) ; carte env 55 €.* Pierre Michaud a transformé la vieille maison familiale pour en faire l'une des meilleures tables du pays, grâce à une sélection très rigoureuse des produits et un talent indéniable. Goûtez donc la subtilité de ce que vous avez dans votre assiette, ce télescopage de saveurs, de couleurs qui vous fera voyager, 2 heures durant. Une entrée terre-mer qui donne le ton, pour vous mettre en appétit, et à suivre, un bar de ligne, par exemple. Car le chef a fait du poisson sauvage sa spécialité. Surprenant et éblouissant en bouche. Accueil et service très agréables.

La Calypso : *158, route du Pô. ☎ 02-97-52-06-14. ♿ Depuis Carnac-Plage, vers le bourg ; suivre la direction du Pô (fléché). Tlj sf lun, plus dim soir hors vac scol. Congés : de mi-nov à début fév. Résa indispensable ! Carte env 55 €.* Marc, Breton au caractère bien trempé, régale avec son poisson et ses homards entiers grillés en direct dans la grande cheminée ! En entrée, terrine chaude de foie de lotte, gratin de langoustines, succulentes huîtres chaudes ! Copieux et originaux accompagnements. Notre préférence va pour les tables de la petite salle, près de la fenêtre. Une adresse au cadre rustique et charmant, très prisée par les gens du coin. Accueil à la hauteur de la qualité et du lieu, naturel et souriant.

Où déguster une glace ou une bonne pâtisserie ?

La Boulange : *1, av. des Druides, à **Carnac-Plage.** ☎ 02-97-52-61-96. Au niveau du rond-point des Salines. Pizzas 9-10 €.* Lorsqu'il y a la queue devant une boulangerie, c'est toujours bon signe ! Celle-ci ne déroge pas à la règle, et on se presse à toute heure pour ses viennoiseries, ses dizaines de variétés de pains et baguettes, ses délicieuses tartes aux pommes, ses *cooks* pomme-caramel, ses inimitables kouign-amann nature ou fourrés (et pas si gras !)... et enfin ses généreuses fougasses, quiches et gigantesques pizzas à emporter, sur la plage évidemment ! Terrible...

L'Igloo : *av. des Druides, à* ***Carnac-Plage.*** *Congés : nov-fév.* Une institution à Carnac depuis bientôt 40 ans ! Choix fou parmi tous les parfums imaginables. Vous ne pourrez pas rester de glace devant cette déclinaison de chocolats, ces savoureux sorbets de fruits et d'alcools, mais aussi ces saveurs parfois osées...

Yogurt Breizh : *2, av. Miln, à* ***Carnac-Plage.*** *Congés : oct-mars.* Un « bar à glaces » (à la déco plutôt flashy !) ouvert par Alain Chartier, meilleur ouvrier de France (voir sa boutique à Vannes). De vraies glaces artisanales, aux parfums très souvent étonnants et à prix tout à fait décents. Même si elles sont facturées au poids (et que la tentation de goûter à tout est grande !).

MORBIHAN

Où boire un verre ?

La Baignoire de Joséphine : *16, allée des Alignements, à* ***Carnac-Plage.*** *☎ 02-97-52-88-95. • la.baignoire@wanadoo.fr • Tt près de l'office de tourisme. Tlj. Congés : en janv. Planteur maison offert sur présentation de ce guide.* Déco façon « ma cabane au Canada » tendant vers le hangar de surf, avec ses murs en bois colorés ornés de trophées marins. Consos pas chères et bonne ambiance. Un bar vraiment sympathique avec terrasse, pris d'assaut en été par la belle jeunesse parisienne en vacances à Carnac. Si t'es pas allé à la *BJ*... t'as raté tes vacances, mon gars !

Où danser ?

Les Chandelles : *bd de l'Atlantique, à* ***Carnac-Plage.*** *☎ 02-97-52-90-98. • chandelles-carnac.com • Face aux salines du Novotel, près du rond-point du casino. Ouv minuit-6h : ts les soirs en juil-août ; le w-e avr-juin et sept-déc. Entrée : 9-12 € ; vestiaire 3 €.* « *Dress but not drink* », telle est la devise de la maison. En activité depuis belle lurette, elle est restée LA boîte branchée et sympa de Carnac, pour les 20-25 ans. Un des lieux incontournables du coin.

À voir

Le musée de Préhistoire : *10, pl. de la Chapelle, à* ***Carnac-Bourg.*** *☎ 02-97-52-22-04. • museedecarnac.com • Tlj sf mar hors vac scol, 10h-12h30, 14h-18h (17h30 en hiver) ; juil-août, tlj en continu 10h-18h30 ; mars et nov, 14h-17h30. Congés : janv-15 fév. Entrée : 6 € ; réduc. À noter que le billet donne droit au pass des Mégalithes, qui offre des réduc dans les autres sites du circuit (cairn du Petit-Mont à Arzon, cairn de Gavrinis, cairn de la Table des Marchand de Locmariaquer, alignements de Carnac).* Nombreux panneaux explicatifs et schémas restituant des scènes

ARCHÉOLOGUE EN HERBE

Parmi les objets exposés au musée de la Préhistoire de Carnac, ne manquez pas les haches polies dites « du petit Rohu ». Elles n'ont été trouvées que très récemment. Imaginez un petit garçon anglais jouant sur la plage à Saint-Pierre-Quiberon en 2007, un jour de grande marée. Il ramasse ce qu'il croit être un joli galet et met en fait la main sur des outils préhistoriques d'une grande rareté ! Bon prince, il en fit don au musée...

de la vie quotidienne des hommes préhistoriques, qui permettent aux visiteurs intéressés par l'archéologie de tout savoir – ou presque – sur les *menhirs* (pierres levées), *dolmens* (tables de pierres ; en fait, vestiges de cairns dont ils formaient le cœur), *cromlechs* (pierres dressées en cercle), *tumulus* (nom générique des buttes servant de sépultures). Lorsque ces derniers sont en pierre, comme à Carnac, on les appelle *cairns.* Environ 6 600 objets exposés : haches polies, outillage au sens large, parures (magnifique collier provenant du tumulus Saint-Michel) et poteries, sépultures, plans et photos de sites, etc. Le musée possède la plus riche collection néolithique au monde.
Toute l'année, sur résa, des archéologues organisent des visites guidées sur les sites mégalithiques des environs et animent des ateliers passionnants sur la vie de nos ancêtres ! Une introduction très complète avant de visiter les célèbres mégalithes.

L'église Saint-Cornély : à **Carnac-Bourg,** en plein centre. C'est l'un des plus beaux monuments de style Renaissance du Morbihan. À l'origine romane, l'église a pris de l'importance au milieu du XVIIe s et on y a adjoint une tour-clocher, puis, plus tard, sur son flanc nord, un porche à colonnes de style toscan supportant un remarquable baldaquin ajouré en volutes de pierre. La grande porte ouest est ornée de deux motifs en bois peint, qui rappellent que cette église est consacrée au saint réputé pour guérir les bêtes à cornes (mais non, pas les humains !), saint Cornély le bien nommé. L'intérieur se révèle avant tout éclectique : en levant les yeux, on remarque rapidement les voûtes des trois nefs, recouvertes de lambris et entièrement peintes de scènes de l'Évangile et de la vie du saint. C'est un artiste de Pontivy qui les a réalisées, aidé par son fiston : naïf et plutôt réussi. À voir encore, la grille de fer forgé qui ferme le chœur, la chaire délicatement ciselée, l'orgue et les quelques vitraux du XIXe s.

Les alignements de Carnac

Les alignements de Carnac se composent de quatre ensembles distincts qui s'étendent sur près de 4 km : ***le Ménec*** à l'ouest, puis ***Kermario,*** un peu plus loin ceux de ***Kerlescan*** et, enfin, ***le Petit Ménec*** plus à l'est, sur le territoire de La Trinité-sur-Mer. Ils rassemblent en tout près de 3 000 menhirs régulièrement espacés et alignés ici à l'époque du Néolithique, c'est-à-dire il y a environ 6 000 ans, globalement selon un axe est-ouest, sur 8 à 10 rangs. La plupart ne dépassent pas 3 m de hauteur, et ils mesurent en moyenne 90 cm de haut.
Aux alignements, il faut ajouter les enceintes, les tertres et autres tumuli (pluriel de tumulus) soulignant le caractère funéraire de ces ensembles. L'extraction du granit s'est en grande partie réalisée sur le site lui-même. Il n'y a donc quasiment pas eu de transport. Leurs tailles accompagnent, soulignent et accentuent la topographie des lieux : les plus hauts sont disposés au sommet, les plus petits dans les déclivités.

Des menhirs par milliers...

Si le nombre de menhirs composant les alignements de Carnac est particulièrement impressionnant, le département du Morbihan compte un très grand nombre de mégalithes, dolmens et autres menhirs dispersés sur son territoire, isolés ou regroupés dans de petits ensembles à découvrir. Tout autour de la baie de Quiberon par exemple, on en compte plusieurs centaines. À Carnac même, de nombreux autres édifices monumentaux méritent une visite : le Géant du Manio, le cairn de Kercado, le tumulus Saint-Michel, du sommet duquel on découvre l'un des plus beaux panoramas sur l'ensemble de la baie de Quiberon, de Groix à l'entrée du golfe du Morbihan, en passant par Belle-Île, Houat et Hoëdic.

... qui conservent tout leur mystère

Quelle signification doit-on donner à ces ensembles ? Quelle fonction détenait cette création humaine ? Purement esthétique ? Religieuse, païenne, mortuaire, sacrificielle ? Furent-ils dressés pour mesurer les cycles des saisons selon le mouvement des astres et ainsi régler les semailles, ou comme simple lieu de culte à ciel ouvert (mais lequel ?). C'est cette dernière hypothèse qui est la plus souvent évoquée, mais elle reste parfaitement incertaine. Les scientifiques, les archéologues, les chercheurs... cherchent encore. L'absence de certitudes scientifiques a laissé le champ libre au développement de l'imaginaire, du conte, des légendes, des mythes et des superstitions. Carnac, une armée de pierres. Les *kérions* ou *korrigans,* hommes petits, forts malgré leur taille, un peu sorciers, envahissent les sites à la nuit tombée. Les *spontailles,* revenants, font des apparitions aussi rapides qu'inattendues. Chaque menhir possède ainsi sa propre histoire, voire son propre pouvoir. Comme celui du Ménec autour duquel les femmes tournaient ou se frottaient le ventre afin d'avoir des enfants.

Protéger le site

Après une période d'importantes dégradations (la végétation avait quasiment disparu, les pierres risquaient de se déchausser...), l'État décida de protéger le site en 1991 et d'engager une restauration de la lande bretonne de manière « passive », notamment par la mise en place de clôtures qui ceinturent les différentes zones. Ces aménagements n'ont pas fait l'unanimité à l'époque, et certains des mécontents se sont réunis en créant l'association *Menhirs Libres.* Il faut dire que les autorités avaient manqué de finesse ; après avoir laissé le site quasiment à l'abandon durant des lustres, voilà qu'on empêchait tout simplement les habitants de Carnac de profiter des alignements. Pourtant, il y avait urgence. Car il faut savoir que, contrairement à l'iceberg, seuls 10 % du menhir sont implantés dans le sol.
Afin d'entretenir la lande nouvelle, le centre des Monuments nationaux, gestionnaire des alignements de Carnac, a mis en place un élevage de moutons indigènes de la race Lande de Bretagne, grosso modo chargés de tondre la pelouse ! Ce choix s'avère plutôt judicieux. La lande a reconquis le site dans toutes ses parties et les pierres se sont stabilisées.

Les alignements : *Pour mieux préserver la qualité du site et les monuments, les différents sites de mégalithes ne sont accessibles au public en visite libre que sur la période 1er oct-31 mars (appli mobile à télécharger). Avr-sept, accès possible slt en visite guidée : 2 à 7 départs/j. selon période. Prix de la visite-conférence : env 6 € ; réduc ; gratuit moins de 18 ans. Durée : env 1h, pdt laquelle on accède à l'un des 3 alignements principaux. À noter que le pass des Mégalithes (GRATUIT) offre des réduc dans les autres sites mégalithiques (cairn du Petit-Mont à Port-du-Crouesty, cairn de Gavrinis, Table des Marchand de Locmariaquer, musée de Carnac). Résas et rens à la* ***Maison des mégalithes*** *: ☎ 02-97-52-29-81. • menhirs.carnac.fr • Juste devant les alignements du Ménec, au nord du centre de Carnac-Bourg. Tlj : sept-avr, 10h-17h ; mai-juin, 9h-19h ; juil-août, 9h-20h. Avt d'admirer les alignements, on conseille d'y faire un tour. Des travaux sont en cours jusqu'à l'automne 2017, mais la Maison reste ouverte. Elle proposera un espace d'interprétation et d'exposition, une grande boutique et une terrasse panoramique offrant une vue exceptionnelle sur les alignements. Différentes animations proposées pdt les vac scol (balades à thème, soirées, ateliers* « Gestes de la Préhistoire » *; env 2h30 et 11,50 € par adulte, réduc). Parking, aire de repos et de pique-nique.*
– Petites (re)précisions utiles : d'octobre à mars, quand le site est libre d'accès, on circule librement, ô joie ! Les âmes romantiques pourront alors errer et vagabonder dans la lande sauvage et changeante... En été, dur dur de circuler dans le coin ! La visite est obligatoirement guidée et se fait par petits groupes. Les commentaires

sont absolument passionnants, ce qui compense largement le fait que l'on « piétine » un peu et que l'on n'approchera, au final, que peu de mégalithes. Ce sont donc deux approches différentes et complémentaires. Dernière chose : en été, il n'y a pas d'ombre ! Et par grosse chaleur (si, si !), le champ peut se transformer en véritable cagnard. Avec de jeunes enfants, mieux vaut donc ces jours-là privilégier la visite du matin ou de la toute fin d'après-midi ou... la plage.
Nous décrivons les alignements et les sites d'ouest en est, à partir de la *Maison des mégalithes.*

– ***Les alignements du Ménec :*** situés devant la *Maison des mégalithes,* ils constituent, par leur longueur et par le nombre de pierres, le plus important des alignements de Carnac : 1 099 menhirs sur 1 200 m ! L'enceinte est difficile à discerner dans le hameau du Ménec mais toujours présente. La route passe juste devant, et nombre de visiteurs se contentent de longer les alignements à 50 km/h, c'est bien dommage. Laissez donc la voiture (parking à proximité), et si le site n'est pas accessible, empruntez l'agréable sentier piéton situé sur son flanc nord.

– ***Les alignements de Kermario :*** comme pour celui du Ménec, un sentier piéton situé sur l'arrière du site (sur le flanc nord) permet d'approcher les pierres dans un cadre bucolique, en toute tranquillité. Les 1 029 pierres qui composent Kermario s'étendent sur 1 250 m pour une largeur qui varie entre 100 et 200 m. Bien plus imposant que son voisin, le plus haut menhir de Kermario mesurait 6,40 m. Le plus petit mesure à peine 50 cm. On y trouve également un *dolmen,* visible dans la partie sud du site, près de la route, face au panneau du restaurant *La Côte.* Côté route, à peu près au milieu du site, on voit les restes du vieux moulin de Kermaux, au sommet duquel on peut grimper. Excellent point de vue sur l'ensemble de Kermario. Noter que les plus hautes pierres sont dressées dans la partie ouest du site. Elles sont plus petites en se dirigeant vers l'est. À l'extrémité de Kermario, on trouve le Manio.

– ***Les alignements de Kerlescan :*** un ensemble très lisible de 555 menhirs convergents, disposés sur 13 lignes, sur une largeur de 139 m et une longueur de 880 m. On aime bien l'atmosphère particulièrement champêtre de ce site assez isolé. En haute saison, hors visite, on ne peut l'observer que depuis la route, car aucun sentier ne le borde.

– ***Le cairn de Kercado :*** *sur un domaine privé, juste dans la partie est de Kermario, sur la droite de la D 196 (en allant vers l'est). Prendre la jolie allée ombragée jusqu'au bout et se garer ; au bout du parking, empruntez le petit chemin. En hte saison, accès payant (pas obligatoire) : 1 €.* Quelques dizaines de mètres plus loin, on découvre sous les arbres cet intéressant cairn (structure en pierres sèches recouvrant les sépultures) de 30 m de diamètre et de 3,50 m de hauteur, surmonté d'un menhir. C'est le plus ancien de la région : il serait vieux de 6 500 ans au moins. À l'intérieur, l'étroit couloir mène à une chambre de 3 m sur 3, où 8 supports verticaux soutiennent une « table » (en fait, un plafond) gravée d'une hache double. Les fouilles de 1925 permirent de trouver les perles d'un collier, des restes de vases, des pointes de flèches, quelques ossements... Tout cela en fait l'un des plus riches tumuli de la région en termes de mobilier funéraire.

– ***Le Géant du Manio :*** *reprendre la D 196 vers l'est ; quelques centaines de mètres plus loin, sur la gauche, se garer au niveau du centre équestre (fléché) ; on accède au Géant par un chemin de quelques centaines de mètres.* Ce menhir domine tout du haut de ses 6 m. Impressionnant. Juste à côté, un quadrilatère de pierres, énigmatique.

– ***Le Petit Ménec :*** *au-delà de la route de La Trinité-sur-Mer.* C'est un ensemble blotti sous les bois et encore peu fréquenté.

Le tumulus Saint-Michel : *chemin du tumulus, un peu au nord du centre de* ***Carnac-Ville.*** Très spectaculaire butte de terre et de cailloux, haute de 15 m et vieille de 6 000 ans. Si l'intérieur du tumulus ne se visite pas, une petite chapelle a été posée sur son sommet, ainsi qu'une table d'orientation, offrant un point de vue extra sur la région. Belle croix de granit sculptée sur ses différents côtés.

Saint-Colomban : *à quelques km au sud-ouest de Carnac.* Sur la route menant au village, on pourra jeter un œil à la ***fontaine de Saint-Colomban*** sur la gauche : c'est une jolie réalisation de granit construite au XVIe s, au bout d'un long bassin. Celui-ci servait pour les lavandières, l'autre était destiné aux bestiaux. On raconte qu'on y plongeait aussi la tête des simples d'esprit pour qu'ils y puisent quelque intelligence. Dans le village même, voir aussi la ***chapelle de Saint-Colomban*** *(ouv slt en été),* de style flamboyant, un peu coincée entre de belles maisons restaurées. À l'intérieur (entrée par le flanc nord), un mur porte encore une fresque d'inspiration marine très naïve. Quelques statues en bois peint.

Plages

Les ***cinq plages*** de Carnac, bordées d'un beau sentier de douaniers, s'étalent de l'anse du Pô, en limite de Plouharnel, à l'anse de Beaumer, côté La Trinité-sur-Mer. Cette côte en festons fait alterner des caps et des anses de sable fin. Toutes ces plages sont très appréciées par les familles car surveillées et bien équipées. C'est sur la plage de *Legenèse* que 5 000 royalistes débarquèrent, le 27 juin 1795, pour renverser la Révolution. Le hic, c'est qu'ils tombèrent sur le général Hoche...

Voir également ***la plage et l'anse de Saint-Colomban,*** délicieuses et paisibles pour admirer les couchers de soleil, pratiquer la pêche à pied à marée basse ou la planche à voile quand la mer revient.

Manifestations

- ***Théâtre de verdure – Festival Place aux mômes :*** *mai-oct, au jardin de Césarine (face à la poste). GRATUIT.* Une vingtaine de spectacles de plein air pour les enfants.
- ***Eurocat :*** *w-e du 1er mai.* Championnat de catamarans.
- ***Skedanoz – les nuits scintillantes :*** *2 sem fin juil-début août.* Mise en lumière du site mégalithique.

LA TRINITÉ-SUR-MER [an drinded]

(56470) 530 hab. *Carte Morbihan, B3*

La Trinité-sur-Mer est la Mecque européenne de la course au large, le royaume des mangeurs d'écoutes, des avaleurs de voiles d'avant, des suceurs d'embruns. Ici sont nées les légendes les plus tenaces de la voile océanique, à commencer par le grand prêtre, Tabarly, et en passant par tous ses dignes héritiers, les Poupon, Riguidel, Caradec, Lamazou et Kersauson, les Peyron, Gautier, Bourgnon et autres gloires du tour du globe. Tous ont commencé par lécher consciencieusement le sel des pontons de La Trinité. Et ces baroudeurs des mers n'ont pas choisi leur fief au hasard. Cet ancien port de Carnac – auquel on accède par la mer, après un sympathique slalom entre les parcs à huîtres, ou par la terre, en franchissant (en venant d'Auray) l'étonnant pont de Kerisper – est de ces très rares endroits où se conjuguent trois des plus beaux archétypes du paysage breton. Au sud, ces jolies plages

dosant à merveille sable fin, goémon odorant et rochers à crevettes ; en remontant le Crac'h, l'un des plus beaux paysages de rivière du Morbihan ; et dans l'arrière-pays, enfin, une campagne d'Armor verdoyante comme on les aime. Venez ici un week-end de régate (de mars à octobre), et ce port paisible se transformera sous vos yeux dès le samedi matin en une ruche folle où s'affûtent tous les plus beaux voiliers de course du moment. Le soir, après une journée de régate un peu venteuse, la température monte vite dans les bistrots à équipiers le long du quai.

Enfin, laissez les quais animés pour découvrir, sur les hauteurs, le vieux bourg et son lacis de vieilles ruelles paisibles. Jolies maisons traditionnelles et jardins de curé fleuris ordonnés autour de l'église constituent une délicieuse balade.

Adresses et info utiles

Office de tourisme : *30, cours des Quais. ☎ 02-97-55-72-21. • ot-trinite-sur-mer.fr • Juil-août, tlj 9h-13h, 14h-19h ; le reste de l'année, lun-sam 9h-12h30, 14h-17h30 (18h de mi-avr à juin et sept).* Organise des visites de chantiers ostréicoles avec dégustation pendant les vacances scolaires, ainsi que des initiations à la pêche à pied et des sorties nature.

■ **SNT** *(Société nautique de La Trinité) :* *môle Éric-Tabarly. ☎ 02-97-55-73-48. Pour tt connaître du calendrier des régates, stages de voile et permis bateau. • snt-voile.org •*

– **Marché alimentaire et artisanal :** *mar et ven tte l'année.* Les meilleurs producteurs et autres artisans de bouche de la région (ne pas manquer les fabuleuses confitures de Coralie) se retrouvent sur ce marché très couru et extrêmement fréquenté en saison. Le vendredi, nombreux stands non alimentaires.

Où dormir ?

Campings

Camping de la Baie : *plage de Kervillen. ☎ 02-97-55-73-42. • contact@campingdelabaie.com • campingdelabaie.com • ♿ Direction Carnac, puis à gauche vers Kervillen. Ouv de mi-mai à mi-sept. Forfait tente 19,20-45,75 € selon emplacement et saison. Loc de mobile homes jusqu'à 8 pers 266-966 €/sem. 170 empl. (payant). Loc de vélo gratuite pour 2 pers pour ½ journée, sur présentation de ce guide.* Un camping très bien équipé. Emplacements de toutes les tailles pour les tentes, bien délimités. Piscine.

Camping de la Plage : *plage de Kervillen, 40 bis, rue de Kervourden. ☎ 02-97-55-73-28. • contact@camping-plage.com • camping-plage.com • ♿ Au bord de la plage de Kervillen (direction Carnac, puis tourner à gauche). Ouv début mai-fin sept. Forfait tente 20-42,50 € selon saison. Loc de mobile homes 4 à 6 pers 270-960 €/sem. 195 empl. (payant).* Très bons équipements et terrain arboré à souhait. Location de vélos. Piscine.

Prix moyens

Chambres d'hôtes chez Claudine Brient : *21, rue Er-Vammen, à Kerguille. ☎ 02-97-55-79-95. 📱 06-75-95-11-25. À peine à 1 km du port. Prendre direction Carnac depuis le casino ; Kerguille est indiqué sur la droite. Congés : oct-mars. Double 55 €.* À l'étage, 3 petites chambres doubles confortables et simples, avec salle de bains commune et w-c séparés. Dans une maison agréable (mobilier ancien, jardin bien verdoyant, etc.) et plutôt chaleureuse, tout au bout d'un quartier résidentiel. Bon rapport qualité-prix et excellente tenue générale.

De chic à beaucoup plus chic

Le Lodge Kerisper : *4, rue du Latz. ☎ 02-97-52-88-56. • contact@*

lodgekerisper.com • lodge-kerisper.com • ♿ À env 250 m du port, côté pont Kerisper. Congés : 3 sem en janv. Doubles 90-160 € selon confort et saison ; familiales 145-240 €. Promos sur le site. Parking gratuit. Apéritif maison offert sur présentation de ce guide. Bel établissement chaleureux, comprenant 3 bâtiments voisins, organisés autour d'un jardin de curé et d'une agréable piscine de poche chauffée. Plein de trouvailles décoratives, avec mille objets de récupération agencés avec intelligence et raffinement, sans jamais tomber dans le bric-à-brac néo-bobo. Équilibre subtil entre la modernité zen et la chaleur du bois clair qu'on retrouve partout. Le grand hall de réception avec son joli bar donne le ton. Lits douillets, atmosphère cosy et sourire à l'accueil. Location de vélos, espace détente... Et puis petite terrasse pour la plupart des chambres.

La Villa Armor (Hôtel Ostréa) : *10, rue des Résistants. ☎ 02-97-55-73-23. • hotel.ostrea@wanadoo.fr • hotel-ostrea.com • Selon saison, doubles 71-125 €, familiales 125-168 €. Remise de 10 % sur la chambre, sur présentation de ce guide.* Dans une maison de famille restaurée, face au port, un tout petit établissement hôtelier doté d'une poignée de chambres, dont 1 suite familiale, à la déco sobre et élégante. L'une d'elles bénéficie d'une terrasse, et toutes ont une jolie salle de bains avec douche à l'italienne. Une belle adresse, à deux pas de l'animation du port, avec vue sur mer et un jardin de curé pour prendre l'air. Faut bien qu'il y ait des lézards : l'absence de personnel, car la maison est gérée par l'hôtel *Ostréa* (donc la réception se fait au bar du *Bistrot du Marin* à 100 m, où est également servi le petit déj), et la proximité de la route, très fréquentée en saison. Pour qui n'y est pas sensible, une adresse à ne surtout pas bouder...

MORBIHAN

Où dormir dans les environs ?

De bon marché à prix moyens

Chambres d'hôtes chez Mme Le Rol : *Le Magouëro, 56470* ***Saint-Philibert.*** *☎ 02-97-55-01-92. Sur la route entre La Trinité et Crac'h, avt le rond-point du Chat-Noir et la bifurcation vers Locmariaquer. Doubles 30-38 € selon confort ; pas de petit déj (mais cafetière et frigo à dispo à partir de 2 nuits).* À l'étage, 4 chambres avec lavabo ; douche et toilettes sur le palier, au fond du couloir. Au rez-de-chaussée, une autre chambre avec salle de bains privée, micro-ondes et frigo. La déco est classique et tout est bien tenu, dans une jolie maison de caractère bordée de fleurs. Accueil charmant de l'énergique propriétaire et de son fils, qui expose ses tableaux dans la maison d'en face. Malgré la proximité de la route, c'est vraiment une aubaine.

Chambres d'hôtes La ferme de Kérino : *Kérino, 56950* ***Crac'h.*** *☎ 02-97-55-06-10. • kerino@wanadoo.fr • kerino.com • À 4 km de La Trinité-sur-Mer. Après le pont de Kerisper, tourner à droite puis, après env 2 km, à gauche en direction de Kérino ; fléché. Tte l'année sur résa. Compter 55-72 € pour 2. Gîtes 2-5 pers 220-730 €/sem selon saison.* On est en pleine campagne, pas très loin de la rivière de Crac'h, avec un vaste terrain où peuvent galoper les bambins. Cette ancienne ferme dispose d'une ribambelle d'hébergements très fonctionnels et parfaitement entretenus : des chambres en duplex qui font aussi gîtes, dans un bâtiment moderne accolé à la ferme, des gîtes indépendants dans des maisons anciennes pleines de cachet, sur place ou pas très loin, et même une roulotte tout équipée ! Bref, il y a de la place pour tout le monde et pour tous les goûts. Accueil sympathique du couple d'anciens agriculteurs.

Gîtes chez Marie-Madeleine Gruiec : *8, hameau de Kersolard. 56950* ***Crac'h*** *📱 06-22-47-21-67. • contact@locationcrach.com • À env 5 km de La Trinité-sur-Mer, prendre à gauche au rond-point de Kerisper, puis,* *à env 2,5 km, à nouveau à gauche vers Kersolard. Gîtes 320-550 €/sem selon taille ou saison. Apéritif offert sur présentation de ce guide.* Une ancienne longère de caractère dans un joli hameau, au calme. À louer, gîtes pour 4 ou 5 personnes, avec chambres à l'étage, cuisine, salle de bains et salon-salle à manger au rez-de-chaussée. Très simples, meublés comme chez la grand-tante. Jardinet sur l'arrière. Accueil agréable.

De chic à plus chic

Le Galet Hôtel et Spa : *56470* ***Saint-Philibert.*** *☎ 02-97-55-00-56. • contact@legalet.fr • legalet.fr • ♿ (1 chambre). Entre le pont de Kerisper et le rond-point du Chat-Noir, sur la D 781. Doubles env 100-165 € selon confort et saison ; également des suites.* Suffisamment en retrait de la route, dans un beau parc arboré et fleuri, cet hôtel moderne et cubique, récemment repris, présente un style épuré très réussi. Meublé dans un style contemporain cossu et frais, il propose des chambres confortables (entièrement refaites au 2e). Sur l'avant, elles disposent d'un balcon, à l'inverse de celles sur l'arrière qui, en revanche, donnent sur le jardin. Terrasses, piscine extérieure chauffée en saison, tennis et espace bien-être (spa avec hammam, massages) complètent le tableau.

La Villa Bel Ange : *25, route des Plages, 56470* ***Saint-Philibert.*** *☎ 02-97-50-23-44. • lavillabelange@orange.fr • lavillabelange.com • ♿ Au sud de Saint-Philibert, par la route côtière. Congés : de mi-janv à fin mars. Selon saison, compter 90-260 € pour 2 en chambre, suite ou appartement.* Un petit établissement de grand charme : à peine une dizaine d'hébergements, tous lumineux et décorés avec soin dans un style balnéaire chic dans l'air du temps, réunis dans une grande villa de caractère, plantée en surplomb de la mer. Terrasses ou balcons pour presque tout le monde, de belles douches à l'italienne dans les salles de bains, des kitchenettes bien pratiques dans les appartements... et un lit tout rond dans la suite nuptiale ! Cadre magnifique, quiétude garantie, confort irréprochable, tout y est.

Où manger ?

Sur le pouce

Le Camion : *sur le quai, à gauche de la criée. Tlj en période de vac scol ; slt le w-e le reste de l'année.* La folie des *food-trucks* gagne la Bretagne... et ce camion rouge aux bonnes odeurs est un rayon de soleil sur le port. À l'ardoise, hot-dogs, soupes, mais on vient surtout pour les crêpes et galettes, fondantes et généreuses, servies avec le sourire. Également une petite carte de cafés (*Blue Montain,* moka éthiopien, Brésil...) et chocolat chaud. Un spot addictif !

De bon marché à prix moyens

Crêperie Ty Malou : *10, cours des Quais. ☎ 02-97-30-17-30. ♿ Tlj sf mer soir-jeu hors saison. Congés : 2de quinzaine de mars et 1re quinzaine d'oct. Résa souhaitable en saison. Formule déj 12,50 € ; carte env 15 €.* Dernière née des crêperies trinitaines, celle-ci jouit d'un emplacement stratégique, sur le port, et propose des horaires d'ouverture élastiques. Passez donc la porte, et l'appréhension de la froideur du décor – carrelage froid et couleurs sombres –, le service, lui n'est que gentillesse. Les crêpes et galettes, garnies d'ingrédients fraîchement cuisinés, tiennent leurs promesses à ceci près qu'on en aimerait certaines plus copieuses. Une bonne adresse tout de même !

Le Surcouf bistro : *21, rue des Résistants. ☎ 02-90-61-39-03. • lesurcouf56@gmail.com • Juste avt le pont de Kerisper quand on vient du centre, sur la gauche. Ouv tlj l'été ; hors saison, tlj sf dim soir et lun hors ponts* *et j. fériés. À noter : ferme à 23h30 ven (à l'arrivée du dernier train Paris-Auray). Congés : début janv-début fév. Menus midi lun-sam 12,50 €, soir 18,50 € ; à la carte, 26-29 €.* Une petite adresse sympa comme tout, avec un bon menu du midi, qui suit le cours du marché. Un bout de terrasse et une salle reposante dans les tons gris-blanc pour mieux se concentrer sur la cuisine, haute en couleur, variant au gré de la criée. Également des viandes du Morbihan et des produits toujours frais pour une cuisine 100 % maison, franchement avenante. Le tout à des tarifs de bistrot. Une adresse récente qui a déjà ses habitués. Les amateurs de voitures anciennes en ont en tout cas fait leur QG !

Crêperie Saint-François : *6, rue de Kerisper. ☎ 02-97-55-75-80. Tlj sf le midi lun-mar, plus le soir lun-mar hors saison. Congés : janv et nov. Env 15 €.* Charmante petite adresse, dont le principal avantage est son cadre avec une adorable terrasse-jardin où trône un palmier. Galettes honorables (farine bio) et bien agréables, plus que l'accueil en tout cas.

Le Mouillage : *1, pl. Yvonne-Sarcey. ☎ 02-97-55-70-70. • mouillage@wanadoo.fr • Sur le port, à côté de la mairie. Tlj sf mer, plus mar hors saison. Congés : janv. Doubles 72-92 € selon confort et saison. Formule en sem 23,50-28 € ; carte env 35-45 €. Réduc de 10 % sur le prix de la chambre sur présentation de ce guide.* Une bonne adresse, entièrement ouverte sur le port aux beaux jours. Produits d'une grande fraîcheur, assiettes généreuses et plats plus recherchés font de ce lieu, à la déco marine réussie, un bon intermédiaire entre le semi-gastro et la brasserie. Des assiettes de fruits de mer et des poissons qui concentrent de belles saveurs, et des cuissons sans reproche. Et pour les inconditionnels, on trouve également à la carte l'indéboulonnable tartare de bœuf et les moules-frites ! Service impeccable bien que décontracté. Belle carte des vins. 4 chambres coquettes, dont 3 avec vue imprenable sur le port.

Le Quai : *cours des Quais. ☎ 02-97-55-80-26. Tlj sf le soir lun-mer hors vac scol. Fermé 1er janv et 25 déc. Plat du jour 12 €. Carte 30 €.* D'accueillantes petites nappes à carreaux, alignées en salle ou en terrasse couverte, plantent le décor. C'est dans cette adresse spécialisée dans les coquillages et poissons, amarrée face à la forêt de mats du port de plaisance, que les Trinitais se retrouvent pour déguster la pêche du jour. Du frais donc et du choix, entre les bulots, les huîtres ou le gratin de sole (l'un des incontournables de la carte), voire la grande assiette, bien pratique pour les indécis. Une valeur sûre, d'autant que quand vient l'addition, personne ne reste à quai.

MORBIHAN

Où manger dans les environs ?

À deux pas de La Trinité-sur-Mer, la rivière du Crac'h accueille plusieurs chantiers ostréicoles. L'occasion ou jamais d'une dégustation en direct (couchers de soleil d'anthologie en prime !).

Aquaculture Jaouen : *Kernivilit, 56470* ***Saint-Philibert.*** *☎ 02-97-30-00-24. • mgjaouen@live.fr • Juste de l'autre côté du pont de Kerisper, sur la gauche en allant vers Locmariaquer. Ouv avr-oct et Noël (téléphoner). Résa indispensable. Buffet de fruits de mer à volonté le midi 29,50 € ; plats à la carte 10-35 €.* En bordure du Crac'h, cet ancien chantier naval (où se construisaient les *Pen Duick* de Tabarly) propose désormais de la dégustation ostréicole et de coquillages divers, dans un énorme hangar réchauffé par une cheminée centrale et une déco marine (sympa, le bar incurvé et les voiles anciennes au plafond !). Attablé aux longues tables de bois, le séant calé sur des chaises d'école, le regard prend le temps de divaguer sur la rivière en attendant la large portion de moules, de palourdes crues ou d'une douzaine d'huîtres, le tout hyper frais, évidemment.

Istrenn Passion : *Les Presses, 56470* ***Saint-Philibert.*** Voir la rubrique « Achats dans les environs ».

La Perle de Quehan : *maison Quintin, 7, bis route de Quéhan, 56470* ***Saint-Philibert.*** *☎ 02-97-55-01-94. • laperledequehan@gmail.com • Après le pont de Kerisper, prendre à gauche au rond-point, c'est un peu plus loin, sur la gauche. Tlj midi et soir juil-août, le w-e slt avr-juin et sept-nov. Carte 25-30 €.* C'est, posé à côté du chantier ostréicole, presque un vrai resto avec quelques petits plats genre pâtes aux crevettes ou palourdes farcies et de bons desserts bretons. Huîtres d'une évidente fraîcheur (normal !). Jolie salle bardée de bois où s'accrochent quelques photos d'antan, et agréable terrasse façon guinguette au-dessus de la rivière. Service vraiment très sympa.

Où boire un verre ?

Au **Carré** et au **Quai** *(☎ 02-97-55-80-26 ; bar ouv tlj juil-août),* cours des Quais, sur le port, on parle gros vent et catamaran, en préparant les prochaines régates. Bonne ambiance. Également le ***Bar-Tab,*** juste à côté, un autre classique rendez-vous de vieux Trinitains, auxquels se mêlent les plus jeunes. Quant à ***L'Étage,*** c'est sans doute l'un des plus prisés en raison de sa terrasse... à l'étage !

Aux Terrasses de la plage : *56, rue de Kervillen. ☎ 02-97-55-84-15. • auxterrassesdelaplage@orange.fr • Près de la plage. Tlj. Congés : oct-mars env. Menus 22-48 € ; carte env 30 €. Apéritif offert au repas sur présentation de ce guide.* Une petite soif après la baignade à Kervillen ou au cours de votre randonnée autour de la pointe de Kerbihan ? Voici un établissement à la fois bar et restaurant. Très jolie terrasse face à la presqu'île de Quiberon.

Où prendre le thé ? Où déguster des pâtisseries ?

La Parenthèse : *pl. du Voulien. ☎ 02-97-59-58-40. • mcdenars@hotmail.com • Tlj sf dim-lun hors saison, jusqu'à 18h. Congés : janv. Formules sucré-salé le midi 10-18 €. Café offert sur présentation de ce guide.* Ce comptoir de dégustation-salon de thé a le charme qui fait défaut au fond de parking où il est installé ! Joli décor baroque et fauteuils confortables pour déguster des plats sucrés-salés faits maison. Également des gâteaux *home made* (hmm, la délicieuse pavlova !), sur place ou à emporter. Le plus dur, ici, c'est sans doute de choisir !

Achats dans les environs

Biscuiterie La Trinitaine : *Kerluesse, sur la commune de* ***Saint-Philibert*** *(56470). ☎ 02-97-55-02-04. • latrinitaine.com • À env 5 km, sur la D 28 juste avant Crac'h. Tlj 10h-19h.* Ici, plus de 40 t de biscuits sont fabriqués chaque jour et conditionnées sous toutes les formes : sachets, boîtes carrées, rondes, ovales, etc. Vente au détail. Également d'autres produits (soupes, conserves, confitures, chocolats, etc.).

Istrenn Passion : *Les Presses, sur la commune de* ***Saint-Philibert*** *(56470). ☎ 02-97-55-19-01. Au rond-point de Kerisper en venant de La Trinité, à droite ; c'est à 500 m. Tlj en saison. Dégustation sur place.* Un ostréiculteur qui propose de très bonnes huîtres traditionnelles, entre autres produits de la mer. Jolie terrasse pour la dégustation. Parcours de découverte.

À voir. À faire

La halle aux poissons : *bien située, entre le port de plaisance et le bassin des pêcheurs. Ouv tte l'année, le mat.* Faites-y votre marché sans faute. C'est aussi là que se trouvent le bureau du port et la SNSM.

Sur le port, vos pas vous mèneront forcément aux intéressantes ***galeries*** de peintres locaux.

La jolie ***pointe de Kerbihan*** mérite une bonne halte. Face à vous, sur la droite, Quiberon ; au fond, Belle-Île, Houat et Hoëdic ; sur la gauche, l'île de Méaban et l'entrée du golfe du Morbihan. Si vous êtes chanceux, les week-ends de régates, vous assisterez à un somptueux ballet de spinnakers multicolores, la plupart des régates organisées par La Trinité se déroulant justement au large de la pointe.

➢ Une très belle promenade à pied permet, en longeant la côte au départ de la SNT, de rejoindre la plage de Beaumer, vers Carnac, en passant par celle de Kervillen et la pointe de Kerbihan. Alternant des paysages de landes, dunes, rochers, marais salants et forêt, ce ***chemin des douaniers*** vous réserve de magnifiques points de vue sur l'estuaire du Crac'h et la baie de Quiberon. Le tout est de choisir son heure pour la luminosité et la moindre affluence. Autant dire que c'est la balade préférée des Trinitains le dimanche, lorsqu'ils ne sont pas en mer.

La plage de Kervillen : *on peut la rejoindre depuis la pointe de Kerbihan (voir plus haut).* Une des plus belles de La Trinité. Fréquentation familiale.

Le pont de Kerisper : très beau point de vue sur la « rivière » de Crac'h. Délimite la zone maritime réservée à la plaisance, en aval, et aux chantiers ostréicoles, en amont.

La presqu'île de Saint-Philibert : *entre Crac'h et La Trinité.* Deux belles plages à taille humaine (dont celle de Kernevest), face à l'océan. Et surtout une *chapelle* du XVIIe s, vraiment mignonne, dans le bourg, consacrée à un saint arrivé par la mer dans une auge de pierre ! À l'intérieur, plafond étoilé, tribunes en bois et vitraux évoquant l'activité ostréicole du coin. Les parcs sont d'ailleurs juste derrière et font face au traditionnel lavoir-fontaine. Une jolie carte postale bretonne.

➢ ***Visites ostréicoles :*** *rens et résas à l'office de tourisme : ☎ 02-97-57-33-05. Juil-août slt, jeu et mar, à* ***Saint-Philibert*** *(lieu de départ connu au moment de la résa). Env 5 € ; réduc.* Pour découvrir les techniques d'élevage et les parcs ostréicoles de la presqu'île. Visite commentée d'un chantier et des parcs – en fonction des marées – ou randonnées le long des sentiers côtiers.

Curiosités

Fourbisseur de marine : *pl. de l'Église. Ouv quasiment tlj, tte l'année, qu'il pleuve ou qu'il vente.* Il retape, astique, nettoie, polit (et vend !) tous les objets se rapportant de près ou de loin à la mer. Son garage et son sous-sol regorgent de poulies, de rames, de longues-vues, de sextans, de phares de bateaux, de jouets anciens, etc. À visiter presque comme un musée. Michel Trenit, avec son look de capitaine au long cours, est, on s'en doute, une figure locale.

Balades en bateau et liaisons avec les îles

■ ***Location de bateaux électriques sans permis, Le Ruban Vert :*** *devant la capitainerie. 📱 06-76-82-23-32. • location-bateaux-electriques.com • Fonctionne slt en juil-août. Compter 45 €/h et 80 € pour 2h, pour des bateaux allant jusqu'à 8 pers.* Location d'embarcations vraiment sympas, silencieuses – puisque électriques –, pouvant accueillir jusqu'à 8 personnes. Un moyen original pour remonter la « rivière » de Crac'h en toute tranquillité.

Compagnie Navix : *sur les quais, dans la galerie de la Criée. ☎ 02-97-46-60-00. • bienvenue@navix.fr • Résa indispensable en saison.* Propose en juillet-août des croisières avec ou sans escales à Port-Navalo, ainsi qu'à l'île aux Moines et/ou l'île d'Arz, dans le golfe du Morbihan.

Compagnie du Golfe : *résas à l'office de tourisme. ☎ 02-53-46-56-56. • compagnie-du-golfe.fr •* De mi-juillet à août, assure 4 excursions/sem pour Belle-Île.

– ***Sorties en mer sur des voiliers :*** *en été. Rens à l'office de tourisme.* Nombreuses possibilités à la demande.

Manifestations

Toute l'année ont lieu de nombreuses ***régates.*** Parmi les plus importantes :
– ***Le Spi Ouest France – Intermarché :*** *w-e de Pâques.* Beaucoup de monde, bonne ambiance.
– ***L'Ar Men Race :*** *w-e de l'Ascension.* Cette course à la voile en équipage réunit les plus grands coursiers et régatiers chevronnés sur 300 miles de stratégie nautique.
– ***Le Tour de Belle-Île :*** *sur un w-e début mai.* Ouvert à tous : c'est devenu le plus gros événement français dans le monde de la voile, avec pas loin de 500 bateaux sur l'eau.
– ***Les Tréteaux Trinitains :*** *représentations en juil-août dans la salle Saint-Joseph (à côté de l'église). Infos et billetterie à l'office de tourisme. Env 7 € la place.* Une troupe amateur menée par Jean Le Rouzic, médecin de La Trinité, qui remet le couvert chaque année en (ré)interprétant de grands classiques vaudevillesques. Chapeau bas, les bénéfices sont reversés à des associations caritatives.

LOCMARIAQUER [lokmaria-kaer]

(56740) 1 650 hab. *Carte Morbihan, B3*

Arrimée à une corpulente presqu'île fermant le golfe du Morbihan par l'ouest, Locmariaquer s'ancre aux avant-postes de l'océan. Déjà, l'air se fait plus iodé, les paysages plus marins. Le goût des huîtres locales s'en ressent et, passé la pointe de Kerpenhir, s'étalent de vastes et superbes étendues de sable fin. Station balnéaire familiale très populaire (et envahie l'été), rompue à la trilogie plage-camping-résidences, Locmariaquer est aussi appréciée des amateurs de sports nautiques pour ses multiples expositions au vent. Ceux qui n'y résident pas viennent, a minima, voir les grands monuments mégalithiques dressés dans ce haut lieu de la Préhistoire – Grand Menhir et dolmen de la Table des Marchand en tête.

Adresses et infos utiles

Office de tourisme : *1, rue de la Victoire. ☎ 02-97-57-33-05. • morbihan-way.fr • Juil-août, lun-sam 9h-18h et dim 9h30-13h ; avr-juin et sept, lun-sam 9h30-12h30, 14h-17h30, plus certains dim mat ; le reste de l'année, fermé sam ap-m.* Vente d'un topoguide *(2 €)* avec plein de balades dans le secteur.

■ ***École de kayak en mer :*** *au Camping municipal de la Falaise, 06-81-28-65-76.*

■ ***École de voile :*** *au sémaphore, à la pointe de Kerpenhir. ☎ 02-97-57-46-31.*

En juil-août, le ***Ti'bus*** dessert gratuitement tous les environs de Locmariaquer, tlj sf dim. Pratique, notamment pour rejoindre la cale du Guilvin (excursions en bateau).

Excursions en mer et liaisons vers les îles du golfe du Morbihan

Balades dans le golfe : *avec la compagnie* ***Navix.*** *☎ 02-97-46-60-00. • navix.fr • Vente des billets pl. Dariorigum, embarcadère au port du Guilvin, à 15 mn à pied.* Avr-sept, visites commentées du golfe à la journée ou ½ journée, avec ou sans escale sur l'île aux Moines et/ou l'île d'Arz. Également des liaisons pour Belle-Île, avr-sept, avec changement de bateau à Port-Navalo ; des excursions à Houat de mi-juil à fin août, et sur la rivière d'Auray.

Les ***Vedettes Angélus*** *(☎ 02-97-57-30-29 ; • vedettes-angelus.com •)* proposent également des tours du golfe avec ou sans escale à l'île aux Moines, et une excursion à Houat les mar et jeu début juil-fin août.

Le Passeur des Îles : *☎ 02-97-49-42-53. • passeurdesiles.com • Avr-sept, traversées entre Locmariaquer et Port-Navalo (presqu'île de Rhuys). En juil-août, départs tlj ttes les heures, 9h30-18h30 ; slt 4 départs/j. en demi-saison. Env 8,50 € l'A/R ; réduc. Passage de vélo 5-6 €.* La même compagnie propose en saison des excursions à l'***île de Gavrinis*** *(mar et ven mat en avr-juin et sept ; tlj sf sam en juil-août)* et l'île d'Arz *(mer slt avr-juin ; lun, mar, jeu, dim en juil-août),* les 2 via Port-Navalo. Possibilité aussi d'aller au marché de Vannes en bateau les mercredis d'été (toujours via Port-Navalo).

MORBIHAN

Où dormir ? Où manger ?

Hôtel-restaurant du Menhir : *7, rue Wilson. ☎ 02-97-57-31-41. • le.menhir@wanadoo.fr • Dans le bourg. Tlj sf lun-mar oct-Pâques (hôtel et resto). Congés : mars. Double avec lavabo 40 €, w-c et douche sur le palier. Menus 12,50-25 €.* Le p'tit bar-hôtel-resto de village, simple, attachant et pas prétentieux, qui a traversé les ans sans succomber aux modes ! Les salles de bains sont communes et les toilettes pas bien grandes, mais le tout est bien propre. En bas, le bar se fait QG des supporters de Rennes, et le resto joue sur la partition des poissons locaux, achetés aux pêcheurs.

Hôtel La Voile : *pl. de l'Église. ☎ 02-97-57-31-32. • hotellavoile.com • À l'entrée du bourg. Congés : oct-mars. Doubles 49-79 €. (à la réception).* Repris en 2015, ce petit hôtel ultra-central y a gagné des chambres pimpantes au 1er étage, avec parquets stratifiés et mur violet pour mettre de bonne humeur ; toutes ont salle de bains privée et TV à écran plat. Celles du 2e, plus anciennes (sols lino), aux tonalités brun-turquoise, sont moins plaisantes.

Hôtel des Trois Fontaines : *route d'Auray. ☎ 02-97-57-42-70. • contact@hotel-troisfontaines.com • hotel-troisfontaines.com • À l'entrée du bourg. Congés : 10 nov-15 fév. Doubles 78-140 € selon saison, vue et taille. Bon petit déj 9 €. Parking. Apéritif offert sur présentation de ce guide.* Cet établissement intimiste et cossu ne manque pas de charme, avec son jardin fleuri aux avant-postes, son salon cosy et ses chambres bien confortables desservies par des couloirs évoquant ceux d'un paquebot. Certaines, au rez-de-chaussée, disposent d'une terrasse et celles de l'étage d'une vue sur le golfe. Chaleureux accueil plein de gentilles attentions.

Pomme Lotte et Cie : *pl. Évariste-Frick. 06-77-51-89-07. Horaires très variables : tlj a priori en été, ven-dim slt en moyenne saison, 12h-15h, 19h-22h30. Plats 6-15 €.* Ce croc bien dans son temps débite du *fish & chips,* des salades composées XXL, de la crevette et du colin, sans oublier une large panoplie de smoothies et jus frais pour « booster votre immunité »... Pas mal du tout, mais un peu cher quand même !

Crêperie Le Vahiné : *1, rue de l'Yser. ☎ 02-97-57-43-47. • levahine@gmail.com • Dans le bourg, face au port. Tlj Pâques-Toussaint ; le reste* *de l'année, vac scol slt, sf lun-mar. Formule déj en sem 11-14 €. Galettes 2,50-8,90 €. Apéritif offert sur présentation de ce guide.* Les deux terrasses, l'une sur l'arrière aux faux airs de jardin, l'autre qui regarde vers le port, sont autant d'arguments. La carte joue elle aussi la dualité, avec ses galettes et crêpes à base de produits locaux, et ses inattendues touches exotiques, façon accras de poisson, achards de légumes et rhums arrangés ! Tout cela tient la route, de correct à très bon.

Où dormir dans les environs ?

Camping La Ferme Fleurie : *à* **Kerlogonan.** *☎ 02-97-57-34-06. 06-85-66-33-75. • loic_marion@orange.fr • À env 1 km par la route de Kerinis ; autre accès : tourner au carrefour de Kerouarc'h avt l'entrée dans le bourg ; c'est tt près du Grand Menhir. Ouv d'avr à mi-oct. Forfait tente en hte saison 13 €. Loc de mobile homes 260-460 €/sem. 30 empl.* Petit camping presque confidentiel (ce qui n'est pas très courant dans la région !), soigné, où vous devrez impérativement réserver en été. Une trentaine d'emplacements séparés par des fleurs et arbres variés. Les tentes sont généralement installées sans façon dans le champ attenant. Bloc sanitaire miniformat mais bien tenu. Et, cerise sur le gâteau, on peut se ravitailler en œufs frais et légumes du jardin !

Camping Lann Brick : *18, lieu-dit* **Lann-Brick.** *☎ 02-97-57-32-79. 06-42-22-29-69. • camping.lannbrick@wanadoo.fr • camping-lannbrick.com • À 2,7 km sur la route de Kerinis. Ouv mars-oct (fermé dim hors saison). Forfait tente 16,50-22,50 € selon saison. Loc mobile homes, tithomes, bungalows toilés et caravanes 225-770 €/sem. Env 100 empl. Réduc de 5 % sur la loc hors saison sur présentation de ce guide.* Très sympa et bien équipé, un camping aux emplacements répartis sur 1,4 ha. Des allées et des haies... et des sanitaires bien tenus. Location de vélos. Pensez à réserver pour juillet-août. Anglais parlé. Piscine.

Où boire un verre ? Où écouter de la musique ?

La Barker : *2, rue Wilson. ☎ 02-97-57-43-53. Dans le bourg. Congés : nov-fév. Tlj 16h (10h dim pour le brunch)-2h en saison.* Il faudrait 10 lignes pour vous énumérer tous les objets qui occupent murs et plafond de ce bistrot au comptoir vintage, prolongé sur l'arrière d'une terrasse-patio. L'endroit est loin d'être immense, mais les accueillants jeunes patrons arrivent quand même à y caser des groupes chaque vendredi – voire 2-3 fois par semaine en juillet-août. Tendance blues, rock, folk, groove, soul... rien d'agressif quoi !

À voir. À faire

L'église Notre-Dame-de-Kerdro : le transept et l'abside sont romans, et le bénitier du XVe s. Le reste a été remanié entre le XVIIe et le XIXe s, notamment par l'adjonction d'un d'escalier en colimaçon qui grimpe hardiment en quatre volutes à droite du chœur. De la place voisine qui donne sur le port, on aperçoit – à marée basse – les parcs à huîtres à 600 m du rivage.

Le Grand Menhir brisé et le cairn de la Table des Marchand : *route de Kerlogonan ; à 700 m au nord du centre. ☎ 02-97-57-37-59. • monuments-nationaux.fr • Suivre les panneaux « Site des mégalithes ». Tlj : mai-juin, 10h-18h ; juil-août, 10h-19h ; sept-avr, 10h-12h30, 14h-17h15. Entrée : 5,50 € ; réduc ; gratuit moins de 26 ans. Visite guidée possible. Le billet donne droit au pass des*

MORBIHAN

Mégalithes, *qui offre des réduc dans les autres sites du circuit mégalithique (cairn du Petit-Mont à Arzon, cairn de Gavrinis, alignements et musée de Carnac).*
Le site, célèbre, regroupe pas moins de trois monuments distincts, à découvrir de préférence après avoir visionné la vidéo d'introduction (toutes les 15 mn). On tombe d'abord sur le ***tumulus d'Er Grah,*** du Ve millénaire av. J.-C., partiellement restauré après avoir servi de... parking dans les années 1970 ! Sa sépulture interne apparaît aujourd'hui exposée au centre d'un long lit de pierres de 140 m, qui constituait la base du tumulus. Sa taille laisse supposer un occupant de très haut rang. Juste à sa droite, sommeillent les quatre morceaux du fameux ***Grand Menhir brisé,*** monolithe mesurant à l'origine 20,60 m de long pour 280 tonnes estimées – la plus grande stèle de l'époque connue en Europe. Érigé il y a 6 500 ans environ, il semble avoir été abattu par un séisme ou par les hommes du Néolithique, vers 4300 av. J.-C. (mais pourquoi diable ? C'était bien joli). Des vestiges de fosses permettent de supposer qu'il faisait partie d'un ensemble de 18 pierres levées. Juste derrière, enfin, se détache le non moins célèbre dolmen de la ***Table des Marchand*** (sans « s »), une tombe à couloir collective édifiée vers 3900 av. J.-C. Le cairn qui l'enveloppe a été entièrement rebâti. La chambre, inhabituellement haute (2,50 m), est axée autour d'une dalle plus ancienne représentant une idole chevelue. Le plafond, gravé lui aussi (hache emmanchée, crosse et bovidé), est constitué par un fragment réutilisé de l'un des 18 grands menhirs. Une autre de ses sections recouvrirait le caveau du tumulus d'Er Grah et une troisième a été recyclée en tant que plafond du cairn de Gavrinis, à 4 km !

Le dolmen du Mané-Lud : *accès depuis un parking à env 200 m au nord de la Table des Marchand. GRATUIT.* Moins bien conservé, ce dolmen niché derrière une maison est constitué d'une allée couverte en partie exposée, menant à une chambre funéraire. Certaines dalles sont gravées.

Le dolmen des Pierres Plates : *près de la grande plage de Kerpenhir. GRATUIT.* Datant de 3000 à 2500 av. J.-C., cette allée couverte longue de 24 m est courbée ! On peut y pénétrer avec une lampe pour essayer de voir ses quelques gravures, mais les lieux sont malheureusement bien sales.

Fête

– ***Fête de l'Huître :*** *3e dim d'août.* Dégustations, expositions sur l'ostréiculture, concours d'écaillers, chants marins et danses traditionnelles...

AURAY [an alre]

(56400) 13 300 hab. *Carte Morbihan, B3*

• Plan *p. 309*

Grandie au fond de la longue ria méandreuse aux rives boisées de la rivière d'Auray, la ville doit beaucoup de son charme au vieux quartier de Saint-Goustan – dont les quais, presque inchangés, ont vu, un jour de décembre 1776, débarquer un certain Benjamin Franklin, envoyé par les tout jeunes États-Unis d'Amérique pour rencontrer Louis XVI. Là, face à quelques vieux gréements, les maisons à colombages et les ruelles pavées susurrent leurs vieux souvenirs dans l'ombre d'un pont remontant au XIIIe s. De là, la rue du Château, tout en pente, bordée d'échoppes de nombreux artistes et artisans, se hisse jusqu'à la ville haute, où s'anime un agréable marché et s'endorment

de vieilles églises. Auray fut aussi, sous la houlette de Georges Cadoudal, né au hameau voisin de Kerléano, l'un des berceaux de la Chouannerie bretonne.

Adresses et infos utiles

Office de tourisme *(plan A1-2) : 20, rue du Lait. ☎ 02-97-24-09-75. • infos@auray-tourisme.com • auray-tourisme.com • En été, lun-sam 9h30-19h (9h30-12h30 j. fériés) ; le reste de l'année, en général 9h30-12h30, 14h-17h (ou 17h30).* Installé dans la belle chapelle de la Congrégation, l'office organise en juillet-août des visites guidées thématiques *(4 €, réduc ; durée env 1h30).* On peut y demander la brochure *Flâner à Auray*, qui propose un itinéraire de découverte, ainsi qu'un livret *Énigmes* (gratuit) pour les enfants.

Tire-Bouchon *(**TER** ; hors plan par A1) : à la gare SNCF, pl. Raoul-Dautry. ☎ 0892-35-35-35 (0,34 €/mn).* En été, plusieurs liaisons quotidiennes avec Quiberon grâce à ce TER bien pratique pour éviter les embouteillages infernaux.

Taxis : ***Taxis-Pays d'Auray*** *(☎ 02-97-50-83-07),* ***Alta Taxi*** *(06-62-18-56-78),* ***Guernevé*** *(☎ 02-97-57-56-56).*

– ***Marchés :*** *Lun 9h-12h30,* ***marché traditionnel*** *au centre-ville.* ***Marché bio,*** *pl. Notre-Dame, jeu 17h-20h et* ***producteurs locaux*** *ven mat. Certains dim, fin mai-fin août,* ***marchés de l'artisanat*** *à Saint-Goustan.* ***Marché de Noël*** *en déc, dans l'enceinte de la chapelle du Saint-Esprit (pl. du Four-Mollet).*

Où dormir ?

De bon marché à prix moyens

Hôtel Terminus *(hors plan par A1, **8**) : 3, rue Pierre-et-Marie-Curie. ☎ 02-97-24-00-09. • terminus@orange.fr • hotel-terminus-auray.fr • Accessible 24h/24 grâce à une borne automatique à l'extérieur. Doubles 48-64 € selon confort et saison ; familiales 5 pers 78-105 €.* Installé dans un petit immeuble un peu Art déco (les parties communes ont un certain charme), face à la gare (pas de panique, le trafic ferroviaire n'est pas du genre effréné !). Tenu par une propriétaire souriante et très arrangeante, qui s'est efforcée de rénover au mieux ses chambres : sans prétention, certaines se partagent sur le palier douches et w-c (impeccables), d'autres sont tout équipées, et, vu sa taille, la super familiale sous les combles fera le bonheur des grandes familles.

Hôtel Le Marin *(plan B2, **5**) : 1, pl. du Rolland. ☎ 02-97-24-14-58. • contact@hotel-lemarin.com • hotel-lemarin.com • Congés : janv et 1 sem en nov. Doubles 72-80 € selon saison ; 1 triple 87-95 € ; 1 familiale avec terrasse 97-115 €.* Niché au calme dans le quartier de Saint-Goustan, ce petit établissement abrite 12 chambres aux noms d'îles bretonnes. Pas bien grandes, mais mignonnes et confortables, elles ont d'agréables salles de bains et, pour certaines, une vue sur la rivière. Au rez-de-chaussée, un petit bar-salon est réservé aux hôtes. Terrasse fleurie accueillante.

Hôtel Le Cadoudal *(plan A2, **3**) : 9, pl. Notre-Dame. ☎ 02-97-24-14-65. • lecadoudal.com • Doubles 52-69 €.* Rénové de fond en comble début 2015, ce petit hôtel ultra-central dispose lui aussi de 12 chambres. D'un bon rapport qualité-prix, avec couettes et TV à écran plat, elles déclinent des tons gris et blancs très actuels – seul l'ancien lino n'a pas été changé. La moins chère, sous les combles, est vraiment riquiqui. Un grand parking fait face à l'hôtel, et le rez-de-chaussée abrite un bar-resto avec terrasse.

Celtic Hôtel *(plan A1, **1**) : 38, rue Georges-Clemenceau. ☎ 02-97-24-05-37. • info@celtic-hotel.fr • celtic-hotel.fr • Tte l'année. Doubles 59-83 € selon saison. Parking sur résa. Apéritif offert sur*

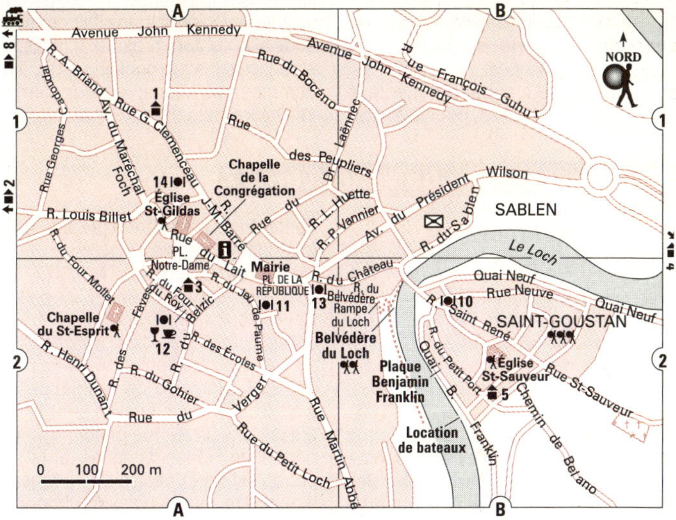

AURAY

Adresse utile	8 Hôtel Terminus
Office de tourisme	**Où manger ? Où boire un verre ?**
Où dormir ?	10 Baracrêpes
1 Celtic Hôtel	11 Terre-Mer
2 Evocelles Chambres et Spa	12 L'Épicerie
3 Hôtel Le Cadoudal	13 La Fromentine
4 Hôtel Le Branhoc	14 Kabuki
5 Hôtel Le Marin	

présentation de ce guide. Une autre bonne surprise ! Cet hôtel en cœur de ville abrite 18 chambres contemporaines portant toutes le nom d'une île du golfe. Personnalisées et de bon goût, elles déclinent diverses couleurs et déco. Pas grandes quoique de tailles variables, elles sont bien agréables et confortables, même si l'isolation phonique est un peu juste. Bar-brasserie charmant au rez-de-chaussée et accueil vraiment sympathique.

Hôtel Le Branhoc (hors plan par B1, **4**) : *5, route du Bono. ☎ 02-97-56-41-55. • contact@hotel-lebranhoc.com • hotel-lebranhoc.com • Doubles env 49-85 € selon confort et saison ; familiales 89-135 €. Parking. Remise de 10 % sur la chambre (sf juil-août), sur présentation de ce guide.* Une trentaine de chambres bien propres, toutes bien équipées (salles de bains impeccables), installées dans un bâtiment moderne. Certaines, à l'arrière, s'ouvrent sur un joli petit parc. Le cadre manque un peu de cachet, mais pour le prix, l'accueil très gentil des propriétaires et le bon niveau de confort, le bon rapport qualité-prix est indéniable...

Chic

Evocelles Chambres et Spa (hors plan par A1, **2**) : *26, rue du Pont-Neuf. 06-20-52-25-94. • evocelles@*

hotmail.fr • evocelles.com • Compter 85-110 € pour 2 selon saison et orientation (piscine ou jardin). Parking clos. Les Evocelles est une adresse de charme qui mérite le détour. Ses 5 chambres, pour la plupart spacieuses (pas toutes !), sont personnalisées avec goût, dans l'air du temps et de bon confort. S'ajoutent la piscine et le jacuzzi, sans oublier le spa, avec hammam et sauna, en supplément (malheureusement bien cher !).

Où manger ? Où boire un verre ?

De très bon marché à bon marché

Baracrêpes (plan B2, **10**) : *3, rue Saint-René. ☎ 02-97-50-82-09. Tlj en saison à partir de 12h et 19h ; fermé mer-jeu en basse saison. Formule 12,50 € le midi ; galettes 2,40-12 €.* Difficile de faire plus pittoresque : la crêperie occupe une vieille maison de Saint-Goustan, à un jet de pierre des vieux gréements, que l'on observe du coin de l'œil depuis la petite terrasse. Au menu : de bonnes galettes et crêpes, mais aussi andouillette, saucisse bretonne et autres petits plats pour varier. Franchement, pour un lieu aussi touristique, c'est pas mal du tout !

L'Épicerie (plan A2, **12**) : *15, pl. aux Roues. ☎ 02-97-31-12-62. Lun-sam 8h-21h, brunch le dim. Formules 10,50-19,50 €.* On jurerait une placette provençale ou montmartroise avec ses arbres, ses chaises métalliques flashy et sa déco vintage nostalgique. La maison mange à tous les râteliers : petit déj, en-cas et grignotages, déjeuner, goûter ou apéro, à chaque heure sa (bonne) raison de faire escale ! Les produits sont frais, locaux, de saison, la cuisine travaillée juste ce qu'il faut pour rester lisible et le goût est au rendez-vous. Bref, il ne reste plus qu'à espérer un rayon de soleil...

La Fromentine (plan A2, **13**) : *10, rue du Château. ☎ 02-97-29-18-29. Le midi, tlj sf dim ; le soir, mar-dim (jeu-dim en basse saison). Formule et menus 14-17 € le midi en sem, 16-19 € le soir.* Sous son look de vieux bistrot resté dans son jus, la maison mitonne une bonne cuisine de marché pas avare de bonnes idées et plus que sagement facturée. L'accueil est gentil. Et la petite terrasse sur la rue (piétonne) agréable.

Kabuki (plan A1, **14**) : *32, rue Jean-Marie-Barré. ☎ 02-97-59-39-92. • kabukisushi56@orange.fr • Tlj sf lun et le midi sam-dim. Formules déj 13,50-18,50 €, menus 16-60 €. Carte env 35 €.* Un resto de sushis, certes, mais à des années-lumière des chaînes qui ont pignon sur rue piétonne un peu partout en France. Le jeune (et tatoué) patron est fils et petit-fils de pêcheurs, autant dire que le poisson, il connaît, et il s'approvisionne au quotidien chez les meilleurs, ce qui explique de régulières ruptures de stock. Toute petite salle où on ne perd pas une miette de son travail de préparation des sushis et autres makis. Service discret, tendance austère.

De prix moyens à chic

Terre-Mer (plan A2, **11**) : *16, rue du Jeu-de-Paume. ☎ 02-97-56-63-60. • ajehanno@mac.com • Tlj sf lun, sam midi et dim soir. Congés : 1 sem début juin, 2 sem fin sept-début oct et vac de Noël. Formule et menu 23-25 € le midi en sem, menus 37-57 €.* Cuisinier baroudeur, formé entre Cannes, Paris et Londres, Anthony Jéhanno s'est lancé un défi : sublimer les bons produits de sa terre natale, sans négliger les apports de toutes ses expériences passées. Résultat : l'ail des ours parfume les asperges et l'araignée, les salicornes accompagnent la langouste, et le wasabi voyage jusqu'au dessert ! Le cadre, mêlant l'ancien et le moderne, est séduisant, l'accueil discret et sympathique, et, surtout, le rapport qualité-prix est irréprochable. La carte est courte, mais c'est la garantie d'une belle fraîcheur des produits.

Où dormir ? Où manger dans les environs ?

De bon marché à prix moyens

🍴 ***Crêperie de Keroyal :*** *3, impasse de Keroyal, 56400* ***Plougoumelen.*** *☎ 02-97-24-03-81. • creperie keroyal@wanadoo.fr • À 6 km à l'est d'Auray, sortie « Plougoumelen » sur la N 165 ; bien indiqué. Tlj sf mar midi, plus lun hors saison. Congés : 2 sem en mars et de mi-nov à mi-déc. Résa conseillée. Repas 15 € env. Café offert sur présentation de ce guide.* Bonne crêperie, aménagée avec goût dans une maison de caractère avec vue sur la rivière du Bono. Large éventail de galettes (farine bio) fourrées au poisson, aux coquilles Saint-Jacques... Gril également. Une adresse très fréquentée par les familles car on peut facilement surveiller ses bambins à travers les baies vitrées (il y a même une aire de jeux dans le jardin). Accueil très sympa.

🏠 ***Chambres d'hôtes chez Joëlle Scrizzi :*** *5, route de Bretagne, à Lohenven, 56400* ***Plougoumelen.*** *☎ 02-97-57-82-94. 📱 06-64-61-30-31. • scrizzi@wanadoo.fr • perso.wanadoo.fr/almanto.scrizzi • À 10 km à l'est d'Auray. Par la N 165 direction Vannes, sortir à Plougoumelen ; devant la mairie, prendre Ploeren ; après 3 km, on arrive à Loheven, la maison est sur la gauche. Résa conseillée. Compter 60 € pour 2. Thé, café ou jus de fruit offert sur présentation de ce guide.* En pleine campagne, au calme, cette ancienne maison bretonne, tenue de main de maître par la sympathique Joëlle, a été rénovée avec beaucoup de style et de goût. Chambres de bonne taille, donnant sur un parc verdoyant (7 000 m²), et dotées d'un certain charme avec leurs poutres apparentes et leurs armoires bretonnes. Sanitaires modernes, salon avec une cheminée, cuisine à disposition et terrasse bien agréable dans le jardin.

🍴 ***Crêperie Aux Galettes d'Antan :*** *6, rue Georges-Cadoudal, 56400* ***Pluneret.*** *☎ 02-97-29-17-60. • auxgalettesdantan@yahoo.fr • ♿ À quelques km à l'est d'Auray (5 km au sud de Sainte-Anne). Ouv slt le soir : tlj en saison. Congés : nov-mars. Repas env 16 €. Digestif offert sur présentation de ce guide.* La déco réjouissante de cette crêperie tourne autour de l'univers Belle Époque : ambiance atypique avec de nombreuses photos anciennes, des costumes « french cancan », des objets de spectacle... sans oublier l'accueil très sympa assuré par une famille de danseurs de grand-mère en petit-fils. Mamie était danseuse internationale ! Et les crêpes et galettes ? Bonnes, et ici, on les appelle « Mata Hari », « Goulue » ou « Folies Bergères » !

MORBIHAN

À voir

★★★ ***Saint-Goustan*** *(plan B2)* **:** niché à l'extrême fond du golfe du Morbihan, ce charmant petit port fut aux XVIᵉ et XVIIᵉ s le troisième de Bretagne par le trafic ! Face à la berge boisée et aux quais de granit, foulés par Benjamin Franklin (une plaque le rappelle), se dandinent voiliers et vieux gréements invitant à embarquer (voir • *indomptable.eu* • et • *unityoflynn.fr* •). Il ne faut pas manquer de se balader dans les délicieuses vieilles ruelles, où se dressent de nostalgiques maisons à pans de bois et encorbellements pétries par le temps, dont les gouttières vous dégoulinent volontiers sur la tête. Qui n'aurait envie d'habiter derrière les hauts murs de l'étroite venelle du Port-Varouille, laissant juste deviner de foisonnants jardins ? Les pavés disjoints, les glycines et les hortensias rythment la courte ascension jusqu'à l'***église Saint-Sauveur,*** au portail du XVᵉ s (le reste est néogothique). Elle est placée sous la protection de saint Goustan, patron des pêcheurs et marins, représenté un poisson en main (la providence l'en nourrit lors d'un naufrage, affirme la tradition). En vis-à-vis, la chapelle Notre-Dame-de-Lourdes, pataude, date de 1878.

La ville haute : un magnifique pont à quatre arches du XIIIe s traverse la rivière pour gagner la ville haute, soit par la rue du Château (piétonne), soit par les « ***rampes du Loc'h*** » *(plan B2),* plus raides encore, qui zigzaguent jusqu'à un belvédère permettant d'admirer mieux encore le petit port. Du vieux château qui se tenait là en vigie, détruit en 1560 sur l'ordre d'Henri II, seuls demeurent trois contreforts enchâssés d'une tour ronde.

Là-haut, on rejoint la place de la République, site du marché couvert (et de la Halle aux poissons), puis la place Notre-Dame, veillée par le fanal altier de l'***église Saint-Gildas*** *(plan A1).* Rebâtie en 1663, elle abrite un étonnant gisant du Christ sculpté dans le tuffeau (début XVIe s), superbement restauré. La Vierge, saint Jean et Marie-Madeleine l'encadraient jadis, dans une représentation grandeur nature de la mise au tombeau. On remarque aussi la voûte Renaissance en cul-de-four et le maître-autel du XVIIe s. À 100 m de là par la rue des Fèves, la ***chapelle du Saint-Esprit,*** aux gigantesques ogives du XIIIe s, accueille des expos temporaires en été et à Noël.

MORBIHAN

À faire

Tours du golfe et découverte de la rivière d'Auray : *avec la compagnie **Navix.** ☎ 02-97-46-60-00 ou 06-20-00-58-87. • navix.fr • Mi-juil-août.* Départ du port de Saint-Goustan ou du charmant petit port du Bono, et descente de la rivière jusqu'à l'embouchure, avant de visiter le golfe du Morbihan (selon marées).

LE PHARMACIEN FAIT PARLER LA POUDRE

Mélange d'épices exotiques, très apprécié pour parfumer les crustacés (et surtout le homard), le kari gosse est, à Auray où il est aujourd'hui fabriqué, vendu en... pharmacie (sans ordonnance !). Normal : il a été « inventé » au XIXe s par un pharmacien de Lorient d'après une recette soufflée par un naufragé tamoul...

Manifestations

- ***La Semaine du golfe :*** *les années impaires, pdt la 1re sem de mai. • semainedugolfe.asso.fr •* Auray est ville « escale » des vieux gréements et s'anime pour l'occasion de chants, fest-noz, parades... Ambiance bon enfant de marin !
- ***Les Jeudis du Port :*** *fin juil-fin août. GRATUIT.* Chaque jeudi, animations sur le port.
- ***Détour d'art :*** *de début juil à mi-sept.* Durant cette période, les plus belles chapelles parsemant la campagne sont ouvertes aux visiteurs et certaines accueillent des concerts *(8 €).* Il y a même des jeux de piste et des ateliers artistiques.

SAINTE-ANNE-D'AURAY [sanz-anna-wened]

(56400) 2 050 hab. *Carte Morbihan, B3*

Dans ce bourg sur les chemins de Saint-Jacques-de-Compostelle se tient chaque année le plus important des rendez-vous religieux de Bretagne, les 25 et 26 juillet (jour de la Sainte-Anne). On y compte des dizaines de milliers de pèlerins et des centaines de milliers de visiteurs (venus parfois de très loin) par an. Le pape Jean-Paul II y passa en 1996. C'est un peu le Lourdes breton avec, dans le rôle de Bernadette Soubirous, un certain Yvon Nicolazic

(1591-1645) à qui la sainte apparut en 1623. La mère de la Vierge lui demanda d'élever une chapelle en son honneur. Alors, ce brave paysan déterra, au lieu indiqué, une statue de cette sainte, aujourd'hui patronne des Bretons.
Selon la légende, Anne serait née en Bretagne. Veuve, elle se rendit en Palestine, où elle eut pour enfant... Marie, la mère de Jésus. On pense, en fait, qu'il y a là une association de deux cultes : celui de sainte Anne, venue d'Orient au moment des croisades, et celui d'Ana, mère des dieux celtes.

Adresses utiles

***Office de tourisme :** 9, rue de Vannes. ☎ 02-97-24-34-94. • auray-tourisme.com • En plein centre, à côté de la basilique. Juil-août, lun-sam 9h30-12h30, 13h30-17h30 ; le reste de l'année, horaires restreints.* Billetterie pour les compagnies maritimes.

***Accueil du Sanctuaire :** sur l'esplanade, près de la basilique. ☎ 02-97-57-68-80. • sainteanne-sanctuaire.com •* Renseignements complets sur place (messe, musées, pèlerinage, etc.). Visite organisée du site (gratuite) sur demande. Environ 45 mn.

MORBIHAN

Où dormir ?
Où manger à Sainte-Anne et dans les environs ?

Camping

***Camping municipal du Motten :** allée des Pins. ☎ 02-97-57-60-27. • campingmotten@orange.fr • campingdumotten.wix.com • À 2 km du centre de Sainte-Anne-d'Auray (indiqué) et à 7 km d'Auray. Ouv de mi-juin à mi-sept. Forfait tente en hte saison 10,30 €. CB refusées. 118 empl.* Un joli camping aux tarifs économiques, propre, bien ombragé et suffisamment herbeux. Équipements classiques.

De bon marché à prix moyens

***Hôtel-restaurant Le Moderne :** 8, route de Vannes. ☎ 02-97-57-66-55. • hotellemoderne@aol.com • hotellemoderne.com • Face à la basilique. Congés : du 20 déc à mi-janv. Doubles 52-70 €, familiales 84-102 €. Parking.* L'étape classique. Préférer les chambres du bâtiment principal donnant sur la basilique, bien agréables ; celles de l'arrière, dans un bâtiment fonctionnel vieillot donnant sur le parking, ne sont pas folichonnes. Resto sur place.

***La Croix Blanche :** 25, route de Vannes. ☎ 02-97-57-64-44. • info@hotel-lacroixblanche.com • Tlj sf dim soir-lun (midi slt en saison) et mar midi. Congés : nov. Doubles 53-72 €. Formule sf dim et j. fériés 16 € ; menus 19 € (sf dim et j. fériés)-39,80 €. Café offert et 5 % de remise sur la chambre, sur présentation de ce guide.* Le rendez-vous des pèlerins élabore des assiettes copieuses et gourmandes, privilégiant les spécialités à base de produits régionaux, de la terre ou de la mer. Terrasse sous des treilles. Côté hôtel, c'est simple, propre et d'un honnête rapport qualité-prix.

***L'Auberg'ine :** 20, pl. Yves-Nicolazic. ☎ 02-97-31-37-19. • contact@laubergine.fr • Tlj sf mar soir-mer et dim soir. Menus 19-22 €. Carte env 20 €. Café offert sur présentation de ce guide.* Un bar à vins aux couleurs d'aujourd'hui, ouvert par la fille aînée du chef de *L'Auberge*, la bonne table du bourg (voir ci-après). Bons petits plats au gré du marché.

De prix moyens à chic

***L'Auberge :** 56, rue de Vannes. ☎ 02-97-57-61-55. • contact@auberge-sainte-anne.com • auberge-sainte-anne.com • Resto tlj sf lun et midi mar-mer. Congés : janv et nov. Doubles 65-95 € selon confort et saison. Menus 29-75 €. Café offert sur* *présentation de ce guide.* Chambres et suites joliment rénovées dans le style Art déco, toutes avec salle de bains en marbre, douche hydromassante, clim ; certaines avec terrasse. Au resto, l'une des tables réputées de la région, Jean-Luc Larvoir travaille de bons produits de la terre comme de la mer, pour des réalisations élégantes et personnalisées. Et un service particulièrement stylé. Le pape Jean-Paul II a eu le plaisir de goûter sa cuisine en 1996, alors vous pensez bien que cet endroit est béni ! Accueil familial très sympathique.

À voir

MORBIHAN

La basilique et le sanctuaire : *Tlj 8h-19h (plus tard l'été).* L'édifice actuel a été construit à la fin du XIXe s pour remplacer la chapelle du XVIIe s, édifiée par Nicolazic. À l'intérieur, un fragment de la statue découverte par Yvon Nicolazic au XVIIe s et partiellement brûlée sous la Révolution est enchâssé dans le socle de la statue moderne. À voir aussi, une statue d'Yvon Nicolazic en bois du Sénégal. On ne manquera pas de vous rappeler que le 20 septembre 1996, un certain Jean-Paul II « passa » par là, ovationné par une foule de plus de 150 000 fidèles !

Le cloître et ses ex-voto : *à l'arrière de la basilique.* Du XVIIe s, simple et harmonieux, il présente une double galerie (la plus haute était réservée aux pères carmes). Ce cloître a été débarrassé d'une partie des ex-voto, pour mieux apprécier les voûtes. Il débouche sur la chapelle de l'Immaculée.

Le Trésor : *entrée par le cloître.* Plusieurs objets (tableaux, bijoux, maquettes, etc.) et ex-voto offerts par les visiteurs, ainsi qu'une collection de statues des XIVe au XXe s. Voir notamment les maillots des cyclistes bretons Jean Robic (vainqueur du Tour de France en 1947) et Bernard Hinault.

Tout autour de la basilique, on trouve plusieurs petits édifices et monuments : la **_Scala Sancta,_** du XVIIe s, avec son escalier que l'on montait et redescendait à genoux, fut démontée pierre par pierre en 1870, lors de la construction de la basilique actuelle. Les **_allées_** mènent à la **_statue_** monumentale de sainte Anne (de 12,5 t !) qui apprend à Marie à lire la Bible. Jusqu'en 1972, elle dominait la basilique en son sommet. La **_fontaine,_** source très ancienne, marque le lieu où Yvon Nicolazic aurait eu sa première apparition de sainte Anne, en 1623.

Le mémorial des victimes de guerre : *à gauche de la basilique quand on lui fait face.* Datant de 1923, il est entouré d'un mur portant 8 000 noms de soldats bretons victimes de la Grande Guerre.

L'Historial : *6, rue de Vannes. ☎ 02-97-57-64-05. • musee-de-cire.com • En principe, tte l'année, 8h-19h (mais mieux vaut appeler avt). Visite guidée slt (env 30 mn). Entrée : 4 € ; réduc ; gratuit moins de 6 ans.* On vient ici autant pour les 13 scènes grandeur nature retraçant la vie d'Yvon Nicolazic (les personnages de cire ont presque tous été créés par Grévin) que pour la visite commentée. Le lieu est surprenant, à la fois un peu désuet et touchant ; il explique la rencontre de ce brave paysan breton, en 1623, avec la sainte. On termine par le passage du pape à Sainte-Anne-d'Auray en 1996 !

DANS LES ENVIRONS DE SAINTE-ANNE-D'AURAY

Pluneret : *à 5 km au sud de Sainte-Anne.* C'est au cimetière de Pluneret que se trouve la **_tombe de la comtesse de Ségur_** (1799-1874), l'auteur, entre autres, des *Malheurs de Sophie.* Voir également la belle **_chapelle Sainte-Avoye,_** du XVIe s, qui autrefois servait de repère pour la navigation. Elle abrite le seul jubé Renaissance du Morbihan, en bois polychrome et sculpté sur les deux faces.

*Treuroux Loc'h Pagaies : au moulin de Treuroux, à **Brec'h.** ☎ 02-97-57-71-63. • moulin-de-treuroux.pagesperso-orange.fr • À 5,7 km au nord-ouest de Sainte-Anne-d'Auray par la D 19. Pâques-juin, w-e et j. fériés 10h30-19h ; juil-sept, tlj. Env 6 €/h et par pers.* Dans le cadre unique de ce vieux moulin (privé), un « parcours » en canoë ou en kayak de seulement 1,5 km sur le Loc'h. Mais le cadre bucolique vaut la peine, au détour de la rivière qui serpente entre les prairies. Bar ouvert aux mêmes horaires.

ÉTONNANTE COMTESSE

Enterrée au cimetière de Pluneret, la comtesse de Ségur était d'origine russe. Son père, le général Rostopchine, incendia Moscou pour empêcher Napoléon de l'occuper. Avec ses livres pour enfants, la comtesse de Ségur participera au succès des éditions Hachette. Son chef de publicité, au début, s'appelait Émile Zola.

***L'écomusée de Saint-Degan-en-Brec'h :** rue Park Ségal. ☎ 02-97-57-66-00. • ecomusee-st-degan.fr • À env 6 km à l'ouest de Sainte-Anne-d'Auray par la D 19. Juil-août, lun-ven 10h-19h, w-e 14h-19h ; sept-nov, lun-ven 14h-17h. Entrée : 6 € ; réduc. Brochure pour la visite.* Bel aménagement d'une chaumière bretonne du XVIIe s et d'une longère typique du XIXe s, où l'on expose les meubles traditionnels et les objets du quotidien des paysans du pays d'Auray (lits clos, coffres, armoires, quelques coiffes et costumes). Dans les dépendances, des outils anciens, ainsi que des expos temporaires de peinture. Animations ponctuelles, comme la fête du pain qui permet de réactiver le vieux four. Vaut le coup si vous passez dans le coin.

VANNES ET LE GOLFE DU MORBIHAN

VANNES [GWENED]

(56000) 55 560 hab. *Carte Morbihan, C3*

• Plan *p. 317*

Vannes, ville d'Art et d'Histoire, n'est plus la belle endormie d'il y a 30 ans. En parachevant l'aménagement de son port, doté de longues promenades, elle a opportunément ravivé son lien charnel au golfe, dont elle s'affirme chaque jour davantage comme l'incontournable capitale. Voguant vers de nouveaux horizons, elle est entrée avec lui dans le club très sélect des « Plus belles baies du monde »...

Pôle économique et étudiant, gravitant notamment autour des célèbres chantiers navals Multiplast, où sont inventés les multicoques et monocoques de demain, Vannes est aussi une cité au riche patrimoine. Son centre historique, corseté encore de murailles, est resté intact : l'unique bombe tombée

pendant la Seconde Guerre mondiale a eu la délicatesse de ne pas exploser. Résultat : le quartier, à la belle unité architecturale, livre aux piétons un lacis de rues et ruelles largement préservées, sur lesquelles se penchent avec bonhomie des brochettes de vénérables demeures à pans de bois issues des confins du Moyen Âge.

LA BELLE ET LA BAIE

Le cœur de Vannes n'est pas situé directement au bord de l'océan, mais dans les retranchements du golfe du Morbihan : le long chenal dessiné par l'estuaire de la Marle, aux airs de canal, le relie à la « petite mer » comme un étroit et vital cordon ombilical. Mais si l'Atlantique est à 15 km à vol d'oiseau, la marée va et vient ainsi jusqu'au pied de la porte Saint-Vincent, irriguant le cœur historique et l'appelant naturellement vers le large. La mer est d'ailleurs partout, à la carte des restaurants, dans les boutiques de déco et de souvenirs, dans le cliquetis des haubans maltraités par les vents d'hiver et jusqu'à l'apothéose de la *Semaine du Golfe* qui, tous les deux ans, voit danser sur l'eau les plus beaux des vieux gréements...

En ville même – voitures repoussées extra-muros ou sous terre –, promenades, jardins, pistes cyclables et cœur piéton délimitent une cité où l'on marche volontiers. Ni vraiment bourgeoise, ni prétentieuse, ni trop paisible, Vannes a su rester familiale, décontractée, et offrir une qualité de vie qui fleure bon la douceur bretonne.

VANNES DANS L'HISTOIRE

Vainqueur des Vénètes (Gaulois) en 56 av. J.-C. au terme d'une grande bataille navale, César fait entrer la Bretagne Sud dans le giron romain. La cité de *Darioritum* émerge tout au nord du golfe du Morbihan, là où les voyageurs franchissent

Adresses utiles

- Office de tourisme
- 1 Service Animation du patrimoine
- 40 À l'Aise Breizh Café

Où dormir ?

- 8 Chambres d'hôtes La Villa Garenne
- 9 Flower Camping Le Conleau
- 10 Hôtel Le Bretagne
- 11 Hôtel Anne de Bretagne
- 12 Chambres d'hôtes La Maison de la Garenne
- 13 Hôtel Manche Océan
- 15 Escale Oceania
- 16 Hôtel La Marébaudière
- 18 Manoir de Beaupré
- 19 Hôtel et Spa Villa Kerasy
- 20 Le Roof

Où manger ?

- 21 Lecocq & Folks
- 22 K 19
- 23 La Tête en l'Air
- 24 Le Roscanvec
- 25 Breizh Korn
- 26 Le Vent d'Est
- 27 Le Café de la Poissonnerie
- 28 La Source
- 29 Terroirs
- 30 Crêperie Balade en Crêpanie
- 31 Le P'tit Belon
- 32 L'Eden
- 33 La P'tite Souris
- 35 La Gourmandière
- 42 Afghan' Cafe
- 43 Au Pont Vert

Où faire une pause gourmande ? Où boire un thé ?

- 34 Chocolatier-glacier Chartier
- 36 Delice Café
- 44 L'Atelier

Où boire un verre ? Où écouter de la musique ?

- 37 Les Valseuses
- 39 John R. O'Flaherty
- 40 À l'Aise Breizh Café
- 41 Le Trussac Café, Le Piano Barge et Le Corlazo
- 45 Paddy O'Dowds, Tarmac et Vieux Safran

Où acheter de bons produits régionaux ?

- 51 Boulangerie-pâtisserie Le Brun

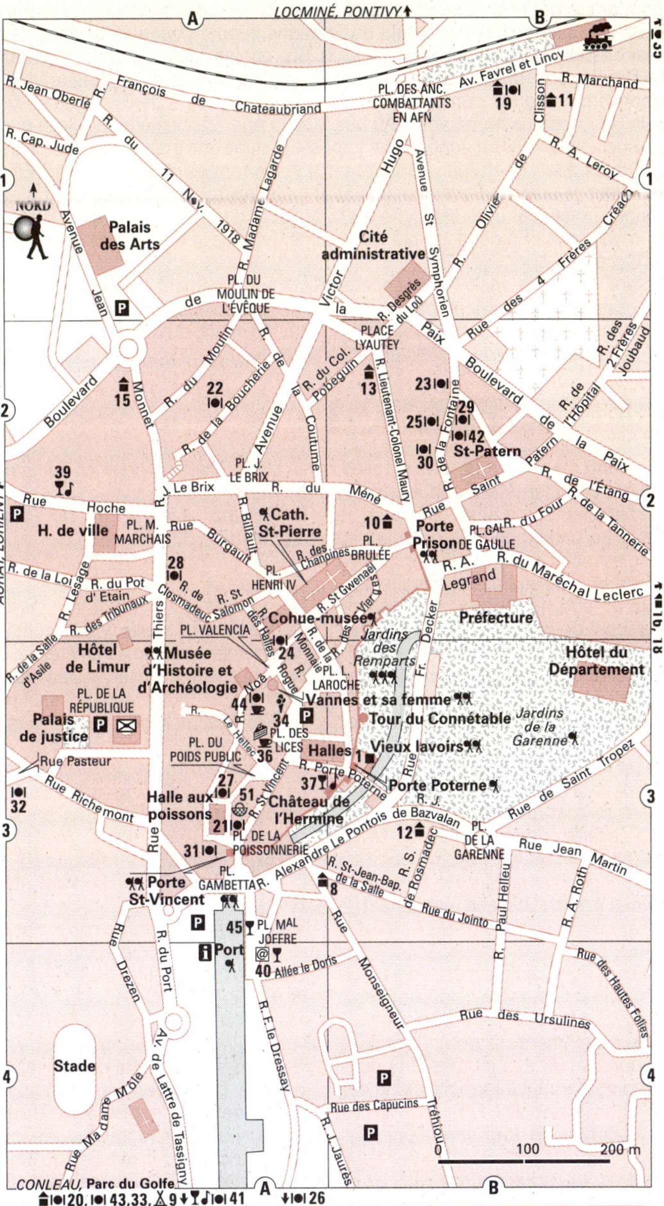
LOCMINÉ, PONTIVY
AURAY, LORIENT
NORD
Palais des Arts
Cité administrative
H. de ville
Cath. St-Pierre
Hôtel de Limur
Musée d'Histoire et d'Archéologie
Cohue-musée
Palais de justice
Halle aux poissons
Château de l'Hermine
Halles
Vannes et sa femme
Tour du Connétable
Vieux lavoirs
Porte Poterne
Porte Prison
Porte St-Vincent
St-Patern
Préfecture
Hôtel du Département
Jardins des Remparts
Jardins de la Garenne
Port
Stade
PL. DES ANC. COMBATTANTS EN AFN
PL. DU MOULIN DE L'ÉVÊQUE
PLACE LYAUTEY
PL. J. LE BRIX
PL. M. MARCHAIS
PL. HENRI IV
PL. BRULÉE
PL. GAL DE GAULLE
PL. VALENCIA
PL. L. LAROCHE
PL. DE LA RÉPUBLIQUE
PL. DES LICES
PL. DU POIDS PUBLIC
PL. DE LA POISSONNERIE
PL. GAMBETTA
PL. DE LA GARENNE
PL. MAL JOFFRE
Av. Favrel et Lincy
R. Marchand
R. Jean Oberlé
R. François de Chateaubriand
R. Cap. Jude
R. du 11 Nov. 1918
R. Madame Lagarde
Avenue Jean Monnet
Avenue Victor Hugo
Avenue St Symphorien
R. Olivier de Clisson
R. A. Leroy
Créac'h
R. des 4 Frères
R. Desgrés du Loû
Boulevard de la Paix
R. des 2 Frères Joubaud
R. de l'Hôpital
R. du Moulin
R. de la Boucherie
R. du Col. Pobeguin
R. Lieutenant-Colonel Maury
R. de la Fontaine
Rue Saint Patern
R. de l'Étang
R. de la Tannerie
R. du Four
R. J. Le Brix
R. du Méné
Rue Hoche
Rue Burgault
R. Billault
R. des Chanoines
R. A. Legrand
R. du Maréchal Leclerc
R. de la Loi
R. Lesage
R. du Pot d'Etain
R. des Tribunaux
R. de Closmadeuc
R. St Salomon
R. des Halles
R. St Gwenaël
R. des Vierges
R. de la Monnaie
R. Rogue
R. de la Salle d'Asile
Rue Thiers
R. Noé
R. Le Hellec
R. St Vincent
R. Porte Poterne
Rue Fr. Decker
R. J. Le Pontois
Rue de Saint Tropez
Rue Pasteur
Rue Richemont
R. Alexandre Le Pontois de Bazvalan
R. S. de Rosmadec
Rue Jean Martin
R. St-Jean-Bap. de la Salle
Rue du Jointo
R. Paul Helleu
R. A. Roth
Rue des Hautes Folles
Rue des Ursulines
Rue Monseigneur Tréhiou
Rue Drezen
R. du Port
Av. de Lattre de Tassigny
R. F. Le Dressay
Allée le Doris
Rue des Capucins
R. J. Jaurès
Rue Madame Môle
CONLEAU, Parc du Golfe
0 100 200 m
A B 1 2 3 4
10 11 12 13 15 19 21 22 23 24 25 27 28 29 30 31 32 34 36 37 39 40 42 44 45 51 1 8
20, 43,33, 9 41 26
16, 18
35

VANNES

les marais. Au Ve s, Vannes est déjà un évêché, sur lequel veille saint Patern – l'un des sept saints fondateurs de Bretagne, réputé pour ses miracles de faiseur de pluie (est-ce vraiment utile ici ?). Suivent les âges sombres : le royaume de Bro Waroch, que la légende dit fondé par un chevalier de la table ronde ; les incursions franques ; l'intégration à l'éphémère royaume de Bretagne au IXe s, puis les invasions normandes. Au bas Moyen Âge, Vannes émerge de la guerre de Succession de Bretagne pour s'imposer comme une grande ville marchande. Les ducs Jean IV et Jean V la bichonnent, en font la capitale de leur État, y installent le premier Parlement (1485) et l'administration supérieure. Et c'est à Vannes, finalement, qu'est signé en 1532 l'acte d'union du duché de Bretagne au royaume de France (une plaque commémorative le rappelle devant la porte de Calmont).
Durant la Révolution, le Pays vannetais reste farouchement royaliste et chrétien. Ses habitants accueillent fort mal le général Hoche venu combattre les émigrés débarqués à Quiberon en 1795. Dans la seconde moitié du XIXe s, la ville se développe et s'agrandit avec l'arrivée du chemin de fer.

Adresses et infos utiles

– ***Parking :*** la ville se découvre à pied, le centre ancien étant peu étendu et essentiellement piéton. Reste à se garer. Le parking le plus pratique, au Port, est parfaitement situé mais un peu cher. On peut stationner gratuitement plus au sud, le long du port (av. du Maréchal-de-Lattre-de-Tassigny), ou au discret parking Saint-Joseph *(plan A3)*, auquel on accède par un tunnel depuis la rue Jehan-de-Bazualan, au niveau des vieux lavoirs. S'il n'y a plus de place nulle part, restent les grands parkings du parc du Golfe, au sud de la ville, où se trouve la gare maritime – gratuits eux aussi. Ils sont reliés au centre-ville par des navettes gratuites *(ttes les 15 mn en juil-août, tlj 9h30-19h30 ; le reste de l'année, mer et sam 9h-13h)*. Cette même navette dessert également la presqu'île de Conleau en été.
– ***Vélocéa :*** *☎ 02-97-01-22-23.* *• velocea.fr •* Vannes s'est dotée d'un système de ***vélos*** en libre-service, avec 25 stations réparties dans la ville, notamment au port. Possibilité d'abonnement à la journée (1 €) ou la semaine (5 €). Les 4 premières heures sont gratuites, puis 1 €/h.
ℹ @ ***Office de tourisme*** *(plan A4) :* *quai Tabarly. ☎ 02-97-47-24-34. • tourisme-vannes.com • Juil-août, tlj 9h30-19h, dim et j. fériés 10h-18h ; le reste de l'année, lun-sam (pause 12h30-13h30).* On peut télécharger gratuitement l'appli mobile Vannes Tour, itinéraire de visite commenté en MP3. Billetterie pour les bateaux et concerts.
■ ***Service Animation du patrimoine*** *(plan B3, **1**) : Les Lavoirs, 15, rue Porte-Poterne. ☎ 02-97-01-64-00. • patrimoine@mairie-vannes.fr • Lun-ven 9h-12h, 13h30-17h.* Visites guidées de la vieille ville : contées, gourmandes, nocturnes en été, ateliers pour les enfants (à réserver), etc. Durée : 1h30-2h *(5 € ; réduc enfants)*, sauf pour la visite éclair destinée à ceux qui manquent de temps *(jeu, 2 fois/mois)*.
@ ***Point Internet*** *(plan A4, **40**) :* ***À l'Aise Breizh Café*** *(pour le prix d'une conso), voir plus loin « Où boire un verre ? »*
■ ***Taxis :*** ***Taxi 56 Vannes,*** *☎ 02-97-47-40-62.* ***Radio Taxis Vannetais,*** *☎ 02-97-54-34-34.*
■ ***Location de voitures :*** *notamment avec* ***Avis,*** *☎ 02-97-40-25-00 ;* ***Europcar,*** *☎ 02-97-42-43-43 ;* ***Hertz,*** *☎ 02-97-42-66-69.*
🚌 Les cars ***TiM*** *(☎ 0800-01-01-56. • morbihan.fr • tim.morbihan.fr •)*, réseau départemental des transports publics, desservent les principales communes du département. Billets : 2 €, quel que soit le trajet (correspondance incluse) ; il existe également une carte de 10 voyages (TiM 10) à 15 €. La compagnie ***Kicéo*** dessert les communes de l'agglomération (Conleau, Séné, Arradon...). *Rens au ☎ 02-97-01-22-10 ou sur • kiceo.fr • Ticket : 1,20 € ; pass journée 4,20 €.*

Excursions en mer et liaisons vers les îles du Golfe

En saison, il est vivement conseillé de réserver, soit en direct, soit auprès des offices de tourisme de la région. Les départs se font à la gare maritime du parc du Golfe *(hors plan par A4)*, au sud du centre : de là, on gagne l'***île d'Arz*** toute l'année (reportez-vous au chapitre « Les îles du golfe du Morbihan »), ***Port-Navalo, Belle-Île, Houat*** et ***Hoëdic*** à la belle saison. Outre les liaisons, vous aurez aussi la possibilité de choisir parmi différentes croisières, avec ou sans escale sur les îles du golfe (***île aux Moines*** et/ou ***île d'Arz***), voire avec repas à bord, avec *Navix (☎ 02-97-46-60-00 ; • navix.fr •)*, la *Compagnie du Golfe (☎ 02-97-67-10-00 ; • compagnie-du-golfe.fr •)* et *Vedettes du Golfe (☎ 02-97-44-44-40 ; • vedettes-du-golfe.fr •)*. Pour connaître toutes les options, y compris les locations de voiliers, consultez : *• tourisme-vannes.com/voir-faire/croisieres •*

➢ ***Pour Belle-Île :*** avec *Navix,* avr-sept, tlj vers 8h30, via Port-Navalo ; retour vers 17h50-18h, soit 7h sur place. *Tarifs : env 29-34,50 € A/R selon saison ; réduc.* Avec la *Compagnie du Golfe,* avr-sept vers 8h20, également via Port-Navalo, ven-lun slt en avr-juin et sept, tlj en juil-août (sf quelques dates) ; retour à 17h30. *Tarifs : 30-32 € A/R (sur présentation de ce guide, remise de 10 %).* Avec *Vedettes du Golfe,* fin juin-fin oct via Port-Navalo, selon un calendrier assez irrégulier (tlj sf dim en août). Attention, en août pour Vannes, changement à Port-Navalo en sem. *Compter 29-34 € A/R.*

➢ ***Pour Houat et Hoëdic :*** avec *Navix,* de mi-juil à fin août, 1-2 bateaux/j., tlj ou presque, pour Houat, dont 1 continue jusqu'à Hoëdic. Avec *Vedettes du Golfe,* de mi-mai à mi-sept, 1-5 traversées/sem via Port-Navalo *(29-30 € A/R).*

L'André-Yvette : *46, av. du 4-Août, à Vannes. ☎ 02-97-42-61-78. • gabare.andreyvette@lespep56.com •* Cette superbe gabare de l'Iroise de 25 m, restaurée en 2011, date de 1936 et servit au transport de marchandises jusqu'en 1974. Elle navigue aujourd'hui sur tout le littoral sud breton, embarquant novices, enfants en difficulté ou même handicapés.

Où dormir ?

Camping

Flower Camping Le Conleau *(hors plan par A4, **9**) : 188, av. du Maréchal-Juin. ☎ 02-97-63-13-88. • camping.conleau@flowercampings.com • vannes-camping.com • ♿ À 3 km du centre de Vannes. Ouv début avr-fin sept. Forfait tente 14-26 € selon emplacement et saison, sans ou avec électricité. Cabanes 34-84 €/j. selon saison (min 2 j.) ; mobile homes 342-889 €/sem. 250 empl.* À l'entrée de la jolie presqu'île de Conleau, ce camping récemment rénové est idéal pour rayonner dans le secteur. Terrain plus ou moins ombragé, avec certaines parcelles pour les tentes légèrement en pente, mais on profite souvent d'une belle vue. Piscine.

Prix moyens

Hôtel Le Bretagne *(plan B2, **10**) : 36, rue du Mené. ☎ 02-97-47-20-21. • info@lebretagnevannes.fr • hotel-lebretagne-vannes.com • À 50 m de la porte Prison. Doubles 59-62 € selon saison ; bon petit déj 7 €.* Perché au 1er étage, cet hôtel de poche simple et parfaitement tenu, est on ne peut plus central. Ses 12 chambres, pour certaines un peu exiguës, se révèlent calmes côté remparts et confortables (bons lits). La récente rénovation est venue ajouter une petite touche de charme et de poésie tout à fait bienvenue.

Hôtel Anne de Bretagne *(plan B1, **11**) : 42, rue Olivier-de-Clisson. ☎ 02-97-54-22-19. • infohotel.adbhaye@orange.fr • annedebretagne-vannes.com • Résa conseillée en saison. Doubles 50-71 € selon saison ; familiales également. Parking payant.* Quasi face à la gare mais au calme et en retrait, dans une petite rue. Hôtel simple mais fonctionnel et bien tenu. Chambres classiques, dotées d'écrans plats et de salles d'eau plus ou moins grandes. Un bon rapport qualité-prix, même si l'insonorisation et l'accueil sont inégaux.

Manoir de Beaupré *(hors plan par B2,* ***18****) : 72, av. Édouard-Herriot. ☎ 02-97-54-33-65. 06-67-87-72-90. Doubles 65-75 €, petit déj inclus.* Cette vieille bicoque bretonne était là bien avant le quartier résidentiel qui l'enserre aujourd'hui. Certes, le centre est un peu loin (15 mn à pied), mais le vaste jardin-oasis qui l'entoure et les chambres spacieuses et confortables à bon prix en font une base de choix. Le petit déj est de qualité, avec confitures maison, et on se gare sans problème dans le parc. Dispose aussi d'un appart et d'un gîte.

De prix moyens à chic

Hôtel Manche Océan *(plan B2,* ***13****) : 31, rue du Lieutenant-Colonel-Maury. ☎ 02-97-47-26-46. • info@manche-ocean.com • manche-ocean.com • Congés : 3 sem autour des vac scol de Noël. Doubles 58-99 € selon confort et saison. Parking 6,50 €. Remise de 10 % sur la chambre (sf hte saison, promo et w-e fériés), sur présentation de ce guide.* Malgré l'emplacement sur un carrefour (pas trop passant), l'agréable salon néobaroque de l'accueil augure bien du séjour. Occupant un bâtiment moderne du centre-ville, les 42 chambres sont fonctionnelles, confortables, colorées, bien tenues et assez spacieuses pour les plus chères d'entre elles (mieux équipées). Toutes, les plus simples exceptées, ont un frigo. Accueil cordial.

Chambres d'hôtes La Villa Garenne *(plan A-B3,* ***8****) : 3, rue Monseigneur-Tréhiou. 06-76-01-80-83. • info@chambresdhotes-vannes.fr • hotel-lebretagne-vannes.com • Congés : 1 sem en janv, 1 sem en nov. Compter 70-95 € pour 2, petit déj inclus.* Cette maison de ville, entièrement restaurée par les propriétaires de l'hôtel *Le Bretagne,* se dresse idéalement aux portes des remparts. Elle abrite 5 chambres, dont une triple et une avec terrasse ; l'une donne sur le jardin, les autres plus ou moins sur les remparts. Déco fraîche et plaisante sur le thème des arts. Bon accueil.

Escale Oceania *(plan A2,* ***15****) : av. Jean-Monnet. ☎ 02-97-47-59-60. • escaleoceania.vannes@oceaniahotels.com • oceaniahotels.com • Doubles env 57-109 € selon période et confort ; voir les promos sur le site ; petit déj 11 €. Parking payant.* On vous l'accorde : la situation, contre l'un des principaux ronds-points du centre-ville, n'est guère attrayante. Pour le reste, la soixantaine de chambres spacieuses, confortables et insonorisées, a été très bien rénovée dans un style actuel de bon ton (parquet sombre, douche à l'italienne...). Accueil professionnel.

Le Roof *(hors plan par A4,* ***20****) : presqu'île de Conleau, 10, allée des Frères-Cadoret. ☎ 02-97-63-47-47. • leroof@club-internet.fr • le-roof.com • Doubles 89-199 € selon confort, vue et saison. Formules 17,50-22,50 € côté bistrot, 27,50 € (lun-ven midi) côté resto ; plats 21-32 € ; menus 33-64 €. Remise de 10 % sur la chambre (janv-mars et oct-20 déc) sur présentation de ce guide.* Cet hôtel 3 étoiles de chaîne, à l'architecture lambda, a l'avantage d'être le seul de Vannes les pieds dans l'eau, au bord du golfe, à l'abri de toute circulation. Préférez donc, pour la vue (de carte postale), les chambres (récemment rénovées) côté flots ! Côté parking, c'est évidemment moins enchanteur, même avec un balcon... Resto et bistrot *(Le Café de Conleau),* prolongés par une agréable terrasse, se concentrent sur les produits de la mer. On n'y mange pas mal, mais le service est irrégulier.

Hôtel La Marébaudière *(hors plan par B2,* ***16****) : 4, rue Aristide-Briand. ☎ 02-97-47-34-29. • contact@marebaudiere.com • marebaudiere.com • Doubles 80-130 € selon saison et confort ; petit déj 13 €.* Pas trop loin du centre mais un peu reculée, dans un coin tranquille, cette grande maison très couleur locale abrite des chambres tout confort et à l'agréable déco contemporaine. On est plus près du 3 étoiles que des 4 affichées, mais les tarifs restent corrects et le grand parking gratuit est appréciable ! Seul bémol : la tenue de séminaires parfois un peu bruyants.

Chambres d'hôtes La Maison de la Garenne *(plan B3, **12**) : 2, rue Sébastien-de-Rosmadec. ☎ 02-97-67-00-31. • contact@maisondelagarenne.com • maisondelagarenne.com • Compter 95-153 € pour 2 selon taille et saison ; petit déj inclus. Parking payant.* Ne la confondez pas avec la proche *Villa* du même nom ! Voilà une bien jolie maison de maître assise sur les hauteurs, à un jet de pierre des remparts. Au menu : architecture bourgeoise, grands volumes, déco raffinée, cheminée, parquets, volée d'escaliers, bibliothèque... La maison accueille avec autant de gentillesse que de simplicité les vacanciers et la clientèle d'affaires dans ses 3 belles chambres et sa suite – toutes lumineuses, très calmes, au confort des plus moderne (TV, w-c séparés, douche balnéo). Bon petit déj à base de produits régionaux.

Beaucoup plus chic

Hôtel et Spa Villa Kerasy *(plan B1, **19**) : 20, av. Favrel-et-Lincy. ☎ 02-97-68-36-83. • info@villakerasy.com • villakerasy.com • Fermé en janv et de mi-nov à mi-déc. Doubles 99-219 € selon confort et saison, suite jusqu'à 388 €. Formules séjour à thème. Parking.* L'Asie à la descente du train, à côté de la gare de Vannes, c'est possible ! La *Villa Kerasy,* « Maison d'Asie » en breton, installée dans une ancienne fabrique de bonneterie des années 1920 précédée d'un escalier de pierre gardé par 2 éléphants, fait revivre l'épopée de la Compagnie des Indes à travers 15 escales, de Pondichéry à Canton. À chaque chambre-comptoir, très soignée, sa décoration doucement personnalisée et, pour les plus chanceux, une petite terrasse privative. Jardin japonais, spa ayurvédique... on vient ici en amoureux ou pour s'offrir une parenthèse luxueuse. On s'y régale aussi d'une cuisine dite « ayurvédique », servie en chambre uniquement, qui emmène les papilles sur les chemins de l'Inde tout en contribuant à l'équilibre des doshas... Accueil chaleureux.

Où manger ?

Dans le centre

De très bon marché à bon marché

Crêperie Balade en Crêpanie *(plan B2, **30**) : 21, rue de la Fontaine. ☎ 02-97-54-19-64. • baladeencrepanie@gmail.com • Tlj sf lun (et mar de sept à mi-juil). Congés : 1 sem fin janv, 1 sem fin juin-début juil, 2 sem en sept-oct. Formules 9,50-11,30 € (lun-sam midi), puis 16,50 € ; env 15 € à la carte. Kir breton ou jus de pomme artisanal offert sur présentation de ce guide.* L'accueil au féminin tout sourire et attentif, la rapidité du service, l'agréable terrasse cachée dans la cour sont autant d'atouts qui voient affluer les Vannetais. Mais le mieux, c'est bien encore les galettes et les crêpes, tout simplement délicieuses, élaborées autant que possible avec des produits locaux de qualité (farine, œufs, mais aussi du jus de pomme bio, cidres et bières bretons...). Au final, on est ravis !

Le Café de la Poissonnerie *(plan A3, **27**) : 21, pl. de la Poissonnerie. ☎ 02-97-47-15-58. Fermé dim-lun sf pdt fêtes et festivals. Env 12-15 € le repas. Restauration le midi slt.* Ici, ça parle et ça gouaille dans une ambiance de fin de marché, quand les poissonniers en tablier s'accoudent au vieux comptoir en Formica pour échanger les nouvelles. Les habitués viennent au *Café de la Poiss'* avaler un croque, voire une salade ou une omelette, après avoir serré la pince de la patronne, Marie-Paule, une figure locale. Une institution dans le quartier ! En fin de matinée, la miniterrasse sent la mer quand le marché plie bagage.

Le P'tit Belon *(plan A3, **31**) : 3, pl. de la Poissonnerie. ☎ 02-97-43-24-16. Mar, jeu, ven 11h-15h, 17h-23h ; mer, sam 7h-15h, 17h-23h ; dim 10h-15h. Dégustation 12-20 €.* Si la grande terrasse ouverte sur l'animation de la halle

MORBIHAN

aux poissons fait de l'œil, nous, on aime bien le comptoir où s'agrippent les habitués, plongé dans une gentille déco en rouge, noir et blanc. Sébastien y débite assiettes d'huîtres, charcuterie artisanale et fromages bretons, à déguster sans façon. Le jeune boss, qui a longtemps vécu dans les îles, concocte aussi de sacrés petits rhums arrangés et cocktails, à siroter sur fond de concerts jazzy occasionnels. Ne manque plus que la mer, mais on vous rassure, elle n'est pas loin.

De bon marché à prix moyens

🍴 ***Lecocq & Folks*** *(plan A3, **21**) : 5, rue Saint-Vincent. ☎ 02-97-54-59-17. Tlj sf dim à partir de 8h (cuisines 12h-14h, 19h-22h), brunch le dim (16 €). Menus du marché ou végétarien 17-27,50 €.* C'est un café relooké, coquet, pimpant, coloré, où les batteries de cuisine rutilantes, au-dessus du bar, font écho à quelques vieilles machines (à coudre, un projo Super 8...), des tables hautes, d'autres moins hautes et des banquettes. C'est aussi un petit resto à la carte courte, qui ne travaille que le frais, sur des touches inventives, et où l'on sert le dimanche un brunch de qualité. L'accueil, lui, est un peu réservé.

🍴 ***Breizh Korn*** *(plan B2, **25**) : 29, rue de la Fontaine. ☎ 09-82-22-99-33. Mar-sam à partir de 12h15 et 19h15, sf mar et mer soirs en basse saison. Plats 11,50-17,50 €.* Devanture verte, chaises vertes... le message est clair : ici, on mange bio, local et de saison. La cuisine, fraîche et sans trop de complications, s'ancre donc dans le terroir breton, sans négliger pour autant quelques pincées d'exotisme. Les végétariens trouveront un burger à leur intention, mais la viande n'est pas exclue du menu, loin de là – les cuissons sont d'ailleurs bien maîtrisées. Cerise sur le filet mignon, le personnel est sympathique.

🍴 ***Afghan' Cafe*** *(plan B2, **42**) : 12, rue de la Fontaine. ☎ 02-97-42-77-77. 📱 06-07-60-16-08. Tlj sf lun. Plats 13-15 €.* Décidément, la planète est une grande maison... Qui aurait imaginé un resto afghan à Vannes il y a encore quelques années ? Ceux qui en ont marre des galettes seront servis : ici, les repas se composent de *sambossa* (samosas), *gandom* (taboulé), *sabzi* (légumes, soja, aubergines et féta) et autre *kabouli,* un gigot d'agneau au riz doré afghan (un peu sucré)... Pour les accompagner, offrez-vous un thé au safran, voire un verre de *dogh,* « boisson montagnarde salée aux fines herbes », dixit le menu... Il y a même des apéros et du vin. Mieux vaut réserver : la salle est petite. Bon accueil.

Prix moyens

🍴 ***La Source*** *(plan A2, **28**) : 36, rue Thiers. ☎ 02-97-53-99-36. Tlj sf mer et dim 12h-13h45, 19h15-21h15. Résa préférable. Formule et menu déj 18-21 €, le soir 26-40 €.* Ce bistrot sur 2 étages (on aime bien le haut) ne désemplit pas. À la source (facile !), un duo de pro et une équipe aux taquets, notamment aux heures de pointe, pour servir une cuisine de marché enlevée et bien dans son époque. Produits frais, cuissons justes et une jolie pointe d'inventivité. Le rapport qualité-prix est bon.

🍴 ***K 19*** *(plan A2, **22**) : 19, rue de la Boucherie. ☎ 02-97-61-50-90. Ouv le midi mar-ven et le soir mar, jeu-sam. Congés : 1 sem début avr, 3 sem en août et 1 sem autour de Noël. Formules et menus 15,50-18,50 € le midi, 23-29 € le soir.* La petite salle, dans l'air du temps, se planque dans une rue où il faut un peu aller la chercher. Au menu, une bonne cuisine de marché (produits souvent locaux), avec de l'idée derrière ses airs de ne pas y toucher. Les Vannetais(e)s ont déjà flairé la bonne adresse, réservation donc conseillée.

🍴 ***La P'tite Souris*** *(hors plan par A4, **33**) : 36, rue du Port. ☎ 02-97-47-15-90. Tlj sf dim, 12h-14h, 19h-21h (22h été). Congés : janv. Formules et menus 12,50-15,50 € le midi en sem, 21-28 € le soir.* Pas de terrasse (rond-point oblige), mais des salles mignonnettes qui grimpent dans les étages de cette vieille maison, où le service se fait sportif ! Dans l'assiette, des produits locaux pour une cuisine pas mal amenée et joliment présentée. Le menu du midi est d'un bon rapport qualité-prix.

L'Eden *(plan A3,* ***32****) : 3, rue Pasteur. ☎ 02-97-46-42-62. • eden.vannes@gmail.com • Derrière le palais de justice. Tlj sf dim-lun, 12h-13h30, 19h-21h30. Formules déj en sem 16-23 €, menus 29-43 €.* Dans cette salle à la déco soignée, 3 menus se partagent la vedette : l'hebdomadaire, le mensuel et le trimestriel, qui changent en principe selon cette fréquence. Gourmande, de saison et de marché, la cuisine se montre inventive, jusqu'à parfois déboussoler certains par ses associations exploratoires. Les desserts sont très réussis et la belle sélection de vins des quatre coins de la France sort des habituels vins de Loire bien appréciés par ici. En salle, Vincent Thomas, ex-sommelier chez Taillevent, est d'excellent conseil. Le menu du midi présente un excellent rapport qualité-prix. Terrasse.

La Tête en l'Air *(plan B2,* ***23****) : 43, rue de la Fontaine. ☎ 02-97-67-31-13. Tlj sf mar-mer (mar et jeu en juil-août). Le midi, formules 16-21 € et menu 25 € ; le soir, menus 23-50 €.* Emmenée par une jeune équipe aussi accueillante que passionnée, l'adresse revisite ses classiques sur des notes plus ou moins intenses d'inventivité, sans surcharger le convive et dans le respect de (beaux) produits, frais et de saison. On s'installe au choix dans l'une des 3 salles en enfilade, façon « bistrot des temps modernes » (comme ils disent !), qui débouchent sur la cuisine ouverte, sous une verrière. Carte des vins... et des rhums riche en découvertes.

Terroirs *(plan B2,* ***29****) : 22, rue de la Fontaine. ☎ 02-97-47-57-52. • terroirs.vannes@gmail.com • Tlj sf dim-lun. Congés : 1 sem début janv, 1 sem en juil et 1 sem en oct. Formule 17-21 € (midi et soir) ; le soir, menu « Autour des vins » 35 €. Carte 20-30 € selon taille des plats.* Ici, la cuisine puise son inspiration dans tous les terroirs, de Bretagne, de France et d'ailleurs. Et la démarche est originale : les menus changent tous les mois et l'un d'eux est conçu uniquement en fonction des vins. Madame, chef autodidacte, œuvre en cuisine, tandis que monsieur dispense avec le sourire de judicieux conseils. Cuisine d'ici et d'ailleurs donc, évoluant au gré des saisons et du marché car tout est fait maison. Concluant ! La formule déjeuner est d'un rapport qualité-prix épatant, et les plats de la carte sont proposés en 2 tailles. Belle sélection de vins, servis également au verre. Une belle surprise.

Plus chic

Le Roscanvec *(plan A2-3,* ***24****) : 17, rue des Halles. ☎ 02-97-47-15-96. • roscanvec@yahoo.fr • Tlj sf dim soir, lun-mar ; juil-août dim soir-lun. Congés : de mi-janv à début fév. Résa indispensable. Formule et menu 25-30 € au déj, puis menus 54-80 €.* Surprenante, inventive, raffinée, savante, insolite : les qualificatifs ne manquent pas pour définir la cuisine de Thierry Seychelle, passé chez les grands de Bretagne. Ajoutons-en un : téméraire. Car il en faut de la témérité pour afficher, dans ce resto de poche d'une petite rue pavée du centre historique de Vannes, une carte digne des grands laboratoires gastronomiques. De la cuisine quasi expérimentale, puisant à toutes les sources, mais qui sait tout de même garder les pieds sur terre. La carte des desserts décline des mariages aussi subtils que savoureux. Les prix, certes élevés, restent néanmoins abordables, et la déco design ne manque pas de classe !

Autour du port (et plus loin !)

Au Pont Vert *(hors plan par A4,* ***43****) : 40, av. du Maréchal-de-Lattre-de-Tassigny. ☎ 02-97-40-80-13. Ts les midis sf dim. Congés : 15 j. juil-août et 15 j. fêtes de fin d'année. Réserver. Formules 13-15 € (2-3 plats) et menus 20,50-23,50 € ; menu homard 42 € (sur commande).* À l'écart du centre, en longeant le port en direction du parc du Golfe, ce petit resto d'allure anodine, à la salle toute simple, fait le plein chaque midi. Il faut dire que les 2 menus les moins chers prouvent aux habitués que l'on peut se régaler à petit prix. La cuisine y est fraîche, maison, de saison, traditionnelle, et même un peu créative. Quant à l'accueil par madame, il est chaleureux. Un sans-faute !

De bon marché à prix moyens

|●| ***Le Vent d'Est*** *(hors plan par A4,* ***26****) : 21, rue Ferdinand-le-Dressay. ☎ 02-97-01-34-53. En saison, tlj sf dim-lun ; hors saison, fermé dim soir-lun et jeu soir. Congés : 1er-15 avr, 15-30 juin. Résa conseillée. Menus 18 € (au déj)-26 € ; carte env 35 €. Digestif maison offert sur présentation de ce guide.* Pour changer des poissons et des fruits de mer, un délicieux restaurant alsacien dans une salle très joliment décorée de façon traditionnelle, au 1er étage avec vue sur le port. En hiver, carte résolument tournée vers l'est mais avec des spécialités revisitées et modernisées. En été, un petit vent d'ouest apporte quelques plats plus bretonnants tout aussi joliment réalisés. N'oubliez pas d'aller faire un petit tour aux toilettes ! Accueil très sympathique.

|●| ***La Gourmandière*** *(hors plan par B1,* ***35****) : lieu-dit* ***Poignant.*** *☎ 02-97-47-16-13. ● oliviersamson@orange.fr ● ♿ De la gare, passer devant le centre hospitalier, puis, au rond-point, prendre à gauche vers Saint-Avé ; c'est une petite rue sur la droite (fléchée), après le passage sous la N 165. Bistrot ouv le midi slt, les lun, mar, jeu et ven. Resto gastronomique ouv les lun et jeu-dim soirs, plus sam-dim midi. Côté bistrot, formule et menus 22-40 €. Côté gastro, menus 54-90 €.* C'est vrai, la localisation au pied de la double-voies n'invite pas au détour. Et pourtant, quelle trouvaille ! Le midi, dans le cadre rustico-moderne du *Bistr'Aurélia,* Olivier Samson, secondé au service par sa douce épouse, propose une cuisine « retour du marché » simple mais joliment travaillée. Pas de doute, le chef est créatif et il en joue avec talent. Le soir, à la *Table d'Olivier,* c'est plus chic, plus cher, plus choc mais... top !

Où dormir ? Où manger autour de Vannes ?

L'arrière-pays de Vannes (autrement appelé « balcons du golfe »), s'étend côté nord, où les verdeurs intenses de l'Argoat (la Bretagne intérieure) prennent le pas sur les bleus fulgurants de l'Arvor. Un pays bucolique de pâturages et de forêts, où les vieilles chapelles s'éparpillent entre les hameaux, les chemins creux et les monuments mégalithiques. Voir également plus loin nos adresses dans les chapitres « La Roche-Bernard, la Vilaine maritime et l'arrière-pays » pour Le Gorvello et « La côte autour du golfe du Morbihan », notamment pour Arradon et Séné, aux portes de Vannes.

Prix moyens

|●| ***La Métairie de Kérozer*** *: 28, allée de Kérozer, 56890* ***Saint-Avé.*** *☎ 02-97-61-88-45. À env 2 km du centre de Saint-Avé, suivre Kérozer et remonter l'allée jusqu'au bout (fléché). Mer-dim 12h-14h30, 19h-22h.* Le cadre est indéniablement séduisant : cachée tout au fond des bois de Kérozer, cette crêperie occupe une longère joliment retapée donnant sur un jardin. L'accueil est délicieux, et les galettes de blé noir breton et les crêpes ne sont pas en reste ! Elles sont garnies de produits frais et de qualité, pour beaucoup locaux, sans pour autant que les prix ne s'envolent. Résultat : un label « Crêperie gourmande » bien mérité.

🏠 ***Chambres d'hôtes le Domaine du Puits Saint-Pierre :*** *lieu-dit Tréguenard, 56250* ***Treffléan.*** *☎ 02-97-43-68-76. 📱 06-08-43-62-25. ● puits.st.pierre@wanadoo.fr ● domainedupuits.fr ● ♿ À 15 km à l'est de Vannes. Sur la N 165, sortie Treffléan ; après 4 km, au lieu-dit La Petite-Croix, prendre à droite (panneau). Double 68 €.* Cette ferme du XVIIIe s, agréablement restaurée, s'entoure de différents bâtiments, d'un puits et d'une chapelle, bien à l'aise dans un parc de 11 ha. Pour les hôtes, des chambres agréables aux lits en fer forgé et gravures aux murs (monsieur est encadreur !), mais aussi un coin cuisine à disposition et des jeux pour les enfants dans le jardin. Le petit déj est soigné (confitures et yaourts maison, jus de fruits pressés) et l'accueil tout sourire. Également des gîtes impeccables, tous avec terrasse privée.

L'Auberge du Petit Verger : *Chemin du Bois, Hent Coet, 56250* ***Monterblanc.*** *☎ 02-97-45-95-57. • au.petitverger@orange.fr • À 10 km au nord de Vannes, sur la route reliant Vannes à Plumélec (la D 126) ; à Corn er Hoet, fléché sur la gauche. Tlj sf le soir dim-mer (mer-jeu soirs sur résa slt en basse saison) et lun midi. Congés : de mi-janv à début fév, 15 j. fin nov. Résa conseillée. Formules déj en sem 11-19 € ; menus 19,50-34,50 €. Apéritif offert sur présentation de ce guide.* Cette belle ferme est située en pleine nature, au bout d'une petite route de campagne bien bucolique. On y sert, dans une salle rustique et classique, une cuisine sincère, traditionnelle mais allégée, réalisée avec les produits du pays, quelquefois accommodés à la mode périgourdine (bon foie gras maison), mais qui s'en plaindrait ? Accueil très aimable. À l'arrière, du gazon pour que les enfants puissent s'ébattre.

L'Onde Verte : *12 rue des Lavandières, 56250* ***Saint-Nolff.*** *☎ 02-97-45-43-99. Lun-sam 12h-14h, mer-sam 19h-21h30 (22h sam). À 100 m de l'église. Menus 2-3 plats 14,50-25,50 €.* Le jeune chef, Alexis Potier, a l'étoffe d'un grand. Sous les abords modestes de ce resto de village, aux salles empilées en hauteur, il mitonne une cuisine aussi fine que surprenante. De son enfance passée aux îles Marquises, il a tiré ce divin maquereau mariné au gingembre et soja, façon poisson cru réinventé. Son foie gras se marie au chutney et aux épices, sa joue de porc braisée au cidre de Rhuys. Et pour les amateurs de burgers, Alexis propose une version luxe et délicate à la compotée d'oignons. Savoir-faire, inventivité, prix raisonnables, accueil chaleureux, bon choix de vins au verre *(3-7 €)*... un vrai sans-faute. Ah, non, pardon : on n'est pas fan de la bande son, un peu trop électro.

Chic

Domaine de Coët Bihan : *route de Rudevent, lieu-dit Coët Bihan. ☎ 02-97-44-97-22. • chambredhotes-vannes.fr • À 2 km au nord de* ***Saint-Avé,*** *en direction de Monterblanc. Fermé Toussaint-Pâques. Doubles 90-105 € (80-95 € à partir de la 2e nuit).* Pour leur retraite, Jacques et Jantine ont entièrement restauré une belle ferme fleurie implantée sur un domaine de 14 ha. Ils reçoivent leurs hôtes dans 4 chambres cosy et très bien équipées, assez spacieuses et aux beaux parquets, chacune avec salle de bains privée (et entrée séparée). Par les fenêtres, une verte campagne se déroule, où s'ébrouent les chevaux en pension. On se délasse dans la piscine intérieure chauffée et on s'offre de longues balades entre bois et pâturages.

Le Pressoir : *7, rue de l'Hôpital, 56890* ***Saint-Avé.*** *☎ 02-97-60-87-63. À la sortie ouest de Lescran, à env 2 km à l'ouest de Saint-Avé. Tlj sf lun et dim soir, 12h-13h30, 19h30-21h15. Menus 34-145 €.* On ne vient pas ici en coup de vent, mais dans l'optique d'un repas gourmand et raffiné mettant en valeur le meilleur des produits de saison. Le chef, Vincent David, formé notamment auprès de Marc Meneau, à Vézelay, allie avec agilité les saveurs de la terre et de la mer, dans les pas de son prédécesseur, Bernard Rambaud, dont il a su conserver et faire briller l'étoile Michelin. Parmi les classiques de la carte : le faussement rustique *kouign-patatez,* un gâteau de pommes de terre conjugué à l'andouille de Guémené et au pied de porc. Tout le reste, ou presque, change, virevolte selon l'inspiration et le moment. La technique est précise, les alliances sophistiquées, zestées. Convaincus ? Inscrivez-vous donc aux cours de cuisine.

MORBIHAN

Où faire une pause gourmande ?
Où boire un thé ?

Chocolatier-glacier Chartier *(plan A3,* ***34****) : 25, pl. des Lices. ☎ 02-97-01-93-78. Hors saison, tlj sf lun mat et dim soir, 10h-13h,*

14h30h-19h ; dim mat slt. Juil-août, tlj sf dim 9h30-19h. Meilleur ouvrier de France et champion du monde des glaciers, Alain Chartier met constamment au point des parfums inédits : kouign-amann, cassis-violette, litchi rose, cactus-gingembre... et bien d'autres encore. Les gourmands craqueront aussi pour ses gâteaux et éclairs glacés. Vous aimez ? Alors pourquoi ne pas vous inscrire à l'école des desserts... ?

L'Atelier *(plan A3, **44**) : 7, rue Noë. ☎ 02-97-01-34-68. Juste en contrebas du musée d'Archéologie. Tlj sf dim 11h45-22h (jusqu'à 14h30 slt lun). Formule 10,10 € avec galette, crêpe et bolée ; salades 10-11,50 €.* Les 3 tables posées aux beaux jours dans la ruelle pavée et l'intérieur vert pastel aux chaises en bois blanc et vieilles photos encadrées aux murs sont croquignolets. L'escale est bonne pour s'offrir un thé à 4h (26 parfums au choix !), mais les galettes, les crêpes, les tartes du jour et les salades-repas attirent aussi pas mal d'habitués le midi. Très en vogue : le far breton poêlé au caramel.

Delice Café *(plan A3, **36**) : 7, place des Lices. ☎ 02-97-54-23-31. Tlj 8h-20h. Formules thé gourmand, chocolat chaud.* Ce café idéalement placé face aux halles sert à toute heure des plats de brasserie, en intérieur ou en terrasse, très agréable aux beaux jours. Mais ce sont les pâtisseries qui font la différence, renouvelées tous les jours autour de quelques classiques indétrônables et élaborées sur place par une vraie chef pâtissière. Tarte tatin, éclair chocolat-pistache, flan divinement vanillé (c'est tout bête, mais tout un art), tarte aux fruits exotiques meringuée... Un lieu de perdition pour les becs sucrés !

Où boire un verre ? Où écouter de la musique ?

Dans le centre ancien et vers le port

Sur la sympathique place Gambetta *(plan A3)*, face au port, ***L'Océan,*** son voisin le ***Bord'eaux*** et le ***Gambetta*** déroulent de vastes terrasses très (très) prisées aux beaux jours. On s'y retrouve, on y drague et on y traîne sans fin... Allez donc y pomper l'air du large, ou l'air du temps, selon l'humeur. Certains y mangent aussi mais, de ce point de vue, aucun n'est vraiment recommandable. À deux pas, rive gauche *(plan A4, **45**)*, 2 pubs très festifs attirent les étudiants : le ***Paddy O'Dowds*** et le ***Tarmac.*** Le ***Vieux Safran,*** un peu plus bas, est fréquenté par une clientèle plus grisonnante.

À l'Aise Breizh Café *(plan A4, **40**) : 4, rue du Commerce (port de plaisance, Capitainerie). ☎ 02-97-68-15-89. • albc.vannes@orange.fr • Tlj 9h30-1h (fermé lun soir et mar soir hors saison). (iPad).* L'endroit idéal pour zyeuter à l'aise les bateaux du port, au-dessus de la Capitainerie. Le café occupe une grande salle lumineuse et moderne, avec déco de bois brut et tout aussi vaste terrasse. On peut y manger, mais le service n'est pas réputé pour sa régularité.

Les Valseuses *(plan A-B3, **37**) : 10-12, rue Porte-Poterne. ☎ 09-81-26-86-15. Tlj sf lun hors saison, 16h-2h. Congés : 2 sem début janv.* La ville semble assoupie ? Détrompez-vous : tous sont ici, entre l'immense terrasse bon enfant et la grande salle de pub où résonnent tantôt les clameurs des supporters de foot et de rugby (RCV au cœur), yeux rivés aux écrans géants, tantôt les balades jazzy (mercredi plutôt) ou autres des groupes venus envoûter les lieux. Ajoutez quelques soirées à thème, et le panorama est complet. Intéressant choix de bières étrangères.

John R. O'Flaherty *(plan A2, **39**) : 22, rue Hoche. ☎ 02-97-42-40-11. • pub_oflaherty@gmx.ie • Près de l'hôtel de ville. Ouv 19h-2h.* Depuis 30 ans déjà, la celtitude bretonne jette des ponts vers la bonne vieille Eire avec ce pub très chaleureux aux murs couverts d'objets hétéroclites, où, chaque fin de semaine, résonnent les *tunes* de folk irlandaise et bretonne. L'accueil des sympathiques patrons et leur bonne sélection de bières locales et irlandaises, et de fameux whiskies entretiennent l'ambiance.

Le Piano Barge *(hors plan par A4, **41**) : parc du Golfe, allée Loïc-Caradec. ☎ 02-97-47-76-05. • pianobarge.com • Bar ts les soirs mar-sam à partir de 18h. Resto mar-ven midi et mer-sam soir. Digestif offert sur présentation de ce guide.* Cette vieille péniche hollandaise, complètement retapée, a jeté l'ancre à deux brasses de la gare maritime. Certains vont y manger, avec vue sur l'eau, mais on vous conseille avant tout la salle de concert des cales, qui accueille artistes de jazz et de tango.

Le Trussac Café *(hors plan par A4, **41**) : 5, pl. Anatole-France. ☎ 02-97-63-17-80. • noelle.trussac-bar@orange.fr • À 10-15 mn à pied du port. Tlj sf sam midi, dim et j. fériés jusqu'à 20h (1h ven). Congés : 1 sem fin juil et 3 sem en août.* Des cafés comme ça, il n'y en a plus guère ! Pas vraiment un café d'ailleurs, mais plutôt un lieu de vie : on s'y donne rendez-vous entre voisins, on y débat lors de soirées philo, on commente le documentaire du soir, et le vendredi, certains empoignent la guitare pendant que d'autres s'emparent du piano et de la batterie pour des bœufs fraternels. Comme le dit l'adorable propriétaire, ici, c'est comme à la maison. Il n'y a qu'à jeter un coup d'œil au jardin avec boulodrome et terrasse pour s'en convaincre !

Le Corlazo *(hors plan par A4, **41**) : presqu'île de Conleau ; 5, allée Dr-François-Salomon. ☎ 02-97-63-24-43. Avr-sept, tlj 10h-coucher du soleil ; hors saison, fermé lun-mar et dîner ven-sam slt sur résa.* Si la cuisine est un peu irrégulière, la situation pour prendre un verre est imbattable : on est là à l'orée du golfe du Morbihan, face à la petite marina de Conleau, au cœur de paysages aux relents d'aquarelles anglaises.

Où acheter de bons (et beaux) produits régionaux ?

Les halles des Lices *(plan A-B3) : 4, pl. des Lices. Tlj (sf lun sept-juin), 8h-14h.* Ce petit marché couvert regroupe principalement des producteurs locaux, aux produits souvent bio. Boucherie, boulangerie, charcuterie, poissonnerie, fromagerie, traiteur et restos du monde, rien ne manque pour faire ses courses ou acheter de quoi constituer un pique-nique. Visez les drôles de pyramides en chocolat des *Nénettes* et goûtez les tartes salées de l'*Atelier des Halles.*

Boulangerie-pâtisserie Le Brun *(plan A3, **51**) : 9, rue Saint-Vincent. ☎ 02-97-47-40-07. Mar-dim 7h-20h.* Le boss a été justement récompensé pour son succulent kouign-amann. Far breton et autres spécialités sucrées valent aussi le détour.

À voir

Le centre historique

Le cœur historique de Vannes, délimité encore à l'est par ses hauts remparts médiévaux, n'est pas bien étendu : on le parcourt aisément à pied, en l'abordant de préférence par la ***place Gambetta*** *(plan A3)*, ouverte sur le port, où les terrasses de cafés se tiennent au coude à coude. L'esplanade en hémicycle a remplacé au XIXe s un pont double, sous lequel la mer s'engouffrait à marée haute, léchant les murailles et alimentant les fossés de la ville. La place tourne le dos à la belle ***porte Saint-Vincent,*** gardienne baroque (XVIIe-XVIIIe) de la cité, greffée du blason de Vannes et couronnée d'une statue de saint Vincent Ferrier, infatigable prédicateur espagnol appelé par le duc de Bretagne Jean V pour rétablir l'ordre moral à Vannes et mort ici-même en 1419. La légende veut que la cité sera engloutie par les eaux lorsqu'il abaissera la main !

STATUE À PART

La place de l'hôtel de ville est dominée par la statue équestre en bronze du connétable de Richemont, frère de Jean V et lui-même duc de Bretagne à la toute fin de sa vie. Durant la Seconde Guerre mondiale, le monument, qui pèse 2 t, faillit être fondu par les Allemands, qui finalement l'épargnèrent : le connétable, très actif durant la guerre de Cent Ans, fut décrété symbole impérissable de la lutte contre l'ennemi anglais.

La ***rue Saint-Vincent*** *(plan A3)*, qui s'étire une fois le porche franchi, demeura longtemps une voie d'eau, trait d'union entre le port et la place des Lices, qui marqua jusqu'au XIVe s la limite sud de la place forte. Au XVIIe s, les membres du Parlement de Bretagne, exilés à Vannes par Louis XIV à la suite de la célèbre révolte des Bonnets rouges, y firent édifier leurs hôtels particuliers en pierre, dont certains demeurent.

Théâtre – au Moyen Âge – des joutes et tournois, la vaste ***place des Lices*** *(plan A3)*, en pente, accueille chaque mercredi et samedi matin le marché de Vannes. On y trouve aussi les ***Halles,*** avec leurs commerces de bouche traditionnels. À droite, l'étroite rue Porte-Poterne se glisse jusqu'à la... ***Porte Poterne*** *(plan B3)*, datant de 1680, qui débouche sur un pont de pierre lancé au-dessus des jardins des Remparts et de la Marle canalisée.

À vos pieds, les splendides ***lavoirs*** du XIXe s, à colombages et galerie à toit d'ardoise, ont été restaurés. Ils ont été rachetés par souscription publique en 1927 pour éviter qu'ils ne soient détruits ! Le Service du patrimoine, installé à l'étage, propose toutes sortes de visites guidées de la ville (voir « Adresses et infos utiles » en début de chapitre).

Les vastes ***jardins des Remparts*** *(plan B2-3)*, égayant les anciennes douves de leurs massifs à la française, invitent naturellement à une pause. Vergers puis potagers y occupèrent longtemps l'espace. Les hautes murailles soulignant l'est du centre historique s'y dressent dans toute leur ampleur. Elles sont dominées au sud par le ***château de l'Hermine,*** reconstruit vers 1785 à l'emplacement de l'ancien château des ducs de Bretagne (expositions temporaires au rez-de-chaussée). Côté nord se dresse la haute ***tour du Connétable,*** enchâssée au XVe s sur les remparts pour mieux veiller sur le plateau de la Garenne (sur la rive opposée de la Marle). En repassant la porte Poterne, vous pourrez vous en approcher par la rue du Rempart et grimper l'escalier menant à un point de vue.

La rue des Remparts débouche sur le haut de la place des Lices. Redescendez-la un peu jusqu'à la hauteur du glacier *Chartier* (voir « Où faire une pause gourmande ? Où boire un thé ? ») pour prendre, sur votre droite, la rue du Bienheureux-René-Rogue. Elle débouche presque immédiatement sur la petite place de Valencia, ainsi nommé en hommage à la ville d'origine de saint Vincent Ferrier. La belle maison à pans de bois du n° 3 (XVIe s), occupée par un restaurant, est célèbre pour son enseigne en granit polychrome connue sous le nom de ***Vannes et sa femme*** *(plan A3)*, devenue une sorte d'emblème de la ville.

Le musée d'Histoire et d'Archéologie *(plan A3)* **:** *Château-Gaillard, 2, rue Noë. ☎ 02-97-01-63-00. Ouv juin-sept, tlj 13h30-18h. Entrée : 6,50 € (avec visite du musée de la Cohue) ; réduc ; gratuit moins de 18 ans. En juil-août, visite guidée le mer à 15h.* Le vénérable Château-Gaillard, manoir du XVe s à tour d'angle monumentale, ayant appartenu au chancelier du duc Jean V de Bretagne, abrite ce petit musée municipal centré sur la préhistoire, la protohistoire et la période gallo-romaine. On y découvre notamment un riche et rare ensemble de pierres polies (superbes haches funéraires en chloromélanite) et de colliers en callaïs (variété de turquoise) datés d'environ 4000 av. J.-C., provenant des grands monuments mégalithiques de la région. Citons aussi le « dépôt de Langonnet », premier exemple de lingots monétaires en bronze. Le cadre est séduisant : parquets et plafonds Louis XIV, belles cheminées, magnifiques boiseries et l'étonnant *cabinet des Pères du Désert,* à l'étage, orné de 9 toiles et 57 panneaux peints du XVIIe s, de style flamand, remarquablement conservés. Le 3e étage abrite une réjouissante section aux allures de cabinet de curiosités, consacrée aux savants voyageurs du Morbihan, dont Yves Coppens, le paléontologue vannetais. Le rez-de-chaussée, lui, accueille les expos temporaires. Agréable petit jardin à l'arrière, offrant une vue sur tout le bâtiment.

Le quartier regorge de ***vieilles demeures à pans de bois,*** pour certaines en encorbellement, notamment rue des Halles (ex-rue Latine, où logeaient les étudiants) et rue Saint-Salomon (voyez la « maison aux lions » au n° 13). Cette dernière débouche sur la jolie place Henri-IV, attenante à la place Saint-Pierre, veillée par la silhouette inégale de la cathédrale.

La cathédrale Saint-Pierre *(plan A-B2)* **:** ☎ *02-97-47-10-88 (presbytère). • cathedrale-vannes.cef.fr • Tlj 8h30-19h. Visite guidée gratuite en juil-août, en principe lun-ven 10h-18h et sam-dim ap-m, organisée par des étudiants bénévoles (libre participation).* Cet édifice massif et composite agrège une tour aux bases romanes du XIIIe s, une flèche du XIXe s, une façade néogothique, une nef et un chœur du XVe s, où trône un bel ensemble en marbre sculpté du XVIIIe s, sans oublier une curieuse chapelle ronde, de style Renaissance italienne (1537)... ce qui est rare en Bretagne ! Elle abrite les reliques de saint Vincent Ferrier. Devenu lieu de pèlerinage, le sanctuaire a reçu le titre honorifique de basilique mineure.

La Cohue - Musée des Beaux-Arts *(plan A2)* **:** *pl. Saint-Pierre.* ☎ *02-97-01-63-00. Tlj 13h30-18h, sf lun et j. fériés oct-mai. Entrée : 6,50 € l'été, (musée d'Histoire et d'Archéologie inclus) ; 4,60 € hors saison (pour la Cohue seule) ; réduc ; gratuit moins de 18 ans et pour tous le dim hors saison.* La « cohue », dans le vocabulaire des temps jadis, c'est le marché. Ici, au Moyen Âge, le rez-de-chaussée était occupé par les étals des marchands et l'étage par la cour de justice du duc. Aujourd'hui, l'édifice accueille principalement des expositions temporaires, le plus souvent consacrées à l'art contemporain. Seuls éléments permanents : le célèbre *Christ sur la croix* de Delacroix et, à l'étage, un espace permanent réservé à l'œuvre de Geneviève Asse.

UN VRAI CHEMIN DE CROIX

L'œuvre phare du musée des Beaux-Arts, Le Christ sur la croix *de Delacroix, a connu un vrai calvaire. Mal exposé au Salon de 1835, le tableau est néanmoins acheté par l'État et envoyé à Vannes à la demande du député local. Il doit être accroché dans la cathédrale, mais atterrit à l'église Saint-Patern : la gorge et les seins de Marie-Madeleine sont alors jugés trop impudiques. Nouvel émoi du curé, qui fait repeindre la poitrine incriminée en noir par son sacristain, puis cache carrément l'œuvre dans le clocher... Ce n'est qu'après la mort de l'artiste que le tableau sortira des oubliettes, pour être restauré et trouver une place de choix au musée.*

À droite du portail de la cathédrale, la ***rue Saint-Gwénaël*** *(plan A-B2)* est elle aussi bordée de maisons à colombages, occupées par boutiques chic et galeries. Celle, restaurée, à l'angle de la première ruelle, présente de belles ouvertures gothiques et des corbeaux sculptés. Plus bas, sur la droite, un petit détour par la rue des Vierges permet d'accéder au seul pan du chemin de ronde courant au long des remparts ouvert au public – rendez-vous favori des lycéens. Il s'appuie sur la tour Joliette (XVe s) et sur le seul ***mur gallo-romain*** de la cité (IIIe s) a avoir été conservé, aux alternances de moellons de granit et de briques. De là, le ***panorama*** sur les murailles et les jardins s'étendant en contrebas est superbe.

La *rue Saint-Gwénaël* descend doucement jusqu'à la ***porte Prison*** *(plan B2)*, bel exemple d'architecture militaire médiévale (XIIIe-XVe s), dont les deux passages (l'un pour les piétons, l'autre pour les charrettes) étaient commandés par un double pont-levis. L'ensemble a été sauvé in extremis de la destruction au début du XXe s. Des deux tours, aux geôles utilisées pour enfermer les réfractaires à la Révolution, une seule a survécu.

Hors les murs

Quittant la ville close, on débouche sur le ***quartier Saint-Patern*** *(plan B2)*, le plus ancien de Vannes, cœur de la ville romaine. Côté droit, on retrouve l'extrémité nord du jardin des Remparts. Côté gauche, on file vers la rue Saint-Patern et l'***église*** éponyme, au style baroque des XVIIIe-XIXe s. L'édifice antérieur, victime de l'effondrement du clocher, était un des points d'orgue du pèlerinage du Tro Breiz jusqu'au XVe s. À ses pieds, la rue de la Fontaine a conservé nombre de ses vieilles ***demeures à pans de bois,*** squattées en partie par une brochette de bars et restaurants.

La promenade en ville s'achève. Pour regagner le port, passez donc devant la préfecture (1865) et par le jardin des Remparts. Juste au-dessus, les ***Jardins de la Garenne*** *(plan B3),* aménagés au XVIIIe s dans le parc de l'ancien château ducal, offrent un joli point de vue sur la ville close.

Le port *(plan A3-4) : tt au long du chenal, depuis la pl. Gambetta.* Un plan de rénovation, dans les années 1970, faillit en faire un parking, avant d'opter, heureusement, pour un bassin à flot. Aujourd'hui, le port n'abrite plus que des bateaux de plaisance qui viennent s'y amarrer après avoir franchi le pont tournant de Kérino (« pont vert ») et une porte-écluse. Rive gauche trône la Capitainerie, un bâtiment moderne à la belle architecture de bois. Rive droite, à côté de l'office de tourisme, un vaste kiosque propose toute l'année des expos temporaires gratuites *(horaires variables ; ☎ 02-97-01-62-27).* Le quai se prolonge sur près de 1,5 km par la ***promenade boisée de la Rabine,*** qui permet de rejoindre à pied le pont de Kérino et le parc du Golfe. Le secteur est actuellement en grands travaux dans l'optique de l'aménagement du tunnel de Kérino, qui devrait permettre de fluidifier la circulation.

Du côté du parc du Golfe et de Conleau
(hors plan par A4)

Le parc du Golfe regroupe la gare maritime de Vannes, le casino et plusieurs musées et attractions. Du port, des navettes permettent de s'y rendre gratuitement en juillet-août et les jours de marché (voir « Adresses et infos utiles »).

L'aquarium : *au parc du Golfe. ☎ 02-97-40-67-40. • aquariumdevannes.fr • ♿ Ouv tlj : avr-début juil 10h-18h, début juil-août 9h30-19h, sept 10h-12h et 14h-18h, oct-mars 14h-18h ; fermeture des guichets 30 mn avt. Entrée : 13 € ; enfant 8,90 € ; gratuit moins de 4 ans. Pass 13,30-19,10 € avec le jardin aux Papillons. Animaux interdits. Des chaises hautes sur roulettes, disponibles à l'entrée, permettent aux plus petits de mieux voir.* Alimenté en partie en énergie par trois *smartflowers* solaires plantées dans le jardin, l'aquarium de Vannes se divise en trois sections principales : eaux de mer tempérées, eaux douces chaudes (Amazonie notamment) et mers tropicales. La première présente la faune du golfe, dont la daurade royale (qui change de sexe en cours de sa vie !) et les hippocampes, emblèmes du parc naturel régional, que l'aquarium s'ingénie à recenser et réussit désormais à faire se reproduire en captivité. Les deux autres espaces sont plus classiques avec, en tout, une cinquantaine de petits aquariums et de plus grands bassins, où évoluent des requins de récif à pointe noire, des tortues, poissons-clowns et autres poissons-vaches... N'oubliez pas de saluer le crocodile du Nil, retrouvé dans les égouts de Paris et installé dans un décor ad hoc... Animations durant les vacances scolaires (voir le site).

Le jardin aux Papillons : *parc du Golfe. ☎ 02-97-40-67-40. • jardinauxpapillons.com • À côté de l'aquarium. Ouv avr-sept slt, tlj 11h-17h30 (début juil-août, 10h-19h) ; fermeture des guichets 30 mn avt. Entrée : 10,90 € ; enfants 4-11 ans 7,60 € ; pass 13,30-19,10 € avec l'aquarium. Animaux interdits. Plus la luminosité est forte, plus on a de chance de voir les papillons voler : mieux vaut donc venir entre 11h et 16h.* Dans cette vaste serre tropicale (200 espèces de plantes) évoluent en permanence quelque 400 papillons d'une quarantaine d'espèces en provenance de Guyane, de Madagascar, des Philippines... Il y fait entre 20 °C et 27 °C, pour un taux d'hygrométrie oscillant entre 90 et 100 %. Dans l'éclosoir, on peut observer la naissance des papillons (plus nombreuses le matin), arrivés au jardin sous forme de chrysalides. Les autres volent librement, d'hibiscus en coupelles de fruits fermentés, au milieu des perruches à collier, cailles de Chine et discrets mandarins... Ne manquez pas l'*Atacus Atlas,* papillon nocturne parmi les plus grands du monde et le si beau *morpho d'Amazonie,* aux ailes d'un bleu iridescent.

Le Ker : *parc du Golfe. ☎ 02-97-47-60-22. • le-ker.bzh • Tlj 14h-18h ; sf juil-août, tlj 9h30-19h30. Entrée : 10,50 € ; réduc.* Ce drôle de parc à thème, inauguré en mai 2016, s'ancre dans une démarche 100 % bretonne. La direction a fait appel aux meilleurs techniciens et artistes régionaux pour concevoir ses expositions ludiques, à des matériaux (durables) 100 % BZH pour sa construction et ne propose que des produits locaux dans l'espace restauration. Son principe ? Découvrir l'histoire du golfe en s'amusant. Le parcours, au gré de trois salles jalonnées d'écrans, d'animations sonores et de reconstitutions, propose de s'immerger dans la préhistoire, puis dans l'époque celte. Aucun objet authentique ici, ce n'est pas un musée, mais une scène de ménage néolithique, des pierres levées recréées par un célèbre décorateur de cinéma et de télévision (qui a travaillé sur la série *Dolmens* !), un fortin et un bateau évoquant la culture océanique... Le meilleur vient à la fin : un film en 4D recrée la fameuse bataille navale de 56 av. J.-C. qui vit César triompher des Vénètes. Sa conviction : la défaite n'est due qu'au fait que le vent soit subitement tombé, immobilisant les navires vénètes. Il existe deux versions du film, dont une, destinée aux enfants les plus jeunes, expurge les scènes de violence. Il est, en outre, possible de demander que les effets sensoriels soient déconnectés.

La presqu'île de Conleau : *parking face au camping ou navette gratuite en juil-août depuis le centre-ville et le parc du Golfe.* Poussez donc jusqu'à cette ancienne île aux maisons ombragées par de grands pins, reliée au continent depuis 1879 par une route-digue. Là se nichent un vaste bassin de nage d'eau de mer *(GRATUIT),* une gentille plagette et un petit port de plaisance. Le point de vue sur le fond du golfe du Morbihan est bien joli avec, en face, Port-Anna, où s'ancrent les sinagots, caché dans le goulet qui mène de la rivière de Vannes au golfe du Morbihan... Pour profiter de la vue, il y a la terrasse du *Corlazo* (voir « Où boire un verre ? ») et le bistrot de l'hôtel *Le Roof* (voir « Où dormir ? »).

Fêtes et manifestations

Le programme complet des manifestations est disponible sur le site de l'office de tourisme : *• tourisme-vannes.com •*

– ***La Semaine du golfe :*** *le w-e de l'Ascension, les années impaires. L'édition 2017 aura lieu du 22 au 28 mai.* Un bon millier de vieux gréements et de simples coques de noix, dont les incontournables sinagots, se donnent rendez-vous dans les différents ports et îles du golfe, sur fond de fiesta, de musique et de dégustations d'huîtres. C'est LE grand rendez-vous maritime par excellence du golfe du Morbihan.

– ***Morbihan Paddle Trophy Ouest France :*** *w-e mi-juin.* • *morbihanpaddletrophy.fr* • Venu d'Hawaii, comme le surf, le *paddle,* ou SUP *(stand-up paddle),* connaît un essor considérable depuis quelque temps. Pas de vagues dans le golfe ? Qu'importe ! Il s'agit ici de pagayer debout sur une planche. Les courses (11 km), entre Baden ou Séné et Vannes, comptent pour la coupe de France de la discipline. Il y a même un raid longue distance entre Arzon et Vannes !
– ***L'Ultra Marin Raid golfe du Morbihan :*** *w-e fin juin.* • *raid-golfe-morbihan.org* • L'Ultra Marin, c'est un trail de 177 km pour 1 054 m de dénivelé positif tout autour du golfe du Morbihan, principalement par les sentiers côtiers ! Un peu moins fou ? Restent les itinéraires de 87 km (Raid), 56 km (Trail) et 36 km (Ronde des Douaniers), sans oublier un relais nordique chronométré de 28 km.
– En été, ***concerts au kiosque*** sur le port.
– ***Festival des musiciens voyageurs :*** *début juil.* Concerts (gratuits ou payants) de musique ancienne dans des lieux de charme, conférences et master classes, à Vannes, mais aussi sur les îles du golfe, à Arradon, à Pontivy...
– ***Fêtes historiques :*** *13 et 14 juil.* Défilé en costume, animations, spectacles en ville et sur les remparts, sur fond de grands feux d'artifice. Une époque différente est choisie chaque année comme thème de la fête.
– ***Jazz en ville :*** *fin juil.* ☎ *02-97-01-62-30.* • *festivaljazzenville.fr* • *GRATUIT.* Malgré son nom, il ne se limite pas aux portes de Vannes, avec des concerts jusqu'à Arzon et au château de Suscinio.
– ***Les Musicales du golfe :*** *pdt 10-15 j. début août.* ☎ *02-97-47-24-34.* • *musicalesdugolfe.com* • Concerts classiques en ville et dans les églises du pays de Vannes, à Baden, Plougonmelen, Theix, Séné, Saint-Avé et Surzur.
– ***Fêtes d'Arvor :*** *13-15 août.* • *fetes-arvor.com* • Cette fête bretonne du « pays de mer » résonne des fest-noz, *bagadoù* (groupes folkloriques) et défilés en costumes bretons, sans oublier le feu d'artifice du 15 août tiré sur les remparts.
– ***Tournoi des Vénètes :*** *21 août.* Des joutes nautiques, au port, opposent des représentants de Vannes et des communes voisines.
– ***Celti' Vannes :*** *pdt 8 j. fin sept-début oct.* Spectacles, contes, fest-noz, concerts et jeu de pistes pour les enfants, qui célèbrent les cultures celtes et bretonne.

DANS LES ENVIRONS DE VANNES

Les tours d'Elven ou la forteresse de Largoët : *56250* ***Elven.*** ☎ *02-97-53-35-96.* • *contact@largoet.com* • *largoet.com* • *Le long de la N 166 (D 766). De Vannes, direction Rennes, à 14 km (indiqué). Accès du site à 700 m à pied depuis la grande porte d'entrée. De mi-mars à fin mai et vac scol de la Toussaint, w-e et j. fériés 14h-18h30 (tlj sf mar pdt les vac scol) ; juin-sept, tlj (sf mar en juin et sept) 10h30-12h10, 14h20-18h30. Entrée : 5,50 € ; gratuit moins de 10 ans. Nouveau circuit de visite avec panneaux explicatifs.* Nichées dans la forêt au bord d'un étang, les deux tours d'Elven ramènent à un temps révolu où les seigneurs régnaient en maîtres absolus sur leurs domaines. Nicolas Fouquet, le surintendant des finances de Louis XIV, les racheta en 1656, alors que les bâtiments étaient déjà largement en ruines ! Seuls demeurent vraiment aujourd'hui une tour ronde du XVe s et un énorme donjon résidentiel octogonal de la fin du XIVe s – le plus haut de France (57 m), empilant pas moins de sept niveaux pour parvenir à voir par-delà les bois altiers.
Henri Tudor y fut retenu prisonnier au XVe s, avant de devenir roi d'Angleterre sous le nom d'Henri VII. À l'intérieur, malgré la disparition des planchers, des escaliers un peu raides permettent de découvrir toute la structure et de profiter de points de vue sur ce site empreint de romantisme, qui a servi de décor à plusieurs films.
– À l'entrée du parc, admirer la maison de la Porterie, avec ses lièvres géants en granit, qui date du XIXe s.
– Agréable promenade autour de l'étang ; possibilité de venir pique-niquer.

LE GOLFE DU MORBIHAN

• Carte *p. 335*

Incontestablement, l'un des plus beaux paysages de Bretagne que cette « Mer petite » *(Mor bihan)* aux paysages changeant avec la marée, les saisons, le temps... enchevêtrement de bras de mer enlaçant des îles et parsemés de nombreux parcs à huîtres. « Il faut voir ces îles certains matins brumeux, quand les îlots multiples surgissent comme les sommets d'une chaîne de montagnes dont l'eau aurait un jour envahi les vallées. » André Gide définissait ce spectacle comme « une aquarelle sans ligne ».

LES ORIGINES DU GOLFE

Si le bassin oriental du golfe du Morbihan a été peu à peu envahi par l'océan dès la fin de l'ère tertiaire en raison de mouvements géologiques, son flanc ouest, lui, n'est sous les eaux que depuis 10 000 ans environ. Le niveau de la mer n'a cessé de varier au Quaternaire (+15/-25 m), entraînant par moments une érosion accrue des flancs du golfe par les quatre cours d'eau qui s'y jettent (rivières d'Auray, du Vincin, de Vannes – ou Marle – et de Noyalo), ou les noyant a contrario jusqu'à les transformer en rias, comme c'est encore le cas. Ces variations expliquent que certains monuments mégalithiques se retrouvent aujourd'hui sous les eaux. C'est notamment le cas de l'un des deux cercles de pierre du célèbre *cromlech d'Er-Lannic*.

Aujourd'hui, la vaste cuvette du golfe s'étend sur 115 km^2, bien que cette superficie varie naturellement en fonction des marées. Sa profondeur est faible : 6 m seulement en moyenne, pour un marnage qui ne dépasse pas 4,5 m à Vannes alors qu'il atteint 8 m sur les côtes océaniques. Pourquoi ? Pour une raison simple : le golfe n'a jamais totalement le temps de se vider avant qu'une autre marée ne vienne le remplir (et vice-versa). Résultat : en raison des mouvements d'eau contradictoires (estimés à 400 millions de mètres cubes à chaque marée !), les courants sont très puissants, particulièrement dans les goulets séparant les îles du continent et dans celui de Port-Navalo (900 m de large), seule ouverture sur l'océan. Là, lors des grandes marées, le flux atteint 8 ou 9 nœuds, et il n'est pas rare alors que les plus petits bateaux fassent du surplace ! Au même moment, les pêcheurs à pied et les oiseaux migrateurs s'en donnent à cœur joie sur les immenses estrans plus ou moins vaseux découverts, où abondent les coquillages.

La légende affirme que le golfe est semé de 365 îles et îlots, un pour chaque jour de l'année. N'en croyez rien. Ils sont une quarantaine (42 exactement), tous privés, à l'exception de l'île aux Moines, de l'île d'Arz (les deux seules habitées à l'année) et d'Ilur qui appartient au Conservatoire du littoral.

À l'automne 2014, le golfe du Morbihan est devenu le ***50e parc naturel régional*** de France avec 81 200 km^2, dont 17 000 km^2 « d'aire d'intérêt maritime », englobant l'intégralité du golfe (île aux Moines exceptée), ainsi que la plupart des terres limitrophes.

AVERTISSEMENT

Le golfe du Morbihan est certainement l'un des sites de France les plus enchanteurs pour naviguer, entre les îles, en dériveur, en planche à voile ou en kayak de mer. Il convient, cependant, d'être ***extrêmement prudent en raison des forts courants de marée et de la présence de nombreux parcs ostréicoles.*** Un balisage spécifique a été mis progressivement en place, mais restez vigilant car des vents contraires pourraient vous y pousser.

Comment visiter le golfe du Morbihan ?

En bateau

Excursions en bateau : la ***Navix*** *(☎ 02-97-46-60-00 ; • navix.fr •)*, la **Compagnie du Golfe** *(☎ 02-97-67-10-00 ; • compagnie-du-golfe.fr •)* et les **Vedettes du Golfe** *(☎ 02-97-44-44-40 ; • vedettes-du-golfe.fr •)* proposent différentes formules, à la demi-journée ou à la journée, avec ou sans escale sur l'île aux Moines et/ou l'île d'Arz. Toutes 3 proposent des départs de Vannes et de Port-Navalo ainsi que, pour la *Navix*, d'Auray, Le Bono, Locmariaquer et La Trinité (en hte saison seulement). La *Navix* propose aussi des croisières-déjeuner depuis Vannes.

Izenah Croisières *(☎ 02-97-57-23-24, avr-sept ; ou ☎ 02-97-26-31-45, • izenah-croisieres.com •)* part de Port-Blanc (commune de Baden), face à l'île aux Moines.

Les **Vedettes de l'Angélus** *(☎ 02-97-57-30-29 à Locmariaquer, 02-97-49-42-53 à Port-Navalo ; • vedettes-angelus.com •)* et **Le Passeur des Îles** *(☎ 02-97-49-42-53 ; • passeurdesiles.com •)* sont, eux, attachés à Port-Navalo et Locmariaquer. Les croisières dans le golfe de la première compagnie n'offrent d'escale qu'à l'île aux Moines. Plus intéressant, la seconde compagnie, aux tout petits bateaux, dessert aussi bien l'île d'Arz (avr-août) que l'île de Gavrinis et l'île aux Moines (avr-sept), cette dernière depuis le port de Kerners, dans la presqu'île de Rhuys.

En louant un bateau

Il est possible de louer un petit bateau à moteur, avec ou sans permis, dans différents ports du golfe, notamment à la pointe d'Arradon, à Larmor-Baden, Séné, etc. Vous pourrez aller d'île en île à votre rythme, faire une escale là où vous vous sentirez inspiré (ou aspiré ?)... Cependant, ATTENTION, la navigation ici requiert une bonne connaissance de la mer et du code maritime ! Dans le cas contraire, louez les services d'un skippeur. Les offres ne manquent pas, qu'il s'agisse de voiliers traditionnels, de catamarans ou même de vieux gréements (sinagots), pour des sorties de quelques heures ou des randonnées maritimes de plusieurs jours vers le large. L'office de tourisme de Vannes recense l'essentiel de l'offre sur les pages suivantes : *• tourisme-vannes.com/voir-faire/nautisme/location-de-bateaux •* et *• tourisme-vannes.com/voir-faire/croisieres •*

LES ÎLES DU GOLFE DU MORBIHAN

Carte Morbihan, B-C3

L'ÎLE AUX MOINES (enez manach ; *56780)*

Ici, l'odeur du goémon se mêle à la senteur des pins, et, grâce au climat particulièrement doux, camélias, mimosas, palmiers et orangers poussent à profusion. Les habitants sont d'ailleurs très fiers de leurs trois oliviers... C'est la plus grande des îles du golfe du Morbihan et, à l'évidence, la plus gâtée par la nature, très boisée (bois d'Amour, bois des Regrets...). Mesurant 7 km de long pour 3 km de large au maximum, elle prend la forme d'une croix et doit son nom aux moines de Redon, à qui le roi Érispoé en fit don. On peut en faire le tour en 17 km, à pied ou à vélo. C'est ici le royaume des cyclistes : seuls quelques insulaires ont une voiture. L'été, l'île aux Moines est prise d'assaut par la bonne société parisienne. Résultat : les prix de l'immobilier et de l'hébergement s'envolent. La population passe alors de 650 à 6 000 habitants ! Et les bateaux déversent 10 000 visiteurs par jour au plus fort de l'été... Les Îliens les surnomment un peu vachement KGB, pour K-Way, Glacière et Baskets !

LE GOLFE DU MORBIHAN

Comment y aller ?

➢ *Outre les excursions dans le golfe qui font escale à l'île aux Moines (voir plus haut « Comment visiter le golfe du Morbihan ? »), l'accès à l'île se fait par* **Port-Blanc** *(entre Arradon et Larmor-Baden, sur la commune de Baden), à 14 km au sud-ouest de Vannes. La traversée (5 mn) est assurée par la compagnie* ***Izenah Croisières*** *: ☎ 02-97-26-31-45. • izenah-croisieres.com • Tarif : 5 € l'A/R, vélo 4 €. Achat des billets au kiosque sur le port ou directement à bord s'il est fermé. Départs ttes les 30 mn, 7h (8h dim et j. fériés)-19h30 (20h avr-juin et sept, 22h juil-août).* À Port-Blanc, bonne nouvelle, tous les parkings (bien fléchés), sauf le plus proche de l'embarcadère, sont gratuits.

➢ Sinon, penser au ***Passeur des Îles*** *(☎ 02-97-49-42-53 ; 📱 06-22-01-67-72. • passeurdesiles.com •)* qui assure 3-5 traversées/j. au départ de Kerners (presqu'île de Rhuys) en juil-août et 4/sem en avr-juin et sept (aller 10h30, retour 17h).

Une journée à l'île aux Moines

Les 4 loueurs de vélo invitent à découvrir l'île en petite reine. C'est une bonne solution, pour peu que l'on veuille s'en tenir aux rues et routes goudronnées. On peut d'ailleurs adjoindre à sa monture une cariquelle (carriole), comme tout bon îlien. À votre arrivée, demandez à l'office de tourisme, au port, une carte de l'île signalant les itinéraires balisés. Le jaune mène à la pointe du Trec'h, au nord (5 km A/R) ; le rouge, à l'est, à la pointe de Brouel (6 km A/R) ; et le bleu, au sud, à la pointe de Penhap (10 km A/R). Ces routes sont signalées sur le sol à chaque intersection (quoique parfois un peu effacées). Le sentier côtier, lui, est réservé aux piétons : l'usage de bâtons de marche à pointe métallique y est interdit en raison de la trop forte érosion. Parcourant l'essentiel du pourtour de l'île, il effectue une boucle de 17 km (env 4h30 de marche), auxquels on peut ajouter 2 km A/R pour voir aussi la pointe de Brouel. Celle du Nioul, au sud, reste hors d'atteinte. Sachez, enfin, que toutes les flèches vertes mènent au port ! Pour les repas, hors les restaurants et crêperies, on trouve sur place boulangerie et supérettes.

Adresses et infos utiles

Point Info tourisme : *sur le port, juste au débarcadère. ☎ 02-97-26-32-45. • info.ileauxmoines56@orange.fr • tourisme-vannes.com • Tlj avr-fin sept, 9h30-13h, 14h-17h15.*

■ **Location de vélos :** 4 loueurs, en face du débarcadère ou à proximité. ***Location du Port,*** *06-11-84-59-54 ;* ***P'tit Louis,*** *☎ 02-97-26-35-21 ;* ***L'Île à Vélo,*** *☎ 02-97-26-38-70 ;* ***Île aux Moines Location,*** *à côté du café Chez Jeannette, 06-50-46-90-64. Tarifs semblables : env 3,30-3,50 €/h, 5-6 € pour 2h et 10-12 €/j.* Tous types de cycles, carrioles et sièges pour enfants. Dans tous les cas, vérifier que le matériel est en bon état. Ne pas oublier bouteille d'eau, crème solaire et chapeau ! Attention, en juillet-août, il est interdit de circuler à vélo dans la rue principale du bourg : marchez à côté.

■ **Taxis :** ***Fredo Transport*** *(06-45-27-62-54) ou* ***Christophe*** *(06-78-90-61-38).*

■ **Visite de l'île en minibus avec Lili Voyages :** *06-88-17-24-23. Compter 14 € pour 1h ; réduc. Env 4 départs/j. Possible à la demande, sur résa, pour 4 pers min.*

Où dormir ? Où manger ? Où boire un verre ?

D'abord, une mise en garde : sachez que la majorité des établissements ferment de novembre à mars. Globalement, les prix sont ici élevés, trop élevés vous diront beaucoup de gens – un reflet, notamment, du prix astronomique du foncier. Au plus fort de la saison, l'accueil pâtit souvent de l'affluence et le service ne se fait guère précis : beaucoup d'employés sont des saisonniers, pas toujours au top... À cette période, cependant, le marché se tient tous les matins (sauf dimanche). Vous y trouverez *Flobreizh* avec ses coquillages et poissons à emporter, la « traiteuse » Sophie de Kerno dans son food-truck et le maraîcher de l'île, Erwan Longuet.

Camping

Camping municipal Le Vieux Moulin : *rue du Vieux-Moulin. ☎ 02-97-26-30-68. • camping@mairie-ileauxmoines.fr • mairie-ileauxmoines.fr • Du port, prendre la direction de la pointe de Brouel ; bien indiqué. Ouv mai-sept. Compter 7 €/adulte, réduc. Loc de tentes 2-4 places avec matelas et oreillers : 15-20 €/nuit (10-15 € à partir de 3 nuits) en plus. Grandes tent' équipées 322-434 €/sem, possible à la j. hors juil-août 52-78 €/j. 50 empl.* Ce bel espace avec arbres soignés et grandes pelouses est bien au calme et joliment aménagé, avec des emplacements de bonne taille. Pratique : les locations de tente si vous n'avez pas votre matériel. Douches et sanitaires propres, machine à laver, jeux pour enfants. En été, les gérants proposent régulièrement des activités pour les plus jeunes, type pêche à pied.

De bon marché à prix moyens

Résidence Goélia La Voile d'Or : *rue du Vieux-Moulin. ☎ 01-60-*

76-59-00 (résas) ou 02-97-26-37-00. • goelia.com • ♿ Ouv Pâques-Toussaint. Compter 179-2 031 €/sem selon taille et saison, draps inclus ; w-e 2 nuits dès 140 €. Linge de toilette 8 € (ou apporter le sien). Séjours à la sem : ménage à faire soi-même à la fin, sinon 40-65 € selon taille. 📶 (à la réception). Cette nouvelle résidence, inaugurée en 2015 sur l'ancien terrain de sports, contraste avec l'âme de l'île, mais ne tranche pas trop avec le quartier de pavillons et le camping voisins. Disponibles pour des locations courtes (dès 2 nuits) hors juillet-août, les studios et apparts (jusqu'à 3 chambres et 8 personnes) n'ont pas une once de charme, mais sont fonctionnels, bien tenus et plutôt bien équipés, avec cuisine (amenez votre produit vaisselle !) et terrasse ou balcon. Attention, beaucoup de lits sont dépliants. Pour les courts séjours, draps, serviettes et ménage sont inclus. Points positifs : accueil vraiment pro, ascenseur, lits bébés fournis, laverie et piscine extérieure. Location de vélos un peu moins chère qu'ailleurs (et remorque enfants gratos).

Établissements Martin : *Beg Moussir. ☎ 02-97-26-31-56. 📱 06-88-58-32-91. • pgr.martin@orange.fr • huitres-ilesauxmoines.fr • À 5-10 mn à pied du centre par la rue qui part derrière l'église (et devient chemin côtier). Ouv des vac de Pâques (zone C) à mi-sept, tlj (sf dim d'avr) 12h-14h30 ; juil-août, 11h-19h. Dégustations 7-12 €.* Cette famille d'ostréiculteurs sympa comme tout, qui veille sur ses parcs depuis 3 générations, a disposé quelques tables face au chantier, mais surtout face au golfe et à l'île d'Arz. Un cadre idéal pour déguster 6 ou 12 huîtres, ou des palourdes, servies avec le pain, le beurre, le citron et le verre de blanc. La totale, quoi !

Les Embruns : *rue du Commerce. ☎ 02-97-26-30-86. Au centre du bourg. Tlj 12h-14h, 19h30-21h, sf mer sept-juin. Congés : 1re sem d'oct. Menus 20-28,50 € ; plats 13,50-20 €.* C'est le resto préféré des locaux, tenu par un enfant du pays, de retour après être devenu un chef de bon niveau sur le continent. On y mange de bonnes spécialités, essentiellement de la mer, préparées en fonction du retour de pêche. Une valeur sûre, même si le ton affirmé de la patronne ne plaît pas à tous...

Côte et Jardin : *rue Neuve. ☎ 02-97-26-33-33. • philippevoynot@yahoo.fr • Dans la rue qui monte vers le bourg depuis le port. Ouv fin mars-oct. Tlj mai-sept, fermé lun soir et jeu soir hors saison. Formules 15-26 €. Ne prend pas de résas à certaines périodes chargées.* Ici, on apprécie avant tout le cadre : une terrasse en ponton à l'ombre d'un vénérable eucalyptus et une jolie salle dans une vieille maison, prolongée à l'arrière par une véranda donnant sur la verdure. Côté cuisine, privilégiez les galettes, les salades et les moules (en été seulement !)... sans prétention mais convenables. Service jeune et gentil. Au fait, quelle citation le patron aura-t-il inscrit sur l'ardoise aujourd'hui ?

Chez Charlemagne : *le Port. ☎ 02-97-26-32-43. Tlj sf lun 12h-14h, 19h30-21h30 (bar jusqu'à 1h). Menus 2-3 plats 15,50-18,50 €.* Charlemagne est une institution : on y célèbre la soirée en bonne compagnie devant une bière bretonne artisanale, face au port. Et, oui, la mairie l'a bien autorisé à construire une nouvelle terrasse pile poil face aux bateaux. Top ! On y mange plutôt bien aussi (privilégiez le poisson frais), mais là où ça se gâte, c'est du côté de l'accueil : les îlois et les habitués seront toujours privilégiés ici, que ça plaise ou non...

La Chaumière : *pl. Ru-Vraz. ☎ 02-97-26-30-77. Tlj juil-août, sinon fermé ven, 11h30-19h (sans interruption). Formule 15 €.* Si la chaumière néobretonne surprend un peu, on apprécie le lieu pour son service efficace à toute heure, sa terrasse et sa salle fraîche et lumineuse, avec banquette et poutres cérusées. On y mange des choses simples : des galettes et des crêpes, mais aussi des steaks-frites très classiques.

De prix moyens à chic

Le San Francisco : *rue du Port. ☎ 02-97-26-31-52. • le-sanfrancisco@orange.fr • le-sanfrancisco.com • Juste au-dessus du débarcadère.*

MORBIHAN

Ouv avr-début oct. Doubles 90-150 € selon confort. Formule déj 20 €, menu homard 50 €, plats 23-35 €. Cette belle demeure, ancienne maison de repos des franciscaines, a été reprise par une jeune équipe menée par 2... sœurs. En cuisine, on privilégie une carte courte mettant en valeur des produits frais de qualité, principalement des poissons et fruits de mer, à accompagner d'une intéressante sélection de vins bio et biodynamiques. C'est bon, mais cher ! Quant aux chambres, de taille variable, elles profitent – pour certaines – d'une vue imprenable sur le golfe. Elles sont graduellement remises au goût du jour, les plus récentes dans un joli style contemporain aux tons gris-blanc. Accueil inégal.

Hôtel de L'Isle – Resto chez Les Garçons : *rue du Commerce. ☎ 02-97-26-32-50. • contact@hotel-de-lisle.com • hotel-de-lisle.com • Sur la place de la mairie. Resto tlj sf dim soir-lun hors saison, lun soir en juil-août. Congés : janv. Doubles 75-145 € selon confort et saison. Au resto, menus 24-29 €, galettes env 3-10 €.* En bas à droite, le bar, fréquenté par les habitués avec son comptoir en proue de bateau. En bas à gauche, un tout petit resto avec un bout de terrasse agréable. On y sert une bonne cuisine, fraîche, assez travaillée mais sans tralala, et des galettes pour ceux qui ne veulent pas faire un infarctus du portefeuille. À l'étage : une poignée de jolies chambres, parfois un peu biscornues mais à la déco hyper soignée, qui semble tout droit sortie d'un magazine spécialisé. Chacune affirme une tonalité et une ambiance différentes : baroque, zen... La suite et la n° 7 possèdent un minuscule bout de terrasse. Côté accueil, c'est là encore assez irrégulier.

Chambres d'hôtes Kerisa, restaurant l'Asphodèle : *rue du Presbytère. ☎ 02-97-26-32-52. • isabelle@kerisa.com • kerisa.fr • Ouv tlj Pâques-Toussaint, resto 12h-15h, salon de thé 15h-19h (sf s'il pleut). Doubles 105-200 €. Formule déj 25 € ; carte env 30 €.* Cette belle maison de pierre, précédée d'un jardin, abrite 6 chambres toutes différentes, mais arrangées avec soin et goût dans un style assez « déco », avec de bons lits. Seules les salles de bains dénotent, surtout lorsque (pour certaines) les w-c sont dans le couloir. Les sympathiques hôtes, Isabelle (originaire de l'île) et son mari Jack (Polonais), proposent une petite restauration simple, fraîche et colorée, préparée avec des produits locaux, le plus souvent bio : quiche, tartes salées et sucrées, burgers et salades, servis aux beaux jours en terrasse. L'après-midi, le lieu devient salon de thé, baptisé du nom de l'asphodèle, qui fleurit sur l'île en mai.

À voir. À faire

À pied ou à vélo (désolé, pas de cheval), parcourez le ***sentier côtier*** et les petites routes où ne circule quasiment aucun véhicule à moteur. C'est le bonheur assuré !

La grande plage : *accès par un court chemin traversant le bois d'Amour, depuis le débarcadère.* Officiellement baptisée du nom de Dréhen, cette belle étendue de sable de 300 m joue la nostalgie avec sa trentaine de cabines de bains bleu et jaune (privées) très carte postale, dominées par de fières villas... Elle est idéale pour une baignade sécurisée, avec panorama sur le détroit séparant l'île de Port-Blanc. Deux autres plages s'étendent plus au sud, sur la côte : ***Le Goret*** (à 2,5 km), calme, nichée à l'abri de deux digues, et ***Le Rudel,*** la plus sauvage, 800 m plus loin. Mentionnons aussi la plage de ***Port Miquel,*** à l'est du bourg, un peu plus vaseuse.

Du port, en contournant le cœur du bourg par la rue de la Grimpette (authentique !), on rejoint la rue de la Mairie, qui se prolonge vers la ***pointe du Trec'h,*** à l'extrémité nord de l'île. On peut aussi s'y rendre par le parcours jaune en passant par la fontaine du Lério, la mairie gardée par deux canons du XVIIIe s et l'église

Saint-Michel. Dans tous les cas, on passera ensuite le *calvaire* à degrés, avant de descendre vers la *cale* de la pointe du Trec'h, où s'amarrent quelques *plates*. De là, la vue sur Arradon et le golfe est superbe. Allez-y par le circuit jaune et revenez par le sentier littoral si vous êtes à pied, histoire de longer les parcs ostréicoles (voir « Où manger ? » !).

Pointe de Brouel : *correspond au circuit rouge (5 km A/R).* Brouel, c'est le nom de la pointe, des îlots au large et aussi de la pointe et de la plage situées juste en face, sur l'île d'Arz ! Il y a bien longtemps, avant la montée des eaux, elles étaient liées. En chemin, vous passerez plusieurs fontaines et puits.

Ceux qui ont le temps et/ou l'énergie s'aventureront plus au sud, par le circuit bleu *(10 km A/R)*, en quête du ***cromlec'h de Kergonan,*** qui a conservé 24 pierres levées en arc de cercle (site pas bien spectaculaire, malgré sa grande taille), puis vers le petit ***dolmen de Kerno,*** où ont été découvertes perles et pendeloques. Presque au sud de l'île, celui de ***Penhap*** (Er Boglieux), classé, est encore coiffé d'une dalle énorme. Il est sans doute vieux de 5 000 à 6 000 ans et conserve quelques gravures. Une légende, encore une, voudrait que César repose sous la chambre funéraire dans un cercueil en or !

AMOURS ENNEMIES

Une légende rappelle que l'île aux Moines et l'île d'Arz étaient jadis reliées par une excroissance rocheuse jetée comme un pont entre la pointe de Brouel îloise et la pointe de Brouhel ildaraise. Une jeune fille îloise, éperdument amoureuse d'un jeune ildarais, l'empruntait quotidiennement pour le rejoindre, au grand dam des parents, opposés à l'union. Dieu tout-puissant, appelé en renfort, les châtia en submergeant l'isthme, emportant la belle dans les flots pour l'éternité...

Manifestation

– ***Festival de la Voile :*** *3 j. autour du 15 août.* • *festivaldelavoile.fr* • Régates et animations.

L'ÎLE D'ARZ (an arzh ; 56840)

Le nom d'*Arz* viendrait du mot celtique *Athos* qui signifie « ours » ! Nettement moins touristique et médiatique que sa voisine l'île aux Moines, d'une beauté moins luxuriante, plus plate et moins arborée, elle séduit les puristes par cette sorte d'austérité paisible propre aux lieux cultes de la « bretonnitude » vraie. Mesurant dans ses plus grandes extensions 5 km sur 3, l'île d'Arz abrite tout juste 260 habitants pour 269 ha (plus de 1 ha par personne !). Du débarcadère, il vous faudra payer un peu de votre personne pour gagner le bourg, situé au beau milieu de l'île, sur sa seule élévation. Le sentier côtier, séduisant en diable, vous y mènera par le chemin des écoliers, via le vieux moulin à marée restauré et sa digue. En arrivant, vous tomberez sans doute sous le charme de ces petites maisons toutes recroquevillées sur leurs ruelles, au pied de la vieille église, sans trop de relookage cosmétique. Au-delà, d'autres sentiers mènent à une panoplie de pointes, de presqu'îles et de plages séduisantes, glissant entre les haies, les bois de pins et des champs bien gras où les vaches bretonnes à pie noire ont repris pied.
Terrienne, certes, « l'île des capitaines » a néanmoins le regard rivé vers le large : elle est le berceau de dynasties de marins au long cours, aujourd'hui pour la plupart à la retraite. Jean Bulot (voir « Livres de route » dans « Bon à savoir avant le départ » en début de guide), l'ancien capitaine de l'*Abeille Flandre,* l'un des plus puissants remorqueurs du monde, y a regagné la terre ferme, et Franck David,

champion olympique de planche à voile, y passe une bonne partie de son temps à défier les vents de Brouhel. La célèbre *École de voile des Glénan* a d'ailleurs choisi l'île pour y implanter sa base morbihannaise.

Comment y aller ?

Outre les nombreuses excursions proposées par différentes compagnies (voir en début de chapitre), les liaisons régulières sont effectuées par les ***bateaux-bus du Golfe*** : *départ du parc du Golfe à Vannes (ou Conleau oct-fin mars), avec escale à Barrarac'h (Séné).* ☎ *02-97-44-44-40.* • *vedettesdugolfe.fr* • *De Vannes, tlj 6h30 ou 6h50 (8h40 dim et j. fériés)-19h45 ou 20h selon la saison, à raison de 10-16 bateaux/j. Dernier retour de l'île 20h05-20h25 selon période. Tarif : 10,20 € l'A/R ; réduc.*

➢ ***Pour rejoindre le bourg depuis l'embarcadère :*** *à l'arrivée de la plupart des bateaux, les estafettes* ***Transport Ildarais*** *peuvent vous conduire au bourg pour 2,20 € l'aller (sinon, 25 mn à pied).* ☎ *02-97-44-30-82. Retours coordonnés avec les rotations des bateaux.*

Adresses utiles

Infos touristiques : *à la mairie.* ☎ *02-97-44-31-14.* • *iledarz.fr* • *Lun-ven 9h30-12h30. Également un point information au débarcadère en juil-août et w-e fériés, tlj sf lun, 10h30-13h, 14h-18h30.* Infos sur les locations de maisons et appartements.

■ ***Location de vélos et kayaks :*** *au débarcadère.* ***L'Arz et la Manière :*** ☎ *02-97-44-33-58 ou* 📱 *06-80-96-14-80. Ouv de Pâques à mi-nov (sinon tél). Le moins cher : 10 €/j.* ***Arz Locations :*** 📱 *06-73-58-72-33. Env 3,50 €/h, 9 € les 4h, et 12 € la journée.* Vélos bien entretenus, mais aussi des carrioles pour le transport des enfants, des sièges bébé, des tandems, et même 2 vélos électriques *(25 €/j.).* Dispose aussi de 3 kayaks. *Compter env 12 €/h en biplace, 35 € la ½ journée et 45 € la journée.*

■ ***École de voile des Glénan :*** *Keroland.* ☎ *02-97-44-31-16. Tte l'année sf de début nov à mi-déc et de début janv à mi-fév. Stages dériveur ou cata (avr-oct) et croisière, avec hébergement (dortoirs 3-6 lits, cuisine et sanitaires communs).*

Où dormir ?

Camping municipal Les Tamaris : *entre le débarcadère (moins de 10 mn à pied) et le bourg, face à la plage de la Falaise.* ☎ *02-97-44-33-97 ou 02-97-44-31-14 (mairie).* • *camping@mairie-iledarz.fr* • ♿ *Ouv Pâques-Toussaint. En juil-août, réception 7h30-12h30, 14h30-19h30. Résa vivement conseillée en été. Forfait tente en hte saison env 12 €. Douche pour les non-résidents 2,10 €.* L'ensemble se révèle plutôt agréable, avec des haies pour délimiter les 58 emplacements et des coins ombragés.

L'Escale d'en Arz : *pointe de Béluré, face à l'embarcadère.* ☎ *02-97-44-32-15.* • *contact@restaurant-escale.com* • *restaurant-escale.com* • ♿ *Tlj mars-déc. Doubles env 64-92 € selon saison. Carte 35-40 €.* C'est le seul hôtel de l'île. Face à la cale, simple et sans prétention, il abrite une poignée de chambres pas bien grandes, avec TV à écran plat et bloc douche/w-c en plastique pas bien seyant. Certaines ont une belle vue sur le golfe. Côté resto, le gros de la clientèle est constitué par les groupes et les mariages. Au menu : les classiques galettes, poissons et fruits de mer, servis sur la magnifique terrasse pied dans l'eau. La salle, elle, est très froide.

Les propriétaires de ***La Fontaine*** (voir ci-dessous), Nadège et Bruno Kersuzan, louent toute l'année 1 studio et 2 appartements au centre du bourg, d'un excellent rapport qualité-prix *(studio*

250-300 €/sem selon saison, apparts 4 pers 350-550 € ; à partir de 2 nuits hors juil-août ;). Refaits en matériaux écologiques, ils sont super cosy et très bien équipés, même si le studio, au rez-de-chaussée, est plus sombre.

Où manger ? Où boire un verre ?

La Fontaine : *Pénero. ☎ 02-97-44-32-26. Dans un hameau légèrement à l'écart de la route entre le débarcadère et le bourg (indiqué sur la gauche). Ouv Pâques-Toussaint, tlj, sf lun midi en saison, lun-mer midi hors saison. Resto le midi, plus galettes et crêpes sam-dim soirs en juil-août et lors des concerts. Carte env 20 €.* L'ambiance est décontract' dans ce petit bar-restaurant très coloré, un tantinet bohème avec son agréable terrasse installée autour d'un palmier. On choisit parmi les 2 ou 3 plats du jour à l'ardoise, simples et frais, tendance bio et produits locaux (sains), ou on craque pour l'assiette de fromages de l'île. Autre option : le coin épicerie fine, pour acheter de quoi se faire un bon pique-nique (et même le consommer sur place !). Le soir, les habitués s'y retrouvent devant une bière bretonne, en attendant le prochain concert.

Crêperie-restaurant Les Îles : *au centre du bourg. ☎ 02-97-44-30-95. • creperielesiles@wanadoo.fr • Au centre du bourg. Tlj avr-nov. Plats du jour 12-19 € ; galettes 2,30-15 €, assiettes de la mer 19-38 €.* Belle terrasse en bois (envahie l'été), cadre rustique chic, plat du jour, galettes « gastronomiques » à base de blé noir breton et fruits de mer... on a envie de s'asseoir. Restera à être un peu patient au plus fort de la saison et pas trop exigeant sur le rapport qualité-prix. En options : balades contées et paniers pique-nique.

Au Perroquet Bleu : *av. Charles-de-Gaulle. ☎ 02-97-44-30-15. À l'entrée du bourg, sur la gauche. Congés : 3 sem en hiver. Plats 10-30 €.* Pas de surprise ici : des moules-frites à prix démocratique en été, des huîtres et des fruits de mer, des poissons plutôt bien cuisinés, des salades, des planches pour l'apéro et des pizzas (moins convaincantes). Bref, une cuisine simple et honnête, servie de préférence sur la grande terrasse, très fréquentée par les familles.

Le Triskel : *dans le bourg. ☎ 02-97-44-33-65. Tte l'année, à partir de 8h30-9h selon la saison.* *Le Triskel,* c'est le rendez-vous incontournable des voileux de l'île. On y vient pour l'ambiance très couleur locale qui y règne aux heures apéritives – celles-ci s'étendent volontiers de 11h à minuit... La déco africaine peut surprendre mais le boss, Thierry, est comme ça : jamais là où on l'attend. Au fond, terrasse cachée dans la verdure.

Où acheter de bons fromages ?

Fromagerie de l'île d'Arz : *à* **Kernoel.** *Fléché sur la gauche en allant vers le bourg depuis le débarcadère. Vente à la ferme mar et jeu mat 9h30-12h30, et le sam devant la supérette.* Venus du continent il y a quelques années, Violaine et Sébastien ont redonné vie à un élevage de 35 vaches bretonnes pie noir. Tomme, lait, crème fraîche, yaourt, fromage blanc, beurre, lait cru... ils vendent toute une panoplie de bons produits frais, écoulés à 90 % sur l'île même.

À voir. À faire

Le musée Marins et Capitaines : *pl. de la Grée. ☎ 02-97-48-65-84. • museeiledarz.com • Ouv avr-oct. Avr-juin et sept-oct, tlj sf lun 11h-13h, 13h30-17h ; juil-août, tlj 10h45-13h, 13h30-17h15. Entrée : 4 € ; réduc ; gratuit moins de 6 ans.* Si la construction de ce bâtiment en bois moderne au cœur du village n'a pas, sur place, que des partisans, nous, on le trouve joliment conçu. Il se consacre, à travers deux salles et plusieurs vidéos attachantes, au passé de l'île, quand – du XVIIIe s aux années 1960 – tous les hommes ou presque prenaient la mer, engagés dans la marine marchande ou la Royale. Les intéressés ont légué ou prêté une partie de leurs collections personnelles, notamment des maquettes (y compris en boîtes en camembert !), et l'ex-voto de bateau de l'église est venu compléter l'exposition. Une section se consacre en parallèle à la vie des ildaraises, transformées en « gardiennes de l'île ». Touchant et intéressant. Expos temporaires dans la galerie attenante.

➢ Pour les amoureux de belles balades, le ***sentier côtier*** (circuit bleu), long de 15 km, effectue le tour complet de l'île, offrant de merveilleuses ouvertures sur le golfe et une succession de jolis moments. Cette île est un bonheur de petits chemins riants, de minuscules presqu'îles sauvages et de découvertes inattendues. Partant de la cale de Béluré et longeant la longue plage de la Falaise, vous rejoindrez d'abord le petit cimetière de bateaux, puis le ***moulin à marée de Berno*** *(de début juil à mi-sept, tlj 10h-18h ; ☎ 02-97-44-31-33).* Datant du XVIe s, tombé en ruines, il a été ressuscité grâce à l'ardeur de bénévoles autant passionnés que passionnants, regroupés au sein d'une association présidée par le célèbre Jean Bulot. La digue est reconstruite, et le moulin est de nouveau en état de marche ! La balade se poursuit de pointe en pointe, contournant le bourg, jusqu'à la belle ***plage de Brouël.*** On s'y baigne avec plaisir après la renverse, lorsque les eaux se réchauffent (un peu) sur le sable étalé au soleil. Peu après, on atteint l'extrémité sud de l'île à ***la pointe de Liouse,*** où trône un dolmen noyé sous les grands pins, face à une vue panoramique du golfe. Superbe ! On remonte ensuite par la côte est, direction la base nautique des Glénans et la petite ***plage de Pénera,*** calée contre le quai éponyme – un site sympa pour un pique-nique sous les pins ou une baignade à marée haute. De là, deux choix s'offrent à vous : aller explorer le bourg (église du XIIe s) ou continuer la balade par les côtes, en direction de la large ***plage de Rudevent,*** gentiment tournée au sud (baignade agréable). Ceux qui fatiguent couperont pour rejoindre directement l'embarcadère, tandis que les autres s'offriront le séduisant (dé)tour de la corpulente ***pointe de Bilhervé,*** en large partie occupée par une colonie de vacances des Douanes. Sa façade nord, marécageuse, est fréquentée par de nombreux oiseaux, notamment des oies de Sibérie (bernaches cravants) en hiver.

➢ Le ***circuit rouge*** (6 km), qui effectue la première partie du parcours par le moulin à marée et revient au débarcadère par le bourg, offre un joli avant-goût aux plus pressés. Il permet de s'offrir de courts détours par les deux vieux manoirs de l'île, des XVIe et XVIIe s, à ***Kervio*** et ***Pénero*** (privés).
– L'île d'Arz, c'est aussi le royaume de la ***pêche à pied.*** Aux grandes marées, la partie est, de la pointe de Béluré au promontoire de Pénera, dévoile, lorsque la mer déchale, d'excellents coins accessibles à tous. On y trouve coques, palourdes, bigorneaux, huîtres... Veillez à bien respecter le balisage des parcs ostréicoles, signalés par de grands piquets.

ILUR

Flottant au sud-est de l'île d'Arz mais partie intégrante de la commune, ***Ilur,*** la 4e île du golfe par la taille (37 ha), est aujourd'hui inhabitée. Seul y vit le gardien du Conservatoire du littoral, qui veille sur elle depuis 2008. N'importe qui peut y débarquer librement, pour peu qu'il possède un bateau on un kayak. Les chanceux découvrent alors un petit paradis au hameau

LE VIN FOU – VERSION MORBIHANNAISE

Autrefois, quelques familles installées sur l'île d'Ilur, cette petite voisine d'Arz, cultivaient le noah, un cépage américain qui donnait un vin très chargé en méthanol. Il avait la particularité de provoquer la folie et même de rendre aveugle pendant plusieurs heures. Il fut finalement interdit en 1935.

microscopique serré autour d'une église et une toile de sentiers batifolant entre landes, vasières, murets (7 km !), prés-salés où paissent une quinzaine de moutons, bois, courtes falaises colonisées par les cristes-marines et vistas panoramiques sur le golfe. Dans le proche futur, on devrait pouvoir y résider... le Conservatoire envisage, en effet, de développer des gîtes dans certains des bâtiments de l'ancien village.

L'ÎLE DE GAVRINIS

Comment y aller ?

➢ **De Larmor-Baden :** ***bureau d'accueil Cairn de Gavrinis*** *sur le port, cale de Pen-Lannic. ☎ 02-97-57-19-38. Résa indispensable (jusqu'à 4 j. à l'avance en juil-août) pour la visite du site (21 pers max par groupe), qui est guidée et comprend l'A/R en bateau. L'île est accessible avr-sept (tlj 9h30-12h30, 13h30-18h30) et aux vac de fév et de la Toussaint (tlj sf mer 13h30-18h30). Prix : env 18 € Gavrinis seule, 20-22 € avec Er Lannic en plus ; réduc ; gratuit moins de 8 ans. Env 15 mn de traversée. Durée totale avec la visite : 1h env. À noter que le billet donne droit* au pass des Mégalithes, *qui offre des réduc dans les autres grands sites mégalithiques de la région (Table des Marchand à Locmariaquer, cairn du Petit-Mont à Arzon, alignements et musée de Carnac).*

➢ **De Port-Navalo** (presqu'île de Rhuys) **et Locmariaquer** (cale du Guilvin), avec **Le Passeur des Îles** *(☎ 02-97-49-42-53 ; • passeurdesiles.com • ; mar et ven à 9h45 – retour 11h30 – en avr-juin et sept ; tlj sf sam en juil-août à 11h45, retour 13h45).*

À voir

♦♦♦ ***Le cairn :*** *résa obligatoire (voir ci-dessus). • morbihan.fr/gavrinis • Sacs et objets encombrants sont à déposer obligatoirement à l'entrée du site. Attention, les animaux sont interdits.* Certains l'appellent la « chapelle Sixtine du Néolithique ». Parmi les multiples monuments mégalithiques bretons, celui-ci est le plus impressionnant. Sa position, déjà, détonne : au fur et à mesure de la montée des eaux dans le golfe, ce cairn, jadis juché sur une colline dominant les vallées fluviales environnantes, s'est retrouvé sur un îlot grand comme un mouchoir de poche... Sa taille est impressionnante : haut de 6 m pour un diamètre de plus de 50 m, il est percé d'un couloir de 14 m de long constitué de grandes dalles gravées, qui conduit à la chambre funéraire du dolmen, recouverte par une énorme dalle. Son âge ? 5 800 à 6 100 ans.
Que sait-on exactement du cairn de Gavrinis ? Qu'il abritait la sépulture d'un unique personnage, sans doute très important.

RECYCLAGE NÉOLITHIQUE

La dalle de la chambre funéraire de Gavrinis (longue de 4 m pour un poids estimé de 17 à 23 t) a connu une première incarnation sous la forme d'un menhir de 14 m de haut, sans doute dressé près du Grand Menhir brisé de Locmariaquer. Une partie a été recyclée pour constituer la dalle supérieure de la Table des Marchand et une autre transportée à Gavrinis, à 4 km. Comment peut-on en être sûr ? Parce que les deux éléments possèdent chacun une partie d'un même décor gravé, façon puzzle : d'un côté un cervidé (ou chèvre), de l'autre ses cornes ! Le mystère reste entier quant aux méthodes de transport employées...

Ses dimensions remarquables et les efforts considérables déployés pour graver 24 des 29 dalles de granit du couloir d'accès à la chambre funéraire en témoignent. Spirales, demi-cercles concentriques, haches de pierre, serpents ou vagues couvrent pas moins de 71 m linéaires ! Dans la salle même, vous remarquerez aussi une dalle trouée présentant deux « poignées » de pierre. Sa signification reste mystérieuse. On croyait, après la découverte du site en 1832, que les Celtes y déposaient leurs offrandes humaines... Une chose est sure : l'excellent état de conservation des gravures est dû au fait que l'édifice a été dissimulé vers 2000 av. J.-C. sous une couche de sable. Certains archéologues y voient le signe d'un départ volontaire.
Prenez garde, au cours de votre visite, de ne pas toucher les dalles ni même de les effleurer involontairement : elles ont déjà été pas mal abîmées depuis le XIXe s, poussant certains spécialistes à préconiser la construction d'un fac-similé du cairn, comme pour la grotte de Lascaux. Pour le moment, il n'en est rien.

Le cromlech d'Er-Lannic : flottant juste en face de Gavrinis, l'îlot d'Er-Lannic (« petite lande ») est célèbre pour les deux enceintes jumelles en forme de fer à cheval qui s'y dressent (environ 3500 av. J.-C.). L'une est totalement immergée, l'autre située entre terre et mer, avec une partie des menhirs sur la lande et l'autre sur l'estran, découverte à marée basse, témoignage de la montée du niveau de la mer depuis le Néolithique. La mise au jour de tessons de poteries laisse imaginer un usage cultuel des lieux (offrandes). Privée et classée réserve ornithologique, Er Lannic est inaccessible, mais on peut la contourner en allant visiter Gavrinis.

L'ÎLE DE BERDER

Couvrant 23 ha, l'île de Berder est reliée à Larmor-Baden par une chaussée carrossable noyée à marée haute, ce qui permet d'y demeurer un maximum de 4h (un panneau indique les horaires d'accès possibles). Privée, on ne peut de toute façon qu'en faire le tour (2,6 km) à pied par le sentier côtier, de plage en plage, en zyeutant à distance les bâtiments édifiés dans les années 1880 par le comte Arthur Dillon : un manoir doté d'une tour hexagonale de 5 étages et la chapelle Sainte-Anne, édifiée pour le mariage de son fils. L'homme, aux goûts de luxe, a aussi créé un jardin d'agrément de 10 ha, truffé d'essences tropicales et de grands pins. L'île échut ensuite à la duchesse d'Uzès, qui la revendit à une congrégation religieuse. Aujourd'hui propriété d'un groupe immobilier, elle devrait, d'ici 2020, être aménagée en hôtel de luxe...

LES AUTRES ÎLES

Il ne faut pas croire la légende : il n'y a pas 365 îles dans le golfe du Morbihan, mais 42. Hors l'île aux Moines, l'île d'Arz et Ilur, toutes sont privées. Deux sont néanmoins accessibles à pied à marée basse : ***Tascon,*** face à Saint-Armel (voir le chapitre « Presqu'île de Rhuys »), ainsi que ***Boëd,*** située juste au large de la presqu'île de Séné. Pour rejoindre cette dernière, il faut gagner le hameau de Cadouarn, puis longer la côte vers le sud-est en direction de Moustérian, jusqu'à la hauteur d'un grand étang ; le passage est à cette hauteur. Que voir à Boëd ? Un cimetière de bateaux, une vieille tour carrée solitaire (Ténéro) agrippée aux rochers veillant l'estran, une vue sur l'île voisine, ***Boëdic,*** depuis la pointe ouest, et de jolies plages côté sud. Bottes plus que conseillées ! Au sud du golfe mentionnons l'***île de Stibiden,*** appartenant à Danielle Darieux... Attention, la propriété privée commence à la limite atteinte par les plus hautes eaux. Venez avec votre horaire des marées en poche !

LA CÔTE AUTOUR DU GOLFE DU MORBIHAN

Carte Morbihan, B-C3

LE BONO (ar Bonoù ; *56400)*

Posé sur un charmant coude de la rivière du Bono juste avant qu'elle ne mêle ses eaux à celle de la rivière d'Auray, l'exquis petit port du Bono joue les cartes postales. Au bout de la rue principale, un vieux pont suspendu couvert d'une chaussée en lattes de bois, réservé aux piétons, offre une vue pittoresque sur le cours d'eau, les bateaux de pêche et les vieux gréements qui s'amarrent parfois là. Au-delà, le secteur, verdoyant, invite à de jolies balades loin de l'agitation, entre forêts, marécages et rives.

DES COQUILLAGES POUR LE VAGABOND

Le « vagabond des mers du Sud », Bernard Moitessier, est enterré dans le petit cimetière du Bono, village où il a terminé ses jours. Sa tombe, une simple dalle d'ardoise, est pourtant immanquable puisque nombreux sont ceux à sacrifier à la tradition en y déposant les colliers de coquillages de cette Polynésie qu'il aimait tant.

MORBIHAN

Où dormir ? Où manger ?
Où boire un verre au Bono et dans les environs ?

Campings

⛺ ***Camping du Parc Lann :*** *52, rue Thiers.* ☎ *et fax : 02-97-57-93-93.* 📱 *07-88-00-79-47.* • *campingduparclann@orange.fr* • *campingduparclann.fr* • ♿ *Accès par la N 165 et la D 101 ; depuis le bourg, en direction de Plougoumelen ; bien indiqué. Ouv de mi-avr à fin sept. Forfait tente 13,60-16,30 € selon saison. Loc de caravanes (240-300 €/sem), roulottes (65 €/nuit, 250-490 €/sem) et chalets (305-760 €/sem pour 6 pers). 60 empl.* Récent, très au calme et en pleine verdure. Jeux pour les enfants. On aime bien l'ambiance confidentielle et conviviale de ce camping.

⛺ ***Camping La Fontaine du Hallate :*** *8, chemin de Poul-Fetan, lieu-dit Le Hallate, 56400* ***Plougoumelen.*** 📱 *06-16-30-08-33.* • *clegloanic@orange.fr* • *camping-en-morbihan.fr* • ♿ *À 6 km à l'est du Bono. Prendre vers Baden (D101), puis à gauche vers Plougoumelen ; 300 m plus loin, tourner à droite vers Bodenero puis Le Halatte. Ouv fin mars-fin oct. Forfait tente env 15-17 € selon saison. Cabane, chalet et yourte 50-70 € pour 2, sans petit déj, sanitaires du camping à disposition. Mobile homes 2-4 pers env 200-600 €/sem.* Wi-fi. Cet adorable camping joue la carte du bonheur champêtre et de l'écologie, avec panneaux solaires, récupération de l'eau de pluie et assainissement par phyto-extraction. Le terrain est charmant, très fleuri et descend en pente douce vers un étang. Les emplacements, agréables, alternent avec chalets classiques et mobile homes, à moins de préférer loger dans une yourte pour une nuit exotique ! Fait salon de thé en haute saison (17h-21h).

De prix moyens à chic

🏠 ***Chambres d'hôtes Ar-Couette :*** *Le Maneguen, 56400 Le Bono.* ☎ *02-97-57-24-78.* 📱 *06-12-05-80-98.*

● xsaintleger@gmail.com ● ar-couette.com ● Au sud du Bono vers Baden, indiqué sur la droite. Compter 90-110 € pour 2 selon période. Cette ferme rénovée est pleine de surprises : si les dépendances renferment désormais un salon commun agréable et de jolies chambres à la déco personnalisée et de bon goût (avec tout le confort : lits bien larges, salles de bains nickel, TV à écran plat et lecteur DVD, bouilloire pour le thé...), elles abritent aussi une piscine intérieure avec balnéo et un sauna ! Inattendu, d'autant que c'est gratuit. Et pour les balades en amoureux, les sympathiques proprios ont même prévu le prêt d'un tandem.

Hôtel Alicia : *1, rue du Général-de-Gaulle. ☎ 02-97-57-88-65. ● hotelalicia@orange.fr ● hotel-alicia.com ● À la sortie du Bono en direction d'Auray, à l'angle du pont. Doubles 61-120 € selon période et confort. Réduc de 10 % sur le prix de la chambre hors août sur présentation de ce guide.* Bien qu'implanté le long de la départementale, ce petit établissement moderne et pimpant a un atout déterminant : sa situation stratégique en surplomb de la rivière et du port. Depuis les balcons des chambres supérieures, la vue panoramique vaut vraiment la peine. Au 2e, il faut se contenter de Velux, mais la prestation est similaire pour tout le monde : déco actuelle sobre et bon niveau de confort. Petit espace spa avec jacuzzi. L'accueil est pro et souriant, mais l'insonorisation un peu légère.

À faire

Tours du Golfe et découverte de la rivière d'Auray : *avec la compagnie* **Navix.** *☎ 02-97-46-60-00. ● navix.fr ● De mi-juil à fin août.* Départ du port de Saint-Goustan à Auray ou du charmant petit port du Bono, et remontée de la rivière jusqu'à l'embouchure, avant de visiter le golfe.

BADEN (56870)

Ancré dans les terres, mais pas bien loin de l'eau, ce village tranquille est dominé par un haut clocher, devenu amer. C'est de Port-Blanc, situé sur son territoire, que l'on embarque pour l'île aux Moines.

Adresses utiles

■ **Base Nautique Varec'h :** *le Bois-Bas, 56870* ***Penmern.*** *06-03-32-35-67. ● bretagne-kayak.fr ● Ouv début avr-fin oct, tlj 9h-18h (20h en été).* C'est ici qu'on vient louer son kayak ou SUP pour partir explorer le golfe. Organise des sorties guidées à la demande, avec pique-nique d'huîtres.

■ **Caseneuve Maxi Catamaran :** *base nautique Bretagne Sud, à* ***Port-Blanc.*** *06-82-69-38-13. ● anne-caseneuve.com ●* Sortie sur un grand cata de 18 m vers les îles du Ponant *(65 €)* ou balade de 2h en soirée dans le golfe *(35 €)*, mais aussi navigation sur un trimaran de course...

Où dormir ? Où manger dans le coin ?

Camping

Mané Guernehué : *52, rue Mané-er-Groez. ☎ 02-97-57-02-06. ● info@camping-baden.com ● camping-baden.com ● À deux pas du centre de Baden. Ouv début avr-fin sept. Forfait tente 16-45 € selon saison. Loc de chalets et de mobile homes (273-945 €/sem), et de tentes (240-490 €/sem). 377 empl.* Pas très loin du littoral, un vaste camping bien organisé situé dans un très beau parc arboré. Bon équipement : restaurant, tennis, spa, épicerie... et gentillesse à toute heure. Des soirées animées régulièrement. Location de vélos. Piscine.

De bon marché à prix moyens

Chambres d'hôtes, chez Gisèle Kerbastard : *4, impasse de* ***Kervadail.*** *☎ 02-97-57-03-04. • kerbastard56@gmail.com • kerbastard.jimdo.com • À 2,5 km env de Baden. En allant vers Arradon par la D101, tourner à droite vers Keryonvarh, puis 1re à gauche vers Kervadail. Compter 50 € pour 2 (45 € dès la 2e nuit).* Une vraie chambre d'hôtes, nichée dans une petite maison jaune pâle entourée de pots de fleurs bleus ! Gisèle, aux petits soins pour ses visiteurs, fournit un lit parapluie si besoin, et laisse tout le monde profiter du jardin, où trône un arbre de Judée. Ses 3 chambres, à l'étage, sont petites et toutes simples, avec salle de bains commune, mais elles sont bien tenues et, au final, d'un rapport qualité-prix très honnête.

Les Hauts de Toulvern : *route de Toulvern, au sud de Baden, vers la pointe du même nom. ☎ 02-97-57-12-27. 📱 06-37-70-51-67. • contact@leshautsdetoulvern.com • leshautsdetoulvern.com • Studios et apparts 4-6 pers 285-1 260 €/sem selon saison. Séjour de 1 nuit possible hors saison. Remise de 10 % sur la chambre offert sur présentation de ce guide.* C'est une démarche écoresponsable qui est à l'origine de cette petite résidence haut de gamme. Tout, de la structure en matériaux sains au linge de maison en fibres naturelles, obéit à une logique écologique, avec un vrai souci de réduction de l'énergie et de protection de l'environnement. Côté confort, c'est impeccable : déco contemporaine élégante et aménagement soigné (TV à écran plat, cuisine équipée...). De quoi passer des vacances « propres » dans un environnement, évidemment, champêtre !

Chambres d'hôtes Anse de Kerdelan : *20, route de Kerfanc. 📱 06-08-42-23-75. • ansedekerdelan.com • Un peu avt Port-Blanc, prendre à droite vers Lairmarh, puis sur la droite. Congés : déc-fév. Double 80 €, suite familiale 140 € (réduc 5 % à partir de 3 nuits, 10 % dès 6 nuits) ; petit déj inclus, servi en terrasse par beau temps.* Rarement le mot panoramique est aussi justifié. Juchée sur une avancée du littoral, la longère du XVIIIe s, entièrement retapée, profite d'une vue à 180° sur les replis du golfe. Elle s'entoure d'un vaste terrain gazonné avec hamac, banc et chaise longue,, bref, tout ce qu'il faut pour profiter de la vue. Les 4 chambres, dont 3 à l'étage (et 2 communicantes partageant une salle de bains), affichent une déco marine de bon aloi aux tonalités bleu-jaune.

Résidence Odalys Le Château de Kergonano : *lieu-dit* ***Kergonano.*** *☎ 02-97-29-67-81. • chateau.kergonano@odalys-vacances.com • À env 1 km de Baden, en direction de Larmor-Baden, puis à gauche. Fermé nov-Pâques. Formules à la sem ou 75-195 € la nuit (linge de lit inclus pour les courts séjours, payant pour les loc à la sem).* Spécialiste des résidences, Odalys a investi ici un domaine seigneurial des XVe-XVIIe s entouré d'un vaste parc, entièrement réaménagé pour abriter 38 appartements (4-7 personnes) avec salon et cuisine. Les intérieurs sont un peu froids, mais fonctionnels et impeccables. Grande piscine extérieure chauffée, accessible de juin à septembre.

Résidence Odalys Les Îles du Morbihan : *lieu-dit* ***Le Lannic.*** *☎ 02-97-58-13-74. • ilesdumorbihan@odalys-vacances.com • À env 5 km par la D 316A direction Port-Blanc. À partir de 70 € la nuit pour un 2-pièces 4 pers (linge de lit et de toilette fournis, lits faits à l'arrivée et ménage quotidien).* Cette résidence récente située face à l'île aux Moines et à seulement 400 m de la plage se compose de studios et appartements 2 et 3 pièces confortablement aménagés (avec kitchenette). L'ensemble est moderne et bien tenu, mais manque un peu de charme. Sur place : piscine, sauna et salle de fitness.

Crêperie La Goélette : *6, pl. Weilheim. ☎ 02-97-57-07-19. • creperielagoelette@orange.fr • En plein centre-ville, face à l'église. Tlj sf dim soir et mer hors saison, 12h-14h, 19h-21h. Congés : de janv à mi-fév. Formule déj 12,70 € hors juil-août ; galettes 2,50-9,50 €.* Sur la place du village, cette jolie petite crêperie à la salle rehaussée de quelques toiles modernes tient bon son cap avec des crêpes goûteuses et bien garnies qui font la part belle aux produits locaux. Pour varier, on y trouve aussi des petits plats simples, façon andouille de Guéméné, saucisse de Kervignac et moules en saison (l'été, donc !), etc. Agréable terrasse.

Crêperie Er Lannic : *à* ***Port-Blanc.*** *☎ 02-97-57-07-07. Au rond-point juste avt l'embarcadère. Service en continu en juil-août, sinon 12h-15h et à partir de 19h. Galettes 2,60-9,40 €, grosses salades 11-14,50 €.* Vieille maison de pierre, grosses tables en bois semées dans le gazon devant... l'endroit est sympathique. Certes, l'été, la concurrence est rude, mais les galettes et les crêpes sont bonnes, et même, pour certaines, parmi les meilleures qu'on ait jamais mangé.

Le Rigad'eau : *1, route de Penmern, moulin de Pomper, au rond-point de la D 101 et D 316 (4 km à l'est de Baden). ☎ 02-97-57-25-00. Tlj sf lun 12h-14h, 18h30-22h.* Posé entre bord de route et ruisseau du Pont de Lohac, le lieu, ouvert par un ancien boucher et sa femme, se spécialise dans les pizzas au feu de bois, aux déclinaisons souvent inédites de produits locaux. Le même four sert aussi à mitonner l'unique plat du jour, très copieux et à tarif canon *(env 8,50 €).* L'ambiance est décontractée (les collets montés diront : trop) et, régulièrement, des concerts viennent rythmer les apéros.

Hôtel-restaurant Le Gavrinis : *1, rue de l'Île-de-Gavrinis, au lieu-dit* ***Toulbroch,*** *à env 1,5 km. ☎ 02-97-57-00-82. • gavrinis@wanadoo.fr • gavrinis.com • Prendre direction Vannes, puis tourner à gauche à l'indication « Toulbroch ». Resto tlj sf sam midi, dim soir et lun hors saison ; slt sam midi et lun midi en saison. Congés : 2-26 janv et 16-28 nov. Doubles 52-108 € selon confort et saison. Formule déj en sem 16,50 € ; menu sf w-e 27 € ; autres menus 32-52 € ; carte env 49 €. Au resto, café offert, ou 10 % sur la chambre (hors juil-sept) sur présentation de ce guide.* Un bâtiment moderne qui cache bien son jeu, car il renferme des parties communes élégantes et cosy, des chambres soignées et lumineuses de bon confort, et une table qui mérite une halte. Bel effort de déco tout d'abord, très épurée, et remarquable travail dans les assiettes, pleines de saveurs délicates. De l'ouvrage bien tourné, celui d'un artisan qui aime son métier, assurément.

À faire

– **Au Rythme des Marées :** ***pointe de Toulvern.*** *☎ 02-97-57-00-19. 06-04-59-68-28. • contact@aurythmedesmarees.fr • aurythmedesmarees.fr • Dégustations : avr, ven-dim jusqu'à 15h ; mai-juin et sept, mer-dim ; juil-août, tlj. « Découverte des parcs ostréicoles » avr-oct (voire début nov selon la météo), sur résa. Adulte : 29-35 € ; réduc et forfaits famille.* Ce site ostréicole, implanté sur l'un des plus beaux traits de côte du coin, offre l'occasion de déguster huîtres et autres fruits de mer en terrasse, les yeux rivés sur l'eau et les circonvolutions du golfe. Mais on y vient aussi pour parfaire ses connaissances conchylicoles ! Ivan Selo, 5e génération d'ostréiculteurs, a équipé un bateau à fond plat d'un puits de vision sous-marine et fait partager sa passion aux visiteurs qu'il emmène dans ses parcs à huîtres. La visite est suivie d'une dégustation à bord. Le bateau ressort, en fin de journée, à l'heure de l'apéro pour admirer le coucher du soleil sur les îles du golfe du Morbihan... Le bonheur ! Et quitte à être là, profitez-en pour aller jeter un œil au proche dolmen de Toulvern, ou vous offrir une balade sur le sentier côtier jusqu'à la plage de Sept-Îles et son île pour Robinsons accessible à marée basse.

LARMOR-BADEN (an Arvor-Baden ; *56870)*

Est-ce un bourg tranquille ou une station balnéaire ? Un peu des deux, mon commandant – tout dépendant de la saison. Important centre ostréicole, Larmor-Baden est aussi et surtout le principal point d'embarquement pour le fameux cairn de Gavrinis (voir plus haut le chapitre sur les îles du golfe), qui dépend de la commune, à l'égal de Berder, de Radenec et de l'Ile Longue.

Adresse utile

Golfe croisières : *quai de Pen-Lannic ; à côté du bureau d'accueil Cairn de Gavrinis. ☎ 02-97-57-15-27. • golfecroisieres.com •* Propose différentes croisières dans le golfe, avec ou sans escale à l'île aux Moines et/ou à l'île d'Arz.

Où dormir ? Où manger ? Où boire un verre ?

Camping Ker Eden : *route d'Auray. ☎ 02-97-57-05-23. • info@camping-larmorbaden.com • camping-larmorbaden.com • À env 1 km au nord-ouest par la D 316. Ouv de mi-mai à mi-sept. Forfait tente 14,80-20,60 € selon saison. Loc de tentes lodge et de mobile-homes 210-730 €/sem. 96 empl. (payant).* Belle situation ! Ce camping familial est agréablement posé à la lisière du golfe, avec accès direct à la plage. De grands pins ombragent les parcelles (non délimitées) et les sanitaires ont été récemment rénovés. Épicerie. Location de vélos. À 100 m de là, le *Camping Le Diben* n'est pas mal non plus (avec piscine), mais il est situé du « mauvais » côté de la route.

Maison d'hôtes Kermarine : *18, route d'Auray. 06-22-69-91-12. • kermarine.com • Dans le centre. Doubles 60-65 € selon saison, triple 75 € (min 2-3 nuits, sf dernière minute), petit déj inclus.* On repère aisément la maison en pierre aux volets bleus, posée sur le bord de la route, avec un gentil jardin à l'arrière. Denise, femme de caractère, y loue 4 chambres avec salle de bains privée (mais parfois sur le palier), bouilloire, doubles vitrages et sols en jonc de mer (mais sans TV, précise-t-elle !). En prime : un frigo et un évier à dispo au sous-sol, avec des couteaux à huîtres, un barbecue et un cabanon de jardin pour organiser ses pique-niques, et une montagne de bons conseils pour explorer la région et toutes ses richesses.

Ets Gouguec Ostréiculteur : *à **Pen-en-Toul,** à 800 m au nord-est du centre de Larmor-Baden, par la D 316. 06-89-86-20-34. Tlj en saison, 10h-14h, 16h-19h30 (ou 20h). Compter 7,50 € pour 6 huîtres, pain, beurre et verre de muscadet.* Situé sur un croquignolet repli du golfe, face à une vénérable digue de pierre, l'ancien chantier ostréicole se mue l'été en resto en plein air, avec ses quelques tables en bois rustiques les pieds dans l'herbe. Au menu : les bonnes huîtres du maître de céans, mais aussi des palourdes, des rillettes de maquereau, de la crème de sardines ou de thon. Santé, bonheur, disent les Suisses !

Auberge du parc Fétan : *17, rue de Berder. ☎ 02-97-57-04-38. • contact@hotel-parcfetan.com • hotel-parcfetan.com • Dans le centre, tt près du port. Congés : de mi-nov à fin fév. Resto fermé mar, mer et sam midi. Doubles 50-85 € selon vue, saison et confort ; familiales 110-145 €. Formule déj en sem 16 €, menus 24,50-42 €. Parking. Apéritif offert sur présentation de ce guide.* Un couple très gentil et plein d'énergie tient à la perfection cet établissement discret. Les 25 chambres, classiques et impeccables, déclinent des tonalités bleu et blanc assez marines. Elles sont toutes dotées d'une salle de bains très actuelle et, parfois, de la clim. Certaines sont tournées vers la mer, les autres vers le jardin, où ont été aussi construits 9 appartements avec coin-cuisine (certains en duplex) façon résidence de tourisme. Piscine (mai-septembre), ainsi qu'un agréable restaurant de cuisine traditionnelle, largement axé sur la mer. Un très bon rapport qualité-prix.

À voir. À faire

Au sud-ouest de la commune, on butine par les petites routes de campagne vers la pointe de ***Locmiquel,*** gardienne de la belle anse éponyme, et jusqu'à la longue ***plage des Sept-Îles,*** dont la jolie langue de sable, prolongée par un tombolo, se lance à l'assaut des eaux, reliant à marée basse l'unique îlot (privé) étrangement baptisé du nom de Sept-Îles... On peut en faire le tour. De là, rien n'interdit de rejoindre la *pointe de Toulvern* par le sentier côtier, voire de repartir dans le sens opposé jusqu'au *port de Penn-Lannic* et au gois de l'*île de Berder.* Vous nous en direz des nouvelles.

ARRADON (aRadon ; *56610)*

Son exposition, sa végétation, son chemin côtier et ses jolis points de vue sur le golfe du Morbihan font d'Arradon une sorte de Riviera locale – étonnante poche de verdeur et de nature aux portes mêmes de Vannes. Si le village en lui-même n'a rien d'extraordinaire, les pointes d'Arradon et de Penboc'h expriment tout le charme du littoral.

Où dormir ? Où manger ?

Campings

Camping de Penboc'h : *9, chemin de Penboc'h, dans le hameau de* ***Bourgerel.*** *☎ 02-97-44-71-29. • camping.penboch@wanadoo.fr • camping-penboch.fr • À 2 km à l'est du centre d'Arradon. Ouv début avr-fin sept. Forfait tente 15,90-35,80 € selon saison. Loc de mobile homes et chalets 4 à 8 pers 259-1 190 €/ sem selon nombre de pers et saison. (payant). Réduc de 10 % sur les emplacements de camping hors vac scol et w-e fériés (offre non cumulable).* Ce vaste camping 4-étoiles répartit ses 175 emplacements entre 2 espaces séparés par une toute petite route – l'un regroupant la majorité des infrastructures, l'autre plus arboré. Nos préférés sont ceux du fond, contre le bois et près du sentier côtier. Très bons équipements : piscines chauffées, intérieure (avec jacuzzi) comme extérieure (avec toboggans aquatiques), minigolf, ping-pong, laverie, etc. Ambiance familiale sympathique.

Camping de l'Allée : *lieu-dit* ***L'Allée,*** *56610 Arradon. ☎ 02-97-44-01-98. • contact@camping-allee.com • camping-allee.com • Prendre direction Vannes, sortie Vannes-Ouest en direction d'Arradon. Ouv 1er avr-30 sept. Forfait tente env 13,75-28,85 € selon saison. Loc de gîtes et de mobile homes 220-680 €/sem. Loc de cabanons toile 195-485 €/sem. 148 empl. (payant).* Emplacements bien délimités et plutôt bien ombragés, dans un cadre de verdure avec des pommiers. Calme assuré. Piscine.

De bon marché à prix moyens

Chambres d'hôtes Le Maner Kozh : *3, ch. de Kerveho.*

06-71-36-63-09. • maner-kozh.fr • Du centre, prendre la rue de la Mairie et traverser la D 127. Doubles 60-80 €, bon petit déj inclus. Ce fort beau manoir du XVe s s'amarre au cœur d'un vaste parc boisé, véritable havre de paix à moins de 500 m du golfe. Jardins et vieilles pierres ne manquent pas de charme et les 3 chambres (bleue, rouge ou jaune), toutes avec leur propre salle de bains, sont cosy et d'un très bon rapport qualité-prix. On apprécie les bons lits, l'accueil... tout en fait !

La Timonerie : *4, rue de la Mairie. ☎ 02-97-44-75-43. • info@arradon-timonerie.fr • Au centre d'Arradon. Le midi, tlj sf dim ; le soir, jeu-sam slt. Congés : vac de fév et de Toussaint. Le midi en sem, formules 9-12 €, menu 23 €. Plats env 16-19 €.* L'enseigne annonce une pizzeria. Mais si pizzas il y a, effectivement, on rencontre surtout un chef, un vrai, qui travaille de bons produits locaux et de saison. Son ambition certaine a d'ailleurs été récompensée du titre de maître restaurateur. Les menus du jour sont un peu en deçà des dîners, mais ils sont franchement donnés ! Frais décor de bistrot moderne et service aux petits soins.

De chic à beaucoup plus chic

Le Parc Er Gréo : *9, rue Mane-Guen, lieu-dit* **Le Gréo.** *☎ 02-97-44-73-03. • contact@parcergreo.com • parcergreo.com • ♿ À 3 km à l'ouest d'Arradon par la D 127, puis la C 203 à gauche. Congés : 1er janv-10 fév. Doubles 99-174 € selon confort et saison. Apéritif offert une fois au cours du séjour sur présentation de ce guide.* L'édifice, moderne, semble hésiter entre le petit hôtel élégant et l'auberge de charme. Il abrite des chambres confortables, toutes personnalisées et pour la plupart exposées plein sud, face au beau jardin et à la piscine (couverte et chauffée si besoin). En prime : un jacuzzi extérieur et un sauna. Le petit déj est servi dans une salle décorée de peintures réalisées par le père du propriétaire, ou dans la véranda, très lumineuse. Bref, voilà un lieu séduisant, intime, à l'accueil aussi charmant que professionnel.

Hôtel-restaurant Les Vénètes : *pointe d'Arradon. ☎ 02-97-44-85-85. • contact@lesvenetes.com • lesvenetes.com • ♿ (resto). Tlj sf dim soir 12h15-13h15, 19h15-21h15. Congés : 15 j. fin janv. Doubles 120-180 € selon confort et saison, suites 250 €. Menus 39 € (midi sem), puis 60-85 €. Plats 40-69 €. Apéritif offert sur présentation de ce guide.* Littéralement les pieds dans l'eau l'établissement s'amarre sur le flanc est de la pointe, interdite d'accès aux véhicules de juin à septembre – sauf pour les plaisanciers au mouillage et les clients de l'établissement ! La dizaine de chambres, personnalisées, se partage entre celles du 2e étage, mansardées (avec grand(s) Velux), et celles du 1er, dotées d'une petite terrasse en teck. Toutes ont une vue imprenable sur le golfe, mais elle se paie cher ! Il en va de même pour la table. Si les produits sont invariablement frais, de qualité et en majorité locaux, l'addition grimpe très vite. Le chef cuisine principalement des matériaux nobles : homard, turbot, barbue... Reste que la salle à manger jouit de la même vue exceptionnelle sur le golfe que les chambres.

Où acheter de bons produits régionaux ?

Philippe Maudet Pâtissier : *2, rue de la Mairie. ☎ 02-97-44-02-37. Mar-sam 7h-19h, dim 7h-13h ; en juil-août, tlj 7h-19h30.* Tout le monde connaît la maison pour son excellent kouign-amann, qui a remporté le premier prix lors des concours 2010 et 2014 ! Un délice, à emporter ou à déguster en terrasse, en taille XXL ou en portion individuelle. Le must : pommes-caramel.

Établissements Jegat : *18, allée de la Pointe. ☎ 02-97-44-02-45. • huitres-jegat@orange.fr • Tlj sf* *dim et j. fériés 8h30-12h, 13h-17h30. Visite guidée mer à 11h en juil-août (2 € ; 6 € avec dégustation).* Pour de bonnes huîtres (élevées sur le sable, à l'ancienne) et des coquillages savoureux, c'est ici que l'amateur ira les yeux fermés !

Cidrerie du Golfe : *chemin de Talhouarch. ☎ 09-80-67-61-75. Ouv tte l'année.* Grâce à ses 5 ha de pommiers, la maison produit du cidre bio, mais aussi jus, *lambig* (eau-de-vie) et dayou (2/3 jus de pomme, 1/3 *lambig*).

À voir. À faire

➢ Le ***sentier côtier*** permet de s'imprégner de doux paysages marins. Rejoignez-le, par exemple, au niveau du joli petit ***moulin à marée de Paluden*** *(direction er Gréo, puis à gauche par la rue du Paluden).* En allant vers l'ouest, vous gagnerez la cale (petit port) et les tourelles de ***Pen er Men.*** Du côté opposé, vous rejoindrez la séduisante ***pointe d'Arradon,*** elle aussi très boisée et, plus à l'est, la « tour Vincent », une drôle de résidence blanche bâtie au XIXe s, puis la plage et la pointe de ***Penboc'h,*** attenantes au camping du même nom. Le secteur, très préservé, offre un beau panorama sur les côtes et les îles (d'Arz notamment). Le must : aller y pique-niquer au coucher de soleil.

■ ***Location de bateaux à moteur, voiliers, canoës-kayaks, SUP et planches à voile foil :*** *sur le port d'Arradon (à la pointe), chez* ***Le Blan Marine*** *(☎ 02-97-44-06-90 ; • leblanmarine.com •) et* ***47° Nautik*** *(☎ 02-97-44-72-92 ; • 47nautik.com •).* En option : formations et passage de permis.

■ ***Belle Plaisance :*** *24, chemin De Gravellic. ☎ 02-97-44-80-91. • belleplaisance.com •* Sorties en voilier sportif ou de croisière, voire à bord d'un vieux gréement (notamment le *Fal Ben,* une copie de bordeur des années 1870), suivi de régates, école de voile, location de bateaux à moteur, dériveurs, kayaks et SUP...

LA PRESQU'ÎLE DE SÉNÉ *(sinɛ ; 56860)*

Face à Vannes, sur la rive opposée de la Marle, la commune de Séné occupe une corpulente presqu'île en forme d'hameçon, délimitée à l'est par une vaste étendue de marais et d'anciennes salines classées réserve naturelle. Un lieu aux deux visages : aux zones commerciales et banlieues-dortoirs, qui s'imposent d'abord à l'œil, répond un arrière-pays verdoyant, presque sauvage, baigné côté golfe par des images éternelles de marines.

Où dormir ? Où manger ?

Camping du Moulin de Cantizac : *2, rue des Orchidées, 56860* ***Séné.*** *☎ 02-98-92-53-52. • info@camping-vannes.com • camping-vannes.com • Juste en retrait du golfe du Morbihan. Ouv d'avr à la 3e sem d'oct (tte l'année pour les loc). Forfait tente 13,80-21,80 € selon saison. Loc de mobile homes et de chalets 259-729 €/sem. Réduc de 10 % sur le prix de l'emplacement camping sur présentation de ce guide.* Si les 67 emplacements pour tentes et les 48 mobil homes de ce camping familial sont un peu serrés, la localisation est bien pratique, aux portes de Vannes et à 800 m de la boulangerie de Séné. Le terrain, en longueur, est délimité par un ruisseau et s'ouvre à son extrémité sur un renfoncement du golfe. Espace aquatique chauffé et couvert. Bar-snack sur place. Location de vélos.

Crêperie Avel-Vras : *5, pl. de l'Église. ☎ 02-97-40-50-47. Tlj sf lun, dim soir, 12h-14h (15h en été) ; le soir à la belle saison slt, 19h-21h (22h juil-août) ; fait aussi salon de thé* *ven-dim 16h-18h, mar-mer aussi en été. Galettes 2,40-9,90 €.* Bénéficiant du label « Crêperie gourmande », la maison met en avant le blé noir et les produits locaux (souvent bio), pour de bonnes galettes aux drôles de noms d'oiseaux (marins en général). Les crêpes, elles, font plus dans le floral... La pomme au caramel au beurre salé ne vous décevra pas ! Accueil sympa.

La Belle d'Ilur : *route de Badel. 06-37-29-86-20. En juil-août, tlj 10h30-22h ; reste de l'année, ven-dim surtout, ou sur rdv.* Posée face à l'île de Boëd, la ferme ostréicole des accueillants Nolwenn et Thierry Réhault invite à une belle petite escapade marine. On y savoure au grand air, les yeux dans le bleu, une douzaine d'huîtres avec pain, beurre et vin blanc, à moins de préférer palourdes, crevettes ou rillettes de la mer produites localement. Le temps se couvre ? Une petite salle prend le relais. Leurs huîtres, provenant de naissains élevés dans les Charentes, ont une saveur bien particulière.

À voir

La réserve naturelle des marais de Séné : *route de Brouël, juste à l'est de Séné (suivre les panneaux). ☎ 02-97-66-92-76. • reservedesene.com • Fermé de mi-sept à janv, sinon tlj 14h-18h (19h avr-juin) ; juil-août, tlj 10h-13h, 14h-19h. Fermeture de la billetterie 1h30 avt. Entrée : 5 € ; réduc ; gratuit moins de 7 ans. Loc de jumelles à l'accueil (1 €). Visites guidées tlj en été et vac de Pâques, mer et dim le reste du temps. Pour les enfants, ateliers en période de vac.* Créée en 1996, la réserve couvre 530 ha de vasières, anciens marais salants, prés salés et prairies, fréquentés par de très nombreuses espèces d'oiseaux. Zone d'hivernage majeure pour les migrateurs, la réserve, comme le golfe dans son ensemble, accueille une population importante de bernaches cravants (qui viennent de Sibérie), dont l'effectif dépasse les 15 000 individus, mais aussi des canards siffleurs, pilets, souchets et sarcelles d'hiver, fort nombreux en novembre-décembre. Parmi les 19 espèces de limicoles répertoriées, citons le très commun bécasseau variable, la barge à queue noire, le pluvier argenté, l'avocette (très !) élégante, le vanneau huppé, sans oublier courlis et chevaliers. Pour les voir, deux options : le parcours payant accessible depuis le petit centre nature (expositions temporaires et vidéos), avec 5 observatoires répartis sur 3,8 km de sentiers ; ou le parcours en accès libre (4,5 km) comprenant 3 points de vue, mais plus éloigné des rives (et un peu difficile à trouver).

Au sud du bourg, une vue superbe sur le golfe vous attend à la ***pointe du Bill.***

Autre gentille escale : le joli ***Port-Anna,*** au nord-ouest de la presqu'île, aux abords duquel mouillent plusieurs sinagots et vieux gréements (lorsqu'ils ne sont pas de sortie !). Les derniers de ces bateaux aux voiles rouges, traditionnellement destinés à la drague des huîtres, portent tout simplement le nom des habitants de Séné ! La légende laisse entendre que les saints bretons débarquèrent en Armorique à bord de sinagots...

ROSE AMER

À la sortie de Port-Anna, là où la rivière de Vannes rejoint le golfe, se dresse depuis 1879 une grande maison rose. Classée au nombre des amers (points de repère pour les navigateurs), elle figure sur les cartes marines. Les propriétaires ont interdiction de la repeindre d'une autre couleur.

L'île de Boëd : voir « Les îles du golfe du Morbihan », rubrique « Les autres îles ».

LA PRESQU'ÎLE DE RHUYS

• Carte *p. 356-357*

Étirant sa longue et corpulente carcasse sur plus d'une vingtaine de kilomètres de longueur, pour 1 à 10 km de large, la presqu'île de Rhuys « ferme » le golfe du Morbihan par le sud. Au nord, donc, la « petite mer » et ses doux paysages d'aquarelles, intimes et riants, où prospèrent villas, panoramas et parcs à huîtres. Au sud, les étendues iodées et agitées du Mor Braz, la « grande mer », plus typiquement balnéaire, au littoral souligné de longues plages. À l'estran infini de la première, paradis des pêcheurs à pied, répondent les pâtés de sable, les folles embardées en kite, en SUP et à la voile de la seconde. Et au centre, demanderez-vous ? Là, une fois quittée la colonne vertébrale de la D 780, la péninsule livre une belle alternance de pâturages, bois, étangs, marais, fermes, vergers et chemins de traverse, à parcourir à pied ou en vélo, en quête des nombreux monuments mégalithiques, manoirs et châteaux de ce séduisant bout de terre.
Rhuys est aussi une terre chargée d'histoire : ses premiers résidents secondaires furent d'ailleurs les ducs de Bretagne, qui venaient ici chasser le gibier sur l'immense domaine de Suscinio !
Petite précaution, la presqu'île ne compte qu'une dizaine d'hôtels, et ils se remplissent vite : mieux vaut donc réserver. En revanche, vous y trouverez de nombreux campings.

Adresse utile

i L'***office de tourisme*** intercommunal de la presqu'île de Rhuys dispose de 3 bureaux, à Sarzeau, Arzon et Saint-Gildas-de-Rhuys (voir ces chapitres). Vous pourrez vous y procurer l'indispensable journal *Le Petit Rhuys,* qui détaille les activités sportives et culturelles, les animations, les expos, concerts et autres fêtes traditionnelles. Vous y trouverez aussi une carte indiquant les itinéraires à vélo et pourrez y acheter la carte IGN au 1 : 25 000 du golfe *(11,90 €),* ainsi que le très complet *Topoguide rando de la presqu'île (6 €),* qui propose plusieurs circuits avec des fiches détaillées pour chacun d'eux, complétées d'informations sur le patrimoine et l'histoire. Fait aussi billetterie pour les excursions en bateaux (golfe, îles du Ponan), sorties nature, animations, spectacles.

SAINT-ARMEL

(56450) 880 hab. *Carte Morbihan, C3*

À l'entrée de la presqu'île, côté golfe, on aime bien ce petit bourg serré autour de son église et d'un café-bar-boulangerie-débit de tabac qui anime les lieux

tout au long de l'année. À ses portes s'étend une campagne riante, déroulée en bocages jusqu'aux portes des marais salants de Lasné. Au-delà, on atteint l'île Tascon, reliée à la terre ferme par une chaussée submersible, puis la pointe du Passage, d'où un bac, à la belle saison, conduit à nouveau, comme jadis, à Vannes et à son marché. Les parcs à huîtres témoignent, eux, des débuts de l'ostréiculture dans la presqu'île de Rhuys dès les années 1870.

LE GOCHTIAL

À mi-chemin entre la brioche et le pain de campagne, il est fabriqué à partir de farine de froment et de levain. Parfait pour le petit déjeuner, le gochtial (« pain-gâteau ») était à l'origine préparé uniquement lors des grandes fêtes ou pardons. Si on le trouvait alors sur toute la presqu'île, il ne subsiste quasiment plus aujourd'hui qu'à Saint-Armel, où le boulanger perpétue vaille que vaille la tradition, depuis quatre générations !

➢ ***Le Petit Passeur de Saint-Armel :*** *cale du passage. 06-20-23-62-64. Fonctionne début mai-fin sept ; en juil-août, tlj 9h30-12h30, 14h-19h ; en mai-juin et sept, slt le w-e et les j. fériés jusqu'à 18h. Tarif : env 2 € le trajet ; 3 € l'A/R ; vélos gratuits.* Une agréable petite traversée de 3 mn entre les barques et les cabanes ostréicoles, sur un bateau à fond plat qui a aussi le mérite d'épargner aux randonneurs ou aux vélocipédistes un détour de 20 km jusqu'à la cale de Montsarrac, à Séné.

Où dormir à Saint-Armel et dans environs ?

Chambres d'hôtes Kerêve : *Trégorff, 56450* ***Surzur.*** *06-11-01-06-89. • kereve@club.fr • kereve.fr • À 10 km à l'est de Saint-Armel et 2 km au sud de Surzur. Du giratoire des Étiers, sur la D 20, prendre direction Pantès sur 1,4 km, puis à gauche. Chambres ouv mai-début sept ; gîte tte l'année. Compter 81-107 € pour 2 selon confort et saison (2 nuits min l'été), petit déj inclus. Gîte 4 pers 420-720 €/sem.* Isolé dans un charmant hameau breton perdu en pleine campagne, le lieu est impeccable pour se ressourcer, dans un beau jardin foisonnant ajoutant à l'atmosphère paisible de cette longère restaurée avec soin. Les chambres sont douillettes et joliment personnalisées, toutes avec murs en pierre apparente et voiles de lit. Bel accueil.

Hôtel Le Chevalier Gambette : *route de Saint-Colombier, Saint-Armel. ☎ 02-97-43-94-03. • contact@hotel-chevalier-gambette.com • hotel-chevalier-gambette.com • Tte l'année. Doubles 75-105 € selon confort et saison. Part de far ou gâteau breton offert sur présentation de ce guide (mai-sept).* Ce moderne « hôtel d'hôtes », comme disent les proprios, abrite une vingtaine de chambres cosy réparties en 4 maisonnettes, au confort irréprochable, discrètement décorées sur le thème des oiseaux du golfe. Celles du rez-de-chaussée ont, pour la plupart, une terrasse ; certaines, à l'étage, une vue. L'atmosphère est à la fois conviviale et intimiste, et l'accueil chaleureux.

Où manger ?

Les Parcs du Passage : *10, chemin du Poulho. ☎ 02-97-26-48-57. Pointe du Passage, juste au nord de Saint-Armel. De Pâques à mi-nov. Lun 16h30-19h45 ; mar-sam 11h-13h30, 16h30-19h45 ; dim 11h-15h.* On aime bien ce genre d'endroit, informel et convivial. Ce n'est pas un resto, mais un chantier ostréicole tout mignon, avec juste quelques tables et chaises en plastique, face aux îlots et replis de la côte... On vous y ouvre une douzaine d'huîtres à la volée,

quelques autres coquillages, on vous sert un petit verre de blanc, et hop ! Si le beurre est fourni, c'est à vous d'apporter le pain. Ça tombe bien, le frère tient la (bonne) boulangerie du village.

Crêperie Bara-Breizh : *35, route de Penvins. ☎ 02-97-26-46-52. • contact@bara-breizh.com • À l'entrée du bourg, sur la droite. Tlj sf mer, plus dim soir hors saison. Congés : déc et 2 sem en fév ; janv : ven-dim slt. Menu 24,50 € ; Galettes 2,20-18,90 €. Kir breton offert sur présentation de ce guide.* La situation n'est pas extraordinaire, mais c'est sans conteste l'une des meilleures crêperies du secteur ! Pour l'accueil très gentil, pour l'aire de jeux et le matériel pour bébés, mais aussi et surtout pour la qualité des galettes et des crêpes parfaitement tournées, souvent originales, et préparées avec des ingrédients frais, choisis chez les meilleurs producteurs. Un vrai régal.

Où acheter des bons produits ?

Le Moulin à Café : *1, rue de la Mairie. ☎ 02-97-26-41-43. Tlj sf lun : 7h30 (7h45 w-e)-13h15 (13h dim), 14h30-20h (16h30-19h30 le dim en basse saison, 17h-20h en été).* Véritable institution locale, cet accueillant café-bar-boulangerie-débit de tabac vend depuis 4 générations un pain brioché local, le *gochtial*, à goûter absolument. Il y a aussi du kouign-amann et du gâteau breton. Idéal pour le petit déj, à prendre sur la volée de tables côté rue.

Biscuiterie Les Vénètes : *15, route de Saint-Colombier.*

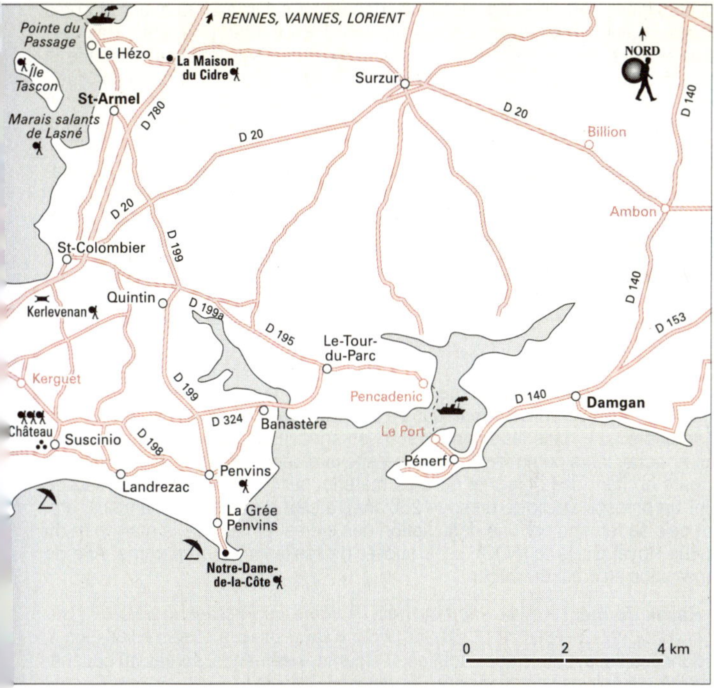

LA PRESQU'ÎLE DE RHUYS

☎ 02-97-43-91-24. • biscuiteriedesvenetes.com • Juste à la sortie de Saint-Armel, vers le sud. Tlj (sf dim sept-juin) 9h-12h, 14h-19h (18h30 en basse saison). On ne travaille ici que des produits naturels de la région, sans conservateur ni additif. Les moelleux et biscuits sablés au sarrasin (sucrés, ou salés pour l'apéro) sont un must, mais on craque aussi pour les gâteaux bretons et le coulis de caramel au beurre salé. Fait aussi salon de thé, avec une sympathique terrasse.

MORBIHAN

À voir. À faire dans le coin

Les marais salants de Lasné : les premières traces de l'exploitation du sel à Lasné remonteraient au XVe s. Entre 1698 et 1715, les moines de l'abbaye de Saint-Gildas-de-Rhuys les réaménagèrent complètement et confièrent leur exploitation à des paludiers de Guérande. Abandonnée, puis relancée en 2003 à l'initiative du conseil général du Morbihan, l'activité est à nouveau aux mains d'une paludière venue tout spécialement de Guérande ! Son domaine occupe près de 10 des 31 ha de la zone (classée Ramsar), où l'on peut observer de très nombreux oiseaux, au gré des sentiers. Des moutons y paissent à la belle saison. De là, le sentier côtier rejoint la pointe du Passage.

L'île Tascon : amarrée au large des marais salants de Lasné, cette île de 55 ha est la 3e du golfe par la taille. On peut s'y rendre à pied, par le radier (passage

submersible) du Rodu, long de 400 m, découvert environ 2h30 avant et après la marée basse ; même les voitures peuvent l'emprunter. L'île, l'une des dernières encore cultivées, abrite quelques résidences secondaires ainsi que la ferme des ***Le Ménéach,*** qui produit viande bovine, légumes et œufs sur quelque 24 ha (vente en direct). Cette même famille loue aussi un gîte *(• latasconnaise.e-monsite.com •)*. À eux trois, les Le Ménéach représentent 75 % de la population de l'île !
Avis aux amateurs de piafs : ***l'anse de Tascon*** est un endroit idéal pour l'observation des oiseaux en hiver : 40 % des migrateurs qui visitent le golfe s'y regroupent. Au large, l'***île de Bailleron,*** propriété de l'Université de Rennes, accueille, elle, surtout canards siffleurs et bernaches.

La Maison du cidre : *route de Lann-Vrihan (D 780) au **Hézo** (56450), au giratoire de Kermarch. ☎ 02-97-26-47-40. • museeducidre.com • Avr-juin et sept-oct, lun-sam 10h-12h, 14h30-18h30 ; juil-août, lun-sam 10h-18h30, dim et j. fériés 10h-12h, 15h-18h. Dernières visites à 11h et 17h (16h30 dim d'été). Entrée : 5 € ; réduc ; gratuit moins de 16 ans.* On est là dans un verger familial de 3 ha (de 1928) réinventé en musée du cidre. Tout commence par un vieux film de 20 mn décrivant la fabrication artisanale du cidre hier et aujourd'hui. L'occasion d'apprendre que, dans les années 1960, les agriculteurs étaient subventionnés pour arracher leurs pommiers ! Suit une visite audiocommentée autour d'anciens hangars abritant des objets et du gros matériel par thème : broyage, pressage (dont un pressoir vieux de presque 250 ans), atelier de tonnelier, alambics, etc. Tout cela se termine par une dégustation des cidres fermiers de la maison et du fameux Royal Guillevic (AOC), sans oublier d'excellents jus de pomme. Aire de pique-nique au cœur du verger.

➢ ***Kayak de mer :*** ***Kayak Saint-Armel,*** *79, route du Passage (pointe du Passage). ☎ 02-97-26-48-21. 06-88-36-49-63. • kayaksaintarmel.com •* Initiation et randonnées, locations, stages adultes et enfants, week-ends, sorties au coucher du soleil... le coin est superbe pour s'essayer à la pagaie !

SARZEAU [sarhau]

(56370) 7 800 hab. *Carte Morbihan, C3*

Sarzeau est né de la volonté des ducs de Bretagne de créer un contre-pouvoir à la puissance monastique de Saint-Gildas. Établie au cœur même de la presqu'île de Rhuys, la petite ville gouverne aujourd'hui à un canton couvrant à lui seul près de la moitié de la région, de l'océan au golfe du Morbihan. Sous des abords pragmatiques un peu envahissants (vastes zones d'activité), elle cache un centre tranquille, avec son église entourée de quelques belles vieilles maisons. Mais c'est au-delà que se découvre le plus beau : les vastes plages de la côte atlantique, le bocage, les bois, les petits ports ostréicoles et, en vedette, le superbe château de Suscinio, rendu à sa grandeur passée.

SORTIE DE BAIN

On ne sait exactement pourquoi ni comment, mais c'est au presbytère de Sarzeau que semble avoir échoué la fameuse baignoire dans laquelle le très anticlérical Marat fut assassiné par Charlotte Corday en 1793. Le curé de la paroisse la revendit en 1896 au musée Grévin pour financer la construction de l'école des petites filles du bourg !

Adresses et infos utiles

Bureau d'information touristique : *rue du Père-Coudrin ; à l'angle de la rue du Général-de-Gaulle. ☎ 02-97-53-69-69. • rhuys.com • Juil-août, lun-sam 9h-13h, 14h-19h ; dim 10h-13h. Le reste de l'année, lun-sam 9h-12h, 14h-18h.*

– **Marchés :** *le jeu, pl. des Trinitaires ; marché bio en centre-ville le sam mat. Ts les jeu, juil-août, navette* Estibus *gratuite depuis les parkings gratuits à l'entrée de la ville.*

Où dormir à Sarzeau et dans les environs ?

Campings

On trouve de très nombreux campings sur la commune de Sarzeau. Voici certains des plus tranquilles et agréables.

La Ferme de Lann Hoëdic : *rue Jean-de-la-Fontaine,* **Lann Hoëdic.** *☎ 02-97-48-01-73. • contact@camping-lannhoedic.fr • camping-lannhoedic.fr • Ouv fin mars-fin oct. Forfait tente 15-20 € selon saison. Loc de mobile homes 220-710 €/sem, possible dès 2 nuits (90-155 €) fin mars-20 juin et en sept-oct. (gratuit 15 mn/j.). Réduc de 10 % d'avr-juin sur présentation de ce guide.* Au milieu des champs, une petite route relie les emplacements pour tentes dispersées sur de grandes pelouses habillées de nombreux arbres et de haies joliment composées d'essences variées. Une autre partie du camping, toujours aussi soignée, accueille les mobile homes. Côté services : une agréable salle commune, quelques animaux auxquels les enfants peuvent rendre visite, un bel espace jeux, une activité hebdomadaire en été et des locations de VTT. La plage est à 800 m par un joli sentier.

Camping Le Grand Guitton : *80, route du Cossay. 06-88-58-29-68. • campinglegrandguitton.com • Juste après Saint-Jacques en allant vers Saint-Gildas (panneau discret). Ouv mai-sept. Forfait tente env 17 €.* Ce camping tranquille et tout simple se compose de longues bandes de pelouse séparées de murets moussus, en partie ombragées par de grands arbres. La végétation variée et fournie donne l'impression d'être en pleine campagne. Et pourtant, tendez bien l'oreille : vous entendez le bruit des vagues ? La plage, accessible par un sentier, est juste derrière la petite dune. Bloc sanitaire nickel et accueil détendu et souriant.

Les Genêts : *30, rue Sens, à* **Saint-Jacques.** *☎ 02-97-41-87-22. • contact@camping-les-genets.com • Ouv avr-sept. Forfait tente 13-24 € selon saison ; loc de mobile homes (2-6 pers) 176-746 €/sem. (payant).* À 800 m de la plage lui aussi, ce camping familial bien équipé et soigneusement entretenu est en grande partie dédié aux mobile homes, qui forment comme un petit village pas désagréable. Les emplacements de camping sont pour la plupart délimités par des haies ; les nos 16, 20 et 21 font partie des plus tranquilles. Sur place : espace de jeux, piscine avec pataugeoire (de mi-mai à mi-septembre), ainsi qu'une salle de jeux et de lecture.

Le Cadran solaire : *rue de Benester, 56370* **Le Tour-du-Parc.** *☎ 02-97-67-30-40. • campingcadransolaire.fr • À 300 m de la mer. Pâques-Toussaint. Pour 2 pers avec tente et voiture, env 17,70 €. Mobile homes 200-600 €/sem (2-6 pers) selon saison.* Ceux qui aiment l'ombre et les emplacements délimités par de hautes haies seront servis. L'endroit est parfaitement tenu et le cadre agréable, même pour les mobile homes qui se fondent plutôt bien dans le décor et jouissent d'une certaine intimité. Un sympathique espace jeux pour enfants, mais sinon aucune animation : ici, c'est le calme que l'on privilégie.

De bon marché à prix moyens

Gîte d'étape de Quintin : *à* **Quintin.** *☎ 02-97-26-42-54. • gitedequintin.canalblog.com • Dans un*

MORBIHAN

hameau, à 5 km à l'est de Sarzeau, sur la D 199, entre Saint-Armel et Penvins. Pâques-Toussaint. Env 13,30 €/pers. On aime beaucoup le hameau et ses quelques maisons de pierre entourées de bois et de champs. Le gîte compte juste 12 lits répartis en 2 dortoirs tout simples à l'étage d'une maisonnette (chacun avec douche), et une cuisine-salon (avec poêle à bois) au rez-de-chaussée. En prime : un barbecue et 2 chèvres ! Les proprios disposent de 2 chambres supplémentaires de 3 lits au bout de leur maison.

Chambres d'hôtes L'Alizé : *7, rue Marie-Le-Franc, à* ***Banastère.*** *☎ 02-97-67-37-05. • cachassagne@orange.fr • chambresdhotes-morbihan.fr • Tte l'année. Double 65 € (115 € les 2 nuits de w-e).* Quelle jolie situation ! Cette maisonnette blanche est posée sur la promenade de Banastère, face à l'eau. Au programme : 2 petites chambres (communicantes) fraîches et coquettes, et fauteuils dans le jardinet fleuri sur l'avant pour profiter du soleil et de l'air marin. Ambiance tranquille et accueil agréable.

De prix moyens à chic

Hôtel-restaurant Lesage : *3, pl. Duchesse-Anne, Sarzeau. ☎ 02-97-41-77-29. • horelrestaurantlesage@orange.fr • hotelrestaurantlesage.com • Tlj, sf dim soir-lun hors saison. Congés : 2de quinzaine de janv. Doubles 75-95 € selon saison ; suites 125-155 €. Formules et menus 17-23 €, 26,50-33 € le soir. Apéritif maison et mise en bouche offerts sur présentation de ce guide.* En plein bourg, l'hôtel occupe une bâtisse en pierre d'une certaine prestance. Au rez-de-chaussée, le mariage de l'ancien et du moderne est harmonieux, tandis que dans les étages, les chambres ont adopté un style résolument contemporain aux tonalités de gris et de blanc. Un beau point de chute, d'autant que la table se défend très bien dans un registre traditionnel et de saison.

Chambres d'hôtes Les Roseaux de Pencadenic : *87 bis, rue de Pencadenic, 56370* ***Le Tour-du-Parc.*** *☎ 02-97-63-72-04. • lesroseauxdepencadenic.com • Tte l'année. Doubles 72-76 €, petit déj inclus.* La maison en bois est cachée derrière une autre pas bien belle. Pour le reste, on apprécie ses 5 chambres de plain-pied (dont 1 suite familiale séduisante), donnant toutes sur une petite terrasse en bois très conviviale ; elles ne sont pas géantes, mais chacune est individualisée et joliment décorée, avec grande douche pluie. Une autre terrasse à l'arrière donne sur les marais, où sont servis petit déj et table d'hôtes aux beaux jours. Thé et café en libre-service et accueil très pro. En prime : accès direct au GR 34 et vélos en prêt !

Où manger à Sarzeau et dans les environs ?

Bon marché

Pizza Rhuys : *allée des Ducs-de-Bretagne, à Sarzeau. 07-62-76-79-01. Tte l'année ts les soirs. Pizzas 6,50 € (petite)-15 €.* Lancée par le champion de France des Pizzaïolos 2013, la maison est presque devenue une institution sur la presqu'île. Sa guitoune et ses pizzas à emporter sont pour beaucoup une bénédiction hors saison, quand aucun autre établissement n'est ouvert ! Et en plus, c'est bon, très bon même. Les 20 pizzas au feu de bois proposées sont toutes composées à partir de produits de qualité, volontiers bio et/ou locaux – tome de Bellevue, saumon fumé de Sarzeau, chèvre de Saint-Nolff, etc. Outre cette adresse, vous trouverez jusqu'à une vingtaine de points de vente en juillet-août, fixes ou en camion. Procurez-vous un dépliant de la maison, ils sont partout !

L'Entre-temps : *3, impasse de Poulmenac'h, à Sarzeau. ☎ 02-97-48-25-72. Tlj, sf jeu soir et dim hors saison. Galettes 2,60-9,30 €.* En plein centre-ville, cette crêperie attire plutôt les familles. L'accueil est vraiment chouette, le lieu sans chichis, les habitués pléthore, le service rapide et les galettes à la hauteur (en plus, le choix est grand !). Bref, un sans-faute.

Les Viviers du pont de Banastère : *56370* ***Banastère.*** *☎ 02-97-67-40-79. • contact@viviers-banastere.com • ♿ Ouv tte l'année, dégustation avr-oct, sur résa tlj sf lun, midi et soir. Plats et dégustations env 10-15 €, plateau de fruits de mer 56-80 € pour 2 pers.* Quelques tables dans le hangar, entre les étals ou sur la terrasse en bois devant les viviers, et voilà le décor ! On est là chez un producteur de produits de la mer. À la carte, des huîtres, bien sûr, mais aussi des moules-frites ou le poisson du jour, des bigorneaux, des bulots, voire du homard. Les portions sont généreuses, la fraîcheur assurée et le petit verre de muscadet bien frais. Livraisons jusqu'à Auray !

La Nurserie du Golfe : *9, chemin de la Pointe-de-Bénance. 📱 06-79-93-84-54. • lanurseriedugolfe@msn.com • Ouv mai-sept, mer-dim 12h-13h30, 18h15-21h. « Apér'Huîtres », « Apéri'Terroir » ou « Apéri'Mer » env 9-12 €. Café offert sur présentation de ce guide.* Non seulement cette drôle d'écloserie ouvre ses portes au public pour la visite (lire plus loin « À voir. À faire. Sarzeau côté golfe »), mais elle propose aussi des assiettes accompagnées d'un p'tit verre de vin blanc : huîtres et palourdes, rillettes de saumon aux algues de Rhuys à tartiner sur du pain de seigle. Le parfait apéro, quoi ! Le tout dans un cadre informel et une ambiance conviviale.

Les Viviers du Logeo : *33, rue de Chicotienne, au* ***Logeo.*** *☎ 02-97-26-80-90. 📱 06-14-19-61-85. Fléché depuis le rond-point à l'entrée du village. Juin-août, tlj 9h-20h.* C'est avant tout un chantier ostréicole, où une petite terrasse en bois, posée face aux eaux du golfe, invite à déguster les huîtres maison, avec pain, beurre et verre de Muscadet. On peut aussi commander une assiette plus plantureuse avec du pâté et repartir avec coquillages et crustacés.

Crêperie La Ferme : *route de la Forêt ducale, au* ***Bodérin.*** *☎ 02-97-41-85-14. Du château de Suscinio, revenir sur la D 198, prendre à droite vers Penvins ; c'est fléché peu après sur la gauche. Ouv avr-sept, w-e, j. fériés et vac scol slt 12h-14h, 19h-21h. Résa conseillée. Galettes 2-7,20 €.* Encore une crêperie ? Oui, mais pas n'importe quelle crêperie ! Ici, on mange à la ferme, en terrasse sous une glycine, face au jardin où paissent les animaux (les enfants adorent). Dans l'assiette, rien que du bon, avec plein de produits locaux, et à prix canon !

De prix moyens à chic

La Pergola : *21, rue Ker-An-Poul, à* ***Penvins.*** *☎ 02-97-67-40-80. ♿ Au cœur du village. Tlj sf lun juin-oct ; le reste de l'année, mer (ou jeu)-dim midi. Congés : 1 sem fin juin-début juil, 10 j. mi-oct et 3 sem en janv. Le midi, « Retour de marché » à 13,50 € en sem, puis menus 35-49 € ; plats 24-30 €.* Voici une adresse certes chère, mais très appréciée des locaux pour un dîner en amoureux. On y travaille le poisson avec délicatesse, sans oublier 2-3 viandes. Spécialité : les sucettes de homard ! On aime bien la gentille petite terrasse sous pergola.

Le Petit Port : *port du Logeo. ☎ 02-97-26-89-87. Tlj en juil-août ; mars-déc, jeu-dim et lun midi. Assiettes 18-23 €, plats 9-20 €.* Ce n'est pas un resto, c'est une carte postale ! Cette paillotte bretonne conviviale, posée à l'orée du port, s'ouvre sur le golfe et ses îles. On mange ici en toute simplicité du poisson grillé ou des fruits de mer en cascade... palourdes, bulots, sardines, gambas, saumon, espadon, lotte, saint-jacques, moules... tout l'aquarium y passe. Bon, un bémol quand même, ou plutôt deux : les prix élevés et l'accueil irrégulier.

Où boire un verre dans les environs ?

La Pointe : *12, route de la Chapelle, à* ***Penvins.*** *☎ 02-97-62-26-84. Mer-dim 9h-22h (23h30).* Sentinelle de la plage de Penvins, La Pointe hisse sa terrasse XXL aux tables et chaises en bois les pieds dans le sable, offrant une vue imprenable. L'été, le lieu se mue en QG des kiteurs et adeptes du paddle. *No rush,* on est ici pour profiter (du soleil ? Espérons).

Le Clifden Pub : *route du Golfe, à* ***Porh-Brillac.*** *☎ 02-97-26-84-48. • guenaclif@gmail.com • À l'écart de la route Sarzeau-Arzon (au nord). Tlj, sf mer midi (et aussi le soir en basse saison), 11h-20h (1h juil-août).* Tenu par la même famille depuis 1925, voici un vrai pub irlandais accueillant comme si on y était, avec sa collection d'objets hétéroclites du sol au plafond, des boiseries sombres, une source inépuisable de *Guinness* (et de bières bretonnes), un billard dans un coin... On peut grignoter et s'en mettre plein les écoutilles lors des concerts folk ou blues.

Où acheter de bons produits à Sarzeau et dans les environs ?

Ferme fromagère de Suscinio : *route de Penvins. 06-60-73-59-12. • tomederhuys@orange.fr • Sur la D 198 vers Penvins, env 200 m après l'intersection pour le château. Pâques-Toussaint, tlj sf jeu mat, sam mat et dim mat, 10h30-12h, 17h-19h (vac scol : 10h30-12h30, 15h30-19h30).* Ce lieu mérite vraiment une visite, pour la bonne tome de Rhuys et autres fromages qui y sont produits, mais aussi pour l'accueil. Gurvan, un géant rouquin, ne manque pas une occasion de chanter les louanges de ses vaches bretonnes pie noir ; quant à sa femme Isabelle, elle prend le temps, surtout à l'heure de la traite (17h30), de tout expliquer en détail aux petits et aux grands.

Fumage artisanal d'Arzon : *9, av. du Général-de-Gaulle. ☎ 02-97-41-86-76. • fumage-arzon.fr • Avr-oct et déc, mar-sam 9h-12h30, 16h-19h, et dim mat ; nov et janv-mars, mer-sam mat slt.* La maison mère de cette excellente conserverie artisanale se trouve à Arzon (voir la rubrique « Achats » à Arzon), mais on trouve ici en plus d'excellents sushis bretons et nems maison.

Manifestations

– ***Les spectacles historiques de Rhuys :*** *env 6 soirs entre mi-juil et mi-août au pied du château de Suscinio. • spectacles-suscinio.fr •* Plus de 100 acteurs et figurants de la presqu'île font revivre un chapitre de l'histoire de la Bretagne médiévale.

– ***Festival plages de danse :*** *mai (années paires), dans toute la presqu'île de Rhuys. ☎ 02-97-48-29-40 • hermine@xxprhuys.fr •* Programme original alternant formes courtes et spectacles de grande ampleur, en salles ou en extérieur, de la danse classique au contemporain en passant par le tango et le hip-hop. Ateliers, stages ouverts à tous.

– ***Les Journées du Vent :*** *w-e du 14 juillet. • penvins-cerf-volant.org •* Festival de cerf-volant et de foils à la pointe de Penvins. Démonstrations, ateliers, concerts...

– ***Jazz en ville s'invite à Suscinio :*** *fin juil (dim).* Concerts dans la prairie attenante au château de Suscinio en partenariat avec le festival Jazz en ville de Vannes.

– ***Les Fêtes Celtiques :*** *fin juil.* Une semaine d'animations culturelles et musicales (broderie, expos, danse, concerts, fest-noz, stages et ateliers...) qui se clôt le dimanche par les défilés des danseurs et bagadoù dans le centre de Sarzeau.

– ***Rêverie Moderne :*** *fin sept au château de Suscinio.* Concerts le samedi et pique-nique sonore électros le dimanche sur fond d'arts numériques et installations interactives.

À voir. À faire

Sarzeau côté océan : château et plages

Le château de Suscinio : *☎ 02-97-41-91-91. • suscinio.fr • Avr-sept, tlj 10h-19h ; oct-mars, tlj 14h-18h (17h nov-janv) ; dernière entrée 1h avt. Fermé 24-25, 31 déc et 1er janv. Entrée : 7,50 € ; réduc ; famille 16 € ; gratuit moins de 8 ans. Selon saison, nombreuses formules de visite au choix : libre, avec audioguide (+ 1,50 €), guidées (sur résa), notamment dans les marais ou théâtralisées (certaines avec supplément ; durée env 1h30-2h, sf « présentation flash » en 20 mn). Nombreuses options et ateliers pour les enfants et familles (réserver jusqu'à une sem à l'avance en été) dès 2 ans. Voir aussi le site pour les événements et animations culturelles... Mise en lumière du château en juil-août.*
Le célèbre château de Suscinio, dont la silhouette altière se dresse avec panache au-dessus de ses douves en eaux, marque l'un des points d'orgue d'un séjour dans la région. Cette somptueuse résidence des ducs de Bretagne a été fondée vers 1240 en lieu et place d'un ancien prieuré bénédictin. Symbole de puissance politique, Suscinio atteignit son apogée aux XIVe et XVe s, sous les règnes de Jean IV et Jean V. Les ducs aimaient venir chasser dans ce lieu exceptionnel, édifié à proximité immédiate de l'océan et adossé à une forêt très giboyeuse. Des étangs et de beaux jardins s'étendaient au-delà des douves.
Acquis à l'état de ruine en 1965 par le conseil général du Morbihan, Suscinio a connu depuis d'importants travaux de restauration et a retrouvé l'essentiel de sa splendeur d'origine. Pénétrant dans l'enceinte par le pont franchissant les douves, on visite d'abord le grand corps de logis du XIVe s, le plus imposant et le mieux remis en état, avant d'emprunter une portion du chemin de ronde survolant la grande cour intérieure pour rejoindre le logis du XVe s (ouest). On conseille vivement de prendre une visite guidée ou le très bon audioguide pour faire « parler la pierre » de ces grands espaces très peu meublés (quelques poteries, tapisseries et coffres, c'est tout). Ainsi, défilent salle du capitaine du château, grande salle, chambre de retrait et garde-robe du duc (au 2e), salle de parement et oratoire ducal, jusqu'à l'apothéose de la grande salle haute, où sont présentés les splendides pavements des XIIIe et XIVe s provenant d'une chapelle hors les murs, en état exceptionnel. C'est l'un des plus beaux exemples connus en Europe ! Une intéressante exposition détaille aussi les efforts consentis pour relever Suscinio de ses cendres. Après une balade sur le chemin de ronde, on parvient au logis du XVe s, dont la structure était sensiblement la même, mais qui a perdu ses planchers. On le traverse de part en part pour se hisser jusqu'à un point de vue panoramique sur les bois et la mer alentours..

Le Tour-du-Parc : délimitée par les rivières de Sarzeau et de Pénerf, bordée d'étiers et anciennes salines, cette commune à l'entrée de la presqu'île est un centre renommé pour l'ostréiculture. Écloseries et exploitations se regroupent autour de Béguero et de la pointe de Pencadenic. C'est ici que débute le fantastique GR 34, qui effectue tout le tour de la Bretagne par les côtes. Si vous n'avez pas 2 semaines devant vous, offrez-vous au moins une balade jusqu'à Banastère, entre rivière de Pénerf et parcs ostréicoles. Après la pointe de Penvins commencent les kilomètres de plages bordées de dunes.

➢ ***Les transports maritimes du Lenn :*** *cale de* ***Pencadenic.*** *POR] 06-82-69-16-13. • lepasseurdulenn.com • En service des vac Pâques à mi-sept. Vac scol, 1re quinzaine de mai et de juil à mi-sept, tlj 9h-19h, sinon slt le w-e. Tarif : 2,50 € ; 4 € l'A/R (5 € avec vélo).* Agréable traversée de 5 mn sur un bateau à fond plat pour éviter le détour de 27 km jusqu'à la cale de Pénerf, à Damgan.

Penvins et la chapelle Notre-Dame-de-la-Côte : ce village a grandi le long de l'une des portes du domaine de Suscinio. On peut d'ailleurs encore y voir

MORBIHAN

des vestiges du Mur du Roy, long à l'origine de 40 km, édifié à partir de 1250 par Jean Ier afin de protéger les domaines de chasse des ducs de Bretagne. Si on ne peut pas dire que Penvins soit un exemple d'aménagement réussi, on peut, en revanche, tomber sous le charme de la chapelle Notre-Dame-de-la-Côte, petite bâtisse blanche trapue en forme de croix grecque, fort joliment posée à la pointe de Penvins. Rebâtie en 1897, elle a failli être détruite pendant la Seconde Guerre mondiale : tous les amers jalonnant le mur de l'Atlantique devaient être détruits. Aujourd'hui, la chapelle veille sur les activités nautiques qui se déroulent à ses pieds (ou presque) !

Saint-Jacques : petit port de pêche côtière, port de plaisance, zone balnéaire à l'urbanisme touffu... Saint-Jacques est un peu tout cela. On y trouve aussi une petite écharpe de sable. Vers l'est s'étendent les longues ***plages de Landrezac et du Roaliguen,*** étirées sur 12 km et bordées de petites dunes (fragiles !). La première, la plus jolie à notre avis, possède son école de kite *(• kite-morbihan.com •),* et la seconde son école de voile *• le-roaliguen.com •).*

Sarzeau côté golfe : petites routes, criques sableuses et parcs à huîtres

Plus secrète, plus industrieuse, la côte du golfe est aussi plus bucolique avec ses ports de poche, ses bateaux au mouillage, ses panoramas aux teintes d'aquarelles et ses côtes immanquablement enrobées de pins. On travaille ici l'huître et plusieurs escales invitent à en profiter. Laissez-vous happer par les détours, n'hésitez pas à emprunter les petites routes en cul-de-sac partant à l'assaut des pointes : vous en serez récompensés. Mieux encore : venez à vélo !

Château de Kerlevénan : *à côté de* ***Saint-Colombier.*** *☎ 02-97-26-46-79. Ouv de juil à mi-sept : tlj sf ven, visite ttes les 1h, 14h-17h. Entrée : 3 €.* Parmi la quarantaine de châteaux et manoirs du secteur, celui-ci a particulièrement belle allure. Il a été édifié en tuffeau par le marquis de Gouvello, qui hérita du domaine en 1776, et achevé par son fils dans un style italien dans les années 1820. On n'y entre pas, mais on parcourt le parc, à la découverte, notamment, de la chapelle et du pavillon chinois.

La Nurserie du Golfe : *9, chemin de la Pointe-de-Bénance. 06-79-93-84-54. • lanurseriedugolfe.com • Visites avr-oct, mer, ven et dim 11h-12h, sur résa. Entrée : 5 € ; gratuit moins de 15 ans.* Marieg (Marie-Gabrielle) est une sacrée bonne femme. Passionnée par les huîtres, elle a ouvert une écloserie et s'est mis en tête d'en faire découvrir tous les secrets aux visiteurs, du naissain au produit fini, que l'on peut d'ailleurs déguster sur place (voir « Où manger ? »). Sa fougue et son enthousiasme sont communicatifs. Déjà, ce n'est pas très commun. Mais, en plus, Marieg a développé un concept franchement inédit : elle affine ses huîtres à la spiruline marine, une algue réputée pour ses effets énergisants et détoxifiants, qui leur donne une étonnante couleur verte et un petit goût particulier ! La visite de son labo est juste extraordinaire : de la fiole au batch de 2 m de haut, ça bouillonne là-dedans comme chez un savant fou ! Résultat : elle fournit aujourd'hui le bar du très chic *Miramar* en shots de spiruline et ne cesse d'étendre ses activités.

– ***Dans les pas d'une ostréicultrice :*** ***pointe de Bréhuidic.*** *06-89-90-30-48. • marion-eude.com • Passer le village, c'est au bout de la pointe. Avr, puis juil-sept, voir le calendrier en ligne (réserver au moins la veille). Tarif : 10 €, 8 € moins de 12 ans.* Marion Eudé perpétue une tradition familiale en exploitant un parc ostréicole de 9 ha ; elle a aussi à cœur de partager et transmettre son métier à travers ses visites. Elle vous dévoilera également son approche de la pêche à la palourde.

Le port du Logeo : le mignon petit port du Logeo jouit aujourd'hui d'une belle tranquillité, ce qui n'était pas le cas aux XVIIIe et XIXe s, quand le vin, le bois et le sel de la presqu'île y transitaient. Aujourd'hui, on s'y amarre le temps d'un verre, d'un bon repas (voir « Où manger ? ») ou d'une balade. Envie d'un tour en kayak ou SUP ? Adressez-vous à *Kerners Kayak* *(en juil-août slt ; 06-14-68-04-65. • kerners-kayak.com •).*

SAINT-GILDAS-DE-RHUYS [lokentaz]

(56730) 1 760 hab. *Carte Morbihan, B3*

C'est ici que la péninsule de Rhuys a commencé à émerger des limbes de l'histoire. En l'an 530, un moine breton, Gweltas (Gildas), y fonde une abbaye qui, peu à peu, connaît un très grand rayonnement religieux, intellectuel et économique favorisant le défrichement de la région et son peuplement. Les hordes normandes rasent l'édifice, mais un nouveau est rebâti aux XIe et XIIe s dans un style roman. Il en reste le chevet, le cœur et le transept, enchâssés aujourd'hui dans un grand sanctuaire qui veille avec bienveillance sur la charmante place centrale du bourg. Au-delà, on rejoint la belle et longue plage des Goh Velin, le gentil port de plaisance de Port-aux-Moines et l'anse voisine de Port-Maria, voire le golf 18 trous de Kerver. Agréable station de vacances, Saint-Gildas s'assoupit une fois la belle saison passée.

Abélard à Saint-Gildas

Au début du XIIe s, le philosophe et théologien Abélard se voit confier l'éducation de la jeune Héloïse par le chanoine Fulbert, son oncle. Leur admiration réciproque, leur goût commun des lettres et des idées, les rapprochent : ils deviennent amants et, bientôt, s'enfuient en Bretagne, où naît un enfant... Impensable à cette époque. Le couple se marie secrètement, mais l'oncle, hors de lui, fait émasculer le philosophe ! Abélard et Héloïse entrent alors tous deux dans les ordres, mais entament une correspondance passionnée. En 1125, pour échapper au scandale, Abélard accepte le siège d'abbé de Rhuys, alors vacant. Il regrette très vite son choix. À l'en lire, les moines du cru, sans foi ni loi, ne pensent qu'à la chasse, ont tous femme et enfants et volent même l'Église. Incapable de ramener l'ordre dans la congrégation, il doit s'enfuir en 1333 !

Adresse et info utiles

Office de tourisme : *rue Saint-Goustan, face à la mairie. ☎ 02-97-53-69-69. • rhuys.com • Juil-août, lun-sam 9h-13h, 14h-19h ; dim 10h-13h. Avr-juin et sept, lun-sam 9h-12h, 14h-18h ; dim 10h-13h vac Pâques slt. Oct-mars, lun-ven 9h-12h.*

– **Marchés :** *dim tte l'année, plus un petit marché les mar et ven. Marché bio et artisanal en juil-août, mer 17h-22h, avec concert à partir de 19h.*

Où dormir ?

Camping

Camping municipal du Kerver : *chemin du Kerver. ☎ 02-97-45-21-21. • campingdukerver@hotmail.fr • campingdukerver.com • Ouv fin avr-sept. Forfait tente 12,20-13,60 € selon saison. Tentes canadiennes équipées*

199-470 €/sem selon saison ; dès 2 nuits (79 €) hors juil-août. Ce camping sans prétention aligne 127 emplacements peu délimités et sans beaucoup d'ombre, mais très bien situés, derrière la dune d'une belle plage appréciée des voileux... Attention, les sites sans électricité sont pour la plupart côté route. Aire de jeux pour les enfants, lave-linge, ping-pong.

Prix moyens

Chambres d'hôtes Oxygène Bretagne : *chez M. et Mme Lefèvre, 27, chemin du Goh-Vras. 06-28-06-71-06. • oxygene.bretagne@gmail.com • Tte l'année. Doubles 70-80 €, petit déj inclus (à l'heure désirée).* Dans une rue étroite très tranquille, cette maison moderne abrite 2 chambres pas bien grandes à l'étage, toutes deux avec leur propre salle de bains, mais extérieure (dont une au rez-de-chaussée). Gros plus : la vue sur la mer, qui danse au bout du beau jardin, dont on profite depuis le terrasson, un thé (en libre-service) en main... L'été, on peut y prendre le petit déj ! Accueil charmant.

MORBIHAN

Où manger ?

Bon marché

La Cabane des poissons rouges : *plage du Rohu, à côté de l'école de voile. 06-69-85-77-55. Juin-sept, tlj à partir de 10h ; avr-mai, w-e slt et certains mer.* Locaux et vacanciers en ont fait une petite institution. Ce très convivial resto-bar de plage plante ses tables (faites de tourets de câble) et ses chaises dans l'herbe, à côté d'un mobil-home-cuisine réaménagé en 2016 grâce au financement participatif. Au menu : sardines frites, poissons fumés, galettes, moules-frites... rien de compliqué, mais le tout tiré par conviction de produits de saison, bio et locaux. C'est prêt ? On vous appellera par votre prénom pour aller chercher votre pitance (soyez un peu patients).

De prix moyens à chic

Le Vert d'O : *94, rue du Guernevé. ☎ 02-97-45-25-25. • levertdo@gmail.com • Dans une petite rue perpendiculaire à la plage des Goh Velin. Tlj sf lun-mar (dim soir à mer hors saison). Congés : janv et 1re quinzaine de nov. Formule déj en sem 19,50 €. Menus 27-45 €.* Tenue par des jeunes dynamiques, cette adresse a beaucoup d'atouts en poche : une salle lumineuse à la déco très actuelle, une terrasse dominant la mer à distance, un accueil charmant et une cuisine soignée (certes, un peu chère) élaborée par une gourmande qui ne s'économise pas ! Ses plats sont simples à déchiffrer mais modernes, plein de couleurs et d'idées, voire ludiques ! Gardez une place pour les desserts, particulièrement inventifs.

Le Café de la Place : *11, pl. Mgr-Ropert. ☎ 02-97-45-24-68. Tlj sf jeu hors saison. Congés : de mi-nov à mi-mars, sf vac de Noël. Plats 12,50-21,50 €.* À la belle terrasse sur la place de l'abbatiale répond une salle de bistrot à l'ancienne pleine de caractère, où gravitent de nombreux habitués. Certains boivent, d'autres mangent... La cuisine du jour est sans complication mais agréable : rillettes de sardines fraîches pour l'apéro, burgers maison, poisson et petits légumes croquants, et bon point pour le café gourmand, vraiment gourmand !

Où acheter de bons produits ?

La Petite Biscuiterie de Saint-Gildas : *29, route de Sarzeau. ☎ 02-97-45-35-23. Mar-sam 7h-19h, dim 7h-12h.* Fermez les yeux, ouvrez la bouche. Le boss a fait ses classes dans une grande maison parisienne. Ses spécialités ? Les *karas,* des biscuits légèrement croustillants au caramel au beurre salé (exquis à la framboise), mais aussi de très bons kouign-amann et pâtisseries traditionnelles. Seul regret : l'emplacement en bord de route, à la sortie du village.

À voir

L'abbatiale : *tlj 9h-18h15 (19h en été). Visite guidée GRATUITE en juil-août, tlj sf sam ap-m, dim mat et cérémonies religieuses, 10h-12h, 16h-18h.* Elle mérite bien une visite, cette abbatiale, qui ouvre aux passants son chœur aux chapiteaux romans, rareté en Bretagne. Si la nef a été rebâtie au XVIIIe s, restent, aussi, un très vieux bénitier en pierre et des pierres tombales dans le déambulatoire. La visite guidée donne accès à la sacristie et à son trésor de grande qualité artistique, un des plus beaux ensembles de Bretagne : calices, croix, châsses en bois du XIVe s, reliquaires contenant les ossements de saint Gildas, etc. L'été, les lieux accueillent des concerts.

La pointe du Grand Mont : *se garer au bout de la route du Grand-Mont.* Sur le sentier côtier, bardé de courtes falaises entrecoupées de criques et criquettes, on rejoint une croix de granit offrant un joli panorama sur l'océan, la presqu'île de Quiberon et les îles au loin (avec table d'orientation).

Le musée des Arts, Métiers et Commerces : *sur la D 780, sur la droite en venant de Sarzeau, rond-point du Net. ☎ 02-97-53-68-25. 06-80-24-99-41. • musee-arts-metiers.com • Juil-août, tlj sf dim mat, 10h-12h, 14h-19h ; le reste de l'année, tlj sf lun 14h-18h (nov-fév, téléphoner avt) ; dernière entrée 1h avt. Entrée : 7 € ; réduc. Le billet donne droit à 2 visites dans la même sem. Visites guidées irrégulières. Sinon, guide très complet pour aider à la visite.* Ce drôle de musée privé expose un nombre faramineux d'objets petits et grands retraçant un siècle de vie dans la campagne de Rhuys et au-delà. Il remet en lumière des métiers oubliés, retrace des pans de vie, fait resurgir des souvenirs, des émotions, et tout le quotidien d'autrefois jusque dans les années 1970. On y admire une école d'antan reconstituée, avec tableau noir et pupitre en bonne place, une pharmacie à l'ancienne, des ateliers, des outils, des pièces de mobilier, des jouets, une riche collection de dentelles, coiffes et costumes bretons, etc. Une grande expo annuelle se mêle en plus aux différentes salles, par petites touches.
– En juil-août, plusieurs fois par sem, démonstrations de broderie et dentellière aux fuseaux.
Pour vous remettre, prenez donc un petit noir au *bar* années 1930... En plus, il est offert !

ARZON [ARZHON-REWIZ]

(56640) 2 130 hab. *Carte Morbihan, B3*

À l'embouchure du golfe du Morbihan dans l'océan Atlantique, seuls 800 m séparent le littoral de la commune de Locmariaquer à l'ouest, de celui de la commune d'Arzon à l'est. Située à la pointe de la presqu'île de Rhuys, cette dernière présente une géographie pour le moins accidentée et contrastée, alternant pointes et baies nombreuses. La baie principale, profonde et très bien protégée, a vu se développer l'immense marina de Port-du-Crouesty. Il s'agit de l'un des plus grands ports de plaisance de la façade atlantique, adossé à une station à l'architecture parfois... controversée, qui tranche avec la tranquillité toute provinciale du bourg

d'Arzon et plus encore avec la vieille élégance de granit et de fleurs de Port-Navalo. Au-delà, d'autres hameaux traditionnels s'égrènent au fil des côtes *(Le Motenno, Bernon, Kerners, Béninz...)*, témoins d'une activité tournée vers la mer. Plus anciens encore : de nombreux mégalithes parsèment la région, perchés sur leurs éminences. La pointe de la presqu'île offre aussi de belles plages et des promenades agréables, sur le sentier côtier et dans les landes. Évidemment, l'ambiance change du tout au tout, ici, d'une saison à l'autre.

Adresses et infos utiles

Bureau d'information touristique : *rond-point du Crouesty, à* ***Port-du-Crouesty.*** *☎ 02-97-53-69-69. • rhuys.com • En juil-août, lun-sam 9h-13h, 14h-19h ; dim 10h-13h, 15h-18h. Le reste de l'année, lun-sam 9h-12h, 14h-18h.* Propose des visites guidées à thème nature, patrimoine, ostréiculture, ateliers enfants et randonnées, ainsi qu'une découverte de la presqu'île de Rhuys en 2h30 *(les mar d'été et vac scol)*. Et puis il y a aussi les balades en gyropode et le classique petit train pour une visite commentée d'1h d'Arzon, Port-du-Crouesty et Port-Navalo.

Location de vélos : ***Abbis Location*** *(à* ***Port-du-Crouesty*** *; 06-82-59-48-15 ; • abbis-location.fr • ; tlj 9h30-18h30 en été et vac scol, sinon sur résa).* ***Les Cycles de l'Océan*** *(50, rue Centrale, à* ***Arzon*** *; ☎ 02-97-53-74-19; • cycles-ocean.com • ; Pâques-fin sept, tlj 9h-19h ; à partir de 10-12 €/j.).*

– ***Marchés :*** *lun mat vac de Pâques, w-e prolongés et juil-août à* ***Port-du-Crouesty*** *; mar mat tte l'année à* ***Arzon,*** *sur la pl. de l'Église ; ven mat Pâques-Toussaint à* ***Port-Navalo.***

– ***Navette gratuite Arzibus :*** *relie gratuitement Arzon (parking du Super U) à Port-Navalo en juil-août, ttes les 15 mn, 8h-20h15.*

Excursions en bateau et liaisons avec les îles

Le Passeur des Îles : *à* ***Port-Navalo.*** *☎ 02-97-49-42-53. • passeurdesiles.com • Traversées entre Port-Navalo et* ***Locmariaquer*** *avr-sept, min 4/j. 9h-18h15 et jusqu'à 9 fois/j. en juil-août, 9h-19h. Env 8,50 € l'A/R ; réduc ; passage vélo 5-6 € A/R.* La compagnie propose aussi des traversées pour le marché à Vannes les mer de printemps (21 € A/R), vers l'***île d'Arz*** *(mer en avr-juin et sept ; lun, mar, jeu et dim en juil-août ; 16 € A/R ; réduc)* et l'***île de Gavrinis,*** ce qui évite de se rendre à Larmor-Baden *(mar et ven en avr-juin et sept ; tlj sf sam en juil-août ; 23 € A/R ; réduc)*. Également des traversées vers l'***île aux Moines,*** mais depuis le port de Kerners *(lun, mer, jeu et dim avr-juin et sept, 3-5 traversées/j. juil-août ; 13,50 € A/R ; réduc). Passage vélo (sf Gavrinis), 5-6 €.*

Bateaux pour Belle-Île : *à* ***Port-Navalo,*** *avec* ***Navix*** *(☎ 02-97-46-60-00 ; • navix.fr •), tlj Pâques-sept, ou la* ***Compagnie du Golfe*** *(☎ 02-97-67-10-00 ; • compagnie-du-golfe.fr •), ven-lun en avr-juin et sept, tlj en juil-août (sf quelques dates).* Les ***Vedettes du Golfe*** *(☎ 02-97-44-44-40 ; • vedettes-du-golfe.fr •) fonctionnent, elles, fin juin-fin oct. Compter 29-34,50 € l'A/R.* Ça permet d'éviter l'engorgement de Quiberon.

Bateaux pour Houat et Hoëdic : *à* ***Port-Navalo*** *toujours, avec* ***Navix*** *(de mi-juil à fin août, 1-2 bateaux/j., tlj ou presque), la* ***Compagnie du Golfe*** *(Houat via Belle-Île, liaison irrégulière),* ***Vedettes du Golfe*** *(de mi-mai à mi-sept, 1-5 traversées/sem) et* ***Vedettes Angélus*** *(☎ 02-97-49-42-53 ; • vedettes-angelus.com •) vers Houat (mar et jeu, début juil-fin août).*

Balades vers les îles du golfe du Morbihan et la rivière d'Auray : *à* ***Port-Navalo.*** La *Compagnie du Golfe*, les *Vedettes du Golfe*, *Navix* et les *Vedettes Angélus* proposent toutes des croisières dans le golfe à la demi-journée ou à la journée, avec escales ou non à l'île aux Moines et/ou à l'île d'Arz (l'*Angélus* ne dessert pas Arz). *Navix, Le Passeur des Îles* et les *Vedettes Angélus* proposent, en outre, la remontée de la rivière d'Auray, en juil-août seulement et en fonction des horaires de marée.

Sorties en mer ou dans le golfe sur des vieux gréements :

– **Sur le Krog-e-Barz :** *au départ de* **Port-Navalo.** ☎ *02-97-49-07-50.* • *krog-e-barz.com* • *Tarifs : 59 € pour Houat et Hoëdic, 35 € dans le golfe ; réduc.* Reconstruit en 1992 sur le modèle d'un langoustier du début du XXe s, le *Krog-e-Barz* invite à de belles sorties en mer d'une journée dans le golfe ou vers les îles de Houat ou de Hoëdic. Participation aux manœuvres requise !

– **Sur la Betelgeuse :** *au départ de* **Port-du-Crouesty.** 📱 *06-62-38-39-87.* • *la-betelgeuse.com* • *Env 48 € pour la journée, 25 € la sortie apéro ou coucher de soleil ; réduc.* Croisières vers les îles de Houat ou de Hoëdic ou dans le golfe du Morbihan, à bord d'un cotre norvégien. Vous serez mis à contribution !

MORBIHAN

Où dormir dans le coin ?

Camping de Port Sable : *20, chemin du Toulassais, à* **Port-Navalo.** ☎ *02-97-53-71-98.* • *portsable@arzon.fr* • *camping-arzon.fr* • *Ouv avr-sept. Forfait tente 14,40-18,60 € selon saison.* Attenant à un lotissement mais débouchant sur la plage de Port-Sable, voici un beau site, légèrement vallonné. Ceux qui souhaitent garder les yeux rivés sur le grand bleu devront renoncer aux emplacements ombragés, mais les autres s'installeront sous de grands pins. L'ensemble est bien conçu et tenu, avec de beaux blocs sanitaires. Terrain de jeux pour enfants.

Camping Bilouris : *au port de* **Kerners.** ☎ *02-97-53-70-55.* • *campingdebilouris.com* • *Ouv avr-oct. Pour 2 pers, 12,50-18,50 € selon saison.* On aime bien ce terrain niché juste au-dessus du golfe, avec ses grands arbres, ses parcelles limitées par de hautes haies (certaines avec vue sur l'eau), ses sanitaires tout neufs et ses nombreux bungalows, dont plusieurs sont posés pile-poil face au golfe. Là se nichent un loueur de kayak et son super petit bar-snack... En complément, l'été : un terrain de l'autre côté de la rue avec juste 7-8 emplacements pour tentes sous de grands pins, face à un champ, le regard rivé sur les eaux scintillantes de la « petite mer ».

Hôtel Glann Ar Mor : *27, rue des Fontaines, à* **Port-Navalo.** ☎ *02-97-53-88-30.* • *info@glannarmor.fr* • *glannarmor.fr* • *Congés : en principe de mi-déc à fin janv. Doubles 66-85 € selon saison ; (bon) petit déj 9 €.* Il flotte dans cette maison quelque chose de l'ambiance agréable des pensions de bord de mer d'autrefois. Les 9 chambres y sont sans effet de manche côté déco et pas très grandes (sans parler de certaines salles de bains), mais l'ensemble est avenant, frais et très bien tenu. Accueil agréable.

La Petite Cale : *rue de la Douane, à* **Port-Navalo.** ☎ *02-97-63-37-20.* 📱 *06-07-78-68-70.* • *lapetitecale.com* • *Ouv mai-déc. Compter 400-800 €/sem pour 2-7 pers (loc à partir de 2 nuits hors juil-août).* Derrière ses vieux murs de pierre, l'ancienne maison des douaniers abrite 14 studios, duplex et appartements (27-48 m²) aux noms d'îles, avec petite vue sur l'eau à l'avant pour certains et grand jardin gazonné et accueillant à l'arrière pour tous (3 apparts ont une terrasse de ce côté). Chacun dispose de sa propre cuisine et la plupart ont une vieille cheminée. Les linos du 1er et les moquettes du 2d commencent à dater un peu, mais rien de grave.

Crouesty Hôtel : *18, rue du Croisty, à* **Port-du-Crouesty.** ☎ *02-97-53-87-91.* • *hotellecrouesty@wanadoo.fr* • *hotellecrouesty.com* • *À deux pas du port, le long du bd de la Résistance. Congés : de mi-nov à mi-fév. Doubles 69-159 € selon saison, confort et vue.* Malgré son emplacement le long de l'avenue, la grande terrasse en bois tournée vers le port et l'aménagement contemporain soigné des parties communes séduisent. Les chambres, à la personnalité bien marquée, sont confortables (bons lits), même si certaines salles de bains commencent à dater un peu et que le prix est tout de même élevé en saison. Accueil très sympathique.

Où manger ? Où boire un verre et faire une pause à Port-Navalo ?

Crêperie La Sorcière : *59, rue des Fontaines. ☎ 02-97-53-87-25. • creperielasorciere@sfr.fr • ♿ Résa recommandée en saison. Compter 15-20 € à la carte.* Il y a, entre les murs de vieilles pierres de cette crêperie, tellement de sorcières qu'on a renoncé à les compter. Mais rassurez-vous, elles ne sont là que pour la déco ! Galettes et crêpes sont vraiment bonnes et généreusement garnies, mais on mettra un petit bémol pour le bruit, et pour l'accueil – plus irrégulier.

Le Marin : *10-12, bd de la Rade. ☎ 02-97-53-87-99. • lemarin56@free.fr • Devant le vieux port. Tlj sf lun midi. Congés : de mi-nov à mars. Menus 23,50-34,50 € ; carte env 40 €. Café offert sur présentation de ce guide.* Salle très classique avec vue sur les bateaux, impeccable pour goûter de bons fruits de mer et des poissons cuisinés simplement (choucroute de poissons et crustacés, dos de cabillaud, etc.). Accueil sympathique et service pas pressant.

L'Escarpolette : *13, rue du Général-de-Gaulle. ☎ 02-97-53-76-25. Juil-août, tlj sf mar 10h-20h ; le reste de l'année, mer-dim 10h-19h. Formule à 14 € le ven midi.* À la galerie, qui met en valeur peinture, sculpture et accessoires de créateurs, se soude un salon de thé assurément bobo, où l'on déguste gâteaux et cafés entourés de vieux tableaux et de mobilier ancien... à moins de succomber au charme du jardinet attenant.

Où manger ? Où boire un verre ? Où sortir à Arzon et Port-du-Crouesty ?

L'Atelier de l'Océan : *2, rue Centrale, à Arzon. ☎ 02-97-69-02-55. En juil-août, tlj sf lun et dim soir 8h-13h, 17h-20h ; le reste de l'année, tlj sf lun et mer. Formule 6 huîtres et verre de muscadet 7,50 €.* L'odeur de l'iode nimbe tout l'angle de rue. Tenu par 2 sœurs ostréicultrices, cette poissonnerie-écailler se double d'un lieu sans chichis, bien sympathique pour gober huîtres, coques, palourdes ou même une « assiette dégustation ». Les plateaux de fruits de mer, eux, se commandent.

Le Cargo : *au-dessus de la capitainerie, au* ***Port-du-Crouesty****. ☎ 02-97-44-53-85. ♿* Ce grand café-resto semble flotter au-dessus du port de plaisance tel un vaisseau, offrant une vue imprenable sur les bateaux depuis ses terrasses. On y prend volontiers l'apéro, voire on prolonge le jeudi pour les concerts de jazz. Un joli spot, à l'accueil variable.

Le Marcellin : *20, quai des Cabestans. ☎ 02-97-53-67-38. Sur le parking de la capitainerie. Tlj juil-août 22h30-5h30 ; ven-dim et veilles de j. fériés le reste de l'année. Âge min : 20 ans. Tenue correcte exigée.* Le vieux bois et le bar ondulant font penser à un pub, mais c'est bien la principale boîte de la presqu'île, fréquentée par tous, entre soirées à thème et airs d'hier et d'aujourd'hui. Des coins relax ont été aménagés pour boire un verre de vin.

Achats

Fumage artisanal d'Arzon : *23, rue Centrale, à Arzon. ☎ 02-97-53-80-18. • fumage-arzon.fr • En saison, tlj 9h-12h30, 15h-18h30 (sinon fermé lun).*

La conserverie artisanale de Patrick Chauchard propose un bon saumon fumé à la main au sel de Guérande, mais aussi des blinis à accompagner d'un délicieux tarama au corail d'oursin, des sardines en bocal... autant de produits de la mer mis en boîte avec respect.

À voir. À faire dans le secteur

ARZON

En partie éclipsé par les célèbres Port-Navalo et Port-du-Crouesty situés sur sa commune, le bourg d'Arzon résiste encore à la spirale du tourisme à grande échelle. On peut y pousser la porte de l'église *(ouv en permanence),* rebâtie en 1815, en allant faire un tour au sympathique marché. Midi approche ? Savourez donc les huîtres du sympathique *Atelier de l'Océan,* tenu par deux ostréicultrices (voir « Où manger ? »).

Le tumulus de Tumiac : *à 150 m de la D 780, après le rond-point de Kerjouano en venant d'Arzon, sur la gauche.* Ce tumulus, haut de 20 m pour 86 m de diamètre, est le plus ancien de la presqu'île de Rhuys (4790-4530 av. J.-C.). On parle communément de ***La butte de César,*** car l'empereur romain y aurait assisté au déroulement de la bataille qui opposa ses galères aux vaisseaux des Vénètes, en 56 av. J.-C. En vérité, on ne sait pas exactement où elle s'est déroulée. Et, du sommet, atteint par un sentier (5 mn), la mer paraît un peu loin...

PORT-DU-CROUESTY (ou LE CROUESTY)

Situés juste au sud du bourg d'Arzon, cette station et son port en eau profonde, sortis de terre dans les années 1970 et constamment agrandis jusque dans les années 2000, sont le cœur battant de la presqu'île en été. Port-du-Crouesty possède les trois attributs sacrés de la station balnéaire : un casino, un centre de thalasso (réputé) et un golf. En saison, sur les quais, cafés, restaurants et boutiques grouillent d'animation, dissimulant en partie l'architecture peu séduisante des lieux. Hors saison, le souffle retombe et le port – le plus grand de Bretagne –, qui accueille quelque 1 450 bateaux à l'année, s'assoupit. Pour vous consoler, vous pourrez aller vous offrir un cocktail à la spiruline ou une cure (tout dépend de votre budget !) au *Miramar,* hôtel-bar-restaurant et, surtout, centre de thalassothérapie ouvert (presque) toute l'année !

ON Y PERD SON LATIN... OU SON BRETON !

Rue Croisty, chapelle du Croisty, Port-du-Crouesty, Port-Crouesty... non mais c'est quoi ce bazar ? C'est Le Croisty ou Le Crouesty ? Les deux, mon capitaine ! Le Croisty est l'ancien nom du Crouesty, qui signifie « maison de la Croix ». Quant à Port-du-Crouesty et Port-Crouesty, c'est plus une histoire de raccourcis !

Le cairn du Petit-Mont : *à 750 m du port (fléché), puis 5-10 mn à pied depuis le parking.* 06-03-95-90-78. • *morbihan.fr/petit-mont* • *Vac d'hiver, avr-juin, sept et vac de la Toussaint, tlj sf mer, 14h30-18h30 ; juil-août, tlj 11h-18h30 ; dernière entrée 45 mn avt. Tarif : 7 € ; réduc. Visite guidée ou libre. Le billet donne droit au* pass des Mégalithes, *qui offre des réduc à la Table des Marchand à Locmariaquer, au cairn de Gavrinis, et aux alignements et musée de Carnac. Sacs à déposer à l'accueil.* Ce cairn à trois degrés, haut de 41 m, est l'un des monuments mégalithiques majeurs du golfe du Morbihan. Il englobe trois dolmens bâtis à trois périodes différentes, entre 4600 et 2500 av. J.-C. Surprise, les Allemands y ont aménagé un blockhaus durant la Seconde Guerre mondiale ! Voilà qui témoigne de sa position stratégique à l'entrée du golfe. En y pénétrant, on accède au dolmen nº 2, le plus intéressant, dont certaines dalles sont gravées de crosses et de haches. Le dolmen situé côté nord mérite aussi un coup d'œil pour sa dalle sculptée... d'une paire de pieds (sans doute à l'époque gallo-romaine) !

La chapelle du Croisty : *accès le plus aisé à pied par la promenade longeant la marina, sinon par la rue menant au cairn de Petit-Mont (panneau Ker an Iliz à droite), mais impossible de se garer. Ouv dim 17h-19h, 10 juil-20 août env. Bénédiction des bateaux le 15 août.* Selon la légende, saint Gildas aurait demandé que, à sa mort, son corps soit déposé dans une barque laissée à la dérive. Partie de l'île de Houat, elle se serait échouée ici, trois mois plus tard, avec le corps intact du saint. Les moines y firent bâtir un oratoire. Malheureusement, celui-ci, situé trop près de la mer, ne résista pas à ses assauts. La chapelle actuelle, plus en retrait de la côte, date de 1826. Jadis, les marins partant en mer faisaient leur prière en passant devant.

MORBIHAN

Si la grande ***plage du Fogeo,*** étirée au pied de l'hôtel *Miramar,* a dû être renforcée par des brise-lames en béton, celles ***de Kerver*** et de ***Kerjouanno,*** au sud-est, offrent un visage bien plus naturel – pour ne pas dire sauvage. Immenses, elles s'adossent à de courtes dunes. À Kerver, juste au nord du camping municipal du même nom, on la rejoint en traversant un bois de grands pins idéal pour le pique-nique (tables).

– ***Thalassothérapie :*** *au* ***Miramar – La Cigale.*** *☎ 02-97-53-49-13 (résas). • miramar-lacigale.com • Ouv tlj 9h-13h, 14h30-18h. À partir de 14 ans. Compter 118-260 € pour un soin de 45 mn à 2h20.* Avec 45 cabines, 2 piscines d'eau de mer alimentées par des pompes situées au large, 3 bassins marins, un spa océanique au parcours aquatique constitué de 7 étapes et un hammam aux courbes douces, le Miramar assure côté soins ! Cure ou journée, à vous de voir, en fonction de vos envies et de vos moyens. Au programme : modelages, enveloppements aux algues, bains hydromassants, gommages, cocooning future maman ou jeune maman, et même des traitements innovants à la spiruline marine fraîche. Bref, tout pour vous bichonner, vous détendre ou vous remettre d'aplomb ! Pour cela, nul besoin de loger sur place ; en revanche, il vous faudra peut-être faire quelques économies...

PORT-NAVALO

À l'entrée du golfe du Morbihan, tout au bout de la presqu'île, ce joli mouillage et son village breton à l'ancienne, joliment fleuri, affirment un charme certain. C'est ici que, au XIXᵉ s, était basée l'importante flotte de bricks et goélettes de transport d'Arzon. Aujourd'hui, à la belle saison, de très nombreuses excursions dans le golfe et vers les îles du Ponant partent d'ici.

Le phare : lors de sa construction au XIXᵉ s, il trônait encore seul sur sa pointe, au milieu des grands pins, tout au bout de la presqu'île. Désormais entouré de maisons, il n'est plus accessible, mais il a laissé son nom à une promenade facile *(♿)* qui, du port, longe le front de mer, offrant une jolie vue.

Port-Navalo s'enorgueillit de plusieurs anses sablonneuses : la ***plage de Port Lenn*** dans la baie même ; la jolie petite ***plage de sable fin de Port-Navalo*** côté ouest, très prisée donc vite saturée en été ; et, plus au sud, la ***plage de Port Sable,*** une anse charmante accessible par le seul sentier côtier (ou par le camping voisin).

La pointe de Bilgroix : l'endroit offre un impressionnant point de vue, à la renverse, lorsque les eaux montantes de l'océan et celles du golfe se rencontrent, engendrant de forts courants de marée, bien visibles, même par temps calme. Leur vitesse peut approcher les 9 nœuds (16,6 km/h) ! À contre-courant, certains bateaux ne passent pas. Juste au-dessus du point de vue, jetez un coup d'œil à l'***allée couverte de la pointe de Bilgroix*** (2900-2500 av. J.-C.). Pas très impressionnante, c'est néanmoins la seule encore existant en Bretagne bâtie en pierres sèches plutôt qu'avec des dalles orthostatiques.

LA CÔTE DU GOLFE

Au nord de la commune d'Arzon, côté golfe, s'étirent d'autres plages discrètes, découvrant à marée basse de larges estrans (on ne s'y baigne pas, alors). Bordée de maisons aux jolis jardins, celle du ***Tréno*** est plus facilement accessible à pied ou à vélo, en prenant le chemin à la hauteur du n°16 de la rue du Dolmen. Similaire, la ***plage des Fontaines*** à la particularité d'avoir une partie herbue et ombragée.

MORBIHAN

La chapelle Saint-Nicolas de Kerners : *ouv slt pour la messe le dim à 9h30, 10 juil-20 août env.* On se croirait presque transplanté en Provence ! Vieille de cinq siècles, la chapelle se serre sur une très jolie placette de village, contre un boulodrome ombragé par les pins. À l'intérieur, les poutres sculptées font écho à la balustrade en bois du chœur.

Le moulin de Pen-Castel : *au nord d'Arzon, en passant par Kerners.* Ce moulin à marée existe au moins depuis le XIIe s. Le bâtiment actuel, du XVIIe s, est l'un des plus beaux et mieux conservés de Bretagne. Il resta en activité jusqu'en 1914. Restauré, il accueille de très nombreuses expositions temporaires gratuites, mais également des concerts, des ateliers et des rencontres (programme auprès de l'office de tourisme).

■ ***Kayak de mer et SUP (stand-up paddle) :*** *avec **Kerners Kayak,** dans le camping Bilouris, à **Kerners.** 06-80-32-34-93. • kerners-kayak.com • Ouv Pâques-Toussaint.* Randonnées guidées en kayak de 1h30 à une journée *(24-60 €),* de 1h-2h en SUP et stages pour tous les niveaux, mais pas de location. On a apprécié l'adorable petit bar attenant *(ouv Pâques-sept),* au *deck* face au golfe encadré de palmiers !

Manifestations au Port-du-Crouesty

- ***La semaine du golfe :*** *w-e de l'Ascension (année impaire).* Grande fête maritime qui rassemble plus de 1 000 bateaux.
- ***Festival Place aux Mômes :*** *ts les mer pdt l'été à 21h, ainsi qu'à Pâques et à la Toussaint, au port du Crouesty.* Spectacles gratuits pour enfants : contes, théâtre, marionnettes, chant...
- ***Festival les Arzonnaises :*** *10 juil-fin août env, à 21h, ts les lun sur les quais du Crouesty et le jeu à Port-Navalo.* Concerts gratuits, principalement de groupes de la scène émergeante bretonne, plus quelques têtes d'affiche.
- ***Les Grandes Régates de Port-Navalo :*** *fin juil au **Yacht-Club** du Crouesty. • grandesregatesdeportnavalo.fr •* Régates, parade de bateaux traditionnels, fest-noz et feux d'artifice à la fin !
- ***Le Mille Sabords du Crouesty :*** *w-e de la Toussaint. • lemillesabords.com •* Le 1er salon nautique européen de l'occasion (à ciel ouvert).

LA ROCHE-BERNARD, LA VILAINE MARITIME ET L'ARRIÈRE-PAYS

LA ROCHE-BERNARD [AR ROC'H-BERNEZ]

(56130) 815 hab. *Carte Morbihan, D3*

Accrochée sur la pente de la rive gauche de la Vilaine, cette « Petite Cité de caractère » a décidément beaucoup de charme, grâce à la fois à la patine de l'histoire et à sa situation géographique originale. Un port riche de vieux gréements et beaucoup de maisons anciennes, dont certaines construites à flanc de rocher. Le bourg, avec ses petits passages et ruelles, autour de la belle place du Bouffay, plonge par endroits dans un autre siècle.

UN PEU D'HISTOIRE

Elle doit son nom au chef viking Bernhardt, qui, le premier, apprécia à sa juste valeur l'intérêt du promontoire dominant la Vilaine. Ce fut au cours des siècles un fief protestant, puis républicain : les Bleus la baptisent La Roche-Sauveur ! Des chantiers navals s'installent autour d'une anse bien abritée où se trouve maintenant un joli petit port de plaisance. On y a notamment construit, selon les recommandations de Richelieu, le premier vaisseau à trois ponts, *La Couronne,* lancé en 1635.

Adresses utiles

i ***Tourisme Arc Sud Bretagne – antenne de La Roche-Bernard :*** *14, rue du Docteur-Cornudet.* ☎ *02-99-90-67-98.* • *tourisme-arc-sud-bretagne.com* • *Juil-août, tlj lun-sam 9h30-13h, 14h-19h, dim 10h-13h, 14h-19h ; le reste de l'année, lun-sam 9h30-12h30, 14h-18h (fermé lun en hiver).* Document détaillant le circuit d'interprétation du patrimoine. Billetterie pour les bateaux-croisières sur la Vilaine ou dans le golfe du Morbihan, ainsi que pour les parcs animaliers et récréatifs. Topoguides de randonnées pédestres, circuits VTT FFC, etc. Très bon accueil.

■ ***École de voile et location de canoës-kayaks : Loisirs Temps Libre,*** *Le Pâtis.* ☎ *02-99-90-83-25.* 📱 *06-74-57-32-19.* • *loisirs-temps-libre.fr* • ♿ *Tlj en juil-août ; sur résa hors saison.*

Les Vedettes Jaunes : *voir plus loin « Adresses utiles » au chapitre « Muzillac ». ☎ 02-97-45-02-81. • vedettesjaunes.com •* Embarquement tlj à La Roche-Bernard en été.

Balades sur la Vilaine au départ de La Roche-Bernard : à bord du **Morwenna** *(📱 06-08-08-19-68 ; • morwenna.fr •).* Sur un vieux gréement pour découvrir la Vilaine à la voile : balade, balade apéro, location sorties en mer, nuit à bord. Ou à bord du **Bato-Margot** *(📱 06-98-88-32-16 ; • batomargot.com •).* Balade de 1h *(avr-sept).*

Où dormir ? Où manger ? Où boire un verre ?

Camping

Camping municipal Le Pâtis : *3, chemin du Pâtis (sur le port de plaisance). ☎ 02-99-90-60-13. • camping.lrb56@gmail.com • Ouv début avr-fin sept. Forfait tente 10,70-16,70 € selon saison. Mobile homes 225-590 €/sem. 5 % de réduc sur présentation de ce guide.* Bien équipé et très bien situé, un joli petit camping d'environ 70 emplacements très arborés. Location de vélos et jeux pour les enfants. Non loin des commerces et en bord de Vilaine.

De bon marché à prix moyens

Les Copains d'à Bord : *quai Saint-Antoine. ☎ 02-99-90-81-03. Sur le vieux port, au pied du rocher. Tlj sf mer, plus le soir sf sam oct-mars. Congés : vac scol de fév et de la Toussaint. Le midi, formule 17 € ; menus 26-34 € ; carte env 38 €.* Ce bateau à quai (stabilisé !), le *Jacques-Cassard,* s'est transformé en resto. Le patron a décroché le titre de « Maître restaurateur », garantie d'une cuisine maison à base de produits de qualité. Plutôt rare pour ce genre d'adresse ! Le poisson et les fruits de mer y sont à l'honneur, même s'il y a quelques options de viande pour les irréductibles. Déco traditionnelle d'un intérieur de bateau en bois restauré. Tables petites, qui engendrent une certaine promiscuité, et un peu de bruit quand il y a du monde. Mais c'est tellement pittoresque...

Le Sarah B. : *9, quai Saint-Antoine, Le Vieux-Port. ☎ 02-99-90-74-60. • contact@lesarahb.fr • lesarahb.fr • Tlj sf lun hors saison. Formule déj 12,50 €, menu 18 €. Carte env 20 €.* Un lieu avec l'une des plus hautes hauteurs sous plafond qu'on ait jamais vues ! Ancien théâtre sur le vieux port, devenu lieu branché tous styles, à l'image du mobilier de récup et de la musique. Ambiance agréable pour boire une bière bretonne ou un thé devant un jeu de société. Partager une assiette de charcuterie, un *bo bun,* une « bouillabreizh » ou une copieuse tartine gratinée entre copains fait tout autant partie du plaisir au *Sarah B.* Voir aussi leur programmation de concerts et spectacles. Agréable terrasse.

De prix moyens à chic

L'Auberge Bretonne : *2, pl. Duguesclin. ☎ 02-99-90-60-28. • contact@auberge-bretonne.com • auberge-bretonne.com • Resto tlj sf dim soir-mar midi (hors saison dim-lun). Doubles 70-140 € selon confort ; triples 115-175 €. Formules déj en sem 18-22 € ; menus 27-50 €. Café offert sur présentation de ce guide.* L'ombre de l'ancien chef, Jacques Thorel, semble encore planer sur cette belle auberge bretonne... La déco est inchangée, classique et cossue, et les chambres, spacieuses et hyper confortables, affichent à ce titre un rapport qualité-prix remarquable. Côté cuisine, même constat, même si le chef a su, ici, imposer sa patte. Des produits frais et locaux, subtilement relevés d'une touche d'épices et d'exotisme. Le midi, c'est une franche aubaine avec des menus gourmands tout ce qu'il y a de plus accessible. À vouloir trop bien faire, le service finit par paraître un peu guindé et ampoulé. Dommage, mais à ce prix-là, on ne boudera pas son plaisir !

Le Domaine de Bodeuc : *route de Saint-Dolay, 56130* ***Nivillac.*** *☎ 02-99-90-89-63. • contact@hotel-bodeuc.com • hotel-bodeuc.com • À 7 km au nord-est de La Roche-Bernard. Accès par la D 34 ; fléchage à Izernac. Congés : janv. Doubles 85-120 € selon confort et saison ; chambres-ateliers avec balnéo, suites et familiales 142-193 € ; voir les offres spéciales ; petit déj 13 €. Dîner 30 €.* Manoir du XIXe s, niché au calme dans un parc arboré et verdoyant de 15 ha, avec piscine chauffée. Les chambres cossues, classiques ou modernes de cet hôtel familial sont personnalisées Art déco, Directoire ou campagne. Petit coup de cœur pour la vue depuis la nº 9, sous la charpente, ou pour la nº 6, « Harmonie ». Celles de l'annexe, en retrait dans la propriété, sont tout aussi mignonnes. Belle cuisine bretonnante du marché, franche, fraîche et simple au dîner uniquement (pour les résidents). Accueil dévoué et attentionné... dont on peut profiter à l'apéro, au coin du feu.

Où dormir dans les environs ?

Chambres d'hôtes du Moulin du Couëdic : *lieu-dit Saint-Cry, 56130* ***Nivillac.*** *☎ 02-99-90-62-47. • moulin-couedic@wanadoo.fr • moulin-couedic.com • À 9 km de Nivillac, à faire en suivant le fléchage. Congés : 1 sem en sept-oct. Compter 50 € pour 2 et 90 € pour 3-4. Gîte 4 pers 300-480 €/sem selon saison. Repas sur résa 22 €. Plateau d'accueil offert sur présentation de ce guide.* En rase campagne, une ferme à l'architecture moderne qui a perdu son moulin depuis bien longtemps. Dîner copieux, composé quasi exclusivement de produits de la ferme. Et goûtez-nous ce far breton au lait de la ferme ! Quant aux 4 chambres, elles sont simples, champêtres et d'un bon rapport qualité-prix. Accueil familial et chaleureux. Nombreuses jolies promenades aux alentours, jusqu'à la Vilaine.

À voir. À faire

Le musée de la Vilaine maritime : *château des Basses-Fosses, Vieux Quartiers. ☎ 02-99-90-67-98. • assolesamisdumusee.jimdo.com • Tlj de mi-juin à mi-sept, 10h30-12h30, 14h30-18h30. Entrée : 3 € ; réduc.* Un agréable musée sur trois niveaux, qui retrace l'histoire maritime de la Vilaine (secteur géographique allant de l'estuaire de la Vilaine à Redon), et les arts et traditions populaires de la région. Ce bâtiment est construit sur le rocher de la rive gauche de la Vilaine, comme le reste de la ville, et ses cinq niveaux accrochés sur le rocher surplombent insolemment l'étier. Édifiée aux XVIe et XVIIe s, cette belle demeure dans laquelle vous pénétrez (sans doute celle d'un riche négociant) a, paraît-il, reçu la visite, il y a plus de 3 siècles, d'une reine et d'un roi, Henriette Marie de France, épouse du roi d'Angleterre, et Jacques II. Mais l'histoire de cet hôtel particulier reste mystérieuse à bien des égards. À l'intérieur, reconstitution d'un atelier de bottier, plusieurs maquettes de bateaux d'époque, quelques coiffes et costumes traditionnels, explication des techniques pour faire les toits en roseaux de Brière... Évocation de la Bataille des cardinaux (1759), qui opposa les flottes française et anglaise, et exposition de couronnes et globes de mariage. Également une pittoresque cabine de chasse-marée (ça sent encore le vieux poêle !) et cette salle dédiée au navire *La Couronne*, avec sa maquette qui a demandé plus de 2 500 heures de travail.

La Maison de l'abeille : *8, rue du Passage. ☎ 02-99-90-79-50. En descendant vers le port. Petite exposition juil-août tlj 10h30-12h, 14h30-19h ; avr-juin et sept-déc, lun-sam 15h (ou 15h30 avr-juin)-18h30. GRATUIT.* Ruche vivante, panneaux, vitrine avec quelques objets anciens et surtout une boutique qui fleure bon le miel et la cire. Convivial et pédagogique. Vidéo.

– Allez à la rencontre des nombreux ***artisans d'art*** du centre-ville : souffleur de verre, vitrailliste, perlière d'art, potier, peintre mosaïste... *Rens à l'office de tourisme.*

➢ ***Circuit d'interprétation du patrimoine :*** demander le plan du parcours à l'office de tourisme. Prévoir environ 1h30 pour faire le tour des 23 « modules » disséminés dans la ville. En ville, penser à longer le vieux quartier en prenant le *chemin du Ruicard* (près du musée et du jardin public), qui surplombe le port et mène jusqu'au rocher et son canon.

➢ La campagne alentour est bien agréable et mérite qu'on s'y promène. Plusieurs circuits de randonnées pédestres et VTT balisés la parcourent (plans et topoguides en vente à l'office de tourisme). Essayez, par exemple, ces adorables petits chemins qui surplombent la Vilaine côté rive gauche, à l'ouest de La Roche. On peut aussi, pour se faire peur ou prendre de beaux clichés, emprunter la ***passerelle piétonne*** qui court sous le pont du Morbihan, à 40 m au-dessus de l'eau ! Pour les amateurs, il existe d'ailleurs un « circuit des ponts » !

– ***Flottille de vieux gréements :*** dans le vieux port, une association qui réunit des propriétaires passionnés de vieux gréements. Ils restaurent, entretiennent et font naviguer ce patrimoine vivant. La flottille participe à de nombreux rassemblements maritimes dans la baie de la Vilaine.

Fêtes et manifestations

– ***Vilaine en Fête :*** *les années paires, la sem de l'Ascension.* Manifestation sur le thème du nautisme, avec la participation de la Flottille traditionnelle de Basse Vilaine. Concerts, expositions, baptêmes, parade nocturne des vieux gréements...
– ***Festival des Garennes :*** *en août.* Festival de musique dans le cadre bucolique des jardins des Garennes, sur le port de La Roche-Bernard.
– ***Visites et circuits patrimoine, festival Photo*** pour redécouvrir la cité, au fil d'un itinéraire photo dans la ville. Concerts, expos, fêtes traditionnelles, fête au Port, etc. *Tt au long de l'été.*
– ***Festival de la caricature Croqu'Art :*** *en août.* Un groupe d'artistes se propose de vous tirer le portrait.

DANS LES ENVIRONS DE LA ROCHE-BERNARD

➢ ***Balade sur le canal de Nantes à Brest :*** il est possible de passer de la Manche à l'Atlantique via Dinan, Rennes, Redon, La Roche-Bernard, pour déboucher sur le grand large. Une bonne idée peut consister en un rallye d'eau de mer et d'eau douce entre La Roche-Bernard, Josselin, Pontivy, Hennebont, l'île de Groix, Belle-Île, et retour à La Roche-Bernard. Location de coches d'eau en différentes escales de cet itinéraire et sur l'Aulne, dans le Finistère.
– ***Renseignements :*** au ***Comité des canaux bretons et voies navigables de l'Ouest,*** à ***Pontivy*** (56300). *☎ 02-97-25-38-24. • canaux-bretons.net •*

PÉNESTIN [pennestin]

(56760) 1 560 hab. *Carte Morbihan, C3-4*

Sur la rive gauche de l'embouchure de la Vilaine, Pénestin (prononcez « Pénétin ») tient probablement son nom du commerce maritime de l'étain, organisé par les Phéniciens. C'est un site plein de ressources. N'y a-t-on pas découvert, sur le flanc d'une falaise, un bloc de quartzite taillé sur deux faces par les pithécanthropes il y a au moins 300 000 ans ? La présence de l'homme-singe sur cette partie de la Bretagne remonte sans doute à 900 000 ans ! Attraction numéro 1, la *plage de la Mine-d'Or.* Le site doit son nom à une mine exploitée vers la fin du XIXe s et abandonnée faute de rendement. Mais le routard baigneur et rêveur préférera peut-être y voir une allusion à ce sable micacé d'or (enfin, ne vous ramenez pas avec vos tamis, ce n'est qu'une façon de parler), bordé par une falaise atypique (classée) d'un ocre puissant nervuré de gris. Le coucher de soleil y vaut le déplacement, mais essayez de tomber sur la marée haute parce que, à marée basse, c'est un peu envasé (côte nord, au niveau de l'embouchure de la Vilaine).

À part ça, Pénestin reste une plaisante station balnéaire, avec 14 plages de sable fin et un haut lieu de la mytiliculture, labellisé « Site remarquable du Goût » : la culture traditionnelle des moules de bouchot fournit près de 5 000 t/an.

MORBIHAN

Adresses utiles à Pénestin et dans les environs

■ @ ***Office de tourisme :*** *allée du Grand-Pré. ☎ 02-99-90-37-74. • penestin.com • À l'entrée de la ville. Début juil-fin août, lun-sam 9h30-13h, 14h30-18h30 et dim 9h-13h ; avr-début juil et sept-oct, lun-sam ; nov-mars, lun-ven (horaires plus restreints). Fermé certains j. fériés ou ouv le mat slt. Guide rando 4 €. (gratuit 1h)*

■ ***Location de vélos : Brico Loisirs,*** *74, rue du Calvaire. ☎ 02-99-90-35-92.* ***Minigolf de la Mine d'Or,*** *06-74-57-29-45.*

■ ***Association Mer et Nature :*** *40, rue de l'Église. 06-08-52-53-50. • brigitmetayer@wanadoo.fr •* Une invitation à découvrir autrement le littoral, à mieux connaître les activités « coquillages » de la région. Visites à pied à marée basse dans les parcs conchylicoles, entre autres randonnées, sur 2 sites autour de Pénestin. Environ 1h30 de sortie *(5 €/pers).* Pensez à apporter vos jumelles et vos bottes !

■ ***Club nautique de Pénestin :*** *plage de Poudrantais. ☎ 02-99-90-32-50. • cnpenestin.com •*

■ ***Location de vélos et kayaks : Au Gré du Vent,*** *port de plaisance, 56130* ***Camoël.*** *☎ 02-99-90-56-91. 06-20-67-49-92. • augreduvent.fr • Entre Pénestin (à 6 km) et La Roche-Bernard.* Également des bateaux à moteur avec ou sans permis. Parcours à la journée, à la demi-journée ou au coucher du soleil, en mer ou en rivière. Équipe sympa.

■ ***Les Ailes d'Or – parapente :*** *falaise de la Mine-d'Or, Pénestin. 06-08-21-95-30 (M. Crusson, pour tarifs et baptêmes).* Les vols ont lieu en soirée. Sur le site officiel de la Mine-d'Or, site unique en Europe pour son départ d'une falaise classée qui surplombe la mer.

■ ♿ ***Plage de Poudrantais – baignade :*** à retirer au club nautique, un « hippocampe » et un « tiralo » qui permettent la baignade pour les personnes à mobilité réduite.

Où dormir ?

Camping

Yelloh ! Village le Domaine d'Inly : *route de Couarne, Pénestin. ☎ 02-99-90-35-09. • inly-info@wanadoo.fr • camping-inly.com • Indiqué sur la route de La Baule. Ouv avr-fin-sept. Forfait tente 15-42 € selon saison. Tentes et chalets-cottages 196-1 434 €/sem. 500 empl.* Vaste camping 4 étoiles étendu dans un parc de 15 ha. Parfaitement équipé. Nombreuses activités : piscines chauffées avec toboggan, bain bouillonnant, restaurant, jeux, tennis, étang pour la pêche, centre équestre, club enfants en saison...

De bon marché à prix moyens

Relais international de la jeunesse de La Mine-d'Or : *☎ 02-99-90-30-22. • clajnantes@wanadoo.fr • clajbretagne.org • Au bord de la plage de la Mine-d'Or, sous les arbres. Ouv mai-oct. Env 10 €/pers, avec petit déj, 20 € avec le repas. Adhésion à l'association obligatoire (5 €/pers). Apéritif offert sur présentation de ce guide.* Le CLAJ, comme on dit ici ! On y prend le repas commun autour de la table familiale. L'hébergement se fait en chambres (dans une authentique chaumière bretonne !) et en bungalows l'été. Le fonctionnement s'inscrit dans un mode de tourisme participatif : « La vaisselle se fait toujours à la main. Il convient tout particulièrement à ceux qui recherchent la vie naturelle et le grand air entre amis. » Dans tous les cas, apporter son duvet. Capacité d'environ 60 lits.

L'Ancre d'Or : *55, rue de la Plage, la Mine-d'Or, à Pénestin. ☎ 02-99-90-38-92. • ancredor3@wanadoo.fr • hotel-penestin.com • À proximité immédiate de la plage de la Mine-d'Or (1,5 km du centre de Pénestin). Congés : janv. Doubles 60-100 € selon saison et confort.* Situation idéale, pratiquement sur la plage et à proximité du bourg. Hôtel moderne, coquet et familial avec ses 10 chambres colorées et confortables, certaines avec terrasse et vue sur mer (coup de cœur pour la « Belle-Île marine »). Accueil souriant d'une hôtesse dévouée.

À voir. À faire

La Maison de la mytiliculture : *15, rue du Port. ☎ 02-23-10-03-00 (mairie). Sur le port de Tréhiguier. Juil-août, tlj 10h30-12h30, 15h-18h ; se renseigner pour le reste de l'année. Entrée : 3,70 € ; réduc ; gratuit moins de 7 ans.* Exposition pédagogique sur la croissance de la moule, les outils et techniques des mytiliculteurs. Pas des quantités d'objets, mais on apprend le principal et on découvre plus en détail les conditions de travail des pêcheurs. Cadeau bonus : la grimpette des dernières marches de cet ancien phare offre un panorama divin sur l'estuaire.

➢ ***Le sentier côtier*** : *long de près de 12 km. Topoguides en vente à l'office de tourisme.* Magnifique ! Particulièrement à marée basse, quand la mer – en se retirant – découvre les bouchots par milliers.... Depuis le petit port de Poudrantais par exemple, on accède à la pointe Laboureur. Jolies villas balnéaires et adorables « sam'suffit ». Tout au bout, la belle et secrète maison Art déco du peintre et illustrateur Jean-Émile Laboureur, qui immortalisa en son temps les premières naturistes, des garçonnes de la ville venues s'ébattre à l'abri des criques.

Fête et manifestations

– ***Festival Place aux Mômes*** : *ts les lun pdt les vac scol. GRATUIT. Infos à l'office de tourisme.* Danse, musique, cirque, spectacles, etc. Tout pour les enfants.
– ***Fête de la Moule*** : *début août, sur le joli port de Tréhiguier.* Bal, feu d'artifice et... moules-frites !

MUZILLAC (muzilheg)

(56190) 4 400 hab. *Carte Morbihan, C3*

Chef-lieu de canton, Muzillac fait office d'étape sur l'axe Nantes-Quimper. Au bourg, quelques belles vieilles façades et la chapelle de Penesclus. Pour se dégourdir les jambes, faire un tour à l'étang de Pen-Mur (un joli coin), le long des chemins de randonnées aménagés aux alentours, ou jusqu'au barrage d'Arzal et son port de plaisance pour profiter des activités nautiques. À part ça...

MORBIHAN

Adresses utiles

Tourisme Arc Sud Bretagne - antenne de Muzillac : *pl. Saint-Julien (pl. de l'Hôtel-de-Ville). ☎ 02-97-41-53-04. • tourisme-arc-sud-bretagne.com • Juil-août, lun-sam 9h-30-13h, 14h-19h et dim 10h-12h30 ; le reste de l'année, lun-sam 9h30-12h30, 14h-18h (fermé lun nov-fin mars).*

Les Vedettes Jaunes : *au barrage, 56190* ***Arzal.*** *☎ 02-97-45-02-81. • vedettesjaunes.com •* Propose des sorties en remontant la Vilaine, en croisière-promenade, repas ou dîner aux chandelles.

Où dormir ? Où manger ? Où boire un verre dans le coin ?

Camping

Camping de Kernéjeune : *Kernéjeune, 56190* ***Arzal.*** *☎ 02-97-45-01-60. 06-18-79-65-10. • contact@camping-de-kernejeune.com • camping-de-kernejeune.com • À 8 km au sud de Muzillac ; prendre la direction Billiers, puis, à la sortie de la ville, suivre Arzal ; c'est à 7 km sur cette petite route qui mène à l'embouchure de la Vilaine. Ouv 15 janv-15 déc. Forfait tente 10-18,50 €. Loc de chalets, caravanes et mobile homes 210-780 €/sem ; possibilité loc au w-e. 58 empl. Remise de 10 % sur le prix (sf 15 juin-30 août) offert sur présentation de ce guide.* Un site paisible et ombragé, avec de bons équipements et une piscine. Balades à faire dans les alentours, dont une jusqu'à la Vilaine.

De bon marché à prix moyens

Hôtel-restaurant Les Genêts d'Or : *5, rue du Couvent. ☎ 02-97-41-68-49. • lecouedic.fabrice@orange.fr • hotel-lesgenetsdor.com • (resto). En plein centre. Tlj sf dim soir. Congés : fin juin. Doubles 47-55 € selon confort. Menu le midi 12 €, puis 21-27 € ; carte env 21 €. Café offert sur présentation de ce guide.* Peu d'adresses en ville, sinon ces *Genêts d'Or*, un petit hôtel complètement rénové, fidèle à sa catégorie et à ses petits prix. Chambres simples et bien tenues. Au rez-de-chaussée, le bar des habitués et un resto (menus ouvriers le midi, cuisine plus élaborée le soir). Tenu par un jeune couple sympathique.

La Marée : *9, pl. Saint-Julien. ☎ 02-97-41-51-49. • lamaree56@orange.fr • Fermé lun, plus soir jeu et dim hors saison. Résa conseillée. Formule et menu 14-18 € le midi en sem ; autres menus 28-35 €.* Cette jolie bâtisse en pierre possède un bar avec terrasse, où l'on sert des plats du jour extraits de la carte d'à côté, c'est-à-dire du resto, tous deux récemment rénovés. Côté resto donc, une cuisine simple, instantanée, à base de produits frais et en majorité de la mer. Les menus sont fréquemment renouvelés, et la formule du jour, un poil inventive, est d'un imbattable rapport qualité-prix. Service aimable comme tout. Il a tout compris, le jeune couple qui a repris cet établissement !

Le Brassin Belge : *2, rue de la Paix, 56190* ***Le Guerno.*** *☎ 02-97-42-87-16. • brassin.belge@wanadoo.fr • brassinbelge.com • Tlj sf lun midi, plus lun soir et le midi mar-ven hors saison. Congés : de mi-sept à début oct. Réduc de 5 % sur achat cave sur présentation de ce guide.* Une cave-brasserie-bar à bières où l'on trouve plus d'une centaine de bières belges, certaines monumentales, d'autres inconnues. Ne sont représentées que des petites brasseries familiales et artisanales. Une pression : celle de la maison ! Également des cidres locaux sélectionnés, du chouchen, des chocolats belges et du miel de pays. Adorable petit jardin et concerts/spectacles réguliers. Pique-nique accepté si l'on prend une bière... ou autre chose.

Manifestations

- ***Les Jeudis de l'été :*** *juil-août, à 19h. Infos à l'office de tourisme.* Spectacles éclectiques et concerts gratuits dans la rue, sur les places, dans les jardins et les salles.
- ***Festiv'Arz :*** *le 15 août, à* ***Arzal.*** *Infos à l'office de tourisme.* Un énorme *fest-noz* avec danse, musique et jeux bretons, son et lumière, feu d'artifice, etc.

DANS LES ENVIRONS DE MUZILLAC

Le parc de Branféré : *Branféré, 56190* ***Le Guerno.*** *☎ 02-97-42-94-66. • branfere.com • À env 10 km au nord-est de Muzillac. Ouv tlj : en principe juil-août, 9h30-19h30 ; de mi-avr à début juil et sept-début nov, 10h-18h30 (18h sept-nov) ; de mi-fév à mi-avr, 13h-18h ; dernière entrée 1h30 avt la fermeture. Entrée (à confirmer sur le site) : env 20 € (16,50 € en basse saison) ; réduc, notamment en achetant le billet sur Internet ou dans certains offices de tourisme de la région ; tarif réduit accordé à la billetterie-boutique du parc pour le porteur de ce guide, son conjoint et 3 enfants max.*

Le parc botanique (essences rares) a été aménagé au XVIIIe s. Le parc animalier, lui, a été créé par un couple de routards passionnés, qui ont rapporté de leurs voyages des espèces animales du monde entier. Leur but : recréer en Bretagne, sur 40 ha, un lieu de rencontre entre les mondes animal, végétal et humain, un petit Éden où tous les animaux sont en liberté. La superbe plaine africaine ou encore la vallée indienne en sont les exemples. Cela explique le concept un peu surprenant de ce parc où l'on peut voir, approcher, ou même toucher, près de 1 200 animaux parmi lesquels 120 espèces, d'oiseaux et de mammifères, dont certaines en voie de disparition (gibbons, lémuriens, girafes du Niger, pandas roux, rhinocéros indiens). D'avril à septembre, avec pour toile de fond le parterre du château, original et passionnant *spectacle d'oiseaux,* ponctué par le magnifique envol de dizaines de cigognes et autres : oies, perroquets, échassiers, cormorans, pélicans... pour la joie et le ravissement de tous ! Vraiment superbe. On peut en profiter pour s'offrir quelques sensations fortes avec le *Parcabout :* 3 000 m de filets (clin d'œil à la marine) tendus entre et autour des arbres entre 2 et 8 m de haut, sur lesquels on peut se balader sans entrave dans la position souhaitée.

Ce lieu est tellement authentique que Nicolas Hulot l'a choisi pour y implanter son *école de sensibilisation à la biodiversité,* qui s'adresse essentiellement aux jeunes de 6 à 22 ans. Plus de 3 000 jeunes y séjournent chaque année. Tout le parc s'inscrit dans une démarche de développement durable (eau, déchets, conservation des espèces menacées, restauration, énergies, fournitures, etc.) et détient la certification Green Globe.

Cinq points de ***restauration*** sont situés au cœur du parc, avec vue imprenable sur les animaux. Menus élaborés à base de produits bio et de saison, locaux ou issus du commerce équitable.

***Le Guerno** (56190) :* *à env 8 km à l'est de Muzillac par la route de Redon.* Village classé « Bourg du patrimoine rural ». Église Notre-Dame en forme de croix latine, avec chevet circulaire. Dite « des Templiers », cette église a été construite au XIIe s par les hospitaliers et remaniée aux XVe et XVIe s. Son clocher est une tour cylindrique à toiture conique, une « tour en poivrière » en termes exacts, couronnée d'un lanternon sous lequel on aurait gardé un morceau de la Vraie Croix....

– ***Marché des produits du terroir :*** *mar 17h-21h en juil-août.*

***Noyal-Muzillac** (56190) :* *à env 6 km au nord de Muzillac par la D 5 vers Questembert.* 2e village du canton classé « Bourg du patrimoine rural ». Ce bourg possède moins d'unité que Le Guerno, car les maisons anciennes en côtoient de bien plus modernes. Mais en y regardant de près, Noyal-Muzillac recèle de petits trésors. Faites un tour sur la *place de l'Église,* avec le nez levé bien haut : ces belles lucarnes ouvragées, datant des XVIe et XVIIe s, ornaient les demeures de la noblesse locale. Dans le genre Renaissance encore, la petite *poste* se pose là. Ravissante. Entrez dans l'*église Saint-Martin.* Tous les styles architecturaux s'y rencontrent : la base et la tour sont romanes (XIe s), des ajouts (voûtes gothiques) ont été faits aux XVe et XVIIIe s, et comme la nef s'est effondrée, les travaux ont repris au XXe s. Elle abrite notamment trois superbes huiles du XVIIe s, retrouvées en piteux état et admirablement restaurées. Autres pièces dignes d'intérêt : la *fontaine Saint-Martin* (1839) et le petit *lavoir,* ainsi que la *chapelle de Brangolo.*

***Arzal** (56190) :* *à 10 km au sud-est de Muzillac par la N 165, puis la D 139.* Vous aurez peut-être à traverser ce village pour vous rendre sur la rive sud de la Vilaine sans passer par La Roche-Bernard. En effet, le barrage d'Arzal-Camoël enjambe la rivière, retenant au passage 40 millions de mètres cubes d'eau. Le plus grand barrage d'estuaire en Europe. Construit en 1970 pour remédier aux fréquentes inondations induites par l'envasement de la Vilaine, il retient aussi une poignée de plaisanciers dans son port bordé de feuillus et de pins.

*– On y trouve la **passe à poissons,** que l'on peut visiter moyennant 2 € ; gratuit moins de 18 ans. ☎ 02-99-90-99-79. Mai-juin, ouv w-e et j. fériés 15h-19h (dernière visite à 18h) ; juil-sept, mer-dim aux mêmes horaires. Slt en visite groupée, 16 pers max (les groupes se constituent sur place).* En gros, on voit des poissons passer derrière une vitre, et ça permet de suivre leur migration. On dénombre sept espèces de poissons empruntant ce chemin, dont le saumon, l'alose et la lamproie. Une passe a été spécialement aménagée pour les anguilles et les civelles.

***Billiers** (56190) :* cette jolie commune rurale, avec son petit bourg délicat, du haut de cette butte dominant les marais et la mer, a un on-ne-sait-quoi de très séduisant. Curieuse église phare en plein centre du bourg, offrant une vue jusqu'à l'océan.

Un peu plus loin, vers le sud et la mer, allez donc jeter un coup d'œil à la ***pointe de Pen-Lan.*** Voyez les petites impasses, le phare rouge et blanc qui trône au sommet de « la butte », et l'adorable petit port de pêche séparé des belles plages de Bétahon par un mini-estuaire (un « étier », pour les initiés), large d'une dizaine de mètres. À marée basse, on y ramasse les coquillages (côté port).

Une piste cyclable et piétonne relie le centre-ville de Billiers et Pen-Lan, qui longe la mer, les landes, les marais... et les vaches ! Un paysage tout bonnement magique.

Où dormir ? Où manger dans le secteur ?

De chic à beaucoup plus chic

Chambres d'hôtes Les Glycines : *17, pl. de l'Église, à **Billiers**. ☎ 02-97-45-69-68. 06-24-29-72-90. • marieange@lesglycinesmorbihan.com • lesglycinesmorbihan.com • Compter 98-118 € pour 2 selon confort et saison, 118-138 € pour 3-4. CB acceptées. Apéritif offert sur présentation de ce guide.* 2 chambres et 3 suites (dont une avec coin de vue sur mer), pleines de vie et de couleurs, chacune avec sa personnalité. Toutes possèdent de spacieuses et superbes salles de bains (avec douche à hydrojet). Espace jeux pour les enfants, ainsi qu'un grand et beau séjour à disposition, sans oublier le jardin et le sauna...

Domaine de Rochevilaine : *pointe de Pen-Lan, à **Billiers**. ☎ 02-97-41-61-61. • rochevilaine@relaischateaux.com • domainerochevilaine.com • Tlj. Doubles 190-596 € selon confort et saison. Menus 44 € le midi en sem, puis 77-107 €.* Fascinante reconstruction, en bord de mer, d'un guet ducal et de ses dépendances. Suites à la déco thématique très élégantes, avec vue imprenable sur mer. Autres chambres plus modestes, au sein de l'espace thalasso. 2 piscines, dont une d'eau salée, parc fleuri, vue panoramique sur l'estuaire de la Vilaine, calme absolu. Luxueux spa avec balnéo, massages, soins esthétiques, espaces fitness et aquatiques, etc. Pour une petite folie, en somme !

MORBIHAN

DAMGAN

(56750) 1 610 hab. *Carte Morbihan, C3*

Cette station balnéaire familiale et populaire, dotée d'une plage de 6 km de long, reçoit énormément de monde en été. Sa population est alors probablement multipliée par 40. Son parc de résidences secondaires, par rapport à la population permanente, la classe au premier rang du Morbihan. Bon site pour les activités nautiques, la plage est sûre, et la station en partie abritée des vents d'ouest par la presqu'île de Rhuys. Le climat y est doux, et ça sent bon les vacances !

On est également au pays de l'huître, la « Penerfine », du nom de la rivière, la Penerf, qui borde cette jolie presqu'île. C'est un lieu de villégiature qui semble avoir été occupé depuis la nuit des temps par l'*Homo erectus*. On a, en effet, trouvé, entre Kervoyal et Cromenac'h, des racloirs en silex probablement vieux de plus de 600 000 ans (malheureusement, aucun site de fouilles n'est visible).

Adresses et info utiles

Tourisme Arc Sud Bretagne – antenne de Damgan : *pl. Alexandre-Tiffoche. ☎ 02-97-41-11-32. • tourisme-arc-sud-bretagne.com • Juil-août, lun-sam 9h30-19h, plus mat des dim et j. fériés 10h-12h30 ; le reste de l'année, lun-sam 9h30-12h30, 14h-18h.* Propose à partir de février des sorties nature (chantiers ostréicoles et pêche à pied, entre autres ; environ 6 €).

Point infos à Ambon : *☎ 02-97-41-20-49. • tourisme-arc-sud-bretagne.com • Ouv juil-août 9h30-13h.*

Écoles de voile, nautisme et pêche en mer : *liste disponible à l'office de tourisme.*

– **Club nautique de Damgan :** *bd de l'Océan. ☎ 02-97-41-12-49. • cndamgan.free.fr • Ouv juil-août.* Planche à voile, Optimist, catamaran. Pour tous les niveaux et tous les âges.

– **Brise et Voiles :** *impasse des Mâts (route de Penerf). ☎ 02-97-41-10-62. • briseetvoiles.com • Tlj avr-15 nov.* Propose, outre la location de tout ce qui porte une voile, des balades en kayak au long de la belle rivière de Penerf.

■ **Location de vélos : Abbis Location,** *1, rue des Dunes. ☎ 02-97-48-10-49. • abbis-location.fr • Tarif dégressif selon durée.* 10 km de front de mer relient Kervoyal et Pénerf.

– **Marchés :** *marché hebdomadaire très réputé mar en saison et sam tte l'année sur la place (centre), marché nocturne mer soir ; en saison, mer à* ***Kervoyal*** *et dim à* ***Ambon.***

Où dormir ?
Où manger à Damgan et dans les environs ?

Campings

⛺ **Grand Air Cadu :** *route de Penerf. ☎ 02-97-41-17-30. • info@campingcadu.com • campingcadu.com • ♿ Sur la route entre Damgan et Penerf, indiqué sur la droite. Ouv avr-oct. Forfait tente 15,95-24,60 €. Loc de mobile homes 245-840 €/sem. 161 empl.* Un camping bien tenu, avec des emplacements agréables séparés par des haies, toutes les activités qui ravissent les enfants, et la mer à 300 m. Et même une douche pour chiens et un évier à coquillages ! Piscine.

⛺ **Les Ajoncs d'Or :** *route de Muzillac. ☎ 02-97-41-24-99. 📱 06-24-62-59-49. • info@camping-lesajoncsdor.com • camping-lesajoncsdor.com • ♿ À la sortie de la ville. Ouv de mi-mars à la fin des vac de la Toussaint. Forfait tente 23 €. Loc mobile homes 4 pers 320-570 €/sem. CB refusées. 67 empl. Réduc de 10 % hors saison et de 5 % en juil-août sur présentation de ce guide.* Pas tout près de la mer, ce qui explique les prix modérés. Un camping modeste mais bien tenu, avec ses traditionnels jeux pour enfants.

Bon marché

🍽 **Crêperie Le Fournil :** *15, pl. de l'Église, 56190* ***Ambon.*** *☎ 02-97-41-02-05. ♿ Fermé lun. Congés : janv. Résa recommandée. Env 15 €. Café offert sur présentation de ce guide.* Ancienne ferme superbement restaurée, dotée d'une salle rustique pleine de cachet, avec sa cheminée et ses belles poutres. Cuisine savoureuse, dont la réputation s'étend à toute la région. Composées à 80 % de blé noir et à 20 % de froment, les galettes au goût délicat restent légères, faciles à digérer donc. Coup de cœur pour le (très) gourmand caramel au beurre salé et les confitures, le tout fait maison... Souvent bondé, mais ça s'agite vite en salle, pour satisfaire tout le monde.

De prix moyens à chic

🏠 🍽 **Hôtel L'Albatros :** *1, bd de l'Océan. ☎ 02-97-41-16-85. • albatros56@wanadoo.fr • hotel-albatros-damgan.com • ♿ Entre la grande plage et Kervoyal. Tlj début mars-début nov. Résa conseillée. Doubles 61-94 € selon confort et vue. Menus 20 € (déj en sem), puis 25-38 €.* 📶 Bâtiment moderne, dont le principal avantage est sa situation privilégiée face à la mer. La vue depuis les chambres en façade est géniale, surtout pour celles qui disposent d'un balcon. Côté confort, c'est classique, propre et fonctionnel. L'autre avantage, c'est sa bonne table traditionnelle spécialisée dans les fruits de mer, qu'on déguste là encore face à la mer. Accueil attentionné et souriant.

🏠 **Chambres d'hôtes Au Bout du Chemin :** *au lieu-dit Kérizel, 56190* ***Ambon.*** *☎ 02-97-45-62-75. 📱 06-15-13-29-79. • armelle.jarlegand@orange.fr • auboutduchemin-chambresdhotes.fr • D'Ambon, D 20 vers Muzillac, c'est très vite indiqué sur la gauche. Tte l'année. Compter 58 € pour 2 ; 80 € pour 4. Gîte 2 pers 230-390 €/sem.* 📶 *Sur présentation de ce guide,*

10 % de réduc sur le prix de la chambre à partir de 3 nuits consécutives. Il faut effectivement emprunter un chemin forestier privé pour découvrir cette jolie longère pleine de caractère, donnant sur un beau jardin environné de champs. Très paisible. L'accueil est souriant et attentionné, comme en témoignent la salle commune avec coin cuisine à disposition des hôtes, ou les chambres confortables personnalisées avec talent (sympa, le retour de pêche avec son ambiance marrante de café du port !). Pour les familles, le « Penty » est impeccable, car organisé en duplex.

Chambres d'hôtes Domaine du Lesty : *Le Lesty-d'en-Bas, 56190* ***Ambon.*** *☎ 02-97-41-04-33. • jeancoelis@live.fr • À 3 km par la route d'Ambon (D 140) ; indiqué sur la gauche avt de franchir le marais. Congés : nov-mars. Compter 60 € pour 2.* Dans une longère du XVIIIe s au bout d'une impasse en pleine campagne, plusieurs chambres sous les toits, simples, avec sanitaires. Le plus, c'est la cuisine commune à disposition, et la grande salle de séjour avec cheminée et canapé qu'on partage avec les campeurs en cas d'intempéries. Car la maison possède également un petit camping rustique sympa. Terrasse et belle pelouse.

Latitude 47° : *38, bd de l'Océan. ☎ 02-97-41-10-07. • contact@latitude47.fr • Sur le front de mer, au rdc de l'*Hôtel de la Plage. *Tlj sf lun-mar hors vac scol. Congés : de mi-nov à mi-fév. Formules 24,50 € (sf w-e et j. fériés), menus 29-38 €.* Les accros à la « vue mer » choisiront la véranda, mais la salle est vraiment plaisante avec sa déco de bistrot d'aujourd'hui. Le service (en marinières new-school) est chaleureux. Et la cuisine du jeune chef passé chez quelques grands, habile et maligne. Une heureuse surprise dans cette très familiale station balnéaire.

Le Bistrot de la Mer : *17, rue du Port, à* ***Penerf.*** *☎ 02-97-41-00-97. • bistrotdelamer@bbox.fr • À l'entrée du village, au rond-point. Tlj sf lun-mar hors vac scol. Congés : de mi-nov à début mars. Formule déj en sem 18,50 €, menus 26,50-38,50 €. Digestif maison offert sur présentation de ce guide.* Chez (la sympathique) Aurélie, on goûte de généreux plats évidemment axés sur les produits de la mer. On peut aussi s'y contenter d'huîtres de Penerf, servies avec un petit coup de blanc. Jolie petite déco intérieure agrémentée d'une douce musique jazz, avec bougies pour l'ambiance, et agréable terrasse aux beaux jours.

De chic à plus chic

Hôtel de la Plage : *38, bd de l'Océan. ☎ 02-97-41-10-07. • contact@hotel-morbihan.com • hotel-morbihan.com • Congés : 5 nov-9 fév. Resto fermé mar, plus dim soir-lun hors saison. Doubles 85-180 € selon saison et confort ; familiales 150-180 €. Bon resto (*Latitude 47°*, voir plus haut).* Difficile de faire plus près de la mer ! L'adresse, de référence, a revu la déco des parties communes dans un style contemporain pimpant et de bon goût. Certaines chambres sont dans le même esprit, très réussies ; d'autres sont restées plus classiques. Dans tous les cas, le confort est impeccable, surtout lorsqu'on profite d'une terrasse face au large. Accueil chaleureux et attentionné.

MORBIHAN

À voir. À faire

Penerf : cette étonnante petite langue de sable en forme de crochet au bout de la pointe abrite les plus petites embarcations, alors que les plus grosses trouvent leur bonheur dans le port naturel de Penerf. Ce mouillage était autrefois une escale pour les navires scandinaves descendant vers le sud. Au XVIIe s, on avait même envisagé de créer là le port de commerce de la Compagnie des Indes. Jetez donc un coup d'œil à la petite église Saint-Pierre, à la pointe, avec ses deux bateaux suspendus dans la nef.

La Maison de l'huître : *face au port de Penerf. Slt en été. GRATUIT (en principe).* Abrite des expos temporaires.

Fête

– **Fête traditionnelle de la Mer et de la Rivière :** *à* ***Penerf,*** *début août.* Chants marins, bal, jeux bretons, feu d'artifice, etc.

QUESTEMBERT (KISTREBERZH)

(56230) 7 020 hab. *Carte Morbihan, C3*

Ce chef-lieu de canton doit son nom aux châtaignes (*kistin* en breton). En 890, ce fut le théâtre d'une violente bataille entre les Armoricains, commandés par le duc Alain le Grand (roi de Bretagne), et les Normands. Le bourg possède d'impressionnantes halles du XVIe s qui valent, à elles seules, le déplacement. C'est d'ici que vous pourrez partir à vélo ou en rollers sur les 52 km de Voie verte reliant Questembert à Mauron, plus au nord.

Adresse et info utiles

Rochefort-en-Terre Tourisme – Pays de Questembert : *13, rue des Halles. ☎ 02-97-26-56-00. • rochefortenterre-tourisme.com • À côté des halles. Juil-août, lun-sam 9h30-13h, 14h30-18h30 et mat des dim et j. fériés ; hors saison, horaires restreints.*

– **Marchés :** *le lun mat sous la halle historique et marché de producteurs le mer à partir de 17h (prolongé d'un concert en été).*

Où dormir ? Où manger dans le coin ?

Camping

Camping municipal de Célac : *☎ 02-97-26-11-38 (mairie). 06-83-86-99-30. • accueil@mairie-questembert.fr • Près du plan d'eau, en bas du bourg. Ouv juil-août. Forfait tente en hte saison 12,25 €. Loc de caravanes 86 €/sem. 72 empl.* Joli site boisé. En été, pot d'accueil tous les samedis à 18h. Aire de service camping-cars.

De chic à plus chic

Chambres d'hôtes Le Moulin du Bois : *La Ville-au-Vent, 56230* ***Berric.*** *☎ 02-97-67-04-44. • tgoujon@wanadoo.fr • moulindubois.com • À 7 km de Questembert, par la D 7. À gauche 500 m avt le village, au lieu-dit La Ville-au-Vent ; fléché. Compter 80-120 € pour 2, 140-160 € pour 4. Roulotte 140-160 € pour 4. CB acceptées. Remise de 10 % à partir de 2 nuits consécutives hors saison, sur présentation de ce guide.* Au bout du chemin, le vallon s'ouvre sur un étang et ce vieux moulin restauré avec goût dans une déco médiévale. Un cadre enchanteur et champêtre, avec de superbes chambres, côté rivière ou côté étang. Beau duplex indépendant pour les familles. Décoratrice de table experte, Pascale Goujon propose une cuisine médiévale inspirée des recettes de Jeanne Bourin, dans la grande marmite qui pend au coin de la cheminée. À savourer avec des vins choisis... pour un retour au Moyen Âge confortable et chaleureux.

À voir. À faire à Questembert et dans les environs

Les halles : construites en 1552 par Jérôme de Carné, créateur des foires de Questembert, elles ont été restaurées en 1675 par Estienne Charpentier (un nom tout trouvé !). Fiche signalétique : 55 m de long, 15 m de large, 10 m de haut, 84 piliers, pour une surface de toiture de 1 180 m². Dans le même style, voir les halles du Faouët, de Clisson et de Plouescat. Ce sont les quatre dernières encore debout en Bretagne !

On trouve, près des halles, l'***hôtel de Belmont,*** maison du XVe s aux lucarnes ouvragées, qui héberge l'office de tourisme. À l'arrière, depuis le jardin, la tourelle ornée de deux bustes, ***cariatides*** de bois sculpté, de Questembert et sa femme (ici plus dénudés qu'à Vannes ou à Malestroit).

La ***chapelle Saint-Michel,*** du XVIe s, la fontaine, le lavoir du prieuré, et les rues aux noms pittoresques : du Pilori, de la Tannerie, du Cuir, etc. Circuit de visite libre disponible à l'office de tourisme.

➢ ***La Voie verte :*** longue de 52 km, très prisée des sportifs, cette voie aménagée est réservée aux piétons et aux cyclistes. Elle part de Questembert pour rejoindre plus au nord Mauron via Malestroit et Ploërmel. Une vraie réussite pour les amateurs de sports en plein air.

Les Digitales – musée Albert-Sevestre : *56220* ***Caden.*** *☎ 02-97-67-14-59. • pays-questembert.fr • À 17 km à l'ouest de Questembert. Ouv mars-sept, jeu-dim 14h30-18h30. GRATUIT.* Ce centre d'arts communautaire propose des expos temporaires diverses et variées, mais aussi des ateliers, des animations et des spectacles tout public. Au musée, des maquettes et du matériel agricole.

LE GORVELLO [el gorvelleu]

(56450) *Carte Morbihan, C3*

Ce minuscule et délicieux village breton, à cheval sur deux communes (Theix et Sulniac), est doté d'un patrimoine d'une remarquable unité : une église, une chapelle, une fontaine miraculeuse, des brochettes de maisons en granit fleuries du XVIIIe s... et un « Café de pays » assez emblématique dans le secteur. Sans oublier, au-delà, le château du Plessis-Josso, drapé dans sa superbe médiévale.

Où dormir ? Où manger ? Où boire un verre ?

Chambres d'hôtes Gorvello Café : *41, rue des Ducs-de-Bretagne,* ***Theix-Noyalo.*** *☎ 02-97-43-00-71. • gorvello.cafe@wanadoo.fr • gorvellocafe.com • Tlj sf lun-mar en basse saison 7h-19h. Compter 65 € pour 2 ; 100-130 € pour 3-4, petit déj inclus (principalement bio). Table d'hôtes (sur résa) 20 €.* C'est dans ce charmant « Café de pays », ressuscité par Don et Ellen, un couple d'Américains de Chicago, que bat le cœur du Gorvello. On loge à l'étage dans 3 jolies chambres aux tonalités oscillant entre océan et Provence, ou dans l'appartement (avec cuisine) aux murs en pierres apparentes, loué à la journée selon les disponibilités. Si l'on n'a pas réservé la table d'hôtes, restent le plat du jour, les sandwichs, une assiette de charcuterie ou de fromages. Le samedi, jusqu'à 23h, le lieu accueille tournois de tarot, concerts (classique, jazz, folk...), lectures de poésie et autres. On y trouve aussi des infos sur le coin. Bref, le *Gorvello Café,* c'est l'escale à tout faire ! Il y a même un billard et un terrain de boules...

Crêperie du Gorvello : *17, rue des Ducs-de-Bretagne,* ***Theix-Noyalo.*** *☎ 02-97-43-69-19. Jeu-dim 12h-13h15, 19h-21h.* Plutôt envie d'une galette ou d'une crêpe ? Alors, n'hésitez pas. Celles de la maison sont bonnes, très bonnes même, fort bien garnies, servies rapidement et avec le sourire. Que demander de plus ? Le cidre de la distillerie du Gorvello ? Il y en a. Trouver une table ? Ça, ce n'est jamais garanti. Réservez !

À voir. À faire dans les environs

Le bourg du Gorvello : ce village-rue, fondé au XIIe s par les Templiers, séduit au premier coup d'œil par ses brochettes de vieilles maisons bretonnes qui semblent vouloir refuser d'entrer dans le XXIe s. Le granit habille les façades piquetées d'hortensias et de rosiers, les vieux calvaires et le lavoir. Ne manquez pas la très belle croix sculptée d'un christ naïf aux grandes mains, dressée au carrefour des D 7 et D 183, et poussez la porte de l'***église Saint-Jean-Baptiste*** *(ouv en journée),* bâtie à partir de 1523. Elle possède un étonnant porche latéral et quelques beaux éléments du gothique flamboyant. À moins de 100 m au sud, la ***fontaine Saint-Jean-Baptiste*** date du XVIIe s. Moins de 300 m à l'est de l'église, la sobre ***chapelle Saint-Roch*** (1604) s'amarre au cœur du cimetière paroissial, veillé par une croix de 4,5 m... taillée dans un menhir ! Le sanctuaire est connu pour ses sablières aux sculptures naïves et sa fresque redécouverte en 2000 sous une dizaine de couches de chaux. *Visite slt sur demande au 06-13-18-66-64, ou lors des expositions et concerts en été.* Mentionnons enfin, à 1 km sur la route de Berric, le ***monument de saint Vincent Ferrier,*** façonné à partir du clocheton d'une chapelle du XVIIe s tombée en ruines !

La Distillerie du Gorvello : *route de Pébeyec. ☎ 02-97-54-04-11. • contact@distilleriedugorvello.fr • distilleriedugorvello.fr • À 1 km au sud du Gorvello, direction Surzur, puis fléché à gauche. Tlj sf dim (et lun sept-juin), 9h30-12h30, 14h-18h (19h juil-août). Congés : 15 j. en janv. Visite guidée gratuite le ven à 11h en juil-août (résa conseillée).* Faisant face aux vergers (bio), cette belle distillerie moderne élabore d'excellents produits artisanaux dérivés de la pomme : jus, cidre, pommeau et fine AOC, eau-de-vie, vinaigre de cidre... et même un jus de pomme mousseux (non alcoolisé !) pour les enfants, joliment baptisé « fleur de cidre ». Autres spécialités : le Petit Prince Guillevic© et le cidre guillevic label Rouge, confectionnés à partir de cette variété de pomme bretonne. Visite de la distillerie, de l'alambic et du chai en saison ; le reste du temps, on vient juste y faire ses achats.

Le château du Plessis-Josso : *56450* ***Theix.*** *☎ 02-97-43-16-16. • plessis-josso.com • À env 1 km au sud du Gorvello, direction Surzur (puis à gauche). (rdc slt). De mi-juil à fin août, tlj 14h-18h30 en principe (résa conseillée). Visite guidée 45 mn. Tarif : 6 € ; réduc ; gratuit moins de 7 ans.* Protégé encore par le carcan de ses hautes murailles crénelées et sa corpulente tour d'angle, cet austère et néanmoins superbe château a été édifié à la fin du XIVe s par un écuyer du duc de Bretagne. Inchangé depuis la Révolution, il appartient depuis cette époque à la même famille, qui l'entrouvre à la visite chaque été. Cet exemple parfait de manoir breton – immortalisé par Philippe de Broca dans son film *Chouans* ! – avait avant tout une fonction agricole. Il veillait sur un domaine de 1 500 ha étendu sur plusieurs paroisses, comprenant moulins, fours, chapelle, port privé sur le golfe du Morbihan... et une population de 500 personnes. La visite guidée, particulièrement vivante et riche en anecdotes, lorsqu'elle est conduite par les adorables propriétaires, met bien en valeur ces réalités et retrace l'évolution des modes de vie en ces lieux au fil du temps. Elle permet, derrière la façade principale du logis au fronton central orné de magnifiques dragons gothiques, de découvrir des intérieurs représentatifs des 15 000 manoirs bretons du Moyen Âge : salle publique où l'on rendait la justice, chambres, trois cuisines – dont une possédant une très rare boucherie, etc. La visite terminée, on peut se promener autour du manoir et découvrir ses dépendances. Signalons, enfin, l'organisation d'expositions temporaires et de concerts.

LA VRAIE-CROIX (LANGROEZ)

(56250) 1 330 hab. *Carte Morbihan, C3*

Ce village extrêmement fleuri (1er prix européen !) s'appelait Bourg-de-l'Hôpital du temps des Hospitaliers. Son patrimoine bâti se concentre autour de la place Louis, avec la chapelle, la maison Louis, l'église, le presbytère et son jardin de curé.

Où dormir ? Où manger ?

Chambres d'hôtes Domaine de Bobéhec : *La Vraie-Croix. ☎ 02-97-63-73-18. 06-18-60-48-19. • domainedebobehec.com • À 2 km à l'est du village, direction Questembert, puis à gauche (fléché). Congés : janv. Double 54-64 € selon saison, petit déj inclus. Camping : 6 €/pers + 4 € accès cuisine et salon. Table d'hôtes sur résa (à partir de 4 pers) 25 €. Café ou thé offert sur présentation de ce guide.* Cette grande ferme isolée a été totalement restaurée pour accueillir 4 jolies chambrettes dans les tons actuels, dont une pour 4 personnes. Toutes ont une salle de bains privée. Le cadre campagnard se prête aussi au camping (6 emplacements).

Crêperie L'Aubépine : *6, pl. du Palais. ☎ 02-97-67-21-50. En plein centre, donne sur la pl. Louis. Tlj sf lun (et mar sept-juin) à partir de 12h15 et 19h.* Un petit creux ? *L'Aubépine* le remplira sans vous ruiner de ses bonnes galettes et crêpes faisant la part belle aux produits du terroir. Pour les réfractaires au blé noir, il y a aussi des salades et la pièce du boucher.

À voir

La chapelle des Templiers : cachée derrière l'esplanade principale (où l'on se gare), la place Louis niche ses rondeurs et son magnolia entre l'église Saint-Isidore et cette drôle de chapelle montée sur échasses... Elle a été rebâtie en 1611 au-dessus d'un passage voûté, avec une chapelle haute (où est conservée la relique supposée de la Vraie Croix) et deux chapelles basses dans le passage, dont l'une, au portail à cinq voussures, évoque la grotte de Lourdes.

LES LANDES DE LANVAUX

Les landes de Lanvaux, c'est un peu le poumon vert de Vannes. Leur crête granitique court d'est en ouest sur 5 km de large et 70 km de long, entre Camors (à l'ouest) et Redon (à l'est). Culminant à seulement 175 m, elle délimite un pays sauvage et méconnu où, aux côtés des bois profonds, dominent encore en partie genêts et bruyères.

MORBIHAN

Les villages s'y éparpillent entre étangs et rivières préservées, tandis que, au détour des sentiers, se dressent monuments mégalithiques et chapelles oubliées par le temps.

Adresse utile

Office de tourisme Les landes de Lanvaux : *Grand'Rue, à **Grand-Champ**. ☎ 02-97-66-45-75. • landes-de-lanvaux.com • Mar-ven 9h-12h30, 13h30-17h30 ; de mai à mi-juin, également lun 13h30-17h30 (18h de mi-juin à août) ; et sam 9h-14h en été.*

Où dormir ? Où manger ?

Camping municipal L'Étang aux Biches : *à la sortie sud de **Trédion** (D 1). ☎ 02-97-67-14-06. • mairie.tredion@wanadoo.fr • (pour les résas) Ouv juil-août slt. Compter 6,8 € pour 1 tente, 2 pers et 1 voiture.* On s'y installe au bord de l'étang, sous des arbres aux larges frondaisons. Douches payantes.

Chambres d'hôtes Stravaigin's : *Chémaripaud. ☎ 02-97-67-17-93. • stravaigins.eu • De **Trédion**, faire 3,3 km vers l'est en direction de Saint-Guyomard, puis à gauche (fléché). Double 65 €, petit déj inclus. Table d'hôtes 25 €.* Originaires de la perfide Albion, Alan et Lisa Monks ont réaménagé une longère du XVIe s perdue dans la campagne, et repeint ses volets en bordeaux. Ils louent 3 chambres mansardées à l'étage, dont une familiale spacieuse aux poutres et pierres apparentes. Rien de luxueux, mais un havre de paix avec, pour seul réveille-matin, les meuglements des vaches dans le pré voisin...

Le Moulin de Luhan : *à **Plaudren** (56420), 8 km à l'ouest de Trédion. ☎ 02-97-45-80-67. • lemoulindeluhan.com • Congés : nov-début mars. Doubles 60-78 € selon saison, suites (2 chambres) 110-145 €. Table d'hôtes (sur résa) 25 €.* Et de deux couples ayant traversé la Manche ! Catherine et Eugene Donoghue sont, eux, tombés sous le charme de ce vieux moulin mangé par la glycine, qui fait face à un étang et s'enrobe d'une écharpe boisée. La demeure abrite à l'étage 3 chambres doubles et une familiale, impeccables, toutes avec belle salle de bains et parquets. Ils louent aussi un gîte à la semaine.

L'Auberge des Biches : *à la sortie sud de **Trédion** (56250). ☎ 02-97-67-11-78. Fermé lun-mar. Pizzas 7-13 €, autres plats 8-15 €.* Quasi légendaire dans le secteur, l'auberge s'implante au bord de la départementale 1, face à l'étang des Biches et son vaste parc. Côté pile, une grande salle rustique encombrée d'objets de brocante, où les familles dévorent à belles dents grillades au feu de bois, pizzas ou salades copieuses. Côté face, une véranda pour la belle saison face à l'eau. Les jours de grosse affluence, il vous faudra être patients !

À voir

Le château de Trédion : *à **Trédion** (56250). ☎ 02-97-67-12-37. • château-tredion.fr • Parc ouv les mer et w-e avr-oct, ainsi que ttes les vac scol et j. fériés (sf Noël) 10h-17h30 (19h en juil-août) ; dernière entrée 1h30 avt, mais parfois inaccessible à cause des mariages. Entrée : 7 € ; gratuit moins de 12 ans.* Le premier manoir de Trédion est édifié vers 1350 comme rendez-vous de chasse pour les ducs de Bretagne. Au fil des siècles, il change maintes fois de mains et prend de l'ampleur. François Ier y passe, et Catherine de Médicis y séjourne en 1570 à l'invitation des Coligny. L'édifice actuel, aux faux airs de château de conte de fées, doit beaucoup à un industriel qui le transforma dans les années 1840. Résultat : on vient aujourd'hui s'y marier, avant d'y passer la nuit entre hauts plafonds, moulures, boiseries anciennes et papiers peints confits par le temps... L'actuel propriétaire autorise les visiteurs à parcourir librement le parc à l'anglaise de 18 ha, semé à la belle saison de sculptures, de rhododendrons et d'azalées en fleurs. On y croise les modestes jardins à la française du Clos du Roi, un potager clos, des arbres centenaires, un étang... Cherchez bien : Charles Fouquet, parent du surintendant, y aurait caché un trésor au pied d'un chêne gardé par les korrigans (thème d'un parcours) !

Les sites mégalithiques : les landes de Lanvaux et la région de Trédion en particulier recèlent un grand nombre de monuments mégalithiques, dont les célèbres ***Babouin et Babouine,*** deux mystérieux menhirs sculptés. Le « mâle », plus petit (1,20 m), est orné d'une grosse tête ronde bonhomme, tandis que la « femelle », moins lisible, est nettement plus haute (3,20 m). On y accède par un chemin traversant une forêt privée *(fléché à la sortie sud de Trédion ; du parking, prendre la branche de gauche du sentier, puis encore à gauche un peu plus loin : attention, il n'y a aucune indication).* Environ 2 km au sud, à 5 mn à pied de la route d'Elven (D 1), le ***dolmen de la Loge-au-Loup*** est veillé par de grands chênes, qui poussent en partie au milieu des pierres. À 1,5 km au nord de Plaudren en direction de Plumelec (D 126), au lieu-dit La Croix-Peinte, ne ratez pas l'impressionnante ***Quenouille de Gargantua,*** un menhir haut de 5,70 m !

MORBIHAN

Les chapelles : nombreuses elles aussi, elles sont le plus souvent isolées dans des recoins de nature ou des bourgs trop petits pour elles. Parmi les plus intéressantes, citons celle du mignon hameau de ***Saint-Bily*** *(sur la D 133 entre Trédion et Plaudren ; le propriétaire de la chaumière en face a les clefs),* qui conserve aussi une belle croix bannière ; et celle, imposante, de ***Kerdroguen*** *(env 1 km à l'est de Colpo),* entourée d'une ronde de maisons, où des concerts sont organisés en été. Entre Locmaria et Grand-Champ, la chapelle ***Notre-Dame de Burgo*** (1520-1540) n'est plus qu'une ruine, mais une fort belle ruine romantique, qui, malgré sa nef ouverte aux quatre vents, a conservé de beaux éléments du gothique flamboyant.

Colpo : son église *(lun-sam 9h-18h et dim mat)* conserve une curiosité – le grandiloquent tombeau de la princesse Elisa Napoléone Baciocchi, orné de l'aigle et des abeilles impériaux. Nièce de Napoléon, elle fonda ce village agricole modèle dans les années 1850 et y mourut en 1869 d'une chute de cheval, non sans avoir auparavant reçu la visite et les encouragements de son cousin Napoléon III. Rigolo : le pupitre de l'église est en forme d'aigle et la mairie de Colpo a encore le sien en fronton !

Le village de Loperhet : *à 5 km au nord-ouest de Grand-Champ.* Ce gros hameau fleuri, arrimé au flanc d'une colline verdoyante dominant la vallée du Loc'h, est charmant. Ses maisons de pierre joliment retapées entourent la *chapelle Sainte-Brigitte* (1569-1588). Si vous trouvez les clefs, vous pourrez voir sa superbe charpente d'origine aux poutres sculptées de visages.

➢ ***Randonnée :*** la région est propice a toutes sortes de balades. S'il ne fallait en citer qu'une, ce serait sans doute le ***circuit des Rah-koëd*** (les « rats des bois », autrement dit les écureuils en dialecte vannetais) qui, au départ de Plaudren, offre en 11,5 km un aperçu complet des paysages de la région : crête granitique, bruyères, sous-bois, ruisseau et rivière, mégalithes... On passe notamment par la belle croix bannière du Hayo (XVe s) et la Quenouille de Gargantua.

Fêtes et manifestations

– ***Loc'h Festi Country :*** *fin juil, à l'Espace 2000 Blévin de Grand-Champ.* • *lcd56.com* • L'Amérique débarque dans les landes de Lanvaux avec ses danseurs country, vieilles guimbardes, campements amérindien et western...

ROCHEFORT-EN-TERRE [ROC'H-AN-ARGOED]

(56220) 710 hab. *Carte Morbihan, D3*

Construite sur un étonnant éperon de schiste dominant la vallée du Gueuzon, cette « Petite Cité de caractère » (également classée parmi les « Plus Beaux Villages de France » et élue « Village préféré des Français » par les téléspectateurs de France 2 en 2016), l'une des plus pittoresques de Bretagne intérieure, fait basculer quatre siècles en arrière, tant son unité architecturale a été jalousement préservée.

Certes, le village est devenu passablement touristique, mais quoi de plus normal ? Une telle harmonie et un tel soin dans la préservation du passé méritent d'être vus. Fils électriques et antennes de télévision ? Enterrés, cachés, planqués (pour la plupart). Panneaux publicitaires, affiches de tout poil ? Tout simplement interdits ou peints à l'ancienne, dans l'esprit du site ! Les rares maisons assez mal loties pour ne pas être du XVIIe s sont camouflées sous les fleurs qu'on trouve à chaque coin de rue, ou noyées sous le lierre.

Aujourd'hui, artistes et artisans y sont légion et redonnent vie au centre. Rochefort doit se découvrir à pied, d'autant que des parkings (payants) ont été aménagés aux extrémités de la ville.

ROCHEFORT DANS L'HISTOIRE

L'intérêt stratégique de ce belvédère est reconnu depuis le XIIe s. Le château puis la cité construits sur cet éperon rocheux sont devenus « Roche forte », et ont donné leur nom à la famille et au lieu-dit. Le roi breton Jean IV s'oppose, comme plusieurs seigneurs bretons, à l'annexion de la Bretagne par le roi de France, Charles VIII. Celui-ci, en guise de représailles, fait détruire le château. Grâce aux 100 000 écus d'or alloués par Anne de Bretagne, le château est reconstruit. Après diverses tribulations, le château est démoli par les républicains. Le village ne périclite pas pour autant, grâce à une petite industrie prospère (textile, ardoise) qui lui permet de survivre.

DITES-LE AVEC DES FLEURS !

Le peintre américain Alfred Klots tomba amoureux de Rochefort, au point de s'installer dans le château. En 1907, il inventa le concours des « Villages Fleuris ». En hiver, l'artiste hébergeait, dans ses immenses serres, les fleurs de ses voisins pour les protéger du froid. Depuis plus de cent ans, Rochefort est toujours autant fleuri.

Au début du XXe s, le peintre américain Alfred Klots, séduit par l'endroit, achète les ruines du château et se fait construire un grand manoir breton en lieu et place des communs. En 1911, il prend l'initiative d'un concours de maisons fleuries, le premier en France.

Adresse et info utiles

ℹ *Office de tourisme :* *7, pl. du Puits. ☎ 02-97-26-56-00. • rochefortenterre-tourisme.bzh • Ouv l'été tlj 10h-13h, 14h-18h30 ; horaires restreints hors saison.* Visites guidées de Rochefort 4 jours par semaine, en été, et les vendredis et samedis de décembre (tombée de la nuit, sous les illuminations).

– *L'Équicerie :* *06-83-41-45-72. Sam de mi-avr à mi-sept, plus ven de mi-juil à mi-août.* Une drôle d'épicerie ambulante dans une voiture à cheval qui fait sa tournée entre Pluherlin et Rochefort. À l'occasion des « Vendredis animés » en été, un artiste assure une animation à chaque arrêt.

Où dormir ?

Gîtes de Pont-aux-Roux : *chez M. et Mme Rioufol. ☎ 02-97-43-32-08. • pontauxroux.free.fr • À 1 km de la sortie de Rochefort, direction Questembert. Env 20 €/pers en gîte d'étape ; double avec douche et w-c 70 € ; petit déj 5 €. Gîte 6 pers 470-550 €/sem. Forfait camping 15 € pour 2. Bolée de cidre offerte sur présentation de ce guide.* Une petite route forestière mène jusqu'à un verdoyant vallon et cette ancienne ferme retapée, avec ses dépendances. Plusieurs formules d'hébergement : gîte d'étape avec un dortoir de 8 personnes dans une grange ; et, dans différentes bâtisses, un gîte pour 6 personnes (qui peut également faire gîte d'étape selon les disponibilités) et 2 beaux duplex qui sentent bon le cèdre (font chambres d'hôtes s'ils ne sont pas loués en entier). Possibilité de planter sa tente. Adresse idéale pour les randonneurs (un GR passe sur la propriété), les cavaliers (plusieurs prés à disposition pour les chevaux) et les autres, tant l'endroit est paisible, agréable et convivial. Monsieur est un personnage qui ne manque pas de caractère, ce qui le rend attachant. Vente de cidre, de miel maison et de légumes du jardin.

L'Étang Moderne : *10, rue de l'Étang. ☎ 02-97-43-51-33. 06-12-26-71-70. • octave.cat@wanadoo.fr • letangmoderne.com • Gîte 14 pers 420 €/nuit, 550 € le w-e ; possibilité de loc à la sem.* Cette ancienne école paroissiale abrite un lieu on ne peut plus atypique. Parce que c'est aussi (et surtout !) une salle de concerts avec une programmation éclectique et régulière, y compris hors saison (saluons au passage cette initiative !). L'étage pouvant accueillir 14 personnes (5 jolies chambres colorées avec salles de bains communes et cuisine à disposition) héberge les touristes de passage quand il n'y a pas d'artistes en résidence ou en concert. Pas de nuisances sonores à craindre, donc !

Les locations du Puits : *12, chemin des Douves. ☎ 02-97-43-30-43. • francois.pinat@gmail.com • chambresetgites.fr • Juil-août, slt à la sem, 270 € pour 2 ; sinon, compter 50 € la nuit pour 2, petit déj inclus.* Au cœur de la vieille ville mais au calme, dans une ruelle charmante et peu fréquentée. 2 studios confortables et chaleureux dans une petite maison : 1 au rez-de-chaussée et 1 sous le toit. Derrière le Velux de ce dernier, on découvre une jolie petite vue fleurie. Entrée indépendante. Chaque studio est prévu pour 2 personnes et possède douche, w-c, coin cuisine, lave-linge et TV. Un jardin sépare les studios de la *Crêperie du Puits,* qui appartient aux mêmes propriétaires.

Le Pélican : *pl. des Halles. ☎ 02-97-43-38-48. • le.pelican@wanadoo.fr • hotel-pelican-rochefort.com • Tlj sf dim soir, lun et mer soir. Double slt en ½ pens 136 €. Menus 19 € en sem, puis 28-41 €.* Petit hôtel craquant, idéalement placé au cœur de la cité de caractère. Adresse authentique qui excelle par son bon rapport qualité-prix. Une dizaine de chambres coquettes (la n° 1 est la plus grande), pimpantes et fraîches, dont certaines s'ouvrent sur la belle place des Halles. Dans la salle à manger aux belles poutres, près de la grande cheminée, le « merroir » de Bretagne se mêle au terroir et se fait gourmand. Très bon accueil.

Où dormir ? Où manger dans les environs ?

L'Auberge Saint-Hernin : *3, pl. du Puits, 56220* ***Pluherlin.*** *☎ 02-97-43-34-33. • auberge.sainthernin@orange.fr • auberge-sainthernin.fr • À 3 km à l'ouest de Rochefort. Resto tlj sf lun, plus sam midi et dim soir hors saison. Doubles 66-85 € selon taille ; familiale 5 pers 155 €. Menus 11 € le midi en sem, 12,50 € le soir et sam midi, autre 23 €. Café offert sur présentation de ce guide.* Sous la protection de saint Hernin, une belle maison de caractère en pierre de pays. Chambres mignonnes comme tout, rénovées de fraîche date et confortables. Longue salle à manger de poutres et de pierres sèches pour partager une savoureuse et copieuse cuisine maison. Accueil charmant, attentionné et souriant. Piscine chauffée *(mai-sept).* Une adresse familiale et sans chichis, qu'on aime vraiment beaucoup.

MORBIHAN

Où manger ? Où sortir ? Où boire un verre ? Où écouter de la musique ?

Le Café Breton : *8, rue du Porche. ☎ 02-97-43-32-60. • lecafebreton@yahoo.fr • Dans la rue principale. Tlj sf ven hors juil-août. Congés : janv et nov. Formules 8,90-15,90 € ; carte env 15 €. Propose également 5 chambres d'hôtes.* Le café, qui existe depuis 1818, avait été aménagé par M. Klots, peintre américain qui possédait le château et cette maison. Même si l'ambiance n'est plus ce qu'elle était, c'est aujourd'hui une honnête crêperie. Mais on peut toujours y boire un verre, et le décor néobreton mérite assurément le coup d'œil. Miniterrasse surplombant la rue. Bon rapport qualité-prix-accueil, mais service parfois un peu longuet.

Le Pélican : *voir « Où dormir ? »*

Le Café de la Pente : *9, rue du Vieux-Bourg. ☎ 02-97-43-40-01. • lepotcommun.com • Dans une rue (en pente !) en contrebas du bourg ; fléché depuis la rue principale. Fermé lun-mer.* Un de ces lieux autres dont Rochefort semble cultiver le secret. Un café-concert associatif (voire alternatif) où l'entrée aux concerts est laissée à votre entière générosité et où on ne vous regardera pas de travers si vous filez un coup de main pour débarrasser les tables. Musique (dont les apéros-concerts du jeudi en été sur la chouette terrasse-jardin), expos, théâtre, cinéma (voire concours de palet breton)... il s'y passe toujours, ou presque, quelque chose. Ambiance évidemment très (très) cool.

L'Étang Moderne : *voir « Où dormir ? »*

À voir. À faire

Le château : c'est en fait, aujourd'hui, les anciens communs du XVIIe s, transformés en manoir grâce à de nombreuses pièces d'architecture provenant du château de Keralio, près de Muzillac. Vue splendide sur les Grées depuis l'arrière. Une partie des bâtiments abrite le ***Naïa museum*** *(tlj vac et j. fériés, sinon tlj sf lun, 11h-18h30 ; entrée : 5 € ; gratuit moins de 11 ans),* surprenant endroit où sont mis en scène des artistes contemporains qui partagent un même univers, souvent aux frontières du fantastique ou de la science-fiction.

L'église Notre-Dame-de-la-Tronchaye : *au débouché de la ruelle du Four-à-Ban qui part de la Grande-Rue.*

La tradition populaire veut qu'au IXe ou au Xe s, au moment des invasions normandes, un prêtre ait caché dans un tronc d'arbre creux, afin de la soustraire aux pillages, une statue de bois représentant la Vierge allaitant son enfant. Deux siècles plus tard, une bergère aurait retrouvé cette statue dans ce même tronc. Il fut alors décidé de construire une église à cet emplacement (ce que raconte l'un des beaux vitraux de l'église).
Le clocher carré remonterait au XIIe s, mais l'ensemble date des XVIe et XVIIe s. Belle façade à pignons, percée de fenêtres flamboyantes. Aux angles du clocher, quatre figures de bœufs. À l'intérieur, ce qui frappe, ce sont les piliers penchés, en raison de différents glissements de terrain. Pour éviter que l'église ne s'effondre, des contreforts furent d'ailleurs construits. Sablières ornées de faces grimaçantes. Au fond, superbe tribune en bois finement sculptée, provenant de l'ancien jubé. Dans le chœur, stalles du XVIe s en chêne massif, et dans l'arrière-chœur, retable Renaissance baroque de 1610 en tuffeau polychrome. Mais il faut surtout remarquer, sur la gauche de la chaire, une étonnante sculpture macabre en bois. On y voit deux crânes, des fragments de fémurs et de tibias... Il s'agit d'un *memento mori* destiné à effrayer le bon peuple en lui rappelant l'éphémère de la condition humaine. Sur le parvis se dresse un très beau calvaire, spécimen des « croix-panneaux » que l'on trouve dans cette région. Les trois étages de sculptures racontent la Passion. C'est là que se trouvait le cimetière de Rochefort jusqu'au milieu du XIXe s.

MORBIHAN

Les maisons anciennes : pour la plupart, c'étaient les hôtels particuliers des administrateurs seigneuriaux (sénéchal, greffier, notaire...). Belles façades de granit, ponctuées de tourelles d'angle, dont les pierres de taille semblent exulter de magnificence florale. Une balance signale la porte d'entrée de l'ancien tribunal (place du Puits). Ne manquez pas *Le Café Breton* (rue du Porche), l'une des plus belles maisons et des plus anciennes (1550), et descendez dans la partie basse du bourg, qui comblera les amateurs de belles pierres.

Manifestations

– ***Festivités :*** *tt au long de l'année. Rens auprès de l'office de tourisme (ou sur leur site internet).* Fête médiévale le week-end du 15 août. Ne pas manquer non plus les illuminations féeriques dans tout le village *(du dernier w-e de nov à fin janv, tlj 17h30-22h).*

DANS LES ENVIRONS DE ROCHEFORT-EN-TERRE

L'étang du Moulin Neuf : *à 2 km à la sortie de la ville, direction Péaule/Limerzel.* Sur la droite, on aperçoit l'étang. Balade familiale agréable et circuit de geocaching.

Le parc de Préhistoire : *56220* ***Malansac.*** *☎ 02-97-43-34-17. • prehistoire-bretagne.com • ♿ Avr-août, tlj 11h-17h – 17h30 juil-août (pour la fermeture des caisses, mais le parc ferme à 19h) ; sept, tlj sf lun, 13h-17h ; oct, le w-e 13h-16h (tlj vac scol de la Toussaint). Entrée : 13 € ; réduc ; gratuit moins de 4 ans. Compter 1h30-2h de visite libre.* Dans d'anciennes carrières d'ardoise et de schiste maintenant boisées ou remplies d'eau, bordées de falaises, on se promène entre les dinosaures et les hommes de Cro-Magnon en matériaux composites. Promenade globalement agréable, même si l'ensemble vieillit et que tous les modelages ne sont pas toujours saisissants de réalisme. Plus de 30 scènes qui plairont aux enfants et pourront les instruire, pour tout connaître des brontosaures et compagnie ! On croise l'*Homo erectus,* l'homme de Cro-Magnon et toute sa petite famille. Pour les non-voyants, un livret en braille expliquant les scènes de l'homme préhistorique et des reconstitutions miniatures des dinosaures représentés dans le parc. Bonne initiative.

Tropical parc : *Laugarel, 56220* ***Saint-Jacut-les-Pins.*** *☎ 02-99-71-91-98. • tropical-parc.com • Avr-20 sept, tlj 10h-19h ; 21 sept-oct slt le w-e 14h-18h (tlj pdt vac Toussaint). Entrée : 14,50 € ; 4-10 ans 9,50 €.* Fougères arborescentes, cahutes, musiques du monde et animaux en tous genres recréent, sur un parc de 5 ha, des univers exotiques des quatre coins du monde ; on remonte même au temps des dinosaures, articulés toutefois ! Familial.

LA GACILLY [GAZILIEG]

(56200) 2 280 hab. *Carte Morbihan, D2-3*

La Gacilly, dont le nom viendrait de *Gasselet* (« marécage »), est le fief d'Yves Rocher (ancien maire du village ; la maison de cosmétiques qui porte son nom est le plus gros employeur du canton, avec plus d'un millier de personnes). Il y a développé une grande partie de son activité liée aux plantes et à la nature. C'est d'ailleurs ici que tout a commencé pour lui dans les années 1950. Depuis, la ville a pris de l'essor, et de nombreux artisans d'art sont venus s'y installer dans une trentaine d'ateliers et de galeries, ouverts toute l'année.

LA BRETAGNE QUI GAGNE !

Yves Rocher était, à l'origine, un modeste chapelier. Il souffrait d'hémorroïdes. Une vieille paysanne le soignait grâce à une mixture composée de saindoux et d'une plante, la ficaire. Il lui racheta sa recette qui sera à l'origine d'un empire de la cosmétique, fondé sur les plantes.

Adresses utiles

Office de tourisme du Pays de La Gacilly : *le Bout-du-Pont. ☎ 02-99-08-21-75. • paysdelagacilly.com • Près du pont et des eaux de l'Aff. Juin-sept, tlj 10h-18h ; le reste de l'année, voir le site.*

Location de vélos : JY Coquer, *9, rue Antoine-Monteil. ☎ 02-99-08-20-56. Sur résa.*

Où dormir ?

Où manger à La Gacilly et dans les environs ?

Camping

Camping Art Nature Village : *Le Clos Serot, route de la Gacilly, 35550* ***Sixt-sur-Aff.*** *☎ 02-99-08-10-59. • contact@art-nature-village.com • art-nature-village.com • À moins de 1 km du centre. Ouv fin mars-oct. Forfait tente 15-20,50 € selon saison. Loc 310-850 €/sem.* Un paradis zen et un camping qui se veut résolument différent. Quelques emplacements pour les tentes, les caravanes et les camping-cars, et des locations insolites, tout charme et tout confort : tentes *lodges,* roulottes et cottages design. Ici, le calme est de rigueur afin de communier au plus près avec la nature (pas de voitures sur le terrain)... *No stress !* Accès libre à la piscine de La Gacilly.

Chambres d'hôtes

Chambres d'hôtes du Clos du Tay : *Le* ***Tay.*** *☎ 02-99-08-04-25. • d.ledouaron@wanadoo.fr • closdutay.com • À 1,6 km du centre-ville. Compter 63 € pour 2 ; familiales 80-97 €. Table d'hôtes sur résa 27 €. Gîtes 4-6 pers 240-470 €/sem selon taille et saison. Réduc de 10 % sur le prix de la chambre à partir de la 2e nuit consécutive sur présentation de ce guide.* Un manoir des Templiers de 1527 (voyez l'écusson au-dessus de la cheminée), joliment restauré, un jardin (primé pour son fleurissement) et une campagne souriante tout autour. Chambres élégantes. Quelques animaux qui amuseront les hôtes, dont des ânes robustes pour partir en balade 1h ou une journée. Repas original et de grande qualité, à base de produits frais et locaux : madame est une passionnée de cuisine, monsieur concocte de la liqueur à base de fruits du jardin. Devinerez-vous de quoi se compose le petit cocktail de bienvenue ?... Accueil d'une grande gentillesse. Gîte labellisé « Tourisme et Handicaps » et « Tourisme durable ».

Chambres d'hôtes du Manoir de la Pommery : *35550* ***Sixt-sur-Aff.*** *☎ 02-99-70-07-40. • infos@manoir-pommery.com • manoir-pommery.com • À 7 km à l'est de La Gacilly, en Ille-et-Vilaine. Du pont de La Gacilly, suivre Sixt-sur-Aff ; de Sixt, après l'église, à droite vers Rénac, puis direction Saint-Just ; à 1 km, l'allée d'entrée du manoir se trouve sur la gauche. Congés : janv-fév. Compter 68 € pour 2. Repas sur demande 23 €. Remise de 10 % à partir de 2 nuits consécutives (hors juil-août) sur présentation de ce guide.* Joli domaine arboré avec son manoir du XVIe s, bien au calme. Plusieurs chambres à l'étage, aménagées avec goût, dont la « Jaune », notre préférée, dotée d'une vue sur les pommiers. Superbe salle de petit déj, dotée d'une grande cheminée. On se prendrait presque pour le seigneur des lieux. Accueil adorable.

Chambres d'hôtes Popote et Polochon : *4-6, av. de la Libération, 56200* ***Saint-Martin-sur-Oust.*** *☎ 02-99-91-52-51. • popote.et.polochon@orange.fr • popote-et-polochon.com • À 10 km à l'ouest de La Gacilly, par la D 777 ; sur la départementale, à la sortie sur la gauche. Congés : 19 déc-18 fév. Compter 70-110 € pour 2 selon confort. Table d'hôtes sur résa 20 €.* L'ancienne école des garçons côté « polochon » et chambres. L'ancienne salle paroissiale côté « popote » et salle à manger (la scène), salon et piscine (la salle elle-même). Un gros coup de foudre pour l'ensemble, la déco contemporaine et le design, l'accueil, l'ambiance... la popote ! Et le dodo au « polochon » (pas de bataille, pour respecter le calme...).

Chambres d'hôtes Le Clos Saint-Fiacre : *Le Passoir, 56910* ***Carentoir.*** *☎ 02-99-08-84-52. • jean-pascal.boche@wanadoo.fr • leclossaintfiacre.fr • De La Gacilly, vers Carentoir par la D 773 puis la D 14 ; à 5 km de Carentoir. Congés : janv. Compter 65-75 € pour 2, 130 € pour 4. Table d'hôtes sur résa 23 €. Apéritif offert sur présentation de ce guide.* Jean-Pascal s'est fait architecte pour créer son *Clos Saint-Fiacre,* sur des ruines. Il donne une âme, une atmosphère de cette maison au décor raffiné, avec le souci du détail pour le confort optimal de ses hôtes. Les chambres sont coquettes, cosy, au calme dans cet environnement campagnard. Jean-Pascal s'éclate aussi en cuisine et dans sa déco de table ! Pur ravissement encore avec le parc d'animaux.

De bon marché à prix moyens

Crêperie La Mauvaise Graine : *16, rue Lafayette. ☎ 02-99-08-57-83. Dans une rue piétonne proche de l'office de tourisme. Tlj sf lun et ven hors saison. Congés : 2 sem fin janv. Formule déj en sem 8,90 € ; carte env 12-15 €.* Halte réputée, pour se faire plaisir, le temps d'une galette à *La Mauvaise Graine* (en référence au sarrasin, cette graine rapportée des croisades par erreur). On s'installe dans la coquette salle ou en terrasse sous le tilleul pour déguster de bonnes galettes bien servies et croustillantes. Plusieurs garnitures en provenance des fermes voisines. Accueil gentil comme tout.

Les Enfants Gat'thés : *24, rue Lafayette. ☎ 02-99-08-23-01. • lesenfantsgatthes@wanadoo.fr • Dans une rue piétonne proche de l'office de tourisme. Resto ts les midis sf lun, plus le soir ven-sam. Menu le midi 15,30 € ; autres menus 28-38 €. Café offert sur présentation de ce guide.* Des plats un brin (d'herbes) originaux (certains labellisés bio), à base de fleurs, de plantes et d'aromates, à découvrir sur les bancs de l'école où le set de table vous renvoie. Révisez même la dictée des vins (bio aussi...) ! Ambiance décontractée et sympa, comme le service dans 3 lieux : salle rustique, terrasse couverte et petite terrasse ouverte sur la rue piétonne.

Végétarium Café : *au centre du village. ☎ 02-99-08-37-37. • vegetariumcafe@yrnet.com • Ouv slt fin mai-fin sept : fin mai-fin juin et sept, mer-dim 11h-19h sf mer la 2de quinzaine de sept ; en juil-août, tlj 11h-19h (22h jeu). Formule et menus 19-24 €. Le jeu soir en été, apéro-dîner-concert à partir de 14 €.* Une salle contemporaine et zen ouvrant sur un patio fleuri et une agréable terrasse, l'occasion de goûter en toute simplicité à la délicieuse cuisine de produits de saison de Gilles Le Gallès qui officie au restaurant de l'*Éco Hôtel Spa Yves-Rocher.*

Spécial coup de cœur

La Grée des Landes – Éco Hôtel Spa Yves-Rocher : *La Grée-Saint-Jean, 56200* **Cournon.** *☎ 02-99-08-50-50. • resa.hotel@yrnet.com • lagreedeslandes.com • À 2 km du centre de La Gacilly, par la D 773 vers Redon. Congés : 1 sem début janv. Doubles 100-195 € selon période ; cabane et suite familiale 190-285 €. Voir les différents forfaits sur leur site. Menu déj en sem 29 € ; autres menus 33-73 €. Apéritif offert sur présentation de ce guide.* Les 10 ha de prairies fleuries, la réserve de papillons et le site-refuge de la LPO donnent la note colorée et bio de ce concept Nature/Écologie, bien dans l'esprit de la maison *Yves-Rocher.* Un exemple unique de développement durable en matière d'écoconception, de matériaux, de gestion d'énergie... mais surtout d'intégration dans un environnement naturel : les toitures des 29 chambres (étagées dans la pente de la colline) sont végétalisées pour assurer une isolation impeccable, les eaux du spa sont recyclées... Chaque chambre – d'un confort absolu et cocoon – possède sa terrasse, sa literie et son linge en coton bio... Spas, piscine à débordement (quelle vue sur la vallée !), soins (*Yves-Rocher,* évidemment ; certains dispensés dans une cabine perchée dans les arbres !) et cuisine raffinée de Gilles Le Gallès (chef étoilé) complètent le plaisir absolu des lieux. Jardin avec magnifique potager bio (on peut y apercevoir parfois un chevreuil qui broute les tendres pousses...) ! Bar lounge avec produits bio... et premier whisky breton bio !

À voir. À faire

Le Jardin botanique : *accès libre (se renseigner sur les visites guidées en été).* La visite se déroule au sein d'une bambouseraie et d'un joli jardin avec plus de 800 plantes utiles à l'homme classées par catégories (médicinales, aromatiques, comestibles...), dont certaines sont utilisées pour leurs propriétés cosmétiques dans les produits *Yves-Rocher.* Le jardin est aussi un conservatoire pour les plantes en voie de disparition. Juste à côté, voir aussi l'arboretum avec un arbre par pays où la marque est implantée, soit environ 80 pays !

Balade dans la ville : on préférera la fin du printemps pour se promener le long des venelles et de la *rue Saint-Vincent,* avec les fleurs et les photos exposées sur les façades dans le cadre du festival. Maisons anciennes, ateliers d'artisans (suivre le parcours remis à l'office de tourisme), petits passages... Promenade bien agréable. Ne pas manquer la *venelle de Linoue* (face à l'office de tourisme), joliment chargée en fleurs.

Fêtes et manifestation à La Gacilly et dans les environs

– ***Fête des Fleurs :*** *le 1er w-e de juin, à La Gacilly.*
– ***Festival Photo Peuples et Nature :*** *juin-fin sept, à La Gacilly.* Expo *(gratuite)* qui se revendique le plus grand festival photo en plein air de France et qui draine des centaines de milliers de visiteurs dans les rues, jardins et sites.
– ***Fête des Arts et Vieux Métiers :*** *1er dim d'août, à* ***Saint-Martin-sur-Oust.*** Le parc du château de La Luardaye rassemble les vieux métiers d'autrefois : lavandières, démonstration de battage au fléau ou de fabrication du beurre... Musique, danses, etc.
– ***Fête de la Soupe :*** *dernier dim de nov, à La Gacilly. Rens à l'office de tourisme.* Animation de rue durant laquelle de nombreux participants sont invités à confectionner une soupe que le public goûte et note. Celle ou celui qui obtient la meilleure note reçoit la soupière d'or.

DANS LES ENVIRONS DE LA GACILLY

Location de vedettes électriques sans permis : ***Day Boats,*** *☎ 02-99-08-05-02. 06-80-07-75-50. • dayboats@orange.fr • De Pâques à mi-sept. Loc à l'heure ou à la journée 30-130 € jusqu'à 8 pers, dont 2 enfants.* Sympathique balade sur l'Aff et l'Oust, à la découverte du site sauvage de l'île aux Pies. Une sortie plaisante pour aller observer les oiseaux, par exemple... Pensez aux jumelles !

La Ferme du Monde, parc animalier : *Le Bois-Brassu, 56910* ***Carentoir.*** *☎ 02-99-93-70-70. • sgeta@wanadoo.fr • lafermedumonde.com • À 6 km au nord de La Gacilly. Avr-sept, tlj 10h-18h (19h juin-août) ; 1er oct-11 nov, slt mer, w-e et tlj vac scol 10h-18h ; fermeture du guichet 1h30 avt. Tarif : 8,50 € ; réduc ; gratuit moins de 4 ans.* Une sortie familiale classique pour ce parc où sont rassemblés des animaux d'élevage des cinq continents. Des bébêtes bien de chez nous, ânes et compagnie, et aussi des lamas et des dromadaires. Vos enfants pourront nourrir les animaux du « parc de contact ». Balade à pied, en pédal'kart ou petit train *(visite commentée payante).* Spectacles et animations, comme la Fête bretonne, en été, ainsi que des ateliers dominicaux en présence de bénévoles qui viennent partager leur savoir-faire en matière d'ardoise, d'osier, de tir à l'arc, de tonte des moutons, etc. Mais aussi foire aux animaux en septembre, vide-greniers en octobre... Espace pique-nique abrité et couvert. Saluons, au passage, le fait que le site soit géré par une E.T.A. (ex-C.A.T.), à savoir une entreprise de travail adapté (aux handicapés), et qu'il organise chaque année un festival d'art *Handistars* (chanson, conte, théâtre...).
À noter aussi qu'on trouve à la boutique la confiture de lait du *Bois Jumel,* produite à Carentoir.

Le superbe ***site de l'île aux Pies :*** *à 10 km au sud de La Gacilly direction Glénac, près de* ***Saint-Vincent-sur-Oust*** *(indiqué).* Permet pêle-mêle randonnées, varappe ou belles balades sur les canaux. On peut également y observer les oiseaux sauvages (panneaux explicatifs), se promener le long du chemin de halage sur les deux rives... Jolie vue et beaux paysages.
– Location de canoës, de kayaks ou de vélos sur place : ***Canoë Apach'Bihan,*** *☎ 02-99-91-21-15 ; • canoe-apachbihan.com •*

L'étang de la Rocquennerie : *à 3 km à l'ouest, sur la route de Rochefort-en-Terre.* Un site boisé pour profiter de la fraîcheur de cet étang, de ses balades et de ses sites de pique-nique.

DU PAYS DE L'OUST À BROCÉLIANDE

Un pays attachant, pour qui voudrait vivre des moments forts avec la nature, les légendes et l'imaginaire. Les chemins de halage vous emmèneront à la découverte du canal de Nantes à Brest et de ses éclusiers, tandis que, à Tréhorenteuc, une équipe dynamique vous conduira jusqu'aux lieux magiques de la forêt de Brocéliande, qui commence ici, dans le Morbihan. Un pays oublié, méconnu, qui a fait de ses landes, forêts, sentiers et rivières un capital pour les années à venir.

– Pour tout renseignement, contacter le ***Pays touristique de l'Oust à Brocéliande*** : ☎ *02-97-73-33-34.* • *broceliande-vacances.com* •

JOSSELIN [JOSILIN]

(56120) 2 640 hab. *Carte Morbihan, C2*

Cette noble cité fleurie, médiévale et « de caractère », construite sur le flanc d'une colline dominant le cours de l'Oust, est organisée autour du somptueux château, propriété des Rohan depuis le XVe s. L'impression de force qui se dégage de ces tours, de ces murailles imposantes encastrées dans le roc, contraste superbement avec le cours paisible de l'Oust, au pied de l'enceinte féodale. L'étonnante basilique Notre-Dame-du-Roncier, la jolie place qui l'entoure, les adorables petites rues dont les maisons anciennes semblent par endroits prêtes à chavirer – comme cette étonnante rue des Vierges – tout cela vous réconciliera avec l'histoire, c'est promis.

JOSSELIN DANS L'HISTOIRE

Plantagenêt, en guerre avec le duc de Bretagne, démolit la ville et son château en 1168. Eudes II va le reconstruire en 1173. En 1370, Pierre d'Alençon vend le château au connétable Olivier de Clisson, qui le transforme complètement et en fait l'un des plus fermes bastions de la cause française dans le duché. Clisson épouse Marguerite de Rohan. Le château passe par leur fille à la maison de Rohan. À la fin du XVe s, le duc de Bretagne, François II, fait démanteler le château pour mettre fin au soutien de Jean II de Rohan au parti français. Il sera réédifié, puis de nouveau détruit sur ordre de Richelieu car, à l'époque, Henri de Rohan est le chef des huguenots. Richelieu lui aurait dit : « Je viens, Monsieur, de jeter une boule dans votre jeu de quilles. » Il faudra attendre le milieu du XIXe s pour que la forteresse soit restaurée par la famille de Rohan, qui en est toujours propriétaire (Josselin de Rohan-Chabot, qui fut sénateur et président du conseil régional de Bretagne) et dont l'une des devises est : « Roi ne puis, prince ne daigne, Rohan suis. »

Adresses et info utiles

Office de tourisme du pays de Josselin : *21, rue Olivier de Clisson. ☎ 02-97-22-36-43. • accueil@josselin-tourisme.com • josselin-tourisme.com • Avr-juin et sept, lun 13h30-17h30, mar-sam 10h-12h, 13h30-17h30 (plus le mat des j. fériés et le dim des Journées du patrimoine en sept) ; juil-août, tlj 10h-18h ; oct-mars, tlj sf lun mat, jeu (sf vac scol) et sam ap-m 10h-12h, 13h30-17h30.* Découvertes ludiques de la ville sur le thème du Moyen Âge en compagnie de la farfelue *Mme Pourquoi Comment* (visite familiale d'une heure) en juillet et août. Propose également une (géniale !) visite virtuelle 3D du centre-ville de Josselin au XVIe s sur iPad (prêt gratuit avec dépôt d'une pièce d'identité et chèque caution). Documents sur le patrimoine de la ville (livret-jeu pédagogique pour les enfants), circuits VTT-randos pédestres, etc.

■ ***Location de vélos : Camping du domaine de Kerelly,*** *à Guégon (15 juin-15 sept), ☎ 02-97-22-22-20.* ***Camping des Cerisiers,*** *Brancillet, à* ***Guillac*** *(15 juin-30 août), ☎ 02-97-75-61-24.* ***Association de canoë-kayak de Josselin,*** *au pied du château de Josselin (slt juil-août).*

– ***Marché :*** *sam mat, dans tt le centre-ville.*

MORBIHAN

Où dormir ? Où manger ?

Bon marché

Gîte d'étape de l'Écluse : *au bord du canal. ☎ 02-97-22-24-17 (mairie). • mairie@josselin.com • Écluse n° 35, à 300 m du centre-ville et à 100 m du château. Ouv avr-sept, sur résa en mairie (juil-août accueil sur place 17h-19h30). Nuitée env 12,50 €/pers ; douche chaude gratuite (3 € pour les gens de passage ou les plaisanciers).* Reçoit tous les randonneurs à pied, à cheval (mise sous couvert), en canoë, à vélo. Et les routards habitués des gîtes collectifs... Capacité d'accueil : 14 lits en chambres de 2 à 4. Situation extra, les orteils dans l'eau et tout près du beau château. Cuisine aménagée.

Crêperie du Centre : *9, pl. Notre-Dame. ☎ 02-97-73-90-59. • creperieducentre@hotmail.fr • Juil-août, service non-stop 10h-21h sf mer, sinon 10h-17h le reste de l'année sf mar-mer. Congés : déc-janv. Formules déj en sem 11,90, menu 13,90 € (hors juil-août). Carte 12-15 €. Apéritif ou café offert sur présentation de ce guide.* La terrasse en fait une adresse touristico-gourmande idéale sur la place, au pied de Notre-Dame. Le cadre rustique de la petite salle aussi. Galettes et crêpes : salées ou sucrées, elles sont succulentes, servies avec sourire, efficacité... et plaisir !

De prix moyens à chic

Chambres d'hôtes Le 14 St-Michel : *14, rue Saint-Michel. ☎ 02-97-22-24-24. 06-89-37-26-07. • contact@le14stmichel.com • le14stmichel.com • Congés : 3 sem en fév. Compter 80-97 € pour 2 selon chambre ; 132-150 € pour 4. Remise de 10 % sur la chambre oct-avr pour une résa en direct sur présentation de ce guide.* Au cœur de la vieille ville, une vénérable et superbe demeure de granit offrant 4 chambres et une suite familiale. Déco actuelle, d'un goût très sûr. La maison d'hôtes de charme dans toute sa splendeur.

Hôtel du Château : *1, rue du Général-de-Gaulle. ☎ 02-97-22-20-11. • contact@hotel-chateau.com •*

hotel-chateau.com • Oct-mars, tlj sf dim soir-lun (hôtel ouv sur résa), plus ven soir-sam ; avr-sept, tlj. Congés : de mi-nov à mi-janv. Doubles 89-112 € selon confort et vue. Formule 12,50 € le midi en sem, menus 22-48 € ; carte env 50 €. Kir breton offert sur présentation de ce guide. Face au château : les chambres, classiques et bien tenues, profitent, quand on est du bon côté, de la vue imprenable sur les « voisins » châtelains ! Un peu chères, mais ça reste impressionnant le soir à la tombée de la nuit, avec la rivière qui coule à ses pieds. On bénéficie tout autant de cette vue lors d'un repas en terrasse ou dans la grande salle bourgeoise avec ses larges fenêtres. Cuisine copieuse, pas prétentieuse, traditionnelle et savoureuse, aux accents parfois bretonnants. Petit déj-buffet, en revanche, bien ordinaire.

Chambres d'hôtes Le Clos des Devins : *11, rue des Devins. ☎ 02-97-75-67-48. 06-88-84-77-05. • ann.astruc@orange.fr • leclosdesdevins.com • Compter 60-70 € pour 2.* Maison de caractère dans une petite rue calme, à deux pas du centre. 3 chambres stylées, confortables, meublées avec un goût exquis par madame Astruc, côté jardin ou côté rue (notre préférence pour celle qui dispose d'une terrasse). Le salon français XVIIIe, avec ses tapisseries et boiseries d'époque, contribue à la plénitude d'une maison et d'une hôtesse d'exception. Tant pour le cadre que pour l'accueil.

Bar-crêperie La Marine : *8, rue du Canal. ☎ 02-97-22-21-98. • restaurant.lamarine.josselin@orange.fr • Fermé ven soir et lun hors saison. Congés : janv. Résa indispensable en été. Formules déj en sem 9,90-12 € ; menu 21,50 € ; carte env 25 €. Remise de 5 % sur l'addition, sur présentation de ce guide.* Galettes de blé noir « spéciales » comme la « Josselinaise », garnie de boudin noir et de pommes cuites. Agréable décor marin. En saison, quelques tables sur la terrasse. Belle carte de crêpes de froment également. Essayez la « Favorite », qui a beaucoup de succès. Une bonne adresse qui ne vous ruinera pas.

La Table d'O : *9, rue Glatinier. ☎ 02-97-70-61-39. • olb56@free.fr • Tlj sf mer et dim ; hors saison, ouv le midi lun-sam et le soir jeu-sam. Congés : 1 sem en fév, 2 sem fin août et Toussaint. Formules déj en sem 15-18 € ; menus 22-38 €.* La belle adresse bistronomique de la ville, aux couleurs du temps, sur les murs comme dans l'assiette. Olivier Buffard fait partie de ces chefs inspirés par les symbioses terre-mer. La fraîcheur et le marché guident cette inspiration créatrice et novatrice, au gré des saisons. Le spectacle n'est pas dans le cadre, sinon celui de la vue et de la terrasse suspendue au-dessus du château et de la vallée. Le spectacle est gustatif, olfactif. Un plaisir épicurien que l'on peut découvrir dès le premier menu le midi. L'accueil dynamique, souriant et attentionné de madame Buffard contribue à faire de ce moment un privilège culinaire.

Où dormir ? Où manger dans les environs ?

Camping

Camping des Cerisiers : *Brancillet, 56800* **Guillac.** *☎ 02-97-75-61-24. 06-69-02-97-05. • josselincamping@hotmail.com • josselincamping.com • À 3 km env de Josselin, en longeant l'Oust par la N 35. Ouv de mi-mars à mi-nov. Forfait tente 12,50-14,50 € selon saison. Loc 120-550 €/sem (possible à la nuitée). (payant). Remise de 10 % hors saison, sur présentation de ce guide.* Un camping aussi bucolique que son nom le laisse suggérer. 30 emplacements à peine, spacieux et ombragés (ou pas). À louer, 4 mobile homes, 2 caravanes, une « campétoile », une « bulle transparente », 2 tipis et 1 yourte ! Excellentes prestations pour un 2-étoiles (épicerie de dépannage, aire de jeux, buanderie...).

De bon marché à prix moyens

Chambres d'hôtes Les Hortensias : *La Ville-Robert, 56120* ***La Croix-Helléan.*** *06-81-90-05-75. • nicolasmo@wanadoo.fr • leshortensias.net • À 3 km au nord de Josselin. Compter 58 € pour 2, 78 € pour 4.* Dans un hameau en pleine campagne. 3 chambres personnalisées pour 2 à 4 personnes (dont une avec un beau lit clos breton pour 1 ou 2 enfants), bien aménagées et confortables. Coin kitchenette dans les chambres, bains et w-c. Les propriétaires sont fermiers et ouvrent volontiers les portes de leur exploitation. Les enfants adorent...

Crêperie des Forges : *Moulin de Cadoret, 56120* ***Les Forges.*** *02-97-75-38-49. • creperiedesforges@sfr.fr • À 10 km au nord-ouest de Josselin. Prendre la direction Loudéac/Rohan (fléché depuis le village). Tlj sf lun-mar non fériés hors saison ; service non-stop 12h-22h en juil-août. Congés : 3 sem en janv, 1 sem en mars et 2 sem en oct. Résa conseillée. Formules déj 12,90-17,50 € ; menu 20 € ; carte env 15 €.* Dans ce beau moulin du XVIIe s surplombant le canal de Nantes à Brest (certaines tables profitent de la vue !), on vient savourer les belles crêpes confectionnées maison. Rien que le site apaisant vaut le détour. Accueil très sympa. On n'oublie pas les enfants, qui ont leur coin aménagé.

MORBIHAN

À voir. À faire

Le château : *02-97-22-36-45. • chateaudejosselin.com • Visite guidée : avr-mai, tlj 14h-17h30 ; de juin à mi-juil et en sept, tlj 14h-18h ; de mi-juil à fin août, tlj 11h-18h ; oct, le w-e et vac scol de la Toussaint 14h-17h30. Entrée : 9 € ; réduc ; gratuit moins de 7 ans. Possibilité de billet combiné avec le musée des Poupées : 14,80 € et 8,80 € (7-14 ans). Visite axée surtout sur l'histoire, le rôle et la dynastie des Rohan ; beau mobilier également, signé par l'ébéniste Heurtaut (XVIIIe s). Compter 45 mn de visite guidée.*

Le château présente deux aspects très différents : d'une part, la forteresse médiévale que l'on voit de l'extérieur ; d'autre part, la façade intérieure Renaissance, richement ornementée (à voir de préférence le matin pour une meilleure lumière). Pour avoir une vue d'ensemble, il faut descendre vers l'Oust. La façade extérieure plongeait autrefois ses fondations dans la rivière. Elle en est aujourd'hui séparée par la route. Les courtines et les trois tours rondes à toitures coniques datent de l'époque d'Olivier de Clisson (XIVe s). La façade intérieure s'ouvre sur une cour d'honneur, avec le traditionnel puits. Admirez les dix lucarnes à deux étages. C'est une véritable dentelle de granit, commandée par Alain IX et Jean II à la fin du XVe s.

Sur la galerie qui les relie, on peut voir les fleurs de lys de France et l'hermine bretonne. Les « A » surmontés d'une couronne ducale désignent Anne de Bretagne. Le motif principal représente la devise des Rohan : « À plus », sous un rang de couronnes. À l'intérieur, le grand escalier – un des premiers escaliers droits réalisés en France, vers 1510 – a été probablement dessiné par des architectes italiens. Surprenante alliance ancienne de la Bretagne avec l'Italie. En accédant au parc, on découvre une roseraie, un jardin à la française et le parc à l'anglaise. Intérieur de style XIXe avec sa belle salle à manger. Ne soyez pas surpris, à l'occasion, de croiser le duc. Et pour le côté people, sachez que la reine mère d'Angleterre est passée par ici le temps d'un thé !

Le musée des Poupées et Jouets : *3, rue des Trente. 02-97-22-36-45. Mêmes horaires que le château. Entrée : 8 € ; réduc ; gratuit moins de 7 ans. Possibilité de billet combiné avec le château (voir ci-avant). Compter 30 mn en visite libre.* Dans les anciennes écuries du château, madame la duchesse de Rohan a constitué une collection, commencée en 1880, comprenant aujourd'hui plus de

3 000 poupées, du XVIIe s à nos jours, dont plus de 600 sont exposées dans ce musée. La plus surprenante, celle portant un bébé noir, date du XVIIe s. Chaque année, expositions à thème.

La basilique Notre-Dame-du-Roncier : *visites commentées par des étudiants bénévoles en juil-août. Dépliant de visite à l'intérieur tt au long de l'année.* Selon la tradition, au IXe s, un paysan découvrit une statue de la Vierge cachée dans un buisson de ronces qui, curieusement, ne perdaient pas leurs feuilles. Le paysan emporta la statue chez lui. Le lendemain, elle avait disparu. Il la retrouva encore sous les ronces. Ce manège s'étant produit plusieurs fois, le paysan comprit que la Vierge désirait qu'on édifiât en son honneur une chapelle à la place du roncier (cette légende est commune à de nombreux lieux de pèlerinage en Bretagne). La statue miraculeuse, objet de superstition, fut brûlée en 1789, et l'église transformée en temple de la déesse Raison. Des fidèles réussirent cependant à sauver des flammes quelques fragments de l'objet saint, pieusement conservés aujourd'hui dans un reliquaire. La statue que l'on voit dans la chapelle, à gauche du chœur, est moderne.

L'église a subi plusieurs remaniements. Elle conserve dans le chœur des vestiges d'architecture romane de la fin du XIIe s, curieuse frise d'hommes, d'animaux et de feuilles, qui orne les chapiteaux. C'est maintenant un ensemble flamboyant, présentant une étonnante suite de pignons percés de grandes fenêtres et séparés par des gargouilles. À l'intérieur, remarquable chaire en fer forgé du XVIIe s et superbes gisants d'Olivier de Clisson et Marguerite de Rohan (XVe s).

Le point panoramique du haut du clocher : *entrée à l'arrière de l'église. Accès libre Pâques-Toussaint.* Il faut gravir 138 marches pour découvrir un superbe panorama sur la région et surtout le château. Ça grimpe sec dans la montée, ça tourne dans la descente, mais la vue vaut le coup d'œil, surtout le matin avec la bonne orientation de la lumière sur le château.

Les vieilles demeures : *autour de la basilique, rue des Vierges (maisons à pans de bois), rue des Devins, rue Olivier-de-Clisson (maison des Porches), rue des Trente avec ses maisons à pans de bois.* Des plaques explicatives sont disposées à travers la ville, et un document détaillé est disponible auprès de l'office de tourisme.

➢ **« Au fil de l'eau » :** Un parcours ludique et pédagogique, valorisant à la fois la rivière de l'Oust, les espaces naturels et leur biodiversité. Au pied du château de Josselin se trouve le lavoir, où le promeneur a rendez-vous avec les lavandières. Un chemin lumineux ponctué de clous dorés mène ensuite au Bois d'Amour. Tout le long, silhouettes, modules, animations, jeux tactiles ou sonores... Au cours de la balade, la mécanique complexe d'une horloge à eau s'accompagne de jets d'eau qui s'illuminent à la nuit tombée pour un spectacle d'eau et de lumière.

Le quai fluvial : *devant le château.* Ce ponton est souvent le but extrême atteint par les plaisanciers. La navigation devient plus difficile jusqu'à Pontivy.
– **Location de kayaks et VTT : Josselin Canoë-Kayak,** *auprès de l'écluse, au quai fluvial.* 📱 *06-38-34-44-76. Vélos, embarcations à pédales et paddles. Tlj en été, 10h30-18h30. Compter 8-10 €/h de kayak.*

Manifestations

– **Festiv'été :** *mer en juil-août. GRATUIT.* Concerts, spectacles de rue et animations dans la ville.
– **Festival médiéval :** *les années paires, le 14 juil.*
– **Grand pardon de Notre-Dame du Roncier :** *le 8 sept.* Appelé le « pardon des Aboyeuses ». On raconte, en effet, qu'une mendiante demanda un jour de l'eau

aux femmes qui lavaient le linge à la fontaine. Celles-ci se moquèrent et lâchèrent sur elle des chiens... La vagabonde était en fait la Vierge Marie en voyage. Pour les punir, elle les condamna à hurler comme des chiennes chaque année à l'époque de la Pentecôte. Dès lors, on mena les épileptiques à la basilique de Josselin, et ce pèlerinage devint une attraction pour les habitants de la ville, qui assistaient aux crises des pauvres malades.

DANS LES ENVIRONS DE JOSSELIN

En guise de préambule, sachez que toute la campagne alentour est non seulement très belle, mais aussi truffée de manoirs (privés, visibles uniquement de la route), chapelles (Saint-Méleuc, Saint-Gobrien, Saint-Maudé...) ou châteaux plus étonnants les uns que les autres, noyés dans la verdure. Nous vous recommandons en particulier, au sud de Josselin, tout ce qui se situe dans ou aux abords du triangle ***Josselin – La Chapelle-Caro – Plumelec,*** le must étant clairement ***Lizio*** et ses environs (voir plus loin « Dans les environs de Malestroit »).

LE LIEU DU COMBAT DES TRENTE

À 7 km de Josselin, en direction de Ploërmel. Un panneau d'interprétation présente le lieu et le combat. Rens à la mairie de Guillac : ☎ 02-97-74-11-62. Le combat des Trente fut livré en 1351 entre Anglais et Bretons, dont Beaumanoir, auquel Geoffroy du Boys cria : « Bois ton sang, Beaumanoir, et la soif te passera... » Une colonne commémore cet épisode de la guerre de Succession de Bretagne.

GUÉHENNO (Gwezhennoù ; 56420)

À 10 km au sud-ouest de Josselin. Paisible village de 750 âmes, connu pour son surprenant calvaire.

Dans le bourg, le plus beau ***calvaire*** du Morbihan, à côté de l'église, dans un enclos paroissial intact (église, cimetière, source d'eau et calvaire). Ce monument de 1550, détruit en 1793 avant d'être remonté avec les mêmes pierres en 1853 par l'abbé Jacquot, est précédé d'une colonne décorée des instruments de la Passion et couronnée d'un coq (pour rappeler le reniement de saint Pierre). Derrière le calvaire se trouve l'ossuaire, surmonté d'une statue de la Résurrection. *Visite guidée en été. GRATUIT. S'adresser au point Infos.*

PLUMELEC (56420)

À 17 km au sud de Josselin. Gros bourg de 2 640 habitants au croisement de deux départementales, la D 126 entre Vannes et Josselin, et la D 1/D 10 entre Locminé et Malestroit. Le patrimoine des environs ne manque pas d'intérêt. Citons ***l'église*** seigneuriale de Saint-Aubin (à 4 km du bourg), dont Jehan de Callac, de la grande famille des Callac, fit bâtir le chœur en 1513. Charpente remarquable, ornée de sculptures macabres destinées à effrayer les modestes pêcheurs pour qu'ils filent droit. Gueules de l'enfer et « engoulants » aux dents acérées font respecter l'ordre, non mais !
Le ***manoir de Cadoudal*** et le ***château de Callac*** témoignent de la présence des deux importantes seigneuries. Plusieurs circuits de rando permettent de

découvrir le coin. *Rens à la Maison des associations : ☎ 02-97-42-37-87.* Dans le village, un jardin de sculptures en plein air.

Où manger ?

Crêperie Les Korrigans : *27, rue des Martyrs-de-la-Résistance. ☎ 02-97-42-34-00. • creperieleskorrigans@hotmail.fr • À la sortie de la ville, direction Saint-Jean-Brévelay. Tlj sf dim midi et lun. Congés : 10 j. en mars et 3 sem en nov. Formule déj en sem 11,80 € ; carte env 16 €.* Chaque galette porte le nom d'une espèce de korrigan décrite sur le menu... et elles sont nombreuses dans cette délicieuse adresse labellisée « Crêperie gourmande » ! Bonnes crêpes moelleuses, cadre simple avec des lutins partout. Accueil agréable.

Où acheter de bons produits ?

Charcuterie Thomas Sébastien : *1, rue Docteur-Reme. ☎ 02-97-42-24-37. Fermé mer et dim mat.* Une excellente charcuterie au cœur du village. Réputée dans toute la région pour son andouille de pays, ses rillettes, etc.

RÉGUINY (56500)

À 17 km à l'ouest de Josselin. Première station verte de vacances créée en Bretagne. Cette petite commune rurale fait beaucoup d'efforts pour les loisirs des vacanciers : plan d'eau aménagé, salle des fêtes, piscine, belle église, un musée...

Où dormir ? Où manger ?

Camping municipal de L'Étang : *3, rue de la Piscine. ☎ 02-97-38-66-11. • mairie.reguiny@wanadoo.fr • reguiny.com • À la sortie du bourg par la D 11 direction Radenac. Ouv 15 juin-15 sept. Forfait tente en hte saison 8,50 €. CB refusées. 67 empl.* Il a l'air de se plaire là où il est, ce petit camping en bordure de (petit) lac, sous les bouleaux, à deux pas de la piscine intercommunale !

Hôtel-restaurant de Bretagne – Chez Jo et Carmen : *32, rue Anne-de-Bretagne. ☎ 02-97-38-66-07. Resto tlj sf dim soir, plus ven soir hors saison. Congés : 1er-20 janv. Double 40 €. Formules 12-28,50 € ; carte env 20 €.* Bienvenue chez Jo et Carmen, des légendes dans le coin ! Ce bar-hôtel-resto pépère, aux chambres correctes, ne revendique aucune prétention. Économique, en somme, comme le menu du jour copieux, servi dans la grande salle du resto, qui ravit l'ensemble des habitués (c'est noir de monde tous les midis !).

À voir

L'église : consacrée à saint Clair, envoyé en Armorique par le pape saint Lin, successeur de saint Pierre, avec, comme gage de sa mission, le clou qui avait fixé le chef des apôtres sur sa croix. Voilà pourquoi la statue de saint Clair, au porche de l'église, tient un clou. Il y en a aussi dans les crosses en fer de la porte sud.

Le musée Les Sanglots longs : *14 bis, rue de la Piscine. ☎ et fax : 02-97-38-61-11. • museereguiny@aol.com • Sur la route de Radenac, face au lac. Début mai-fin sept, tlj 10h-18h30 ; le reste de l'année, tlj sf mar, 14h-18h, ou sur rdv. Entrée : 4,60 € ; réduc.* Histoire de la radio TSF combinée à celle de la

Seconde Guerre mondiale. À l'aube de la radio étaient le poste à galène, puis les postes à lampes : superbe collection de postes qui ont tous été remis en état de fonctionnement. À partir de l'appel du 18-Juin, un autre thème se greffe sur celui de la radiophonie : la Seconde Guerre mondiale. En effet, les deux sujets sont très étroitement liés. Souvenez-vous : *Les sanglots longs des violons de l'automne...* Dans ce musée foisonnant de souvenirs, de reconstitutions, d'objets inattendus et d'émotion, les relations entre la radio et la guerre en général (car l'Algérie et l'Indochine sont évoquées aussi) sont nouées judicieusement. Nombreux objets donnés ou trouvés sur les plages du Débarquement. Uniformes, dont le duffle-coat de Guy Mas, reporter attitré du général de Gaulle, biographies, maquettes, biscuits et rations américaines (un *Mars* de plus de 60 ans !)...
À la sortie, profiter des bords du lac pour une promenade et noter la drôle de statue de la Liberté qui trône dans le parc au bord de l'étang !

ROHAN *(Roc'han ; 56580)*

À une vingtaine de km au nord-ouest de Josselin par la D 778. Du château créé en 1104 par Alain de Porhoët, premier vicomte de Rohan, il ne reste que des ruines et la chapelle de Bonne-Encontre : une curieuse inscription en vers donne la date de 1510. À l'intérieur, un tableau votif représente des membres de la famille de Rohan. Ce village est aujourd'hui l'une des jolies petites étapes pour les amoureux du canal de Nantes à Brest.

Info utile

Point information : *☎ 02-97-51-50-33. Ouv en juil-août slt. Le reste du temps, contacter l'office de tourisme de Pontivy Communauté.*

Où dormir ?
Où manger à Rohan et dans les environs ?

Camping municipal du Val d'Oust : *route de Saint-Gouvry. ☎ 02-97-51-57-58 ou 50-33 (mairie). • mairie.rohan@wanadoo.fr • rohan.fr • À env 1 km du bourg, au bord du canal. Ouv de mai à mi-sept. Forfait tente 10,50 €. 45 empl.* Site ombragé et bons équipements.

Gîte Hunvre Dihun : *rue des Lavandières, bourg de* ***Saint-Gouvry.*** *☎ 02-97-38-93-12. • hunvre_dihun@yahoo.fr • gitedebretagne.jimdo.com • À 1,8 km au nord-ouest de Rohan par la D 125. Ouv tte l'année. Résa obligatoire (séjour min 2 nuits). Compter 320-450 €/sem pour 5 pers selon saison ; forfaits w-e à partir de 160 € hors vac scol.* « Rêve éveillé » en breton... Tout un programme ! Ancienne ferme restaurée, qui peut accueillir 5 personnes (une chambre pour 2 et une autre pour 3). Grand salon.

L'Eau d'Oust : *6, rue du Lac, 56580* ***Rohan.*** *☎ 02-97-38-91-86. • restaurant.leaudoust6@orange.fr • Tlj sf mer et dim soir. Congés : 1re sem de janv, vac scol de fév zone A. Le midi en sem 17,80 €, puis 28,50-39 € ; carte env 40 €. Café offert sur présentation de ce guide.* La bonne adresse que voilà ! Dès le premier « petit » menu, le chef fait sensation. À prix tout doux (à moins de craquer pour le homard !), il revisite le terroir breton avec respect et originalité : escargots de l'île de Groix, lasagne de saint-pierre aux salicornes et palourdes... Le cadre, celui d'une coquette auberge de campagne, est agréable mais, au final, importe peu. Une étape de gourmets sur le canal de Nantes à Brest.

L'ABBAYE NOTRE-DAME-DE-TIMADEUC

À 3 km de Rohan (indiqué), sur les rives de l'Oust, à ***Bréhan.*** *☎ 02-97-51-50-29. • timadeuc.abbaye@wanadoo.fr • abbaye-timadeuc.fr • Lun-ven 9h30-11h45, 14h30-17h.* Elle ne se visite pas et n'est même pas particulièrement belle ; il s'agit pourtant de l'un des sites les plus fréquentés en Morbihan ! Il faut dire qu'elle abrite des moines trappistes de l'ordre des Cisterciens, qui exploitent une ferme et vendent des fromages (pasteurisés) réputés et de délicieuses pâtes de fruits. On trouve également à la boutique toutes sortes de produits fabriqués en abbaye et autres objets religieux.

➢ En contrebas de l'abbaye, allez donc jeter un coup d'œil à la jolie petite ***écluse de Timadeuc*** avec son chemin de halage. Bucolique.

MALESTROIT [malastred]

(56140) 2 560 hab. *Carte Morbihan, C2*

Avec ses fleurs, ses ponts, son île, son canal de Nantes à Brest et sa rivière de l'Oust, la petite ville de Malestroit (prononcez « Malétroit ») regorge de charme. Elle proclame toujours fièrement sa devise, *Quae numerat nummos non est male stricta domus* (« Maison qui compte ses écus n'est pas mal gérée »). Économe, avec ça !
Du coup, la visite de cette ville démontre sa richesse passée, tant on y voit de nobles demeures, de style gothique ou Renaissance, les unes en bois à pignons et étages en encorbellement, les autres en pierre avec lucarnes et gargouilles sculptées. On ne le répétera jamais assez, une ville se visite les yeux levés (faites attention où vous mettez les pieds quand même !).

Adresses et info utiles

Office de tourisme : *au Pass'Temps, 5-7, rue Sainte-Anne. ☎ 02-97-75-45-35. • tourisme.ccvol.com • Juil-août, lun-sam 10h-13h, 14h-18h, dim 14h-18h ; petites vac scol (ttes zones confondues) plus avr-juin et sept-oct, lun-sam 9h30-12h30, 14h-17h30 (fermé lun aux vac de fév).* Visites guidées en été et plan-balade à travers la ville.

■ ***Location de vélos : MBK,*** *faubourg Sainte-Anne. ☎ 02-97-75-13-36. Ouv mar-sam.* Location de vélos de route (la Voie verte n'est pas loin). *Également au* ***Domaine du Roc,*** *rue Beaurivage, 56460* ***Le Roc-Saint-André*** *(📱 06-48-07-68-05 ; tlj avr-oct) ; au* ***camping municipal de Sérent*** *(☎ 02-97-75-91-98) et* ***Cy'glon*** *à* ***Saint-Congard*** *(📱 06-11-87-94-57).*

– ***Marché de la nature :*** *jeu mat sur la place.*

Où camper ? Où manger ?

Camping municipal La Daufresne : *chemin des Tanneurs, La Daufresne. ☎ 02-97-75-13-33. 📱 06-83-69-88-17. • campingdemalestroit@orange.fr • malestroit.com • ♿ Sur les rives de l'Oust, face au quai où s'amarrent les coches d'eau. Ouv de mai à mi-sept. Forfait tente en hte saison 7,50 €. 100 empl.* Pas cher pour séjourner à l'ombre de grands arbres ! Et douches comprises, en plus ! Beaucoup de verdure, beaucoup d'eau : les margouillats s'en donnent à cœur joie ! Location de canoës. Également une aire de service pour les camping-cars. Resto et commerces à 5 mn à pied.

Crêperie Maël Trech : *13, pl. du Bouffay. ☎ 02-97-75-17-72. • contact@maeltrech.fr • Face à l'église. Tlj sf mer, plus mar soir hors saison. Congés : janv. Formule déj en sem 10,50 €, menus 13,50-25,50 € ; carte env 15 €. Digestif offert sur présentation de ce guide.* Cidre artisanal, chouchen, farine locale, charcuterie du coin et toute la Bretagne dans votre assiette. Bonnes spécialités de galettes, à goûter sur une agréable terrasse face à la superbe église.

Où dormir ? Où manger dans les environs ?

Camping Domaine du Roc : *rue Beaurivage, 56460* ***Le Roc-Saint-André.*** *☎ 02-97-74-91-07. 06-48-07-68-05. • domaine-du-roc@orange.fr • domaine-du-roc.com • À l'entrée du village. Ouv 1er avr-1er nov. Forfait tente env 13-15 € selon saison. Loc 290-620 €/sem. 55 empl. Remise de 10 % sur présentation de ce guide.* Un camping familial idéalement situé au bord du canal de Nantes à Brest et de sa Voie verte, et proposant toutes sortes d'activités (piscine couverte et chauffée, parcours acrobatique, location de vélos, kayak...). Il dispose surtout d'un choix d'hébergements insolites... vraiment insolites ! Cabanes perchées, caravanes de collection (de 1930 à 1960 !) avec déco d'époque, et des baricanes, à savoir des cabanes aménagées dans des barriques géantes.

Gîte Les Laurentides : *rue Greneuc, 56140* ***Saint-Laurent-sur-Oust.*** *☎ 02-97-73-78-36. 06-62-91-68-29. • contact@les-laurentides.fr • les-laurentides.fr • À 6 km au sud-est de Malestroit. Accès direct au chemin de halage du canal de Nantes à Brest (500 m). Tte l'année. Nuitée 28 €/pers (sans drap du dessus), avec petit déj. ½ pens 40-45 €/pers.* Ce gîte, parfaitement aménagé dans une très belle demeure ancienne à pierre apparente, repose non loin des bords de l'Oust. Capacité de 50 couchages avec des chambres pour 2, 3, 4 ou 5 personnes réparties entre la maison principale et une grange rénovée. Bon confort et bonne tenue générale. Idéal pour les aventuriers de la nature, à pied, en barque ou à vélo.

Hôtel Le Petit Keriquel : *1, pl. de l'Église, 56460* ***La Chapelle-Caro.*** *☎ 02-97-74-82-44. • lepetitkeriquel@orange.fr • keriquel.com • À 8 km au nord de Malestroit, direction Ploërmel. Resto tlj sf lun midi et mer. Congés : vac scol de fév. Doubles 60-64 € ; familiales 82-99 €. Menus déj en sem 15-90 €, puis 20,90-30 €.* L'heureuse et étonnante transformation d'un hôtel de village en une pétulante maison de famille, avec des chambres toniques, tout confort, où il fait bon poser ses bagages. Le petit jardin est idéal pour prendre le petit déj dès que pointent les premiers rayons du soleil. Restaurant de terroir labellisé, aux plats « vrais », avec tous produits élaborés maison et au maximum bio. Accueil jovial et relax.

MORBIHAN

À voir

Le centre-ville : *rues du Froment* et *des Anglais,* vieilles maisons du XVIe s. *Place du Bouffay,* maisons datant de 1640 et 1646 ; plus vieille encore, la *maison de la Truie-qui-File,* toute de bois et du XVe s, aux surprenantes sculptures : une truie file sa quenouille, un lièvre joue de la veuze et un homme bat sa femme (révoltant !). Cette cité baigne dans la spiritualité. Elle a reçu, parmi des hôtes célèbres, Montalembert et Lacordaire. Il y eut jusqu'à trois couvents : des Augustines, des Ursulines et de la Sagesse. Le premier abrite maintenant une clinique (toujours gérée par les Augustines) où s'illustra pendant la Seconde Guerre mondiale la révérende mère Yvonne

Aimée de Jésus, à qui le général de Gaulle remit la Légion d'honneur le 22 juillet 1945 pour hauts faits de résistance (voir « Dans les environs de Malestroit. Saint-Marcel »).
Sachez qu'en été, la place du Bouffay devient entièrement piétonne de 10h à 1h du matin.

L'église Saint-Gilles : construite au début du XIIe s sur une fontaine sacrée, toujours présente, elle fut incendiée par les ligueurs en 1592. De l'édifice de base, il ne reste que le croisillon sud et le chevet plat, substitué à une abside en cul-de-four qui devait couvrir la fontaine. Lors de sa reconstruction, elle fut doublée d'une seconde nef. Plusieurs fragments de vitraux du XVIe s garnissent les fenêtres ; l'un d'eux retrace la légende de saint Gilles et du péché de Charlemagne. Des peintures murales exceptionnelles ont été découvertes fin 2011, lors d'une restauration. Les motifs (dont un éléphant de combat) sont extrêmement rares en peinture, puisque l'unique équivalent connu est conservé au musée du Prado, en Espagne. Le portail nord de la façade occidentale présente une décoration flamboyante et riche. Celui de la longère méridionale est orné de sculptures symboliques très expressives. Les panneaux en bois sculpté des portes, datant du milieu du XVe s, comme le porche, ne sont pas d'origine. Vers 15h, l'ombre projetée du bœuf sculpté sur le portail sud ressemble au profil de Voltaire.

Les vestiges de l'église de La Madeleine : *de l'autre côté de la ville, après avoir passé l'île Notre-Dame depuis le centre. L'office de tourisme prête une tablette numérique où le prieuré de la Madeleine a été reconstitué tel qu'il était au XIVe s : pour se promener dans les vestiges actuels tt en ayant accès au passé !* Agréable petite balade. L'église fut construite au XIIe s, ses vestiges sont très émouvants. C'est là, en 1343, que fut signée la fameuse trêve de Malestroit pendant la guerre de Cent Ans. En 1795, un détachement de républicains surprit une poignée de chouans réfugiés dans l'église ; ils les massacrèrent un à un. Les pans de murs restants sont désormais presque noyés dans la verdure. La nature reprend tendrement ses droits sur la pierre. Belle lumière le soir.

La Maison de l'eau et de la pêche : *à l'écluse 25. ☎ 02-97-75-26-50. 1er mai-1er nov, w-e et j. fériés 14h-19h ; tlj en juil-août. GRATUIT.* Des aquariums, du matos de pêche ancien, des explications sur le cycle de l'eau et le tableau de « chasse » des caïds du coin (« J'te jure ! Grand comme ça, qu'il était ! »). Pas grand-chose, mais si on se balade sur la rive, ça fait une halte sympa.

À faire

– Malestroit, c'est le royaume du ***canoë-kayak.*** On y pagaie à sa guise en rivière ou plus tranquillement sur le canal de Nantes à Brest *(rens à la **base nautique,** à côté du camping : ☎ 02-97-75-29-86 ; loc tlj 10h-19h en juil-août, et en réservant par tél le reste de l'année).* Stages, encadrement, location à l'heure ou à la journée. Prix raisonnables. Également au ***Domaine du Roc*** *(rue Beaurivage, 56460 **Le Roc-Saint-André ;** 06-48-07-68-05 ; tlj avr-oct),* qui loue aussi des embarcations à pédales.

➢ C'est aussi la porte d'accès à la ***Voie verte.*** Cette ancienne voie de chemin de fer reliant Questembert à Médréac, longue de 87 km, passe en effet par Malestroit, Saint-Marcel, Sérent, Le Roc-Saint-André et La Chapelle-Caro, pour ne citer que ces villages regroupant l'essentiel des activités et des sites à visiter à l'ouest de Malestroit. Location de VTT (voir « Adresses et info utiles »). Possibilité de faire des boucles reliant le canal de Nantes à Brest à la Voie verte. On conseille d'ailleurs de partir par le canal et de revenir par la Voie verte pour éviter la côte et faire un joli circuit. *Rens auprès de l'office de tourisme.* 30 circuits à pied ou à vélo sont proposés avec des fiches descriptives (0,20 € la fiche à l'office de tourisme ou à télécharger gratuitement *• broceliande-vacances.com •)*

Manifestations à Malestroit et dans les environs

– ***Les Vendredis du canal :*** *concerts le ven soir fin juin-fin août, pl. du Bouffay, en plein centre. Rens : ☎ 02-97-75-45-35 (office de tourisme). GRATUIT.* Styles très variés. Aussi ***Les Terrasses Musicales*** *(à* ***Sérent,*** *le sam soir),* concerts dans les bars et restaurants.
– ***Le Pont du Rock :*** *dernier w-e de juil. Demander le programme au ☎ 02-97-75-45-35. • aupontdurock.com •* Grosse affiche, avec des groupes de rock connus ou en devenir, qui font gigoter la jeunesse bretonne. Le tout au prix d'un seul concert.
– ***Fête des Jumeaux :*** *le 14 et 15 août, à* ***Pleucadeuc,*** *sur le canton.* Renommée, cette fête est consacrée aux jumeaux. On voit ainsi tout en double !

MORBIHAN

DANS LES ENVIRONS DE MALESTROIT

SAINT-MARCEL (56460)

À 3 km à l'ouest de Malestroit, 20 km au sud de Ploërmel et 35 km au nord de Vannes. Petit village d'un peu plus de 1 000 habitants, détruit durant la Seconde Guerre mondiale, Saint-Marcel fut le théâtre d'âpres combats entre forces alliées et soldats allemands autour du « maquis de la Nouette ». Un musée remarquable permet, sur 1 500 m² d'exposition permanente, de découvrir la vie et l'engagement des Bretons durant la Seconde Guerre mondiale. Riche, foisonnant, passionnant, à ne pas manquer.

Le musée de la Résistance bretonne : *les Hardys Béhélec ☎ 02-97-75-16-90. • resistance-bretonne.com • Tte l'année. Avr-oct, tlj sf mar hors juil-août, 10h-18h30 ; nov-mars, jeu-dim 10h-18h. Entrée : 7,70 € ; réduc ; gratuit moins de 8 ans. Compter env 1h30 de visite.* Si vous êtes en famille ou entre jeunes, ne vous laissez surtout pas impressionner par l'intitulé de ce musée, destiné en fait à un très large public. Joliment aménagé (parc agréable et muséographie actuelle) et intelligemment pensé pour permettre à tous de mieux comprendre le passé. Panorama complet, on y voit aussi bien des affiches que des documents filmés, du matériel roulant, des véhicules d'époque, des armes et panoplies, qu'une reconstitution d'une rue d'autrefois, avec musique d'ambiance et resto *Chez René.* En bref, tout ce qui concerne la Résistance bretonne, spécialement le maquis de Saint-Marcel et plus généralement cette période de notre histoire en Bretagne, mur de l'Atlantique, saut des parachutistes SAS, etc. Très bien fait, on ne peut que le répéter.
– Ateliers pédagogiques l'été pour les enfants.

➢ À la sortie du musée, par la petite route de Sérent, à 1 km, une imposante ***colonne*** marque le souvenir de la bataille du 18 Juin 1944 qui fit 560 morts chez l'ennemi et 42 dans le camp des Résistants et des Forces françaises libres (FFL).

Les tourbières de Kerfontaine : *à* ***Sérent,*** *sur la route vers Malestroit via Saint-Marcel, indiqué sur la gauche (parking). Tte l'année.* Arrêtez-vous pour une balade insolite dans les landes de Lanvaux. Landes tourbeuses, réserve de plantes rares. Ne pas oublier de prévoir, hiver comme été, des bottes pour la visite, car le milieu est plutôt humide. Plus d'infos auprès de l'office de tourisme.

La maison du Costume breton : *rue du Pavé, à* ***Sérent.*** *06-63-24-96-07. • lamaisonducostumebreton.fr • Juil-août, tlj sf dim et j. fériés, 14h-18h30 ; le reste de l'année, sur rdv. Entrée : 3 € ; gratuit moins de 12 ans.* Une bien belle collection de coiffes et de costumes de pays : 130 costumes en tout, exposés sur 3 niveaux et par terroir. Enrichie récemment de la collection Bauquet-Nadaud, de superbes toilettes datant de 1750 à 1925.
– En sortant, l'*église Saint-Pierre-et-Saint-Paul* et son curieux clocher. À l'intérieur, deux vitraux avec 17 costumes finistériens, histoire de rester dans le thème !

LIZIO (Lizioù ; 56460)

Que de ravissement et que de dynamisme pour ce village perdu ! Des manoirs et des fermes superbement restaurés, noyés dans une campagne somptueuse, et plusieurs musées regroupés sur quelques kilomètres.
Depuis Sérent, prenez sur la droite avant Lizio (« Lizio par la route de Tromeur »). Pas mal, non ? Ce n'est qu'un échantillon de la beauté des alentours. Manoir magnifique niché dans un écrin de verdure.
Lizio est truffé de gîtes ruraux extra, de sentiers de randonnées idylliques bien indiqués, vallonnés à souhait. Une vieille tradition d'artisanat d'art, peut-être lancée par les moines-soldats templiers, se perpétue et donne lieu, le 2e dimanche d'août, à un rassemblement original autour de l'art local. Quant aux membres du collectif *An'art* (logique, ici !), ils vous donnent rendez-vous fin octobre, pendant 2 jours, pour « Le Lizio des peintres ». S'ils pouvaient continuer de réaliser des fresques un peu partout, c'est toute la campagne environnante qui retrouverait le sourire, 12 mois durant.

L'Univers du Poète ferrailleur : *à* ***La Ville-Stéphant.*** *02-97-74-97-94. 06-77-81-11-44. • poeteferrailleur@neuf.fr • poeteferrailleur.com • À 3 km de Lizio, direction Le Roc-Saint-André ; indiqué. Juil-août, tlj 10h30-12h30, 14h-19h ; 1er-15 sept, tlj 14h-18h ; avr-fin juin et 16 sept-31 oct, dim, j. fériés et vac scol 14h-18h. Entrée : 6,50 € ; réduc ; gratuit moins de 4 ans. Compter env 2h de visite.* Un lieu à conseiller à qui a envie de rêver tout éveillé. On se retrouve dans un univers entre *Le Petit Prince* et celui, onirique, d'Emir Kusturica dans le film *Arizona Dream.* Robert Coudray, sculpteur de mouvements, compose d'originales, drôles et sensibles sculptures animées, aquatiques et musicales, pourrait-on préciser. Les créations de ce poète, dont deux films attachants nous restituent les chemins de vie, se meuvent grâce à l'énergie du vent, du soleil et autres procédés mécaniques. Beaucoup d'humour et un esprit toujours rebelle, qui fait merveille. On touche, on écoute, avec toujours ce petit sourire aux lèvres qui fait plaisir et rappelle l'enfance. Entre autres, une horloge à eau, un manège, une maison écologique et un bateau-2 CV ! À voir, ce « sculpteur de mouvements »...

L'écomusée des Vieux Métiers : *à 4 km de Lizio, après avoir passé le Poète ferrailleur ; bien indiqué. 02-97-74-93-01. • ecomusee.lizio@wanadoo.fr • ecomuseelizio.com • De juil à mi-sept, tlj 10h-12h, 14h-19h ; avr-juin, de mi-sept à fin sept et vac de la Toussaint, tlj 14h-18h. Entrée : 6,50 € ; réduc ; gratuit moins de 5 ans. Visite « animée » de 1h30 ou libre.* On en a vu des musées de vieux métiers, mais un comme ça, aussi complet, fourni, c'est rare. Ce qui vaut surtout le détour, c'est la visite guidée d'Alain, pleine d'anecdotes, de bons mots et de blagues en tout genre. Il connaît l'histoire de chaque objet. On passe dans cette caverne d'Ali Baba d'une classe d'école à un métier à tisser, d'une salle d'objets religieux à une impressionnante collection de voitures miniatures, au garage années 1950 avec sa collection de plaques émaillées publicitaires, ses bidons d'huile de voiture et ses devantures de magasins en provenance du film *Marthe.* Au total, plus de 100 000 objets exposés, rappelant la vie rurale d'antan et plus de 60 métiers disparus !

L'insectarium : *à la sortie du bourg ; indiqué. ☎ 02-97-74-94-31. 06-67-53-83-94. • contact@insectariumdelizio.fr • insectariumdelizio.fr • Avr-juin et sept-vac scol de la Toussaint, tlj 14h-18h ; juil-août, 10h-19h (fermé le 2e dim d'août) ; le reste de l'année, sur résa. Entrée : 8 € ; 4-16 ans 6 €, remise de 10 % sur l'entrée, sur présentation de ce guide.* L'heure est venue de partir à la découverte de ces bébêtes fascinantes que l'on croit connaître mais qu'on ose rarement regarder dans les yeux. Hein ? Avouez... Des mygales velues, mantes cruelles et mille-gambettes interminables, ça vous botte ? On observe, on touche (arachnophobes, venez travailler votre phobie !), on apprend ! Il faut dire qu'on recense aujourd'hui plus de 1 500 000 espèces d'insectes. Insectes vivants (dont une volière à papillons), jardin botanique, vitrines, photos diverses, vidéo... Ça plaît aux petits et aux grands. Visite commentée.

LE ROC-SAINT-ANDRÉ (56460)

Entre Lizio et La Chapelle-Caro, un village surtout connu pour sa célèbre brasserie, qui s'est fait remarquer en lançant le *Breizh Cola* ! Point d'accès à la Voie verte et au canal de Nantes à Brest qui passe sous le pont du Roc, pont aux 13 arches construit en 1760 par le duc d'Aiguillon.

La brasserie Lancelot – Site de la Mine d'Or : *à proximité du Roc-Saint-André. ☎ 02-97-74-74-74. • contact@brasserie-lancelot.com • Sur la D 4 (route de Josselin), à env 10 km au nord de Malestroit. Tte l'année. Visite guidée de la brasserie lun-ven à 14h30, 15h30 et 16h30 (14h30 et 15h30 slt ven). Boutique ouv lun-ven 9h-12h, 13h30-18h (17h ven). GRATUIT.* Située dans les anciens bâtiments du XIXe s d'une mine d'or et d'étain. Allez déguster la *Cervoise* de Bernard Lancelot, apiculteur écologiste, qui se dit descendant des chevaliers de la Table ronde. Il fabrique à nouveau la boisson favorite des Celtes et des Gaulois ; et le breuvage montre un sacré caractère ! Les amateurs de bière découvriront d'autres savoureuses inventions : la *Telenn Du,* exclusivité mondiale à base de sarrasin, moirée et parfumée à souhait, la *Duchesse Anne,* la *Bonnets Rouges* à laquelle les baies de sureau apportent sa couleur insurrectionnelle, la *Lancelot,* blonde pure et racée, ou encore la *Blanche Hermine,* plus grosse vente de *Lancelot...* La brasserie exporte désormais partout en France et dans de nombreux pays d'Europe. Bientôt près de chez vous...

GUER [ARGWERN]

(56380) 6 175 hab. *Carte Morbihan, D2*

Situé au confluent de deux rivières, l'Aff et l'Oyon, Guer fut un lieu d'inspiration pour les peintres, grâce à ses paysages verdoyants et pourpres. Il aurait pu le rester entièrement si, après la guerre de 1870, les landes de Coëtquidan n'étaient pas devenues terrain de manœuvre militaire. L'École spéciale militaire de Saint-Cyr s'y est installée en 1945, suite à la destruction des bâtiments de l'École de Saint-Cyr, près de Paris, en 1944. Mais on reste tout de même aux portes sud du pays de Brocéliande !

Adresse utile

Office de tourisme : *2, pl. de la Gare. ☎ 02-97-22-04-78. • guer-coetquidan-tourisme.com • Dans l'ancienne gare de Guer. Juil-août, lun-sam 9h30-13h, 14h-18h ; avr-juin, mar-sam 9h30-12h30, 14h-17h30 ; le reste de l'année, mar-ven 10h-12h30, 14h-17h, sam 10h-12h30. Loc de vélos électriques (avr-nov).*

Où dormir ?
Où manger à Guer et dans les environs ?

Camping d'Aleth : *rue de l'Église, 56380* ***Saint-Malo-de-Beignon.*** *06-78-96-10-62. • contact@camping-aleth.com • camping-aleth.com • Ouv tte l'année. Forfait tente 14,50 €. Loc 350-595 €/sem. 50 empl.* Joli terrain paysager pour les adeptes du camping traditionnel. Au bord d'un plan d'eau, il y fait bon planter sa tente. Quelques bungalows toilés et discrètes cabanes en bois ainsi qu'une cabane en bambou qui ne déparent pas dans ce joli décor naturel. Il y a même des tipis pour les familles et des chariots de western ! Base de loisirs à proximité, de l'autre côté du lac. Sur place, terrain de jeux, location de kayaks et d'embarcations à pédales.

Auberge des VoyaJoueurs : *rue du Chaperon-Rouge, 56380* ***Monteneuf.*** *☎ 02-97-93-22-18. • contact@auberge-des-voyajoueurs.com • auberge-des-voyajoueurs.com • Congés : janv. Doubles 70-80 € et familiale 95-105 €. Accès aux jeux hors hébergement à partir de 6 €/pers. Café offert sur présentation de ce guide.* Cette curieuse construction contemporaine est un endroit unique qui développe un concept tout bonnement génial ! Un lieu à fréquenter en famille et sans modération, combinant le jeu et l'hébergement. Cet hôtel de 10 chambres, construit sur mesure avec un réel souci de développement durable (literie en latex 100 % naturel, mobilier en matériaux recyclés...), s'avère être avant tout une grande cour de récréation. En tout, ce sont 400 m² dévolus à plus de 700 jeux traditionnels et contemporains issus des cinq continents. Le matin, l'accès est réservé aux clients de l'hôtel, tandis que l'après-midi, tout le monde est invité à venir s'amuser (sur réservation !). Des soirées jeux, contes, bluff, enquête sont régulièrement organisées, ainsi que des balades avec énigmes dans la lande... Un coup de cœur !

Chambres d'hôtes Le Logis de la Ville Ruaud : *La Ville-Ruaud, 56800* ***Augan.*** *☎ 02-97-93-44-40. • gwen@cap-broceliande.com • cap-broceliande.com • À 13 km à l'ouest de Guer, direction Ploërmel (D 772). À la sortie du bourg, indiqué sur la gauche. Congés : de mi-déc à mi-mars. Compter 63 € pour 2.* Au bout d'une allée apparaît le logis : une belle longère du XVIIIe s, flanquée de ses dépendances. Dans les 3 chambres d'hôtes, poutres anciennes, pierres apparentes et déco réalisée avec goût rendent les lieux plus que charmants. Confort parfait (avec des salles de bains contemporaines). Tout comme l'accueil familial, aux petits soins avec ses hôtes. Grande piscine dans le beau jardin. Billard.

L'Auberge Thiegezh : *7, pl. de la Gare, à Guer. ☎ 02-97-22-00-26. • art.maniere@orange.fr • restaurant-aubergethiegezh.fr • Face à l'office de tourisme. Tlj sf dim -lun, plus mar-mer hors saison. Congés : 1 sem début janv et 2 sem en sept. Résa conseillée. Crêperie, formule déj 10 €, repas bistrot 14,50 €. Resto gastro, formule 25 € (le midi en sem), et menus 35-80 € ; carte env 50 €. Café offert sur présentation de ce guide.* Du temps où n'existait que la crêperie, cela s'appelait *L'Art et la Manière.* Avec le retour aux fourneaux du fils prodigue, l'auberge s'est vue rebaptisée. D'un côté, les crêpes restent tournées avec art et manière par les parents ; de l'autre, dans la nouvelle auberge au décor contemporain totalement revu, le fiston formé dans les cuisines du *Bristol* fait souffler un vent résolument nouveau. Dès le 1er menu, la surprise est de mise, les plats épatent tant par leur qualité gustative (produits de marché ultrafrais et scrupuleusement sélectionnés) que par les présentations, conçues comme des œuvres picturales. Tables joliment dressées et pain servi tout chaud. Ce jeune chef, qui semble avoir plus d'un tour sous son tablier, pourrait bien être l'enchanteur ! Service très pro, souriant et courtois.

DANS LES ENVIRONS DE GUER

Le musée du Souvenir des écoles militaires de Saint-Cyr-Coëtquidan : *Cour Rivoli, au camp de* ***Coëtquidan*** *(56381). ☎ 02-97-70-77-49. À 3 km au nord de Guer. Accès par Bellevue, entrée des Écoles militaires de Saint-Cyr-Coëtquidan ; suivre le fléchage à l'intérieur du camp sur 2 km. Tlj sf lun, 10h-12h, 14h30-18h. Fermé en janv. Entrée : 5 € ; forfait famille 8 € ; réduc ; gratuit moins de 18 ans. Visite guidée pour découvrir les anecdotes et les secrets.*
Un musée instructif pour qui s'intéresse à l'histoire des grandes écoles de la nation, et plus particulièrement à la formation des officiers français. Napoléon créa l'école où de Gaulle, de Lattre de Tassigny et Leclerc sont passés. Ça marque l'Histoire ! On découvre un autre regard sur la France à travers plus de 200 ans d'épopées et de documents. Une collection de plus de 1 500 objets liés à l'histoire des officiers : toiles, photos, statues, drapeaux, décorations, armes, etc.

La chapelle du prieuré Saint-Étienne : *à 3 km de Guer, direction Augan-Ploërmel, puis à gauche vers Launay-Couëdor-Saint-Étienne. Juil-août, mar-sam 14h-18h (avec atelier enluminure mer et ven à 15h30 ou jeu de piste mar, jeu, sam à 14h). Entrée : visite guidée 2,50 € (5 € avec atelier) ; réduc.* La chapelle, la plus ancienne du Morbihan (IXe s), se dresse dans un site classé. Elle fut édifiée entre 832 et 868 sur l'emplacement d'un édifice cultuel romain. Le pignon oriental est l'un des plus beaux murs encore en place de l'architecture du haut Moyen Âge en Bretagne. À l'intérieur, peintures murales du XVe s.

Menhirs de Monteneuf – Archéosite de Brocéliande : *association* Les Landes, *rue des Menhirs, 56380* ***Monteneuf.*** *☎ 02-97-93-26-74. • menhirs-monteneuf.com • À 8 km de Guer par la route de Malestroit. Site en accès libre tlj tte l'année. Vac de printemps et d'automne : ap-m préhisto (atelier et visite). Début juil-fin août, visites et ateliers tlj sf dim 10h30-12h30 puis 14h30-16h30 (se renseigner sur les programmes et horaires précis). 5 €/activité ; réduc.*
Plus de 420 menhirs (roses !) datant du Néolithique, dits « des Pierres droites », répartis sur 7 ha ; une quarantaine redressés à leur emplacement d'origine. Ce site apparaît comme un « petit Carnac ». C'est l'un des plus importants de Bretagne centrale. On y circule librement, toute l'année, et le site est encore peu fréquenté. Un plus, le sentier de découverte (1,5 km) avec panneaux, cinq fresques et vidéos (QR code). Un vrai bonheur ! Le soir, à la brume, quand la lande est déserte mais fleurie de bruyères, c'est carrément magique... Magnétique, même !
Des reconstitutions permettent de comprendre les méthodes de levage et de calage des menhirs, la structure d'un cairn et la construction d'un habitat néolithique. On peut même visiter le site iPad en main et voir in situ la reconstitution en 3D de tous ces gestes et du site à l'origine.

Cinq balades (de 1,5 à 4 km) et un circuit de 14 km pour découvrir les autres mégalithes de la commune. Nombreuses animations pédagogiques pour les plus jeunes (balades contées, déplacement de menhirs, allumage d'un feu, fabrication d'une poterie, etc.).

➢ ***Le Sentier d'Ozégan, au centre des Landes :*** *rue des Menhirs, 56380* ***Monteneuf.*** ☎ *02-97-93-26-74. • centreleslandes.com • Juin-sept. Korri-carte à retirer avt d'attaquer le sentier (5 €/pers, réduc) – c'est elle qui vous divulguera l'entrée secrète et le chemin à suivre : sur place, lun-ven 10h-12h30, 14h-17h, ou aux menhirs de Monteneuf le sam 10h-12h30, 14h30-17h30 (ou encore à l'hôtel* L'auberge des VoyaJoueurs*).* Avant d'aller voir les menhirs, arrêtez-vous, surtout si vous êtes en famille, pour suivre ce parcours sensuel, ludique, créatif et poétique. Au cours de la balade, vous découvrirez les maisons des korrigans bien camouflées dans les sous-bois... Mais chuuuut, soyez discret et aux aguets, les sens en éveil, et la forêt vous livrera ses secrets.

➢ Pour les plus grands, une balade sonore, ***Sur le bout de la lande,*** est également proposée *(5 km, 2h15 ; MP3 à télécharger ou à retirer de 10h à 15h sur place ou à l'hôtel* L'auberge des VoyaJoueurs *4 €/pers et 6 € pour 2).*

– À ***Monteneuf*** toujours (une destination incontournable, vous l'aurez compris), pour un après-midi on ne peut plus ludique, rendez-vous à l'hôtel ***L'Auberge des VoyaJoueurs.*** Plus de 800 jeux venus du monde entier vous attendent. Voir plus haut « Où dormir ? Où manger à Guer et dans les environs ? ». N'oubliez pas de réserver, les places sont comptées.

L'oratoire de la Madone des motards : *à* ***Porcaro.*** *À 7 km à l'ouest de Guer, dans le bourg.* À côté de l'église se trouve une petite chapelle avec des ex-voto, pour se recueillir, le blouson en cuir sur les épaules.
– Pèlerinage international pendant 2 jours *(les 14 et 15 août),* avec concentration de plus de 10 000 motos. Procession, défilé en « meute » pendant 3h et bénédiction de toutes les machines (peu importe la marque, on n'est pas sectaire !).

Le port miniature de Saint-Malo-de-Beignon : *à 4 km au nord-ouest de Guer. 06-81-76-97-06. Avr-sept, 10h-12h, 13h30-18h ; hors vac, w-e et j. fériés. Loc de bateaux env 4 €/pers les 15 mn ; réduc.* Une façon amusante pour les petits et les grands de s'initier à la navigation à bord de bateaux électriques, répliques exactes de remorqueurs, vapeurs du Mississippi, fire boat, chalutier, etc.
– Bonus : juste à côté, découvrez le *Jardin des Evêques* (accès libre).

PLOËRMEL [ploermael]

(56800) 9 008 hab. *Carte Morbihan, C2*

Cette ville, anciennement protestante et sous-préfecture (ça n'a rien à voir, mais bon !), dont la devise est *Tenax in fide* (« Tenace en sa foi »), s'est développée au carrefour des routes reliant Saint-Malo à Vannes et Rennes à Lorient. La ville ne possède plus que de maigres vestiges : un morceau de l'enceinte qui la protégeait au XIIe s, l'étonnante *maison des Marmousets* de 1586 et l'hôtel des ducs de Bretagne. En 1273, le comte de Richemont fonde le *couvent des Carmes,* rue du Val. Et c'est ici que Jean-Marie de Lamennais crée en 1824 la congrégation des Frères de

l'instruction chrétienne dont les chefs eurent, semble-t-il, une attitude assez trouble pendant la dernière guerre.
Chouette sentier cyclable bordé d'une superbe collection d'hortensias, qui a redonné un certain dynamisme à la ville.

Adresses utiles

i ***Office de tourisme de Ploërmel « Terres de légendes » :*** *5, rue du Val, BP 106. ☎ 02-97-74-02-70. • broceliande-vacances.com • Vac de Pâques-sept, lun-sam 9h30-12h30 (13h juil-août), 14h-18h (plus mat dim et j. fériés en juil-août) ; oct-mars, mar-mer, ven-sam, 10h-12h, 14h-17h (hors vac).* Organise des balades sur le circuit des hortensias en été. Superbe brochure pour partir à la découverte de la ville.

■ ***Location de vélos :*** ***Miloux Location,*** *19, rue des Forges. ☎ 02-97-74-06-96. Tlj sf dim-lun, 9h-12h, 14h-19h. Env 10 € la journée. Ou* ***Intersport,*** *zone commerciale du Lac. ☎ 02-97-74-28-58. Lun 10h-12h30, 14h-19h ; mar-sam 9h30-12h30, 14h-19h.* ***Office de tourisme :*** *vélo électrique slt, à partir de 8 € (avr-nov).*

MORBIHAN

Où dormir ? Où manger ?

De bon marché à prix moyens

🏠 🍽 ***Hôtel-restaurant Saint-Marc :*** *1, pl. Saint-Marc. ☎ 02-97-74-00-01. • didier.leguitte@wanadoo.fr • hotel-restaurant-saintmarc.com • ♿ Près de l'ancienne gare et à proximité du lac. Resto tlj sf dim soir. Double 48 € ; 10 €/pers supplémentaire. Formules 12 (midi en sem)-15 €, carte env 25 €. CB refusées. Remise de 10 % sur la chambre (sept-juin), sur présentation de ce guide.* La cassolette de Saint-Jacques au curry compte parmi les délicieuses spécialités de ce resto reconnu, labellisé « Restaurant du terroir », l'un des meilleurs de Ploërmel. Partie hôtel bien tenue, suffisamment équipée, aux chambres classiques et bien propres. Éviter celles trop proches du rond-point. Une bonne adresse, compte tenu des prix.

🍽 ***Les Ateliers Gourmands :*** *7, rue Beaumanoir (la rue ne porte pas de plaque). ☎ 02-97-72-10-76. Dans le centre, juste en face de l'office de tourisme. Tlj sf dim midi et lun. Menus 12,50-15,90 €. Carte 15-20 €.* C'est une (bonne) crêperie. C'est aussi une « gratinerie » avec de généreux gratins de toutes sortes, à base de produits frais. C'est également un accueil franchement chaleureux. C'est enfin un très chouette cadre entre le rez-de-chaussée et le 1er étage de la plus spectaculaire maison médiévale de la ville.

De prix moyens à chic

🏠 🍽 ***Hôtel-Restaurant Le Cobh :*** *10, rue des Forges. ☎ 02-97-74-00-49. • contact@hotel-lecobh.com • hotel-lecobh.com • Hôtel fermé dim. Resto fermé dim, lun midi et sam midi. Congés : 20-30 déc. Doubles 67-103 € ; familiales 93-117 €. Le midi en sem, formule 14,90 € et menu 18,90 € ; autres menus 29-45 €. Apéritif offert au resto ou 10 % sur la chambre, sur présentation de ce guide.* Cette vénérable maison de granit (encore un peu en travaux de rénovation lors de notre dernier passage...) renferme des chambres plutôt agréables et confortables, au décor inspiré des mythes et légendes de Brocéliande. En cuisine, un chef talentueux élabore une belle cuisine créative à base de produits frais et locaux. Un bel hommage rendu au terroir breton !

MORBIHAN

Où dormir ? Où manger dans les environs ?

Camping

Camping La vallée du Ninian : *Le Rocher, Ville-Bonne, à* ***Taupont.*** *☎ 02-97-93-53-01. • infos@camping-ninian.fr • camping-ninian.fr • Ouv avr-fin sept. Forfait tente 12,90-16,80 € selon saison. Loc de mobile homes et de logements atypiques 2 à 6 pers 185-685 €/sem. 100 empl. Une bouteille de cidre maison offerte sur présentation de ce guide.* Confortable camping labellisé « Clef Verte » et doté d'équipements sportifs, de bungalows et de sanitaires corrects. Il y a un bar breton (rien à voir avec le poisson !), un four à pain pour s'entraîner, et même des cours pour apprendre à faire le cidre ! Feux de camp avec chants bretons (apportez vos instruments de musique et cahiers de chants). Snack le midi, repas à thème le soir. Piscine (couverte et chauffée).

De bon marché à chic

Hôtel O2B – Aux Berges de Brocéliande : *pl. de l'Église, 56380* ***Beignon.*** *☎ 02-97-70-71-30. • contact@o2b.fr • hotel-broceliande.O2b.fr • À 16 km à l'est de Ploërmel par la D 724. Doubles 70-90 € selon saison ; familiales 109-169 €.* Un hôtel de village en bordure de forêt. Bar-lounge au rez-de-chaussée, et à l'étage, 12 chambres confortables et impeccables, toutes joliment décorées sur le thème de l'arbre et de la nature. Idéal pour rayonner dans le secteur, même s'il n'y a pas de resto.

Aux Bonnes Joues : *2, rue des Primevères, 56800* ***Monterrein.*** *☎ 02-97-74-63-53. • auxbonnesjoues@gmail.com • À 7 km de Ploërmel par la D 8. Tlj sf mar soir et mer. Congés : 3 sem début janv. Le midi en sem, menu 12 € ; autres menus 18-20 €.* Une auberge de village à l'ancienne, où l'on vous reçoit avec chaleur et sourire, sans façons ni cérémonie ; à la bonne franquette, quoi ! Au menu, une savoureuse cuisine rustique et familiale, 100 % maison. Parmi les spécialités phare, les (bonnes) joues de bœuf, de porc, de lotte, fondantes à souhait.

Où acheter de bons produits à Ploërmel et dans les environs ?

Le Hangar : *15, rue du Pardon. ☎ 02-97-22-20-20. À la sortie de la ville, direction Taupon. Sur la Voie verte. Tlj sf dim, 10h-19h.* C'est d'abord le lieu de vente des biscuits artisanaux de la biscuiterie du... *Hangar.* Mais on trouvera dans cet ancien... hangar (vous vous en seriez douté !) de pierre et de brique bien d'autres produits pas forcément bretons : chocolats, objets déco, épicerie fine, etc. Salon de thé et resto également. Très joli agencement (bois brut, matériaux de récup') dans l'esprit du lieu.

Boulangerie-pâtisserie Claude Cornée : *av. Porhoet, 56800* ***Taupont.*** *☎ 02-97-93-53-90. À 5 km au nord-ouest par la D 8. Tlj sf mer.* A obtenu le Prix du meilleur kouign-amann de Bretagne en 2013. Également très réputée pour son pain.

À voir

L'église Saint-Armel : ce saint tient son nom du celtique *arthos* réduit à *arz*, qui signifie « ours », et de *maglos* qui signifie « grand ». L'édifice a été reconstruit de 1511 à 1602. Le portail nord (1530) est formé de deux arcs en anse de panier et accolade, séparés par un trumeau illustré de scènes de l'Évangile ou de scènes bouffonnes. Par exemple : un savetier coud la bouche de sa femme. Les bombardements de juin 1944 n'ont épargné que quelques vitraux, dont le plus remarquable, dit « verrière de l'Arbre de Jessé » (1552), est signé de Jehan le Flamand. On a placé dans le transept nord les belles statues tumulaires des ducs Jean II et Jean III ; au sud, magnifique tombeau en granit de Kersanton de Philippe de Montauban, chancelier d'Anne de Bretagne, et d'Anne de Chastellier.

L'horloge astronomique : *à la Maison-Mère des Frères de Ploërmel, 1, bd Foch. ☎ 02-97-74-06-67. Visite libre audio tlj 9h30-18h (20h avr-oct).* Construite de 1852 à 1855 par le frère Bernardin, l'horloge se trouve dans la cour intérieure. Chacun de ses 10 cadrans donne une information temporelle concernant notre système solaire.

La maison des Marmousets : *7, rue Beaumanoir (mais la rue ne porte pas de plaque). Juste en face de l'office de tourisme.* L'intérieur accueille un sympathique petit restaurant (voir « Où manger ?»). La plus célèbre maison de la ville, construite en 1586, est dotée d'une façade en bois ornée de stupéfiantes sculptures qui sont un véritable pamphlet contre le catholicisme.
L'*hôtel des ducs de Bretagne,* juste en face, au n° 6, est encore plus ancien. Il date de 1150 et a conservé aussi une intéressante façade. Toujours dans la vieille ville (suivre le plan du circuit disponible à l'office de tourisme), aller voir la *maison Bigarré,* appelée aussi *maison du Croissant,* dans la rue des Francs-Bourgeois.

MORBIHAN

Le circuit des Hortensias : *Rens à l'office de tourisme (qui propose des visites commentées).* En 2000, la ville a découvert par hasard qu'à quelques encablures de chez elle, à ***Taupont,*** résidait l'un des spécialistes de cette fleur (les pépinières sont d'ailleurs ouvertes à la visite). Quant à la collection municipale, elle compte 5 500 spécimens regroupant plus de 550 variétés d'hydrangéas (pour info, les hortensias ne sont qu'une variété d'hydrangéas).

Activités sportives

■ ***Club nautique de Ploërmel-Taupont :*** *lac au Duc (côté Taupont). ☎ 02-97-74-14-51. Tlj sf dim hors saison.* Base de l'*École française de voile.* Toboggans aquatiques à proximité.

DANS LES ENVIRONS DE PLOËRMEL

Le lac au Duc : *route de Dinan. À 1,5 km de Ploërmel (il s'étend en fait sur les 3 communes de Ploërmel, Taupont et Loyat). Se renseigner auprès du club nautique (voir plus haut « Activités sportives »).* C'est l'un des plus grands lacs naturels de Bretagne, avec ses 250 ha de superficie. Base de plein air des *Belles-Rives,* idéale pour le ski nautique. Camping sur place. Site plaisant, golf, parcours santé et sentier pédestre du tour du lac (14 km ; avoir de bonnes chaussures, promenade pas géniale, la fin est au bord d'une route passagère, mais avec un aménagement sécurisé). Et pour les plus sportifs, la ***Voie verte*** Questembert-Mauron continue ici : c'est une ancienne voie ferrée transformée en piste cyclable, stabilisée (ça marche aussi pour les rollers), qui longe le lac avant de repartir sur Mauron et le pays de Brocéliande. Jeter un coup d'œil à la belle façade du manoir du Clos Hazel, du XVIe s.

TRÉHORENTEUC

(56430) 115 hab. *Carte Morbihan, D2*

Bienvenue à « Trého », porte d'entrée obligatoire dans l'univers de *Brocéliande* et le mythe arthurien (que l'on décrit surtout dans le *Routard Bretagne Nord*) pour qui voyage dans le Morbihan. Certes, il y a du passage, et de

plus en plus de monde en été, mais les environs satisferont les amoureux de randonnées et de légendes, toutes générations confondues. Trého se trouve à 56 km de Vannes, de Rennes et de Dinan... et dans le 56 ! Un coup des druides ? Petite recommandation, d'ailleurs : sur la route, soyez vigilant entre les fées et les korrigans, les cerfs et les sangliers, nombreux.

Adresse et infos utiles

■ ***Office de tourisme du pays de Mauron en Brocéliande :*** *1, pl. Abbé-Gillard.* ☎ *02-97-93-05-12. • valsans retour.com • Sept-juin, tlj sf dim (et lun nov-mars), 9h30-12h30, 14h-17h30 ; juil-août, 9h30-18h. Fermé vac scol de Noël.* Un lieu qui crée l'ambiance : cartes, ouvrages pour se repérer ou prolonger la magie... Et surtout, itinéraires sur mesure selon vos capacités de marche ou d'émerveillement supposées. Organise des balades et visites toute l'année. Animations ponctuelles avec pique-nique en forêt (résa obligatoire).

➢ ***Balades guidées et contées des hauts lieux de la forêt de Brocéliande :*** *tlj de fév à mi-nov. Compter 9-13 € l'ap-m, ou 18 €/j. ; gratuit moins de 4 ans.* Au programme : matin, voiture et marche (3 km) ; après-midi, marche (4 km) sur les sites qui font la magie de Brocéliande. Animé et vivement conseillé. Selon les saisons, les thématiques de découvertes peuvent changer, si vous repassez par là...

– Vous trouverez dans les principaux offices de tourisme du secteur (Tréhorenteuc, Guer et Paimpont) un ***guide d'accès*** *(4 €)* pour pallier le manque d'infos sur le terrain, ainsi que tout autre renseignement nécessaire.

Où dormir ? Où manger dans les environs ?

Camping

⛺ ***Camping municipal du Val aux Fées :*** *rue Ronan-Le-Cunff.* ☎ *02-97-22-64-82 (ou 61-19 : mairie). • contact@camping-fees.fr • broceliande.camping-fees.fr • Près de Mauron, au nord de la forêt de Brocéliande ; à 13 km au nord-est de Tréhorenteuc ; fléché dans le village. Ouv mai-fin sept. Forfait tente en hte saison 7,80 €. CB refusées. 80 empl.* Au bord de son étang, idéal pour la pêche, tout simple, accueillant et tranquille.

De prix moyens à plus chic

🏠 |●| ***Relais du Porhoët :*** *11, pl. de l'Église, 56490* ***Guilliers.*** ☎ *02-97-74-40-17. • aurelaisduporhoet@wanadoo.fr • aurelaisduporhoet.com • ♿ (resto) À 10 km au nord-ouest de Tréhorenteuc. Resto tlj sf lun midi (et lun et dim soir hors saison). Congés : 2 sem en janv, plus 1 sem en juin et 1 sem en oct (mais tél avt). Prudent de réserver tant l'adresse est prisée. Doubles 52-66 €. En sem, menus 15 €, puis 23-50 €.* 📶 *Café offert sur présentation de ce guide.* On profite de 12 belles chambres cossues dans ce joli établissement situé sur la place de l'Église d'un gentil village breton. Super calme. Bonne cuisine, qui se fait raffinée, élégante (dès les premiers menus), autour des produits de la mer et du terroir. Une pointe d'innovation à déguster dans la grande salle à manger, près de l'âtre l'hiver. Belles références de vins à bons prix. L'excellente étape, quoi !

🏠 |●| ***À l'Orée de la Forêt :*** *24, rue Nationale, 56800* ***Campénéac.*** ☎ *02-97-70-51-09. • aloreedelaforêt@orange.fr • oree-foret.fr • À 7,5 km au sud de Tréhorenteuc ; au centre, vers l'église. Resto tlj sf sam midi et dim soir (plus ven soir hors saison). Congés : 2 sem en oct et autour de Noël. Doubles 49-55 € selon saison ; familiales 85-89 €.*

Formule et menu 10,50-12,50 € le midi en sem. Menus 15,50-29,50 €. Un jeune couple s'est récemment installé dans cette grande bâtisse. Et dès l'accueil, on sent leur envie de tout simplement faire plaisir à leurs clients. Avec des chambres, certes toutes simples mais plaisantes et d'un honorable confort. Et une cuisine plutôt bien tournée, servie dans la bonne humeur. Le tout à des prix vraiment serrés.

À voir. À faire

L'église « du Graal » : *à côté de l'office de tourisme. Ouv tte l'année, aux mêmes périodes d'ouverture que l'office. Visite guidée mer (plus ven en été).* Restaurée, elle est devenue un lieu initiatique incontournable pour comprendre Brocéliande. Ici, les symboles chrétiens et païens font bon ménage. Ainsi, dans la 9e station du chemin de croix peut-on voir Morgane (sacrément sexy, la fée !), la demi-sœur du roi Arthur. Au fond de l'église, mosaïque des frères Odorico représentant un épisode des romans de la Table ronde, etc.

> ***Le Val sans retour :*** *900 m, 2, 4 ou 15 km (se munir d'un plan auprès de l'office de tourisme car parcours non balisé) en boucle au départ de l'église de Tréhorenteuc.* Haut lieu légendaire de la forêt de Brocéliande, le Val sans retour a fait frémir plus d'un chevalier. Chaque arbre a une silhouette curieuse, chaque étang renferme son secret, chaque rocher paraît encore vivant... Attention, c'est le pays des enchanteurs et des fées ! Ici règne ***la fée Morgane.*** Initiée à la magie par l'enchanteur Merlin, cette demi-sœur du roi Arthur enferma Guyomar, son amant infidèle, dans ce val en le transformant en pierre.

Ce lieu fut aussi la dernière retraite de ***l'enchanteur Merlin.*** C'est ici qu'il livra ses secrets à la fée Viviane, acceptant du même coup – par amour – de se faire enfermer à jamais dans cette prison d'air invisible. Son trône est implanté dans un affleurement rocheux. On raconte que le vent porte encore la complainte du grand magicien endormi au fin fond du Val sans retour.

C'est ici qu'on pourra voir ***l'Arbre d'or...*** Œuvre d'art signée François Davin, souvenir du grand incendie de 1990, ce magnifique tronc est recouvert de feuilles d'or pur. Pour repousser les brigands des temps modernes, le sol est hérissé de piquants de pierre.

PROFESSION DRUIDE

Vivant au contact de la nature, les druides étaient incollables sur les plantes. Pour le reste, leurs connaissances étant floues, ils enfumaient les fidèles par des rituels magiques. On était persuadé qu'ils pouvaient prédire l'avenir et arrêter les orages. Pour ne pas divulguer leur savoir, l'usage de l'écriture était interdit. Voilà pourquoi rien ne reste de leurs connaissances.

> En attendant un balisage digne de ce nom, voici un petit ***itinéraire*** concocté gentiment par l'office de tourisme : après la visite de l'église de Tréhorenteuc, passez à l'office juste en face pour récupérer un plan et des explications qui vous seront précieuses, car le Val sans retour porte bien son nom... Longer la route devant l'office du tourisme, passer devant la crêperie et continuer jusqu'à un parking où se trouvent des tables de pique-nique.

Prenez le chemin goudronné qui part du parking et, après 300 m de marche, vous entrerez dans cette partie de la forêt légendaire, domaine de la fée Morgane. Sur votre gauche se trouve *l'Arbre d'or.* La boucle de 4 km commence le long de l'*étang du Miroir aux fées.* Longez l'étang, puis le ruisseau, et le chemin vous amène auprès d'un 2e étang. Passez le petit pont, puis empruntez la passerelle en bois à gauche. Après une ascension impressionnante par un sentier abrupt, vous arriverez sur les hauteurs, où vous pourrez bénéficier d'une vue magnifique. Longez les crêtes, et le chemin vous conduira naturellement jusqu'à votre point de départ : *l'Arbre d'or.*

Ne suivez pas les signes de balisage GR ou PR que vous trouverez sur les arbres, car ils indiquent des boucles beaucoup plus longues. Bref, ne vous fiez qu'aux éléments naturels que nous venons de vous décrire, et retrouvez votre instinct de chevalier. Les plus courageux rejoindront le château de Trécesson *(plan à l'office de tourisme ; 15 km A/R ; voir « Dans les environs de Tréhorenteuc »).*

DANS LES ENVIRONS DE TRÉHORENTEUC

Vous êtes ici dans la ***forêt de Brocéliande*** *(forêt de Paimpont).* Jolies balades en suivant la carte offerte gracieusement par l'office de tourisme. Premier arrêt au hameau délicieusement nommé ***La Folle-Pensée.*** Laissez votre voiture au parking. De là, on atteint à pied, à travers bois, la ***fontaine*** enchanteresse ***de Barenton,*** dont quelques gouttes, répandues sur le perron de Merlin, opéraient d'incroyables prodiges. Boucle de 4 km avec un très joli sentier pour la découvrir. Suivez les balises en forme de feuille de chêne incrustées dans les rochers. C'est ici que les druides exerçaient leur pouvoir sur les pauvres *fols* (on ne parlait pas de malades mentaux), d'où le nom du village. Pour rejoindre Concoret, vous passerez devant l'impressionnant *chêne à Guillotin.*

Le château de Comper et son Centre de l'imaginaire arthurien : *56430* ***Concoret,*** *en bordure du lac de la fée Viviane. ☎ 02-97-22-79-96. • centre-arthurien-broceliande.com • À 13,5 km au nord-est de Tréhorenteuc par la D 141. Ouv avr-oct 10h-17h30 (19h juil-août). Fermé mar-mer, hors vac scol. Entrée : 7 € ; réduc. Parc : 1 €.*

À ne pas manquer ! Un château qui revit véritablement depuis que le *Centre de l'Imaginaire arthurien* l'habite, comme quoi les rêves font aussi du bien aux pierres. Le château, aux douves envahies par la végétation, est devenu un foyer de culture celtique, aussi bien pour la recherche que pour les rencontres. L'équipe de l'association qui vous accueille vous guide avec plaisir au milieu des ouvrages qui, d'entrée, donnent le ton. Il y en a pour tous les goûts, pour tous les âges. Quant à la visite de l'exposition, c'est un moment de bonheur rare. Muséographie intelligente sur des thèmes arthuriens, médiévaux et celtiques qui, variant chaque année, laissent des traces et des souvenirs dans certaines salles où l'on retrouve des décors des expos passées. Le paysage extérieur est en adéquation avec le lieu : c'est un autre joli moment de détente, face au lac. Et laissez les crapauds vous conter, à leur façon, l'histoire de Lancelot, Viviane, Arthur et les autres. Si vous ne leur faites pas confiance, il y a suffisamment de livres pour vous guider, dans le coin librairie. Incontournable pour tous les passionnés de la Table ronde !

– En juillet-août, spectacles, contes et musique, samedis de la magie, balades contées, etc. Sans oublier, chaque année, ***Les Rencontres de l'imaginaire*** *(fin juil)* : salons, expos, conférences ; ***La Kermesse médiévale*** *(début août)* : marché

MERLIN ET VIVIANE, UN AMOUR ENCHANTEUR...

En se promenant dans la forêt de Brocéliande, Merlin, alors conseiller du roi Arthur, tombe nez à nez avec la fée Viviane. Il en tombe fou amoureux et décide de partager avec elle ses sortilèges les plus secrets, dont celui de garder un homme à tout jamais. Mais Viviane, en utilisant ce sort, enferma pour l'éternité Merlin sous sa coupe. On dit d'ailleurs qu'il se promène encore dans la forêt...

artisanal, animations et conteurs ; et un grand spectacle arthurien au bord du lac, ***Les Chevaliers du Roi*** *(début août aussi). Rens complémentaires sur • centre-arthurien-broceliande.com •*

– Au village, sur la place de l'Église, ***La Petite maison des légendes.*** Une vieille maison aux volets verts avec une enseigne au dragon *(nov-fév, mar-ven 10h-12h30, 14h-17h30 ; GRATUIT).* C'est ici que l'équipe du château de Comper prend ses quartiers d'hiver... On y trouve donc les bureaux mais aussi une galerie d'exposition, une ludothèque, une librairie... Y sont également organisées des soirées contes.

La balade se poursuit avec la visite de ce que l'on continue d'appeler le ***tombeau de Merlin,*** le reste (symbolique) d'un site mégalithique bien malmené, un gros caillou couvert de mots doux (ou de détritus), et la ***fontaine de Jouvence.*** Ah, les légendes ! Une balade de 4 km balisée par une feuille de chêne en métal est accessible au départ du parking du tombeau de Merlin. À signaler également, le *chêne des Hindrés,* très bel arbre remarquable de Bretagne, et son autre balade de 4 km. Attention, vous entrez alors dans la forêt domaniale. Vous allez le remarquer, car les sentiers vont devenir plus sages et rectilignes !

On reprendra la voiture et on poussera jusqu'au majestueux ***château de Trécesson*** sur la D 312 au nord de ***Campénéac.*** Il ne se visite pas, mais sa magnifique architecture féodale (en schiste rouge et cernée par les eaux) mérite assurément le coup d'œil. Le souvenir d'une Dame blanche, enterrée vivante, hante encore les lieux...

Étant située en majeure partie dans l'Ille-et-Vilaine, la forêt de Brocéliande (forêt de Paimpont) est surtout traitée dans le *Routard Bretagne Nord.*

MORBIHAN

LE PAYS DE PONTIVY ET LA VALLÉE DU BLAVET

La rivière – que dit-on ! le fleuve, puisque le Blavet se jette directement dans l'Atlantique au terme d'un cours de 150 km – sera notre fil conducteur. D'Argoat en Armor, nous traverserons Pontivy, anciennement Napoléonville, sous-préfecture, puis Baud, en pleine forêt de Camors, puis Lochrist, là où le Blavet devient salé. Un itinéraire à suivre à pied, à cheval, en calèche, en coche d'eau, en canoë ou à vélo. Le fleuve et son chemin de halage offrent de multiples possibilités. À vous de choisir...

Pour une découverte insolite du Blavet

■ ***Club de canoë-kayak de Pontivy :*** *base nautique de Toulboubou. ☎ 02-97-07-09-36. 📱 06-85-73-89-92.*

■ ***Club de canoë de Lochrist :*** *☎ 02-97-36-98-47.*

■ ***Club de kayak de Saint-Nicolas-des-Eaux :*** *☎ 02-97-51-87-71. Tlj en juil-août ; slt w-e Pâques-juin et sept.*

■ ***Centre équestre de Pontivy L'Écurie des Ajoncs :*** *à* ***Malguenac.*** *☎ 02-97-25-21-72. 📱 06-42-28-99-33.*

PONTIVY [pondi]

(56300) 15 000 hab. *Carte Morbihan, B1*

Curieux destin que celui de *Pondi* (en breton), qui, après avoir été le fief de la maison de Rohan (encore un beau château féodal !), devint le centre de rencontre des républicains bretons et angevins, fédérés afin de combattre les ennemis de la Révolution. De ces événements date la caserne des gardes mobiles du quartier Clisson, qui a été entièrement reconstruite dans le style du XVIIIe s au bord du Blavet.
L'identité républicaine de Pontivy et sa position centrale en Bretagne inspirent à Napoléon Ier la décision de construire une ville nouvelle. L'aménagement de la place d'armes et la construction de la caserne du quartier Clisson découlent de ces projets. Pondi devient alors *Napoléonville,* à la demande de ses habitants, qui souhaitent rendre hommage à l'Empereur. La ville portera ce nom de 1804 à 1814, en 1815 (pendant les Cent-Jours) et de 1852 à 1870.
Tous les étés, l'association de *L'Art dans les chapelles* organise un circuit de chapelles exposant des œuvres d'art contemporain jumelées avec le patrimoine religieux de la région. Cela permet de découvrir de petites merveilles perdues en rase campagne...

MORBIHAN

Adresse utile

Office de tourisme de Pontivy Communauté : *à bord (!) de la péniche Duchesse-Anne, 2, quai Niémen. ☎ 02-97-25-04-10. • tourisme@pontivycommunaute.com • tourisme-pontivycommunaute.com • Juil-août, tlj 9h30-13h, 14h-18h30 ; le reste de l'année, lun-sam 9h30-12h30, 14h-18h.* Petits guides sur le quartier de la vieille ville ou le patrimoine napoléonien. Location de vélos classiques, vélos à assistance électrique et bateaux électriques (sans permis, 10 personnes). Visites guidées de Pontivy à pied ou à vélo à assistance électrique en saison.

Où dormir ?

Bon marché

Auberge de jeunesse : *île des Récollets. ☎ 02-97-25-58-27. • pontivy@hifrance.org • fuaj.org • Accueil tlj 8h30-10h30 (tél), 17h30-20h30. Congés : 16 déc-16 janv. Compter 17,30 €/pers ou 22,10 €/pers avec le petit déj. Carte FUAJ obligatoire. CB refusées.* Installée dans une ancienne minoterie, une AJ récemment aménagée qui dispose de chambres pour 2 ou 3 personnes et de 1 dortoir de 35 lits. En tout, 65 lits, qui accueillent les nombreux cyclistes longeant le canal de Nantes à Brest. Cuisine neuve et réfectoire. Belle situation, près de la piscine, du centre-ville et du moulin-musée, cernés par les eaux du Blavet.

De prix moyens à chic

Gîte de Lourmel : *9, rue de Lourmel. ☎ 02-97-25-07-52. • laurent.prouff@wanadoo.fr • Compter 60 € pour 2, 70 € pour 3, 80 € pour 4. À la sem ou min 3 j.* Un jeune couple a restauré avec goût, couleurs et modernité une belle maison de caractère, heureux mélange de façade XIXe et de pignon médiéval sur jardin. Salon, bibliothèque, cour et jardin à la disposition des heureux hôtes. Accueil sympathique et familial.

Hôtel Le Rohan : *90, rue Nationale. ☎ 02-97-25-02-01. • contact@hotelpontivy.com • hotelpontivy.com • En centre-ville. Congés : fêtes de fin d'année. Doubles 77-89 € selon confort et saison. Parking.* Grande maison bourgeoise napoléonienne en plein centre-ville, que ses nouveaux propriétaires s'emploient à joliment rénover. Chambres (pour la plupart) de charme, tout confort, à la déco moderne et épurée. Jardin. Loue également des studios.

Où manger ?

Crêperie Marie-Hélène : *25, rue Friedland. ☎ 02-97-25-25-16. Tlj sf lun-mar. Congés : 2 sem en mars et 2 sem en oct. Env 15 €. Café offert sur présentation de ce guide.* Marie-Hélène et Yolande vous recevront avec gentillesse dans le cadre fleuri et reposant de leur établissement où domine le rose. À la carte, un large choix de crêpes au blé noir et de crêpes au froment, toutes cuites sous vos yeux et bien bonnes. Une petite adresse agréable, en plein centre.

La Pommeraie : *17, quai du Couvent. ☎ 02-97-25-60-09. • restaurant.lapommeraie@wanadoo.fr • Sur les quais. Tlj sf dim, le soir lun-mar et sam midi. Congés : 2 sem fin août et 1 sem fin déc. Formules 17,50-20 € déj en sem, 25 € le soir ; menus 36,50-49 € ; carte env 38 €.* Un petit resto qu'on dira cossu pour une cuisine qu'on qualifiera de soignée ! Belle carte des vins. Accueil très gentil. Petite terrasse sur l'arrière.

MORBIHAN

Où dormir ? Où manger ? Où boire un verre dans les environs ?

Merlin, Les pieds dans l'eau : *anse de Sordan, 56480* ***Saint-Aignan.*** *☎ 02-97-27-52-36. • info@restaurant-merlin.fr • restaurant-merlin.fr • Tlj de mi-mars à mi-nov. Double 65 € (dégressif dès la 2e nuit). Le midi en sem, formules 15,50-18,50 €.* Posé tout au bord du lac de Guerlédan, ce resto porte évidemment bien son nom ! Une carte courte mais éclectique, simple ou gourmande, à base de produits bio frais et locaux : charcuteries de Melrand, moules-frites (maison), salades, burgers, pizzas, pigeon, pêche du jour, glaces artisanales... Magnifique terrasse panoramique, face au lac, si le temps le permet (mais la salle – pour peu qu'on s'y place bien – est avec vue aussi). 3 jolies chambres à l'étage, avec une même ouverture sur le lac. Assez mal insonorisées, malheureusement. Accueil décontracté et chaleureux. Location de vélos, embarcations à pédales, canoës ou bateaux électriques.

À l'écart du resto, un petit ***camping*** : *mêmes coordonnées. Ouv de mi-mars à mi-oct. Forfait tente 13,30 €.* Confort simple, mais le lac est à deux pas.

Chambres d'hôtes La Maison Blanche aux Volets Bleus : *Blézouan, 56580* ***Crédin.*** *☎ 02-97-38-58-61. • info@lamaisonblancheauxvoletsbleus.com • lamaisonblancheauxvoletsbleus.com • À 17 km à l'est de Pontivy, par les D 764 et D 17. Congés : déc-fév. Compter 140-150 €/pers en ½ pens sur la base de 2 pers, avec copieux petit déj et dîner, boissons comprises. Apéritif maison offert sur présentation de ce guide.* Un véritable havre de paix à l'écart d'un petit hameau. « Bleu de toi », « Blanc des blancs », « Belle-îloise »..., les chambres sont mignonnes à croquer, certaines ouvertes sur le calme des campagnes. Les propriétaires sont littéralement passionnés par la gastronomie bretonne : ils organisent des ateliers de cuisine et éditent des livres de recettes (en néerlandais, langue natale de monsieur). L'occasion,

LA LOIRE-ATLANTIQUE

- Carte *p. 432-433*

ABC de la Loire-Atlantique

- ***Préfecture :*** Nantes (293 000 hab.), 6e ville de France.
- ***Sous-préfectures :*** Ancenis, Saint-Nazaire et Châteaubriant.
- ***Population :*** 1 313 000 hab.
- ***Superficie :*** 6 815 km2.
- ***Point culminant :*** 116 m, autour de Châteaubriant.
- ***Signes particuliers :*** 2 zones humides protégées, le lac de Grand-Lieu et la Brière (2e marais de France après la Camargue) ; Saint-Nazaire, 4e port maritime de France.

Étonnant département que cette Loire-Atlantique, bretonne géographiquement, historiquement aussi, mais tête de pont de la région Pays de la Loire ! Le nord du département est marqué du sceau breton, alors que le sud est attiré vers la Vendée. La Loire marque la limite entre ces deux cultures tout en les rapprochant, grâce à la quinzaine de ponts qui se succèdent d'Ancenis à Saint-Nazaire et aux bacs de Loire.
Cité des ducs de Bretagne, injustement rattachée par le gouvernement pétainiste aux Pays de la Loire et confirmée dans ce rôle lors de la réforme des régions en 2015, Nantes reste déchirée par sa double appartenance. C'est ce qui forge aussi sa fascinante personnalité.
C'est l'eau qui apaise tout ce petit monde, avec la Loire tout d'abord, ce dernier fleuve sauvage européen abreuvé de sa vingtaine d'affluents et qui s'étend sur 110 km dans le département. Le parc de la Brière ensuite, deuxième marais de France, puis le lac de Grand-Lieu, l'un des plus grands de l'Hexagone, les 2 000 ha de marais salants, et, bien entendu, l'océan, dont les côtes somptueuses, elles aussi sauvages, répondent aux noms de Jade, d'Amour ou Sauvage justement. Elles enchantent résidents et touristes sur plus de 130 km (dont près de 70 km de plages et 16 ports de plaisance). Jamais loin, vecteurs d'échanges et d'innovations, la Loire et l'Atlantique ont joué depuis le Moyen Âge un rôle complémentaire dans l'économie du département et de la région, avec notamment le tristement célèbre commerce triangulaire, mais aussi l'importation de produits exotiques ou, aujourd'hui, la construction navale à Saint-Nazaire et le fameux vignoble nantais, berceau des muscadets et des gros-plants.

UNE TERRE DE PLEIN AIR

Avec les nombreux ports, les marais salants à visiter, les 130 km de rivières navigables, pas de doute : l'eau imprègne le département, jusque dans son nom. Mais les évidemment, de s'installer à la table d'hôtes : produits du terroir et légumes du potager. Accueil à la hauteur. Piscine chauffée et spa.

Quénécan : *Guénault, Les Forges-des-Salles, 22570* ***Perret.*** *☎ 02-96-24-94-85 📱 06-19-60-55-10. • cabanes@lesforgesdessalles.fr • hebergement-quenecan.fr • Compter 105-150 € pour 2, petit déj compris (livré chaque matin). Possibilité de panier-repas.* Éparpillées au cœur de la forêt de Quénécan, 7 cabanes pouvant accueillir de 2 à 5 personnes : 3 dans les arbres et 2 sur pilotis, au bord de l'étang des Fourneaux (les forges sont toutes proches). Aménagées comme des petits nids douillets, ces cabanes ont un charme fou, mais le confort reste évidemment très rudimentaire (toilettes sèches, pas de douche, pas d'électricité... mais un poêle pour les frileux et les nuits fraîches). Pêche sur le lac.

MORBIHAN

À voir. À faire

Le château des Rohan : *attention, actuellement fermé pour rénovation.* Achevé en 1485 à la demande de Jean II de Rohan, le château domine le Blavet. La forteresse, entourée de larges et profonds fossés, est impressionnante avec ses deux énormes tours et ses hautes courtines (dont l'une s'est malheureusement récemment effondrée). C'est l'un des très beaux spécimens d'architecture militaire du XVe s.

La vieille ville et le quartier napoléonien : *l'office de tourisme organise des visites guidées en saison : 5 € ; réduc. Durée : env 1h30.* La vieille ville cache encore, enchevêtrées autour de la place du Martray, une poignée de rues (aujourd'hui piétonnes) bordées de maisons à pans de bois et de petits hôtels particuliers d'époque Renaissance. Noter les noms d'autrefois : rue du Fil (elle témoigne de l'industrie des toiles qui firent la fortune de la ville), place du Martray, rue du Pont, etc.

La basilique Notre-Dame-de-Joie : de style flamboyant, elle a subi de nombreux remaniements au cours des âges. Sur la porte, on devine les armes des Rohan : des losanges d'argent sur fond pourpre. Cette figure est une représentation stylisée des macles, des cristaux que l'on trouve sur les rives de l'étang des Salles, en forêt de Quénécan.

Fêtes et manifestations

– ***L'Art dans les chapelles :*** *début juil-fin août et 3 premiers w-e de sept, tlj sf mar 14h-19h. ☎ 02-97-51-97-21. • artchapelles.com • GRATUIT.* Insolite et magnifique festival associant art contemporain et patrimoine religieux. 25 lieux (chapelles et églises du secteur), 3 circuits et 15 artistes...
– Nombreuses fêtes et manifestations tout au long de l'année, consulter le site de l'office de tourisme pour plus d'infos.

DANS LES ENVIRONS DE PONTIVY

Le lac de Guerlédan : *en direction de Mûr-de-Bretagne. On peut en faire le tour complet (40 km) du 1er mars au 30 sept ; en dehors de cette période, il existe quelques restrictions d'accès.* Ce superbe lac tout en longueur offre toutes les nuances de vert dans la belle végétation qui l'entoure. C'est la plus importante retenue d'eau de Bretagne, créée pour alimenter le barrage et pour fournir la région en électricité. Seule la rive sud appartient au Morbihan. À l'anse de Sordan, possibilité de canoë, baignade, excursion sur le lac, bateau à pédales, ski nautique et bateau électrique (sans permis). Une petite base de loisirs super calme (camping, chambres et resto sur place ; voir plus haut « Où dormir ? Où manger dans les environs ? »).

Le musée de l'Électricité – Électrothèque de Guerlédan : *56480* ***Saint-Aignan.*** *☎ 02-97-27-51-39. Avr-mai, lun-sam 9h30-12h30, 14h-18h, juin-sept, tlj 9h30-13h, 14h-18h30. Visite libre ou guidée : 4,50 € ; réduc. Possibilité de balade guidée jusqu'au barrage et jusqu'à son belvédère. Atelier pour enfants mer en juil-août.* Modeste et sympathique musée consacré à l'histoire de la construction du barrage hydroélectrique de Guerlédan en particulier et à l'histoire de l'électricité en général (et à son utilisation dans les différents corps de métiers). Collection touchante et impressionnante de matériel et d'appareils électroménagers. Location sur place de vélos... électriques, bien sûr ! En passant, ne manquez pas de faire un petit tour à l'église afin d'admirer un magnifique arbre de Jessé sculpté.

MORBIHAN

La forêt de Quénécan : *à 15 km par Cléguérec.* C'est l'extrémité nord-est des Montagnes Noires. D'une superficie de 3 000 ha, elle culmine à 287 m, on l'appelle la petite Suisse bretonne. De belles balades, évidemment. La *Vélodyssée* passe au nord du lac de Guerlédan. Cette voie réservée aux vélos relie Roscoff à Hendaye (au Pays basque) en 1 400 km ; avis aux amateurs ! *• lavelodyssee.com •*

Les Forges des Salles : *56480* ***Sainte-Brigitte*** *(ou 22570* ***Perret****). ☎ 02-96-24-90-12 ou 94-85. • lesforgesdessalles.fr • Pâques-fin juin et sept, w-e et j. fériés 14h-18h ; juil-août, tlj 14h-18h30. Visite libre ou guidée : 6 € ; réduc.* Un site incroyable ! Tout à la fois bucolique, historique et industriel. Il s'agit d'un village sidérurgique datant des XVIIIe et XIXe s, niché dans un vallon au cœur de la forêt de Quénécan. L'eau, le bois et le minerai, toutes les conditions étaient réunies pour la fabrication du fer. Jusqu'à 300 personnes ont travaillé et vécu sur le site, par ailleurs remarquablement conservé et restauré : les maisons ouvrières, la chapelle, l'école, l'auberge, le logis du maître et bien évidemment la forge et le haut-fourneau. Pour l'anecdote, le bief qui traverse le domaine (et alimente la roue du moulin) marque la limite entre le Morbihan et les Côtes-d'Armor. Le hameau se situe donc à cheval sur les deux départements !

QUISTINIC [kistinid]

(56310) 1 340 hab. *Carte Morbihan, B2*

Dans ce village, c'est surtout la *chapelle de Locmaria* qui méritera votre attention, ne serait-ce qu'en raison de ses dimensions (32 x 6 m). Elle est flanquée d'une croix et d'une fontaine. L'importance du monument laisse deviner la notoriété du sanctuaire et probablement la richesse du pays jadis.
– Grand pardon le 15 août.

Où dormir dans le coin ?

Gîte et chambres d'hôtes Le Roseau : *4, pl. Saint-Mandé, 56240* ***Lanvaudan.*** *☎ 02-97-33-33-04. 06-68-90-34-89. • patrick.lecaloch@wanadoo.fr • le-roseau.com • À 6 km à l'est de Plouay, 7 km au nord d'Inzinzac. Compter env 40 € pour 2 en chambre ; 18 €/pers en dortoir, 24 € avec petit déj, draps et serviette de toilette. Table d'hôtes sur résa 25 €. CB refusées.* Une grande et superbe chaumière qui peut accueillir jusqu'à 20 personnes, en chambres de 2 à 7 personnes. En saison, le sympathique proprio loue en principe la maison à la semaine pour de petits groupes ; également le week-end toute l'année. Sinon, il accueille volontiers des randonneurs, cavaliers ou vététistes. Piscine.

À voir dans les proches environs

Le village de Poul-Fetan : *☎ 02-97-39-51-74. • poulfetan.com • À 5 km de Quistinic ; bien indiqué. Avr-mai, tlj 14h-18h30 ; juin et sept, 11h-18h30 (visite guidée à 11h, contée à 13h15 ; animations 14h-18h30) ; juil-août, 10h30-19h (visites contées à 11h et 13h15 ; visite guidée à 12h15 et animations 14h-19h). Fermé oct-mars. Entrée : 10,80 € ; réduc ; gratuit moins de 6 ans. Compter de 2h à 5h de visite.* Irréductible village gaulois ! Venir jusqu'à Poul-Fetan se mérite… et ça en vaut bien la peine ! Peu à peu apparaissent les toits de chaume, leurs cheminées sculptées, puis les façades si bien proportionnées. Enfin, vous découvrez une douzaine de chaumières en parfait état. Le personnel est en costume, et c'est un voyage au XIXe s qui s'offre à vous. Vous assistez à la battue du beurre, au filage et tissage de la laine, au nourrissage des animaux, etc. Des artisans (potier, boulanger, aubergiste…) fabriquent et vendent leurs produits sur place. Sans oublier 17 jeux traditionnels, tels que le birinic ou le lever d'essieu pour s'amuser en famille.

Resto sur place.

BAUD [Baod]

(56150) 6 000 hab. *Carte Morbihan, B2*

Cette petite ville, qui tiendrait son étymologie du nom de famille germanique Bald (« audacieux »), transformé en Baot (« hardi » en breton), puis en Baut (« vif, joyeux ») en vieux français, ne recèle pas de trésor, hormis sa *Vénus de Quinipily,* à laquelle Flaubert trouva « une sensualité à la fois barbare et raffinée ». Toute une légende a été colportée autour de cette statue, qui n'a pourtant rien d'érotique… enfin, chacun ses goûts. À voir surtout : les alentours.

LA FORÊT DE CAMORS

Ses 570 ha font partie de ce massif forestier qui couronne les maigres reliefs morbihannais en prolongeant les Montagnes Noires finistériennes. Les forêts domaniales de Camors, Florange et Lanvaux s'alignent d'ouest en est, à environ 150 m d'altitude, pour marquer le début de l'Argoat. Ce massif forestier fut pendant des siècles une pépinière de bûcherons, de charpentiers, de charbonniers, de sabotiers et autres scieurs de long.

La tradition populaire a véhiculé la légende de ces hommes rudes et dont la mentalité était fondamentalement différente de celle des paysans. L'expression « homme des bois » leur a longtemps collé à la peau. Vous n'en verrez plus aujourd'hui… la tronçonneuse a tout transformé.

Adresses utiles

Office de tourisme de Baud Communauté : *accueil principal, promenade des Estivants, 56930* ***Saint-Nicolas-des-Eaux.*** *☎ 02-97-08-04-07. • tourisme-baud-communaute.fr • Avr-oct slt, lun-sam 10h-13h, 14h-18h, plus dim mat en juil-août.* ***Point I*** *au Quatro, 3 av Jean Moulin, à Baud. Dans le hall* *d'accueil du Quatro. Ouv slt en juil-août, lun 14h-18h, mar-ven 10h-13h, 14h-18h et sam mat.*

■ ***Base nautique :*** *à* ***Pont-Augan.*** *☎ 02-97-51-10-83.* • *baudcanoe.com* • Location de vélos et de canoës.

À voir

Le carton voyageur, cartes postales & Bretagne d'autrefois : *3, av. Jean-Moulin. ☎ 02-97-51-15-14.* • *cartolis.org* • *Juin-sept, lun-sam 13h-18h, hors saison mar-dim, 14h-18h. 1er jeu du mois à 19h, « un objet sort de la vitrine » ; 2e mer à 15h, « grand jeu de l'oie en famille » ; 3e dim à 15h, « découvrez le musée autrement » à 14h30. Entrée : 5 €, réduc ; gratuit moins de 8 ans. Compter 1h30 de visite libre. Livret-jeu gratuit pour les enfants.* Tout nouvel espace pour ce lieu original entre le musée et le centre d'archives. Toutes les facettes de la carte postale grâce à une immense collection de près de 80 000 unités. Mise en scène intelligente. De l'âge d'or de la carte postale au début du XXe s au coin multimédia, en passant par la Bretagne traditionnelle, bon voyage !

MORBIHAN

DANS LES ENVIRONS DE BAUD

La Vénus de Quinipily et ses jardins : *56150* ***Quinipily.*** *☎ 02-97-39-04-94. À 1,8 km de Baud par la D 724. Mai-oct, tlj 10h-19h ; nov-avr, 11h-17h. Fermé janv-fév. Tarif : 3 € ; gratuit moins de 12 ans.* Jardins romantiques en terrasses créés pour mettre en valeur la *Vénus* (statue classée Monument historique). Rhododendrons, camélias, hortensias...

Au Sabot Camorien : *route d'Auray, à* ***Camors*** *(53300). ☎ 02-97-39-28-64. À 4 km au sud de Baud ; à la sortie du bourg en direction de Pluvigner. Visite libre tte l'année 9h-12h, 14h-19h. Fermé dim, plus lun hors saison. Congés : fév. GRATUIT. Démonstration jeu à 18h en juil-août (mais si vous passez en dehors de cette période et que Claude a le temps, il vous fera certainement une minivisite).* Derrière cette devanture de magasin d'objets en bois se cache l'un des trois derniers sabotiers de Bretagne... Ils étaient près de 80 au village dans l'entre-deux-guerres. Aujourd'hui, le passionné et passionnant Claude n'a plus qu'un employé pour fabriquer les sabots, à la fois décoratifs et très confortables quand on prend le temps de les essayer. Solides (garantis 2 ans pour une durée de vie d'au moins 10), ils tiennent le pied au chaud et n'empêchent pas de marcher correctement, comme on le laisse toujours sous-entendre. Dans l'atelier, ça coupe, ça ponce, ça lime... et que du bois (hêtre) en provenance de la région. Nous, on est pour la réhabilitation du sabot ! Alors on soutient Claude et sa femme, Sylvie, cordonnière.

Les jardins de Kéroguic : *56150* ***Kéroguic.*** *06-37-62-75-84. À 4,5 km au sud de Baud. Ouv dim 14h-18h30 du dernier dim de mai au 2e dim de juil, et jeu-ven juin-12 août. Tarif : 4 € ; gratuit moins de 14 ans.* Situés à proximité de la vallée du Blavet et de la forêt de Camors, 500 rosiers de 120 variétés différentes et un espace aquatique avec nénuphars.

Le domaine de Kerguéhennec : *56500* ***Bignan.*** *☎ 02-97-60-31-84.* • *kerguehennec.fr* • *À 21 km à l'est de Baud par la N 24. Bien signalé depuis Bignan. On se gare à l'extérieur et on remonte sur 300 m à travers le parc l'allée qui mène au château. De fin juin au 3e w-e de sept, tlj 11h-13h, 14h-19h ; le reste de l'année, mer-sam 14h-18h, dim 11h-13h et 14h-18h. Visite guidée tlj sf sam l'été, slt dim 15h le reste de l'année. Fermeture du domaine (sf parc) : 6 nov-5 déc. Parc des sculptures ouv tlj 8h-21h. GRATUIT. Programme d'activités tte l'année avec ateliers pour enfants, conférences, spectacles, visites thématiques, rendez-vous nature dans le parc...*

Le parc de 45 ha constitue un arboretum de qualité avec ses arbres remarquables, à la promenade bien apaisante. Une trentaine de sculptures monumentales y sont exposées (de nouvelles sont régulièrement installées), commande de l'État, du FRAC Bretagne et du département du Morbihan à des artistes de renom international. Un petit air de famille avec la Fondation Cartier, en plus attachant, et dans une vraie belle campagne.
Un centre d'art contemporain occupe les écuries, l'orangerie et le premier étage du château (surnommé « Le petit Versailles breton » !), où sont présentées des expositions renouvelées régulièrement. Une exposition permanente est consacrée à la *collection Tal Coat,* dans l'orangerie. Le domaine accueille également des artistes en résidence.
Kerguéhennec a été bâti par des banquiers suisses à l'époque de la splendeur de la Compagnie des Indes par l'architecte Olivier Delourme ; le parc à l'anglaise a été dessiné en 1872 par Denis Bühler, à qui l'on doit le parc de la Tête-d'Or à Lyon. Le domaine appartient depuis 1972 au conseil départemental.
Crêperie sur place : *tlj en été ; hors saison dim 12h-18h.*

Fête

– ***Fête des Vieux Métiers :*** *à **Kéroguic,** le 15 août.* Une grande fête est organisée pour faire revivre et se souvenir de la vie à la campagne autrefois. Nombreux et intéressants corps de métiers. Ça finit par un fest-noz !

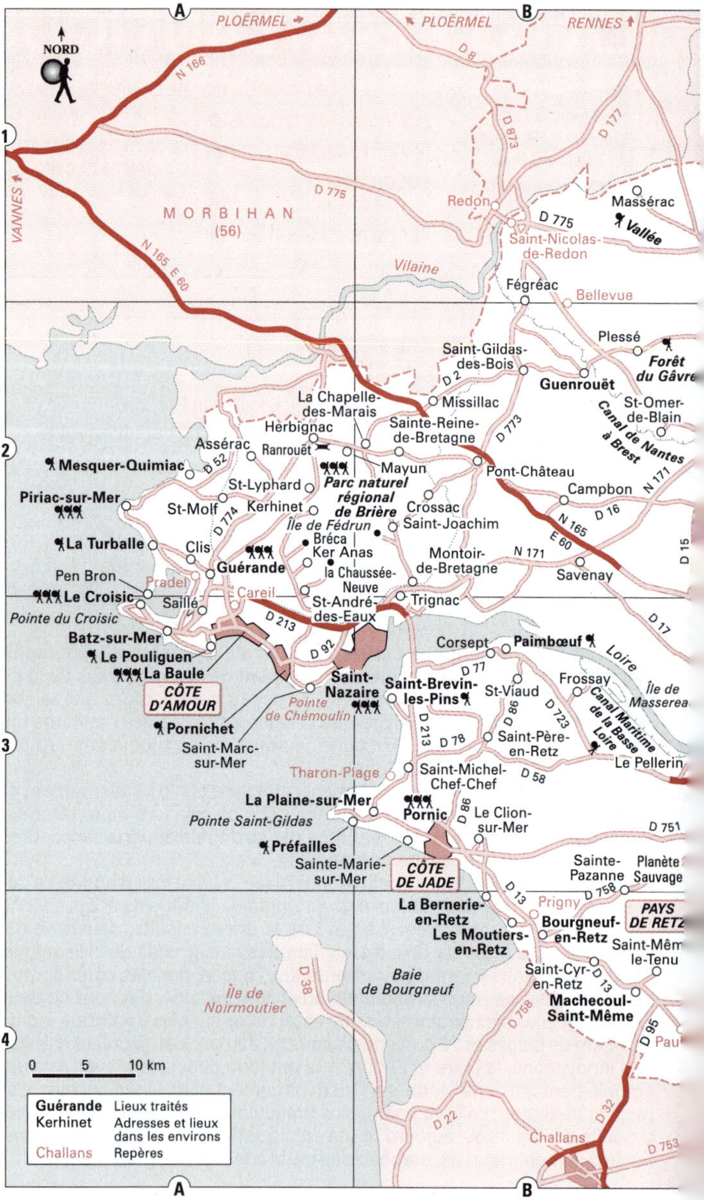

NORD
A
B
1
2
3
4
PLOËRMEL
RENNES
VANNES
MORBIHAN
(56)
N 166
N 165 E 60
D 775
D 8
D 873
D 177
Vilaine
Redon
Saint-Nicolas-de-Redon
Massérac
Vallée
Fégréac
Bellevue
Plessé
Saint-Gildas-des-Bois
Guenrouët
St-Omer-de-Blain
Canal de Nantes à Brest
D 2
Missillac
La Chapelle-des-Marais
Herbignac
Sainte-Reine-de-Bretagne
D 773
Asserac
Ranrouët
Mayun
Pont-Château
Mesquer-Quimiac
D 52
St-Lyphard
Parc naturel régional de Brière
Campbon
N 171
Piriac-sur-Mer
St-Molf
D 774
Kerhinet
Crossac
Saint-Joachim
D 16
Île de Fédrun
N 165
E 60
La Turballe
Clis
Bréca
Ker Anas
Montoir-de-Bretagne
N 171
D 15
Guérande
la Chaussée-Neuve
Savenay
Pen Bron
Pradel
Le Croisic
Saillé
Careil
St-André-des-Eaux
Trignac
Pointe du Croisic
D 213
D 17
Batz-sur-Mer
D 92
Corsept
Paimbœuf
Loire
Le Pouliguen
La Baule
Saint-Nazaire
D 77
Saint-Brevin-les-Pins
St-Viaud
Frossay
Île de Masserea
CÔTE D'AMOUR
Pointe de Chémoulin
D 86
D 723
Canal Maritime de la Basse Loire
Pornichet
D 213
D 78
Saint-Père-en-Retz
Saint-Marc-sur-Mer
Tharon-Plage
Saint-Michel-Chef-Chef
D 58
Le Pellerin
La Plaine-sur-Mer
Pornic
D 86
Le Clion-sur-Mer
Pointe Saint-Gildas
D 751
Préfailles
Sainte-Marie-sur-Mer
CÔTE DE JADE
Sainte-Pazanne
Planète Sauvage
D 13
D 758
Prigny
La Bernerie-en-Retz
Bourgneuf-en-Retz
Les Moutiers-en-Retz
Saint-Cyr-en-Retz
D 13
Machecoul-Saint-Même
Baie de Bourgneuf
Île de Noirmoutier
D 38
D 758
D 95
0
5
10 km
D 22
D 32
Challans
D 753
Guérande Lieux traités
Kerhinet Adresses et lieux dans les environs
Challans Repères

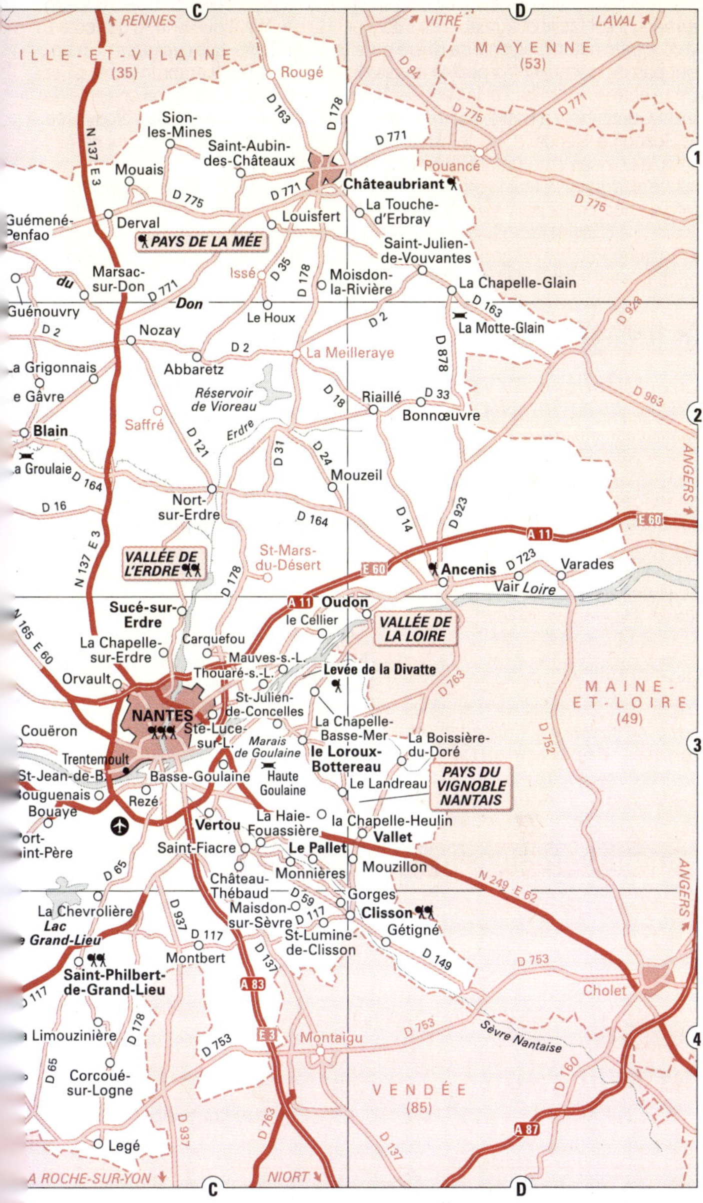

LA LOIRE-ATLANTIQUE

marcheurs ou amateurs de petite reine ne seront pas en reste. Avec plus de ***5 300 km de sentiers,*** il est facile et agréable de sillonner la Loire-Atlantique le long des côtes, à travers le parc naturel régional de Brière ou la forêt du Gâvre. Les ***cyclistes*** ne manqueront pas de découvrir les petites routes du département en empruntant la piste ***Vélocéan*** entre le Morbihan et la Vendée (160 km par la côte). Une façon originale de découvrir Guérande, La Baule, Saint-Nazaire, Pornic... Autre itinéraire, la ***Vélodyssée*** qui lie Roscoff à Hendaye, via le canal de Nantes à Brest. Enfin, pourquoi ne pas remonter la Loire en empruntant l'itinéraire « ***La Loire à Vélo*** » ?
Et pour ceux qui ont la main verte ou pour les amoureux des fleurs, le département est doté de nombreux ***parcs et jardins.*** De Nantes (jardin des Plantes, parc de la Beaujoire...) à Clisson (domaine de la Garenne-Lemot), de Pornic (jardin de Retz) à Saint-Nazaire (Parc paysager) ou Le Croisic (parc Penn-Avel), prenez votre temps et « butinez » les jardins de Loire-Atlantique.

Adresses utiles

Loire-Atlantique Développement : *☎ 02-40-20-2044. • tourisme@loireatlantique-developpement.fr • tourisme-loireatlantique.com • Accueil tél lun-ven 9h-17h.* Multiservices et bien documentée, une source d'inspiration pour vos vacances en Loire-Atlantique. Infos par tél et via le site.

■ ***Relais départemental des Gîtes de France :*** *9, rue Alessandro-Volta, bât. F6, 44481* ***Carquefou*** *Cedex. ☎ 02-51-72-95-65. • info@gites-de-France-44.fr • gites-bretagne-sud.fr • Accueil téléphonique tlj 9h-21h.* Gère plusieurs centaines de gîtes et chambres sur le département.

■ ***Comité départemental de randonnée pédestre :*** *19, av. du Clos-du-Cens, 44300* ***Nantes.*** *☎ 02-51-83-17-86. • loire-atlantique.ffrandonnee.fr •* Propose des conseils et des sorties de randonnées dans tout le département. Topoguides en vente.

■ ***Agence Culturelle Bretonne Morvan-Lebesque (ACB 44) :*** *24, quai de la Fosse (dans la médiathèque Jacques-Demy), 44000* ***Nantes.*** *☎ 02-51-84-16-07. • acb44.com • (agenda culturel). Ⓣ Médiathèque (ligne 1).* Sa principale mission est d'informer le public sur tout ce qui touche de près ou de loin à la culture bretonne, et d'entretenir le lien entre les différents acteurs de cette culture. C'est la vitrine des dizaines d'associations bretonnes et celtiques du département. Espace de vente.

Comment circuler en transports en commun ?

Bus réseau Lila : *☎ 0800-880-893 (nº Vert). Horaires sur • cg44.fr •* Penser à la ligne tram-train Nantes-Châteaubriant (possibilité de voyager avec son vélo).

SNCF et TER : *☎ 36-35 (0,34 € TTC/mn).*

NANTES [naoned]

(44000) 293 000 hab. *Carte Loire-Atlantique, C3*

• Pour les plans de Nantes, se reporter au plan détachable en fin de guide.

« **Nantes est peut-être la seule ville de France, avec Paris, où j'ai l'impression que peut m'arriver quelque chose qui en vaut la peine.** »
André Breton.

« Ni tout à fait terrienne, ni tout à fait maritime. Ni chair, ni poisson, juste ce qu'il faut pour faire une sirène. » Complétons ces mots de Julien Gracq en disant qu'elle n'est ni tout à fait bretonne ni tout à fait ligérienne. Mais aïe !... laissons là les tiraillements identitaires, Nantes est une sirène souriante, dont le charme agit en profondeur.
Fier port estuarien au milieu des terres, Nantes a un gros avantage : elle n'est pas loin de l'océan. Et un gros inconvénient : elle est trop loin de l'océan. Pourtant, elle n'a jamais autant séduit ! Ses atouts, elle les a tricotés toute seule, grâce à des choix audacieux. Sans avoir peur d'un passé qu'elle regarde avec lucidité (voir le Mémorial de l'abolition de l'esclavage), aujourd'hui sa vision porte loin, vers un futur qu'elle saisit à bras-le-corps.
Quelques reliefs du Moyen Âge, un château de toute beauté qui fait le point sur son histoire, un quartier XVIIIe s d'une grande cohérence, un secteur piétonnier important et sans cesse élargi, un maillage de transports hors du commun, la reconquête de l'île Feydeau, l'incroyable réhabilitation de l'île de Nantes... La ville est parvenue avec habileté à renouer le fil des siècles, en le liant par d'immenses espaces verts où les étudiants aiment à se bécoter.
Le grand fleuve indomptable, à qui l'on a coupé des bras, est plus que jamais présent. Redevenu le corps central d'un papillon qui a retrouvé sa deuxième aile (la rive gauche), pour mieux prendre son envol.
Oui, Nantes a de quoi séduire. Pas seulement grâce à ses habits tout neufs, mais aussi à l'esprit d'aventure qui souffle dans ses voiles, avec comme partie émergée de l'iceberg son dynamisme culturel *(Lieu Unique, Machines de l'île, Folle Journée, Le Voyage à Nantes...).* Totalement décomplexée, elle a retrouvé le goût du risque, le grain de folie et la naïveté qui brillaient dans l'œil du petit Jules (Verne) quand il descendait fièrement la Loire jusqu'à l'estuaire sur un frêle esquif. La bourgeoise cité des ducs de Bretagne est une vraie boîte à idées, toujours en quête de nouvelles manières de conjuguer le « vivre ensemble ». Pas étonnant qu'elle connaisse l'une des plus fortes croissances des métropoles de France.

NANTES DANS L'HISTOIRE

Sous les Romains, ***Condevincum,*** où vivent les Namnètes, d'où le nom de Nantes, est déjà un centre actif qui bénéficie de sa situation au confluent de l'Erdre et de la Loire. Après avoir subi les invasions saxonnes au Ve s, la ville se réorganise au VIe s. ***Nominoë*** devient roi des Bretons en 842. Mais Nantes est envahie ensuite par les Normands. Le duché de Bretagne est reconstitué en 936 par ***Alain Barbe-Torte.*** À sa mort, Pierre de Dreux, dit « Mauclerc », nommé duc de Bretagne par Philippe Auguste, fait de Nantes sa capitale et fortifie la ville. Après les péripéties des guerres de Succession, le duché devient puissant sous la houlette des Montfort, vainqueurs du conflit. Une université est créée en 1460.
Lorsque Louis XI décide d'annexer la Bretagne à la couronne de France, il se heurte à la résistance du duc François II. La défaite de l'armée bretonne en 1488 porte un coup fatal à l'indépendance de la Bretagne. En épousant Charles VIII, puis Louis XII, ***Anne de Bretagne*** rapproche la Bretagne de la France mais lui conserve son autonomie. Ce n'est qu'avec sa fille Claude que la Bretagne est définitivement rattachée à la France, en 1532, Anne n'ayant pas eu d'héritier mâle.
Au cours des guerres de Religion, Nantes est peu touchée par le calvinisme. Au contraire, les Nantais suivent le gouverneur de la Bretagne, Mercœur, du côté des ligueurs. Henri IV obtient la soumission de Mercœur et vient lui-même signer l'***édit de Nantes en 1598,*** qui mettra fin aux guerres de Religion.

Nantes et la traite des Noirs

Du XVIIe au XIXe s, Nantes profite du commerce du « bois d'ébène » (la traite des Noirs) et devient le premier port de France. Les hôtels de style Louis XV et Louis XVI sont les témoins de cette période prospère, voire fastueuse. Honteusement.

Pour l'historien Michelet, les corsaires ont fait la fortune de Saint-Malo... et les négriers celle de Nantes ! Nantes organisa plus de 40 % des expéditions négrières françaises, et ses navires déportèrent environ 450 000 captifs noirs vers les colonies d'Amérique. Pour mieux comprendre comment fonctionnait ce « système », suivons l'un des navires qui effectuaient ce commerce triangulaire. Le bateau est chargé à Paimbœuf, car les bâtiments, ayant un trop fort tirant d'eau, ne pouvaient accéder à Nantes. Les marchandises consistent en des produits de fabrication française : toiles imprimées, armes, alcool auxquels s'ajoute la pacotille (bijoux, verroterie, miroir...) offerte pour entamer les négociations. Deux mois plus tard, le vaisseau arrive en Afrique. Après moult tractations, on embarque des esclaves enchaînés. L'ouvrage *Le Parfait Négociant* propose, pour la « conservation des nègres », d'« embarquer quelque personne qui sût jouer de la musette, de la vielle, violon ou de quelque autre instrument pour les faire danser et tenir gais, le long du chemin ».

Au XVIIIe s, plusieurs centaines de milliers de captifs sont ainsi transférés pour exploiter les terres du Nouveau Monde. C'est d'abord la Martinique qui reçoit le plus d'esclaves. Après 1735, Saint-Domingue la supplante. À l'arrivée, les captifs sont vendus pour ensuite travailler dans les plantations ou comme domestiques.

Après la vente aux Antilles, le navire retourne en France, chargé de sucre brut, de café, d'indigo, de coton, de tabac, de bois. Plus des plantes qui deviendront mention obligatoire sous Louis XV afin d'acclimater de nouvelles variétés botaniques dans le royaume de France. De 1715 à 1775, on enregistre 787 retours de navires négriers, soit la moitié de la traite française. Effroyable période, rappelée par l'émouvant Mémorial de l'abolition de l'esclavage, inauguré en 2012.

Mais la véritable fortune de Nantes se fait surtout avec le commerce des matières premières. On traite le sucre à Nantes : de cette époque datent les grandes raffineries nantaises. Le coton également est travaillé à Nantes, et le financier Graslin crée la première manufacture d'indiennes (cotonnades imprimées) de la ville. Les indiennes réalisées prennent ensuite le chemin de l'Afrique. Les ambitions de la bourgeoisie nantaise croissent avec sa richesse. Les armateurs se font élire aux états de Bretagne, ce qui ne va pas sans quelques aigreurs. Le commerce nantais souffre par ailleurs de la contrainte des barrières douanières... Tout cela explique pourquoi la bourgeoisie de la ville accueille favorablement la Révolution.

UN COMMERCE JUTEUX

Aux XVIIe et XVIIIe s, tout comme Bordeaux, Nantes réalise son commerce en droite ligne vers les Antilles. Tout comme à Bordeaux, les cales de ses bateaux partent chargées de vin et reviennent des colonies avec des matières premières telles que sucre, cacao, café. Mais face à la demande croissante des colonies, Nantes a du mal à suivre. Son vin, de plus, est, à l'époque, de médiocre qualité. Nantes doit se renouveler. Les esclaves remplaceront le vin. L'odieux commerce triangulaire était né !

Les troubles de la Révolution

Si, avec la Révolution, Nantes devient le chef-lieu de la Loire-Inférieure, elle n'en connaît pas moins une période bien troublée.

- ***L'attaque de Nantes :*** en 1793, les deux armées royales de Charette et de Cathelineau attaquent la ville. La résistance est vive, et Cathelineau est tué place Viarme.
- ***Les noyades de Carrier :*** en octobre 1793, chassé par le maire de Rennes, Carrier est envoyé par la Convention à Nantes pour « purger le corps politique de toutes les mauvaises humeurs qui y circulent ». La Terreur se développe avec les délations des dames négrières enrichies, jalouses des aristocrates. Jugeant la guillotine insuffisante pour tuer les suspects et les prisonniers, Carrier fait embarquer une centaine de condamnés sur une embarcation qui est ensuite sabordée au milieu de la Loire. Et il recommence l'opération maintes fois. En tout, il fait

guillotiner, fusiller et noyer jusqu'à 13 000 personnes selon les royalistes (2 000 selon les républicains !). À la suite des plaintes des Nantais, Carrier sera jugé puis exécuté sur ordre de Robespierre.
- ***La mort de Charette :*** après le débarquement raté des émigrés à Quiberon, Charette reprend les armes. Il est capturé et fusillé place Viarme le 29 mars 1796.

Le XIXe s : Nantes, ville industrielle

Le blocus continental, l'abolition de la traite des Noirs, décidée par la Révolution mais vraiment effective en 1848 (ce qui n'empêchera pas les Nantais de fabriquer pour les autres pays des navires négriers pendant encore plusieurs dizaines d'années !), l'invention de la fabrication du sucre à partir de la betterave, l'essor du chemin de fer et l'ensablement de la Loire constituent de sérieux handicaps à la croissance économique de la ville.

MÉMOIRES D'OUTRE-TOMBE

Dans ses célèbres écrits intimes, Chateaubriand évoque son père. Aristocrate appauvri, despotique et taciturne, il s'enrichit grâce à l'esclavage. D'abord capitaine, il devint négrier entre Nantes et Saint-Domingue. Cet enrichissement nauséabond lui permit d'acheter le château de Combourg. Le fils traîna sa mélancolie en se réfugiant dans les livres.

Nantes opère pourtant sa reconversion dans les ***conserveries,*** les ***biscuiteries*** (Biscuiterie nantaise et Lefèvre-Utile, BN et LU pour les intimes) et la ***métallurgie.*** En 1856, un avant-port est créé à Saint-Nazaire.
Et les dragages de la Loire, à la fin du XIXe s, redonnent un nouvel élan au commerce maritime. En 1914, Nantes accueille encore les grands cap-horniers, déjà concurrencés par les vapeurs transatlantiques armés à Saint-Nazaire.

Au cours du XXe s

De ***grands travaux*** bouleversent le visage de Nantes : les îles Feydeau et Gloriette sont rattachées à la rive droite par le comblement des anciens bras de la Loire. L'Erdre est détournée dans un tunnel. La ***culture des légumes*** sur les terres humides (marais) des bords de Loire se développe alors. Les maraîchers qui cultivent carottes, navets, poireaux, mâche, etc. se partagent les bonnes terres avec les ***fleuristes*** (85 % du muguet vendu le 1er mai vient de Nantes) et avec les ***vignerons*** du muscadet. Pas étonnant que Nantes accueille le deuxième plus grand MIN (marché d'intérêt national) de France après Rungis.
Pendant la Seconde Guerre mondiale, Nantes n'échappe pas aux bombardements (des Alliés) en septembre 1943, qui coûteront la vie à des milliers de personnes et détruiront partiellement le centre, et plus particulièrement le magnifique magasin *Decré,* œuvre Art déco de l'architecte Sauvage (auteur de *La Samaritaine* à Paris). Le ***cours des Cinquante-Otages*** doit son nom à la répression qui suivra l'exécution, le 20 octobre 1941, du colonel Hotz, commandant allemand. Les Allemands annoncent que 50 otages seront abattus si les coupables ne se livrent pas. Deux jours plus tard, 48 personnes sont fusillées en représailles, dont 27 sont des internés du camp de Châteaubriant. Parmi eux, Guy Môquet, qui laisse une lettre émouvante à ses parents, Charles Michels, député communiste du 15e arrondissement de Paris, et Jean-Pierre Timbaud, secrétaire de la Fédération des métaux CGT en région parisienne. Cet événement marque le véritable début de la Résistance.
Le général de Gaulle fera de Nantes une des cinq villes « Compagnon de la Libération ».

Nantes aujourd'hui

Nantes s'affiche comme la 3e des grandes métropoles de France par sa croissance démographique. Grâce à une riche vie universitaire, à une bonne desserte en transports et à une industrie diversifiée (BN, Beghin-Say, l'Aérospatiale...),

Nantes s'impose comme le premier pôle économique du Grand Ouest. Le taux de croissance de l'économie nantaise est deux fois supérieur à celui de la moyenne française, le développement du secteur tertiaire étant spectaculaire, favorisé par les décentralisations (INSEE, SNCF, ministère des Affaires étrangères, etc.).
En même temps, la volonté d'alliance entre Nantes et Saint-Nazaire s'affirme de plus en plus pour le développement d'une métropole européenne. Aujourd'hui, le grand port maritime de Nantes – Saint-Nazaire est le quatrième port français (pétrole, gaz, charbon, tourteaux, céréales, bois) et possède la première raffinerie de France. À partir de 2007, un pont artistique a été établi grâce à l'événement *Estuaire,* un musée à ciel ouvert constitué d'œuvres contemporaines le long de la Loire, à découvrir sur les 60 km d'estuaire reliant Nantes à Saint-Nazaire *(• estuaire.info •).*
Constamment en travaux (pour la bonne cause !), Nantes est pourtant fréquemment plébiscitée dans les sondages pour sa qualité de vie (la ville a été élue Capitale verte européenne en 2013).

Adresses et infos utiles

Informations touristiques

Nantes Tourisme *(centre détachable E3,* **1***) : 9, rue des États. Consulter également la centrale de résas de Nantes Tourisme, ☎ 0892-464-044 (0,35 €/mn + prix d'appel). • nantes-tourisme.com • Tlj : sept-juin, 10h-18h (17h dim et j. fériés) ; juil-août, 9h-19h.* Sur place ou en ligne : hébergements, séjours week-ends à thème, *Pass Nantes,* visites guidées, billetterie...
– ***Circuits et visites guidées :*** Nantes Tourisme propose toutes sortes d'idées de balades dans Nantes, avec audioguide ou en visite guidée (« Promenade nantaise », « Stade de la Beaujoire », « Cours secrètes et passages couverts », « Nantes médiévale, visite sensorielle », « Raconte-moi Nantes »...) et des découvertes autour de quartiers, lieux ou moments insolites. De 3 visites par semaine à 3 visites par jour selon la saison, voire en nocturne (« Estuaire by night »). Également des excursions en bateau sur l'Erdre avec les *Bateaux Nantais* ou sur la Loire avec *Marine et Loire.*
– ***Pass Nantes :*** en vente à Nantes Tourisme, sur son site et dans certains hôtels. Sésame magique ! Forfaits de 24, 48 ou 72h (respectivement à 25, 35 et 45 €). Tarif réduit pour les 4-18 ans, les étudiants de moins de 26 ans et *pass Famille* (2 adultes et 2 enfants), tous très attractifs ! Offre un accès illimité à la Galerie des Machines ou au Carrousel des mondes marins, à tous les musées, sites touristiques, promenades fluviales sur l'Erdre et sur la Loire, visites guidées, au petit train de Nantes, à l'ensemble du réseau de transport, sans compter des réductions diverses et variées. Donne de plus accès à des sites en dehors de Nantes comme le château de Clisson, Escal'Atlantic à Saint-Nazaire...
– ***Bon plan :*** remise de 10 % sur le tarif plein pour toute réservation sur *• nantes-tourisme.com •* ou au *☎ 0892-464-044 (0,35 €/mn, prix d'appel).*

Transports

Espace Transport TAN *(Transport de l'agglomération nantaise) : ☎ 02-40-444-444 (n° Azur). • tan.fr • Ticket à l'unité : 1,60 € (valable 1h).* Pour toutes infos et achats, se rendre à l'***Espace Mobilité Commerce*** *(centre détachable E3) : 2, allée Brancas. Lun-sam.* Gère le réseau de bus, tram (lignes 1, 2 et 3, plus le *busway* ligne 4), Navibus (navette fluviale) et TER sur Nantes, la métropole, le département et même plus loin. S'occupe également du service *Bicloo* (voir plus loin). Les cyclistes peuvent prendre le tramway tous les jours avant 7h ou après 19h, mais aussi le dimanche, les jours fériés et pendant les 2 mois d'été.
Taxis : Allo Taxis, *☎ 02-40-69-22-22.*
Location de voitures : *quelques*

loueurs dans le quartier de la gare, comme **Hertz,** ☎ 02-40-35-78-00 (également à l'aéroport, ☎ 02-40-84-81-03) ; **Ada,** ☎ 02-53-39-73-20 ; **Europcar Auto 44,** ☎ 02-40-47-19-38.

Navibus : • tan.fr • 2 liaisons bateau – l'une permet de traverser la Loire et de rejoindre Trentemoult. Départ à la gare maritime, station de tramway ligne 1 « Gare-Maritime » *(plan détachable B-C4). Navette ttes les 10-20 mn env, jusqu'à 0h10 ven-sam en été.* Génial pour aller déjeuner et revenir dans la journée. L'autre permet de traverser l'Erdre du campus universitaire au quartier de Port-Boyer, au nord de Nantes.

Parkings : si vous venez en voiture, on vous conseille de stationner dans les parkings Relais (P + R), situés à l'extérieur de la ville, à environ 5-10 km du centre (gratuits). Liste et carte à Nantes Tourisme ou sur Internet. Tous ces parkings sont reliés au centre par tram, Busway ou bus (passage toutes les 10-20 mn maximum). Dans le centre, on conseille le parking de la Cathédrale.

Location de vélos

Même s'il y a encore peu de véritables pistes cyclables, on compte pas moins de 485 km de « continuité cyclable » dans Nantes Métropole. Au cœur de la ville, ce n'est pas toujours très pratique, mais c'est toujours mieux que la voiture ! Avec • geovelo.nantesmetropole.fr •, calculez vos itinéraire et temps de parcours.

■ ***Bicloo de Nantes :*** ☎ 01-30-79-33-44. • bicloo.nantesmetropole.fr • On compte une centaine de stations de vélos dans le centre-ville et autour. Conseillé à partir de 2 jours (trop de démarches pour une seule journée !). *L'abonnement de base est de 1 € (1 j.), 5 € (7 j.) ou 29 € (1 an). 30 mn gratuit, puis tarif progressif de loc.* Excellente carte, disponible à Nantes Tourisme.

■ ***Détours de Loire*** *(centre détachable E3, **5**) : gare routière, quai Baco – allée de la Maison-Rouge.* ☎ 02-40-48-75-37. • locationdevelos.com • *Avr-oct, sur résa dim en avr et oct. Compter 10 € la ½ journée, 15 € la journée ; dégressif.* Le meilleur loueur de vélos de toutes sortes et d'accessoires (charrette pour enfant, remorque à bagages...) en ville. Propose des circuits avec rendu du vélo sur d'autres sites, le long de la Loire ou le long du canal de Nantes à Brest. Vraiment pratique pour quelques heures ou pour un périple dans la région.

■ ***L'Îlot Familles :*** *île de Nantes, Parc des Chantiers.* 📱 07-60-22-74-81. • ilot-familles.com • Des cycles pour toutes les familles et toutes les situations.

■ S'adresser également à ***NGE,*** ☎ 02-51-84-95-79. • velos-nantes.fr •

Marchés

– ***Le marché de Talensac*** *(plan détachable D-E2) : rue de Talensac. Sous les halles (qui datent de 1934) et autour. Tlj sf lun, 7h-13h.* Le « grand » marché de Nantes : bouchers, poissonniers, mais aussi traiteurs exotiques ; fromagerie *Beillevaire* (adresse historique en ville) ; de nombreux maraîchers du coin ; *La Petite Boulangerie* de Franck Desperier, meilleur ouvrier de France, ou encore le chocolatier Vincent Guerlais, « agitateur de papilles », comme il se définit...

– ***Le marché bio*** *(centre détachable D3) : pl. de la Bourse. Mer mat.*

– ***Le marché aux puces*** *(centre détachable D2) : pl. Viarme. Sam 8h-13h.*

– ***Le marché de la Petite-Hollande*** *(centre détachable D-E3) : pl. de la Petite-Hollande. Sam 8h-13h15.* Le plus grand marché alimentaire de la ville. Également des vêtements et du bricolage. Attention, ne pas stationner dans le secteur le vendredi soir : fourrière assurée.

– ***Les Mardis du Livre*** *(centre détachable D3) : pl. de la Bourse. Mar 13h-19h.* Des tonnes de livres d'occase.

– ***Le petit marché de la création*** *(centre détachable D3) : rue Vauban (à côté de la place Royale). Mai-nov, 1er ven du mois, 12h-20h.* Objets, vêtements, déco et accessoires réalisés par de vrais créateurs locaux.

– ***Le marché de Bottière-Chénaie :*** *pl. Jacques-Yves-Cousteau. Mer 16h-19h30.* Le seul avec horaires du soir.

– ***Le marché bio de Trentemoult*** *(hors plan détachable par A6) : sam, 8h-13h.* Allez-y en *Navibus,* c'est plus bio ! Et celui du **square Villebois-Mareuil** *(derrière la Fnac, mer mat).*

Où dormir ?

Bon à savoir, Nantes étant une ville d'affaires, la plupart des hôtels proposent des tarifs vraiment intéressants le week-end. La centrale de réservation ● *nantes-tourisme.com* ●, ☎ *0892-464-044 (0,35 €/mn, prix d'appel)* propose également ses meilleurs plans du moment (3 nuits au prix de 2, par exemple).

Camping

Nantes Camping *(hors plan détachable par D1,* ***10****) : 21, bd du Petit-Port. ☎ 02-40-74-47-94. ● nantes-camping@nge-nantes.fr ● nantes-camping.fr ● En bus, ligne 51 ou 25, arrêt « Morrhonnière – Petit Port ». Ⓣ Morrhonnière (ligne 2). En voiture, sur le périphérique Nord, prendre la sortie 39, direction Porte de La Chapelle. Tte l'année. Tentes 14,90-24,90 € selon saison. Chalets et mobile homes à louer 294-954 €/sem. Caravanes 149-209 €/sem. 150 empl. Réduc de 5 % sur présentation de ce guide.* Terrain au bord d'un ru, dans le coin des universités et des labos. Fort bien équipé et très pratique (à 10 mn du centre-ville en tramway), ce camping a reçu l'écolabel pour ses efforts en matière d'économies d'énergie. Très arboré. Resto, jardin, aire de jeux, pétanque, terrain multisports, bar-resto et épicerie. Piscine juste en face, gratuite pour les clients du camping. Location de vélos. Également une amusante « Cabane du voyage » dans les arbres, dans le cadre du *Voyage à Nantes*.

Auberge de jeunesse

Auberge de jeunesse « La Manu » *(hors plan détachable par G2,* ***11****) : cité universitaire internationale, 2, pl. de la Manu. ☎ 02-40-29-29-20. ● nantes lamanu@hifrance.org ● auberge-de-jeunesse-la-manu.over-blog.com ● Ⓣ Manufacture (ligne n° 1). À 500 m de la gare, sortie nord. Fermé vac scol Noël. Forfait nuitée et petit déj env 23 € (draps inclus). Carte FUAJ obligatoire (11 €, réduc). Bagagerie payante.* Répartie sur plusieurs étages dans une ancienne manufacture des tabacs. Une trentaine de chambres très correctes de 4 à 6 lits, dont certaines avec douches à l'intérieur. Grande cuisine à disposition. Espace collectif avec jeux (billard, ping-pong, baby-foot...) et salon TV. Attention, pas d'accès aux chambres entre 10h et 15h30 ; en revanche, veilleur de nuit pour les retours tardifs. Supérette à proximité.

Appartements en ville

Nantes propose quelques formules vraiment originales pour se loger en chambres d'hôtes.

Surprenantes – Voyage Désirable : *86, quai de la Fosse. ☎ 09-67-20-97-81. 📱 06-38-44-49-98. ● contact@surprenantes.com ● surprenantes.com ● À partir de 99 € la nuit, boissons chaudes du petit déj comprises. Attention, 2 nuits min parfois demandées en saison. Promos sur site. Remise de 10 % sur la chambre sur présentation de ce guide.* Un concept « surprenant » d'appartements haut de gamme très bien situés en centre-ville et au-delà (au Pouliguen, notamment), réalisés selon des thématiques liées au patrimoine historique et culturel de Nantes. Cela donne 5 appartements sur le thème de Jules Verne (« La cabane du capitaine Némo », « 20 000 lieues sous les mers »... on adore !) et d'autres sur la pêcherie, la gourmandise, le baroque ou même sur un arbre perché... Ambiances incroyablement réussies, avec une application et un souci du détail qui permettent de se laisser embarquer dans le monde ainsi recréé. Un voyage en soi !

Welcome Home Nantes : *📱 06-72-77-43-85. ● welcomehome-nantes@live.fr ● welcomehome-nantes.fr ● À partir de 110 € pour 2 en hte saison selon confort et emplacement ; dégressif à partir de 2 nuits. Réduc de 5 % sur le tarif semaine et 10 % sur le tarif court séjour sur présentation de ce guide.* Un choix d'appartements d'hôtes dans Nantes ou à proximité. « Le Petit T » (une ancienne conciergerie réhabilitée en petite maison avec jardin), « Le Pont-Levis » (un appartement situé face à l'entrée principale du château des ducs de Bretagne) ou encore le « 110 » *(rue du Général-Buat, derrière le jardin des Plantes),* dernier venu.

Park & Suites Appart'City Nantes Centre *(centre détachable E3,* ***12****) : 4, rue des Petites Écuries. ☎ 02-28-08-10-20. • appartcity.com • Nuitée (pour 2) 49,90-150 €. Petit déj offert sur présentation de ce guide (pour 2 nuits maximum).* Ces appartements de 2 à 4 personnes offrent un équipement de standing avec un coin cuisine ainsi qu'un espace bureau. En couple ou en famille, l'appart-hôtel permet d'économiser sur son budget restauration. Ces établissements proposent des services (parfois) identiques à ceux des hôtels.

HÔTELS

Dans la vieille ville

Prix moyens

Hôtel Duquesne *(centre détachable E2,* ***13****) : 12, allée Duquesne (cours des Cinquante-Otages). ☎ 02-40-47-57-24. • info@hotel-duquesne-nantes.com • hotel-duquesne-nantes.com • Doubles 66-90 €. Remise de 10 % sur la chambre la 2e nuit, 4e nuit, 6e, etc, sur présentation de ce guide.* 25 chambres en tout dans cet hôtel classique et familial, au calme, même si certaines donnent sur la passante allée Duquesne. Des chambres de bon confort (double vitrage, ascenseur...), coquettes et sobres à la fois. Salles de bains pour la plupart très joliment rénovées.

Plus chic

Hôtel La Pérouse *(centre détachable E3,* ***14****) : 3, allée Duquesne (cours des Cinquante-Otages). ☎ 02-40-89-75-00. • information@hotel-laperouse.fr • hotel-laperouse.fr • Ⓣ Place-du-Cirque (ligne 2). Doubles standard 119-179 €. Stationnement payant à 50 m (GPS pour dépose-minute : 3, rue Armand-Brossard). Un petit déj/pers et par nuit offert sur présentation de ce guide.* Avis aux amateurs d'architecture contemporaine ! Un hôtel unique en son genre, construit par les architectes Barto et Barto. Ce gros bloc de granit tout blanc, à la façade penchée (en référence aux immeubles de l'île Feydeau), est pourtant ouvert sur les toits et le cours des Cinquante-Otages, à travers ses baies vitrées. À l'intérieur, du bois clair, du verre, de la pierre, de l'espace... Dans les chambres, de nombreuses références au monde de la marine et des fenêtres elles aussi originales. Écolabel européen.

Okko hôtel *(centre détachable E3,* ***16****) : 15 bis, rue de Strasbourg. ☎ 02-52-20-00-70. • okkohotels.com/hotels/nantes • Doubles 105-205 €, incluant petit déj. Parking payant selon disponibilités.* Ce récent hôtel, le premier d'une série à venir, est un ovni dans le paysage nantais, qui se cache derrière une discrète façade moderne. La surprise vient des 80 chambres, lumineuses et calmes (efficace double vitrage) conçues comme des cocons. La clientèle, d'affaires en semaine, apprécie visiblement ce style conjuguant design épuré mi-scandinave mi-futuriste (mobilier, cloisons, jeux de lumières), et fonctionnalité d'un établissement qui mise sur le haut de gamme (équipements high-tech, literie, etc.). Espace club pour le travail ou la détente avec journaux, salle fitness et *apéritivo,* offert tous les soirs à 18h. Accueil attentionné. Une nouvelle génération d'hôtels de chaîne est née !

Dans le quartier Graslin et autour

Bon marché

Hôtel Saint-Patrick *(centre détachable E3,* ***15****) : 7, rue Saint-Nicolas.*

☎ 02-40-48-48-80. • hotel.saint-patrick@orange.fr • hotel-saintpatrick.com • Réception au 3e étage, fermée entre 13h et 16h30. Congés : 24 déc-2 janv. Doubles 49-55 €. En plein centre-ville, cet hôtel étroit mais qui monte haut (5 étages sans ascenseur) est une vraie aubaine pour les petits budgets. C'est proprissime et avec double vitrage (bonne nouvelle, car il y a quelques terrasses de bars sur la place). Un ensemble fort convenable et ambiance routarde très sympa, à l'image de l'accueil. Même si ce n'est pas le grand luxe, on n'a rien trouvé à redire.

De prix moyens à chic

Hôtel Pommeraye *(centre détachable D3,* ***18****) : 2, rue Boileau. ☎ 02-40-48-78-79. • resa@hotel-pommeraye.com • hotel-pommeraye.com • Doubles 59-169 €.* Installé dans un bel immeuble du XIXe s, avec un hall d'entrée original, cet hôtel propose des chambres à l'ameublement moderne et élégant, dans des tons reposants. Salles de bains refaites avec de beaux matériaux. Bref, un ensemble réussi et confortable.

Hôtel Amiral (centre détachable D3, **19**) *: 26 bis, rue Scribe. ☎ 02-40-69-20-21. • amiral@hotel-nantes.fr • hotel-nantes.fr • Doubles 62-99 € ; familiales 116-164 € selon période. Réduc de 10 % sur présentation de ce guide.* Hôtel moderne et agréable, très bien tenu, à l'image de ce hall tendance et accueillant. Chambres pas bien grandes mais fonctionnelles et plutôt coquettes. Préférer celles sur l'arrière. Salle de petit déjeuner soignée. Une adresse fiable qui a su opérer une réhabilitation de qualité. Accueil toujours au top.

Hôtel Voltaire Opéra *(centre détachable D3,* ***20****) : 10, rue Gresset. ☎ 02-40-73-31-04. • reservations@hotelvoltaireoperanantes.com • hotelvoltaireoperanantes.com • Doubles 65-95 €. Un verre de muscadet offert durant le séjour, sur présentation de ce guide.* Dans un immeuble ancien doté d'une jolie façade décorée, des chambres confortables, à la déco très contemporaine, personnalisées et tranquilles (la rue n'est pas des plus fréquentée et il y a du double vitrage). Excellent accueil pour ne rien gâcher.

De chic à plus chic

Hôtel de France *(centre détachable D3,* ***17****) : 24, rue Crébillon. ☎ 02-40-73-57-91. • oceania.hoteldefrance@oceaniahotels.com • Doubles 99-189 €. Apéritif offert sur présentation de ce guide.* Au cœur du quartier chic, l'*Hôtel de France* a subi une mue bluffante, qui a su préserver les volumes et le caractère de l'ancien hôtel particulier, notamment cet escalier monumental en fer forgé, tout en imprimant un style résolument moderne et coloré. Immense hall surplombé de sa coupole. Chambres spacieuses, parfaitement insonorisées et lumineuses, au confort 4 étoiles. Mention très spéciale pour le petit déj-buffet. Espace fitness et bar-salon de thé cosy *(ouv 11h-23h).*

Hôtel Graslin *(centre détachable D3,* ***23****) : 1, rue Piron. ☎ 02-40-69-72-91. • info@hotel-graslin.com • hotel-graslin.com • Doubles 67-150 € pour les « confort », 102-230 € pour les « espace ». Un petit déj par chambre/nuit offert sur présentation de ce guide.* Les chambres les moins chères sont décorées dans un style contemporain alliant bois exotique et tons de brun. Les autres, plus spacieuses sont toutes décorées dans un esprit baroque, tendance pour certaines, épuré et sophistiqué à la fois. Très agréable *lounge*-bar avec de généreux fauteuils couleur prune. Bel accueil.

Dans le quartier de la gare ferroviaire et plus à l'est

De prix moyens à chic

Hôtel Abat-Jour *(plan détachable F2,* ***26****) : 17, rue Geoffroy-Drouet. ☎ 02-40-74-35-95. • contact@hotel-abat-jour-nantes.fr • hotel-abat-jour-nantes.fr • Attention, réception fermée 13h-17h. Doubles 68-76 € hors congrès et événements.* Petit hôtel au calme, à proximité de la cathédrale. On apprécie les chambres « supérieures », meublées avec beaucoup de goût. Chacune est personnalisée et dégage sa propre atmosphère : tons gris, taupe, mauve ou chocolat, toujours cosy. Tout simplement un bon rapport qualité-prix !

Hôtel du Château *(centre détachable F2,* ***24****) : 5, pl. de la Duchesse-Anne. ☎ 02-40-74-17-16. • hotelduchateau44@orange.fr • hotel-du-chateau-nantes.fr • Accès au fond d'un étroit couloir et réception au 1er étage. Attention : réception fermée 13h30-17h30. Doubles 53-65 € ; familiales 69-77 € (vue sur les toits ou le château).* Une adresse assez rare dans son genre, au rapport qualité-prix-emplacement franchement compétitif. Ce petit hôtel, tout en escalier, propose une douzaine de chambres simples, claires et bien tenues, relookées de façon moderne, aux couleurs douces et fraîches. Les portes sont joliment décorées de textes sur des personnes ayant appartenu à la cour d'Anne de Bretagne. Salles d'eau minimalistes mais très propres et double vitrage efficace. Accueil prévenant du proprio, toujours prêt à vous renseigner.

L'Hôtel *(centre détachable F2,* ***28****) : 6, rue Henri-IV. ☎ 02-40-29-30-31. • lhotel@mageos.com • nanteshotel.com • À 300 m de la gare. Chambres standard (vue arrière) ou supérieures (vue château ou jardins) 99-160 €.* Un 3-étoiles confortable, idéalement situé à l'arrière du château, sur lequel donnent certaines chambres. Hall élégant. Déco résolument moderne, jouant avec le blanc et les tonalités sourdes. Conception tendance également, avec ces salles de bains ouvertes sur la chambre (pour certaines). Pas très spacieuses, en revanche, mais agréablement meublées.

Beaucoup plus chic

Hôtel Sozo *(plan détachable G2,* ***32****) : 16, rue Frédéric-Cailliaud. ☎ 02-51-82-40-00. • contact@sozohotel.fr • sozohotel.fr • ♿ À deux pas de la gare. Doubles 141-197 €, suites ; petit déj 17 €.* En retrait de la rue, un hôtel surprenant, logé dans une chapelle du XIXe s avec vue sur le jardin des Plantes. D'emblée, la réception installée dans le chœur et qui a conservé ses vitraux impressionne par son volume et sa luminosité. La déco des chambres extraconfortables et d'une blancheur monacale, au design épuré, met parfaitement en valeur l'architecture spécifique du lieu et la pierre. Et les salles de bains semi-ouvertes ajoutent encore au charme de l'ensemble. Petit déjeuner copieux. Assurément une belle réussite en matière de transformation architecturale pour ce lieu béni des dieux.

Un peu au nord du centre-ville

Prix moyens

Hôtel Saint-Yves *(plan détachable F1,* ***30****) : 154, rue du Général-Buat. ☎ 02-40-74-48-42. • reservation@hotel-saintyves.fr • hotel-saintyves.fr • Bus no 21 ou 23 pour le centre. Double 61 € ; triple 71 €.* Bien qu'un peu excentré, en bus on n'est qu'à 10 petites minutes du centre. Chaque chambre est personnalisée, décorée avec un goût sûr et même un vrai talent. Et puis au fond, un beau petit bout de jardin apprécié grandement de la clientèle d'habitués complète élégamment ce petit nid d'amour. Tout cela à des prix très démocratiques.

Où manger ?

Outre les nombreux restos exotiques du quartier Bouffay, la ville regorge d'établissements qui mettent en valeur les produits locaux, mais pas seulement. Comme la région ne déborde pas de spécialités culinaires, les chefs n'hésitent pas à faire preuve d'imagination. On peut dire, sans exagérer, que Nantes est une excellente destination gastronomique, et dans des gammes de prix raisonnables.

À côté, l'on trouve aussi pléthore de restos « bon marché » qui font la joie des étudiants nantais affamés.

Dans la vieille ville et à proximité

Sur le pouce

Nantes se prête à baguenauder dans les espaces verts ou dans les friches, ou à s'attarder sur un banc face à un monument. Alors, amis lecteurs, n'hésitez pas à aller écumer les nombreux marchés, porteurs de bonnes spécialités locales et régionales : charcuterie, fromages, tourtes...

🍴 ***La Cuillère en Coin*** *(centre détachable E2,* ***40****)* **:** *21, rue de Strasbourg (à l'angle de la rue Beau-Soleil). ☎ 02-40-89-16-93. • njl.lesamedy@orange.fr • Lun-ven slt, 12h-15h, ap-m salon de thé. Formules variées 11-15 €.* Un petit bout d'adresse tout vert pomme, qui distille avec fraîcheur de bien belles soupes, salades, quiches et toujours un plat mijoté. Le tableau change toutes les semaines. C'est rien que du frais, rien que du bon, toujours de saison, et ça ne troue pas le porte-monnaie. Sur place ou à emporter. Accueil adorable.

🍴 ***Dubrown Burger*** *(centre détachable E2,* ***47****)* **:** *12, rue Saint-Léonard. Tlj sf dim-lun. Burgers autour de 10 €.* Ici, fast-food rime avec *good.* Viande bovine française et pain boulanger (agrémenté de graines de courge ou de pavot) constituent la base de recettes pour certaines vraiment originales : fourme d'ambert-oignons caramélisés ou tome et fondue de poireaux. Pour le reste, viande juteuse et frites délicieuses. Tiens, ça aussi ça rime...

🍴 ***Dînette*** *(centre détachable E3,* ***48****)* **:** *12, rue du Château. ☎ 02-51-82-79-13. Tlj sf mar 12h-19h. Congés : 3 sem début sept. Formule 12,90 € ; menu 16 €.* Il a du style, ce petit salon de thé gourmand qui propose des formules vraiment épatantes au déj. Salades composées de produits frais, tartes salées onctueuses et scones gratinés garnis de crudités. Et chaque jour, un plat maison sur ardoise. Parfait pour une... déjeunette entre copines ! Fait salon de thé l'après-midi.

De bon marché à prix moyens

🍴 ***À l'Ardoise*** *(centre détachable E2,* ***41****)* **:** *11, rue Léon-Blum. ☎ 02-40-47-54-51. Tlj sf lun, mar soir, sam midi, dim et midi des j. fériés. Congés : 3 sem début août. Formule déj en sem env 16 € ; le soir, menus 25,50-29,50 €.* Ce discret bistrot habillé de pierre et d'ardoises sur lesquelles s'inscrivent les réjouissances du jour, tant liquides que solides, se révèle indéniablement une bonne affaire pour le ventre comme pour le porte-monnaie. On y tricote une cuisine de ménage, vive et franche, simple et plutôt hexagonale, tout en sachant prendre le grand air vers le Maghreb et la Méditerranée. Service bien sympathique et vins pas chers. Petite terrasse sur rue aux beaux jours.

🍴 ***Les Chemins d'Alexandre*** *(centre détachable E2,* ***45****)* **:** *1, rue Léon-Blum. ☎ 02-40-48-62-27. Tlj sf sam midi, dim et lun soir. Formules 12,50-14,50 € le midi ; menus 19,50-49 €.* Alexandre, c'est le cuistot qui s'attache à mettre en avant ses produits avec inventivité, et les traditions de Solange (sa mère-grand), qui lui apprit la cuisine. Son copain pâtissier n'est pas en reste. Un beau duo, en somme ! Le repas se prend dans une salle aux massifs piliers de granit et à la déco moderne ou sur la jolie terrasse au calme. Une belle trouvaille dans cette rue truffée de troquets.

🍴 ***Le Bouchon*** *(centre détachable E2,* ***46****)* **:** *7, rue Bossuet. ☎ 02-40-20-08-44. • lebouchon.restaurant@orange.fr • Tlj sf sam midi et dim-lun. Résa vivement recommandée. Formules env 14-17 € le midi en sem ; menus 29-33 €. Café et digestif offert sur présentation de ce guide.* Dans une jolie maison à pans de bois avec un beau jardin, une cuisine innovante et surprenante à tendance gastro, où se mêlent parfums et saveurs d'ailleurs. Part belle faite aux légumes, ce qui n'est pas si courant et n'hésite pas à mettre en valeur la liste de ses fournisseurs. Service impeccable et sans chichis.

Pickle's (centre détachable E2, **53**) : *2, rue du Marais. ☎ 02-51-84-11-89. Ouv midi mar-ven, soir mer-sam. Formules déj 15,50-19,50 €, menu 34 €.* Consultant dans une vie antérieure, l'Anglais Dominic Quirke a passé son CAP et effectué son apprentissage dans de grandes maisons. Aujourd'hui, dans son bistrot « industriel », il met son savoir-faire (évident) au service d'une cuisine néo-bistrotière, bien dans son temps. Chaque jour, le marché et l'humeur créative du chef impriment la tendance du menu avec des plats joliment présentés, aux saveurs métissées, et mâtinées d'influences britanniques. *Of course !* Desserts extra à ne pas bouder.

Le Bistrot des Enfants Terribles (centre détachable E2, **50**) : *4, rue Fénelon. ☎ 02-40-47-00-38. • enfants-terribles@numericable.fr • Tlj sf dim-lun et jeu soir. Formules déj 18-22 € ; menu 35 € le soir ; carte 45 €.* Salle à la déco petit-bourgeois d'hier et d'aujourd'hui. Service simple et sans chichis. Cuisine du terroir qui navigue entre coteaux de Loire et marais de Guérande, aux caprices du chef. Qui va aussi chercher des épices et de l'inspiration au-delà de la Méditerranée, et assemble de manière assez habile ces influences orientales. Les Nantais y viennent pour le cadre élégant et les prix tenus (en particulier le midi).

Chic

Lulu Rouget (centre détachable E2-3, **42**) : *1, rue du Cheval-Blanc. ☎ 02-40-47-47-98. • lulurouget@orange.fr • ♿ Tlj sf sam midi et dim-lun. Congés : 1 sem en mai, 3 sem en août et 1 sem à Noël. Formules 20-27 € ; menu 41-61 € le soir.* Cet espace qui mêle design et matières brutes, c'est chez Ludovic alias Lulu, un jeune chef d'ici formé dans quelques grandes maisons d'ailleurs (*Troisgros* à Roanne, pour n'en citer qu'une) et qui n'a pas traîné à se faire un (sur)nom. L'enseigne donne aussi une idée de ce qu'on mange chez *Lulu* : du poisson en général et du rouget en particulier (son filet de rouget à l'encre de seiche est déjà un classique). Superbes plats très personnels, jusqu'aux desserts. Service décontracté juste ce qu'il faut.

L'Etrillum (centre détachable E2, **54**) : *22, rue Armand-Brossard. ☎ 02-40-12-10-38. Fermé sam midi, dim et mer. Formules déj 13-16 €. Le soir, carte slt, un bon 40 €.* Ce bar à vins tout en longueur, au décor typiquement bistrotier, laisse entrevoir au fond, dans sa cuisine ouverte, un chef appliqué et inspiré. Chaque jour, il revoit son ardoise en fonction du marché et réalise tout sur place. Aux formules simples, courtes et abordables du déjeuner, se substitue une ardoise plus élaborée le soir avec de vrais fonds de sauce, des accompagnements travaillés et des présentations soignées. Seul regret, les vins un poil chers. Pour le reste, simple et efficace.

LOIRE-ATLANTIQUE

Dans le quartier Graslin et autour

Très bon marché

Le Badérioc (centre détachable D3, **57**) : *4, rue du Chapeau-Rouge. ☎ 02-40-89-52-85. • lebaderioc@gmail.com • Lun-sam 11h-18h. Plats chauds servis jusqu'à 15h. Congés : 3 sem en août et 1 sem à Noël. Plat env 10 €. Café offert sur présentation de ce guide.* Petit self adorable où se retrouvent les habitués du quartier dans une ambiance conviviale et un décor coloré. Tout est là, et on se sert soi-même. Pas vraiment comme dans un self mais plutôt un peu comme chez soi. On prend une barquette pour un plat, puis une salade, une soupe, une tarte, une quiche ou un gâteau au chocolat... Et on se régale avec le sourire. Bonne petite cuisine familiale. Pour une poignée d'euros, un rendez-vous sympathique comme Nantes sait en créer. Quelques tables en terrasse, été comme hiver. L'après-midi, on y vient plutôt pour un thé et un gâteau à grignoter. Tiens, super macaron maison. Décidément, on aime.

Crêperie Heb-Ken (centre détachable D3, **58**) : *5, rue de Guérande. ☎ 02-40-48-79-03. • creperie@heb-ken.fr • Tlj sf dim. Carte 9-15 €. Résa préférable le soir.* 2 salles d'une banalité presque désolante, un accueil direct, mais surtout des crêpes goûteuses et copieusement garnies. On tient là l'une des meilleures crêperies nantaises. Prévoir du temps pour faire son choix, la carte est longue comme un menu chinois, avec plus d'une centaine de combinaisons.

|●| *Le Vin Vivant* *(centre détachable F2,* ***94****) :* *93, rue du Maréchal-Joffre.* Et ***Le Café Cult'*** *(centre détachable E3,* ***91****) :* *2, rue des Carmes. Voir « Où boire un verre ? »*

De bon marché à prix moyens

|●| *La Cigale* *(centre détachable D3,* ***59****) : 4, pl. Graslin. ☎ 02-51-84-94-94. • salle@lacigale.com • Face au théâtre Graslin (l'opéra). Service continu tlj 7h30-0h30 (y compris dim, pratique !). Formules express 15-25,60 € le midi en sem, menus 18-29 € ; intéressant menu « Initiation » pour les enfants.* L'adresse incontournable, une sorte de pèlerinage obligatoire, immortalisée par Jacques Demy et Anouk Aimée dans *Lola.* Inauguré en 1895, c'est un pur chef-d'œuvre de l'Art nouveau, classé aux Monuments historiques. La cuisine savoureuse et généreuse met en valeur les produits et les recettes régionales. Le service est virevoltant et charmant. En été, terrasse très agréable donnant sur la magnifique place Graslin.

|●| *Beckett's Canteen* *(centre détachable D3,* ***43****) : 3, rue Guépin. ☎ 02-40-48-76-46. Ouv ts les midis sf dim, plus ven soir. Carte 15-25 €.* Comme son nom le laisse entendre, ce petit resto *trendy* et *cosy* est tenu par un Irlandais, aussi francophone que l'était l'auteur de *En attendant Godot.* Mais hormis la *Guinness* à la pression, rien d'irlandais dans cette cuisine fraîche et goûteuse qui fait volontiers le tour du monde. Petite terrasse tranquille dans sa rue piétonne. Prix aussi gentils que l'accueil.

Chic

|●| *Song* *(centre détachable D3,* ***60****) : 5, rue Santeuil. ☎ 02-40-20-88-07. • contact@restaurant-song.fr • Ouv mar-sam. Congés : 1 mois en août-sept. Menu 33 € ; carte env 40 €. Résa indispensable.* Murs pourpres, éclairages tamisés, éléments de décor épurés, ambiance intime. Bienvenu dans ce temple raffiné de la cuisine asiatique version nouvelle cuisine... Aux commandes, une femme qui se plaît à revisiter les classiques asiatiques en y apportant une sacrée touche d'originalité et certaines créations plus inattendues. Excellents desserts, aux présentations graphiques, et une belle sélection de vins au verre à prix d'amis. Également un comptoir vente à emporter *(formule 12 €).*

Sur l'île Feydeau et dans le quartier du Champ-de-Mars

De bon marché à prix moyens

|●| *La Raffinerie* *(plan détachable F4,* ***66****) : 54, rue Fouré. ☎ 02-40-74-81-05. • restaurantlaraffinerie@gmail.com • Fermé sam-dim et j. fériés. Formules 18-21 € le midi, menus 28-31 € le soir.* Un néobistrot d'angle, avec son échantillon de terrasse en pointe. L'intérieur est sobre, gris et crème, mais la cuisine est colorée et goûteuse. À défaut de pétrole, on raffine ici les bonnes idées ! Une carte courte comme une culotte, mais une réelle envolée dans chaque proposition : 2 entrées, 2 plats (plus toujours une pièce de viande), 2 desserts et basta. Des produits du marché, de l'inventivité qui s'appuie sur un solide savoir-faire, un p'tit sourire pour le service et des prix étudiés, il n'en faut pas plus pour pleinement nous satisfaire.

|●| *Les Chants d'Avril* *(centre détachable F3,* ***44****) : 2, rue Laënnec. ☎ 02-40-89-34-76. • leschantsdavril@free.fr • Fermé lun-mer soirs et le w-e. Congés : 3 sem en août, 24-25 et 31 déc. Menus 19-22,50 € le midi et 27,50 € le soir.* Historique décor de bistrot qui a conservé, depuis les années 1950, fresques murales à la gloire du Pays nantais et banquettes de moleskine verte. Menu mystère à base de produits d'une éclatante fraîcheur, très joliment travaillés. Vins (mystère aussi !) très, très bien choisis. Une belle surprise, effectivement. Et le chef a même lancé sa propre gamme d'épices, vendue en moulins.

Le Transbordeur *(centre détachable E3,* ***67****)* **:** *9, rue Kervégan. ☎ 02-40-35-36-10. Slt le soir mer-sam et dim midi. Menus 21-38 €. Apéritif offert sur présentation de ce guide.* Un cadre élégant et une cuisine traditionnelle bien faite, goûteuse, avec quelques mélanges audacieux qui font de cette adresse, à l'écart du circuit touristique, une valeur sûre qui compte beaucoup d'habitués depuis de nombreuses années. Service impeccable, non dénué d'humour.

Le Gressin *(plan détachable F3,* ***68****)* **:** *40 bis, rue Fouré. ☎ 02-40-48-26-24. • legressin@free.fr • Fermé lun soir, sam midi, dim et j. fériés. Congés : 1 sem en mai, 3 sem en août. Formules 14-17 € à midi, puis 26-31 €.* Le chef va chercher l'originalité de ses plats à la fois dans une présentation pleine de rebondissements et dans des saveurs simples (vinaigre, huiles aromatisées) parfaitement coordonnées aux mets. Le croustillant de maquereau nous a bien séduits, tout comme les beignets de scampi. Les 2 salles aux murs massifs en pierre apparente sont égayées de toiles modernes pleines de couleurs, et le service décontracté mais efficace ne gâche rien à l'affaire.

Le P'tit Qu'a Fait *(centre détachable E-F3,* ***69****)* **:** *11, rue des Olivettes. ☎ 09-52-67-31-26. Tlj à midi sf dim-lun. Formule mar-ven 16,50 € (enfant env 9 €), plat env 10 €.* « Troquet ludique et familial », pour reprendre la définition de l'enjouée proprio qui navigue de la salle aux fourneaux. Un lieu de vie à fréquenter donc avec des enfants : vraie salle de jeux rien que pour eux et, régulièrement, des ateliers (cabaret, modelage...). Sinon, on mange frais, local, bon et (souvent) bio dans cette souriante petite salle meublée récup' et qui accueille toujours des expos.

Chic

L'Atelier d'Alain *(centre détachable F4,* ***72****)* **:** *24, rue des Olivettes. ☎ 02-40-84-38-66. • atelieralainresa@gmail.com • Fermé sam midi et dim. Congés : 3 sem début août. Formules-suggestions 16-24,50 € ; carte env 45 €. Apéritif offert sur présentation de ce guide.* Alain Ruffault a rouvert l'ancienne boucherie de papa, devenue son atelier de cuisine, sur une salle couleur anis et sur une large cuisine ouverte, qui trône dans la pièce. Les casseroles en cuivre au mur ne sont pas là pour la frime. On y concocte, sous vos yeux, des plats inventifs, sûrs d'eux, parfaitement maîtrisés, offrant de subtiles saveurs qui titillent les palais nantais et les autres. Carte de plus de 500 vins. Et puis, si vous avez des velléités, Alain propose des cours. Accueil bourgeois dans le bon sens du terme.

L'U.NI *(plan détachable F3,* ***70****)* **:** *36, rue Fouré. ☎ 02-40-75-53-05 Tlj sf lun-mar et dim midi. Congés : 2 sem début janv, 2 sem début mai et 3 sem en août. Formules déj en sem 18-22 € ; menus 40-60 € ; carte env 60 €. Résa plus que conseillée.* Le *LU* est un clin d'œil à l'ancienne usine de biscuits voisine. Le *NI* c'est pour Nicolas, jeune chef récemment installé dans ce vaste espace contemporain, ancien second d'Éric Guérin à *La Mare aux Oiseaux,* entre autres enrichissantes expériences. Le tout est une abréviation de l'« Univers de Nicolas ». Un univers riche de légumes rares (ce chef leur voue un amour immodéré) et de fulgurantes idées de plats. À des prix encore accessibles, la table qui monte à Nantes.

Maison Baron Lefèvre *(plan détachable F4,* ***74****)* **:** *33, rue de Rieux. ☎ 02-40-89-20-20. • baron-lefevre@orange.fr • Tlj sf dim-lun et j. fériés. Congés : 2 premières sem d'août. Formule et menu déj en sem 15,50-18,50 € ; menu 26 € ; carte env 40-45 €. Apéritif maison offert sur présentation de ce guide.* Un ancien entrepôt de maraîchers et un commerce de luminaires ont donné naissance à ce bon et chaleureux resto à l'espace généreux et élégamment décoré : plancher large, vieux casiers, cave à vins sous grille, batterie de casseroles et vieille gazinière constituent un décor rustique et élégant à la fois (tables nappées). La plupart des plats changent tous les jours, et la majorité des légumes proviennent du jardin. Une cuisine somme toute classique, sans souci d'inventions culinaires, mais où l'on sert ce que l'on sait faire, en dépit d'un service parfois hésitant. Bons desserts de toujours. Pour ceux qui veulent prolonger le plaisir, l'épicerie à l'entrée du resto propose moult produits de qualité.

Sur l'île de Nantes

De bon marché à prix moyens

Ti Lichous *(plan détachable F4,* ***80****) : 12, rue Grande-Biesse. ☎ 02-40-35-44-60. Ⓣ arrêt Vincent-Gâche. Ouv midi slt, lun-sam. Compter 10-25 €.* Traduction : « La maison des gourmands »... et des bons mangeurs, serait-on tenté de rajouter. Car ici on ne mégote pas sur le contenu de l'assiette. Du breton, rien que du breton et pas que de la galette. La cuisine traditionnelle bretonne y est à l'honneur, avec entre autres un kig ha farz d'anthologie servi le jeudi. Le cadre coloré et la chaleur du service apportent bien du réconfort dans ce quartier tristounet. D'ailleurs, la clientèle des bureaux alentour s'y bouscule. C'est souvent complet, mais avec une petite bolée de cidre au comptoir, ça tourne vite.

Le 1 *(plan détachable D4,* ***77****) : 1, rue Olympe-de-Gouges. ☎ 02-40-08-28-00. • contact@leun.fr • Tlj ; service continu 11h-23h. Formules 15-17,50 € (midi en sem)-26,50 € (29 € dim) ; carte env 45 €.* Un bel espace vitré en bord de Loire, un mobilier contemporain boisé, coloré et confortable qui font écho aux œuvres du parcours *Estuaire,* et un chef que l'on voit s'activer dans sa cuisine ouverte : voilà *Le 1.* Aux menus, de beaux produits régionaux bien travaillés (brochets, anguilles, écrevisses, canard...), rehaussés à la carte de touches plus originales. L'appel du grand large se fait aussi sentir : saveurs indiennes, charcuterie ibérique ou délicatesses japonaises sont régulièrement invitées, à la carte. Service pro et souriant.

Sur la butte Sainte-Anne

Très bon marché

Le Havre *(plan détachable B5,* ***79****) : 4, rue de l'Hermitage. ☎ 02-40-73-29-19. Lun-ven le midi slt. Congés : 25 juil-29 août et 24 déc-2 janv. Formules env 10,40-16,20 € (1/4 de vin compris). Apéritif maison offert sur présentation de ce guide.* Un resto façon bistrot au pied de la « butte rouge » de Sainte-Anne. Sans façons, on choisit d'abord son lit (chaque table jouxte une tête de lit), puis on se met à table. Le menu, pas dispendieux pour un denier, propose une bonne cuisine traditionnelle, on dirait presque familiale...

Un peu au nord du centre-ville

Très chic

L'Océanide *(plan détachable E2,* ***83****) : 2, rue Paul-Bellamy. ☎ 02-40-20-32-28. Ⓣ Cinquante-Otages (ligne 2). Tlj sf dim-lun. Menus 21,90 € (le midi en sem)-85 € ; carte env 50 €.* Le chef breton se fournit au grand marché de Talensac et travaille essentiellement les produits locaux. Comble du raffinement, au-delà des produits principaux aux justes cuissons (on recommande les spécialités de poissons et fruits de mer), il ne délaisse rien dans sa composition : les légumes de saison, parfois inattendus, mais aussi les sauces qui présentent des saveurs tout aussi délicates. Quand arrive la carte des desserts maison et des cafés, on a déjà pardonné l'aménagement un peu froid de la salle.

Où boire un thé ?

La Cigale *(centre détachable D3,* ***59****) : 4, pl. Graslin.* Voir « Où manger ? ». Un des hauts lieux de la vie nantaise, qui ouvre ses portes au petit matin et vous invite à commencer la journée par un petit déj délicieux dans un décor Art nouveau naissant de superbe facture. Plusieurs formules, du simple café-croissant à l'assiette de saumon fumé, sans oublier le brunch.

La Passagère *(centre détachable D3, **85**) : passage Pommeraye et accès par la rue du Puits-d'Argent. ☎ 02-40-89-50-50. • passagere nantes@orange.fr • ♿ Petits déj 6,70-11,50 €. Brunch 20 €. Tlj 10h (14h lun)-19h mar-sam, 11h-18h30 dim. Café offert sur présentation de ce guide.* Au bout du passage Pommeraye (entrée à l'entresol), les propriétaires de la maison Baron (voir plus haut « Où manger » ?) ont ouvert ce salon de thé raffiné... pour une clientèle qui ne l'est pas moins ! Cela dit, l'ambiance (fond musical jazzy, épaisses banquettes de velours, éclairages doux, service naturel adorable) invitent à la détente. Surtout l'on savoure de délicieuses pâtisseries maison : tarte aux deux citrons, moelleux chocolat-framboise... également à emporter.

Dînette *(centre détachable E3, **48**) : 12, rue du Château.* Voir plus haut la rubrique « Où manger ? »

Où boire un verre ?

Dans la vieille ville et à proximité

Le Bar du Coin *(centre détachable E3, **90**) : 21, rue de la Juiverie. ☎ 02-40-47-55-05. Tlj.* Un des QG des étudiants (qui vont, tout simplement, au « barduc »), de l'apéro à plus tard dans la nuit. Sa grande terrasse, à l'ombre de l'église Sainte-Croix, dans la rue piétonne, est particulièrement convoitée. Concert les jeudi et vendredi hors saison.

Le Café Cult' *(centre détachable E3, **91**) : 2, rue des Carmes. ☎ 02-40-47-18-49. Fermé dim. À midi menus 14-18 €, le soir 22-23 €.* Difficile de manquer cette belle maison à pans de bois du XVe s. À l'intérieur, décor chaleureux et quelque peu hétéroclite (poutres apparentes, tentures, candélabres...), avec des expos de peinture. Fait aussi resto, cuisine style brasserie, salades pour l'été sur la grande terrasse.

Le Cercle Rouge *(centre détachable E3, **93**) : 27, rue des Carmes. ☎ 02-40-20-16-50. Tlj sf dim-lun, jusqu'à 2h.* Dédié, comme son nom l'indique, à Jean-Pierre Melville. Déco années 1950 avec tables et comptoir en formica (rouge, forcément). Beaucoup y arrivent pour l'apéro et n'en décollent plus ! Boissons pas chères, patrons accueillants. On deviendrait presque un habitué dès la 1re visite.

Le Nid *(centre détachable D2, **92**) : au 32e étage de la tour Bretagne. ☎ 02-40-35-36-49. En saison, ouv lun soir-dim. Hors saison, ouv mer soir, jeu soir, ven soir, sam et dim 10h-2h ; dernière montée 45 mn avt fermeture. Entrée : 1 €. Accès par ascenseur.* Attention, le nombre de personnes étant limité, attendez-vous à patienter un peu. Un étrange oiseau, conçu par Jean Jullien, a installé son nid au dernier étage de la plus haute tour de Nantes. Ne pas hésiter à aller prendre un verre dans ce lieu étonnant et ludique, d'autant plus que sa terrasse offre une vue panoramique sur Nantes à 360°.

Le Vin Vivant *(centre détachable F2, **94**) : 93, rue du Maréchal-Joffre. ☎ 02-40-89-79-83. • thibaut.c@hotmail.fr • Tlj sf dim-lun et mer midi. Ouv mer 17h-23h, mar 10h45-23h et jeu-sam 10h45-15h et 16h30-minuit. Congés : 3 sem en juil-août. Carte 20-25 €.* La vieille enseigne annonce encore une « Épicerie du Maréchal ». C'est le Joffre de la rue, évidemment, pas le « Maréchal nous voilà » de sinistre mémoire. Dans ce décor millésimé, l'accueillant jeune patron (autrefois sommelier chez un étoilé) a posé une foule de bouteilles fort bien choisies (des vins naturels exclusivement) et quelques tables façon bistrot pour accompagner des petits plats maison (soupes, tartines, desserts d'enfance) cette impeccable sélection.

La Comédie des Vins *(centre détachable D3, **95**) : 4, rue de Suffren.*

☎ *02-40-73-11-68. Ts les soirs sf dim-lun. Congés : 1re quinzaine de janv, 2de quinzaine d'août.* Adorable petit lieu où les vins sont joliment mis à l'honneur par une trentaine de flacons proposés au verre mais qui tournent régulièrement. Accueil souriant, conseils professionnels. Pour mettre un peu de solide dans le liquide, quelques savoureuses tartines sont proposées. Les costards-cravates y font halte après le boulot, quelques bobos complètent le décor, attirés par le judicieux choix de plus de 350 bouteilles, à emporter ou à déguster sur place. Petite terrasse sur rue.

Dans le quartier Graslin et autour

Radisson Blu Hotel *(centre détachable D2,* ***99****) : 6, pl. Aristide-Briand.* ☎ *02-72-00-10-00. Tlj.* Installé dans l'ancien palais de justice de Nantes, datant du XIXe s, entièrement réaménagé et relooké par Jean-Philippe Nuel, voici l'un des très luxueux et originaux hôtels nantais. À défaut de pouvoir y dormir dans l'une des 150 superbes chambres design, on vous recommande d'aller y prendre un verre pour admirer le décor de l'impressionnante ex-salle des pas perdus, ou même de dîner dans l'ancienne cour d'assises qui fut en activité jusqu'en 2000. On y prendrait bien perpet' !

Sur l'île de Nantes

Le Hangar à Bananes *(plan détachable B-C5,* ***103****) : 21, quai des Antilles. • hangarabananes.com •* Au bout de l'île de Nantes, l'un des coins branchés de la ville, qui attire familles et promeneurs en journée, dans la *Hab Galerie,* un lieu d'exposition consacré à l'art contemporain, puis la jeunesse festive nantaise en soirée. Difficile de recommander un bar plutôt qu'un autre, ils sont une quinzaine en rang d'oignons à étaler leurs transats face à la Loire. Tous arborent une déco design et originale, certains ont une salle pour danser ou recevoir des musiciens. On choisira selon l'humeur, l'heure et la clientèle du jour déjà présente.

L'Absence *(plan détachable E4,* ***105****) : parvis de l'Ensan, 6, quai François-Mitterrand.* ☎ *02-40-74-85-43. Tlj sf lun, 12h (15h le w-e)-20h (ferme beaucoup plus tard en été).* Un bar-snack installé dans ce qui était à l'origine une œuvre d'art contemporain du programme *Estuaire* : une déroutante sculpture, une masse organique qui semble presque vivante... Étonnant endroit donc, prolongé d'une grande terrasse. Quelques petits trucs à grignoter et de nombreux événements au fil de l'année.

Le Café de la Branche et la librairie *(plan détachable D4,* ***104****) : bd Léon-Bureau, devant les* Machines de l'île, *juste au pied de la branche prototype de l'*Arbre aux hérons. *Tlj sf lun hors saison 10h-18h30 (20h30 en été).* Après avoir visité les *Machines de l'île* et fait un tour en *Éléphant* ou sur le *Carrousel,* une petite halte s'impose dans ce sympathique café doté d'une petite terrasse, pour se remettre de ses émotions.

Où boire un verre... tardif ?

Nantes est une ville étudiante, donc on sort tard. La plupart des bars de nuit et des pubs se trouvent dans le quartier du Bouffay, le vieux centre piéton, dans le quartier Graslin, mais également au *Hangar à Bananes* sur l'île de Nantes.

Dans la vieille ville et à proximité

La Maison Café *(centre détachable F2,* ***110****) : 4, rue Lebrun.* ☎ *02-40-37-04-12. • lamaisonkf@gmail.com • Dans une petite rue après l'esplanade du château (cours Saint-Pierre). Tlj 15h-2h.* L'un de nos bistrots favoris à Nantes. La déco kitsch et colorée, très réussie, reproduit avec astuce les pièces d'une maison des années 1970, dont chacune possède son ambiance, sa lumière et ses objets typiques. On a flashé sur la cuisine, mais vous pourrez préférer la salle de bains, le salon ou la chambre.

Également quelques tables dans la cour, chauffée en hiver, près de la fontaine, où il ne manque que les nains de jardin ! Bonne musique, bon accueil, bon esprit et bières pas chères. Pour la jeunesse bohème moderne.

Le P'ti Zinc (centre détachable E3, **111**) : *10, rue de l'Emery. ☎ 02-40-20-04-08. Tlj.* Une grande terrasse dans un recoin du quartier piéton, où l'on se dispute une table libre pour ne plus la quitter. Un bon lieu d'observation des déambulations chaotiques des fêtards du week-end. Petite mezzanine et minuscule bar à l'intérieur. Les cocktails au rhum sont dosés costaud ! Modération, donc. Surveiller les affiches et *flyers* au bar pour savoir où continuer la soirée.

Buck Mulligan's (centre détachable E3, **113**) : *12, rue du Château. ☎ 02-40-20-02-72. • buck.nantes@wanadoo.fr • buckmulligans.fr • Ouv lun-sam 16h-2h, dim 16h-1h. Fermé dim-lun en juil-août. Tarif happy hour offert sur présentation de ce guide.* Ce serait dommage de ne pas pousser la porte. Un pub irlandais sympa comme tout, distillant une bonne ambiance et tirant la *Guinness* bien comme il se doit. Scène ouverte le lundi, et chaque jeudi, concert autour du blues. Autres soirées musicales de temps en temps. Pour un peu, on se croirait sur l'île d'Émeraude. Extra !

Au Chien Stupide (centre détachable E3, **114**) : *4, rue des Carmélites. Tlj 11h (16h dim)-2h.* Ambiance éminemment jeune, musique et murs couverts de posters. Passer *the door* pour une bonne mousse arrosée de décibels avec vinyles des années 1950 à 1970. Le week-end, on peut même apporter ses collectors pour les écouter en société. Généreuse terrasse sur le trottoir.

Dans le quartier Graslin et autour

Le Pickwick's (centre détachable D3, **115**) : *3, rue Rameau. ☎ 02-40-73-13-62. Tlj 17h-4h. Concert chaque sem.* Étonnant bar en demi-cercle, idéal pour une rencontre. Terrasse panoramique à l'extérieur. Ambiance assez jeune. Pour ceux qui grelottent de soif à une heure avancée de la nuit, ce bar bien connu ferme tous les jours à 4h du matin ! On y fête aussi enterrement de vie de célibataire, anniversaire, départ, et toute occasion pour se retrouver jusqu'à pas d'heure...

Les Fées Maisons (centre détachable E3, **117**) : *3, rue Pré-Nian. ☎ 02-40-48-44-42. Mar-dim 16h-2h. Congés : août.* Par la barbe du grand sorcier, voilà un petit bar magique. Ensorcelé par des objets et grigris bizarres, installé dans quelque petit sofa, on déguste des breuvages et élixirs : potions « inoffensives » (sans alcool), « grisantes » (avec) et « fumantes » (chaudes). Transporté dans un lieu imaginaire où l'on ne jette pas ses sesterces par la fenêtre.

Où sortir ?

Sur l'île de Nantes

Le Floride (plan détachable C5, **130**) : *4, rue de Saint-Domingue. ☎ 02-40-47-66-80. • facebook.com/lefloridenantes • À la pointe ouest de l'île de Nantes (proche du Hangar à Bananes). Mer-dim 23h-5h (jeu-sam 23h30-7h en été).* Concerts régulièrement, sauf en été, pour faire connaître les groupes qui démarrent. C'est LA boîte rock de Nantes, une référence en la matière, toujours à la pointe de l'actualité musicale, que papa a créée il y a plus de 30 ans et que le fiston DJ entretient.

LC Club (plan détachable B-C5, **103**) : *21, quai des Antilles. ☎ 02-40-47-68-45. • lcclub.fr • Au début du Hangar à Bananes. Ven-sam, plus certains autres j. (consulter le site).* Pas donné, l'accès à cette boîte giga où vient danser le ban et l'arrière-ban des jeunes du coin. Immense piste, multibars, et mezzanine dominant les danseurs qui se dézinguent sur de la techno ou du disco. On y a vu David Guetta, Martin Solveig et autres DJs de pointure. Terrasse extérieure pour une bouffée d'air, de nicotine, et un petit bronzage lunaire, avant de se replonger dans les basses et les décibels. Ça chauffe dès minuit.

♫ ***TDA Club*** *(plan détachable E5,* ***131****) : 14, rue Alexandre-Fourny. ☎ 02-40-89-48-60. • soonnight.com • Mer-dim. Entrée gratuite mer, jeu et dim sinon 7 € (sans conso).* On trouvera moins de jolies filles (quoique...) mais plus de beaux garçons dans cette boîte où la clientèle (en majorité homo) n'est pas sectaire. On apprécie l'imagination débordante dont le patron, un vrai pro de la nuit, fait preuve pour animer ses soirées. Ambiance bon enfant.

Dans le quartier de la gare ferroviaire

Le Lieu Unique – CRDC – Scène nationale de Nantes *(plan détachable F3,* ***133****) : quai Ferdinand-Favre. ☎ 02-40-12-14-34. • lelieuunique.com • Bar tlj, jusqu'à 20h dim-lun, 1h ou 2h le reste de la sem.* Lieu culturel de la ville depuis 2000, installé dans l'ancienne biscuiterie LU, cette adresse porte décidément bien son nom. Elle intègre dans le même espace salles de concert, de spectacle, d'expo, un bar, un hammam, etc. Agréable terrasse ombragée avec chaises longues. Programmation éclectique (musiques électroniques, orientales..., théâtre d'avant-garde, danse contemporaine et expos d'art contemporain), qui séduira aussi bien un public branché que toute personne ouverte aux formes d'art les plus contemporaines. Au sous-sol, *Hammam Zein* *(☎ 02-40-89-09-99. • zeinorientalspa.fr • Femmes tlj sf mar 11h-16 (jeu-ven) ou 21h ; hommes slt mar 18h-21h ; mixte jeu et ven 16h-21h aux mêmes heures, plus dim 11h-18h).* Jolie salle de détente. Thé à la menthe compris.

Plus au nord

Espace Paul-Fort – Pannonica *(plan détachable D2,* ***132****) : 9, rue Basse-Porte. ☎ 02-51-72-10-10. • pannonica.com • labouchedair.com • Face au marché de Talensac. Billetterie mar-ven 14h-18h30. Fermé en été. Entrée selon spectacle.* Dans la grande salle de 500 places assises, les deux associations *La Bouche d'Air* et *Nantes Jazz Action* programment toute l'actualité de la nouvelle chanson française et du jazz. En sous-sol dans une ambiance cosy, *Le Pannonica,* club de 140 places, reçoit les grands noms du jazz européen et international.

Où trouver les spécialités nantaises et régionales ?

Noter que plus de 200 commerçants estampillés « J'aime *the* Voyage » proposent des collectors à shopper, à déguster et d'autres pour se faire beau... il y en a pour tous les goûts ! *• levoyageanantes.fr/les-commercants-j-aime-the-voyage/ •*

Maison Lemaître *(centre détachable E3,* ***140****) : 12, rue de la Paix. ☎ 02-40-47-04-12. Mar-sam.* Une des plus jolies épiceries fines de la ville. Bon gâteau nantais (base de poudre d'amande et de rhum), mouzillon (gâteau sec que l'on trempe généralement dans le muscadet), palets nantais... Et puis des sardines sous toutes les formes, dont des sardines chaudes à la nantaise, sel de Guérande. Également de bonnes bouteilles et du Nantillais.

Chocolaterie Gautier-Debotté *(centre détachable D3,* ***141****) : 9, rue de la Fosse. ☎ 02-40-48-23-19. Mar-sam.* Spécialités de sardines de Nantes (si, si, c'est bien du chocolat !), berlingots artisanaux, mascarons nantais (de délicieux chocolats feuilletés et enrobés de chocolat noir, surmontés d'un mascaron, ce masque qui orne le fronton des immeubles du XVIIIe s) et « raisin à la liqueur ». Dans une merveilleuse boutique comme on n'en fait plus, aux murs recouverts de boiseries et croulant sous les lustres en cristal. ***Autres boutiques*** rue Crébillon *(centre détachable D3),* où l'on trouve le fameux gâteau nantais, rue de Budapest et place Viarme *(plan détachable D2).*

Les Rigolettes Nantaises *(centre détachable E2-3,* ***143****) : 18, rue de Verdun. ☎ 02-40-48-00-39. Lun-sam 10h-19h.* C'est ici que vous pourrez acheter les fameuses rigolettes nantaises, ces délicieux bonbons fourrés à la pulpe de fruits et le gâteau nantais.

ABC Terroirs *(centre détachable E2,* ***144****) : 5, pl. Saint-Pierre. ☎ 02-40-89-76-26. Lun-sam.* Un bon choix de spécialités régionales, de Nantes au Grand Ouest. Des produits salés, alcoolisés ou sucrés, qui se déclinent aussi en paniers cadeau. Une **autre boutique** 9, rue Franklin.

La Trinitaine *(centre détachable E2,* ***145****) : 4, pl. Saint-Pierre. ☎ 02-40-20-33-36. Lun-sam 10h-19h30, plus dim l'été 15h-19h30.* Magasin de la fameuse marque de biscuits bretons. Toutes sortes d'autres produits de la patrie d'Anne (qui a dit que Nantes n'est pas en Bretagne ?). Quant à l'accueil, c'est pas toujours du gâteau ! Dommage.

La Friande LU *(plan détachable E2,* ***146****) : 12, rue Paul-Bellamy. ☎ 02-40-20-14-68. Lun 14h30-19h, mar-sam 9h45-19h.* Une boutique qui fait son beurre avec le Petit Lu, mis ici dans tous ses états. De beaux articles, bien qu'assez chers.

L'Atelier Saint-Michel *(centre détachable E3,* ***147****) : 39, rue de Verdun. ☎ 02-51-86-52-89. Lun-sam 10h-19h.* La vitrine nantaise de la biscuiterie de Saint-Michel-Chef-Chef qui produit, entre autres, les fameuses galettes Saint-Michel.

LOIRE-ATLANTIQUE

À voir

La vieille ville et le quartier du Bouffay
(centre détachable E-F2-3)

LE « P » DU PUITS

Au fil de vos balades dans les rues de Nantes, observez donc certains numéros de plaque des immeubles du XVIIIe s. Point de « b » pour « bis » ou de « t » pour « ter ». Ici, c'est le « p » qui prend le relais. Une des règles imposées par le maire de la ville à cette époque, pour signaler les maisons dotées d'un puits. Elles pouvaient contribuer à éteindre un incendie.

La cathédrale Saint-Pierre-et-Saint-Paul *(centre détachable E-F2) : pl. Saint-Pierre. Tlj 8h30-18h (19h l'été). Pas de visite pdt les offices (dim à 10h et à 19h).* Vous serez frappé par l'unité de style de l'édifice (gothique flamboyant) malgré la durée de sa construction (1434-1891), due, entre autres, à des problèmes de financement. Sur la façade, remarquables portails à voussures finement sculptées. Les deux tours, érigées en 1508, ont une hauteur de 63 m.

Autant l'extérieur paraît simple, autant l'intérieur, restauré après l'incendie de la charpente en 1972 (représenté sur un tableau dans l'une des chapelles latérales), surprend par sa splendeur et sa luminosité. La nef, avec ses 37,50 m de hauteur, est particulièrement majestueuse. On est presque saisi par la beauté des bas-reliefs entourant les piliers à l'entrée. Les 500 m² de vitraux modernes, réalisés (de 1977 à 1982) par Jean Le Moal et Anne Le Chevalier, donnent au chœur une coloration flamboyante. Bel éclairage nocturne. Les cryptes se visitent (lire plus loin). Dans le transept sud, tombeau pré-Renaissance de François II et Marguerite de Foix, qu'Anne de Bretagne, leur fille, commanda à Michel Colombe. Dans le transept nord, cénotaphe de Lamoricière, encadré de quatre statues symbolisant la Charité, le Courage, la Conciliation et la Foi.

La porte Saint-Pierre *(centre détachable E2) : en allant vers la pl. du Maréchal-Foch.* Cette porte est un vestige de l'enceinte médiévale remaniée au XVe s et posée sur un mur gallo-romain. Au début du XVIe s, on la surmonte du manoir de Gueguen, évêque proche d'Anne de Bretagne. Quand la ville obtient l'autorisation de détruire ses murailles en 1760, la porte Saint-Pierre échappe à la réorganisation du quartier. Elle passera également au travers de la Révolution. Au pied de la porte, un jardin archéologique abrite des vestiges des anciens remparts (gallo-romains et médiévaux).

La place du Maréchal-Foch *(centre détachable E-F2)* **:** les Nantais s'obstinent à l'appeler place Louis-XVI à cause de la statue qui s'élève au milieu. C'est l'une des rares statues en France représentant ce roi (dont deux rien qu'en Loire-Atlantique). La place est bordée d'un superbe ensemble architectural, conçu au XVIIIe s entre les cours Saint-Pierre et Saint-André, qui reliaient le quai de la Loire à celui de l'Erdre. À voir, l'hôtel d'Aux, construit par Ceineray, où séjourna Napoléon en 1808, et l'hôtel Montaudouin, que l'on doit à Crucy. Près de la cathédrale, la porte Saint-Pierre, vestige de l'enceinte médiévale remaniée au XVe s et posée sur un mur gallo-romain (voir ci-avant).

Les cryptes de la cathédrale (centre détachable F2) **:** *entrée à l'arrière de la cathédrale, par le cours Saint-Pierre, juste à l'entrée du sq. de la Psalette. Tlj en été, 10h-19h. GRATUIT. Pour plus d'infos : ☎ 0892-464-044 (0,35 €/mn + prix d'appel).* Une partie de la crypte, du XIXe s, est située juste sous le chevet de la cathédrale. Quatre alcôves présentent l'histoire de la cathédrale. La crypte romane (XIe s) abrite de belles vitrines de chasubles, sceptres, étoles, chape, croix de procession, ciboires, calices et autres ostensoirs.

Le square de la Psalette *(centre détachable E-F2)* **:** *à droite de la cathédrale.* Il relie le cours à la place Saint-Pierre. Dans le jardin, un hôtel particulier du XVe s. On aperçoit aussi d'anciens bouts de remparts, qui descendaient jusqu'au château et à la Loire. C'est dans une rue voisine, la rue Mathelin-Rodier, que fut arrêtée la duchesse de Berry en 1832.

LE FEU AUX FESSES

En 1832, Marie-Caroline, duchesse de Berry, voulut soulever les Vendéens dans un grand mouvement légitimiste. Recherchée par la police, elle se réfugia dans un appartement à Nantes. Lors de la fouille, ceux-ci firent du feu dans la cheminée, car il faisait froid. Mais c'est précisément derrière la cheminée que la duchesse s'était planquée. Sa robe prit feu ! Elle urina dessus pour l'éteindre. Finalement, à moitié asphyxiée, la duchesse se serait livrée.

Le château des ducs de Bretagne (centre détachable F3) **:** *☎ 0811-46-46-44 (tarif local). • chateaunantes.fr • ♿ (label 4 handicaps, visioguide). Extérieurs tlj 8h30-19h (20h en juil-août). Gratuit. Musée ouv tlj sf lun 10h30-18h (10h-19h juil-août). Entrée musée et expo : 8 € (visite libre), 12 € (visite guidée) ; réduc ; gratuit jusqu'à 18 ans et pour ts le 1er dim du mois (hors juil-août). Audioguide et visioguide : 2 € (y compris en breton). Téléchargement gratuit des parcours de visites sur les plateformes iOS et Android ainsi qu'à l'accueil du musée. Résa des entrées, visites guidées et animations enfants sur le site internet. Café-restaurant* Les Oubliettes *dans le vieux donjon. Librairie-boutique richement achalandée.*

Un peu d'histoire

Le château jouait un rôle défensif, en bordure est des murailles, pour surveiller la route de Paris et la navigation sur la Loire. En 2007, après 15 ans de travaux, le Château des ducs de Bretagne, reconstruit à la fin du XVe s a retrouvé toute sa splendeur. Le château vit la naissance de la duchesse Anne, deux fois reine de France par ses mariages successifs avec Charles VIII et Louis XII. En août 1532, François Ier, usufruitier du duché, y promulgua l'édit prononçant « l'union perpétuelle des pays et duché de Bretagne avec le royaume de France ». C'est ainsi que le château des ducs de Bretagne devint aux XVIe et XVIIe s le logis breton des rois de France.

➢ ***Le château*** n'est pas meublé et vous n'y verrez pas le lit d'Anne de Bretagne ! L'édifice en tant que tel s'apprécie de l'extérieur, et le ***circuit des remparts*** permet d'en prendre la mesure. Une fois passées les rudes murailles en bloc de granit, on découvre côté cour l'élégante résidence ducale en pierre de tuffeau d'inspiration Renaissance, resplendissante avec les façades du Grand Logis et du Grand Gouvernement. Belle mise en lumière le soir.

➢ L'intérieur du château renferme le ***musée d'Histoire de Nantes*** de la période médiévale à nos jours, tout au long d'un passionnant parcours à la fois chronologique et thématique. On découvre ainsi, au fil d'une trentaine de salles combinant fort intelligemment pièces de collection et installations multimédia, l'évolution et les événements qui ont contribué à forger l'identité de Nantes. Le parcours se fait sur les deux corps de logis du château : dans le premier on ne fait que monter. Dans le 2e (suite du parcours), on ne fait que descendre ! À mi-parcours, passage obligé par une haute salle voûtée dotée d'une étonnante cheminée perchée qui culmine à 25 m et que l'on traverse au moyen d'une passerelle suspendue.

– ***Première partie (salles 2 à 17) : de la période médiévale à la fin du XVIIIe s.*** Deux projections intéressantes, en préambule, sur l'histoire d'Anne de Bretagne ***(au sous-sol)*** et sur l'histoire du château ***(salle 6).*** Les premières salles évoquent le passé militaire avec notamment des graffitis ***(salle 4)*** de prêtres réfractaires enfermés ici durant la Révolution. Très courte évocation du XVIe s, en dehors de l'édit de Nantes. Sur les 6 exemplaires originaux connus, aucun n'est conservé à Nantes.

Les salles suivantes sont consacrées au négoce et à l'or noir au XVIIIe s, Nantes est alors le premier port négrier de France. Portrait sans équivoque du riche couple de négociants Deurbroucq ***(salle 11)***, peints chacun avec son esclave-domestique (voir les colliers de servitude). Dans la ***salle 13*** (habillée comme l'entrepont d'un navire négrier), voir le terrible plan du navire *La Marie Séraphique,* une aquarelle réalisée par des négociants fiers de mettre à l'honneur leur navire ! Noter aussi les documents comptables de l'armateur (prix des esclaves) ou encore ces entraves de chevilles et poignets, tellement lourdes de sens. La ***salle 17*** fait office de transition et permet le passage dans le second corps de logis ; là, des écrans interactifs permettent la visite de la ville au XVIIIe s.

LEÇON DE TOLÉRANCE

L'édit de Nantes accordant la liberté de culte aux protestants fut signé en 1598. Mais pourquoi à Nantes ? Pour soumettre la ville, ultra-catholique, et entre les mains du chef de la Ligue, le duc de Mercœur, gouverneur de Bretagne, ouvertement hostile à Henri IV. Cela valait bien un déplacement !

– ***Deuxième partie du parcours (salles 18 à 32) :*** de la Révolution française à nos jours. Brève évocation de la Révolution avec les fameuses noyades ordonnées par Carrier pour faire de la place dans les prisons. Après cette période tourmentée, on retrouve Nantes, port colonial et industriel qui doit faire face à la concurrence du nouveau port de Saint-Nazaire et développe ses biscuiteries, conserveries et savonneries (grande maquette interactive du port de Nantes entre 1900 et 1927 dans la ***salle 21***). Dans la suite du parcours, salles consacrées aux guerres mondiales notamment.

Le jardin Château-Mercœur (centre détachable F3) **:** au pied du château. Réhabilité lui aussi, avec un miroir d'eau de 1 300 m², des jeux géants pour enfants (sur lesquels veille un dragon !) et des arbres en bronze envahis d'oiseaux... Parfait pour recharger les batteries.

Autour du château : vous aurez sans doute remarqué, avant de passer le pont-levis, une ***sculpture*** en bronze ***de la duchesse Anne*** qui veille sur son château. C'est l'œuvre du sculpteur breton Jean Fréour. De là, on gagne le centre-ville par la vieille rue du Château (remarquer, au no 14, l'hôtel de Goulaine, du XVIIe s) et son beau ***Café Sélect*** au décor Art déco. Puis on débouche sur la

place du Pilori. On trouve, au n° 12, deux beaux mascarons, *Jean qui rit* et *Jean qui pleure.* Un *peu plus loin, les Galeries Lafayette, que tout le monde ici continue à appeler Decré, du nom de l'ancien* propriétaire, accueillent une œuvre du *Voyage à Nantes* au 3e étage, réalisée par Cécile Bart : *Suspens de Nantes,* sept panneaux translucides qui agissent comme un vitrail déployé dans l'espace.

Le quartier du Bouffay *(centre détachable E3)* **:** de la rue du Château, on emprunte la rue des Chapeliers. On pénètre là dans le quartier dit « du Bouffay », cœur médiéval de la cité et nom de la place voisine. Pas vraiment d'homogénéité dans ce secteur en partie touché par les bombardements alliés durant la dernière guerre. L'acteur Clark Gable était aux commandes de l'un de ces appareils !

Au croisement des rues de la Juiverie, de l'Emery, des Petites-Écuries et des Chapeliers, animation permanente le soir avec les nombreux bars étudiants et petits restos qui occupent les trottoirs. Au n° 11 de la rue de la Juiverie, bas-reliefs énigmatiques probablement réalisés par un céramiste qui présentait là ses modèles. Au n° 7, l'une des dernières maisons à pans de bois des XVe-XVIe s.

MAUVAIS PLAN

Le jour de l'exécution du comte de Chalais (accusé d'avoir conspiré contre Louis XIII) sur la place du Bouffay, ses amis, désirant le sauver, enlevèrent le bourreau. Mais ce dernier fut remplacé par un autre condamné à mort, un cordonnier qui obtint la vie sauve pour la besogne. Équipé d'une épée non aiguisée et d'une hache à manche trop courte, l'inexpérimenté dut s'y reprendre à 35 reprises avant de l'achever... Au vingtième coup, le comte était toujours conscient. Une boucherie !

Dans le même secteur, les amateurs d'architecture Art déco auront sans doute craqué pour plusieurs façades aux mosaïques multicolores. La plus célèbre, au n° 26 rue de la Marne, est celle de l'ancien ***magasin des rigolettes Bohu,*** œuvre du célèbre mosaïste de l'époque Isidore Odorico. D'autres jolies façades attirent l'œil, comme celle du ***Café du Cinéma,*** 8, rue des Carmélites.

La place Sainte-Croix *(centre détachable E3)* **:** on y trouve l'***église Sainte-Croix,*** de style jésuite. La façade et le portail sont de 1685, mais le registre au-dessus date du XIXe s, tout comme la tour avec anges sonnant de la trompette. C'est ici que fut baptisé le petit Jules Verne en 1828. À proximité, le ***passage Sainte-Croix*** *(☎ 02-51-83-23-75),* l'un des lieux culturels de Nantes. Il propose expos, conférences et débats sur de nombreux sujets *(mar-sam 12h-18h30 et ouv tlj 10h-19h en été).*

On parvient ensuite à la ***place du Change*** *(centre détachable E3).* C'était le point de convergence de tous les grands axes, et donc le plus grand carrefour commercial et d'échanges de la ville. Sur le plan architectural, c'est un ensemble hétéroclite composé d'édifices moyenâgeux qui ont réchappé à la restructuration du quartier, d'immeubles des XVIIIe et XIXe s, et de quelques-uns d'après-guerre. Au n° 2 de la place, voir la superbe *maison dite des Apothicaires,* du XVe s, l'une des rares maisons à pans de bois et encorbellement, décorée de quelques sculptures en bois polychromes (elle abrite aujourd'hui la maison de la Poésie et *Le Café Cult'*).

IRONIE DE L'HISTOIRE

Le 20 octobre 1941, le lieutenant-colonel Hotz, qui commandait les forces d'occupation à Nantes, fut abattu près de la cathédrale par un jeune résistant. En représailles, 50 personnes furent prises en otages et 48 furent exécutées le 22 octobre. C'est pour leur rendre hommage que les anciens quais de l'Erdre furent baptisés, en 1944, cours des Cinquante-Otages. Or, c'est ce même Karl Hotz, alors ingénieur, qui avait aménagé l'Erdre en 1926, au titre des dommages de la Première Guerre mondiale.

Le cours des Cinquante-Otages *(centre détachable E2-3)* **:** large artère coupant en deux le centre-ville dans le sens nord-sud, il suit l'ancien cours de l'Erdre, comblé à partir de 1940 et occupé aujourd'hui par la ligne de tramway.

La tour Bretagne *(centre détachable D2)* **:** *à proximité du cours des Cinquante-Otages.* Immanquable ! Nantes aurait pu se passer de ce hideux gratte-ciel, triste symbole des ambitions modernistes des édiles de l'époque, inauguré en 1976. Il fut « vendu » comme le seul building entre Paris et New York ! Celui-ci domine le cours des Cinquante-Otages du haut de ses 145 m. On peut accéder au dernier étage et apprécier (par temps dégagé) une vue à 360° sur la ville (voir « Où boire un verre ? *Le Nid* »).

Le quartier Graslin et autour
(centre détachable D3)

Tout un quartier entièrement pensé au XVIIIe s par le receveur général des fermes du royaume, le sieur Graslin, qui acheta de vastes terrains en vue de construire un ensemble d'immeubles de rapport dominant le port.

La place du Commerce *(centre détachable D-E3)* **:** *située sur l'ancien port au vin.* Le palais de la Bourse fut édifié par Mathurin Crucy au début du XIXe s, dans le style néoclassique. Il accueille aujourd'hui la *Fnac.* Place toujours très animée, grâce à ses nombreux cafés.

La place Royale *(centre détachable D3)* **:** construite à la fin du XVIIIe s par Crucy, architecte de la ville, puis bombardée en 1943, elle fut reconstruite à l'identique après la guerre et restaurée en 2007 (où elle devint alors piétonne). Au centre, fontaine de granit bleu et bronze représentant la Loire (sous la forme d'Amphitrite, fille de Neptune) et ses affluents, surmontée de la Ville de Nantes. Celle-ci se dresse le poing levé, non pas pour manifester (bien que l'endroit serve de point de ralliement à toutes les manifs nantaises), mais parce qu'elle est censée tenir un trident régulièrement subtilisé. Une blague de potache ! Ah, les jeunes...

Le passage Pommeraye *(centre détachable D3)* **:** ouvert en 1843 sous Louis-Philippe, il fut créé pour relier de manière monumentale la Bourse et le quartier Graslin où siégeaient les banques et les assurances. Devenu le symbole même de la ville, cet étonnant passage couvert *(fermé le soir à 20h)* fut filmé par le cinéaste Jacques Demy dans *Une chambre en ville* et dans *Lola,* où Anouk Aimée le descend. Long de 103 m, il tient son originalité de son escalier central, compensant la dénivelée de 9,40 m entre les deux extrémités du passage mais qui posa bien des problèmes techniques aux architectes. Sa décoration (escalier et statues) devint une sorte de vitrine du savoir-faire de la ville. Rien n'était trop beau ni trop cher. À tel point que M. Pommeraye finit le chantier en faisant faillite. Bordé de belles boutiques (peut-être l'occasion de se poser au niveau intermédiaire, au salon de thé *La Passagère* ?), le passage est toujours très animé et rejoint la galerie commerciale *Cœur de Nantes.* À la sortie rue Crébillon, au-dessus du porche, buste de Crucy.

La rue Crébillon *(centre détachable D3)* **:** cette rue piétonne est en quelque sorte le « faubourg Saint-Honoré » de Nantes. Grande animation le samedi, quand Nantais et Nantaises s'adonnent à leur activité favorite : « crébillonner ». C'est ici que s'exprime au mieux l'expression « immeubles de rapport » dans lesquels investissaient la bourgeoisie locale.

La place Graslin et le Grand Théâtre *(centre détachable D3)* **:** le Grand Théâtre (1788), voulu par Graslin lui-même fut construit dans un style purement néoclassique, toujours par Crucy. Au no 4, brasserie *La Cigale,* splendide établissement inauguré en 1895, véritable délire de mosaïques, peintures, céramiques, tapisseries, boiseries. La place, entièrement refaite et désormais piétonne, est joliment mise en lumière la nuit.

Le cours Cambronne *(centre détachable D3)* **:** à l'angle de la brasserie La Cigale s'amorce ce cours de grande élégance qui porte le nom d'un général né à Nantes (1770) et mort en 1842 à deux pas de son lieu de naissance, après avoir participé à toutes les guerres de la Révolution puis de l'Empire. Propriété du monastère des Capucins, confisqué à la Révolution, puis vendu, le cours répond à un projet d'habitation et de promenade publique, dessiné par Crucy (encore lui) et achevé en 1848. Ce cours toujours piéton est bordé d'immeubles rythmés d'éléments d'une remarquable unité architecturale : soubassements granitiques, terrasses au premier niveau, balcons filants, sobres pilastres. Dans le jardin, vous observerez l'une des 5 fontaines Wallace de Nantes (les autres sont à Paris !), et à l'extrémité ouest du cours, les toilettes publiques, d'époque, les plus chic en ville ! Un charme et un cadre exceptionnels.

CRU SUR PAROLE

Au centre du cours Cambronne, le bronze du général nantais (1770-1842) porte ses célèbres paroles à Waterloo : « La garde meurt mais ne se rend pas. » Quant au légendaire mot « merde » qui s'ensuivit, s'il est passé à la postérité, c'est parce qu'il a été évoqué par Victor Hugo dans Les Misérables, *alors qu'il ne fut vraisemblablement jamais prononcé par le général.*

Le muséum d'histoire naturelle (centre détachable D3) **:** *sq. Louis-Bureau, pl. de la Monnaie. ☎ 02-40-41-55-00. • museum.nantes.fr • Tlj sf mar et certains j. fériés hors juil-août, 10h-18h (19h l'été). Entrée : 4 € ; réduc ; gratuit moins de 18 ans et pour ts le 1er dim du mois sept-juin.* Au rez-de-chaussée, salle de minéralogie et de paléontologie, mais surtout très beau vivarium qui fascinera les enfants. Au 1er étage, on admire l'immense et complet squelette de baleine (celui de l'éléphant d'Asie n'est pas mal non plus), et surtout la remarquable collection de reptiles, mammifères marins ou mammifères tout court. Dans les vitrines de la mezzanine, oiseaux et coquillages. Expos temporaires au rez-de-chaussée.

Tout à côté, au ***musée Dobrée*** *(plan détachable C3 ; en travaux)*, expo temporaire dans le bâtiment Voltaire présentant une partie des collections d'archéologie du département.

Le Mémorial de l'abolition de l'esclavage (plan détachable C-D4) **:** *quai de la Fosse, entre le pont Anne-de-Bretagne et la passerelle Victor-Schœlcher. ☎ 0811-46-46-44. • memorial.nantes.fr • Tlj 9h-18h (20h de mi-mai à mi-sept). GRATUIT.* Inauguré en 2012, il est signé Krzysztof Wodiczko et Julian Bonder. Un lieu à la fois émouvant et nécessaire. Ce parcours méditatif emprunte une promenade souterraine, le long de la Loire. Le choix du site n'est évidemment pas anodin puisque le quai de la Fosse était le point de départ et d'arrivée des navires négriers dans le cadre du commerce triangulaire. La première partie retrace l'histoire de la traite atlantique, sur fond de chants et de témoignages. L'autre partie rappelle, avec des textes et des citations de Toussaint Louverture, Martin Luther King ou encore Nelson Mandela, le combat pour l'abolition de l'esclavage. Le parcours se termine symboliquement à la lumière du jour avec la Déclaration universelle des droits de l'homme de 1948. Sur le quai, dans des pavés translucides, sont gravés les noms des quelque 2 000 expéditions négrières qui partirent de Nantes au cours du XVIIIe s.

Les armateurs nantais ne voyaient en fait que le résultat des échanges, ils n'étaient jamais confrontés à la réalité et à l'horreur de l'esclavage, ce qui évitait sans doute les états d'âme.

PROTECTION DIVINE

Autrefois, les marins prirent l'habitude de se faire tatouer une croix sur tout le dos afin de se protéger des punitions par flagellation. En effet, c'était un péché que de frapper un symbole chrétien.

Le quai de la Fosse *(centre détachable D3-4)* **:** c'est là qu'accostaient les bateaux partant pour l'Afrique ou revenant des îles. On rappelle que la Loire venait lécher le quai jusque dans les années 1930. De nombreux immeubles d'armateurs du milieu du XVIIIe s rappellent l'époque florissante du commerce maritime à Nantes. Remarquer les thèmes marins ou bachiques de certains mascarons (n°s 41-42, par exemple). À deux pas, la *médiathèque Jacques-Demy* (qui abrite le musée de l'Imprimerie).

Le musée de l'Imprimerie (centre détachable D4) **:** *24, quai de la Fosse.* ☎ *02-40-73-26-55.* ● *musee-imprimerie.com* ● *Dans la médiathèque Jacques-Demy. Lun-sam 10h-12h, 14h-17h30 (fermé j. fériés, plus sam en été). Excellente visite guidée (on la conseille !) de 2h tlj sf dim, à 14h30. Entrée : 6 € ; réduc. Pour les enfants, livret de jeux.* Les différentes techniques de l'imprimerie y sont présentées avec intelligence et passion. De Gutenberg jusqu'à la lithographie, on passe en revue trois grandes techniques : la typographie, la lithographie et la taille douce. L'***atelier,*** qui fonctionne toujours, abrite des dizaines de machines de toutes les époques, mais surtout des XVIIIe et XIXe s. Dans la ***deuxième salle,*** vitrines de matériels d'imprimerie.

LOIRE-ATLANTIQUE

L'île Feydeau (centre détachable E3)

Une « île » qui n'en est plus une depuis le comblement des bras de Loire, en 1926. Mais les Nantais l'appellent toujours ainsi. De récents aménagements l'ont d'ailleurs symboliquement entourée d'un fleuve de verdure (de larges pelouses côté Turenne et une allée de platanes côté Duguay-Trouin). Et si les anciens quais se devinent, le quartier demeure toujours isolé du reste de la ville. Tout a débuté par le projet d'un lotissement pour Nantais nantis, en 1730, en place d'un banc de sable marécageux. De 1740 à 1780, en plein commerce triangulaire, de superbes immeubles de rapport s'y construisent pour les armateurs négociants. Chaque propriétaire a affirmé sa fortune et son goût dans la décoration des façades. On n'avait pas la fortune discrète.
Sur les pas du bambin Jules Verne, né au 4, cours Olivier-de-Clisson (il y a une plaque), partons en voyage sur ce « bateau de pierre ». Nantes Tourisme propose une visite du quartier avec audioguide, mais pour accéder à certaines cours d'immeubles, nous conseillons la visite guidée « Cours secrètes et passages couverts » organisée par le château des ducs. Sur l'esplanade Carré-Feydeau, amusez-vous au *Feydball,* un déconcertant espace sportif tout en anamorphose, imaginé pour *Le Voyage à Nantes.*

Le quai Turenne *(centre détachable E3)* **:** les Nantais continuent de l'appeler « quai », car la Loire le bordait. C'est d'ici qu'on a la meilleure vue d'ensemble sur les bâtiments et leurs façades au coude à coude, orientés vers le sud. La pierre blanche (le tuffeau de Loire) et les sculptures sont mises en valeur par le moindre rayon de soleil. Les techniques de fondations sur pilotis (sur le modèle des villes hollandaises) n'auront pas suffi : les bâtiments sont aujourd'hui tout de guingois, comme agités par une houle trop forte (voir les n°s 12 et 13 en particulier). Au n° 1 bis, immeuble restauré avec des pilastres du XVIIIe s ; c'est l'ancienne chapelle Notre-Dame-de-Bon-Secours. Au n° 10, mascarons figurant Neptune au centre et les quatre éléments. Au n° 10 bis, deux mascarons représentent un couple de bourgeois nantais, reconnaissables à leurs nattes liées sous le menton, les joues bien pleines.

L'immeuble Perraudeau : *au n° 13 de l'allée Turenne.* Reconnaissable à sa porte d'entrée à l'aspect furieusement penché. Les balcons ont un style différent à chaque étage : un signe d'opulence. Les cinq travées de la façade et les mascarons symbolisent aussi de façon très ostentatoire la richesse du proprio : l'Amérique et l'Europe (les lieux du commerce), Éole (qui pousse les navires) et Bacchus (le vin, l'un des objets du commerce).

La place de la Petite-Hollande *(centre détachable D-E3)* **:** dans ce secteur résidaient les grands marchands hollandais, plus fort contingent d'étrangers de la ville (d'où le nom de la place). Au n° 1, l'hôtel le plus ancien de l'île ; peu de décor, sauf sur les consoles. C'est aussi le plus penché. Au n° 2, jolie collection de mascarons. Au n° 3, le plus grand hôtel particulier du quartier, l'hôtel de la Villestreux, le seul avec porte cochère et pas moins de 108 portes et fenêtres.

La rue Kervégan : du nom du maire de Nantes de 1789 à 1791, c'est l'une des rues les plus pittoresques de Nantes avec ses petits pavés. Les balcons « filants » (qui regroupent plusieurs fenêtres) constituent l'une des particularités de l'île Feydeau. Pour illustrer la richesse de leurs commanditaires, les architectes ont déployé toutes les formes connues d'encorbellements : sur console, sur trompe... Ils firent appel aux meilleurs serruriers, qui réalisèrent des chefs-d'œuvre de ferronnerie. Au n° 19, on notera une très belle façade ornée de corsaires, résultat d'une récente rénovation.

Le Temple du Goût : *16, allée Duguay-Trouin.* Il doit son surnom à un poème en prose de Voltaire (qui n'a jamais mis les pieds ici), et c'est sans doute l'immeuble le plus spectaculaire de l'île, pour ses balcons filants. À l'intérieur, son escalier monumental est de toute beauté (encore faut-il pouvoir entrer pour le voir). Encadré de deux colonnes, ses marches en pierre décrivent une superbe courbe bien mise en valeur par une rampe de ferronnerie de très belle facture.

Le Mur tombé du ciel : *pl. Ricordeau (tt à côté de l'hôtel-Dieu).* Imaginé par la fameuse compagnie Royal de Luxe installée à Nantes, ce mur met en scène dans un style coloré à la Diego Rivera, le peintre mexicain, les personnages, sites et événements les plus représentatifs de Nantes. Les fans de la troupe et de ses fabuleux spectacles de rue reconnaîtront au premier plan la délicieuse petite géante.

L'île de Nantes *(plan détachable C-D-E-F-G4-5)*

L'île de Nantes résulte de la fusion, dès 1926, des îles Beaulieu (à l'est), de petite et grande Biesse (au nord) et Sainte-Anne (au sud-ouest). Modelée par l'homme, la nature se livrera tout entière aux desseins industriels modernes, dont les chantiers navals. Au nord de la Prairie-au-Duc, ils produiront leur dernier navire en 1987.
Désindustrialisation, carcasses d'anciennes usines, grues immobiles, il fallait rebondir. L'architecte Alexandre Chemetoff propose un découpage en parcelles, développées les unes après les autres selon le projet d'un cabinet d'architecte chaque fois différent. Principales constantes : la mixité entre habitat, bâtiments administratifs, entreprises, espaces verts ou de loisir. De même, un gros effort est fait pour garder le maximum de témoignages du passé industriel de l'île. Ainsi, pavés, rails, grues, piles du pont transbordeur (pont démonté au grand regret des Nantais en 1954), cales sèches ou anciens bâtiments tiennent un rôle dans ce puzzle.
On peut ainsi découvrir le quartier de la Création (de l'école d'architecture au *Hangar à Bananes*) qui comprend le palais de justice, le quai François-Mitterrand... ou encore le Parc des Chantiers (des *Machines* jusqu'au *Hangar*).

UNE PINCE DE SELLE

Malin, le révolutionnaire Poupoupidou, inventé à Nantes et primé au concours Lépine en 2015. Cette petite pince magnétique toute simple (c'est bête, mais fallait y penser !) se fixe sous la selle, retient la jupe par le milieu, et permet de pédaler le nez au vent, sans dévoiler la couleur de sa petite culotte ! (● lepoupoupidou.fr ●)

– ***Info pratique :*** l'île est assez grande. Pour l'explorer sans trop se fatiguer, la location d'un vélo est une bonne solution. L'île est parsemée d'œuvres du parcours *Estuaire.* On n'en mentionne que quelques-unes. Ne pas manquer, par exemple, l'œuvre de François Morellet *(De Temps en temps)* sur le bâtiment Harmonie Atlantique, ou encore *L'Arbre à basket* (par l'agence A/LTA).

La passerelle Victor-Schœlcher *(plan détachable D4)* **:** *entre la pl. de la médiathèque et l'île de Nantes.* Ⓣ *Médiathèque (ligne n° 1).* Conçue par Jean-Bernard Datry et réalisée en 2001 par les fameux architectes Barto et Barto, cette passerelle lance ses 150 m d'acier et béton armé pour relier la ville au palais de justice. Montée sur vérins, elle suit le rythme de la marée (amplitude moyenne de 3 m, avec des records exceptionnels à 5 m). Ils ont également conçu le parking métallique *La Machine,* boulevard Léon-Bureau.

Le palais de justice *(plan détachable D4)* **:** *à l'extrémité de la passerelle Schœlcher.* On aime ou pas ce bâtiment moderne, mais sa riche conception mérite quelques explications. Jean Nouvel n'a rien laissé au hasard dans cette « Maison de la justice » et tous les critères d'un bâtiment néoclassique sont respectés : élévation face à l'espace public, dégagement, colonne soutenant l'ensemble. La transparence du bâtiment (transparence de la justice ?) crée un lien entre la vieille ville et ce quartier en mutation de l'île de Nantes. De même que le reflet de la ville ancienne sur la façade crée une connexion avec le palais. Ici, le carré est roi : le carré, c'est l'équité des côtés. Alors il s'en est donné à cœur joie : des dallages aux vitres de la façade en passant par les blocs cubiques des prétoires, on vous défie de trouver un seul rectangle ou cercle (seul un cylindre symbolise le passé industriel de Nantes) ! Le marbre du Zimbabwe au sol de la salle des pas perdus est un véritable miroir. Une Justice toute vêtue de noir (comme le bâtiment, témoin du passé industriel du quartier) et de rouge (comme l'intérieur des salles d'audience, une couleur symbole d'émotion). Rouges également, les textes fondateurs du droit français et les citations qui défilent sur des panneaux d'affichage digital, une œuvre de l'artiste américaine Jenny Holzer. Enfin, les salles de délibération sont blanches, sans doute pour évoquer la neutralité.

Le quai François-Mitterrand et autour *(plan détachable D4 et B5-6, C4-5)* **:** *face au quai de la Fosse.* Depuis la passerelle Schœlcher et le palais de justice, on parcourt les bords de Loire par une promenade aménagée. Au programme, les piles du **pont transbordeur** (sous le pont Anne-de-Bretagne), le bar-restaurant flottant ***Le Nantilus, La Fabrique*** (l'espace de création et expérimentation culturelles de la ville, ● *lafabrique.nantes.fr* ●), le site des ***Machines de l'île,*** les ***cales sèches*** des chantiers navals transformées en jardin pour enfants et en plage de sable, les anciennes ***grues Titan, le restaurant « Le 1 »*** avec sa terrasse de toiles pour profiter des beaux jours, les 8 œuvres *Estuaire* dont les ***Anneaux de Buren*** et, enfin, le ***Hangar à Bananes.*** Des aménagements se développent au fil de l'eau pour ajouter une dimension végétale à cette agréable balade (très courue le dimanche par les familles nantaises). Cette partie ouest de l'île de Nantes est en plein travaux d'aménagement avec des édifices culturels, des immeubles d'habitation, des bureaux qui éclosent comme des champignons... Parmi ceux-là, derrière le palais de justice, voir l'immanquable édifice IDM, comme enrobé d'une résille métallique qu'on appelle « Manny » car son revêtement rappelle, selon certains, la fourrure du mammouth du film *L'Âge de glace* ! C'est (tendre l'oreille) une sculpture sonore de Rolf Julius. Et vous ne pouvez pas rater, juste devant, les déroutants passages piétons d'Angela Bulloch (deux œuvres du parcours *Estuaire*). Oserez-vous traverser ? À deux pas, encore une surprenante œuvre d'art contemporain du parcours *Estuaire* avec le *Mètre à ruban* géant de Lilian Bourgeat, qui s'étend dans la cour d'un immeuble. Depuis 2016, voir également *Traverses,* boulevard Léon-Bureau, ou encore le curieux espace de jeux *Ping-Pong Park* de Laurent Perbos, square Mabos. Rue de la Tour-d'Auvergne, explorez une palissade plutôt inattendue, *Oscillation*. Une grande liberté créative souffle ici, sans jamais se départir de l'idée de qualité de vie.

Le pont Anne-de-Bretagne *(plan détachable C4)* **:** même s'il n'a rien de particulièrement remarquable sur le plan esthétique, ce pont symbolise la frontière officielle entre la Loire fluviale et la Loire maritime.

Les Machines de l'île *(plan détachable C-D4)* **:** *bd Léon-Bureau. ☎ 0810-12-12-25 (nº Azur). • lesmachines-nantes.fr • Ⓣ Chantiers-Navals (ligne 1). Juil-août, tlj 10h-19h ; de mi-avr à fin juin et sept-oct, tlj sf lun, 10h-17h (18h sam-dim et tlj pdt les vac scol) ; de mi-fév à mi-avr et nov-déc, tlj sf lun, 14h-17h (18h w-e et vac scol). Fermé début janv et réouverture avt vac de fév. Voyage en Éléphant ttes les 45 mn (durée 30 mn), vente de billets en continu pour le j. même. L'Éléphant fait 12 tours/j. en été et 6 tours/j. en hiver. Entrée pour la Galerie des Machines, ou Voyage en Éléphant ou le Carrousel des mondes marins : 8,50 € ; réduc. Boutique en ligne.*
Les Machines de l'île se sont installées dans les hangars des anciens chantiers navals. On y exhibe le processus de création et le fonctionnement des drôles de bestioles imaginées par les géniaux François Delarozière et Pierre Orefice : d'improbables machines à la croisée des mondes de Jules Verne et des automates de Léonard de Vinci. En moyenne, 50 artisans de différents métiers interviennent ici. Un projet génial, en évolution permanente, qui fait revivre ce coin de Nantes en lui redonnant sa part de rêve. L'*Éléphant* est aujourd'hui devenu le porte-drapeau de l'image nouvelle de la ville. Le *Carrousel des mondes marins* fonctionne depuis 2012, en attendant *L'Arbre aux hérons,* qui devrait être terminé pour 2021.
– ***La Galerie des Machines :*** on y découvre tout le monde animal et végétal destiné à animer *L'Arbre aux hérons,* un projet dément d'une sculpture monumentale (45 m de diamètre pour 35 m de haut) équipée de jardins suspendus. Depuis 2007, un écosystème propre à l'arbre a fait l'objet d'une mise en culture afin de favoriser l'enracinement du végétal dans l'acier. Temps forts de la visite : un héron de 8 m d'envergure qui survole la *Galerie*, une fourmi géante animée par cinq personnes et une araignée. Une fourmi qui court sur un tapis roulant, une taupe qui sort de terre, une chenille arpenteuse qui se déplace sur une branche, des plantes mécaniques carnivores... Au fil des années, tout ce monde animal et végétal qui peuple les arbres sera expérimenté sous les yeux des visiteurs. En surplomb, de l'autre côté de la nef, une coursive permet d'observer l'atelier de la compagnie La Machine en fonctionnement (sauf le week-end), avec films et photos revenant sur les dessous du *Grand Éléphant* et du *Carrousel.* L'aspect mécanique et la sophistication de l'ensemble n'empêchent nullement la poésie et la beauté de se dégager de ces formidables projets.
– ***Le Carrousel des mondes marins :*** ce manège de près de 25 m de haut et de 22 m de diamètre est installé en bord de Loire. Démentielle sculpture de trois niveaux dédiée à la mer (la surface, les fonds sous-marins et les abysses), c'est un véritable théâtre à 360°, peuplé de créatures fantasmagoriques qui s'animent dans une ambiance musicale maritime. Avant d'embarquer sur l'une des 35 créatures marines, prendre le temps de lire les panneaux explicatifs et de voir fonctionner les trois niveaux de la structure. Raie manta, calamar à rétropropulsion, bateau-tempête, tortue-girafe, attelage marin ou luminaire des grands fonds, autant de sculptures de bois et de métal articulées et mues par des systèmes mécaniques fascinants d'ingéniosité. Il aura fallu près de 6 mois pour mettre au point et réaliser chaque machine. Selon les périodes, deux modes de fonctionnement : mode forain (avec possibilité d'un embarquement) ou mode découverte.
Noter que le *Carrousel* a reçu en 2014 le prix international de l'attraction la plus originale, le *Thea Awards,* l'équivalent des oscars dans le domaine du divertissement à thèmes !
– ***Le Grand Éléphant :*** le proboscidien de Nantes est le cousin de celui « dressé » par la célèbre compagnie Royal de Luxe pour ses grandioses spectacles de rue. Ce pachyderme, haut de 12 m, peut embarquer une cinquantaine de personnes à son bord pour une promenade de 30 mn sur les quais (à la vitesse record de 900 m/h). La sortie est évidemment spectaculaire, et la foule se presse pour voir l'impressionnante bête se mouvoir. De l'intérieur, on découvre les engrenages, tandis qu'un conducteur

et un machiniste actionnent l'éléphant qui barrit et dont la trompe articulée arrose les spectateurs. Évidemment, c'est un spectacle incontournable avec des enfants !

Le Hangar 32 *(plan détachable C5)* **:** quai des Antilles. Ven-dim 14h-18h. Lieu d'expo du projet « Île de Nantes ». Bonne façon de prendre de la hauteur : maquettes, outils pédagogiques et images de synthèse à l'appui, ce lieu explique l'histoire et l'évolution de la friche industrielle. Juste à côté, *La Cale 2 l'île* est une association dont l'objet est la sauvegarde du patrimoine maritime et fluvial. Elle porte le projet de reconstruction du *Saint-Michel II,* voilier commandé par Jules Verne en 1876, mis à l'eau en 2011.

Juste à côté, le ***Hangar à Bananes*** *(plan détachable B5)* court jusqu'à l'extrémité ouest de l'île. Destiné au mûrissement des bananes, il a réussi son stage de reconversion en lieu de sortie branché. Restos, bars qui se mettent en scène, boîtes de nuit. On y trouve également un espace dédié à l'art contemporain, la ***Hab Galerie*** (☎ 02-28-08-77-28).

Les grues Titan *(plan détachable C5 et B6)* **:** impossible de les rater, elles se voient de loin ! La jaune est la plus vieille (1954) et levait jusqu'à 80 t. La grise fut sauvée in extremis de la destruction et trône à la proue de l'île. Au pied de la grue grise, point de vue sur *Lunar Tree,* une œuvre des artistes Mrzyk & Moriceau créée pour le parcours *Estuaire* et installée sur la butte Sainte-Anne. D'un blanc immaculé le jour, elle dégage un halo lumineux la nuit.

Les Anneaux de Buren *(plan détachable B-C5)* **:** *sur le quai du* Hangar à Bananes. Œuvre pérenne issue du parcours *Estuaire,* ces 18 anneaux ont fait leur trou sur les quais de Loire. Lumineux de nuits, ils alignent des couleurs vives visibles de loin.

Le jardin des Fonderies *(plan détachable F4-5)* **:** *pl. des Fonderies.* Symbolique de la philosophie qui prévaut à la renaissance de l'île de Nantes, le jardin des Fonderies pourrait s'appeler « Comment faire du neuf avec du vieux ». Et ça marche. Il s'agit d'un jardin réalisé sous une ancienne halle des *Fonderies de l'Atlantique* (anciennement *Nantaise de Fonderie*), ouverte aux quatre vents. On a conservé l'ossature et les fosses, occupées par de beaux bouquets de bambous, palmiers et bananiers. Un mélange réussi de fer et de vert.

La butte Sainte-Anne *(plan détachable A-B5)*

La butte Sainte-Anne a toujours été le creuset des nouveaux arrivants à Nantes, un endroit populaire dont la réputation était plutôt à marée basse dans les beaux salons de la ville. Des Acadiens revenant du Canada (XVIIIe s) aux Bretons fuyant la disette (XIXe s), ces immigrés arrivaient tous avec la faim au ventre et des manières pas très raffinées. La butte Sainte-Anne est aujourd'hui un lieu plutôt paisible, où les petits jardins et les maisons ouvrières sont une véritable aubaine pour une population un poil bobo qui se trouve des airs de métallos. Un lieu qui vaut plus pour l'ambiance et la vue que pour la beauté architecturale. Voir l'œuvre *Lunar Tree* de Mrzyk & Moriceau, square Maurice-Schwob, et le parc clos des Oblates, rue Philippe-de-Broca, qui surplombe la Loire.

La table d'orientation de la butte Sainte-Anne *(plan détachable B5)* **:** *esplanade Jean-Bruneau.* Dans le prolongement du quai de la Fosse. Idéal pour avoir une bonne vue d'ensemble de la ville, mais elle date des années 1950 et n'a jamais été remise à jour depuis ! La vue embrasse tout le port, l'île de Nantes et, plus loin, les rives sud de la Loire.

La statue de Jules Verne *(plan détachable B5)* **:** *esplanade Jean-Bruneau.* « Regarde bien, petit ! » C'est ainsi qu'on pourrait intituler les statues de bronze (2005) du capitaine Nemo qui fait le point avec son sextant et du jeune Jules en habit de mousse qui le regarde avec admiration. En toile de fond, belle vue sur l'île de Nantes, la Loire, Trentemoult et même la Maison radieuse de Le Corbusier à l'horizon.

Le musée Jules-Verne *(plan détachable B5)* **:** *3, rue de l'Hermitage. ☎ 02-40-69-72-52. • julesverne.nantesmetropole.fr • Ⓣ Gare-Maritime (ligne 1), puis 10 mn de marche. Juil-août, tlj 10h-19h ; le reste de l'année, tlj sf dim mat, mar et j. fériés, 10h-12h, 14h-18h. Entrée : 3 € ; réduc ; gratuit moins de 18 ans et pour ts le 1er dim du mois sept-juin. Visite guidée dim et ts les j. d'ouverture en juil-août à 15h. Pour les enfants, livret de jeux.* Installé dans une belle maison du XIXe s (mais sans rapport avec la famille Verne) surplombant le port, ce musée dédié à Jules Verne, né en 1828 à Nantes, fait revivre par différents documents (lettres, manuscrits, affiches...) et audiovisuels les sources d'inspiration et l'œuvre de l'écrivain : la mer, le voyage, l'aventure, la science... Audiovisuel intéressant sur la vie de l'auteur de *Vingt Mille Lieues sous les mers.* Au sous-sol, diffusion régulière de films documentaires et de films pour les enfants.

Le planétarium *(plan détachable B5)* **:** *8, rue des Acadiens. ☎ 02-40-73-99-23. Ⓣ Gare-Maritime (ligne 1), puis 10 mn à pied. Fermé 1er janv, 1er mai, 1er nov et 25 déc. Séances tlj sf sam et dim mat pdt les vac scol, à 10h15, 11h30, 14h, 15h15 et 16h30 ; slt à 16h30 les j. d'école et à 14h, 15h15 et 16h30 les mer, dim ap-m et j. fériés en période scol. Durée : 1h. Résa possible, recommandée pdt les vac scol de Noël et fév. Entrée : 6 € ; réduc.* Ce petit théâtre d'étoiles très familial permet, sur fond de coupole hémisphérique, d'appréhender l'infiniment grand et de mieux comprendre le mouvement des planètes. Déconseillé de venir avec des enfants de moins de 5 ans.

La fresque des Acadiens *(plan détachable B5)* **:** *rue des Acadiens.* Cette fresque murale permet un petit rappel historique... En 1713, Louis XIV signe le traité d'Utrecht et cède l'Acadie à l'Angleterre. Les colons français subissent une pression de plus en plus forte des Anglais avant d'être déportés en masse (1755) : c'est le « Grand Dérangement ». Après 7 ans de captivité sur le sol britannique, ils peuvent enfin regagner la mère patrie et ils atterrissent sur la façade atlantique, en particulier à Nantes.

Le musée naval Maillé-Brézé *(plan détachable C4)* **:** *quai de la Fosse. ☎ 09-79-18-33-51. Ⓣ Gare-Maritime (ligne 1). Juin-sept, tlj 14h-18h ; vac scol, tlj 14h-17h ; le reste de l'année, mer, sam-dim et j. fériés 14h-17h, lun-mar et jeu-ven une seule visite, à 15h. Visite guidée slt. Visite « Vie à bord » 6,50 € ; avec les salles des machines 1,50 € de plus ; réduc.* Pour découvrir la vie à bord et l'équipement d'un escorteur d'escadre, visite guidée par des bénévoles. Elle passe en revue la salle des machines. On pénètre dans les tréfonds du bâtiment, véritable usine à gaz. Passionnant.

Galerie Le Rayon Vert : *1, rue Sainte-Marthe. ☎ 02-40-71-88-27. Mer-sam 15h-19h, dim 11h-13h.* Galerie associative dédiée à l'art contemporain, qui a pour objectif de faire découvrir les œuvres de jeunes artistes avec leurs regards décalés sur Nantes et leurs questionnements sur le quotidien. Accueil convivial.

Autour de la gare ferroviaire *(plan détachable F2-3)*

Comme l'île de Nantes, les quartiers de Malakoff et du Champ-de-Mars sont en complète métamorphose avec, déjà, quelques jolies audaces architecturales. Voir notamment l'aérien pont Éric-Tabarly ou la surprenante tribune nord du stade Marcel-Saupin. Agences de com', cabinets d'architectes et restos de jeunes chefs doués s'y sont déjà installés. Reste juste pour ces quartiers à s'inventer une vie.

La tour LU *(plan détachable F3)* **:** *fermée au public le temps de travaux, se renseigner pour la réouverture.* Édifiées en 1903, les tours LU allaient à l'origine, comme les charentaises, par paire, mais l'une fut détruite pour laisser la place à des bâtiments. Quand l'usine LU déménage en 1986, le site devient une friche industrielle vouée à la démolition, puis un lieu de manifestations culturelles, avant de devenir, en 1999, ***Le Lieu***

Unique sous la houlette de Jean Blaise, qui lui donnera une âme, un sens, un mouvement perpétuel.
En descendant par l'escalier, ne pas manquer la vidéo sur l'histoire de l'entreprise et, à la nuit tombée, *Nymphéa,* œuvre du parcours *Estuaire* réalisée par Ange Leccia.

UN BISCUIT LU ET APPROUVÉ

Constitué d'une pâte cuite deux fois, d'où son nom, le biscuit LU ne contient plus d'eau et donc ne moisit pas. Voilà pourquoi il constitue l'alimentation de base des marins. Pas étonnant que les biscuiteries LU se soient installées dans un port. C'est un biscuit plaisir, qui séduit rapidement les demi-mondaines (on disait « cocottes ») du quartier de Graslin autour d'un thé... des colonies, évidemment.

Le Grenier du Siècle *(plan détachable F3) : quai Ferdinand-Favre, au Lieu Unique (voir ci-avant).* Du 1er octobre au 1er décembre 1999, chaque personne qui le désirait a pu déposer un objet personnel représentatif du XXe s. Chaque objet a ensuite été répertorié, conditionné dans une boîte en fer-blanc (il y en a 11 855 !) et acheminé dans un lieu créé à cet effet, où il a été scellé dans la double paroi translucide (conçue par l'artiste plasticien Patrick Bouchain) d'un pan de mur de l'ancienne usine. Ce témoignage aux générations suivantes sera révélé le 1er janvier 2100 (non, ce n'est pas une erreur de frappe !), à 17h précisément.

Le Musée d'Arts *(plan détachable F2 et centre détachable F2) : 10, rue Georges-Clemenceau. ☎ 02-51-17-45-00. • museedesbeauxarts.nantes.fr • ♿ Tlj sf mar et j. fériés, 10h-18h (20h jeu).* ***Réouverture au printemps 2017 après travaux de rénovation.*** L'ancien musée des Beaux-Arts est devenu un musée généraliste du XIIIe au XXIe s, touchant aussi bien à la peinture qu'à la sculpture, au dessin ou aux estampes. Parmi les œuvres picturales les plus remarquables, des tableaux de Georges de La Tour, *Le Vielleur, Le Reniement de saint Pierre* et *Le Songe de saint Joseph,* le fameux *Portrait de Mme de Senonnes* d'Ingres ou encore les *Cribleuses de blé* de Courbet. Pour la période moderne, Max Ernst, Kandinsky et Picasso notamment. La collection contemporaine est particulièrement riche, enrichie d'installations désormais.

Le jardin des Plantes *(plan détachable F2) : entrée rue Stanislas-Baudry ou rue Écorchard, juste au nord de la gare. ☎ 02-40-41-65-09. Ouv 20 mars-22 oct, tlj 8h30-20h ; jusqu'à 18h30 au début du printemps et à l'automne, et 17h30 l'hiver. Visites guidées gratuites et régulières des serres l'ap-m mer-dim (appeler pour les horaires).*
Ce jardin de 7 ha trouve son origine sous l'Ancien Régime, quand les capitaines de navires sont exhortés de rapporter des plantes exotiques dans leurs cales. Louis XIV organise un premier jardin qui servira, dit-il, « au soulagement des malades et à l'embellissement de la ville ». Louis XV à son tour incite les navigateurs nantais à rapporter de leurs périples des espèces rares pour enrichir la pharmacopée de l'époque.
Aujourd'hui, le plus vieux magnolia de France, planté à l'ouverture du jardin en 1807, d'une circonférence de 2,30 m, trône fièrement au milieu de ce jardin qui constitue un agréable havre de verdure et de fraîcheur qui accueille plus d'un million de visiteurs par an. S'y promener au printemps, lorsque les camélias sont en fleur (plus

ÇA NE SENT PAS LA ROSE !

En 2014, la très rare Amorphophallus titanum (une plante géante de Sumatra), conservée à la serre tropicale humide, a eu la bonne idée de fleurir. C'était la troisième floraison de ce genre en France ! L'arum – que l'on appelle aussi « pénis de titan » – s'épanouit une fois tous les 3 à 10 ans, pour seulement trois jours. Elle dégage alors une terrible odeur pestilentielle, destinée avant tout aux insectes pollinisateurs qui la reniflent jusqu'à 1 km à la ronde... Glamour, non ?

de 650 variétés sont présentées sur les 1 000 de la collection complète) : c'est un enchantement. À voir également, une orangerie, un palmarium, une serre à cactées et les orchidées de serre chaude et froide, un enclos de chèvres.

Nantes la verte

Avec près de 60 m^2 d'espaces verts par habitant de la métropole, Nantes – qui fut ***Capitale verte européenne*** pour l'année 2013 – se place dans le peloton de tête des villes vertes. Les parcs et jardins de la ville poursuivent la vocation historique de recherche, d'accueil et d'acclimatation des nouvelles espèces entamée au XVIIe s. Au-delà de la densité remarquable en espaces verts, du jardin des Plantes au parc du Grand-Blottereau, et du réseau exceptionnel de rivières (46 km de balade verte au bord de l'Erdre, de la Chézine, du Cens, de la Sèvre, du Gesvres...), la métropole nantaise est aujourd'hui considérée comme exemplaire dans le développement des transports collectifs et la lutte pour la réduction des gaz à effet de serre.

L'île de Versailles *(plan détachable E1)* **:** Ⓣ *Saint-Mihiel (ligne 2). Tlj 8h30-20h (17h30 en hiver).* À la fin des années 1980, la ville a aménagé cette île artificielle en un superbe jardin japonais ponctué de cascades, bassins, plages de galets... Nombreuses essences telles qu'azalées, rhododendrons, bambous et même séquoias. Un véritable dépaysement tout oriental dans le cœur de la ville, comme un poumon vert dans le béton... Avec des locations de petits bateaux électriques et de canoës-kayaks pour se promener sur la rivière, des jeux pour enfants, des coins pour pique-niquer et un jardin zen. L'ensemble est très réussi et attire beaucoup de familles aux beaux jours. À voir aussi, la *Maison de l'Erdre,* initiation aux différents écosystèmes de l'Erdre, et ses aquariums réunissant toutes les espèces ovipares de la rivière *(GRATUIT).* On y évoque les activités aujourd'hui disparues de la batellerie et des bateaux-lavoirs. Expos temporaires.

La vallée de la Chézine – Parc de Procé *(plan détachable A-B1-2)* **:** *06-76-08-97-82. Accès au parc de Procé : bus n° 22 (Tour-de-Bretagne) ou 56 (Gare). Parc ouv tlj 8h30-17h30 l'hiver, 18h30 au printemps et à l'automne, et 20h l'été.* Petite vallée piétonne incroyablement préservée de l'urbanisme, en plein cœur de la cité nantaise. Certes, les immeubles ne sont jamais bien loin, mais cette coulée verte de 1,5 km est des plus bucolique. La rivière serpente dans un val peuplé d'arbres et de rhododendrons, sous d'improbables murs de pierre moussus. Le tout aboutit au joli parc de Procé, avec ses vallonnements paysagers.

Le parc et les serres du Grand-Blottereau *(hors plan détachable par G2)* **:** *bd Auguste-Peneau. ☎ 02-40-41-90-00. À l'est de Nantes.* Ⓣ *Mairie-de-Doulon (ligne 1). Bus n° 12, arrêt « Grand-Blottereau ». Tlj 8h30-17h30 l'hiver, 18h30 au printemps et à l'automne, et 20h l'été. Visite guidée des serres d'agronomie tropicale les mer, sam et dim (appeler pour les horaires).* Sur 37 ha, un tour du monde des écosystèmes des régions exotiques des cinq continents. Trois grands espaces : une rocaille méditerranéenne, un jardin coréen et un bayou de Louisiane. La *zone méditerranéenne* comprend amandiers, chênes-lièges, lavande et romarin (un vrai bouquet garni !). Le *jardin coréen* constitue un voyage intéressant dans l'espace et les cultures. Les serres du *jardin d'agronomie tropicale* abritent une collection unique de plantes exotiques « utilitaires » : riz, cacao, ananas, banane, coton, girofle...

Fêtes et manifestations

– **La Folle Journée :** *fin janv-début fév, à la Cité des Congrès. ☎ 02-51-88-20-00.* • *follejournee.fr* • Cinq journées, en fait, au cours desquelles de nombreux interprètes de renom viennent jouer les œuvres d'un compositeur. Places bon marché et un succès... fou.

– ***Le Carnaval de Nantes :*** *3 j. autour de la mi-avr.* Le thème change chaque année. Grosses têtes, fanfares et défilés pour tous dans le centre-ville. Le plus spectaculaire est le défilé de chars, sans oublier sa version nocturne le samedi soir. Également un carnaval des enfants le mercredi.
– ***Le Voyage à Nantes :*** *en juil-août.* ☎ *0892-464-044 (0,35 €/mn + prix d'appel).* • *levoyageanantes.fr* • Un parcours artistique et culturel de 12 km animé chaque été par un événement éponyme, en s'appuyant sur différentes structures, notamment la trentaine d'œuvres d'art monumentales *Estuaire* installées en 2007, 2009 et 2012 sur les rives de la Loire.
– ***Aux Heures d'Été :*** *de juil à mi-août.* ☎ *02-51-82-37-70.* • *auxheuresete.com* • Chaque jour, du mardi au vendredi, une animation en ville, un peu partout. Lectures, concerts, cinéma de plein air, contes pour enfants...
– ***Les Rendez-vous de l'Erdre :*** *le dernier w-e d'août.* ☎ *02-51-82-37-70.* • *rendezvouserdre.com* • Festival autour de la navigation de rivière et du jazz, avec spectacles et concerts sur l'Erdre ; le public reste sur les quais. On peut admirer voiliers, bateaux traditionnels, gabarres et yoles...
– ***La Folie des Plantes :*** *le 1er ou 2e w-e de sept, au parc du Grand-Blottereau.* ☎ *02-40-41-64-16.* Expo et vente de plantes de collections. Une des références du Grand Ouest en matière de diversité végétale. Le concept de la Folle Journée mais dans sa version végétale ! Sans oublier les *Floralies internationales,* qui se déroulent tous les 5 ans (les prochaines en 2019).
– ***Scopitone :*** *5 j. vers la mi-sept.* ☎ *02-51-80-60-80.* Dans plusieurs lieux de la ville. Festival de créations multimédia, cultures électroniques et arts numériques. Plein de créations graphiques, vidéos, arts plastiques, design...
– ***Les Celtomania :*** *d'oct à mi-nov.* ☎ *02-40-54-20-18.* Un festival voué à la culture celtique, avec concerts, expositions, conférences... Se déroule dans plusieurs lieux en ville et dans tout le département.
– ***Les Utopiales :*** *5 j. entre oct et nov, à la Cité des Congrès.* ☎ *02-51-88-20-00.* Festival international de science-fiction regroupant des œuvres de SF appartenant aux domaines du cinéma, de la littérature et de la bande dessinée.
– ***Festival des trois continents :*** *1 sem vers la fin nov.* ☎ *02-40-69-74-14.* • *3continents.com* • Se déroule dans plusieurs cinémas de la ville. Le festival du film de Nantes, créé par les frères Jalladeau, présente une riche cinématographie d'Afrique, d'Asie et d'Amérique latine (œuvres de fiction, hommages à des acteurs et réalisateurs, présentation historique d'un pays...).

DANS LES ENVIRONS DE NANTES

TRENTEMOULT-REZÉ (44400)

Sur la rive gauche de la Loire à quelques km, juste après l'île de Nantes et avt le pont de Cheviré. On y accède de Nantes en prenant la direction de Noirmoutier-Rezé. Il est agréable aussi de s'y rendre par la navette fluviale, le Navibus *(voir « Adresses et infos utiles »).*

L'ancien village de pêcheurs Trentemoult a été, dans la seconde moitié du XIXe s, un lieu de résidence pour des capitaines cap-horniers qui se firent construire des maisons bourgeoises, repérables aux palmiers qu'ils plantèrent, dit-on, en souvenir de leurs voyages. Malgré la forte urbanisation de Rezé et sa zone commerçante et industrielle Atout Sud, que l'on traverse avant d'arriver, ce petit port a gardé son apparence pittoresque. Ruelles étroites, maisons individuelles à façade colorée, dotées de petits jardins surélevés pour échapper aux colères de la Loire, le quartier présente des attraits touristiques et résidentiels prisés. Il servit de cadre au tournage des films *La Reine blanche,* avec Catherine Deneuve, et *La Demoiselle d'honneur,* de Claude Chabrol. Aujourd'hui, il fait le bonheur des agents immobiliers et celui de la jeunesse branchée avec ses quelques restos et bars. En journée, de gros chats tranquilles déambulent dans les ruelles étroites, souvent fleuries de roses trémières en été. On peut y admirer le *Pendule* de Roman Signer, une œuvre *Estuaire,* un grand balancier de 7 m de haut, accroché à une ancienne centrale à béton.

À voir

La Maison radieuse de Le Corbusier *(hors plan détachable par D6)* **:** *à* ***Rezé,*** *derrière l'hôtel de ville. ☎ 02-40-84-43-84. • maisonradieuse.org • Visite guidée slt, sur rdv, mer à 16h, sam à 11h. Durée : 45 mn. Billetterie à l'accueil de la mairie. Entrée : env 3,50 € ; réduc ; gratuit moins de 12 ans.* Il en existe cinq au monde : Marseille, Rezé, Briey-en-Forêt, Firminy et Berlin. Visionnaire ? À son époque, Le Corbusier a bouleversé la façon d'envisager l'urbanisme. Il concevait ses immeubles comme des villages verticaux (les couloirs s'appelaient ici des rues), offrant un confort nouveau pour ses occupants, où l'esprit de communauté était au centre de la réflexion, afin de concilier vie collective et individuelle. Les 294 appartements (du studio au T6), en duplex pour la plupart, longs de 16 m, donnent sur les deux côtés de l'immeuble pour mieux capter la lumière et offrir une vue sur le jardin. Bien insonorisés, ventilés, avec l'eau chaude... ils jouissent d'un grand confort dans le monde des logements sociaux de l'après-guerre, en pleine crise. Ambitieux, le projet devait intégrer une poste, des commerces, ainsi qu'une école maternelle (qui existe toujours, mais ne se visite pas). Trop onéreux, les projets du grand architecte ont souvent tourné court, les municipalités ne retenant de lui que l'idée de sordides barres de béton. La loi Chalandon, abrogeant les loyers coopératifs en 1971, a donné un sérieux coup de frein à l'implication des habitants dans leur « immeuble ». La fin d'une époque. La visite guidée de l'appartement témoin, le n° 601, remeublé au goût des années 1950, permet de mieux comprendre les ambitions de l'architecte, ses visions utopistes de la vie collective, illustrées par cet étrange placard d'approvisionnement reliant l'appartement à la « rue ». Classées à l'inventaire des Monuments historiques, ses façades ont été complètement ravalées.

Balades en bateau

Voir aussi les chapitres consacrés à « La vallée de la Loire » et « La vallée de l'Erdre » plus loin.

➢ ***Croisières Estuaire :*** *avr-oct, au départ de Nantes ou de Saint-Nazaire. Durée : env 2h30. Tarif : à partir de 23 € ; réduc.* Pour découvrir autrement l'estuaire : flore et faune, histoire fluviale et industrielle, ainsi que les œuvres du parcours *Estuaire* qui dialoguent avec les paysages. Autre formule à certaines dates : croisière musicale nocturne.

LE PAYS DU VIGNOBLE NANTAIS

Le roi de ce pays s'appelle le muscadet, vin blanc sec, vif et léger, qui figure parmi les plus anciennes appellations d'origine contrôlée (AOC) de France. On en parle ici mais sa zone de production dépasse largement la région nantaise à proprement parler.

Pour plus de renseignements, se procurer les excellentes brochures gratuites sur le vignoble, son patrimoine et ses producteurs auprès des deux accueils de l'office de tourisme du Vignoble de Nantes (Vallet et Clisson), consulter • *vignobledenantes-tourisme.com* • et se référer aux labels « Vignobles et Découvertes » ou « Caves touristiques du Vignoble de Loire® ».

MUSCADET ET AUTRES VINS DE LA RÉGION

Le muscadet, longtemps considéré comme le bon p'tit blanc qu'on trouve sur les comptoirs de France, a beaucoup évolué ces dernières années, grâce notamment à la mise en place de « crus communaux », crus du muscadet de haute gamme. Cela dit, la région produit plusieurs autres vins, souvent confondus, voire méconnus.

- ***Le muscadet :*** issu d'un cépage appelé melon. Il représente 85 % de la production locale de vins blancs secs et fut apporté de Bourgogne au XVIIe s, semble-t-il. La première mention historique du « muscadet » remonte 1635. Aujourd'hui, la majeure partie de la production de muscadet repose au moins tout l'hiver sur ses levures naturelles de fermentation (les lies, qui ressemblent à un précipité jaunâtre). Il garde ainsi toute sa fraîcheur et présente de légers pétillements. On dit alors qu'il a du « perlant ». La méthode sur lie perpétue une tradition qui voulait que l'on garde la meilleure cuvée pour les fêtes. On trouve quatre AOC de muscadet : *muscadet-sèvre-et-maine, muscadet-côtes-de-grand-lieu, muscadet-coteaux-de-la-loire* et *muscadet* tout court. Contrairement aux idées reçues, le muscadet peut très bien vieillir à condition qu'on l'ait conditionné. Noter que le vignoble du muscadet est labellisé « Vignobles et découvertes » pour les offres œnotouristiques qu'il propose.
- ***Le gros-plant :*** dans ce vignoble nantais, on croise également le cépage joliment nommé folle blanche, dont on fait le gros-plant, à boire dans l'année. Il s'accommode très bien avec des huîtres. Classé VDQS, il s'est fortement amélioré et est lui aussi de plus en plus vinifié sur lie.
- ***Le grolleau :*** d'origine tourangelle et plus récent dans la famille, ce vin d'apéritif fin, gris ou rosé, connaît un grand succès du côté de la Loire et auprès des touristes.
- ***Le coteaux-d'ancenis :*** également classé VDQS. Il se présente en blanc (chenin et malvoisie), mais surtout en rouge (gamay à 80 % et cabernet).

LOIRE-ATLANTIQUE

Où acheter du bon vin ?

Pas facile de faire un choix exhaustif. Voici les adresses que nous avons rencontrées, mais il y en a beaucoup d'autres tout aussi recommandables. Il est fortement conseillé de téléphoner avant de vous y rendre.

Domaine de la Tourlaudière : *Roland Petiteau-Gaubert, 174, rue de Bonne-Fontaine, 44330* ***Vallet.*** *☎ 02-40-36-24-86. Sur rdv.* Une des valeurs sûres du vignoble. Propose une bonne cuvée vieilles vignes, 6 millésimes de muscadet et un plaisant gros-plant sur lie. Également un cabernet franc (rouge), un cabernet-sauvignon (rosé) et un chardonnay mielleux réputé. Large choix, donc.

Domaine du Mauperthuis : *Marcel et Jacqueline Cormerais, Beauregard, 44330* ***Mouzillon.*** *☎ 02-40-33-95-25. À 15 km au sud de Nantes. À la sortie de Mouzillon sur la gauche, sur la route de Clisson.* Un couple de propriétaires récoltants qui présentent une gamme de vins du cru en blanc sec, rouge ou rosé. Gros-plant et vins de pays notamment.

La Renouère : *Jean-Luc Viaud, La Renouère, 44430* ***Le Landreau.*** *☎ 02-53-78-13-25. 📱 06-70-61-54-84. À la sortie du Landreau sur la route de Vallet.* Ce jeune vigneron est dans un hameau où tous s'appellent Viaud. Il pratique la culture raisonnée, sélectionne son raisin dès les vendanges en isolant chaque parcelle en cave. « Fleur

de Panloup » est une cuvée intimiste, d'une étonnante pureté.
Et pour une dégustation plus classique, se rendre à ***La Cave des Muscadet*** à Clisson ou à la ***Maison du muscadet*** à Vallet.

Manifestations

– ***Les caves ÉtonNantes :*** *juin-oct, infos aux offices de tourisme du* Vignoble de Nantes. Un programme d'animations dans une quinzaine de caves touristiques. *Résa sur : • levignobledenantes-tourisme.com/ti-amo/fetes-et-festivals/les-caves-etonnantes • et dans les 2 accueils de l'office de tourisme du Vignoble de Nantes (Clisson et Vallet).*

– ***Muscadétours :*** *1er w-e d'oct. Infos auprès des 2 accueils de l'office de tourisme du Vignoble de Nantes (Clisson et Vallet).* Nombreuses animations dans des lieux emblématiques du vignoble.

VERTOU [GWERZHAV]

(44120) 22 000 hab. *Carte Loire-Atlantique, C3*

À 12 km à peine de Nantes, et on se sent déjà à la campagne. Assez résidentielle et prisée par les Nantais, située sur les bords de la Sèvre, Vertou se positionne comme la porte nord du vignoble.
Son histoire est liée à celle de saint Martin, qui y fonda deux abbayes au VIe s et encouragea le développement du vignoble. Les moines décidèrent, à partir du IXe s, de réguler le débit de la Sèvre et, pour cela, ils firent construire la chaussée aux Moines, qui allait permettre d'accroître la navigation fluviale et le transport du vin. Plus tard, armateurs et fortunés de Nantes y édifièrent des maisons de villégiature (des folies) entourées de vigne, qu'on appelait « maisons de bouteille » et qui jalonnent les bords de Sèvre.

Adresse et info utiles

Maison du tourisme : *17, quai de la Chaussée-des-Moines. ☎ 02-40-34-94-36. • nantes-tourisme.com • Fin juin-début sept, tlj 14h30-18h30 ; début sept-fin juin, ven-dim et j. fériés 14h-17h.* Topoguides de randonnée. Billetterie pour les visites guidées, expos, spectacles, croisières commentées et promenades sur la Sèvre, l'Erdre et la Loire, ainsi que pour les grands sites départementaux. Infos sur le vignoble nantais et Nantes. Boutique.

– ***Marché :*** *pl. du Marché. Ts les sam et dim mat 8h-13h, depuis plus de 150 ans.*

Où dormir ? Où manger ?

De prix moyens à chic

Chambres d'hôtes Au Gré du Hasard : *3, allée de la Reine-Margot. 06-67-40-58-30. • nadine@au-gre-du-hasard.fr • au-gre-du-hasard.fr • À 5 mn du Busway pour Nantes. Compter 80-92 € pour 2 ; 2 gîtes également pour 4 pers.* Un peu planquée derrière un quartier résidentiel sans charme, cette grosse maison bourgeoise d'autrefois en a beaucoup plus. Tout comme ses 2 suites joliment aménagées sous la belle charpente des combles et la chambre, côté jardin. Accueil décontracté. Petite piscine semi-couverte. Et la verdoyante vallée de la Sèvre est à deux pas.

La Cantine ô Moines : 12, quai de la Chaussée-aux-Moines. ☎ 02-40-34-21-33. • lacantineomoines@gmail.com • Tlj. Formules déj 14,90-17,90 € et dîner 18,90-49,90 €. Apéritif maison offert sur présentation de ce guide. Devanture moderne en véranda pour ce resto façon *lounge,* et sa brochette de tables sur le bord de la Moine aux beaux jours. Une adresse branchée pour une cuisine régionale aux inspirations exotiques, pour tous les budgets. À arroser de bons muscadets du coin, ne pas hésiter à demander conseil, ici on maîtrise le sujet !

Où dormir ? Où manger dans les environs ?

De bon marché à prix moyens

Chambres d'hôtes La Pénissière : *44690* ***Château-Thébaud.*** *☎ 02-40-06-51-22 ou 06-83-01-04-47. • domaine-penissiere-millaud.fr • À 7 km au sud de Vertou. Env 60 € pour 2.* Au cœur du vignoble nantais, chambres confortables, personnalisées, avec meubles anciens et vue sur les vignes. Agréable salle à manger rustique avec cheminée. Propriété vinicole, on y déguste les vins du domaine. Accueil familial adorable.

Auberge La Gaillotière : *La Gaillotière, 44690* ***Château-Thébaud.*** *☎ 02-28-21-31-16. • contact@auberge-la-gaillotiere.fr • À 6 km au sud de Vertou, dans les vignes. Fermé dim-lun. Congés : 5-27 fév et 31 juil-22 août. Formule déj en sem 14 € ; menus 20-27,50 €. Apéritif offert sur présentation de ce guide.* Une adresse en plein cœur du vignoble, avec une grande salle aménagée dans une ancienne cave. Les 3 menus (petite, moyenne et grande faim) changent en fonction des produits du moment. La terrine de foie gras de canard maison jouit d'une excellente réputation. Accueil souriant et cuisine originale.

De chic à plus chic

Chambre d'hôtes Château de La Cassemichère : *La Cassemichère, 44330* ***La Chapelle-Heulin.*** *☎ 02-40-06-74-07. • contact@chateaucassemichere.fr • chateaucassemichere.com • En venant de Nantes sur la D 756, prendre le chemin à droite à la hauteur du hameau La Bernardière juste avt La Chapelle-Heulin. Double 90 €.* Dans ce château du XVIIe s, au cœur d'un vignoble de 43 ha, nous sommes dans le berceau du muscadet dont le 1er cep fut planté ici en 1740. À l'étage, l'unique chambre d'hôtes, tapissée de toile de Jouy, mobilier en bois noble et vaste salle de bains attenante, donne sur le parc. Également 2 gîtes pour 6 et 10 personnes.

Chambres d'hôtes La Demeure de Saint-Fiacre : *Les Gras-Moutons, 44690* ***Saint-Fiacre-sur-Maine.*** *☎ 02-40-43-46-33. • contact@lademeure.fr • lademeure.fr • À env 5 km au sud-est de Vertou par la D 59. Compter 135 € pour 2 (balnéo) ; familiale. Un pot de miel maison offert sur présentation de ce guide.* Dans une ancienne seigneurie du XVIe s, des chambres haut de gamme alliant luxe et raffinement dans une déco très contemporaine. Un lieu d'exception (cher, donc) conçu avec passion par Thomas, artiste allemand bourlingueur, qui s'est posé en ces lieux pour réaliser ses rêves d'architecture, de décoration et d'accueil.

LOIRE-ATLANTIQUE

À voir. À faire

La chaussée des Moines : *en contrebas du centre-ville.* Très joli coin, idéal pour une balade dominicale ou après un bon repas. Rendez-vous des pêcheurs et mouillage pour les plaisanciers. Expo en été au moulin Gautron situé en face et toute l'année à l'Atelier du moulin.

➢ ***La remontée de la Sèvre en bateau :*** *départ de la chaussée des Moines. Avr-juin et sept, w-e et j. fériés ; juil-août, tlj. On peut louer un bateau électrique sans* *permis, très maniable et silencieux, auprès de* ***Ruban Vert*** *(☎ 02-40-34-67-13 ; • rubanvert.fr • ; compter 25-40 €/h, 70-115 € la ½ journée pour 4-10 pers).* Agréable balade de 4h maximum aller-retour jusqu'à Port Domino (commune de Monnières), à la découverte des châteaux qui bordent la rivière, de la faune et de la flore.

➢ ***Sortie commentée sur la Sèvre :*** *avec* ***Erdre Intime.*** *☎ 02-40-13-25-33 ou 📱 06-20-29-49-04. • erdreintime.weonea.com •* À bord de la vedette anglaise *Gratitude.*

➢ ***Locations de canoës-kayaks :*** *avr-sept, le w-e 10h-18h30 (tlj juil-août), auprès du* ***club de canoë-kayak de Vertou,*** *bd Guichet-Sérex, dans le parc de loisirs du Loiry. ☎ 02-40-34-29-97. 📱 06-62-37-45-92. • ck-vertou.fr •*

DANS LES ENVIRONS DE VERTOU

Le château de Goulaine : *44115* ***Haute-Goulaine.*** *☎ 02-40-54-91-42. • chateaudegoulaine.fr • ♿ (accès partiel). À 15 km au sud de Nantes. Juil-août, tlj 10h45-19h ; avr-juin et sept à mi-nov, w-e, j. fériés, plus tlj de vac scol zones A et C, 14h-18h30. Entrée : 9 € ; réduc ; gratuit moins de 4 ans. Visite guidée slt pour le château.* Château classé du XVe s, resté dans la même famille depuis des lustres ; son actuel propriétaire est de la 30e génération ! Avant-dernier château de la Loire avant l'estuaire, il est habité et possède un riche décor intérieur. La superbe visite montre bien comment l'environnement naturel et les événements historiques ont eu une incidence directe sur l'architecture du château. Et dans un tout autre domaine, une intéressante exposition sur la biscuiterie LU (tableaux, affiches, objets, etc.) où l'histoire du célèbre petit-beurre nantais remonte à 1880. Voir notamment les mots publicitaires des célébrités des années 1920, joliment illustrés. Ils sont parfois cocasses.

Le site de la Cantrie : *44690* ***Saint-Fiacre-sur-Maine.*** *☎ 02-40-54-82-26. • lesamisdestfiacre.fr • ♿ À 5 km au sud de Vertou. Site en accès libre ouv tte l'année. Pour la salle d'exposition de peintres et sculpteurs, mai-sept, tlj sf lun-mar 14h30-19h (GRATUIT).* Parcours panoramique, botanique et géologique le long de la Sèvre. La surprenante église de Saint-Fiacre, néoromane et byzantine, vaut le coup d'œil, tout comme la vue sur le vignoble depuis la route entre Gorges et Vertou.

La base de loisirs nature de Pont Caffino : *44690* ***Maisdon-sur-Sèvre.*** *☎ 02-40-06-54-07. • pontcaffino.fr •* Voilà un site étonnant de 8 ha, parfait pour les amoureux de pleine nature, où l'on peut faire de l'escalade, de la tyrolienne au-dessus de la rivière, du tir à l'arc, du canoë, du kayak-polo, de l'équitation... puis pique-niquer tranquillement avant d'aller jouer aux boules ou de se promener dans le petit canyon de la vallée de la Maine. Intéressante passe à poissons construite au pied des falaises abruptes, facilitant la libre circulation des poissons amphibiotiques (anguilles, mulets) et holobiotiques (brochets). Les premiers passent de la mer à la rivière pour se reproduire, les seconds restent en rivière et ne se déplacent que pour se nourrir. Si vous avez un peu de chance, vous en verrez quelques-uns déambuler dans ces bassins en escaliers.

LE PALLET [ar palez]

(44330) 2 650 hab. *Carte Loire-Atlantique, C3*

Ville natale du brillant philosophe et théologien Pierre Abélard (en 1079), à qui l'on doit la pensée suivante : « En doutant, nous venons à la recherche, et en

cherchant, nous percevons la vérité. » Une statue lui rend hommage. Mais Le Pallet est aujourd'hui surtout connu pour son musée du Vignoble.
Pierre Abélard, philosophe reconnu à travers toute l'Europe du XIIe s, s'éprit passionnément d'une de ses élèves, Héloïse, la jeune et savante nièce du chanoine Fulbert, à qui il l'enleva. Un enfant naquit de cette union, qu'ils appelèrent Astrolabe. Leurs amours célèbres furent brèves, car le chanoine se vengea odieusement en envoyant ses sbires castrer Abélard pendant son sommeil ! Mutilé, ce dernier se fit moine, tandis qu'Héloïse prit le voile. Mais ils échangèrent des lettres jusqu'à la fin de leur vie...

Arriver – Quitter

➢ ***En train :*** à 25 mn de Nantes par la ligne Les Sables-d'Olonne – La Roche-sur-Yon ou celle de Cholet. Tous passent par Clisson. Plusieurs trains directs/j.

Où dormir dans le coin ?

Prix moyens

Chambres d'hôtes la Maison des Landes : *Les Landes, 44330* ***Mouzillon.*** *☎ 02-40-06-96-00. 06-65-06-84-85. • aubing@orange.fr • maisondeslandes.fr • À env 4 km du Pallet, sur la D 149, à droite (fléché). Compter 61 € pour 2.* Au cœur des vignes, dans les anciennes caves de la propriété, agréables chambres avec terrasse privative, à la déco soignée et aux couleurs au goût du jour, avec salle de bains à l'italienne. Une belle harmonie entre modernisme et tradition. En prime, vaste salle commune avec cuisine équipée, cheminée et salon-TV/DVD. Accueil jeune et sympathique.

Chambres d'hôtes Fleur de Vigne : *23, La Maisdonnière, 44690* ***Monnières.*** *☎ 02-40-54-65-59. 06-08-27-07-64. • anneyvesmaillard@orange.fr • chambredhotes-maillard.fr • À 2 km du Pallet. Dans le centre de Monnières, prendre la route de Maisdon-sur-Maine, c'est fléché ensuite sur la gauche. Compter 58 € pour 2.* Gîte confortable et agréablement retapé, dans une courette fleurie et bien entretenue. Proposé à la nuitée. Confortable pour un tarif raisonnable. Votre hôte jovial, Yves, vous proposera sûrement une petite dégustation...

LOIRE-ATLANTIQUE

À voir

Le musée du Vignoble nantais : *82, rue Pierre-Abélard. ☎ 02-40-80-90-13. • musee-vignoble-nantais.eu • Sur la D 149, entre Nantes et Clisson. Tlj sf sam : de mi-juin à mi-sept, 10h-18h ; d'avr à mi-juin et de mi-sept à mi-nov, 14h-18h. Fermé de mi-nov à fin mars. Compter 1h30 de visite. Entrée : 5 € ; enfants 2,50 € ; gratuit moins de 12 ans. Visite guidée avec des professionnels de la viticulture dim à 15h30.* À défaut d'une ancienne cave voûtée, c'est un bâtiment récent qui accueille ce passionnant musée, où l'on apprend tout sur l'histoire,

UN PUCERON QUI FAIT TACHE

En 1862, un certain Joseph-Antoine Borty de Roquemaure, dans le Gard, importa des ceps de vigne du Nouveau Monde... pour voir. Et avec eux, un puceron aussi microscopique que ravageur, qui se répandit sur tout le territoire et détruisit une grande partie des vignes françaises. C'est le terrible phylloxéra. Il avait vu ! Seules les vignes cultivées dans un sol sableux échappèrent à ce fléau...

les techniques ou les anecdotes liées au célèbre vignoble du muscadet. Collection d'objets et d'outils relatifs à la vigne. Ne pas manquer l'impressionnante salle des pressoirs. Des bornes multimédias expliquent l'évolution récente des techniques viticoles dans le vignoble nantais. Salle d'animation pour les enfants (à partir de 6 ans) autour des odeurs, des saveurs, du toucher et des objets du vigneron à reconnaître. Vidéo consacrée à la vie et à l'œuvre de Pierre Abélard, ainsi que quelques gravures. Belles expositions temporaires organisées par une équipe féminine dynamique. Dégustation après chaque visite. Dehors, conservatoire du vignoble avec les différents cépages du Pays nantais d'avant et après le phylloxéra, maladie qui ravagea le vignoble français à la fin du XIXe s, et point de départ d'un sentier de randonnée au cœur des vignes. À visiter sans modération !

À la sortie du village, à côté du cimetière, sur la route de Clisson, la ***chapelle Sainte-Anne,*** des XIe et XIIe s. Quelques pierres tombales du Moyen Âge, les ruines du donjon du château d'Abélard et une monumentale statue de bronze d'Abélard et Héloïse.

À quelques kilomètres du village, sur la route de Monnières, à droite après le pont, voir aussi la ***cale du port Domino,*** minuscule et charmant hameau qui rappelle le rôle joué par la Sèvre pour l'expédition du vin.

DANS LES ENVIRONS DU PALLET

La Haie-Fouassière *(44690)* **:** *à 6 km au nord du Pallet.* Bordé par la Sèvre, l'adorable petit port est le spot idéal pour un pique-nique aux beaux jours. La Haie-Fouassière abrite l'usine LU (autrefois dans le centre de Nantes). À l'entrée, un curieux rond-point avec soucoupe volante et extraterrestres, tenant chacun un symbole de la ville : un petit LU, une bouteille de muscadet et une fouace, ce gâteau créé au XIXe s et censé atténuer pendant les vendanges les effets du muscadet...

Mouzillon *(44330)* **:** village fondé par les moines de Vertou sur l'ancienne voie romaine reliant Rouen à Bordeaux. Mouzillon est célèbre pour son pont gallo-romain, à quatre arches, qui franchit la Sanguèze, et pour le petit mouzillon, ce biscuit sec en couronne dentelée fabriqué au village (boutique). Sans sel ni matière grasse, à base de froment et d'amandes, il accompagne parfaitement un verre de muscadet.

CLISSON [klisɔ̃]

(44190) 7 000 hab. *Carte Loire-Atlantique, C-D4*

Aux confins de l'Anjou et du Poitou, marquant la limite sud du vignoble nantais, Clisson est posée aux marches de la Bretagne, comme on dit. Mais on s'y sent presque plus en Toscane, à vrai dire. Remplacez les Peugeot par des Fiat, et parfois vous avez le sentiment d'y être ! Cette jolie petite bourgade possède un indéniable charme même si, aussi « historique » soit-elle, il s'agit d'une ville recréée sur mesure. En 1793, les guerres de Vendée passent comme une tornade sur Clisson, ne laissant que quelques pans de murs intacts. En 1796, les frères Pierre et François Cacault y fondent un musée-école. En 1810, à leur invitation, le sculpteur de Napoléon, Frédéric Lemot, tombe sous le charme des lieux et achète les ruines du château et les 13 ha du parc de la Garenne. Il l'aménage en jardin romantique à l'italienne inspiré de l'Antiquité. La ville prend alors une allure de peinture de paysage, prisée par les artistes du moment. La tuile et la brique se marient à l'ardoise et au granit, tandis que les plantes méditerranéennes font leur apparition sur les bords

de la Sèvre (quelques oliviers et pins parasols traînent ici et là). Bel éclairage nocturne entre mi-juin et mi-septembre. Une étape vraiment plaisante, voire romantique, qui inspira Flaubert, Théophile Gautier et Alexandre Dumas.

Arriver – Quitter

➢ ***En train :*** à 20 mn de Nantes par la ligne Les Sables-d'Olonne – La Roche-sur-Yon ou celle de Cholet. Plusieurs trains directs/j.

Adresses et info utiles

Office de tourisme du Vignoble de Nantes : *pl. du Minage. ☎ 02-40-54-02-95. • levignobledenantes-tourisme.com • À côté des halles. Tlj sf dim mat et lun nov-fév. Fermé 1er janv et 25 déc. En juil-août, visites guidées de la ville les mar et sam à 15h, et visites théâtrales le dim à 16h et le mer à 18h30.* Téléchargement du guide touristique sur le site. Billetteries : spectacles, Puy-du-Fou, événements de la région, bateaux pour l'île d'Yeu, etc. Infos sur la *BIP* : spectacle insolite et musical pour découvrir la ville, son histoire et son patrimoine.

■ ***Le Caveau des Vignerons :*** *mêmes locaux et mêmes horaires.* Dégustations gratuites des vins du vignoble et rencontres avec les viticulteurs locaux le week-end en été.

– ***Marchés :*** *mar et ven mat (le plus important), sous les halles.*

Où dormir ? Où manger ?

Camping

Camping municipal du Moulin : *route de Nantes. ☎ 02-40-54-44-48. • camping@valleedeclisson.fr • camping-valleedeclisson.fr • ♿ (1 mobile home) À 500 m du centre-ville vers Vallet, juste avt la zone commerciale de Calin. De mi-avr à mi-oct (mobile homes à l'année). Compter 13-15 €. Mobile homes 4-6 pers 300-480 €/sem. 56 empl.* Emplacements ombragés, en surplomb de la rivière. Agréable malgré la proximité du centre commercial. Laverie et sanitaires tout récents. Bon accueil.

Très bon marché

Dolce Caffè : *2, pl. Notre-Dame. ☎ 02-40-04-69-13. En contrebas de l'église. Ouv les midis mar-sam, plus les ap-m le w-e et vac scol jusqu'à 19h. Env 10 €.* Puisque Clisson se croit en Italie, voilà un petit snack à l'italienne avec *foccacia* et pizza. Bons gâteaux pour le dessert (le proprio est boulanger-pâtissier de métier). Simple, frais, bon et vraiment pas cher. Le service est sympathique, la petite salle avec son coin banquette tout autant, et la terrasse sur la paisible placette bien agréable.

Le P'tea Restau : *3, pl. des Douves. ☎ 02-40-71-66-68. • leptea restau@gmail.com • Face à la médiathèque, sous les arcades. Mar-sam 10h-19h et dim ap-m. Congés : 1 sem en fév, 1 sem à Pâques et 2de quinzaine d'août. Formules 10,50-12,50 €.* Intérieur sans prétention mais guilleret et appétissant pour de bons petits plats frais et pas chers, sucrés, salés, pour déjeuner ou goûter. Les pâtisseries maison passent très bien !

Ternélia – Henri IV : *rue Saint-Gilles. ☎ 02-51-55-42-82. • leventdularge@ternelia-vdl.com • clisson-ternelia.com • ♿ À partir de 360 €/sem.* Des gîtes pour 6 personnes, un pour 8 et des duplex pour 4. Tous avec terrasse individuelle. Piscine extérieure, bar et laverie commune dans la résidence. Animations, apéritif et excursions proposées.

Prix moyens

Auberge du Château : *2, rue de la Collégiale. ☎ 02-40-54-32-08. • aubergeduchateau@wanadoo.fr • Tlj sf mer, plus les soirs dim-jeu hors saison. Menus 15 € déj en sem, puis 29-31,80 €. Café offert sur présentation de ce guide.* Au pied du vieux pont de pierre, petit resto à l'excellent rapport qualité-prix, avec une agréable terrasse en véranda pour profiter de la romantique vue sur la Sèvre nantaise. À l'image de la déco résolument moderne, la cuisine s'amuse à surprendre avec quelques touches créatives. Un passage quasi obligé le lundi en saison, quand tous les autres restos sont fermés.

Restaurant de la Vallée : *1, rue de la Vallée. ☎ 02-40-54-36-23. En hte saison, tlj sf dim-lun ; en basse saison, fermé lun, plus le soir mar-jeu et dim. Congés : vac de Toussaint et Noël. Résa hautement conseillée. Menus 23,50-28,50 € en sem, puis 31,50-37,50 €. Digestif offert sur présentation de ce guide.* Bonne cuisine du marché améliorée, ponctuée çà et là de petites touches épicées et exotiques. Belles assiettes gourmandes autour du poisson ou du canard à prix raisonnables. En prime, une magnifique terrasse abritée surplombant la Sèvre, avec une vue imprenable sur le château et la ville. Tout nous a plu : le cadre, l'accueil et l'assiette.

De chic à plus chic

Villa Saint-Antoine : *8, rue Saint-Antoine. ☎ 02-40-85-46-46. • contact@hotel-villa-saint-antoine.com • hotel-villa-saint-antoine.com • Doubles 92-188 €. Formules déj en sem 15,80-21,80 €, menus 30,80-40,80 €.* Installée dans les anciennes tanneries au bord de la Sèvre, la *Villa Saint-Antoine* joue la carte du modernisme en ce lieu historique. La table est à la hauteur avec une cuisine inventive, osant des alliances de saveurs audacieuses. Les chambres, d'inspiration italienne, sont spacieuses, luxueuses, de conception originale, avec une belle harmonie de couleurs autour du chocolat et du blanc. Les salles de bains, pour les plus chères, sont surprenantes, de vrais thermes romains ! Belle terrasse avec piscine chauffée, offrant la meilleure vue possible sur le château. Spa ouvert à la clientèle extérieure. Une grande réussite !

La Bonne Auberge : *1, rue Olivier-de-Clisson. ☎ 02-40-54-01-90. Fermé dim soir, lun-mar et mer soir. Congés : 3 sem en août. Menus 16 € (midi en sem)-75 €.* Cette bonne auberge est incontestablement l'une des meilleures tables de la région. La déco est plus chic que rustique, avec des petits salons feutrés et privatifs, et la cuisine plus raffinée et inventive que celle de nos grands-mères. La carte varie selon les saisons et les arrivages, affichant fièrement des produits du terroir, élégamment préparés (duo de pigeonneau et homard, turbot, ris de veau...). En prime, un accueil chaleureux. Que du bonheur !

Où dormir ? Où manger dans les environs ?

Camping

Camping Coin de Ciel : *37, le Tremblay, 44190* ***Saint-Lumine-de-Clisson.*** *☎ 02-40-54-71-11. • bossisdesaintlumine@yahoo.fr • camping-nantes-atlantique-clisson.fr • À 3 km de Saint-Lumine-de-Clisson, par la route d'Aigrefeuille-sur-Maine (D 117), prendre à gauche et continuer 2 km sur la route bordée de champs. Tte l'année. Tente en hte saison 10,50 €. Mobile homes 4-6 pers 170-370 €/sem, caravane 75 €. CB refusées. 6 empl.* En pleine campagne, sur un terrain annexe de la résidence principale d'un couple charmant, petit camping tranquille et ombragé, bordé de champs, avec salle à vivre, laverie et sanitaires corrects.

Prix moyens

Chambres d'hôtes La Sarmentille : *19, Les Beillard, 44190* ***Gorges.*** *☎ 02-40-03-96-45. • lasarmentille@orange.fr • la.sarmentille.free.fr • À 4 km au nord-ouest de Clisson, dans le hameau des Beillard, à gauche de la D 763 en direction de Vallet. Compter 60-72 € pour 2. Dîner sur résa 23 €.* Dans un ancien pressoir rénové, 2 chambres mignonnes comme tout, à la déco soignée. Belle pièce à vivre avec cuisine à partager.

Béatrice aime préparer des petits plats pour ses hôtes, à base de bons produits de son potager.

Chambres d'hôtes La Sauzaie : *La Sauzaie, 44190* ***Gétigné.*** *☎ 02-40-54-26-65. • lasauzaie1@free.fr • gite-lasauzaie.com • À 7 km de Clisson, par la route de Boussay et de Cholet (D 149), prendre à droite à 1,5 km du rond-point de la sortie de Gétigné et continuer sur 2 km en traversant un hameau et des champs (c'est fléché). Compter 60 € pour 2.* La découverte du lieu est déjà un ravissement : dans un parc vallonné de 12 ha où des moutons et un âne paissent, on traverse des bois vers une belle longère au bord des chutes d'eau de la Sèvre. Tenu par un couple franco-irlandais ; l'accueil est des plus chaleureux. Quelques chambres d'hôtes bien pensées offrant une vue magnifique se mêlent aux gîtes. Certains soirs, c'est la fête dans le pub irlandais aménagé dans un bâtiment annexe. Piscine, sentier de randonnée jusqu'à Clisson.

Où boire un verre ?

Café des Cordeliers : *5, rue de la Vallée. ☎ 02-40-54-21-60. Dans une petite rue derrière le* Restaurant de la Vallée, *entre le château et la Garenne-Lemot. Tlj sf lun-mar saison.* Un café où les jeunes (et moins jeunes) aiment à se retrouver à l'heure de l'apéro et jusque tard le soir. La petite terrasse est abritée, et on y reste longtemps même s'il pleut ! L'intérieur est tout aussi agréable avec sa cheminée, sa bibliothèque où l'on peut laisser son livre préféré, ses fauteuils en cuir et ses expos de peinture moderne.

Le vers libre (librairie-café) : *sous les Halles. ☎ 02-51-71-89-66. Mar-sam 10h-19h, dim 11h-18h.* Un lieu destiné à l'échange autour de la littérature et autour des idées en général. Vente de livres, mais aussi thé, café et jus de fruits. Apéros littéraires réguliers. Un lieu plein d'énergie et de projets.

À voir. À faire

Le château : *☎ 02-40-54-02-22. • chateau.clisson@loire-atlantique.fr • Tlj sf mar : mai-sept, 10h30-18h ; oct-avr, 14h-17h30. Visites guidées mai-sept tlj sf mar, à 11h, 14h30 et 16h ; oct-avr, tlj sf mar 14h-17h30. Fermé 1er janv, 24-25 et 31 déc. Compter env 50 mn de visite (guidée tlj en saison et le w-e toute l'année). Entrée : 3 € ; réduc. Avec visite découverte : 6 € ; réduc. Gratuit moins de 14 ans. Nombreuses animations gratuites en saison.*

Vestige de l'activité querelleuse du connétable Olivier de Clisson, c'est un magnifique exemple de l'évolution de l'architecture défensive, dominant fièrement la Sèvre nantaise et la Moine. D'un point de vue plus poétique, il représente également le château médiéval tel que se l'imaginaient les romantiques, de Rousseau à Musset. Rien d'étonnant, donc, à ce que le XIXe s s'entiche du site... et que le sculpteur François-Frédéric Lemot, pour enrichir la collection de fabriques de son domaine situé de l'autre côté de la Sèvre nantaise, en fasse l'acquisition en 1807 et invite ses amis peintres et graveurs à reproduire cette ruine magnifique et tourmentée. Ce sont les successifs aïeux du futur connétable de France Olivier de Clisson qui mettent la première pierre à l'édifice dès le XIIe s. Son propre père, Olivier IV fut « liquidé » par Philippe de Valois, roi de France, pour avoir intrigué auprès des Anglais. Piquée au vif, Jeanne de Belleville, sa femme, qui reçoit en retour de Paris la tête de son époux, prend le parti de lever des troupes contre le roi. C'est dans cette atmosphère belliqueuse que le jeune Olivier, futur Olivier V, va être élevé.

Après un bref séjour à la cour du roi Édouard III d'Angleterre, Clisson, en 1364, livre bataille contre Charles de Blois, au cours de laquelle il fait prisonnier Bertrand Du Guesclin et... perd un œil (voilà pourquoi il est souvent représenté de profil). Mais il retourne sa veste et revient dans le parti français. Du Guesclin et Clisson deviennent de bons

potes, à tel point que quand le premier passe l'arme à gauche, en 1380, la charge de connétable revient à Clisson (ce qui équivaut à diriger le commandement des armées). En 1794, 18 Clissonnais sont jetés vivants dans le puits de la cour du château en représailles aux « résistants » vendéens. La plupart sont des femmes et des enfants, qui ne seront exhumés qu'en... 1961 !
De la cour, jolie vue sur les toits et le quartier de la Trinité, du nom de l'église qui s'y tient. Scénographie audiovisuelle dans la tour Saint-Louis et dans la salle au-dessus de la prison des femmes, et parcours d'interprétation dans l'enceinte du château.

Les halles : une belle bâtisse du XVe s, à la charpente aux trois essences (chêne, sapin et châtaignier), qui abrite le marché. Elles jouxtent des halles italiennes du XIXe s où se trouvent le caveau des producteurs de vin et l'office de tourisme. Utilisées par les Bleus (républicains) ou les Blancs (royalistes) comme base de repli, elles ne furent jamais incendiées, car trop utiles. Depuis, le marché s'y tient toujours *(les mar et ven mat).*

La rue Tire-Jarrets : elle descend des halles vers la Sèvre et doit son nom aux malfrats qui, après le marché, détroussaient les marchands retournant chez eux, le jarret bien rempli de leurs gains (le mot jarret désignant leur bourse de cuir).

La rue de la Collégiale : avec son pin parasol qui surplombe la rue et que l'on retrouve sur toutes les photos de Clisson. De cette même rue part, à droite en remontant, la rue du Cul-Chaud, qui tire son nom du bateau-lavoir qui se trouvait au débouché de la ruelle, au bord de la Sèvre. Les lavandières, pour ne pas avoir froid, avaient coutume de s'asseoir au-dessus du brasero...

Le pont Saint-Antoine et le pont de la Vallée : ces deux ponts en granit du XVe s, construits par François II, le père d'Anne de Bretagne, sont tous deux classés Monuments historiques. Le premier possède une voûte légère faite de deux arches, tandis que le second compte cinq éperons.

La Garenne-Lemot : *☎ 02-40-54-75-85. • garenne.lemot@loire-atlantique.fr • Parc tlj : avr-sept, 9h-20h ; oct-mars, 9h30-18h30. GRATUIT. Visites guidées pour le parc mai-sept (tlj sf lun 16h, plus 14h30 mai-juin) ; 3 €, réduc ; gratuit moins de 14 ans.*
– Maison du jardinier : mai-sept, tlj sf lun, 10h30-18h30 ; d'oct à mi-nov et de mi-mars à avr, tlj sf lun, 14h-17h30 ; de mi-nov à mi-mars, w-e slt 14h-17h30. Fermé 1er janv, 24-25 et 31 déc. GRATUIT.
– Villa Lemot : ouv pour les expos temporaires aux mêmes horaires. GRATUIT (y compris la visite guidée des expos), hors expo w-e slt 14h-17h30.
Parc boisé de 13 ha, avec une villa et une maison de jardinier, dont l'architecture du XIXe s se révèle un exemple parfait de l'italianisme en vogue à cette époque. Avec l'aide de Mathurin Crucy, le sculpteur Frédéric Lemot couche les premiers dessins, puis arrête le projet général de construction, un peu fou, d'inspiration toscane. Il tire profit des ressources offertes par la Garenne-Lemot : la vallée encaissée de la Sèvre, des cascades, bois, etc.
– À l'entrée du domaine, la ***Maison du jardinier,*** flanquée d'une belle tour pigeonnier. Construite de 1811 à 1815, elle reprend les principales composantes de l'architecture transalpine, rappelant les demeures d'Ombrie ou de Toscane : loggia, toits de tuiles rondes, combles ouverts pour laisser passer les courants d'air bienvenus en été, motifs décoratifs en brique... Elle fut en son temps le premier édifice du genre à Clisson. Lemot y résida.
– ***La villa Lemot*** *(ou villa du Sculpteur)* **:** édifiée dès 1824 dans un style néoclassique, avec son imposante colonnade en hémicycle. À l'image des grandes demeures italiennes, elle offre, de l'autre côté, depuis son belvédère, une vue plongeante sur la Sèvre nantaise, la colonne Henri IV et le château. Elle sera achevée par le fils de Lemot, Barthélemy, en 1866. La villa accueille des expositions temporaires originales du Fonds régional d'art contemporain des Pays de la Loire, en alternance avec le travail des élèves de la *Casa Velázquez.*

– ***Le parc paysager*** a conservé – fait rare – l'ensemble de ses « fabriques » ornementales : statues antiques, colonnes, la grotte Héloïse et les poèmes gravés sur les rochers, les petits temples datent de cette époque. Propice à la rêverie parmi les marronniers, pins parasols et platanes...

On peut également aller admirer la ***Garenne-Valentin,*** bâtie pour Jacques-Charles Valentin, ami de Frédéric Lemot, sur le site d'un ancien couvent de bénédictines. Joli reste de cloître XVIIe s, typique de l'architecture religieuse mauriste. Remarquable porche néoclassique du XIXe s en tuffeau. La Moine coule en contrebas du parc, très bien aménagé. Un agréable petit sentier rejoint l'église de la Trinité au départ du viaduc.

Le viaduc : il date des années 1840 et, avec ses 15 arches, il surplombe la Moine à une hauteur de 20 m. À voir le soir et de nuit en été, avec le bel éclairage sur la ville et le château. Superbe point de vue.

La chapelle des Templiers : *presque à la sortie de Clisson, en direction de Cugand (c'est fléché).* Cette église édifiée à la fin du XIIe s, appartenait aux chevaliers de Malte, successeurs des Templiers. Hélas, il lui manque maintenant son toit.

À voir. À faire pas loin

Le Moulin à papier du Liveau : *moulin de Liveau, 44190* ***Gorges.*** *06-16-11-89-50. • lemoulinapapierduliveau.fr • À env 5 km, direction Nantes (D 59). Avr-oct, mar-dim 14h30-17h30. Entrée : 7 € ; réduc ; gratuit moins de 10 ans.* Ce moulin à eau en bord de Sèvre nantaise a repris du service en 2015 après une complète rénovation pour se consacrer à la production de papier, comme il le fit au XIXe s. Remarquable séchoir à l'italienne notamment. Expo, animations et ateliers. Chacun repart avec la feuille qu'il a fabriquée et imprimée sur une vieille presse à bras, ou encore avec son *pop-up.* Ne pas manquer la balade dans le bois de buis à proximité.

– ***Canoë-kayak :*** ***Gétigné Canoë-kayak,*** *pl. de Terbin, 44190* ***Gétigné.*** *☎ 02-40-54-04-82. 06-71-58-06-83. • getignecanoekayak.fr •* À la découverte de la Sèvre. Location à la journée, balades nocturnes commentées autour du château et du viaduc et stages-découverte. Propose également des hébergements. *Également avec* ***Canoë-kayak Clisson,*** *au moulin de Plessard, 85610* ***Cugand.*** *☎ 02-40-54-39-59. • ckclisson.fr •*

Manifestations

Toutes les manifestations sur *• levignobledenantes-tourisme.com •*

– ***Montmartre à Clisson :*** *début juin.* Exposition et concours de peinture, carnets de croquis, modelage et photos.

– ***Hellfest :*** *sur 3 j., le w-e le plus proche du 21 juin.* Le plus important événement français dédié aux musiques métal et assimilées ! Plus de 150 groupes du monde entier sur 6 scènes et un public chevelu et ébouriffé déferlant sur Clisson.

– ***Les Italiennes :*** *en alternance avec « Les Médiévales », courant juil. Rens auprès de l'office de tourisme.* Festival *in* dans le cadre enchanteur de la Garenne-Valentin et *off* un peu partout dans la ville. Deux thèmes dominent : la danse et la photographie. Mais il y a plein d'autres surprises... italiennes !

– ***Les Médiévales :*** *en alternance avec « Les Italiennes », courant juil.* Une vraie fête entre le village et le château, avec marché médiéval, artisans et camelots, jeux de joute, défilés, etc.

– ***Randissimo :*** *le 2e w-e de sept.* Randonnées à thème, gratuites et accompagnées, pédestres ou en canoë, pour découvrir le patrimoine de toute la vallée.

– ***Nouvel an du Muscadet :*** *le 1er dim de déc.* Sous les halles, les viticulteurs de la vallée font découvrir leur récolte ainsi que les millésimes précédents. Ambiance garantie.

VALLET [Gwaled]

(44330) 8 200 hab. *Carte Loire-Atlantique, D3*

Grosse bourgade au cœur du vignoble nantais, à 20 mn de Nantes par la voie rapide. Grande église néogothique (voir les vitraux). Il y a une centaine d'années, on ne commandait pas au comptoir un muscadet, mais un « vallet ». D'où le titre de « capitale du muscadet » dont s'honore la ville, et sa devise : « Je suis la vigne, vous êtes les sarments. » C'est aussi à Vallet que fut créée la recette du canard au muscadet, en 1958.

Adresses et info utiles

Office de tourisme du Vignoble de Nantes : *1, pl. Charles-de-Gaulle. ☎ 02-40-36-35-87. • levignobledenantes-tourisme.com • Sept-juin, mar-dim mat ; en juil-août, aussi lun ap-m, mais fermé sam ap-m.* Billetterie du Puy-du-Fou, spectacles, traversées pour l'île d'Yeu, etc.

Maison du muscadet : *5, route d'Ancenis. ☎ 02-40-36-25-95. • maisondumuscadet.over-blog.fr • À l'entrée du centre-ville. Tlj 10h-12h, 14h-18h (10h-17h30 hors saison). Fermé mer et dim en fév-mars et nov-déc. Congés : de janv à mi-fév.* Une cave associative où l'on peut goûter à la production de 25 viticulteurs du canton, sélectionnés par un jury professionnel. Dégustation gratuite.

– **Marché :** *dim mat.*

Où manger ?

De bon marché à prix moyens

À la Petite Ruelle : *5, rue Ribateau. ☎ 02-40-36-61-98. Derrière la mairie. Fermé lun, mar midi, sam midi et dim soir. Résa conseillée. Formules à l'ardoise : midi env 15 €, soir 25 €.* Dans une ruelle étroite, un drôle de petit resto décoré de vieux outils agricoles aux murs. Le midi, sélection à l'ardoise, peu de propositions mais que du « maison » ! Le soir, on pourra laisser le choix au chef et découvrir ses plats au fur et à mesure. Au final, une cuisine de saison atypique et surprenante. Un resto traditionnel qui se la joue décalé en cassant les codes. En revanche, il en est un qui reste bien solide : réservez !

Au Fil des Saisons : *20, pl. Charles-de-Gaulle. ☎ 02-40-36-30-05. Sur la place de l'église. Fermé dim soir et lun. Congés : 1 sem en janv, 3 sem août-sept. Formules déj en sem 12,80-16-80 €. Menus 22 € (de marché) et 30 €. Apéro offert sur présentation de ce guide.* Une salle en toute simplicité avec ses poutres au plafond, voilà de quoi mettre en confiance. Ici, on sert une cuisine maison, de saison et sans flonflon. Accueil délicat de surcroît. Pour ceux qui aiment les produits locaux travaillés avec soin, poussez la porte sans hésiter !

À faire

➢ ***Balades dans le vignoble :*** une cinquantaine de circuits pédestres à faire dans le vignoble, dont plusieurs autour de Vallet, pour découvrir les vignes, le patrimoine, les rivières. Par exemple, le *circuit des côteaux* passe devant les vergers du Cléray où l'on peut goûter la fameuse confiture de mûroises. Fiches détaillées en vente à l'office de tourisme *(0,50 €)* ou à télécharger gratuitement sur le site internet.

➢ ***Le vignoble à vélo :*** cinq boucles entre 9 et 32 km pour découvrir le vignoble de Nantes... Plans des circuits en vente à l'office de tourisme *(0,50 €)* ou à télécharger gratuitement sur le site internet.

FIN DU VOYAGE

Un des carrés du cimetière de Vallet abrite une vingtaine de tombes plutôt impressionnantes : de vrais mausolées, en fait, en marbre et en verre. Il s'agit des sépultures de familles de gens du voyage qui, par tradition et depuis plus d'un siècle, se font inhumer à Vallet. On parle d'ailleurs de « cimetière des gitans ».

DANS LES ENVIRONS DE VALLET

Le parc zoologique de La Boissière-du-Doré *(44430)* **:** *☎ 02-40-33-70-32. • zoo-boissiere.com • À 10 km au nord de Vallet, direction Ancenis. De mi-fév à mars et d'oct à mi-nov, mer, w-e, j. fériés et vac scol 14h-18h ; sept, lun-ven 14h-18h, w-e 11h-19h ; avr-juin, tlj 11h-19h ; juil-août, tlj 10h-19h ; billetterie fermée 2h plus tôt. Fermé de mi-nov à mi-fév. Entrée : env 19 € ; réduc ; gratuit moins de 3 ans.* Une plaine africaine (où l'on peut aussi passer la nuit dans un *lodge*) et une forêt amazonienne version Loire-Atlantique pour voir évoluer, entre autres, rhinocéros, girafes, oryx, pythons, paresseux... On peut aussi admirer des gorilles, des orangs-outans et même des loups, lions, tigres, guépards, ours. Près de 700 animaux en tout sur 19 ha et plus de 50 naissances chaque année. Spectacle en vol libre d'une cinquantaine d'oiseaux.

Camping à la ferme de la Péquinière : *La Péquinière, 44430* ***La Boissière-du-Doré.*** *☎ 02-40-33-70-49. 📱 06-37-89-02-49. • accueil@pequiniere.fr • Passer le zoo, prendre à droite et suivre le fléchage sur 2 km. Prix : env 11 € pour 2. CB refusées. 6 empl. Lait de la ferme offert sur présentation de ce guide.* Au bord d'un étang, 6 emplacements bien ombragés sur une grande étendue herbeuse, avec vue dégagée sur la campagne. Bloc sanitaire nickel. Jeux d'enfants, barbecue et terrain de pétanque. Visite quotidienne des activités de la ferme, avec découverte des animaux.

LE LOROUX-BOTTEREAU [Lavreer-an-Botorel]

(44330) 7 500 hab. *Carte Loire-Atlantique, C3*

Entre collines et vallons, marais et petits bois confinés, Le Loroux-Bottereau est la deuxième commune viticole du département avec ses 1 400 ha de vignes. Ce bourg paisible est aussi influencé par la Loire, toute proche, sa douceur de vivre et ses restos gastronomiques sur la levée de la Divatte. Son histoire a été particulièrement marquée par la Révolution française, les « gars du Loroux » constituant une véritable « division d'élite » au sein de « l'armée » vendéenne. On ne s'étonne pas de trouver, au milieu de la grand-place, une (rare) statue de Louis XVI en souvenir des 4 500 Lorousains tombés au nom de la religion et sous les feux des colonnes infernales.

Où dormir ? Où manger dans le coin ?

De prix moyens à chic

Chambres d'hôtes Domaine de La Roche : *hameau de La Roche. ☎ 02-40-03-74-69. 06-10-94-24-50. • pineau machi@yahoo.fr • À env 5 km sur la D 7 en direction de La Chapelle-Heulin, en haut de la colline de La Roche. Compter 60 € pour 2.* Dans une belle maison de vigneron avec une véranda donnant sur le vignoble, chambres agréables dont certaines avec entrée extérieure et kitchenette. Beau jardin fleuri et arboré sur une petite colline. Tous les soirs à l'heure de l'apéro, votre hôte vous invite à une dégustation dans son chai, où trône un vieux pressoir, à quelques kilomètres de là. Son muscadet est très bon. Accueil chaleureux.

Chambres d'hôtes Le Clos de la Brevère : *hameau de La Brevère, 44430* ***La Remaudière.*** *☎ 02-40-33-74-75. 06-50-22-88-27. • j.petiteau1@free.fr • leclosdelabrevere.fr • À env 5,5 km sur la D 115 en direction d'Ancenis, à droite vers La Remaudière, la maison est sur la droite 2 km plus loin (entrée discrète). Résa recommandée, enfants non souhaités. Compter 90 € pour 2. Également un gîte 2-3 pers 165-180 € (3 nuits suivant la saison).* Chambres très soignées dans 2 bâtiments indépendants avec accès à une petite cuisine commune. Dans les vignes qui entourent son vaste jardin arboré, le proprio a replanté une vingtaine de cépages oubliés et fait ses vendanges à l'ancienne. Dégustations dans son chai, où il collectionne des outils viticoles des années 1950.

Le hall Saint-Lazare : *1, rue Saint-Lazare, 44430 Le Loroux-Bottereau. ☎ 02-40-69-14-62. En plein centre. Congés : courant août. Formules midi en sem 14,50-17,50 €, soir slt 22 € ; menus 27,50-45 €.* Après avoir hébergé la mairie, ce bel édifice en pierre de pays abrite désormais un restaurant ne manquant pas d'allure avec son perron, sur une placette plantée de tilleuls. Après délibération, la cuisine entre terre et mer fait l'unanimité. Une adresse bienvenue dans cette région de vignobles où les bonnes tables ne courent pas les rues.

À voir. À faire au Loroux-Bottereau et dans les environs

Les marais de Goulaine : ils s'étendent sur 1 500 ha et hébergent canards, foulques, hérons cendrés et une flore variée. Ils se découvrent à pied par les sentiers, en été, quand les marais sont asséchés, ou en barque à partir du port du Millau, de l'Angle-Essort ou du Montru. Ces marais sont aussi la plus grande frayère à brochets d'Europe. Un seul pont pour traverser le marais, celui de l'Ouen, entre Haute-Goulaine et Le Loroux-Bottereau.

– Au Pont-de-l'Ouen, à Haute-Goulaine, ***La Maison Bleue*** *: ☎ 02-40-54-55-51 ; • maraisdegoulaine.fr • Avr-oct, lun-ven 14h-17h, dim 15h30-18h30.* Espace pédagogique qui propose expos en lien avec le marais, animations nature et promenades.

– De l'autre côté du pont, gravir la petite butte de la Roche (47 m) pour le panorama.

LA VALLÉE DE LA LOIRE

La Loire est longtemps restée le principal axe de circulation des marchandises et des voyageurs dans l'ouest de la France. Au Moyen Âge, les seigneurs riverains percevaient des droits de péage sur chaque marchandise transportée par les gabares, ces bateaux à voiles carrées, disparus au XIXe s. Quelque 800 mariniers et pêcheurs travaillaient autour de Champtoceaux. Mais l'arrivée du train en 1851 fut fatale à leur activité maritime, remplacée un temps par l'extraction du sable, entraînant une accélération du courant, une dégradation des rives et une menace pour les ponts. L'exploitation du sable fut complètement arrêtée en 1993. C'est aujourd'hui la culture maraîchère sur ce sol sablonneux qui a pris le relais. Mâches, radis, carottes, mais surtout muguet avec ses 20 millions de brins cultivés chaque année entre La Chapelle-Basse-Mer et Saint-Julien-de-Concelles. Devenue également route touristique, la vallée de la Loire fait aujourd'hui le bonheur des randonneurs à vélo.

LA LOIRE À VÉLO

Entre Nantes et Oudon, sur la rive nord de la Loire, 34 km de pistes balisées sur le chemin de halage offrent aux adeptes de la petite reine une balade bucolique dans un paysage varié avec des vues imprenables sur le fleuve. On ne manquera pas de faire une pause aux étonnantes Folies Siffait, de déguster du vin au domaine des Génaudières au Cellier, de visiter le château médiéval d'Oudon et sa scénographie passionnante, et d'aller saluer la mémoire de Louis de Funès au Cellier. Une balade agréable à faire dans la journée au départ de Nantes ou Angers, avec possibilité de retour en train, des stations de TER ponctuant le parcours.

POISSON D'AMOUR !

Au siècle dernier, lorsqu'un marinier voulait se marier, il déposait une alose, fraîchement pêchée, sur la table de cuisine de la jeune fille dont il était amoureux. Lorsqu'il revenait, si cette dernière avait cuisiné l'alose, les fiançailles, voire le mariage, pouvaient être célébrés. En revanche, si le poisson était resté en l'état sur la table, le marinier pouvait le récupérer et aller se faire cuire un œuf !

LOIRE-ATLANTIQUE

Balades en bateau...

***À bord de* La Luce :** *☎ 02-40-83-60-00. • loire-en-scene.fr • Billetterie au château d'Oudon ou aux offices de tourisme d'Ancenis et Champtoceaux (résa vivement recommandée). Départs de Champtoceaux (de l'autre côté du fleuve). Avr-juin et sept, w-e et j. fériés ; juil-août, tlj, 2-4 départs/j. Durée : 1h. Compter 11 € ; 5-14 ans 6 €.* Balade passionnante faite par un guide-marinier à la découverte des richesses du fleuve. Commentaires instructifs et pleins d'humour sur la faune et la flore, ponctués d'anecdotes croustillantes sur l'histoire du fleuve.

Les Balades du Pêcheur : *06-19-25-58-29. • lesbaladesdupecheur.com • De mi-mai à fin sept, au départ de Saint-Julien-de-Concelles, pour Ancenis ou Nantes. Sur résa slt. Compter env 28 €/pers.* Claude Janin, pêcheur professionnel, propose des balades commentées au fil de la Loire, l'une sauvage en amont, l'autre urbaine en aval. Découverte à travers les yeux d'un pêcheur des richesses des bords de Loire, complétée d'une dégustation de produits du terroir.

L'Erre Sauvage : *La Pierre Percée, 44450* ***La Chapelle-Basse-Mer.*** *06-72-16-10-51. • erre-sauvage.com • Sur résa slt et à partir de 6 pers. Compter 20 €/pers (jusqu'à 12 pers).* À bord de la reconstitution d'une toue cabanée, bateau traditionnel de Loire, tout en bois. 2h de balade à la découverte de la faune et de la flore (prêt de jumelles). Formule « pêche » ou avec déjeuner également. Et possibilité de louer la toue (amarrée !) en chambres d'hôtes *(compter 115 € pour 2).*

Et dans les airs

➢ ***Vol en montgolfière :*** *avec* ***Ciel de Loire****. ☎ 02-40-05-19-56. • cieldeloire@free.fr • cieldeloire.com • Sur résa. Compter 220 €/pers pour un vol.* Pour découvrir les paysages de la Loire vus du haut. Vols d'initiation pour tous les âges. Sites de décollage à Oudon, Ancenis et Le Cellier.

LA LEVÉE DE LA DIVATTE (RIVE SUD DE LA LOIRE)

Carte Loire-Atlantique, C3

Nom d'une rivière qui se jette dans la Loire près de La Varenne, c'est aussi celui de la levée qui borde un bout de la Loire, de Nantes au Cellier. Après qu'une ordonnance royale de 1846 déclara la levée de la Divatte d'utilité publique, 9 ans de travaux furent nécessaires pour voir naître cet ouvrage long de 16 km et haut de 3 m. À la fin du XIXe s, la chaussée qui fut construite dessus devint route nationale. Mais en 1910, ce fut la catastrophe : la Loire, trop puissante, fit craquer cette « digue » sur des centaines de mètres. Malgré d'importantes inondations, les Nantais ne lui en tinrent pas trop rigueur, et revinrent aux beaux jours à la Divatte et à ses guinguettes. À l'image des bords de Marne à la même époque, on y venait le dimanche pour pêcher, jouer aux boules et aux palets, et, à coup sûr, s'envoyer un p'tit muscadet. L'endroit conserve sa notoriété, grâce aux bonnes tables qui s'y trouvent encore aujourd'hui. On y inventa d'ailleurs le beurre blanc.

Où camper ?

⛺ ***Camping du Chêne :*** *1, route du Lac, 44450* ***Saint-Julien-de-Concelles****. ☎ 02-40-54-12-00. • contact@campingduchene.fr • campingduchene.fr • ♿ À la sortie de Saint-Julien-de-Concelles, sur la route du Loroux-Bottereau. Ouv d'avr à mi-oct (tte l'année pour les loc). Forfait tente env 13-15 €. Hébergement locatif 359-624 €/sem. Réduc de 10 % sur les emplacements hors juil-août sur présentation de ce guide. 100 empl.* Au bord de l'étang du Chêne, dans un joli espace arboré et calme. Piscine, jeux pour enfants, tennis, location d'embarcations à pédales et de barques pour pêcher. Point d'informations touristiques et petit kiosque faisant snack au bord de l'étang. Tenu par un couple aux petits soins pour ses hôtes. École de voile juste à côté *(**OLAC**, ☎ 02-40-33-37-03).*

Où manger ?

De prix moyens à chic

|●| ***Restaurant Clémence :*** *91, levée de la Divatte, « La Chebuette », 44450* ***Saint-Julien-de-Concelles****. ☎ 02-40-36-03-18. • contact@restaurantclemence.com • Fermé lun plus dim soir et mer hors saison. Congés : 2 sem en août, 10 j. à Noël. Formule 21 €, menus 27-56 €. Café offert sur présentation de ce guide.* Une prestigieuse enseigne qui doit sa notoriété à Clémence Lefeuvre, créatrice du beurre blanc, cette sauce qui accompagne

merveilleusement bien le poisson. Décor épuré, ambiance feutrée et élégante pour une cuisine traditionnelle avec une touche de modernité. Sandre au beurre blanc, bien sûr, mais aussi ravioles d'écrevisses, duo d'anguilles et de grenouilles... un régal !

La Divate : *28, levée de la Divatte, « Boire courant », 44450* ***Saint-Julien-de-Concelles.*** *☎ 02-40-54-19-66. Fermé mar-mer et dim soir, plus lun soir en basse saison. Congés : vac de fév et 3 sem en juil. Formule déj en sem 15 € et menus 19-39,50 €.* Murs de pierre et décor rustique chaleureux suggérant l'intérieur d'une maison de pêcheur, ce très agréable resto en bord de Loire propose une cuisine de terroir inventive et plaisante, à base de produits régionaux. Le sandre rôti au beurre blanc mérite sa réputation.

Villa Mon Rêve : *2, levée de la Divatte, 44115* ***Basse-Goulaine.*** *☎ 02-40-03-55-50. • contact@villa-mon-reve.com • Sur la D 751, en contrebas de la route des bords de Loire. Fermé dim soir et lun-mar. Formule déj en sem 21 € ; menus 35-43 €.* Une adresse connue de longue date dans la région. Sympathique terrasse fleurie en été et salle joyeusement rénovée au goût de l'époque. Le jeune et récent chef reste fidèle à cette belle cuisine de région et de tradition qui laisse de la place pour l'innovation. Très large (et judicieux) choix de muscadets.

À voir. À faire dans le coin

La chapelle Saint-Simon : *à* ***La Chapelle-Basse-Mer.*** *Tlj 9h-19h.* Sur les bords de Loire. Édifiée au XVIe s mais restaurée au XVIIIe, elle doit son nom au saint patron des mariniers. Elle fut de nombreuses fois inondée, lorsque les crues de la Loire transformaient la vallée en un immense marécage, avant la construction de la levée de la Divatte.

Espace de loisirs Les Rives de Loire : *à la* ***Pierre Percée,*** *à 3 km de La Chapelle-Basse-Mer.* Autour d'un plan d'eau, une aire de jeux, de pique-nique (barbecue à disposition) et de pêche, avec plusieurs sentiers pédestres. Baignade interdite.

OUDON [oudon]

(44521) 3 042 hab. *Carte Loire-Atlantique, D3*

Une ville remarquable dans cette belle vallée de la Loire. Perchée sur son rocher dominant le fleuve, l'impressionnante tour du château médiéval en constitue la pièce maîtresse... On ne peut manquer également les points de vue sympas tout au long de la route qui borde la Loire, et les nombreuses possibilités de randonnées pédestres et cyclables. Agréable petit port de plaisance au pied du rocher. Possibilité de baignade au plan d'eau les après-midi de juillet et août. Sans oublier une grande table, à prix modestes, à suivre avec attention ! Un passage incontournable, donc.

Adresse utile

Office de tourisme du Pays d'Ancenis : *11, rue du Pont-Levis. ☎ 02-40-83-07-44. • pays-ancenis-tourisme.fr • À l'entrée du château. Tlj avr-oct ; fermé nov-fév (accueil d'Ancenis ouvert), permanence* *téléphonique en sem.* Infos sur tout le pays d'Ancenis et les bords de Loire. Location de barques et canoës sur la vallée du Hâvre d'avril à octobre. Fiches de randonnées, fiches boucles cyclables *La Loire à Vélo.*

Où dormir ? Où manger dans le coin ?

Prix moyens

Chambres d'hôtes La Maison dans les Bois : *hameau Le Vaud, à 2 km du centre-ville en suivant le fléchage à partir de la cale proche de la gare. ☎ 02-51-14-13-82. 06-89-67-18-41. • rouquayrol.philippe@wanadoo.fr • ouquayrolphilippe.wix.com/maison • Doubles 69-79 €. Remise de 10 % sur la chambre, sur présentation de ce guide.* Au cœur d'une pinède, belle maison d'architecte à la déco très contemporaine, proposant 2 chambres, dont une récente, un peu à l'écart et assez incroyable. Plus que tranquille, très déco et d'un confort optimum. Sauna (payant). On apprécie particulièrement la petite terrasse avec chauffage-parasol, d'où l'on peut voir passer chevreuils et écureuils. Accueil des plus enthousiasmant.

Villa Saint-Germain : *170, rue Alphonse-Fouschard, à Oudon. ☎ 02-51-14-10-04. • villastgermain@orange.fr • Au pied du petit pont, dans le centre-ville. Tlj sf dim soir-mar. Résa indispensable. Menus déj en sem 14,50-18 € ; le soir 29-34 €.* On vient de Nantes pour découvrir la surprenante cuisine de Marie Le Calvez ! En perpétuelle invention, influencée par ses (grands) maîtres autant que par ses voyages en Asie, ce petit bout de femme cuisine d'instinct et étonne à chaque plat. Le plaisir est immense, et sa maîtrise désarmante. On sort de ce lieu unique, à l'ambiance cosy et détendue, en se promettant d'y revenir pour de nouvelles découvertes culinaires. Un véritable coup de cœur, vous l'aurez compris !

À voir. À faire

Le château médiéval : *11, rue du Pont-Levis. ☎ 02-40-83-60-00. • loire-en-scene.fr • Avr-sept et vac Toussaint, tlj, horaires variables. Visite libre, env 1h15. Entrée : 7,30 € ; 4,80 € pour les 4-14 ans ; réduc. Pour les familles, parcours enfant « Secrets du Moyen Âge » avec prêt de costumes.*
Avec celui d'Ancenis, ce château du XIe s, reconstruit à la fin du XIVe s, assurait un verrou aux marches de Bretagne. Imposante et superbe, cette tour octogonale, haute de 40 mètres est un condensé des matériaux utilisés dans la région : schiste, tuffeau angevin et granit. Elle sert de cadre à une scénographie passionnante d'un étage à l'autre : récit sur grand écran d'un pêcheur qui retrace l'histoire de la région et de la batellerie, tragiques guerres de Vendée, voyage et vision artistique du peintre anglais William Turner sur la région, contes, chansons folkloriques, poèmes et extraits littéraires... Enfin, au dernier niveau, on s'envole pour un superbe voyage virtuel en montgolfière au-dessus de la Loire. On ne manquera pas d'apprécier, du sommet de la tour, la vue à 360° sur le fleuve et le vignoble. Une visite originale et ludique, à ne pas manquer.

Croisière sur la Loire : *à bord de La Luce, au départ de Champtoceaux (de l'autre côté du fleuve). Billetterie au château d'Oudon. Voir « Balades en bateau » au début du chapitre « La vallée de la Loire ». Un pass intéressant permet de combiner la visite du château et la croisière sur la Loire.*

➢ **Parcours de sculptures monumentales :** *à travers la ville.* Vingt-quatre sculptures, certaines étonnantes, issues du symposium de sculpture organisé tous les 2 ans, les années impaires : les artistes sont de toutes nationalités, une thématique différente à chaque fois, certaines réalisations sont exposées dans la ville (plan à l'office de tourisme).

LOIRE-ATLANTIQUE

➢ ***Promenade dans la vallée du Hâvre et en bords de Loire :*** la rivière encaissée du Hâvre serpente entre champs et bosquets, et se jette dans la Loire à Oudon. On peut suivre ses méandres en canoë et en barque *(loc à l'office de tourisme ; compter 30 € la ½ journée pour 3-6 pers en barque et 21 € en canoë).* La balade est aussi possible à pied en suivant la rivière.

➢ ***Vol en montgolfière :*** *☎ 02-40-96-26-26. • nantes-montgolfieres.fr • Pour un baptême, compter 200-230 € (- 10 % à partir de 4 pers). Billetterie également à l'office de tourisme du Pays d'Ancenis.* Qui n'a jamais rêvé d'un vol de 1h en montgolfière au-dessus de la Loire ? Selon les vents, décollage d'Oudon, du Cellier ou d'Ancenis.

DANS LES ENVIRONS D'OUDON

À ***Champtoceaux*** *(Maine-et-Loire),* de l'autre côté du pont d'Oudon, on peut encore admirer les deux arches du ***moulin Pendu.*** Plus loin, deux sentiers-découvertes autour des contes et légendes, et du Moyen Âge. Très beaux panoramas qui surplombent la Loire au Champalud, derrière l'église.

LOIRE-ATLANTIQUE

D'OUDON À SAINTE-LUCE-SUR-LOIRE (RIVE NORD DE LA LOIRE)

Avant un retour vers l'urbanisation nantaise, la rive nord de la Loire offre de jolis paysages escarpés où les vignes descendent en pente douce jusqu'au fleuve, bénéficiant d'un fort ensoleillement. Muscadet sur lie, gamay coteaux-d'ancenis, mais aussi malvoisie et « Belle Folie », particulièrement gouleyants, sont produits ici. Le Cellier, Mauves-sur-Loire, de calmes villages ; Louis de Funès, qui vivait dans le coin, savait savourer ces paysages et ces vins... Une rive agréable, à parcourir par son chemin de halage car dénuée de routes.

Où dormir ? Où manger dans le coin ?

Camping

Camping Belle Rivière : *route des Perrières, 44980* ***Sainte-Luce-sur-Loire.*** *☎ 02-40-25-85-81. • belleriviere@wanadoo.fr • camping-belleriviere.com • Depuis le centre de Nantes, Ⓣ Souillarderie, puis Chronobus (arrêt « Gicquelière » à 800 m du camping). Entre Sainte-Luce et Thouaré, à env 10 km au nord-est de Nantes par la sortie 24, puis fléché. Tte l'année. Forfait tente autour de 17 € selon saison. Mobile homes 226-462 €/sem. 100 empl. Réduc de 5 % sur présentation de ce guide.* Emplacements calmes et bien ombragés pour les campeurs, mobile homes à l'écart. Son cadre et son confort justifient le détour. Pêche et promenades au bord de la Loire (à vélo, à pied, à cheval...). Jeux pour enfants, minigolf et barbecue collectif. Sanitaires nickel.

De prix moyens à chic

Chambres d'hôtes Château de Bois-Briand : *10, rue du Bois-Briand, 44300* ***Nantes.*** *☎ 02-51-79-70-25. 06-64-85-14-05. • contact@chateauresidence.com • chateauresidence.com • À 5 km à l'est du centre-ville de Nantes, sortie 42 du périphérique (Porte-de-Sainte-Luce), direction Sainte-Luce, à gauche après le magasin* Métro, *entrée du parc juste à droite. Compter 120 € pour 2 (min 2 nuits).* La grille finement ouvragée du XVIIIe s donne le ton. On quitte un environnement pas folichon de zone industrielle pour un voyage surréaliste dans le passé. Dans un château du XVᵉ s, remanié au XVIIᵉ, 2 vastes chambres, confortables, décorées et meublées avec goût, équipées de grands sanitaires. Le petit déjeuner est servi dans l'orangerie.

L'Envol : *85, rue des Mauves, 44470* ***Thouaré-sur-Loire.*** *☎ 02-40-68-07-21. • restaurantlenvol@orange.fr • Fermé dim-lun et le soir mar-mer. Menus 16-35,60 €.* Précisément le genre d'adresse où l'on ne s'arrête pas, car on ne la voit pas. Stop ! Derrière cette façade anodine de routier se cache un super petit resto, très fréquenté au déjeuner par une clientèle d'affaires. On sert ici, à prix bien serrés, une cuisine traditionnelle fraîche et inventive, qui tourne au gré de la marée, du marché et de l'inspiration du chef. Service en salle (déco moderne) ou, mieux, en terrasse dans un petit jardin, à l'arrière, dès les beaux jours. Et là, c'est formidable !

Le Clos du Cellier : *1, pl. du Mémorial, 44850* ***Le Cellier.*** *☎ 02-40-25-38-45. • leclosducellier@club-internet.fr • Au cœur du bourg, en contrebas de l'église. ♿ Tlj sf dim soir-mar midi, plus mar en basse saison. Congés : 1ʳᵉ quinzaine de janv. Formules déj en sem 16-20 € ; menus 29-41 €. Un verre de moelleux offert sur présentation de ce guide.* On pénètre dans cet agréable resto à la déco contemporaine par la cave à vins pleine de merveilles venues d'un peu partout. Madame est aux fourneaux, monsieur en salle. Et dans l'assiette, une bonne cuisine de saison, à base de produits du terroir, avec une formule économique le midi, plus élaborée et d'inspiration gastronomique le soir. Une table qui réveille ce petit village assoupi, et c'est tant mieux !

Où acheter du bon vin ?

Domaine des Génaudières : *44850* ***Le Cellier.*** *☎ 02-40-25-40-27. • domaine-genaudieres.fr • Fléché à partir de la D 723, entre Oudon et Mauves-sur-Loire. Lun-sam 9h-12h30, 14h-19h.* Anne Athimon veille sur ce domaine familial viticole datant de 1635 (l'un des plus anciens des bords de Loire), dont les vignes descendent en terrasses jusqu'au fleuve. L'exposition plein sud et les sols silico-argileux font de son muscadet un vin très typé, sec, vif et agréable. Mais Anne propose également un gamay coteaux-d'ancenis gouleyant et très fruité, aux notes de framboise, ainsi qu'un bon malvoisie. Rares sont les propriétés qui en produisent encore ; pourtant, c'est un véritable délice d'été !

Domaine Landron Chartier : *le Bas Ponceau, 44850* ***Ligné.*** *☎ 02-51-12-22-90. • landronchartier.fr • Lun-jeu 16h-19h ; ven-sam 9h-12h30, 15h-19h (17h sam). Visites commentées sur résa. Animations œnologiques.* Vins issus de l'agriculture biologique.

À voir. À faire

Les folies Siffait : *à 2 km d'Oudon, 44850* ***Le Cellier.*** Ces étranges ruines sont fermées, on peut tout juste les apercevoir en les longeant à pied par le chemin de halage en bord de Loire. Un long programme de restauration et de consolidation a été lancé. Les raisons d'une telle construction par un employé des douanes, Maximilien Siffait, au XIXᵉ s, demeurent inconnues. Toujours est-il que les pavillons, les kiosques, les tourelles gothiques, les murs crénelés ont inspiré Stendhal et Turner, lequel en fit une série de gravures et de toiles.

La grotte des Faux-Monnayeurs : *au-dessus de la voie ferrée et du chemin de halage, 44470* ***Mauves-sur-Loire.*** Au XVIᵉ s, les frères Malestroit, propriétaires du château d'Oudon, y fabriquaient de fausses pièces d'or avant d'être arrêtés et décapités en 1526 à Nantes.

ANCENIS [ankiniz]

(44150) 7 800 hab. *Carte Loire-Atlantique, D2*

Les villes qui s'égrènent, tel un chapelet, sur les bords de Loire avaient une fonction de contrôle. Le château d'Ancenis le confirme. Les quelques demeures cossues encore présentes témoignent de l'importance passée de la ville. Le vin tient toujours un rôle prépondérant avec les coteaux qui entourent la cité, et les nombreux marchands encore actifs. Le muscadet n'est pas loin, les coteaux d'Anjou non plus, ça n'étonnera donc personne... En face, le département de Maine-et-Loire et Liré, ville de Joachim Du Bellay. Ce dernier trône sur la rive d'Ancenis, près du pont, le regard tourné vers son village.

Adresse et info utiles

Office de tourisme du pays d'Ancenis : *rue des Douves (à partir du printemps 2017). ☎ 02-40-83-07-44. • pays-ancenis-tourisme.fr • À deux pas de la Loire, à l'angle d'une petite rue et de la place qui borde le château. Nov-mars, slt mar-mer et jeu mat ; sinon, tlj sf dim, plus lun de mi-sept à oct et d'avr à mi-juin.* Infos sur tout le pays d'Ancenis et les bords de Loire, ainsi que sur les randonnées pédestres et cyclables à faire dans la région (parcours découverte de la ville, boucles cyclables *La Loire à Vélo*). Demander la carte sympa et futée « Nos coins préférés », réalisée par une trentaine de prestataires locaux. Billetterie, boutique de produits locaux.

– **Marchés :** *jeu mat.* Imposant, l'un des plus importants de Loire-Atlantique. Petit marché sam mat à côté du château.

Où dormir ? Où manger ? Où boire un verre ?

Camping

Camping de l'Île Mouchet : *impasse de l'Île-Mouchet,* **La Charbonnière.** *☎ 02-40-83-08-43. 06-62-54-24-73. • camping-ile-mouchet@orange.fr • camping-estivance.com • Congés : 2 sem à Noël. Forfait tente 14,90-17,20 €. Loc de campétoiles, bungalows toilés, caravanes et mobile homes 300-590 €/sem. Campétoiles 25-29 €/nuit et par pers. 105 empl. Remise de 5 % sur présentation de ce guide.* Bel accueil pour ce camping proche du centre-ville et de la Loire. Petite plage pour la bronzette à proximité, sur les bords du fleuve. Pêche également. Snack et animations en juillet-août. Loue des vélos et des tandems (l'itinéraire *La Loire à Vélo* passe à côté, comme le GR 3 pour des randos pédestres). Piscine avec toboggan géant.

Bon marché

La Cerise sur le Gâteau : *48, rue d'Anjou. ☎ 02-40-09-59-59. En plein centre. Ouv le midi mar-sam. Congés : début août-début sept. Formules 11,90-12,90 €. Café offert avec un menu, sur présentation de ce guide.* Restaurant bio, salon de thé, brocante, salle d'expo... On se sent comme à la maison dans ce petit resto de tous les gourmands et tous les moments de la journée. Cuisine de qualité, maison et sans chichis, dans un cadre rétro. Les desserts sont divins, les soupes l'hiver revigorantes !

La Maison des vins : *28, pl. du Millénaire, sur les quais. ☎ 02-40-96-14-92.* Un bar à vins (bas de plafond !) de la région d'Ancenis et d'ailleurs. Crus sympas, crus d'ailleurs, à emporter ou à partager sur place autour de tapas. Ambiance cosy ou en terrasse.

Prix moyens

Chambres d'hôtes Castel Magnolia : *100, impasse Barême. 06-87-23-75-89. • delphinemosset@gmail.com • sites.google.com/site/castelmagnolia • Au centre. Compter 68 € pour 2. Apéritif offert sur présentation de ce guide.* Quelle surprise que de découvrir, derrière ce vaste parking, un hôtel particulier du XIXe s, plutôt classe, entouré d'un petit jardin ! 3 chambres de belle taille, à la déco simplement de bon goût. Accueil plus que souriant et petit déj servi, quand le temps le permet, dans l'orangerie.

Chambres d'hôtes Loire-Séjours : *196, rue du Général-Leclerc. ☎ 09-64-40-47-46. • info@loire-sejours.fr • loire-sejours.fr • Au centre. Compter 68-75 € pour 2 (6,50 € en sus pour un English breakfast avec œufs maison). Réduc de 10 % sur le prix de la chambre pour 3 nuits ou plus sur présentation de ce guide.* Dans une vieille maison de ville avec parquets, boiseries et cheminées, chez Aline et Andrew, sympathique couple franco-anglais qui a longtemps vécu à Londres. Les 4 chambres sont donc forcément un peu cosy ! Adorable petit jardin (à l'anglaise aussi) sur lequel ouvre une des chambres, en rez-de-chaussée.

La Toile à Beurre : *82, rue Saint-Pierre. ☎ 02-40-98-89-64. • latoileabeurre@wanadoo.fr • Juste à côté de l'église. Tlj sf dim soir, lun, mar soir et mer soir. Formule déj en sem à partir de 15,50 € ; menu env 30 €. Café offert sur présentation de ce guide.* Dans une superbe salle de tuffeau en voûte et au sol d'argile, les sympathiques patrons pratiquent une cuisine de saison à base de produits frais, avec quelques spécialités nantaises ou de Loire bien travaillées. Belle carte de vins locaux. Également 8 chambres pimpantes.

La Table du Pêcheur : *11, bd Léon-Séché. ☎ 02-40-83-11-36. Sur le quai face à la Loire, à 500 m du pont, à l'angle de la rue qui descend de l'église. Tlj sf dim soir en hiver. Résa conseillée. Formules 16,70-23 €, repas env 30 €.* L'intérieur d'un bateau a inspiré la déco : bois verni, cuivre, filet, toile... et l'équipe de matelots au service virevolte avec efficacité et amabilité. En terrasse, ce n'est pas le vent du large qui chatouille les oreilles, mais plutôt la circulation, dommage. En tout cas, le rapport qualité-prix et le choix proposé font plaisir. Produits locaux : poisson de Loire, volaille d'Ancenis.

La Charbonnière : *bd Joubert, la Charbonnière. ☎ 02-40-83-25-17. Un peu à l'écart du centre, sur les bords de Loire, vers le camping. Tlj sf lun, plus dim soir oct-juin. Formules déj en sem 17-21 € ; menus 29-39 €.* Resto tranquillement posé sur les rives de la Loire, avec une terrasse (et une salle contemporaine largement vitrée) pour bien profiter du paysage. Belle cuisine d'ici et d'aujourd'hui.

Où dormir dans les environs ?

Camping Écoloire : *sur l'île en face du palais Briau, Varades, 49410* **Mauges-sur-Loire.** *☎ 02-40-96-70-20 ou 02-41-72-50-39. • saintflorentlevieil@uneautreloire.fr • uneautreloire.fr • Mai-sept. Forfait tente env 15 €. 100 empl.* Camping posé au milieu de l'île, ombragé. Buvette, épicerie. Possibilité de pêche et de location de vélos.

Domaine des Forges : *étang de la Provostière, 44440* **Riaillé.** *☎ 02-40-97-88-38. • contact@domainedesforges.fr • domainedesforges.fr • À 21 km au nord d'Ancenis par la D 14. Doubles 57-87 €. Également des gîtes.* Cette petite merveille est le seul vestige (avec une halle à charbon qui croule sous le poids des ans) des forges qui animaient l'ensemble de la région dans la 2de moitié du XVIe s. 10 gîtes tous bien conçus car la maîtresse des lieux est une spécialiste de l'ameublement. 9 chambres aux teintes claires, jeunes et parfaitement rénovées. Entrée indépendante dans la tour par un superbe et vénérable escalier en bois dont on ne compte plus les années d'existence. Piscine couverte et chauffée.

Achats

Des épices à ma guise : *27, rue Saint-Michel. ☎ 02-40-09-61-89. Dans la rue face aux Halles. Tlj sf dim-lun.* Suivez les délicieuses effluves jusqu'à cette ancienne mercerie d'un autre temps, un adorable souk organisé avec balcon où l'on trouve des épices, thés, cafés, chocolats... que Sylvie va elle-même chercher à l'autre bout du monde.

À voir. À faire

Le château : *ne se visite pas (en restauration), seules la cour et le Logis Renaissance (expo en été, mer-dim) sont accessibles. Visite commentée du château pour les groupes slt, ☎ 02-51-14-17-19).*
Il ne reste qu'un tiers du château du Xe s, dont la butte était sur une île. Il a été élevé par Aremberge, comtesse de Nantes vers 984, afin de défendre la porte de Bretagne. Il fut rasé et reconstruit sous Charles VIII. De l'hôtel de ville, une ruelle descend à l'entrée des anciens jardins, ombragés de cèdres, tilleuls, magnolias. Ils surplombent le quai, offrant une jolie vue sur la Loire. Un des côtés de ces jardins est bordé par la façade Renaissance du Grand Logis (1530), restaurée récemment et flanquée d'une tourelle sous laquelle apparaît très nettement la salamandre de François Ier.

L'île Mouchet : ancienne île de Loire aménagée, avec parcours d'orientation, parcours de santé dans un cadre calme et reposant, et un swin-golf.

La chapelle des Ursulines : classée aux Monuments historiques, c'est un lieu d'exposition d'art contemporain.

– **LA Kayak :** *06-85-39-59-42.* Découverte de la Loire en canoë-kayak ou stand-up *paddle.* Balade ½ journée, journée, bivouac. Parcours possible vélo + kayak. Sorties guidées à thème « coucher de soleil », « castors et oiseaux de Loire ».

DANS LES ENVIRONS D'ANCENIS

Le palais Briau : *Varades, 44370* ***Mauges-sur-Loire.*** *☎ 02-40-83-45-00. • palais-briau.com • À 13 km à l'est d'Ancenis. Visite guidée du palais avr-sept, sam-dim (tlj sf mar en août) à 16h. Entrée du parc : 4 € ; parc et château : 9 € ; réduc.* Au cœur d'un joli parc à l'italienne au-dessus de la Loire, cette demeure particulière de François Briau, ingénieur qui fit fortune dans les chemins de fer sous Napoléon III, regorge d'innovations : réseau hydraulique (voir la salle de bains-chaufferie), orangerie de béton armé produisant de l'électricité (voir les cadrans au sous-sol), etc.

Le palais propose quelques ***chambres d'hôtes,*** décor raffiné et mobilier d'époque *(120-210 € ; réduc de 10 % sur le prix de la chambre sur présentation de ce guide ; • devouge@palais-briau.com •).*

Le parc de Sculptures monumentales : *la Petite Fournerie, 44850* ***Mouzeil.*** *06-82-81-78-27. • lambert-sculpteur.fr • À 18 km au nord-ouest d'Ancenis, en marge de la D 164. Espace libre d'accès. GRATUIT.* Au bord de la Voie verte, une galerie à ciel ouvert des œuvres monumentales de Jean-Claude Lambert. Le parc accueille également un jardin des senteurs créé en partenariat avec la fondation *Yves Rocher.*

***Château de Vair** : à **Anetz-Vair-sur-Loire** (44150). ☎ 02-40-96-21-59. • vairbiages@chateaudevair.com • chateaudevair.com • À 7 km à l'est par la D 723. Slt mer 13h-19h, avr-nov. Entrée : env 8 € ; réduc.* Visite de ce majestueux édifice (XVe-XIXe s) avec comme fil conducteur la quête du Graal sous toutes ses formes et ses interprétations. Avec livret ou visite connectée avec application numérique. Ateliers pour enfants.

– ***Survol de la Loire en hélicoptère** : avec Héliberté. 06-65-53-23-81. • heliberte.fr • Sur résa, compter 75-85 €.* 10 minutes de vol découverte au-dessus de la Loire et de sites touristiques.

Manifestation

– ***Couleurs Parasol** : au théâtre de verdure, face à la Loire, en juil-août, le mer.* Spectacles gratuits.

LA VALLÉE DE L'ERDRE

François Ier décrivait l'Erdre comme « la plus belle rivière de France ». Remonter son cours sur une quinzaine de kilomètres entre Nantes et Sucé-sur-Erdre est une balade très prisée aux beaux jours. Elle s'effectue soit à pied, par d'adorables sentiers qui longent ses rives, soit sur l'eau.
Au départ de l'île de Versailles, passé les ponts de la Tourbière et de la Beaujoire, on quitte l'urbanisation de la première couronne nantaise pour un paysage aussi authentique que paisible. Quelques folies et manoirs cachés derrière un écrin de verdure rappellent la vogue des maisons de campagne, mais surtout la richesse des armateurs. Le trajet offre de somptueux points de vue et permet d'apercevoir successivement les châteaux de l'Éraudière, de la Desnerie, de la Chantrerie, de la Poterie, de la Gascherie, de la Couronnerie, de Nay, de Port-Hubert et de Bel Air, construits entre le XVIIe et le XIXe s (ne se visitent pas).
Après Sucé, le cours de l'Erdre s'élargit en lac de Mazerolles. C'est de là que Napoléon fit réaliser le canal de Nantes à Brest, qui offre également de belles promenades sur ses chemins de halage ou en bateau.

Balades sur l'eau

***Les Bateaux Nantais** : départ de la gare fluviale de **Nantes,** quai de la Motte-Rouge (à côté de la pl. Waldeck-Rousseau, après l'île de Versailles). ☎ 02-40-14-51-14. • bateaux-nantais.fr • À partir de 12,50 € pour les croisières-promenades, également des apéritifs, déjeuners ou dîners-croisières ; réduc et tarif famille. Résa conseillée (départs fixes). Croisières-promenades (1h45) tlj mars-sept ; slt mer vac de Pâques et Toussaint ; slt dim oct-nov ; plus quelques j. autour de Noël. Parking payant.* Sorties depuis Nantes jusqu'à la Gascherie.

■ ***Location de bateaux sans permis** : **Bretagne Fluviale,** quai Cricklade, à **Sucé-sur-Erdre.** ☎ 02-40-77-79-51. • bretagne-fluviale.com • Compter 90-110 € pour 2h, 140-270 €/j. (avec* *carburant) pour un bateau promenade de 8 ou 12 pers. Loc également de bateaux habitables pour 2-12 pers au w-e ou à la sem. Également avec* **Le Boat,** *quai Saint-Georges, à côté de l'office de tourisme, à* **Nort-sur-Erdre.** *☎ 02-40-72-25-92 et 04-68-94-42-80. • leboat.fr • Bateaux habitables 2-12 pers, à louer à la sem, mini-sem ou w-e. Fermé l'hiver.*

■ ***Bateaux électriques :*** **Ruban Vert,** *au départ de* **Nantes,** *île de Versailles. ☎ 02-51-81-04-24. De* **Sucé-sur-Erdre,** *📱 06-08-42-48-29. • location-bateaux-electriques.com • Pour un A/R Nantes-Sucé, prévoir 4h (3h de Sucé à Nort-sur-Erdre). Compter 25 € (1h)-165 € (la journée) pour 8 pers ; réduc si l'ensemble de l'équipage est étudiant.* Embarcations silencieuses et sans permis.

■ Voir également plus loin nos autres adresses de location à Sucé-sur-Erdre.

– ***Club de canoë-kayak :*** *la Papinière, à* **Sucé-sur-Erdre** *(44240). 📱 06-15-67-18-62. • club-kayak-erdre.fr •* Pour tous les âges.

■ ***Club Erdre Loisirs :*** *la Pièce de l'Île, à* **Sucé-sur-Erdre** *(44240). 📱 07-82-67-06-89. • erdre-loisirs.fr • Avr-nov.* Location de bateaux thermiques, trottinettes électriques, embarcations à pédales, kayaks, *paddles.*

– ***Club nautique de Mazerolles :*** *la Pièce de l'Île, à* **Sucé-sur-Erdre** *(44240). ☎ 02-40-77-76-80. • cvannantes.org/mazerolles/ •* Location de *paddles,* catamarans, goélettes et lasers. Cours particuliers et stages lors des vacances scolaires.

LOIRE-ATLANTIQUE

LES BORDS DE L'ERDRE

Carte Loire-Atlantique, C3

Appréciables pour leurs sentiers pédestres, les bords de l'Erdre ne sont longés par aucune route. Pour atteindre Sucé-sur-Erdre, il faut passer par Carquefou sur la rive est, célèbre pour son technopôle, ou par la très calme ville de La Chapelle-sur-Erdre, à l'ouest. De part et d'autre de la rivière, quelques bases nautiques proposent des locations de canoës-kayaks.

Où dormir ? Où manger ?

🏠 🍽 ***Hôtel du Parc :*** *92, route de la Garenne, 44700* **Orvault.** *☎ 02-40-63-04-79. • parc.hotel@wanadoo.fr • hotel-du-parc-nantes.com • ♿ Un brin à l'écart de la vallée de l'Erdre, sortie Porte-d'Orvault (sortie n° 36) sur le périphérique et suivre « Le Bourg » ; bien fléché. Congés : 2 sem en août. Doubles 58 € (ven-sam)-75 € (en sem).* 💻 📶 Un bâtiment moderne avec des chambres fonctionnelles, lumineuses et bien tenues. Une adresse connue des commerciaux de passage, à proximité du centre de Nantes tout en ayant un pied à la campagne. Pratique dans son genre. À côté, resto gastronomique ***L'Orée du Bois*** (propriétaire différent).

🏠 🍽 ***Hôtel de la Régate :*** *155, route de Gachet, 44300* **Nantes.** *☎ 02-40-50-22-22. • hotelregate@hotels-emeraude.com • hotel-nantes-laregate.com • Quartier du Gachet, en bordure de l'Erdre, à 8 km du centre-ville. Doubles 89-180 € (promos sur Internet). Formule déj en sem 21 € ; menus 35-45 € ; carte env 40 €.* 💻 📶 Un hôtel atypique aux formes géométriques épurées, orienté vers l'écologie et le développement durable. Parfaitement intégré dans son environnement verdoyant avec sa toiture végétale et ses murs extérieurs en béton matricé de bambous, il offre beaucoup de confort. Les chambres sont spacieuses, décorées avec goût dans un style à la fois contemporain, zen et chaleureux. Petit déjeuner gargantuesque. Clientèle d'affaires principalement. À côté de l'hôtel, dans une folie du XVIIIe s, restaurant gastronomique tenu par les frères Péron, ***Le Manoir de la Régate.***

🍽 ***Auberge du Vieux-Gachet :*** *Le Vieux-Gachet, 44470* **Carquefou.** *☎ 02-40-25-10-92. • walter.lescot44@orange.fr • À 8 km au nord de Nantes* *par la D 37A. Au rond-point ovale à gauche, puis fléchage « Gachet ». Tlj sf dim soir et lun. Formule 21 € et menus 31 € déj en sem, puis 39-59 €.* Une belle adresse avec une véranda et une très agréable terrasse donnant sur l'Erdre et le château de la Gascherie. À la carte, poissons et volailles élégamment servis. Amuse-bouches délicieux. Pour les plus courageux, promenade digestive sur le sentier qui longe l'Erdre jusqu'à Nantes (compter 2h).

À voir. À faire

La Maison de l'Erdre : *île de Versailles, 44000* ***Nantes.*** *☎ 02-40-41-59-54. • seve.nantes.fr • Ⓣ Saint-Mihiel (ligne 2). Lun, jeu-ven 13h30-18h15 ; mer, sam-dim et j. fériés 9h30-12h15, 14h15-18h15. Fermé mar. GRATUIT.* Située dans un pavillon japonisant du bucolique parc de l'île de Versailles, cette Maison propose une initiation aux différents écosystèmes de l'Erdre, aquariums à l'appui, en passant par le creusement du canal de Nantes à Brest. Belle évocation également de la batellerie et des bateaux-lavoirs. Sympa et didactique.

Le musée de L'Erdre : *site des Renaudières, La Fleuriaye, 44470* ***Carquefou.*** *☎ 02-28-22-24-45. • carquefou.fr/musee • Avr-oct, mer et w-e 14h-18h ; vac scol, mer-dim 14h-18h. GRATUIT.* Installé dans un site historique rénové. Expositions permanentes et temporaires présentant les différents aspects de l'Erdre à travers sept modules thématiques (voie navigable, activités humaines d'hier et d'aujourd'hui, déséquilibres écologiques dus aux multiples aménagements...). Espaces muséographiques avec scénographie ludique et ateliers pour enfants.

IL SUFFISAIT D'Y PENSER...

C'est parce qu'il en avait assez de ne pas voir tous ses rendez-vous de la semaine d'un seul coup d'œil que le docteur Beltrami inventa pour son usage personnel un agenda permettant de visualiser une semaine entière sur une double page, en traçant des colonnes pour chaque jour de la semaine. Fort de l'enthousiasme de son entourage, il créa en 1954 les éditions Quo Vadis (dont les usines sont aujourd'hui à Carquefou), et très vite, le succès suivit.

Le FRAC (Fonds régional d'art contemporain) **:** *La Fleuriaye,* ***Carquefou.*** *☎ 02-28-01-50-00. • fracdespaysdelaloire.com • ♿ À 5 km au nord de Nantes par la D 37, jusqu'à Carquefou ; situé au milieu du technopôle. Tte l'année, mer-dim 14h-18h. GRATUIT.* Expositions temporaires d'art contemporain. Des œuvres parfois de très grande taille dans de spacieux locaux modernes. À côté, le ***Théâtre de la Fleuriaye*** propose chaque année une très belle programmation *(rens : ☎ 02-28-22-24-24).*

Le jardin des Hespérides et la ferme fruitière de la Hautière : *44240* ***La Chapelle-sur-Erdre.*** *☎ 02-40-72-03-83. • fermefruitierelahautiere.com • Au nord de Nantes, sortie « Porte-de-la-Chapelle » par le périphérique ; suivre « Chapelle centre », puis c'est indiqué. Visite libre gratuite mai-sept tlj 9h-19h. Visite guidée du jardin pour groupes (10 pers min) sur rdv ; tlj sf lun. Compter env 6 € ; réduc.* Créé par des passionnés, ce jardin botanique est un voyage au pays des fruits comestibles. Aménagé en huit sections thématiques (fruits de la région et du monde, fruits sauvages, du Néolithique, vaste jardin de fraises dont certaines variétés ont été créées à la ferme...), on y apprend leur histoire et leur culture. Mis en appétit, on ira faire un tour au magasin fort alléchant : confitures, compotes, jus, etc.

– ***Bases nautiques de Port-Jean et de Port-Breton :*** *à* ***Carquefou. CKC*** *à Port-Jean, ☎ 02-40-52-66-74 ;* ***SNO*** *à Port-Breton, ☎ 02-40-50-81-51. Accès par les bus n°s 72 et 76 (arrêt « Gachet »), puis sentier pédestre. Juin-sept, loc de canoës et de kayaks à l'heure ou à la journée.* Donnent également des cours de voile (adhésion au club nécessaire).

SUCÉ-SUR-ERDRE

(44240) 6 300 hab. *Carte Loire-Atlantique, C3*

À une dizaine de kilomètres de Nantes, une ville coquette et accueillante qui déploie volontiers ses terrasses face au port de plaisance, riche en activités nautiques. Outre flâner sur l'eau, les amoureux de la nature apprécieront le parc botanique et les nombreux chemins de randonnées pédestres et cyclables dans le coin. On peut même rejoindre le canal de Nantes à Brest en empruntant le circuit *Vélodyssée.* Riches balades également sur les 1 200 ha de marais de Mazerolles, au nord de la ville. Avec près de 170 espèces d'oiseaux et une flore bien protégée, les naturalistes sont aux anges. Aristide Briand y est né dans une famille de modestes journaliers agricoles.
Le dernier week-end d'août, l'Erdre se pare de ses anciens bateaux, qui pavoisent au rythme de prestigieux concerts.

LOIRE-ATLANTIQUE

Adresse utile

ℹ ***Office de tourisme :*** *quai de Cricklade. ☎ 02-40-77-70-66. • erdrecanalforet.fr • Avr-sept, mer-ven 14h30-18h30 ; w-e 11h-12h, 14h30-18h30. Oct-mars, mer-sam ap-m slt et dim.* Beaucoup d'infos sur les activités nautiques. Billetterie pour les *Bateaux Nantais,* Yeu Continent, Le Puy-du-Fou et Planète Sauvage. Fiches randos à télécharger gratuitement. Location de vélos, y compris électriques. Expos temporaires. Accueil efficace et sympathique.

■ Pour les ***locations de bateaux sans permis, bateaux électriques, balades en péniche*** ou en canoë-kayak, voir plus haut « Balades sur l'eau » au début du chapitre « La vallée de l'Erdre ».

Où dormir ? Où manger ?

De bon marché à prix moyens

Gîtes ruraux Le Jardin de la Plage Verte : *2, chemin de la Dolette. ☎ 02-40-77-96-25. 📱 06-82-66-19-25. • gitplage.verte@free.fr • gite-laplageverte.com • Dans une ruelle perpendiculaire à celle menant à la Plage verte. Compter 62-70 € en gîte pour 2 suivant la saison, (petit déj en plus 5 €/pers) ou 72-80 € en chambre d'hôtes. Plantes rares du jardin offertes sur présentation de ce guide.* Un jardin à l'anglaise à la flore variée avec un petit étang, une piscine (de mi-mai à mi-septembre) et des tas de coins isolés pour se poser. Patricia, artiste et passionnée de jardinage, propose 2 gîtes avec accès indépendant, aussi bien pensés que son superbe jardin et une chambre d'hôtes. Un lieu surprenant et apaisant. Également un gîte récent à Nantes, au-dessus d'une galerie d'art.

Le Quai 101 : *101, quai de Bliesransbach. ☎ 02-40-77-94-36. Face au ponton principal du port, à gauche du pont. Fermé lun, plus dim soir et jeu soir l'hiver. Formules en sem 12,30 € (midi) et 15,80 € (midi et soir) ; menus*

20,90-27 €. On a plaisir à déguster des sandres de la rivière en profitant d'une vue dégagée sur l'Erdre et son petit port. Quelques bons plats économiques le midi (dont une formule burger) et une cuisine plus élaborée le soir. Équipe jeune et accueillante.

L'Apostrophe : *120, rue de la Mairie. ☎ 02-40-29-14-14. Face au pont, à la croisée des routes. Mar-sam. Formule 13,50 € (midi en sem) ; menus 25-35 €.* Confortable intérieur moderno-design avec baies vitrées ou terrasse pour profiter de la vue sur les bateaux. Dans l'assiette, une cuisine de saison, souvent renouvelée.

Plus chic

Chambres d'hôtes Les Arbres-Rouges : *570, route de Carquefou. ☎ 02-51-81-15-00. • info@lesarbresrouges.com • lesarbresrouges.com • À l'entrée de Sucé en venant de Carquefou, à gauche au 1er rond-point. Compter 118-125 € pour 2. Dîner sur résa 45 € (boisson incluse).* Dans un parc verdoyant de 4 000 m², une maison d'hôtes exceptionnelle au confort sans pareil ! Jacques et Vincent, propriétaires esthètes, amoureux de design, proposent des chambres haut de gamme à la déco raffinée, dont une suite avec terrasse privative. En prime, 2 superbes piscines, l'une chauffée à l'extérieur, l'autre balnéo à l'intérieur. Bar à la déco seventies chic, coin cheminée et une table d'hôtes où est concoctée avec finesse une cuisine traditionnelle de marché, au dressage digne d'un resto gastronomique.

LOIRE-ATLANTIQUE

À voir

Le parc botanique Ganuchaud : *en venant du port, prendre la 1re à droite derrière l'église.* Superbe sentier botanique sur cinq types de milieux naturels différents et variés, entre forêt, coteau et bords de l'Erdre. Plus de 55 espèces d'arbres et 170 de plantes et de fleurs. Promenade bucolique particulièrement agréable pendant la floraison, de mars à septembre.

La tour Gaillard : *à 100 m à gauche de l'église.* Cette tour est le dernier vestige d'un temple construit par les protestants (huguenots) sur le fief des Rohan. Aujourd'hui, c'est une propriété privée (ne se visite pas).

La « Maison de Blanche-Neige » : *55, ruelle Tassin. Sur le chemin de la Plage verte, 1re à gauche après le rond-point. Ne se visite pas.* Une curiosité amusante que cette maison d'une personnalité haute en couleur de la ville. Il a transformé sa façade en une reproduction délirante de celle de Blanche-Neige avec petits moulins, système de poulies compliqué, grosse cloche, escaliers biscornus et des tas d'objets hétéroclites dans le jardin. Il ne manque que les nains ! On dit que l'intérieur est du même acabit.

LE PAYS DE RETZ

Encore un pays contrasté : ambiance bretonne au nord et vendéenne au sud. Avec ses bocages et ses forêts, le pays de Retz (prononcer « ré ») est souvent traversé mais peu visité. Il porte le nom d'un cardinal du XVIIe s et abrite des sites tels que les marais bretons au sud, la grande baie de Bourgneuf, la Côte de Jade (avec Pornic, ville pionnière dans les

bains de mer), une terre de vignobles (le muscadet-côtes-de-grand-lieu) située autour de la réserve naturelle du lac de Grand-Lieu, et un doux pays intérieur aux paisibles villages, remontant jusqu'au canal de La Martinière et à la Loire.

SAINT-PHILBERT-DE-GRAND-LIEU ET LE LAC DE GRAND-LIEU

(44310) 7 500 hab. *Carte Loire-Atlantique, C4*

« Capitale » du pays de Grand-Lieu, c'est à Saint-Philbert qu'on trouve un peu d'animation : restos, camping, office de tourisme et une superbe abbatiale. Tout près, on découvre le lac, une zone naturelle protégée, qu'il faut savoir dénicher depuis différentes « fenêtres » dans les communes qui le bordent. Caché derrière des rangées d'arbres ou de roseaux, il peut notamment se voir à l'observatoire et à la Maison touristique de Passay, sur la commune de La Chevrolière, ou à Saint-Aignan, au lieu-dit Les Pierres-Aiguës. Se rendre sinon à la Maison du lac de Grand Lieu, à Bouaye, ou emprunter à pied ou à vélo le « sentier du Tour du Lac de Grand Lieu » en toute saison. Autre solution, depuis le clocher de l'église de Saint-Lumine-de-Coutais (40 m). Pour cela, demander à la mairie ou au café *Le Luminois* la clé de l'église (2 €, et penser à prendre des jumelles). Attention, escalier vraiment pas évident (impossible de grimper si vous êtes sujet au vertige). De là-haut, on embrasse l'étendue de ce lac qui, l'hiver, devient l'un des plus grands de France avec ses 6 300 ha (contre seulement 3 500 ha en été). Sa faune riche compte plus de 250 espèces d'oiseaux sédentaires ou migrateurs, et le lac serait la plus grande héronnière d'Europe. Sa topographie change sans cesse, selon les fluctuations de son niveau et la force des vents qui bousculent des îles flottantes (les *levis*) de saules et de roselières.

LOIRE-ATLANTIQUE

Adresses utiles

ℹ ***Office de tourisme :*** *2 pl. de l'abbatiale. ☎ 02-40-78-73-88. • stphilbert.fr • Avr-oct, mar-dim, 10h30-12h30, 15h-18h30 ; nov-mars, mer, ven et w-e 14h-17h30.* Bonne doc sur les randos pédestres et sur les sorties nature. Petite boutique.

ℹ ***Maison touristique de Passay :*** *16, rue Yves-Brisson, Passay, 44118* ***La Chevrolière.*** *☎ 02-40-31-36-46.* Plus de détails dans « À voir. À faire ».

Où dormir ? Où manger ?

Hôtel-restaurant La Bosselle : *8, rue du Port. ☎ 02-40-78-73-47. • info@restaurant-hotel-la-bosselle.fr • la-bosselle.fr • ♿ Résa vivement conseillée. Resto fermé dim soir. Doubles 60-65 €. Formule déj en sem 14,90 € ; menus 19,80-35,80 €.* Un agréable resto, avec sa grande salle et sa terrasse-jardin à l'arrière où l'on déguste une cuisine de pays bien préparée. La bosselle ? C'est une nasse pour attraper les anguilles. Les spécialités ici sont logiquement fraîchement pêchées dans le lac : anguilles donc, sandre au beurre blanc... Le menu du déjeuner en semaine est d'un excellent rapport qualité-prix. Également des chambres fonctionnelles mais un brin bruyantes dans un bâtiment moderne annexe.

Où dormir ? Où manger dans les environs ?

Camping

Camping rural Le Relais des Garennes : *à* ***La Bauche-Coiffée.*** *☎ 02-40-04-78-73. • lerelaisdes garennes@gmail.com • gites-de-loire-atlantique.com/relais_garennes • ♿ (4 handicaps). Entre Saint-Philbert et Aigrefeuille, en passant par Geneston (camping indiqué dans le bourg de Montbert). Ouv juin-sept. Tente en hte saison 10 €. CB refusées. 12 empl. Un produit du jardin, du poulailler ou du verger ou autre offert sur présentation de ce guide.* Pour les amoureux de nature : une chênaie très ombragée, la proximité d'un étang, du bourg (commerces) et de la piscine du village (800 m) accessible par un chemin de traverse... Camping simple et à taille humaine, convivial et calme. Bloc sanitaire nickel et salle commune sympa.

De bon marché à prix moyens

Chambres d'hôtes Le Chironet : *1, rue des Marronniers, La Touche-Monnet, 44310* ***La Limouzinière.*** *☎ 02-40-05-52-83. 📱 06-22-05-81-38. • contact@le-chironet.com • le-chironet.com • À l'entrée de La Limouzinière, sur la gauche en venant de Machecoul. Compter 68 € pour 2. Une bouteille de muscadet offerte sur présentation de ce guide.* Noyée dans la végétation, une maison ancienne entièrement requinquée avec chauffage géothermique. Dans une dépendance, 3 chambres dont une familiale, de plain-pied, avec accès indépendant. Décoration champêtre et chaleureuse, tout comme l'accueil de Ghislaine. Spacieux séjour cathédrale avec coin repas, TV. Également une bibliothèque et des jeux à disposition.

Chambres d'hôtes La Mozardière : *9, impasse de Richebonne, 44650* ***Legé.*** *📱 06-01-78-24-96. • christine@lamozardiere.com • lamozardiere.com • Legé est à 20 km au sud de Saint-Philbert. Du centre-ville, prendre direction Courcoué-sur-Logne, puis Legé. Compter 66 € pour 2.* Quelques chambres tout simplement plaisantes dans une maison de maître vendéenne du XVIIIe s en pierres sèches, dans un parc ombragé. La chambre du rez-de-chaussée donne sur le jardin, et celle de l'étage peut se transformer en suite pour 7 personnes ! Coin cuisine en été, et vélos. Bon accueil.

Crêperie Pub Ty Maya : *9 bis, rue Gilles-de-Retz, La Bénate, 44650* ***Corcoué-sur-Logne.*** *☎ 02-40-05-54-67. • tymaya44130@gmail.com • ♿ Au centre du bourg, en retrait de la rue principale. Tlj sf lun, plus mar hors saison. Carte 13-15 €. Café offert sur présentation de ce guide.* Courageusement, avec sa femme et sa fille, Yannick Bertin a redonné vie à l'ancienne forge du village, dans ce petit coin perdu du département. Plusieurs espaces conviviaux communiquant entre eux. Parmi eux, les salles à manger-crêperie, et uniquement crêperie pour se consacrer à la qualité et à l'authenticité des produits. Également un pub, des jeux et un coin lecture. Ou encore le patio avec scène pour les soirées à thème (mars-juin), en général sur les voyages, où chacun peut venir raconter son expérience. Un endroit insolite à l'esprit très routard. À ne pas manquer.

Chic

Chambres d'hôtes Château du Bois de la Noé : *8, allée de la Roseraie, 44830* ***Bouaye.*** *☎ 02-51-11-10-94. • contact@chateau-boisdelanoe.com • chateau-boisdelanoe.com • ♿ À 15 mn au sud-ouest de Nantes, direction Noirmoutier/Pornic par la D 751 ; à gauche au feu au lieu-dit La Désirée (2 km avt Braye), puis 200 m plus loin à droite. Fermé fêtes de fin d'année. Compter 118 € pour 2 ; 1 familiale. Remise de 10 % sur la chambre sur présentation de ce guide.* Petit bijou du XVIe s, une somptueuse folie nantaise entièrement retapée et ayant vu passer Aristide Briand. Monsieur répare, madame décore, et tous les deux adorent chiner. Cela donne 5 chambres luxueuses et un gîte dans les dépendances, tous différents. Dans le parc de 2 ha, des essences rares, un terrain de tennis, un étang... Bon allez, suffit les éloges, il est temps d'aller garer la calèche et de piquer une tête dans la piscine.

À voir. À faire

Le lac : il se divise en trois parties. La réserve naturelle au centre ; puis une surface appartenant à la Fondation pour la protection des habitats de la faune sauvage ; enfin, une partie appartenant à des particuliers. Jusqu'en 1980, le lac était propriété de la famille Guerlain (les parfumeurs !) ; il s'y organisait de grandes chasses. Depuis, il s'est transformé en réserve naturelle. Un grand débat règne autour du lac entre écologistes, pêcheurs et agriculteurs. Il faut faire aussi avec la loi sur l'eau et la directive européenne. Car le lac est menacé, avec une profondeur désormais inférieure à 2 m en été. Si rien n'est fait, il risque de disparaître d'ici peu. Parmi les solutions possibles, il suffirait de remonter le niveau de l'eau et de ne pas évacuer celle stockée dans la Loire. Mais les agriculteurs perdraient alors leurs récoltes de foin... De l'autre côté, le problème des apports polluants utilisés par les agriculteurs ne doit pas non plus être négligé... Pas facile !

CHASSE GARDÉE

Parfois, autour du lac de Grand-Lieu, on voit encore sécher les plates, ces embarcations à fond plat que l'on enduit de goudron ou de coaltar. Mais ici, n'est pas pêcheur qui veut. Le candidat doit habiter une commune du lac et être fils ou petit-fils de pêcheur du coin. Résultat : aujourd'hui, moins d'une dizaine de personnes pêchent dans ce grand mouchoir de poche pour dénicher la spécialité du coin, l'anguille.

La Maison du Lac de Grand-Lieu : *rue du lac, à* ***Bouaye.*** *☎ 02-28-25-19-07. • maisondulacdegrandlieu.com • ♿ (label 4 handicaps). D'avr à mi-oct (hors vac scol), mer et sam 13h30-18h, dim 10h-18h30 ; vac scol d'avr, d'été et de la Toussaint, mar-dim 10h-18h30. Oct-mars, mer et w-e 13h30-17h, fermé vac de Noël. Dernière admission 45 mn avt fermeture. Visite 3-8 € selon formule (centre d'expo, sentier, pavillon) ; réduc, gratuit moins de 6 ans. Résa conseillée pour accéder au pavillon et à la terrasse. Programme d'animations pour le public familial.* Le centre présente une exposition moderne, dynamique et ludique sur le lac de Grand-Lieu, ses paysages et les espèces animales et végétales qui l'habitent. Un parcours passant au milieu de différents types de paysages mène en 20 mn au *Pavillon Guerlain.* Construit dans les années 1960 par la famille Guerlain alors propriétaire du lac, il faisait office de pavillon de chasse. Le lac fut cédé à l'État à condition de devenir une réserve naturelle protégée et que la pêche professionnelle puisse y continuer. Après une déambulation dans le *Pavillon,* animé de sons et de projections évoquant l'univers fantastique du lac, prenez le temps d'observer le lac depuis la *terrasse* avec les jumelles mises à votre disposition.

La Maison touristique de Passay : *16, rue Yves-Brisson, Passay, 44118* ***La Chevrolière.*** *☎ 02-40-31-36-46. • mtpassay@mairie-lachevroliere.fr • ♿ Juil-août, mar-dim 10h30-13h, 15h-19h ; avr-juin et sept-oct, mer 14h30-18h et dim 10h30-12h30, 14h-18h30 ; nov-mars, dim slt 14h30-17h30. Entrée : 4 € ; réduc ; gratuit moins de 6 ans. De fin mai à mi-sept, visites ornithologiques accompagnées sur résa le w-e ; compter 3 € ; réduc ; gratuit moins de 6 ans.*

Dans une maison du seul village de pêcheurs autour du lac, cet espace évoque plusieurs thèmes : la vie des pêcheurs à travers le temps, le matériel utilisé pour la pêche, la faune et la flore, la description du lac. Viviers et aquariums avec des poissons du lac. À l'étage, un observatoire, avec jumelles, à 11 m de hauteur, pour contempler les oiseaux (mais la vue est un peu lointaine). Le jardin de la Maison du pêcheur fait l'objet d'une mise en valeur. Sur le bord de la route qui mène au lac est noté le niveau des crues les plus importantes (1936 et 1988).

Le site de l'abbatiale - Déas : *entrée par l'office de tourisme (mêmes horaires). Tarif : 3,50 € ; réduc ; gratuit moins de 6 ans. Comprend la visite de l'abbatiale, du jardin médiéval et des expositions temporaires. Visite commentée ou libre tte l'année sur résa ; compter 45 mn. Attention : les conditions d'accès peuvent être modifiées en fonction de la programmation culturelle, se renseigner avt de venir.*
Une belle bâtisse de facture carolingienne (datée de 819), où ombres et lumières jouent à cache-cache entre les voûtes de brique et de pierre. Cette église fut construite au IXe s pour abriter les reliques de saint Philbert, fondateur des monastères de Jumièges et Noirmoutier. De nombreuses guérisons miraculeuses autour de son sarcophage provoquent un afflux massif de pèlerins. En 847, les Normands dévastent le monastère. Les moines décident de transporter les reliques du saint à Tournus, en Bourgogne. Le monument subit à nouveau des dégradations pendant les guerres de Religion, puis des prêtres séculiers succèdent aux moines. Lors des guerres de Vendée, le dernier prêtre de l'église est assassiné par Carrier. L'église n'est pas trop saccagée par la révolte chouanne, mais elle est transformée en entrepôt à fourrage. Elle retrouve ensuite son rôle initial jusqu'à la construction voisine de l'église néogothique en 1870. L'ancienne abbatiale est alors convertie en marché aux poulets. En 1896, alors que l'on redécouvre le sarcophage de saint Philbert, l'église est classée Monument historique. Quand même !
Aujourd'hui, l'ensemble est bien entretenu et vraiment agréable, et peut-être ferez-vous le traditionnel vœu, en passant sous le sarcophage du saint...
- *La nef carolingienne :* architecture de transition entre l'Antiquité et l'art roman. Certains éléments romains ont été utilisés dans les arcs. Lourds piliers et arcs en damier. Déjà apparaît l'évolution vers le type d'abbaye bénédictine en forme de croix.
- *La crypte de Saint-Philbert :* on peut y voir le sarcophage mérovingien en marbre du saint. Le reste des reliques se trouve à Tournus.
- *La chapelle de Sainte-Anne :* dédiée à la patronne des pêcheurs, derrière la crypte. Remarquez l'ex-voto du Xe s.
- *Les jardins de l'abbaye :* un jardin médiéval a été reconstitué, inspiré de Saint-Gall. On note que, contrairement aux jardins monastiques, on ne trouve pas de potager. En revanche, on observe un herbarium de plantes médicinales (le jardin des simples), un verger et le jardin du cloître. Un lieu fort paisible.

L'église Saint-Philbert : *ouv le mat slt.* L'autre église du village ! Observer la vingtaine de vitraux de la nef datés de 1936, réalisés par les ateliers Gruber, encore actifs et spécialistes des vitraux du Moyen Âge. Ils ont également réalisé ceux de l'abbatiale. Belles orgues.

- **Le parc de la Boulogne :** *sur l'île, face au camping.* Les jours chauds d'été, cette base, avec son plan d'eau aménagé et ses baignades surveillées, permet de se rafraîchir tout en s'amusant. Activités multiples.

Fête

- **Fête des Pêcheurs :** *le 15 août, à Passay, 44118* ***La Chevrolière.*** Une occasion de promenades en barque sur le lac. Démonstration de pêche, vente de poissons à la criée.

LOIRE-ATLANTIQUE

DANS LES ENVIRONS DE SAINT-PHILBERT-DE-GRAND-LIEU

Planète Sauvage : *44710* ***Port-Saint-Père.*** *☎ 02-40-04-82-82. • planetesauvage.com • À 18 km au nord-ouest de Saint-Philbert, de l'autre côté du lac. Sinon, bien indiqué depuis Nantes par la route de Pornic. Ouv mars-nov : avr-sept, tlj ; les autres mois mer, w-e et j. fériés, ainsi que les vac scol de la zone A ; horaires selon saison ; fermeture des caisses 2h plus tôt. Compter 26 € ; enfant 21 € ; gratuit moins de 3 ans. Préférer le mat à l'ouverture pour mieux découvrir les animaux et éviter la foule, ou à partir de 12h. L'accès se fait slt en voiture, ou en raid 4x4 (hors pistes et commentaires du guide animalier, avec supplément).* Un grand circuit de plusieurs kilomètres en sens unique où évoluent plus de 1 000 animaux et 150 espèces « en liberté ». Ils sont répartis selon plusieurs univers dont « Le Sentier des Incas » et « Le Temple de la Jungle » au cœur de l'Asie tropicale, les plus récents. Une sortie à faire en famille, mais préparer son porte-monnaie. Les animaux, pas vraiment farouches, s'approchent volontiers des véhicules. Rigolo avec les chèvres naines mais nettement plus impressionnant avec un lion ou un éléphant ! Parc aquatique avec animations, cité marine avec des grands dauphins, arche des reptiles, forêt des singes et parcours jungle (250 m de pont en liane), chemin de brousse avec village de Kirikou et île de Madagascar viennent compléter l'ensemble.

On peut même y passer la nuit dans un bivouac ou un camp mongol *(sur résa au ☎ 02-40-04-89-88 ou sur le site web).*

Parcours Culture et Patrimoine : *infos à l'office de tourisme de Legé. ☎ 02-40-26-30-49.* Le parcours (à pied ou en voiture) relie les principaux lieux marqués par la présence du chevalier François-Athanase de Charette de La Contrie, dit « Charette », ancien officier de marine qui participa à la guerre d'Indépendance américaine et chef vendéen. Assez bien signalée, elle permet de voir, entre autres, à Legé, la chapelle construite à sa mémoire, et à quelques kilomètres de là, par la D 753, au lieu-dit La Garrelière, le ***château Bois-Chevalier*** (visite possible), où Charette avait coutume de se réfugier. Belle architecture du XVIIe s, en pleine campagne.

MACHECOUL-SAINT-MÊME [machikoul]

(44270) 7 500 hab. Carte Loire-Atlantique, B4

Certains ne prononcent pas le « l » final. Machecoul est une petite ville célèbre pour son château ayant appartenu à Gilles de Rais, personnage qui aurait inspiré Charles Perrault pour son *Barbe-Bleue.* Autre célébrité dans le département : Pascal Beillevaire, affineur de plus de 400 spécialités fromagères et fabricant du machecoulais (l'entreprise se visite). Les alentours de Machecoul ont, quant à eux, des airs de Vendée avec les maisons basses, les belles promenades à proximité et les nombreux maraîchers produisant de la mâche ainsi que le muguet du 1er mai.

Arriver – Quitter

➢ ***En train :*** *SNCF, ☎ 36-35 (0,34 € TTC/mn).* Machecoul se situe sur la ligne qui rejoint Nantes (à 45 mn) à Challans.

➢ ***En bus :*** ligne Nantes à Saint-Gilles-Croix-de-Vie.

Adresse et info utiles

Office de tourisme : *14, pl. des Halles. ☎ 02-40-31-42-87. • tourisme-regiondemachecoul.fr • Juil-août, mar-sam, plus dim mat, 9h30-12h30, 14h30-18h30 ; sept-juin, mar-sam, ferme à 17h.* Organise en été des visites thématiques de la ville et du marais breton à pied, à vélo ou en calèche. Fait également location de vélos. Billetterie pour les spectacles importants de la région et parcs animaliers avec tarifs réduits.

– **Marchés :** *mer mat dans tte la ville et sam mat sous les belles et grandes halles.*

Où dormir ? Où manger ?

Camping

Camping municipal La Rabine : *allée de la Rabine. ☎ 02-40-02-30-48. 06-09-49-22-88. • camprabine@wanadoo.fr • camping-la-rabine.com • Avr-sept. Tente autour de 10 €. Loc de mobile homes et d'une roulotte 300-500 €/sem. 131 empl.* Au bord de la rivière du Falleron, à 500 m du centre-ville et à côté d'un complexe sportif, avec tennis, piscine...

De bon marché à prix moyens

Chambres d'hôtes La Gerbe de Blé (Firmin et Rosalie) : *4, rue de la Forêt. ☎ 02-40-78-53-18. • andreneuvendel@wanadoo.fr • firminetrosalie.fr • Congés : déc. Compter 60 € pour 2 ; 80 € pour 4. Gîte 4-6 pers 450-550 €/sem suivant la saison (jardin privé, accès à la piscine).* Un appartement et un studio confortables, dans une maison dotée d'un jardin fleuri et d'une piscine. Équipement bébé et jeux à disposition.

La Bicyclette d'Argent : *6, pl. du Port. ☎ 02-40-78-50-48. • bicyclettedargent.machecoul@orange.fr • En sem 7h-16h30 ; le w-e sur résa slt. Congés : 2 sem début août et 10 j. à Noël. Résa conseillée. Repas env 15-30 €. Apéro offert sur présentation de ce guide.* Cadre simple pour ce resto qui sert une cuisine sans prétention. De belles salades, du jambon fumé de pays, du sandre au beurre blanc, etc. La petite adresse pratique et économique.

À voir

Le château : *☎ 02-40-78-50-42. De juil à mi-sept, slt mer à 16h. Visite commentée par les propriétaires : 6 € ; réduc.* Ancienne capitale du pays de Retz, Machecoul a conservé les ruines de son château, construit sur les bords du Falleron au XIIIe s. Il devint ensuite la propriété de la famille Montmorency-Laval au XVe s. L'un de ses membres les plus célèbres, Gilles de Rais, en fut propriétaire avant d'être jugé et exécuté à Nantes. Puis le château connut des heures funestes : un incendie le ravagea en 1782, et on récupéra ses pierres pendant la Révolution. Aujourd'hui, c'est toujours une propriété privée. Des spectacles ont lieu sur le site en juillet (voir ci-après « Fête et manifestations »).

Fête et manifestations

Pour ts ces spectacles médiévaux payants, résa obligatoire auprès de l'office de tourisme.

– ***Dîner-spectacle médiéval :*** *pdt le w-e de l'Ascension.* Sous les grandes halles, avec les acteurs du parcours théâtral de juillet. Festin médiéval.
– ***Spectacle nocturne « Gilles de Rais et le Faiseur d'Or » :*** *6 j. fin juil.* • *raiscreations.com* • Spectacle-repas médiéval itinérant et interactif, avec énigme à la clé.

DANS LES ENVIRONS DE MACHECOUL

Le marais breton : *prendre la direction de Bouin ; tourner à droite direction Port-la-Roche,* ***Saint-Cyr-en-Retz.*** L'idéal est de découvrir ce lieu très « nature » à pied, à vélo ou en attelage (visites proposées par l'office de tourisme de Machecoul et sentier d'interprétation). Belle balade au milieu des marais. À Saint-Cyr-en-Retz, s'arrêter à La Noë-Briord. Table d'orientation qui domine le marais et permet de mieux visualiser le site.

– ***Location de canoës :*** *aire de loisirs de* ***Saint-Même-le-Tenu*** *(44270). 06-85-59-93-44. À env 5 km. Juin et sept, w-e 13h-18h ; juil-août, lun-sam 13h-19h, dim 10h-19h.* Pour louer à l'heure ou à la demi-journée un kayak ou un canoë et aller à la découverte de la rivière du Tenu. Sur la rivière le Falleron, dans les marais de Machecoul, location avec les ***Canoës machecoulais :*** *06-43-57-75-27. Rdv au camping* La Rabine. *À partir de 6 €.*

LOIRE-ATLANTIQUE

BOURGNEUF-EN-RETZ [BOURC'HNEVEZ-RAEZ]

(44580) 2 969 hab. *Carte Loire-Atlantique, B4*

Bourgneuf fut pendant longtemps l'un des plus grands exportateurs de sel d'Europe. Des bateaux venaient de la Hanse teutonique transportant des pierres de lest (elles ont servi à paver les rues de la ville) et repartaient chargés de sel, tissus, eaux-de-vie, harengs... Quelques belles maisons d'armateurs rappellent ce passé prospère. Avec l'envasement de la baie, Bourgneuf vit le début de son déclin. Aujourd'hui, on savoure sa jolie côte et son impressionnante baie, où ostréiculteurs et paludiers ont élu domicile. Ces derniers organisent même des visites et commercialisent le sel récolté dans leurs salines. Notez que Bourgneuf a fusionné avec deux autres communes pour devenir Villeneuve-en-Retz.

Arriver – Quitter

➢ ***En train :*** *SNCF, ☎ 36-35 (0,34 € TTC/mn).* Bourgneuf se situe sur la ligne qui rejoint Nantes (à 45 mn) à Pornic (15 mn).
➢ ***En bus :*** ligne Nantes (gare côté Nord) à Noirmoutier.

Adresse utile

Office de tourisme de la région de Machecoul, antenne de Bourgneuf : *La Salorge, route de Bouin. ☎ 02-40-31-88-88.* • *otregionmachecoul@tourisme44.fr* • *À l'entrée de la ville par la D 758, près du rond-point. Juil-août, tlj sf dim ap-m ; le reste de l'année, ouverture plus restreinte.* Billetterie pour les grands sites et événements de la région. Vente de fiches randos et topoguides.

Où dormir ? Où manger dans le coin ?

Auberge Rétro : *6, rue du Château-Gaillard, à Bourgneuf. ☎ 02-40-21-93-22. • vbarbier49@aol.com • hotel-restaurant-leretro.com • Fermé dim soir, lun et mar soir. Double 50 €. Menus 15 € (midi en sem)-36,50 € ; carte env 30 €.* Sympathique petite adresse familiale. Une poignée de chambres toutes simples mais bien tenues. Et au resto, pour ne pas faire mentir l'enseigne, une cuisine dans la grande tradition (foie gras maison, tête de veau...) à base de produits frais.

La Bourrine : *route de Pornic, chemin de la Culée, à Bourgneuf. ☎ 02-40-21-40-69. Tlj sf lun hors saison. Doubles 69-85 €. Formule 15 € déj en sem, menus 23-31 €.* Même si la situation en bord de route peut rebuter, l'accueil souriant et la cuisine bien tournée sont toujours fidèles au rendez-vous. Spécialités de cuisses de grenouilles et d'anguilles mais aussi de bonnes moules en saison. Les portions sont copieuses. À l'étage, une dizaine de chambres modernes tout confort dans les tons gris et taupe.

Le repaire du Hibou : *1, Le Breil, 44680* **Sainte-Pazanne.** *06-70-95-32-50. • le-repaire-du-hibou.fr • Prendre la D 79 entre Sainte-Pazanne et Frenay-en-Retz puis tourner à gauche au niveau du Breil. Double 80 € avec petit déj, cabanes 120-150 € pour 2 (petit déj en supplément 10 € adulte, 7 € enfant).* On découvre d'abord l'ancienne longère, joliment restaurée par Brigitte et Pascal avec 2 chambres d'hôtes partageant la même salle de bains, ainsi qu'une belle piscine chauffée au solaire. Mais ils ont aussi aménagé 3 cabanes perchées pleines de charme autour d'un étang, toutes équipées, sans oublier le poêle pour l'hiver. Dans chacune d'elles des jumelles, des livres et des jeux liés à la nature. On salue le ponton de pêche accessible aux fauteuils roulants (pêche *no kill*). Attention pas d'accès à la piscine si vous logez dans les cabanes.

À voir à Bourgneuf-en-Retz et dans les environs

Le musée du pays de Retz : *6, rue des Moines. ☎ 02-40-21-40-83. • museepaysderetz.com • Juil-août, tlj 10h30-13h, 15h-19h ; mars-juin et sept-oct, tlj sf lun, 14h30-18h30. Compter 1h30 de visite. Entrée : 5 € ; réduc ; gratuit moins de 6 ans.* Ce musée évoque le passé du pays de Retz : 25 salles présentent les métiers de la terre, de la mer et du sel. Des scènes de la vie quotidienne sont reconstituées (bourrine, auberge, cordonnerie, forge, sabotier...) et particulièrement réussies. Vitrine des costumes et coiffes traditionnels. Collection minéralogique et archéologique.

Visites du marais salant : **Daniel Robard,** *06-68-15-12-40. • sel-de-bourgneuf.eu • Visite commentée mai-oct tlj à 10h30 (sur rdv).*

LES MOUTIERS-EN-RETZ

(44760) 1 420 hab. *Carte Loire-Atlantique, B4*

Une agréable bourgade donnant sur la baie de Bourgneuf, paisible, avec ses pêcheurs, sur la route des huîtres. Tel est ce bourg, dont l'église abrite un grand retable classé, datant du XVIIe s.

Les Moutiers a su charmer des peintres comme Robert Louis Antral, Marie Laurencin, et inspirer les poètes Marc Elder, René-Guy Cadou ou encore Paul Fort. Près de Prigny, au château des Brefs (commune de Pornic), ex-propriété des Gallimard, Albert Camus vint écrire *La Peste.*

Adresse utile

Office de tourisme : *14, pl. de l'Église Madame. ☎ 02-40-82-04-40. • pornic.com • Juil-août, tlj sf dim ap-m, 9h30-13h, 15h-19h ; fermé dim-lun le reste de l'année.* Infos sur les hébergements, manifestations, sorties nature ou hippiques et visites guidées dans les marais ou la dune du Collet. Billetterie bus, sites touristiques, bateaux vers l'île d'Yeu ou Belle-Île... Location de vélos.

Où dormir ? Où manger ?

Domaine du Collet : *route Verte. ☎ 02-40-21-40-92. 06-89-94-40-10. • domaineducollet@orange.fr • domaine-du-collet.com • De Nantes, direction Noirmoutier ; indiqué au rond-point de Bourgneuf. Avr-oct. Compter 20-35 € en tente pour 2. Mobile homes et roulottes pour 4 pers 250-800 €/sem selon taille et saison. 270 empl. Réduc de 10 % sur l'emplacement camping sur présentation de ce guide.* Le bon et grand camping, super équipé. Protégé du vent et à deux pas de la baie. Piscine chauffée et couverte, espace aqualudique, tennis, minigolf, ping-pong, fitness, pêche en étang, promenades à cheval. Nombreuses animations et soirées dansantes en été.

La Bonne Auberge : *5, av. de la Mer. ☎ 02-40-82-75-43. • bailly-thibault@orange.fr • Fermé jeu soir, dim soir et lun hors juil-août. Congés : 2 sem fin janv et 10 j. début nov. Formules 13-16 € ; menus 20-45 €. Café offert sur présentation de ce guide.* Cela fait bien un siècle que cette *Bonne Auberge* tient les promesses de son nom. Avec, aujourd'hui, une cuisine de tradition qui respire juste ce qu'il faut de l'air du temps, des petites salles un peu cossues, une tranquille terrasse à l'abri des regards. Accueil et service irréprochables.

LOIRE-ATLANTIQUE

À voir. À faire

La chapelle de Prigny : *à 1 km du bourg, direction Arhon-en-Retz. Visites guidées ou libres mer 14h-18h en juil-août (participation libre), et concerts classiques mer soir en juil-août.* Belle chapelle du XIe s, cachée dans les pins et entourée de murs en pierre, située sur l'ancien chemin des pèlerins de Saint-Jacques-de-Compostelle (voir la coquille sculptée sur la façade). Observez le pied de la statue de saint Guénolé, les jeunes filles y plantaient des épingles pour trouver l'âme sœur. À l'intérieur, trois retables Renaissance, une Vierge normande du XIIIe s et une ancre viking du IXe s.

La lanterne des morts : *en plein centre des Moutiers-en-Retz, à côté de l'église Saint-Pierre.* Étonnant et rare monument datant du XIIe s, de 7 m de haut. C'est probablement la dernière en France encore en fonctionnement. La tour est trouée de trois petites fenêtres pour laisser entrevoir la lumière qui brille, lors de décès et le jour des trépassés.

Le port du Collet et la baie de Bourgneuf : un bel endroit auquel on accède, depuis Bourgneuf, par une petite route qui traverse le port (visite et arrêt dégustation d'huîtres possible), puis offre un joli point de vue sur la baie avant de rejoindre La Bernerie. Tout au long du cordon dunaire, les pêcheries se succèdent.

➢ La route ***Vélocéan / Vélodyssée*** passe par ici, croise un ***sentier piéton*** et longe la côte, la belle dune du Collet et le Marais breton. Sinon, de belles randos à faire dans ces espaces protégés au cœur du marais de Lyarne (circuit de la Baie, circuit de la Campagne et circuit du Collet).

Où découvrir de bons produits ?

Plusieurs professionnels ouvrent leurs portes aux touristes. N'hésitez pas.

– ***Les salines de Millac*** : *salorge (boutique), chemin des Jaunais aux Moutiers et marais-salant, route de Millac, sur Bourgneuf. 06-11-23-87-75. • salines-de-millac.com • Visites guidées de mi-juin à mi-sept, sur résa. Compter 3 € ; réduc.*

– ***La saline Tenue de Mareil*** : *infos à l'office de tourisme. Visites guidées en juil-août et tte l'année pour les groupes. Compter 3 € ; réduc.* Découverte des fours à sel, fonctionnement d'un marais salant, observation des oiseaux...

– ***Le Domaine du Sillon Côtier*** : *chemin de Trélebourg. ☎ 02-40-64-77-29. • domaine-sillon-cotier.com •* Dégustation de vins et découverte du vignoble.

– ***La route de l'Huître*** : *zone aquacole de Lyarne. • huitre-vendee-atlantique.fr/la-route-de-l-huitre/ •* Explications sur l'ostréiculture et dégustation.

– ***Les Délices de l'Air Marin*** : *La Fradouillère, 06-32-50-54-80. • delicesairmarin.com •* Cette exploitation familiale produit des glaces 100 % artisanales à base du lait de la ferme et de produits locaux : caramel au beurre salé de Millac, café de la Brûlerie de Pornic, et même du curé nantais !

LOIRE-ATLANTIQUE

LA CÔTE DE JADE

On la surnomme ainsi en raison de la couleur de son eau et du chapelet de petites stations balnéaires – de La Bernerie à Saint-Brevin – qui s'égrènent sur une cinquantaine de kilomètres et dont Pornic s'enorgueillit d'être la perle. Une côte protégée, encore belle et sauvage, aux nombreux sentiers aménagés.

LA BERNERIE-EN-RETZ [KERVERNER-RAEZ]

(44760) 2 140 hab. Carte Loire-Atlantique, B4

Station balnéaire familiale et paisible, donnant sur la jolie baie de Bourgneuf. Agréable plage de sable et un grand bassin d'eau qui permet de se baigner à toute heure sans dépendre des marées. Petite promenade aménagée sur le front de mer.

Adresse utile

ℹ ***Office de tourisme*** : *3, chaussée du Pays-de-Retz (derrière le marché). ☎ 02-40-82-70-99. • tourisme.mairie-labernerie.fr • Juil-août, tlj ; hors* *saison, mar-sam, plus dim et j. fériés mat avr-juin.* Fiches randos. Billetterie pour les grands sites et événements de la région.

Où dormir ? Où manger ?

Hôtel Le Grand Large - Restaurant Les Arômes : *17, rue de la Corderie. ☎ 02-40-64-70-03. • legrandlarge-hotel@orange.fr • grandlarge44.com • Resto fermé dim soir-mar midi hors saison. Doubles 62-81 €. Formule déj 15 € ; menus 21-30 €. Apéritif offert sur présentation de ce guide.* À deux pas du centre, le seul hôtel de la station sur le front de mer, juste au-dessus de la plage. Une chaleureuse maison familiale, aux chambres pas luxueuses mais bien équipées. Quelques-unes avec vue sur l'océan, ou balcon bien au calme. Au resto panoramique, produits frais et cuisine avec de l'idée. Avec, de surcroît, un institut de beauté qui propose des soins aux algues !

PORNIC [pornizh]

(44210) 15 000 hab. Carte Loire-Atlantique, B3

Nichée au fond de sa crique, bien protégée, Pornic fut dès le début du XIXe s, grâce à la bonne réputation de ses eaux, une station thermale et un lieu de villégiature réputés, que fréquentèrent des artistes comme Michelet, Flaubert, Renoir ou Léautaud. Jadis, les plus intrépides s'enrôlaient sur des morutiers en partance vers les brumes glacées de Terre-Neuve, sur des bricks armés en corsaires ou des goélettes et dundees voués au grand commerce atlantique. Aujourd'hui, c'est l'une des plus grandes communes de Loire-Atlantique, avec 15 km de criques et de belles villas en bord de mer, que l'on peut découvrir en suivant le chemin des douaniers. Pour visiter le centre, on conseille de laisser la voiture à la gare et de continuer à pied, surtout l'été. La ville a conservé tout son charme et elle est connue pour ses fraises, sa faïencerie, sa brasserie (*La Brigantine,* avec sa bière à la fraise) et le seul fabricant du célèbre fromage *le curé nantais*.

Arriver – Quitter

➢ ***En train ou en bus :*** *☎ 36-35 (0,34 € TTC/mn) ; ou **Lila** : ☎ 0825-087-156 (0,15 €/mn).* Plusieurs liaisons/j. en train (TER) et en bus avec Nantes (1h) tte l'année.

Adresses et info utiles

Office de tourisme : *pl. de la Gare, BP 1119. ☎ 02-40-82-04-40. • pornic.com • Tlj tte l'année.* Visites guidées de Pornic, sur résa (unique moyen d'accéder à la cour du château). Également des visites payantes à thème, sur inscription, à pied ou à vélo. Billetterie pour la traversée vers l'île d'Yeu et pour les grands sites et événements de la région à tarifs préférentiels. Propose également des formules hébergement + activités.

Location de vélos et scooters : *à l'office de tourisme ou avec **Ada,** 33, rue des Champs-Francs. ☎ 02-40-21-12-01 ou 02-40-11-04-00. • ada.fr •*

LOIRE-ATLANTIQUE

■ ***Vélo Ty Retz et Vélo Retz Volt :*** *à la Bernerie-en-Retz (☎ 09-81-11-10-30) et à Pornic (23, quai Commandant-l'Herminier, ☎ 02-51-18-16-37). • velotyretz.fr • Juil-sept, tlj 9h-19h.* Martine loue et Denis répare. En plus de la location classique de vélos, on trouve des tandems, vélos enfants ou électriques, et surtout des vélos adaptés aux personnes en situation de handicap.

■ ***Association L'Hirondelle :*** *4, rue de Verdun, 44210* ***Le Clion-sur-Mer.*** *☎ 02-51-74-02-62. • asso.hirondelle@wanadoo.fr • hirondelle.pornic.free.fr •* Organise des balades nature à thème avec guide naturaliste, à partir de différentes communes environnantes *(juil-août, en sem ; fin avr-fin juin et sept-début déc, w-e slt ; sur résa à l'office de tourisme ; durée 2h-2h30 ; très souvent gratuit, sinon env 6 € ; réduc).*

– ***Marchés :*** *jeu et dim, pl. des Halles,* ***Pornic ;*** *mer et sam, parking de la Birochère,* ***Le Clion-sur-Mer ;*** *mer et sam, pl. de la Libération,* ***Sainte-Marie-sur-Mer.***

Où dormir à Pornic et dans les environs ?

Campings

⛺ ***Camping La Madrague :*** *chemin de la Madrague. ☎ 02-40-82-06-73. • madrague@franceloc.fr • campings-franceloc.fr • ♿ À la sortie Pornic-Ouest, direction plages de Sainte-Marie-sur-Mer. Ouv début avr-fin sept. Tentes 15-35 € (avec électricité). Tentes aménagées, roulottes et mobile homes 168-1 239 €/sem. Carte pass hors saison valable 2 ans à 10 € offrant l'emplacement pour 2 pers avec électricité à 15 €. 226 empl.* Agréable camping en bord de mer, avec piscine chauffée et toboggans. L'un des rares campings de la Côte de Jade où les emplacements pour tentes sont à l'écart des mobile homes, directement en bord de plage. Emplacements tranquilles et bien ombragés sous les pins. Snack, épicerie, 2 piscines chauffées, jeux pour enfants et animations en été. Certainement le meilleur camping dans le coin.

⛺ ***Camping Le Patisseau :*** *29, rue du Patisseau. ☎ 02-40-82-10-39. • contact@lepatisseau.com • lepatisseau.com • ♿ À la sortie Pornic-Noirmoutier sur la D 751. Avr-sept. Tentes env 20-37 € selon saison. Loc de mobile homes et chalets 344-1 099 €/sem. 226 empl. 📶 (payant). Réduc de 10 % sur le prix de la loc, sur présentation de ce guide.* Camping chic, superbement équipé, avec un espace aquatique chauffé comprenant sauna et toboggans. Sanitaires également chauffés, salle de fitness, terrain de beach-volley... Bien tenu et bon accueil. Préférer les emplacements boisés. Nombreuses animations enfants et soirées. Location de vélos.

De prix moyens à chic

🏠 ***Gîtes les Courlis :*** *42, rue René-Guy-Cadou,* ***Le Clion-sur-Mer.*** *📱 06-71-54-28-46. • chrisguiho@orange.fr • giteoceanpornic.com • À env 4 km, direction La Bernerie et sortie La Boutinardière. Mai-sept. Compter 540-600 €/sem pour 2 (possibilité de w-e hors saison). 📶 Sur présentation de ce guide, visite de la pêcherie traditionnelle située en bas de la maison.* Perché sur les « falaises bleues », voici un petit havre de paix comme on les imagine. 2 ravissants gîtes thématiques tout confort, pour 2 et 2-4 personnes. Face à vous, Noirmoutier, et, sous votre nez, la piscine ou la plage confidentielle. Et surtout, l'accueil spontané des proprios, infatigables dévoreurs du *Routard.* Jack-Alain vous emmènera certainement sur son carrelet pour titiller les poissons. Ici, on baigne dans le bonheur et... dans le jazz !

🏠 ***Chambres d'hôtes Le Jardin de Retz :*** *1, chemin des Mousseaux. 📱 06-30-07-07-66. • lejardinderetz.fr • Compter 95-115 € pour 2 (voir aussi les promos sur Internet). N'accepte pas les animaux.* 3 chambres dans une longère du XIXᵉ s entourée d'un jardin luxuriant, proche du château. Soignées et bien agréables. C'est calme et bucolique, et pourtant à 3 mn du port.

🏠 ***Chambres d'hôtes La Belle***

Verte : *Le Tabier.* ☎ *02-40-64-68-21.* *06-86-96-02-80.* • *labelleverte-pornic.com* • *À env 7 km du centre, par la D 213 (route Bleue) direction Saint-Nazaire, puis la D 286 direction Saint-Père-en-Retz ; fléché sur la gauche après la Trocharderie. Compter 74-79 € pour 2.* 3 chambres de plain-pied, simplement mais joliment aménagées, à côté d'une ancienne ferme bâtie en brique et pierre, en pleine campagne donc éminemment tranquille. Et verte, cette adresse l'est assurément : verte comme le jardin où traîner un peu avec un bouquin, ou comme la dimension écolo de l'endroit (label Écogîte et petit déj bio). Cuisine à disposition. Accueil décontracté.

Chambres d'hôtes Cupidon : *plage du Portmain, côté* ***Sainte-Marie-sur-Mer.*** ☎ *02-51-74-19-61.* • *cupidon.pornic@orange.fr* • *chambre44.com* • *À 4 km du centre, en direction de Préfailles. Congés : janv. Double 93 €, dégressif dès la 2e nuit.* Au calme, près de la mer, une maison moderne un peu en hauteur, avec sa belle piscine. Chambres propres et boisées, évoquant la mer toute proche. Accueil agréable. Petit déj avec la mer en toile de fond. Plusieurs balades à proximité.

Chambres d'hôtes La Marette : *Le Marais Mainguy,* ***Le Clion-sur-Mer.*** ☎ *02-40-64-65-04.* • *lamarette.pornic@gmail.com* • *la-marette.fr* • *À 5 km de la mer. Sortir de Pornic en direction de Arthon-en-Retz/Nantes ; après le 2e rond-point, continuer sur 4,5 km et tourner à gauche juste après la clôture d'un parc équestre (sur la droite) ; suivre le fléchage. Compter 75-100 € pour 2 ; 1 suite pour 4. Galettes Saint-Michel offertes sur présentation de ce guide.* En pleine campagne, une ancienne ferme joliment restaurée. 3 chambres d'hôtes spacieuses et 2 gîtes, avec accès indépendant. Terrasse privative. Dans l'aile voisine, une salle commune avec coin cuisine, bibliothèque et piano. Un grand jardin est à la disposition de tous. Calme et repos assurés.

Hôtel Beau Soleil : *70, quai Leray (pl. du Petit-Nice).* ☎ *02-40-82-34-58.* • *contact@hotel-beausoleil-pornic.com* • *hotel-beausoleil-pornic.com* • *Doubles env 73-128 €.* Un hôtel qui offre surtout l'avantage d'être sur le port, près du château. Chambres à la déco moderne épurée, petites parfois mais claires et avec tout le confort attendu. La majorité d'entre elles, les plus chères, ont vue sur le port.

Auberge La Fontaine aux Bretons : *chemin des Noëlles, au lieu-dit La Fontaine-aux-Bretons.* ☎ *02-51-74-08-08.* • *infos@auberge-la-fontaine.com* • *auberge-la-fontaine.com* • *À 2 km du port de Pornic, sur la route de La Bernerie. Resto fermé dim soir et lun hors saison (de mi-nov à mars sf vac scol). Doubles 103-155 € selon saison. Formule déj 14,90 € ; menus 19,50 € (en sem)-56 €.* Cette belle auberge conceptuelle a investi le site d'une ancienne étape des pèlerins pour Saint-Jacques-de-Compostelle. Les bâtiments ont été complètement relookés avec beaucoup de goût, dans un esprit très écolo. La plupart offrent une vue sur mer. Chambres confortables, des studios, des maisonnettes et appartements (idéal pour les familles, donc). Piscine, tennis, location de vélos. Magnifique potager en accès libre, animaux de la ferme, jardin d'herbes aromatiques, parc... l'ambiance est résolument antistress. Sentier des douaniers à deux pas. En juillet-août, le samedi matin, marché du terroir sur la propriété. Fait également resto dans une vaste salle au cadre rustique superbe.

Où manger ?

De bon marché à prix moyens

Le Jardin de l'Olivier : *23, rue des Sables.* ☎ *02-51-74-69-30. Tlj sf lun-mar midi, hors saison dim-lun. Formule env 20 €. Menus-carte à l'ardoise 25-28 €.* Le resto des bons copains, tenu par l'impayable Denis, personnage haut en couleur et à l'humour irrésistible, qui sait mettre à l'aise ses hôtes. Cet ancien sommelier s'est offert les services d'un excellent cuistot, dont la petite cuisine est ouverte sur la salle à la déco très simple, un brin kitsch. Le foie gras est fait maison et le tartare de pétoncles, accompagné d'un vin recommandé par le patron, se révèle une merveille. Un lieu convivial où l'on se régale à petits prix. Chaude ambiance certains soirs, et ce n'est pas le chien Urssaf qui dira le contraire !

I●I *Crêperie la Sarrazine :* *28, rue des Sables. ☎ 02-40-82-09-13. Tlj sf lun aux vac scol, plus mer-jeu hors saison. Résa conseillée. Formule déj (hors vac scol) env 11 € ; carte 15-20 €.* Un excellent accueil même en cas d'affluence : résa d'ailleurs conseillée, même s'il y a de la place dans les 3 salles lambrissées (et climatisées !) et sur la terrasse intérieure. Bonnes crêpes gentiment facturées.

I●I *Le Retz :* *12, rue de la Marine. ☎ 02-40-82-19-78. • leretzorant@hotmail.fr • Tlj sf midi lun-mar, plus le soir dim-lun hors saison. Formules déj 14,50-17,50 € et menus 23-26 €. Le midi, café offert sur présentation de ce guide.* Un bon point d'emblée : la petite salle au décor sobrement contemporain s'ouvre sur la cuisine. Bon point confirmé par l'accueil et le service, impeccables. Produits d'ici et cuisine (parfois) d'ailleurs. C'est simple, frais et bon.

I●I *Crêperie La Fraiseraie :* *35-37, pl. du Petit-Nice. ☎ 02-40-82-39-65 et 02-40-82-41-58. Ouv tlj en été. Galettes et crêpes 9-16 €, également des salades.* Sans aucun doute un des emplacements les plus agréables à Pornic avec vue sur le port et la corniche de Gourmalon. Galettes déclinées avec les produits de la région, notamment le curé nantais. Pour accompagner, cidre de la Gacilly ou bière locale, la Brigantine. En dessert, les glaces maisons qui font la réputation bien méritée de la Fraiseraie.

De prix moyens à chic

I●I *La Poissonnerie du Môle :* *30, rue de la Marine. ☎ 02-40-21-04-86. • solenn.martin@hotmail.fr • la-poissonnerie-du-mole.fr • Hors saison fermé mer-jeu. Formule déj en sem 22 € ; puis menus 39-49 €. Café offert sur présentation de ce guide.* Un restaurant gastronomique de haute voltige, mais accessible ! Au déjeuner, la formule est une véritable aubaine. Spécialités de produits iodés, joliment travaillés avec goût et imagination pour une assiette haute en couleurs qu'on dévore déjà des yeux. Ici, on revisite les sushis et les épices apportent une pointe d'exotisme. Salle au décor contemporain et service attentionné. Une très belle adresse.

I●I *La Source :* *pl. de la Source. ☎ 02-40-82-91-73. ♿ Sur la corniche, dans le bâtiment relié par une passerelle au centre de thalasso* Alliance Pornic. *Tlj. Congés : 2 sem mi-déc. Résa conseillée pour avoir une table en surplomb de la mer. Menus 24-33 € ; carte env 50 €.* Cuisine très fraîche, diététique et présentée de façon appétissante. Principalement des produits de la mer. Service agréable.

Où manger une bonne glace et de bonnes fraises ?

Magasin de la Fraiseraie de Pornic : *pl. du Petit-Nice. ☎ 02-40-82-49-51. Sur le vieux port. Tlj en saison 9h-22h.* Depuis des lustres, on y vient pour déguster une bonne glace à la fraise de Pornic. On y trouve aussi des sirops, liqueurs, confitures et autres produits, tous dérivés de la fraise. Délicieuse crêperie-salon de thé avec terrasse abritée, idéalement située.

– Un peu plus haut en ville, en zone de l'Europe, rue de Strasbourg, on peut, en saison, les mercredi et samedi matin, aller cueillir soi-même ses fraises. Paiement au poids à la sortie. *Juil-août, visite guidée des ateliers de confection des confitures (☎ 02-40-82-08-21 ; • lafraiseraie.com •). GRATUIT.*

Rêve de Glace (Pierre Sorin) **:** *2, quai Leray. Sur le port. Tlj en saison jusqu'à 23h.* Beau choix de crèmes glacées et sorbets réalisés par un artisan glacier.

À voir

Le château : *ne se visite pas.* Il date du Xe s mais a été restauré par Bougouin au XIXe s. Ancienne propriété, au XVe s, du fameux Gilles de Rais, plus connu sous le nom de « Barbe-Bleue ». Au pied du château, la promenade de la terrasse fut un temps un lieu à la mode. La plage de la Sablière, toute proche, était le lieu de baignade réservé aux hommes, alors que celle des femmes était à L'Anse-aux-Lapins, sur l'autre rive. Aujourd'hui, la promenade rejoint le centre-ville au nouveau port de la Noëveillard.

Les férus d'histoire et de gros cailloux ne manqueront pas, plus au nord, non loin du golf, le ***tumulus des Mousseaux,*** site mégalithique classé (indiqué).

L'étang du Val-Saint-Martin : *au nord de la ville, au-delà de la 4-voies.* Rendez-vous des familles, on peut en faire le tour à pied.
– Sur place, ***Parc aventure dans les arbres*** : *06-16-05-55-36. • pornic-aventure.com • Avr-juin et sept-nov, mer et w-e 13h-19h ; juil-août, tlj 9h30-19h30.* Une centaine d'ateliers sur neuf parcours avec tyrolienne de 700 m au-dessus de l'eau. Ça décoiffe !

La corniche de la Noëveillard : *partir au pied du château pour rejoindre la plage, puis longer la côte par la corniche et atteindre la plage principale de Pornic, la Noëveillard, qui jouxte le port de plaisance en eau profonde.* Une toile de Renoir porte son nom *(La Plage de Noëveillard),* réalisée par l'artiste lors de son séjour en 1892. On peut continuer la balade en passant par ***Sainte-Marie-sur-Mer,*** charmante commune rattachée à Pornic, et arriver à la ***plage du Porteau.*** Vous aurez déjà fait une bonne heure de marche, occupé à commenter et à détailler les villas qui bordent l'océan, construites au début du XIXe s par de riches industriels de la région. Les plus courageux pourront continuer jusqu'au ***Portmain,*** où la côte se fait alors plus sauvage, ou même jusqu'à la ***pointe Saint-Gildas*** (à 3h de marche).

La corniche de Gourmalon : de l'autre côté du port, elle fut investie par les villas balnéaires plus tardivement que Pornic, ce qui explique un plan plus géométrique. Le ***chemin des douaniers*** qui longe la côte jusqu'à la ***plage de la Boutinardière*** (compter 3h de marche) permet dans sa première partie d'admirer les villas de la côte adverse, notamment *La Malouine* sur son rocher au pied du château, une des plus anciennes (début du XIXe s). Passé le vieux port et la ***pointe de Gourmalon,*** on aperçoit l'île de Noirmoutier au loin. Le chemin se poursuit, bordé côté mer de pêcheries et de criques, et côté terre de diverses villas. À noter que quelques-unes, construites au XIXe s, se singularisent par l'utilisation de la brique ou du bois et par leurs kiosques qui permettaient d'observer le trafic maritime tout en s'abritant du soleil ou du vent. Très chic ! En chemin, vous pourrez profiter de la ***plage de la Source,*** dominée par le centre de thalasso et son resto, ainsi que de la ***plage de la Birochère,*** où l'on trouve l'excellent resto *Beau Rivage* (voir « Où manger ? »). Également les ***plages de la Joselière*** et ***de la Boutinardière,*** sans oublier quelques dolmens (nous sommes encore en Bretagne !).

La fromagerie du Curé Nantais : *16, rue du Docteur-Guilmin. ☎ 02-40-82-28-08. • curenantais.com • À la sortie de Pornic vers Noirmoutier par la D 751. Lun-sam 9h-13h, 14h30-19h en juil-août ; mar-sam hors saison. Visite de la fromagerie lun-ven le mat, horaires variables selon saison. Compter 1h ; participation symbolique.* Le plus célèbre des fromages de Loire-Atlantique est fabriqué sur les hauteurs de Pornic. Créé en 1880 à Saint-Julien-de-Concelles, près de Nantes, sur les conseils d'un

UN CURÉ TOUT EN RONDEUR

Entre le munster et le reblochon, au lait frais de vache et affiné sur des planches d'épicéa, le « curé nantais » était carré à l'origine (200 g). Il devint rond (800 g) après la guerre, pour finir parfumé au muscadet depuis quelques années. Du vin de messe ?

curé, il a été réhabilité il y a une vingtaine d'années par Georges Parola, qui fournit aujourd'hui l'ensemble des restaurateurs de la région, mais aussi l'étranger et le Japon, où il fait fureur.

La faïencerie de Pornic : *rue de la Faïencerie. ☎ 02-51-74-19-10. • faiencerie-pornic.com • Visite de l'usine sur résa mar et jeu à 14h30 (5 €). Magasin tlj sf dim et j. fériés, 10h-12h30, 14h-19h (18h hors saison).* Célèbre pour ses fameux bols-prénom (même la petite Cunégonde trouvera le sien !). On peut suivre dans l'usine leur fabrication, mais une vidéo de 20 mn dans la salle d'expo de la boutique en dévoile les principales étapes. Ateliers pour enfants désirant peindre leurs propres motifs (récupération de sa pièce 4-5 jours plus tard, après cuisson). Du traditionnel pur jus !

La Brasserie de la Côte de Jade : *13, rue Becquerel, Z.I. La Blavetière. ☎ 02-40-82-87-16. • biere-pornic.com • Visite juil-août lun-ven à 15h et 17h30 ; avr-juin et sept, lun-mar et jeu-ven à 16h. GRATUIT.* Cette brasserie artisanale propose de découvrir la fabrication de la cervoise locale, la *Brigantine,* à travers une visite commentée suivie d'une vidéo et d'une dégustation.

LOIRE-ATLANTIQUE

La Petite Maison dans la Prairie : *chemin de l'Éperon. ☎ 02-40-27-13-01. • lapetitemaisondanslaprairie44.net • De la route Bleue (D 213), sortir à La Bernerie-en-Retz, puis prendre la D 97 au rond-point de la Rogère. Visite sur résa en été lun-ven à 11h et 17h. GRATUIT. Ateliers pour enfants l'ap-m sur résa 7 €. Menu 18,50 € ; enfant 11,50 €.* Une sympathique équipe de jeunes du cru propose de moudre la farine à la meule de pierre dans leur moulin Kandelour, typique de l'île d'Ouessant, puis de fabriquer et cuire soi-même ses petits pains. Fait également auberge pour déguster les fameuses fouées toutes chaudes, accompagnées de produits du terroir. Prétexte à de festives soirées !

Sports et loisirs

– **Le club nautique du port de plaisance :** *à la base de la Noëveillard. ☎ 02-40-82-34-72. • cnpornic.com • Tte l'année.* Propose pour tous niveaux des stages de voile, de planche à voile, d'aviron et de kayak.

– **Fun club Joselière :** *plage de la Joselière. 06-85-57-26-63. • funclubjoseliere.com • Au sud de Pornic, en direction de La Bernerie. Juil-août slt, tlj 10h-19h. Résa conseillée. À partir de 7 €/h pour le kayak et 35 €/h pour le catamaran (licence obligatoire). CB refusées.* Petite association qui dispose de catamarans, planches à voile et kayaks. Ambiance conviviale.

➢ ***Balades et randos nautiques :*** *☎ 02-40-82-04-40. • kayaknomade.fr • Juil-août, tlj sf lun. Hors vac scol : 06-72-88-18-54. Compter 25-55 € selon balade (transport entre lieux d'arrivée et de départ inclus) ; réduc.* Balades en kayak de mer de 1h30 à la journée, avec un moniteur diplômé, pour partir à la découverte de la côte de Pornic jusqu'à la pointe Saint-Gildas et autour de l'île de Noirmoutier.

– Dans un autre style, possibilité de cure de ***thalassothérapie*** au centre ***Alliance Pornic*** *(☎ 02-40-82-91-73 ; • thalassopornic.com •)* Un des restos (*La Source,* voir « Où manger ? ») est installé face à la mer dans l'ancien casino qui domine la plage de la Source et la corniche de Gourmalon.

➢ Enfin, possibilité de ***promenades en baie de Bourgneuf*** à bord d'un voilier, le *Corsaires de Retz,* magnifique ketch de 16 m. Sorties de 2h30 à la journée jusqu'à Noirmoutier avec ou sans escale *(06-72-17-90-32).* On peut également faire une croisière à la journée avec escale à la plage du Bois-de-la-Chaise ou une simple sortie-apéro en soirée à bord du vieux gréement *Le Brigantin (06-72-17-90-32 ; avr-oct, sur résa – tlj en été ; rens à l'office de tourisme et départ du vieux port).*

Manifestations

– ***Les Estivales :*** *juil-août.* Animations sur les quais du vieux port, dans la ville haute et les bourgs de Sainte-Marie et du Clion.
– ***Fête de la Saint-Gilles :*** *dernier w-e d'août.* Défilé, bagadoù et cercles celtiques de danses en costumes traditionnels.

PRÉFAILLES [pradvael]

(44770) 1 230 hab. Carte Loire-Atlantique, A-B3

Paisible cité balnéaire que prolonge la pointe Saint-Gildas et son phare-musée, but de promenade prisé des marcheurs et des familles à la recherche de coquillages. Car c'est le long de cette côte sauvage que l'on trouve, sous le goémon, bigorneaux et berniques. Attention, ce type de pêche répond à des normes particulières consignées clairement dans un petit livret, *Gardez la pêche* (avec les horaires des marées), remis gratuitement dans les offices de tourisme. La récolte est limitée à 5 kg de moules, de coques et d'huîtres par personne et par marée (ça devrait suffire !)... Ce rappel de la loi étant fait, vous pouvez toujours apporter votre quart de gros-plant, un couteau et un citron pour consommer sur place.
Préfailles tient son nom de « pré failli », c'est-à-dire le « pré imparfait » en langage du pays de Retz, car l'herbe n'y était pas bonne pour les troupeaux. Cette petite station a d'abord été connue pour sa source d'eau ferrugineuse découverte au XVIIIe s. Le *Grand Bazar* (et son invraisemblable collection de cerfs-volants anciens), qui semble n'avoir pas bougé depuis 1900, témoigne aujourd'hui encore de ce tourisme d'autrefois.

LOIRE-ATLANTIQUE

Comment y aller ?

➢ ***En bus :*** *réseau* ***Lila.*** *Rens auprès de l'office de tourisme ou au ☎ 09-69-39-40-44 (0,15 €/mn).* Plusieurs liaisons/j. (lignes 3 et 15) avec Pornic, Saint-Brevin, Nantes et Saint-Nazaire.

Adresse utile

ℹ ***Office de tourisme :*** *29, Grande-Rue. ☎ 02-40-21-62-22. • pornic.com • Sept-juin, lun mat, mar-ven et sam mat ; juil-août, lun-sam et dim mat. Avr-oct : loc de vélos et de pêcherie (carrelet).* Billetterie pour les tickets de bus, des sites touristiques, les bateaux vers l'île d'Yeu et les spectacles de l'Espace culturel de Préfailles.

Où dormir ? Où manger ?

Camping

⛺ ***Camping de la Prée :*** *chemin de la Prée. ☎ 02-40-21-02-64. • contact@camping-prefailles.com • camping-prefailles.com • Ouv d'avr à mi-oct. Tentes env 12-21 €, mobile home 4/5 pers 290-595 €/sem.* Un petit camping sympa à taille humaine comme on les aime. Pas de piscine mais la plage est vraiment à côté. Très calme, agréablement ombragé et fleuri. Les bungalows sont disposés autour du terrain tandis que les tentes peuvent s'installer sur une grande pelouse au milieu. Sanitaires nickel. Accueil chaleureux.

De prix moyens à chic

🏠 ***Hôtel Le Calluna :*** *pointe Saint-Gildas. ☎ 02-40-21-61-18. • reservation@lecalluna.com • lecalluna.com • ♿ Doubles 70-130 €.* 📶 En dépit de son architecture quelque peu voyante sur ce bout de côte sauvage, l'hôtel occupe une situation privilégiée et abrite des chambres dans le genre contemporain-fonctionnel en bois flotté, confortables mais un peu rudement facturées en saison : l'emplacement se paie ! Donc, tant qu'à faire, préférer celles, avec balcon, donnant sur l'océan. Piscine chauffée couverte, espace bien-être, massages... Brasserie et restaurant sur place.

Les Viviers de Port-Meleu : *corniche de Port-Meleu. ☎ 02-40-21-60-75. Fermé lun-mar hors saison. Congés : nov-20 mars. Formule midi en sem 13 €, repas à l'ardoise env 25-30 €. Apéritif offert sur présentation de ce guide.* Bar-resto les pieds dans l'eau, accroché aux rochers. Bien sûr, vue plaisante sur le large et déco marine. Cuisine de la mer selon l'envie du chef : choucroute de la mer, marmite du corsaire... donc pas forcément le jour où vous passerez, mais soyez tranquille, les produits sont très frais et vous trouverez toujours un bon plateau de fruits de mer.

À voir. À faire

La pointe Saint-Gildas : *à 2 km à l'ouest de Préfailles. Indiqué.* Au bout, un parking et le complexe peu esthétique de l'hôtel *Le Calluna,* mais belle vue sur le pont de Saint-Nazaire, le musée du Sémaphore, quelques restes de blockhaus du mur de l'Atlantique et le départ d'un agréable sentier qui longe la côte. C'est le point le plus à l'ouest du pays de Retz.

Le sémaphore de la pointe Saint-Gildas : *rue du Sémaphore (dans le « phare »). ☎ 02-40-21-01-21. • ccpornic.fr • Se garer au parking de la Pointe ; accès à pied en 2 mn. Ouv des vac de fév zone B et C aux vac de la Toussaint : juil-août, tlj 10h-13h, 14h30-19h ; vac d'avr zone A, mai-juin et sept, tlj sf mar, 10h-13h, 14h30-18h ; vac de fév-mars zones B et C ven-dim 14h30-17h30 et oct-début nov, tlj sf lun-mar, 14h30-17h30. Compter 45 mn de visite. Visites guidées slt sur résa. Entrée : 4 € ; réduc ; forfait famille 10 €.* Point de vue stratégique sur l'océan, cet ancien poste de guet devint sémaphore en 1865 (surveillance militaire), puis phare en 1954. Musée moderne et interactif, témoignant de l'évolution des communications maritimes ainsi que des grands naufrages de l'estuaire de la Loire : maquettes, lentille de Fresnel, objets retrouvés sur des épaves, vidéo et bornes radio relatant l'histoire des bateaux naufragés au large de la pointe Saint-Gildas. Des tragédies comme celles du *Saint-Philbert* en 1931 ou du *Lancastria* en 1940. Découverte des techniques de surveillance des côtes utilisées au XIXe s grâce au mât sémaphorique de 12 m installé au milieu des imposantes bouées de balisage. Au dernier étage, une terrasse pour observer la baie de Bourgneuf et l'estuaire de la Loire.
Un musée plaisant et instructif. Expos temporaires gratuites. Nocturnes thématiques en juillet et août.

DÉCOMPTE MACABRE

L'histoire (et Hollywood) a (ont) retenu le naufrage du Titanic. *Pourtant celui du* Lancastria, *coulé le 17 juin 1940 par l'aviation allemande, face à la pointe Saint-Gildas, a, malheureusement, fait au moins 4 000 victimes, soit près de 3 fois plus que le* Titanic. *On ne connaîtra le chiffre exact de ces victimes qu'en 2040, secret défense oblige : ce paquebot avait été réquisitionné pour évacuer des soldats britanniques cantonnés en France.*

– **Centre nautique de la pointe Saint-Gildas :** *☎ 02-40-64-77-77. • prefailles.fr • Fermé en janv.* École de voile proposant des balades en goélette, stages, cours particuliers, location de catamarans *(Hobbie Cat),* dériveurs, planches à voile et kayaks.

➢ Nombreuses ***balades*** à faire à pied, bien balisées : circuit du *Tour de Saint-Gildas* (7,3 km) et celui de la *Vallée de Pasquin* (5,5 km, dans la lande de Préfailles). Depuis la grande plage, le sentier qui borde la côte surplombe les falaises. Fiches rando disponibles gratuitement à l'office de tourisme. Également à vélo, en suivant le circuit balisé *Vélocéan.*

Manifestation

– ***Les Musicales :*** *juil.* Festival international de musique (classique, jazz, musiques du monde) avec de grandes pointures.

LA PLAINE-SUR-MER [plaen-raez]

(44770) 2 550 hab. Carte Loire-Atlantique, B3

Bien que limitrophe de Préfailles, le littoral de La Plaine-sur-Mer, orienté au nord, est adouci par un cordon dunaire, parsemé de temps à autre de criques rocheuses et où s'abritent des petits ports de pêche aux moules : La Gravette, Port-Giraud, Le Cormier. En effet, La Plaine-sur-Mer récolte 50 % de la production du département. Un paradis pour l'amateur de pêche à pied ! Mais attention à bien respecter la réglementation affichée partout sur les plages. Les amateurs de farniente apprécieront particulièrement la plage de Tara avec ses très photogéniques pavillons de pêche au carrelet.

LOIRE-ATLANTIQUE

Adresse utile

ℹ ***Bureau d'Information touristique :*** *1 rue de la Croix Mouraud. ☎ 02-40-21-52-52. • tourisme-laplainesurmer.fr • Au carrefour central du bourg. Juil-août, lun-sam et dim mat, 9h-13h et 14h-18h ; le reste de l'année, mar-ven et sam mat 10h-12h et 15h-17h.* Se procurer les *Guides découvertes du bord de mer* : 8 parcours sur les 7 km de côte et alentour ; en vente (2 €) ou téléchargeables gratuitement sur le site.

Où dormir ? Où manger ?

🏠 🍽 ***Hôtel-restaurant Anne de Bretagne :*** *port de la Gravette, 163, bd de la Tara. ☎ 02-40-21-54-72. • bienvenue@annedebretagne.com • annedebretagne.com • ♿ Resto fermé lun et mar, plus dim soir et mer sept-juin. Congés : de janv à mi-fév. Doubles 130-350 €, y compris des suites ; petit déj 26 €. Menu du marché 48 € déj sf dim ; autres menus 77-155 €.* 📶 Dans une bâtisse contemporaine, du raffinement au menu : cuisine inventive et « iodée », tournée vers les produits de la mer. Impressionnante cave de plus de 1 000 références. Salle à manger au style design, lumineuse avec sa baie vitrée donnant sur l'océan et, au loin, le pont de Saint-Nazaire. Également de belles chambres donnant sur le jardin (avec terrasse) ou sur la mer. Copieux petit déj-buffet. Piscine chauffée et tennis. Admirer l'impressionnante collection de bois du monde entier.

À voir. À faire

Demander le programme des animations et sorties au bureau d'information touristique.

🚶 ***Le jardin des Lakas :*** *dans le centre.* Très beau parc renfermant un intéressant pavillon de chasse, un kiosque et un jardin botanique, « Lakabotanica ».

Nombreuses ***animations*** : en avril s'y tient la plus importante *fête des Plantes* de Loire-Atlantique ; en juillet-août, concerts gratuits le mercredi soir et spectacles enfants gratuits le jeudi soir à l'Espace Sports et Loisirs.

➢ ***Randonnées à thème*** dans les alentours et ***sorties nature,*** dont la pêche à pied, organisées avec un guide de l'association L'Hirondelle. *Inscription auprès du bureau d'information touristique.*

SAINT-BREVIN-LES-PINS [sant-brewenn]

(44250) 11 200 hab. Carte Loire-Atlantique, B3

Vers les années 1860, pour lutter contre l'avancée des dunes, on planta des pins maritimes. De facto, cela fit le charme de la station balnéaire, qui se transforma en une destination mondaine. Depuis, la vague de béton est passée par là mais de manière plus douce qu'à La Baule. Résultat : une multitude de petites maisons de villégiature réparties en quatre quartiers distincts, sur les 8 km de cette pointe nord de la Côte de Jade : Mindin au nord (où se trouvent le musée et le pont de Saint-Nazaire), les Pins au centre (paradis des retraités et des familles en villégiature), l'Océan et l'Ermitage tout au sud (la partie la plus jeune, avec sa plage et son spot de kitesurf). On pourra également déborder sur la commune de Saint-Michel-Chef-Chef, où se trouve la plus belle « plage-plage » : celle de Tharon. Attention au monde en été.
À noter que la ville tiendrait son nom de Brewing, archevêque de Canterbury au VIIIe s, à qui l'église est dédiée.

LOIRE-ATLANTIQUE

Adresses et infos utiles

🛈 ***Office de tourisme :*** *10, rue de l'Église.* ☎ *02-40-27-24-32.* • *tourisme-saint-brevin.fr* • *Sept-juin, lun-ven et sam mat ; juil-août, lun-sam et dim mat 9h30 (10h dim et j. fériés)-13h, 14h-19h.* Vente de tickets de bus pour Nantes, Saint-Nazaire, Paimbœuf, Pornic... Toute l'année, vente de billets pour l'île d'Yeu, le Parc des Légendes, Planète Sauvage, Belle-Île, le golfe du Morbihan... Fiches de randos et circuits VTC aux alentours.

🛈 ***Autre office de tourisme :*** *bd de l'Océan, devant le poste de secours, quartier de l'Océan. Juil-août, lun-sam et dim ap-m 9h30-13h, 14h-19h (14h30-18h30 dim et j. fériés) ; sept-juin, mar-sam 14h-18h.*

➢ ***Le Brévibus :*** transport urbain qui dessert la commune en 3 itinéraires : la boucle P.A. de la Guerche/Centre des pins/Centre de l'océan, le *circuit nord* et le *circuit sud.* Télécharger l'itinéraire et les horaires sur le site de l'office de tourisme. *GRATUIT.*

■ ***Location de vélos, y compris électriques : Cycl'hic,*** *11, av. de la Tour-Carrée.* ☎ *02-40-27-34-33.* • *cycl-hic.com* •

– ***Marchés :*** *jeu et dim mat, pl. Baslé, quartier des Pins. L'un des plus grands de la région. Également sam mat dans le quartier de l'Océan et mer mat en juil-août dans le quartier de l'Ermitage ; auxquels s'ajoutent en été les marchés nocturnes (mer soir au quartier de l'Océan, ven soir à celui des Pins).*

Où dormir ? Où manger dans le coin ?

Campings

⛺ ***Camping de la Courance :*** *110, av. du Maréchal-Foch.* ☎ *02-40-27-22-91.* • *info@campinglacourance.fr* • *campinglacourance.fr* • ♿ *Tentes 16-23 €. Bungalows toilés et mobile homes jusqu'à 6 pers 246-925 €/sem. 160 empl.* 📶 Un bon camping ombragé, avec accès à la mer, bien équipé et bien tenu. Seulement

35 emplacements perdus dans une forêt de mobile homes ! Animations en été. Affilié « Camping qualité ». Piscine.

Camping Le Haut Village : *4, route de l'Étang, 44730* ***Saint-Michel-Chef-Chef.*** *☎ 02-40-39-93-45. • camping.hv@orange.fr • hautvillage.fr • Congés : vac de Noël. Entre Saint-Michel et Tharon, près de l'étang du Gatineau (sortie haut-village). Tentes 9,90-21,90 €, mobile homes 4 pers 199-649 €/sem, avion 3-4 pers 259-799 €/sem. Loc au w-e hors saison. Le remboursement du guide du* Routard *pour tt séjour d'une sem min offert sur présentation de ce guide !* Un camping sympathique et familial qui fait preuve d'imagination. On est mis dans l'ambiance dès la réception aménagée comme un hall d'aéroport et le bar de la piscine, dans un aileron de Boeing 737 ! Certes, il y a bien des bungalows, des espaces pour les caravanes, de la pelouse pour les tentes mais on le recommande surtout pour ses hébergements insolites : roulottes (4 places), ancien wagon-lit SNCF (10/12 places), un bus disco (5 places), authentique tramway nantais (4 places) ou même 2 avions, dont les aménagements intérieurs sont plein d'astuces et de surprises. Accueil enthousiaste et pro.

De bon marché à prix moyens

Hôtel de la Côte de Jade : *2, av. de Bretagne, Tharon-Plage, 44730* ***Saint-Michel-Chef-Chef.*** *☎ 02-40-27-82-31. • hotel.lacotedejade@orange.fr • hoteldelacotedejade.fr • Dans une rue perpendiculaire à la plage. Double 68 € ; petits déj 5-9,50 €.* On aime beaucoup ce petit hôtel datant des années 1920, à l'esprit « congés payés » et à la façade loufoque recouverte de mosaïques et de coquillages, tenu par Martine, artiste peintre (qui tient galerie au rez-de-chaussée), et sa maman. On entre par un vieux bar pur jus, attenant au salon de coiffure de la sœur à la déco tout aussi kitsch. 4 chambres seulement (et 3 en annexe), toutes de taille et de style différents. Un lieu étonnant, hors du temps, à l'accueil chaleureux.

Résidence Odalys Domaine de l'Océan : *chemin de la Bridelais, quartier de l'Océan. ☎ 02-40-27-75-26. • domainedelocean@odalys-vacances.com • Fermé de mi-nov à début avr. À partir de 70 €/nuit et env 240 €/sem pour un 2-pièces 4 pers (linge de lit et de toilette fournis, lits faits à l'arrivée et ménage quotidien).* Charmante petite résidence, idéalement située, à seulement 300 m de la grande plage. Pimpantes avec leurs façades blanches et leurs volets bleu ciel, les maisonnettes abritent des appartements 2 et 3 pièces. Une adresse familiale et conviviale, avec grande piscine chauffée (juin à septembre). Aire de jeux et salle de fitness.

Crêperie Le Bac à Blé : *67, bd de la République, Tharon-Plage, 44730* ***Saint-Michel-Chef-Chef.*** *☎ 02-40-64-90-90. À 7 km, à mi-chemin avec Pornic. Sur la première avenue parallèle à la mer. Fermé lun-mer hors saison. Résa conseillée. Carte env 15-20 €.* Dans un cadre agréable et modernisé, on découvre bien plus qu'une crêperie. Charlotte, la patronne, se révèle intraitable sur la qualité et la fraîcheur des produits. Même la sauce tomate est maison. Crêpes et galettes à la farine bio, ou même une raclette en galette (délice du Bac) ! Accueil aimable.

L'Empreinte : *119, bd de l'Océan, Tharon-Plage, 44730* ***Saint-Michel-Chef-Chef.*** *☎ 02-40-27-82-17. • lempreinte.tharon@orange.fr • hotel-restaurant-lempreinte.com • Resto fermé dim soir et lun midi hors saison. Doubles 66-98 €. Formule 15 € midi en sem, sinon menu 23-30 € et carte. Apéritif maison offert sur présentation de ce guide.* Un fort sympathique hôtel-resto face à l'océan, offrant des chambres d'excellent confort. Table réputée également et salle panoramique à la déco contemporaine. Spécialisée dans le poisson et les fruits de mer. Que des bons produits, que du frais et cuisine de pro. En prime, accueil chaleureux.

À voir. À faire

Le musée de la Marine : *pl. Bougainville (au pied du pont de Saint-Nazaire). ☎ 02-40-27-00-64. De mi-juin à mi-sept, tlj sf lun, 14h30-19h ; de fin avr à mi-juin, w-e et j. fériés 15h-19h. Entrée : 5 € ; forfait famille ; gratuit moins de 12 ans.*
Situé dans le fort réaménagé de Mindin avec son superbe point de vue sur l'estuaire, ce musée abrite environ 65 maquettes de navires modernes et anciens, de guerre, de commerce ou de pêche, dont des répliques de plus de 1 m du *France,* du *Normandie* ou du porte-avions *Foch.* Voir aussi le superpétrolier *Batilus,* qui impressionne souvent les enfants. Collection d'objets, de tableaux ayant trait à la marine, et deux vidéos (1h chacune !) retraçant l'histoire maritime du XVIIIe s à nos jours et celle de la construction navale dans la région. Belle évocation également de la bataille des Cardinaux en 1759 et du commerce triangulaire. Un petit musée qui mérite le détour.
À l'extérieur, petit jardin botanique et un ponton avançant sur l'estuaire qui offre une extraordinaire vue sur le pont de Saint-Nazaire et sur l'étonnante sculpture le *Serpent d'Océan* de Huang Yong Ping : installé pour l'édition 2012 du parcours artistique *Estuaire,* un squelette d'aluminium long de 130 m qui ne laisse dépasser que sa gueule ouverte à marée haute.

LOIRE-ATLANTIQUE

Les mégalithes de Saint-Brevin : *rens auprès de l'office de tourisme.* L'ensemble de la commune est parsemé de vestiges mégalithiques.

■ ***École de voile – Sports Nautiques Brevinois :*** *base nautique du Pointeau, bd de l'Océan. ☎ 02-40-64-49-41. • tourisme-saint-brevin.fr • Tlj sf dim-lun hors saison.* Location, stages et cours à la carte : Optimist, planche et char à voile, kayak, catamaran, *speed-sail...*

➢ Le circuit cycliste ***Vélocéan,*** qui se faufile sur une quarantaine de kilomètres le long du littoral du pays de Retz, passe par Saint-Brevin.

Manifestations

– **Festival Côté Mer :** *juil-août, concerts et spectacles mar-ven.*
– **Festival pyrotechnique international :** *le 3e ou 4e sam d'août. Rens à l'office de tourisme.* Grands feux d'artifice tirés de la plage en musique.

DANS LES ENVIRONS DE SAINT-BREVIN-LES-PINS

La boutique des galettes Saint-Michel : *8, rue de Chevecier, 44730* ***Saint-Michel-Chef-Chef.*** *☎ 02-51-74-75-44. • paul.eveillard@stmichel.fr • Tlj mai-sept ; fermé dim ap-m et ap-m des j. fériés hors saison. Film de 20 mn en continu ; se présenter aux bureaux, juste à droite du magasin.* La notoriété de cette commune est liée à ses fameuses galettes Saint-Michel. Créée en 1905 par un enfant du pays, Joseph Grellier, la biscuiterie fonctionne toujours. On peut y visionner un film sur son histoire. Boutique sur place avec toute la gamme : galettes Saint-Michel, sablés de Retz, palets Roudor... Et salon de thé pour la dégustation.

Le Conservatoire des vieux métiers : *44560* ***Saint-Père-en-Retz.*** *☎ 02-40-21-74-46. À 11 km au sud-est de Saint-Brevin (fléché). De mi-juin à mi-sept, tlj 14h30-18h30 ; le reste de l'année, sur rdv.* Les nostalgiques de vieux métiers ne manqueront pas d'y faire une visite. Le conservatoire retrace sur 1 500 m² l'économie du pays de Retz au XVIIIe s : mise en scène des gestes, animation des engins, etc.

À voir également dans le bourg, la ***Maison du lavoir*** : *rue de Pornic, 44560* ***Saint-Père-en-Retz.*** *Mêmes tél et horaires que le Conservatoire des vieux métiers.* À côté d'un vieux lavoir de 150 ans – impressionnant par ses dimensions et entièrement retapé – la maison expose une collection de photos et d'objets anciens.

L'ESTUAIRE DE LA LOIRE

Bien que les effets de la marée se fassent sentir jusqu'à Ancenis, à 30 km en amont de Nantes, c'est au port de Nantes qu'officiellement commence l'estuaire. La Loire décrit alors une ultime et large courbe dont la forme en conque caractéristique est reprise pour le logo de la ville de Nantes. La limite officielle entre eaux douces et eaux salées est fixée à Cordemais. La profondeur du chenal reste à peu près constante de Nantes à Paimbœuf (environ 6 m) et s'accentue brutalement jusqu'à 14 m à partir de Donges. Le sable charrié, mais aussi les travaux de dragage ou de comblement renouvellent sans cesse sa géographie. Sillonné de chenaux, parsemé d'îles et bordé de marais, l'estuaire ravit les pêcheurs d'aloses, d'anguilles, de civelles et de saumons, les ornithologues pour les nombreux échassiers, canards et rapaces, et les promeneurs grâce aux chemins de randonnées ponctués d'œuvres d'art sur le parcours *Estuaire,* de part et d'autre de ses rives.

PAIMBŒUF

(44560) 3 200 hab. *Carte Loire-Atlantique, B3*

Au bord de l'estuaire, à 12 km à l'est de Saint-Brevin. Petit bourg modeste au début du XVIIe s, la ville connut une époque prospère durant plus de deux siècles. En effet, l'ensablement de la Loire ne permettant plus aux navires de remonter le cours du fleuve, ils devaient s'arrêter à Paimbœuf, qui devint alors avant-port de Nantes, avec ses chantiers de construction et de réparation navale. Au milieu du XIXe s, l'approfondissement du chenal de la Loire et la concurrence de Saint-Nazaire portèrent un coup fatal au développement de la ville.

Adresses utiles

Office de tourisme : *quai Sadi-Carnot, le « hangar ». ☎ 02-40-27-53-82. • paimboeuf.fr • Juil-août, tlj ; sept-juin, mar-sam.* Infos sur les croisières en bateau sur la Loire, le patrimoine naturel et historique du coin ainsi que les randos à pied et à vélo. Tarifs préférentiels pour certains sites touristiques locaux. Dépliant sur le parcours d'interprétation du patrimoine de Paimbœuf (10 panneaux).

Location de vélos : *au* ***Camping L'Estuaire,*** *quai Éole. ☎ 02-40-27-84-53.*

Où dormir en gîte dans les environs ?

Gîtes de la Lande : *hameau de la Lande, 44320* ***Saint-Viaud.*** *☎ 02-40-39-15-44. • gitedelalande@gmail.com • gitesdelalande.com • ♿ À 8 km de Paimbœuf sur la D 98 après Saint-Viaud vers Frossay, à droite. 5 gîtes jusqu'à 11 pers 280-1 350 €/sem. Remise de 10 % sur le gîte (hors juil-août) sur présentation de ce guide.* Dans un beau corps de ferme superbement restauré et indépendant de la résidence des proprios. Gîtes disponibles à la nuitée hors saison, dans l'ancien pigeonnier avec petit jardin privatif et des cottages dans l'ancienne écurie. Belle terrasse encadrant une piscine chauffée.

À voir

L'église Saint-Louis : *tlj 10h-17h (19h juil-août).* Les deux architectes nantais qui avaient concouru pour le projet de la construction du Sacré-Cœur à Paris furent choisis pour réaliser l'église de Paimbœuf. Construite de 1877 à 1912, cette église de style néobyzantin avec sa coupole, son plan en croix grecque et ses couleurs intérieures... en font un lieu de culte unique en Loire-Atlantique. L'autel baroque est composé de plusieurs marbres précieux et est classé aux Monuments historiques.

Les pittoresques passages et rues du Général-de-Gaulle et du Faisan : à l'époque florissante et animée de Paimbœuf, une foule de marins débarquaient en ville. Tandis que leurs capitaines regagnaient leurs riches hôtels particuliers, matelots et moussaillons empruntaient d'étroits passages pour rejoindre les rues parallèles aux quais afin d'y trouver logis. Les immeubles populaires de la rue du Général-de-Gaulle sont aujourd'hui restaurés, et sur leurs façades aux couleurs vives subsistent quelques beaux balcons en fer forgé, tous différents. À l'office de tourisme, demandez le plan du circuit des rues les plus intéressantes.

Le Jardin étoilé : *quai Edmond-Libert. Au bord du fleuve, en amont de l'office de tourisme.* Un jardin complètement fou, tout en flèches de bois, imaginé par Kinya Maruyama, un artiste japonais qui trouvait une ressemblance entre la Loire et la rivière Mogami de son pays natal. Avant d'y aller et pour comprendre ce que l'artiste a voulu exprimer dans ces structures géantes et ludiques, vous pouvez passer à l'office de tourisme, qui vous délivrera la notice explicative.

➢ Agréable ***promenade le long des quais Éole et Gautreau*** : maisons d'armateurs, avec quelques beaux balcons. Heureusement que la raffinerie de Donges, de l'autre côté du fleuve, est masquée par un jardin public arboré.

DANS LES ENVIRONS DE PAIMBŒUF

Corsept *(44560) : à 2 km à l'ouest de Paimbœuf, également au bord de l'estuaire.* Vieille église où fut pratiqué un culte à saint Martin de Vertou dès le XVe s. Dans la maison du Pasquiaud séjourna le peintre Jean-Baptiste Corot. Trois sentiers pédestres, dont un qui permet de découvrir des mégalithes, nombreux dans la région.

➢ ***Le Sentier découverte de l'estuaire :*** au départ de l'ancien petit port de la Maison Verte, abandonné depuis les années 1960 mais récemment rénové, ce sentier pédestre longe les bords de Loire sur 6 km, permettant de découvrir la faune et la flore locales, les pêcheries, ainsi qu'un belvédère d'observation.

– ***Base de loisirs TSN44 de Saint-Viaud*** *(44320) : à 4 km de Paimbœuf. ☎ 02-40-39-15-92. • tsn44.com •* Téléski nautique.

LOIRE-ATLANTIQUE

LE CANAL MARITIME DE LA BASSE LOIRE

Carte Loire-Atlantique, B3

À quelque 20 km de Nantes, un havre de paix assez insolite et agréable, à l'ombre de saules et de peupliers. Le *canal de La Martinière,* autre nom qui lui est attribué, court sur 15 km, du village de La Martinière (commune du Pellerin, au sud) au Carnet (commune de Saint-Viaud, au nord). Il est fermé à chaque extrémité par une écluse de 150 m. À Saint-Viaud d'ailleurs, voir le cadran solaire monumental derrière l'église.

UN PEU D'HISTOIRE

Au XIXe s, l'ensablement de la Loire et la navigabilité de l'estuaire empêchent les bateaux de haute mer, jaugeant plus lourd, de remonter jusqu'à Nantes. La survie du port de Nantes est en jeu. En 1876, un député s'écrie à la tribune : « La Loire s'ensable, la Loire se perd, la Loire se ruine. » On pense alors à créer un canal pour éviter les pièges des îles et des passes entre Le Pellerin et Paimbœuf. Les travaux, commencés en 1882, durent 10 ans. Mais avec l'apparition de navires aux tirants d'eau mesurant jusqu'à 7 m, le canal devient vite inadapté. En 1903, on décide d'approfondir le chenal de la Loire. En 1911, le canal est finalement fermé à la grande navigation et sert de cimetière aux grands trois-mâts, avant d'être fréquenté par les chalands des riverains et les plaisanciers.
Depuis les années 1960, il est utilisé pour réguler le niveau d'eau des marais du pays de Retz et pour irriguer une partie de son territoire. Une promenade a été aménagée, qui fait le bonheur des Nantais pour leurs balades dominicales.

Où dormir dans les environs ?

🏠 ***Chambres d'hôtes Château de la Rousselière :*** *44320* ***Frossay.*** *☎ 02-40-39-79-59. • info@larousseliere.com • larousseliere.com • À 8 km à l'ouest de Paimbœuf, par la route de Nantes, et à 3 km du canal. Mai-sept. Compter 90 € pour 2.* Dans une plaisante demeure des XVIIe-XVIIIe s, au milieu d'un parc de 25 ha. 3 chambres d'hôtes confortables et lumineuses. Accueil familial sympathique. Gîte pour groupe également (jusqu'à 16 personnes) dans une aile du château et diverses activités avec *Défi Nature,* notamment son parcours « Escal'arbres » dans le parc (voir plus loin « À faire »).

À faire

➢ ***Balade le long du canal :*** *au départ du village de* ***La Martinière.*** Maisons anciennes et écluse de grande navigation. Longer la rive droite jusqu'aux ***Champs-Neufs.*** Là : barrage et écluse avec sa machinerie visitable, remise en état *(****ACCAM,*** *☎ 02-40-22-50-94 ; • canal-maritime-basse-loire.fr • ; mai-juin, sam ap-m ; juil-août, jeu ap-m ; 2 €).* À proximité de l'écluse, après la crêperie, un club nautique loue dériveurs, barques et embarcations à pédales *(☎ 02-40-05-64-61).* Suivre ensuite la rive gauche jusqu'au ***Migron,*** petit bourg qui abrite de vieilles maisons le long de ses ruelles. ***Le Quai Vert,*** lieu atypique, propose des activités culturelles et de découverte de la nature, ainsi que la location de vélos, embarcations à pédales, paddles, canoës et kayaks *(☎ 02-28-53-51-62 ; • quai-vert.com •).*

Le bateau mou ou « Misconceivable » : *écluse de La Martinière, à 2 km du Pellerin. Accessible depuis Couëron par un bac traversier (GRATUIT) ou depuis Bouguenais par la D 723.* Dans un site charmant (apporter le pique-nique), drôle de bateau en arrêt dans l'espace, une quille dans le vide, une hélice dans rien, qui tord sa proue vers les eaux de la Loire. Œuvre moderne d'Erwin Wurm, du parcours artistique *Estuaire*.

DES SAINTS ANIMÉS

À l'entrée de Saint-Jean-de-Boiseau, en arrivant du Pellerin, se tient la petite chapelle de Bethléem, du XVe s. Un sculpteur local s'est inspiré du cinéma fantastique hollywoodien et de la culture manga pour reconstituer les pinacles. Résultat : des chimères qui ont les traits de Goldorak, des Gremlins ou de la créature d'Alien ! Bonne idée pour attirer le badaud vers Dieu.

➢ ***Vol en ULM au-dessus du canal :*** ***Rand-Kar,*** *44320* ***Frossay.*** *☎ 02-40-64-21-66. • randkar.fr • Sur rdv. De 15 mn à la journée complète. Compter 50 € pour un baptême de 15 mn.* Ce petit club, tenu par une équipe passionnée, propose plusieurs circuits en ULM dans la région (biplace avec pilote). Un spectacle qui vaut vraiment le coup, même si le coût peut freiner vos ardeurs.

➢ ***Défi Nature :*** *parc du château de la Rousselière, 44320* ***Frossay.*** *☎ 02-40-39-79-59. • definature.com • Vac scol de Pâques, 14h-18h ; avr-juin et sept, w-e et ponts 11h-19h ; juil-août et vac scol, tlj 10h-20h. À partir de 2 ans. Tarifs « Escal'arbres » : env 6 € pour les 2-5 ans, puis 6-23 € selon l'activité.* On grimpe, on s'accroche, on dévale, on glisse... même en nocturne. Également jeux-énigmes, courses d'orientation...

DANS LES ENVIRONS DU CANAL

Le parc du Sentier des Daims : *La Poitevinière, D 78 (route de Saint-Père-en-Retz à Frossay), 44320* ***Frossay.*** *☎ 02-40-39-75-06. • sentierdesdaims.com • ♿ De mi-fév à début nov, tlj 10h-18h ou 19h selon période (billetterie jusqu'à 16h30 ou 17h) ; 2de quinzaine de déc, spectacle et animation de Noël sur résa. Entrée : 14,50-17,50 € selon période ; 9,50-12 € pour les 3-12 ans ; réduc.* Parc animalier centré sur les cervidés provenant du monde entier. Dans les 33 ha, on croisera daims, chevreuils, wapitis, hydropotes, cerfs Sika du Japon, rennes... plus de 400 animaux au total (dont, également, des rapaces et des loups). La visite comprend une vingtaine de parcours légendaires et circuits scénographiés avec spectacles et animations dans l'univers merveilleux des contes et légendes.

La réserve ornithologique de l'île de Massereau et du Migron : paradis des oiseaux migrateurs. 400 ha de roselières, saulaies et prairies où s'ébattent hérons cendrés, sarcelles, bécassines... Possibilité de visites guidées (infos à l'office de tourisme de Paimbœuf).

Le bac du Pellerin : *passage ttes les 20 mn, 6h20-20h30, voire 21h30 de mi-juin à mi-sept. GRATUIT.* Comme le faisaient autrefois les pèlerins en route vers Saint-Jacques-de-Compostelle, on traverse la Loire avec ce bac jusqu'à l'autre rive où le bourg du Pellerin possède chez sa voisine d'en face, **Couëron,** une enclave dite « du Paradis ». Ce bac qui permettait également aux ouvriers « sud-Loire » d'aller travailler « nord-Loire » offre aujourd'hui aux touristes l'occasion d'une minicroisière sur le fleuve sauvage. C'est le dernier des bacs sur la Loire en fonctionnement.

– ***Balade équestre :*** *avec les Écuries du Trapèze, Mondalin, 44320* ***Saint-Viaud.*** *📱 06-84-60-65-38.* À partir de l'âge de 2 ans.

SAINT-NAZAIRE [sant-nazeR]

(44600) 67 000 hab. *Carte Loire-Atlantique, A-B3*

• Plan *p. 526-527*

Bienvenue dans une ville qu'il faut savoir regarder par deux fois ! Souvent victime d'une image stéréotypée de port et de ville industrielle, Saint-Nazaire révèle une vraie atmosphère. À la fois touchante et humaine, elle vit ses docks et il fait bon y vivre. Certes, on est loin de l'ambiance balnéaire des stations voisines, c'est peu de le dire avec son centre-ville détruit par la guerre et tourné dos à la mer. Mais Saint-Nazaire la burinée respire le large et invite au voyage. On y découvre un pôle touristique créatif et passionnant, baptisé *Le Port de tous les voyages* qui érige le caractère industriel de la ville en monument, depuis les paquebots de croisière jusqu'à l'aéronautique (2e site Airbus en France après Toulouse), en passant par les sous-marins.

Ville-port moderne, entre fleuve et mer, en pleine rénovation toujours bien pensée, à l'image du front de mer émaillé d'une guirlande de pêcheries traditionnelles, de la grande plage de centre-ville (avec de superbes jeux pour enfants), du *skatepark*... Saint-Nazaire ose enfin dévoiler sa vingtaine de jolies plages, dont cinq surveillées, deux aménagées pour les personnes handicapées et trois labellisées « Pavillon Bleu ». *Les vacances de Monsieur Hulot*, c'est bien là, dans le quartier balnéaire de Saint-Marc ! Parcourons avec plaisir le chemin des douaniers qui rejoint Pornichet à travers de beaux paysages aux tonalités parfois méditerranéennes. Ne boudons pas notre plaisir, revoyons nos clichés et laissons-nous « barrer » dans le Saint-Nazaire du XXIe s, entre estuaire et Brière...

UN GUIDE AD HOC

Les villes fidèlement représentées dans les ouvrages d'Hergé ne sont pas légion ; Saint-Nazaire figure au palmarès. Des panneaux de 4 × 3 m immortalisent les épisodes nazairiens des aventures de Tintin en plusieurs points de la ville. La similitude des lieux est souvent frappante.

UN PEU D'HISTOIRE

Si, en 1830, seuls quelque 800 habitants peuplaient les petites rues tortueuses avec notamment les « pilotes de Loire », ces marins qui orientaient les bateaux sur le fleuve, l'arrivée du chemin de fer modifia le destin de la cité. Avec la construction de bassins en eau profonde sous Napoléon III en 1862, l'Écossais John Scott construisit le premier chantier naval de paquebots. Les grands « transats » sont nés dans cette ville, « clé de l'estuaire » (blason avec une clé sur une voile) dont la devise est *Aperit et nemo claudit* (« Elle ouvre et personne ne ferme »). On accourait de toutes les provinces, dans une véritable ruée vers l'ouest et cette « Petite Californie bretonne ».
En 1917, Saint-Nazaire servit de port de débarquement aux Américains, au même titre que Brest. Une statue géante datant de 1926 rappelle cet événement. Pendant l'entre-deux-guerres, la vie y était belle et les innovations sociales légion : premières conventions collectives, bourse du travail, habitations à loyer bon marché... Et soudain, l'histoire reprit tristement le dessus. La Seconde Guerre mondiale éclata, et la ville fut tout simplement rasée.
La reconstruction, confiée à Noël Le Maresquier, devait permettre de loger rapidement autant d'habitants que possible. On vit surgir une ville neuve et aérée avec ses rues rectilignes et ses immeubles de béton.

Depuis, les habitants n'y portent plus guère attention, et aujourd'hui, Saint-Nazaire est une « ville à la mer » qui se découvre et s'apprécie facilement à pied, autour du *Paquebot* et du *Ruban Bleu*, ses centres commerciaux urbains ainsi que le long du front de mer.

Côté chantiers navals, devenus STX en 2008, c'est une histoire toujours renouvelée et riche d'un siècle et demi de construction de palaces flottants comme le *Normandie*, le *France*, le *Queen Mary 2* et plus récemment le plus grand paquebot du monde, *Harmony of the Seas*.

DU BÉTON TRÈS RÉSISTANT

Durant la Seconde Guerre mondiale, la base sous-marine de Saint-Nazaire, écrou inviolable de la marine allemande sur l'Atlantique, causa la perte de la ville. Les tapis de bombes des raids alliés détruisirent une majeure partie de la ville, mais la base résista (et elle dresse aujourd'hui encore ses tonnes de béton). Saint-Nazaire fut la dernière ville libérée en Europe : le 11 mai 1945 (15 jours après le suicide d'Hitler) !

Transports

Gare TGV (plan B1) **:** *plusieurs liaisons quotidiennes avec Paris-Montparnasse. ☎ 36-35 (0,34 €/mn).*

■ **Boutique STRAN** (plan B1, **1**) **:** *6, pl. Sémard. ☎ 02-40-00-75-75. • stran.fr • Lun-ven 7h30-18h45 ; sam 9h-12h, 13h30-17h.* Vente des tickets de bus : lignes urbaines *STRAN* (dont *HélYce*, un service de bus rapide en site propre) et réseau départemental *Lila (☎ 09-69-39-40-44).*

P En ville, on trouve aisément à stationner ; certains ***parkings*** sont carrément gratuits (ou au moins la 1re heure dans les parkings à enclos). Bon à savoir : une navette, *Zenibus*, relie le grand parking gratuit du Théâtre, tout à côté de la base sous-marine (*Escal'Atlantic*, office de tourisme...) au centre-ville, toutes les 30 mn *(GRATUIT).*

Adresses utiles

Office de tourisme (plan B2) **:** *bd de la Légion-d'Honneur, base sous-marine. ☎ 02-40-22-40-65. • saint-nazaire-tourisme.com • Tte l'année sf 2 premières sem de janv.* Sur le site internet, rubrique « Disponibilité hôtelière » qui permet de réserver gratuitement directement auprès des établissements. Télécharger l'appli mobile « La traversée de Saint-Nazaire ».

@ **Zones Wifi :** *autour de la gare et à la base sous-marine (office de tourisme).*

■ **Location de voitures :** *une dizaine de loueurs, tous à proximité de la gare.* ***Hertz,*** *7, bd Willy-Brandt. ☎ 02-40-66-51-69. Également* ***ADA,*** *122, av. de la République. ☎ 02-40-00-10-01.*

Où dormir ?

Dans le centre

Bon marché

Les fauchés iront voir vers la zone portuaire (rues des Chantiers et Penhoët). Quartier un peu excentré, mieux vaut être motorisé. Les hôtels du coin sont plutôt des pensions, à des prix défiant toute concurrence. Chambres minimalistes.

Hôtel de Touraine (plan A3, **14**) **:** *4, av. de la République. ☎ 02-40-22-47-56. • hoteltouraine@free.fr • hotel-le-touraine.com • Congés : fêtes de fin d'année. Doubles 45-50 € sans ou avec sdb.* Chambres propres et agréables. En plus, l'accueil est excellent ! Adresse irréprochable pour le prix et la prestation.

Prix moyens

Brit Hôtel Korali *(plan B1,* **16***)* **:** *4, av. du Commandant-L'Herminier (pl. de la Gare). ☎ 02-40-01-89-89. • korali@brithotel.fr • koralihotel.fr • ♿ Doubles 69-89 €, promos sur Internet. Un petit déj par chambre/nuit offert sur présentation de ce guide.* Près de la gare, cet hôtel à l'architecture moderne propose des chambres à la déco d'aujourd'hui, certaines un peu petites mais bien équipées et tranquilles. Resto.

Maison d'hôtes La Compagnie des 5 Mondes *(plan C1,* **17***)* **:** *8, rue de Trignac. 06-98-03-42-11. • info@lacompagniedes5mondes.fr • lacompagniedes5mondes.fr • Studios pour 2, 60-70 € sans ou avec petit déj ; chambres individuelles 45 €/nuit avec petit déj. Dégressif. Apéritif offert sur présentation de ce guide.* Veillée par le portique des chantiers navals, une adresse antimouron, peu banale et moderne avec ses couleurs pleines de soleil. Déco de récup pour ces 3 chambres individuelles et 4 studios agencés autour d'une courette. Accueil extra de Géraldine, hôtesse au long cours qui vous parlera certainement de cinéma. Saviez-vous que Jacques Higelin a joué à Saint-Nazaire en 1960 dans un film sur les chantiers navals ?

Vers l'ouest

Hôtel-restaurant de la Plage : *37, rue du Commandant-Charcot, à* ***Saint-Marc-sur-Mer.*** *☎ 02-40-91-99-01 (hôtel) et 02-40-91-76-17 (resto). • reception@hotel-delaplage.fr • hotel-delaplage.fr • ♿ Indiqué à partir du grand rond-point d'Océanis (véhicule nécessaire). Résa nécessaire. Doubles 75-240 € selon confort, vue et saison. Menu 30 €, à la carte 35-50 €.* C'est sûr, cet établissement, entretenu régulièrement, a bien changé depuis le passage de Jacques Tati pour *Les Vacances de M. Hulot.* De petit hôtel populaire de l'époque des congés payés, il a pris du grade : les chambres sont modernes, de style contemporain, avec dans chacune d'elles l'image de l'homme à la pipe pour garder un certain charme nostalgique. On se surprend à sourire en regardant la plage. La vue est d'ailleurs franchement sympa depuis certaines chambres. Fait également resto avec des menus autour de la mer.

Appart'City Saint-Nazaire Océan *(hors plan par A2,* **15***)* **:** *4, rue Jeanne-Chauvin. ☎ 02-77-81-54-54. • saintnazaire-ocean@appartcity.com • appartcity.com/apparthotel-saint-nazaire-ocean • ♿ À 15 mn en voiture du centre-ville, direction La Baule. Doubles à partir de 47 €.* Une résidence hôtelière récente comptant 114 studios et appartements meublés pour 1 à 6 personnes, sur 6 étages (vue aux étages 4, 5 et 6). Une formule pratique, à défaut de charmante. Ensemble bien équipé, fonctionnel et à prix raisonnables. Une autre résidence en centre-ville *(16, rue du 28-Février-1943).*

Agoris – La Pêcherie *(hors plan par A3,* **18***)* **:** *bd Albert-Ier, quai de Sautron. ☎ 0811-260-160 (Jérôme Legoux). • contact@agoris.fr • lapecherie.info • Sur la plage, à deux pas du centre. Nuitée 115 €. Apéro offert sur présentation de ce guide.* Surplombant la jolie plage de Saint-Nazaire, visez la ribambelle d'adorables pêcheries avec leurs carrelets. L'une d'entre elles a été aménagée pour y passer la nuit. Intérieur tout mignon avec un lit de 160 et un appoint pour un enfant. Pas de douche, mais point d'eau (chaude) et toilettes sèches. Le petit déj est livré sur la passerelle, en plus du cocktail de bienvenue. Un hébergement insolite qui cartonne, réservez à l'avance. Possibilité de pêcher bien sûr... si la marée s'y prête !

LOIRE-ATLANTIQUE

Où manger ?

Autour des chantiers navals

Pour l'ambiance dockers et chantiers navals, se rendre quartier Penhoët *(plan C1).* Plusieurs adresses pour les petites bourses, généralement ouvertes aux heures de travail, le midi en semaine et rarement le week-end ou en août.

Pont de Saint-Nazaire
NANTES
A
B
1
2
3
NORD
TRIGNAC
LA BAULE, GUÉRANDE
LA BAULE, GUÉRANDE
15
N 471
Avenue d'Herbins
Rue de la Croix Amisse
Rue Raoul Dufy
R. de Prézégat
R. Henri Matisse
Bd Bougainville
Boulevard du Moulin de la Butte
R. W. Brandt
Vignette Tintin
16
1
PL. P. SEMARD
Rue de Av. du Cdt L'Herminier
R. de la Berthauderie
Descartes
Aides
Bd Paul Perrin
Cardurand
République
d'Anjou
Rue de la Ville Halluard
Gautier
H.
PL. HENRI POINCARÉ
René
Bd de la Renaissance
Boul. de la Fraternité
Toutes
R.
Hugo
Bd de la Libération
R. L. Lumière
Rue
Bd de l'Europe
R. René Guillouzo
PL. DU COMMERCE
Halles
R. Jeanne d'Arc
Dolmen
R. Jules Guesde
R. Aug.-B. Lechat
de
Victor
Rue Jean Jaurès
la
Maine
Rue
R. F. Simon
Salengro
Gautier
Rue du
Lichaven
CENTRE
Boulevard
R. E. Littré
Rue
Boul.
PL. 8 ET 11 MAI 1945
Halles
Palais de justice
Rue Albert de Mun
PL. DES MARTYRS DE LA RÉSISTANCE
Sq. Delzieux
Ancienne gare
R. Aristide Briand
R. de la Paix et des Arts
R. du de Stalingrad
Henri
Vignette Tintin
PL. DE L'INDUSTRIE
R. H. Barbusse
Bd Léon Gambetta
des
36
Roger
1943
PL. FRANÇOIS MARCEAU
Rue du Cdt Gaté
Rue
R. du
Bois
d'Anjou
Février
Rue
R. L. Blanc
R. de l'Hippodr.
Av.
14
Savary
35
38
39
Escal'Atlant
Base sous-marin et toit panoramiqu
Rue du Parc à l'Eau
Rue Général de Gaulle
PL. FR. BLANCHO
28
Rue
R. P. Mendès-France
Hôtel de ville
R. du Lavoir
Av. Léon Blum
St-Nazaire
PL. DES 4 Z' HORLOGES
R. Vignette Tintin
Bd René Coty
R. Ch. Lebrun
R. A. Chêneveaux
Ferdinand de Lesseps
Macé
R. Fr. Madiot
R. du Croisic
R. V. Auriol
Grand Café
33
Q. du Commerce
R. Jean
de
R. F. Gasnier
Sous-Préf.
32
PL. DU COMMANDO
Le Building
37
Bd de Verdun
R. du Port
Rue A. Le Nôtre
R. de Mexico
Vivant-Lacour
de
Béarn
Pornichet
Av. de la Havane
Av. de Vera-Cruz
Président Wilson
Jeux pour enfants
Jardin des plantes
50
Bd Albert Ier
Monument américain
Rade de St-Nazaire
Entrée Sud
18
51
SAINT-MARC, PORNICHET, LA BAULE

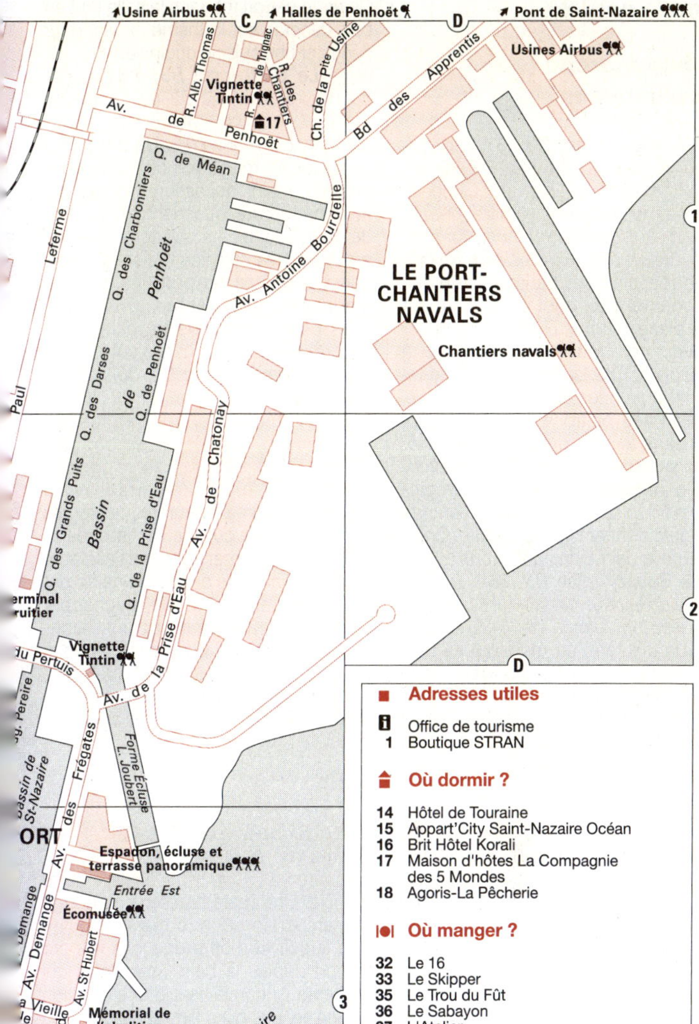

■ **Adresses utiles**

- Office de tourisme
- 1 Boutique STRAN

Où dormir ?

- 14 Hôtel de Touraine
- 15 Appart'City Saint-Nazaire Océan
- 16 Brit Hôtel Korali
- 17 Maison d'hôtes La Compagnie des 5 Mondes
- 18 Agoris-La Pêcherie

Où manger ?

- 32 Le 16
- 33 Le Skipper
- 35 Le Trou du Fût
- 36 Le Sabayon
- 37 L'Atelier
- 38 Le Savary
- 39 Le Di20

Où boire un verre ? Où sortir ?

- 35 Le Trou du Fût
- 50 Le Transat
- 51 L'Appart

SAINT-NAZAIRE

Dans le centre

De bon marché à prix moyens

L'Atelier (plan B3, **37**) **:** *6, pl. du Commando. 06-08-57-99-37. Fermé dim-lun et mer soir. Congés : 2 sem début mars et 3 sem de mi-août à début sept. Formule et menu 13-16 €. Café offert sur présentation de ce guide.* Le pimpant bâtiment cubique et moderne a de quoi surprendre sur cette place en travaux amenée à devenir piétonne et ouverte sur la plage, à l'horizon 2018... Le 1er étage abrite un cabinet d'architectes tandis qu'au rez-de-chaussée, on trouve ce resto-bistrot bien dans le ton, dynamique et osé. Carte sans cesse renouvelée et inventive, d'inspiration exotique ou régionale, privilégiant le fait maison. Véranda à l'arrière donnant sur la verdure. On lui décerne la palme des petits prix !

Le Savary (plan B3, **38**) **:** *17, rue du Bois-Savary. ☎ 02-40-61-41-48. Tlj sf dim-lun. Menus 18,30-32 €.* Dans une rue discrète, un resto qui ne l'est pas moins. On y goûte pourtant, dans une enfilade de salles ou sur la paisible terrasse intérieure, une cuisine avec de l'idée, au plus près de produits en majorité bio (et sagement facturée). Service juste impeccable.

Le 16 (plan B3, **32**) **:** *16, av. de Saint-Nazaire. ☎ 02-40-15-41-89. Tlj. Formules à l'ardoise midi en sem 9,90-16,90 € ; menus 25,50-29,90 € ; carte 30-40 €.* La façade bretonnisante avec ses murs de granit abrite un intérieur à la mode, dans les tons gris. L'ardoise semble d'ailleurs la meilleure amie de ce maître restaurateur qui élabore ses menus en fonction du marché dans un style traditionnel revisité.

Le Trou du Fût (plan B3, **35**) **:** *19, rue du 28-Février-1943. ☎ 02-40-22-21-88. • letroudufut@orange.fr • Ts les soirs jusqu'à 1h (23h resto), le midi sur résa pour les groupes. Carte à l'ardoise env 20-25 €. Apéritif maison offert sur présentation de ce guide.* À la fois bar, bistrot et resto, on aime cette adresse conviviale et populaire qui cache une agréable terrasse couverte à l'arrière et qui pratique des prix démocratiques. On entre par un fût dans la salle tout en bois décorée sur le thème du vin, pour déguster une cuisine originale.

Le Di20 (plan B3, **39**) **:** *7, rue du Bois-Savary. ☎ 02-40-15-19-20. Tlj sf dim-lun. Plat du jour autour de 10 € ; carte env 20 €.* Un bar à vins au décor en rouge et noir. Une clientèle de copains qui assure l'ambiance, et un patron qui, question flacons, sait de quoi il parle : il a été sommelier de quelques très grandes maisons. Charcuteries corses ou produits du coin (andouille, curé nantais...) et quelques petits plats plus travaillés pour accompagner. Cave juste à côté.

Le Sabayon (plan B2, **36**) **:** *7, rue de la Paix-et-des-Arts. ☎ 02-40-01-88-21. • touzeau.landry@orange.fr • Tlj sf dim-lun. Congés : 1 sem vac scol de fév et 3 sem en août. Résa conseillée. Menus 20,50-49 €.* Petit resto discret au cadre chaleureux, qui régale le palais d'une cuisine recherchée et élaborée. Ici, la mer est dans l'assiette, mais les amateurs de viande ne seront pas en reste. Impossible d'échapper au dessert, vrai dilemme pour les amateurs de chocolat (*Valrhona,* s'il vous plaît !). Le tout avec un accueil pro, aux petits oignons. Et si vous êtes plus de 6, demandez le salon, très agréable.

Chic

Le Skipper (plan B3, **33**) **:** *1, bd René-Coty. ☎ 02-40-22-20-03. Tlj sf sam midi, dim et j. fériés. Carte 35-50 €.* Une vaste brasserie au design contemporain qui a le mérite d'ouvrir tard le soir et d'offrir une jolie vue sur le port depuis la baie vitrée mais qui présente l'inconvénient d'une addition vite salée. Les plats flirtent parfois avec des saveurs exotiques et sont préparés devant vous.

À Saint-Marc-sur-Mer

Le France : *plage de M. Hulot (courrier : 24, allée de la Mer-d'Iroise, 44600 Saint-Nazaire). ☎ 02-40-91-96-13. • resto@lefrance.net • lefrance.net • Avr-sept, tlj ; oct-mars, fermé le soir sf sam. Congés : janv. Réserver, surtout le w-e. Formules tlj sf dim à partir* *de 11,50 € ; menu 29,30 € ; carte env 35 €. Apéritif maison offert sur présentation de ce guide.* Une brasserie amarrée à la plage, un peu usine, mais où tous les Nazairiens aiment à se retrouver autour de moules-frites ou d'un plateau de fruits de mer. Ambiance touristique, mais excellent accueil, service diligent et cuisine très honorable vu les prix au déjeuner.

Où dormir ? Où manger dans les environs ?

La Milonga Bed & Breakfast : *52, rue Jules-Verne, 44570* ***Trignac.*** *☎ 02-40-42-65-37. • lamilongabb@gmail.com • saintnazairebb.com • Compter 60-70 € pour 2 ; triple également. Réduc de 10 % sur le prix des chambres sur présentation de ce guide.* Dans un ancien corps de ferme rénové en bordure du Brivet, 5 grandes chambres dont 3 avec accès indépendant sur un jardin planté de palmiers. Un riad breton, quoi ! Toutes bien équipées, cuisine commune, atelier vélo. Côté déco, nous sommes chez des globe-trotters, les vitrines sont pleines de trucs chinés sur tous les marchés du monde, et puis des livres et encore des livres... Accueil attentionné et souriant.

Où boire un verre ? Où sortir ?

L'Appart *(hors plan par A3,* ***51****) : 182, rue de Pornichet. ☎ 02-40-70-84-95. De l'autre côté du rond-point de Sautron. Tlj sf dim, midi et soir. Concert ven soir et soirées avec DJs sam (se renseigner).* Accoudé dehors à un fût métallique, assis à une table de bistrot multicolore ou vautré dans l'un des hétéroclites fauteuils de salon, vous saurez apprécier l'ambiance cool et jeune d'une des pièces de cet appart. Également un jardin à l'arrière.

Le Transat *(plan A3,* ***50****) : 60, bd du Président-Wilson. ☎ 02-40-00-16-96. Fermé lun midi et le soir dim-jeu.* Adossé au jardin des Plantes. Une brasserie toute vitrée, point stratégique avec sa grande terrasse où se dorer sur le front de mer, déguster une glace et voir au loin les paquebots passer. Galettes, salades...

Sur le front de mer *(bd Albert-Ier),* 3 terrasses ouvertes par beau temps (les bars sont des « cubes » assez design), **Le Bara-K** et **La Pêch'rie,** face aux pêcheries ainsi que **Le Cap,** à côté du *skatepark.*

Directement sur le sable, 2 bars de plage : ***Le P'tit Baigneur,*** plage Villès-Martin, ainsi que le ***Radio Bar,*** plage de Saint-Nazaire, à côté des jeux en bois.

Le Trou du Fût *(plan B3,* ***35****) : 19, rue du 28-Février-1943.* Voir plus haut « Où manger ? ».

Le V.I.P. : *base sous-marine, alvéole 14, bd de la Légion-d'Honneur. ☎ 02-51-10-00-00. Concerts oct-juin.* La salle de « musiques actuelles » locale. Groupes locaux et d'envergure internationale s'y produisent.

LOIRE-ATLANTIQUE

À voir

Les visites du Port de tous les voyages

Pour la visite de tous les sites, compter 2 jours.

– **Horaires et billetterie centrale :** *les 3 sites touristiques (*Escal'Atlantic, *le sous-marin* Espadon *et l'Écomusée de Saint-Nazaire) ont la même billetterie centrale et les mêmes horaires d'ouverture. Ouv début fév-début janv. Fév-sept : tlj sf lun-mar en mars, tlj sf certains lun en mai-juin et sept-oct. Nov-déc : ouv slt les dim hors vac scol, tlj aux vac scol. Fermé 1er mai, 24, 25, 31 déc et 1er janv. Horaires : 10h-13h et 14h-18h ; journée continue 10h-19h début juil-début sept. Dernière entrée une heure avant fermeture. Tarifs d'entrée variables selon les sites ; forfait*

*3 visites (*Escal'Atlantic, *sous-marin* Espadon, *écomusée) valable 72h : 20 € ; ½ tarif enfant 4-14 ans. On y prend également ses billets pour les visites guidées des chantiers navals de Saint-Nazaire, d'*Airbus Saint-Nazaire Gron *et du* Grand Port maritime Nantes – Saint-Nazaire, *ainsi que pour la croisière-découverte sur le littoral. Billetterie située juste à côté de l'office de tourisme. Rens et résas (obligatoires pour les chantiers navals,* Airbus, *le port et la croisière) : ☎ 02-28-540-640. • leportdetouslesvoyages.com •*

C'est de la base sous-marine, où se trouvent ***Escal'Atlantic*** et la billetterie centrale des lieux de visite qui composent *Le Port de tous les voyages* que l'on embarque pour les différents sites du port de Saint-Nazaire. L'alvéole 14 (à l'extrémité de la base côté port) abrite le ***LIFE*** *(Lieu international des formes émergentes)* et **Le V.I.P.,** la scène des musiques actuelles (voir ci-avant « Où boire un verre ? Où sortir ? »), deux lieux de création.

– ***Visite guidée de la base sous-marine :*** *en juil-août. Tarif : 6 € ; réduc. Résa conseillée au ☎ 02-28-540-640.* Découverte de la base, son histoire et son architecture, et surtout de sa reconquête par la ville, à travers le projet urbain « Ville-Port ».

Escal'Atlantic *(plan B3) : situé dans 2 alvéoles de l'ancienne base sous-marine allemande. ☎ 02-28-540-640. ♿ Voir horaires plus haut ; dernier ticket 1h avt la fermeture. Compter 1h30-2h en visite libre. Entrée : 13 € ; ½ tarif enfants 4-14 ans ; réduc. Réduc de 10 % sur l'entrée adulte plein tarif sur présentation de ce guide (valable pour ts les adultes de la famille en un paiement unique, non cumulable avec d'autres réduc). Label « Qualité Tourisme ».*

C'est LA visite de la région et une expérience très originale, sur plus de 3 700 m². *Escal'Atlantic* met en scène l'aventure fascinante des grands paquebots qui ont emmené durant plus d'un siècle des millions de passagers d'un continent à l'autre. Des films d'époque évoquent d'abord l'émigration de plus de 60 millions d'Européens entre 1820 et 1925, avant que le Vieux Continent ne s'ouvre aux voyages d'agrément, grâce aux lignes régulières. Devant la grande carte du monde, songez que 1958 vit plus tard le nombre de voyageurs aériens supplanter pour la première fois celui des voyageurs maritimes, sur les trajets Atlantique Nord.

On pénètre dans le hall d'embarquement inspiré du *Normandie* (panneaux de laque d'origine), puis on explore les espaces caractéristiques d'un paquebot, agrémentés de 200 objets authentiques et mobiliers d'époque provenant de navires construits à Saint-Nazaire. Cabines, timonerie, salle des machines, chambres froides... À travers une scénographie interactive (amusez-vous avec le plan en coupe de *l'Île de France*, 1927), on ressent l'atmosphère à bord des paquebots, comme dans le superbe salon de musique du *Liberté* (1950), on comprend leur incroyable organisation, on découvre d'authentiques objets de collection comme la vaisselle du *Normandie.* Jetez un œil aux menus : haute gastronomie, champagne, élégance... d'imparables arguments de vente ! On en prend plein les mirettes, qu'on soit petit ou grand, persuadé d'être sur un vrai paquebot et, une fois « en mer », de nuit sur le pont-promenade, on a franchement l'impression de s'offrir en quelques minutes une traversée transatlantique (iceberg et vaisseau fantôme compris !).

L'OPÉRATION CHARIOT

Si la poche de Saint-Nazaire reste dans tous les esprits, seuls les Anglais se souviennent de l'opération Chariot *du 28 mars 1942... Et pourtant ! Ceux-ci montèrent une improbable opération pour remonter de nuit l'estuaire très militarisé de la Loire et aller faire exploser la forme-écluse Joubert en plein centre de Saint-Nazaire, à l'aide d'un destroyer bourré d'explosifs. Le but était d'affaiblir la flotte allemande. Opération réussie, mais sur les 611 hommes du commando, tous volontaires, seuls 227 rentreront sains et saufs.*

Le toit de la base sous-marine *(plan B2-3)* **:** *accès par une rampe piétonne ou par l'ascenseur situé derrière la billetterie centrale. Tlj 9h-17h30 (22h en été).* Quelques panneaux explicatifs sur l'épopée de Saint-Nazaire, et beau point de vue depuis ces terrasses. Petite promenade romantique (si, si !), vraiment agréable pour le coucher du soleil. L'entrée du port apparaît alors à vos pieds, avec l'écluse fortifiée, les chantiers navals, le pont au loin, l'estuaire, le début de l'océan... et l'Amérique si vous avez une bonne vue ! Aux environs immédiats : le ***terminal fruitier*** *(plan C2)* et le bassin de la ***forme-écluse Joubert*** *(plan C2-3),* aux dimensions impressionnantes : 350 m de long sur 53 m de large et 16,50 m de profondeur. Tout proche, le ***pont Levant.*** Coup d'œil également sur le quartier Ville-Port, conçu par l'architecte catalan Manuel de Sola, avec, entre autres, une vaste esplanade sur laquelle trône une monumentale « sirène » multicolore, œuvre du sculpteur Federica Matta.

➢ Œuvre du parcours artistique *Estuaire* : le ***Jardin du Tiers-Paysage*** de Gilles Clément est un espace en triptyque qui tire parti des trois dispositifs de l'architecture en place, à savoir les chambres d'éclatement des bombes, les travées non recouvertes et la fosse. Les 107 trembles qui surgissent du béton possèdent des feuilles brillant à la lumière et s'agitant au moindre souffle de vent.

L'écluse fortifiée *(plan C3)* **:** la plus vieille écluse de Saint-Nazaire, bâtie en 1856 pour donner accès au bassin en eau profonde où mouillaient les premiers paquebots. Elle fut remaniée par les Allemands pendant la guerre. Et les bombardements alliés massifs n'ont pas eu plus raison d'elle que de la base sous-marine toute proche.

La terrasse panoramique de l'écluse fortifiée *(plan C3)* **:** *mêmes horaires que le sous-marin installé dessous. Ne ferme pas à midi.* De là encore, joli point de vue.

➢ Œuvre du parcours artistique *Estuaire* : ***Suite de triangles,*** à partir d'un point de vue situé sur le toit de la terrasse. Felice Varini a matérialisé en 2007 une « ligne horizontale rouge » qui embrasse le paysage du port. Telle une partition, les formes disposées successivement sur le haut et le bas de cette ligne scandent le paysage en différentes séquences. L'œuvre, dressée sur 2 km, est la plus grande jamais réalisée par l'artiste.

Le sous-marin Espadon *(plan C3)* **:** ☎ *02-28-540-640. Voir horaires plus haut dans l'introduction de la rubrique « À voir » ; dernier ticket 30 mn avt la fermeture. Visite audioguidée (30 mn). Entrée : 9 € ; ½ tarif enfants de 4 à 14 ans ; réduc.* Une visite à ne pas rater, car c'est une rare occasion de visiter un sous-marin à flot, bien protégé dans l'écluse fortifiée. Ce navire, né après la Seconde Guerre mondiale, partit en mission de 1960 à 1985, parcourant l'équivalent de 17 fois le tour de la Terre, et fut le premier à voguer sous les glaces... Il faut imaginer ce couloir, large d'à peine 50 cm par endroits, unique voie de circulation, 45 jours en mer, 65 hommes à bord et une douche... d'eau froide ! Sans compter le cinéma : dans la salle des torpilles (car la plus vaste) ! Du haut de ses sous-marins nucléaires, la flotte française regarde désormais avec condescendance ce genre de vieux loup de mer.

OUÏE FINE

*Si vous voulez devenir les « oreilles d'or » d'un sous-marin, sachez qu'il vous faudra passer par une école spéciale située à Toulon. On vous y apprend, en 4 ans, à reconnaître les signaux sonores de tous les sous-marins en circulation dans le monde, mais aussi l'empreinte d'un iceberg ou d'un animal marin ! Vous aurez d'ailleurs droit à une mise en oreille pendant la visite de l'*Espadon.

L'Écomusée de Saint-Nazaire *(plan C3)* **:** *av. Saint-Hubert, près de l'écluse fortifiée.* ☎ *02-28-540-640. Voir horaires plus haut ; dernier billet 1h avt la fermeture. Durée : env 1h. Entrée : 4 € ; ½ tarif enfants de 4 à 14 ans ; réduc. Noter que c'est payant tte l'année mais gratuit certains j. selon programmation.* Un *musée de*

France qui aide à comprendre l'histoire très intéressante et particulière d'une ville construite deux fois en un siècle. Une vingtaine de maquettes de qualité retracent l'histoire de la construction navale à Saint-Nazaire, de l'*Impératrice Eugénie*, le premier paquebot en 1864, au célèbre *France* (1962), dernier transatlantique français. Également une partie intéressante sur les hydravions, car on oublie souvent le prestigieux passé de pionnier de Saint-Nazaire dans ce domaine. À l'étage, on s'intéresse justement à l'industrie aéronautique. Expos temporaires et programmation culturelle annuelle : consulter *l'Agenda Patrimoine*.

Face à l'écomusée, étrange ***Mémorial de l'abolition de l'esclavage*** *(plan C3)* : œuvre de Mayo placée dans l'eau, à l'emplacement de l'embarcadère de l'ancien traversier. Noter que la femme regarde au loin et a brisé ses chaînes. À côté, le Vieux Môle ou « les rochers gluants » décrits par Balzac. Belle vue sur l'estuaire et le pont. Table d'orientation de Tintin à proximité du Vieux Môle.

Les chantiers navals *(plan D1-2)* : *départ en bus depuis la billetterie centrale. Visite guidée mer et sam-dim (tlj en juil-août). Fermé en janv. Résa obligatoire au ☎ 02-28-540-640. Durée : 2h. Entrée : 14 € ; ½ tarif enfants 4-14 ans ; réduc. Lors de la résa, indiquer nom, prénom, date et lieu de naissance de ts les participants.* Important employeur de la ville et de la région, les chantiers navals sont immanquables à Saint-Nazaire. Depuis 1864, nombreux sont les paquebots qui en sont sortis (plus de 120), mais aussi des cargos, pétroliers, méthaniers, etc. Aujourd'hui, on construit avant tout des paquebots de croisière, dont le chantier nazairien est l'un des leaders mondiaux, sans parler de la recherche dans le domaine des énergies marines renouvelables. La visite passionnante permet d'approcher un lieu vivant, actif, où les bateaux se découvrent à différents stades de leur construction : de la découpe des tôles à l'assemblage des panneaux et le portique pouvant soulever quelque 1 250 t. Équipé d'un casque récepteur, le visiteur découvre un site gigantesque. Deux formules de visite : « Chantiers navals » (2h), pour une découverte complète du site, et « Géants des mers » (1h30), traitant de l'actualité des géants en construction et pouvant se combiner avec la visite d'*Escal'Atlantic* pour une véritable immersion dans l'univers des paquebots.

Dans le quartier des chantiers navals, on peut encore se promener dans les ***halles de Penhoët*** *(hors plan par C1)* ; chaque mercredi matin et samedi matin s'y tient le marché. Ces halles, rappelant celles de Baltard, datent de 1878. Juste devant, le ***pavillon des douches publiques,*** désormais fermé au public.

L'usine Airbus Saint-Nazaire *(hors plan par C1)* : *départ en car de la base sous-marine. Visite guidée essentiellement les mer et ven ; en période estivale, lun-ven et 4 sam. Fermé en janv. Résa obligatoire : ☎ 02-28-540-640, au moins 48h à l'avance. Lors de la résa, indiquer nom, prénom, date et lieu de naissance de ts les participants. Passeport ou carte d'identité obligatoire le j. de la visite. Compter 2h de visite. Entrée : 14 € ; ½ tarif de 4 à 14 ans ; réduc. Label « Qualité Tourisme ».* Site industriel qui fait partie d'un réseau complexe où les pièces sont fabriquées et assemblées dans plusieurs usines à l'échelle européenne. Saint-Nazaire est le deuxième site de production d'Airbus en France après Toulouse, avec plus de 2 400 salariés. On y assemble et équipe certaines parties de fuselage, dont celui de l'A 380, actuellement le plus gros avion civil au monde. Spectacle

QUAND LA NAVALE S'ENVOIE EN L'AIR

À Saint-Nazaire, l'aéronautique est née de la mer : au début des années 1920, lors d'une grave crise de la construction navale, les chantiers cherchent à se diversifier et se tournent vers l'aéronautique. On construit des hydravions. Au fil des années, des avions très différents sortent des ateliers nazairiens : Vautour, Caravelle, même des tronçons pour Concorde... Le premier Airbus sera livré en décembre 1970.

assuré ! Les coups de rivets finaux sont donnés à Toulouse. Depuis les ateliers et les passerelles de visite, on fait face aux avions en cours d'assemblage. L'organisation du travail, la propreté et la luminosité des ateliers, tout est impressionnant, tout comme le nombre de rivets qui viennent fixer les tronçons de fuselage ! Une carlingue d'ailleurs bien fine quand on y pense : entre 2 et 4 mm ! Et avec un peu de chance, on voit le fameux *Beluga,* cet immense avion-cargo d'Airbus qui vient chercher des tronçons, sauf ceux de l'A 380, trop grands même pour lui.

Le Grand Port Maritime – Saint-Nazaire : *Départ en car de la base sous-marine. Visite guidée de 2h, essentiellement le w-e pour les individuels. Fermé en janv. Résa obligatoire au moins 48h à l'avance auprès de la billetterie centrale : ☎ 02-28-540-640. Lors de la résa, indiquer nom, prénom, date et lieu de naissance de ts les participants. Passeport ou carte d'identité obligatoire à partir de 16 ans, le j. de la visite. Entrée : 14 € ; ½ tarif enfants de 4 à 14 ans ; réduc. Label « Qualité Tourisme ».* Premier port de la façade atlantique française, le Grand Port Maritime Nantes Saint-Nazaire est un acteur économique majeur dans la région, relié à 400 ports dans le monde entier et accueillant près de 3 000 navires par an. La visite part de la base sous-marine en autocar. Après la partie urbaine du port, le car suit la route portuaire à la découverte des terminaux et entreprises. Grâce aux explications du guide, le chargement ou le déchargement de navires très spécifiques, la manutention des conteneurs, un chargement de pales d'éoliennes ou le départ de tronçons d'Airbus sont replacés dans le contexte de l'économie maritime. Entre juin et septembre, découverte des terminaux depuis l'estuaire de la Loire, avec la croisière « Saint-Nazaire sur mer » (voir plus loin « À faire »).

***Le pont de Saint-Nazaire** (hors plan par B1 et D1) :* majestueux, il domine l'estuaire et on le voit de (presque) partout. On recommande un passage plutôt en voiture (gratuit) qu'à pied, même si une étroite piste cyclable borde la route. Long de 3 356 m, haut de 61 m, inauguré en 1975, c'est l'un des ponts à haubans les plus grands d'Europe. Élégant, avec ses poteaux distinctifs rouge et blanc, son tracé ondule en « S » entre Saint-Brevin au sud et Saint-Nazaire au nord. Sa pente fait tout de même 5,6 %. Il a définitivement remplacé le bac qui faisait la traversée de la Loire.

LOIRE-ATLANTIQUE

La ville

Les vignettes Tintin : la ville et les docks sont jalonnés par six vignettes *(plan B1 ; plan C1 ; plan C2 ; plan B3 ; plan B2)* évoquant le plus célèbre des petits reporters à la houppette et, mille milliards de mille sabords, le capitaine non moins fameux pour ses jurons. L'association nazairienne ***Les 7 Soleils*** a mis en place ces impressionnants panneaux qui font référence à l'album d'Hergé *Les Sept Boules de cristal,* l'un des rares épisodes qui localise clairement la ville où se déroule l'intrigue *(plan disponible à l'office de tourisme).* Table d'orientation indiquant les points de chute du reporter dans ses différents périples, sur le port, près du Vieux Môle.

Du côté du port : à l'angle de la place des Quat'z-Horloges, le ***Grand Café*** *(plan B3),* autrefois café chantant tenu par le père d'Aristide Briand, abrite aujourd'hui des salles d'exposition dédiées à l'art contemporain. Il a été miraculeusement épargné par les bombardements. Mention spéciale doit être faite également à l'***ancienne gare*** *(plan B2)* de 1867 qui a terminé sa carrière sur les planches... entendez qu'elle est devenue, prolongée d'un audacieux bâtiment contemporain, un théâtre. Comme beaucoup de gares à l'époque, il s'agissait d'un bâtiment en cul-de-sac. Les trains devaient donc « culer » (pour partir dans l'autre sens).

Le dolmen des trois pierres ou lichaven** (plan B2) : rue du... Dolmen.* Au cœur d'un quartier de petits immeubles où on ne s'attend pas vraiment à trouver ce genre de monument s'élève un ***lichaven ou ***trilithe,*** haut de plus de 3 m et lourd de 5 t, précédé d'un menhir, datant de 4 000 ans av. J.-C.

Le front de mer

Comme l'affirme haut et fort son slogan, Saint-Nazaire est une « ville à la mer ». Ce qui se vérifie avec la large promenade en front de mer récemment (et superbement) aménagée. Elle borde l'estuaire sur pas loin de 3 km et présente de larges bancs et quelques sympathiques terrasses de café (voir plus haut « Où boire un verre ? Où sortir ? ») pour faire une halte. Les vélos y sont également les bienvenus.

Sur la plage de Saint-Nazaire, face à la sous-préfecture, les enfants s'en donneront à cœur joie dans l'***espace de jeux.*** Noter que certains de ces jeux, qui semblent faits de troncs d'arbre charriés par la mer, sont adaptés aux enfants à mobilité réduite.

Un peu plus loin, face à la plage du Traict, au sommet d'un rocher, pris dans l'eau, se dresse, debout sur un aigle, un soldat brandissant l'épée de Lafayette. C'est le ***Monument américain*** *(plan B3),* œuvre de l'artiste américaine Gertrude V. Whitney, inauguré en 1926 par Pershing. Il commémore le souvenir des vétérans américains de la guerre de 1914-1918 et des 190 000 soldats américains qui sont passés par le port de Saint-Nazaire, importante base américaine en 1917. Détruite en 1941 et fondue par les Allemands pour en faire des armes, cette statue a été reconstruite presque à l'identique en 1989. Des manifestations sont organisées de juin à septembre 2017 pour fêter le centenaire du débarquement des premiers contingents américains sur le sol français à Saint-Nazaire, le 26 juin 1917. Au programme en juin, une course insolite est organisée entre le paquebot transatlantique *Queen Mary 2* et une flotte de trimarans géants, entre le pont de Saint-Nazaire et le pont Verrazano, à New York.

Boulevard Wilson *(plan A-B3)* subsistent quelques vieilles maisons, dont l'ex-*Hôtel Wilson,* au n° 36, qui se démarque avec sa façade néoflamande en brique rouge et pierre blanche. Les rues voisines ***(avenue de La Havane, rue Georges-Villebois-Mareuil)*** cachent aussi de beaux alignements de maisons mitoyennes, de la fin du XIXe s. Cossues, elles présentent souvent de jolis balcons en fer forgé.

Pour se mettre au vert (en gardant les yeux sur le bleu de l'océan), profiter du ***jardin des Plantes*** *(plan A3),* créé en 1886 et riche d'espèces typiques du littoral breton. Plus loin, le ***Parc paysager*** s'étend sur 50 ha gagnés sur un ancien marais, avec un lac, des tables de pique-nique et un ***skatepark*** très fréquenté, avec vue sur mer. Tout cela donne presque à Saint-Nazaire des airs de Californie. Les *riders* apprécieront : c'est le seul *skatepark* en France où l'on peut se mesurer à un « full pipe » !

Pas loin du centre

La plage de M. Hulot (plage Saint-Marc ; *hors plan par A3)* ***:*** *à 4 km du centre-ville en allant vers Pornichet. Bus STRAN, ligne U3.* Le quartier balnéaire de Saint-Marc se révèle bien agréable et dynamique avec son marché le dimanche et la plage très mignonne, l'une des trois classées « Pavillon Bleu » de la ville. Cerise sur le gâteau, c'est ici que Jacques Tati a tourné en 1951 les immortelles *Vacances de M. Hulot* (sorti en 1953). Depuis, tout a bien changé... Si l'*Hôtel-restaurant de la Plage* (voir « Où dormir ? Vers l'ouest ») est toujours là, et les rochers

PAS DE VACANCES POUR TATI

À la sortie du film en 1953, certains critiques reprochèrent à Jacques Tati l'absence de véritable scénario dans les Vacances de M. Hulot. *Le cinéaste était pourtant très pointilleux. Il monta et remonta sans cesse son film. Ainsi, en 1963 le rythme des images fut accéléré. Et ce, jusqu'en 1978, où il posa une ultime fois sa caméra dans le sable de Saint-Marc et y tourna une nouvelle scène, inspirée des* Dents de la mer *!*

aussi, le décor de carton-pâte a laissé place aux constructions. La promenade a été réaménagée, un miniparcours « Dans les pas de M. Hulot » est proposé et une belle statue de l'acteur-réalisateur (par le sculpteur Emmanuel Debarre) contemple la mer, mais des collectionneurs mal intentionnés lui volent régulièrement sa pipe... Dans un registre plus moderne, la plage accueille un club de plage et elle a obtenu le label « Handiplage ». Elle met à disposition des fauteuils pour les personnes à mobilité réduite pendant la période de surveillance de la plage (juillet-août). Dispositif similaire à la plage de Villès-Martin, plus proche du centre-ville.

Le tumulus de Dissignac : *route de Dissignac (D 492), à 5 km du centre-ville. Rens au ☎ 02-28-540-640. Suivre la direction* Océanis *depuis le centre-ville. Visite slt en juil-août. Visible de l'extérieur le reste de l'année. Tarif : 6 € ; ½ tarif 4-14 ans ; réduc.* Considéré comme l'un des plus beaux sites mégalithiques de France (construit avant les pyramides d'Égypte !), c'est le plus vieux monument du département (5 000 ans av. J.-C.). L'intérieur comporte deux chambres funéraires, dont l'une présente une dalle aux symboles gravés.

LOIRE-ATLANTIQUE

À faire

Croisière-découverte en bateau de promenade le long du littoral : *résa conseillée à la billetterie centrale (☎ 02-28-540-640). • saint-nazaire-tourisme.com • Juin-sept (une trentaine de dates, dont la majorité en juil-août). Visite commentée de 2h. Compter 20 € ; réduc.*
– *Croisière « Saint-Nazaire sur mer » :* le bateau prend la direction du secteur de Saint-Marc, qui est l'occasion de découvrir un littoral préservé et peu construit, entre falaises, criques et plages avant de faire demi-tour pour une balade dans l'estuaire. On longe les installations industrielles et portuaires. Passage spectaculaire sous le pont de Saint-Nazaire.
– *Croisière « Côte d'Amour » :* cap vers la baie de La Baule et la façade littorale de la presqu'île guérandaise. L'occasion de voir la grande dune d'Escoublac (54 m, une des plus hautes d'Europe), qui se dresse comme une colline boisée derrière les immeubles.
– *Croisière nocturne « Route des Phares » :* avec un départ au coucher du soleil, cette sortie permet de s'initier aux phares et feux qui guident les navires tout en admirant leur éclat à la nuit tombée.

Randonnée pédestre

➢ ***Le chemin des douaniers :*** plusieurs points de départ, par exemple près du phare de Villès-Martin, ou du *Camping de l'Ève,* non loin de la plaisante route côtière D 292 en direction de Pornichet. Petit sentier qui suit la falaise et permet, sur 7 km, de passer par les 20 plages de Saint-Nazaire. On n'imagine pas forcément que la ville en possède autant ! Cinq d'entre elles sont surveillées pendant l'été, deux sont labellisées « Handiplage » et 3 sont classées Pavillon Bleu.

Manifestations

– ***Grande Marée :*** *1er sam de juin.* Pique-nique géant sur la plage, animations et spectacles de rue.
– ***Record SNSM :*** *6 j. en juin. • recordsnsm.com •* Un événement dédié à la sécurité en mer et aux sauveteurs de la SNSM. Sport, spectacle, prévention, pédagogie... Le programme est complet, sur terre et sur mer.

– ***Festival Les Escales :*** *3 j. fin juil, dans le port de la ville.* ☎ *02-51-10-00-00.* • *festival-les-escales.com* • *Payant.* 3 jours de concerts pop, rock, folk, électro, world, entre têtes d'affiche et artistes en découverte.
– ***Farniente Festival :*** *en juil, sur la plage Saint-Marc.* • *farniente-festival.org* • Un festival de musique à la fois poétique, festif et rebelle. Programmation très libre !

LA CÔTE D'AMOUR

Joli nom pour cette parcelle de côte qui, de Saint-Nazaire, remonte vers Piriac en passant par La Baule, Le Croisic, Guérande... il vient d'un concours organisé en 1913 par le journal *La Mouette,* et ferait référence au bois d'Amour situé à La Baule. L'atmosphère romantique est bien au rendez-vous, même si désormais les personnes du coin empruntent plus l'expression « la presqu'île » pour décrire la région. Un bon plan en tout cas : bien desservie, la côte peut aisément se découvrir en bus ou à vélo et on y accède facilement en TGV.

LOIRE-ATLANTIQUE

PORNICHET [pornizhan]

(44380) 10 500 hab. Carte *Loire-Atlantique, A3*

Pornichet partage la baie avec sa voisine La Baule et possède son propre casino, un port de plaisance, une gare et un centre de thalasso. Bref, tous les atouts indispensables à une station balnéaire avec l'avantage d'être un peu plus calme, moins « m'as-tu-vu », axée famille et enfants (elle bénéficie d'ailleurs du label « Station Kid ») et avec un front de mer un peu plus préservé. Agréable sentier côtier le long des plages de Bonne-Source et Sainte-Marguerite pour bénéficier de nombreux points de vue. Et une belle balade à faire en ville pour découvrir certaines jolies villas balnéaires (visites guidées avec l'office de tourisme d'avril à septembre).

Adresses et infos utiles

ℹ ***Office de tourisme :*** *3, bd de la République.* ☎ *02-40-61-33-33.* • *pornichet.fr* • *Près de la pl. du Marché. Tlj sf dim oct-mars.* Centrale de réservations de locations. Billetterie nautisme et sites à visiter à tarifs préférentiels. Parcours de randonnées à pied ou à vélo. Organise également des visites (2h) d'avril à septembre. Animations gratuites, les *Vendredis des P'tits Loups,* aux vacances de printemps et été.
Gare SNCF : *pl. Aristide-Briand.* ☎ *36-35 (0,34 € TTC/mn).* En saison, 3 ou 4 TGV/j. de la ligne Paris-Le Croisic s'y arrêtent. Sinon, TER.
➢ ***Liaisons en bus :*** *vente de tickets à l'office de tourisme.* Pour la presqu'île, réseau *Lila* (☎ *09-69-39-40-44*). Avec Saint-Nazaire, bus *STRAN* ttes les 45 mn (☎ *02-40-00-75-75*). Navette gratuite.
■ ***Location de vélos :*** ***Ride All,*** *52, bd des Océanides.* ☎ *02-40-61-58-17.* • *ride-all.com* • *Loue également des rollers.* ***Les cycles de la baie,*** *74 av. du Général-de-Gaulle.* ☎ *02-40-42-39-09.*

Vélo & Oxygen Cycles Badeau, *84, av. du Général-de-Gaulle.* ☎ *02-40-15-28-60. À l'**office de tourisme** également, avr-oct.*

Où dormir ? Où manger ?

Camping

⛺ ***Camping Bel Air :*** *150, av. de Bonne-Source, à **Sainte-Marguerite.*** ☎ *02-40-61-10-78.* • *reception@belairpornichet.com* • *belairpornichet.fr* • *Accès par la route côtière de Saint-Nazaire. Avr-sept. Tentes 23-42 € selon saison. Loc de mobile homes pour 2-6 pers 260-1 120 €/sem. 316 empl.* Dans un quartier résidentiel calme, un camping familial bien équipé. Animations en juillet-août. Location de vélos. Piscine.

De très bon marché à bon marché

🏠 ***Résidence de la Plage :*** *70, bd des Océanides.* ☎ *02-40-19-12-80.* • *pornichet@odalys-vacances.com* • *Sem 220-1 170 € pour un appartement 2 pièces 4 pers (linge de lit et de toilette fournis, lits faits à l'arrivée et ménage quotidien).* Wi-fi Belle situation au pied de la plage des Libraires, à deux pas du centre-ville et à proximité d'un centre de thalassothérapie. Le site, récemment rénové, compte 75 studios et appartements entièrement équipés. Penser à demander une vue mer ! Agréable piscine extérieure chauffée.

🍽 ***Pornichet Fish & Chips :*** *8, av. Barthou.* ☎ *02-40-17-04-29.* • *dotlegeay@gmail.com* • *Derrière la poste. Tlj sf lun-mar hors juil-août, sur place ou à emporter. Congés : 2 sem à Noël. Compter 8,50-13,50 €. Café offert sur présentation de ce guide.* Une cafét' toute simple de spécialités britanniques : *fish & chips,* salades, bagels, hamburgers... Produits frais et accueil avec l'accent de l'adorable patronne anglaise.

Prix moyens

🏠 ***Normandy Hôtel :*** *120, av. de Mazy.* ☎ *02-40-61-03-08.* • *normandy-hotel@wanadoo.fr* • *normandyhotel.fr* • *Face à la gare sur la place piétonne. Doubles 65-99 € ; moins chères sans sdb.* Wi-fi Dans une élégante maison style anglo-normand, des chambres coquettes et toutes différentes, mais le quartier peut être assez bruyant le soir en saison. Très bon accueil.

🏠 ***Le Danicheff :*** *45, av. du Général-de-Gaulle.* ☎ *02-40-61-07-32.* ♿ *Fermé dim soir. Doubles 56-62 €.* Wi-fi *Apéritif maison offert sur présentation de ce guide.* Hôtel familial et convivial, récemment rénové. Bon rapport qualité-prix. Petit resto très bon marché (un peu en dépannage...) et cave à vins au rez-de-chaussée.

🍽 ***Julo le Bulot :*** *sur la plage, 56 bd des Océanides.* ☎ *02-40-61-38-73. Face à la thalasso. De mars à mi-oct, tlj sf mer. Plats env 14-22 €.* Dans un cadre bohème à l'ambiance décontractée, on vient déguster une cuisine gourmande et colorée à base de produits de la mer, les pieds dans le sable. Carte amusante avec « des trucs de filles », « des viandes pour les gars » et un « hymne à la moule ». Convivial et sympa.

🍽 Dans le même esprit, toujours les pieds dans le sable, essayez donc ***Le Récif*** *(☎ 02-40-61-61-20, avr-oct ; plats 14-20 €)* sur la plage de la Bonne Source, moins connue mais sympa comme tout avec son sentier du littoral.

🍽 ***Le Bourlingueur :*** *153, av. de Mazy.* ☎ *02-40-15-58-36. Dans la rue piétonne face à la gare. Fermé dim-lun hors juil-août. Formules midi en sem 12,90-15,90 €. Plats 15,50-20 €. Digestif offert sur présentation de ce guide.* Cuisine du monde, musique du monde, déco du monde... Quand un routard pose enfin ses valises cela donne un joyeux mix de recettes entre pizzas, *kum ka kaï* ou encore thon en croûte d'épice de cajun. Et comme la formule plaît bien, que ce soit en terrasse ou dans la salle toute colorée, il y a souvent... du monde !

De chic à plus chic

Chambres d'hôtes La Villa Marine : *12, av. M.-Mercier. ☎ 02-40-19-95-46. • contact@lavillamarine.com • lavillamarine.com • À env 3 km du rond-point de l'office de tourisme, en direction de Sainte-Marguerite. Compter 88-98 €. Dîner sur résa 24 €.* Sur la colline boisée, et classée, qui domine la plage de Sainte-Marguerite, à environ 500 m. 4 chambres spacieuses et gaies de plain-pied dans un bâtiment attenant à la maison principale. Chacune avec terrasse privative. La déco, contemporaine, a été réalisée avec goût par Florence, l'accueillante maîtresse des lieux. Petit déj copieux et vaste salle commune pratique pour un en-cas sur place. Possibilité de massages et soins esthétiques. Une belle adresse.

Villa Flornoy : *7, av. Flornoy. ☎ 02-40-11-60-00. • contact@villa-flornoy.com • villa-flornoy.com • Dans une ruelle face à l'hôtel de ville. Resto fermé dim soir, lun midi et sam midi en saison ; dim et ts les midis hors saison. Doubles 99-139 €. Menu env 40 € ; carte env 50 €.* Dans une rue tranquille, à moins de 300 m de la plage, un vrai petit nid d'amour et une de nos adresses préférées à Pornichet. Dans une ancienne maison de famille, l'hôtel est décoré avec autant de goût que de soin. Salon agréable et confortable derrière lequel se cache un jardin impeccable où il fait bon lire et piquer une tête dans la piscine extérieure chauffée. Au restaurant *Secret,* cuisine dans l'air du temps.

Domaine Ker Juliette : *2, av. des Bleuets. ☎ 02-40-11-22-00. • kerjuliette@hmc-hotels.com • hmc-hotels.com • Dans un quartier résidentiel calme, en direction de Saint-Marc. Doubles env 76-136 €/nuit sans le petit déj ; loc d'appartements, prix variant selon périodes et promos (2-7 pers).* Complexe hôtelier et de meublés, moderne et tout confort dans un joli parc arboré. Piscine, resto design, tennis et toutes sortes d'installations sportives. On apprécie ici la qualité des services.

Le Régent : *150, bd des Océanides. ☎ 02-40-61-04-04. • hotel@le-regent.fr • le-regent.fr • Resto fermé dim hors saison. Doubles 89-199 € selon orientation. Formule en sem 16,50 € ; menus 26-37,60 €.* Sur le front de mer, à la limite de La Baule, un hôtel aux chambres confortables, dans la même famille depuis 1956. Au resto *Grain de Folie,* cuisine océanique, fine, originale et surprenante par sa variété et le renouveau de ses plats, qu'on découvrira en terrasse, face à la mer, aux beaux jours. Spa inclus dans la prestation.

Où boire un verre ?

Le Bidule : *122, av. de Mazy. ☎ 02-40-61-03-54. Tlj sf dim soir et lun hors saison. Congés : 3 sem en janv.* Dans une cave à vins des années 1930, avec cuves d'époque, les tonneaux font office de table (sans tabouret), et M. Gilles sert au « verre de cantine » sur un comptoir en bois, comme le faisait son père. Les générations se succèdent, et ça marche toujours aussi fort ! Public assez jeune en saison.

La P'tite Case : *sur le port de plaisance. Avr-oct. Fermé lun-mer et j. fériés hors saison.* Une rhumerie fréquentée des locaux et des touristes qui y viennent pour l'ambiance et pour les concerts des vendredi et samedi soir.

À voir. À faire

La plage et le boulevard de bord de mer : ici, les grandes résidences n'ont pas encore complètement dévoré toutes les vieilles villas d'avant-guerre. À la pointe du Congrigoux (direction Saint-Marc-sur-Mer), on trouve une table d'orientation, un point pique-nique et des jeux pour enfants.

Le port de plaisance : port presque entièrement fermé et tourné vers la mer, le plus grand de la région. Quelques terrasses de cafés et restos autour, idéales pour observer les voiliers.

La pointe du Bé : *prendre l'av. du Commandant-Boitard au rond-point de l'Europe.* Un autre paysage s'offre à vous, loin des immeubles et de la civilisation moderne. Le long de la côte rocheuse, les belles villas se succèdent, à l'ombre des pins, pour une promenade à la fraîche les jours de grosse chaleur. On découvre la chapelle Sainte-Anne, avec son toit en carène de bateau retournée, près de laquelle Julien Gracq venait en vacances, et l'étonnant château des Tourelles, entièrement réhabilité, devenu un complexe de thalassothérapie.

➢ **Randonnées pédestres :** *à partir du chemin de Baudry ou des Forges. Parcours à l'office de tourisme.* Deux sentiers balisés de randonnée à pied ou à VTT, de 9 et 15,5 km. Pour changer des joies du bord de mer.

➢ **Le sentier du littoral :** une promenade aménagée le long de l'océan, alternant criques et rochers, permettant de rejoindre Saint-Nazaire, via Saint-Marc-sur-Mer.

– **Centres de thalassothérapie : Thalasso.com Baie de la Baule,** *66, bd des Océanides. ☎ 02-40-61-89-97. • baie-de-la-baule.thalasso.com •* Soins, jets d'eau sous-marins, rivière à contre-courant, espaces balnéo, etc. *Et* **Relais Thalasso Château des Tourelles,** *pointe du Bé. ☎ 02-40-60-80-80. • thalasso-tourelles.com •* Complexe avec accès direct à l'océan, soins en espace privatif et espace hydromarin. En prime, un excellent restaurant ouvrant sur la mer *(menus à tarifs intéressants le midi en sem, ☎ 02-40-60-80-80).*

– Tout près sur le front de mer, le **casino Partouche** *(☎ 02-40-61-05-48 ; tlj 10h-4h),* avec ses 200 machines à sous, mais aussi un resto face à la mer *(tlj midi et soir).*

LOIRE-ATLANTIQUE

Manifestations

– **Vendredis des P'tits Loups :** *ts les ven des vac de printemps et d'été.* Animations gratuites (ateliers, spectacles, découvertes...) pour les enfants.
– **Les Renc'Arts :** *juil-août. GRATUIT. Programme complet auprès de l'office de tourisme.* Arts de la rue mardi soir et musiques « métissées » jeudi soir.
– **Exposition de sculptures sur sable :** *en août.*
– **Pornichet roller :** *le mer soir en juil-août, sur le boulevard face à la mer.*

LA BAULE [AR BAOL]

(44500) 17 000 hab. *Carte Loire-Atlantique, A3*

• Plan *p. 542-543*

À l'origine, Escoublac se trouvait en bord de mer. Puis, avec le temps, le village fut recouvert de sable, créant une zone de dune humide, communément appelée ici une bôle. Escoublac se déplaça donc à l'intérieur des terres puis « la bôle » se transforma en « La Baule », avec une nouvelle urbanisation, des aménagements côtiers et surtout le train (voir sa jolie gare rénovée) qui, au XIXe s, a vraiment fait de la station un « Deauville nantais ». Quant à La Baule-les-Pins, c'est le nom d'un quartier, situé derrière la forêt communale (grande pinède), où il fait bon se promener.
Aujourd'hui, le TGV, en moins de 3h, convoie les Parisiens des beaux quartiers jusqu'à leurs demeures de villégiature, nichées dans ladite pinède. Et

la ville ne rougit pas de son charme B.C.B.G., à l'image de ses sœurettes Deauville, Cannes ou Biarritz.
Côté océan, le front de mer en arc de cercle sur la baie s'étend sur 9 km de long, de Pornichet au Pouliguen, dont 5 km sur La Baule, constituant la plus longue plage d'Europe : certes très bétonné et critiqué, mais il faut avouer que la vue y est superbe et la promenade arborée bien agréable dans le quartier du casino. Noter qu'en 2011, la baie de La Baule a fait son entrée dans le club des plus belles baies du monde.
Côté ville, une facette plus calme, familiale et bourgeoise, avec ses 1 700 villas anciennes, que l'on découvre à pied ou à vélo, souvent sources d'inspiration pour le cinéma.
Ville sportive, ses écoles de voile sont des références (les frères Peyron et Pajot ont débuté ici), et la baie demeure parfaite pour apprendre à dessaler. Mais tennis, polo, golf, yachting ou encore équitation ne sont pas en reste. Alors pourquoi ne pas se laisser tenter par sa longue plage de sable fin, son agréable climat, son cachet d'antan et ses quelques bonnes adresses qui font de « la Belle » la station balnéaire la plus réputée de la Côte d'Amour ?

Adresses et info utiles

Office de tourisme (plan B1) **:** *8, pl. de la Victoire. ☎ 02-40-24-34-44. • labaule.fr • Près de la gare. Fermé dim ap-m en janv et certains dim de basse saison. (1h gratuite/j.).* Centrale de réservation pour les logements. Billetterie pour les spectacles, parcs, bus et traversées maritimes. Propose en été, sur résa, des visites de la ville d'avant et après 1920, à vélo (venir avec le sien) et à pied. Intéressant livret *(payant)* de « Balades architecturales de la bôle à La Baule ».

Gare routière (plan B1) **:** *av. des Ondines, à côté de la gare SNCF. ☎ 02-40-60-32-57. Guichets lun-ven, plus sam juil-août, 8h45-12h, 14h30-18h15 ; sinon, vente de carnets de 10 billets à l'office de tourisme (20 % de réduc).* Pour tout renseignement sur les liaisons interurbaines de la presqu'île de Guérande, contacter le réseau *Lila* à la gare routière. *☎ 09-69-39-40-44. • lila.loire-atlantique.fr • Lun-ven 8h-19h, sam 8h-12h30.*

Navettes gratuites : *ttes les 15 mn, en été slt. Dernier départ de la pl. des Salines (parking possible) à 19h40. Trajet : Victoire, Hennecart, Hôtel-de-ville, Marché, Victoire.* Pratique, vu les difficultés de circulation et de stationnement en saison...

■ ***Location de voitures :*** ***Hertz,*** *24, av. Clemenceau. ☎ 02-40-23-12-12.* ***Europcar,*** *33 av. Clemenceau. ☎ 02-51-75-02-41.*

■ ***Location de vélos :***
– Chaillou (plan B1) : 213, av. du Maréchal-de-Lattre-de-Tassigny. ☎ 02-40-60-07-06.
– Rollerbaule (plan D2) : 14, av. Louis-Lajarrige. ☎ 02-40-19-83-88.
– Rent La Baule (plan B1) : 23, av. Clemenceau. ☎ 02-40-11-04-00.
– Alternative Bike (plan B1) : pl. du Marché, 4 av. de Noirmoutier. ☎ 09-86-26-26-88. • alternative-bike.com • Propose en plus trottinettes, skates, gyropodes électriques...

■ ***Météo marine :*** *• meteofrance.com/previsions-meteo-marine •*

– ***Le marché*** (plan B1) **:** sous des halles complètement rénovées et autour, c'est l'un des plus agréables de la région, un peu chicos quand même le week-end et au moment des vacances.

Où dormir ?

Camping

Camping du Bois d'Amour (plan D1, **10**) **:** *10, allée de Diane. ☎ 02-40-60-17-40. • accboisdamour@tohapi.fr • tohapi.fr • Non loin de la gare de La Baule-les-Pins. De début avr à mi-sept. Tentes 12-23 €. Mobile homes et bungalows toilés 245-973 €/sem.*

250 empl. Camping aménagé dans un parc boisé de 4 ha. Emplacements des tentes ombragés, à 1,5 km de la plage. Location de vélos. Sentier du Bois-d'Amour à proximité. Piscine.

De prix moyens à chic

Hôtel Mona Lisa (plan B1, **12**) : *42, av. Georges-Clemenceau. ☎ 02-40-60-21-33. • hotel-mona-lisa@orange.fr • hotelmonalisa-labaule.com • À proximité de la gare et à 500 m de la plage. Doubles env 70-130 €. Parking.* Petit hôtel à la façade discrète qui cache bien son jeu. Dès le hall, on découvre une déco audacieuse et réussie, avec des tapisseries aux tons chauds qui évoquent plutôt le flamenco que le célèbre tableau du Louvre. Des chambres rénovées au goût d'aujourd'hui avec également quelques étonnantes idées déco, hyper confortables, certaines avec douche hydromassante. Excellent accueil. Une adresse surprenante.

Hôtel Le Saint-Pierre (plan A1, **11**) : *124, av. du Maréchal-de-Lattre-de-Tassigny. ☎ 02-40-24-05-41. • contact@hotel-saint-pierre.com • hotel-saint-pierre.com • Doubles 65-105 €. Remise de 10 % sur la chambre, sur présentation de ce guide.* Cette grande villa de style balnéaire a tout pour plaire : des chambres coquettes de bon confort, des prix très raisonnables et un accueil (par ailleurs de bon conseil pour votre découverte de la ville), qui fait qu'on s'y sent presque comme à la maison. Plage à 5 mn à pied.

Hôtel des Dunes (plan B1, **13**) : *277, av. du Maréchal-de-Lattre-de-Tassigny. ☎ 02-51-75-07-10. • info@hotel-des-dunes.com • hotel-des-dunes.com • Doubles 60-135 €. Parking clos.* Extérieur pimpant, dans un style typiquement baulois avec colombages. À l'intérieur, déco discrètement contemporaine pour des chambres pleines de couleurs et des salles de bains modernes. Salle de petit déj dans le même esprit et bar façon club, confortable avec ses canapés.

Hostellerie du Bois (plan D1-2, **14**) : *65, av. Lajarrige. ☎ 02-40-60-24-78. • hostellerie-du-bois@wanadoo.fr • hostellerie-du-bois.com • À 300 m de la plage. De mi-mars à mi-nov et vac scol de Noël. Doubles 62-89 €. Remise de 10 % pour une résa en direct (non cumulable), sur présentation de ce guide.* Une belle maison à colombages, fraîche, agréable, pleine de fleurs, le tout à l'ombre des pins. Chambres confortables meublées dans un style années 1940 ou 1950, en harmonie avec le style de la maison.

Hôtel Ty-Gwenn (plan D2, **15**) : *25, av. de la Grande-Dune. ☎ 02-40-60-37-07. • hotel.tygwenn@gmail.com • hotel-tygwenn.fr • Fermé l'hiver sf vac de Noël. Doubles 65-105 €.* Tout près de la jolie place des Palmiers, une bâtisse à colombages abritant une quinzaine de chambres, certaines avec terrasse privative ou balcon. Toutes de style et taille différents, la plupart refaites au goût du jour. Une adresse accueillante qui devrait satisfaire tous les budgets.

Ternélia – Le Bettina (hors plan par A1, **19**) : *5, av. Bettine. ☎ 01-42-88-61-85. • ussim@ternelia.com • ussim.com • ♿ À partir de 429 €/sem/pers en pens complète et à partir de 69 € la double/nuit sans le petit déj.* Une formule originale dans cette résidence et son annexe : des chambres avec repas inclus (demi-pension ou pension complète), sous forme de buffet. Également en version hôtelière classique. Bien situé (à 200 m de la plage). Plein d'activités possibles à proximité.

De chic à plus chic

Hôtel Villa Cap d'Ail (plan A1, **17**) : *145, av. du Maréchal-de-Lattre-de-Tassigny. ☎ 02-40-60-29-30. • contact@villacapdail-labaule.com • villacapdail-labaule.com • À env 300 m de la plage Benoît. Congés : 2 sem début fév. Doubles 72-145 €.* Cette ancienne maison de famille bauloise est une perle rare. Le jardin d'abord, d'inspiration méditerranéenne ; la déco ensuite, originale et élégante à la fois jusqu'au moindre détail. On ne vous décrit pas les chambres au style personnalisé, le mobilier, etc. Tout ici exprime la qualité et dégage une atmosphère attachante. Également une bagagerie, un local à vélos et un service billetterie. Un coup de cœur !

Hôtel Brittany (plan B1, **18**) : *7,*

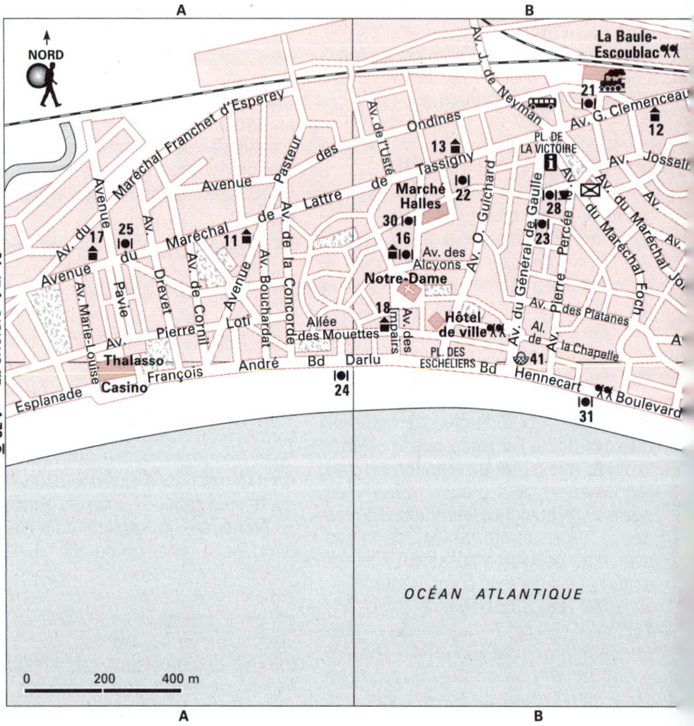

Adresse utile	13 Hôtel des Dunes
Office de tourisme	14 Hostellerie du Bois
	15 Hôtel Ty-Gwenn
Où dormir ?	16 Hôtel Saint-Christophe
10 Camping du Bois d'Amour	17 Hôtel Villa Cap d'Ail
11 Hôtel Le Saint-Pierre	18 Hôtel Brittany
12 Hôtel Mona Lisa	19 Ternélia – Le Bettina

av. des Impairs. ☎ *02-40-60-30-25.* • *info@hotelbrittany.com* • *hotel-brittany-la-baule.com* • *Doubles 82-198 €.* Bien situé, à 2 mn à pied de la plage. Déco contemporaine recherchée et très colorée. Tout le confort y est : petit salon feutré, chambres douillettes, toutes différentes, avec douche ou baignoire à jets, clim. Les supérieures sont vraiment luxueuses. Solarium sur le toit. Accueil charmant.

Hôtel Saint-Christophe *(plan B1,* ***16****)* **:** *pl. Notre-Dame.* ☎ *02-40-62-40-00.* • *reception.@st-christophe.com* • *st-christophe.com* • *Doubles 64-275 € ; également des suites familiales. Resto fermé dim-lun hors saison. Menus 19-46 €, carte à partir de 50 €.* 45 chambres toutes différentes, meublées à l'ancienne ou non, toutes ravissantes, réparties sur 4 villas bauloises de la Belle Époque. Agréable jardin et ambiance de village, sur la place de l'église. Accueil professionnel. Fait aussi resto. Une belle adresse, à deux pas de la plage.

LA BAULE

Où manger ?	**28** Lilou
21 Le Grenier à Sel	**30** Le Billot
22 Chez l'Écailleur	**31** La Plage
23 La Bergerie	**32** Le Season's
24 Le Nossy Be	**Où acheter des niniches et autres douceurs ?**
25 Le Grain de Sable	
26 Le Carpe Diem	**41** Confiserie Manuel

Où manger ?

De très bon marché à bon marché

Chez l'Écailleur *(plan B1,* ***22****) : 37, av. des Ibis. ☎ 02-40-60-87-94. Près du marché. Tlj sf lun hors saison, 7h30-15h (dégustation 10h30-14h). Fermé fin janv. Compter env 15 € pour 6 huîtres et un verre de vin. Café offert sur présentation de ce guide.* Le lieu connu de tous pour avaler une douzaine d'huîtres charnues avec une demi-bouteille de gros-plant. Fait également bar.

Lilou *(plan B1,* ***28****) : 1, allée des Camélias. ☎ 02-40-60-00-23. • lilou cupcakes@hotmail.fr • Tlj sf dim soir, 11h-19h (18h hors saison). Fermé dim-lun hors saison. Formule déj 8 € ; goûter : 3,50 €. Café offert sur présentation de* *ce guide.* Un petit salon de thé qui propose bagels fourrés et cupcakes légers dans un décor un peu fifille avec ses murs rose bonbon. C'est du fait maison et plutôt bon. Accueil très gentil. Petite terrasse et vente à emporter également.

Le Grenier à Sel (plan B1, **21**) : *1, av. Pierre-Ier-de-Serbie. ☎ 02-40-24-14-92. • legrenier44@orange.fr • À deux pas des gares routière et SNCF. Tlj sf dim soir-lun hors saison. Congés : 1 sem en oct et 2 sem en janv. Formule 12,10 € côté crêperie ; menu 23,10 € côté resto ; sinon, repas env 15 €. Apéritif maison offert sur présentation de ce guide.* Les employés du coin s'y retrouvent au déjeuner pour les bonnes galettes de blé noir.

Prix moyens

Le Billot (plan B1, **30**) : *pl. du Marché. ☎ 02-40-60-00-00. Tlj sf dim soir-lun hors saison. Formules déj 15-19 € sf dim et j. fériés ; carte 25-30 €.* Dans la famille « bistrot », une bonne pioche. Le cadre est plaisant, la grande terrasse en surplomb de la place du Marché finalement tranquille. Produits locaux, simplement mais joliment travaillés pour des classiques de bistrot ou de brasserie : tartare, moules marinière... Accueil d'une vraie sincérité et service vraiment aux petits soins, même en cas d'affluence.

La Bergerie (plan B1, **23**) : *114, av. du Général-de-Gaulle. ☎ 02-40-60-23-41. • labergerielabaule@orange.fr • Tlj sf mer soir-jeu. Congés : 3 sem en janv, 3 sem en oct. Formules déj sf dim 11,90-13,90 € ; menus 20,90-34 €.* Bon, on oublie le temps d'un repas qu'on est au bord de la mer, puisque ici le style est rustique. Ben oui, une bergerie... Enfin les poissons figurent toujours à la carte, mais on y vient surtout pour les grillades au feu de bois, et même des spécialités montagnardes ! Copieux.

Le Grain de Sable (plan A1, **25**) : *22, av. Pavie. ☎ 02-40-60-71-00. • pascalcova@gmail.com • Tlj sf dim soir et lun, plus mar hors saison. Menus 27-44 € ; carte 45 €. Un kir offert sur présentation de ce guide.* Dans le quartier du casino, une maison à la façade joliment délavée, avec sa petite terrasse, qui propose une cuisine traditionnelle sur le thème des produits de la mer selon arrivage, et des plats copieux. De la bonne viande également.

La Plage (plan B2, **31**) : *plage de La Baule, face au n° 32 bd Hennecart. ☎ 02-40-11-11-51. Tlj sf mer. Carte env 30 €.* Pourquoi faire compliqué quand on peut faire simple : *La Plage* est... sur la plage, avec une terrasse pied dans le sable. Crêpes, coquillages et poissons (frais) à prix gentils pour un resto de plage, justement. Accueil tout aussi gentil.

Chic

Le Season's (hors plan par A2, **32**) : *av. du Jardin-Public, plage Benoît. ☎ 02-40-60-71-68. Face à l'av. du Jardin-Public. Tlj sf lun en juil-août, tlj sf mar-mer hors saison. Congés : début nov-début déc. Formule 31,50 € en sem, carte 40-50 €.* Une table décontractée qui, en terrasse, avec ses fauteuils en osier, fait vraiment resto de plage. Cadre plus design à l'intérieur, en accord avec cette belle cuisine d'époque (la carte est signée Éric Guérin de *La Mare aux Oiseaux*).

Le Nossy Be (plan A2, **24**) : *plage de La Baule, bd Darlu. ☎ 02-40-60-42-25. Fermé lun-mar hors vac scol et j. fériés. Formules déj sf dim 18-22 € ; menus autour de 27 € et carte env 45 €.* Un gastronomique spécialisé dans les fruits de mer et le poisson. Il faut dire qu'on a presque les pieds dans le sable. Grande salle-véranda type lounge tournée vers la mer, lumières tamisées le soir. Clientèle d'habitués, chic et branchée, très jet-set.

Le Carpe Diem (hors plan par D1, **26**) : *29 av. Jean-Boutroux, à **Escoublac**. ☎ 02-40-24-13-14. • contact@le-carpediem.fr • Au-delà de la 4-voies. Fermé mar soir et mer, plus dim soir hors vac scol. Formule 17-22,50 € midi en sem, menus-carte 32-53 €. Apéritif offert sur présentation de ce guide.* Assez excentrée, à quelques km de la côte, ce n'est pas le genre d'adresse où l'on passe par hasard. Les habitués viennent y retrouver une ambiance chic, bien engoncés dans de confortables chaises en velours pour profiter d'une table gastronomique qui fait le buzz dans le coin. La cuisine est inventive, finement travaillée à partir de produits régionaux et les fournisseurs triés sur le volet. Des menus pour tous, superbes dès les premiers prix.

Où acheter des niniches et autres douceurs ?

Confiserie Manuel *(plan B1-2, **41**)* **:** *2, av. du Général-de-Gaulle. ☎ 02-40-60-20-66. Tlj l'été 9h30-13h, 14h30-23h.* Une institution fondée par un Espagnol venu de Santander, Manuel Ortiz, qui a baptisé en 1937 sa sucette maison la *niniche.* À La Baule, on trouve donc toujours dans cette vaste boutique – et depuis 1950 –, des *niniches* (dont la célèbre Bauloise au caramel au sel de Guérande) et autres bonbons. *Batidos* et *granizados* pour rappeler les origines de cette affaire de famille.

Où sortir ?

Discothèque Le Garden *(hors plan par B1)* **:** *assez loin du centre de La Baule, en plein marais salant. ☎ 02-40-24-78-00. • le-garden.net •* Se reporter plus loin à la ville de Guérande.

En ville, plusieurs boîtes de nuit comme **Le Théâtre** *(plan A1 ; 10, av. Pavie ; ☎ 02-40-60-41-00 ; ts les soirs en été, slt ven-sam hors saison).*

LOIRE-ATLANTIQUE

À voir. À faire

La plage et la promenade de front de mer : 9 km de sable fin, très large à marée basse et offrant un superbe espace de jeux. À marée haute, c'est un très beau stade nautique. Attention, un arrêté municipal interdit les pique-niques sur les plages de la commune.
Le front de mer est accessible sur près de 9 km aux fauteuils roulants. La partie la plus agréable reste celle en direction du Pouliguen, à partir du grand hôtel *L'Hermitage,* puisque les voitures ne passent plus à proximité.

L'église Sainte-Thérèse *(plan D1),* ***la gare SNCF*** *(plan B1),* ***l'hôtel de ville*** datant de 1974 *(plan B1)* sont les seuls bâtiments publics dignes d'intérêt.

Le parc des Dryades *(plan D2)* **:** *mai-sept, tlj 8h-20h30 ; janv-avr et oct-déc, tlj 8h-18h30.* Agréable parc à l'anglaise, vallonné et agrémenté de palmiers à chanvre. Expo temporaire annuelle. Jeux d'enfants et amphithéâtre pour les concerts de jazz en été.

Le musée aéronautique *(hors plan par D1)* **:** *aérodrome de La Baule. ☎ 02-51-75-10-43. • mapica.org • Du centre, suivre le fléchage « aérodrome ». Tlj sf mar hors juil-août, 14h-17h30. GRATUIT.* Dans un hangar, les œuvres d'une association de passionnés qui retapent de vieux zingues : Pou du Ciel des années 1930 ou encore un Blériot XI (première traversée de la Manche en 1907).

– ***Thalassothérapie :*** ***Thalassothérapie Thalgo La Baule,*** *av. Marie-Louise, BP 50. ☎ 02-40-11-99-99. • thalasso-barriere.com •* Un hôtel (le *Royal Barrière*) et un excellent restaurant (le *Fouquet's*), aux tarifs intéressants à midi en semaine. Également ***Thalassothérapie Rivage*** : *28, bd de l'Océan. ☎ 02-40-23-10-20. • thalasso-rivage.com •*

➢ À la fois sportives et instructives, on recommande les ***visites commentées à vélo ou à pied*** sur l'architecture balnéaire organisées par l'office de tourisme. Ainsi que celles dans la forêt d'Escoublac, le mercredi matin en été *(GRATUIT),* pour découvrir ces 50 ha de pins. *Sur résa.*

Manifestations

– ***Jumping international de La Baule :*** *vers la mi-mai, au stade François-André.* Concours équestre international de sauts d'obstacles.

– ***La Baule Jazz Festival :*** *le soir jeu-ven, plus sam mat, de juil à mi-août. Rens et résas à l'office de tourisme.* Concerts gratuits devant le casino, place Leclerc, avenue Lajarrige ou dans le parc des Dryades pour le dernier concert, qui est payant.

FAUT SKI FAUT

Avec ses 54 m d'altitude, la dune d'Escoublac aurait du mal à rivaliser avec les sommets alpins. Elle a pourtant accueilli, des années 1950 à 1970, une... station de ski ! Un semblant de téléski, deux pistes et même un resto d'altitude, Le Schuss. *À défaut de neige, les skieurs baulois glissaient sur les aiguilles de pins.*

– ***Semaine de l'élégance :*** *mi-août, au stade François-André.* Défilé de voitures anciennes dans lesquelles de jolies dames portent leur plus belle toilette.

– ***Triathlon de La Baule :*** *mi-sept.* Le plus important triathlon de France.

LE POULIGUEN (AR POULGWENN)

(44510) 5 100 hab. *Carte Loire-Atlantique, A3*

Tout d'abord, prononcez « Pouligain » si vous voulez faire local. Ensuite, c'est le port de plaisance de La Baule – Le Pouliguen, aux allures bretonnes. Porte sud des marais salants de Guérande, Le Pouliguen marque aussi le début de la Côte Sauvage avec les nombreuses grottes de la Grande Côte. Le quai Jules-Sandeau, ses boutiques, ses restaurants et dans le prolongement la promenade du Port avec ses manèges pour enfants et confiseries donnent à la ville une atmosphère très famille.

Adresses utiles

ℹ ***Office de tourisme :*** *à Port-Sterwitz. ☎ 02-40-42-31-05. • tourisme-lepouliguen.fr • En venant de La Baule, entre les 2 ponts, quai du Commandant-l'Herminier, à l'angle de l'immeuble Port-Sterwitz. Juil-août, lun-sam 9h-19h, dim et j. fériés 10h-18h ; hors saison, lun-sam et mat des j. fériés 9h-12h30, 14h-18h. Juil-août, tlj ; hors saison, lun-sam et mat des j. fériés.* Résa pour les traversées sur les îles et billetterie à tarifs préférentiels pour les sites incontournables de la région. Organise en juillet-août des balades guidées nature *(avec son vélo 7 €, à pied 6 €)* ou à bord d'un vieux gréement *(25 €).*

■ ***Location de VTC et VTT : Les Cycles de la Presqu'île*** *(16, bd de l'Atlantique ; ☎ 02-40-42-32-72).* **Cyclocation** *(27, rue du Général-Leclerc ; ☎ 02-40-62-32-94 ; • cyclocation.fr •).* Et **Bikevasion** *(9 ter, rue du Général-Leclerc ; ☎ 09-83-72-97-41 ; • bikevasion.fr • ; tte l'année ; compter 10-15 €/j).*

Où dormir ?

Camping

⛺ ***Camping le Cléin :*** *22, av. de Kerdun. ☎ 02-40-42-43-99. • leclein@mairie-lepouliguen.fr • Dans un quartier résidentiel, à 500 m du centre. 20 mars-début oct. Tentes env 12-16 € selon saison. 110 empl.* À taille humaine et entièrement plat, un camping municipal tout simple, calme et idéalement situé entre commerces, restos et plage, tous accessibles à pied. Pas de locatif, uniquement des tentes et une aire réservée aux camping-cars. Aire de jeux, tables de ping-pong, boulangerie le matin.

De prix moyens à chic

Chambres d'hôtes Chalet Lakmé : *9, rue Pierre-Ier-de-Serbie. ☎ 02-40-00-95-04. • contact@chaletlakme.com • chaletlakme.com • Dans le coin calme du centre-ville, à 200 m de la plage. Compter 65-87 € pour 2.* Dans cette maison qui fait face au bois, il est difficile d'imaginer et de déceler une si agréable adresse. Vos hôtes sont charmants et ont restauré cette ancienne maison de famille avec un goût plein de vie et de couleurs. Un vrai dépaysement, jusque dans le détail. Sympathique terrasse pour le délicieux petit déj.

Casa Cosy : *2, rue du Croisic. ☎ 02-40-42-30-65. 📱 06-62-08-13-87. • casacosy@orange.fr • casacosy.fr • Derrière la poste. Doubles 66-86 €.* À la fois hôtel, boutique d'objets design, salon de thé et épicerie fine, il fallait le faire ! Côté hôtel, l'ambiance est plus proche de celle des chambres d'hôtes de charme. Déco aux lignes épurées, association judicieuse de couleurs. Superbe accueil, joli petit déj. Un très bon rapport qualité-prix.

Plus chic

Chambres d'hôtes Les Goélands : *chez Mme Trochu, 2, impasse de la Torre. ☎ 02-40-24-20-17. • lesgoelands@chambres-dhotes-labaule.fr • chambres-dhotes-labaule.fr • Sur la Côte Sauvage, face au chemin douanier. Mars-oct. Compter 100-155 € pour 2. Remise de 10 % sur la chambre à partir de 2 nuits (15 mars-26 juin et 15 sept-31 oct) sur présentation de ce guide.* Dans une maison élégante des années 1930, avec baies vitrées ouvertes sur la Côte Sauvage, 3 chambres, dont une suite familiale, très confortables et à la déco raffinée. Une adresse de charme, bien pensée dans son moindre détail, où l'on savoure le temps suspendu en regardant la mer, plein de sérénité. Petit déjeuner exceptionnel, préparé par la douce Anne-Marie, dévouée au bien-être de ses hôtes.

LOIRE-ATLANTIQUE

Où manger ?

Très bon marché

|●| ***Crêperie Le Barapom :*** *2, quai Jules-Sandeau. ☎ 02-40-42-17-60. Tlj sf mar hors saison. Formules 8-10 €. Bolée offerte sur présentation de ce guide.* Crêpes à emporter ou à manger debout dans la rue. Une adresse qui dépote, fréquentée par les stars.

Prix moyens

|●| ***L'Opéra de la Mer :*** *14, promenade du Port. ☎ 02-40-62-31-03. • clarissegdv@orange.fr • Tlj sf mer hors saison. Congés : de mi-nov à début déc. Menu 22,90 €, carte env 25 €. Apéritif maison offert sur présentation de ce guide.* Sur la plaisante terrasse face au port et à la baie, ou à l'intérieur à l'ambiance tout aussi marine, goûter aux spécialités de moules, fruits de mer ou à la cassolette « Opéra ».

|●| ***La Voile d'Or :*** *14, rue de la Plage. ☎ 02-40-42-31-68. Tlj sf mar-mer hors saison. Formule déj en sem 18 € ; carte env 30 €.* Brasserie chic et branchée à la déco design. On apprécie

particulièrement la superbe terrasse, face à la plage, avec ses canapés moelleux. Dans l'assiette, des plats à base de produits de la mer avec quelques spécialités gourmandes. Belle carte des vins et ambiance décontractée.

Où boire un verre ?

Le Sauval : *8, quai Jules-Sandeau. • sauvalsarl@orange.fr • Près du pont pour La Baule.* Parmi une enfilade de bars-restos, ce rade moderne dénote par sa déco un peu loufoque tournée vers la mer et ses gueules burinées de marins ou assimilés qui s'y retrouvent dans une joyeuse ambiance.

À voir. À faire

La plage du Nau : bordée de chemins de planches. Quand la mer se retire, elle découvre les rochers des Impairs. Aux abords de la pointe de Penchâteau, la falaise porte de belles villas. À 5 mn de la plage, le *Petit Bois* offre un îlot de verdure agréable à découvrir.

Le musée Bernard Boesch : *35, rue François-Bougouin. 06-46-60-49-38. • labaule.fr/musee-bernard-boesch • Du centre, suivre le fléchage « Grande Côte». Tlj sf lun 10h-12h, 15h-19h. Fermé de janv à mi-fév. GRATUIT.* Le peintre-sculpteur-architecte baulois Bernard Boesch (1914-2005) légua sa villa, son œuvre et son argent à la Ville de La Baule. Une générosité dont tout le monde peut profiter aujourd'hui à travers des expos temporaires gratuites. Magnifique vue sur la baie de La Baule depuis la terrasse. Une belle histoire et un lieu plein de poésie pour perpétuer la mémoire de ce disciple et ami de Bernard Buffet et Raoul Dufy.

La chapelle Sainte-Anne : *sur la route de Penchâteau. Juil-août, visite guidée payante le mer à 10h.* En réalité, dédiée à saint Julien. Bel édifice du XVe s, précédé de son calvaire. À l'intérieur, on peut admirer le bénitier en granit du XVIe s et la statue de sainte Anne entourée de la Vierge Marie et de Jésus.

La pointe de Penchâteau : c'est le début de la Côte Sauvage et de la Grande Côte, comme on l'appelle ici. Départ du sentier des douaniers et d'une piste cyclable qui mènent jusqu'à Batz, permettant de voir une vingtaine de grottes en contrebas. Accès plus ou moins facile (à marée basse) et curieuses excavations.

La ville (dont le nom breton *Poulgwen* signifie « petite baie blanche ») présente quelques belles façades qui méritent le coup d'œil. Des visites guidées payantes sont organisées à dates fixes, de juin à mi-septembre, auprès de l'Association des Greniers de la mémoire autour de thèmes : l'architecture portuaire, les rues du vieux Pouliguen, la chapelle de Penchâteau, l'architecture balnéaire. *Rens à l'office de tourisme ou au ☎ 02-40-42-11-34.*

– En saison, un *petit train touristique* permet des visites jusqu'à La Baule, également un circuit commenté via la Côte Sauvage vers Le Croisic. Des navettes circulent également dans le centre du Pouliguen le soir *(mar et sam, ttes les 40 mn, 20h30-22h30, moins de 1 € le trajet). Rens à l'office de tourisme.*

Fêtes et manifestations

– ***Les Mercredis musicaux :*** *en été, à l'église Saint-Nicolas. GRATUIT.* Concerts de musique classique dans un site superbe.
– ***Les Jeudis du Port :*** *en été, animations musicales sur les quais. GRATUIT.*
– ***Lecture à Nau Plage :*** *juil-août. Un coin-lecture à ciel ouvert : tlj 15h-19h sur la plage, plus de 700 livres et magazines à disposition.*

LOIRE-ATLANTIQUE

– ***Fête bretonne :*** *le dernier w-e de juil, sur le port.* Cercles et bagadous (plus de 350 danseurs), fest-noz, etc.
– ***Festival A Nau Voix :*** *3 j. le dernier w-e de sept, infos à l'office de tourisme.* Dédié à la voix. Formations venant de tous horizons.

BATZ-SUR-MER [BOURC'H-BAZ]

(44740) 3 200 hab. *Carte Loire-Atlantique, A3*

Née au Xe s, cette « petite ville de caractère » détonne un peu avec La Baule et son côté m'as-tu-vu. Ça commence à sentir le granit (appelé pierre de « grison » ici) et le chouchen : on est bien en Bretagne ! Les villages de Kervalet et de Roffiat ont conservé leur charme d'autrefois. La ville, citée par Flaubert et Balzac, a longtemps fondé sa prospérité sur le sel, les oignons et les échalotes. C'est maintenant une station balnéaire familiale, dotée de jolies plages (Valentin, Saint-Michel et la Govelle), d'un tronçon de Côte Sauvage et même d'un marchand de sabots en centre-ville !

Adresses utiles

Office de tourisme : *25, rue de la Plage. ☎ 02-40-23-92-36. • ot-batzsurmer.fr • Face à l'église. Juil-août tlj ; vac de printemps et automne, tlj sf dim ; nov-mars, lun-ven.* En juillet-août, visites guidées, balades insolites et contes pour enfants, initiation à la pêche à pied... sur résa (payant). Marchés nocturnes en été. Circuit d'interprétation de 5 km pour découvrir le patrimoine de la commune, avec jeux pour les enfants. Billetterie à tarifs préférentiels et boutique.
Location de vélos : ***Station AVIA,*** *rue Olivier-Guichard. ☎ 02-40-23-87-51.*

Où dormir ? Où manger ?

Camping La Govelle : *10, route de La Govelle (rue du Golf). ☎ 02-40-23-91-63. • campinglagovelle@gmail.com • campinglagovelle.com • ♿ Accès par la D 245 et la D 45. Avr-début oct. Tentes 14-25 €. CB refusées. 52 empl.* Attachant petit camping familial sur la Côte Sauvage, avec accès à la plage en contrebas. Emplacements délimités par des lauriers. Peu d'équipements, mais une belle situation et un accueil chaleureux et plein d'humour.
Résidence Odalys Valentin Plage : *14, route de Saint-Nudec. ☎ 02-40-23-83-31. • valentin-plage@odalys-vacances.com • De 255 à 1 355 € la semaine pour un 2 pièces 4 pers. Côté mer. Ouv tte l'année.* Situation idyllique les pieds dans l'eau pour cette résidence récemment rénovée. Les appartements (dont certains en duplex) embrassent une longue anse de sable blanc. Des appartements situés côté mer dans le bâtiment A : on a l'impression d'être sur un bateau ! Très jolie vue également côté parc dont les allées sont parfaitement entretenues. Piscine extérieure chauffée *(ouv de mi-mai à fin sept).*
Hôtel Le Lichen : *Côte Sauvage, 4, route de La Govelle. ☎ 02-40-23-91-92. • info@le-lichen.com • le-lichen.com • Sur la côte, non loin du Grand Blockhaus. Doubles 60-260 € selon saison et confort.* Un hôtel tout simple que l'on ne remarque guère en passant alors qu'il bénéficie d'un des plus enviables emplacements de la côte, quasiment posé sur les rochers, le long du sentier côtier. Chambres avec ou sans vue, avec ou sans terrasse, à la déco pas vraiment moderne mais bien tenues. Panorama extra depuis la salle de petit déjeuner toute vitrée, tournée

vers le large. Atmosphère générale tranquille.

Le Derwin : *av. du Dervin. ☎ 02-40-23-90-06. À 3 km du centre de Batz par la route de la Côte, à côté du blockhaus. Ouv slt Pâques-Toussaint, tlj sf mar, plus mer-jeu hors saison. Pas de résa (venir tôt ou tard). Carte env 25 €. Café offert sur présentation de ce guide.* Le *Derwin* (prononcez « Dervin » !) fait le plein depuis des années, juste par réputation. Le lieu idéal pour déguster une cuisine correcte à base de moules, fruits de mer ou crêpes, le regard perdu vers le large.

Ne pas oublier les 2 autres crêperies que nous indiquons plus loin, dans « Les marais salants » : ***La Salorge*** (à Saillé) et ***Fleur de Sel*** (à Kervalet).

À voir. À faire

L'église Saint-Guénolé et sa tour : *en centre bourg. Visite gratuite de l'église en juil-août. Accès au clocher payant : en avr, tlj 14h-18h ; mai et sept, tlj 10h-12h et 14h-18h30 ; juil-août, tlj 9h30-18h30. Entrée : 2 € ; réduc.* L'édifice est dominé par une tour-clocher en granit de 60 m (XVe s) qui offre une vue panoramique exceptionnelle sur les marais salants, de Belle-Île à Noirmoutier (par temps clair) après avoir gravi 184 marches. À voir également pour son chœur, son retable en bois doré et sculpté, ses grandes orgues du XVIIe s, ses chapiteaux sculptés (repérez le cochon jouant de la cornemuse !) et pour cet étrange ex-voto dédié à Notre-Dame-de-l'Assomption. Concerts en été (voir plus loin « Manifestations »).

La chapelle Notre-Dame-du-Mûrier : *visite dans le cadre des marchés de producteurs, concerts, expos et visites guidées.* Elle aurait été élevée par les villageois à la suite d'un vœu lors d'une épidémie de peste au XVe s. Elle est construite en blocs de granit décorés de motifs flamboyants, mais n'a plus ni toiture ni voûtes, ce qui la rend d'autant plus émouvante et impressionnante.

Le musée des Marais salants : *pl. Adèle-Pichon. ☎ 02-40-23-82-79. Sept-juin, tlj sf lun, 10h-12h30, 14h-18h vac scol, 17h hors vac scol ; juil-août, tlj 10h-19h. Entrée : 5 € ; réduc ; gratuit moins de 12 ans. Expos temporaires.* Avec ses collections rassemblées depuis plus d'un siècle, l'exposition permanente (écrans tactiles, vidéos, vitrines ludiques à tiroirs...), retrace l'aventure technique et humaine du sel de Guérande, de l'époque gauloise à nos jours, au travers de milliers de pièces : cartes postales comme figurines en porcelaine, outils et vêtements traditionnels comme toiles d'artistes amoureux du pays.

Le Grand Blockhaus – musée de la Poche de Saint-Nazaire : *route de la Côte-Sauvage. ☎ 02-40-23-88-29. • grand-blockhaus.com • À 3 km du centre-bourg de Batz-sur-Mer par la route de la Côte. Vac scol de fév et d'avr à mi-nov, tlj 10h-19h (18h fév). Compter 1h. Entrée : 7,50 € ; réduc ; gratuit moins de 5 ans. Pour les enfants, livret-jeu. Pas de visite guidée, mais Luc ou Marc seront ravis de vous faire partager leur passion. Boutique.*

Ouvert depuis 1997, ce musée multiplie les récompenses (à défaut de subventions !). Créé et géré par deux frères passionnés (ils ont tout retapé de leurs mains), il est unique en son genre même s'ils en ont ouvert d'autres en Normandie et à La Rochelle. On y raconte l'histoire de la poche de Saint-Nazaire et ses 130 000 « empochés » retenus par 28 000 Allemands, la dernière libérée d'Europe (le 11 mai 1945), mais aussi la construction du mur de l'Atlantique et, enfin, la Libération.

Ancien poste de commandement du mur de l'Atlantique, sur cinq niveaux (ne pas hésiter à grimper l'échelle pour monter dans le poste d'observation), ce bâtiment fut à l'époque camouflé en hôtel grâce à un trompe-l'œil et à la construction de deux toits en bois factices (voir les photos exposées). À l'intérieur, les équipements et les salles sont restés comme jadis : salles de ventilation, PC radio, armurerie,

LOIRE-ATLANTIQUE

local d'intendance, bloc sanitaire... enrichis d'une cinquantaine de personnages de cire, intelligemment mis en situation historique. L'émotion est au rendez-vous et on apprécie que l'histoire avec un petit « h » n'ait pas été oubliée. Vétérans français et américains (mais aussi allemands) sont venus et viennent toujours confier au musée plus d'un millier d'objets personnels et de souvenirs. Chacun d'eux a son histoire propre, contée avec tact et émotion. Une visite passionnante, à ne pas manquer !

La plage Saint-Michel : une oasis de calme, protégée par une digue, que domine un menhir, la Pierre-Longue. Petit café-brasserie sympa *(de mi-fév à la Toussaint ; fermé mer, plus mar soir hors saison).* Possibilité de rejoindre Le Pouliguen (7 km environ) par le sentier douanier, au départ de la plage.

Le moulin de la Falaise : *route de Saint-Nudec, à la sortie de la ville, direction Le Croisic. ☎ 02-40-23-92-36. Vac scol printemps et été, tlj sf dim 10h-12h et 14h-17h ou 18h (été). Entrée : 3 € ; gratuit moins de 12 ans.* Niché sur les hauteurs de la dune de la Falaise (écrin pour des centaines d'espèces protégées de faune et de flore), ce moulin à vent « Petit-Pied » typique de la région, rénové et géré par la commune, fonctionne et broie du sarrasin bio, ingrédient indispensable pour de bonnes galettes de blé noir ! Visites avec le guide meunier et boutique.

Les marais salants : par une belle soirée d'été, à l'heure où le soleil décline et où les voitures se font moins nombreuses, sachez vous perdre sur les petites routes du marais. En plus, c'est l'heure propice à la rêverie, où les œillets se teintent de jolis reflets mordorés.

LOIRE-ATLANTIQUE

Manifestations

– ***Concerts dans l'église de Saint-Guénolé :*** *juil-août, ts les jeu à 21h. GRATUIT.* Concerts classiques de grande qualité. Arriver tôt et prévoir une petite laine.
– ***Les Nuits salines :*** *3 j. sur un w-e en juil. Résa auprès de l'office de tourisme ou sur • nuitssalines.free.fr •* Festival dédié au sel et à la culture celtique contemporaine. Fest-noz, visites de salines, marché du terroir où l'on achète galettes et sardines en troquant de petits sacs de sel...
– ***Le Pardon de Saint-Guénolé :*** *en août.* Grande procession et reconstitution d'un mariage traditionnel en costumes paludiers.
– ***Batz'arts de rue :*** *2e sem d'août.* Petit festival des arts de la rue, avec animations jeunes et tout public.

LE CROISIC [AR GROAZIG]

(44490) 4 120 hab. *Carte Loire-Atlantique, A3*

Premier port de crevette rose en France, on y débarque poissons et crustacés capturés la nuit. L'invention du casier à crevettes (en 1850) revient d'ailleurs à un Croisicais, René Sibille. De belles demeures anciennes à pans de bois rappellent la prospérité passée de cette petite ville. Aujourd'hui, le tourisme est devenu une nouvelle raison de vivre, à tel point qu'à certains endroits, les restaurants (souvent d'excellente qualité) jouent des coudes comme des sardines en boîte et que les embouteillages deviennent légion (la ville forme un cul-de-sac avec une seule route d'accès). Heureusement, son caractère de port breton a été conservé malgré quelques constructions modernes dommageables, à l'image de la Côte Sauvage qui porte toujours bien son nom, surtout entre Port-Lin et la plage de Saint-Goustan.

Au départ du Croisic, on peut en effet parcourir une boucle de 10 km le long de cette côte déchiquetée et truffée de petites criques. Un lieu incontournable, donc, qui réserve de belles surprises. L'un de nos ports préférés, avec une vraie cote d'amour, sur cette belle côte du même nom.
– Webcam sur le port : *• pv.viewsurf.com/590/Le-Croisic •*

Adresses utiles

Office de tourisme : *6, rue du Pilori. ☎ 02-40-23-00-70. • tourisme-lecroisic.fr • Dans une rue parallèle au port. Juil-août, tlj ; hors saison, lun-sam, plus dim pdt les vac scol de Pâques et les ponts.* Des guides « Circuits » sont disponibles gratuitement ou téléchargeables. Propose en été des visites commentées *(env 6 €)* du patrimoine de la ville, de la Côte Sauvage et du Traict... Billetterie pour les bateaux en partance pour Belle-Île, Houat et Hoëdic, ainsi que pour les musées des environs, dont l'*Océarium.*

Gare SNCF : *pl. du 18-Juin-1940. ☎ 36-35 (0,34 € TTC/mn).* Gare terminus TGV des trains venant de Paris, Lille, Lyon. Bien desservie toute l'année. Compter env 3h de Paris (3h30 avec un changement à Nantes).

■ **_Location de vélos : Cycles Bihoré_** *(34, rue du Traict ; ☎ 02-40-62-92-81).* **_Garage Rochard_** *(chemin du Pré-du-Pas ; ☎ 02-40-62-90-32).*

Transports et sorties en mer

■ **_Pêche en mer : La Toison d'Or_** *(06-87-15-70-32 ; de mai à mi-oct).* Et **_Charles Giraud_** *(06-23-22-71-14).*

➢ Navettes pour Houat, Hoëdic et Belle-Île avec **_Navix,_** via La Turballe. *☎ 02-97-46-60-00. • navix.fr • Juil-août. Compter 35-42 € selon l'île pour un A/R dans la journée.* Traversées passagers seulement avec bagage 20 kg maxi. Depuis Le Croisic, compter 1h30 pour Hoëdic (puis 30 mn entre Hoëdic et Houat) et 2h pour Belle-Île, y compris l'escale depuis Le Croisic par La Turballe.

– Liaisons saisonnières entre la pointe de Pen Bron et le port du Croisic avec un passeur (8 places), *Le Galipétant. Compter 5 € (8 € A/R) ; réduc. Infos aux offices de tourisme du Croisic et de La Turballe.*

■ **_Balades en mer :_** à bord du **_Chéri Bibi._** *Juin-sept, compter 2h. Infos et résa, ☎ 02-40-23-00-70 ou 06-30-22-52-42.*

Où dormir ?

Campings

Camping du Paradis : *route du Milieu. ☎ 02-40-23-07-89. • campingduparadis@hotmail.fr • camping-paradis.com • Accès par les D 213, D 774 et D 245. 1er mai-30 sept. Compter env 14-19 € pour 2 en tente. 100 empl. Apéro offert sur présentation de ce guide.* Camping familial et tranquille, situé sur la pointe, à 500 m du bord de mer et du sentier douanier. Équipements basiques, mais emplacements bien ombragés et séparés par des haies, et petits prix. Location de vélos. Équitation, escalade, tir à l'arc, varappe et golf tout proches.

Camping La Pierre Longue : *rue Henri-Dunant. ☎ 02-40-23-13-44. • lapierrelongue@orange.fr • campinglapierrelongue.com • À 1,5 km du centre-ville et à 500 m de la Côte Sauvage. Mars-nov. Tentes 14-22 €. Loc mobile homes et « bungalotels » 224-728 €/sem. Caravanes 96-153 €/sem. 158 empl.* Camping familial et tranquille, au cœur de la presqu'île. Emplacements bien ombragés et à l'abri du vent. Piscine chauffée, snack et animations en été. Location de vélos.

L'Océan Camping Village & Spa : *15, route de la Maison-Rouge, Les Frauds. ☎ 02-40-23-07-69. • camping-ocean@orange.fr • camping-ocean.com • Avr-sept.*

Tentes 21-48 €. Loc de mobile homes, chalets et cottages 329-1 400 €/sem. 400 empl. Grand camping moderne de type village-vacances, doté de toutes les commodités, à 150 m de la mer. Parc aquatique avec bateau de pirate dans une piscine chauffée, club enfants, tennis, solarium, resto... Convient surtout aux familles avec enfants. Location de vélos.

Prix moyens

Chambres d'hôtes Villa Saint-Corentin : *chez M. et Mme Raison 32, rue Jules-Verne. ☎ 02-40-23-11-30. • gilles.raison@wanadoo.fr • chambredhotes-lecroisic.com • Fermé de mi-oct à mi-mars. Compter 65 € pour 2.* À proximité de la plage de Port-Lin, dans un quartier résidentiel calme, maison typique bretonne avec étage réservé aux hôtes. Deux grandes chambres lumineuses et confortables, à la déco fraîche, avec salon-TV. Bien pour une famille.

Hôtel Les Nids : *15, rue Pasteur, côté plage de Port-Lin. ☎ 02-40-23-00-63. • hotellesnids@worldonline.fr • hotellesnids.com • Congés : début mars-début avr et en hiver. Doubles 63-89 €. Apéritif maison offert sur présentation de ce guide.* À proximité de la petite plage de Port-Lin, un hôtel d'habitués, bien tenu et aux chambres impeccables, avec balcon (sauf pour celles sous les toits, mansardées donc un peu basses de plafond). Petite piscine intérieure autour de laquelle on a plaisir à prendre le petit déj, et jardin verdoyant. Espace jeux pour enfants. Abri vélos et possibilité d'en louer. Excellent accueil.

Hôtel Le Fin Gourmet : *1, pl. du Pilori. ☎ 02-40-23-00-38. • lefingourmet@yahoo.fr • fingourmetcroisic.com • Congés : janv. Doubles 45-80 €.* À l'écart du port, au calme, agréable petit hôtel dans une demeure du XVIIe s. Tenues par Paolo, grand voyageur à l'accueil chaleureux, les chambres, refaites pour la plupart, sont de bon confort, dans un style moderne mais sobre. Beaucoup d'attention pour les routards, avec bibliothèque bien fournie, prêt de vélos si dispo et plein de bons conseils. Cerise sur le gâteau : un lounge-bar et une terrasse sur la place.

LOIRE-ATLANTIQUE

Où manger ?

Bon marché

Le Relais du Duc de l'Aiguillon : *21, pl. Donatien-Lepré. ☎ 02-40-62-94-62. Fermé en janv. Résa conseillée. Carte 15 €. Kir breton offert sur présentation de ce guide.* Dans la jolie demeure à pans de bois du XVe s qui fait l'angle avec la place. Une crêperie chaleureuse, aux murs en granit. Les crêpières s'activent devant les billigs pour émoustiller vos papilles sucrées ou salées. Les produits proviennent en grande partie du jardin familial (œufs, légumes, etc.), excepté la farine (biologique elle aussi). Un succès jamais démenti, vu les habitués et les touristes de passage. Le service est rapide et souriant. Grande terrasse prise d'assaut aux beaux jours. Longue vie au *Duc* !

Le Ty Mad : *3, quai de la Petite-Chambre. ☎ 02-40-23-02-77. Fermé jeu soir, ven et dim soir hors saison. Formule 16,90 € midi en sem, menus 19,90-39 €.* Une des très nombreuses adresses du port (inévitable terrasse avec vue sur la criée), celle-ci dans l'esprit bistrot-gastro. Rafraîchissant décor contemporain et ambiance décontractée pour une cuisine fraîche, avec une bonne dose de créativité.

De prix moyens à chic

Le Bistrot de la Poissonnerie : *8, quai de la Petite-Chambrée. ☎ 02-40-60-55-71. Tlj sf mar soir hors saison. Congés : en janv. Assiettes 15-18 €. Café offert sur présentation de ce guide.* Une adresse située sur le port, qu'on manquerait presque car absorbée par les commerces divers et variés ! Aux beaux jours, à l'heure de l'apéro, possibilité de siroter un entre-deux-mers en grignotant 2-3 bricoles venues de l'Atlantique. Pour les conchyliophiles, possibilité de compléter leur collec' en dégustant un beau plateau de fruits de mer. L'ambiance y est décontractée, avec une belle vue sur la pointe de Pen Bron.

Le Lénigo : *11, quai Lénigo. ☎ 02-40-23-00-31. • lelenigorestaurant@gmail.com • Au bout du quai. Fermé lun-mar hors août. Congés : de nov à mi-fév. Menus 29-45 € ; carte 40-50 €.* Marie-Claude et Ronald se sont rencontrés aux Beaux-Arts, d'où une déco particulièrement soignée, un brin chic, tout en boiserie. L'assiette est à la hauteur du cadre, inventive, surprenante, travaillée avec des épices pour mettre en valeur les produits frais (la criée est en face). Grands voyageurs, ils aiment concocter une cuisine différente, d'inspiration gastronomique, enrichie de saveurs du monde. Superbes homards dans le vivier.

Le Saint Alys : *3, quai Hervé-Rielle. ☎ 02-40-23-58-40. Face au port de plaisance, au début de quai. Tlj sf lun en été ; fermé le dim soir, mar et mer hors saison. Formule midi en sem 24 €, menus 32-47 €.* La façade discrète cache une petite salle cosy où l'on vient déguster une cuisine goûteuse et inventive, d'inspiration marine. Les plats sont copieux, aussi beaux que bons. En dessert, délicieux sablé breton et autres réjouissances. Service perlé. Une adresse qui fait l'unanimité auprès des habitués et des heureux clients de passage.

L'Estacade : *4, quai du Lénigo. ☎ 02-40-23-03-77. • contact@lestacade.fr • À l'extrémité du quai côté Océarium. Fermé lun midi en saison, sinon fermé mer-jeu. Congés : de mi-nov à début fév (ouv vac de Noël). Formule 18 € midi en sem, menus 30-42 €, carte 45 €.* La salle est engageante, chaleureuse et confortable, face au quai. La cuisine ne l'est pas moins : des plats régionaux, des produits locaux, des poissons en direct de la criée, jusqu'aux desserts raffinés. Monsieur s'active aux fourneaux, Madame (également chef !) en salle, déployant une gentillesse toute naturelle. Le genre de table où l'on remet volontiers le couvert le lendemain. Également une quinzaine de chambres *(doubles 57-97 €),* agréables et spacieuses pour certaines, mais aux salles d'eau-cabines riquiqui, autant le savoir.

Où déguster de bons chocolats ?

La Route du Cacao : *4, pl. Boston. ☎ 02-40-53-78-51. • croisic.cacao@orange.fr • Tlj sf lun mat' sept-juin. Congés : de mi-janv à mi-fév.* Idéalement située sur le port, cette chocolaterie-salon de thé ravira les bouches sucrées les plus exigeantes. Quelques spécialités : les rochers du Croisic, les croquinettes, les mini-vagues de l'océan, les truffes du marais (avec une pointe de fleur de sel de Guérande)… Également un rayon pâtisserie et macarons. Terrasse faisant office de salon de thé aux beaux jours.

À voir. À faire

Le mont Esprit : *sur la droite, à l'entrée de la ville.* Il tiendrait son nom d'une déformation des mots « lest pris ». En effet, cette butte est constituée par le lest déposé par les navires venus chercher du sel. Monter au belvédère pour la vue sur les marais, le Traict et les quais du port. Juste au pied, à droite, une petite route mène à des parcs à huîtres. Il n'y a presque personne, vous passerez devant de belles propriétés et pourrez, assis sur un rocher, pique-niquer ou contempler tranquillement les marais salants avec, au loin, la tour-clocher de l'église de Batz.

Le port et les rues anciennes : doté de plusieurs bassins appelés « chambres », le port abrite quelques beaux voiliers. Tout au long, de belles demeures en granit du XVe au XVIIIe s. Il se termine par une esplanade dominée par le ***mont Lénigo,*** construit, comme le mont Esprit, à partir du lest des navires. Autant les quais sont très animés en saison, autant les rues de l'intérieur sont calmes. Pour découvrir les portes basses et les façades à colombages, dépliant gratuit et circuits auprès de l'office de tourisme.

En face, l'***ancienne criée*** porte encore sur ses murs l'orgueil de la ville : armes de la ville, horloge, hampe de drapeau, ancre, un navire amiral coulé lors de la bataille des Cardinaux. C'est aujourd'hui un hall d'exposition.

L'église Notre-Dame-de-Pitié : *juil-août, visite guidée ven à 11h.* De style flamboyant, elle a été édifiée en granit à la fin du XVᵉ s. La tour carrée, qui devait rivaliser avec celle de Batz, porte sur sa plate-forme à balustres une tourelle octogonale coiffée d'un dôme à lanterne. Elle servait de point de repère aux marins.

La Galerie Chapleau : *6, rue Jules-Ferry. ☎ 02-28-56-78-60. En face de la mairie. Tlj 14h30-18h30, plus les w-e et j. fériés 10h30-12h30 avr-sept. Entrée : 3 €.* Installée dans l'ancien hôpital (XVIIᵉ s), une galerie en hommage au fresquiste local Eugène-Jean Chapleau (1882-1969) et son ami sculpteur de Batz Jean Fréour. Expos temporaires d'autres artistes, jusque dans le joli jardin. Rien que le bâtiment vaut le coup d'œil.

– Pour continuer sur le même thème, la ville propose un ***circuit pédestre « Le Croisic, aux couleurs des peintres ».*** Il est vrai que, dès le XIXᵉ s, Le Croisic fut très populaire auprès des artistes peintres. 25 pupitres sont à découvrir (dépliant gratuit à l'office de tourisme et en mairie) avec des reproductions de tableaux face aux lieux peints.

La jetée du Tréhic : très longue (858 m), vous aurez l'impression, pour peu qu'il y ait du vent, d'être en plein océan.

L'Océarium du Croisic : *av. de Saint-Goustan. ☎ 02-40-23-02-44. • ocearium-croisic.fr • ♿ Juil-août, tlj 10h-20h ; avr-juin et vac de la Toussaint, tlj 10h-19h ; de sept à mi-oct, début nov et Noël tlj 10h-13h, 14h-19h ; de mi-nov à mi-déc, tlj 14h-19h ; fermeture des caisses 1h avt. Fermé janv-mars. Durée de la visite : env 2h. Entrée : 14,50 € ; 3-12 ans 11,50 € ; réduc ; gratuit moins de 3 ans. Pour les enfants, demander le livret-jeux.*
Un véritable « observatoire de l'Atlantique » qui mérite qu'on s'attarde dans les branches de cet établissement en forme d'étoile de mer. Après avoir découvert ce que cache l'océan vers l'île d'Yeu ou Belle-Île, on s'amuse des facéties de la colonie des 25 manchots du cap d'Afrique du Sud. Après le tunnel peuplé de mérous et de raies ailées, place aux richesses de la Méditerranée avec l'espace Cyclades. Immanquable : le pavillon « Requins d'Australie », qui accueille 25 squales et des tortues dans un aquarium de taille impressionnante. Sans oublier l'île Vancouver, dont la faune marine est méconnue, et le Lagon aux poissons tropicaux multicolores. Ne pas manquer non plus le vaste espace des raies du Pacifique, dominé d'un étage avec expo temporaire.
– Nombreuses animations, dont le repas des manchots *(à 11h, 15h et 17h).*

PAS SI MANCHOTS !

Le manchot du Cap, visible à l'Océarium, est un drôle d'oiseau ; d'ailleurs, en bon pingouin, il ne vole pas. Ses ailes se sont adaptées et transformées en nageoires. Résultat : il peut plonger jusqu'à 130 m de profondeur et rester dans l'eau pendant 2 mn 30. On trouve, le long des côtes sud-africaines, trois colonies de ces « jackass penguins », surnommés ainsi car ils braient comme des ânes !

L'Espace Escargots : *33, rue des Becs-Salés. ☎ 02-40-15-79-69. • espace-escargots.com • ♿ 200 m à gauche après l'Océarium. Avr-sept, tlj 10h-12h30, 14h30-18h30 (ap-m slt hors vac scol et w-e). Entrée : env 7 € ; réduc. Visite guidée slt (45 mn-1h).* Une ferme hélicicole qui ouvre ses portes, ce n'est pas si fréquent (seulement 150 éleveurs d'escargots en France). Petit film de 10 mn pour

LOIRE-ATLANTIQUE

assimiler quelques bases (saviez-vous que l'escargot a des dents et aime le chocolat ?), puis parcours d'observation passionnant passant par l'accouplement, les naissances, la mise en parc pour l'engraissage... Petite dégustation. En France, on consomme 30 000 t d'escargots par an ! En prime, petite ferme pour les enfants.

Les Jardins de la mer : *saline Saint-Goustan, 5, rue Raymond-Poincaré. ☎ 09-75-75-84-07. 06-68-98-96-34. • lesjardins-delamer.fr • À côté de l'Océarium. Pdt 6 sem sur juil-août, ateliers, visites et dégustations avec programmation régulière ; sinon, se renseigner.* Cette ferme marine d'élevage de naissains d'huîtres et de palourdes a eu la bonne idée d'ouvrir ses portes au public. Mais on y découvre également le monde des algues au travers de sorties-collecte, d'ateliers cuisine, de dégustations... Goûter aux incontournables spécialités de tartare et baguette aux algues fraîches.

Maison du patrimoine croisicais et Moulin de la Providence : *au nord du parc de Penn Avel. Vac scol slt, w-e 15h-18h.* Cette ancienne maison de jardinier accueille des expos sur le patrimoine local. Visite possible du moulin voisin.

GUÉRANDE [GWEN-RANN]

(44350) 16 000 hab. Carte Loire-Atlantique, A2

La ville, à l'architecture de type militaire et aux superbes remparts des XIVe et XVe s, a pour nom breton *Gwen-Rann,* « Pays Blanc », en référence aux marais salants qu'elle domine. Elle se trouve donc sur une presqu'île, et sa fonction portuaire justifie sa protection par de robustes remparts pour défendre le carrefour des axes La Roche-Bernard – Le Pouliguen et La Turballe – Saint-Lyphard. Labellisée « Ville d'art et d'histoire », on la connaît surtout pour son sel, moins pour les autres spécialités : les salicornes, ces haricots verts des mers, et le salidou, un caramel au beurre salé de Guérande (à glisser impérativement dans une crêpe !).
L'accès en voiture dans la ville close est limité en saison ; en revanche, on trouve des parkings à chaque porte.

UN PEU D'HISTOIRE

Les monuments mégalithiques de l'arrière-pays témoignent d'une occupation ancienne. Les Romains développent l'exploitation du sel. La place forte joue un rôle important dans la constitution du duché de Bretagne. C'est à Guérande qu'Anne de Bretagne signe ses premières ordonnances lorsqu'elle succède à son père, le duc François II, en 1488. À cette époque, la flotte guérandaise compte 269 vaisseaux. La presqu'île produit du blé, du sel, du vin, et ses chantiers navals seront actifs jusqu'à la Révolution. En juin 1830, Honoré de Balzac parcourt le pays, qu'il décrit dans son roman *Béatrix*, suivi d'Émile Zola avec une nouvelle truculente, *Les Coquillages de M. Chabre.*

Adresse et info utiles

Office de tourisme : *1, pl. du Marché-aux-Bois. ☎ 0820-150-044 (0,12 €/mn). • ot-guerande.fr • À l'extérieur des remparts, face à la porte Saint-Michel. Tte l'année lun-sam, plus dim avr-sept.* Organise des visites guidées payantes avr-oct (env 1h30) : ville, remparts, collégiale Saint-Aubin. Visite-spectacle (avec comédiens) 1 fois/semaine en juillet-août, visites familles « le trésor de Guérande » et chasse au dragon pendant les vacances scolaires *(payant)*. Résas de bateaux, de spectacles et de grands sites. Excellent accueil.

– ***Marchés :*** *mer et sam mat.* On ne peut évidemment rêver mieux comme décor de marché que la ville médiévale et les petites halles rétro. Beaucoup de petits producteurs.

Où dormir ? Où manger ?

Comme pour tous les hauts lieux touristiques, les adresses sont nombreuses et pas toutes de qualité. Il faut savoir faire le tri, voici le nôtre.

Camping

⛺ ***Domaine de la Bréhadour :*** *route de Bréhadour. ☎ 02-40-17-65-15 ou 02-43-53-04-33 (centrale Eden Villages). • info@domainedebrehadour.com • domainedebrehadour.com • ♿ À 2 km du centre-ville, en direction de Saint-Lyphard, à gauche (fléchage « Bréhadour »). Fin mars-fin sept. Tentes 13-24 €. Roulottes et mobile homes 200-994 €/sem. 470 empl. Frais de dossier offerts (sf 9 juil-27 août) sur présentation de ce guide.* Le camping le plus proche de la ville. De bons emplacements pour les tentes en pleine forêt. D'originaux logements confortables (TNT, lecteur DVD) en roulotte ou en cabane de pêcheur avec terrasse, et même en TitHome (structure mi-dure, mi-tente, avec cuisine), le tout réparti dans un espace verdoyant. Belle piscine couverte et chauffée, avec toboggans, miniferme. Location de vélos.

Bon marché

🍴 ***Crêperie Roc Maria :*** *1, rue du Vieux-Marché-aux-Grains. ☎ 02-40-24-90-51. • roc-maria@orange.fr • Crêperie tlj avr-sept, fermée lun hors saison. Menu galette env 11 €.* 📶 Adresse bien située, avec terrasse dans une ruelle et au cachet certain. Vaste choix de crêpes (plus de 100 !).

Prix moyens

🏠 ***Chambres d'hôtes La Guérandière :*** *chez Valérie Lauvray, 5, rue Vannetaise (porte Vannetaise). ☎ 02-40-62-17-15. • contact@guerandiere.com • guerandiere.com • Doubles 65-95 € selon confort et saison ; également appartement et suite ; petit déj 10 €. Parking clos. Loc de vélos.* 📶 Une très belle adresse de charme, au cœur de la ville close. Cet endroit a séduit plus d'un magazine de déco. On craque nous aussi pour cette grande maison adossée aux remparts, pour son jardin où il fait bon prendre le petit déj, pour le bon goût de sa propriétaire (qui tient boutique dans les anciennes écuries en face) et pour l'excellent accueil de son mari. Déco raffinée où chaque objet a sa place, en harmonie avec le cadre et les beaux tissus.

🏠 🍴 ***Hôtel des Remp'Arts :*** *14, bd du Nord. ☎ 02-40-24-90-69. • hotelremparts@orange.fr • hoteldesremparts.com • À côté de l'office de tourisme, à deux pas de la porte Saint-Michel. Resto déj slt, tlj sf dim, plus mer hors saison. Doubles 59-69 € selon vue (cour ou remparts). Plats 9,50-16 €.* 📶 Un petit hôtel atypique avec, dans les parties communes, une originale déco de bric et de broc(ante). Chambres plus sobres, pas immenses mais plaisantes. Au resto, cuisine toute simple : salades et planches de charcuteries pour l'apéro. Accueil tout sourire.

🏠 ***Hôtel de la Cité :*** *2, pl. Dolgellau. ☎ 02-40-22-02-20. • reception@hoteldelacite-guerande.com • hotel-guerande.com • Dans une ZAC à 1,5 km du centre. Doubles 59-195 €.* 📶 Certes, on n'est pas dans le centre historique, mais cela n'empêche pas le confort dans ce *Best Western* moderno-chic où l'on ne manque pas d'espace. À signaler : l'établissement a reçu l'Écolabel européen pour ses efforts environnementaux, de la conception à la gestion quotidienne. Piscine.

LOIRE-ATLANTIQUE

Chic

Chambres d'hôtes La Maison Bizienne : *14, faubourg Bizienne. ☎ 02-40-70-92-57. • lamaisonbizienne.fr • Dans la rue qui part de la porte Bizienne. Compter 85 € pour 2 ; suites familiales également.* La sévère façade côté faubourg ne laisse en rien deviner ce qui attend à l'intérieur de cette maison fin XIXe s : des chambres vraiment charmantes, très déco, un accueil généreux (le petit déj l'est aussi !) et un grand jardin qui ferait presque oublier de visiter la vieille ville, à 5 mn à pied.

La Tête de l'Art : *11, rue de la Porte-Calon. ☎ 02-40-88-53-40. Dans l'une des ailes du manoir de la Porte-Calon, à l'entrée sud de Guérande. Mar-sam sf mar soir hors saison. Carte 35-40 €. Parking en face.* Décor sobrement contemporain sous les vieilles poutres de ce manoir du XVe s. Un très beau cadre donc et une agréable terrasse dans la cour fleurie. Accueil et service charmants pour une cuisine dans l'air du temps (de beaux produits et bonnes idées). Et à des prix qui méritent qu'on s'éloigne de la vieille ville. D'autant que l'endroit a tout autant de charme, le vieux manoir abrite plusieurs commerces qui ne l'ont pas du tout défiguré.

Où dormir dans les environs ?

Chambres d'hôtes L'Essencielle : *49, rue des Deux-Moulins, Mouzac. ☎ 02-40-45-59-85. 📱 06-10-34-56-86. • beaujon.muriel@orange.fr • lessencielle.fr • ♿ À env 3 km du centre-ville, en direction de La Baule, traverser le hameau de Mouzac et à gauche. Double 56 € (2 nuits min, dégressif dès la 8e nuit) ; petit déj 8 €.* À deux pas des marais, sympathique maison réservée aux hôtes, avec 5 chambres entretenues avec soin. Grande cuisine commune, vaste salle à manger-salon avec poêle et TV, grand jardin... Il règne ici une ambiance conviviale !

Chambres et table d'hôtes La Balade des Marais : *5, Kertitry, 44350* **Saint-Molf.** *📱 06-18-41-32-65. • jctouze@lbdmarais.com • lbdmarais.com • À env 10 km de Guérande. À la sortie de Saint-Molf, au rond-point, tt droit, puis 3e à gauche et 1re à droite. Double 130 €, triple 160 €, accès au sauna compris. Table d'hôtes 40 € (apéro et vin bio compris) le w-e hors saison et tlj l'été. Loc de vélos. Réduc de 10 % sur le prix de la chambre, sur présentation de ce guide.* Dans une maison lumineuse et contemporaine, 3 grandes chambres très bien équipées, entourées d'un vaste parc boisé et les marais salants à proximité. Ambiance sereine et relax, généreuse terrasse pour prendre le soleil. Les repas sont concoctés par Jean-Claude, à base de produits locaux et bio. Un espace bien-être vient compléter ce lieu de qualité : sauna (gratuit), massage ayurvédique ou réflexologie plantaire, soins délivrés par Annette. Un lieu pour entretenir sa zénitude !

Où boire un thé ?

Goût'Thé : *30, rue de Saillé. ☎ 02-40-01-88-83. Tlj sf les midis dim-lun, plus les soirs dim-lun hors saison.* À l'intérieur des remparts, près de la porte de Saillé. Petites tables dehors aux beaux jours ou jolie salle pour goûter à toutes sortes de thés, mais aussi des gâteaux maison...

Où sortir ?

Discothèque Le Garden : *au hameau de Congors, direction Le Croisic. ☎ 02-40-24-78-00. • legarden.net • Tlj en juil-août ; le w-e le reste de l'année.* En plein marais salant. Un incontournable dans la région.

À voir

Les remparts et la porte Saint-Michel : *entrée principale de la ville. ☎ 02-28-55-05-05. Avr-sept, tlj sf lun mat, 10h-12h30, 14h30-19h ; oct, tlj sf lun mat, 10h-12h, 14h-18h. Entrée : 4 € ; réduc ; forfait famille (de 2 enfants ou plus) 10 €. Pour les enfants, livret-jeux.* La promenade sur la partie des fortifications médiévales restaurées inclut la visite du 2e étage de la porte Saint-Michel qui fut l'habitation du gouverneur de la ville, une prison pendant la Révolution, puis l'hôtel de ville. Les salles accueillent des expositions temporaires durant les travaux en cours.

La collégiale Saint-Aubin : *tlj 9h-12h, 14h-18h.* De l'église romane, incendiée lors du sac de Guérande (1342), subsistent la nef et ses piliers dont certains sont ornés de chapiteaux sculptés. La collégiale actuelle est une construction des XVe et XVIe s, de style gothique flamboyant. À l'extérieur : chaire à prêcher du XVe s, desservie par l'escalier à vis du clocher, rare en Bretagne. Accès aux hauts de la collégiale de juin à septembre avec l'office de tourisme *(3 €).*

La ville close : plusieurs quartiers se devinent intra-muros. Autour de la porte Saint-Michel et de la place du Pilori, le quartier commerçant est caractérisé par ses maisons mitoyennes datées du XVIe au XXe s. À l'ouest de la cité, le tissu urbain se relâche : les manoirs en granit et autres hôtels particuliers, entourés de grands jardins, se cachent derrière de hauts murs.
Au Moyen Âge, tout un quartier de la ville appartenait aux prêteurs et banquiers juifs *(rue de la Juiverie).* La ville possédait aussi ses graveurs, orfèvres et sculpteurs qui ont décoré la collégiale.

Le musée de la Poupée et du Jouet ancien : *23, rue de Saillé. ☎ 02-40-15-69-13. Avr-oct et vac scol, tlj 10h30-13h30, 14h-19h ; nov-mars, tlj 13h-18h30. Fermé en janv. Compter 30 mn de visite. Entrée : 3,50 € ; réduc ; gratuit moins de 6 ans.* Belle collection de plus de 300 poupées de 1830 à 1950, en bois, papier mâché, porcelaine, biscuit (cuite 2 fois !), cire, peau de chevreau, feutrine, soie et... plastique bien sûr. Également des dînettes, meubles et vêtements. Tous ces éléments sont agencés dans des mises en scène plutôt réussies.

Le château de Careil : *33, rue du Château-de-Careil. ☎ 02-40-60-22-99. • careil.com • À 3 km au sud de la ville, sur la route de La Baule. Juin-août, visite guidée à 11h, puis ttes les heures 14h-18h ; juil-août, visite aux chandelles lun et mer à 21h30 et visite « Jeu » mar, jeu et sam à 17h. Compter 35 mn-1h selon animation. Tarifs : 6-8 € selon type de visite ; réduc.*
Ce château (plutôt une longue bâtisse) des XIVe-XVIe s mérite le détour pour l'accueil de son châtelain, mais surtout pour les animations et spectacles qu'on y trouve. Mobilier, salons et explications héraldiques de la famille. Lors des visites-spectacles aux chandelles, on remonte le temps avec des personnages costumés, pleins d'humour et d'anecdotes, parlant le vieux « françois ». À partir de 5 ans, visite « Jeu », sous forme d'enquête ludique et aux airs de Fort Boyard. Des formules originales pour approcher l'Histoire autrement.

Monkey Forest : *à Saint-Molf, Guérande. 06-60-84-46-00. • monkey-forest.fr • Sur la D 774 direction Herbignac. Fév-oct. Tarifs : 15-30 € selon type d'activités ; réduc.* Parc Aventures avec 16 parcours et 200 jeux.

Fête et manifestations

– **Fête médiévale :** *1er w-e de juin.* Costumes médiévaux, défilés, banquets, fauconniers, une ambiance « médiévalement » très sympa.
– **Les Festi'Cités de Guérande :** *chaque jeu en soirée juil-août.* Visite spectacle, animations de rue, concerts.

– ***La Voix des orgues :*** *de mi-juil à mi-août, ven soir à 21h. Billets sur place à partir de 20h30.* Concerts et récitals dans la collégiale.
– ***Les Celtiques de Guérande :*** *début août, sur 5 j. Rens et billetterie auprès de l'office de tourisme.* 5 jours de concerts, rencontres, jeux bretons, animations, défilés, fest-noz.

LES MARAIS SALANTS

Carte Loire-Atlantique, A2-3

Ils s'étendent sur plusieurs communes. Principalement sur Guérande, on les trouve également à Saillé et à Pradel, mais aussi à Kervalet, adorable hameau rattaché à Batz-sur-Mer. Sauf si le vent souffle fort, il faut absolument venir s'y perdre à vélo (accès interdit et dangereux à pied) ou en voiture, de préférence tôt le matin ou en soirée, une fois que la foule est partie dîner ou que le soleil se couche. Les couleurs y sont exceptionnelles avec toutes les nuances de gris, d'argent, de bleu, de vert (une seule couleur en breton : *glaz,* la couleur du ciel et de la mer), le mauve des bruyères et le blanc du sel, bien évidemment... Et si vous souhaitez acheter du gros sel, de nombreux paludiers vendent leur production le long de la route.

PETITE HISTOIRE DU SEL

Les pêcheurs des Pays-Bas ont été les premiers à découvrir les vertus conservatrices du sel. C'est pour cette raison que de nombreuses églises de la presqu'île guérandaise ont été bâties avec des pierres en provenance des villes hanséatiques de Brême ou de Hambourg, dont les navires étaient lestés. Posséder du sel ou en produire a très tôt représenté un intérêt politique et économique. Les princes, les évêques ou les potentats locaux s'arrangeaient pour en maîtriser les flux. En 1340, Philippe VI de Valois institua une ponction fiscale : la gabelle, récoltée par les « gabelous ». La Bretagne en était exemptée jusqu'en 1765. Créant de profondes injustices entre les régions, la gabelle représentait, en 1715, un peu plus d'un dixième du revenu fiscal du royaume.

UNE QUALITÉ RECONNUE

À Guérande, le marais a repris du poil de la bête grâce à une poignée d'anciens paludiers qui ont formé une nouvelle génération, attirée par la vie au grand air, la mise en valeur du terroir... Leur production annuelle chiffre 10 000 t par an grâce à un groupement de 250 producteurs indépendants. Aujourd'hui, le sel de Guérande est une réussite commerciale (qui a obtenu en 2012 son Indication Géographique Protégée, une première pour un sel en Europe). Présent sur les bonnes tables, de grands chefs l'ont adopté pour ses qualités gustatives.
Qu'il soit gros sel gris, sel fin ou fleur de sel, le sel de Guérande reste un produit haut de gamme (ce qui ne veut pas dire cher). Et pas seulement pour son goût, mais aussi pour ses qualités nutritionnelles, pauvre en sodium mais riche en magnésium et en oligoéléments.

PETIT LEXIQUE DU PALUDIER

– ***Paludier :*** nom du récolteur de sel (« saunier » en Vendée). Son travail, contrairement à ce que l'on croit, consiste avant tout à entretenir le marais, la récolte ne durant qu'une quarantaine de jours dans l'année.

– ***Fleur de sel :*** le « caviar de sel ». Tandis que le gros sel se dépose sur l'argile du marais, la fleur de sel flotte à la surface. D'un geste précis et élégant, le paludier cueille ce sel, plus fin, plus blanc. Vous avez tout aussi bien le droit de préférer le sel gris...
– ***Vasière, corbier, fares, adernes et œillets :*** ce sont les différents bassins (on en compte 10 000 par ici !), correspondant aux différents stades d'évaporation de l'eau.
– ***Trémet :*** endroit où l'on « roule » et dépose en tas le sel pendant le temps de la récolte.
– ***Salorge :*** hangar (les plus beaux sont en bois) où l'on conserve le sel jusqu'à sa commercialisation.

Où manger des crêpes dans les marais ?

|●| ***Crêperie La Salorge :*** *12, rue Croix-Sérot, à* ***Saillé,*** *44350 Guérande. ☎ 02-40-15-14-19. Fermé mar-mer hors saison. Congés : de fin nov à mi-déc. Résa indispensable, surtout en saison. Carte 15-20 €. Apéritif maison offert sur présentation de ce guide.* On est d'accord, ce n'est pas vraiment donné, mais les crêpes sont franchement copieuses et originales. Une seule fait généralement l'affaire, et sur la presqu'île, tout le monde vous le dira, « *La Salorge,* c'est une crêperie d'une autre catégorie ». Pas mal de people, de la politique comme du spectacle, en ont d'ailleurs fait leur cantine. Belle carte de cidres. Jolie terrasse et jardin à l'arrière.

|●| ***Crêperie Fleur de Sel :*** *42, rue de la Chapelle, à* ***Kervalet,*** *44740 Batz-sur-Mer. ☎ 02-40-23-90-73. ♿ Près de l'église. Fermé lun-jeu hors saison. Congés : vac de Noël. Carte env 15-20 €. Kir breton offert sur présentation de ce guide.* Très prisée, cette adresse labellisée « Crêperie gourmande » est surtout connue pour son kig ha farz (potée bretonne), servi d'octobre à avril au coin du feu. Soupe du pêcheur et charcuterie du cru à la carte. La réputation de ses bonnes crêpes et galettes est connue au-delà de ce joli petit hameau. Copieux, service rapide, on apprécie le cadre fleuri et la terrasse extérieure aux beaux jours. Et pensez à aller faire le tour de l'adorable village en sortant.

À voir. À faire

★★★ 👪 ***Terre de Sel – Espace Sel et Nature :*** *route des Marais-Salants,* ***Pradel,*** *44350 Guérande. ☎ 02-40-62-08-80. • terredesel.com • ♿ Sorties découverte tte l'année (programme sur le site), tlj, sur résa en saison : juil-août, 9h30-19h30 ; mai-juin et sept, 10h-18h ; oct-avr, 10h-12h30, 14h-17h. Compter 9-13 € selon la sortie commentée (comprenant l'entrée à l'expo), 4 € pour l'expo seule ; réduc ; forfaits famille dès le 1er enfant. Jeu pour les enfants. Boutique (sel sous ttes ses formes et produits régionaux).* Cet espace, entièrement dédié au sel et aux marais, est le fruit d'un partenariat entre paludiers et animateurs nature. La visite combine, de façon très intelligente, une exposition retraçant la vie du marais au fil des saisons et l'explication sur le terrain. Le but est avant tout de montrer le lien intime qui existe entre les hommes et l'environnement et de parler des marais d'aujourd'hui, depuis leur réhabilitation et la relance de l'activité. Des balades familiales avec expériences ludiques et sensorielles très appréciées. Penser à mettre des chaussures de marche. Pour observer les oiseaux, mieux vaut choisir une visite matinale (ou l'une des nocturnes proposées en été). Du bâtiment principal, vue panoramique sur les marais et expos temporaires (à vocation scientifique ou artistique).

★★ ***La Maison des paludiers :*** *16, rue des Prés-Garniers,* ***Saillé,*** *44350 Guérande. ☎ 02-40-62-21-96. • maisondespaludiers.fr • ♿ Avr-sept, tlj 10h-12h30,*

14h-18h (ferme à 12h et 17h avr et sept, 17h30 en mai-juin) ; fév-mars et oct, tlj 14h30-17h30. Entrée : env 5,50 € ; réduc. Visite de l'écomusée : 1h. Avr-sept, visite guidée de 1h30 d'une saline tlj 16h30 ; juil-août, tlj 10h30, 14h30, 15h30, 16h30. Env 7,50 € ; réduc. Consacré au sel et aux paludiers, ce musée est installé en partie dans l'ancienne chapelle de Saillé, autrefois capitale du sel. La muséographie vous contera la cristallisation du sel et le rôle de médiateur du paludier, à l'appui d'un film numérique de 25 mn. Autour d'une maquette, vous découvrirez le rôle et la fonction des bassins composant la saline. Enfin, grâce à une visite de la saline, la fleur de sel n'aura plus de secrets pour vous.

➢ ***Visite des marais salants :*** **Le Mulon de Pen Bron,** *sur la route de Pen Bron. 📱 06-72-01-83-78. • lemulondepenbron.com • Juil-août, ts les mat sf dim, à 11h, sans résa ; sur résa le reste de l'année. Compter 5 €/pers ; réduc ; gratuit moins de 10 ans. Durée : 45 mn.* Visite intéressante faite par Philippe Constant, paludier indépendant.

➢ ***Le survol des marais en avion :*** *à l'aéroclub de la Côte d'Amour, à l'aérodrome, 44500* **La Baule-Escoublac.** *☎ 02-40-60-23-84. • aeroclub-labaule.com • Attention, résa indispensable en saison. Compter 135 € pour un vol d'env 25 mn. Un bon plan pour réduire la note : venir à 3, c'est le même prix.* Une expérience mémorable. Vu du ciel, on comprend tout, et en plus, c'est beau !

➢ Pour ceux qui préfèrent l'***hélicoptère*** et qui en ont les moyens, ***Helibreizh*** propose des vols au départ du même aéroclub. *Rens : ☎ 02-97-44-68-21. • helibreizh.com •*

LA TURBALLE [an turball]

(44420) | 4 040 hab. | Carte Loire-Atlantique, A2

La sardine a fait la fortune du port, créé au XIXe s et de sa conserverie. Aujourd'hui, le deuxième port de la façade atlantique française a été agrandi, mais ce secteur économique reste très fragile. La « grosse vache » (ce n'est pas une insulte, mais le surnom donné à la sardine ici, celle qui est trop grosse et qu'on ne peut pas mettre en boîte) a été détrônée par l'anchois, dont environ 7 000 t sont rapportées annuellement dans les filets turballais. La ville possède une longue plage de 5 km, dite « de la Grande Falaise », très réputée chez les véliplanchistes. Après le port de pêche, on retrouve encore 3 km de plage en petites criques. Enfin, La Turballe constitue un point de départ vers les îles avoisinantes (Belle-Île, Houat, Hoëdic).

Arriver – Quitter

➢ ***En bus :*** *réseau* ***Lila,*** *☎ 0825-087-156 (0,15 €/mn).* Liaison avec Saint-Nazaire, Guérande ou La Baule. Paiement au chauffeur.

➢ ***Navettes pour Houat, Hoëdic et Belle-Île :*** **Navix,** *☎ 02-97-46-60-00. • navix.fr • Juil-août. Traversées passagers slt avec bagage 20 kg maxi. Compter 35-42 € selon l'île pour un A/R dans la journée.* Depuis La Turballe, compter 1h pour Hoëdic (puis 20 mn entre Hoëdic et Houat) et 1h30 pour Belle-Île.

Adresse utile

ℹ ***Office de tourisme :*** *pl. Charles-de-Gaulle. ☎ 02-40-23-39-87. • tourisme-laturballe.fr • Sur le port. Juil-août, tlj ; le reste de l'année, lun-sam.* Billetterie pour les îles (Belle-Île, Houat et Hoëdic).

Où dormir ?

Campings

⛺ ***Camping du Parc Sainte-Brigitte :*** *domaine de Bréhet, route de Guérande. ☎ 02-40-24-88-91. 📱 06-99-95-80-99. • saintebrigitte@wanadoo.fr • campingsaintebrigitte.com • ♿ À 3 km de La Turballe, direction Guérande ; sortie de Clis, sur la droite. Avr-sept. Tentes env 22-25 €. Loc de mobile homes 390-783 €/sem. 150 empl.* Agréable camping, peu ombragé mais calme, établi près d'un château dans un domaine boisé. Animations occasionnelles. Résa indispensable en juillet-août. Loue des vélos. Piscine.

⛺ ***Camping municipal Les Chardons Bleus :*** *bd de la Grande-Falaise. ☎ 02-40-62-80-60. • campinglescharDonsbleus@mairielaturballe.fr • camping-laturballe.fr • ♿ Au sud de la ville, avt le site protégé de Pen-Bron. Début avr-fin sept. Tentes 15-20 €. Loc de chalets pour 4 à 6 pers, dont 2 adaptés pour les pers à mobilité réduite, 289-686 €/sem. 300 empl.* Spacieux camping adossé au site de Pen-Bron. Accès direct à la plage de la Grande-Falaise. Animations pour les enfants et les adultes. Bar-brasserie et épicerie en juillet-août. Piscine.

Prix moyens

🏠 ***Hôtel Les Chants d'Ailes :*** *11, bd Bellanger. ☎ 02-40-23-47-28. • hotel.chantsdailes@wanadoo.fr • laturballe.free.fr/hotel-chantsdailes • Congés : 1 sem en mars, 1 sem en oct. Doubles 51-85 €. Wi-fi Réduc de 10 % sur le prix de la chambre janv-mars et nov-déc sur présentation de ce guide.* Quasiment les pieds dans le sable, puisqu'il n'y a que la rue à traverser. Dans un bâtiment moderne, un petit hôtel sans prétention mais aux chambres d'un honnête rapport-qualité-prix. Salle pour le petit déj offrant une vue sur la plage et l'océan.

🏠 ***Chambres d'hôtes Le Manoir des Quatre Saisons :*** *chez M. Meyran-Quirin, 744, bd de Lauvergnac. ☎ 02-40-11-76-16. 📱 06-87-33-43-86. • manoirdes4saisons@gmail.com • manoir-des-quatre-saisons.com • ♿ (1 chambre). En dehors du centre-ville, en direction de Piriac par la D 333. Compter 75-85 € pour 2. Wi-fi* Joli manoir tout en granit et ardoise offrant 5 chambres, dont une suite avec cuisine, au confort cossu. Adresse un peu chic mais pas guindée. Vue sur Le Croisic depuis la chambre jaune. Piscine chauffée et grand jardin. Également une petite maison indépendante.

Où manger ?

De bon marché à prix moyens

🍴 ***Le Chaudron :*** *1, rue de Fourbihan (pl. Poulloué). ☎ 02-40-23-32-52. • lechaudronrestaurant@gmail.com • À l'entrée de la ville en arrivant de Guérande. Tlj sf lun, plus dim hors saison. Menus 15 € (midi slt), puis 22-37 €. Digestif maison offert sur présentation de ce guide.* Virginie et Thomas ont posé leurs valises dans cette jolie maisonnette de granit, flanquée de son calvaire de carte postale. Le chef fait preuve d'originalité et vous invite à une drôle de « balade en bouche des produits du terroir et de saison » au pays du salé comme du sucré. Tout cela dans une logique de circuits-courts, locavore, bio et éthique. Tout pour plaire !

🍴 ***Les Sarments :*** *10, rue Saint-François. ☎ 02-40-62-84-25. • le.bistrot.dessarments@orange.fr • En plein centre. Tlj sf dim soir-lun hors juil-août. Formules 15,90-19,90 € jusqu'à 14h et 21h30, menu 29,90 € ; carte env 35 €.* Juste à l'écart du port et sa guirlande de tables en terrasse, cette adresse guillerette et fleurie dans les tons rouges propose une cuisine régionale bien tournée. Spécialités de grillades (cuites dans la cheminée), mais aussi de produits de la mer (en direct de la criée). Les vrais plus, ce sont les tarifs très raisonnables, également le soir, et l'accueil tout à fait charmant.

Chic

Le Terminus : *18, quai Saint-Paul. ☎ 02-40-23-30-29. • terminus44420@aol.com • Tlj sf dim soir, mar soir et mer hors saison. Congés : 2 sem en fév, 1 sem en oct. Formule 16 € déj en sem, menus 29-58 €. Café offert sur présentation de ce guide.* Ambiance port de pêche à l'intérieur et à l'extérieur, avec la vue imprenable sur la criée et les mouettes gourmandes. Cuisine à base de produits frais. Plats inventifs en liaison directe avec l'océan.

À voir. À faire

Le clocher-belvédère de l'église de Trescalan : *visite guidée juil-août sam-lun slt 14h30-17h30 (1 €).* Construit en 1852, il offre une vue panoramique à 45 m au-dessus du niveau de la mer. Accès par 110 marches et une échelle en bois !

La criée et le port : *arrivée des bateaux l'ap-m et en soirée lun-ven.* Un cérémonial bien réglé que celui de la criée, même si la « criomobile » a pris le relais du crieur professionnel. Mareyeurs, grossistes, poissonniers viennent s'y approvisionner. C'est donc réservé aux professionnels, mais on peut y assister en visite guidée en saison *(certains j. aux vac scol à 5h45 ; compter 1h15, résa obligatoire, ☎ 02-40-23-39-87 ; tarif : 6 €, réduc).* Pas de vente aux particuliers. Vrai patrimoine de la ville, on flâne à toute heure le long du port à observer les allers-retours des chalutiers, leurs déchargements, ou les mouettes qui se servent dans les casiers.

LOIRE-ATLANTIQUE

Le musée « La Maison de la pêche » : *derrière l'office de tourisme, sur le port, au-dessus du centre de Marée. ☎ 02-40-11-71-31. • musee-laturballe.fr • Juil-août, tlj 9h30-12h30, 14h-18h ; horaires plus restreints hors saison. Entrée : 4 € ; réduc.* L'association Au gré des vents a pour but la défense et la promotion du patrimoine maritime. Elle organise de nombreuses animations autour du port. Gère le chalutier du même nom (propriété de la ville), que l'on peut visiter (45 mn). Organise des visites guidées du port (1h30 environ) et de la criée. Également des balades autour de la ville, le moulin de Kerbroué et la maison du meunier. Dans leurs locaux, un petit musée sur l'histoire de la pêche, des expos temporaires, et les jeunes mousses peuvent participer à des ateliers de matelotage et apprendre à faire de difficiles nœuds comme la « jambe de chien » ou la « gueule de raie » *(sur résa).* Très actif et de bon conseil pour vos sorties en mer.

➢ **Pêche et promenades en mer :** *mai-oct.* Sorties de pêche à bord d'un chalutier, pêche au bar au lancer... Plusieurs professionnels proposent leurs services. Infos à l'office de tourisme.

Fête et manifestation

- **Festi Vent :** *dernier w-e de juin. • festi-vent44.com •* Démonstrations de cerfs-volants, initiation au kayak de mer et à la voile, baptême de goélette, spectacles déambulatoires, concerts...
- **Fête de la Sardine :** *mi-juil et mi-août.* Dégustation de la reine sardine sous toutes ses formes. Musique bretonne. Très populaire.

DANS LES ENVIRONS DE LA TURBALLE

Les dunes de Pen Bron sont classées et protégées. Il s'agit d'un isthme sablonneux, s'avançant entre la mer et le traict (lagune salée), pratiquement jusqu'au Croisic. Accès fermé aux voitures en été mais ouvert aux piétons et vélos. Ce site naturel protégé abrite également une plage. Engoncé dans une dune, remarquez le petit ***cimetière*** des religieuses de l'hôpital. Tout au bout de l'isthme, on atteint l'imposant ***centre marin de Pen Bron*** dédié à la rééducation motrice et fonctionnelle. On trouve à côté un hôtel-restaurant *(☎ 02-28-56-77-99 ; • hotels-aptitudes.com •).*

➢ Liaisons saisonnières entre la pointe de Pen Bron et le port du Croisic avec un passeur (8 places), *Le Galipétant. ♿ Infos aux offices de tourisme du Croisic et de La Turballe.*

PIRIAC-SUR-MER [pen kiriak]

(44420) 2 170 hab. Carte Loire-Atlantique, A2

Un des plus beaux endroits de la région, qui a séduit Daudet, Flaubert, Pablo Casals... Zola y séjourna dans une maison en face de l'église, et la famille Belmondo y avait ses quartiers. Cette jolie bourgade possède des ruelles étroites typiques et des maisons de granit très fleuries, dans le pur style de la région. Pas de voitures en centre-ville (utiliser le grand parking à l'entrée), ce qui préserve tout le cachet de cette ville au style très *Pauline à la plage.*

LOIRE-ATLANTIQUE

Arriver – Quitter

➢ ***En bus :*** *☎ 0825-087-156 (0,15 €/mn).* Ligne 4 du réseau *Lila* avec La Baule.

Adresses utiles

ℹ ***Office de tourisme :*** *7, rue des Cap-Horniers. ☎ 02-40-23-51-42. • piriac.net • Près du parking du marché. Juil-août, tlj ; le reste de l'année, lun-sam.* 💻 Organise des visites de la ville en été, sur résa.

■ ***Location de vélos : Piriac à Vélo,*** *Garage AD Expert Nicol, Zone du Pladreau. 📱 06-25-13-00-08. • piriacavelo.com • Tlj en saison. Compter 12 €/j.* VTC, VTT, remorques et vélos pour enfants.

Où dormir ? Où manger ?

Campings

⛺ ***Camping Mon Calme :*** *rue de Norvoret. ☎ 02-40-23-60-77. • campingmoncalme@free.fr • campingmoncalme.com • ♿ Proche de la plage du Castelli. Ouv Pâques-fin sept. Compter 15-25 € en tente pour 2. Mobile homes 260-640 €/sem. 88 empl.* 📶 Encadré de maisons dans un quartier résidentiel, proche du port et des plages, petit camping familial avec piscine chauffée.

⛺ ***Camping naturiste Le Clos Marot :*** *route de Maurault, Saint-Sébastien. ☎ 02-40-23-59-20. • info@anca-piriac.com • anca-piriac.com • ♿ Accès par la D 99, route de Maurault. De mi-juin à fin août. Tente 11-25 €. Caravane 154 €/sem. 📶 La 8e nuit gratuite sur présentation de ce guide.* Camping naturiste familial et calme, à 4 km de la mer. Pétanque, badminton, tennis, ping-pong, randonnées, vélo. Piscine.

De bon marché à prix moyens

🏠 🍽 ***Hôtel de la Poste – Restaurant la Terrasse Fleurie :*** *26, rue de la Plage. ☎ 02-40-23-50-90.*

• piriac.hoteldelaposte@wanadoo.fr • piriac-hoteldelaposte.com • Resto tlj sf mer et dim soir hors saison. Congés : déc-janv. Doubles 65-76 € selon saison. Formule déj en sem 13,50 € ; menu 25,90 €. 📶 *Kir océan offert sur présentation de ce guide.* En terrasse (fleurie) ou dans la salle éclatante de couleurs, une cuisine soignée, comme on dit, largement tournée vers la mer et à base de produits frais. Chambres gentiment rénovées et plutôt agréables. Excellent accueil.

Crêperie Lacomère : *18, rue de Kéroman. ☎ 02-40-23-53-63. Fermé lun-mar hors saison, sf vac scol. Congés : de nov à mi-mars. Formule autour de 12 € et menus 15,50-18,50 € ; carte 15-25 €. Apéritif offert sur présentation de ce guide.* On aime beaucoup ou on n'aime pas du tout cette crêperie-resto de fruits de mer dont le patron fait le show à chaque service (biniou, chants, blagues...). Clientèle d'habitués et de touristes.

Où boire un verre ?

Le Vercoquin : *10, rue de Keroman. 06-61-95-80-05. • ludo_roquet@hotmail.com • Tlj sf lun-mar hors saison, jusqu'à 2h. Congés : 1re quinzaine de janv. Tapas env 8 €.* 📶 Sympathique bar-PMU dans la ruelle festive derrière le port. Dans le petit patio (et sa tonnelle) ou accrochés au bar, les vacanciers et les locaux se retrouvent pour de chaudes soirées en saison, particulièrement les soirs de match ou d'apéro-concert.

À voir. À faire

La Maison du patrimoine : *3, pl. Henri-Vignioboul. ☎ 02-40-15-59-71. • patrimoinepiriac.fr • Avr-juin, w-e 14h30-18h ; juil-août, tlj 15h-19h, plus 10h-12h jeu-ven ; sept, tlj 14h30-18h. Entrée : 2 € ; gratuit moins de 12 ans. Visite commentée sur demande tlj sf dim, 15h-18h.* Petite expo sur l'histoire de Piriac, l'aventure de la sardine, photos, 1 200 cartes postales anciennes, maquettes, costumes, objets, expo sur le port...

Piriac Aventure : *route de Mesquer (D 52). ☎ 02-40-23-66-66. • piriac-aventure.com • Juil-août, tlj 9h30-19h30 ; avr-juin et ponts, mer et w-e 10h-19h ; sept-début nov, mer et w-e 13h-19h. Nov-début avr, sur résa slt (conseillée le reste de l'année). Entrée : 21 € ; réduc et formule famille.* Entre terre et ciel, on glisse ou on grimpe, de la cime d'un arbre à l'autre. 110 ateliers de différents niveaux sur 10 parcours.

Le tombeau d'Almanzor : *en suivant le sentier des douaniers, peu avt la pointe du Castelli ; accessible slt à marée basse, selon le coefficient.* Le rocher le plus connu de cette portion de côte, qui peut, effectivement, évoquer un tombeau, recouvert des plis d'un drap mortuaire. C'est celui, dit la légende, d'Almanzor, un seigneur local qui fit naufrage ici à son retour de croisade. Au grand désespoir de sa gente dame Yseult, qui l'attendait dans la *grotte à Madame* qu'on découvre également au long de ce sentier.

AU CENTRE DU MONDE

À une poignée de kilomètres au large de Piriac-sur-Mer, la petite île Dumet, aujourd'hui déserte, serait, d'après les calculs du physicien Alphonse Berget en 1912, le centre des terres émergées. Mais d'autres calculs plus récents situent ce « nombril du monde » dans le quartier Malakoff à Nantes. D'autres encore à Pitesti, en Roumanie. Salvador Dalí avait opté pour la gare de Perpignan !

➢ ***Balades en kayak de mer :*** *Nautisme en Pays Blanc, à la Maison de la mer. ☎ 02-40-23-53-84. • npb.asso.fr •* Découvertes, balades et randonnées nautiques en kayak de mer. Celle de 5h autour de l'île Dumet est particulièrement sympa. Propose également en été des sorties en goélette, en *paddle* et des balades palmées. Location de catamarans, planches à voile, Optimist...

MESQUER-QUIMIAC [meskeR]

(44420) 1 620 hab. Carte Loire-Atlantique, A2

Une commune très étendue qui a su rester encore sauvage. Prendre la route qui longe la côte depuis Piriac, passer à Quimiac, puis aller à Mesquer via l'étier de Kercabellec, près des parcs à huîtres. Cet ancien petit port comptait, au milieu du XIXe s, 35 navires exportateurs de sel. Il alimente une partie des marais salants de Mesquer, où l'on peut se promener sur les sentiers. Beaucoup de charme, plein de plages et plagettes.

Arriver – Quitter

➢ ***En bus :*** *réseau **Lila.*** Liaison sur résa avec La Baule et Guérande *(☎ 02-40-62-32-33).*

Adresse utile

ℹ ***Office de tourisme :*** *pl. du Marché (pl. de l'Orée-du-Bois), à Quimiac, 44420 **Mesquer.** ☎ 02-40-42-64-37. • mesquer-quimiac.com • ♿ Lun-sam, plus le mat des dim et j. fériés en juil-août.* Infos pour les visites guidées des marais et des parcs ostréicoles en été. Billetterie.

Où dormir ? Où manger dans les environs ?

Campings

⛺ ***Camping Le Beaupré :*** *141, route de Kervarin, **Kercabellec.** ☎ 02-40-42-64-16. • info@lebeaupre.com • lebeaupre.com • Du centre de Mesquer, direction Kercabellec. Ouv avr-fin sept. Pour 2 en tente 17-22 €. Mobile homes 240-680 €/sem. 48 empl. 📶 Réduc de 5 % sur présentation de ce guide.* Petit camping familial situé au nord de Mesquer et à 300 m de la mer. Très ombragé et calme. Sentier de randonnée à deux pas. Pêche en mer et à pied.

⛺ ***Camping de la Baie :*** *Keravelo, à **Pen-Bé-en-Assérac.** ☎ 02-40-01-71-16. • contact@camping-delabaie.com • camping-delabaie.com • ♿ À 10 km au sud-ouest d'Herbignac, un peu à l'extérieur du parc de la Brière. Début avr-début nov. Tentes 14-24 €. Chalets et mobile homes 196-892 €/sem. 103 empl. Apéritif maison offert sur présentation de ce guide.* Camping ombragé, sis dans un hameau calme et isolé du reste du monde, avec accès à la baie. Des animations pour les enfants en saison. Piscine.

De prix moyens à chic

🏠 🍽 ***Hôtel Relais Marine :*** *276, rue Centrale, à **Quimiac.** ☎ 02-40-42-51-09. • contact@relaismarine.fr • relaismarine.fr • ♿ (resto). Sur la route de Mesquer. Resto ouv ts les soirs plus le midi dim et j. fériés, hors saison, fermé dim soir-lun. Congés : nov-mars. Doubles 58-95 €. Menus*

25-34 €. Apéritif offert sur présentation de ce guide. À 300 m de la plage, cet hôtel-restaurant a été remis à flot par un jeune homme accueillant et plein de volonté. En cuisine, un vent marin souffle sur les assiettes avec une belle cuisine de saison, servie aux beaux jours dans le jardin intérieur. Une adresse pleine de bon goût, des chambres à l'assiette, et propice aux longs séjours. Les chambres se présentent dans des teintes marines, douces et apaisantes. Pour parfaire le tableau, il s'est entouré d'une équipe aussi sympathique que compétente.

La Vieille Forge : *rue d'Aha, à* **Mesquer.** *☎ 02-40-42-62-68. En juil-août, ouv mar soir-dim soir ; hors saison, ouv jeu soir-dim plus les midis lun-mar. Menus à partir de 15 € déj en sem hors juil-août, puis 30-60 €.* Dans une ancienne forge du XVIIe s, comme son nom l'indique. Murs de pierre et poutres de bois pour une cuisine avec du métier et de l'idée (le jeune chef a travaillé chez quelques étoilés), à base de produits rigoureusement choisis.

À voir dans les environs

La pointe de Merquel : *entre Quimiac et Mesquer.* Une plage superbe, des bouchots à moules et une vue au loin sur l'île Dumet. Juché sur un ancien blockhaus, un belvédère permet de mieux comprendre le traict de Merquel. À marée basse, les ornithos seront aux anges. Remarquer la mignonne *chapelle* blanche *(ouv en saison, se renseigner à l'office de tourisme),* reconstruite en 1946. À l'intérieur, magnifiques statues polychromes de Jean Fréour, le sculpteur breton de la région, et une fresque très kitsch des années 1950, avec une ribambelle d'enfants de chœur.

LOIRE-ATLANTIQUE

LE PARC NATUREL RÉGIONAL DE BRIÈRE

Carte Loire-Atlantique, A-B2

• Carte *p. 571*

Deuxième marais de France après la Camargue, la Grande Brière se présente comme une mosaïque de canaux, de plans d'eau, de roselières, de prairies inondables. Propriété indivise des habitants, le parc naturel régional de Brière s'étend sur plus de 49 000 ha et se compose au nord des marais du Haut-Brivet, à l'est de ceux de Donges, au centre de sept îles (dont Fédrun, la principale) et à l'ouest de la Grande Brière mottière qui a donné son nom au parc. Immense tourbière que les pluies d'automne transforment en une vaste étendue d'eau, ce pays permet le développement d'une faune et d'une flore spécifiques (roseaux, nénuphars thorelles, loutres, spatules blanches, hérons...). Et l'être humain dans tout cela ? Les habitations sont construites avec des matériaux du cru. Près de 3 000 chaumières sont ainsi référencées, créant une atmosphère et un environnement qui contrastent avec la côte, située à seulement une dizaine de kilomètres. Parc naturel régional *(• parc-naturel-briere.com •)* reconnu depuis 1970, le marais souffre de la régression des activités traditionnelles. Les programmes d'entretien du marais limitent son assèchement progressif. En effet, sans intervention, le marais se comblerait et la forêt de saules et de bouleaux repousserait.

La Brière se découvre tranquillement, à son rythme, au fil de l'eau ou d'une promenade, tôt le matin ou à la nuit tombée afin d'observer au mieux les

nombreux animaux. Et bonne nouvelle, dans la Brière se cachent également des adresses de qualité pour se loger ou se restaurer.

UN PEU D'HISTOIRE

On pense que cette zone d'effondrement, une fois boisée, a été envahie par la mer et le marais vers 7000 ou 5000 av. J.-C. Ce dernier s'est constitué derrière une digue formée par les alluvions de la Loire. Témoins de ce glissement de terrain, des arbres enfouis à 1,50 m du sol, les *mortas.* Plus durs et plus noirs que l'ébène, une fois séchés, ils sont transformés en sculptures par seuls quelques courageux artistes ; autrefois, ils étaient utilisés en charpente.

La fin de l'été était marquée par l'extraction de la tourbe. Pendant les 8 jours accordés au tourbage, on se livrait aussi à la recherche des *mortas* (chênes et hêtres fossilisés). L'activité de tourbage prit fin après la Seconde Guerre mondiale. Cette Camargue de l'Ouest vivait repliée sur elle-même. Les habitants se mariaient entre voisins. Ces habitudes de vie d'autrefois sont merveilleusement retranscrites dans le roman d'Alphonse de Châteaubriant, *La Brière.*

UN MARAIS PROVIDENTIEL

Jusqu'à la seconde moitié du XIXe s, le marais suffisait presque à tout pour ses riverains. Le roseau était utilisé pour le chaume et les litières des animaux ; la tourbe servait de combustible qui était vendu jusqu'à l'île de Ré ; l'osier était employé dans la vannerie ; et le poisson et autres gibiers abondaient. On recueillait même les sangsues pour les vendre aux pharmaciens.

LOIRE-ATLANTIQUE

DÉCOUVRIR LE MARAIS

Plusieurs prestataires organisent des ***randonnées de découverte*** du marais. Le visiteur embarque sur un *chaland* ou un *blin,* un bateau à fond plat utilisé dans le passé pour transporter le bétail, poussé à la *perche* sur les *piardes* (anciens sites d'exploitation de la tourbe), de *curées* (canal de ceinture) en coulisse, parmi les roseaux, les iris ou autres laîches.

On peut choisir de manœuvrer seul la barque, mais ce n'est pas si facile. L'idéal est de s'adresser à un professionnel. Et ne soyez pas surpris : si le moteur est inutile sur l'île de Fédrun, il reste néanmoins indispensable dans les canaux, au départ des autres ports.

– Liste des guides répondant à la charte de qualité du parc auprès de la *Maison du parc* à Kerhinet ou dans les offices de tourisme. *Pour une balade en barque (45 mn à 1h), compter env 9 € ; en barque + calèche (1h30), autour de 16 € ; réduc. Départs recommandés en matinée ou au coucher du soleil, plus frais et plus calmes. Loc de barques individuelles sur résa slt.* Voici une petite sélection, mais il y en a d'autres :

■ Au port de ***La Pierre-Fendue,*** *Brière Évasion* (📱 *06-75-23-58-58).* De ***La Chaussée-Neuve,*** avec Antony Mahé *(☎ 02-40-91-59-36)* ou Jean-Sébastien Crusson *(☎ 02-40-01-24-64).* De ***Rozé,*** balade en musique avec Christophe Boisrobert (📱 *06-25-90-65-75).* À ***Fédrun,*** Valérie Aoustin-Huard (📱 *06-09-90-24-68)* met l'accent sur la vie en Brière et aime les anecdotes. Enfin, on pourra partir du port de ***Bréca,*** d'où l'on profite d'une belle vue dégagée sur les marais, mais le lieu est aussi le plus touristique.

– La Brière se découvre également ***à pied, à vélo*** (VTTistes confirmés), ***à cheval*** ou ***en calèche*** (souvent les mêmes guides qu'en chaland). Et que dire d'un conteur pour un ***vagabondage nocturne*** sur le marais (en juillet-août) ? Le Parc organise de nombreuses promenades et visites guidées à thème (faune, flore, patrimoine...).

LA FAUNE EN BRIÈRE

Paradis des ornithologues, la Brière recèle nombre d'espèces d'***oiseaux*** : rapaces (busard des roseaux), butor étoilé (héron au chant de corne de brume), passereaux (bruant des roseaux, mésange à moustaches) et autres grèbes, sarcelles, moretons, rousserolles, hérons... À voir également, la foulque macroule qui fait son nid près des plans d'eau. Le marais nourrit encore 4 000 ***bovins*** (contre 18 000 au début du XXe s). L'***écrevisse rouge de Louisiane*** a fait son apparition dans les marais dans les années 1970, à la suite de l'installation d'un élevage. Leur reproduction exponentielle a engendré pendant un temps de vrais dégâts dans les piardes. Aujourd'hui, la petite bête se fait plus discrète... On trouvera aussi, mais malheureusement bien trop souvent le long des routes, des ***loutres*** et des ***ragondins.*** Alors, méfiance quand vous êtes au volant.

LA CHAUMIÈRE DE BRIÈRE

Partie intégrante et caractéristique du paysage briéron. Avec plus de 3 000 chaumières recensées, c'est la plus grande concentration en France : 60 % des chaumières françaises se trouvent en Brière. À la différence des chaumières bretonnes et normandes, celle de Brière est trapue et sa hauteur sous plafond reste faible. Les murs épais sont montés en pierre et en terre. Trois ouvertures traditionnelles sont exposées au midi. La porte basse s'ouvre en deux parties. Ces chaumières ne comportaient autrefois qu'une seule pièce avec un sol en terre battue, où l'on disposait bancs, table et lits dans les coins. Un petit escalier étroit montait au grenier. On en découvre quelques superbes exemples au hameau de Kerhinet.

Adresses utiles

Office de tourisme de Brière : *Maison du Parc,* ***Kerhinet,*** *44410 Saint-Lyphard. ☎ 02-40-66-85-01. • parc-naturel-briere.com • Avr-sept, tlj ; oct-mars, tlj sf sam mat et dim mat.* Point central pour toutes les infos sur le Parc. Topoguides de randos *(4 €),* hébergements, séjours thématiques (artistique, nature, ornithologique...). Visites guidées du village à 11h30 et 15h30 *(3-5 € ; gratuit moins de 18 ans).* D'autres points infos répartis sur le Parc.

Office de tourisme de Saint-Lyphard : *pl. de l'Église. ☎ 02-40-91-41-34. • saint-lyphard.com • Juil-août, tlj ; mi-saison, fermé dim ; oct-mars, fermé dim-lun.* Organise des visites du belvédère du clocher de l'église pour profiter du panorama grandiose à 360° sur la Brière avec quiz du « Jeune Détective » *(tlj en été ; 4 €/adulte, réduc),* ainsi que des randonnées accompagnées dans les marais tous les mardis en saison et à vélo ou à pied pour découvrir les chaumières et le petit patrimoine les mercredis en saison.

Office de tourisme du pays de Pont-Château-Saint-Gildas-des-Bois : *3, rue du Châtelier. ☎ 02-40-88-00-87. • pontchateau-saintgildasdesbois.com • ♿ Juil-août, tlj sf sam ap-m et dim ; le reste de l'année, lun-ven sf mer et sam mat.* Location de canoës pour descendre le Brivet.

Bureau d'Information touristique de Missillac : *lieu-dit La Chinoise, à la sortie de 4-voies, à 1,5 km du centre-ville. ☎ 02-40-88-35-14. Juil-août, tlj sf dim ap-m.* Aire de pique-nique. Gère un planning en temps réel des logements dispos.

Location de vélos et de canoës : *l'****office de tourisme de Brière*** *(voir plus haut) loue des vélos (12 €/j.) et propose des fiches pour les 210 km d'itinéraires balisés. Sinon,* ***Au Gré du Vent,*** *à* ***Camoël*** *(Morbihan), fait des*

LE PARC NATUREL RÉGIONAL DE BRIÈRE

livraisons-reprises au point d'hébergement de VTT, VTC et remorque enfant, ainsi que de la loc de canoës-kayaks (☎ 02-99-90-56-91 ; 📱 06-20-67-49-92 ; • augreduvent.fr • ; juil-août, tlj, le reste du temps sur résa). Voir aussi le ***camping Fleur de Brière*** *à Saint-Lyphard (📱 06-87-10-76-16) et ci-dessus avec l'****office de tourisme de Pont-Château.***

Où dormir ?

Campings

Voir aussi les campings de Guérande et les meublés, nombreux dans le coin.

⛺ ***Camping à la ferme Le Clos des Bruyères :*** *hameau de Longle, 44410* ***Herbignac.*** *☎ 02-40-88-85-57. 📱 06-84-48-58-14. Accès par la D 33, passer le château de Ranrouët, puis prendre à gauche à Longle. Vac de printemps-Toussaint. Compter 13 € pour 2. CB refusées. 15 empl.* Une quinzaine d'emplacements en pleine campagne, dans un champ ou une chênaie à proximité d'un étang. Commodités sommaires dans un petit chalet. Accueil charmant du couple d'agriculteurs.

⛺ ***Camping Le Deffay :*** *44160* ***Sainte-Reine-de-Bretagne.*** *☎ 02-40-88-00-57. • campingdudeffay@wanadoo.fr • camping-le-deffay.com • ♿ Accès par les N 165 et D 33. Mai-sept. Tente 9-22 € pour 2. Mobile homes et chalets 160-759 €/sem. 120 empl.* 📶 Très beau camping, étendu sur les 350 ha d'un élégant château du XIXe s. De nombreuses activités (piscine, pêche, vélo...). Quelques chambres sur place. Location de vélos.

De prix moyens à chic

Chambres d'hôtes La Musardise : *47, rue du Méné, 44350* ***Guérande.*** *☎ 02-40-61-90-50. • lamusardise44@orange.fr • lamusardise.fr • À proximité de Kerhinet mais sur la commune de Guérande, à deux pas de l'étang de Sandun. Résa conseillée. Compter 74 € pour 2, familiales. Table d'hôtes 28 €.* Belles chambres en duplex avec entrée indépendante, à la déco bien pensée et aux couleurs harmonieuses. La bleue, notre préférée, est très spacieuse. Repas préparé avec amour et servi dans une salle chaleureuse.

Chambres d'hôtes La Noé de Marlais : *12, rue Jean-de-Rieux, Marlais, 44410* ***Herbignac.*** *☎ 02-40-91-40-83. • chambres@lanoedemarlais.fr • lanoedemarlais.fr • D'Herbignac, prendre la D 47 vers Saint-Nazaire. Compter 63 € pour 2. Remise de 10 % sur la chambre (hors juil-août) sur présentation de ce guide.* Chambres à l'étage d'une longère ; également une belle suite pour 4 personnes, pratique en famille. Décoration soignée. Jardin fleuri, jeux pour les enfants, et quelques animaux en enclos. Bon rapport qualité-prix.

Chambres d'hôtes Le Chêne Vert : *le Chêne Vert, 44780* ***Missillac.*** *06-12-43-33-18. • charlottetrouchard@wanadoo.fr • legiteduchenevert.com • (gîte). Le hameau du Chêne-Vert est situé entre la N 165 et Missillac (à env 1 km), au croisement de la D 2 et de la D 96. Compter 65-70 € pour 2, 1 familiale et un gîte pour 5 pers.* On aime bien l'accueil chaleureux de Charlotte dans sa longue maison ancienne en granit, donnant sur un parc de plus de 1 ha. Chambres douillettes et spacieuses avec un coin cuisine, dans un studio avec entrée indépendante ou dans l'appartement sous les combles. Généreux petit déj servi dans la salle à manger familiale. Une adresse paisible.

La Ferme du Blanchot : *route D 4, 44160* ***Crossac.*** *☎ 02-40-00-34-70. • contact@lafermedublanchot.fr • lafermedublanchot.fr • Doubles 74-79 €, petit déj env 10 €.* Dans une ancienne ferme restaurée, agréables chambres mansardées, de bon confort (salle de bains nickel...). Fait également restaurant.

Hôtel Les Chaumières du Lac : *rue du Vignonnet, 44410* ***Saint-Lyphard.*** *☎ 02-40-91-32-32. • info@leschaumieresdulac.com • leschaumieresdulac.com • En face du lac (mais pas de vue directe). Resto fermé mar midi et mer midi, plus dim soir hors saison. Congés : fin déc-début janv. Doubles 72-82 €. Formules midi en sem 15,90-23 € ; menus 30-55 €.* Ces fausses chaumières briéronnes misent avant tout sur le confort. Une vingtaine de chambres fraîches, modernes et bien équipées. Accueil pro. Resto gastronomique sur place, *Les Typhas*, de bonne réputation.

Beaucoup plus chic

La Mare aux Oiseaux : *223, rue du Chef-de-l'Île,* ***Fédrun,*** *44720 Saint-Joachim. ☎ 02-40-88-53-01. • accueil@mareauxoiseaux.fr • mareauxoiseaux.fr • Doubles et suites 175-205 €.* Autour d'un jardin luxuriant avec des oiseaux en volières et une grue en liberté, des chambres luxueuses sous un toit de roseaux, dans une annexe sur pilotis au bord du marais, ainsi que des suites dans le village. Cette adresse de charme est aussi l'une des meilleures tables du département (voir « Où manger ? »).

Où manger ?

De bon marché à prix moyens

Auberge du Nézil : *D 47,* ***Le Nézil,*** *44410* ***Saint-Lyphard.*** *☎ 02-40-91-41-41. Fermé dim soir, mer soir et lun. Formules 20-32 €, menu 39 €.* La modernité de la déco épouse à merveille la rusticité de cette imposante chaumière briéronne. Véranda à l'arrière donnant sur un jardin bien calme. Cuisine dans le ton, créative, osée et pleine de couleurs à base de produits du coin. La carte change tous les mois, mais pas la clientèle d'habitués. L'un de ces restos où l'on ne sait que choisir sur le menu. Tout nous plaît !

|●| ***Crêperie du Sabotier :*** *2, rue des Écluses, 44410* ***La Chapelle-des-Marais.*** *☎ 02-40-53-20-24. ♿ Tlj sf lun, plus mar-mer hors saison. Congés : 1 sem fin juin, 15 j. en oct. Carte env 12-15 €.* Dans une grosse maison en pierre derrière un jardinet, une excellente crêperie tenue par un jeune couple chaleureux. Galettes traditionnelles à base de produits frais et de farine bio. Petite terrasse où l'on pourra se faire servir un *Breizh* !

|●| ***Le Penlys :*** *41, rue de Penlys, 44410* ***La Chapelle-des-Marais.*** *☎ 02-40-53-91-44. • lepenlys@gmail.com • Ts les midis sf lun. Formule déj en sem 14,90 €, menus 18,50-30 €. Apéritif maison offert sur présentation de ce guide.* Salle plutôt riante, avec des banquettes en skaï marron-beige qui rappellent qu'elle fut autrefois celle d'un resto à « menu ouvrier ». Si les prix ne se sont pas affolés, la cuisine est désormais très emballante avec de jolis produits made in terroir, travaillés avec simplicité et sincérité.

|●| ***Auberge du Chaland :*** *49, La Tennière, 44160* ***Sainte-Reine-de-Bretagne.*** *☎ 02-40-01-05-28. • chaland44@orange.fr • ♿ À gauche à la sortie du bourg en direction de Pont-Château (fléché). Ts les midis plus le soir ven-sam (slt sam hors saison). Congés : 2 sem sur août-sept et période de Noël. Résa vivement conseillée. Formule déj en sem 12 € ; menus 13,50-29 €. Digestif offert sur présentation de ce guide.* Le cadre tout d'abord : une chaumière nickel, toute fleurie et tranquille à souhait. Une vraie carte postale ! La cuisine ensuite, du coin et familiale (assiette de charcuterie, sandre, anguilles...). Une adresse qui plaît en Brière.

De prix moyens à chic

|●| ***Auberge Ker Roland :*** *49, rue du Morbihan, route de Férel, 44410* ***Herbignac.*** *☎ 02-51-76-91-76. • auberge-ker-roland@alicepro.fr • À moins de 500 m derrière l'église (fléché). Tlj sf lun, plus dim soir hors saison. Formules 13-15 € déj en sem ; menus 21-44 €. Café offert sur présentation de ce guide.* Ancien bâtiment de ferme transformé en restaurant. Salle à manger chaleureuse ou terrasse dans le jardin dès les premières caresses du soleil. Très bonne cuisine traditionnelle de Didier, « entre terre et mer », qui privilégie les produits locaux de saison tout en veillant à la présentation des assiettes. Service assuré comme à la maison par madame. Le tout dans une ambiance familiale. Un bon rapport qualité-prix.

|●| ***Auberge de Kerhinet :*** *dans le village de* ***Kerhinet,*** *44410 Saint-Lyphard. ☎ 02-40-61-91-46. Vac scol, tlj ; hors saison, fermé dim soir-mar. Menus 21-41 €.* Une jolie adresse dans ce village-musée. Déco rustique et tables à l'extérieur. Dans l'assiette, une bonne cuisine de terroir, réputée surtout pour les anguilles, les cuisses de grenouilles du marais ou encore le sandre. Sinon de bonnes galettes et crêpes confectionnées dans un petit chalet dehors, accompagnées de jus de pomme artisanal et de cidre. Quelques chambres si vous voulez profiter de l'ambiance toute particulière du village *(double 75 €).*

|●| ***La Chaumière des Marais :*** *Kermoureau, 44410* ***Herbignac*** *(route de Guérande-Herbignac). ☎ 02-40-91-32-36. • lachaumieredesmarais@orange.fr • ♿ Fermé mar, plus lun en basse saison. Congés : de mi-oct à début nov. Menu déj en sem 18 € ; autres menus 29-41 €.* Malgré sa situation en bordure de la grande route et à l'écart des marais, cette *Chaumière* est une bonne surprise ! On apprécie sa salle rustique, mais aussi sa cuisine traditionnelle et gastronomique qui varie selon les saisons. Bon accueil.

|●| ***Bistrot Gourmand Le 11 :*** *11, rue de Verdun, 44160* ***Pont-Château.*** *☎ 02-40-42-23-28. ♿ Tlj sf lun soir, mer soir et dim. Formules 15,50 € (le midi)-26 € ; carte 25-35 €.* Ce joli bistrot aux tons lie-de-vin et taupe mérite

une halte à plus d'un titre. Gilles Charpy, anciennement chef d'un restaurant gastronomique propose une cuisine de saison, à base de produits locaux, parfumée et inspirée. La formule déjeuner est déjà gourmande et épatante. Plus cher le soir à la carte, mais plus créatif aussi. Présentations particulièrement soignées. Une belle trouvaille.

Plus chic

La Mare aux Oiseaux : *voir « Où dormir ? » Fermé lun-mar. Congés : oct-début avr. Résa indispensable. Formule déj « Carte blanche au chef » en sem 55 € ; menus 75-105 €. Café offert sur présentation de ce guide.* Les habitants de l'île de Fédrun, fiers de leur marais, ont adopté Éric Guérin, un ancien de *La Tour d'Argent*. Ancien ? Ce jeune chef plein d'idées en tête met un brin de folie dans les assiettes de ses convives, et sa cuisine raconte de belles histoires. Le cadre, au design contemporain, tout en verrière (y compris les volières), est vraiment magnifique ! Une grande table !

LOIRE-ATLANTIQUE

Où acheter de bons produits ?

La Chaumière des Saveurs et de l'Artisanat : *village de* ***Kerhinet,*** *44410 Saint-Lyphard. ☎ 02-40-61-95-53. Mars-juin et sept-oct, mar-sam et dim ap-m ; juil-août, tlj. Congés : nov-20 fév.* Artisans, fermiers, artistes de la région exposent ici. Un aperçu assez complet de la production briéronne.

À voir

KERHINET (44410)

C'est dans ce village, sur la commune de Saint-Lyphard, que l'on trouve l'office de tourisme de Brière (Maison du parc), pour tout renseignement préalable sur le parc. Ce hameau, réservé aux piétons, est devenu un authentique musée vivant, en plein air, acquis et restauré par l'administration du parc. Les voitures n'y pénètrent pas (parking gratuit à l'entrée). Il présente un habitat briéron traditionnel de 18 chaumières sur un sentier d'interprétation en 12 étapes qui retrace son histoire et ses coutumes. Également une exposition pour découvrir les différentes facettes du territoire, un programme d'animations avec balades contées, visites guidées thématiques, démonstrations d'artisanat ou de peinture, ateliers créatifs... Boutique d'artisanat et de produits locaux, et une auberge sympa (voir « Où manger ? »). Bien sûr, beaucoup de monde en été.

Le jeudi de juillet à mi-septembre, un ***marché*** des produits du terroir s'y installe toute la journée : alimentation, vannerie... De grandes tables sont dressées pour déjeuner sur le pouce. Une formule sympathique avec de bons produits fermiers.

BRÉCA (44410)

Sur la route de Saint-Lyphard, côté droit. Hameau riche en chaumières, d'où l'on peut aller dans le marais en barque ou en calèche (voir plus haut « Le marais » en intro au parc naturel régional de Brière). Espace pique-nique, auberge et crêperie. Assez touristique.

SAINT-LYPHARD *(44410)*

Grimpez les 135 marches du clocher de l'église, pour une vue à 360° sur toute la Brière *(planning des montées à l'office de tourisme de Saint-Lyphard, 4 €),* assorti du quiz du « Jeune détective » pour les enfants. Accès également aux petits ports de *La Pierre-Fendue* et du *Bréca* pour une balade sur les canaux.

MAYUN *(44410)*

Village célèbre pour sa vannerie. On ne trouve plus de lieux de vente, se rendre au marché de Kerhinet pour cela.
– *Festival de Vannerie : le 3e w-e de juil.*

Les Jardins du Marais : à ***Hoscas.*** *☎ 02-40-91-47-44. Sur la D 51 (fléché). Fin avr-fin oct, tlj 15h-20h. Entrée : 5 € ; gratuit moins de 18 ans.* Ce « jardin remarquable » hors du commun, de 13 000 m², semble habité par les déesses de l'amour et de la beauté. Le créateur de ce lieu, venu aux plantes par la peinture, a le sécateur toujours en poche. Il a donné des cours au Potager du Roi à Versailles et a aussi été coupeur de roseaux en Brière. Ce petit paradis luxuriant lui ressemble, à la fois sauvage et charmant, volubile et exubérant. Il a tant à raconter avec ses quatre pièces d'eau, un potager, des îlots, des huttes, des allées, des tunnels et des ponts... On s'y perd mais on est guidé par les paroles de sa compagne-écrivain, aujourd'hui décédée, l'autre âme de ce jardin, inscrites ici et là. Une visite à ne pas manquer, prévoir simplement de prendre son temps.

La Chaumière des Marionnettes : *28, rue de la Herviais. ☎ 02-40-53-22-40. Tte l'année, sam et vac scol tlj 14h-19h. Compter 1h. Visite : 5 €.* Michel et Françoise aiment raconter des histoires aux enfants... qui en redemandent. Des histoires de sorcières et de lutins, drôles et poétiques. Dans leur ancienne chaumière du XVIIIe s habite une sorcière qui a aménagé des salles, des couloirs, des passages et a laissé quelques-uns de ses objets. En son absence, on fait la visite, jusqu'à sa cabane à balais au fond du jardin où poussent notamment un arbre à chaussettes (pour récolter le jus !) et toutes sortes de plantes magiques. Marmite, balai, toiles d'araignée, rien ne manque à cette visite. Abracadabra, et... pouf ! Organise également des stages de fabrication de marionnettes, des spectacles de contes et des concerts en petit comité.

LE CHÂTEAU DE RANROUËT

Situé à ***Herbignac*** *(44410). ☎ 02-40-88-96-17. Indiqué à l'entrée de ville. Avr-mai et sept, tlj sf lun 14h30-18h30 ; juin, vac scol de Pâques et de la Toussaint, mar-ven 10h-12h, 14h30-18h30 et l'ap-m le w-e ; juil-août, tlj 10h-19h. Entrée : 4 € ; réduc. Visites guidées en juil-août (5 € ; réduc ; gratuit moins de 7 ans en famille). Également des visites thématiques, des spectacles et animations, y compris pour les tout-petits !* C'est le dernier des châteaux du Moyen Âge qui bordaient la Brière. Il avait un rôle stratégique, car situé sur la route du sel. Ce château, à l'état de ruine, résume toutes les techniques de construction militaire du XIIIe au XVIIe s. Motte féodale, bastion ou château fort, il s'agit d'un édifice composite, en somme, mais bien restauré. Jeter un œil aux besants (armoiries sur pierre, encastrées dans le mur) et à la barbacane (l'avant-poste défensif de l'entrée). Sentier d'interprétation avec panneaux explicatifs.

– De mi-juillet à août, sympathique ***marché nocturne*** tous les mardis à partir de 18h : une douzaine de producteurs locaux proposent leurs produits, que l'on peut goûter. Barbecue et tables à disposition.

CAMER *(44410)*

Exposition de sculptures en *morta* (bois fossile de 3 700 à 4 500 ans) rouge et noir. *Entre La Chapelle-des-Marais et Saint-Joachim. 06-05-08-69-01. Ouv sur rdv 17h-19h.*

L'ÎLE DE FÉDRUN *(44720)*

C'est l'île la plus intéressante, en dépit d'un habitat disparate en matière de toitures, puisque alternent chaume, tuile et ardoise ! À l'origine, les chaumières s'installèrent sur le pourtour de l'île, adossées aux canaux. Le centre de l'île, jamais inondé, était réservé aux cultures. On l'appelait la « Gagnerie ». Ceinturant l'île, un canal, la « curée », desservait les appontements d'amarrage, les « seuils » ou les fossés pour garer les chalands.

La Maison de la mariée : *au n° 182, rue du Pouet, à droite à la fourche dans le village. ☎ 02-40-66-85-01* (Maison du Parc). *● maisondelamariee.com ● Mai-juin et sept, w-e slt, 14h-18h ; juil-août, tlj 14h-18h. Entrée : 4 € ; réduc. Pour les enfants, demander le livret-jeux.*
Ce petit musée abrite une superbe collection de globes qui protègent des couronnes de mariées, et évidemment de nombreuses couronnes, souvent décorées de fleurs d'oranger. Quelques petits films, témoignages et photos anciennes. Un musée unique en son genre.

Au n° 207, rue du Chef-de-l'Île, en face du centre administratif du parc (non ouvert au public), la ***Chaumière briéronne*** présente une exposition sur les îles de Brière, la reconstitution d'un intérieur traditionnel de chaumière et la projection d'un film datant de 1947 sur la vie dans les îles de Brière. *GRATUIT.*

ROZÉ *(44450)*

Plus au sud, après Saint-Joachim (prononcer « Joachun »).

La Réserve naturelle régionale, site Pierre-Constant : *☎ 02-40-66-85-01* (Maison du parc). *Le hall d'accueil se trouve à 800 m à droite après avoir franchi le pont sur le canal. Accès à l'observatoire tlj. Accès au site avr-juin et sept-oct 8h-20h (17h30 juil-août). Sortie naturaliste chaque sem (résa par tél). De mi-juin à mi-sept, tlj 12h-18h. Visite guidée les mat lun et jeu (☎ 02-40-91-17-80) : 6 € ; réduc. Prêt de jumelles et audioguides.* Un sentier de découverte, ponctué de postes d'observation, pour découvrir les oiseaux à l'état sauvage, sur 40 ha. Expo sur les origines et le rôle du marais de Brière.

LES OISEAUX, DES ANIMAUX PRÉHISTORIQUES ?

Leurs plumes en sont la preuve. Elles proviennent des écailles de reptiles marins. En sortant de la mer, voici des millions d'années, certains ont pris la voie des airs. Peu à peu, les écailles se sont transformées en plumes, bien plus légères.

LA CHAUSSÉE-NEUVE

De Saint-André-des-Eaux, une route champêtre s'enfonce vers le cœur du marais. À La Chaussée-Neuve, on embarquait jadis pour 1 ou 2 jours pour livrer sel et légumes à Trignac ou Saint-Joachim, d'où l'on rapportait sable ou fumier. Le long canal n'attend plus désormais que les touristes en mal de poésie... Ils ne seront pas déçus.

PONT-CHÂTEAU (pontkastell-keren*; 44160)*

La ville natale de Jacques Demy, au niveau de la nationale Nantes-Vannes, quoique légèrement excentrée, fait également partie du parc naturel régional de la Brière. Outre les nombreuses activités le long de la rivière du Brivet, sur le ***site naturel de Coët Roz,*** voir l'étonnant ***calvaire monumental,*** à 3 km à l'ouest de la ville. Il fut édifié en 1710 par plusieurs centaines de fidèles, puis reconstruit en 1821. Situé dans un site verdoyant, il reconstitue le chemin de croix avec des personnages grandeur nature. Pèlerinage le 15 août.

Fêtes et manifestations

– ***Le marché des potiers :*** *le w-e de l'Ascension, autour du château de Ranrouët, à* ***Herbignac.*** Quelque 40 potiers venus de toute la France perpétuent l'activité traditionnelle d'Herbignac et exposent leurs produits.
– ***Festival de la Vannerie :*** *une trentaine de vanniers de la France entière se retrouvent le 3e w-e de juil à* ***Mayun.*** *Entrée libre.* Tradition locale, on y trouve des expos, animations, de la vente de produits.
– ***Fête des Métais :*** *le 3e dim de juil, à* ***Kerhinet.*** C'est la fête des vieux métiers d'autrefois. Le tout finit par un grand banquet.
– ***Les nuits du marais :*** *dernier w-e de juil, à* ***Saint-Lyphard.*** Animations, fest-noz et spectacle son et lumière à partir de 22h30 avec embrasement du lac.
– ***Les Anguillades :*** *le dernier w-e de juil, à* ***Saint-Joachim.*** C'est la fête de l'Anguille, avec dégustations.
– ***Fête des Chalands fleuris :*** *le 1er dim d'août, à* ***Saint-André-des-Eaux.*** Défilé de bateaux décorés.
– ***Fête du Parc :*** *le 1er dim de sept.* Sous le signe du développement durable : randonnées, forum, spectacles pour petits et grands, démonstration de savoir-faire, marché, etc.

DE LA BRIÈRE AU PAYS DE CHÂTEAUBRIANT

Dans cette région se dresse un pays qui vaut le détour, celui des rivières de l'Isac, du Don et du Brivet. Paradis des randonneurs avec la forêt du Gâvre, il l'est aussi pour ceux qui apprécient la pêche, le canoë, l'équitation ou le VTT. Également un patrimoine historique et culturel (quelques châteaux, églises et musées) intéressant.

LA FORÊT DU GÂVRE

Carte Loire-Atlantique, B-C2

Le nom Gâvre a pour origine le mot celtique *gavr,* qui signifie chèvre ou chevreuil. La forêt du Gâvre couvre environ 4 500 ha entre la vallée de la Vilaine à l'ouest et la vallée de l'Erdre à l'est. C'est la plus grande forêt proche de Nantes et de Saint-Nazaire, assez fréquentée pour ses multiples activités nature : sports de plein air, randos, cueillette des champignons et autres châtaignes, etc.
La forêt a appartenu aux ducs de Bretagne dès le XIIIe s. Colbert contribua à sa beauté en décidant de la faire vieillir, afin que ses troncs puissent être utilisés plus tard pour les mâts des navires. Au cours du XIXe s, grâce à son bois, on fabriquait des sabots qui étaient exportés jusqu'en Amérique. Aujourd'hui constituée de 45 % de chênes rouvres, 10 % de chênes pédoncules, 40 % de pins et 5 % de hêtres, elle est aussi très giboyeuse (cerfs, biches, chevreuils...). Pour bien la découvrir, démarrer du carrefour de la Belle-Étoile avec ses 10 allées qui partent... en étoile donc. À ce carrefour, un kiosque présente une exposition sur la forêt.

Où dormir ? Où manger ?

⛺ ***Camping de la Forêt :*** *3, rue de l'Étang, 44130* ***Le Gâvre.*** *☎ 02-40-51-20-62. 📱 06-73-18-77-46. • campinglegavre@gmail.com • campinglegavre.fr • ♿ À l'entrée du Gâvre. Avr-oct. Tente env 15,50 €. Chalets pour 6-8 pers 196-466 €/sem (☎ 04-73-19-11-11). 75 empl.* 📶 Camping au calme et à l'orée de la forêt, en bordure d'un plan d'eau poissonneux (pêche autorisée), près d'un karting et d'un centre équestre. Tennis et minigolf gratuits et barbecue à dispo. Piscine à 5 km. Un bon camping et un bon accueil.

🏠 🍽 ***Auberge de la Forêt :*** *La Maillardais, 44130* ***Le Gâvre.*** *☎ 02-40-51-20-26. • reservation@auberge-delaforet.fr • auberge-delaforet.fr • ♿ Resto tlj sf dim soir, lun et mar. Double 79-110 €. Formule 18 € (déj en sem), menus 28,50-39,50 €.* 📶 *Remise de 10 % sur la chambre (hors promo) sur présentation de ce guide.* Cuisine inventive et surprenante qui s'adapte aux produits locaux de saison (gibier, champignons, poisson du marché...). Une belle adresse un peu loin de tout, au calme, en bordure de forêt. L'hôtel est franchement moderne, à l'image de la cuisine, au design (d)étonnant pour la région. Chambres confortables, spacieuses pour les plus chères et très colorées (c'est le moins qu'on puisse dire).

À voir

LE GÂVRE *(44130)*

★ ***Le bourg du Gâvre :*** maisons anciennes des XVe, XVIe et XVIIe s. Belle église du XIIIe s, remaniée aux XVe et XIXe s. Voûte de bois en berceau, avec, aux extrémités, des poutres et des sculptures représentant les animaux de la forêt.

★★ 👨‍👧 ***La Maison de la forêt – musée Benoist :*** *2, route de Conquereuil. ☎ 02-40-51-25-14. • maisondelaforet44.fr • ♿ (rdc). De mi-fév à début nov : vac scol zone B, tlj sf mer hors juil-août 14h30-18h30 ; hors vac scol, dim slt*

14h30-18h30. Compter 1h de visite. Entrée : 4 € ; réduc ; gratuit moins de 6 ans. Pour les enfants, livret de jeux. Organise également des sorties nature.
Dans une jolie demeure en pierre du XVIIe s. Le musée, avec son échauguette extérieure (ou poivrière), présente l'univers forestier sous les angles économique, écologique et artistique, au travers de mises en scène et d'intéressantes explications. Les différentes espèces d'arbres y sont répertoriées, ainsi que quelques animaux. Reconstitution d'un intérieur du XIXe s, avec tous les objets insolites oubliés, comme le presse-purée, le rase-galette, la sorbetière. Collection de Vierges en faïence, de globes de mariage, de coiffes. Projections de films, dioramas... et tables tactiles pour les enfants.
Expositions variées, animations et sorties payantes en forêt, ou encore conférences sur la faune et la flore. Présentation des métiers d'autrefois liés à la forêt. Le fonds documentaire peut être consulté sur place.

■ ***Ferme équestre de la Forêt :*** *en lisière de la forêt du Gâvre, sur la D 164, 44630* ***Plessé.*** *☎ 02-40-51-83-98. 📱 06-26-42-28-19.* Organise pour tous niveaux d'agréables balades en forêt et au bord du canal.

LOIRE-ATLANTIQUE

BLAIN *(44130)*

Célèbre pour sa forteresse chargée de défendre les marches de Bretagne. Elle a appartenu aux familles de Clisson et de Rohan, qui, converties au protestantisme, ont fait de la ville une cité calviniste pendant un siècle. Puis, au début du XXe s, elle passa entre les mains de la princesse de Grèce, avant d'être occupée par les Anglais, les Allemands, puis les Américains pendant la Seconde Guerre mondiale.

Adresse utile

ℹ ***Office de tourisme :*** *2, pl. Jean-Guihard (pl. de l'église). ☎ 02-40-87-15-11. • otsi.blain.free.fr • Tte l'année, mar-sam.*

Où dormir dans le coin ?

Camping et gîte d'étape

⛺ 🏠 **Camping municipal et gîte d'étape du Château :** *rue Henri-de-Rohan, N 171. ☎ 02-40-79-11-00. • camping@ville-blain.fr • ♿ Direction le château. Début mai à mi-sept. Tente en hte saison env 12 €. CB refusées. 45 empl.* Bordant le canal de Nantes à Brest, camping familial sympa mais un peu bruyant, car la route de Saint-Nazaire n'est pas loin. Propre et accueillant. Résa conseillée en été. Un gîte d'étape pour randonneurs à pied, à vélo ou à cheval *(14,50 €/pers ; résa obligatoire au 📱 06-88-34-72-38).*

Prix moyens

🏠 **Chambres d'hôtes La Grange des 3 Poulettes :** *32, Beautrait, 44170* ***La Grigonnais.*** *☎ 02-40-79-26-18. • lagrange.des3poulettes@orange.fr • lagrangedes3poulettes.com • ♿ À env 9 km au nord-est de Blain par la D 771, fléché sur la gauche avt d'entrer dans La Grigonnais. Compter 80 € pour 2.* 📶 Dans l'ancienne grange d'une ferme en activité, 3 chambres aux beaux volumes, dont chacune évoque une décennie passée (1950, 1960 et 1970) avec meubles et bibelots vintage. Ça pourrait être kitsch, c'est tout simplement charmant. Comme l'accueil. Produits fermiers au petit déj. Régulièrement des expos (photos, peinture, sculpture...).
🏠 **Chambres d'hôtes Le Nid d'Omer :** *hameau de la Rouaudais, 44130* ***Saint-Omer-de-Blain.*** *☎ 02-40-51-35-38. • contact@lenidomer.fr • lenidomer.fr • ♿ À 9 km de Blain, par la D 164. Prendre la rue face à l'église du village.*

Congés : 1 sem fin oct. Compter 59 € pour 2. Table d'hôtes pour les randonneurs sur résa. À deux pas du chemin de halage du canal, 2 chambres douillettes et joliment meublées, avec accès indépendant, cuisine commune et une agréable terrasse. Vaste potager dans le jardin fleuri, où l'on pourra prendre quelques tomates. Idéal pour les randonneurs. Fait également « Accueil vélo ».

À voir

Le château de la Groulais : *accès par la D 771. Pour les visites guidées : ☎ 02-40-79-07-81. (pour le rdc). Avr-sept, mar-ven 14h-18h, w-e et j. fériés 10h-12h, 14h-18h ; tte l'année pour les groupes sur résa. Visite libre gratuite ; animations : env 4 € ; gratuit jusqu'à 16 ans. Compter 1h30 de visite. W-e thématiques et spectacles.* Ce château fut fondé par le duc Alain Fergent en 1104. Véritable forteresse constituant l'un des maillons de la défense de Bretagne, il a appartenu à Olivier de Clisson. En 1409, le château devint propriété des Rohan jusqu'à la Révolution. Les fortifications furent en partie détruites en 1628 par Richelieu. Le château est formé par deux corps de bâtiments, chacun portant la signature de son mécène. D'une part, le « petit castel », avec sa tour du Connétable, érigé par Olivier de Clisson ; d'autre part, la grande enceinte et sa belle tour du Pont-Levis du XIVe s.

– Au printemps et en été, la partie pont-levis abrite des ***expositions.*** L'association Château et Essor blinois y a relancé la technique de la peinture murale *a fresco,* c'est-à-dire à la chaux sur enduit frais. Grâce à ce renouveau, les murs des chapelles de Blain (Saint-Roch), Vay (Saint-Germain) et Guénouvry (des Lieux-Saints) ont repris vie. Le château abrite également un ***atelier d'imprimerie ancienne*** et un atelier de lithographie.

Le musée des Arts et Traditions : *2, pl. Jean-Guihard ; même édifice que l'office de tourisme. ☎ 02-40-79-98-51. • musee-de-blain.fr • Mar-ven 10h-12h, 14h-18h ; sam 14h-17h30. Fermé j. fériés. Entrée : env 3 € ; réduc ; gratuit moins de 7 ans. Expos temporaires.* Un étonnant musée, installé dans l'ancien présidial des ducs de Rohan. Exposition permanente de 50 crèches du monde entier, collection de fèves des galettes des rois (environ 10 000 !), reconstitution d'une place de village avec ses boutiques 1900 (épicerie, café, école...) et vestiges gallo-romains.

La chapelle Saint-Roch : *accès par la D 42, à 1,5 km en direction de Saint-Émilien-de-Blain. S'adresser au château (mai-oct) ou à l'office de tourisme (tte l'année) pour la visiter.* Dommage que cet ancien lieu de pèlerinage ait été beaucoup remanié au XIXe s. Voir, à l'intérieur, la plus grande fresque contemporaine de France (1990), réalisée par l'association Château et Essor blinois.

Fête et manifestation

– ***Fête de la Saint-Laurent :*** *5 j. autour du 10 août.* Groupes musicaux étrangers. Le dimanche, cavalcades, défilé de chars et groupes folkloriques.

– ***Les Joutes d'archers médiévaux :*** *le 4e dim de sept, au château de la Groulais.* Reconstitutions médiévales.

DANS LES ENVIRONS DE BLAIN

La ferme de l'Orme et le musée des Mines et Minéraux : *☎ 02-40-79-19-83. À 6 km de Blain en direction de Saint-Nazaire (D 771) ; bien indiqué. Avr-oct, tlj 10h-18h (20h juil-août) ; le reste de l'année sur rdv, slt musée, w-e,* *j. fériés et vac scol. Entrée parc ou musée : 6 € ; parc et musée : 10 € ; réduc.* Parc animalier assez sympa. Oiseaux exotiques, miniferme, conservatoire avicole, etc. En tout, quelque 600 animaux de tous les continents. À côté, dans le musée, sont présentés 3 000 minéraux du sous-sol français, et une galerie de 90 m d'ancienne mine a été reconstituée. Une initiation à la minéralogie, animée par des passionnés.

Un peu plus loin sur la route, le ***moulin de la Bicane*** : *à* ***Campbon*** *(44750). ☎ 02-40-56-56-34. Visite le 3e dim de chaque mois sf déc-fév, 14h-18h ; le reste du temps, sur résa.*

La vallée des Korrigans : *route du Lac, 44260* ***Savenay.*** *☎ 02-40-58-30-30. • lavalleedeskorrigans.fr • Ouv mars-nov, w-e et j. fériés, et tlj pdt vac scol. Fermé déc-fév. Résa conseillée. Entrée : 27 € ; réduc.* Un parc de loisirs sur 20 000 m² pour traverser la forêt d'arbre en arbre.

LE CANAL DE NANTES À BREST *Carte Loire-Atlantique, B-C2*

Le projet du canal de Nantes à Brest fut décidé par Napoléon en raison du trafic maritime très important à cette époque. Ce canal fut construit de 1811 à 1842 sur 364 km de long, dont 100 km environ en Loire-Atlantique. Ce ne fut pas une mince affaire. Prisonniers espagnols et bagnards de Belle-Île durent creuser tranchées et biefs, raser des collines dans des conditions très dures. Un barrage construit à Guerlédan en 1928 supprima la navigation en direction de Brest. Le canal est alimenté au départ par l'Erdre, puis, après l'écluse de Quiheix, par l'Isac. On peut l'emprunter en bateau et apprécier la vie du canal au rythme de ses 238 écluses pour une dénivellation de 555 m.

Adresses utiles

Office de tourisme d'Erdre et Gesvres : *quai Saint-Georges, 44390* ***Nort-sur-Erdre.*** *☎ 02-51-12-60-74. • cceg.fr • En saison slt, mar-sam.* Infos sur les randonnées alentour (une trentaine de circuits téléchargeables sur le site) et sur les activités nautiques sur le canal. Fournit un guide du canal de Nantes à Brest. Infos sur les croisières sur l'Erdre, la location de canoës-kayaks et de bateaux électriques, la location d'ânes. Programme d'animations, rendez-vous culturels, etc.

– Voir également l'***office de tourisme de Sucé-sur-Erdre,*** qui offre les mêmes infos (voir plus haut dans « La vallée de l'Erdre »).

La Maison du canal : *1, rue de Pont-Miny, 44460* ***Fégréac.*** *☎ 02-40-91-24-96 (en saison) ou 02-40-91-20-21 (mairie). Juil-août, tlj ; mai-juin et sept, slt w-e.* Nombreuses infos et documentations sur la construction du canal et sur son environnement. Vidéo, maquettes sur les écluses et sur les biefs de partage. Jeux et expos temporaires. Gère également un beau gîte d'accueil situé au-dessus, et le camping municipal (voir « Où dormir ? »). Location de vélos.

Location de bateaux sans permis : ***Bretagne Fluviale,*** *quai Cricklade, à* ***Sucé-sur-Erdre*** *(44240). ☎ 02-40-77-79-51. • bretagne-fluviale.com • Et* ***Le Boat,*** *sur le port de* ***Nort-sur-Erdre*** *(44390), à côté de l'office de tourisme. ☎ 02-40-72-25-92. • leboat.fr • Bateaux habitables, loc au w-e min.*

Location de vélos : ***Nort Plaisance,*** *4, pl. du Bassin, à* ***Nort-sur-Erdre*** *(44390). ☎ 02-40-29-52-22.* Et ***Motoculture 2 roues,*** *44, bd Charbonneau-et-Rouxeau, à* ***Nort-sur-Erdre*** *(44390). ☎ 02-40-29-54-70.*

LOIRE-ATLANTIQUE

Où dormir ?

Camping municipal Les Bellions : *44460 **Fégréac.** ☎ 02-40-91-24-96 ou 02-40-91-20-21 (mairie). 06-85-57-51-97. • mairie@fegreac.fr • fegreac.fr • Accès par la D 773. Accueil à la Maison du canal. Mai-fin sept. Compter 10 € en hte saison. 15 empl.* Un petit camping calme et ombragé, situé au bord du canal, sur le chemin de halage. Étang à 2 km pour se baigner, le canal et la Vilaine pour pêcher.

Gîte de Pont-Miny, la Maison du canal : *1, rue de Pont-Miny, 44460 **Fégréac.** ☎ 02-40-91-20-21 (mairie). Nuitée 11-13 € selon saison.* Une dizaine de lits répartis dans 3 chambres très bien tenues, situées à l'étage de la Maison du canal. Idéal pour une famille. Les pieds au bord du canal de Nantes à Brest. Départ de sentiers. Apporter ses draps. Cuisine à dispo.

GUENROUËT *(44130)*

Sur le bord du canal, l'une des plus anciennes paroisses de la région, où les plaisanciers ont succédé aux bateliers. Guenrouët dispose d'une base de loisirs de qualité labellisée *Accueil Vélo,* avec piscine et camping. Elle est reliée au bourg par un chemin creux typique, appelé « chemin des Diligences », ancien tronçon de la route nationale de Bretagne qui franchissait le pont. Petit port avec pontons pour 12 bateaux, et location saisonnière de vélos, embarcations à pédales, canoës et kayaks. C'est à Guenrouët qu'est fabriqué le cidre *Kérisac* (boutique sur place) que l'on retrouve sur toutes les tables des crêperies de la région.

Adresses utiles

Office de tourisme du pays de Pont-Château Saint-Gildas-des-Bois : *17, rue des Forges, 44530 **Saint-Gildas-des-Bois.** ☎ 02-40-01-40-10. • pontchateau-saintgildasdesbois.com • Proche de la gare. Lun-jeu.* Organise des randos-crêpes *(2 €)* le mercredi soir en été.

Point Infos de Guenrouët : *halte nautique au Port-Saint-Clair (direction Plessé). ☎ 02-40-87-68-09. Tlj juil-août ; w-e mai-juin.* Location d'embarcations à pédales et de vélos. Gère aussi un gîte d'étape situé derrière le bâtiment (voir « Où dormir ? »).

Où dormir ?

Camping Saint-Clair : *☎ 02-40-87-61-52. • info@campingsaintclair.com • campingsaintclair.com • En bordure du canal de Nantes à Brest ; par Savenay, Blain, Redon ou Pont-Château. D'avr à mi-oct. Tente env 14 €. Mobile homes et caravanes 220-515 €/sem. Caravanes 35-50 €. 116 empl. (accueil). Remise de 5 % sur le prix du séjour, sur présentation de ce guide.* Camping spacieux et bien ombragé, proche du centre-ville et de la base de loisirs. Location d'embarcations à pédales, de canoës-kayaks ; accès libre, le matin, au tennis voisin. Épicerie à 500 m. Restaurant à 50 m. Piscine chauffée à 50 m, surplombant le canal. Randonnées à pied, à vélo, à cheval.

Gîte d'étape Halte nautique Saint-Clair : *au Port-Saint-Clair. ☎ 02-40-87-68-09 (point infos) et 02-40-87-64-18 (mairie). • mairie-de-guenrouet@wanadoo.fr • Clé auprès de la mairie hors saison (sur résa) ou au Point Infos en été. Avr-oct. Nuitée env 9 € ; env 5 € moins de 7 ans.* Grande salle, propre, avec lits en rang d'oignons. Nécessaire pour petit déj. Pour les randonneurs.

Où manger à Guenrouët et dans les environs ?

La Crêperie du Port – Le PK 73 : *60, rue du Pont-Saint-Clair, 44360 **Plessé.** ☎ 02-40-87-69-00. Immanquable avec sa façade orange flashy* *surplombant le port. Tlj. Carte 10-15 €.* Bon choix d'excellentes galettes, certaines accompagnées de produits nobles comme la Saint-Jacques ou le saumon. Au dessert, on tentera la crêpe exotique à l'ananas, flambée au rhum, un régal ! Bon accueil et agréable vue sur le port de la terrasse ensoleillée.

Le Paradis des Pêcheurs : *au* ***Cougou.*** *☎ 02-40-87-64-10. • lepa radisdespecheurs@wanadoo.fr • En sortant de Guenrouët, sur la route de Saint-Gildas, prendre la route de Fégréac à droite et continuer sur 6 km ; à côté d'une charmante chapelle, en pleine campagne. Congés : vac scol de fév et de Toussaint. Tlj sf mer midi et le soir dim-jeu. Menus 13,80 € déj en sem, puis 26,20-43,30 €. Café offert sur présentation de ce guide.* Cuisine traditionnelle à base de produits frais, servie dans un cadre agréable ouvert sur un joli parc. Excellent foie gras maison et très bon accueil.

À voir. À faire à Guenrouët et dans les environs

L'église de Guenrouët : étonnante avec ses vitraux de Gabriel Loire qui rappellent des lieux sacrés et leurs saints. Mais l'église est surtout célèbre pour ceux commémorant les combats de la poche de Saint-Nazaire. Très colorés et surprenants.

La base de loisirs de Guenrouët : *face au port. ☎ 02-40-87-64-18 (mairie). Piscine : ☎ 02-40-87-71-03 ; fin juil-août, tlj 14h-20h ; entrée env 4 € ; réduc.* Environ 600 m² de bassin, avec toboggan, bain à remous et plages vertes. La piscine épouse habilement la forme du vallon sur lequel elle a été construite. Du pied de la base, depuis le port, une jolie balade le long du chemin de halage permet de rejoindre l'écluse de Melneuf (circuit du Canal). Parfait pour un pique-nique.

L'église de Saint-Gildas-des-Bois *(44530)* ***:*** *visite guidée gratuite en juil-août, jeu à 15h ; prévoir 1h30. Rens en saison à l'office de tourisme.* Église abbatiale des XIIe et XIIIe s. Bien restaurée après les bombardements du 12 août 1944, qui détruisirent la toiture. Enfin une église romane ! La nef remonte au XIIe s, le chœur aussi. L'ancienne clôture du chœur des moines porte la date de 1711. Superbe grille en fer forgé style Louis XIV et stalles sculptées du XVIIIe s. On appréciera particulièrement les vitraux en verre monochrome et en relief, réalisés par Pascal Convert d'après des photos d'enfants aliénés du XIXe s. L'effet est saisissant !

– ***Location de canoës-kayaks :*** ***Club Isac,*** *☎ 02-40-87-64-23. Juil-août, tlj 14h-19h ; et tte l'année sur résa.* Prévoir une tenue de rechange. Bivouac possible.

➢ ***Balade guidée avec un âne :*** ***Aux Ânes. etc.,*** *10, rue du Champ-de-l'Isle. ☎ 02-40-01-40-10. • aux-anes-etc.com • Au centre-ville.* Balade avec un âne bâté sur les bords du canal, de 1h à la journée. Plaît beaucoup aux enfants.

Manifestation

– ***Les Rencontres franco-américaines de musique de chambre :*** *15-20 août. • rencontresfrancoamericaines.fr •* Festival de musique classique. Outre les nombreux concerts gratuits, un pique-nique musical est organisé.

LOIRE-ATLANTIQUE

LA VALLÉE DU DON

Carte Loire-Atlantique, B-C1

Avant de se jeter dans la Vilaine, la rivière traverse des paysages variés offrant des promenades agréables aux randonneurs à pied, à vélo ou en canoë. Les rives, presque toujours boisées, sont parfois escarpées, ponctuées par quelque rocher hanté ou chapelle miraculeuse.

MARSAC-SUR-DON (marzheg ; 44170)

Tranquille bourgade agricole, riche encore de quelques petits châteaux.

Où dormir ?

Hôtel du Don : *16, rue du Général-de-Gaulle. ☎ 02-40-87-54-55. • contact@hoteldudon.fr • hoteldudon.fr • Double 50 €. Parking. Café offert sur présentation de ce guide.* Ambiance cosy dans les 4 petites chambres tenues par Thérèse et accueil des plus chaleureux et attentionné.

GUÉMENÉ-PENFAO (gwenvenez-penfaou ; 44290)

À ne pas confondre avec Guémené-sur-Scorff (Morbihan), célèbre pour son andouille. Guémené-Penfao abrite une maison où a séjourné Du Guesclin. Le Don traverse la ville, pour le plaisir des randonneurs. Un peu plus loin, le château de Juzet, tout droit sorti d'un conte de fées, domine la rivière.

Où dormir ?

Flower Camping L'Hermitage : *46, av. du Paradis. ☎ 02-40-79-23-48. 06-88-50-39-37. • camping.hermitage@orange.fr • campinglhermitage.com • Avr-oct (tte l'année pour le gîte). Tente env 14-20 €. Mobile homes, bungalows toilés 273-700 €/sem. Prix caravane : 245 €/sem. CB refusées. 80 empl.* Camping établi dans un cadre verdoyant et calme, à environ 1 km du bourg. Également un gîte de groupe pour 20 personnes *(18 €/pers).* Jeux et animations pour enfants, soirées en haute saison. Résa conseillée en été. Piscine.

À voir dans les environs

Guénouvry *(44290) : à 5 km au sud de Guémené, par la D 125 ou en suivant l'itinéraire fléché.* Jolie petite ***chapelle*** dite ***des Lieux-Saints*** *(ouv dim ou sur demande à la Maison du tourisme),* perdue en pleine campagne, sur un site panoramique dominant la vallée. Fresques surprenantes relatant le passage d'Anne de Bretagne dans les environs, et petit pèlerinage le dernier week-end de juillet. Étape de plusieurs randos.

La chapelle Saint-Benoît : *44290* ***Massérac.*** *À 10 km au nord-ouest de Guémené, dans l'un des derniers villages au nord du département.* Chapelle du XIe s, avec, à l'intérieur, le tombeau (et les reliques) de saint Benoît. On y entre par le cimetière et par une immense porte-baie vitrée.

La voie romaine de Marsac *(44170) : en sortie de Marsac, route de Conquereuil.* Une fois passé le pont, on trouve cette voie romaine qui rejoint la forêt du Gâvre au site de Pont Veix, à 4 km. Un petit dépliant (remis dans les offices de tourisme), *Le Carnet de route de la fée Joyance,* détaille les différentes bornes croisées tout au long du trajet. Agréable promenade de 2h aller-retour.

LE PAYS DE CHÂTEAUBRIANT ET LE PAYS DE LA MÉE

On arrive ici au bord de la vraie Bretagne. C'est le pays de la Mée, c'est-à-dire du Milieu, car au centre du triangle Nantes-Rennes-Angers. C'est un pays boisé, joliment vallonné, clairsemé d'anciennes forges, d'étangs et de rivières, où l'on peut faire de belles balades.

CHÂTEAUBRIANT [kastell-briant]

(44110) 12 800 hab. *Carte Loire-Atlantique, C1*

Au bord de la Chère, son imposant château féodal défendait les portes de la Bretagne. Avec ses petites rues bordées d'hôtels particuliers et ses maisons à colombages, Châteaubriant retient l'attention... C'est bien d'ici que vient la pièce de viande du même nom. Terre d'élevage bovin, la bonne viande n'y est évidemment pas rare. Et pour ce qui est de l'écrivain Chateaubriand (avec un « d » et sans accent circonflexe), sa famille descend effectivement des Brient (avec un « t » et un « e » !), fondateurs de la ville. Autre figure célèbre, Françoise de Foix, favorite de François Ier, qui a laissé son nom à un délicieux chocolat à la praline, inspiré de ceux qu'elle aimait offrir au roi. Désormais, une chaîne de chocolatiers japonais porte même le nom de *Châteaubriant*.

Adresse et info utiles

i ***Office de tourisme :*** *29, pl. Charles-de-Gaulle.* ☎ *02-40-28-20-90.* • *accueil@tourisme-chateaubriant.fr* • *tourisme-chateaubriant.fr* • *Mar-sam.* Expos, programme estival d'animations et visites guidées de la ville *(pour groupes, sur résa),* avec audioguide et autres applis (GéoBalad' et Baludik). Également différentes billetteries.

– ***Marché aux bovins :*** *ts les mer, à partir de 6h30, sur le foirail.* Le 3e marché de France pour les gros bovins et le 2e pour les bovins maigres. Très animé.

Où dormir ? Où manger ?

Camping

⛺ ***Camping municipal Les Briotais :*** *rue de Tugny.* ☎ *02-40-81-14-38.* • *h.menet@ville-chateaubriant.fr* • ♿ *À env 1,5 km au sud-est du* *centre-ville. Mai-sept. Tente env 8 €. CB refusées. 35 empl.* Camping aménagé en bordure du stade des Briotais et du bois de Tugny. Très calme. Emplacements délimités ou non. Blocs sanitaires bien tenus.

De bon marché à prix moyens

Hôtel Le Quai 3 : *3, rue de la Gare. ☎ 02-40-28-14-36. • e.herve973@laposte.net • Résa conseillée. Doubles 56-66 €.* Face à la gare mais au calme. Chambres au papier fleuri, bien entretenues et refaites progressivement.

Crêperie Le Bilig : *1, rue Joseph-Hervouet. ☎ 02-40-81-48-49. • lebilig@wanadoo.fr • Fermé dim-lun et mar soir. Congés : 3 sem en juil-août. Formule déj en sem 12 € ; menus 18-32 €. Café offert sur présentation de ce guide.* Une crêperie-bistrot originale, à côté de l'église Saint-Nicolas, dans un cadre plaisant, avec murs en schiste et en grès, et belle cheminée. Cuisine de maison et délicieuses galettes. Très chaleureux.

Au Vieux Castel : *25, rue Pasteur. ☎ 02-40-81-12-51. À deux pas de la pl. de La Motte. Tlj sf lun tte la journée et mer soir. Congés : 2 sem fin avr-début mai et fin sept. Formules déj 10-13,90 € ; menu 20,50 €.* La spécialité de la maison, c'est la cuisine au feu de bois, dont le châteaubriant accompagné de sa patate du *Vieux Castel.* Cadre sans façons avec vieux outils aux murs, et terrasse à l'arrière dès que le temps le permet.

De prix moyens à chic

L'Auberge Bretonne : *23, pl. de La Motte. ☎ 02-40-81-03-05. • aubergebretonne.com • Sur la place centrale. Resto fermé dim soir, lun et mar. Doubles 68-150 €. Formule déj 19,80 € ; menus 29,80-42 €.* Plus classique relookée au goût du jour que bretonne, cette auberge tient la route. Table appréciée, y compris le petit déj. En profiter pour goûter au châteaubriant. Nos lecteurs peu portés sur la viande trouveront sûrement leur bonheur dans le choix de poissons proposé par la maison.

Où acheter des « françoise-de-foix » ?

Confiserie Merlet : *6, rue Aristide-Briand. ☎ 02-40-81-00-46. À deux pas de la mairie.* C'est ici qu'il faut acheter la délicieuse spécialité locale, la « françoise-de-foix ». On raconte que pour continuer de plaire à François Ier, son amant, la belle comtesse Françoise de Foix avait conçu cette friandise. Apparemment efficace, puisque leur liaison dura 10 ans. Il s'agit d'une sorte de bouchée entourée de chocolat noir, doublé à l'intérieur d'une fine couche de praliné, et enveloppant des raisins macérés dans de l'alcool (péché mignon du roi !). Attention, ouvrir grand la bouche, ça coule !

À voir. À faire

Le château : *☎ 02-40-28-20-20. Accès gratuit au parc du château 7h30-18h (20h mai-sept). Visites guidées tte l'année : mai-sept, tlj sf mar, à 11h, 14h30 et 16h ; hors saison, sam-dim visite du donjon à 14h30 et du château à 15h30. Visite découverte : 3 € ; réduc ; gratuit moins de 10 ans. Livret de jeux. Expositions gratuites, nombreuses animations.*

Fondé au Xe s par Brient, le château s'impose très vite comme une place forte contrôlant l'une des principales routes d'accès à la Bretagne avec notamment son imposant donjon. Mais ses épais remparts ne résistent pas à l'artillerie française lors du siège d'avril 1488, lorsque Charles VIII entame une conquête des forteresses bretonnes.

À la Renaissance, le château perd son rôle défensif et devient résidentiel, sous l'impulsion de Jean de Laval, seigneur des lieux et gouverneur de Bretagne, se dotant d'élégants bâtiments où se rencontrent schiste, brique et tuffeau. Au-delà de ces merveilles architecturales, le château renferme en ses murs secrets et autres légendes, dont celle de Françoise de Foix, épouse de Jean de Laval et maîtresse du roi François Ier, disparue soudainement dans la nuit du 16 au 17 octobre 1537... Allez vous asseoir sur « le siège qui parle » dans la chambre dorée et écoutez-le raconter que depuis cette nuit-là, un étrange cortège revient chaque nuit anniversaire de ce drame...

La vieille ville : *axée sur la Grande-Rue, prolongée par la rue de Couéré. Plan gratuit (avec explications et petit circuit) auprès de l'office de tourisme.* Quartier commerçant et semi-piéton qui garde quelques belles maisons. Au nº 24, rue de Couéré, notamment, celle dite « de l'Ange » où séjourna Sophie Trébuchet, mère de Victor Hugo. Nombreuses maisons à pans de bois. Noter également la hauteur (67 m) de l'église Saint-Nicolas.

Le théâtre de Verre : *27, pl. Charles-de-Gaulle. ☎ 02-40-81-19-99. Face au château.* Ce cube de verre de 12 m de haut, l'une des fiertés de la ville, accueille concerts, spectacles... Il est soutenu par de massifs poteaux de bois rouge orangé plantés sur le sol schisteux de la ville. Dans la salle de spectacle, un procédé original de murs inclinés permet d'en diriger le son vers le centre.

LOIRE-ATLANTIQUE

L'église Saint-Jean-de-Béré : *rue du Prieuré-de-Béré. Au nord de la ville, route de Bain-de-Bretagne.* Cette belle église abritait au Moyen Âge (XIe s) le siège d'un doyenné important qui contrôlait 70 paroisses. Sa conception architecturale en grès armoricain rompt avec les architectures habituelles et mérite un coup d'œil. Beau retable lavallois, triptyque en marbre noir et gris rosé.

La carrière des fusillés La Sablière : *à 2 km, sur la route de Pouancé-Laval ; indiqué sur la gauche. ☎ 02-40-28-60-36. Visite libre avec audiophone. Musée ouv tte l'année mer et sam 14h-17h. GRATUIT.* Vous voici sur les lieux où furent assassinés 27 otages par les nazis le 22 octobre 1941, en représailles à l'exécution du colonel Hotz à Nantes deux jours plus tôt (en plus de 16 à Nantes et 5 à Paris). Les stèles du souvenir côtoient les poteaux d'exécution dans cette clairière en contrebas de la route. Parmi les victimes, Guy Môquet (17 ans), Charles Michels, Jean-Pierre Timbaud, des noms tristement connus, que portent aujourd'hui rues et stations de métro. Les corps furent volontairement enterrés à la va-vite dans des villes voisines, afin que les familles ne puissent pas facilement venir se recueillir. Commémoration chaque année, le dimanche le plus proche du 22 octobre. Un ***musée*** sur place, fort bien aménagé, retrace les événements et expose quelques-uns des objets personnels des exécutés. Un lieu saisissant.

La maison Huard : *6, rue Guy-Môquet. Ouv en juil-août sur résa auprès de l'office de tourisme, sinon slt pour les groupes.* La maison familiale Huard a été transformée en musée et retrace l'histoire de cette entreprise sur la période de 1863 à 1897. Elle représentait dans les années 1950 plus de la moitié de la production française de charrues.

➢ **La voie verte de Châteaubriant à Messac :** *accès libre.* Anciennement voie de chemin de fer reliant Messac via Rougé, réservée aux randonneurs, vélos ou personnes en fauteuil roulant (interdit aux véhicules à moteur), pour une promenade à travers la campagne du pays de Châteaubriant en toute sécurité.

Manifestation

– ***Foire de Béré :*** *le 2e w-e de sept.* Elle se tient sur le champ de foire, à côté de l'église romane de Béré, depuis presque un millénaire (1049). Accueille quelque 50 000 visiteurs chaque année.

LE PAYS DE LA MÉE

Carte Loire-Atlantique, C-D1-2

Région historique très ancienne située à égale distance de Nantes, Rennes et Angers, le pays de la Mée, ou « pays du Milieu », est déjà mentionné dans les textes au début du XIe s. Il s'étend entre l'Erdre, au sud, et le Semnon, au nord. Il fut un lieu d'affrontements mais aussi de commerce et d'échanges.

Adresses utiles

Office de tourisme de la région de Nozay : *9, rue de l'Église, BP 27, 44170* ***Nozay.*** *☎ 02-40-79-31-64. • accueil@tourisme-nozay.fr • tourisme-nozay.fr • Entre Blain et Châteaubriant (D 771). Juil-août, fermé lun mat et dim ; sept-juin, ouv slt mer, mar ap-m, ven ap-m et sam mat.* Expos temporaires. Billetterie spectacles.

Office de tourisme de Derval : *20, pl. Bon-Accueil (pl. de l'église), 44590* ***Derval.*** *☎ 02-40-07-70-10. • tourisme-derval.fr • Entre Guémené et Châteaubriant (D 775). Ouv mar-mer, ven et sam mat.*

Association de sauvegarde du patrimoine historique et artistique de Nozay et sa région *(ASPHAN)* ***:*** *25, rue du Vieux-Bourg, 44170* ***Nozay.*** *☎ 02-40-79-34-29. • asphanozay@gmail.com • asphan.fr • Entre Blain et Châteaubriant (D 771). En venant de l'église de Nozay, passer le long du jardin public, puis sur la droite. Enclos du vieux bourg et carrière de la Pierre bleue ouverts à la visite de mi-juin à mi-sept ; en dehors de cette période, les contacter.* Une association qui se bat pour préserver et valoriser le patrimoine de la commune et des environs.

Où dormir dans la région ?

De bon marché à prix moyens

Gîtes ruraux chez Cécile et Armand Châtellier : *La Ferronnais, 44520* ***Moisdon-la-Rivière.*** *☎ 02-40-07-62-84. • armand.chatellier@orange.fr • À 2,5 km de la forge neuve. Compter 265-550 €/sem pour 6 pers ; également loc au w-e. Un verre de vin et un gâteau offerts à l'arrivée.* Bon accueil. Animaux bienvenus. Possibilité de visiter la ferme sur place.

Chambres d'hôtes La Maison du Meunier : *6, rue des Acacias, 44590* ***Mouais.*** *☎ 02-40-07-08-07. • maisondumeunier@wanadoo.fr • maisondumeunier.fr • Au cœur du village. Fermé de mi-janv à mi-fév. Compter 54 € pour 2. Table d'hôtes sur résa 19 €, tt compris. Réduc de 10 % sur le prix de la chambre, sur présentation de ce guide.* 3 agréables chambres d'hôtes situées, soit en rez-de-chaussée, soit au-dessus de l'ancienne maison du meunier (XVe s). L'une d'elles donne sur l'ancien auditoire de justice, flanqué d'une jolie tourelle. Cuisine préparée principalement avec les produits bio du potager de Jean-René. Délicieuses confitures maison, bien sûr. Charmant parc qui descend doucement jusqu'à la rivière. Possibilité de canoë et de visite du village avec Danielle, passionnée par son histoire (et par celle des environs), au point d'en écrire un livre. Une maison où l'on se sent bien, tout simplement.

Chambres d'hôtes chez Mme Habay : *1, rue de Nantes, 44590* ***Derval.*** *☎ 02-40-07-72-97. • annie.habay@manoirdebellevue-derval.fr • manoirdebellevue-derval.fr • Compter 54 € pour 2. Table d'hôtes sur résa 18 €.* Cette belle et grande maison du XVIIe s, sagement lovée derrière de grands marronniers, est un refuge bienvenu. Vieilles comtoises, cheval à bascule et petite expo de faïences (7 000 pièces tout de même !) dans les écuries de la propriété. Accueil chaleureux. Également un gîte pour 4 personnes dans les dépendances.

Chambres d'hôtes chez Pierre et Monique Marzelière : *Grand-Jouan, 44170* ***Nozay.*** *☎ 02-40-79-45-85. • pierre.marzeliere@wanadoo.fr • grand-jouan.fr • Compter 55 € pour 2 ; familiale également.* 4 chambres dans une ancienne ferme-école d'agriculture créée au XIXe s. Salon et salle à manger réservés aux hôtes. Parc. Des box pour chevaux sont à la disposition des randonneurs équestres.

Chic

Cabanes dans les arbres Brin de Chevrette : *1, les Hautes-Chapelettes, 44540* ***Bonnœuvre.*** *06-31-42-84-56 et 06-81-10-01-54. • contact@brindechevrette.com • brindechevrette.com • Compter 119 € pour 2.* Au milieu de l'exploitation de chèvres et 100 % nature, 3 cabanes perchées dans de vénérables chênes, pour 2 ou 5 personnes. *Roots* en diable avec les toilettes sèches et le panier-petit déj à hisser avec une corde, mais c'est confortable et tellement dépaysant le temps d'une nuit. Gîte d'appoint pour la toilette. Accueil extra en prime.

LOIRE-ATLANTIQUE

Où manger dans la région ?

De bon marché à prix moyens

Auberge de l'Écluse : *la Provostière, 44440* ***Riaillé.*** *☎ 02-40-97-86-54. À 4 km à l'ouest de Riaillé sur la route de Meilleraye. Fermé mar et dim soir, plus mer soir et jeu soir hors saison. Menus 19,90 € midi en sem, puis 25-32 €. Café offert sur présentation de ce guide.* Cette ancienne maison éclusière se cache en contrebas de l'étang. Cuisine inventive à base de produits locaux mais aux tonalités méditerranéennes. Intéressante carte des vins avec du muscadet coteaux-de-la-loire ou encore du coteaux-d'ancenis.

Crêperie La Bonne Éloi : *dans l'ancienne maison des maîtres de forge de la Hunaudière, 44590* ***Sion-les-Mines.*** *☎ 02-40-28-45-85. • labonneeloi@gmail.com • Pâques-Toussaint, tlj sf lun, à partir de 16h ; dim et j. fériés tte la journée. Carte 15-18 €. Apéritif offert sur présentation de ce guide.* Excellentes galettes et crêpes, toutes fabriquées à la commande avec la farine du moulin du Pont Godalin (lire plus loin dans « À voir dans le coin »). Aux beaux jours, il est bien agréable de s'installer sous les arbres au bord de la rivière.

Le Relais Glainois : *1, rue Flavier, 44670* ***La Chapelle-Glain.*** *☎ 02-40-55-50-42. • contact@lerelais-glainois.com • Au centre du bourg. Tlj sf mer et soir des ven et dim. Congés : 15 j. en fév et juil. Formule déj en sem env 12 € ; menus 23-39 €.* Les noceurs ne s'y trompent pas, puisqu'ils s'y retrouvent. Une bonne adresse sans caractère particulier mais avec parfois une touche exotique, où l'on travaille en famille, sans prétention. Accueil simple et agréable. Fait aussi hôtel.

De prix moyens à chic

Le Jouffroy d'Abbans : *manoir de la Jahotière, 44170* ***Abbaretz.*** *☎ 02-40-07-24-21. À 7 km d'Abbaretz, direction La Meilleraye vers l'est (D 2). • contact@lajahotiere.fr • Mar-dim midi sf mer soir. Menus*

19,50-29,50 € midi en sem, sinon compter 30-55 €. Apéritif offert sur présentation de ce guide. Le genre d'adresse où l'on ne vient pas par hasard compte tenu de son isolement. Mais quelle récompense, rien que pour le cadre dans ce superbe manoir d'inspiration italienne doté d'une surprenante cheminée de briques. L'édifice abrite aujourd'hui un somptueux hôtel. Côté resto, ambiance entre bois et ardoise pour une cuisine de haute volée entre terre et mer. Le grand jeu et une très belle affaire à midi.

Le prieuré des Gourmands : *11, rue du Prieuré, 44540* ***Bonnœuvre.*** *☎ 02-40-56-30-00. Entre Riaillé et Saint-Mars-la-Jaille (D33). Mar-dim midi. Menus 18-21 € midi en sem, puis 33-43 €.* Décidément, la région regorge de sites tous aussi ravissants les uns que les autres. Cette fois-ci, un prieuré transformé en hôtel-restaurant dominant l'Erdre. La salle lumineuse aux tons apaisants et les poutres aux plafonds amalgament subtilement l'ancien et le moderne, bien à l'image de la cuisine traditionnelle revisitée. De quoi convertir les plus renégats, surtout s'ils s'abandonnent à la tartelette chocolat caramel, la spécialité maison.

LOIRE-ATLANTIQUE

À voir dans le coin

L'église de Saint-Julien-de-Vouvantes *(44670)* **:** *tlj 10h-18h.* À la voir, on se dit qu'elle doit être bien vieille... alors qu'elle n'a en fait qu'un peu plus de 100 ans, et c'est un modèle de style néogothique. Une vingtaine de gargouilles de cette église ont été classées Monument historique. Petit circuit pédestre de 3 km au départ de l'église.

Le château de la Motte-Glain : *44670* ***La Chapelle-Glain.*** *☎ 02-40-55-52-01. De mi-juin à mi-sept, tlj sf mar, 14h30-18h30. Compter 45 mn de visite. Entrée : 7,50 € ; réduc.* Ce château du XVe s, en grès armoricain, pierre et tuffeau sculptés, vaut le détour, surtout pour l'extérieur à vrai dire, avec ses deux grandes tours. Le nom provient de la première demeure construite ici au XIe s, une motte. À l'intérieur, des salles Renaissance et leurs belles cheminées, la chapelle ornée d'une fresque du XVe s et un superbe escalier en pierre bleue de Nozay. À noter que le château n'a connu qu'une seule vente dans toute son histoire, en... 1635 ! Et si vous désirez découvrir la jolie petite ***église de Saint-Sulpice*** et ses fresques, à 2 km, dites-le à la châtelaine, qui en possède la clé.

Moisdon-la-Rivière *(44250)* **:** connu essentiellement pour ses forges et pour l'unique église romane fortifiée du département, avec, à l'intérieur, une statue de saint Éloi, patron des métallurgistes. Quant à la *forge neuve,* très bien conservée, elle fut fondée sur décision du prince de Condé en 1668. L'ancienne halle à charbon abrite un ***musée des Forges*** *(☎ 02-40-28-20-90 ; juin-sept, jeu-dim 15h-19h ; GRATUIT).* Une exposition très didactique sur le passé minier du pays de Châteaubriant et la place importante qu'y occupe – jusqu'à aujourd'hui – la métallurgie.

SALE HISTOIRE

Initié par le gouvernement de Vichy dès avril 1940, généralisé par les nazis en octobre, l'internement de ceux que l'on appelait alors « nomades » ou « tziganes » est un peu oublié des livres d'histoire. Pourtant, dans les anciennes forges de Moisdon-la-Rivière, ont été détenus entre 1940 et 1942 plusieurs centaines de « gens du voyage », dans des conditions déplorables, entraînant un effarant taux de mortalité, notamment infantile...

Le grand réservoir de Vioreau : beau plan d'eau de 200 ha, le plus grand bassin artificiel du département, imaginé par Napoléon Ier et destiné à alimenter le canal de Nantes à Brest. Plages aménagées et base nautique *Pleine Nature*

(☎ 02-49-10-91-00, • vioreaupleinenature.com •). Au nord, la ***forêt de Vioreau,*** l'une des plus agréables de Loire-Atlantique.

Le site de l'ancienne mine d'étain : *44170* **Abbaretz.** Le site est désaffecté depuis 1958 mais il conserve un terril de couleur blanche qui culmine à 70 m de hauteur et un lac. Du sommet (209 marches quand même), on profite d'une vue panoramique sympa sur la région. Circuit de randonnée de 8 km autour du terril, de l'étang et de l'ancienne cité minière. *Sorties commentées en juil-août : rens auprès des offices de tourisme de Nozay ou de Derval (voir plus haut « Adresses utiles »).*

Le maquis de Saffré : *au sud de Nozay. Sur la D 121, indiqué au niveau de la direrction « Abbaretz » ; puis parcourir quelques km à travers champs jusqu'à la forêt.* Hommage aux 310 hommes refusant le STO qui se cachaient là et dont le camp fut assailli par les Allemands le 28 juin 1944. Le premier maquisard à tomber tint tête seul, à 500 m de là, pour laisser le temps à ses camarades de s'organiser. Il s'appelait Georges Chaumeil. Il avait 18 ans. Monument et parcours dans la forêt avec panneaux retraçant les événements.

L'abbaye de la Melleray : *venant d'Abbaretz, dépasser la Meilleraye-de-Bretagne (D 18), c'est 1,5 km plus loin sur la droite, direction Riaillé.* Un très bel endroit bucolique qui invite à la méditation avec différents corps de bâtiments, une église et un plan d'eau. Boutique.

Nozay *(44170)* **:** petit bourg localement célèbre pour ses anciennes carrières de schiste, appelé communément pierre bleue. C'est dans la partie ancienne du village qu'il faut se rendre pour découvrir ces singulières haies en schiste, les « palis », et leur utilisation dans l'habitat local. À voir également, l'enclos du vieux bourg dans lequel se trouve l'ancienne église fondée au XIIe s et agrandie aux XVe et XIXe s, qui possède des peintures murales de la Renaissance. *De mi-juin à mi-sept, mer et ven-dim 15h-19h ; le reste de l'année, sur rdv. Visite guidée conseillée avec un membre de l'*ASPHAN *(voir plus haut « Adresses utiles »).*

Mouais *(44590)* **:** petit village noyé dans la verdure. Voir la *chapelle Saint-Marcellin,* du IXe s (demander la clé à la mairie). Descendre la rue du Lavoir : belles demeures anciennes en pierre bleue, avec leur puits et leur four à pain. Balade le long de la Mée (lavoir, moulin avec roue à aubes), parcours avec jeux pour enfants...

Les forges de la Hunaudière : *44590* **Sion-les-Mines.** *☎ 02-40-28-94-29. • lesforgesdelahunaudiere.fr • Visites organisées par l'*Association des amis des forges de la Hunaudière, *mar ap-m sur rdv (payant).* Les forges ont cessé leur activité en 1882. Mais le site reste vraiment superbe. On y découvre l'atelier de fonderie où d'anciens ouvriers exécutent des copies d'anciennes pièces fabriquées à la Hunaudière, et forment leurs successeurs pour perpétuer ce savoir-faire. Le deuxième dimanche d'août se déroule sur le site un marché campagnard.

L'écomusée du moulin du Pont Godalin : *sur la rivière de la Chère, au lieu-dit du Pont, à 4 km au sud-est de Sion (route de Saint-Aubin). L'*Association de sauvegarde du moulin *y a installé un petit musée de la meunerie et de la boulangerie. ☎ 02-40-28-99-84. • moulindupont.ouvaton.org • Mar mat et certains dim en juil-août (visite guidée slt) ; également en juin pour la Fête des moulins et aux Journées du patrimoine. Entrée : 3,50 €, réduc.* L'activité du moulin avait cessé en 1968, mais grâce à l'association, il reprend du service lors des manifestations citées précédemment : ces journées-là, on peut déguster des galettes et emporter son pain de campagne au blé noir. La roue hydraulique (5,50 m de haut) est d'origine mais elle a été rénovée.

La chapelle des Templiers : *44110* **Saint-Aubin-des-Châteaux.** À voir surtout pour sa charpente taillée à la hache. Demander la clé à la mairie, ou au n° 1, impasse des Templiers. Au passage, remarquer l'architecture des vieilles maisons basses (longères).

La demeure de René-Guy Cadou *(1920-1951)* **:** *44110* **Louisfert.** *☎ 02-40-81-22-64. Descendre la rue en face de l'église ; c'est sur la gauche à 50 m, dans la cour d'école. 1er juil-1er sept, jeu-dim 14h-18h30. Compter 45 mn de visite. Entrée : 2 € ; réduc ; gratuit moins de 12 ans.* Les étudiants en littérature ou les amoureux de poésie iront visiter ce musée dédié à René-Guy Cadou, situé dans l'ancienne école où il était instituteur et où il mourut, très jeune, à 31 ans. Lieu émouvant, avec photos, recueils, correspondances, objets, dessins, qui rappellent cet artiste, ami de Paul Fort, Blaise Cendrars, Jean Giono, mais aussi de Max Jacob, avec lequel il correspondra jusqu'à sa mort. L'homme laissa son empreinte poétique dans la région, au point que de nombreux établissements scolaires portent aujourd'hui son nom.

HOMMES, CULTURE, ENVIRONNEMENT

ARCHITECTURE : LES VILLAGES AUSSI ONT DU CARACTÈRE

On reconnaît une ferme ancienne, un manoir ou une chapelle bretonne au premier coup d'œil ! Les épais murs de granit armoricain aux teintes variées (bleu, bleu-gris, rose ou jaune « kersanton »), les petites ouvertures, les toitures en ardoise, les clochers sculptés et dentelés, les chapelles, les manoirs et les fermes à chaque croisement de chemin : on est bel et bien en Bretagne et nulle part ailleurs. Cet habitat, cet art, ce style témoignent d'une culture rurale enracinée, d'un savoir-vivre ancestral adapté à une nature rude et à un climat océanique. Voilà une architecture originale, donc, à dominante paysanne et religieuse, conçue par des architectes talentueux mais souvent inconnus.

L'art roman arrive tardivement en Bretagne et laisse une empreinte définitive et un style puissant : l'utilisation du granit à gros grain et des motifs très stylisés sur les chapiteaux. L'abbatiale de Quimperlé (première moitié du XIIe s) constitue un bel exemple d'audace dans la conception. La première floraison de l'art gothique (au XIIIe s) est influencée par l'art normand et l'art anglais qui ont inspiré quelques chantiers jusqu'au début du XVe s, notamment en Bretagne Nord.

Au XIVe s, avant les déchirements de la guerre de Succession (1341-1364), l'architecture ***gothique*** bretonne affine et précise son style, en particulier les églises et les chapelles de campagne. Les grandes forteresses de la Bretagne ducale datent d'une époque guerrière où il fallait se défendre contre les Français ou les Anglais. Sortent alors de terre des châteaux comme ceux de Clisson et Guérande, ou de Brest, Vitré et Saint-Malo en Bretagne Nord. Les grandes familles alliées au duc de Bretagne construisent de prestigieux monuments comme l'église de Kernascléden, près du Faouët, qu'admirait le peintre Maurice Denis en 1910. Ainsi se répand le style gothique flamboyant. Au début du XVIe s, Jean II de Rohan possède en son château de Josselin le premier escalier à l'italienne, une rareté en France. En plein bocage breton apparaissent des chefs-d'œuvre, des kyrielles de ***manoirs*** à l'architecture sévère mais élégante (environ 10 000 en tout sur toute la Bretagne), des ribambelles de ***chapelles*** rustiques d'une finesse extrême. Avec le duc Jean V, les cathédrales de Nantes et de Quimper se dressent très haut dans le haut Léon, abritant des vitraux remarquables, du mobilier et une orfèvrerie d'une richesse exceptionnelle.

Au XVIe s, la Bretagne rattachée à la France ne peut plus compter sur le mécénat des ducs, mais elle dispose de la richesse et de la créativité des paroisses. Dans le haut Léon toilier (Finistère Nord), une sorte d'aristocratie paysanne composée de riches cultivateurs-marchands supervise les chantiers des ateliers, permettant la construction de somptueux ***enclos paroissiaux.*** Un concept architectural unique en Europe, du « made in Brittany » sur mesure !

On les trouve sur un territoire grand comme un demi-canton, au cœur du Léon (nord du Finistère). C'est à travers ces étonnants chefs-d'œuvre d'architecture et de sculpture que se révèle l'âme bretonne. Et que dire de ces innombrables

clochers-porches couronnés de flèches élancées, des ***clochers à jour*** sculptés en dentelle et bordés de hautes galeries... Il y a peu de palais princiers en Bretagne, contrairement à la Touraine, mais la campagne est constellée de petits manoirs rustiques, de gentilhommières à taille humaine, de logis nobles, naguère habités par des cultivateurs aisés ou des hobereaux qui gardaient leur épée pour aller aux champs.

LES ROUES À CARILLONS

Ces roues à l'intérieur des églises, que l'on actionne par une corde, datent du Moyen Âge. Outre leur fonction religieuse, elles sont dotées de pouvoirs surnaturels. Celle de Laniscat soigne, dit-on, les maladies incurables. Quant à la roue de Confort-Meilars, elle guérit les bègues et les muets. Certains en ont sacrément abusé !

L'architecture paysanne bretonne ne peut se confondre avec celle d'aucune autre région de France : maisons de ferme basses et solides, avec ou sans cour intérieure, aux murs de granit, aux toitures de chaume (très peu aujourd'hui) et d'ardoise. Certaines maisons de pêcheurs du Finistère Sud et du Morbihan possèdent parfois des murs blanchis, en raison de la plus grande luminosité de la Bretagne Sud. Elles tournent souvent le dos à la mer pour se protéger du vent, comme à Île-Tudy, à Kerity ou à Kerlouan.

L'architecture balnéaire la plus significative est à chercher plutôt dans les stations du littoral des Côtes-d'Armor et de l'Ille-et-Vilaine : Erquy, Saint-Cast, Dinard, Paramé (Saint-Malo), ou bien du côté de Fouesnant, Carnac et Le Croisic sur la côte sud.

Un mot, enfin, sur l'***architecture dite « néobretonne ».*** Ces myriades de maisons pavillonnaires individuelles, aux murs blancs, contours de portes et fenêtres en granit (dans le meilleur des cas) et toitures en ardoise, ont été construites de manière anarchique dans les campagnes et sur le littoral, en plein boom des années 1960 et 1970 (le « miracle breton »). Bien qu'intégrées aujourd'hui dans le paysage, elles n'honorent pas, sauf quelques rares exceptions, le style régional traditionnel.

BRETONS DE PARIS

Montparnasse ! Tout le monde descend ! Et tous les Bretons descendirent sur les quais avant de jeter l'ancre dans le quartier de la gare. Tel fut le début de l'histoire : celle de migrants pauvres chassés par l'exode rural. Un peu à la manière des Auvergnats, les Bretons du début du XXe s formèrent des clans, ouvrirent des cafés au nom de leur ville d'attache, fondèrent cercles, amicales et associations folkloriques (aujourd'hui culturelles), maintinrent en vie les traditions du pays. Montparnasse : terminus ! Sous l'immense dalle de béton du parvis, bien des gens ignorent que c'est grâce à un Breton d'Uzel, l'ingénieur Fulgence Bienvenüe, que le grand chantier du métro a pu voir le jour (si on peut dire !) sous la capitale, il y a un peu plus de 100 ans.

CIDRE, BIÈRE ET CHOUCHEN

– ***Le cidre :*** fermier, artisanal, bouché, traditionnel, pasteurisé, il y a bien de quoi se perdre au pays du cidre. À chaque terroir correspond une variété de cidre, à chaque producteur un assemblage. Résultat, il est difficile de trouver un cidre fermier qui fasse l'unanimité. Les crus les plus réputés sont ceux du pays de Fouesnant, parmi lesquels on trouve l'AOC cidre-de-cornouaille. Mais cela n'empêche pas d'en trouver de très bons partout ailleurs, genre *Kerisac* pour les cidres bouchés. Nous avons beaucoup aimé le *Manoir du Kinkiz* d'Hervé Seznec et le *Ty Glas* de M. Séhédic, mais n'hésitez pas à partir sur la route du cidre et à goûter selon vos envies. Le cidre se décline en eau-de-vie et en alcool, en lambic et en

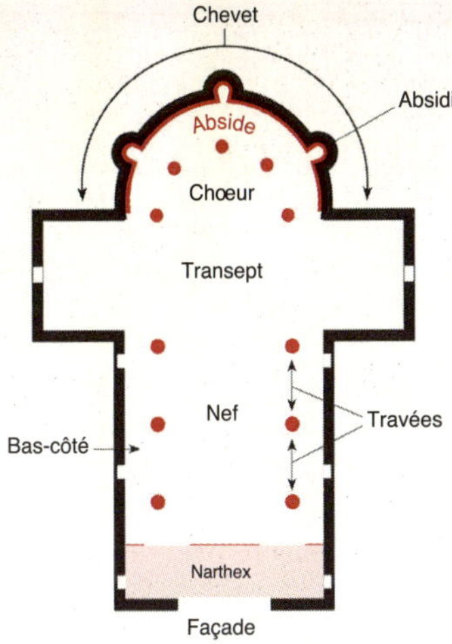

PLAN D'UNE ÉGLISE ROMANE

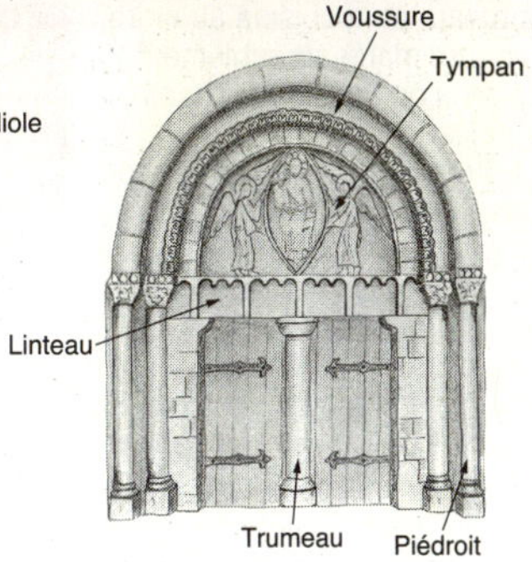

PORTAIL D'ÉGLISE ROMANE

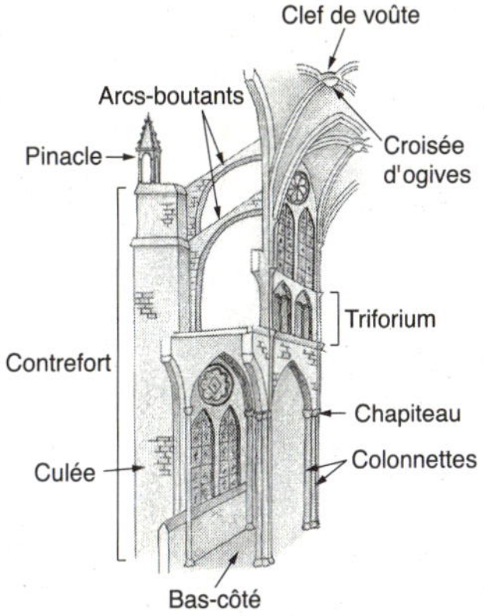

COUPE TRANSVERSALE D'UNE ÉGLISE GOTHIQUE

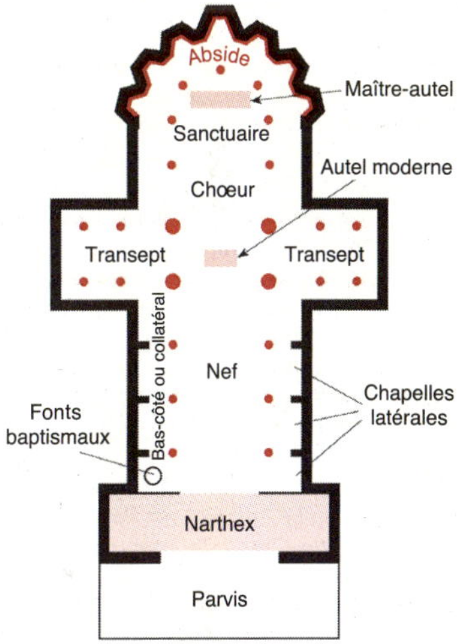

PLAN D'UNE ÉGLISE GOTHIQUE

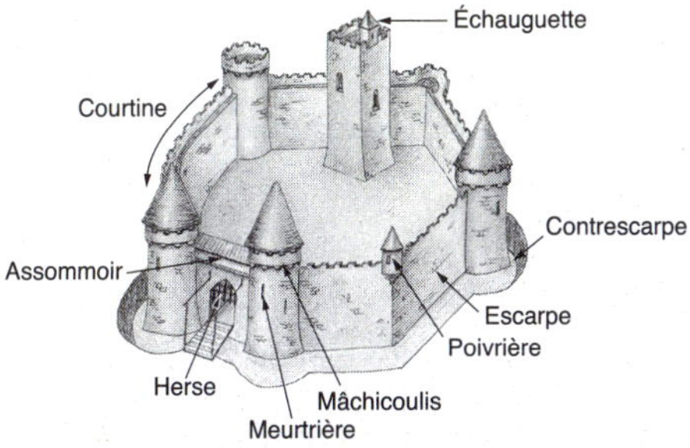

CHÂTEAU FORT

pommeau, et la cuisine au cidre, en vogue, marie agréablement le goût de la pomme aux viandes ou aux poissons.

– ***La bière et la cervoise :*** en pleine mode celtique, on s'est rendu compte que la Bretagne était le seul pays parmi ses frères à ne plus brasser de bière. Conscients de cette terrible injustice, quelques fous se sont lancés il y a une quinzaine d'années dans l'aventure. Une réussite : aujourd'hui, on compte une petite trentaine de brasseries en Bretagne. Et elles font de la bonne bière ! Amateurs de *Pils,* passez votre chemin, ici on brasse de la bière artisanale bretonne, non filtrée, non pasteurisée et plutôt alcoolisée. La plus célèbre, la *Coreff* de Morlaix, ambrée et fortement houblonnée, reste bien traditionnelle. Belle gamme bien variée également à la brasserie de Bretagne à Kerouel. Pour les amateurs : ● *bieresbretonnes.fr* ●

LA « PISTE » BRETONNE

Cette coutume de partir en piste (s'alcooliser en bande) est souvent à l'origine de terribles malheurs. Pourquoi en Bretagne plus qu'ailleurs ? Autrefois, à bord des bateaux, le seul moyen de conserver les aliments était le sel, qui aiguisait la soif. L'eau était souvent polluée et à l'origine de bien des maladies. Très vite, le jeune marin apprenait à boire du vin. Arrivé au port, boire était une libération de la tension due aux risques encourus en mer. Sans compter l'alcool qui désinhibe pour parler aux femmes.

– ***Le chouchen :*** nom breton de l'hydromel (*chamillard* en gallo). C'était la boisson des dieux, des druides et des jeunes mariés. Sa mauvaise réputation dans le pays fut transmise par les vieux Bretons : tous avaient un souvenir de cuite au chouchen à raconter, en général un mauvais souvenir...

Le chouchen a été remis au goût du jour par quelques apiculteurs passionnés (et, ne le nions pas, Dominique Lavanant, alias *Imogène,* fut sa meilleure ambassadrice dans le film *Les Galettes de Pont-Aven*). Et pas de souci à se faire : de la bonne eau, du bon miel et des levures naturelles sont les seuls ingrédients à entrer dans la composition d'un chouchen digne de ce nom. Alors qu'il est traditionnellement doux et titre plus de 14°, les amateurs se tournent aujourd'hui plus volontiers vers des chouchens plus secs, plus délicats. Il devient difficile de trouver ceux élaborés à partir de miel de sarrasin, mais certaines marques proposent des produits typés – à défaut d'être typiques – assez intéressants, comme le *chouchen du Pêcheur* ou le *Pétillant* de Pierre Dassonville... Les grands classiques sont le *Yann Gamm* de Coray, le *Lozachmeur* de Baye. Nous, on aime bien le *Rucher Fleuri* de Rochefort-en-Terre. Les chefs s'intéressent de plus en plus aux parfums que le chouchen peut apporter en cuisine, ainsi qu'à un produit dérivé, l'*Aigriade de miel,* un vinaigre de chouchen, un pur nectar...

– ***Vins :*** à défaut de grands vins, le Pays nantais a le ***muscadet,*** ce qui suffit à sa prospérité. Ami des fruits de mer et protecteur de la langouste, ce « petit-blanc-qui-va-avec-tout » a conquis tout l'Hexagone. Sans oublier le ***gros-plant,*** produit au sud de Nantes, et le coteaux-d'ancenis.

– ***Breizh Cola :*** le cola breton joue des coudes depuis 2002 pour se faire une petite place dans la cour des grands. Un combat pas perdu d'avance, puisqu'il a déjà fait un putsch au Festival interceltique de Lorient, au détriment du géant américain, et qu'il n'est pas rare d'entendre dans un bar en Bretagne des clients ronchonner parce qu'il n'y a pas de *Breizh Cola* !

COIFFES ET COSTUMES

Coiffes et costumes d'autrefois constituent le miroir psychologique de la Bretagne. Les grands habits des paysans bretons ne formaient-ils pas une garde-robe unique par sa diversité et son raffinement ? Ne remontant qu'au XVIe s, les origines du costume breton sont relativement récentes. En supprimant les lois somptuaires,

la Révolution française adopta le style « sans culotte », une marque vestimentaire synonyme de république. Mais dans les campagnes bretonnes, alors que les seigneurs banalisaient de force leurs habits, les paysans, fiers de leur liberté conquise, prirent le droit de s'habiller mieux (reprenant les usages de la noblesse de l'Ancien Régime) pour paraître élégants, pour paraître tout simplement. Pierre Jakez Hélias parlait de « code paysan du savoir-vivre » et appelait ce transfert social vestimentaire l'« instinct de seigneurie », très fort en Bretagne.
« 100 pays, 100 coiffes », dit un vieil adage breton.
On recense habituellement en Bretagne 66 costumes et coiffes, qui représentaient des communautés aux personnalités différentes (à l'échelle d'un pays ou d'une paroisse). Chaque coiffe portait un nom particulier : la ***kornek*** du pays de Baud, la ***borleden*** du pays de Quimper, la ***penn-sardin*** de Douarnenez, et aussi la ***chikoloden,*** la ***touken...*** Chacune revêtait également un aspect particulier (collerette de Fouesnant, mitre verticale du pays bigouden mesurant jusqu'à 32 cm) et une forme originale : simple comme un bonnet rustique, plate comme une galette, ondulante comme des ailes d'oiseau, découpée comme un papillon, pointue comme une nageoire de poisson ou sérieuse comme une coiffe de religieuse.
Chaque costume, masculin ou féminin, constituait un signe extérieur de richesse, quel que soit le degré de fortune de son propriétaire. Pour les hommes, la forme du chapeau breton, le volume du ***bragou bras*** (culotte bouffante), la largeur du velours, la longueur des galons, l'éclat du plastron avaient une grande importance. Pour les femmes, l'élégance de la broderie, les motifs de la dentelle, la finesse des ornementations et des tissus, tout était porteur de sens et preuve de prestance...
On ne sortait son costume des armoires familiales, on ne revêtait la coiffe que pour les grandes occasions professionnelles ou familiales : marchés, foires, mariages, deuils, fêtes ou pardons. Mais les Bretons ne les portaient jamais au quotidien. Le costume ou la coiffe révélaient beaucoup sur celui qui le portait : appartenance géographique, métier, réussite économique...
Les modes vestimentaires paysannes bretonnes ont commencé à décliner en 1914, au profit des habits citadins modernes. Seules quelques très vieilles femmes de la région de Plougastel-Daoulas (Finistère Nord) et du pays bigouden (Finistère Sud) arborent encore les costumes et les coiffes. Les cercles celtiques les ressortent à l'occasion des fêtes bretonnes *(festoù-noz),* des

LA COIFFE BIGOUDÈNE : MITRE... ET RÉALITÉ

Lors de la révolte des Bonnets rouges (celle du XVIIe s...), la population, très catholique, n'avait pas franchement apprécié que les soldats détruisent les clochers des églises. La légende raconte que c'est en souvenir de ces clochers que les femmes ont fait grandir leurs coiffes. En fait, le phénomène est bien plus récent. Une preuve : le monument « Aux Bigoudènes » construit à Pont-l'Abbé en 1931 montre des femmes avec des coiffes d'à peine 10 cm. C'est après-guerre que les coiffes se sont démesurément allongées.

LA VAREUSE, UN PORT CODIFIÉ

Indissociable de la Bretagne, la vareuse était initialement portée par les gens de mer, qui la confectionnaient à partir de voiles usagées. Quatre couleurs permettaient d'identifier l'activité de celui qui la portait : rouge pour les ostréiculteurs, jaune pour les pêcheurs à pied, rouille pour les pêcheurs « à casiers » et bleu pour les marins pêcheurs. Increvable et coupe-vent efficace, la vareuse est aujourd'hui portée par tous, sans code couleur... mais a bien conservé son esthétique de départ.

pardons et nombreuses manifestations culturelles qui rythment et animent l'été breton. Et si l'image de la bigoudène est très répandue, c'est que, outre l'aspect spectaculaire de sa coiffe, cette mode a perduré dans le pays bigouden plus longtemps qu'ailleurs. De cette tradition vestimentaire bretonne, un seul vêtement (qui n'était pas un habit de fête) est parfois encore porté, même par des jeunes des grandes villes françaises : c'est le *kab an aod* de Kerlouan (Finistère Nord), plus connu sous le nom de ***kabig,*** avec sa grosse toile, sa large capuche et ses boutons effilés en corne de vache !

Sites internet

- ***coiffes.free.fr*** • Cartes postales anciennes de Bretonnes en coiffe.
- ***site.voila.fr/bretonnes*** • Photos d'aujourd'hui de jeunes Bretonnes en coiffe lors des fêtes.

CONTES ET LÉGENDES

« La Bretagne est un pays de légendes. » Combien de fois n'a-t-on pas lu ou entendu ce slogan ? La publicité s'est donc parfois emparé de la dimension mystérieuse de la Bretagne, que ce soit pour vanter la saveur des galettes Saint-Michel qu'on se procurerait grâce à des distributeurs installés dans des menhirs (!), ou simplement y attirer le touriste avide de mysticisme. Sous ces légèretés se cache une réelle propension des Bretons à s'inventer des récits et des croyances. Légendes locales ou grands thèmes communs à tous les pays bretons, tous nourrissent profondément l'imaginaire des peuples. Quelques grands écrivains bretons se sont attelés à la collecte de ces contes et légendes ; citons François-Marie Luzel (1821-1895) et Anatole Le Braz (1859-1926), par exemple.

CARABESSEN

Il s'agit du nom de la fée Carabosse en breton. C'était aussi le surnom donné aux « bonnes du curé » car elles étaient souvent âgées et habillées tout en noir.

L'Ankou

Voilà quelqu'un qu'on vous souhaite de ne pas rencontrer au détour d'un chemin, ce serait là votre dernière balade. Ce charmant squelette armé d'une faux est la représentation de la mort dans la tradition armoricaine. Il circule la nuit sur son *karrig an Ankou,* le char de l'Ankou, et y embarque les morts vers l'au-delà. Celui qui entend le grincement des roues de ce « convoi de malheur » doit s'attendre à la mort prochaine d'un proche, et jamais personne n'a réchappé d'une rencontre avec lui. Dans certaines régions du littoral, c'est sur le *bag noz,* bateau de nuit, que l'Ankou accomplit sa funèbre besogne.

Les korrigans

Ces petits gnomes (*korr* signifie « nain » et le suffixe *ig* « petit »), très présents dans les contes traditionnels, vivent dans la nature et installent généralement leurs repaires dans des grottes ou des dolmens. Ils y amasseraient d'immenses richesses, dont ils feraient profiter les humains les jours de grande bonté uniquement, car ils sont incroyablement avares ! Ils seraient aussi capables de sévères punitions envers ceux qui les mépriseraient. Si vous voyagez beaucoup, vous risquez de rencontrer d'autres ***lutins,*** proches cousins de nos korrigans, comme les trolls en Norvège ou en Suède.

Les légendes arthuriennes

Dans la littérature du Moyen Âge, la « matière de Bretagne » constituait l'origine des romans bretons. Parmi ces récits communs à tout le monde breton (îles Britanniques et Armorique), les légendes du cycle arthurien (ou de la Table ronde) ont été localisées en forêt de Brocéliande (forêt de Paimpont) à partir du XIe s, même s'il semble que ces aventures se soient déroulées en Grande-Bretagne et en Bretagne continentale. Les chevaliers de la Table ronde (dont les plus célèbres sont Arthur, Lancelot et Perceval), Merlin l'Enchanteur, Viviane, la fée Morgane..., tous ces « esprits » hantent aujourd'hui Brocéliande, dont la partie située dans le Morbihan est traitée dans ce guide, l'essentiel de cette forêt se trouvant dans l'Ille-et-Vilaine (Bretagne Nord).

LE ROI ARTHUR ET LES CHEVALIERS DE LA TABLE RONDE

Dès le Moyen Âge, des contes celtes racontaient des aventures mêlées de légendes et de mystères. Lancelot, Merlin l'Enchanteur et l'épée Excalibur peuplaient ces épopées. Le but était de retrouver le Saint-Graal qui recueillit le sang du Christ et donnait l'immortalité. Les nazis, qui croyaient en ces légendes fumeuses, rechercheront inlassablement ce calice. Même des nazis comme Himmler s'acharneront à trouver le Saint-Graal... sans craindre le ridicule !

CUISINE BRETONNE

On s'est longtemps accordé à louer la qualité et la fraîcheur des produits bretons tout en niant presque l'existence d'une gastronomie, la cuisine bretonne étant réputée fruste et sans finesse. Pourtant, Armor et Argoat ont toujours fourni quantité de produits permettant une alimentation extrêmement variée et équilibrée. Mieux que ça, les recettes collectées ont montré l'influence de saveurs exotiques, épices et aromates que les marins rapportaient : safran, vanille, rhum, pruneaux... Ce même goût pour l'exotisme et les produits nouveaux a aussi fait que les Bretons ont très vite intégré le blé noir (ou sarrasin ; au XVIe s) et la pomme de terre (au XVIIIe s) à leur alimentation de base.

SPÉCIALITÉ BRETONNE ?

Jusqu'en 1965, dans l'ancienne gare Montparnasse, on pouvait déguster des krapfen, délicieux beignets soi-disant bretons mais introuvables en pays celte. On sait aujourd'hui que ces douceurs sucrées étaient d'origine allemande, destinées aux soldats d'occupation. On mit 20 ans à s'en rendre compte.

Dans les années 1960, l'agriculture et l'élevage intensifs sont apparus à tout le monde comme la panacée. Aujourd'hui, on paie le prix de cette course folle avec une surproduction, un effondrement des cours, une terrible pollution...

Un peu plus tard, on a compris que l'image de la Bretagne était porteuse et qu'il fallait tirer parti de cette valeur ajoutée. Certains artisans et producteurs ont senti que cela n'avait de sens qu'à condition de respecter ces racines et ce terroir ; qu'il ne suffisait pas de mettre un triskèle sur une andouille ou une bigoudène en coiffe sur un kouign-amann pour les rendre bons... Mais qu'un produit de qualité ferait leur fierté et leur fortune.

Idem dans la restauration. D'un côté, à cause du tourisme, de médiocres crêperies-grill-pizzeria-fruits de mer ont proliféré, et de l'autre, des cuisiniers ont ouvert leur carnet, retrouvé les goûts de leur enfance et planché sur une mise en valeur de leur immense patrimoine culinaire. Ils en ont fait l'une des cuisines les plus intéressantes qui soient. Des produits frais et sains, cuisinés sans artifice mais avec talent et passion. Maintenant, en route pour le marché...

Les incontournables

– ***Crêpes et galettes :*** crêpe ou galette ? Généralement, la galette est à base de blé noir (sarrasin) et la crêpe provient du froment. Cela dit, rares sont les crêpiers qui ne mélangent pas les deux farines, pour éviter que la crêpe ne soit trop sèche (mais n'en soufflez pas mot aux puristes !). Dans tous les cas, tout est histoire de sarrasin, de *pillig* et de convivialité dans la *krampouezh* (de son nom breton).

Quatre siècles après les croisades, le blé noir, qui se contente des terres les moins fertiles, recouvrait les champs bretons. On s'en servit alors pour faire la galette, une simple bouillie étalée et desséchée. En fait, il ne s'agit pas de blé, même pas d'une céréale, puisque le sarrasin appartient à la famille des polygonacées, comme la rhubarbe et l'oseille. Il possède néanmoins des qualités nutritionnelles proches du blé, tout en étant dépourvu de gluten.

À une époque où le pain n'existait pas, la galette ne tarda pas à devenir la nourriture de base dans les campagnes (du XVIe au XIXe s) et à sauver la population de famines. Dans les foyers ou sur les marchés, les Bretons venaient avec leur cidre (indissociable de la crêpe !) et leur garniture préférée, et constituaient leur propre repas dans une atmosphère de convivialité. Ce mélange de blé noir, sel et eau cuisait sur le *pillig,* une sorte de poêle plate, en fonte, généralement de 40 à 70 cm de diamètre. Jusque-là, aucun Breton ne nous contredira. Mais quand entrent en jeu l'épaisseur de la crêpe et la garniture, rien ne va plus. Pour les connaisseurs, les crêpes sont garnies uniquement de beurre (car c'est ainsi que la crêpe est dégustée pour elle-même). Après, c'est une affaire de goût... Quant à ce qui peut donner un goût inimitable à une crêpe, c'est le morceau de couenne de porc fraîche parfois encore utilisé pour enduire la poêle, à la place du beurre.

Les amateurs rechercheront sur les devantures des crêperies le label « Crêperies gourmandes », qui atteste d'une formation et d'un contrôle de qualité.

LA CRÊPE DES GRANDS JOURS

En Bretagne, la crêpe est à base de froment tandis que la galette est fabriquée avec du sarrasin. Autrefois, le sarrasin était bien moins cher, car il était importé des croisades. Or, il n'y avait aucun impôt sur les plantes étrangères (à la différence du blé ou du seigle). Le sarrasin était donc la farine des pauvres. Le repas de crêpes se faisait une fois par semaine, souvent le vendredi. On proposait des crêpes aux invités, jamais des galettes.

– ***Fars :*** en basse Bretagne, le far est la façon la plus traditionnelle de préparer farines de sarrasin et de froment. On trouve des versions sucrées comme le célèbre far aux pruneaux ou le *pouloudig* du pays de Léon (blé noir, lait et rhum ; parfois, les raisins secs ou même le sucre et la cannelle entrent dans la composition) et des versions salées comme le *farz gwad* d'Ouessant (au sang de porc). Nature ou saupoudré de sucre, émietté ou en tranches, on mangeait le far pour accompagner la viande. Le plat le plus célèbre est le *kig ha farz,* typique du pays de Léon : grosse potée paysanne dans laquelle on trouve des légumes (chou, carotte, rutabaga, etc.), de la viande de porc (essentiellement du lard et de la saucisse fumée, mais aussi des morceaux plus nobles, selon les circonstances) et, bien sûr, le far, qui cuit dans le bouillon, dans un sac de toile. La mode du terroir a relancé ce plat délicieux, pourtant délaissé.

– ***Kouign-amann :*** ici encore, le meilleur côtoie le pire. Un bon kouign-amann n'est ni trop gras ni trop sucré (enfin, ne rêvez pas, les calories sont là !). Et comme on ne veut pas tomber dans les excès du purisme, on vous signale qu'on en trouve des bons ailleurs qu'à Douarnenez (la patrie d'origine). Il s'agit d'une pâte à pain améliorée, avec du beurre et du sucre, que l'on replie plusieurs fois sur elle-même (c'est ce qui va lui donner sa légèreté). Qualité des produits et coup de main font le reste. Légèrement réchauffé, quand le beurre salé fond dans la bouche, c'est une pure merveille !

– Tout aussi incontournables, les ***traou-mad*** et les galettes de Pont-Aven, les galettes de Pleyben, de Fouesnant, de Saint-Michel, les crêpes dentelle de Quimper, le *gotchial* de Saint-Armel, la fouace, les quatre-quarts et gâteaux de La Trinitaine, toute la gamme des biscuiteries LU (Petit-Beurre, Paille d'Or), de la Biscuiterie nantaise (Choco BN), ainsi que le gâteau nantais. Ah ! que de noms familiers !

– ***Sel :*** on ne présente plus le sel de Guérande (*Gwen-Rann,* le « Pays blanc »), l'un des premiers produits du terroir à être devenus à la mode. Y'a qu'à voir l'inflation du prix de l'os à moelle dans les restos parisiens dès lors que trois grains de fleur de sel viennent le décorer ! Sur place, vous le trouverez vendu au kilo à un prix très correct. Les marais de Guérande offraient un triste spectacle avant que de jeunes paludiers – dont beaucoup de fous venus de Paris – ne décident de remettre les œillets (bassins dans lesquels se forme le sel) en état de marche : vase et algues avaient tout bouché, et il a fallu s'armer de patience en attendant la première récolte. Pari gagné. Et le sel breton doit aujourd'hui son succès à sa qualité plus qu'à une quelconque dispense de gabelle !

– ***Beurre :*** symbole fort et produit phare en Bretagne, il était autrefois offert en guise de bienvenue avec le pain et le couteau qui « allaient avec ». Le sel permettait simplement de le conserver (d'où le prestige du beurre doux de Normandie, qui était, avant tout, le signe qu'on avait les moyens d'en acheter souvent). Mais il y a aussi une raison historique au fait que le beurre était salé : les Bretons n'étaient pas assujettis au paiement de la gabelle ; ils utilisaient donc le sel sans compter. Traditionnellement, le beurre pouvait être remplacé certains jours ou pour certains plats par de la graisse de porc salée (encore fabriquée par quelques charcutiers, elle n'a rien à voir avec le saindoux). Confite et délicieuse, c'est sur un simple bout de pain que vous l'apprécierez le mieux. Avec une consommation annuelle qui avoisine les 8,2 kg par an et par habitant, la France est le pays au monde qui fait la plus grande consommation de beurre.

– ***Le beurre blanc :*** nombreuses sont les légendes sur l'origine de sa recette. Il vit vraisemblablement le jour à Saint-Julien-de-Concelles, près de Nantes, au début du XXe s, et plus précisément à l'auberge de *La Chebuette.* Et depuis, il ne cesse de faire fondre de plaisir les gastronomes. Clémence Lefeuvre, cuisinière de *La Chebuette,* surprit un jour la conversation de deux habitués, qui confiaient préférer la sauce plus épicée d'un concurrent. Clémence ajouta alors à son mélange originel de vinaigre, poivre et beurre fondu des échalotes grises afin de relever le tout. Pour réussir le beurre blanc, voici enfin le secret !

Poissons, coquillages et crustacés

En Bretagne, entre les poissons de mer et les poissons de rivière, entre les coquillages et les crustacés, on n'a que l'embarras du choix ! Autant en profiter pour en faire une cure. S'il se suffit à lui-même, avec juste un peu de beurre, le poisson se prête aussi à toutes les folies. C'est sans doute là que vous apprécierez le plus la nouvelle cuisine bretonne.

– À commencer par les soupes de poisson : qu'elles se

A VOTÉ !

Dans la Rome ancienne, les coquillages en général – et donc les coquilles d'huîtres entre autres – servaient de bulletin de vote. En inscrivant sur la coquille le nom d'un personnage – souvent influent – de la cité, on demandait son bannissement. C'est de là que vient le mot « ostracisme » (du latin ostrea, *« huître »).*

nomment ***cotriade*** ou ***godaille*** (du côté de l'estuaire de la Loire), elles n'ont rien à envier à la bouillabaisse. À l'origine de la recette de cette dernière : la « part du pêcheur », qui recevait autrefois un poisson de chaque espèce ramenée dans les filets. Cela permettait à sa femme de faire la soupe. Le principe est le même : les poissons du jour, cuits dans un court-bouillon au vin, bien assaisonné. Il existe autant de recettes que de villages, que de familles et même que de jours dans l'année !

– ***La sardine :*** à l'honneur à La Turballe, premier port de la façade atlantique pour la pêche à l'anchois et à la sardine. Si l'anchois est plutôt exporté vers l'Espagne, la sardine grillée est l'un des plats les plus couramment consommés en Loire-Atlantique, y compris à Nantes, où la vente ambulante dans les rues demeure une tradition tenace.

– ***Sardines à l'huile :*** l'incontournable du panier pique-nique. On doit à un confiseur nantais la première conserve au XIXe s. Aujourd'hui, *Connétable, Capitaine Cook, La Belle-Îloise, La Croisicaise...* travaillent encore à l'ancienne des produits de qualité. Oubliez-les dans votre placard pendant quelques années, tout en pensant à les retourner régulièrement pour que la sardine confise doucement.

– ***L'anguille :*** se rencontre dans les estuaires de rivière. Sa larve se laisse porter par les courants du Gulf Stream depuis la mer des Sargasses. Elle est appelée *civelle* (voir ci-après) quand elle parvient aux estuaires de la Loire ou de la Vilaine. Elle remonte alors le cours d'eau pour y terminer sa croissance. De goût assez fort, on la mange soit grillée pour les petites, soit en matelote pour les plus grosses. La préparer n'est cependant pas une mince affaire : il faut la dépouiller alors qu'elle bouge encore !

– ***La civelle :*** alevin d'anguille (bébé de 0,3 g), on la pêche encore à Cormerais et le long de la Loire, au doux bruit des tamis. Prisée des gourmets, elle est devenue rare et son coût conséquent. On la déguste frite ou cuite dans un court-bouillon.

– ***Le bar :*** apprécie les estuaires et les eaux agitées, où il aime chasser. Poisson noble par excellence, pouvant atteindre 80 cm, il a trouvé en Loire-Atlantique une recette à la hauteur de sa chair goûteuse : le bar en croûte de sel de Guérande, concocté par un chef du Croisic dans les années 1980 et qui a fait sa notoriété.

– ***Le brochet :*** ce « requin d'eau douce » se trouve surtout dans le marais de Goulaine, la plus grande frayère à brochets d'Europe. Délicieux, il faut bien le distinguer du brochet d'étang, qui présente parfois un goût de vase ! À déguster avec un beurre blanc nantais.

– ***Fruits de mer :*** qui n'a pas rêvé d'un plateau de fruits de mer, le regard perdu vers le large et le nez plongé dans un bon verre de muscadet ? Assister à une vente à la criée vous mettra à coup sûr l'eau à la bouche : crabes, tourteaux, araignées, étrilles, cigales de mer, galathées, crevettes et, bien sûr, le homard... Roi des crustacés et crustacé des rois, il n'a pas fini de faire couler de l'encre, ni de faire parler de lui. Le meilleur vient de Bretagne, tout le monde est bien d'accord.

Quant à la recette, les tenants du homard « à l'armoricaine » et ceux du homard « à l'américaine » n'ont pas fini de se chamailler et de se disputer la paternité. Le problème, c'est que l'on retrouve en Bretagne, dès le XIXe s, une recette plus simple

LE HOMARD ? COMPLEXE

Pour grandir, il mue. Le homard quitte sa carapace environ 22 fois dans sa vie. Alors sans protection, il est à la solde des prédateurs et se cache 15 jours, le temps que sa carapace durcisse. Autre surprise, les pinces ne sont pas identiques : la plus grosse porte des molaires (pour broyer) et la plus petite a des incisives (pour couper). Quand le homard perd une pince, elle repousse.

mais similaire. Tous les ingrédients sont en tout cas réunis pour en faire un plat breton. En outre, ça fait maintenant plus d'un siècle qu'on le mange en Bretagne « à l'armoricaine ». Peut-être serait-il temps de clore le débat...

– On ne peut évidemment pas faire l'impasse sur les ***coquilles Saint-Jacques,*** dont les plus fameuses proviennent d'Erquy, ni sur les langoustines pêchées sur le littoral bigouden. Une belle assiette se doit de comporter également bulots, bigorneaux, clams, palourdes, praires, rigadeaux (coques), pétoncles, amandes de mer... Avec un peu de chance, vous trouverez sur le marché de l'***ormeau*** ; n'hésitez pas, c'est une merveille, malheureusement trop rare. Il est possible d'en manger sur l'île de Groix, qui en fait une de ses spécialités (d'élevage). Mais le prix peut décourager !

– Les ***moules*** et les ***huîtres*** sont deux coquillages rois en Bretagne. Quelques crus sont particulièrement réputés : baie du Mont-Saint-Michel (Vivier-sur-Mer), Pénestin... pour les moules ; Cancale, Aber Wrac'h *(Prat ar Coum),* Penerf, Riec-sur-Bélon, golfe du Morbihan... pour les huîtres. Les moules – marinière, au lard ou en mouclade – se trouvent sur toutes les cartes de restos en été. Les huîtres se dégustent toute l'année, même hors des mois en « r » (elles sont alors beaucoup plus laiteuses). Maigres ou grasses, c'est ensuite le goût qui parle. Les huîtres plates sont beaucoup moins grasses que les creuses, c'est bon à savoir...

LES HUÎTRES ET LA DERNIÈRE GUERRE

Autrefois, les huîtres étaient consommées par une élite sociale. Dès 1941, la nourriture ne s'achetait plus que sur présentation de tickets de rationnement. Toutefois, les huîtres (trop rares ?) se vendaient sans ticket. Alors, compte tenu des restrictions alimentaires, très vite, la consommation décupla. La production aussi. À la fin de la guerre, les Français y avaient pris goût.

Viandes

– ***Andouille :*** un des grands classiques de l'Argoat. La plus célèbre, l'*andouille de Guémené-sur-Scorff* (Morbihan), doit être fumée, moelleuse mais pas trop grasse. À la coupe, ses cercles concentriques sont dus à une technique particulière de fabrication : l'embauchage des chaudins. Les chaudins de porc, ou gros intestins, sont sélectionnés avec une attention extrême, triés en fonction de leur diamètre, coupés en lanières pour constituer le cœur. Puis enfilés un à un autour du cœur de l'andouille et dans la baudruche de bœuf. Fumés au bois de chêne ou de hêtre, on les met à sécher jusqu'à 9 mois selon les goûts. L'andouille embaume à souhait une galette de sarrasin. Victime de son succès, on trouve le pire comme le meilleur.

Tout aussi exceptionnelle, l'*andouille de Baye* (Finistère Sud), qui peut être agrémentée de lard : un vrai régal. Plus claire que la précédente, dans son cœur se cache... un morceau de lard. Mais partout en Bretagne, les petits charcutiers de village vous proposeront leur andouille maison, dite « de campagne ». Très proche de l'andouille de Vire (en Normandie), c'est un pur délice au petit déjeuner (eh oui !), sur une bonne tartine de beurre salé. Dans tous les cas, préférez les qualités artisanales : l'andouille ne supporte ni le plastique ni la médiocrité.

– ***Volailles et charcuteries :*** peu de bœuf, autrefois, sur les tables bretonnes. Le porc, tué une fois l'an, le remplaçait avantageusement, le plus souvent sous la forme de pâtés, rillettes, saucisses, boudins ou tripes. On mangeait aussi beaucoup de viande blanche, et les volailles faisaient la fierté de la Bretagne (qui en exportait la plus grosse partie aux Parisiens) : chapon et poulet de Janzé, canard nantais au muscadet...

Vous prendrez bien du fromage

– ***Le curé nantais :*** il a été créé à Saint-Julien-de-Concelles, près de Nantes, en 1880, par un fromager conseillé par un curé. C'est un fromage réellement typique de la Bretagne. Sa pâte est molle, au lait cru et entier. Le seul fabricant se trouve à Pornic. Il en existe plusieurs déclinaisons, mais notre préférée reste celle au muscadet.

– ***Machecoulais :*** un autre fromage fabriqué en Loire-Atlantique dans le village de... Machecoul. Fromage à pâte molle et de forme ovale, il a plutôt une texture crémeuse.

PAS DE QUOI EN FAIRE UN FROMAGE

Hormis le curé nantais, la Bretagne ne fabrique pas de fromages particuliers. L'autorisation royale qui dispensait les Bretons de payer la gabelle leur permettait de conserver le beurre en le salant. Donc pas besoin de fabriquer de fromages. Et pourtant, les vaches sont nombreuses ! Voilà pourquoi on y produit du gruyère qui est ensuite affiné en Suisse, ou même du camembert qui part en Normandie.

Fruits et légumes

La France occupée a découvert pendant la guerre l'immense richesse de la Bretagne, pays prodigue et nourricier, qui lui a inlassablement expédié toutes sortes de victuailles. L'Argoat est aujourd'hui l'une des premières régions agricoles françaises. Des groupements de producteurs ont permis de sauvegarder puis de développer des légumes traditionnels, et se battent de façon intelligente pour la promotion de leurs produits. On pense par exemple à *Prince de Bretagne,* qui ne se cantonne plus depuis longtemps à l'artichaut et au chou-fleur. Ils ont réussi à faire passer le délicieux *coco de Paimpol* et l'*oignon rose de Roscoff* en AOC, et se battent maintenant pour le *lentin de Saint-Pol* (un délicieux petit champignon qui devrait supplanter sous peu le champignon de Paris).
Mais les richesses du sol breton ne se limitent pas à ça. *Pommes de terre primeurs de l'île de Batz, navets jaunes de Belle-Île, fraises de Plougastel, melons petit-gris de Rennes, châtaignes (teillouses) de Redon* sont d'une grande qualité gustative ; dommage que leur diffusion reste si confidentielle. Ce qui n'est pas vraiment le cas des pommes ni des kiwis (eh oui ! la Bretagne en produit plus que la Nouvelle-Zélande !) des primeurs nantais ; carottes et mâche nantaises se trouvent sans problème sur tous les étals français. L'Armor n'est pas en reste non plus, depuis que les grands chefs se sont entichés de la cuisine aux algues. Dernière trouvaille, le kale, qui pousse par champs entiers dans le pays de Léon (Finistère Nord). Ce chou détox, très apprécié de la jet-set américaine et favori des nutritionnistes pour ses qualités diététiques, fait à présent fureur dans les restos branchés !

DRUIDES

C'est au pays de Galles, sur l'île d'Anglesey (autrefois Mona), que se situait le saint des saints du druidisme ancien. Jules César en parle déjà dans *La Guerre des Gaules.* Ce qui ne l'empêcha pas de massacrer les druides qui y habitaient. Des druides, des bardes et des ovates, on en trouvait dans tous les pays de langues brittonique et gaélique : Irlande, Écosse, Cornouailles, Devon, île de Man et, bien sûr, dans notre chère Bretagne péninsulaire.
Les druides, juges suprêmes de la nation et interprètes de la volonté divine, étaient placés au sommet de la hiérarchie sociale, devant le roi celte. Ils étaient tout à la fois prêtres, juges et professeurs. D'où l'origine de leur nom : *druwi-des,* c'est-à-dire « les très voyants, les très savants ». Ils étaient chargés des sacrifices à

Ésus, Teutatès, Taranis, Bélénus (dieu solaire, d'où les nombreux Bel-Air que l'on trouve sur la carte), les principales divinités du panthéon druidique.

C'est une erreur de croire que les druides ont dressé les dolmens et les menhirs. Ces mégalithes existaient déjà bien avant l'arrivée des Celtes. Les druides les ont peut-être utilisés pour leurs rituels. Parmi eux nous revient en mémoire celui de la récolte du gui, lors de leur fête de Printemps : le Nouvel An druidique.

Les nouveaux druides d'aujourd'hui sont très discrets et ne souhaitent pas être dérangés pour rien. Pourtant, ils sont bien là. Beaucoup de chapelles dissidentes, de branches sectaires, de rameaux fanatiques. Reste la branche traditionnelle du *Gorsedd* breton, le Collège des druides, des bardes et des ovates de Petite Bretagne.

LE GUI SACRÉ

Les druides avaient sacralisé les arbres et les plantes. C'est ainsi que le chêne, arbre supérieur, était vénéré comme représentation celtique de Jupiter. Lors du Nouvel An, le druide, vêtu d'une robe blanche, y grimpait et, à l'aide de la faucille d'or qu'il arborait pour les grandes cérémonies, il cueillait le gui, son parasite médicinal, dans un linge blanc. Le gui symbolisait la fertilité et soignait bien des maladies. Bonne pioche, puisqu'aujourd'hui on l'utilise contre certains cancers.

ÉCONOMIE

Le guide *Bretagne Sud* comprend le Finistère Sud, le Morbihan, ainsi que la Loire-Atlantique, même si ce département est administrativement rattaché à la région Pays-de-la-Loire, bien malgré lui... car, rappelons-le, ce département faisait partie de la Bretagne jusqu'en 1941. Quoi qu'il en soit, ces territoires possèdent des activités économiques similaires comme l'agriculture, la construction navale et le tourisme.

L'agriculture

La Bretagne abrite 7 % des exploitations agricoles françaises, ce qui en fait l'une des premières régions agricoles du pays. L'agriculture de la Bretagne Sud est à l'image de celle de la Bretagne tout entière : elle est la première région française productrice de porcs (50 % de la production nationale), de volailles et de légumes. Si le Morbihan est le leader des départements producteurs de volailles (poulets, dindes, dindons, pintades et œufs), le Finistère, quant à lui, domine par ses élevages de gros bovins et de porcs. Mais la filière boit la tasse, durement éprouvée par la faiblesse des cours qui ne cessent de s'effondrer. Grogne et manifestations ont dépassé les frontières régionales... Avec cette crise, c'est tout un pan de l'économie bretonne qui souffre (abattoirs, emplois).

La Bretagne n'est pas qu'une région d'élevage. La part de la production de légumes (haricots verts, épinards, petits pois, carottes, choux-fleurs, artichauts, tomates) y est prépondérante dans le centre de la région et dans le Morbihan.

En Loire-Atlantique, la production animale (veaux, vaches, porcs, moutons, volailles, œufs et lait) représente les deux tiers des ressources totales. Les productions végétales comprennent les céréales et les oléagineux, des produits maraîchers

GLANDER !

Tiens, en parlant des porcs : dès le Moyen Âge, « glander » fut une activité consistant à mener les cochons dans les chênaies pour les nourrir de glands. C'était une façon bien reposante d'occuper sa journée. Pas étonnant qu'aujourd'hui ce mot signifie « rien foutre » !

tels que la mâche, et des appellations de vins du Pays nantais : le muscadet, le gros-plant et le coteaux-d'ancenis. Ce département dispose également de produits certifiés : le sel de Guérande de qualité Label Rouge (10 000 t par an) et les céréales et légumes biologiques.

La pêche

En tonnage, le produit de la pêche bretonne représente 22 % de la production nationale, ce qui place la région en tête. Les principaux ports de Bretagne Sud sont Le Guilvinec, Concarneau et Lorient, où la pêche (de la journée à plus de 20 jours) emploie de nombreux marins. Dans l'ensemble, les ports de la côte sud ciblent des espèces différentes de celles de la côte nord et ramènent merlan, morue, lingue, lieu noir, grenadier... En Loire-Atlantique, La Turballe et Le Croisic bénéficient de deux criées où sont vendus anchois, sardines, merlus, maquereaux, soles, langoustines et tourteaux. L'activité conchylicole est également dynamique en Bretagne, qui produit moules, huîtres et coques dans les rias (Pénestin, Pénerf, Étel, Aven et Belon), ainsi que dans le golfe du Morbihan.

POURQUOI LES HUÎTRES SONT-ELLES VENDUES À LA DOUZAINE ?

Autrefois, on pouvait calculer par douzaines sans être allé à l'école. En effet, le pouce permet de compter sur les quatre autres doigts de la main, qui possèdent trois phalanges chacun et qui servent de boulier (4 x 3 = 12). Ce comptage perdure pour beaucoup de produits d'alimentation.

Algues, goémon et goémoniers

Les goémoniers traditionnels, mi-marins mi-paysans, existent toujours mais ils sont peu nombreux. En revanche, une nouvelle génération est apparue, sur la côte du Léon (Finistère Nord), un des lieux les plus découpés de Bretagne, qui fournit 80 % de la production française. Depuis les années 1950, le métier a beaucoup changé : tracteurs et remorques ont remplacé chevaux et charrettes. Le goémon de rive, lui, n'a pas changé. Ce fameux *Fucus vesiculosus* a des bulles que les gosses font éclater entre leurs doigts. Il constitue l'essentiel de la récolte et on l'utilise comme engrais. On récolte d'autres types d'algues, dont la *laminaire*. Cette géante des côtes bretonnes peut atteindre 5 m de long. Impressionnant ! Elle pousse en mer, où on la ramasse à l'aide d'un scoubidou – sorte de grande pince hydraulique, mue comme une grue à bord des bateaux.

Si autrefois les usines brûlaient les algues pour en extraire de l'iode, aujourd'hui les débouchés se sont diversifiés. Après les engrais et les bains d'algues, les chercheurs concoctent actuellement des produits alimentaires comestibles avec les algues brunes, vertes ou rouges. Le Centre d'études et de valorisation des algues (CEVA) de Pleubian, en liaison avec ADRIA à Quimper, a mis au point des recettes de pains, pâtés, saucissons, plats composés, etc. Seul problème avec les algues bretonnes : elles n'ont jamais fait partie des traditions culinaires de la région. Contrairement au Japon, où l'algue est dans toutes les assiettes (depuis des

L'ARÉNICOLE, UN VRAI PACTOLE

De arena *(sable) et* colere *(qui habite), ce modeste petit ver qu'on utilise pour nos parties de pêche détient un trésor. Une PME bretonne a découvert qu'il possède une molécule fabuleuse pour faciliter les transplantations d'organes et colmater les hémorragies.*

siècles !), en Bretagne, elle n'est consommée que par une minorité de gourmets. L'industrie cosmétique commence à se frotter les mains, tandis que se développent toutes sortes de biotechnologies.

L'industrie

En Bretagne Sud, les industries agroalimentaires sont omniprésentes – produits laitiers, abattage d'animaux, conserveries de légumes et de poisson, plats cuisinés – et leur localisation est toujours proche des lieux de production agricole. Dans le Finistère Sud, l'abattage et la production de viande de boucherie se concentrent à Châteauneuf-du-Faou, Quimperlé, Guisgriff et Moréac. La production de viande de volailles est présente à Châteaulin, Guisgriff, Locminé, Vannes, Bignan et Pleucadec. Gourin, Saint-Thurien et Locminé sont plus spécialisés dans la transformation de légumes.

Quant à l'***industrie du poisson,*** dont la capitale est Douarnenez, les trois quarts de ses salariés travaillent dans le Finistère. En Loire-Atlantique, l'agroalimentaire est extrêmement dynamique. Preuve en est le MIN de Nantes, qui est le deuxième marché français après Rungis.

La Bretagne Sud est également marquée par la ***construction navale.*** Les ***chantiers de l'Atlantique de Saint-Nazaire,*** troisièmes chantiers mondiaux de construction navale, ont enfanté de fabuleux paquebots comme le *Normandie,* le *France,* le *Souverain des Mers* ou le *Renaissance* et le *Queen Mary II.* Et régulièrement, de nouveaux paquebots voient le jour à Saint-Nazaire. Et à Bouguenais, Jeanneau Lagoon a fabriqué les voiliers de compétition de Philippe Poupon et de la regrettée Florence Arthaud.

L'aéronautique et l'armement sont également présents en Loire-Atlantique. Saviez-vous que l'*Airbus* y est pour moitié fabriqué ? Matra y produit des microprocesseurs et Alcatel y développe des centraux téléphoniques.

Le secteur tertiaire

En Bretagne Sud, c'est incontestablement le tertiaire (administrations, armée, commerce, transports, services, tourisme) qui crée le plus d'emplois, avec près de 70 % des actifs.

Dans cette région, la 2e plus prisée en France pour les vacances estivales, la très forte fréquentation touristique se compose essentiellement de Français, d'Anglais, d'Italiens et d'Allemands. Les commerces et cafés-hôtels-restaurants ne chôment pas !

Les Bretons qui entreprennent

Déterminés et persévérants, les entrepreneurs bretons sont excellents dans leur domaine. Citons à Pouldreuzic (pays bigouden, Finistère Sud) la famille ***Hénaff,*** fabricante du célèbre pâté Hénaff dont la devise a toujours été : « Seul un Breton s'entête à faire aussi bon ! »

À Douarnenez, l'entreprise ***Chancerelle,*** la plus ancienne conserverie de poisson du monde, s'est modernisée malgré la crise et continue de se battre sur un marché difficile. À Quimperlé, citons le groupe ***Bigard*** (abattoirs, transformation de la viande). Une des plus belles réussites industrielles et commerciales en Bretagne Sud reste probablement celle de l'entreprise d'***Yves Rocher,*** décédé en décembre 2009. Ce Breton de La Gacilly (Morbihan), autodidacte, a dirigé la première marque mondiale de cosmétiques d'origine végétale. Selon le magazine *Capital,* Yves Rocher était considéré comme l'homme le plus riche de Bretagne. L'entreprise est toujours dans les mains de la famille. N'oublions pas ***Armor Lux,*** à Quimper, qui a habillé les postiers, les personnels de bord de la SNCF et des aéroports de Paris, ainsi que... le ministre Arnaud Montebourg en 2012. Il a fait de la marinière rayée bleu marine et blanc l'emblème du « made in France ». Notons

aussi la nouvelle génération d'entrepreneurs comme ***Serge Roux,*** de Kervignac (Morbihan), fabricant de composants électroniques.
Enfin, bien que la plupart de ses activités industrielles et financières soient déployées hors de Bretagne, ***Vincent Bolloré,*** Breton très attaché à la Bretagne, a gardé le siège de son groupe à Ergué-Gabéric (près de Quimper). Celui-ci, très diversifié, emploie aujourd'hui environ 32 000 salariés et se classe dans les 250 premières entreprises européennes.

EMBLÈMES ET SYMBOLES BRETONS

– ***Le drapeau :*** le fameux ***gwenn ha du*** (« blanc et noir »). Créé en 1923 par Morvan Marchal, fondateur et militant du mouvement nationaliste *Breiz Atao,* il fut déclaré drapeau national breton en 1927 au premier congrès du parti autonomiste breton. Ses cinq bandes noires représentent les cinq évêchés de haute Bretagne, parlant gallo (c'est-à-dire le Rennais, le Nantais, le Dolois, le Malois, le Penthièvre) ; et ses quatre bandes blanches les quatre évêchés bretonnants (c'est-à-dire parlant breton) de basse Bretagne (à savoir : Cornouaille, Léon, Trégor et Vannetais). Le quart gauche est occupé par 11 mouchetures d'hermine. Différentes interprétations accompagnent ce chiffre : il rappellerait les 11 ducs ou duchesses qui furent à la tête de la Bretagne, ou il correspondrait au nombre de lettres du « slogan » *Breizh Dieub* – « Bretagne libre ». En réalité, le nombre de mouchetures d'hermine n'aurait pas de signification, contrairement au nombre d'étoiles du drapeau américain. La tradition veut que l'on porte ce drapeau droit au-dessus de la tête.

UN DRAPEAU NOIR ET BLANC

Interdit après la Seconde Guerre mondiale, symbole fort lors de la vague autonomiste des années 1970, le drapeau breton a aujourd'hui gagné la reconnaissance des Bretons et n'a pas fini de flotter sur le pays et ailleurs (Jean-Loup Chrétien, célèbre astronaute breton, n'a d'ailleurs pas manqué de le faire voyager dans l'espace).

Au XIIIe s, sous Pierre Mauclerc, apparut le drapeau ducal blanc complètement tapissé d'hermines noires. Plus tard, croix et hermines furent mêlées sur les bannières. À la fin du XIXe s, le drapeau à hermines sur fond blanc refit surface en même temps qu'un certain renouveau identitaire breton. Pour plusieurs raisons, notamment son aspect un peu moyenâgeux et sa ressemblance avec le drapeau royaliste français (fleurs de lis sur fond blanc), il ne convenait pas aux militants, en majorité républicains. Le *gwenn ha du* de Morvan Marchal allait rallier la majorité des suffrages de ces militants, représentant bien la géographie bretonne (avec la symbolique des bandes), conservant les couleurs de base de la Bretagne et l'incontournable hermine.
– ***L'hermine :*** l'hermine est devenue emblème de la Bretagne au début du XIIe s par le mariage d'Alix, héritière du duché de Bretagne, avec Pierre Ier de Dreux, dit « Mauclerc », un duc capétien. En plus de ses armes, Mauclerc portait une hermine pour se distinguer des autres membres de sa famille. Bizarrement, Alix adopta les armes de son mari (et son hermine) et non celles de sa propre famille. Bientôt, les pièces de monnaie furent frappées de l'hermine. On retrouve, bien sûr, le symbole de l'hermine sur le drapeau breton, le *gwenn ha du* (voir ci-avant).
– ***Le triskèle*** *(ou* ***triskell****)* **:** outre le drapeau, il est, avec l'hermine, le symbole le plus répandu en

HISTOIRE TRISTE

Un chasseur poursuivait une hermine pour saisir sa précieuse fourrure blanche. L'animal fuit et s'arrêta soudain devant une mare de boue. La duchesse Anne de Bretagne aperçut l'hermine qui refusait de se salir dans l'eau croupissante. Le chasseur la tua, ce qui émut la Duchesse. Ainsi est née la devise de la Bretagne : « Plutôt la mort que la souillure ».

Bretagne. Sorte de croix formée de trois spirales ou ailes. Ces spirales représenteraient les trois éléments, l'eau, l'air et le feu. D'autres y voient plutôt une roue solaire, dont le roulement vers la droite apporterait harmonie et bonheur, et le roulement vers la gauche malheur et destruction. D'abord utilisé comme motif décoratif par les Celtes (sur les casques et les boucliers notamment), le triskèle fut repris à partir de la fin du Moyen Âge dans l'art religieux et dans l'ornement du mobilier rustique. Plus récemment, au cours du XXe s, le triskèle a souvent pris une connotation nationale, de nombreux partis politiques et mouvements druidiques le choisissant pour emblème. C'est aussi l'un des motifs favoris des créateurs de bijoux, bagues et pendentifs en particulier.

– ***La croix celtique :*** symbole essentiel du christianisme, la croix est, en pays celte, inscrite dans un cercle. On peut assimiler ce dernier au « cercle druidique », où se tiennent les rites, mais également au symbolisme de la roue, très présent dans la tradition celtique. La roue illustre notamment la notion de temps (en breton, le temps tourne et ne passe pas, et beaucoup d'expressions se rapportent à cette idée). D'ailleurs, si les croix celtiques débordent du cercle, ce n'était pas le cas des toutes premières, qui y tenaient entièrement.

ENVIRONNEMENT

An douar a zo re gozh, evit ober goap anezhan, dit un proverbe breton. « La terre est trop vieille pour qu'on se moque d'elle. » En matière d'environnement, la Bretagne Sud (la partie traitée dans ce guide, soit le Finistère Sud, le Morbihan et la Loire-Atlantique) est exposée aux mêmes dangers et aux mêmes nuisances que la Bretagne Nord.

L'eau potable ? À quand l'arrivée à bon... porc ?

La première source d'inquiétude est la ***dégradation de la qualité de l'eau,*** au point que le sujet de préoccupation environnementale s'est mué en question de santé publique. La Bretagne est la seule région de France entièrement classée en « zone vulnérable » pour la pollution des eaux par les ***nitrates.*** Un seul chiffre éloquent : 30,6 mg/l de nitrates en moyenne sur l'ensemble des cours d'eaux bretons en 2007, alors que la « valeur guide » vers laquelle il faut tendre est de 25 mg/l de nitrate (la limite réglementaire étant fixée à un maximum de 50 mg/l au robinet et dans les eaux brutes superficielles).

Les pouvoirs publics (État, Région Bretagne, Départements et collectivités locales), les agriculteurs et les associations de protection de l'environnement sont mobilisés pour reconquérir la qualité des eaux et des milieux aquatiques en Bretagne. Si les objectifs visés ne sont pas encore atteints – loin s'en faut ! –, la dynamique est lancée et semble commencer à porter ses fruits. L'objectif reste d'atteindre 70 % des masses d'eau en bon état écologique en 2021 et 100 % en 2027. En 2013, on était à 36 %.

PRÉCIEUSES ALGUES

Peu de gens savent que les algues fournissent 60 % de l'oxygène de la planète. Autrefois, on les utilisait comme chauffage et engrais mais aussi pour blanchir le linge, car elles contiennent de la soude. Aujourd'hui, les utilisations sont innombrables : nourriture, cosmétiques, plastiques, médicaments et même peinture.

Les progrès réalisés ont permis pour la première fois, en 2015, de voir des zones bretonnes sortir de ces zones d'excédent. La ***démarche ZéroPhyto,*** une réflexion sur l'entretien au naturel des communes (plus de produits phytosanitaires pour l'entretien des espaces publics) et la préservation de l'environnement (qualité des eaux notamment), est aujourd'hui largement appliquée en Bretagne, première région en France pour le nombre de communes engagées.

Certaines ***associations*** mènent un combat efficace sur le terrain pour la préservation de l'environnement. Ainsi, l'association *Eau et Rivières de Bretagne* accomplit un travail remarquable – « Quand le poisson meurt, l'homme est menacé », répètent-ils depuis des années.

La dépollution fait au bout du compte de ***l'eau potable bretonne l'eau du robinet la plus chère de France.*** Triste constat pour cette belle province maritime où l'eau des fontaines sacrées (dédiées aux saints locaux) était naguère vénérée par les Bretons pour ses vertus médicinales et curatives. Dire que les rivières bretonnes au XIXe s étaient aussi riches en saumons et en truites que celles d'Écosse et de Norvège ! De quoi scandaliser les amoureux de la Bretagne. La condamnation de la Cour européenne de justice en mars 2001 pour la pollution des eaux bretonnes par les nitrates n'aura pas suffi à enrayer le problème. Cela dit, fin 2009, seules trois sources d'eau potable en Bretagne présentaient encore des concentrations de nitrates légèrement supérieures à 50 mg/l. La commission en a donc conclu qu'il n'était pas justifié de poursuivre la procédure pour la Bretagne. La France fut à nouveau condamnée par la Cour européenne en juin 2013, puis le 4 septembre 2014 en raison de trop faibles améliorations dans d'autres régions. La Bretagne n'est pas directement concernée, mais la France doit réagir vite, sous peine de régler une note salée !

Le problème est loin d'être réglé, mais il faut toutefois noter que la ***qualité des eaux de baignade en mer*** est plutôt bonne (97,3 % de ces eaux étaient jugées satisfaisantes). Aucune amélioration des eaux côtières destinées à l'élevage des huîtres et des moules n'a, en revanche, été observée. Dans ce cas, les contaminations bactériologiques des eaux littorales proviennent principalement d'un traitement des eaux usées issues des toilettes (sympa), ainsi que des déjections animales répandues sur les terres agricoles ou issues du pâturage des animaux. Pas fameux... Heureusement, l'Ifremer veille au grain afin d'éviter tout risque lié à la consommation de coquillage. Et de plus en plus de communes s'engagent dans des opérations groupées de rénovation des fosses septiques. Ouf, on peut continuer à savourer nos bons plateaux de fruits de mer !

La Bretagne phosphore...

Quelles sont les causes de cette pollution des nappes souterraines et des nombreuses rivières ? L'***agriculture intensive,*** qui utilise des tonnes d'engrais chimiques (azote, dont proviennent les fameux ***nitrates***), et les déjections animales, plus connues sous le nom de lisier ou de fumier, produites par les ***élevages*** (porcs, veaux, volailles). Or la Bretagne concentre sur son territoire un nombre d'animaux particulièrement élevé : au bout du compte, 90 % des nitrates proviennent de l'agriculture.

Malgré une réglementation plus stricte sur les désherbants chimiques et les pesticides, le problème demeure, car beaucoup d'agriculteurs persistent à pratiquer le « tout chimique ». Une obstination dangereuse pour la santé publique. Ironie de l'histoire : les pollueurs sont aussi les premières victimes. Une étude effectuée chez les agriculteurs exposés au contact des pesticides (désherbants toxiques) montre un taux plus élevé de leucémies, ainsi que de cancers de l'estomac et de la prostate.

La prolifération des algues vertes (nettement moins présentes toutefois en Bretagne Sud) est aussi une conséquence de ces comportements. Générées par les excès de l'agriculture industrielle et par la concentration d'animaux d'élevage (nitrate et lisier), elles sont toxiques pour l'homme, souillent le paysage et dégagent une odeur pestilentielle en se décomposant. L'odeur et les risques sanitaires associés aux marées vertes ne sont pas liés à la présence même des algues dans l'eau, mais à l'émanation d'un gaz toxique – l'hydrogène sulfuré – produit par la décomposition d'épais amas d'algues qui ne seraient pas ramassées rapidement. Pour éviter l'exposition du public à ce risque, les communes ont intensifié leurs efforts pour un ramassage systématique et rapide des algues échouées, et prévoient une fermeture temporaire des plages en cas d'amas d'algues en putréfaction identifiés. À cela s'ajoute la mise en œuvre d'un plan gouvernemental de lutte contre les algues vertes, qui accompagne notamment les agriculteurs dans le changement de leurs pratiques. En Bretagne Sud, seules Douarnenez et Concarneau ont été confrontées à ce phénomène. Un effort raisonnable... et en cours. Depuis 5 ans, on observe un recul des marées vertes en Bretagne. Le Plan Algues Vertes se poursuit et les agriculteurs sont aujourd'hui davantage mobilisés. Crise agricole aidant (si on peut dire) et diminution des cheptels contribuent de fait à l'amélioration des résultats. Triste paradoxe, veaux, vaches et cochons bretons constituent l'un des piliers de l'économie bretonne.

La pollution aux nitrates ne doit pas masquer une autre pollution, celle provenant des ***phosphates.*** Nécessaire au développement des plantes et des animaux, on trouve le phosphore dans la nature. Mais les doses dans le sol ne doivent pas dépasser ses besoins naturels. Or déjections animales (phosphore organique provenant des aliments) et engrais minéraux phosphatés augmentent la teneur des sols en phosphates, qui se répandent ensuite dans l'eau, où ils favorisent le développement d'algues microscopiques susceptibles de libérer des toxines. Ces *cyanobactéries* sont observées chaque année dans la plupart des plans d'eau douce dédiés à la baignade et aux activités nautiques. Pour résumer, ce sont en moyenne 50 % de ces sites qui font l'objet d'interdictions temporaires d'usage pour cause d'efflorescence de ces algues toxiques... Avant même l'interdiction des phosphates dans les lessives destinées aux particuliers (2007), plus de 80 % des phosphates étaient déjà d'origine agricole !

Le vent tourne-t-il ?

Au chapitre des points positifs, notons que le ***secteur éolien*** est en pleine expansion en Bretagne avec la création de plusieurs parcs d'éoliennes, notamment sur le littoral. Celles-ci permettent de produire de l'électricité grâce à la force du vent, en réduisant les besoins en énergies hydroélectrique et nucléaire. De multiples projets sont en marche pour exploiter les énergies marines (courants marins, vagues, vents marins et marées). La Bretagne, bénéficiant d'une dynamique industrielle dans le domaine et de pôles de recherche compétents (50 % des effectifs nationaux), est à l'avant-poste du développement des énergies marines renouvelables.

Le développement des ***fermes biologiques*** et le développement de la vente en circuits courts constituent aussi une alternative aux dérives de l'agriculture industrielle.

N'oublions pas non plus que la faune et la flore bretonnes sont préservées par l'État et les collectivités, notamment à travers un réseau d'une soixantaine de sites inclus dans le réseau européen Natura 2000. Les réserves naturelles du Finistère, des Côtes-d'Armor et du Morbihan, ainsi que les parcs naturels régionaux (parc d'Armorique et, depuis 2015, le parc du golfe du Morbihan) permettent de découvrir la diversité des richesses naturelles à travers des animations et des visites, et il y en a vraiment pour tous les goûts : on a encore la chance en Bretagne de voir évoluer dans leur milieu naturel les phoques de la mer d'Iroise, les loutres et les fous de Bassan. Et on s'en réjouit !

Pour plus d'informations, consulter les sites • *ars.bretagne.sante.fr* • *voyagez-responsable-tourismebretagne.com* •

Le parc naturel marin d'Iroise

Créé en 2007, il couvre 3 550 km² en mer d'Iroise, l'espace marin s'étendant entre l'île de Sein (au sud), l'île d'Ouessant (au nord) et allant jusqu'aux 12 miles nautiques (22 km) au large.

Située dans une zone de transition entre les eaux de l'Atlantique et celles de la Manche, la ***mer d'Iroise*** recèle une riche diversité d'écosystèmes, s'avérant être un véritable sanctuaire en matière de biodiversité. On y recense près de 300 espèces d'algues (le plus grand champ d'algues marines se situe dans l'archipel de Molène) et 120 espèces de poissons. Les dauphins et les colonies de phoques s'en donnent à cœur joie ! L'objectif du parc consiste à mieux faire connaître et à préserver ces richesses naturelles uniques, tout en permettant le développement durable des activités humaines. La politique de gestion et de protection est décidée par une instance locale qui réunit tous les acteurs de la mer (pêcheurs, élus locaux, plaisanciers, scientifiques...). Les actions sont ensuite mises en place par les agents du parc naturel marin d'Iroise.
Pour en savoir plus : • *parc-marin-iroise.fr* •

Adresses et sites internet utiles

■ ***Bretagne environnement :*** • *bretagne-environnement.org* • Un site complet et collaboratif présentant les données chiffrées de l'environnement en Bretagne.

■ ***Eau et Rivières de Bretagne :*** *7, pl. du Champ-au-Roy, 22200 Guingamp. ☎ 02-96-21-38-77.* • *eau-et-rivieres.asso.fr* • Une des rares associations qui tiennent tête au puissant lobby agroalimentaire. Ses membres font un travail remarquable d'éducation, d'information et de lutte, tout simplement pour que la Bretagne retrouve un jour son eau pure.

■ ***Les énergies renouvelables*** *(éolienne, biogaz...)* **:** ***centre d'information sur l'Énergie et l'Environnement,*** *96, canal Saint-Martin, 35700 Rennes. ☎ 02-99-54-42-98.*

■ **La qualité de l'air :** • *airbreizh.asso.fr* •

■ **La qualité de l'eau :** • *observatoire-eau-bretagne.fr* • Pour tout savoir sur l'eau en Bretagne, des précipitations à la qualité des nappes souterraines.

GÉOGRAPHIE

Poing du continent européen tendu vers l'Atlantique, la Bretagne apparaît sur le globe terrestre comme une péninsule, grande comme la Belgique (34 023 km²) et pas très haute : 384 m au Tuchen Gador, le sommet de cette chaîne montagneuse (n'ayons pas peur des mots !) qui va de Brest à Lamballe. Parallèles à la côte sud, les Montagnes Noires vont de Locronan à Malestroit en s'aplatissant. Entre les deux, une succession de cuvettes : Châteaulin, Loudéac, Rennes.
Le Massif armoricain est aussi vieux que les Vosges ou les Ardennes. Les schistes constituent les deux tiers de sa surface. Le granit et le gneiss, les micaschistes, les quartzites forment le reste d'une croûte terrestre aux formes très arrondies mais parfois bien marquées. Les petites routes tortueuses de l'Argoat en sont la conséquence. Même au fin fond de la campagne centrale, on n'est jamais à plus de 100 km de la mer, dont l'influence se fait sentir partout (voir « Climat breton : orages et des espoirs » dans « Bon à savoir avant le départ » au début du guide).
La côte, battue par les marées, supporte un marnage de 10 à 12 m en Manche et de 5 à 6 m en Atlantique. Le littoral a connu des variations du niveau de la mer à plusieurs reprises au cours

GLAZ

Voici une couleur propre à la Bretagne. Elle évoque la nature, notamment la mer et le ciel avec leurs teintes changeantes. Le glaz évolue constamment entre le bleu, le vert et le gris. Voici le secret de la beauté de la Bretagne !

des âges géologiques. La dernière transgression flandrienne (épisode d'élévation du niveau de la mer) a noyé des sites déjà occupés par l'homme : par exemple, le *cromlech d'Er Lannic* dans le golfe du Morbihan. Les zones basses de Brière ont été noyées, la ville d'Ys aussi peut-être, en baie de Douarnenez. Les estuaires des fleuves, désormais envahis par la mer, pénètrent loin dans la terre. Caps et plages alternent sur une côte en festons qui fait tout le charme du littoral breton.

HISTOIRE

À quand remonte l'histoire de la Bretagne ? Le site paléolithique (âge de la pierre taillée) de Saint-Malo-de-Phily, près de Lohéac, en Ille-et-Vilaine, daterait de 700 000 ans avant l'ère chrétienne. Le climat aurait été pourtant bien plus froid qu'aujourd'hui. Que s'est-il passé alors ? Au Mésolithique (10 000 ans avant l'ère chrétienne), le climat se réchauffe, les glaciers fondent et la Manche, à sec jusque-là, se remplit d'eau. C'est au Néolithique (de 5000 à 2000 avant l'ère chrétienne) que les mégalithes apparaissent. Les ***menhirs*** et les ***dolmens*** ont été dressés à la fin de cette période du Néolithique. Dans la seule région de Carnac (Morbihan), on en dénombre près de 3 000. On ne sait pas précisément à quoi ils servaient. Pierres sacrées destinées à des rituels religieux, repères astronomiques ou énigmatiques sépultures ? Une chose est sûre, les menhirs sont bel et bien l'œuvre de peuples antérieurs aux Celtes, puisque ceux-ci ne vivaient pas encore en Armorique.

L'arrivée des Celtes en Armorique

Au VIIIe s av. J.-C., originaires d'Europe centrale (la Bohême), les Celtes se répandent en Europe et commencent à s'établir en Armorique (on ne parle pas encore de Bretagne). Ce nom dérive du celtique ***aremori*** qui signifie « ***pays du bord de mer*** ». Les Celtes utilisent des armes en fer et montent une belle cavalerie. Ils détiennent une certaine supériorité matérielle. L'Armorique celte du IIe s av. J.-C. se partage en ***cinq États habités par des tribus distinctes*** : les Osismes à l'ouest, les Vénètes au sud, les Curiosolites au nord, les Redones et les Namnètes à l'est. Comme l'écrit Jules César dans *La Guerre des Gaules,* les Vénètes dominent les autres tribus par la puissance de leur flotte.

La conquête romaine

La guerre se déroule en mer. En 56 av. J.-C., ***les Vénètes,*** combattants pugnaces, affrontent les galères romaines, mais finissent par perdre le combat. Fort de sa victoire sur Vercingétorix en 52 av. J.-C. à Alésia, ***Jules César*** divise la Gaule en trois provinces en plus de la Narbonnaise qui existe déjà : l'Aquitaine, la Belgique et la Lyonnaise, à laquelle se rattache l'Armorique. Des voies romaines relient les principales villes : Darioritum (Vannes), Condevicnum (Nantes), Condate (Rennes), Fanum Martis (Corseul) et Vorgium (Carhaix). Les riches ***Armoricains*** apprennent le latin et tirent profit de la nouvelle civilisation romaine.
L'Armorique soumise aux lois romaines s'adapte aux nouvelles mœurs mais maintient sa langue et ses cultes. Les divinités gauloises se mêlent aux dieux romains. Cependant, la pénétration romaine en Armorique ne produit pas de monuments aussi importants que le théâtre d'Arles ou les arènes de Nîmes. L'Armorique, à l'extrémité ouest de l'Europe, reste un secteur géographique isolé, une colonie très éloignée du pouvoir central. Les longs hivers pluvieux et venteux ont probablement dissuadé plus d'un légionnaire romain de venir camper en Armorique !

À partir de 235 apr. J.-C., l'Empire romain traverse une période d'insécurité et d'anarchie. Menaces et razzias des Barbares, raids des Francs et des Alamans, troubles sociaux s'enchaînent. L'Armorique se soulève vers 410 contre les autorités romaines, incapables d'assurer l'ordre. C'est dans ce contexte troublé que débarquent les Bretons. Attention à ne pas assimiler les Bretons aux peuples barbares, comme les Vandales, qui déferlent sur l'Europe en ces temps troublés.

FIER D'ÊTRE BRETON !

On dit que le Breton a un caractère bien trempé. Il est surtout rebelle contre l'oppresseur. Il s'attaqua aux Romains (Astérix n'est pas qu'une blague), puis aux Francs (les Bretons ne paieront jamais de tribut). Lutta ensuite contre la royauté (les Bonnets rouges contre Louis XIV), puis contre la Révolution (les Chouans). Et, contre les nazis (les premiers résistants étaient bretons). Aujourd'hui, à nouveau avec les Bonnets rouges, la révolte juste continue.

L'Armorique devient la Bretagne

Sur l'île de Bretagne (*Britannia,* selon César), que l'on appelle aujourd'hui la Grande-Bretagne, les dernières légions romaines refluent, laissant la voie libre aux Pictes, aux Angles, aux Saxons venus du continent européen. Sous la pression des ***Scots d'Irlande,*** qui empiètent sur leurs terres, les Bretons s'en vont, migrent vers l'Armorique, de l'autre côté de la Manche (la mer Bretonne). D'autres clans partent en Galice, à la pointe ouest de l'Espagne. Du Ve au VIIe s, pendant 200 ans environ, ce flux migratoire prend la forme d'un long exode et non d'une invasion brutale. Cela dit, une certaine imagerie romantique voit dans les premiers migrants bretons des « boat people » du monde celtique. En souvenir de leur terre de départ, ils nomment « ***Petite Bretagne*** » leur nouvelle péninsule d'accueil, située à la pointe occidentale du pays des Francs. Beaucoup quittent le pays de Galles et la Cornouailles pour cette Petite Bretagne, où ils fondent des ermitages, des monastères, tout en se préoccupant de la communauté à travers l'établissement des paroisses *(plou).* Les nouveaux noms de lieux reprennent les mêmes toponymes. De nos jours, beaucoup de noms de communes commencent par la particule « Lan », « Tre » ou « Aber », comme au pays de Galles. Ces nouveaux arrivants parlent tous la même langue : le breton (rameau du britonnique). Avec le temps et l'évolution linguistique, un Gallois peut aujourd'hui encore comprendre un Breton, mais l'inverse n'est pas vrai. Ce sont néanmoins de très lointains peuples cousins.

L'histoire des saints bretons

Pour maintenir le flambeau du ***christianisme celtique,*** on fit venir l'élite religieuse des monastères gallois. Influencés par le monachisme irlandais, obéissant à la règle de saint Colomban, de nombreux moines baroudeurs prirent la tête du mouvement, devenant des saints, suite à leur action courageuse et bienfaitrice.

Parmi eux, ***David, le saint patron du pays de Galles,*** et ***Samson,*** « Samzun » en breton. Originaire de la région de Gwent (sud du pays de Galles), un certain ***Malo*** fonde la cité de Saint-Malo, et un autre, ***Brieg,*** s'implante sur le site de Saint-Brieuc. Un moine nommé ***Lunaire*** débarque vers 535, non pas sur la Lune, mais près de Dinard, sur une grève appelée aujourd'hui Saint-Lunaire. Après

L'AURÉOLE DES SAINTS

Partout dans la chrétienté, l'auréole est le symbole des saints. Au départ, on apposait un disque métallique audessus des statues pour protéger la tête de la chute de pierres ou de la tombée des eaux qui suintaient des plafonds. Peu à peu, les fidèles ont cru que cette protection était l'attribut de la sainteté...

avoir traversé la Manche avec 60 moines sélectionnés, ***Guirec*** accoste sur la côte nord de la Bretagne dans un lieu devenu Perros-Guirec. Sans oublier d'autres aventuriers de la foi comme ***Gwenolé,*** fondateur de l'abbaye de Landévennec (Finistère Sud), et ***Tugdual,*** l'un des sept saints fondateurs des évêchés bretons. Fondateur de l'école monastique de Landwit (dans le Pembrokeshire), ***Iltude*** jette son sac à l'Aber-Ildut, dans le nord du Finistère. Les 25 lieux-dits Llan-Deilo du pays de Galles ne doivent-ils pas leur nom à ***Thélo,*** qui partit pour la Bretagne dans la grande vague migratoire de cette époque ?
Le nord et l'ouest de la Bretagne ont ainsi été christianisés par ces migrants celtiques, tandis que le reste de la vieille Armorique a subi l'influence, moins rude, du christianisme latin et romain. À partir de la fin du Ve s, le nom Bretagne s'est substitué à celui d'Armorique. Dans la vieille société bretonne, les femmes ont autant de droits que leur époux, elles participent au culte religieux et peuvent diriger une chefferie.

Le royaume de Bretagne

Le roi Judicaël (début du VIIe s), fier et rebelle, inquiète Dagobert, le roi des Francs, qui, comme tous les Carolingiens (aux IXe et Xe s), veut déjà soumettre la Bretagne à son autorité. Avec le traité de Verdun (843), ***Charles le Chauve*** hérite de la Francie occidentale qui englobe la Bretagne. Pour contrôler la frontière, Pépin le Bref, Charlemagne et Louis le Pieux s'appuient sur la marche de Bretagne, une région tampon constituée par les grands comtés (Vannes, Rennes et Nantes) et favorable aux Francs. Cette marche est confiée à ***Nominoé,*** puis à ***Erispoé*** (851-857). Au traité d'Angers en août 851, à la suite de la défaite des Francs (à la bataille de Beslé), Erispoé est reconnu roi de Bretagne par Charles le Chauve. Son autorité s'étend sur les pays de Rennes et de Nantes. Erispoé est assassiné en 857 par son cousin ***Salomon*** (857-874).
Sur le plan religieux, la Bretagne dépend de Tours, et l'abbaye Saint-Sauveur de Redon marque le centre de gravité monastique de la vie culturelle et spirituelle. Les moines abandonnent peu à peu les usages celtiques pour se soumettre à la règle latine de saint Benoît. Les Francs étendent ainsi leur mainmise sur la Bretagne. Son territoire atteint alors sa plus grande extension. On l'identifie comme la Bretagne historique, c'est-à-dire grosso modo à l'ensemble géographique constitué par les cinq départements actuels (Loire-Atlantique incluse). À l'époque de Salomon, elle englobait même le Cotentin, fief annexé par les Bretons.

Des Vikings en Bretagne

Voilà les Vikings qui débarquent à partir de 814. Un fléau ! Ces guerriers blonds aux yeux bleus envahissent la Bretagne. Ils remontent les rivières à bord de leurs drakkars, détruisent les villes, saccagent les abbayes, dévastent les campagnes. Pris de panique, les nobles et les moines s'enfuient, emportant reliques et manuscrits, et se réfugient en pays franc, surtout en Touraine et dans le Berry. Formé par les Angles et les Saxons, ***Alain Barbe-Torte*** parvient à chasser les Normands de Bretagne. À la suite de ce haut fait d'armes, le voilà ***duc de Bretagne*** ; il siège à Nantes. Après le passage des Vikings, la Bretagne est sinistrée. Il faut la reconstruire. On a passé l'an mil. En terre franque, les bâtisseurs de cathédrales sont à l'œuvre.

La Bretagne féodale

Le régime féodal breton repose sur l'autorité du ***duc de Bretagne.*** Pour asseoir son pouvoir sur les comtes et les innombrables seigneurs qui se partagent le pays et ne cessent de se disputer, les ducs (maisons de Nantes, de Rennes, de Cornouaille) renforcent le système administratif et financier du duché. Entre le Xe et le XIVe s, ils agrandissent le domaine ducal. Le duc de Bretagne détient

ainsi ***un pouvoir de plus en plus important,*** mais il est lui-même tenu par un lien supérieur. Après Pierre Ier de Dreux, d'origine capétienne, et dès 1213, le duc de Bretagne doit rendre hommage au roi de France.
Les comtes et les seigneurs lui sont soumis en tant que vassaux. Les plus grands seigneurs, fiers et rebelles, échappent souvent à son pouvoir. Ils ne se laissent pas soumettre car, maîtres chez eux, ils commandent des grands territoires, comme le vicomte de Porhoët. Ce dernier réside au château de Josselin, d'où il jouit d'un immense domaine composé de 140 paroisses, couvrant une superficie de 400 000 ha ! Les seigneurs bretons dirigent, jugent, collectent les impôts, partent à la guerre (conquête de l'Angleterre) et même aux croisades. Les paysans servent, cultivent la terre, accomplissent leurs obligations féodales : taille, corvées, banalités. Les grandes forteresses bretonnes (Vitré, Fougères, Clisson, Châteaubriant) sont édifiées à cette époque, sur la Marche de Bretagne, pour garder la frontière avec le royaume de France.
Avec le duc ***Pierre Ier de Dreux,*** les armes de Bretagne commencent à porter le symbole de l'***hermine.*** L'ordre de l'Hermine deviendra au siècle suivant la première décoration honorifique bretonne. Ce fut l'un des rares ordres de chevalerie ouverts aux femmes.
C'est au XIIIe s aussi que s'illustre l'une des grandes figures de l'humanisme breton : ***Yves Hélori, alias saint Yves.*** Clerc chargé d'instruire les causes judiciaires ecclésiastiques, curé dans le Trégor, il se dévoue corps et âme aux déshérités. De son vivant, il est réputé pour être l'avocat des pauvres, le protecteur des miséreux. À sa mort, en 1303, la Bretagne est en deuil. Depuis cette date, saint Yves est le ***saint patron des Bretons.*** À Rome, aujourd'hui encore, une église s'appelle Saint-Yves-des-Bretons.

La guerre de Succession (1341-1364)

Au début du XIVe s, ***le duché breton fonctionne presque comme un petit État autonome.*** Le duc Jean III meurt en 1341, sans héritier, ce qui provoque une ***guerre de succession.*** Deux candidats sont en ligne : son demi-frère, ***Jean de Montfort,*** et sa nièce, ***Jeanne de Penthièvre.*** Jean de Montfort, marié à la fameuse Jeanne la Flamme, cherche appui auprès du roi d'Angleterre. Mariée à Charles de Blois, neveu du roi de France, Jeanne de Penthièvre est naturellement soutenue par la France. S'ensuit un nouveau conflit qui déchire la France et l'Angleterre, déjà affaiblies par la guerre de Cent Ans.
Escarmouches, combats, assassinats, victoires et défaites se succèdent entre 1341 et 1364. La Bretagne est si tiraillée qu'on songe même à un projet de scission du duché en deux morceaux. Le Nord reviendrait à Blois, donc à la France ; le Sud à Montfort, donc à l'Angleterre. À la bataille d'Auray, en septembre 1364, Montfort écrase Charles de Blois, qui est tué. Le roi de France doit reconnaître le vainqueur. ***Montfort devient Jean IV, duc de Bretagne.*** La Bretagne est ravagée par 23 ans de guerre civile, mais au moins, la question de la succession est réglée !

L'état breton

Le XVe s est celui de la paix et de la prospérité. Le **duc Jean V,** garant de cette stabilité, ne rend plus qu'un hommage simple au roi de France. Son geste symbolique et honorifique ne constitue pas un acte de soumission. Pendant les 43 ans de son règne, de 1399 à 1442, l'économie prospère, l'industrie textile s'épanouit, les toiles bretonnes s'exportent, le commerce maritime s'intensifie et les arts fleurissent. Rennes devient un centre drapier important. Hormis les grandes villes, la richesse se concentre sur les côtes, autour des ports, car la prospérité vient de la mer. Les marins bretons sont les grands transporteurs des mers. Ils naviguent pour le compte des marchands, d'Anvers à Lisbonne, de Bordeaux à Madère. Les marchandises ? Du blé, des céréales, de la viande, du sel, du poisson, du vin, des ardoises. Ils participent aussi aux voyages de découverte sur des terres nouvelles. Tandis que la guerre ravage la France et l'Angleterre, la Bretagne reste neutre et forme une grande poche de prospérité, à l'écart de la folie des armes. Elle détient les seuls ports restés en paix. François Ier, roi de France, ennemi juré de Charles Quint, avait donc toutes les raisons pratiques et stratégiques d'annexer ce duché à son royaume. Pour se sentir plus fort, plus invincible. « Bretagne est Pérou pour la France », dit-on alors dans toutes les cours d'Europe.

La Bretagne se croit maîtresse de son sort au XVe s, mais en réalité, elle est considérée comme française par le roi. Une partie de la haute noblesse bretonne se montre favorable à la cause française. Le duc, la bourgeoisie marchande et le peuple ne veulent pas de l'annexion. Tensions entre les deux camps, alliances stratégiques, intérêts divergents, les péripéties se suivent et entraînent l'escalade de la violence, puis la guerre. ***En 1488, à Saint-Aubin-du-Cormier (Ille-et-Vilaine), les 15 000 soldats de l'armée royale écrasent l'armée bretonne,*** composée de 12 000 hommes. Bilan : 6 000 morts côté breton. Un désastre !

En août de la même année, la Bretagne doit signer le ***traité du Verger,*** qui accorde un ***sursis d'indépendance*** aux Bretons. Une clause prévoit qu'Anne, la fille du duc breton François II, ne pourra se marier qu'avec l'accord du roi de France. En septembre 1488, François II meurt. ***Anne de Bretagne*** n'a pas 12 ans, elle est sans alliés, mais les candidats au mariage se bousculent !

Anne, duchesse de Bretagne (1477-1514)

En décembre 1490, ***Anne de Bretagne épouse par procuration Maximilien d'Autriche,*** de la dynastie des Habsbourg. Elle n'a que 13 ans. Ce geste arrange les affaires de l'Espagne, alliée aux Anglais. Futur empereur germanique, Maximilien est l'homme le plus puissant d'Europe, qui vient d'annexer la Bourgogne à son empire. Ulcéré par cette alliance, le roi de France ***Charles VIII*** envoie 50 000 hommes en Bretagne et contraint Anne à annuler son union pour l'épouser : c'est une question hautement stratégique pour lui. Le mariage est célébré à Langeais en décembre 1491. ***La duchesse de Bretagne devient ainsi reine de France.***

LA TRADITION PERDURE

La quatre-voies est gratuite sur l'ensemble du réseau breton. La raison est fort ancienne : la duchesse Anne de Bretagne s'engagea à épouser le roi de France à condition que l'on supprime les octrois entre la Bretagne et la France ! Cet accord est toujours respecté.

En avril 1498, le roi meurt, et Anne doit épouser ***Louis XII,*** en secondes noces, contrainte et forcée encore une fois. Il est le cousin et le successeur de Charles VIII. ***Anne de Bretagne décède à son tour en 1514,*** à l'âge de 37 ans, un an avant son époux royal (1515). Ils laissent deux enfants, Claude et Renée, deux filles à marier.

Claude épouse en 1515 son cousin issu de germain ***François Ier.*** Elle lui apporte la Bretagne en dot. ***Le rêve français d'annexion se concrétise*** de plus en plus. Action souterraine du parti français, intervention militaire, défaite guerrière sur le terrain, et maintenant mariage avec la France. En droit, la Bretagne reste encore un duché, mais ce n'est plus qu'un titre : le duc en est le roi de France. Celui-ci est roi en France et duc en Bretagne. François Ier administre le duché de 1515 à 1532.

Août 1532 : la Bretagne annexée par la France

Plutôt que d'avoir à subir un traité imposé après défaite, la haute noblesse bretonne, qui refuse l'annexion, propose un contrat d'union. On réunit les états à Vannes en 1532, puis l'***édit du Plessis-Macé*** établit un contrat bilatéral entre les deux puissances, qui ***maintient les privilèges et les usages du duché.*** Il est prévu que les Bretons ne paieront pas d'impôts sans le consentement des états de Bretagne. Une clause prévoit qu'ils ne peuvent être jugés hors de Bretagne. Aucun soldat breton n'ira combattre hors de Bretagne. Au fil du temps, on oubliera ces clauses spécifiques, qui ne seront pas respectées par la monarchie française.

ÇA NE MANQUE PAS DE SEL !

Quand la Bretagne fut rattachée à la France, le roi s'engagea à l'exempter de gabelle (impôt sur le sel). Les Bretons prirent l'habitude de saler leur beurre afin de mieux le conserver, d'abord sur les bateaux. L'impôt sur le sel disparut tardivement (1945). La tradition du beurre salé est restée, pour le bonheur des gourmands.

L'âge d'or de la Bretagne (1532-1675)

La Bretagne annexée continue pourtant sur sa lancée. La culture du blé noir (nourriture principale des Bretons), l'exportation du froment, du seigle et des vins nantais, l'extension de la culture du lin et du chanvre, la vente du sel de Guérande, le « roulage » maritime assurent une croissance économique à la « Bretagne française ». Un exemple parmi d'autres : le port de Kerity-Penmarc'h (pays bigouden) est à cette époque le premier port d'armement du littoral français. Les marins de Saint-Malo pêchent la morue à Terre-Neuve (Amérique du Nord). Au XVIe s, le commerce extérieur breton est largement excédentaire. Sur le plan politique, la Bretagne est dirigée par un gouverneur nommé par le roi, mais celui-ci doit tenir compte d'un contre-pouvoir, le ***Parlement breton,*** créé à Rennes en 1552. Cette institution a la haute main sur les affaires de justice. L'intégration de la Bretagne dans la France se fait donc lentement et sous le contrôle des États attachés aux privilèges ancestraux.

FLEUR BLEUE OU FLEUR BLANCHE ?

On oublie qu'aux XVIe et XVIIe s, la Bretagne devint l'une des provinces les plus riches du royaume. Et ceci grâce à une petite fleur bleue : le lin. Les bateaux bretons transportaient les toiles de lin dans tous les grands ports du Nord et de la Méditerranée. Cette prospérité permit la construction de beaux châteaux et l'essor des enclos paroissiaux. Le lin disparaîtra à cause d'une petite fleur blanche venant d'Orient : le coton (on appelait « indiennes » les tissus qu'il permettait de fabriquer).

1675 : la révolte des Bonnets rouges (en breton armé)

Les guerres de Religion ensanglantent la France du XVIe s ; elles atteignent la Bretagne, qui connaît à son tour les guerres de la Ligue, marquées par le brigandage et les massacres de civils. Résultat : le protestantisme ne parvient pas à s'implanter en Bretagne. Voilà le siècle de Louis XIV. Le Roi-Soleil traite la Bretagne comme une obscure colonie rebelle, qu'il faut exploiter et soumettre coûte que coûte à son autorité. Il nomme le ***duc de Chaulnes gouverneur*** (1669-1694). La ***création de taxes*** sur le papier timbré provoque une explosion populaire dans les campagnes de Cornouaille (sud du Finistère). Cet homme dur et brutal dirige la répression. En août 1675, Colbert envoie 6 000 soldats en Bretagne pour mater la ***révolte des Bonnets rouges.*** Les fauteurs de trouble sont torturés, pendus, exécutés. La répression est particulièrement féroce dans le Pays bigouden, où des clochers sont abattus. Le commerce et l'économie en subissent les conséquences néfastes. L'an 1675 marque en quelque sorte la ***fin de l'âge d'or breton.***

Le Siècle des lumières

Baisse de la démographie, ralentissement de la production économique, mauvaises récoltes, épidémies, disettes, famines, voilà de manière sommaire à quoi pourrait se résumer le XVIIIe s en Bretagne. L'âge de la régression. Dans ce marasme pourtant, le littoral breton (la « ceinture dorée ») parvient à de meilleurs résultats que l'intérieur des terres. C'est le cas des ports de ***Saint-Malo,*** de ***Brest,*** de ***Lorient,*** de ***Nantes,*** qui ***s'enrichissent grâce à la marine de guerre et aux échanges maritimes*** sur toutes les mers du globe. Autre succès du Siècle des lumières : les toiles dites « Bretagnes » faites à Rennes, à Vitré et dans la région de Quintin-Loudéac, qui s'exportent bien. Richelieu a choisi Brest pour y installer l'arsenal et la Royale. Rien d'étonnant si de ***grands navigateurs comme Bougainville, La Pérouse, Kerguelen*** partent de Brest et y reviennent après leurs expéditions lointaines ! Lorient, siège de la ***Compagnie des Indes fondée par Colbert en 1664,*** envoie des vaisseaux jusqu'en Inde et en Chine (Canton), tout comme Saint-Malo, sa rivale du nord, dont la splendeur décline après 1720. Quant à Nantes, ce sont la traite négrière et le commerce triangulaire entre l'Afrique et les Antilles qui assurent l'essentiel de ses revenus.

Richesse des villes, pauvreté des campagnes : le refrain a changé, mais le couplet social est toujours le même. Une Bretagne à deux vitesses, en somme, s'est mise en place avec le temps, et l'écart culturel entre la haute Bretagne francophile et patoisante (on y parle le gallo) et la basse Bretagne bretonnante (on y parle le breton) ne fait que s'accroître. À l'ouest d'une ligne linguistique allant de Binic (Côtes-d'Armor) à La Roche-Bernard (Loire-Atlantique), les gens des campagnes ne parlent que le breton ; à l'est de cette ligne vers Rennes, Nantes, le français domine. La vieille Bretagne est bien présente, elle s'y est maintenue au physique comme au caractère. Les inégalités sociales et matérielles n'ont jamais été aussi importantes entre la noblesse, la bourgeoisie et les paysans. Quand la Révolution éclate, elle divise la Bretagne, qui explose comme une poudrière.

La Révolution et la Chouannerie

En 1789, la majorité des députés bretons favorables à la Révolution se réunissent dans le ***Club breton*** dont l'influence grandit au sein de l'Assemblée constituante. En novembre, ***le Parlement et les états de Bretagne sont abolis,*** ce qui, avec le recul du temps, apparaît comme une erreur historique. Voilà la Bretagne redécoupée et divisée en cinq départements, ceux que nous connaissons encore aujourd'hui. La révolte des paysans s'étend. En haute Bretagne, des châteaux sont pris d'assaut en 1790. La question religieuse enflamme le clergé breton : les trois quarts des prêtres bretons refusent la Constitution civile du clergé et forment les rangs des prêtres réfractaires, opposés aux prêtres jureurs. La levée forcée de 300 000 hommes pour les guerres républicaines de 1792, la mort du roi Louis XVI, la hausse des impôts mécontentent la paysannerie, qui affronte la Garde nationale en divers lieux.

C'est finalement toute la société bretonne qui se scinde en deux camps adverses : les ***Blancs,*** contre-révolutionnaires, et les ***Bleus,*** partisans de la Révolution. Les troubles dégénèrent en affrontements violents, en guérilla meurtrière. L'insurrection des Blancs agite le pays de Fougères sous l'égide du ***marquis de La Rouërie,*** le pays de Vitré suit le chef ***Jean Chouan*** (qui donne son nom à ***la chouannerie***), et le Morbihan insurgé se range derrière ***Cadoudal.*** La réponse républicaine à la contre-Révolution se transforme en Terreur, qui provoque un bain de sang à Nantes avec les massacres ordonnés par Carrier (1794) : 3 000 fusillés, des milliers de morts dans les prisons et jusqu'à 5 000 noyés dans la Loire.

Les Blancs émigrés, soutenus par les Anglais, organisent un débarquement à Quiberon, qui est réprimé dans le sang par le général Hoche. Active pendant des années, la chouannerie continue avec le Directoire et même après l'arrivée de Bonaparte au pouvoir (10 novembre 1799). Du côté des Bleus, les Bretons engagés dans le combat républicain participent aux grandes batailles. Une anecdote : les soldats bretons de l'armée de l'an II (ceux de Valmy) avaient le droit de porter les cheveux longs, un privilège accordé à la Bretagne depuis le traité de 1532. ***Bonaparte*** au pouvoir, le dictateur ***soumet la Bretagne*** à sa loi d'airain : envoi de forces militaires, lutte contre les insurgés, mise en coupe réglée de la province, création de Napoléonville (Pontivy) pour écraser la révolte, mise en place d'une administration de préfets très efficace, mépris des coutumes ancestrales et de l'originalité bretonne, fin de l'autonomie.

Le XIXe siècle

L'intégration de la Bretagne à la France républicaine du XIXe s mêle le bonheur et la douleur, le réveil et le mépris. Malgré la construction du chemin de fer, l'ouverture de canaux intérieurs et l'expansion des forges des chantiers de l'Atlantique, la pauvreté règne dans les campagnes, tandis que les côtes s'enrichissent. La misère diminue pourtant grâce à la culture de la pomme de terre, qui permet d'éviter les famines. Sous le Second Empire (1851-1870), la mécanisation de l'agriculture aggrave l'exode rural. Les paysans quittent leurs fermes, trop petites, et s'installent dans les villes, devenant des artisans, des employés, des ouvriers. D'autres suivent la voie ecclésiastique, s'engagent dans la Marine ou partent aux colonies (Afrique, Indochine, Maghreb). En 1900, la Bretagne reste malgré tout l'une des régions les moins industrialisées de France.

C'est cette authenticité celtique, assaillie par les diables du progrès, qui attire les écrivains et les artistes comme Flaubert ou Gauguin. Balzac compare les chouans à des Peaux-Rouges ou à des Mohicans. Pour intégrer les « sauvages » de Bretagne à la « France du progrès », le gouvernement de la IIIe République s'acharne à éliminer l'identité bretonne. À l'école, les instituteurs ont reçu l'ordre de scolariser, mais aussi de « tuer la langue bretonne » : « Il est interdit de cracher par terre et de parler breton », peut-on lire sur de nombreux écriteaux. Au XIXe s, au même moment, on assiste à un mouvement inverse de ***réveil littéraire et identitaire, marqué par des auteurs comme Anatole Le Braz, Charles Le Goffic, Émile Souvestre, François-Marie Luzel, Hersart de La Villemarqué,*** sans oublier ***Chateaubriand*** (né à Saint-Malo) et ***Ernest Renan*** (originaire de Tréguier).

AH ! CES BRETONS QUI BARAGOUINENT

Le verbe « baragouiner » vient de l'assemblage des mots bretons bara *et* gwin, *le pain et le vin, ces deux produits que réclamaient tant les combattants bretons aux soldats français qui n'y comprenaient rien.*

Les deux guerres mondiales

Pendant la Première Guerre mondiale (1914-1918), près de 130 000 soldats bretons sont tués.

L'entre-deux-guerres se caractérise par l'extension du mouvement breton, autour de la revue *Breiz Atao,* qui prône l'autonomie et l'indépendance de la Bretagne. ***L'affirmation culturelle devient une revendication politique.*** En 1931, le parti national breton (PNB) rassemble jusqu'à 2 000 adhérents, dont une partie s'oriente

INDIGÈNES

Pendant la Première Guerre mondiale, les troupes coloniales ne représentaient que 7 % des combattants français. Le taux de mortalité totale de l'armée française fut de 17 %. En revanche, les soldats marocains, avec les Bretons, dépassèrent les 26 % de tués. Pourquoi ? Parce que la plupart ne parlant pas français, ils étaient placés en première ligne ; ils ne pouvaient pas crier à la rébellion.

vers les idées d'extrême droite, tandis que la grande majorité de la population se moque éperdument de ce militantisme outrancier.
La Seconde Guerre mondiale éclate (1939-1945). L'armée allemande envahit la Bretagne à la fin du mois de juin 1940. Répondant à l'appel du général de Gaulle lancé à Londres, les habitants de l'île de Sein sont les premiers à rejoindre l'Angleterre par la mer. De Gaulle passe en revue les 600 premiers volontaires de la France libre : un quart du contingent est constitué de gens venus de l'île de Sein. ***De Gaulle s'écrie : « L'île de Sein est donc le quart de la France ! »*** En fait, comme l'ensemble de la France, la Bretagne est gouvernée par le régime de Vichy, et celui-ci fait fi de l'histoire de la Bretagne en créant en 1941 un nouveau ***découpage administratif régional.*** C'est ainsi que Nantes et le département de la Loire-Atlantique ont été rattachés à la région artificielle des Pays-de-la-Loire, un découpage encore en vigueur jusqu'à nouvel ordre... Une grave faute qui démembre la Bretagne historique des ducs et des rois !
Les occupants promettent l'indépendance de la Bretagne aux nationalistes du PNB, ce qui provoque une fracture dans le mouvement breton entre collaborateurs et résistants. Le littoral se couvre de blockhaus en béton, le fameux « mur de l'Atlantique ». La Résistance se bat avec peu de moyens mais avec efficacité et courage, comme en témoignent les combats de Saint-Marcel (Morbihan) en juin 1944. En juillet 1944, après le Débarquement de Normandie, les forces alliées, menées par les Américains, pénètrent en Bretagne pour chasser les dernières unités allemandes (150 000 soldats en Bretagne) repliées dans les poches stratégiques de Saint-Malo, Lorient, Saint-Nazaire et Brest. Les terribles bombardements de l'été 1944 détruisent presque entièrement ces grands ports bretons. Après la guerre de 1939-1945, le nom *Breiz Atao,* associé aux collabos que ce mouvement abritait, est devenu une insulte pour la Bretagne libérée.

UN DÉCOUPAGE ABERRANT

La Bretagne amputée du pays nantais est imaginée par le géographe nazi Walter Christaller et appliquée par le régime de Vichy en 1941 pour punir la résistance bretonne. Un terrible contresens politique (déjà !). Et, en 2014, on a réitéré la même faute historique avec le redécoupage des régions.

Les années d'après-guerre et la renaissance de la Bretagne

Reconstruction des villes détruites, stabilisation démographique, poursuite de l'exode rural, la période d'après-guerre marque un tournant pour la Bretagne. Sur le terrain, elle reste une province essentiellement agricole et encore mal reliée au reste de la France. Grâce à l'action du ***Comité d'étude et de liaison des intérêts bretons (CELIB),*** la Bretagne remporte le combat de la décentralisation, en obtenant une reconnaissance auprès du pouvoir central, au point qu'elle figure au premier rang des régions à bénéficier d'un plan d'aide et de développement : le ***Plan breton.*** Au programme : décentralisation de l'administration, modernisation de l'agriculture, investissements industriels, implantation d'usines, construction de routes et d'autoroutes. La coopérative des agriculteurs de Bretagne (basée à Landerneau) devient la première coopérative de France. Elle est citée en exemple dans l'Europe entière. On assiste à un renouveau commercial et économique sidérant, une incroyable « révolution silencieuse » qui transforme les habitudes, les mentalités et les paysages. Voilà la Bretagne entrée dans l'économie moderne européenne. Un chiffre révélateur : le revenu des agriculteurs bretons (38 % de la population totale) augmente de 45 % en 10 ans entre 1955 et 1965, du jamais vu dans l'histoire de la Bretagne.
En 1978, l'***Amoco Cadiz,*** un pétrolier géant, fait naufrage devant Portsall sur la côte nord du Finistère, provoquant une terrible marée noire. Cette catastrophe

écologique entraîne aussi une vraie prise de conscience et accélère le renforcement des lois de protection des océans.

BRETON TOUJOURS !

Le Crédit mutuel de Bretagne édite des chèques libellés en breton. La Bretagne est d'ailleurs la seule région française à bénéficier d'une telle faveur. Quel scandale, le jour où une administration refusa d'encaisser un chèque en breton. Faut dire que les fautifs étaient de Rennes... où l'on ne parle pas cette belle langue !

Le renouveau culturel

Dans les années 1980, bien qu'elle ne fût pas la plus riche, la Bretagne était classée première région de France pour son expansion économique et son dynamisme. Au début du XXIe s, à force d'entêtement collectif et d'imagination, la Bretagne semble enfin avoir reconquis ses lettres de noblesse et son image, grâce aussi aux œuvres d'écrivains comme ***Pierre Jakez Hélias,*** au musicien ***Alan Stivell,*** aux poètes ***Xavier Grall*** et ***Glenmor,*** autant d'artistes qui ont contribué au renouveau culturel breton et à sa reconnaissance par le grand public en France et en Europe. La Bretagne n'est plus « une région complexée, isolée et retardée, peuplée de sauvages ». En 1900, il était très mal vu de dire dans un cercle parisien que l'on était breton ou d'origine bretonne. En 2017, annoncer que l'on est breton, d'origine bretonne ou habitant de la Bretagne suscite toujours la curiosité, et parfois l'admiration. À l'heure du village mondial, à l'heure aussi de la confusion des langues, avoir des racines sur une terre de granit est devenu un passeport naturel, un visa pour « mieux vivre » près de la mer, loin des problèmes des grandes métropoles européennes.

Tout change, rien n'est permanent. La Bretagne change, les Bretons changent, le vent et les courants changent sans cesse à la pointe du Finistère, mais la mer et le granit, eux, ne changent pas. Ils représentent les deux éléments symboliques de l'imaginaire breton : le granit a enseigné aux Bretons la force de caractère et la ténacité ; la mer leur a donné des ailes pour rêver et aller au bout du monde découvrir ce qui se cache derrière la ligne d'horizon. La Bretagne est bien plus qu'une culture, une géographie ou une histoire, c'est un état d'esprit, une façon d'être au monde, d'avoir les pieds sur terre et les yeux dans les nuages. Les Bretons s'attachent, on ne les attache pas !

Quelques dates importantes

– ***De 5000 à 2000 av. J.-C. :*** le peuple, mal connu, des bâtisseurs de mégalithes élève les menhirs, dolmens et allées couvertes.
– ***Du VIIIe au IIe s av. J.-C. :*** expansion des Celtes en Armorique.
– ***56 av. J.-C. :*** victoire des soldats de Jules César sur les Vénètes et occupation romaine de l'Armorique.
– ***Vers 400 apr. J.-C. :*** pourchassés par les Angles et les Saxons, les Bretons de l'île de Bretagne (l'actuelle Grande-Bretagne) traversent la Manche et s'établissent en Petite Bretagne (l'actuelle Bretagne) où ils fondent des ermitages, ébauches des futures paroisses.
– ***846 :*** constitution de la monarchie. Charles le Chauve reconnaît l'indépendance de la Bretagne et Nominoé comme souverain.
– ***939 :*** arrêt des invasions normandes par Alain Barbe-Torte. On parle le breton dans toute l'Armorique.
– ***1399-1442 :*** règne du duc Jean V, le père du siècle d'or breton ; la marine bretonne est la plus puissante du monde ! Couronné à Rennes, Jean V règne à Nantes dans son magnifique château. Il bat monnaie, nomme des ambassadeurs auprès du pape, lève sa propre armée, donne à son pays un essor formidable.
– ***1406 :*** naissance, à Machecoul, de Gilles de Rais, le « Barbe-Bleue » réputé pour ses crimes atroces, qu'il n'aurait, en fait, peut-être pas commis.

– ***1488 :*** défaite de l'armée bretonne à Saint-Aubin-du-Cormier, en Ille-et-Vilaine, et signature du traité du Verger qui place la Bretagne sous la houlette d'une France pourtant saignée par la guerre de Cent Ans.
– ***1491 :*** Anne de Bretagne devient reine de France en épousant Charles VIII.
– ***1498 :*** Charles VIII meurt, Anne de Bretagne épouse Louis XII.
– ***1514 :*** mort d'Anne de Bretagne. Sa fille, Claude de France, hérite du duché et épouse le futur François Ier, qui n'est encore que comte d'Angoulême et duc de Valois.
– ***1532 :*** en août, à Vannes, les états de Bretagne signent l'acte d'union de la Bretagne à la France, laquelle promet de respecter les privilèges bretons ; mais elle ne tiendra qu'en partie ses engagements.
– ***1675 :*** révolte des Bonnets rouges à la suite de l'impôt sur le papier timbré. Répression brutale par le duc de Chaulnes, gouverneur de la province.
– ***XVIe, XVIIe et XVIIIe s :*** apogée de l'art religieux et populaire en Bretagne. On construit d'innombrables églises, calvaires, croix, fontaines en granit...
– ***1718 :*** le marquis de Pontcallec participe à un complot pour la « défense des libertés bretonnes ». Il sera décapité en 1720.
– ***1789 :*** la Révolution en Bretagne. Les représentants de la province fondent le Club breton, qui deviendra le club des Jacobins.
– ***1793-1799 :*** la chouannerie se développe autour de ses chefs historiques : Cadoudal, La Rouërie, Du Boisguy. La dramatique virée de galerne des Vendéens s'achève par le massacre de Savenay, près de Pont-Château.
– ***1914-1918 :*** environ 130 000 Bretons sont tués au combat.
– ***1919-1939 :*** renaissance du mouvement nationaliste breton et création du journal *Breiz Atao,* du parti autonomiste breton (1927) et du parti nationaliste breton (1932). Premiers attentats autonomistes (1932).
– ***1940 :*** environ 150 hommes de l'île de Sein répondent à l'appel du 18-Juin du général de Gaulle et gagnent Londres à bord de leurs bateaux de pêche.
– ***1941 :*** le 30 juin, le gouvernement de Vichy se venge. La Loire-Atlantique, appartenant alors à la Bretagne et encore appelée Loire-Inférieure, est rattachée aux Pays-de-la-Loire.
– ***1957 :*** Mouvement pour l'organisation de la Bretagne (MOB) et constitution du Comité d'étude et de liaison des intérêts bretons (CELIB). La Loire-Inférieure devient Loire-Atlantique.
– ***1966 :*** premiers plastiquages par le Front de libération de la Bretagne (FLB).
– ***1971 :*** naissance du Festival interceltique de Lorient.
– ***1978 :*** naufrage de l'*Amoco Cadiz.*
– ***1970-1980 :*** complète renaissance culturelle et économique. Alan Stivell et Pierre Jakez Hélias font un tabac dans le monde entier.
– ***Septembre 1996 :*** le pape Jean-Paul II célèbre une messe à Sainte-Anne-d'Auray, réunissant plus de 100 000 personnes. Un succès alors témoin du renouveau religieux en Bretagne.
– ***12 décembre 1999 :*** naufrage du pétrolier *Erika,* affrété par la compagnie *Total Fina Elf,* au large du Finistère, entraînant une terrible marée noire des côtes bretonnes à la Vendée. L'équilibre écologique de la région est sinistré... Il faudra un an, et le courage de nombreux bénévoles, pour nettoyer les côtes.
– ***Décembre 2003 :*** lancement du plus grand paquebot du monde à Saint-Nazaire.
– ***Mai 2008 :*** ouverture à Lorient de la Cité de la Voile, en hommage à Éric Tabarly.
– ***2011 :*** la Bretagne fait face à une nouvelle invasion d'algues vertes, liée au déversement de nitrates dans la mer.
– ***2013 :*** Nantes élue capitale verte de l'Europe pour l'année. Plus de trois siècles après leur première révolte contre la fiscalité royale de Louis XIV, les Bretons portent à nouveau le bonnet rouge. Ils réclament le retrait de la taxe poids lourds qui pénalise les professionnels du secteur agroalimentaire breton, déjà lourdement touchés par la crise. Manifestant avec violence en s'attaquant aux portiques destinés à calculer cette redevance, les anti-écotaxes

organisent des rassemblements soutenus par des artistes, se transformant ainsi en un véritable mouvement social autour des Bretons.

– ***2014*** **:** création du parc naturel régional du golfe du Morbihan, qui devient le 50e PNR de France.

– ***2014 encore*** **:** à l'occasion des discussions autour du redécoupage des régions, les Bretons se prononcent pour le rattachement de la Loire-Atlantique à la Bretagne... la voix du peuple ne sera pas respectée !

– ***2015*** **:** la Bretagne reste « dans ses frontières » avec l'adoption par l'assemblée nationale du redécoupage régional. C'est une des rares régions dans ce cas. Avec les Pays-de-la-Loire qui conservent la Loire-Atlantique... Les élections régionales de décembre sont remportées par la gauche en Bretagne, menée par Jean-Yves Le Drian et par la droite en Pays-de-la-Loire, menée par Bruno Retailleau. Nouveau soulèvement des Bretons, cette fois-ci pour dénoncer l'effondrement du cours du porc.

– ***2016*** : en mars, livraison par les chantiers navals de Saint-Nazaire du plus grand paquebot du monde, l'*Harmony of the Seas* (plus de 6 000 passagers). Lors du référendum consultatif mené en Loire-Atlantique en juin, le oui à l'aéroport de Notre-Dame-des-Landes l'emporte à 55%. Mais le débat sur ce projet vieux de plus de 45 ans n'est pas terminé !

– ***Dans les rouages*** **:** la demande en classement au Patrimoine mondial de l'Unesco des Alignements de Carnac (à l'étude) et la mise en service imminente de la Ligne à Grande Vitesse (LGV) qui mettra Rennes à moins de 1h30 de Paris, soit un gain de 45 mn pour toutes les gares bretonnes !

LANGUES BRETONNES

Il y a le ***breton*** surtout à l'ouest (basse Bretagne), le ***gallo*** à l'est (haute Bretagne). Le breton est traditionnellement divisé en 4 dialectes : léonard, trégorrois, cornouaillais et vannetais. Si les différences sont marquées, l'intercompréhension est toujours possible. Aux origines de la Bretagne, on trouve des colonies d'émigrants bretons, venus de Grande-Bretagne au Ve s et pourchassés par les Angles et les Saxons. Comme le gallois et le cornique, le breton est issu du britonnique, lui-même rameau historique du celtique. Outre-Manche, la branche gaélique a donné naissance à l'irlandais, au manxois (île de Man) et au gaélique d'Écosse. C'est du Ve au IXe s, époque du vieux breton, que datent la majeure partie de la toponymie et des patronymes d'aujourd'hui. En 1464, Jehan Lagadeuc écrit le premier dictionnaire breton/français/latin, le *Catholicon.* La bretonisation s'étant opérée d'ouest en est, on a moins parlé le breton à Rennes ou à Nantes, pourtant capitale historique du duché. On le parlait, en revanche, dans presque toute la basse Bretagne, à l'ouest d'une ligne Mont-Saint-Michel/Pornic, du IXe au XIe s. Il y avait également des « colons » bretons en Mayenne, en Normandie et à Jersey.

LES RACINES DE L'HYMNE BRETON

Le Bro gozh ma zadrou *est directement inspiré de l'hymne gallois (1856). Pas vraiment étonnant, puisque le gallois est une langue souvent comprise par les bretonnants – ce qui n'est pas le cas du gaélique irlandais, en revanche. L'hymne breton est évidemment celui des footballeurs du Stade rennais.*

En haute Bretagne, on s'exprimait en gallo (de la racine *gall* : « étranger » – et par extension, « français » en breton) qui, comme le francien, le picard ou le normand, est une langue romane issue du latin populaire. Le gallo n'est pas une création récente, puisqu'il apparaît déjà dans les textes du duc Jean IV en 1371.

Depuis la IIIe République, les instituteurs imposant le français partout, le breton et le gallo reculent simultanément en effectif et en aire d'influence. En 2007,

206 000 personnes, surtout à l'ouest d'une ligne Saint-Brieuc-Vannes, déclaraient parler le breton (soit 5,5 % de la population bretonne adulte). Le brittophone d'aujourd'hui a généralement plus de 50 ans, il est agriculteur ou retraité et vit dans les Côtes-d'Armor ou le Finistère.
Il existe un breton standard utilisé dans l'enseignement, de la maternelle à l'université, sur l'ensemble de la Bretagne. Le nombre d'enfants scolarisés bénéficiant d'un enseignement bilingue (breton-français), toutes filières confondues (Diwan, public, catholique) ne cesse d'augmenter. Il existe également des journaux et des chansons de rock en breton. Ajoutons que Facebook et de nombreux logiciels (Mozilla Thunderbird ou Firefox, par exemple) existent en breton. Par ailleurs, le nombre d'acteurs socio-économiques (plus de 720 en 2015) et de communes, communautés de communes et métropoles (200, dont Nantes et Saint-Nazaire) engagés dans le développement de la langue bretonne au quotidien ne cesse d'augmenter. La signalisation routière bilingue, dont les villes de Quimperlé et Carhaix ont été les pionnières, a été accueillie favorablement.
La langue bretonne a un accent très marqué, le plus souvent sur l'avant-dernière syllabe des mots. Une des particularités de la langue, déroutante au début d'un apprentissage, réside dans les mutations des consonnes. Dans certaines circonstances précises, la consonne initiale d'un mot peut changer. Par exemple « tad » (père) peut donner « ma zad » (mon père).
Voici deux adresses si vous souhaitez en savoir plus et quelques éléments... à toutes fins utiles :

■ ***Office public de la langue bretonne (Ofis Publik Ar Brezhoneg) :*** *32 bis, rue des Martyrs, 29270* ***Carhaix-Plouguer*** *(siège) et 8, pl. du Maréchal-Juin, 35000* ***Rennes*** *(Roazhon). ☎ 02-23-44-04-30. • opab-oplb.org* • Cet organisme dynamique a pour mission de promouvoir le breton et d'en développer son emploi, mais aussi de collecter un maximum de données et de sauvegarder le patrimoine linguistique (entre autres). Son personnel, très serviable, nous a aidés à traduire les noms des communes pour ce guide.

■ ***Bertègn Galezz :*** *ferme des Gallets, 26, av. Pierre-Donzelot, 35700* ***Rennes*** *(Roazhon). ☎ 02-99-38-97-65. • bertegn-galezz.bzh* • Cette association a pour but de promouvoir le trop méconnu gallo en informant sur son existence et sur son histoire, afin d'en favoriser sa transmission.

Quelques mots usuels de breton

Aber	estuaire
Amann	beurre
Anken	chagrin, douleur
Ankou	trépas, mort, fantôme
Argoat	la terre ; le pays des terres ; l'intérieur des terres
Armor	la mer ; le pays de la mer ; les côtes bretonnes
Avel	vent
Aven	rivière
Bara	pain (*bara mar plij :* du pain, s'il vous plaît)
Bihan	petit (Le Bihan / Ar Bihan est un patronyme très fréquent)
Bras	grand (*Mor-Bras :* l'océan, par opposition à *Mor-Bihan,* la petite mer)
Breizh	Bretagne (*Mor-Breizh :* la Manche)
Dour	eau
Enez	île (*Enez Sun :* l'île de Sein)
Feunteun	fontaine
Gast !	putain ! (juron le plus répandu)

Glav	pluie
Gwin	vin (*gwin ruz :* vin rouge)
Heol	soleil
Hir	long (*maen-hir* signifiant « pierre longue »)
Iliz	église
Izel	bas (*Breizh izel :* la Bretagne occidentale)
Kastell	château
Kenavo	au revoir
Ker	un des toponymes les plus répandus en Bretagne ; signifie « village », « hameau », « groupe de maisons »
Koad	bois, forêt
Kozh	vieux (*an tad kozh :* le grand-père)
Krampouezh	crêpes
Lann	lieu sacré, monastère (écrit Lan avec un seul « n » en composition : Landerneau)
Lok	lieu isolé, ermitage, fondation religieuse
Maen	pierre, rocher
Mat	bon (*bloavez mat :* bonne année ; *degemer mat :* bienvenue)
Menez	mont, montagne (à l'échelle de la Bretagne, bien sûr)
Meur	grand, vaste (*botmeur :* lieu de refuge, lieu sacré)
Mor	mer (*ar moraer :* le marin ; *ar morzen :* la sirène)
Nevez	neuf
Penn	bout, tête (*Penn ar Bed :* le bout de la terre = le Finistère)
Pesk	poisson (*soubenn ar pesked :* la soupe de poisson)
Plou	paroisse primitive ; le toponyme le plus répandu avec *ker ;* du latin *pleten* signifiant « peuple », base de l'organisation territoriale en Bretagne autrefois. Son origine remonte à la colonisation de l'Armorique par les Bretons au Ve s.
Roc'h	crête, rocher
Taol an daol	table, dolmen, table de pierre (dolmen en « français »)
Ti	maison (*penn ti :* cabanon des Marseillais, en mieux ! ; *ti an aod :* la maison côtière)
Traezh	sable (*an draezhenn :* la plage)
Tref, tre (devant une consonne)	trève, division de paroisse
Uhel	haut
War-raok	en avant
War sav	debout
Yeihhedmat !	à votre santé !

Quelques exemples de noms propres

Briand (Briant)	Privilège ; nom très courant en Bretagne
Le Gall (ar Gall)	Le Français, de *gallus,* « gaulois ». Par extension, étranger, personne qui ne parle pas breton
Le Goff (ar Gov)	Le Forgeron
Le Pen (ar Penn)	La Grosse Tête, genre hydrocéphale
Le Floc'h (ar Floc'h)	L'Écuyer
Le Dantec (an Danteg)	Les Grandes Dents
Le Guen (ar Gwenn)	Le Blanc
Le Queffelec (ar C'hefeleg)	La Bécasse

Expressions et mots français d'origine bretonne

– *Bande de ploucs :* « plouc » vient du toponyme *plou* (voir plus haut). Un « plouc », terme forgé par les non-Bretons, évidemment, désigne un niais, un sot, un type mal dégrossi. Éminemment péjoratif, ça va de soi.
– *Baragouiner :* ce verbe viendrait de l'assemblage des mots bretons *bara* et *gwin,* le « pain » et le « vin ». Pour les uns, ce sont les combattants bretons de la Première Guerre mondiale qui, ne parlant pas français, réclamaient *bara* et *gwin.* Pour les autres, ce sont les Bretons venus chercher du travail à Paris qui faisaient du porte à porte en quémandant *bara* et *gwin.* Dans les deux cas, on se demandait ce qu'ils pouvaient bien « baragouiner ».
– *Y voir que dalle :* ne rien y voir (*dall* signifie « aveugle »).

DÉFENSE DE PARLER BRETON !

La République a fait longtemps la guerre à la langue bretonne. À l'école, les élèves pris en défaut devaient porter au cou la « vache », pièce de bois (ou un sabot) en guise de punition. On humiliait la culture des parents et on culpabilisait les enfants. La dénonciation était la règle. L'effondrement du nombre de locuteurs s'est accéléré après la Seconde Guerre mondiale avec l'arrêt de la transmission familiale.

LA MER... *SO PHARE AWAY*

Bizarrement, dans beaucoup de régions côtières de Bretagne, les autochtones furent longtemps aussi étrangers à l'univers maritime que des Grenoblois. Très peu d'îles bretonnes se consacrèrent à la pêche (l'exemple de l'île de Batz est saisissant : la seule activité traditionnelle de cette petite île est l'agriculture !). Une bonne partie des Finistériens du Nord, et en particulier les habitants de la fameuse côte du Pays pagan, ne mettaient les pieds dans l'eau que pour piller les épaves ou pour ramasser le goémon, utilisé comme engrais.
Pour beaucoup de Bretons, la mer ne pouvait être que source de malheur, et pour vivre en paix, il était préférable de lui tourner le dos (vous allez réagir bruyamment : « Et Groix ? Et Concarneau ? » Oui, bien sûr, mais ça ne formait pas une majorité !). Aussi, lorsqu'au début du XXe s commence à apparaître la vogue des sports nautiques, et en particulier de la voile, le moins que l'on puisse dire est qu'il ne s'agit pas d'un grand mouvement d'adhésion populaire. Seules les familles bourgeoises ayant leur résidence secondaire sur la côte s'adonnent aux joies de la glisse. Et le Front populaire n'y change rien. Lorsque, dans les années 1950, la plaisance à voile et le dériveur deviennent une véritable mode dans les beaux milieux, lorsque les jeunes gens dans le vent, à Carnac ou à La Trinité-sur-Mer, s'enthousiasment pour la gîte et les bords de près, tout cela reste étranger au bon peuple breton.
Seulement voilà : en 1964, un jeune homme très bien (il est officier de marine) a l'idée saugrenue d'aller battre les Anglais dans une course anglaise, la fameuse « Transat ». Éric Tabarly, jeune Breton, devient non seulement une gloire nationale

LE BRAVIGOU

Voici une coutume bretonne très peu connue des non-initiés. Les femmes de marins pêcheurs jettent à l'océan des morceaux de faïence, en offrande à la mer. Ces bouts de vaisselle cassée ont pour but de faire revenir sain et sauf le mari parti en mer. Cet ex-voto est un très beau signe d'amour, toujours en vigueur aujourd'hui. Il arrive donc encore qu'on découvre des morceaux d'assiettes sur les plages bretonnes. Ne les ramassez pas : ils ne sont efficaces qu'au contact de l'océan !

mais, vis-à-vis des médias, le symbole d'une certaine identité bretonne, glorieuse et modeste. Voilà le déclic. Tous les Bretons dans leurs chaumières se sentent concernés et sont pris en flagrant délit de regarder l'océan. Et d'autres gloires bretonnes suivent, prises dans le mouvement : les Kersauson, Poupon, Riguidel, Caradec, Morvan ou Peyron peuplent les années 1970 et 1980 de beaux rêves pour les petits Bretons. Transats, tours du monde, records mythiques, Jules Verne est battu à plates coutures.

Désormais, le moindre club de voile du fin fond du Finistère ou du Morbihan est pris d'assaut par ces petits Bretons qui rêvent.

Les Bretons et la mer, c'est aussi la pêche à pied. Autrefois l'un des moyens de subsistance pour des populations pauvres, cette activité est devenue un loisir pour autochtones et touristes. Quel enfant, en vacances en Bretagne, n'a pas traqué la crevette ou le crabe dans le moindre creux de rocher ? Mais attention, cette pêche n'est pas anodine et demande de l'expérience pour être au bon endroit au bon moment. Le vrai pêcheur prélève avec parcimonie ce que la nature lui offre et entretient son « jardin » en laissant grandir les coquillages avant de les pêcher, en remettant bien en place les rochers retournés.

LE MAL DE MER : LA THÉORIE DES 5 « F »

Les vieux loups de mer savent qu'il a 5 origines principales : le Froid, la Faim, la Frousse, la Fatigue et... la Fête !

MUSIQUE ET DANSE BRETONNES

Histoire condensée

Comme beaucoup de cultures musicales dans le monde, la musique bretonne est intimement liée à l'histoire de la Bretagne et de son peuple. Sa survivance est toujours apparue comme un signe de résistance. Et c'est sans doute grâce à cette mobilisation générale que la Bretagne a su garder une culture vivace et que sa musique se porte aussi bien.

Les traditionnels ensembles de ***cornemuses,*** fondés à l'origine pour accompagner les défilés et les processions pendant les festivals, sont toujours d'actualité ; mais la ligne traditionnelle a changé et les *festoù-noz* (pluriel de ***fest-noz,*** « fête de nuit ») – inscrits depuis 2012 au Patrimoine immatériel de l'humanité par l'Unesco – restent aujourd'hui le parfait intermédiaire pour transmettre les chansons et les mélodies d'une génération à l'autre. Le collectage des airs et des thèmes traditionnels aux XIXe et XXe s a aussi contribué à la survie d'un grand nombre de complaintes et de chansons, qui donnent un bon aperçu de l'histoire troublée du peuple breton. Mais attention, de même qu'il est difficile de parler de Bretagne au singulier, il est impossible de parler d'« une » musique bretonne.

La ***gwerz,*** par exemple, est une complainte que l'on chantait le plus souvent a cappella les soirs de veillées : elle véhiculait des histoires, toujours tragiques, une sorte de colportage de l'actualité. Didactiques à l'époque, les *gwerziou* sont aujourd'hui pour nous d'extraordinaires témoignages de la vie quotidienne et du légendaire. D'autres chansons et mélodies *(soniou),* plus gaies, étaient bien sûr chantées, comme partout ailleurs.

L'autre technique particulière et propre à la Bretagne est le ***kan ha diskan,*** le chant à répondre, à « réponner », ou chant tuilé. Il est difficile de trouver une traduction capable de représenter ce couple de chanteurs, se répondant, phrase à phrase, le second empiétant sur la phrase du premier. C'est le chant qui accompagne les danses dans les noces et les *festoù-noz.*

On retrouve le même principe chez le couple de ***sonneurs,*** la bombarde finissant la phrase du biniou au temps fort. Ces musiciens étaient d'ailleurs bien mieux considérés que les chanteurs, mieux payés aussi, et on n'hésitait pas à les faire venir de loin. C'était un signe extérieur de richesse que de pouvoir s'offrir un couple de sonneurs. Ils venaient également sonner à l'occasion des pardons et interprétaient des marches, tout en suivant la procession, et s'affrontaient en concours. Celui de Gourin est toujours un événement.

Une création récente, puisqu'elle date de l'après-guerre, est le ***bagad,*** conçu sur le modèle du *pipe band* écossais, en ajoutant la bombarde aux cornemuses et aux percussions. Les plus connus sont le *bagad* militaire de Lann-Bihoué et celui de Quimper.

La tradition changeait aussi selon l'espace : on chantait en breton en basse Bretagne et en gallo en haute Bretagne, de même que l'on jouait plus volontiers bombarde, biniou et *treujenn-gaol* en basse Bretagne, et vielle, violon, accordéon et veuze en haute Bretagne.

LE *BAGAD* DE LANN-BIHOUÉ

Créé en 1952, le seul orchestre breton de la marine nationale a beaucoup contribué au renouveau de cette musique traditionnelle. Et pourtant, la formation faillit disparaître. Ainsi, Michel Debré ne supportait pas que les ordres soient donnés en breton. De plus, le directeur musical est élu par les 32 membres (ce qui est contraire aux règles militaires). Depuis, l'armée leur a offert leurs locaux, à condition qu'ils nourrissent les canards de la base.

Mais la force de la musique bretonne, ce qui explique aussi sa pérennité, c'est d'avoir su évoluer dans le temps. Ainsi ne connaît-on aucun instrument proprement breton : la harpe était jouée sous l'Antiquité pharaonique, la vielle, la veuze et la bombarde ont été rapportées d'Orient après les croisades, le *treujenn-gaol* n'est que la version baroque de la clarinette, le violon fut importé d'Italie et l'accordéon d'Autriche, tout comme le rock a plus récemment introduit la guitare électrique et la batterie.

C'est dans les années 1960, autour d'événements politiques et dans un climat d'agitation autonomiste, que la Bretagne s'est trouvée portée sur le devant de la scène, et que sa musique s'est retrouvée médiatisée. ***Glenmor, Stivell*** ont commencé à faire parler d'eux, suivis de ***Servat*** et des ***Tri Yann.*** En tête de ce renouveau musical, Alan Stivell a introduit avec succès la harpe celtique auprès d'un nouveau public. C'est pendant cette période créative que ***les sœurs Goadec*** ont été redécouverts, ainsi que les bardes néotraditionnels (comme Glenmor) et les jeunes chanteurs tels Gilles Servat, Gweltaz ar Fur et le harpiste Kirjuhel.

En 1972, le premier festival de musique celtique à Kertlag présentait un programme éclectique, avec la participation de musiciens traditionnels bretons comme les sœurs Goadec. Contre l'avis des aînés et des puristes tradi, ils ont réveillé la tradition bretonne.

Quarante ans après, ils sont toujours là ; à leurs côtés, ***Dan Ar Braz, Yann-Fanch Kemener, Didier Squiban, Erik Marchand, Gabriel Yacoub, Mélaine Favennec, Soldat Louis,*** etc.

La musique bretonne ne s'est jamais mieux portée qu'aujourd'hui, les artistes créent et inventent de nouveaux textes, de nouvelles mélodies, de nouveaux rythmes, de nouveaux métissages. Repoussant les limites de la musique bretonne au-delà de ses frontières traditionnelles, des groupes comme ***Strobinell, Bleizi Ruz*** et ***Sonerien Du*** ont combiné la guitare électrique, la batterie et l'accordéon avec des instruments plus anciens comme la bombarde, le biniou et la veuze (voir plus loin). Et la relève est assurée avec ***Denez Prigent, Annie Ebrel, Kristen Nicolas,*** mais aussi ***Red Cardell*** et quantité de bons groupes de *fest-noz* qui continueront à faire les beaux jours des nuits bretonnes.

Aujourd'hui, la production musicale est divisée entre deux principaux labels, *Keltia musique* et *Coop Breizh.*

La musique pop bretonne

Les créateurs de la nouvelle musique pop bretonne sont nombreux. Depuis la fin des années 1990, ils brillent par leur imagination et leur inventivité. Originaire de Rennes, ***Miss DJ Blue*** est née dans une famille bretonnante et militante. Pionnière du mouvement de la Breizh'n'bass, elle innove en mariant la tradition bretonne, l'électro et le hip-hop. À Quimper, les ***Eostiged*** marient avec brio la danse traditionnelle et les chorégraphies contemporaines. ***Dom Duff*** chante en breton dans la tradition du folk-rock américain, et les ***Ramoneurs de Menhir,*** emmenés par Loran des Bérurier Noir, invitent l'énergie du punk dans leur répertoire. Dans le Pays bigouden (Finistère Sud), ***Oktopus Kafé*** apporte aux mélodies bretonnes des notes de *saudade* et de tango argentin. Le groupe ***Alambig Electrik*** s'inspire aussi de la musique traditionnelle pour en faire une sorte de world-électro Breizh. Le rap breton est bien représenté par le groupe des ***Raggalendo.*** Hors norme, le Rennais ***Florian Baron*** est devenu une star grâce à sa maîtrise de l'oud, la guitare du monde arabo-persan.

Depuis les années 2000, quelques nouveaux noms apparaissent dans l'univers musical breton. Ces jeunes auteurs et musiciens enracinés dans la tradition parviennent à renouveler le style musical breton en l'associant à d'autres styles musicaux venus de tous les horizons. ***Cécile Corbel,*** harpiste celtique acclamée en Bretagne et au Japon, ***Rozenn Talec,*** nouvelle voix féminine du Krei Breizh Akademi (académie de la nouvelle musique pop bretonne), ou encore ***Krismenn,*** un artiste qui propose du rap-électro breton gonflé aux embruns. Le groupe ***IMG*** de Rennes serait plutôt à classer dans le style ska-reggae gallo. Citons aussi : la chanteuse ***Gwennyn, Nolwenn Korbell*** (de Douarnenez), à la fois chanteuse et comédienne, ***Arnaud Royer*** de Bécherel, le groupe ***Aodan*** – dont les membres sont considérés par beaucoup comme des « extraterrestres musicaux », ***Titom*** (Thomas Lotout) qui fait la liaison musicale entre la mélodie traditionnelle, le jazz et les rythmes du monde. Les membres de ***Startijenn*** continuent dans la lignée de Ar Re Yaouank, mais s'engagent sur des voies inattendues avec leur création *El Taqa,* avec le chanteur raï Sofiane Saidi.

Où écouter de la musique et découvrir le vrai folklore ?

Lors de la grande vague folk au milieu des années 1970, les *bistrofolk* ont fait leur apparition en Bretagne. La musique bretonne y côtoie celle des autres pays celtiques frères, comme au ***Festival interceltique de Lorient,*** qui se déroule durant la 1re quinzaine d'août. • *festival-interceltique.com* •

Autres grands rendez-vous :

– ***Le Festival Cornouaille de Quimper :*** *3e sem de juil.* Durant une semaine, chaque été, le cœur historique de Quimper vibre au rythme celtique. Concerts, animations en tout genre, concours des meilleurs *bagadoù,* sonneurs ou danseurs... et le Grand Défilé du dimanche en costume traditionnel. • *festival-cornouaille.bzh* •

– ***Les Filets bleus à Concarneau :*** *mi-août.* Fête plus que centenaire qui consiste en un défilé à la mode bretonne avec costumes, danses et jeux hauts en couleur. • *festivaldesfiletsbleus.fr* •

– ***Les Fêtes d'Arvor à Vannes :*** *mi-août.* Une grande manifestation folklorique : parades de bagads et rondes celtiques. • *fetes-arvor.org* •

– ***La Nuit bretonne à Nantes :*** *en juil.* La Nuit bretonne se déploie dans le cadre exceptionnel de la cour du château des ducs. Fidèle à son identité historique, elle marque sa place parmi les événements majeurs de musique bretonne et celtique. • *chateaunantes.fr* •

Les instruments et les musiciens

– *La veuze :* cornemuse bretonne à un bourdon du Pays nantais, proche de la cornemuse médiévale.

– *Le fiddle :* violon utilisé de façon traditionnelle en Irlande et en Écosse, il revient à la mode depuis quelques années.
– *Le biniou-koz :* c'est l'instrument le plus représentatif de la musique bretonne. Il est constitué d'une poche gonflée à l'aide d'un tuyau par le sonneur qui joue sur une sorte de petit tuyau comprenant six trous.
– *Le biniou-braz :* le cousin breton de la cornemuse écossaise mais plus petit, plus aigu et à un seul bourdon. Sa popularité en Bretagne ne remonte qu'aux années 1940.
– *La bombarde :* un instrument très ancien, venu tout droit du Moyen-Orient, ancêtre du hautbois. Elle comporte six trous et une ou plusieurs clés. Il faut pincer l'anche avec les lèvres et souffler simultanément.
– *Les tambours* et *grosses caisses* sont généralement utilisés dans les *bagadou* (pluriel de *bagad ;* voir définition plus bas).
– *La vielle à roue :* identique à celle du Berry.
– *La harpe celtique* a connu un retour de faveur avec Alan Stivell.
– *La clarinette* (ou *treujenn-gaol* en breton) est pratiquée depuis la fin du XVIIIe s en Bretagne.
– *L'orgue* est également pratiqué en Bretagne, souvent avec une bombarde.
– *Un couple de sonneurs* est généralement constitué d'un joueur de *biniou-koz* et d'un *tabalarder* (joueur de bombarde), ou alors de deux *tabalarders.*
– *Un bagad* (pluriel : *bagadou*) est un ensemble de joueurs de bombarde, de *biniou-braz* et de percussions. Les *bagadou* sont regroupés dans la BAS *(Bodadeg Ar Sonerien),* assemblée des sonneurs.
– *Un cercle celtique* se compose de musiciens, danseurs et chanteurs.
– *Le kan ha diskan* est un chant à refrain pour danser.

Danse et *fest-noz*

La danse a connu une évolution parallèle à celle de la musique. C'est paradoxalement au XVIe s qu'elle va se singulariser, c'est-à-dire au moment même où la Bretagne est rattachée à la France. Jusque-là, on jouait la même musique partout en Europe, avec les mêmes instruments et les mêmes danses (branles, rondes, tioris). Les distinctions étaient avant tout sociales ; on avait, d'un côté, le « chant des villes », plus universel, et de l'autre, le « chant des champs », plus local.
Fest-noz (« fête de nuit » ; *fest-deiz* pendant la journée) est un terme propre aux montagnes, mais ça n'empêchait pas de danser partout en Bretagne. Le plus souvent à l'occasion de fêtes communautaires, où l'on se retrouvait pour chanter, danser et manger, mais aussi à l'occasion de réunions plus exceptionnelles comme les moissons ou le tassage des sols. La danse était un ciment essentiel de la vie villageoise. Un couple de sonneurs ou de chanteurs animait la soirée et tout le monde dansait. Dans une joyeuse ambiance et surtout dans une délicieuse cacophonie, car ne rêvons pas : les instruments étaient loin d'être aussi fiables qu'aujourd'hui, ils étaient mal accordés, les musiciens étaient le plus souvent des amateurs ayant appris à jouer à l'oreille et à qui on demandait de jouer pendant des heures (ils avaient tout juste le droit de boire !). Surtout, on se limitait aux danses du coin : le choix était finalement très restreint et le bal très répétitif. Les grands classiques sont la gavotte, le *plinn* et la *fisel* du pays des montagnes, l'*an dro,* l'*hanter dro* et les *laridés* du Pays vannetais, sans oublier le *kost er c'hoad,* la danse de Léon, le rond de Saint-Vincent, de Loudéac, la dérobée de Guingamp et les innombrables variantes. Arrivées en Bretagne au XIXe s

DANSEUR ET MAÇON

La gavotte est la grande danse traditionnelle bretonne, où les participants sont disposés en cercle ou en ligne et tapent des pieds. Autrefois, le sol des maisons était en terre, qui devenait ainsi de la terre battue. C'était un excellent moyen qu'on avait trouvé pour tasser le revêtement tout en s'amusant.

pour la plupart, quelques danses de couple, bien loin de la tradition bretonne, sont néanmoins pratiquées : *scottish,* valses, valses écossaises, polkas, champenoises.

La grande révolution s'opère dans les années 1960, avec le regain d'intérêt pour la musique et les instruments traditionnels. Les cours se multiplient, améliorant de façon singulière la qualité des musiciens amateurs, sans parler des nombreux groupes professionnels qui virent le jour à cette époque. L'autre phénomène fondamental est l'urbanisation du fest-noz, qui a été synonyme, pour une fois, de promotion et d'enrichissement. En ville, tous les danseurs se sont retrouvés et chacun a appris la danse de son voisin. Aujourd'hui, un fest-noz digne de ce nom comporte facilement une trentaine de danses différentes.

On ne danse plus à un fest-noz comme il y a cent ans, car les pas et même la technique ont évolué, accompagnant en cela la musique : la danse s'est faite plus sensuelle, plus légère, et elle a su conquérir un nouveau public. Tout cela sans perdre une once de son âme, car elle est restée comme autrefois une danse avant tout collective. On danse en chaîne, ouverte ou fermée, soudés les uns aux autres pour que l'énergie de chacun se transmette au voisin.

N'hésitez pas à entrer dans la danse, car des gens plus expérimentés ne refuseront pas de vous donner quelques conseils. Une recommandation toutefois : les chaussures de ville à talons hauts ne sont pas des plus conseillées.

On est ainsi bien loin de l'image folklo de la « fête au village » et des danseurs en costumes. D'ailleurs, on le redit, le fest-noz a été inscrit au Patrimoine culturel immatériel de l'humanité par l'Unesco en 2012 !

NATIONALISME BRETON

Militants autonomistes qui bataillent pour l'indépendance de la Bretagne, défenseurs de la langue et de la culture bretonnes, barbouilleurs de panneaux routiers, dynamiteurs de perceptions ou de pylônes électriques, les nationalistes bretons n'ont qu'un symbole de ralliement : le *gwenn ha du* (en français : le « blanc et noir »), c'est-à-dire le drapeau breton, aux cinq bandes noires et aux quatre bandes blanches (voir plus haut la rubrique « Emblèmes et symboles bretons »).

Éclaté et multiforme, le militantisme breton est insaisissable, car c'est une nébuleuse effervescente constituée ou reconstruite de groupuscules parfois rivaux et dont l'existence est souvent éphémère. Les légalistes sont essentiellement représentés par l'Union démocratique bretonne (UDB), qui a beaucoup flirté avec le parti socialiste. L'Armée révolutionnaire bretonne (l'ARB, officiellement dissoute) reste le bastion de la lutte armée.

La télévision et les radios diffusent des émissions en langue bretonne. Dans le Finistère et le Morbihan, les panneaux routiers sont bilingues, le drapeau breton flotte sur quelques bâtiments officiels, et bon nombre de voitures portent la plaque BZH pour *Breizh* (« Bretagne »). Voilà quelques expressions du nationalisme breton, qui a sa littérature, sa presse, ses mouvements culturels plus ou moins engagés politiquement. Il n'est pas facile de faire la distinction entre le régionalisme de bon aloi et le nationalisme exacerbé ; pour en savoir plus, s'adresser aux Renseignements généraux.

Toutefois, devant la crise économique ambiante, on assiste depuis plusieurs années à une poussée identitaire. Entre autres, le Comité consultatif de l'identité bretonne – créé à Rennes en 1996, avec pour mission de valoriser toute forme d'expression régionale – a soutenu les manifestations de l'automne 2013 et de 2014 opposées à l'écotaxe du gouvernement de François Hollande. Certains bonnets rouges ont d'ailleurs mis en avant des valeurs identitaires comme la création d'un parlement breton, la mise en place d'un service public pour les médias spécifique à la Bretagne et l'officialisation de la langue et de la culture bretonnes.

PERSONNAGES

Quelques célébrités de Bretagne

Ce choix est tout à fait subjectif et ne se limite pas au sud de la Bretagne.

– ***Nathalie Appéré :*** née en 1975, originaire de Ploemeur près de Lorient. Diplômée de l'IEP de Rennes, elle intègre en 2001 l'équipe municipale d'Edmond Hervé qui lui confie, en qualité d'adjointe, la vie associative de la ville. Elle devient en 2008 première adjointe au maire, en charge de la cohésion sociale. En mars 2014, Nathalie Appéré est élue première femme maire de Rennes.

– ***Gérard d'Aboville :*** le rameur solitaire qui a traversé l'Atlantique et le Pacifique. Quand il ne tente pas une autre aventure extraordinaire, il habite au château de Kerantré, à Crac'h, près d'Auray.

– ***Dan Ar Braz :*** né à Quimper en 1949. Il s'est exercé à la guitare sur les musiques de Hendrix et des Shadows, avant de rejoindre le groupe d'Alan Stivell en 1967. Fort d'une carrière solo riche en collaborations (Higelin, le groupe anglais Fairport Convention, le poète Xavier Grall), il a su, loin des seules frontières de la Bretagne, ouvrir la tradition celte à tous les horizons musicaux.

– ***Sarah Bernhardt*** *(1844-1923)* **:** affublée de surnoms les plus variés par ses contemporains (« la Scandaleuse », « la Divine », « le monstre sacré ».), elle n'en reste pas moins une grande tragédienne. Elle avait racheté un fort à Belle-Île-en-Mer, vers la pointe des Poulains, où elle souhaitait être inhumée. Mais l'histoire en décida autrement, puisqu'elle repose au cimetière du Père-Lachaise à Paris.

SARAH BERNHARDT, L'EXCENTRIQUE

Quand elle arrivait chez elle à Belle-Île, c'était toujours accompagnée de sa ménagerie : un boa, un singe et même un crocodile qui finit par croquer Hamlet, le chien adoré. Par représailles, le reptile sera empaillé. On apporta aussi des grenouilles pour entendre leurs coassements le soir, à l'heure de l'apéro.

– ***Vincent Bolloré :*** né en 1952 à Boulogne-Billancourt ! À 29 ans, il devient PDG d'une entreprise de papier à cigarettes, familiale et centenaire, à Ergué-Gabéric. Le voilà à la tête d'un groupe financier et industriel qui touche à tout, avec succès (voir plus haut la rubrique « Économie. Les Bretons qui entreprennent »). On parle beaucoup de lui avec Canal +. On oublie que c'est un des plus grands investisseurs sur l'Afrique (ports et chemins de fer).

– ***Louise Bourgoin :*** née en 1981 à Vannes de parents enseignants, la jolie blonde (brune, rousse, selon...) excentrique se fait connaître sur Canal + en animant de façon décalée la météo du Grand Journal. Très vite repérée par le grand écran, elle y tient la tête d'affiche d'*Adèle Blanc-Sec* de Luc Besson, en 2010. Elle enchaîne depuis les tournages.

– ***Aristide Briand*** *(1862-1932)* **:** né à Nantes, député en 1902, à plusieurs reprises ministre et président du Conseil. Défenseur de la paix après la Première Guerre mondiale, il participe activement à la création de la Société des Nations (SDN). Prix Nobel de la paix en 1926.

– ***Loïc Caradec*** *(1948-1986)* **:** ingénieur de Sup'Élec, né à La Trinité-sur-Mer, disparu en mer alors qu'il était en tête de la route du rhum, sur *Royale*.

– ***Yves Coppens :*** né à Vannes en 1934. Bourse de la vocation Bleustein-Blanchet, paléontologue, on lui doit la découverte, dans le désert d'Éthiopie, des ossements de Lucy : une des plus anciennes représentantes des hominidés connues sur terre.

– ***Christine and The Queens :*** de son vrai nom *Héloïse Letissier,* chanteuse et auteur-compositrice nantaise, nommée aux Victoires de la musique 2014. Son album « Chaleur Humaine » brise tous les codes, retourne les stigmates et réconcilie dans un format pop et contemporain chanson française très écrite et influences *r'n'b*. Pas de coiffe bretonne pour ce personnage scénique haut en couleur, mais une inspiration puisée auprès des *drag-queens,* qui rompt avec la tradition...

– ***Jacques Demy*** *(1931-1990)* **:** né à Pont-Château. Réalisateur des *Parapluies de Cherbourg* et des *Demoiselles de Rochefort.* Il associe Nantes, la ville où il passa son enfance, et son célèbre passage Pommeraye à ses films *Une chambre en ville* ou *Lola.*

– ***La mère Denis*** **:** née *Jeanne-Marie Le Calvé,* à Neuillac (Morbihan), le 9 novembre 1893. On se souviendra longtemps de la vedette des lavandières ou de la lavandière de *Vedette* : « C'est bien vrai, ça ! »

– ***Irène Frain*** **:** Lorientaise née le 22 mai 1950, agrégée de lettres à 22 ans. Commence par écrire des contes, puis connaît le succès avec *Le Nabab* en 1982.

– ***Jean Guyomarc'h*** **:** né à Vannes en 1923. À 30 ans, il quitte la minoterie familiale pour créer une usine d'aliments pour le bétail. Aujourd'hui, le groupe qu'il a fondé emploie 5 200 personnes et 55 chiens : les goûteurs du *Royal Canin.*

– ***Jean-Édern Hallier*** *(1936-1997)* **:** possédait le château de la Boissière à Briec, au nord-ouest de Quimper, berceau de la famille. Romantique, tumultueux, provocateur dans le verbe et dans son comportement, cet écrivain spécialiste des farces et attrapes rêvait d'entrer à l'Académie française. Décédé à Deauville en janvier 1997, alors qu'il faisait du vélo.

– ***Pierre Jakez Hélias*** *(1914-1995)* **:** né à Pouldreuzic, célèbre auteur du *Cheval d'orgueil* (2 millions d'exemplaires vendus), chronique de la Bretagne profonde au début du XXᵉ s.

– ***Jean-Jacques Hénaff*** **:** né en 1938 à Pouldreuzic, ce Bigouden « chimiquement pur » s'octroie 20 % du marché du pâté en boîte (qui porte son nom). Un Breton ne sait faire que du bon !

– ***Max Jacob*** *(1876-1944)* **:** né à Quimper ; une plaque dessinée par Jean Cocteau y désigne sa maison natale. Peintre et poète, il mena une vie de bohème avec les artistes du *Bateau-Lavoir* à Paris.

– ***Louis Jouvet*** *(1887-1951)* **:** né à Crozon et mort à Paris. Comédien, monstre sacré, professeur de tant de générations d'artistes... Et une belle carrière au cinéma *(Hôtel du Nord, Quai des Orfèvres...).*

– ***Jack Kerouac*** *(1922-1969)* **:** de son vrai nom *Jacques Lebris de Kerouac,* l'auteur de *Sur la route* était issu d'une famille bretonne partie s'installer au Canada.

– ***Jean-Yves Lafesse*** **:** né à Pontivy en 1957. Qui n'a pas pouffé en écoutant les blagues de cet humoriste ? Le roi de l'imposture s'est d'abord fait connaître pour ses canulars téléphoniques mettant en scène M. et Mme Ledoux. Il sévit aussi à l'écran à travers des sketches humoristiques et en piégeant les passants dans la rue. Toujours efficace !

JACK KEROUAC, BRETON D'AMÉRIQUE

Ses racines sont bretonnes, du Huelgoat. Ses ancêtres émigrèrent d'abord au Québec. Surnommé Ti-Jean, il parla uniquement français jusqu'à l'âge de 6 ans. Une grande communauté québécoise vivait à Lowell (Massachusetts), sa ville d'origine. En 1935, il viendra en Bretagne, à la recherche de ses racines.

– ***Michel-Édouard Leclerc*** **:** né en 1952 à Landerneau, fils d'Édouard Leclerc, « l'épicier de Landerneau », Michel-Édouard a pris en main les rênes de l'empire familial. Maître en communication, il a fréquenté les crypto-marxistes de La Sorbonne pour obtenir une licence de philo, un DEA de sciences politiques, suivi d'un doctorat en sciences éco. Il préside depuis l'automne 2011 le Fonds Hélène-et-Édouard-Leclerc pour la Culture, proposant un espace culturel d'exposition d'art contemporain accessible à tous, situé dans le domaine des Capucins à Landerneau.

– ***Jean-Yves Le Drian*** **:** né à Lorient en 1947, ce fils d'ouvrier réussit à devenir agrégé d'histoire. Élu 5 fois député PS, il reste fidèle à ses convictions politiques et refuse d'entrer au gouvernement Fillon. Proche de François Hollande depuis longtemps, son expertise dans l'armement lui a permis d'être nommé ministre de la Défense. Il effectue son 3e mandat à la présidence de la région.

– ***Philippe Le Prêtre, alias Gildas :*** le célèbre animateur de *Canal* + est né à Auray en 1935.

– ***Nolwenn Leroy :*** née en 1982 à Saint-Renan. Après avoir remporté la Star Academy, puis sorti quelques albums qui n'ont pas vraiment marqué les esprits, la petite Bretonne aux yeux bleus renoue avec ses origines et sort, en 2010, une galette intitulée *Bretonne.* Cet album, qui reprend des incontournables (Tri Yann, Alan Stivell, Miossec...), a connu un franc succès : un retour aux sources émouvant à plus d'un égard.

– ***Patrick Poivre d'Arvor :*** né en 1947, écrivain et journaliste, célébrissime présentateur du journal télévisé de 20h de *TF1* jusqu'en 2008, il se dit « Breton d'origine et de cœur ». De son vrai nom *Patrick Poivre,* il empruntera le pseudonyme d'Arvor en mémoire de son grand-père maternel, relieur et poète, Jean d'Arvor.

– ***Père Michel Jaouen, S.J.*** *(1920-2015)* **:** né à Ouessant en 1920 et mort en 2015. Aumônier à Fresnes pendant des années, il embarquait tous les ans sur les deux voiliers de son association, le *Bel-Espoir* et le *Rara Avis,* des jeunes un peu perdus et tous ceux qui voulaient faire la traversée jusqu'aux Antilles. Son credo : « Démerdez-vous pour être heureux ! » ● *belespoir.com* ●

– ***Yann Queffélec :*** né à Paris en 1949 mais amoureux de la mer et de sa Bretagne où il a de solides attaches, il reçoit le prix Goncourt en 1985 pour *Les Noces barbares.* Il est l'auteur du *Dictionnaire amoureux de la Bretagne,* une ode à la Bretagne de son enfance. Son père, également écrivain, est né à Brest en 1910. Sa sœur, Anne Queffelec, est une pianiste maintes fois récompensée. Quelle famille !

– ***Alain Resnais*** *(1922-2014)* **:** né à Vannes, cinéaste *(Pas sur la bouche, Cœurs, Les Herbes folles, Vous n'avez encore rien vu)* qui a souvent filmé son pays natal.

– ***Yves Rocher*** *(1930-2009)* **:** le célèbre fabricant des produits cosmétiques à base de plantes est né à La Gacilly, bourg de 2 350 habitants, dont il fut le maire pendant 46 ans et le père bienfaiteur.

– ***Guillaume Seznec*** *(1878-1954)* **:** né à Plomodiern (Finistère), chef d'entreprise. En 1923, lors d'un voyage à Paris, il est accusé d'avoir assassiné le conseiller général Pierre Quémeneur, son associé en affaires. Malgré l'absence totale de preuves, de cadavre, de mobile et d'aveu, Guillaume Seznec est condamné aux travaux forcés à perpétuité au bagne de Cayenne. Il est gracié au bout de 20 ans d'enfer par le général de Gaulle. Dès le début et jusqu'à maintenant, de nombreuses campagnes dénoncent ce qui apparaît aujourd'hui comme l'une des plus grandes erreurs judiciaires du XXe s. La Bretagne, à travers l'opinion publique et de nombreux élus, s'est littéralement identifiée à l'injustice de l'affaire Seznec. À travers l'association France-Justice, Denis, le petit-fils, se bat depuis plus de 40 ans pour la réhabilitation de son grand-père. À lire toutes affaires cessantes : *Nous les Seznec, toute l'affaire*. Bouleversant !

– ***Alan Stivell :*** né en Auvergne en 1944. 15 albums à succès pour *Alain Cochevelou,* créateur il y a plus de 30 ans de la musique ethno-moderne bretonne. Un chanteur-musicien (harpiste plus exactement) bretonnant qui a largement contribué au renouveau et au rayonnement la musique bretonne, et l'un des rares promus au Top 50 !

– ***Éric Tabarly*** *(1931-1998)* **:** né à Nantes ; cet officier de marine, en gagnant en 1964 la « Transat », spécialité des Anglais, a donné le goût de la mer à toute la Bretagne. Devenu un véritable symbole du renouveau de la course française, c'est en tombant accidentellement d'un de ses *Pen Duick* qu'il disparaît en 1998.

– ***Tri Yann :*** les trois Jean à l'origine du groupe se sont entourés de musiciens et se produisent à huit. Leur *Vol 007 pour Ploupensec et Kersauce* est un joyeux délire surréaliste, bien loin du folklore breton. Mais leur interprétation de la comptine populaire « J'entends le loup, le renard et la belette » n'a pas pris une ride !

– ***Jules Verne*** *(1828-1905)* **:** passe son enfance à Nantes, où il est né. À 11 ans déjà, la passion du voyage le saisit : il fugue sur un caboteur, mais son père le retrouve à Paimbœuf. À 20 ans, il vient faire ses études à Paris et se tourne très vite vers la littérature. Il écrira quelque 60 romans d'exploration, publiés chez Hetzel. Il gardera Nantes comme port d'attache de ses nombreux voiliers.

Caricatures de Bretons et de Bretonnes

– ***Astérix et Obélix :*** ils ont fait sourire la France, puis le monde entier, toutes catégories d'âges et de cultures confondues. Ils sont gaulois-armoricains, personnages mythiques nés du génie d'Uderzo et de Goscinny, qui connaissaient parfaitement l'histoire : la vraie. La preuve en est que nos auteurs n'ont jamais soumis la Bretagne à Rome. Même si Astérix a un comportement étrange, il campe un vrai caractère de Breton : résistant, libertaire et fort en gueule !
– ***Bécassine :*** taxée de caricature la plus infamante de la Bretagne, elle est née en 1905 de l'imagination de Caumery et du pinceau de Pichon, et n'a cessé, depuis, de séduire des millions de Français. Car, malgré sa bouille ronde, sa mine enfarinée aux joues roses, son œil morne et son allure pataude, cette gouvernante aux idées rétros, née à Clocher-les-Bécasses, village fictif près de Quimper, déborde de bon sens et d'amour. Même sa prétendue sottise ne trompe personne, et surtout pas les Bretons, en tête des abonnés à *La Semaine de Suzette* dans les années 1930 et 1940. N'est pas naïf qui croit, et c'est bien plutôt Bécassine qui lance des traits cinglants aux Parisiens.
– ***Mam Goudig :*** créée en 1995, par le dessinateur Jean-Paul David (pour faire plaisir à sa grand-mère !), cette mascotte bigoudène, originaire du Finistère et au caractère bien trempé, a envahi la Bretagne, de la bande dessinée aux produits dérivés.

RELIGION

Les pardons

Aucune terre d'Europe ne possède autant de monuments religieux que la Bretagne. Car entre les Bretons et Dieu, pendant longtemps, il n'y eut pas l'ombre d'un nuage. Alors, on édifia des églises dont les clochers étaient de vrais morceaux de bravoure, on sculpta des calvaires et des croix comme autant de prières. C'est de ce fonds religieux, transmis depuis des siècles, que les pardons découlent naturellement. Leur but : rendre hommage annuellement et collectivement au saint local, véritable intercesseur entre les hommes et la transcendance. Chaque paroisse a le sanctuaire de son éponyme, parfois plusieurs, disséminés dans la campagne, au hasard des chapelles. Aussi les pardons sont-ils nombreux et variés. Certains ont gardé un ton franchement religieux, d'autres beaucoup moins. À chacun ses goûts, à chacun ses dévotions ! Quelle que soit leur tendance, les pardons ont tous connu un regain d'affluence au cours de ces dernières années.

LES FONTAINES MIRACULEUSES

Pour les druides, l'eau était sacrée car source de guérison et de fécondité. Pour ôter cette origine païenne, le clergé catholique a rajouté un saint à chacune de ces fontaines dites miraculeuses. On s'asperge et on boit toujours leurs eaux mystérieuses. Les croyances perdurent.

Les grands pardons de Bretagne Sud

Parmi les plus typiques, originaux, fervents, de longue tradition, classés par ordre chronologique :
– ***Le 1er dimanche de juillet :*** Sainte-Barbe, pardon du Feu, fête des Pompiers, au Faouët (Morbihan).

– ***Le 2e dimanche de juillet :*** pardon de la Petite Troménie, et tous les 6 ans de la Grande Troménie (la prochaine en 2019), à Locronan (Finistère).
– ***Le 26 juillet :*** grand pardon de sainte Anne, à Sainte-Anne-d'Auray (Morbihan).
– ***Le 15 août :*** pardon de la Madone des motards, à Porcaro (Morbihan) ; de Notre-Dame-de-Quelven, à Guern (Morbihan).
– ***Le dimanche après le 15 août :*** pardon de Notre-Dame-de-Crénénan, à Ploërdut (Morbihan).
– ***Le dernier dimanche d'août :*** pardon de Sainte-Anne-la-Palud, à Plonévez-Porzay (Finistère).
– ***Le 1er dimanche de septembre :*** pardon de Notre-Dame-de-Penhors, le plus important du pays bigouden, à Saint-Guénolé-Pouldreuzic (Finistère) ; pardon de Notre-Dame-de-Rocamadour à Camaret-sur-Mer (Finistère).
– ***Le 8 septembre :*** pardon de Notre-Dame-du-Roncier, à Josselin (Morbihan).
– ***Le 3e dimanche de septembre :*** pardon de Notre-Dame-du-Vœu, à Hennebont (Morbihan).

Le *Tro Breiz*

Ce « tour de Bretagne » (600 km) est en fait un pèlerinage passant par les sept villes fondées par les saints fondateurs de la chrétienté en Bretagne : Saint-Brieuc, Saint-Malo, Dol-de-Bretagne, Vannes, Quimper, Saint-Pol-de-Léon et Tréguier. Il fallait suivre un itinéraire précis, dit « pèlerinage des Sept-Saints », à savoir : Brieuc, Malo, Sanson (Dol), Patern (Vannes), Corentin (Quimper), Pol (de Léon), Tugdual (Tréguier). Datant du haut Moyen Âge (IXe s), le *Tro Breiz* permet aux pèlerins, selon la tradition, de gagner le paradis à coup sûr, tandis que les autres, après leur mort, doivent effectuer cette distance au purgatoire en avançant chaque année de la longueur de leur cercueil. Très suivi aux XIIe et XIIIe s, il disparut plus ou moins à la fin du Moyen Âge, avant d'être réhabilité depuis 1994.

■ ***Les Chemins du Tro Breiz :*** *1, pl. de l'Évêché, BP 118, 29250 Saint-Pol-de-Léon. ☎ 02-98-69-11-80. • trobreiz.com •* Une association qui organise chaque année un pèlerinage entre 2 villes-étapes du *Tro Breiz,* la première semaine d'août.

SITES INSCRITS AU PATRIMOINE MONDIAL DE L'UNESCO

Organisation des Nations Unies pour l'éducation, la science et la culture

En coopération avec le centre du patrimoine mondial de l'UNESCO

Pour figurer sur la liste du Patrimoine mondial, les sites doivent avoir une valeur universelle exceptionnelle et satisfaire à au moins un des dix critères de sélection. La protection, la gestion, l'authenticité et l'intégrité des biens sont également des considérations importantes.
Le patrimoine est l'héritage du passé dont nous profitons aujourd'hui et que nous transmettons aux générations à venir. Nos patrimoines culturel et naturel sont deux sources irremplaçables de vie et d'inspiration. Ces sites appartiennent à tous les peuples du monde, sans tenir compte du territoire sur lequel ils sont situés. Pour plus d'informations : *• whc.unesco.org •*
– En Bretagne Sud, la ***tour dorée de Camaret-sur-Mer*** (Finistère Sud) a été inscrite en 2008 au titre de fortification Vauban.
– Par ailleurs, noter que le ***fest-noz*** a été inscrit au Patrimoine mondial immatériel de l'humanité par l'Unesco en 2012.

les ROUTARDS sur la FRANCE 2017-2018

(dates de parution sur • **routard.com** •)

Découpage de la FRANCE par le ROUTARD

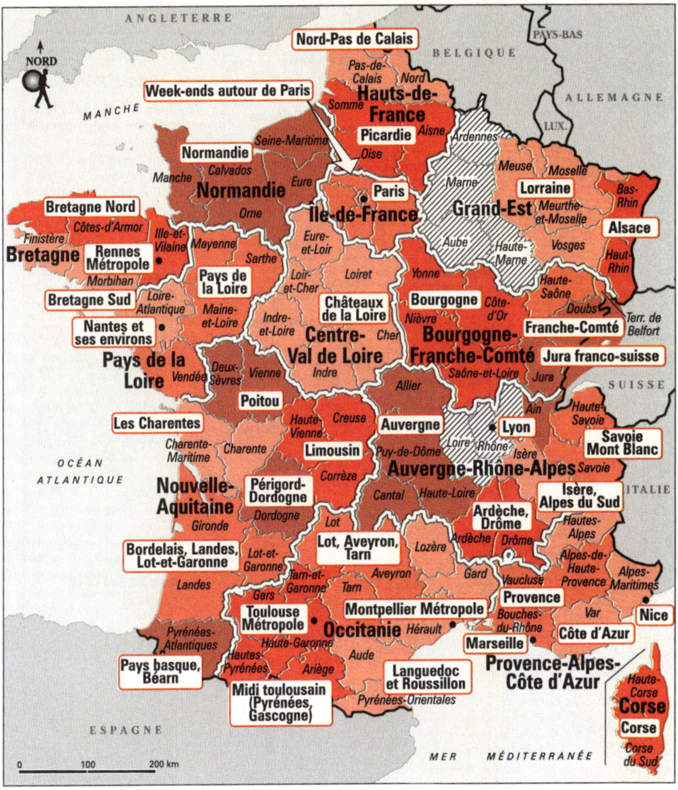

Autres guides nationaux

- Hébergements insolites en France (mars 2017)
- La Loire à Vélo
- La Vélodyssée (Roscoff-Hendaye)
- Nos meilleurs campings en France
- Nos meilleures chambres d'hôtes en France
- Nos meilleurs restos en France
- Les visites d'entreprises

Autres guides sur Paris

- Paris
- Paris balades
- Restos et bistrots de Paris
- Le Routard des amoureux à Paris
- Week-ends autour de Paris

les ROUTARDS sur l'ÉTRANGER 2017-2018

(dates de parution sur • *routard.com* •)

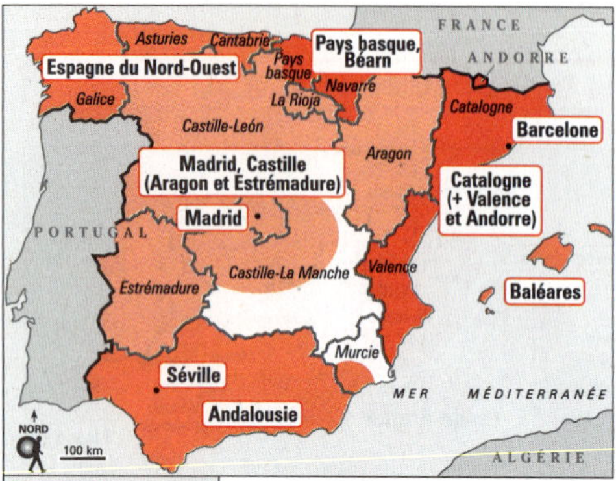

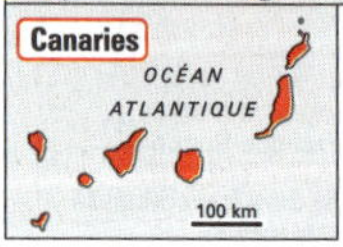

Découpage de l'ESPAGNE par le ROUTARD

Découpage de l'ITALIE par le ROUTARD

Autres pays européens

- Allemagne
- Angleterre, Pays de Galles
- Autriche
- Belgique
- Budapest, Hongrie
- Capitales baltes (avril 2017)
- Crète
- Croatie
- Danemark, Suède
- Écosse
- Finlande
- Grèce continentale
- Îles grecques et Athènes
- Irlande
- Islande
- Madère
- Malte
- Norvège
- Pologne
- Portugal
- République tchèque, Slovaquie
- Roumanie, Bulgarie
- Suisse

Villes européennes

- Amsterdam et ses environs
- Berlin
- Bruxelles
- Copenhague
- Dublin
- Lisbonne
- Londres
- Moscou
- Prague
- Saint-Pétersbourg
- Stockholm
- Vienne

les ROUTARDS sur l'ÉTRANGER 2017-2018

(dates de parution sur • *routard.com* •)

Découpage des ÉTATS-UNIS par le ROUTARD

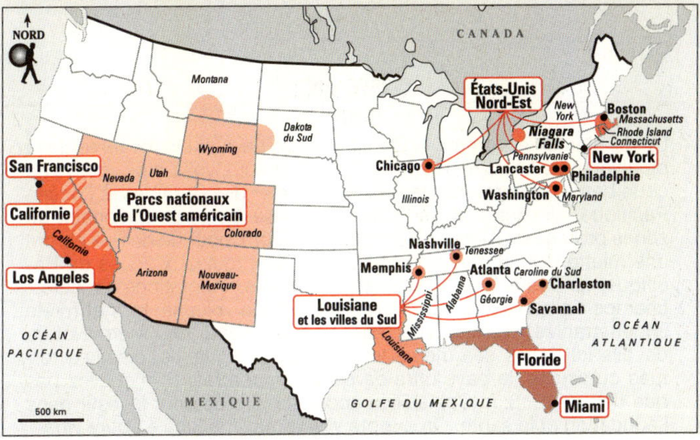

Autres pays d'Amérique

- Argentine
- Brésil
- Canada Ouest
- Chili et île de Pâques
- Costa Rica (nouveauté)
- Équateur et les îles Galápagos
- Guatemala, Yucatán et Chiapas
- Mexique
- Montréal
- Pérou, Bolivie
- Québec, Ontario et Provinces maritimes

Asie et Océanie

- Australie côte est + Red Centre
- Bali, Lombok
- Bangkok
- Birmanie (Myanmar)
- Cambodge, Laos
- Chine
- Hong-Kong, Macao, Canton
- Inde du Nord
- Inde du Sud
- Israël et Palestine
- Istanbul
- Jordanie
- Malaisie, Singapour
- Népal
- Shanghai
- Sri Lanka (Ceylan)
- Thaïlande
- Tokyo, Kyoto et environs
- Turquie
- Vietnam

Afrique

- Afrique du Sud
- Égypte
- Kenya, Tanzanie et Zanzibar
- Maroc
- Marrakech
- Sénégal
- Tunisie

Îles Caraïbes et océan Indien

- Cuba
- Guadeloupe, Saint-Martin, Saint-Barth
- Île Maurice, Rodrigues
- Madagascar
- Martinique
- République dominicaine (Saint-Domingue)
- Réunion

Guides de conversation

- Allemand
- Anglais
- Arabe du Maghreb
- Arabe du Proche-Orient
- Chinois
- Croate
- Espagnol
- Grec
- Italien
- Japonais
- Portugais
- Russe
- G'palémo (conversation par l'image)

Les Routards Express

Amsterdam, Barcelone, Berlin, Bruxelles, Budapest, Dublin, Florence, Istanbul, Lisbonne, Londres, Madrid, Marrakech, New York, Prague, Rome, Venise.

Nos coups de cœur

- Les 50 voyages à faire dans sa vie (nouveauté)
- Nos 52 week-ends dans les plus belles villes d'Europe
- France
- Monde

NOS NOUVEAUTÉS

COSTA RICA
(paru)

Costa Rica, littéralement la Côte riche. Ce pays est le royaume de la biodiversité planétaire. Un grand bain de nature, voilà la promesse de cette bande de terre qui s'étend entre la mer des Caraïbes et l'océan Pacifique. Un quart du territoire est classé en parcs nationaux ou zones protégées. Alors ouvrez grand vos yeux pour ne pas en perdre une miette ! De la paisible côte caraïbe aux rouleaux agités du Pacifique, le Costa Rica égrène ses richesses. Plantations de cafés, champs de bananiers, cordillères piquées de volcans, lacs et forêts impénétrables, sans oublier ses plages splendides, Mère Nature dévoile ici toutes ses merveilles. Paresseux, iguanes, oiseaux, tortues ou singes, le pays offre de belles rencontres. Et n'oubliez pas que depuis 1948, le Costa Rica abolit son armée pour investir dans l'éducation et la santé. On adopte vite la maxime locale : *pura vida !*

MADRID
(janvier 2017)

Madrid me mata ! Toujours tuante, Madrid, comme le proclamait l'époque Movida ? Oui, de plaisir, et plus que jamais. Madrid se joue des extrêmes. La capitale de l'Espagne aligne des musées stupéfiants et propose aussi des ambiances de village dans chaque quartier, aux identités bien marquées. On plonge dans l'univers de Picasso au Museo Reina Sofia *(Guernica !)* ou une journée d'éblouissement au Prado (Goya, Velázquez, et l'incroyable Jérôme Bosch) ou au Museo Thyssen-Bornemysza, les bars à tapas, traditionnels ou osés. Et la nuit se prolonge souvent : entre deux placettes autour de la plaza Mayor, au long du barrio de Las Letras, en dévalant La Latina et les ruelles cosmopolites de Lavapiés, de Malasaña la rebelle ou du gay-friendly Chueca… Autant de mondes à savourer ! Plus que jamais capitale et dynamique, la ville prend le tournant durable en développant un vaste réseau de pistes cyclables et en aménageant ses rives de bouffées d'espaces verts. À découvrir entre potes, en famille ou en couple, définitivement.

PARCOUREZ
LA LOIRE
à Vélo
avec le Routard
La Loire à Vélo
Le Routard
14 €
hachette
routard.com
UN GUIDE ILLUSTRÉ TOUT EN COULEURS
800 km
de voies cyclables
8
itinéraires
41
étapes
ET TOUS LES BONS PLANS DU ROUTARD

NOS NOUVEAUTÉS

NOS MEILLEURS HÉBERGEMENTS INSOLITES EN FRANCE (mars 2017)

Rien de tel pour retrouver son âme d'enfant que de dormir dans un arbre, ou au milieu d'un lac dans une cabane flottante, ou à six pieds sous terre dans une chambre troglodytique. Il y en a pour tous les goûts avec plus de 200 adresses dénichées en France, les « + » et les « - », mais aussi les activités incontournables à faire en famille ou entre amis à proximité de chaque adresse. Sans oublier la photo de chaque établissement. Le plus dur sera de choisir, entre l'île déserte, la réserve animalière, le phare, la roulotte, le combi VW, la bulle transparente au milieu de la forêt ou le vieux camping-car américain en alu, à deux pas de l'Arc de Triomphe !

CAPITALES BALTES (avril 2017)

Tallinn, Riga, Vilnius, trois capitales si proches et pourtant si surprenantes. Elles mêlent leurs racines entre des mondes disparates : scandinave, slave et germanique. Estonie, Lettonie, Lituanie, on les mélange souvent, mais très vite, on distingue leurs particularismes. Tallinn, secrète et magique, a gardé le charme d'une cité médiévale. La vieille ville, et son lacis de rues dominées par ses clochers, est classée au Patrimoine mondial de l'Unesco. Même reconnaissance pour le centre historique de Riga, où se mêlent un superbe noyau médiéval à un centre-ville Art nouveau. Après les musées, savourez sa vie nocturne, la plus folle des trois pays. À Vilnius, la baroque au coeur de collines boisées, découvrez le labyrinthe de ruelles étroites et la végétation lui donnant des airs de village. Malgré les 50 ans de présence soviétique, vous serez surpris par la modernité et le dynamisme qui anime leurs habitants.

Les plus belles chambres d'hôtes sont dans Le Routard
Nos meilleures chambres d'hôtes en France
+ de 950 adresses à moins de 70 € !
Le Routard
hachette
routard.com
Dont 950 adresses à moins de 70 € petit déjeuner compris
et plus de 300 adresses avec piscine

PETITS TRUCS ET ASTUCES POUR ÉVITER LES ARNAQUES !

Un routard informé en vaut deux ! Pour éviter les arnaques en tous genres, il est bon de les connaître. Voici un petit vade-mecum destiné à parer aux coûts et aux coups de bambous. À commencer par **l'affichage des prix** : dans les hôtels comme dans les restos, il est **obligatoire** et doit être situé à l'extérieur de l'établissement, de manière visible. Vous ne pouvez donc contester des prix exorbitants que s'ils ne sont pas clairement affichés.

À L'HÔTEL

1 - Arrhes ou acompte ? : au moment de réserver votre chambre par téléphone – par précaution, toujours confirmer par écrit (ou mail) – il n'est pas rare que l'hôtelier vous demande de verser à l'avance une certaine somme, celle-ci faisant office de garantie. Il est d'usage de parler d'arrhes et non d'acompte (en fait, la loi dispose que « sauf stipulation contraire du contrat, les sommes versées d'avance sont des arrhes »). Légalement, aucune règle n'en précise le montant. Toutefois, ne versez que des arrhes raisonnables : 25 à 30 % du prix total, sachant qu'il s'agit d'un engagement définitif sur la réservation de la chambre. Cette somme ne pourra donc pas être remboursée en cas d'annulation de la réservation, sauf cas de force majeure qu'il vous faudra justifier (maladie ou accident) ou en accord avec l'hôtelier si l'annulation est faite dans des délais jugés raisonnables. Si, au contraire, l'annulation est le fait de l'hôtelier, il doit vous rembourser le double des arrhes versées. À l'inverse, l'acompte engage définitivement client et hôtelier.

2 - Subordination de vente : comme les restaurateurs, les hôteliers ont interdiction de pratiquer la subordination de vente. C'est-à-dire qu'ils ne peuvent pas vous obliger à réserver plusieurs nuits d'hôtel si vous n'en souhaitez qu'une. Dans le même ordre d'idées, on ne peut vous obliger à prendre votre petit déjeuner ou vos repas dans l'hôtel ; ce principe, illégal, est néanmoins répandu dans la profession, toléré en pratique, surtout en haute saison... notamment dans les zones touristiques, où la demande est bien plus importante que l'offre ! Bien se renseigner.

« QUI DORT DÎNE ! »

Cet adage, venu du Moyen Âge, signifie que les hôteliers imposaient le couvert aux clients qui prenaient une chambre. Déjà de la vente forcée !

3 - Les réservations en ligne : elles se sont généralisées. Par l'intermédiaire de sites commerciaux ou en direct sur les sites des hôtels, elles sont simples et rapides. Mais voilà, les promesses ne sont pas toujours tenues et l'on constate parfois des dérives, notamment via les centrales de résa telles que promos bidons, descriptifs exagérés, avis d'internautes truqués... Des hôteliers s'estiment étranglés par les commissions abusives. N'hésitez pas à contacter l'hôtel sur son site pour vous faire préciser le type de chambre que l'on vous a réservé (sur rue, sur jardin ?).

4 - Responsabilité en cas de vol : un hôtelier ne peut en aucun cas dégager sa responsabilité pour des objets qui auraient été volés dans la chambre d'un de ses clients, même si ces objets n'ont pas été mis au coffre. En d'autres termes, les éventuels panonceaux dégageant la responsabilité de l'hôtelier n'ont aucun fondement juridique.

5 - En cas d'annulation : si vous avez réservé une chambre (sans avoir rien versé) et que vous avez un empêchement, passez un coup de téléphone pour annuler, c'est la moindre des politesses. Trop peu de gens le font, ce qui rend les hôteliers méfiants.

AU RESTO

1 - Menus : très souvent, les premiers menus (les moins chers) ne sont servis qu'en semaine ou que le midi, et avant certaines heures (12h30 et 20h30 généralement). C'est parfaitement légal, à condition que ce soit clairement indiqué sur le panneau extérieur : à vous d'être vigilant et d'arriver dans les bons créneaux horaires ! Il peut arriver que ce soit écrit en tout petit. Par ailleurs, bien vérifier que le « menu d'appel », le moins cher donc, est toujours présent dans la carte qu'on vous donne une fois installé. Il arrive qu'il disparaisse comme par enchantement. N'hésitez pas à le réclamer si vous êtes entré pour ce menu précis.

2 - Le « fait maison » : cette grande « tendance culinaire » de ces dernières années s'oppose aux plats sous-vide ou congelés achetés par les restaurateurs, réchauffés sur place et « agrémentés » d'une petite touche personnelle pour noyer le poisson (ou la souris d'agneau). Depuis 2013, le label « fait maison » permet de vérifier si les plats sont réellement préparés ou non sur place.

3 - Commande insuffisante : il arrive que certains restos refusent de servir une commande jugée insuffisante. Sachez, toutefois, qu'il est illégal de pousser le client à la consommation. Mais l'on peut également comprendre que commander un seul plat pour 3 personnes peut agacer un tantinet le restaurateur. Tout est une question de juste équilibre.

4 - Eau : une banale carafe d'eau du robinet est gratuite – à condition qu'elle accompagne un repas – sauf si son prix est affiché. On ne peut pas vous la refuser, sauf si elle est jugée impropre à la consommation par décret. La bouteille d'eau minérale quant à elle doit, comme le vin, être ouverte devant vous. L'arnaque dans certains restos « pousse-conso » consiste à proposer d'emblée une eau minérale et de la facturer 7 €, voire plus… À la question du serveur : « …et pour l'eau, Badoit ou Vittel ? » vous êtes en droit de répondre « une carafe ! ».

5 - Vins : les cartes des vins ne sont pas toujours très claires. Exemple : vous commandez un bourgogne à 16 € la bouteille. On vous la facture 32 €. En vérifiant sur la carte, vous découvrez que 16 € correspondent au prix d'une demi-bouteille. Mais c'était écrit en petits caractères illisibles. Attention au prix parfois exorbitant des vins au verre. Abus bien courant, l'année de référence n'est plus disponible : on vous sert un millésime plus récent mais au même tarif ! Vous devez obligatoirement en être informé avant le débouchage de la bouteille.

6 - Couvert enfant : le restaurateur peut tout à fait compter un couvert par enfant, même s'il ne consomme pas, à condition que ce soit spécifié sur la carte. Parfois il est libellé « Enfant ne mangeant pas », tant d'euros ! Cela dit, ce n'est quand même pas courant et ça donne une petite idée de la générosité du restaurateur !

7 - Sous-marin : après le coup de bambou et le coup de fusil, celui du sous-marin. Le procédé consiste à rendre la monnaie en plaçant dans la soucoupe (de bas en haut) : les pièces, l'addition puis les billets. Si l'on est pressé, on récupère les billets en oubliant les pièces cachées sous l'addition. Malin !

N'oublions pas que l'hôtellerie et la restauration sont des métiers de service, qui ne souffrent ni l'approximation, ni les (mauvais) écarts. Nous supprimons de nos guides tous les établissements qui abusent. Mais la réciproque est aussi valable : tout est question de respect mutuel.

Bonne route !

Nous tenons à remercier tout particulièrement Loup-Maëlle Besançon, Thierry Bessou, Gérard Bouchu, François Chauvin, Grégory Dalex, Fabrice Doumergue, Cédric Fischer, Carole Fouque, Michelle Georget, David Giason, Claude Hervé-Bazin, Emmanuel Juste, Dimitri Lefèvre, Fabrice de Lestang, Romain Meynier, Éric Milet, Pierre Mitrano, Jean-Sébastien Petitdemange et Thomas Rivallain pour leur collaboration régulière.

Emmanuelle Bauquis
Jean-Jacques Bordier-Chêne
Michèle Boucher
Sophie Cachard
Lucie Colombo
Agnès Debiage
Émilie Debur
Jérôme Denoix
Flora Descamps
Louise Desmoulins
Tovi et Ahmet Diler
Clélie Dudon
Sophie Duval
Alain Fisch
Romain Fossurier
Bérénice Glanger
Adrien et Clément Gloaguen
Marie Gustot
Bernard Hilaire
Sébastien Jauffret
Jacques Lemoine
Amélie Mikaelian
Caroline Ollion
Martine Partrat
Odile Paugam et Didier Jehanno
Émilie Pujol
Prakit Saiporn
Jean-Luc et Antigone Schilling
Caroline Vallano

Direction : Nathalie Bloch-Pujo
Contrôle de gestion : Jérôme Boulingre et Adeline Cazabat Barrere
Secrétariat : Catherine Maîtrepierre
Direction éditoriale : Catherine Julhe
Édition : Matthieu Devaux, Olga Krokhina, Gia-Quy Tran, Julie Dupré, Emmanuelle Michon, Sarah Favaron, Ludmilla Guillet, Coralie Piron, Flora Sallot, Elvire Tandjaoui, Quentin Tenneson, Clémence Toublanc et Sandra Vavdin
Préparation-lecture : Dorica Lucaci
Cartographie : Frédéric Clémençon et Aurélie Huot
Fabrication : Nathalie Lautout et Audrey Detournay
Relations presse France : COM'PROD, Fred Papet. ☎ 01-70-69-04-69. • *info@comprod.fr* •
Illustration : Anne-Sophie de Précourt
Direction marketing : Adrien de Bizemont, Clémence de Boisfleury et Charlotte Brou
Contacts partenariats : André Magniez (EMD). • *andremagniez@gmail.com* •
Édition des partenariats : Élise Ernest
Informatique éditoriale : Lionel Barth
Couverture : Clément Gloaguen et Seenk
Maquette intérieure : le-bureau-des-affaires-graphiques.com, Thibault Reumaux et npeg.fr
Relations presse : Martine Levens (Belgique) et Maureen Browne (Suisse)
Régie publicitaire : Florence Brunel-Jars

INDEX GÉNÉRAL

NANTES

O

P

LISTES DES CARTES ET PLANS

Remarque importante aux hôteliers et restaurateurs

Les enquêteurs du *Routard* travaillent dans le plus strict anonymat. Aucune réduction, aucun avantage quelconque, aucune rétribution n'est jamais demandé en contrepartie. Face aux aigrefins, la loi autorise les hôteliers et restaurateurs à porter plainte.

Avis aux lecteurs

Le Routard, ce n'est pas comme le bon vin, il vieillit mal. On ne veut pas pousser à la consommation, mais évitez de partir avec une édition ancienne. Les modifications sont souvent importantes.
Les réductions accordées à nos lecteurs ne sont jamais demandées par nos rédacteurs afin de préserver leur indépendance. Les hôteliers et restaurateurs sont sollicités par une société de mailing, totalement indépendante de la rédaction, qui reste donc libre de ses choix. De même pour les autocollants et plaques émaillées.

Avec routard.com, choisissez, organisez, réservez et partagez vos voyages !

✓ Rejoignez la plus grande communauté francophone de voyageurs : plus de **2 millions** de visiteurs !

✓ Échangez avec les routarnautes : forums, photos, avis d'hôtels.

✓ Retrouvez aussi toutes les informations actualisées pour choisir et préparer vos voyages : plus de 200 fiches pays, une centaine de dossiers pratiques et un magazine en ligne pour découvrir tous les secrets de votre destination.

✓ Enfin, comparez les offres pour organiser et réserver votre voyage au meilleur prix.

Les **Routards** *parlent aux* **Routards**

Faites-nous part de vos expériences, de vos découvertes, de vos tuyaux. Indiquez-nous les renseignements périmés. Aidez-nous à remettre l'ouvrage à jour. Faites profiter les autres de vos adresses nouvelles, combines géniales... On adresse un exemplaire gratuit de la prochaine édition à ceux qui nous envoient les lettres les meilleures, pour la qualité et la pertinence des informations. Quelques conseils cependant :
– Envoyez-nous votre courrier le plus tôt possible afin que l'on puisse insérer vos tuyaux sur la prochaine édition.
– N'oubliez pas de préciser l'ouvrage que vous désirez recevoir, ainsi que votre adresse postale.
– Vérifiez que vos remarques concernent l'édition en cours et notez les pages du guide concernées par vos observations.
– Quand vous indiquez des hôtels ou des restaurants, pensez à signaler leur adresse précise et, pour les grandes villes, les moyens de transport pour y aller. Si vous le pouvez, joignez la carte de visite de l'hôtel ou du resto décrit.
– N'écrivez si possible que d'un côté de la lettre (et non recto verso).
– Bien sûr, on s'arrache moins les yeux sur les lettres dactylographiées ou correctement écrites !
En tout état de cause, merci pour vos nombreuses lettres.

122, rue du Moulin-des-Prés, 75013 Paris

• *guide@routard.com* • *routard.com* •

Routard Assurance *2017*

Édité par Hachette Livre (58, rue Jean-Bleuzen, CS 70007, 92178 Vanves Cedex, France)
Photocomposé par Jouve (45770 Saran, France)
Imprimé par Lego SPA Plant Lavis (via Galileo Galilei, 11, 38015 Lavis, Italie)
Achevé d'imprimer le 27 janvier 2017
Collection n° 15 - Édition n° 01
84/6015/4
I.S.B.N. 978-2-01-279910-3
Dépôt légal : janvier 2017

PAPIER À BASE DE FIBRES CERTIFIÉES